In The Eye

a collection of writings

edited by Katherine Tracy

THUNDER RAIN PUBLISHING CORP.
ALAMOGORDO, NM

In The Eye: A Collection of Writings Copyright ©2007
Thunder Rain Publishing Corp., P.O. Box 87,
Alamogordo, NM 88311-0087 www.thunder-rain.com

All Rights Retained by the Authors

Printed and bound by Malloy Lithographing, Inc.
Ann Arbor, MI United States of America
First Printing January 2007

Cover and Interior Design by Katherine Tracy
Cover Image by Kirk Jordan

ISBN 0-9654569-5-1
ISBN 978-0-9654569-5-1

All profits from this anthology go to Habitat for Humanity to assist in rebuilding for those affected by Hurricanes Katrina and Rita.

Thanks to all the contributors, especially Jack B. Bedell, Catharine Savage Brosman, and Kirk Jordan.

Thanks to Charles E. Dellert, Jr. for his loving support, careful eye, and additional proofing of this manuscript.

to Uldine Mann Tracy

for those affected by Katrina

TABLE OF CONTENTS

Acknowledgments	x
Preface *Katherine L. Tracy*	xi
Foreword *Catharine Savage Brosman*	xiii
Introduction *Jack B. Bedell*	xv
Just Off the Path *Lenard D. Moore*	xvii
Echolocations *Diane Thiel*	1
The Voice of Water *Barbara Schweitzer*	3
A Stained Glass Spider Web Cathedral *Kirk Jordan*	4
Wearing Silk *Charlene A. Donaghy*	6
L'avalasse *Jack B. Bedell*	12
Rain Washes *Gretchen Fletcher*	13
Wild Horses, Placitas *Diane Thiel*	14

Blue Heron
    Barry Ballard   15

Cypress
    Shannon Marquez McGuire   16

Naadra
    Susan Rich   18

Watermark
    Diane Thiel   19

Sound
    Curtis L. Crisler   20

Icebergs
    Deborah J. Fryer   22

Embellishing the Picture
    Susan Rich   30

Outliers
    Dawn Paul   32

The Seven Sisters
    Michael Gregory   35

Crane
    C. S. Fuqua   36

Dust on the Bed
    Phyllis Jean Green   37

Sober, in a Dry County, During Severe Weather
    Chris Tusa   38

Hurricane Watch
    Gail White   39

Waiting for the Alligator
   M. B. O'Connor   42

Elena
   Malaika Favorite   43

Uncertain Likenesses in the Dark
   Beth Ellen Anstandig   51

Suburban High Tide
   Norman German   53

Swept Along
   Frank Tavares   71

Landfall
   Alaine Benard   74

In New Orleans
   Lenard D. Moore   76

Now: A Story of Neglect
   Lenard D. Moore   77

Katrina, and the Axe with the Red Ribbon
   Ken LaRive   78

Lavender Shadows
   Barbara Schweitzer   84

Muse: Louisiana Wetlands
   Katherine L. Tracy   86

Katrina: A Sequence
   Catharine Savage Brosman   88

The Gris-Gris Cat
   Joseph Andriano   95

Deer
 Cynthia Schwartzberg Edlow   104

Rebuttal
 Gail White   105

January Hawk
 Charles Rafferty   106

On Evolution in a New Hampshire Woods
 Barbara Schweitzer   107

Purgatory Creek
 Adrian S. Potter   109

After the Flood
 Sheryl St. Germain   110

Ouaouaron
 Jack B. Bedell   120

Fishing with my Father
 Laura Quinn Guidry   121

Black Whiskers
 Curtis C. Crisler   123

The Still
 Cynthia Schwartzberg Edlow   124

Deconstruction: 'I Know Why the Caged Bird Sings'
 Marian Kaplun Shapiro   125

View from the Cliffs
 Dave Parsons   128

This Day in Particular
 Christina Lovin   130

Mowing the Greensward
    David Middleton   132

Contributors   135

Acknowledgments

Permission granted by the authors to reprint the respective works listed below:

Bedell, Jack B. "L'avalasse." *Come Rain, Come Shine.* Huntsville: Texas Review Press, 2006.
- - - . "Ouaouaron."
Fuqua, C. S. "Crane." *Erete's Bloom* (Spring 2003).
German, Norman. "Suburban High Tide." *Sou'wester* 23.1 (Fall 1994): 37-54.
LaRive, Ken. "Katrina and the Axe with the Red Ribbon." *Crowley Post Signal* and *La Gazette des't Villages*, 2005.
Rafferty, Charles. "January Hawk." *A Less Fabulous Infinity.* Hammond: Louisiana Literature Press, 2006.
St. Germain, Sheryl. *Ninth Letter.* 3.1 (Spring/Summer 2006): 89-94.
Shapiro, Marian. *Cezanne's Carrot. 1-2 (*Vernal Equinox 2006): Volume I, Issue 2 <http://www.cezannescarrot.org/ vol1iss2/deconstructionshapiro.html>.
Thiel, Diane. "Echolocations." *Echolocations.* Ashland: Story Line Press, 2000.
- - - . "Watermark."
- - - . "Wild Horses, Placitas." *Resistance Fantasies.* Story Line Press, 2004.
Tusa, Chris. "Sober, In a Dry County, During Severe Weather." *Louisiana Literature.*
White, Gail. "Rebuttal." *The Other Side*, 1990.

Preface

Although I had just moved from Southeast Louisiana, before the wind and rain of Katrina gushed through the region, I felt the pain and hopelessness of humanity through friends, family, and heartbreaking images splattered across the screen by the media. Born in New Orleans, myself, it will always be home, no matter where I live, and that is how this anthology came about. This collection is dedicated to all of those affected by Hurricane Katrina (August 2005), and all profits will be donated to Habitat for Humanity to help rebuild the area.

It is important to remember that much of the devastation in New Orleans and along the Gulf Coast was brought about by the association that Man has, not only with Nature, but with Man himself. These writings are representative of that fragile connection that we have with Nature, but also that connection that humans have with each other. Thus, it is necessary that some of those images and experiences be shared so that others can witness certain events.

These writers share a common ground in that their voices have found their muses in Nature because they understand that Man is indeed part of Nature. The element of water is a constant that runs throughout this anthology, along with Man and other living creatures scattered throughout the pages. Katrina is not the first disaster to cause such devastation. Nor will it be the last, however, Katrina brought much of the Gulf Coast and especially New Orleans to its knees, and to this date, more than a year later, it continues to have lingering, if not lasting effects. Some of these writings emphasize disaster while others remind us of the beauty that we behold in Nature, and some illustrate that precious balance that is so significant to our existence.

The writers in this collection speak to us in voices that intertwine; they invite us to experience *In the Eye* as "a sudden heartbeat" in our connection to earth where "twisted beauty permeates" within the balance of creation as "eyes of flies" transcend into "a murder of crows" to re-invent the ear and the eye through "tired faces that tell" of our vulnerability as "children of the earth" who taste "the bewitching green eye of the storm" that brings "walls of rain" "down from gumbo clouds," creating "a motif of Katrina's anger" "where so many memories" appear, only to be part of that temporal paradox of existence, as we listen to the "cathartic sighing" of "nature, challenged, channeled, and domesticated," "stirring and singing in the mind's eye," "shredding in the wind," for "the calm between rains" where bullfrogs "sing the song of themselves" "between the trees" until the rains pass, "with essence giving pause" to those days, hours, and moments that make us human. Thus, in the blended voices of this collection, we are reminded *In the Eye* of nature, and likewise, in the essence of our own humanity that we are parallel to earth, connected to each other, fighting for survival in our own ways, no matter who we are or where we may live.

Katherine Lorraine Tracy

Foreword

Nature, it could be said, acts dialectically, like history. However devastating, Katrina and Rita, the tremendous Gulf Coast hurricanes of 2005, produced certain beneficial consequences. Among these fortunate by-products of natural evil (natural evil multiplied by human errors) are greater understanding of the dangers of imprudent water management, new opportunities for some survivors (rebuilding what was destroyed or starting anew elsewhere), proof of others' graciousness, and enormous relief and keener appreciation of what was not swallowed up—one's own life and others', useful property that can be recovered, tokens of past happiness, trees still standing, places still recognizable. That is, disaster produced a heightened consciousness of both the tenuousness of life and its sharp, heart-wrenching, irreplaceable glory, incommensurate with anything else. Whether learning that a friend survived the catastrophe, clutching damp photographs of the deceased, or holding back tears amid the ruins of one's house and one's prosperity, those who experienced the hurricanes at their worst were also granted fresh, intense awareness of their lives, their loves, their losses, their vulnerability. "There is no love of life without despair of life," wrote Camus in *L'Envers et l'endroit*. What the eye of a hurricane holds for those in the storm's path is not entirely alien to what the human eye holds as it gazes on a beloved face, or on the blue, tranquil indifference of the sea following a squall, or the empty desert, with its mute, inhuman stones: the tragic sense of life, its beauty, brevity, and fragility.

Who in the region cannot reflect on what the 2005 hurricanes exposed of human existence? Such reflection has produced scores of poems, memoirs, photographs and paintings, essays, and factual studies focused on political, topographical, and engineering aspects of the storms. The present collection provides a wide range of literary responses, often highly personal, nearly raw. It also enlarges the question by affording historical angles and embracing other aspects of nature and human relationships with nature, giving something of the wider biological-anthropological context in which any hurricane experience takes place. Natural phenomena are experienced now as wonder or beauty, now as danger or sadness, now as the object of nearly-religious awe, always subjectively (underlining the title's other reference: to the authority, beyond appeal, of the beholder's eye). Certain authors included here write not only on nature but by nature—using its lens, its tools for understanding. The result is vision by privileged means. A whale skeleton on a Colombian beach and wild horses in New Mexico, a blue heron, the Pleiades, a crane, and morning glories, like rivers, wetlands, droughts, storms, are themselves; but they are also everything they propose to the observer.

    Facing nature, one may thus be drawn, as illustrated on certain pages here, into a dark whirlpool of distress, with death, grief, fear, and despair, yet not without glimmers of faith or hope. One may literally be ill upon holding evidence of parents' death in the storm, or shed tears for an animal lost or mutilated. One may experience the seductive, dramatic beauty of New Orleans as thunder rumbles and lightning flashes during a harmless summer downpour and strangers are brought together. Others may brave discomfort a bit, even court danger, to admire glaciers in Prince William Sound, and find their presuppositions changed thereby. One may indulge in fantasy or laughter, perhaps cathartic, or, like a somewhat predatory photographer whom readers will meet here, let oneself be seduced in turn, by water, until . . . Well, perhaps his fate should not be revealed prematurely. Whatever the experience, language, in its representational and symbolic power, allows those who have observed nature well, and know what a hurricane means, to draw their responses into the full light of awareness, make them keener, and communicate them to others, whether as salutary, tragic and despairing, or beautiful. *In the Eye* will remain in the mind's eye as both document and art, a testimonial to destruction and creation, together.

Catharine Savage Brosman

Introduction

Now more than a year removed from Katrina's visit, south Louisiana is in the process of putting itself back together. Some areas look as if nothing ever happened, some are under serious reconstruction, and some, like my wife's family home in St. Bernard Parish, look like Poland after a blitzkrieg and are simply beyond repair.

Like our buildings and traditions, the people of south Louisiana are also becoming whole again. Many have moved away, but many more are back home attempting to make life as normal as possible. Go on a quick drive through Metairie or Slidell or New Orleans East, and you'll see FEMA trailers in most yards and blue-tarped roofs waiting to be re-shingled. Like scars over a wound, both these sights might be a little rough to stomach, but they are sure signs of healing.

The works contained in this anthology are also signs of regeneration and healing. Page by page, *In the Eye* evidences a regained sense of the beauty our region offers. These poems and stories also show a tremendous respect for the force of nature, for the permanence and power of water and wind. There's no better place to pay such respect than in art which will bear that respect into perpetuity.

As Shapiro wrote once, "Narrative arises with the realization that we are bearers of history." The wrath of hurricane Katrina, and of those before like Andrew, and Camille, is a fundamental part of the history of south Louisiana. And while this history has caused much pain and loss, it has also given us tremendous opportunities to remake ourselves and to remake our relationships with this land and environment.

Born and raised in south Louisiana, I have always made it a point in my poetry to celebrate the way my people have lived and to reflect the beauty of the region. Many of the works in these pages share that goal, and they share the responsibility of presenting what we all know to be permanent here in our region, our traditions as well as our spirit.

As different as the writers herein may be in terms of style and voice, a few characteristics are constants: beauty, strength, and hope. These will bring us, all of south Louisiana, into the future in good shape. All else will pass.

As I write in my poem "L'avalasse":

> no matter how it pounds, this rain
> not outlast Noah's. Our land
> is thirstier than his, our sins
> much easier to wash away.

Page by page, *In the Eye* illustrates this resiliency, and I'm as proud to be a small part of it as I am to be part of south Louisiana's healing. I hope readers will enjoy this book as I have.

Jack B. Bedell

Just off the Path

What is the narrative of my life?
A squadron of clouds at dusk
ghosting the millennial sky?
Only now do I accept the plot
that frames the story I live,
the intensity that won't elude me
while the thin rain tampers
with my hair, quiet
as the birches just off the path.
What is the narrative of my life?
I do not know because I am
in the middle of it.

Lenard D. Moore

In The Eye

a collection of writings

dedicated to those affected by Katrina

Echolocations

Diane Thiel

> *The waters compassed me about, even to the soul:*
> *the depth closed me round about,*
> *the weeds were wrapped about my head.*
>   — Jonah 2:5

In Boca Vieja, on the unsettled stretch of beach
which formed the border between two continents,
a coast where water flowed down from the forest—
I had come to find the furthest distance.
At the end of a labyrinth of fallen boulders,
I came upon the massive skeleton,
the whitened frame reflecting back the sun.
The ribcage formed a passage to the sea,
where thin rivers ran between the bones,
dividing further as they reached the ocean.
The skull, half-buried in the sand, resembled
a house from some forgotten fairy tale.
I climbed in through the porthole of an eye,
looked out the double circles filled with light.

I found my way down what was once her throat
and wandered through the gallery of bones.
Her ribcage framed the sea, the sky, the trees—
each canvas a vast range of blues and greens.
I reached the place that must have held her heart,
knowing, as a child, I could have fit inside
her vessels, even. I could have hidden there.
The tide was coming in, reclaiming things
clinging to the curved bones or roaming the shore—
the tiny hydroid forests with their medusae,

the limpets like small traveling volcanoes,
the scrolled whelks, drawing their maze of whorls,
only to be washed away. This was the end
of the whale's road. She passed her life to thousands.

I felt the sun-warm bone against my skin—
and a sudden heartbeat in the skeleton.
Her heart beat with a distant beckoning,
and in a moment I was with her, traveling
the hwaelweg, the road itself another kenning.
The ocean set the cadence, the swells singing
a line, receiving back another line—
in each reply, the slightest variation.
Our languages returning to the sounds
encoded in our strands, the spiral towers
of our helixes spinning round each other.
The calls reverberating through the waters
to navigate the depths, to guide us through
one ocean to another, the dark indigos,

the song returning from the deepest blues.

Boca Vieja: (Old Mouth), Pacific Coast, Columbia
hwaelweg: whale-road, Old English kenning

In the Eye

The Voice of Water

Barbara Schweitzer

At first it swims through us, echoes forewarning
of pain—then we are it, we feel, eternally,
until we are born again in the searing
air. We keep the whispers of it forever
in our inner ear, sloshing and equal
ballasts listening deep to oceans we don't see.
Heartbeats once rhythmic and sure will come
uncertainly except our unheard drum
that beats its sister through us without cheer,
withdrawing affection slowly over the years.
We recognize it too late in companion places
like Jamaica, the Atlantic, the Gulf Stream.
Sometimes we stir in the liquid black of night
hearing it in the hush after lightning strikes.

A Stained Glass
Spider Web Cathedral

Kirk Jordan

When funnel clouds clip rainbows
in our world, where the vestiges of Eden whirl
in a mash of mangled parrot wings
or Iris, smithereened to make
makeup,
We can see why rainbows flinch;
They don't make it very long.

Banshee decibels define, the decimating means:
Locomotive grinding wheel, cone of writhen hate,
vicious biting vapors,   Hell-
icopter blades.

Each bashing is a moment-ary
Torque
Of glass,
     disbanding shock,
              Indigo

    From icon wrenched

 wretched red,

Violet, Violently constr ue d,   arch
    From Arch etype

divorced.
       s hr apn el   b u   tterf lie s .

(*The sky is reeling odd tonight!*)

I've read about those pristine days when rainbow shard was rare.
Lions still ate lily-pads, and rattlesnakes were raging fads
As playmates for the nursery.

Prisma-ash is pollen now,
Coursing through our breath,
Twisted beauty permeates, and I like eating meat.

The eyes of flies are pigment parks in geodesic dome,
Black radiance with chandelier, stuffed in honeycomb.

Oil on the parking lot, mimics Northern lights:
Borealis flares in beaded rain, on surfaces like night.

Death implied is banking, pivoting on air
A bloodied stink is calling to a colored thoroughfare.

    Gliding white as whisper, missiles cruise the dark
Pilot fish are dental floss for shearing shard of shark.

The cacti in the desert, wear a brutal fringe,
Prickle pear, with rain, explode into a floral binge.

Snow flakes falling virgin white, in the tilted world
Would we know that dance at all, if sin were not unfurled?

Now I share my paradox:

I believe in paradise, with us once and yet to come:
"World without End."
I believe in beauty too:
"Meadows from His garden here."
But these strange shattered-glories, fallen-splendors reign
Carving raging channels, deep within my brain
Of a convoluted beauty, Heaven would exclude.

Wearing Silk

Charlene A. Donaghy

In the summer of my forty-third year, I found myself accepting the tiniest of invitations and being drawn into one of the best memories I have of the city of my soul. New Orleans is in my blood and several times each year I surrender to her, staying in the historical French Quarter where the old brick buildings with their wrought iron lace balconies look as if they could tumble down into the street at any moment. I am not a local nor am I a tourist, but rather, over a ten year period, I have become simply a lover of this diverse, delicious city. From my perspective, I see her beauty as well as her flaws, and I appreciate her as the uncontrollable wild woman that she can be, perhaps tarnished but still virtuous.

I can have the craziest fun within her boundaries: enjoying some of the most diverse people and decadent foods, marveling at historic architecture, and just being swept up into some of the joy that can be found in the low country of Louisiana. There is a magic that seeps into me every time I find myself swaying to the wails of jazz saxophones from Jackson Square or Frenchman Street. New Orleans has become the muse for my art, as well. From cold January rains, to oppressive July humidity, I have wandered the streets of the French Quarter, camera in hand, capturing black and white images like ghosts against the southern sky. The iron lace of the balconies where years old Mardi Gras beads can still be seen; the hidden courtyards which speak their secrets to no one but the statues; the tarot card readers, street urchins, and artists who ply their wares around Jackson Square; all of these, and so much more, have contributed to my artistic expression. There have been times when one simple ray of sun bleeding through clouds over the Mississippi River has propelled me into a sprint to find my camera.

I have also experienced certain aromas which emanate from every crack and crevice in New Orleans. Each breeze brings smells of the "Trinity," a concoction of onions, celery, and green peppers, as it drifts from Creole and Cajun restaurants, and I can almost taste the sweetness of rum soaked Bananas Foster simply by its enveloping fragrance. The oppressive heat brings out the pungent odor of mule manure from the tourist carriages, while drunken college students have little embarrassment at leaving behind the regurgitated effects of too many Hurricanes. And, in the middle of this sweet and sour incense, the harsh street cleansers fight continual battles with the acrid smells of alleyway trash. As the fusion of these odors assault my senses, I am seduced. In the heat of seduction on that particular summer evening, however, I had no idea I would be standing in the doorway of *The Famous Door* bar on Bourbon Street, while a garbage man tried to drag me into the rain.

His name was Bill and he was with a group of conventioneers who was in New Orleans for the sanitation convention that he called the "Trash Clash." Who would have thought that a garbage man would have been such fun? Slightly older than me, he was short, balding, and yet dashingly handsome in that "Ed Harris as Pollock" sort of way. Bill loved to dance to the oldies that the band played and he was an incorrigible flirt but there was a respect about him; he never hinted at any expectation of our flirtatious game going beyond a friendship that would end that evening. We had spent about two hours dancing, sharing coconut rum and pineapple juice cocktails, and locked in one-on-one conversation exploring my marriage and his divorce. I'll always remember that he still felt guilty about his divorce even though it had happened eight years earlier.

"I wanted to be married for life, I was supposed to be married for life, but it just didn't work out that way." He sighed.

"Do you still miss her? Do you wish she was here with you?"

"Yes on both counts. Don't you wish your husband

was here with you?"

"Yes and no. I'm usually here with my sister and New Orleans isn't his place."

"But do you want it to be?" He asked.

"Sometimes I do. I'd love to show him the French Quarter and the plantations. It would be so romantic to have him here to enjoy the carriage rides—I'd love to do a swamp tour with him and listen to the old Cajun boat guys talk about the 'gators and such." My mind drifted off towards the hope of it all.

"And...." He prodded.

"Not 'and,' more a 'but'—New Orleans isn't his type of city. Too dirty, too much crime, too much openness...."

"Too many drunken convention guys." We both laughed at his comment.

"Yeah, maybe, but definitely some very nice and not drunken convention guys like you." A smile tickled across my lips as I sipped my drink.

"You're happy in your marriage?" It was a question, not a statement.

"We are. We're happy and content in that comfortable sort of way that comes from years of knowing each other, of being together, being able to anticipate the other's desires and needs, sharing some likes and being ok at not sharing others, finishing each other's sentences—things like that." I looked up into his face, and at that moment, I saw a sadness cross his brow. "I'm sorry, I shouldn't be going on so."

"No, no, it's ok. Your face lights up when you talk about him—I guess I just miss knowing someone lights up when they talk about me." We sat in silence for several moments, quiet at our table near the open entryways of *The Famous Door*, listening to the band play "Sweet Home Alabama" as the rumbles of a thunderstorm began to crescendo over the city.

"Hey," he finally broke the silence, "promise me you won't lose your husband, ok?"

"Bill, I promise, I won't lose my husband."

I smiled at him and he reached over, placing his hand upon mine—it was a warm gesture between two strangers, something that might be unsafe in other circumstances, but in that moment, it was a simple act of comfort. We drifted on talking about life and loves, and we found ourselves opening up to each other. There was something safe about us, something about being able to share your most intimate secrets with a stranger, and knowing that their acceptance or rejection was not part of the bargain. I was a shoulder for him to lean on, and he was someone who made me appreciate parts of my own world. Still, did I want to follow this man out into the night?

He wandered outside to buy a Strawberry Daiquiri from one of the street vendors. When he returned, breathless and drenched from running through the rain, I slid off my stool and looked at him standing on Bourbon Street in the middle of a torrential tropical thunderstorm. Drops of rain burst on the windshields of the few taxi cabs parked outside the Royal Sonesta Hotel and the New Orleans Police Department horses became restless, their hooves prancing about on the wet cobblestones.

"C'mon, you have to see this!" His invitation was pleading as he tugged on my arm.

"No," I insisted, "I'm wearing a silk skirt and I am not running around in the rain in a silk skirt. Do you have any idea what is actually in these puddles on Bourbon Street. It ain't all rain, ya know."

"But you have to see this–it's beautiful–you must! Besides, when are you ever going to get another chance to run around in puddles of rain and alcohol with a crazy garbage man?"

"Ummm, alcohol puddles–so not appealing." I wrinkled my nose at him. "Besides, Bill, rain–silk–spots–stains–mess–no, no, no, no, no!" I was sure that there was no way he could convince me to run out into the rain, but after about ten minutes of begging something in his demeanor brought about a change in my attitude.

"Listen," he was suddenly quite serious, "there is something powerful out there, something almost unearthly–weird–I don't know–I just feel it. It's like the entire street is abandoned and if you're one of the few who dare to venture

In the Eye   9

out into the rain, Mother Nature is going to reward you. I can't exactly put this into words but you have to trust me." He stood in front of me all soaking wet and determined, and I saw urgency in his pleas as he reminded me of the mystery that can be found in this city, and the majesty that could be found in a rainstorm.

I placed one hand in his firm grasp, held up my silk skirt with the other hand, and dashed across the street with him as the puddles and raindrops soaked us both. We turned our faces skyward to see the magnificence of a black-grey night, lit by the orange glow of the tropical heat, and brought alive by the spider veins of lightning. The sounds of the bars and the street faded away as the thunder trumpeted over the French Quarter rooftops. The entire night sky was ablaze with an iridescent glow from the heat of the city. I can't remember ever seeing a sky quite that color before, or since, and that backdrop is etched in my mind. The luminescence was almost phantomlike, as if all of the spirits from this very haunted Vieux Carre was rising up to dance together in the storm. With every flash of lightning the old windows behind the iron lace balconies reflected dancing fingers over the bubbled glass. The rain was coming down in sheets, spraying sideways through the streets, painting a mirror like sheen on everything in sight. There were very few people on the street at that time, and the ones who peered out at us from inside the bars and storefronts along Bourbon Street must have thought we were insane. If we were crazy, this was an insanity which I embraced; nature was playing a concert and we were the lucky few who had front row seats. I could feel each thunder blast quiver through my body to create an eerie sort of music. My eyes widened with each flash of hot yellow lightning, and the rain glistened on my skin like tiny diamonds set there to make me feel beautiful. In those moments, I was beyond words, lost to the power of the night around me and within me. I teetered, and then felt Bill's arm encircle my waist. He pulled me back against him, "Isn't it amazing?" he asked with a soft whisper in my ear. And it was.

As the storm began to roll away from us, heading out towards the Gulf, it took the magic with it. The sky cleared and people started to emerge from the shadows of safety they had found within the establishments along Bourbon Street. The arms that had enveloped me dropped in release, and we turned to smile at each other. I thanked Bill for being so persistent and his face widened into a tender grin as we walked back to *The Famous Door*. Finally, with a light peck on the lips and a warm hug, we parted in the wee hours of the morning. Besides our conversation, that rainstorm was all that we shared that night, yet it was larger than anything else we could have ever imagined. I will probably see a thousand thunderstorms in my lifetime, but none will ever compare to that one in New Orleans in the summer of 2003 where I was transported into something mysterious within the embrace of a city I love and a man I will never see again.

L'AVALASSE

Jack B. Bedell

The old women of our parish
say such rain, *l'avalasse*,
throws sheets of sleep across your house
to wash away whatever burden
the day has brought. They walk outside
in their nightgowns as soon as the bullfrogs
stiffen in the ditch and hunker down,
believing the water will cleanse them of aches
and lighten the weight their years have built.

It's enough for me to step to the porch
with the dog to watch the backyard fill.
Inside, my wife and boys draw close
and breathe with such peace the house almost glows.
Their sleep is thick and well-deserved.
There's nothing worth waking them for
as long as this storm holds us to its heart.
I know the dreams they share will be enough
to keep us afloat when morning comes.

Outside, a murder of crows has landed
pecking its way through the mess this rain
has washed off our house into the grass.
Somewhere, the old women are bathing,
their lesson in the water coming down—
no matter how it pounds, this rain
will not outlast Noah's. Our land
is thirstier than his, our sins
much easier to wash away.

Rain Washes

Gretchen Fletcher

As relentless as white men on the move across the Plains,
comes rain across the Sangre de Cristos in clouds
that mirror the mountains in mass and color.
Lightning slits bags of clouds allowing water to escape
and seek its own level—in streams and acequias.
Feral dogs are the first to notice. Their hair rising in ridges
down their backs, they hunker under pickup trucks.
Women bring in Saran-wrapped fry bread and shoo
black-haired children behind doors painted blue
to ward off evil spirits as do smoldering sticks of sage.
Tourists seek shelter in the mission where they listen
to the native guide explain all those weed-fringed crosses
in the fenced-in yard while rain washes the ancient adobe.

Wild Horses, Placitas

Diane Thiel

This old village is known for its horses, wild herds
which consider these foothills their home. They are said
to have run here for centuries, since they were left
by the conquistadores. You rarely will catch
any glimpse—only traces, the dust cloud kicked up
or the high-pitched calls traveling far in the cold
morning air. Very soon after moving out West,
I encountered them, first those mysterious calls
at the break of a dawn, re-inventing my ear
and my eye and the day and the trail with a still
unexplainable peace, like a long desert rain

but then, suddenly breaking, the radio's news
like a murder.

                Why is it, again and again,
we will know of such beauty just as it is lost,
one herd harvested, auctioned—the lead stallion's neck
snapped, as he tried to resist. On a morning like this,
I can't help but want one, at least one mystery
to remain—I want something that large and that fast
and that—costly—to still be out there running free
to have even the tiniest possibility
on an average morning, on waking, or heading
off to work in the city, our sprawling Albuquerque
to hear their hoofbeats in the valley—echoing.

Blue Heron

Barry Ballard

Before the heron ever winked through the last
shimmering fragments of afternoon light,
before he flinched, lifted and tucked his right
leg (as a warning of the thunder he half-
concealed under his garment of feathers),
I already knew you had preceded
me and left footprints where the water had fled
the sand, careful to leave the sacred undisturbed.

And I knew, Father, why this final sliver
of light should cut through the husk of sorrow,
why the deep tide-like rush of the heron's
wings should stir no more from silence than our
countless journeys over the same reeds. Our words,
like oars, piercing the sky's highlights and shadows.

Cypress

Shannon Marquez McGuire

You are tree to me before all trees, all the years
                since childhood
drives on white-shelled lanes that wound their way
                through swamps.
How well you wear your crown of branches—
                naked, green—
your fluted base, your straight spine, the spirals
                of your foliage.

Wind-firm,
                long-lived, you stand against each hurricane.
Rarely can one
                blow you down, and still you thrive
lying on your side,
                roots ripped undone, light green needles
still springing out
                onto the few branches that protrude
from still waters.

You are the tree to me before all trees. First sight of you
                presses from me sighs
I had not claimed. It's fine to feel low when you go bare
                yet cast cones.
It's fine
                to be me,
to let my busy self, hurried tongue, speak
                in lines.
                Your form erases all confines.

Let me sing your praises. Let me hum back
                your swamp songs--
Your Strongness, Your Highness, Your Calmness,
                Your Wildness,
                      beardless or moss-laden.
Your Baldness, Your Tallness, Your Greenness,
                Your Yesness,
                      against star-filled or sun-filtered skies.

You are tree to me before all trees.
                I kneel
to the supportive knees as close to you as kin.
                I see your false rings
are stress rings, etched like lines in tired faces
                that tell
coded stories only loved ones can read.

                Cypress tree,
if there must be an afterlife,
                I want
to pass into remembering, and see you.
                Please, I want
to make my way through reflective pools,
                to be received
by cypress trees, to be embraced
                by your enduring branches.

Naadra

Susan Rich

*Somali word meaning to conduct
research or to follow the tracks of lost animals*

Trying to find the rhythm
    of her words
the matter of fact way
    she says *shot*, she says *raped*.

Watermark

Diane Thiel

In every desert, travelers have dried up in the sun,
with shallow wells of water right below them.
Perhaps they left too soon, too young, too desperate to run
towards something or away from something else.

Perhaps they hadn't learned the way to read the tiny trails,
the watermarks remaining from a people who have gone,
whose hieroglyphs translate – in this direction is a spring
of sweet water. Look for it. Or is it, listen?

Sound

Curtis L. Crisler

—inspired by Rodney Jones

Simple as this wheat spooling
into itself; a dangling hair-glop
in my husband's senior picture.
This bold silence walks through wheat
looking for rest, while three men strip
my hardwood oak floors like graphs
on burn victims. But all burns aren't
made by fire. Men say they will save
the wood but can the oak tree be saved
by *this* time? Silence stomps. Silence
waits on this plain ready to take away
the wind pushing its back. There's no
shrieking. My husband cannot see
this bully; he is lock-jawed to what
our parents have planted; to what
settlers called *prime dirt* and *home*,
and he wishes change would change
its mind but what does a man know
about this wind, a woman, amnesty?
It's as simple as the curling wheat
spooning itself into little laughters
and cooing to the west. The three
men and my husband conspire to rule
the land, thinking, *wheat does not
become wheat without me.* They do
not know they conspire. Men only see
above the earth; never the life of
her seed. What's left, a man's shame

of gutting her and her children—
reminder holes pumped full of *okays*
and I *understands*. But do men ever
strip their own skin, feel hundred
year nails subtracted from their
bodies? Or do they sand bumpy
notches and buff and buff and
buff 'til the wind defends herself
for letting the wheat say ahh?

Icebergs

Deborah J. Fryer

> *Glaciers are things of ineffable beauty,*
> *in which the purest tones of light pulse and shimmer,*
> *lovely and untainted as anything on earth or in the sky.*
> —John Muir

"That's Culross Passage," Captain Ted announces, gesturing to the right through the gray rain, which streams off the windshield like a beaded curtain. "We just came through Dangerous Passage." For two and half hours, the Cody Brown, named after Ted's pit bull, has been punching through the chop of Prince William Sound. The rough open water flings our cruiser around like a bathtub toy, but Ted steers unflinchingly. Cody, oblivious to the turbulence sleeps at Ted's feet. "In just a few minutes, we'll enter Nellie Mae Passage, and just beyond that is Whale Bay where you'll put in," he shouts over the wind. But the pea soup weather has obscured everything. We could be anywhere. Not only is the landscape invisible, but it's very hard to stave off seasickness when there is no horizon line on which to focus one's gaze. I watch the back of Ted's neck instead, ruddy and wrinkled, with a pale, smooth line where he has just had a haircut. This helps to settle my stomach.

My sister and I are traveling with a group of strangers on a Sierra Club seakayaking trip. As we bounce across the water, we size up our fellow paddlers. We have all just met a few hours ago for the first time, so the mist that obscures the magnificent mountains and sinewy shoreline serves as the perfect backdrop on which to project my first impressions of the group. We surmise a lot by observation. There is a neurologist from New York decked out in Patagonia, Marmot and North Face so brand spanking new some of the tags are still on the clothes. By his own admission, he is a very wealthy man with pied-à-terres in Manhattan, East Hampton, Paris and Jerusalem. Luxury fits him like a glove but he hasn't camped in thirty years, and I am worried how he's going to fare living in a tent for weeks. He immediately earns the nickname Adonis because he constantly combs his hair and smiles at himself in the ship's mirror, making us wonder if he is wearing a toupee or is just a narcissist.

In our group there is also a hunter from Hannibal, Missouri, dressed entirely in camouflage. After we have pulled away from the dock, he announces that he is a card-carrying member of the NRA, this is the first trip he has ever taken without a 44 clipped to his hip, and he plans to pee around his tent to keep the grizzlies away. Hannibal the Cannibal has yellow eyes like a fox. When he stands up, one foot points East, the other points West. He is being cornered by a used car salesman from Detroit whom we call Muscles because his trapezoids are so huge they have swallowed his neck. He is holding forth about the powers of creatine supplements. Adonis is fascinated. "I eat 8,000 calories a day," Muscles declares proudly. "I have a 19" neck, 5% body fat and twice the ejaculate of other men." This is way too much information for my already queasy stomach, but Muscles, who has just eaten a whole chicken and a quart of yogurt for breakfast an hour ago, announces that is can't wait for lunch, and he struts like an automaton to his backpack to get a power bar and a Gatorade to hold him until we make camp.

A 70-year-old Alaska native watches with an expression halfway between amusement and grandmotherly concern. She reaches into her green Gore-Tex and pulls out a silver flask. "Have some home-made blueberry wine," she offers. "I made it myself." Muscles disdains, but a frizzy-haired woman from California, who pops pills like they are salted peanuts, accepts a swig. How am I going to last for a week in the wild with these weirdos? Fortunately, there is a Nice Man from Iowa who looks like a librarian (perhaps because he wears reading glasses around his neck at all times), a bishop's daughter from Philadelphia with eyes like seaglass and a laugh like lace, and my sister, who helps me to see the hilarious in the absurd.

Around noon, the wind dies down and the mists part, revealing snow-capped mountains and humpback whales breaching in the distance. The water is like liquid jade. Porpoises play in our wake. The granite cliffs are covered with barnacles, mussels and kelp as though Jackson Pollock himself had a hand in turning this random chaos into such beauty. Soon we pull onto a shallow gravel beach at the end of Whale Bay. Cody jumps overboard and wades ashore to do her duty in the intertidal zone. The Nice Man from Iowa and Muscles unload the gear. Adonis is on a self-proclaimed voyage of self-discovery. He takes off down the beach to explore. The first thing he discovers is that stepping on sharp rocks is a really bad idea in sunflower yellow, waterproof rubber rain boots. He learns to mend the gash in his boot with duct tape, but the unanticipated fashion statement causes him much chagrin, especially since yesterday these boots were brand new from Nordstrom's. Adonis' second dismaying discovery is that he can't get a signal on his cell phone. He walks to the end of the gravel bar and holds his phone to the sky, as though that will help. For a brain surgeon, he seems to be misunderstanding something pretty basic about living in the wild.

We spend the afternoon setting up our tents and getting the feel of kayaking in a protected inlet. The water is smooth and silvery, now that the storm has passed, and there are otters all around, napping on their backs as though lying in hammocks. Muscles takes it upon himself to teach Adonis to paddle, and they both end up flipping their kayaks. I am watching a mama black bear and cub nose along the beach, when I hear Hannibal yell. The bears nonchalantly amble off into the alders, and Hannibal starts marking his territory. His tent is right next to ours. I hope he has good aim.

Fifty feet from the water's edge, the Nice Man from Iowa builds a campfire from lichens and driftwood. Adonis is in charge of dinner on our first night, but cutting the onions makes him cry so he bails. My sister, Lace and I are only too happy to take over KP. Grandma Alaska is enjoying a preprandial cocktail on a big rock. Frizz is meticulously sorting her drugs for indigestion, diarrhea, headache, asthma, nausea, insomnia, and depression; all of which she plans to experience this week. A few paces away, Hannibal is whittling sticks into spears.

The sun remains high in the sky until 10:30 at night, at which time it disappears behind a ridge, just barely out of sight as though playing hide and seek with us. We watch the sky turn from salmon to rust to the duskiness of a ripe peach. Hannibal is the first to retire to his tent. Within minutes, he is snoring. Frizz sighs loudly and begins rummaging anxiously through her backpack, until she finds her earplugs, which she inserts with great aplomb. As the rest of us talk late into the night around the fire, the tide stealthily creeps up and begins lapping at the wood. With tin can lids and spatulas, we move the embers farther up the gravel out of reach of the tide's salty tongue. This is our first lesson that Mother Nature rules.

The next morning, the reddish mountaintops striped with snow look like giant ribcages. The tide has turned, strewing carrot slices. broccoli flowerets and tangles of spaghetti from last night's pasta primavera along the shore. Orange and gold bulbs of kelp glow like Christmas lights. Barnacles small as baby's teeth reflect the sun like thousands of diamonds. This is our second lesson that Mother Nature rules.

We spend our first morning exploring the nooks and crannies of Whale Bay. Arctic terns whoop and dive around us, winging tighter and tighter circles over the water until they plunge in and emerge in a spray with wriggling silver fish in their beaks. "Did you see that?" I ask the Nice Man from Iowa. "You betcha," he answers. As we slip into the meditative trance that rhythmic paddling evokes, he tells me that during the 60s he spent two years in federal prison for dodging the draft. This was the first time he met black people. The blacks were there for dealing drugs, and the whites were there for refusing to fight, but they all considered themselves political prisoners, doing time for rebelling against the government. The Nice Man from Iowa is an underdog, a fighter, an affirmative action lawyer with real heart and soul. I have so underestimated him. He is anything but beige.

At lunch, we draw the kayaks onto a beach that looks inviting and bushwhack up the hills. We traipse through wild purple irises, chocolate lilies, raspberries and Denali shooting stars. Their fuchsia petals explode from what look like sharpened pencil points. We come to a mountain pool. Adonis strips immediately and plunges in to bathe. Muscles says he can't wait to tell the guys at work he went camping with a pervert. But they bond when Adonis asks Muscles for bodybuilding advice, and by the end of the week Muscles and Adonis are toasting each others' camping cups three times a day with creatine supplements.

Every day we paddle for about ten hours. We float past anemones as big as pizzas, snow white seals sunning themselves on rocks, and granite walls whose scratch marks hold the history of glaciers that have passed through here millennia ago. The hypnotic repetition of paddling encourages us to slowly reveal our histories to each other. Frizz shares that she has bungee jumped twice in New Zealand. She has come across as so timid and fearful, we are shocked and impressed and even a little jealous of her inner daredevil. Grandma, it turns out, is an expert on all things Alaskan. She regales us with true stories of campers who have been mauled by grizzlies, teaches us how to make blueberry wine, and helps us identify all the flora and fauna in the intertidal zone. And most delicious of all is the revelation that she was crowned Mrs. Matanuska Valley for her finesse at setting a table with crystal and china, sashaying down a runway in a skirt she sewed herself and for cooking a crab casserole, which despite its runniness, clinched her the blue ribbon. Lace does not share her hidden talents until the third day, when she confesses that she once put peanut butter all over her white poodle and that she was a nationally ranked ping-pong champion.

On the fourth day we reach Icy Bay. Thick clouds gather overhead, bleaching the turquoise water white. In the distance I can just make out a cruise boat with a dark blue hull. The Sound is silent but for the strokes of my paddle slicing the glassy water, the creak of my seat, the rustling of my life vest against my skirt. Suddenly a peal of thunder explodes and trundles across the bay. I scan the bright white sky. There are no dark clouds gathering, there is no wind. "Did you hear thunder?" I ask Muscles. "That's a jet on its way to Anchorage," he says authoritatively. We keep paddling towards the ship. Thunder rumbles again, so powerfully this time I feel it ricocheting in my chest. I put my paddle across the gunwales to stabilize my kayak. Now we are close enough to the boat to see that it is really an iceberg several stories tall. We are not more than a quarter mile away when it lunges as though something has hit it. It begins to roll violently, heaving from side to side, exposing the blue keel with every yaw, groaning and creaking under the stress. Sparks seem to fly, electric white against midnight blue, and the iceberg rises out of the water as if lifted by an invisible hand. It splits apart. Jagged house-sized peaks topple in slow motion, churning the black water frothy from the impact. The smaller ice chunks disappear momentarily and then resurface like breaching whales, smashing the water with their powerful tails. The reverberations from the calving are followed by another sound: a crackling static as the underbellies of the pieces that have broken off rise to the surface and express air. The ship-sized iceberg regains its equilibrium and Prince William Sound is even stiller than it was before. I have just witnessed something divine. A big, flat wave undulates from the iceberg towards the kayak and jolts me out of my awe. I turn my bow into the wave to keep from flipping and paddle as fast as I can back to the group.

Eighty-five percent of an iceberg is underwater. One hundred percent of icebergs are unpredictable. They can roll or calve instantly without warning; their edges are razor sharp and can easily slice open a kayak. The rubber-bottomed Klepper kayaks are especially vulnerable to the icebergs' sharp and invisible teeth. The closer one gets to a glacier, the more icebergs there are surrounding it, and therefore the more dangerous it is to be paddling in close proximity. For this reason, we decide that when we approach Chenega glacier, the mother of all glaciers, we will form a caravan with the heavy fiberglass double kayak threading a clear path through the ice. The group suggests that Hannibal and I, the strongest paddlers, lead the way in the double kayak, the strongest boat. I don't relish the idea of sharing a kayak in a dangerous situation with a man who is comforted by a gun and his own urine, but I don't want to call attention to my distrust so I stepped into the boat and set my intention to paddle with as much equanimity as I can muster.

The day begins with a pod of orcas swimming across our path. The fear that they will think our kayaks look like seals from below is replaced by exhilaration as we near the glacier. The wind picks up and driving rain begins pelting us painfully, but that drama only heightens our excitement and determination to reach the glacier as soon as possible. The closer we get to it, the bluer and milkier the water becomes. "Doesn't it feel like we have been paddling for hours and aren't making much headway?" I ask Hannibal. I look back over my shoulder to find him fishing off the side of the kayak. His laugh is a cross between a hiccup and a guffaw. "Keep paddlin' ma'am," he says, smiling impishly through his crooked goatee. Chenega's blue face peers through a gray veil of fog as we continue to inch our way towards the snout, vying with the icebergs for a front row seat.

We snake forwards through the ice, and Hannibal tells me about his past. He grew up in the Missouri woods in a house on stilts by a river. He studied math, physics, geology, and psychology in college before finally getting a degree in horticulture. He now lives on a 40' houseboat and travels up and down the Mississippi, living off the land and hunting his own food. I realize there is a lot more to this modern-day Huck Finn than meets the eye, and he is growing on me, despite my initial reaction to him.

Icebergs are all around us now, towers of emerald and cobalt, turquoise and battleship gray, opalescent white and inky black. They are boiling, popping, fizzling, cracking, hissing. Producing a deafening symphony that makes me feel small and insignificant in the grand scheme of things. This is my third lesson that Mother Nature rules. The closer I get to the glacier, which is at least a mile across and a half a mile high, the smaller I feel, like a supplicant in the face of God. Tiger Glacier has a pregnant bulge, and as we inch closer, I believe I can hear her laboring under the exertion of the liquid river of slowly descending ice. The rift expands before my eyes. I am drawn closer and closer towards the danger, but the powerful ebbing tide and Hannibal's urgent voice of reason convince me to leave the mesmerizing glacier, pulsating with life.

On the paddle back to camp, Hannibal catches a four-pound salmon. He hauls the flashing silver fish into the kayak and bops it on the head with the bailer. I plug my ears to drown out the dull thuds of ebbing life, but the shock of the blows still travels up my spine. The salmon flips and flops its way to death. As it passes, Hannibal prays, "Thank you Mother Nature and Father Sky. Thank you Poseidon. Thank you, salmon, for offering your soul so that we may live." That night Hannibal skins the fish and roasts it in butter, salt and pepper over the coals. We all share in the feast. Mrs. Matanuska Valley passes around the blueberry wine. Muscles offers to share his creatine shake. Chenega Glacier is visible from our campsite, but it looks different. I realize that while we were eating dinner, she gave birth. An iceberg, round as an igloo, glides by on the outgoing tide. The sky is now dark as stonewashed denim. Summer is seamlessly fading into winter just as the castles of ice are melting into the saltwater of Prince William Sound.

We are all like those icebergs, presenting just a small piece of ourselves to the world until that inevitable time when what lies hidden must surface in a tumultuous and exhilarating rush of yes.

Embellishing the Picture

Susan Rich

Surely there are islands of fiction
floating through the real to reel

projections of my days.
A hummingbird hovers

glimmering above the witch hazel,
a handsome camel, musically

inclined hums in a cornfield
flummoxed by time.

Nothing extraordinary as the beach glass
and the fog-split sky

amp up the summer's brightness
along the clefts of Cattle Point Drive.

Each day, or not each day,
we're alive: *wing-tipped*

gargoyles, rosehips, pink slips.
Nothing exceptional

in the ferryman's invitation to
please return to your car doors,

pelvic floors, back seats, geographies.
Why choose to live this one life

reluctantly? Instead, take this man
with the dimples out to dinner, take him

home to where new constellations
float beyond the tiled rooftops

to where the moon, just watered,
arrives at your front door.

OUTLIERS

Dawn Paul

So if the material tells you, 'It may be this,' allow that. Don't turn it aside and call it an exception, an aberration, a contaminant... That's what's happened all the way along the line with so many good clues.
          -Geneticist Barbara McClintock,
           A Feeling for the Organism

"It's dark out, Professor Brownell. Why don't we just take some measurements tomorrow at the pond near South Campus?"

"I know it's gotten late, but because the Still River Reservoir is not a naturally formed body of water, it has a unique sub-surface topography. That makes the temperature stratification more pronounced, and there are a few places that generally yield some unexpected data."

"But it's so cold outside."

I am always surprised at my students' lack of enthusiasm for field work. They like it in theory, but the reality of cold feet and wind chill makes them long for the comforts of the lab. Over the years, I have noticed that each class is more awkward in the woods than the last. I've watched my students get progressively clumsier at climbing fences and crossing streams. It's as though they have spent their outdoor time in well-groomed parks, not real woods. They are leery of the woods at night and freely admit to their fears, even the boys. I suppose that is a good thing, but it saddens me that most of their experiences in the woods have been bracketed points in time--summer camp or an Outward Bound session. Each year, fewer of them have spent time in the woods on their own.

Now they tumble out of the van and fumble in the cold with flashlights and notebooks. I suggest that they switch off the flashlights and let their eyes become accustomed to the dark. It's a clear night, but they want their lights. I unlock the gate in the chain link fence that guards the reservoir and lead them down a stony path to the water. The ice is thick this year. They will be able to collect data at several points well off shore.

My students know the routine after this full day of field work. They fan out across the ice in teams of two and begin drilling holes in the ice. When they drill through, water gushes up over the ice as though released under pressure. Later, I will ask them why this happens. Not because it has any bearing on our subject, but because I am always amazed at the range of answers I receive; the fabulous ways that these scientists-to-be construct their world in the absence of hard data.

I walk from one team to the next, helping them to re-calibrate the dissolved oxygen meters and encouraging them to be precise in their measurements. I also encourage them to look up from their work to admire the stars. They cast their eyes up obediently, then lean their heads back in open-mouthed awe.

The stars are thick and bright in the winter sky. Here below there is only the pale ice and the bare black trees. The students flick off their flashlights, one by one, to stand in the dark and watch the stars. Then the flashlights go on again, one by one, and my students bend their heads to their work. They record their measurements on clipboards, then we all troop back to the van.

Tomorrow, in the warmth and light of the lab, we will graph the data, this night's haul of information. In any statistical sampling, there are data points--measurements, events, dates--that lie outside the thickly occurring average. These points are the dots on the edges of the graph, like horizon stars strayed far from the clustered Milky Way.

My students will be dismayed at those data points that do not conform to the statistical trend. They will disregard them as aberrations, deviations from the cool clear path to the answer. But they exist, those outliers, stubborn sparks living on the margins.

My students will ask if they should leave these stray data points out of their calculations. But it is to these outliers that I will send them again, to find out what marvelous events are happening there. It is in these outliers, I will tell them, as I tell them every year that we find the fullest expression of nature, her wildest strivings and most daring artistry.

The Seven Sisters

Michael Gregory

having nothing at all to do with the sun
whose chasing after them was, after all,
the only reason in that alternative
universe they had to fly together into ours
flickering with nebulous light, barely
distinct from each other to the naked eye

rising out of the newly darkened horizon
every night from the night summer begins
until the night the children of the earth
invite their dead to walk among them again
accepting favors in lieu of taking revenge
for what was done to and not done for them
before and since they went beneath the ground

out of sight of all that passes above
the little ball of mud all their dreams
their love and laughter regrets and bickering
are fastened to for all eternity
in this reality the stars observe,
weeping as one for as they fly overhead.

CRANE

C. S. Fuqua

At the river's edge, a white crane stands
on drought-cracked soil, water still
running deep out there, in the middle,
lilies spreading in directions three.
Bamboo stands nearby, tall, thick,
a world out of place between river and church.
Before the bloody cross,
his youngest daughter sat with her friends,
laughing, saying he'd only taken a trip
as incense bore the silence of his life.
She finished her day at school, her friends
shunning the dress she'd worn to the cemetery.
A mere visitor, I watched from the rear,
saw that lid descend over a face
as old, as young, as mine.

Bamboo flows with the wind,
a green ocean's waves,
culms clacking ancient rhythms.
In the church, they worry about the girl,
that girl with her whole life ahead,
but she will find what she needs,
will find her father deep within herself,
just as the crane spreads its wings,
climbing, a vision above this grove,
the faint odor of incense rising from my shirt.

Dust on the Bed

Phyllis Jean Green

Drought emptied the creek that is charged
with watering land I pretend to own.
Bank claims we have a relationship

No sign, but mist bereft of color hangs
barefoot and pregnant. Bed waits,
rock welded to giant mistake

Keep seeing the rutted brown tongue
of a wraith spat my way one noon.
Nothing came. That dry.

Toad and ocher aren't my thing,
Mojave skin, all scale and bone.
Life bubbled and skated. Water!

Children used to roam your banks
to fish with sticks and patience.
Child in me kicks and rants.

Go back and toss your last buck
at the man. Beg him to take a taste,
turn the bottle upside down. Rain!

Sober, in a Dry County, During Severe Weather

Chris Tusa

Spooked by a thunderbolt,
I search the horizon for rain.
Surely, clouds as black as these
could peel the roof off trailers,
pluck birds from the trees.

It's just this kind of weather, I think
that could drive a man to drink.

With nothing in my glass to dim
the pain, I pray for a tiny blackout
in my brain, anything to stop
the fear, the ticking bomb
of my heart, my bones rattling
like empty bottles of beer.

It's all I can do today,
when the closest liquor store
is fifty miles away, all I can do
to not look up at the thunder clouds
spilling over the horizon,
the sky black and empty as my cup.

Hurricane Watch

Gail White

  Justin, my ex-husband, was a Northerner, and I think this is ultimately the reason why our marriage broke up. Say what you will, Northerners and Southerners are different. Justin, in his superior New Jersey way, called this climatological determinism, but just because you can name something doesn't mean it isn't true. Northern people are industrious, prudent, and very earnest about issues and about their souls. Oh God, can they be earnest. Southern people are generous, passionate and indolent—shiftless, if you will—but rarely, thank goodness, are they earnest. It's just too hot.

  Now it is July in New Orleans, and the heat sinks into the lungs like two black cows into a bog. You need a bath every time you spend five minutes outdoors, and it takes an endless supply of cold drinks to keep your body going. The rich have air-conditioning and the poor sit on the stoop all night because they need the money for carnival club dues and can't pay the utility bill. And somewhere out in the Gulf is Hurricane Andre, headed for New Orleans, due to arrive sometime in the small hours of the morning.

  I decide to call my friend Anne and ask her to come and watch with me. Like me, Anne is divorced. Her ex, one Marc, had his midlife crisis five years early, and decided at thirty-five to become a Sikh. He got up at dawn to chant his mantra, insisted on vegetarian meals, and wore a turban. When it came to the turban, Anne left.

  "Do you want to come watch the storm with me?" I asked.

  "Might as well. Nothing's going to hurt the condo, and the other cave dwellers are just going to get drunk."

  "Fine, so will we."

"Have you got everything you need?"

"Candles, wine, and a week's supply of cat food. By the way, bring the Duke with you."

"He'll just fight with Amelia."

"No, he won't. A low pressure area has a calming effect on cats."

So Anne and I are drinking, listening to the soothing monotones that TV commentators adopt when disaster is expected, waiting as the storm draws ever closer. I was wrong about the cats. The heavy lull makes them very hyper, and they are rolling and hissing all over the furniture. The TV people are pointing to a luminous map. It begins to look as though the storm may turn aside from us at the last minute.

"I hope it does," I say. "I barricaded the windows as well as I could, but in a really big hurricane, nothing protects you."

"Nothing ever does," says Anne.

Anne is very pretty in a mature kind of way, and has the kind of high cheekbones that I could kill for. I once told her, by way of consolation, that at least Marc hadn't left her for a younger and prettier woman.

"Does it make it any better," she asked "that he left me for bean sprouts and yoga?"

Well, I don't know. Officially, Justin and I broke up because he fell in love with Kara, but we had been sick of each other long before that. However, he was the one who marched out of marriage with the honors of war. I remained behind, a reject. I tried to tell the world how thrilled I was to be rid of him, but no one believed me. I suppose that was what made me a feminist, insofar as I am one.

"I don't know why I married him," I say, being now well into the wine. "He was handsome and a good talker and he looked like making money, but he had that damned New England Calvinist conscience. He said the South was riddled with decadence. We were just never right for each other."

"Marc and I were," says Anne, a simple statement of fact.

And it's true. For fourteen years they were everyone's ideal couple. Everyone said to everyone else, "You should meet Marc and Anne—such a supportive couple." A beacon of hope in our dismal times. Then Marc put on his turban and started picking the anchovies out of his salad and spent all his time at the ashram, whatever that is. Anne found it hard to get over him. "I keep thinking the real Marc will just walk through the door," she says wistfully.

"Well, I caught on to the real Justin all too soon, "I reply. "And then I let him talk me into feeling inferior for ten solid years."

I should let her talk and not keep talking about myself like that, but what can you do?

Eventually, after the long humid hush that always comes first, the storm breaks. It is one terrific storm. The banana trees are all torn to pieces—but that's all right because nothing, not even a three-day freeze, can kill a banana tree. Bits of the tin garage roof fly off, and the rain hammers furiously on the remaining tin. I love storms. Anne and I watch in silence as the wind blows trash away and bows plants double, and the rain falls like a moving wall. But we are not getting the worst of it. At the last minute, as predicted, Andre has veered a little to the left, and New Orleans will be spared. There's a line down somewhere and the power has gone off, but by now we want the candles anyway. If the current comes on again before things start to go bad in the refrigerator, I won't have lost anything.

"Here's to Andre, a good old boy," I say, pouring some more wine. "If they ever name one for Justin, it'll trash everything in sight."

"Sometimes change at the last minute works out for you," says Anne thoughtfully. "And sometimes it doesn't."

Ever since her divorce, Anne has been making little philosophical remarks that seem to apply the state of the world in general to her own situation. Justin would say this was the pathetic fallacy or something. I sometimes think there is a little bit of the earnest Northerner in Anne, but we have been friends a long time, so I never say it.

Waiting for the Alligators

M. B. O'Connor

Sometimes sitting in the blue flowered chair,
or rocking in the waterbed, feeding the cat,
seeding the feeder, sucking up dirt,
watering the begonia, sometimes stacking firewood,
scrubbing minerals from the kettle, pressing
the arrow on the remote endlessly, sometimes
scrubbing eggs from the cast iron frying pan,
pouring grease into the coffee can, switching on
the computer, tying my cross trainers, I'm just
waiting for the alligators, on a ledge covered with water:
lake above, lake below, no blame.
I'm just waiting for the alligators to rise,
their ridgy backs black with humidity—
those tails like violent aloe, that spiked, wide smile.
I'm just waiting,
and sometimes I want to jump from this ledge
and ride them like porpoises—
hold open their jaws like a dentist,
put an elbow between their eyes and retire,
punched full of holes as a drainpipe
losing my freon, contributing to
the deterioration of the ozone layer—how unlike
my organic dreams of decomposition into rich
brown dirt where a red eft, finding land
for the first time, frog walks up a steep path
in woods on a damp morning, hiding
from vibram soles in his loud orange suit, like a hunter
shouting, "It's me, Fred—I'm no goddamn doe."

Elena

Malaika Favorite

  Some mornings I sit on the coast staring at the Gulf of Mexico, wondering what is brewing in it. It's like a big pot always cooking up some strange aromatic stew that boils over every now and then, dumping some strange creatures into the Gulf. Sometimes I'm lucky enough to catch one of those creatures in my net. My hobby is collecting strange creatures and objects from the Gulf waters. I have found things like a catfish with scales, a sea turtle with one big horn on its back, and a fish with little legs and feet. When I was in the tourist business I displayed my creatures as a part of my Gulf Tour Package. I have also found strange objects such as gold coins, jewelry, carved parts of boats and pieces of glass, carefully washed and sculpted by the ocean tides. I sell some and some I keep for my collection of unusual things.

  My most amazing find happened in September of 1985. I was walking along the shore when I stumbled upon a skinny half dead creature cloaked in sea weeds. I was convinced I had found the first mermaid to be seen by human eyes. Her long skinny legs were covered with green sea weeds. I picked her up and took her to my boat house. I put her half dead body into the tub hoping to revive her only to discover she was not what I expected. Nevertheless, I felt it was my duty to take care of her since the ocean had sent her to me. She was no more than a bag of bones with glassy fish like eyes that seemed forever open and staring. She had light brown skin and long matted hair that looked as though it had never seen a comb. Her glassy green eyes betrayed her origins; she was one of those abnormalities of nature. There was something about her that told me to be on my guard. Though she was malnourished, I could tell that with the proper food and care she could turn into one of those bewitching Creole women who could destroy men with one look and check them off her list while moving on to the next victim.

I gave her a bowl of seafood gumbo. She ate two bowls full and then curled up under my blanket and slept like a newborn child. I left her there and caught a ride into Gulfport, where I bought a few things for her to wear, and some extra food supplies. When I got back, she was eating again. I gave her the clothes and told her to go into the back room and put them on. She came back and sat down staring at me with those glassy eyes. She looked around the room as if she was searching for something else to eat. Then the glassy green eyes settle on me.

"You, Mr. Tony Gulf?"

"People around here call me that."

"I'm Elena. They said you might help me."

"And who are they?" She ignored me and stared at the floor.

"I like your floor."

"Only glass bottom boat in these parts. I used it to give boat rides, long time ago, let people see the world beneath them. The gulf is too polluted now days to see anything in it." I explained. Then I did something I regretted later, I pulled back the curtain and showed her my fish tank, full of abnormal creatures. Her eyes got bigger, I didn't like her expression.

"They're pretty. Do you talk to them?"

"Sometimes, when I have nothing else to do. Usually, I keep it covered; I figure we all need our privacy."

"Fish don't care if you look at them, long as you don't eat them." After that statement, I close the curtain. I told her she could sleep on the sofa. I left her there trying to pull the Afro comb I had given her through her matted hair.

It was a long time before I fell asleep. I lay on my cot thinking about what to do with her. I wished I had left her on the beach to die next to that dead jellyfish that had drifted in. There was something about her that bothered me, but it was too late. I had breathed the breath of life into her with my gumbo; now I had to keep her. I tossed in my sleep, dreaming of destruction and tidal waves. When I woke up I heard her stirring about. I got up to check on her, she was greedily eating up all my food and watching my tropical fish that I kept in a tank on the kitchen counter.

"Don't be eyeing my fish,"

"I wouldn't eat those tiny creatures." She said forking up sardines from a half open can. "You got any spirits here, whiskey or something?"

I took out a bottle of white wine and poured her glass.

"Is this all you got? I wanted something stronger."

"Sorry, that's it." I sat the bottle down, covered up my tropical fish tank and went back to bed.

The next morning I left her asleep on the sofa. I did not enjoy my work that day; I caught very little. What I did catch I brought back to her. The radio was on; there was a broadcast about a storm brewing in the gulf. I sat on deck staring at the cloudy sky while she cooked the fish. When she came out she was wearing the black bathing suit I had bought for her. She gave me a plate of fish bread and peas. Then she pranced in front of me modeling the suit.

"Do you like it on me?"

She had actually gained a few pounds, but I ignored her. The suit fit perfectly but I didn't want to look too hard, lest I found more to notice than the suit. She had managed to comb the tangles out of her wild hair; it hung down her back in long waves, inviting and seductive. "It looks nice on you." When she saw I wasn't paying attention she sat down on the floor and ate her food like a starving child.

"So when are you leaving? Do you have people around here?" I probed.

"I'm not ready to leave yet. Can't you see I'm still weak? I need to gain more strength. Besides, they said you would help me."

"They who?" I demanded.

"My friends! They said you owe them a favor, and you would be glad to keep me."

"Well, whoever your friends are, they're wrong. I don't owe anybody any favors; my boat is paid for, my education is paid for, and I always pay back whoever I borrow from. And I don't haf to keep you."

"They saved your life once. You owe them."

I gulped, and remembered clinging to a capsized boat hoping I would make it to the shore. I had voiced a general prayer and a thank you when I made it to land. But that was five years ago. I leaned back in my deck chair and closed my eyes. Wondering what evil fate had befallen me in exchange for my life.

She stood over me reeking of fish and sea water. "I want to go for a swim, please, please, Tony?" She pouted.

"Haven't you heard the weather report? A storm is brewing; it's not safe out there."

"Just for a little while. The water is fun when it's rough."

I put on my swimming trunks and walked with her to the beach. I swam a while in shallow water, but she went wild. She swam out too far, laughing and frolicking like a child. I began to feel tired; I felt as if she was sapping all my energy. Something was not right but I couldn't figure out what; I just knew she was not what she seemed to be. For someone who was weak and malnourished, she had a considerable amount of strength. She swam as if she was in training for the Olympics. I yelled to her from the shore, insisting that we leave before the water got too dangerous. She told me to go ahead; she wanted to stay awhile longer and wait for the tide. I left her and went back to the boat house feeling like I had deserted a child in a dangerous situation. I looked in the cabinet for something to eat but she had left me very little, a few crackers and some peanut butter. All the food I had bought was gone. I turned the radio on to check on the storm. The weather man said that the tropical depression was moving faster towards land and was gaining hurricane force strength.

I knew I should go and check on her but I was so exhausted and drained; all I could do was fall asleep. I was awakened by loud rapping on the boat house door. I jumped up, convinced it was her returning from her swim. But it was the sheriff.

"Tony, you got to clear out. We're evacuating the area. That storm has turned into a hurricane mighty fast."

"I'll be okay. You know, I don't like leaving my boat. I've been through many storms and survived them all."

"Suit yourself, but this one is mean, can't say I didn't warn you."

"Did you see a young woman out near the beach?"

"Nobody out there but fools like me warning fools like you who won't listen anyway."

I laughed as he left, put on my boots and rain gear while the boat rocked to-and-fro. I turned the radio on to follow the progress of the storm which they had named Elena. I cursed her name and went out to tie everything down. Then I went to the beach looking for her but I couldn't find her. I figured she had caught a ride to town for shelter. The wind was getting stronger and the water was choppy and violent. If she had any sense, she had found shelter or was back at the boat house waiting for me.

I went back but she wasn't there either. I checked the other boats but no one was around. By midnight the Storm was raging. I realized it wasn't safe to stay in a boat house. I got the radio and a flashlight and tried to make my way to the safest place I could think of, twice before I had found shelter in an old church. It was a solid structure and had survived many floods and hurricanes. As I tried to find my way towards the church I realized the wind was stronger than me; its force was so great that it tore the radio from my hand and was dragging me along against my will. The rain was pelting me like thousands of sharp arrows. I finally let the flashlight go and grabbed onto something that I concluded was a lamp post. I lay flat on my stomach with my head covered and my arms tightly wrapped around the lamp post.

Being a curious person by nature, I couldn't resist a peep at what was happening all around me. I raised my head, and suddenly everything was very calm and still. I was staring directly into the bewitching green eye of the storm. It was so fascinating I couldn't look away. I had never seen anything so amazingly beautiful in my life. It was as if the storm was looking right at me and calling for me to join it in its violent furry. It was then that I was sure I recognized her voice calling my name. I held on tighter, as the eye disappeared as if it had suddenly closed and then began to echo my name. Tony...Tony...Tony...Tonieeeeeeeee. Then the wind raged while the sky became very dark. I saw whole century old oak trees taking wings and flying towards the center of the storm, pieces of boats and boards all flying as if some magical force had summoned them and they had to obey. I saw cows, dogs, and cars flying through the air at tremendous speed as if a giant child had picked them up, decided she didn't like how they tasted and hurled them through the air in a fit of anger. Thunder and lightning cracked the sky open giving the flying objects a ghostly glow. I watched as a spinning bus dropped suddenly on top of a building and then witnessed the same building caving into itself.

Something crashed next to me, there was a sudden bursting of water as a giant 20-foot wave dumped itself onto the shore and covered me. I let go of the post just in time to see it uprooted from the concrete and sail into a car window. I allowed myself to drift with the forces around me. I was tossed then thrown with dead fish and wrecked pieces of human invention. I managed to grab a piece of driftwood and held on to it. It was as if I was caught in a giant net with sea creatures and garbage and dragged swiftly through water and wind. Again I heard the eerie echo of my name as the storm tried to pull me to its center. It was her voice; I was sure of it. She was trying to pull me into her self, but I resisted as best I could. I was about to collide with something in front of me. I turn my body so that the piece of driftwood caught the full force of the impact. I realized I had landed on top of a floating roof. I lay as flat as I could and tried to will myself to be one with the floating wreckage.

The wind was still swirling around me making an eerie moaning cry. It reminded me of cats making their mating calls or more like sirens. I had a sudden insane rush of desire for her, and there I was floating cold and half dead on a roof top and all I could think of was how long and sexy her legs were. At that moment all I wanted was to be sucked up into the passion of her embrace, make wild love with her and die with her long legs wrapped around my body. I wanted to join her in her violent rampage. Insanity had overtaken me, and even death was worth the satisfaction of fulfilled desire. Just as I made up my mind to give in to her I felt something pulling my body as if a hundred arms had grabbed me and were trying to extricate me from the roof top. I wanted to let go but another part of me held on for dear life, as I struggle with indecision a giant hand of wind slapped my face and hurled me through the air. I landed two feet in front of the door of St. Marie de la Grotto.

I dragged myself to the door and crawled inside. I lay in a frozen huddle near the side wall. Every part of my body was hurting, and every pore of my being ached for Elena. I was too weak to move. So I just lay their listing to the howling sound of winds calling my name. I fell asleep half hoping she would pick up the walls of St. Marie, find me, and take me with her.

When I woke up I heard voices outside. I stood up slowly and staggered to the door. I was greeted by a flood of fresh air and sunshine. I saw people walking around collecting pieces of their past lives and putting them in boxes and wheelbarrows. I made my way to my boat and saw that except for the glass bottom, the boat, my fish tanks and all my abnormal creatures were gone, totally demolished by the force of hurricane Elena. I found a stick to lean on and hobbled towards the shoreline looking for her. The water was still high but it had started to recede. I searched through pieces of wreckage and dead sea creatures before I stumbled upon her. She was weak and barely breathing. I knelt down over her and wiped the sand from her face.

"Sorry about your old boat, Tony, and your creatures." She tried to smile. "I was mad at you 'cause you wouldn't let me have them. I left your glass bottom, maybe you can rebuild it." She paused and closed her eyes. "You know, Tony, I had every intention of tearing those cities apart. I wanted to eat the wood and drink up all the good water. I juggled those trailers and houses like little blocks. Then I was planning to throw them into the gulf, but you know what stopped me from totally destroying them?"

"What was that Elena?"

She laughed. "I peeped into one of those tiny trailers, and there was the cutest little boy sitting on a mattress playing with toy blocks. I couldn't do it. He was so cute. So I peeled his trailer walls away and put him and his little mattress in a tree. Then I picked up a handful of trailers, trees, and tombstones and slammed them everywhere. I tore up a lot of property, Tony, but I didn't kill anyone, not even you. I was planning to kill as many as I could, but I knew you would have been disappointed in me. So I spared them."

"That was kind of you."

Tony, why didn't you come when I called for you? We could've been such a force together. We could have made it all the way out to sea and had a lot of fun before it was all over. Why do you think your puny life here is so much better than what we could have had?" She looked me in the eyes. "Is it that precious, Tony?"

"I guess it's just man's instinctive nature to survive."

She took my hand in hers. "But you'll never know what you missed, will you, Tony?" Then she closed her eyes and her spirit drifted out to sea. When I looked down, there was nothing there, but the bathing suit, dirty and limp, lying on a rock.

Uncertain Likenesses in the Dark

Beth Ellen Anstandig

The winds snarled over the mountain and with them
came walls of rain. The trees

ran from themselves, branches broken off and
pirouetting past our windows like headless dancers.

The young dogs sat by our fire.
The old one in his own corner

worrying about the storm. He was right to feel wrong.
It wasn't long before the clock's glowing red

numbers flickered off and on.
Then off again—and not to return.

First, we stopped talking, as if the lapse
in electrical current extinguished something within us too.

The furnace hissed itself cool, its metal retracted,
clicked at its new points of contact, of inanimate touch.
   And the winds again—

but this time a high-pitched whine down the chimney,
the pouring of wet smoke like milk,
   like low clouds entering the room.

We added more wood.
We turned the already burning.

The room began to lose itself in an expansive gray
as the day fell apart, the light lost.

We stopped looking toward each other, our eyes
at every other obscured vantage but never joining,
   never even a glance.

I kept returning to the lamp, rolling my fingers around the switch
and expecting light. It was really all I could think to do

as if an illuminated bulb could repair us,
could fix this darkest room, our blind day.

The storm continued through the night
and the fire did its work. It gave us shadows

from which we could see ourselves, could watch
our exaggerated figures, indistinguishable from one another,

follow clumsily the ever-so slight movements we made that night,
our bodies slow as we shifted in the cold.

Surburban High Tide

Norman German

1

"Wait. Let me get a raincoat."

"Forget the raincoat. You'll get wet anyway."

Halfway down the drive, they launched the canoe in a lake of clear yellow water. Jack guided the canoe into the street and headed south on Ashland. With her paddle, Ami jabbed at debris as the canoe cut a V down the suburban canal.

"Look at that!" she squealed after poking a brown mass that disintegrated into thousands of ants. Later, she touched a big red crawfish with her paddle and watched it scoot to safety. Just as the voyage was growing dull to Ami, a water moccasin dropped from a low branch with a menacing sound and resurfaced as a living S. Jack touched Ami's hair with his paddle. She screamed and slapped at the imaginary snake, nearly capsizing the canoe. Jack threw his paddle clattering onto the aluminum floor. The moccasin submerged. "Whoa," Jack said, gripping the sides of the canoe and rocking it back and forth until water slipped over the gunnels.

"Stop it, Jack!" Ami cried with a frightened laugh. "You'll tip us over."

In his exaggerated Ami voice, Jack mocked, "You'll tip us over, Jack. You'll tip us over." Ami swung at him behind her back. Jack laughed. "It's only two feet deep. You wouldn't drown if you fell out, you'd die of a concussion."

Ami twisted around and lunged at her husband with a paddle. With Jack's help, the canoe capsized. Jack managed to keep his head above water. Ami stood up squealing, her dark red hair streaming in her eyes. After a short playfight, they righted the canoe.

"Let's go white-watering," Jack suggested. He ran the stop sign on Ashland, took a left onto Jefferson, and headed for the gully, where the water came to a muddy boil.

"You're not really going to do this," Ami said. She lifted her paddle from the water. Jack dug his in deeper. "Jack-Jack-JACK!" she screamed as the current sucked the canoe forward and propelled it downstream. More confident now in Jack's abilities, Ami laughed with fear and delight.

As they were drawn downstream, Jack reported the sights in his tourism-guide voice. "On the left, ladies and gentlemen, is Old Lady Hawkins's house. To the undisguised pleasure of all her neighbors, the fifty grand she kept buried in the backyard was washed away an hour ago." Occasionally, Jack touched the water with his paddle to steer the canoe right or left. Ami fussed as it began to rain.

"Right," Jack said. "Like you're gonna get wet." Ami giggled, seeing his point. They passed Glover Street and waved at some kids showing off on their bikes for Channel 7's Roving Reporter Newsvan. The cameraman panned towards the canoe and locked on them as they sped downstream. "Coming up, folks, is the McNeese Street rapids." Ami looked up to see foamy water spilling over the street. The canoe bottom struck the cement curb and lodged for a moment before Jack levered off with his paddle and sent the vessel careening across the bridge. The gully curved to the left, parallel with Sarver Drive. Jack pushed away from a low-hanging limb. Coming out of the turn, the canoe hit a red reflector mounted on a metal pipe and spun around. The gully narrowed and quickened, preventing Jack from straightening the canoe.

"Hold tight," he commanded Ami, who was no longer laughing. A hundred yards later, the gully widened into a peaceful expanse of slow-purling swells. "See," Jack laughed. "No big deal." They relaxed in the canoe and drifted backwards downstream. The gully suddenly narrowed again and Jack felt the canoe lift in the rising water at the bottleneck, then plunge and shoot downstream to meet the bayou. Where Pleasant Drive intersected Sarver, Jack, glancing over his shoulder, saw water splashing against the square maw of a concrete structure built to replace the old creosote bridge.

Facing upstream, Ami was oblivious to the danger behind her. Jack scooped into the current and tried to paddle away from the bridge towards Sarver Drive. Over Ami's head he saw the Channel 7 Newsvan feeling its way down Sarver, its bumper dozing a hump of water before it. The canoe's square stern struck the concrete abutment with a metallic thump. Ami tumbled backwards, hitting her head on a reinforcement strut.

"Don't move!" Jack yelled. "It's all right. Just don't move or you'll tip us over." From the corner of his eye, Jack saw the newsvan ease to a halt. He looked up to see a reporter with a video camera rising out of the sunroof like a periscope. The man focused his camera on the canoe, then panned across the scene for an establishing shot. Jack knew he was covering the area around the canoe so his viewers could see the water rushing from upstream and slapping against the bridge face, forming a backwash of muddy froth, an occasional wave bucking over the curb.

"Hey, can you give us a hand!" Jack hollered at the reporter. The man waved.

Jack struggled to keep the canoe pointed upstream. With Ami down and towards the stern, the bow cantilevered out of the water. Depending on the shifting current, he paddled on either side of the canoe to maintain its balance. The brief eddies his paddle made reminded him of a flushing toilet.

When the current afforded him relief, he looked up at the newsvan. After several minutes, Jack's arms grew heavy and burned with fatigue. Twice, Jack saw the man set his videocam on the van's roof and descend into the cab. Once, he opened the driver's door and was about to step into the water towards them when he seemed to recall something and changed his mind.

"Goddammit, give us a break here!" Jack yelled. Then he had to focus on the roiling water. Quickly, he shifted his paddle to the other side. Looking up, he caught a glimpse of the cameraman setting up a tripod on the van's roof.

At that moment, Jack saw himself objectively for

the first time, as if through a wide-angle lens. The man was setting up for a once-in-a-lifetime shot. He was going to film their deaths.

2

Of the many types of love one can be afflicted with, Jack Bell suffered from three: love of photography, love of fame, and love of a woman. And then another woman. And then another.

When he was twenty, Jack wanted to be a photographer. At LSU, he had taken all the available preparatory courses and was planning to matriculate in the fall at Brooks Institute of Photography in Santa Barbara. His mother was a broker, his father an optometrist, so life was easy for Jack. He lived in his parents' backyard in a mother-in-law cottage, part of which he had remodeled as a portrait studio. Most of his earnings he spent on film and filters, flash units and backdrops, lenses, chemicals, paper, and the hundred little gizmos of the trade. For a while he thought it was photography he loved. But after the thrill of shutter sounds and flashing strobes diminished, he realized it was the results that intrigued him, not the equipment or procedure.

Slowly, he came to the awareness that his photographs were memorials. To something. Occasionally, hanging the wet, slippery sheets by clothespins in the red dark, he found himself staring trance-like at the ghostly images and would shake his head and wonder how long he had been in that silvery world.

Leafing through a *Modern Photographer* while waiting on a client one rainy afternoon, he discovered what he was trying to capture in silver and black. He flipped from a full-page Kodak ad on page 39 to the most gorgeous woman he had ever seen: her ivory skin bordered by out-of-focus ringlets of black hair, her sensuous lips just parted, as if for a kiss, crystalline eyes smiling and peaceful, her face exuding grace. Next to the portrait was the image of what he thought to call "hag" before he read the caption and found the two subjects to be the same woman. At that moment, Jack Bell knew that what he had been trying to do in the darkroom was stop time.

* * *

When the customer arrived, she apologized for being late while fidgeting with her damp hair. Jack said it was okay; they'd do some shots until it dried and if she didn't like the prints she wasn't obligated to buy them. They'd take some by the window, in natural light, with her gazing out as if disappointed by someone who hadn't arrived.

After the window poses, he suggested swaddling a blanket around her and placing a book in her hand. There was something about being photographed that made certain women develop a quick affection for the man behind the camera directing their movements—complimenting, looking closely up and down, then through the lens, complimenting, then the flash and another compliment, moving cat-like to adjust a lock of hair, careful scrutiny, more directions, a final compliment, the flash.

Often, Jack fantasized about the sessions. The women gone, he spoke to them confidently, unbuttoned their blouses, told them to look down, now, without moving their head, into the camera. Barely able to contain their passion, they complied and suggested other, more daring poses. After the imaginary sittings, the women seduced him on the floor by the fireplace painted on a canvas backdrop.

Jack looked through the viewfinder at the woman looking at him.

"Miss Anderson, right?" he said. "What did you say your first name was?"

"Monique," she said. "And please, not 'Miss.'"

Jack looked up from the camera. "Right." He stared at her. From a foggy distance, he heard his voice say, "Look, why don't you drop the blanket and loosen a couple of those top buttons? You look like a preacher's wife."

Monique laughed and tossed the blanket off. She looked directly at him and laughed again, as if she might think him, not offensive, but ridiculous and would get up and leave without saying a word.

Instead, her face suddenly sobered and she looked down at the buttons. She unclasped the top two.

Jack took a picture.

"One more," he said, and she unbuttoned another. Jack shot the picture.

"Another," he said with authority. Somehow he knew this woman would do whatever he asked.

The woman looked at him. She was not smiling.

"Do you think I'd look better wearing just the book?"

Jack's eyebrows went up, and a very small part of his mind thought, "People's eyes don't really do that."

He was speechless. After a brief hesitation the woman stood up, faced the wall, and shed her blouse and camisole. When she turned around, she was wearing only the book.

That was the day Jack Bell's interest in photography revived. Each sitting turned into a rehearsal for a scene he had not yet composed. Everything in and outside of his studio, not just women, became a photographic event for Jack, something to be stopped once and forever in time.

Over the next few months, he explored the nuances of feminine vanity, became an expert at judging how far certain types of women would go. Three, all married, allowed him to photograph them nude. Jack had refined a line of questions and statements that won their confidence. One seduced him. Jack had dealt the woman a line about capturing her figure while she was still young, and she became instantly deciduous.

This stage of Jack's life came to an end when he showed his collection of proofs to some friends. Big Tony was the older half-brother of a bashful girl who looked a lot more naked than she actually was. From that experience Jack gained a lesson in discretion and a magnificent black eye. He knew it could have cost him much more. He photographed the puffy eye and coded it "Nude Bruise."

At one of the sessions, after his eye had turned from deep to pale purple but hadn't reached the cadaverish yellow phase, a willowy, demure-looking girl walked into the studio and taught him that his personality-reading skills were not as polished as he had supposed.

After peering around the door, the indifferently attractive blonde stepped tentatively in with a puzzled, half-frightened appearance. Dressed in a strapless formal, she looked about as natural as a mannequin. "Welcome," Jack said. "Come in, ah, Anna—right? You look terrific in black." Jack estimated it would take a dozen more compliments than usual to boost this girl's self-esteem enough to give her that confident beauty needed to take the fakery out of formal portraits.

"Are you kidding," she said. "I wouldn't be caught dead in this contraption."

Jack had learned that a question posed with humor in the voice might achieve the desired effect, but if it didn't, the woman could hardly be offended at a harmless joke. This in mind, he asked, "Does that mean you'd like to take it off?" Anna looked at him unflinchingly. "Not for you, buddy."
This girl was clearly angry at the world for something.

The intriguing subtleties of female vanity had lately begun to flatten into plain conceit for Jack. This specimen was just what he needed to restore his faith in the feminine mystique.

"Okay," Jack said. As they stepped toward the posing seat, he wondered what it would take to figure this one out.

"Sit here," he said. "Now turn your body this way. Now tilt your head like this." With each statement, he touched her as if testing a hot iron.

Bad vibes, Jack thought. *Acts like she was weaned on a sour pickle.*

Looking into the viewfinder, he said, "Who's your favorite cartoon character?" This usually broke the ice and produced a self-conscious but appealing smile.

"Look," she said. "You could do me a big favor if you'd cut the crap and get on with this. The sooner you finish, the sooner. . . ." That was all Jack heard.

Jesus, he thought, *get a sense of humor.* He stared at her as he would a petulant child.

"Right," he said. He looked through the prism.

In the Eye 59

She was much farther away than any subject he had ever photographed. If she wanted to pretend everything in the world was serious, he would play along and bore her into an early exit.

"What's your take on the presidential race?"

"A peanut farmer and a slapstick clown? Are you kidding me? I'll yank the Pat Paulsen lever."

His usual, clever monologue took a detour into belligerent dialogue. "What's your opinion on the nuclear arms race?" "Population control?" "Are the two related?"

Her replies were like personal insults.

After five minutes, Jack had a difficult time thinking of questions while adjusting his focus and manipulating the light sources. He knew he was onto something. The questions produced an effect on her face he had never captured on film. A kind of beautiful ferocity.

At the end of the session Jack was exhausted.

"Great," he said. "These'll be some really nice shots."

"I'll believe it when I see them," Anna said.

Jack's tolerance switch finally tripped.

"You know," he said, "you really are a very attractive woman, but your attitude makes you look like a witch and frankly I don't give a shit whether you pick up these prints or not, it's your loss."

* * *

In less than a year, they were married.

Anna was a poet. She had "done time at LSU," as she put it, before discovering that her idea of poetry did not coincide with that of the professors—any of them.

She quit school and waitressed and wrote poetry. Finally, Anna realized she didn't know what to do with the stuff, even if it was good. That's when she seeped into journalism, writing documentary articles on topics like Huey Long's demogogic legacy in Louisiana and streaking as a psycho-social manifestation of insecurity caused by an eroding value system.

After the wedding, Anna said she was ready to leave for

Santa Barbara any time he was. Jack told her he didn't need a degree from Brooks in order to become a good photographer. She said it would be easy for her to land a job in a newsroom and told him to drop the self-sacrificial pose; it disagreed with his character. The discussion ended when he asked her if she needed a professor to teach her what poetry was.

For two years, Jack and Anna were happy. She wrote; he took pictures. Without intending to, she landed a job at the Baton Rouge *Morning Advocate* through a personal response to one of the editor's cranky commentaries. Written in a colloquial style, it opened, "You think you change anything with your play editorials?" and closed by calling Mr. Andrew Lofton a heartless bigot. The editor replied, saying she had the true fire, then asked her to join his staff.

During her first year in the newsroom, Anna learned that she had a lot to learn. Occasionally, she noted positive changes in the city resulting directly from Mr. Lofton's cynical essays.

As high-school and then college friends dropped away, Jack and Anna made a circle of acquaintances from the newspaper. They ate out and went to parties together. They attended weddings, baby showers, funerals. From the associations, Jack derived a list of loyal clients. In Anna's second year with the *Advocate*, the editor threw a Halloween party at his house.

"Andy's not at all like I imagined he'd be," Anna announced to Jack as she placed the hairy wart on her putty-elongated nose. "He has a great sense of humor and really cares about people."

Jack had wrapped two old, tattered towels around his lower right leg and was strapping them down with leather boot strings.

"Yeah," he grunted while tightening the laces. "Seems like you picked up some of his charm. You sure didn't have any when I met you."

Jack was a big hit at the party, only not in the way he wanted. From an encyclopedia drawing, he had thrown together what he believed was a reasonable facsimile of Genghis Khan. He bought a fake beard from a novelty shop,

In the Eye   61

trimmed it to specification, and topped off the barbaric look with a ferocious pair of horns planted in a Viking skullcap.

"So what if Genghis Khan wasn't a Viking," he explained to Anna while admiring his image in the mirror. "It gives the rig a certain . . . je ne sais quoi, no? A kind of chic meanness." Anna laughed.

So did everyone at the party. The first was Mr. Lofton.

"Well," he said, greeting them at the door, "if it ain't the Wicked Witch of the West and Genghis Khan in Drag." The label stuck, much to Jack's chagrin, for he had attempted a vicious look and achieved only impotent silliness.

Jack won first prize for best costume at Lofton's party. It wasn't his fault they thought the getup was a parody of the ruthless Mongol.

Without Jack and Anna's knowing it, the party was the zenith of their relationship and the cause of its decline. Lofton circled back to Jack with regularity, kidding him about the outfit, and got to liking him so much that he asked him aboard the *Advocate* as a full-time staff photographer, promising he could work with Anna whenever possible. Jack said he'd think about it.

For weeks afterward, Anna's colleagues badgered her for a photo of Genghis Khan in Drag.

"Look," they said, "we know Jack took at least five rolls of film at the party. He's bound to have handed you the camera once." They were wrong. One of Anna's complaints about the marriage was that Jack was too busy photographing everything and everyone else to live life firsthand.

Jack turned down the job at the *Advocate* in favor of his own, more-flexible hours. Ultimately, however, something productive came of the offer. For months, Lofton had been getting letters from the residents of Roseland Terrace, asking him to write one of his barbed editorials about the City-Parish Council's almost criminal negligence regarding the most dangerous intersection in Baton Rouge.

"Too easy for me," Lofton said, tossing the batch of letters on Anna's desk. "I'll let you file your teeth on this one."

The most dangerous intersection in Baton Rouge was Park Boulevard at Broussard Drive because people ignored the stop signs on Broussard. Neighbors had long advocated a traffic light, complaining to the Council that their children were endangered at the crossing and their private lives constantly interrupted by accident victims wanting to use their phones to call the police.

Anna took Jack with her to the location on Saturday morning. They parked in the elementary school lot and walked to the intersection. While Jack was setting up the tripod and mounting his camera, Anna observed the drivers and took notes.

Several times before Jack was done she interrupted him. "Man, would you look at that." Jack glanced up, then went back to fumbling with the knobs and levers. "Did you see that guy? He acted like the stop sign was a mirage that suddenly vanished."

"Will you give me a break," Jack said. "You're making me so nervous I can't get the damn thing secured." When he finished, he looked through the viewfinder and sighted on the intersection.

"Nah," he said. "This'll never do. I need a wide-angle."

He reached into his Halliburton for the lens.

"Talk about a rolling stop," Anna said as an LTD looked both ways and gunned it. She scribbled in her notebook. "I've already noticed a pattern," she said. "It's mostly rich people who run the signs. Figures."

After locking the super-wide in place, Jack focused on the intersection. He lowered the tripod to headlight level and sat on the ground. He was almost settled when a white Impala sailed through the stop sign and intercepted an old Dodge. Jack punched the shutter release button and prayed he had the right f-stop for the ambient light.

Anna dropped her pad and pencil and ran to the wreckage. Jack burned the remaining twenty-three frames in less than a minute.

The Sunday *Advocate* featured the first photograph, taken at mid-impact, on the front page. Two months later, the traffic light was installed. For weeks Jack and Anna argued, not always playfully, over whose contribution was most important.

"The pen is mightier than the sword," Anna would say.

"A picture is worth a thousand words," Jack would counter. Like that, day after day.

* * *

Jack became obsessed with the photograph, by the violence of the wreck stopped in time. In the picture, the two cars would always be crashing. The incident inaugurated what he called his Motion Phase, during which movement-in-stasis became his dominant theme. At baseball games, he took hundreds of shots to catch the sliding runner just off the ground, the swinging bat at the moment of contact, the ball a millisecond after it left the pitcher's distorted hand.

And his Motion Phase initiated what he could only much later with humor call his First Divorce Phase.

Anna interpreted Jack's photographic relationship with life as a thinly disguised detachment from it based on fear of involvement. Her approach, she felt, was more direct and therefore more honest and therefore better and therefore, by that strange twist of emotional logic often employed by married couples, irreconcilably incompatible with Jack's.

* * *

Jack felt he needed a change of scenery, a fresh backdrop against which to compose his new life. He moved across the state to Lake Charles, where his brother practiced cardiovascular surgery, and took an apartment on Kirkman Street. The doctor's signature secured him a small lease space in a University Place plaza that contained a pharmacy, a deli, a shoe shop, and a toy store. Business was slow at first, with only drive-by and incidental customers dropping in after their shopping.

Partly by renewing a close relationship with his

older brother Keith, who had just happily ended his second marriage, Jack gradually attracted a sophisticated clientele. These women radiated more beauty and money than his Baton Rouge patrons. And they didn't wait for him to seduce them. On weekend fishing trips, he and Keith exchanged racy stories of the studio and hospital. Jack mocked his own failed marriage by referring to his ex-wife as Anna-banna-fo-fanna.

Jack was almost happy. A healthy reserve of women kept him physically satisfied, and he entered and occasionally won awards in state or regional photography contests.

What he called his Recovery-by-Overindulgence Phase ended when two women with hair the astonishing color of the copper coiled around an electric-motor armature walked into his studio. They were identical twins named Ami and Jami who taught fourth grade at the same school.

Jack hated the proofs from their first sitting. They looked amateurishly like a Doublemint commercial—clich'd poses facing towards or away from each other. When he called to offer them a free sitting, he discovered they lived in the same apartment.

For Jack the second sitting was torturously long, but the twins kept him entertained by telling him stories of mistaken identity and girlhood mischief. Over the next few months, with their coming into the studio together or alone and his seeing them around town and engaging in small talk, Jack established a casual friendship with the two.

Talking with Ami one day, he teasingly said he'd ask one of them out, but he had no idea which he liked best because he couldn't tell them apart.

"It doesn't matter," she said. "Ask us out twice and we'll either go by our real names or not. Then you can decide which one of us you like best, Bachelorette Number One or Bachelorette Number Two.

"Sounds like y'all have done this before," Jack said. Ami laughed.

"We'll complicate matters by making sure you never know whether you went out with both of us or only one of us two times."

So Jack went out with either Ami or Jami twice, or

Ami and Jami once each, or Jami posing as Ami, or Ami as Jami. The permutations so dizzied Jack that he gave up thinking about it and came to a decision about which one to date by invoking the eeny-meeny-miney-mo method.

Jack never found out that his finger finally landed on Jami, who said she was Ami because Ami liked Jack very much, while Jami was infatuated with Bill, the track coach at the junior high across the street from the elementary school where the twins taught. Jack and the real Ami dated for six months, were engaged for a year, and married in a double ceremony with Jami and Bill.

For three years, Jack and Ami were happy. They bought a starter house, fixed it up, and stayed busy trying not to begin a family and duplicate their lives after that of Bill and Jami, who already had two children.

Two years and thousands of senior portraits and cheerleader poses later, Jack, still leasing the studio, was experiencing job burnout and a premature midlife crisis. The second home never materialized because the double-dip recession of '90-91 sent the parents of seniors bargain-hunting at Sears, Olan Mills, or weekend photographers. Jack and Ami began blaming each other for circumstances beyond the control of either.

"You had so much potential, Jack. I can't believe you're still taking pictures of children with baubles."

"*You* can't believe it! Put yourself in my shoes. I'm *me*, and *I* can hardly believe it."

"What happened to our home on the river? What happened to vacations in Alaska?"

The conversation made Jack feel as if the plot of his life had been copied from a soap opera. His dejection intensified almost to despair because he had recently passed the point of indifference in his sex life, so that when he mechanically brought his wife to orgasm, he no longer watched her with wonder as she transformed before his eyes, but instead tried to imagine what she would look like as a skeleton. That is, Jack had just passed forty, a time in his life when he made sure he always had a dark suit dry-cleaned and ready for somebody's unexpected funeral.

Then, as at other depressing moments in his life, Jack experienced a rejuvenation. A week after the soap opera dialogue, he saw a burning house captured on the six o'clock news. The smoke churned from the roof while an old man sat on the curbside and wept. The voice-over identified the owner as a history professor from McNeese State. Jack hated watching interviews of people who had lost their homes to fire or hurricane. Most of them thanked God that everyone made it out alive, or that only one child, and not the whole family had died. Never mind the destruction of the house, Jack thought as he watched the scene, his finger poised to switch the channel. Aloud, he said, "Thanks, God, for chopping off my arms and legs, but leaving me a mouth to thank you for not poking out my eyes."

The professor, it turned out, was childless. And wifeless, too. "We certainly grieve with you over the loss of your home," the interviewer said to him in the unctuous tone Jack despised. The man freely cried. "What is it that you'll miss most from your house, the one thing you would have saved if you could have?"

Jack yelled at the set, "Why don't you rip the guy's heart out?" The man took off his glasses and touched his baggy eyes, first one, then the other, with a soiled handkerchief.

"My books," he said in a quavering voice. He sobbed gently and turned from the camera. As the TV journalist looked mock-dolefully into the camera and was about to segue into a pitch for the station, Jack heard the old man's nearly inaudible voice repeat, "My books."

It was a brilliant moment, Jack thought, and the journalist was too stupid to realize what he had just accidentally accomplished. The next day, Jack upgraded his video system to Super VHS format.

* * *

By the time Ami said yes, Jack was hoping she'd say no.

What Ami finally said yes to was a video of themselves making love. What made Jack hope she'd say no was the

In the Eye 67

premature detumescence on which so many middle-age jokes turn. But it worked out, and making and watching home movies of themselves revitalized their bedroom life and brought back their old romance: the days of spontaneous sex on the divan, the kitchen table, the lawn.

"Suburban high tide," Jack said one day, looking out the living room window at the river that used to be Contour Drive while the TV droned, "fifth straight day of record rainfall with no end in sight."

"What, dear?" Ami asked. She was in the kitchen stirring around in a wok. Jack smiled. Ami was pathologically cheerful. On rainy days that made everyone else gloomy, she sounded like Beaver Cleaver's mom. When she was happy, she was obliviously, incurably happy.

"Nothing, Mrs. Cleaver," he said. "Just the name of my next Pulitzer Prize-winning photo."

"You mean your *first* Pulitzer Prize photo?" she quipped. Boy, Jack thought, she can shred your ego and not even know it.

He stepped into the kitchen.

"Let's go on a canoe trip," he said.

"What? Are you out of your mind?"

"Hey, you're always pestering me about using the canoe or getting rid of it. Come on," he said, grabbing her around the waist and pulling her towards the door.

"Wait-wait-wait," she said. "Let me turn off the burner, for Chri-sake."

"Okay," he said, heading for the den. "I'll get the camera."

"No," she said, making his shoes squeak to a stop on the tile. She was smiling, but tolerantly, as a mother stares down a loved but incorrigible child.

"No. For me, Jack. Just this one time. Live this moment with me, not your camera." Then, trying to readjust the mood, she laughed, "Seize the day."

Jack made some lightning fast calculations, a photograph and his wife on either side of the equation. Then he strode towards her in pretended anger. "Seize your ass is what I'll do," he said, grabbing her. She squealed and they played chase around the table until Jack stubbed his toe on a chair leg and cry-laughed his way out the side door and into the garage where the aluminum canoe lay on its side in lonely neglect.

"Grab that end," he said, pointing.
"Wait. Let me get a raincoat."
"Forget the raincoat. You'll get wet anyway."

3

At that moment, Jack saw himself objectively for the first time, as if through a camera. The reporter in the newsvan was setting up for a once-in-a-lifetime shot. He was going to film their deaths.

Jack could imagine with clarity what the man was thinking: "I can win a major prize with this shot. It's my ticket to the big time—a national broadcasting system."

Ami turned on her side and looked up at Jack. She had been good, he thought. Not once had she squealed girlishly. In that moment of inattention, the bow sliced into the current, which ripped the canoe sideways and slammed it against the abutment. In the second it took him to think of looking toward the van to call for help, he realized it was too late. The man put a leg down into the sunroof and looked at Jack, then at the camera to make sure it was trained on the canoe.

Jack watched as the water surged into the canoe, weighing it down. He looked for the reporter to emerge from his vehicle, but saw him standing on the van top sighting through the camera.

Jack understood.

The canoe sank another inch and slipped under the abutment. Released, the roll of churning water restrained by the canoe violently shoved it under the bridge, slamming Jack's head against the concrete. Wedged between the canoe and the ceiling of the bridge, he felt his body tumbling in impossible positions. The sound of rushing water and metal scraping cement filled his hearing.

Jack imagined what the footage would look like on

In the Eye 69

the six o'clock news.

    Ami. The woman dying with him. She could easily have been her sister. Or anyone. Something was wrong with the composition. His last random thought was that he wanted to do the shoot again.

SWEPT ALONG

Frank Tavares

Living underwater in the car wasn't as hard as they thought it would be. To pass the time, they took turns breathing, first Allie for a minute and a half, then Howard. Of course, it probably hadn't been more than a day or two. They weren't really sure of how much time had passed because they had no clock. They did have sandwiches and two bottles of imported water, a year old vintage that Allie had bought on sale the week before.

"I wonder if the grocery store is still there?" she asked.

"I doubt it," said Howard. "It struck me as a floater. It's probably leagues away by now."

Earlier, the water above them was clear enough that they could see light through the sunroof and guess the time of day. But when the water turned murky, they lost all reference. It might be day or night. They had no way of knowing.

Their only clue as to what was happening outside was the occasional buffeting, shifts in the current that would rock them and make them wonder what direction they were facing.

"Floaters and sinkers," Howard had said. "Everything's either a floater or a sinker."

He preferred floaters. You could see them coming. And if you were on one you could see where you were going. That's why he'd bought this car. It was supposed to be a floater. It said so on the options list pasted to the window.

"People, too?" asked Allie. "Floaters and sinkers?"

Howard didn't answer.

Twice Howard started the car and tried to find the road, but it was hopeless in the dark. In the thick water, the headlights were of no use.

Allie switched on the radio. The only thing that came in was a gospel music station from somewhere far south of them. It faded in and out with a commentary in Spanish and what could pass for French.

They were moving. It was subtle at first, just a gentle rocking. But soon it was unmistakable. They were being swept along. They strapped on their seatbelts. Twice they hit something. The first time it spun them around.

"My god, we're going backwards," said Allie.

Howard pumped the brakes to no effect.

The second hit upended them. They turned end-over-end in slow motion, once, twice; it was hard to tell exactly how many times before they settled back to almost horizontal.

They were still facing into the current, but their movement had slowed. Things washed past them—objects, animals, people. Most they could barely make out. It was still too murky. Something hit the windshield. It took a few seconds for them to recognize their old neighbor Fred Swanson. His hand wrapped around a wiper blade and his face pressed against the glass. He was smiling, and nodding his head. He drifted around the side of the car, his shoe kicking against the door. Howard snapped the locks. Fred's arm lifted in a wave as he washed away.

With a jolt, the car stopped. Allie and Howard waited several minutes before unfastening their seatbelts. It was getting lighter. Allie could make out the surface of the water above. It lowered over them. When the sunroof was clear, Howard opened it. The air was heavy and smelled of old vegetation. He and Allie pulled themselves up and sat on the roof, legs hanging into the car.

At first there was little to see; they were an island in an ocean. There was some floating debris, but little recognizable. As the water receded, things broke its surface, a stand of long-dead trees, the empty shell of a restaurant, and the crumbled foundation of a levee.

A silhouette appeared against the horizon. Allie and Howard watched it grow as it floated toward them. It was a neighborhood of half a dozen homes on the perimeter of a small, grassy common. As the last of the water drained away, the small community settled into the mud a hundred yards to their left.

"Is it ours?" asked Allie.

Howard shook his head. "No," he said. "Too new."

A woman waved from the balcony of a two-story. Allie and Howard waved back as they got a whiff of charcoal smoke. The lady was barbequing.

Allie and Howard were startled by the rumble of a truck behind them, a big ten-wheeler with a plow bolted to its front. It was pushing mud off a paved stretch of road. It swerved close to them, splattering the side of their car and burying its front wheels.

"I'd better get that before it hardens," Howard said as he slipped off the roof. He opened the trunk, took out a shovel and started to dig out the muck.

"When I'm done," he said, "we should make a run into town. Fuel up while the sun's out." He stopped digging and leaned on the shovel. "Sky looks like it'll be clear for a couple of hours. We've got time before the next rain. What d'ya say."

Allie nodded. "We need bread and milk, too," she said. "If we're going to do errands, might as well stock up." Howard went back to shoveling. Allie spread herself wide on the roof, hands behind her head, face into the drying sun.

Howard finished clearing the wheels and stowed the shovel. Allie lowered herself onto the front seat as he started the car.

"Which way to town?" he asked.

She answered by pointing in the direction from which the plow had come. "If we don't find it before the rain starts," she said, "we'll just anchor and wait for it to find us. It usually does."

Howard signaled, and pulled onto the road. "Worse ways to spend our time," he said.

Allie smiled as she reached across the seat and took his hand. It was a good day.

LANDFALL

Alaine Benard

Breached honor like levees   dumps toxins
murky sewer flood   explicit destruction of property and spirit
obliterates hundreds of history years   thousands of individuals
       lives   hopes   culture
sodden roots rotting broken branches
       whole family trees
pride stolen   or looted
grief-loss and grief-profit howls
sucking the roofs right off
               humanity's very best
               evilest black hearts
as they battle   helpless against nature's forces —
       Mother and Self
caring hands that rail as they rape   the simple   decent
       the good
abdicated memories and corpses float above and below
   dishonor demand proper burial
         —State officials caught stashing donated goods—
           Mayor evicts blind
     renter to take advantage of FEMA funds
         gouged   *corruption*
    nursing home patients abandoned and drowned
          Mother-May-I games
     —Here Lies Vera—Grandma of 12
    few knowing Vera worked at local soup kitchen
        for forty-nine years
     took in every stray dog   *child*   *grandchild*   *scrubbed*
        floors   *laundry*

fixed redbeans every Monday served over fluffy white
    sacrifice

clamorous jazz fife and discordant drum pound
 down from gumbo clouds
cover bloody soldiers on the march—Saints marching out
 filth pouring in
fingers point open hands take in strangers grab clutch
 reach save
Act of God refugees
       Soulless evacuees
     souls split humanity divides
burnt by magnolia-scented biblical scourge
  —clearly reflected in one raging eye

In New Orleans

Lenard D. Moore

Boat-hearses haul bodies
like monuments
across flood waters
unfit for anything alive.
A stench screams on the air,
swells under a sheeted sky
draping coffins.
No cemetery dry enough to take
a troupe of sleepers entwined
with the music of sun-stung silence.
The boats return again and again,
as undertakers would do
if funeral parlors were not
stranded, haunted,
in the hot habit of midday.

NOW: A STORY OF NEGLECT

Lenard D. Moore

The motif of Katrina's anger
migrates to the dark faces
tensed up in attics—
some slashing through rooftops
with axes gripped into sweat,
others swallowing water hieing
to the ceilings of houses.
Somehow Katrina knows she's not an illusion,
howling through a city on lockdown.
No one can tell her sequence
of events the way she spews them:
disheveling wind,
debris hurdling through the air,
water shouting and gargling.
Even the busted buildings groan.
Somebody, somewhere, wants to come
with a truckload of bottled water,
food, medicine, blankets, diapers
but Katrina blasts the bridges too,
then snakes away like a robber.

Katrina, and the Axe with the Red Ribbon

Ken LaRive

My parents, LeRoy and "Billy" LaRive, were tenacious and strong willed Cajuns. They survived many hurricanes in Old Gentilly New Orleans, pounded by both wind and flood. At 85 they thought this would just be another one.

Nothing could get them to leave, the many phone calls from family and friends, or police going directly to their front door. They didn't see the possibility of how bad it could get, and told every person who called a different game plan, whatever they wanted to hear. In the past Saint Raphael Church on Elysian Fields Avenue had been considered high ground, and parking cars on the neutral ground across the street had always been sufficient. This time it was not.

At first it looked as if the storm's effects had passed with the eye, and several phone calls revealed that they had weathered it fine. A few hours later the levee broke, inundating the area with over ten feet of water. No one ever heard from them again.

A few days later a picture was found in the Lafayette paper of a boatload of people who had supposedly been taken from rooftops. My entire family agreed it was them in that picture, but the trail grew cold as they were picked up on Robert E. Lee Boulevard and brought to I-10/610. Friends and family searched the Internet for listings of names, but we had no word from them, nor were their names, to this very day, compiled on any list.

At the time of this writing, October 7, 2005, their bodies have not yet been properly identified. A few days ago we got a call from "Family Finders" saying that they thought they had found my father by an ID he had on his person. It is also possible that my mother is there, as a Chaplain said there was also a "Jane Doe" with no identification. They requested my DNA, and this alone will take two weeks. We are not allowed to view the bodies, or see the coroner's report until a funeral home picks them up for embalming. So far, there is no one who can tell us if there will be an autopsy, though on the news last night, it was said that autopsies will be performed on all elderly bodies, and a time of death will be difficult to attain. It is our hope that we can trace just what happened, but all indications are that they were transported without documentation, lost in the mad shuffle. I try not to think about what their last moments together were like, how they ended up together, and speculation can drive you insane.

Since all of my dad's personal information was destroyed by water, our memories are the only tools we first had. We knew little or nothing about what insurance he had, a burial plan, or anything of his assets.

At the time of this writing, Gentilly is still inaccessible. A few days ago I woke up again at 2 a.m. thinking about all possibilities, haunted by faces. I packed a sledge hammer from my garage, my hard hat and safety boots, and headed to New Orleans. I was determined. I stopped for a BLT sandwich, a cup of coffee, and got on I-10. Traffic was moving at around 80 mph and I kept up. Past Baton Rouge the pace increased to a bit over 90 mph, bumper to bumper, with weaving tail-gators. My mind swam with the last three weeks, and the three households living with us from St. Bernard who had lost everything, and suddenly I started feeling sick. Large mouthfuls of bile came up and I spit them out of the window. The white sports car riding my bumper pulled back. After about ten of these I started feeling a bit better.

Suddenly, I was in Metairie. Lights were on, and in the half-light of 5 a.m. it didn't look that damaged. Traffic went well until Bonneville, and then abruptly stopped. For an hour we crept forward, and finally saw large blinding directional spotlights over the interstate. I surmised that to be the check point. I spoke to several other men in trucks next to me, and they were all trying to get to St. Bernard. WWL radio was saying there was a mix-up between NO officials and State Police, and that the corridor to St. Bernard was closed. What's new! Every one of these men was very angry and frustrated. When I finally got to the lights, a huge New Orleans cop with folded arms answered my request to enter Gentilly with "No, not today." Those who were turned down for St. Bernard filled the side of the road and all parking lots, waiting for a decision....

    I exited and entered Metairie, thinking I might find a back way into Gentilly. Both Veterans and I-10 were backed up, so I drove all the way to the Lakefront without a problem. Several police cars blocked the bridge over a levee, so I parked and walked over to them. I singled out one with a kind face and told him my story of trying to get into my father's house for the paperwork we will need to bury him and my mother. Though standoffish in the beginning, he warmed up, telling me that getting in was pending, and a week away. I had tried convincing ten different cops to escort me, but not one would agree. I asked him if he was in the city during the storm, and he got very emotional. Tears flowed down his cheeks as he told me about the bodies, the looting, and the damage to the city he loved. He explained to me that the two officers who committed suicide had other problems in their lives, which were too much for them to handle. He got choked up talking about that too, and I realized this man was very drawn and tired.

    A truck driver came up and gave each of us a bag of beignets and powdered sugar, and we ate them, wafting the smells of rotten garbage and seawater, while swishing away huge black flies. I remember when one would land on their skin; they would jump like being electrocuted. I thanked him for his time, knowing I would never be allowed entrance here, and traveled as far as I could to Downtown, blocked by cement and sand bags, and then made a huge circle back to Veterans. Still, I found no way to pass through the area. There I met a man waiting in a parking lot who was trying to organize his crew to meet up in Gentilly. We talked about his company from another state coming down to help in the cleanup, and I thanked him for helping out.

    Suddenly, he looked at me hard and said, "I have an idea!" He went to his front seat and pulled out an extra pass for his company, and had me sign my name along with his. "Here, betcha' this will do it." I thanked him several times, not believing this stroke of luck, and as I got into my car he yelled, "Sorry about your folks."

Leaving that parking lot I immediately found an open gas station and filled up, then proceeded to I-10 for a brazen third attempt to get in. I-610 was now open with traffic flowing through, finally, a corridor to Chalmette. A line was formed at the Elysian Fields exit and I waited about a half hour as we crept along. Suddenly it moved faster, and a young black woman police officer barely looked at the paper and waved me through. I descended the ramp into hell.

How many thousands of times have I exited here? But what I came upon was like a nuclear holocaust, and unrecognizable. Except for a few linemen trucks and police cars, the place was entirely deserted, lifeless, and dead. Everyone ignored me.

I looked at the houses and saw that the water had risen to four feet, but as I kept getting closer to the lake it got deeper. The devastation was oppressive. Every plant was dead, and the once beautiful old trees on the neutral ground were uprooted in piles, or crashed through heavy terracotta roofs, the hallmark of design in this community. It seemed like every window and door was a dark cave, and the houses empty shells. The smell of death, putrid and rotten gagged me, and flies came into my open window. One was jet black with a light red head, almost human. I saw sprayed florescent marking on every house, an X indicating the day it was checked and if any bodies were inside. That was the only color I remember, as everything had a cast of gray, even in full sun. There was no sound, no hum of life but for the crackle of a radio way off in the distance. I heard a kind of sobbing, and realized it was coming from me.

By the time I reached St. Raphael, the water level on the side of the buildings topped ten feet. I made my turn down Prentice and a left on Marigny, where I had quietly walked home from school so many years ago, and parked in front of my parents' home. I stood in the street putting on my boots and studied the area. It was too much to take in, as everything was glazed in gray mud, and piled upon each other. I can describe it no other way.

A squirrel was sitting on a telephone line with its head up against the post; it didn't move from the time I arrived or left. I think it was dead. A bright orange cat scurried across the street close to the ground and disappeared. Suddenly, I got sick again and got rid of the beignet in fit after fit of nausea.

Through the threshold, where so many memories had entered and left, were now mounds of soggy, rotting cushions and furniture piled against the walls. I saw footprints and realized it must have been the rescue workers trying to determine if they were still in the attic. The florescent markings on the front stucco said "0" then 9/9, so no bodies were found on that date.

As I explored from one room to another, I started gagging again. I went back to the car with the idea of using some aftershave I keep on the dash to splash on my beard and hair. It worked.

Slowly the gravity of this moment hit home, and as I searched for the strong box that held my father's important papers, I understood my parents for the first time, from a horrific perspective. The same encyclopedias and the yearbooks that ended in 1967 were swollen with water, still in the same original place. The water had risen several inches into the attic, and the melted sheetrock had fallen on top of everything, with dirty pink insulation hanging like flayed skin. In the hall I found a small hand axe with a red ribbon around it, and a claw hammer with its handle wrapped in electrical tape, leaning against the wall. It hit me that my father had told my brother in the last phone call that he had a way through a vent on the roof in case of flooding. The ribbon was just like my father, his country heritage. He wanted to find it in the dark, or with a flash light. Very practical.

His chest of drawers was swollen tight, and I felt emotions I can't describe as I battered them open with my sledge. I took everything from his top drawer and realized that these were his most cherished possessions. Children's teeth, old knives belonging to his father and grandfather, clay marbles from his youth, disintegrating holy pictures commemorating the death of a loved one, service medals, old watches, rosaries, coins, nitroglycerin pills, belt buckles, straight razors from his barbering, trinkets, and little colored rocks from memories lost forever. There on my mother's dresser were boxes of baby pictures turned to black mush, and a plastic oriental statue that had taken the same position for forty years, now lay on the floor.

    I had to move the bed and a pile of chair cushions to get to their closets. I broke a window with my sledge to get some air, and realized with a shock that I hadn't even tried to open it. I saw the bars they had put up so long ago because of the growing crime in the area, and my reason for moving to Acadiana. New Orleans was their home and they would never leave, never again. The closet was drenched but untouched, and his collection of western boots sat in rows. I took a bayonet he had placed for easy accessibility, and wondered at what kind of world would make it necessary to place a weapon for easy reach, even behind the safety of barred windows. A lot of thoughts rushed through my head, and I was a bit overwhelmed by them. My father had taught me long ago that men do not cry, men say "ouch!" and I stood in the middle of their bedroom choking them back, every one. He would have been proud.

    I found some papers in the attic that have proved valuable in determining where they are to be buried, insurance, and so forth, and piled it in the back of my car. Along with that I took an old bowl my grandmother had given us, their marriage silverware, a few other memorabilia worth nothing but a memory, and that rusty hammer and the axe with the red ribbon on it.

    Sounds so simple now, but at the time I could see that what lay in this muck were the tangible things they had acquired during their life, and most were unrecoverable. What I carried to my car amounted to about twenty pounds. Twenty tangible pounds with memories attached. Not their memories mind you, but my own, and though I have washed them, and will keep them through my life, I realize that all that was worthwhile in their lives is now found in the House of God.

Lavender Shadows

Barbara Schweitzer

      Our footprints
are deep in these
        deep woods, so

           much weight resting
on our smooth soles,
        all our matter

      really, all that
matters, really
      to us, though

          our eyes look out
and seem to see
        more.

    Nothing
moving yet every
      thing moving.

         Beavers weave
to the shore.
        Birds stitch

       lavender tridents
in and out of the
          bald gray outcrops.

             Deer leave little
       hearts in some
             parts, wild kisses

       cloven in the
snow, Valentines
          of the purest kind.

MUSE: LOUISIANA WETLANDS

Katherine L. Tracy

Spirits breathe upon brush and branches,
flow through leaves from tree to tree,

sealing shallow wet whispers against cypress
where Spanish moss silently sways.

Fresh pine laced in breaths of wild magnolia
spill a mélange through these wooded wetlands.

Wandering wild vines and sticky sharp leaves
twist and touch in the lush of harmonious hush,

tying together, sliding symmetrically,
weaving, winding in rugged rotation on bark.

Overhead, the croon of an owl trills in accord,
wafting through the swell of the hoary haze.

Soon to spy for newborn nutrient in the night,
with eyes glistening wide, scoping the ground

for native delicacies as bristling mosquitoes buzz,
whirring a frenzied rustic rhythm in wanton appetites,

a clean gush for fresh blood as credence echoes
raspy caws of a Blue Heron; a gator gurgles,

budding above muddy water, riveting waves across
bubbling bogs near the Tchefuncte River.

Snaky, slick channels bleed to the Gulf
commuting swamp sediments to another dimension.

This low, low land breathes a temporal paradox
into the spiritual balance of life and death.

Katrina: A Sequence

Catharine Savage Brosman

1. Reading in Austin

Or trying to. All this leisure . . . Isn't the routine
of home suspended? (Likewise home itself, something
of a question mark). It's like a vacation, then.
Ah, hardly! First, I must attempt to help my friend,
who's let into her ark two human specimens, two cats,
and now—as Rita hits the Sabine River—refugees
from Texas also: cats, a rowdy dog, a girl.
Then FOX NEWS and CNN demand attention, certainly:

not morbid curiosity, still less desire to see suffering;
but, even distant, one must show solidarity, as if
witnessing such misery might lessen it. Next,
our nerves must be assuaged. Poor Paul! Never
liked to travel, needs his bed, his books,
his rocking chair, his habits and his neighborhood;
instead, he's here with none of those, cocooned
in exile. And I! Missing my city wildly as it drowns,

missing the baldachins of oaks, the streetcars' baritone,
the bars, needing my papers (will my manuscripts
survive the looters? why didn't I pack my notes
on Giraudoux?). So it's rotten sleep, then auto-therapy
all day: cathartic sighing, voiced distress,
New Orleans fare—jambalaya or red beans and rice,
Tabasco sauce, dark coffee, wine, martinis.
Paul has given up: the books on Sanskrit borrowed

from the U. Texas library remain unopened. I still try,
re-reading passages of Giraudoux and checking proofs,
looking up Gide references, and finishing
that piece on Saint-John Perse and other exiles
in America after France fell. How incommensurate,
my words, with what they felt, deprived of home
and liberty—and what the world endured. But words
saved Perse, wild palms of beauty in a foreign land.

2. Fragments: A Prose Poem

F. and his family fled to Baton Rouge, after the levee broke; their house was in the lake, or the lake was in their house, if you prefer. He went back in darkness afterwards, dressed as if for hunting in the swamps, avoiding thugs, police, and curfews, poaching on his own property. Nothing could be salvaged though, except one Chinese tapestry. His parents, likewise refugees, live in Houston now, their home in St. Bernard destroyed, like all the others there, devoured by waves that roared in, angry monsters, from the Gulf. L. went to Gonzalez, slept on concrete; her little rented house was flooded and her belongings lost, except two blankets on an upper shelf and photos from her trip to Washington. M., in Shreveport, first had two New Orleans friends with her for weeks and now has her husband's family, chased by Rita from their ruined property (house roofless, trees—their livelihood—broken like sugarcane, or the tops sheared off). P. and A., trying to evacuate, went east, were turned away from Pensacola, drove north to a park in Alabama, found a cabin, but agonized over his paintings, left in his studio, molding by the day. K. and his wife, foreigners, she somewhat incapacitated also, left by car at the last moment Sunday, got caught for hours despite the contraflow, spent the night on concrete flooring at a shelter in B.R., were evicted, drove to Lafayette, found a shelter there, slept on cots, were preyed upon by someone claiming to assist them—wanting their money, really—finally got into a rehabilitation home, but came back prematurely (driving on the river levee to evade the Guardsmen), though full of praise for Cajun nurses, kindnesses from strangers, good will of black and white. M.A., who fled to Mississippi with a brother's in-laws, did not know her mother's fate, at 103, removed at night from a seniors' home, taken who knew where, finally found in Tennessee. A., having no car, was driven to a neutral ground, then left, as waters rose; a church group in a bus from Dallas rescued her and gave her hospitality for weeks, thank God. J., whose son was murdered earlier this year and now lost all the rest, went to Texas never to come back. Old man C., in Touro Infirmary, was shipped out to Texas with the other patients, not having phoned his wife because the phones were dead. Ill herself, she was rescued by a philanthropic chap, a former guard, pistol in his belt, who drove her in his Firebird through lawless crowds, along with helpless Widow L. and Old man W., bent like a bass clef by Pott's disease. Do you need more? D., evacuated from a seniors' residence to Lafayette, was put into a hospice, where he died, alone. Old Professor R., bundled with his wheel chair onto a plane for Shreveport, died right there in the air—closer to heaven that way, at least. In Mississippi, J. & C., remaining for the storm inside their house along the coast, have never reappeared, the house itself transported by the waters some six hundred feet, the bodies never found. All this learned in time, of course, by fragments—along with fragments of so many other lives: all those projects, those desires, once turned toward the stars, but now like oak trees torn asunder, like old house timbers fallen, broken, rotting, futile.

3. Katrina and the Muses[1]

The muses, gracious visitors, daughters of our memory,
preside with pen and wand and compass still
at our inventions; but who will sing the lamentations
of disaster? Not Euterpe and not Polymnia,
the goddesses of lyric poetry and song; nor Thalia
the laughing muse, nor yet Erato, muse for the desires
of Eros, nor Urania, since she was betrayed
(we think) by carelessness in measurements or, worse,
by graft; and not Terpsichore, the lovely dancer
on the vase, the spirit of our bodies' ordered

movements. —An ode would be one thing: moments
of our lives transformed—lives turning, turning,
in a measured way, although with variations:
strophe, antistrophe, and epode, with Dionysian frenzy
often, yet (we thought) predictable (the pleasure
of fresh water from a spring, the pain of love betrayed,
a child asleep and smiling, happiness beside
a fire). But Katrina is catastrophe, and unrelieved,
the downward movement at the end of drama—
ruination, death, as everything collapses: good,

if flawed, personae quite undone by their own selves
and by the hand of fate conspiring (Theseus
calling on Poseidon for revenge against his son,
seeing the innocent youth's remains after his steeds,
frightened by a sea-monster, trampled him;
and Phaedra, prey to Aphrodite's jealousy, dead
in a noose by her own hand—not to mention Lear,
Othello); the wicked, too, brought low, the scene cleared
of nearly everyone. But is Katrina really tragedy?
General calamity, of course, the sort that leaves

---

[1] In the Lower Garden District and Central City neighborhoods of New Orleans there are streets named for the nine Muses.

a host of dead upon the battlefield or following
a plague, or ruins after vandals finish pillaging,
then raze or burn the rest. True, many here
have died; the stage is cleared, the scenery
dismantled, minor actors gone. Should I summon,
then, Melpomene? Pity and terror, yes,
but where is our catharsis? Or Calliope, to craft an epic
from a levee break? Better, although it's modern
history, to call on Clio—men clashing still with others,
through love of power, rivalry, and greed;

nature, challenged, channeled, and domesticated,
but undoing calculations (think of Russian winters,
1812 and 1942, of hecatombs on Everest,
iron coffins in the ocean, bones in the Sahara,
alveoli of mines collapsing). Perhaps Melpomene
is needed after all, for the enduring tragedy
of human flaws and error, which re-seed with every
storm, never purged entirely: even as a pirogue,
paddling in fetid waters, rescues an old fellow
from an attic—defiance against disaster, that dark star.

4. *Envoi*

The words are our catharsis, with the pain,
the work, the mutilated trees and trash,
dark remnants brooding in the winter rain,
the scrofula of absence, water, ash.

Then let these lines compose a threnody
for those who suffered greatly, those who died,
and others who will not return to see
the streets that they abandoned, terrified.

A brace of lamps adorns the bridge at last,
an orphrey on the city's tattered gown;
ghosts scatter in the timbers of the past;
farewell, Katrina, you won't keep us down.

The Gris-Gris Cat

Joseph Andriano

I don't mean to wish it on anyone; I just don't want it here.

That's what so many of us dwellers in hurricane alley seem to say, knowing our good luck will be someone else's bad. And we don't say her or him although the things are given names in alternating genders; we say It because that's what it is, a Thing that can shape-shift from blob to lethal whirlpool, only to morph into a gorgeous galaxy—as seen from the orbiting GOES. I know its beauty is an illusion.

Please God, keep the Thing away from here.

I never whisper that, at least. Nor do I go to church and pray for remarkable providence because I am ever mindful of Mark Twain's bitter point that if I pray to God to keep the Thing away, I'm really praying for it to swallow somebody else's house, tear off other people's roofs and hurl giant water-oaks into *those* folks' living rooms. If I ask God to guide its course away from my little lot, I am asking the deity to choose some other sucker to target and torment. I leave the Lord, or Lady, alone.

We've just been lucky, that's all.

One thing about luck, you wait long enough, it does run out. That's why part of me wants to get the hell out of here. But my roots are much deeper than those of the water-oaks that have fallen all around us, on our fence, on our deck, on our driveway, but never on our heads, house, or cars. My wife Gail thinks as long as we have Gris-Gris we're living a charmed life. I remind her it's not just she and I but this whole town. Lucky Lafayette. All around us is devastation. But our turn is bound to come.

Let's ride it out, and hope to hell it doesn't ride us out.

It's so difficult for us to leave; we have three cats that are such a hassle to take anywhere we actually pay extra for a home vet. We cannot imagine evacuating with our cats; we would rather be run over by that freight train the riders-out always say they hear when the thing comes. But if it's a Category 3 and the eye is in the Bay only twenty miles south of us, and if it looks like we'll be in the dreaded northeast quadrant, then I will gladly put up with cat piss and shit in the car. But then again, says Gail, by the time we know it's coming right for us, the interstate traffic will be so bad that, well, we're on pretty high ground here, we don't have to worry about storm surge. The bathtub is beginning to look like a better place than the car. Let's stay home. I remind her of the two giant loblolly pines in the front, the great live-oak in the back; will they withstand the monster's fury?

So I closely monitor the progress of the storm. I have bookmarked several weather sites; I surf among them; I watch the blob become a whirlpool. In infra-red the thing becomes a buzz-saw, white-cold around the ragged eye, bloody red teeth inching our way. It's a Cat. 5 in the middle of the cauldron Gulf. The high definition visible photo gives the more benign illusion of a distant galaxy, breakers in the Gulf its lovely nebulas; its spiral arms so tenuous they must be harmless. But the water vapor image dispels that illusion. The eye is now a black hole, and the Thing is almost too scary to look at, a ghostly white Kraken, its feeder bands giant-squid legs of suction death.

Hey Jon, what's the story down there? Is it the Big One or what? My brother's e-mail reminds me, yes, there is a story, and yes it is always the Big One for somebody. *In this game of storm roulette*, I write back, *we have so far managed to draw a couple of blanks and get merely grazed by one bullet.* The story is not of a strong hurricane here; Katrina barely brushed by us, giving us nothing more than a cool breeze. The close call impelled me to run out and buy a portable generator, and when Rita hit us with sustained sixty mph winds—not even a Cat. One, but nonetheless a respectable tropical storm, producing plenty of debris—I was ready for the inevitable power outage. It lasted only three days, as opposed to the three weeks Lake Charles endured. And they're at about the same latitude, Gail reminds me. An even closer call.

Thousands have come here, I wrote my brother, *and as*

soon as they arrived the rumors started of car thefts and worse, there was even maliciously racist talk of murder and mayhem at the Cajundome, which is housing about 2500 evacuees (they don't want to be called refugees), mostly African-American. There has actually been no increase in crime whatsoever here since the evacuees arrived—even a slight decrease according to the sheriff. And yet "Shooters"—truly original name for a gun-store, don't you think?—has completely sold out their handguns. So you see, Sam, we've welcomed them with open arms and loaded guns.

II.

There's a Cat. 4 coming and we're in the middle of the cone.

Gail and I agree our luck has changed. The *reason* for the change is where we differ. I'm the skeptic who calls it mere chance, but Gail is convinced otherwise.

We are lucky enough to live on one of this town's only hills, rising away from the nearby Vermilion River. Storm surges and overflowing riverbanks are not our worry here. This neighborhood can stand up to twenty inches of rain without flooding. But it's thick with trees. I tried locating our house on Google Earth's satellite photo and saw only an ameboid blob: the canopy of loblolly pines and live oaks that shade our house but also serve as aimed projectiles swaying in the wind. After Katrina's deluge, our neighborhood's few unoccupied houses were quickly filled with evacuees.

A middle-aged couple from New Orleans who had lost their home in the storm rented the little house behind us, a cottage with "one-half" after the address number that was once a backyard garage, now expanded and nestled among camellias. They lived between us and the old gay cowboy from Texas named Roy, their landlord, whose gorgeous house faced the street one block up the hill from us. But this is not really their story, at least not entirely. It's really Gris-Gris's story. That's pronounced *gree-gree* in case you're not from around here. She's our gray cat, or was. I need to word that much more carefully, for this is what she taught me: she was never our cat, never anyone's; no cat is ever anyone's.

We met Gris-Gris when she was a kitten. The first sign of her presence was a definite decline in the lizard population on the ceiling of our open front porch. The night before I first saw Gris I said to Gail, "Have you noticed that there are fewer geckos?"

"Yes! I'm very concerned." Gail loves lizards; she even talks to geckos. "I bet there's a new cat in the neighborhood."

Circe and Calypso, the two cats we got right out of the litter, have never been outside, except when they were born underneath our vet's front stairs. They don't even try to go out; to them it's an alien environment. So, except when they get their shots, they are very low-maintenance animals. Gris-Gris, however, was another story. When we first saw her as a kitten, we thought she was a stray. She would just appear every day in our front yard, hunting around the huge pine tree ringed with dwarf gardenias, pentas and firespike where hummingbirds and butterflies liked to drink. Our property, with the half-wild gardens Gail creates, attracts many such creatures, so of course cats like to stalk by. We became part of Gris's daily rounds. We had no idea to whom, if anyone, she belonged.

Eventually she started spending more time at our house, especially since by now we both had fallen in love with her, giving her treats, leaving food out for her. She grew big for a female, with long gray fur and bright yellow eyes. When the sunlight caught her coat, it glistened an exquisite silver sheen, especially where the fur was short, almost like down—on her head, the bridge of her nose, and her paws. Her face was capable of expression ranging from sad-sack to demonic, and a goofy one in between that was the result of a missing fang. God knows what she had sunk her teeth into to lose that tooth. When she yawned you could see it as a sign that she was only half a predator.

One night when we were playing poker with a crowd of friends, she came into the house to visit. While our indoor cats hid from the noisy crowd, Gris-Gris gregariously made it known that she was accepting treats. I named her that very night because she seemed to appear by magic, and she brought me incredible luck at cards. She lay in my lap when I drew a full house, beating a colleague's flush. She was putting *gris-gris* on my cards.

But then a few days later I heard a girl's voice yelling *Penelope? Penelope?* By this time, Gris was sleeping on our porch every night. A sullen teenager knocked on our door and asked if we had seen a gray cat.

So Gris was really Penelope, but she preferred to be Gris. She made it so clear that she would rather be with us that when the sullen teenager moved away with her single mother a few months later, they left the cat behind with nary a word to us. But we did not need to adopt the apparently abandoned animal; she had already adopted us. We got her spayed and took her in, for which our other two cats have never forgiven us. They were happiest every morning when we let Gris out, and angriest every evening when we let the fiend carrying all those alien odors back in. We always had Gris pretty well-trained to stay in at night. She seemed to enjoy our company; she came when called; she purred when petted; she stood like a meerkat on hind legs to eat treats from my hand—a trick our two house cats could never do, *would* never do because it was beneath their dignity. They always despised Gris-Gris, never accepted her, never even the least bit tolerated her. They hissed when she came anywhere near them. She and Calypso, our sort-of Siamese, got into hissy spitting fist fights regularly, but never seemed to hurt each other. Calypso loved only two people in the world (Gail and me), eschewing and sometimes scratching all others who attempted to pet her, and she loved only one cat, her black sister Circe, who loves everyone as long as they pet her ceaselessly. Gris loved to chase her around the house, just for fun, but she never actually attacked her. She was no challenge.

After several years of what seemed to be total loyalty and devotion to us, Gris-Gris failed to come home one night in mid-November. Gail was up well past midnight hollering for her all over the neighborhood. She showed up late the next afternoon shortly after I got home from work, and after I gave her some treats as rewards for coming home, I called Gail's office to let her know. Then when I went to check the mail, a Lincoln town car crept slowly up the street and stopped in front of my house. I recognized the evacuees who were renting the cottage behind us. The woman in the passenger seat said, "Hi. Do y'all own a gray cat?"

"Yes."

"Oh dear, I guess that was your wife I heard calling her last night. What was that name she kept saying? Gigi? Gigli?"

"Gris-Gris."

"She spent the night with us," said the man in the driver's seat.

"We're sorry," said his wife, "we thought she was a stray. She has no collar."

"She hates collars, and we're always afraid she'll get it caught on something and get trapped somewhere."

"She's so sweet. She comes to visit every day. It's like she knows we could use the company."

"You must be giving her treats."

The man laughed. "She likes to hunt lizards in our yard."

"That's one of her best things."

"Sorry if we caused you some anxiety," said the woman. "It's just that we lost our cat to Katrina and yours is so friendly."

"It's okay, she can visit with you whenever you want. Just send her home when it starts to get dark."

"Great! Thanks." She extended her hand out the car window. "Linda Fiorello. This is Tony."

This couple renting Roy's cottage, I soon learned, were not among the desperate poor who had so little and now had nothing; they were moderately rich restaurateurs planning to return to New Orleans as soon as they could. They told me they were glad to be here, but it could never be home. While their restaurant was only slightly damaged, it reeked of mold and rotten meat. And their whole staff, from dishwasher to maitre d', was scattered in shelters, hotels, and the homes of friends and relatives all over the country. They had lost their large, well-insured house in Gentilly; its roof was the only part not submerged in the deluge. When they saw and smelled what was left after the waters receded they declared it a total loss. "I could never live in that house again anyway," said Linda Fiorello. It was several days after I met them; we were talking across my wooden fence; I on my deck, and she on her back stoop. Gris-

Gris was in her arms licking her hands lovingly. Linda looked like an aging hippie, with long gray-streaked brunette hair and very tired, dark-circled eyes.

"Be careful," I said, "Gris bites when you pick her up."

"Really? She's so friendly!"

"She's just tenderizing your skin so she can more easily nibble on it."

She stroked Gris's beautiful long fur. "I don't believe it."

"As long as you pet her gently," I admitted, "she won't bite."

She squatted down and gently released the cat, still petting her until she walked to the fence, jumped to the top and plopped onto my deck. "Sometimes she reminds me too much of my Mitzi." She was close to tears. "She drowned in our house, you know. We found her in our mattress box-spring when we went back to assess the damage. I have nightmares about it."

"I'm so sorry."

"She was gray too, but not quite as big as yours." She turned suddenly and ran into the house, apparently in tears she did not want me to see.

Gris-Gris was queen of the neighborhood, vanquishing any and all, male or female, who challenged her territory. Our house was her home base; she always came back. Gail even called her loyal. In the following weeks, however, we noticed that Gris was spending almost no time in our yard or on our porch. We usually had to lure her in by shaking a bag of treats or holding up the can of Reddi-Wip that Gail loved to let her lick off her finger, but shortly after she would grace us with her regal presence she would start howling to get out. She even started doing this at four o'clock in the morning, scratching at our bedroom door. It was becoming more and more obvious that she wanted to be elsewhere. Finally, in mid-December, she disappeared again. The morning after she failed to come home, I walked around the block to the Fiorellos' house and found that it was empty. I knocked on Roy's door and he answered, still in his silk bathrobe. "They moved out," he told me, "they went back to New Orleans."

"Were you here when they left?"

"No, why?"

"I think they took my cat."

"Gris-Gris? You think they took Gris-Gris? No, they wouldn't do that."

"Their cat died in the storm. She reminded them of her."

"Still in all, they don't seem like the type to steal somebody's cat. Well, Linda might, if she was off her meds."

"What?"

"Severe depression. Bipolar disorder too I think."

"Did they give you a phone number?"

"Yes, a cell. Just a minute, I'll get it. But be nice, okay? They've had such a rough time of it, you know."

I waited until I got back to my yard before I called. I could hear the woman's despair even in the way she said "Hello."

"Linda? This is Jonathan Andrews. Is Gris with you?"

"Who? I'm sorry, you must have the wrong number."

"Gris-Gris, the gray cat that's been visiting you the last month."

"We do have a gray cat, but her name is Mitzi."

"What? Mitzi died, you told me. Mitzi drowned in your house."

"I'm sorry, Mr. Andrews, but you're mistaken. We would never leave Mitzi behind. She evacuated with us. And she's right here."

"You can't do this to us. I can prove that's my cat! My vet has a folder on her. I've got years' worth of digital photos. How many cats look like her? And how many have a missing fang? Hello?" She had hung up, and when I called back I got a voice-mail greeting. "Listen to me," I recorded, "you won't get away with this. I'll come and get her back. You can't just take somebody's cat." But even as I said this I realized that the Fiorellos hadn't really taken her. I'm sure she leapt of her own accord right into the back seat of that cavernous Town Car. I'm sure she abandoned us just the way Penelope abandoned the sullen teenager and became Gris-Gris. She was Mitzi now.

I kept meaning to drive to New Orleans with a cat-carrier, show up at their restaurant, confront them about Gris, get her back somehow. But I just couldn't bring myself to do it.

The woman's quiet despair, the way she managed to block out the sight of her drowned and rotting cat in that box spring simply by convincing herself it had never happened, I couldn't hate her for that. And I've managed to convince myself that the Fiorellos did not steal my cat, she was never mine in the first place. They lured her away perhaps, but it was her decision. People only *think* they own animals. Just because we have bred the feral out of them and made them dependent on us, we think they belong to us rather than with us. Thank you, Gris, for teaching me that.

Gail has taken it very hard; she is devastated, claiming that Gris-Gris just stopped loving us. I don't cheer her up much by pointing out that the notion of cats loving is a pathetic fallacy, anthropomorphic wishful thinking. Cats don't love. Let her go. She's fulfilling their need. She wandered into our lives, and now she's wandered out, following people who need her more than we do.

"But she was our good luck charm. When she came into our lives everything got better." Even though Gail works for a defense firm, pouring all day over legal briefs, discerning fallacies in the desperate arguments of sleazy plaintiff attorneys, writing brilliantly argued responses with irrefutable logic; she clings to this *post hoc ergo propter hoc*. It's true certain miracles seemed to happen to us after Gris-Gris came into our lives. For example, the night after a doctor told Gail she had a rare deltoid tumor in her abdomen, Gris-Gris spent a good half-hour purring on her lap and the next day she learned there was no tumor, only a hematoma she probably got from coughing too hard. It cleared up by itself. I had some bizarre intestinal infection that was thought to be acute diverticulosis, a sign of chronic diverticulitis, and when I kept Gris-Gris on my lap while burning with fever the antibiotics began doing their job. I later learned my guts were fine. And my blood pressure dropped significantly after only a week of successive nights with Gris on my chest, purring in phase with the beating of my heart. But that wasn't magic; it was symbiosis.

Gail, however, continues to insist that Gris-Gris had a way of warding off disaster. I cling to my skepticism even now, when I find myself in the middle of a cone of uncertainty. *Maybe it will fizzle to a Cat. 3, or maybe it will make a turn. I don't mean to wish it on anyone. I just don't want it here.*

Deer

Cynthia Schwartzberg Edlow

Late fall in its insufficient overcoat.
The man in fall at a serene clearing.
He found pacific places a kind
of stammering. When time came,
the taking of an animal purely for food
meant successful aim
and provision. Years of denying
himself the ripe, unaggressive lover
turned his hunting skills
to art. Somewhere in his cabin,
a journal filled with one line repeatedly,
this wanting you is torment.
Yet his sense for where living
things would be
next
was resplendent.

In the wet woods, slick gummy leaves,
chestnut-colored, fragrant mud.
Heavy and light, penetrating
and airy, *run from here, a place
is not a safe place with this sort*,
the killing arrows suggested. The
brittle wind, advancing through, risked
life is dependent on actual use.
In the tops of the trees
the garrulous birds concurred,
while the creatures of gravity
knew torsion.

Rebuttal

Gail White

God has not died for the white heron.--Yeats

How would the old man know? From my study window
I see the white duck that escaped the hunters
this fall along the bayou. He has a new
mate this year; perhaps the last one fell
to last year's hunters. The white heron's nest
on the opposite bank is empty. But the heron
comes for occasional visits just the same.
Something has tied these white birds to the bayou.
The sky went dark with migrating blackbirds twice
this year, but the old duck and the heron cling
to the life they know. They suffer, which is most
of what we mean by love and wisdom. I
confess I never doubted God has died
for the white heron, and for the white cat,
and the mice in the cane fields under the hawk's shadow.

January Hawk

Charles Rafferty

He screams as he orbits the houses
spilled all over this hill.
He is missing among the vapor trails,

the rags of frozen cloud
shredding in the wind. Down here
the leaves have browned—

the dirt hard-packed, the creek-burble
silent and solid gray.
The hawk keeps screaming

above it all, as if his cry were
the disembodied wish for talons
finding their place

in the neck of something soft.
Already he must hold it
in his black dilated eye

the way a nightmare holds a pill
that cannot cure us
no matter how often we swallow.

He is righteous and hungry
and falling like a blade.
Who among us can say that he is ready?

On Evolution in a New Hampshire Woods

Barbara Schweitzer

In the woods we
follow wild
prints moving
across the snow to
the unfrozen lake

wondering what
these beavers and
deer think of this
odd-shaped winter
shore, unlaced clear

into February;
what complications
does it cause the
gatherers who leave
their paws here,

whose unsegmented
dreams move
them from drink
to wordless beds
with no weather

forecast to stall
the fusion of
their thoughts.
We're ambling
in their woods,

knowing that
evolution prefers
specialization and
Rilke says *we* exist
only *to say*. Doesn't

evolution seem
small, favoring
separations, movings
away from liquid
and absence of pain?

Even our simplest
words divide,
tear us apart, and
tool our divisions:
I love you but not they!

And what are we
evolving to when
mild winters
confound
Newfound Lake

and leave us
profoundly
lonely for the
language of trees,
of wind and ice?

Purgatory Creek

Adrian S. Potter

A while back, this place was considered suburban
And I truly mean *sub - urban*
Small, winding watershed that benchmarked
A brief drive to downtown skyscrapers
While the country remained a pleasant neighbor stationed next door.

Drifting, wet platforms of leaves supported birds just long enough
For their bills to pilfer meaty dinners of trout
Slippery rocks frequently skipped across this stream
Rippling the liquid mirror surface
Stones tossed by teenage boys who were ducking certain trouble
Avoiding the penalties of parental grasp.

An appetizing photograph of agriculture meshed with city refugees
Thick backyard trees bullied water's edge
With partially exposed roots that were moist, but not soaked
And crooked limbs that provided children with ladders to climb.

Once watched by others, the scenery now tolerantly observes
New residents arriving, unceremoniously
The creek questions where the flocks of cars are traveling
Adjusting to a budding town anchored nearby
Fried food and strip malls, day care and mass transit
Advance the frontier of urban sprawl closer to nature's reality.

Birds avoid the commotion, since bounties of fish no longer exist
Expressways bridge overhead, weekday rush hour presents a nuisance
And society forgets to set aside time in its daily itinerary
To get acquainted with its giving neighbor, Purgatory Creek.

After the Flood
Sheryl St. Germain

It is early September 2005, and I am watching and waiting every day to hear news of what's left of my family and their homes in the aftermath of Katrina and the levee breaks that caused the massive flooding we have all been witnessing on the television. My mother, sister, aunts, uncles, nieces, and nephews evacuated safely from New Orleans, where our family has lived for 200 years. We don't know yet if their homes are still standing, or that of my younger brother André is still standing.

My cell phone rings, and I startle at the name that appears in the caller ID window: André's cell phone.

André is dead. He died unexpectedly, not long after his fortieth birthday and a few weeks before Katrina hit. His ashes, which my family had intended to scatter in Lake Pontchartrain when we could all gather together, are in my mother's house in Kenner. We are worried about whether or not the house and the ashes are still there.

"Hello?"

It's my sister Tanya. Her phone isn't working, so she's using André's. We tried to get it turned off after he died, but the phone company said it didn't matter; they had a two-year contract, and the phone would be kept alive even though its owner wasn't.

Tanya is calling to tell me that she was able to get into Kenner to see my brother's house, which is still in his name, and is still filled with his possessions and those of his three kids. We have not yet filed for succession. The house is a modest bungalow just a few miles from my mother's house. He had recently struggled to keep up with the payments, and took out a second mortgage just before he died. There is a question about whether or not he kept up the insurance payments. He was proud of being a homeowner and had turned his shed into what he called "the palace," where he had a bed, TV, stereo, and refrigerator that was usually stocked with beer. He spent several nights in "the palace" that year, he told me, because of problems with his girlfriend.

I had visited him at his house a few months ago for Mother's Day. He had organized a big family party in his backyard, under the shade of a large magnolia tree, for his gift in honor of the day: ninety pounds of crawfish. I had no way of knowing this would be the last day I would see him alive.

The day is etched exquisitely in my mind. This is the first time in over twenty years I've been with my family for this day. The table, holy as an altar, is spread with newspapers, and on top, the sloppy orange hill of fat, spicy crawfish, just poured from the pot, still steaming. Cold beer cans ice our hands that are itching to get at the crawfish.

The spring air smells like the only god's breath I ever want to know: cayenne and bay leaf, lemon and celery, black pepper, garlic and onion. A hint of honeysuckle and the savory swamp scent of crawfish. Their rich orange bodies gleam in the sun like a massed heap of shiny Mardi Gras beads; the cayenne dusting their bodies like pollen; the small potatoes and corn on the cob; the whole heads of garlic; the lemons and oranges; a cornucopia of food; all boiled with the crawfish; all cooked with love and beer and lots of spice, calling out to be eaten. *This is my body. This is my blood.*

Country music blasts from the outside speakers, and those of us who wish to be heard have to shout, but we don't mind because my brother loves country music. André is proud and dark and muscled, his shoulders strong as he pours the next sac of squirming crawfish in the vat and stirs it with a wooden spatula as tall as my two-year old niece. I put my face close to the water and bathe in the peppery lemon steam of the vat as if it were the breath of a lover. Crawfish are squirming and dying, their tails curling tighter and tighter into themselves; my brother is stirring and singing along to some song about lost love; my face is almost in the vat now and none of us think this is the least bit unusual. He flexes his muscles—he is a semi-serious body builder—as he stirs the fifty pounds of crawfish and whispers something in my ear. We must look as if we're conspiring over the boiling crawfish, or getting the latest in crawfish boil facials. We catch up on what's been happening in our lives. Remembering the recent trouble I had with a former partner who broke into my house in Iowa and assaulted my son, he whispers through the crawfish-scented air, *lemme know if that asshole messes with you again, Sherry. I have no problem showing up at his door and asking if he wants to try to punch on someone his own size.*

Children play with a few live crawfish on the grass, trying to get them to grab a leaf with their pincers, or dance to country music. Grown-ups—sisters and brothers, mothers and sons, and daughters—sit around the small table eating and talking. We pluck a crawfish from the pile, searching for the fattest and most tender-looking, usually a lighter colored one; snap the head off in a quick movement; the way you might break the neck of a small suffering bird; quaff the fat juice out of the head like you'd slurp the oyster liquor off a just opened oyster shell; squeeze the fiery tail meat into our open mouths, then reach for another. We kiss the garlic out of its skin and bite into a potato or piece of corn on the cob that's absorbed so much cayenne our lips quiver with the heat for hours, and we must drink many beers to alleviate this wondrous pain. The crawfish, still warm, are spiced just right. I have been away from family so long, I had not known my brother to be such a fantastic cook

Piles of discarded shells grow on either side of the table as we eat and eat and drink beer after beer, and our tongues loosen, and our voices get louder, and we laugh although there is sadness in all of our lives. Someone has lost a job, but someone's child is graduating from high school. Someone was in jail, but now they're out. Someone had their driver's license taken away, but their kid has just gotten one. Someone lost a fiancée, but has a new girlfriend. Someone's son got beat up by a boyfriend, but he's doing okay now.

We talk only a little about the gone ones, another brother and our father, but it feels as if they're sitting with us, cracking and sucking and drinking and laughing, as if nothing sad had ever happened to this family, as if their ghosts don't sleep with most of us at night, and sometimes seem to strangle us, as if we don't often fear we will become them. Today, the ghosts are eating crawfish and drinking beer.

My mother tells a story about a monk friend she recently visited who was supposed to be a vegetarian. He'd taken a vow, she says, between cracking crawfish heads, to not eat meat. The monk talked her into taking him to get a bucket of Kentucky Fried Chicken, though, she says, and then hid what was left of it in the monastery's laundry room, for later. She was horrified, she said, at how he set to on the chicken, like a starved man, sucking and licking the bones, as we do the heads of crawfish. *What kind of a monk is that, supposed to be fasting, eats chicken*, my brother demands of my mother. *What are you doing having monk friends anyway?* My mother wipes her hands on a napkin and says the monk had been her pen pal for several years. *Pen pal*! My brother yells, full of beer now, *I don't like the way this is sounding.* He's ribbing her, and we all know it. I don't think I've ever seen us all smile so much, together, as if something in the crawfish, the beer, the air, and maybe even those gone ghosts, is blessing us with the gift of happiness for an afternoon.

My mother plays the straight man, as usual. *But he was a nice monk, he, he's dead now...and he prayed for our family....* At this, my brother leans back in his lawn chair, pulls his cap over his head—you can see the crawfish fat and grit under his nails, and explodes: *He PRAYED for our family? A chicken-eating, supposed to be vegetarian monk PRAYED for our family? That's it, that's why our family's cursed, we finally found the reason. Get the voodoo dolls out. We need to do an exorcism.*

We're all doubled over laughing; we smell so much like crawfish; it's in our teeth, our mouths, our hands, our clothes; we might as well be crawfish.

My brother gets up to stir the second vat one last time, and I go with him to put my face in the steam one last time. I can't get enough of this. André looks like my father. He has his good looks, his joking sense of humor, his same deep-seated wants; although my brother is a better man than my father was.

You know, he says, stirring the crawfish pot hard, *I remember one time when I was little, maybe ten, I was runnin' around outside.* He stops for a minute, looking deep into the pot. *See this*? He points to the crawfish. *When they sink to the bottom you know they're done.* He takes a swig of his beer. *Anyway, it was hot, you know how it gets in July, and Daddy was sitting outside in a lawn chair drinking a beer. I was so hot, really, really hot. When I told how hot I was, he pulled a beer out of the ice chest and gave it to me. A Dixie.*

He looks at me, his swamp-dark eyes full of my father, our other brother, and parts of him I hope to know one day. *It was so cold, so cold, Sherry, and it tasted so sweet. I can taste it still, today. I never forgot.*

I look into his eyes, and I am proud that he is my brother. We are a family haunted by the specter of drug addiction and alcoholism, which killed our father and our other brother, and almost took this brother. André gave it all up a few years ago; even the selling drugs part of it, which had made him a relatively well-off man for a time. When he decided to stop it all, he told me he wanted to be there for his kids in the way our father had not been there for him.

He lost everything—his house, his car, and even his wife, when his income went down to the level of a mechanic's, but he pretty much stayed the course. He moved into public housing for a while and dedicated himself to his kids, becoming coach for football and soccer teams, and spending as much time as he could with them. He still drinks, though, and when I look into his eyes I know there are still demons there he is fighting.

"André's house is destroyed," Tanya says. "The roof caved in over the kitchen and bedrooms, and the porch has completely disappeared. The magnolia tree is gone. The palace is gone. It looks like there was about four feet of water in the house. Everything has mold on it. Everything stinks. The place is like a war zone—helicopters everywhere, people walking around with guns."

I don't know what to say. I don't live in New Orleans anymore, though I visit frequently, and I watched the devastating images like everyone else on the TV and searched the Internet for images of Kenner and my childhood home, hovering by the phone as my mother and sister travel from place to place, friend's house to hotel to another friend's house while the city is in chaos and the state of their homes unknown.

"The weird thing is that in the middle of all this, there's a bar open right by his house. No grocery stores, no electricity, but the bar's open."

Tanya said she and her son tried to clean up the house as best they could and salvage what they could, donning masks and gloves to avoid the mold and other health risks, but they had to leave frequently to throw up because the smell was so bad.

"I needed a drink after that," she said, "so I was glad the bar was open. Everything, almost, was blown away in his backyard," she continues. "The only thing that's still standing back there is that boiling pot. You know the one he used to boil crawfish in, remember that?"

Yes, I say. Yes. I remember.

After I hang up with my sister I close my eyes, not wanting to see anymore. So much tragedy, how much can a family, a city withstand? Should we think of it as an act of grace that a month after that Mother's Day, my beautiful brother would sit down on his couch that is now crusted with mold in his small house that is now broken into many pieces, clutch his heart and die into that darkness he had worked so hard to survive? What would it have been like for him to see what he had worked so hard to have, honestly, destroyed so cruelly?

I see him again, in my mind's eye, that day in May. He is standing in his yard, as our father had in ours so many years ago, naked to the waist, his chest glistening with sweat, also as our father's had so many years ago, a black oyster glove protecting his left hand, which holds an oyster hidden in its

In the Eye 115

full shell that's big as a human heart. His right hand tightens around the oyster knife.

You put it right here, Sherry, in this round groove, that's the eye.

And also as our father had, he sticks the stubby blade in, once, failing, then again, chipping the shell, then twists the knife and forces the lips of the oyster open. I admire the strength of his hands, the muscles of his forearms. It is no easy thing to open an oyster. I have tried several times, and each time failed, emerging with cut fingers instead of a naked oyster. I do not have the strength it takes, I have decided, to open an oyster.

He pries the oyster all the way open, and I wonder what he thinks about as he slides the blade around the lips; does he think about forcing open tightly closed legs of women or reluctant tops of beer bottles? My lyric sensibility is why I cut my fingers, because I don't concentrate on the job at hand, but rather what the job at hand reminds me of. My brother is both more simple and effective than I. He doesn't cut his hands because he's focused on what he's doing. He is utterly literal and is probably only thinking of the oyster.

Now the oyster is revealed, cradled in the cup of its half shell, a plump and gray glistening like a large shimmering gem, awash in its sweet, holy liquor, and we admire it for a second, my brother and I, this amazing living creature one of us is going to eat. We agree that pearls are nothing; the oyster's body itself is the real jewel.

Still, my brother looks at me as if to cool my reverie, and says, *you know what oysters are, don't you? They're filters; it's not something you want to think about too much.*

He slips the knife under the oyster's body and cuts the stalk to separate it from its shell; but unlike our father, he doesn't spear it and offer it to me off the tip of the knife, so the knife won't cut my tongue this time, as it did that first time so long ago, so that for a long time afterwards, whenever I slid an oyster down my throat I thought there was supposed to be an aftertaste of blood. No, my brother is more careful than our father was. He gives the oyster in the shell to me and keeps the knife.

They're fresh, Sherry, right off the boat. The guy hadn't even had time to clean them, had to clean them myself.

Suddenly I remember it's Sunday, and I think how much better this is than going to Mass; I think how it's almost like I'm getting ready to go to communion. That's how I feel, except I know the oyster will taste way better than the communion wafer. Sunlight falls softly but fully on both of us, like a ray from heaven, and as my brother reaches into the ice chest to get another oyster, I put the shell of the one he's given me to my mouth like a cup and drink, letting the oyster slide into me with its juice, which runs out of the corners of my mouth and down my throat, between my breasts, wetting my shirt, no crackers or beer to wash it down, just the oyster, whole and sweet and salty, tasting like the brackish waters of the Gulf.

I close my eyes, and see my father giving me my first one, and I think of every oyster I've had since then; I think of my grandmother's oyster spaghetti, my mother's oyster dressing and oyster soup, my sister's oyster and sausage gumbo, my brother's raw oysters, grilled oysters and baked oysters; I think of the most fantastic fried oyster poboy I ever had at a fish place called Salvo's, the way the oysters were so crunchy and spicy on the outside, like the crust of Popeye's fried chicken, and hot and barely cooked inside, just firm enough but still soft, not rubbery, how the oysters, the shredded lettuce and tomatoes and lemon and Tabasco came together in my mouth, an ecstatic experience like almost nothing else in the world except eating this raw oyster on this gentle spring day given to me by my brother, who spent the first part of his life trying to become the man who was our father, and the second part trying not to become the man who was our father, and it's all there as I swallow this oyster: the first oyster, the first opening, the first swallowing, the first time we would take a chance, the first in a line of questionable things we would do as we risked our way to ecstasy, the first time we opened our mouths for our father, trusting that he would put something good, something truly good, on our tongues.

I open my eyes. My brother is gone. His house is gone. We can hardly grieve him properly because there is so much damage Katrina has brought anew to which we must attend. We have to think of our mother and our mother's house, and our vibrant, messy destroyed city and how to rebuild it. More than ever I need the strength that I always sensed in my brother, the strength he had to change, to take his nearly destroyed life and start over, make something better for himself and his children. I need to feel his strength in my body and heart; I need to remember everything that was good and sturdy and robust and vigorous about him, and I need to work as he would have, to help my family and my city rebuild our broken, broken hearts and homes and lives.

A journalist came to my office yesterday to interview me. She wanted to know how I felt about what was happening to New Orleans. Did my family get away safely? Were their houses destroyed? Did they have any stories to tell? How did I feel about the slow response? How did I feel about the flooding? She was polite, and I suffered through her questions for too long. After an hour I wanted her to leave; I didn't want to answer any more questions or explain any of my feelings. I was beginning to feel a hysterical anger toward all journalists writing about the Katrina disaster, as if they were fumbling around in our intestines somehow. As unreasonable as it may sound, the disaster felt private, and it was surreal to see it on the evening news, hear it on the radio, read the "human interest" stories in the papers, and be the subject of one of those stories.

"Can you tell me what you'll miss most about New Orleans? What are your fondest memories?" the perky journalist asks, pen poised, tape recorder on.

I think about my brother's backyard and how he loved it to be set up for entertaining, the table and chairs, the awning, the music blaring, the crawfish pot boiling, the ice chest with oysters inside waiting to be opened, the big magnolia tree shading the yard. I will travel to New Orleans in the next week to help my family, and I will see his house and backyard for myself, but it's as if I can see them now, the awning covering the porch disappeared, blown one block down the street, the table and chairs turned upside down, as if there had been a fight and no one bothered to clean up afterwards, the magnolia tree split down the middle, half of it stabbing the heart of his house, the yard empty of children, the smell of crawfish replaced by the stench of rotting food, the crawfish pot, turned sideways on the grass, empty, stained orange from the crawfish and cayenne, looking like the eye of a giant camera.

    My eyes sting, my own levees breaking, and I ask the journalist to leave.

OUAOUARON

Jack B. Bedell

Spring nights, in the calm between rains,
the bullfrogs in the *tranasse* beside our house

sing the song of themselves, so deep
and relentless the dog presses her nose

to the backdoor glass and whines.
I always feel I should wake my sons,

drag them across the wet grass
to see such desperate love, but know

somewhere deep in my chest each step
we'd take toward it would only serve

to chase it farther away into the dark,
stilled and resonant with desire.

Fishing with my Father

Laura Quinn Guidry

on Bayou Boeuf forty years ago
before the duckweed took over.
Daddy paddles the boat.
I sit with a cane pole and bait can,

sliding worms onto a hook,
their bodies oozing earth from the chicken yard.
The ritual digging late the day before.
My knowing the best places.

Shorty, my father's old fishing buddy,
once dubbed me "the best worm-digger
in Rapides Parish." Daddy liked to tell that.
It was easy to please him then.

He guides the boat
through the shallows near the bank.
Cypress cast cool shadows on the water,
shade where fish were apt to bite.

A branch hangs low.
"Careful how you fling that line.
Don't need any squirrel-fishing today."
He liked to say that.

Up a ways, a moccasin slides off the bank.
Nearby, turtles sun themselves on a log.
My father taught me how to tell the tug
of a turtle on the line.

"A turtle holds the cork under longer.
Swallows it all—bait and hook.
Have to cut its head off.
Best to avoid that."

Midstream, our little boat drifts.
Stillness all around us.
I learned to love the quiet, there, on the water
with my father. Water falling in soft plops
from the paddle. Each drop, a circle widening.

Once, he told me what he'd always wanted
to do in life. And once, years later, he said,
"I always thought *you'd* be a writer,"
but only after he thought I'd missed the chance.

The cork bobbles half-heartedly.
The flash of a sun perch close to the surface.
A dragonfly lighting on the line,
its windowpane wings veined with silver.

Some days contain a world.
We are given what we need.
Our claiming comes later
in writing our lives.

Black Whiskers

Curtis L. Crisler

She points to the big one on top
of its brothers. Another customer
points through display window asking,
"How much for the whiting in back?"
Sunday's noon sun glimmers sleek
luminous blackness on white paper.
There is a string uncut that connects
head to body. Severed guts drip
to ooze a richness. A smell rises
to raise a pungent slap. "I need six
of them for soup," a woman yells.
He looks out window not missing
his mark, aware of life. Residue of
blood interrupts puddle on floor, under
the counter sparkling with catfish heads.
She turns away, far away, to Great Lakes
and green intentions of their marble eyes.
The lady's son touches a black whisker
smearing a smudge on glass display
window with film of death. Red licorice
moist from heat in boys mouth growls
a stomach to hunger. Supper is six in
the evenings when day has deheated.
The man leaves knife settled in cutting
board, paper wraps heads together,
links their souls, and wipes hands
off on soiled red apron.

The Still

Cynthia Schwartzberg Edlow

Big city girl in Virginia woodland to prove a point.
Anyone could be friends with nature–
I was there to try to see what
he saw. Between the trees, the stillness,
the steep drop to the ravine. Rain had passed
and washed color from the timber,
the sky sullied thick with gray.
I was not to worry my hair
would frizzle up past recognition. I'd been brought
to his favorite backdrop, and was being courted.
But because in any kind of place
I search for the aberrant thing, the corner
of my eye caught the red tail
of the arrow poking up through the
deep pliant floor of leaves,
and I was not surprised I'd found it.
In me it created a noise of danger
but the woods were immune, the woods
I was told, would embrace it like a brooch.

Deconstruction: 'I Know Why The Caged Bird Sings'
—Maya Angelou

Marian Kaplun Shapiro

I
Center of my maypole, I
am the descendent of Eve
and Hildegard, and of Odetta.
I am she of the lullabye
and the nigun, of aria
and ballad, of spiritual, of Bread
and Roses, and the honest Shaker
hymn. You may have heard me
chanting in the back seat
of taxis, and the bow of birch
canoes, caroling in kitchens
and in launderettes, whistling
Chopin by the side of
the chlorinated swimming pool
(dreaming of dolphins), humming on
backyard tire swings and
subway platforms.
You hear me celebrating births
and birthdays in languages
I do not speak. You will always
hear my dirge as the body
is lowered in the broken ground.

know
How do I know? in the sweep
of sound I am yours. You reach
satori and I shimmer with you.

In the Eye 125

why
Because I must. Because you must.
the
The bird. A bird. Still *the* bird.
caged
Behind bars, she has chosen
life. Life is freedom. *Free
as a bird*. Freedom
is life. We cannot always
unlock the cage. Is there air?

bird
sparrow, pigeon, egret, owl,
heron, hawk, blue jay, chicken,
parrot, nuthatch, robin, goose.
Birds fly. Feathers and wings.
White dove: bird of peace.

sings
One magical March day, I,
beige lady, on vacation,
possessed by possibility,
improv with a band of Black
men in a park in New
Orleans. Clarinet, slide
trombone, sax, guitar, steel
drum. Each in turn is master
of his 3-line message. We
others wait, respect married
to ecstasy. Now I feel
the heat of an arm around me, bass
player pinging with his other
index finger. The clarinet
and horn caress that sweet diminished
fifth, holding the whole world's
breath. The universe is mine.
I float my soprano riff.
Kingdom is Come. For a moment
we all dissolve, skin-

hair-eyes-bones man/
woman, young/old/, brown/
black/beige/ tourist/all-
their-life-playing-blues-guys
and the music wraps us up
    tight as a rocket.

In honor of the musicians of New Orleans

View from the Cliffs

Dave Parsons

Nature is a Haunted House—
 But Art—a House that tries to be haunted.
  Emily Dickinson

At Timber Cove Inn, two hours north of San Francisco, the
 raccoons
come to our window after a swim in the rocky garden pools
 at sunset

and peer into our balcony window from the tree just outside
 that is twisted
flailing away from the windy sea. They are looking for
 handouts

from the untold treasury of travelers: scattered pet food, an
 orange, perhaps
a scrap of salmon jerky, the air is crisp and rich with that
 nice mixture

of the bounty of human creature comforts in our
 encampment and the promising
poignant exotic ocean, blowing in its salted and measured
 breaths, offering

its own stoked and smoky light, light--bringing our polluted
 city minds
sumptuous meat, the essentials for that hungriest of
 animals--Art.
In the mornings sleek abalone divers can be seen in the
 shallows far below

undulating like innocent seals fishing the jagged cliffs,
  spooning the rocks

for that other sweet meat, a month from now we will read
  news that one
of these morning swimmers will have lost his head to a
  great white shark—

Emily Dickinson said that a poem should take the reader's
  head off—
today, where the near crags drop off to the deep Pacific all
  along Highway 1,

great shadows are turning cold blue tones black and
  swirling like hunger
in its haunted aqua house, while a thousand miles away, in
  a makeshift studio

on the edge of the Big Thicket, an artist trades her years of
  attempting to capture
the blurred past through Realism for the oblique certainty
  of the Abstract, diving
again and again into the her Dantesque childhood
  darkness's, finding red
and yellow, black and gray—she is swirling the many
  colors of truths too real

to capture on a canvas...too vivid to remember, a fit of
  splashing colors, violently
invading the sweet sublime of pretense, fearlessly opening
  portals—light—

In the Eye

THIS DAY IN PARTICULAR

Christina Lovin

You mowed the mares' field yesterday
because the sky was clear, the air dry,
and would be so for days to come, or so
the Farmer's Almanac had claimed.

Today, the baler swept the field of loosely
mounded timothy and clover, swirling
up and over, tidying the strewn field,
leaving only stubble. "I didn't cut

the feet from off one rabbit," you say. I hear
the echoes of your mother's hills
in the modulation
of your voice, as you tell me of the time

a sucker snake was caught up, bound
into a bale, dying there and how the hay,
pressed around the rotting flesh, would have decayed.
So, you spread and fed it fresh to mares and foals

that leaned the fence beside the barn. You tell me
that too many horses spoil a tract of grass:
their droppings soil the hay,
rendering it inedible and sour.

You say there is a man you know who
sheared the legs from off twin fawns.
Hidden in the tall grass, startled to a run,
they skittered from the tractor's wheels, only

to meet the mower blade eight feet
to the side. How he didn't have a gun
but in plain sight of his grandsons, seven
and five, he hammered the deer skulls to death's

mercy. But today, not one rabbit, snake, or fawn.
No small child to witness. Only firm, fresh
bales that wait to be unbound and split
to ease winter-hungry bellies of animals

held stamping in their stalls or snowbound
in the fields. And in that cold
the fragrance of September's grass
will rise like prayer and you will not remember

this day in particular, just the rest that comes
at the end of the sweat, these blameless bales
in godly rows towering to the haymow's
rafters, the sacred smell of the living

creatures, the blessed soil.

Mowing the Greensward

David Middleton

Between our longest highway, La. 1,
That runs from Ozark foothills to the Gulf,
And the Lafourche, the fork, split from a bed
Where waters of the father slide ahead
To glide and crest, then flow on toward their shelf
Of crumbled bedrock, silt, and mounding shells,
A greensward lies where grasses root and climb
In shades of willow, cedar, ash, white oak, pecan, and pine.

And there in August's steamy-dank pre-dawn
A city worker riding on his mower,
Cruising in lines and circles back and forth
Across the shored embankment shaving blades
Around young figs, persimmons, chinquapins
Planted to decorate the bland expanse,
Sees as he stops before a culvert-ditch
Goat-foot morning glories trailing lavender on their vine.

The mower pauses, wiping dry his brow
Made brown by dawn and noon and sundown suns,
Then looking up to stretch a tensing neck
He scans the night's dark hollow of the stars,
Stunned by the flowering fires and fiery flowers
As by those blossoms winging, bloom by bloom,
Butterfly-leafed and delicate and brave,
So beautiful and useless there and blazing in his way.

His orders are to mow the greensward clean
To drive off snakes and spiders, all that might
Harm wanderers who happen on this way
To ponder flow and stasis in the things,
But now he knows that matter has been blessed
With essence giving pause that we should heed,
These tangled tufts of nothing he will spare
For charity and selflessness beyond the deepest need.

CONTRIBUTORS

JOSEPH ANDRIANO is a professor of English at the University of Louisiana at Lafayette. His short stories have appeared in *Argonaut*, *The Southwestern Review*, *The Chattahoochee Review*, *The Emergency Almanac*, and *Louisiana Literature*.

BETH ELLEN ANSTANDIG received her MFA in Creative Writing from Arizona State University where she received two Academy of American Poets Prizes. Her poems have been published in *Hayden's Ferry Review, Clackamas Literary Review, Louisiana Literature* (2000 Poetry Prize Winner), *Flint Hills Review, Sou'wester, Reed Magazine, Caesura, Tapestry, Tattoo Highway*, and *Yale Anglers' Journal*. She was an International Merit Award Winner in *Atlanta Review's* 2001 International Poetry Competition and was nominated for a 2002 Pushcart Prize. She is the co-author of *An Anthology for Creative Writers: A Garden of Forking Paths*, which was published by Prentice Hall. She lives in Los Gatos, California.

BARRY BALLARD'S poetry has most recently appeared in *Prairie Schooner, The Connecticut Review, Margie*, and *Puerto del Sol*. His most recent collection is *A Body Speaks Through Fence Lines* (Pudding House, 2006) He writes from Burleson, Texas.

JACK B. BEDELL is a professor of English at Southeastern Louisiana University, the editor of *Louisiana Literature* and a recipient of the LEH Humanities Award (2006). His poems have appeared in *Connecticut Review* and *Hudson Review*. He is the author of several books of poetry, including *At the Bonehouse, What Passes for Love, Greatest Hits, 1986-2003*, and most recently *Come Rain, Come Shine* (Texas Review Press).

ALAINE BENARD has co-authored and published three inspirational books with her twin sister and two friends. Her poetry has been published in *The Saint Linus Review, Louisiana Literature, The Literary Lion, Tattoo Highway*, and more. She has just completed her first creative fiction novel.

Benard is a columnist and editor of an ADHD newsletter. Poetry is her passion.

CATHARINE SAVAGE BROSMAN, who has lived in New Orleans for more than thirty-eight years, is Professor Emerita of French at Tulane University and Honorary Research Professor at the University of Sheffield (UK). She is the author of two collections of non-fiction prose, including *The Shimmering Maya and Other Essays* (LSU Press, 1994), three chapbooks of verse, and five full-length collections of poetry, of which the latest is *The Muscled Truce* (LSU Press, 2003). A sixth collection, *Range of Light*, is in press for 2007. Among her recent scholarly books are *Visions of War in France: Fiction, Art, Ideology* (1999), *Existential Fiction* (2000), and *Albert Camus* (2001). Recent poems have appeared in the *Southern Review*, *Southern Humanities Review*, and *Southwest Review*. Her forthcoming poems will appear in the *Sewanee Review*, and five poems from the 2007 collection will appear in French translation next year.

CURTIS L. CRISLER is currently a Limited-Term Lecturer in the English and Linguistics Department of Indiana Purdue Fort Wayne (IPFW). He has a forthcoming book *Tough Boy Sonatas,* a chapbook entitled *Burnt Offerings of a City,* and work in *Black Arts Quarterly*, *The Fourth River*, *Obsidian III*, *Sou'wester*, and *Callaloo*, and he is a Cave Canem Fellow.

CHARLENE A. DONAGHY is a lifelong resident of northwest Connecticut where she resides with her spouse, Gary, and a very spoiled black Labrador Retriever named Sophie. Ms. Donaghy is a breast cancer survivor and is currently pursuing a degree in Writing and Literature at Vermont College. She writes short story fiction, dramatic plays, memoirs, and poetry. Besides her family and writing, her passions include the theatre, photography, and her second home, the city of New Orleans. Her publishing credits include "French Quarter Inspirations," "Silent Morning," and "No Feathers" in the *Mad River Literary Review*, as well as "Stillness-8/29/05" and "Phoenix" in the *Louisiana Literary Journal*.

CYNTHIA SCHWARTZBERG EDLOW'S poetry has appeared in *The American Poetry Review, ACM, Arizona Attorney Magazine, Barrow Street, Chelsea, The Chiron Review, Cimarron Review, Full Circle Journal, Jewish Women's Literary Annual, The Litchfield Review, Square Lake, Willow Review*, from whom she was awarded the 2004 Willow Review Prize for Poetry, *Gulf Coast*, from whom she was chosen as a finalist in the 2005 Gulf Coast Poetry Contest and *The Emily Dickinson Awards Anthology*. Currently, she has poetry appearing in *American Literary Review, The Tusculum Review* and *Smartish Pace*, from whom she was awarded third prize in the 2006 Beullah Rose Poetry Prize Competition and poetry forthcoming from Diner.

MALAIKA FAVORITE is a visual artist and writer. She has published one collection of poetry, *Illuminated Manuscript*, published by New Orleans Poetry Journal Press (1991). Some of her work has appeared in T*he Maple Leaf Rag, Uncommon Place, Big Muddy*, and *Pen International*. Favorite was the Winner of the 2005 Louisiana Literature Prize for Poetry.

Poetry by GRETCHEN FLETCHER has appeared in numerous journals and anthologies, and she was named Grand Prize winner in San Francisco's Dancing Poetry Festival, finalist for the Howard Nemerov Sonnet Award, first honorable mention in Canada's lichen literary journal Serial Poet competition, and a Juried Poet at the Houston Poetry Fest. She leads poetry and creative nonfiction workshops for Florida Center for the Book, an affiliate of the Library of Congress.

DEBORAH FRYER is a filmmaker and freelance writer who has won numerous awards for her documentaries and creative nonfiction essays, including first place in the Moondance International Film Festival Short Story Contest in 2004 and 2005. She is the founder of a video production company (www.lilafilms.com) in Boulder, Colorado.

C. S. FUQUA'S published books include the just-published short story collection *Walking After Midnight* and the 4-

novel audio mystery series *Deadlines*. Awe-Struck Books will publish his novel *Big Daddy's Gadgets* in 2006. His work has appeared in *Abbey, Chiron Review, Illuminations, Christian Science Monitor, Oasis, Haight Ashbury Literary Journal, Cemetery Dance, BOGG, Year's Best Horror Stories* XIX, XX and XXI, *Slipstream, The Old Farmer's Almanac,* and *Honolulu Magazine.*

NORMAN GERMAN is professor of English at Southeastern Louisiana University, where he is fiction editor of *Louisiana Literature*. His short fiction appears in literary and commercial magazines, including *Shenandoah, Virginia Quarterly Review, Salt Water Sportsman,* and *Sport Fishing.* His novel *No Other World* fictionalizes the life of Marie Thereze, the ex-slave slaveholder who founded Melrose Plantation near Natchitoches, Louisiana.

PHYLLIS JEAN GREEN'S recent credits include *BeWrite, Sulphur River Literary Review, The Yarn Spinner, Poetry Life & Times*, and the anthologies *Washing the Color of Water Gold, Anthology of New England Writers* [hm], and *Always on Friday*. She is the author of a biography published by Diverse City Press of Canada in 1999 and a chapbook. *Straw-Hat Theater* [Ze Books, 2001]. Sun Rising Books is publishing a collection titled *Ink Drawing, Brown & White*. Formerly Associate Editor of *L'Intrigue*, Phyllis serves as writer/editor for the domestic abuse—targeting organization, Angels That Care. She and her husband live near UNC-Chapel Hill. She confesses to addictions to books, art and artists, trees, and rambunctious, off-mold terriers.

MICHAEL GREGORY is the author of several books of poetry (including *The Valley Floor* and *Hunger Weather 1959-1975*), has published poetry and articles on environmental issues in a wide variety of magazines and journals, and is director of Central School Project, an artist's cooperative in Bisbee, Arizona. He lives on 40 acres of desert grassland in southeast Arizona, where he raises organic fruits and vegetables.

LAURA QUINN GUIDRY was born in Baton Rouge and grew up in New Orleans. She has lived in Texas for the past twenty-five years. Her poems have been published in *Louisiana Literature*, *The Texas Review*, *Concho River Review*, *Earth's Daughters*, *Texas Poetry Calendar 2003* and *We Need Not Walk Alone*, the national magazine of The Compassionate Friends.

KIRK JORDAN is photojournalist serving Mike Huckabee and the state of Arkansas. Jordan puts out a routine E-mail, with photos and musings celebrating the ongoing artistry of God, entitled the *Mighty Works Project*. He has self-published two collections of Poetry: *Bones in my Soul*, and *To the Titan Women* (with illustrations by his daughters). Jordan recently completed a spoken (and sung) CD version of select poems entitled: *Audio Bones: The quirky, quintessential, and sometimes beautiful poems of Dr. Kirkwood Joe: DO. MD. GI —Doctor of Odd Thought, Maker of Ditties, General Idiot.*

KEN LaRIVE was born and raised in New Orleans Louisiana, graduating with a Communications degree from Loyola University in 1976. He and his wife Maddy reside in Lafayette, Louisiana, where for the past 27 years he has worked as a Fluid Engineer in the oil patch. Ken has published 236 essays with accompanying photos in the BI Moody papers of South Louisiana, and in the *La Gazette des't Villages*, of Youngsville, Louisiana. He has self published a book of poems called *Facets*, and three tomes on Religion and God under the heading, *A Path to Truth*.

CHRISTINA LOVIN'S writing has appeared (or will appear) in *Harvard Summer Review*, *Northern New England Review*, *Entelechy International*, *The Mid-America Poetry Review*, *New Southerner*, *Hunger Mountain*, and other periodicals and anthologies. She is a recipient of both a 2005 Al Smith Professional Assistance Grant and a 2005 Professional Development Grant from the Kentucky Arts Council. Lovin was a resident at the 2005 Bread Loaf Writer's Conference, as well as Vermont College's Post Graduate Writer's Conference.

She will be in residence at the Vermont Studio Center in the spring of 2006. She studied in Harvard University's writing program; and holds an MFA in Creative Writing from New England College. A resident of Lancaster, Kentucky, she teaches college writing classes in and around Lexington.

SHANNON MARQUEZ MCGUIRE a New Orleans native who teaches writing and poetry at LSU in Baton Rouge. Her work has appeared in journals including *Louisiana Literature, Louisiana Review, New Delta Review, The Cape Rock, Plainsong, the Comstock Review,* and *Xavier Review.* Many of her poems refer to her childhood New Orleans' 9th Ward neighborhood and to the Bayou Lacombe area of St. Tammany Parish.

DAVID MIDDLETON is Poet-in-Residence and Alcee Fortier Professor at Nicholls State University in Thibodaux, Louisiana. His books of verse include *The Burning Fields* (LSU Press, 1991), *As Far as Light Remains* (The Cummington Press [Harry Duncan], 1993) and *Beyond the Chandeleurs* (LSU Press, 1999). Middleton has also published several chapbooks of verse the latest of which is *The Language of the Heart,* (Louisiana Literature Press, 2003). His third full-length collection, *The Habitual Peacefulness of Gruchy: Poem After Pictures by Jean-Francois Millet* was published by LSU Press (2005). Middleton's verse has appeared in *The Southern Review, The Sewanee Review, Louisiana Literature, Xavier Review, Critical Quarterly, The South Carolina Review, The Lyric,* and elsewhere. Middleton serves as poetry editor for *The Classical Outlook* and *The Anglican Theological Review.* Middleton won the Allen Tate Poetry Prize for 2005 given by *The Sewanee Review.*

LENARD D. MOORE, founder and executive director of the *Carolina African American Writers' Collective,* is the author of *Desert Storm: A Brief History* (1993) and *Forever Home* (1992). His poems, essays, and reviews have appeared in more than 350 publications, including *Callaloo, Midwest Quarterly, African American Review, Essence, Agni,* and *Obsidian III.* He is an Assistant Professor of English at Mount Olive College in the Department of Language & Literatureat Mount Olive College. He is the recipient of the Margaret Walker Creative Writing Award (CLA, 1997).

DAVID M. PARSONS was the recipient of a NEH Dante Fellowship to the State University of New York, the French/American Legation Poetry Prize and T.C.U.'s 2006 Baskerville Publisher's Poetry Award. Parsons poems have appeared in many journals including, *Gulf Coast, The Texas Review, Southwestern American Literature, Louisiana Literature, Descant* and *Anthology of Magazine Verse & Yearbook of Poetry*. His first book of poems, *Editing Sky*, was winner of the 1999 Texas Review Poetry Prize & 2000 Violet Crown Book Award Finalist. Parsons poems are forthcoming in *Beyond Forgetting: An Alzheimer's Anthology of Poetry & Prose* (Edited by Holly Hughes/Tess Gallagher) and New Texas. His collection of poems, *Color of Mourning* is forthcoming from Texas Review Press (Texas A&M Univ. Press Consortium). He is founder of Montgomery County Literary Arts Council Writers In Performance Series and teaches Creative Writing at North Harris Montgomery College and Inprint, Inc. He has been proclaimed Montgomery County Poet Laureate 2005 – 2010.

DAWN PAUL has published essays in the anthologies *Going Alone—Women's Wilderness Adventures* and *Steady as She Goes—Women's Stories of the Sea*. She has also published stories in journals, including *The Redwood Coast Review, Snowy Egret* and *Earth's Daughters*. She teaches a writing/landscape class at Montserrat College of Art and nature writing workshops for the Massachusetts Audubon Society.

ADRIAN S. POTTER won the 2003 Langston Hughes Poetry Contest and the 2006 Červená Barva Short Story Prize. He has been published in more than 60 different literary journals, magazines, anthologies, and websites. His first book, a poetic memoir entitled My Own Brand of Blues, is forthcoming through RockWay Press. Find out more about his writing at http://adrianspotter.squarespace.com/.

Charles Rafferty's newest book of poetry *A Less Fabulous Infinity* was recently published by Louisiana Literature Press (2006). *The Man on the Tower* was published by the University of Arkansas Press in 1995 after winning the Arkansas Poetry Award. *Where the Glories of April Lead* was published by Mitki/Mitki Press in 2001, and *During the Beauty Shortage* was published by M2 Press in 2005. His poems have appeared in *The Formalist, Measure, TriQuarterly, The Southern Review, Quarterly West, Massachusetts Review, DoubleTake, Louisiana Literature, Connecticut River Review, The Laurel Review, Poetry East,* and *Connecticut Review,* as well as in an anthology published by Carnegie Mellon University Press—*American Poetry: The Next Generation*. Other awards include the Robinson Jeffers Tor House Prize for Poetry, the River Styx International Poetry Prize, and a grant from the Connecticut Commission on the Arts. He currently teaches American literature and writing at Albertus Magnus College and works as an editor for a technology consulting firm. He lives in Sandy Hook, Connecticut, with his wife and two daughters.

Seattle writer **Susan Rich** is the author of **Cures Include Travel**, published by White Pine Press (2006). Her book *The Cartographer's Tongue Poems of the World* won the PEN USA Award for Poetry and the Peace Corps Writers Award for Best Poetry Book. She has been the recipient of an Artist Trust Award and a Fulbright Fellowship. Recent poems have appeared in the *Alaska Quarterly Review, Poetry East, North American Review,* and *Quarterly West.* She teaches at Highline Community College and works as an editor for Floating Bridge Press, dedicated to publishing and promoting poets from Washington State.

Sheryl St. Germain, a native New Orleanian, lives in Pittsburgh where she directs the MFA program in Writing at Chatham College. She has published five books of poetry and one of nonfiction, the latter a memoir about growing up in New Orleans: *Swamp Songs: the Making of an Unruly Woman*.

BARBARA SCHWEITZER is a poet and playwright who has received numerous prizes for her poetry including RI State's Merit Fellowship from NEA Funding and the Galway Kinnell Poetry Prize. Her work appears in various literary and online journals, also anthologized in *Sundays at Sarah's* and upcoming *Regrets Only*. Her first collection of poetry 33 1/3 will be published by Little Pear Press, 2007.

Born in 1939 in the Bronx, **MARIAN KAPLUN SHAPIRO** practices as a psychologist and poet in Lexington, Massachusetts. Her upcoming book *Players In The Dream, Dreamers In The Play*, is scheduled to be published by Plain View Press this year (2006). She is the author of *Second Childhood* (Norton, 1988) and many professional articles. Her poems have appeared in over 50 publications. In addition to "Deconstruction," she has written a number of prize winning poems. Her chapbook, *Parenthesis*, appears on the website of Language and Culture (www.languageandculture.net).

FRANK TAVARES is a writer and Professor of Communication at Southern Connecticut State University in New Haven. His creative writing has previously appeared in *Louisiana Literature* and *The Connecticut Review*. Listeners to National Public Radio recognize his voice as that of the "'Support-for-NPR-Comes-From' guy" heard at the end of network news and information programs. Tavares also writes and consults about public broadcasting issues, and is a founding editor of *The Journal of Radio Studies*.

DIANE THIEL is the author of 6 books of poetry, nonfiction and creative writing pedagogy: *Echolocations* (Nicholas Roerich Prize), *Writing Your Rhythm, The White Horse: A Colombian Journey, Resistance Fantasies, Crossroads: Creative Writing Exercises in Four Genres* and *Open Roads: Exercises in Writing Poetry*. Her work appears in *Poetry, Best American Poetry 1999* and is re-printed in over 25 major anthologies.

A recent Fulbright Scholar, she is Associate Professor at the University of New Mexico.

KATHERINE TRACY is the editor of *L'Intrigue* (www.lintrigue.org) and a book designer for Thunder Rain Publishing Corp. Her poems have appeared in the anthologies, *In the Arms of Words: Poems for Tsunami Relief*, (Foothills Publishing 2005) renamed *In the Arms of Words: Poems for Disaster Relief* in its second publishing (Sherman Asher Publishing 2005), *The Falling Rain* (2000) and *Carvings in Stone* (1996). Her short story "Les Terroristes, Ils Vivent Parmi Nous" appeared in *Le Tintamarre* 18.2 Bicentennial Issue, 2002. She presently teaches English at New Mexico State University in Alamogordo.

CHRIS TUSA holds an MFA from the University of Florida. His poems have appeared in *Prairie Schooner, Texas Review, New Delta Review, The New York Quarterly, Passages North, South Dakota Review, Spoon River, The Louisville Review, Tar River Poetry, Story South, Southeast Review*, and others. With the help of a grant from the Louisiana Division of the Arts, he was able to complete his first chapbook of poems, *Inventing an End*, which was published in May of 2002 by Lone Willow Press. His debut collection of poetry, *Haunted Bones*, has just been released by Louisiana Literature Press. His first novel, *Sons of God* is currently under consideration. Presently, he teaches in the English Department at Louisiana State University.

GAIL WHITE lives on the banks of Bayou Teche and sends out poems like doves from the ark. Her latest book is the anthology *Kiss and Part* (www.ddaze.com).

BIBLIOTHÈQUE DE LITTÉRATURE DU XXe SIÈCLE
sous la direction de Didier Alexandre
44

Choix de lettres, II

Ouvrage publié avec le soutien de la faculté des lettres
de Sorbonne Université (Fonds d'intervention pour la recherche – FIR)
et du Centre d'étude de la langue et des littératures françaises
(CELLF – UMR 8599)

Jules Supervielle

Choix de lettres, II

Des ponts dans l'espace

Édition critique par Sophie Fischbach

PARIS
CLASSIQUES GARNIER
2023

Sophie Fischbach, normalienne, agrégée de lettres modernes, professeur de chaire supérieure en Khâgne et docteur en lettres modernes de Sorbonne Université, a soutenu sa thèse, consacrée à Jules Supervielle, dirigée par Michel Jarrety, en 2014. Elle a publié *Jules Supervielle, une quête de l'humanisation* (Paris, 2021) et un premier *Choix de lettres* de l'écrivain (Paris, 2021).

© 2023. Classiques Garnier, Paris.
Reproduction et traduction, même partielles, interdites.
Tous droits réservés pour tous les pays.

ISBN 978-2-406-13831-0 (livre broché)
ISBN 978-2-406-13832-7 (livre relié)
ISSN 2103-4796

INTRODUCTION

Le 28 novembre 1925, Rainer Maria Rilke adresse à Jules Supervielle, pour le remercier de l'envoi de *Gravitations*, une longue et belle lettre, dont les images cosmiques se déploient comme dans la continuité de celles du recueil de son ami :

> C'est très beau, cela crée une continuité par-dessus des abîmes, je sens que cela ne s'arrête nulle part : vous êtes grand constructeur de ponts dans l'espace, vos arches sont vivantes comme les pas de saint Christophe, ce grand précurseur des ponts et de la poésie qui, par sa démarche, était un des premiers à rythmer l'infranchissable[1].

Supervielle, ému, répond dès le 1er décembre à Rilke pour le remercier de ces éloges, constituant pour lui des « torches qui réconfortent autant qu'elles éclairent[2] ». De fait, les mots de Rilke confortent sa confiance en son talent d'écrivain, tout en lui donnant une assurance – toute provisoire – d'ordre existentiel :

> Grâce à vous je me dis maintenant : oui, c'est bien mon corps et mon esprit qui sont là tout contre moi ; je suis vraiment celui-là qui est né de l'autre côté de l'Équateur, sur l'autre visage de la terre, moi qui en étais arrivé à douter de moi et de mon ombre dans un monde explosant avec violence de toutes parts[3].

Toute sa vie, Supervielle se souviendra de la lettre de Rilke : l'écho s'en retrouve dans les missives qu'il écrit à Claude Roy, le 27 janvier 1939, à André Gide, le 22 juin 1945, ou à Jean Paulhan, à l'automne 1958[4]. De fait, l'image des « ponts dans l'espace », employée par Rilke, renvoie en

---

1 Voir *infra*.
2 Lettre de Jules Supervielle à Rainer Maria Rilke du 1er décembre 1925, citée par Ricardo Paseyro, *Jules Supervielle, Le Forçat volontaire*, Monaco, Éditions du Rocher, 1987, p. 123.
3 *Ibid.*
4 Lettre de Jules Supervielle à Jean Paulhan datée « samedi », de septembre-octobre 1958, *in* Jules Supervielle, *Choix de lettres*, édition de Sophie Fischbach, Paris, Classiques Garnier, 2021, p. 447.

profondeur à ce qui anime l'écriture de Supervielle, « l'homme dont une part est toujours ailleurs[5] », selon les mots de Marcel Arland ; celui qui se définit comme un « poète des deux rivages[6] », un poète français né en Uruguay ; mais aussi celui qui, orphelin à huit mois, aura « rêvé [s]a vie à l'instar des rivières / Vivant en même temps la source et l'océan[7] » ; celui encore qui tente d'établir la communication entre les vivants et les morts. Au fondement de l'écriture se trouve ainsi un désir de lier ce qui est séparé – par l'espace, le temps ou la mort –, et de conjurer l'angoisse et la perte, d'où le rêve, récurrent, d'une communion, d'un retour à l'état des commencements.

Or, l'écriture épistolaire répondra souvent chez Supervielle au même impératif. Dans une note inédite, publiée au sein de l'hommage que rend *La N.R.F.* à la mémoire de l'écrivain en 1960, celui-ci évoque les enjeux existentiels de la lettre et leur lien avec la création poétique :

> L'heure du courrier aura eu dans ma vie une importance dont j'ai presque honte, et c'est par le facteur que je prends souvent une nette perception de mon existence. Je reçois des lettres avec mon nom sur l'enveloppe, donc je suis. Donc je rassemble tous mes moi éparpillés dans le cosmos pour en faire un poème. Le double coup de sonnette du concierge m'apportant mes lettres boulevard Lannes, le pas du facteur à la campagne, la vue d'un paquebot de France amarré au port de Montevideo et encore tout chaud du voyage, débarquant ses sacs de correspondance, tout cela m'a donné à tout âge d'extraordinaires émotions[8].

Pendant la Seconde Guerre mondiale, lors du séjour en Uruguay que l'écrivain vécut comme un exil, la lettre se charge d'une valeur toute particulière. Par-delà l'océan Atlantique, les grandes distances entre l'Uruguay et la France, l'Amérique du Sud et l'Amérique du Nord, ou encore d'une rive à l'autre du Río de la Plata qui sépare Montevideo de Buenos Aires, les « ponts dans l'espace » sont alors aussi ceux que tisse la lettre en l'absence de l'autre – Paulhan, Michaux, Étiemble, Caillois, mais aussi Bosquet, Roy, Maritain… – à qui elle est destinée ; celui dont

---

5   Marcel Arland, préface de *Gravitations*, Paris, Poésie/Gallimard, 1966, p. 9.
6   Jules Supervielle, « Champs-Élysées », *Oublieuse mémoire, Œuvres poétiques complètes*, édition publiée sous la direction de Michel Collot, Bibliothèque de la Pléiade, Paris, Gallimard, 1995, p. 521.
7   Jules Supervielle, « J'aurai rêvé ma vie à l'instar des rivières », *ibid.*, p. 486.
8   Jules Supervielle, « Notes », « Hommage à Jules Supervielle », *La N.R.F.*, n° 94, 1er octobre 1960, p. 760.

elle cherche à obtenir la réponse, sinon la présence. L'écriture devient le substitut de l'ami absent : Supervielle écrit à Jean Paulhan, en 1942, « revoir ton écriture, c'est presque retrouver ton visage[9] ». Ponts dans l'espace, mais aussi dans le temps : en témoigne, au fur et à mesure que passent les années, la constance du rêve de Port-Cros, l'île de l'amitié, de la jeunesse aussi, qui devient comme un hors-temps et un hors-lieu que la lettre œuvre à susciter et à ressusciter dans l'adresse à Paulhan, à Arland ou à Gangotena.

Nous réunissons ici les échanges, très largement inédits, de Supervielle avec une cinquantaine de correspondants, conservés dans les fonds publics suivants : la Bibliothèque littéraire Jacques Doucet, les Archives Henri Michaux, la Médiathèque Valery Larbaud de Vichy, la Médiathèque des Gaves, la Bibliothèque municipale de Nantes, la Bibliothèque Nationale Universitaire de Strasbourg, la Houghton Library de l'Université Harvard et le Harry Ransom Center de l'Université du Texas à Austin. Cette somme épistolaire, associée à des sources multiples — parmi lesquelles, en particulier, la *Correspondance 1936-1959* de l'écrivain avec Étiemble[10], l'édition des *Œuvres poétiques complètes* de Supervielle dirigée par Michel Collot dans la Bibliothèque de la Pléiade[11], la biographie de l'écrivain par son gendre, Ricardo Paseyro[12], et le *Choix de lettres* de Supervielle à Jean Paulhan, Valery Larbaud, Marcel Jouhandeau et Victoria Ocampo[13] — nous a ainsi permis de rassembler les éléments d'une biographie de Supervielle.

Je remercie M. Jarrety, le CELLF (Paris-Sorbonne), la Médiathèque Valery Larbaud, la Bibliothèque littéraire Jacques Doucet, les Archives Henri Michaux, l'IMEC, la Médiathèque des Gaves, la BNU de Strasbourg, la Bibliothèque municipale de Nantes, la Houghton Library, le Harry Ransom Center. Toute ma gratitude va à D. Bertaux, aux ayants droit des correspondants de Supervielle, à R. Bellour et F. Leibovici.

---

9   Lettre de Jules Supervielle à Jean Paulhan datée « samedi », de septembre-octobre 1958, *Choix de lettres*, éd. citée, p. 447.
10   *Correspondance 1936-1959 : René Étiemble, Jules Supervielle*, texte établi, annoté, préfacé par Jeanine Étiemble, Paris, SEDES, 1969.
11   Jules Supervielle, *Œuvres poétiques complètes*, éd. citée.
12   Ricardo Paseyro, *Jules Supervielle, Le Forçat volontaire*, éd. citée.
13   Jules Supervielle, *Choix de lettres*, éd. citée.

ÉLÉMENTS D'UNE BIOGRAPHIE

1919-1925
De *Poèmes* à *Gravitations*,
l'ascension du « hors venu »
dans la vie littéraire

1919

En 1925, lorsque Rilke adresse à Supervielle ses remerciements pour l'envoi de *Gravitations*, l'écrivain occupe une place importante sur la scène littéraire. S'il a déjà publié plusieurs recueils au début du siècle – *Brumes du passé* en 1901 et *Comme des voiliers* en 1910 –, ce sont les *Poèmes*, parus en mai 1919, préfacés par Paul Fort, « prince des poètes » et « référence constante de la première N.R.F.[1] », qui lui ont permis d'entrer dans le monde littéraire. Le recueil comporte une double dédicace, à la figure maternelle, dont l'absence marque en profondeur l'écriture poétique, et à José Enrique Rodó. Supervielle a rencontré cet écrivain et théoricien uruguayen, auteur de l'important essai *Ariel*, à Montevideo, en 1908 : si la dédicace à la mère souligne une filiation affective, celle qui s'adresse à Rodó constitue une revendication littéraire[2]. Le recueil s'écarte de la versification traditionnelle : il adopte une forme plus souple, faisant alterner des mètres variés, offrant des combinaisons de strophes singulières. Supervielle introduit l'impair, l'alexandrin aux coupes audacieuses. Cette variété formelle se retrouve sur le plan thématique[3]. *Poèmes* est composé de quatre sections. La première, « Voyage en soi », annonçant

---

[1] Florence Davaille, « Comment devient-on un "poète de *La NRF*" ? », *Épistolaire, Revue de l'A.I.R.E.*, n° 34, Paris, Honoré Champion, 2008.
[2] Jules Supervielle, *Œuvres poétiques complètes*, éd. citée, p. 686.
[3] *Ibid.*, p. 678.

une forme d'introspection, est marquée par un lyrisme confidentiel et par l'angoisse de mort. Puis, au voyage intérieur succède « Paysages », évoquant l'exploration des horizons de la pampa et de la France, de la mer et de la montagne. « Le Goyavier authentique » utilise l'exotisme et l'humour pour maintenir l'inquiétude à distance ; enfin, « Les Poèmes de l'humour triste » sont marqués par une ironie qui n'est pas sans rappeler Laforgue, ainsi que par une forme de « pansympathie », selon le mot qui ouvre la section. Celle-ci avait été précédemment publiée en plaquette, attirant l'attention de la critique. Puis, lors de la parution du recueil, quatre mois plus tard, les *Poèmes* donnent lieu à de nombreux comptes rendus, et sont remarqués par André Gide et Paul Valéry qui, tous deux, adressent à Supervielle des lettres de félicitations. Le premier écrit à Supervielle le 20 juin. Louant en particulier la suite « Paysages de France », Gide fait l'éloge de ce recueil qui vient de lui faire « oublier l'heure, aussi délicieusement qu'avec un vieil ami longtemps voyageur, qu'on retrouve », et se dit désormais « très attentif » à Supervielle[4]. Le second envoie à l'écrivain, le 19 juillet, un mot chaleureux :

> C'est une bien heureuse idée que d'avoir placé votre livre sous le nom de P. Fort que j'aime tant, et que j'admire depuis quelques lustres avant le Déluge ! Mais quand il n'eût pas si délicatement et si justement désigné vos poèmes, je les aurais reconnus comme délices, réussites exquises, choses vivantes et parfumées [...] « Denise, écoute-moi... », l'Âne, et ces chères impressions créoles, – mais tout cela est excellent, Monsieur, et je vous en fais mes compliments les plus véritables[5].

Ricardo Paseyro, évoquant l'admiration de Supervielle pour la poésie de Valéry ainsi que pour l'homme qu'il était, rapporte ces propos de l'écrivain :

> Il nous apprit à n'avoir d'estime que pour ce qui nous a demandé beaucoup de travail [...] Comment verrait-on un homme insensible dans ce visage torturé malgré des yeux pleins de ciel et d'espérance[6] ?

Valéry et Gide favorisent l'entrée de Supervielle dans le cercle de *La N.R.F.* La revue, fondée en 1908, avait cessé de paraître pendant la

---
4   Lettre d'André Gide à Jules Supervielle du 20 juin 1919, voir *infra*.
5   Lettre de Paul Valéry à Jules Supervielle du 19 juillet 1919, voir *infra*.
6   Ricardo Paseyro, *Jules Supervielle, Le Forçat volontaire*, éd. citée, p. 165.

Première Guerre mondiale ; elle vient alors tout juste de renaître, depuis le mois de juin, sous la direction de Jacques Rivière. Celui-ci accueille Supervielle à ses Mercredis ; il l'encourage, et considère Supervielle et Jouhandeau[7] – qui est lui aussi un nouvel arrivé à la revue et deviendra un ami proche de Supervielle – comme les « Marcellus et Julius[8] » de *La N.R.F.* Une photographie de 1935 représente, autour de Paul Valéry, Marcel Arland, André Malraux, Supervielle, Jean Paulhan, Henri Calet, Germaine Paulhan, Hirsch et Léon-Paul Fargue. De fait, l'esprit de *La N.R.F.* sera déterminant pour l'écrivain : il y trouvera « un esprit de rigueur et un goût du travail bien fait qui venaient contrebalancer un certain penchant à la facilité[9] », ainsi qu'un réseau – Gide et Valéry, Rivière, puis Paulhan et enfin Arland – qui favorisera « le succès et le rayonnement de son œuvre[10] ».

1920-1921

Ces liens aboutissent à la première publication de Supervielle dans *La N.R.F.* : en avril 1920, trois de ses poèmes – « Centre de l'horizon marin », « Invocation aux oiseaux », « L'escale portugaise » – sont donnés dans le numéro 79 de la revue[11]. Sur la couverture, son nom vient après celui de Gide, en tête de sommaire, et aux côtés de ceux de Paul Morand, Jules Romains, Valery Larbaud ou Georges Duhamel. Pour Supervielle, l'événement est tel qu'il l'amène, à l'été 1920, à rentrer d'Amérique du Sud, où il séjourne depuis décembre 1919, avec son épouse, Pilar, et leurs enfants : Henry, né en 1908, Denise, en 1909, Françoise, en 1913, Jean, en 1915, Jacques, en 1918. Plus tard, en 1929, naîtra Anne-Marie, leur fille cadette. C'est le 18 mai 1907 que Supervielle a épousé Pilar Saavedra, fille de don José Saavedra, sénateur et banquier montévidéen, et d'Isabel Barroso, fille de l'amiral Barroso. Il avait alors vingt-trois ans, « ce marié [...] dont l'ombre [était] déjà immense », Pilar, dix-neuf,

---

7   Nous transcrivons et étudions les quarante-deux lettres et cartes postales de Jules Supervielle à Marcel Jouhandeau dans Jules Supervielle, *Choix de lettres*, éd. citée.
8   Lettre de Jules Supervielle à Marcel Jouhandeau du 19 novembre 1959, *ibid.*, p. 493.
9   *Jules Supervielle, poète intime et légendaire*, catalogue de l'exposition du centenaire (12 décembre 1984 – 8 janvier 1985), rédigé par Florence de Lussy, avant-propos d'André Miquel, préface de Georges-Emmanuel Clancier, Paris, Bibliothèque nationale, 1984, p. 80.
10 *Ibid.*
11 Jules Supervielle, « Centre de l'horizon marin – Invocation aux oiseaux – L'escale portugaise », *La N.R.F.*, n° 79, avril 1920.

« cette jeune femme aussi pâle que précieuse[12] ». Il l'avait rencontrée en 1903, par l'intermédiaire de Louis, son cousin-frère, qui épousera l'une des sœurs aînées de Pilar, Amalia. La beauté de Pilar est manifeste sur les photographies de cette époque : Ricardo Paseyro, poète et futur gendre de Supervielle, rappelle « son type espagnol, son visage à l'ovale parfait, ses traits exquis animés par le regard romantique de ses yeux noirs[13] ». L'œuvre de Supervielle est parsemée d'allusions et d'hommages à son épouse, du poème « Apparition », dans *Gravitations*[14], à « Cœur », dans *Saisir*[15], ou encore « Sonnet à Pilar » dans *Oublieuse mémoire*[16]. Dans la lettre à Valery Larbaud du 28 juillet 1927, il se livrera à la confidence :

> J'écris aussi des vers depuis quelque temps – et réguliers ou à peu près (mais je ne renonce pas aux vers libres). Vous en verrez en automne à *La N.R.F.* Chut ce sont des vers d'amour – et ma femme n'en est pas exclue. À mesure que le temps passe elle prend de plus en plus d'importance dans ma vie intérieure[17].

Quant à Supervielle, il frappe d'abord par sa « stature de géant », « sa grande taille[18] », que soulignent l'ensemble de ses amis : Christian Sénéchal, qui consacre la première monographie française à son œuvre en 1939[19] et a, à cette occasion, longuement côtoyé l'écrivain, se rappelle son « corps de cavalier penché sur l'encolure de la bête invisible », mais caractérisé par la maladresse, « corps et bras, hésitants et gênés dans l'exiguïté de nos pièces et de nos rues[20] », ou, selon l'image de Schehadé, « chêne déplumé par la nuit[21] ». Ses mains, photographiées par Yvonne Chevalier, « ondulent autour de la voix comme les bizarres poissons

---

12 Marie-Laure David, « Exilé en poésie », *La Nouvelle Revue de Paris, op. cit.*, p. 91.
13 Ricardo Paseyro, *Jules Supervielle, Le Forçat volontaire*, éd. citée, p. 64.
14 Jules Supervielle, *Gravitations*, éd. citée.
15 Jules Supervielle, *Saisir*, avec un portrait de l'auteur par Borès, gravé sur bois par Georges Aubert, collection « Une œuvre, un portrait », Paris, Éditions de *La N.R.F.*, 1928.
16 Jules Supervielle, *Oublieuse mémoire*, collection « Métamorphoses », Paris, Gallimard, 1949.
17 Lettre de Jules Supervielle à Valery Larbaud du 28 juillet 1927, *Choix de lettres*, éd. citée, p. 521.
18 Christian Sénéchal, « Hors-venu du temps et de l'espace », *in* René Étiemble, *Supervielle*, La Bibliothèque idéale, Paris, Gallimard, 1960, p. 10.
19 Christian Sénéchal, *Jules Supervielle, poète de l'univers intérieur, essai précédé de vers inédits de Jules Supervielle, Compagnons du silence*, Paris, Jean Flory, 1939.
20 Christian Sénéchal, « Hors-venu du temps et de l'espace », *in* René Étiemble, *Supervielle*, éd. citée, p. 10-11.
21 Georges Schehadé, « Portrait de Jules », « Hommage à Jules Supervielle », *La N.R.F.*, *op. cit.*

chinois[22] », avec leurs « gestes amples et lents qui accompagnaient ses paroles montées de profondeurs insondables[23] ». Sa figure possède un « relief puissant de terres bouleversées par quelque séisme humain, de rivages fouillés par l'océan[24] ». Son regard, « deux yeux inoubliables, dont l'un est de gaucho, et l'autre, d'un enivré de songe[25] ». Cette remarque rappelle l'expérience à laquelle se livre Pierre Abraham, dans deux articles de *La N.R.F.*, en 1934[26] : il s'agit de diviser en deux un portrait photographique, pour faire apparaître la dissymétrie du visage humain. Soumis à l'épreuve, le visage de Supervielle, vers quarante ans, révèle bien un contraste frappant, entre « l'expression de l'œil gauche, d'une fixité assez dure », et celle de « l'œil droit, légèrement embrumée, évasive ou rêveuse[27] ». De fait, ses yeux « voi[ent] ce que nous voyons, mais bien au-delà[28] ». Quant à sa voix, « lente, grave, lointaine comme le regard, et qui semble monter du fond de la chair et du cœur[29] », conviant « le très haut chant de l'angoisse[30] », elle est propice à dire, à haute voix, les poèmes, selon le souhait qu'exprime Supervielle dans « En songeant à un art poétique[31] ».

À son retour d'Uruguay, en 1920, se nouent les relations, d'abord professionnelles, de Supervielle avec Jean Paulhan. Paulhan, qui dirigera *La N.R.F.* après la mort de Jacques Rivière, survenue en 1925, deviendra l'ami le plus cher de l'écrivain, qu'il surnommera, comme l'ensemble de ses proches, « Julio ». Celui-ci découvre les ouvrages de ses contemporains, lit, tardivement, Rimbaud, Mallarmé et Claudel, qu'il a commencé à découvrir pendant la guerre[32]. Il tisse encore des liens nombreux, dont

---

22   Claude Roy, *Jules Supervielle*, Poètes d'aujourd'hui, Paris, Seghers, 1949, p. 11.
23   Daniel Bertaux, « Cornélius, l'aïeul de la tribu des éléphants », *Tra-jectoires*, n° 2, 2004, p. 177.
24   Christian Sénéchal, « Hors-venu du temps et de l'espace », *in* René Étiemble, *Supervielle*, éd. citée, p. 10.
25   *Ibid.*
26   Pierre Abraham, « Une figure, deux visages », *La N.R.F.*, mars et avril 1934.
27   Michel Collot, « Une douceur obscure », *Europe, op. cit.*, p. 45.
28   Marcel Jouhandeau, « Jules Supervielle », *Livres de France*, huitième année, n° 2, février 1957.
29   Christian Sénéchal, « Hors-venu du temps et de l'espace », *in* René Étiemble, *Supervielle*, éd. citée, p. 11.
30   Marcel Arland, préface de *Gravitations*, éd. citée, p. 11.
31   Jules Supervielle, « Lire des vers en public », « En songeant à un art poétique », *Naissances*, Paris, Gallimard, 1951.
32   Note inédite citée *in* Jules Supervielle, *Œuvres poétiques complètes*, éd. citée, p. 678.

témoignent ses correspondances avec Gaston Picard, journaliste et écrivain, ou Georges Pillement, spécialiste de la littérature américaine, qui joue le rôle d'intermédiaire entre Supervielle et la revue *La Vache enragée*. De fait, l'écrivain commence à collaborer avec de multiples revues, non seulement *La N.R.F.*, mais aussi *La Revue de l'époque*, le *New York Herald*, *La Vie des lettres et des arts*, *La Revue contemporaine*, *La Revue mondiale*, ainsi que *La Revue de l'Amérique latine*, dont le 1er numéro, le 1er janvier 1922, s'ouvre avec le poème « Le gaucho ». Marqué par la tradition *gauchesca*, ce texte est également nourri de souvenirs d'enfance : l'écrivain confiera, dans *Boire à la source*[33], s'être souvent identifié aux gauchos, ces cavaliers qui parcourent la pampa d'Amérique du Sud. Sylvia Molloy commente une photographie de l'écrivain en cavalier, qui souligne sa double appartenance :

> [...] on y voit le poète à cheval, entouré de sa famille, lors d'un de ses nombreux séjours en Uruguay. Supervielle, tout droit sur la selle, tient son jeune fils devant lui. Il est habillé en costume de ville et porte une cravate – pas de bombachas, le pantalon bouffant à l'usage des paysans, pas de foulard au cou – et il est affublé d'un chapeau. Le chapeau n'est ni le chapeau mou du gaucho ni le traditionnel béret basque que l'on porte dans la pampa et que Supervielle privilégiait les dernières années, mais un chapeau carrément de ville[34].

De fait, son enfance a été marquée par les voyages entre la France et l'Uruguay. Il résida à Montevideo de 1886 à 1889, avant un bref séjour dans la famille de France. Puis, rentré en Uruguay, il fut élevé par des précepteurs français, qui lui apprirent l'espagnol et l'anglais. Dans *Boire à la source*, il évoque Monsieur Roy, son « premier professeur de français sous le ciel austral[35] », venu de France à Montevideo en passant par le Paraguay, et constituant pour lui une première incarnation de l'exil. Supervielle se souvient de ses années d'enfance : Montevideo, belle et luisante, s'opposait à la clôture des salles de classe ; au moment des fins de semaine et des grandes vacances, il quittait la ville pour voyager,

---

33 Jules Supervielle, *Boire à la source, Confidences de la mémoire et du paysage*, Paris, Corrêa, 1933 et *Boire à la source, Confidences*, nouvelle édition augmentée, Paris, Gallimard, 1951.
34 Sylvia Molloy, « Traduction, transplantation : Supervielle autrement lu », *in French Global. Une nouvelle perspective sur l'histoire littéraire*, Christie McDonald, Susan Rubin Suleiman (dir.), Paris, Éditions Classiques Garnier, 2015, p. 415.
35 Jules Supervielle, *Boire à la source, Confidences*, éd. citée, p. 48.

en train, jusque dans les pampas, à l'*estancia*, où l'accueillait le Basque Déhère. C'était alors le moment des grandes chevauchées dans la campagne, au milieu des bêtes libres, et de la contemplation des nuages[36], qui constitueront un motif récurrent dans l'œuvre de Supervielle. En 1894, son oncle et sa tante s'installèrent à Paris, dans le XVIe arrondissement : l'enfant entra au Lycée Janson-de-Sailly, lit Musset, Hugo, Lamartine, Leconte de Lisle et Sully Prudhomme. Pendant cette période, tout en commençant à écrire un livre de fables, il composa aussi ses premiers poèmes. Ces allers-retours entre la France et l'Uruguay, provoquant une impression de déracinement qui vient s'ajouter à la perte inaugurale des parents, amènent Supervielle à se situer « entre deux mondes[37] », aggravant le sentiment d'une crise d'identité qui viendra nourrir l'écriture, affrontée au trouble, à l'angoisse de la mort et de la folie, sensible notamment dans la permanence du thème du double.

1922

Les poèmes de cette période sont recueillis en 1922 dans *Débarcadères*[38], dont la première édition paraît au printemps aux Éditions de *La Revue de l'Amérique latine*. Le recueil, dont les poèmes ont été en bonne part écrits à l'occasion du voyage en Amérique du Sud de 1919 et 1920, développe le thème du partage entre les continents, sa structure même se trouvant commandée par la géographie, entre l'Amérique et l'Europe, la pampa et la haute mer, mais aussi les espaces horizontaux et verticaux, le dedans et le dehors[39]. Cette célébration de la pampa s'effectue à la faveur d'une assimilation de la modernité poétique européenne : le vers libre, adopté dans ce recueil, rappelle le verset de Claudel, mais aussi celui de Whitman, que Supervielle a découvert dans la traduction de son ami Léon Bazalgette[40]. Cette publication accroît nettement la place de Supervielle sur la scène littéraire : le recueil suscite des réactions nombreuses et souvent élogieuses, comme en témoignent les comptes rendus de René Richard et d'André Fontainas dans *La Revue de l'Amérique*

---

36 *Ibid.*, p. 47-76.
37 Michel Collot, « Préface », *Œuvres poétiques complètes*, éd. citée, p. XI.
38 Jules Supervielle, *Débarcadères*, Paris, Éditions de la Revue de l'Amérique latine, 1922.
39 Jules Supervielle, *Œuvres poétiques complètes*, éd. citée, p. 704-707.
40 Michel Collot, « Supervielle l'Européen », *Sujet, monde et langage dans la poésie moderne. De Baudelaire à Ponge*, Paris, Classiques Garnier, 2018, p. 168.

latine[41], de Georges Jean-Aubry dans *Arts Gazette*[42], de Georges Pillement dans *Les Feuilles libres*[43] ou de Jean Cassou dans *Les Cahiers Idéalistes*[44]. Le plus souvent, les critiques voient dans *Débarcadères* la confirmation du talent qui s'annonçait dans *Poèmes*, tout en louant la singularité du ton et du langage du recueil de 1922 ; plusieurs rapprochent Supervielle de Paul Morand et de Valery Larbaud, dans l'expression d'un exotisme nouveau[45]. En outre, Supervielle reçoit les félicitations d'Henri Barbusse, de Paul Morand, de Valéry :

> Vous me prenez par mon faible si vous attaquez en moi la corde marine. Je résonne depuis l'enfance à tout ce qui me rappelle la mer, et il n'est pas un câble noué à un taquet, par une poulie abandonnée sur un chantier qui ne me soient des instruments infaillibles de rêveries infinies. Vous pensez si vos *Débarcadères* m'ont inquiété ! Les impressions du poète véritablement voyageur sont toutes-puissantes sur le voyageur imaginaire. Il m'est agréable de vous faire de votre livre un compliment un peu plus que littéraire mais presque intime[46].

Supervielle reçoit encore des lettres très élogieuses de Valery Larbaud et de Max Jacob. Le premier lui écrira le 25 février 1923 seulement, le recueil ayant mis du temps à lui parvenir :

> Cette fois vos « Débarcadères » sont arrivés à bon port ! Je vous remercie de m'avoir envoyé ce beau livre, que je désirais lire depuis longtemps. Il est plein de soleil, de couleurs, et du scintillement de la mer [...] et je leur fais une place, non seulement dans ma bibliothèque des poètes contemporains, mais dans ma mémoire[47].

Quant à Jacob, il écrit à Supervielle le 18 mai 1922 :

---

41 René Richard, « Les *Débarcadères* de Jules Supervielle », *Revue de l'Amérique latine*, n° 3, 1er mars 1922, p. 264 et André Fontainas, « Le Sens de l'exotique dans la poésie française. M. Jules Supervielle », *Revue de l'Amérique latine*, n° 5, 1er mai 1922, p. 4.
42 Georges Jean-Aubry, « Propos. II. *Débarcadères* », *Arts Gazette*, New Series, n° 6, 22 avril 1922, p. 100-102.
43 Georges Pillement, « *Débarcadères*, par Jules Supervielle », *Les Feuilles libres*, avril-mai 1922, p. 102-103.
44 Jean Cassou, « Un poète français dans la pampa », *Les Cahiers idéalistes*, avril-juin 1922, p. 102-103.
45 Jules Supervielle, *Œuvres poétiques complètes*, éd. citée, p. 712.
46 Lettre de Paul Valéry à Jules Supervielle du 14 mai 1922, voir *infra*.
47 Lettre de Valery Larbaud à Jules Supervielle du 25 février 1923, *La Nouvelle Revue de Paris*, *op. cit.*, p. 97.

> J'abonde en compliments tout faits sachant qu'ils semblent toujours neufs à qui on les adresse. Mais vous m'avez rendu sincère à force d'être vous-même et si je dis cette fois que votre livre m'a plu je ne mentirai pas[48].

L'écrivain continue en louant la capacité de Supervielle à « définir » et à « peindre », en trouvant « le mot qui transporte », en faisant « vivre un pays avec des images hallucinantes ». Jacob en vient à l'usage de l'image, qui est chez Supervielle « utile », ainsi qu'une « étincelle qui se dégage de [son] foyer de créatures de vie ». Il prédit enfin « le plus grand succès » aux poèmes de *Débarcadères* :

> Vous ne cherchez pas à étonner comme tels de nos amis, vous cherchez à vous délivrer de ce que vous avez trop senti. Nul souci de modernisme : vous êtes un vrai poète de la nature[49].

Montherlant, quant à lui, adresse à Supervielle une lettre élogieuse – « je n'ai encore pu que feuilleter votre livre et dès maintenant je sais que *je le garde* : ce n'est pas le sort habituel des hommages d'auteurs que l'on m'envoie » – mais non sans réserves : « la richesse et l'originalité très certaines de vos notations me sont parfois un peu gâtées par la forme de votre verset (ou vers) qui ne leur ajoute pas, mais leur retranche[50]. »

C'est aussi l'époque où se nouent les liens entre Supervielle et les fondateurs d'*Europe*, œuvrant à promouvoir une culture internationale. L'écrivain était entré en relation dès 1919 avec Luc Durtain, qui avait goûté *Poèmes* mais engagé Supervielle à se défaire d'une forme très classique. Durtain, enthousiasmé par *Débarcadères*, présente Supervielle à René Arcos, qui lui écrit, le 24 mai, qu'il est « certainement l'un des mieux doués parmi les nouveaux poètes[51] ». Durtain, dans le deuxième numéro de la revue, contenant sa première chronique de poésie, situera Supervielle « dans la nouvelle génération des poètes qui, de même que les meilleurs de leurs aînés, voient dans leur art chose forte, grave et

---

48 Lettre de Max Jacob à Jules Supervielle du 18 mai 1922, citée par Sophie Fischbach et Patricia Sustrac, « Max Jacob – Jules Supervielle : correspondance croisée (1922-1935) », *Cahiers Max Jacob*, n° 13-14, 2013, p. 220.
49 *Ibid.*, p. 221.
50 Lettre d'Henry de Montherlant à Jules Supervielle, non datée, citée par Ricardo Paseyro, *Jules Supervielle, Le Forçat volontaire*, éd. citée, p. 92-93.
51 Lettre citée par Michel Collot, « Supervielle l'Européen », *Sujet, monde et langage dans la poésie moderne. De Baudelaire à Ponge*, éd. citée, p. 168.

difficile[52]. » Supervielle publiera ensuite dans *Europe* de nombreux textes, surtout jusqu'aux années 1930, période à partir de laquelle il privilégiera *La N.R.F.* de l'ami Paulhan. Parmi ses contributions figurent des poèmes, « Hymne à la Cérès exotique », « Cerveau de l'homme » et « Vœu[53] », ou le conte « La piste et la mare[54] », dédié au peintre Figari, et exposant « les mœurs violentes de l'estancia[55] ». Il donnera encore à la revue, en 1927, un hommage à Ricardo Güiraldes[56], et, en 1928, « Uruguay[57] », en deux livraisons, récit évoquant les souvenirs de son enfance en Amérique du Sud. En 1938, le dernier poème qu'il donnera à la revue, « Je vois tomber la pluie[58] », prendra la forme d'une « petite fable antifasciste, où la pluie dénonce les tyrans et rappelle aux Européens déchirés leur appartenance à une même planète[59]. » Après-guerre, il s'abstiendra de collaborer à la revue, pourtant alors dirigée par l'un de ses amis, Jean Cassou ; *Europe* lui rendra néanmoins hommage en 1995, en l'associant à Milosz[60].

1923

Si, dès l'année précédente, Supervielle a participé au numéro d'hommage que consacre *Intentions* à Valery Larbaud, avec le poème « Cinq, sept et neuf[61] », c'est en 1923 que débute la correspondance avec celui qu'il considère comme un maître[62] : Supervielle et Larbaud appartiennent à la même génération, mais le second occupe une place importante sur la scène littéraire, puisqu'il a déjà publié, en 1908,

---

52 Luc Durtain, *Europe*, n° 2, mars 1923, p. 253, cité par Michel Collot, « Supervielle l'Européen », *Sujet, monde et langage dans la poésie moderne. De Baudelaire à Ponge*, p. 168.
53 Jules Supervielle, *Europe*, n° 7, 15 août 1923, p. 282-286.
54 Jules Supervielle, « La piste et la mare », *Europe*, n° 19, juillet 1924, p. 302-310, repris sous le titre *La Piste et la Mare*, Paris, Les Exemplaires, 1927.
55 Michel Collot, « Supervielle l'Européen », *Sujet, monde et langage dans la poésie moderne. De Baudelaire à Ponge*, éd. citée, p. 170.
56 Jules Supervielle, « Salut à un poète : Ricardo Güiraldes », *Europe*, n° 59, 15 novembre 1927, p. 357.
57 Jules Supervielle, « Uruguay », *Europe*, n° 63 et n° 64, 15 mars et 15 avril 1928.
58 Jules Supervielle, *Europe*, n° 122, 15 février 1933, p. 188, repris dans *Les Amis inconnus*, *Œuvres poétiques complètes*, éd. citée, p. 325.
59 Michel Collot, « Supervielle l'Européen », *Sujet, monde et langage dans la poésie moderne. De Baudelaire à Ponge*, éd. citée, p. 178.
60 « Supervielle/Milosz », *Europe*, n° 792, avril 1995.
61 Jules Supervielle, « Cinq, sept et neuf », *Intentions*, n° 9, 1922, p. 54.
62 Nous transcrivons et étudions les soixante-quatorze lettres et cartes de Jules Supervielle à Valery Larbaud dans Jules Supervielle, *Choix de lettres*, éd. citée.

A.O. Barnabooth[63], et en 1911, *Fermina Márquez*[64] ; figure importante de *La N.R.F.*, il sera également, à partir de 1934, le co-directeur de la revue *Commerce*, avec Fargue et Valéry. Larbaud, grand hispanisant et grand voyageur, possède de nombreux points communs avec Supervielle : le drame de l'enfance les rapproche, Larbaud ayant perdu son père à huit ans, et tous deux sont également de santé délicate, ce qui développe chez Larbaud, dès l'enfance, le sentiment d'une vie « à part », « en marge de la vie d'action », mais aussi l'intuition de l'importance de « la création intellectuelle[65] ». En outre, Supervielle, comme Larbaud, est à l'abri de tout souci financier : fils unique, il jouit de la part de la banque Supervielle qui lui revient. Cette fortune est d'abord administrée par son oncle Bernard, son tuteur et fondateur de la banque, puis, après sa mort, par Louis, le cousin-frère de Supervielle et nouveau directeur de la banque. Larbaud et Supervielle partagent encore un éloignement pour les vanités sociales, ainsi qu'une ferme indépendance face aux courants et aux écoles artistiques, dans la recherche d'une voie singulière. Les relations de Supervielle avec Larbaud perdureront jusqu'à la mort de celui-ci, en 1957, mais se développeront surtout jusqu'en 1935, date de l'accident cérébral de Larbaud. L'admiration respectueuse de Supervielle n'empêche pas l'amitié. Elle s'exprime avec chaleur dans ses lettres à Larbaud, qui écrit de son côté à Reyes, le 1er décembre 1930 :

> J. Supervielle est un de ces bons et vrais amis que je vois[66].

Dans le sillage de Larbaud, Supervielle noue des liens avec Georges Jean-Aubry, spécialiste de Laforgue, ainsi que Mathilde Pomès, agrégée d'espagnol et traductrice qui lui fait découvrir les œuvres de Gómez de la Serna, et qui est, comme lui, une amie de Guillén ; à sa demande, il traduira des vers de ce poète pour la revue de Pierre-André May, *Intentions*[67]. Supervielle entame également une correspondance

---

63 Valery Larbaud, *A.O. Barnabooth*, Paris, Éditions de *La N.R.F.*, 1913.
64 Valery Larbaud, *Fermina Márquez*, Paris, Fasquelle, 1911.
65 Valery Larbaud, *Notes pour servir à ma biographie (an uneventful one)*, notes et postface par Françoise Lioure, collection « Tiré-à-part », Bassac, Éditions Claire Paulhan, 2006, p. 65-66.
66 Lettre de Valery Larbaud à Alfonso Reyes du 1er décembre 1930, *Correspondance 1923-1952*, introduction et notes de Paulette Patout, Paris, Librairie Marcel Didier, 1972, p. 93.
67 Jules Supervielle, « Poésie », « Poésies » de Jorge Guillén, *Intentions*, n° 23-24, avril-mai 1924, p. 28-30.

avec Fargue, qu'il rencontre quelquefois : Fargue est l'ami intime de Larbaud jusqu'à leur rupture en 1924, et fréquente souvent la librairie d'Adrienne Monnier, jusqu'à sa brouille avec la libraire éditrice en 1924. Supervielle ne fait pas partie de la bande des « potassons » – le mot avait été trouvé par Fargue pour désigner le groupe qu'il forme avec Larbaud, Chanvin, Pivet, Daragnès, Delamarche, ou encore Satie[68]. Mais il admire Fargue, et participera à l'hommage rendu à l'écrivain en 1927 par la revue *Les Feuilles libres* : il donnera à cette occasion le poème « Signes[69] », où il reconnaît à Fargue le rôle de figure tutélaire, en l'associant à la naissance du jour[70]. Supervielle fréquente également le mouvement de rénovation littéraire connu sous le nom de Modernisme, animé notamment par Oswald de Andrade, qui se réunit dans l'atelier de la jeune Brésilienne Tarsila do Amaral : Larbaud et Supervielle prennent part à quelques déjeuners en compagnie de Cocteau, Satie, John dos Passos ou Giraudoux[71].

En mai, à la Pentecôte, un séjour est organisé à Guéret, chez Gabriel Bounoure, « un des hommes les plus étonnants », « recommandables[72] », que Supervielle aura rencontrés dans sa vie : critique, écrivain et alors professeur de rhétorique au lycée de Guéret, Bounoure consacrera plusieurs articles à Supervielle, dont un important compte rendu du *Forçat innocent*[73]. Dans une lettre à Supervielle, il évoque son admiration pour *Débarcadères* :

> L'ampleur et la force du rythme, la fierté virile de l'accent, voilà ce qui m'entraîne avec vous au Paraguay, dans la pampa, parmi ces harmonies rouges et bleues, sous le soleil torride[74].

---

68 Adrienne Monnier, *Rue de l'Odéon*, Paris, Albin Michel, 1989, p. 47-49.
69 Jules Supervielle, « Signes », *Les Feuilles libres*, n° 44-45, « Hommage à Léon-Paul Fargue », juin 1927, p. 33.
70 Sur les relations de Supervielle et Fargue, voir Sophie Fischbach, « "Inventer les mots" : Fargue et Michaux lus par Supervielle », *Ludions, Revue de la Société des Lecteurs de Léon-Paul Fargue*, 2012 et « Léon-Paul Fargue – Jules Supervielle : signes d'une rencontre », *Ludions, Revue de la Société des Lecteurs de Léon-Paul Fargue*, 2014.
71 Valery Larbaud, Alfonso Reyes, *Correspondance 1923-1952*, éd. citée, p. 230.
72 Lettre de Jules Supervielle à Jean Paulhan du 15 juillet 1933, *Choix de lettres*, éd. citée, p. 120.
73 Gabriel Bounoure, « *Le Forçat innocent*, par Jules Supervielle (Éditions de la N.R.F.) », *La N.R.F.*, n° 216, septembre 1931, p. 485-491.
74 Lettre de Gabriel Bounoure à Jules Supervielle, sans date, citée dans *Jules Supervielle, poète intime et légendaire*, éd. citée, p. 26.

De son côté, Supervielle dédie à Bounoure le poème « Rencontres » de *Gravitations*[75]. C'est à l'occasion de ces quelques jours à Guéret que Supervielle et Jouhandeau font la connaissance de Max Jacob[76]. Supervielle avait entamé une correspondance avec celui-ci dès 1922. À la suite de l'éloge de *Débarcadères* par Jacob, qui lui avait envoyé son *Art poétique*[77], Supervielle lui avait adressé ses *Poèmes*, ainsi que la plaquette des *Poèmes de l'humour triste*, et une photographie le représentant au milieu des siens. Max Jacob avait répondu avec le plus grand enthousiasme, et avait dédié à Supervielle « Monnaies de couleurs », six poèmes en prose publiés dans *Le Disque Vert* en 1922[78]. De son côté, Supervielle participe au numéro consacré en 1923 à Jacob, où il lui adresse une « Lettre ouverte » accompagnée par le poème « Apparition de Max Jacob[79] ». Ce texte, mettant en scène un littéral coup de foudre, exprime la fascination et l'angoisse de Supervielle devant Jacob : c'est en effet un lien ambivalent qui se tisse entre deux hommes et deux poètes certes profondément différents, mais dont l'idée de la poésie n'est pas sans similitudes.

La rencontre a lieu en mai 1923, lors du séjour à Guéret, documenté par Supervielle, Jacob et Jouhandeau[80]. Le 20 mai, les Bounoure vont chercher à la gare Max Jacob, qui rencontre alors Jouhandeau. Supervielle, Pilar et leurs enfants arrivent le lendemain ; la beauté de son épouse est remarquée. Parmi les convives se trouvent encore Domingo et Llorens, un peintre et un céramiste espagnols. Max Jacob se trouve au centre de l'attention, par ses récits animés, et une véritable connivence se crée

---

75 Jules Supervielle, *Gravitations*, Paris, Gallimard, 1925 et *Gravitations*, édition définitive, Paris, Gallimard, 1932.

76 Sur ce point, voir Sophie Fischbach, « "Ce fut comme une apparition" : Max Jacob et Jules Supervielle », *Cahiers Max Jacob*, 2013, et Sophie Fischbach et Patricia Sustrac, « Lettres de Max Jacob à Jules Supervielle (1922-1935) », *Cahiers Max Jacob*, 2013.

77 Max Jacob, *Art poétique*, Paris, Émile-Paul Frères, 1922.

78 Max Jacob, « Monnaies de couleurs », *Le Disque Vert*, 1re année, n° 3, juillet 1922, p. 1.

79 Jules Supervielle, « Lettre à Max Jacob » et « Apparition de Max Jacob », *Le Disque Vert*, 2e année, n° 2, nov. 1923. Ce poème est repris sous le titre « Apparition », avec des modifications, dans *Gravitations*, éd. citée.

80 Marcel Jouhandeau, « Max Jacob et Supervielle à Guéret », *Bon an, mal an*, Paris, Gallimard, 1972 ; Max Jacob, « Voyage à Guéret », Bibliothèque littéraire Jacques Doucet, Ms 8490, 6 ff r°, 21 x 29,7, texte inédit, transcription de Patricia Sustrac ; Marcel Jouhandeau, *Carnets de l'écrivain*, Paris, Gallimard, 1957 ; Sophie Fischbach, « "Ce fut comme une apparition" : Max Jacob et Jules Supervielle », *Cahiers Max Jacob*, *op. cit.* et Sophie Fischbach et Patricia Sustrac, « Lettres de Max Jacob à Jules Supervielle (1922-1935) », *Ibid.*, p. 215-244 ; Jules Supervielle, *Choix de lettres*, éd. citée.

entre Jacob, Bounoure, Jouhandeau et Supervielle, au gré d'excursions en automobile et d'aventures cocasses.

Par la suite, les liens entre Supervielle et Max Jacob se distendront, en raison de dissemblances de caractères, même si Max Jacob exprimera une vive admiration pour le roman de Supervielle, *Le Voleur d'enfants*. Pourtant, l'attachement, ou tout du moins le respect de Jacob pour Supervielle restera toujours sensible : sa correspondance avec Alfredo Gangotena, proche des deux écrivains, en témoigne, le nom de Supervielle y revenant avec régularité. Entre 1939 et 1946, Supervielle quittera la France pour l'Uruguay, et se trouvera donc éloigné au moment de l'arrestation puis de la mort de Max Jacob ; mais il célèbrera sa mémoire dans la « Lettre très ouverte à Max Jacob », publiée en février 1954 dans le numéro hommage de la revue hollandaise *Roeping*[81].

Si les liens entre Supervielle et Jacob se relâchent à la suite du séjour à Guéret, l'amitié s'épanouira au contraire entre Supervielle et Jouhandeau, et Jouhandeau et Jacob. Par l'intermédiaire de celui-ci, Supervielle entre également en relation avec Franz Hellens, l'écrivain et éditeur belge du *Disque vert*, dont il deviendra l'ami[82]. Caractérisé par son ouverture et sa capacité d'accueil, Hellens a fait du *Disque vert*, créé en 1922, une revue à son image. Son nom même en témoigne : « le signal vert donne permission de passage ; mais passage malgré tout dangereux. Dans notre idée, il signifiait l'accès à toutes tendances valables et de préférence inédites, neuves comme la couleur même l'indique[83] », explique Hellens. De fait, lançant des enquêtes, proposant des numéros spéciaux, la revue devient, jusqu'en 1925 – date à laquelle elle cesse de paraître pour un temps –, « la meilleure jeune revue de l'époque[84] », selon le mot de Ponge. *Le Disque vert*, où Michaux prendra une place de plus en plus importante – après avoir publié ses premiers écrits dans la revue, il en devient l'un des collaborateurs les plus importants, rejoint rapidement le comité de rédaction de la revue et occupe la fonction de co-directeur

---

81   Jules Supervielle, « Lettre très ouverte à Max Jacob », *Rœping*, février 1954.
82   Robert Frickx, *Franz Hellens ou le temps dépassé*, Bruxelles, Palais des Académies, 1992, p. 297.
83   Franz Hellens, préface à la réédition du *Disque vert*, 1970, cité par René Fayt, *in* Pascal Pia, *Au Temps du Disque vert, Lettres à Franz Hellens (1922-1934)*, textes réunis et présentés par René Fayt, Mercuès, IMEC, 2006, p. 8.
84   Francis Ponge, « Au disque vert », *in Hommage à Franz Hellens. Dernier Disque vert*, Paris, Albin Michel, 1957, p. 13, cité par Jean-Pierre Martin, *Henri Michaux*, éd. citée, p. 89.

avec Franz Hellens – accueille ainsi les grands écrivains contemporains, tels Cendrars, Paulhan, Malraux, Soupault, Jouhandeau, Crevel, Eluard ou Max Jacob. Supervielle est l'un de ses collaborateurs : il participe au numéro hommage à Max Jacob et à l'enquête « Le Symbolisme a-t-il dit son dernier mot ? », en 1923[85], au numéro 3, de juin 1925, ou encore au numéro spécial « Le cas Lautréamont », qui paraîtra en novembre 1925.

Entre-temps, en septembre, Supervielle a voyagé en Espagne, afin de faire connaître à Pilar le Sud du pays et Madrid. Il a publié, en octobre, le roman *L'Homme de la pampa*[86], dans lequel apparaît pour la première fois le personnage de Guanamiru : ce voyageur excentrique, naviguant entre l'Amérique du Sud et Paris, est le héros d'aventures insolites, fantaisistes, fantastiques, qui se terminent par sa propre destruction. Guanamiru fera cependant son retour, en poésie, dans la section « Poèmes de Guanamiru » dans *Gravitations*[87], en 1925, puis dans les « Nouveaux poèmes de Guanamiru » dans *Naissances*[88], en 1951. Le personnage, composite, marqué par l'excès, l'énorme, n'est pas sans rappeler le Barnabooth de Larbaud – qui salue le roman de Supervielle dans son compte rendu pour *La Revue de l'Amérique latine*[89] – et l'*Ubu* de Jarry. L'ouvrage témoigne également du grand intérêt de Supervielle pour les ouvrages de vulgarisation scientifique, lui permettant, en prose comme en poésie – l'ouvrage de Svante Arrhenius, *Le Destin des étoiles*[90], étude d'astronomie physique, est cité en épigraphe du poème « Les Germes » de *Gravitations* –, d'aborder le réel selon de nouvelles modalités : comme le rappelle Michel Collot, il fait de l'ouvrage de K. Fuchs, *Les Volcans et les tremblements de terre*, l'une des lectures de Guanamiru[91]. À l'occasion de la publication de son roman, Supervielle reçoit une longue lettre

---

85   René Fayt, *in* Pascal Pia, *Au Temps du Disque vert, Lettres à Franz Hellens (1922-1934)*, éd. citée, p. 9. Il s'agit du *Disque vert*, n° 4-5-6, février-mars-avril 1923.
86   Jules Supervielle, *L'Homme de la pampa*, Paris, Gallimard, 1923.
87   Jules Supervielle, *Gravitations*, éd. citée.
88   Jules Supervielle, *Naissances*, éd. citée.
89   « *L'Homme de la pampa* de Jules (j'allais écrire : Julio) Supervielle, je ne le vois pas vêtu autrement que du drapeau uruguayen. Il représente l'entrée (sensationnelle, à mon avis) de la République Orientale dans la Littérature Française. » Valery Larbaud, *Revue de l'Amérique latine*, janvier 1924, n° 25.
90   Svante Arrhenius, *Le Destin des étoiles*, traduction française par T. Seyris, Paris, Librairie Félix Alcan, 1921.
91   Michel Collot, « Supervielle l'Européen », *Sujet, monde et langage dans la poésie moderne. De Baudelaire à Ponge*, éd. citée, p. 174.

élogieuse de Marcel Jouhandeau, qui cherche à le consoler d'un article assez critique de Paul Souday :

> Savez-vous ce que je veux voir dans cet « homme de la Pampa » ? une illustration extrêmement réussie des travaux psychologiques du siècle sur la perception aussi bien intérieure qu'extérieure, sur sa nature, ses aberrations, ses indéfinissables limites, son mystère [...] La fantaisie n'est bien souvent qu'un appareil de notre discrétion. Sans cet appareil, Guanamiru n'eût pas été possible. Tout le poids de l'ouvrage ne lui vient-il pas de ce que vous l'avez écrit contre vous ? Guanamiru n'est qu'une caricature de Supervielle. On ne peut tout de même pas se moquer de soi sans un peu de faste, sans un peu d'excès [...] Une caricature de soi par soi-même (voyez le dessin de Max en tête du Disque) laisse apparaître tant de douleur par-delà le sourire déchiré[92].

Plusieurs comptes rendus élogieux sont également consacrés à l'ouvrage, par Benjamin Crémieux[93] ou Pierre-André May[94], le directeur d'*Intentions*, qui, comme Larbaud, décèle une proximité avec les *Chants de Maldoror* de Lautréamont, autre natif de Montevideo. Supervielle, intéressé par ce rapprochement, lui répondra le 22 avril 1924 :

> Pour ce qui est des *Chants de Maldoror* je vais vous faire un horrible aveu : je ne les connais que depuis trois semaines à la suite d'une lecture que nous en fit Henri Michaux chez Jouhandeau, sur un exemplaire de Leiris. J'en suis sorti aussi confus (de l'avoir ignoré si longtemps) qu'enthousiasmé (du moins par de nombreuses pages[95].)

La comparaison sera reprise à plusieurs reprise par la critique, en particulier par Aragon, en 1936, dans son compte rendu de la pièce de Supervielle, *Bolivar* :

> L'Amérique latine a produit de grands poètes de langue française : Lautréamont, Saint-Leger Leger, Supervielle [...] Leur poésie participe de ce génie des peuples américains fondus au creuset de plusieurs grandes races, elle est d'une beauté

---

92 Lettre de Marcel Jouhandeau à Jules Supervielle du 14 décembre 1923, *Jules Supervielle, poète intime et légendaire*, éd. citée, p. 27.
93 Benjamin Crémieux, « *L'Homme de la Pampa*, par Jules Supervielle (Éditions de la Nouvelle Revue Française) », *La N.R.F.*, n° 124, janvier 1924.
94 Pierre-André May, « *L'Homme de la pampa*, par Jules Supervielle », *Intentions*, n° 2, mars 1924.
95 Lettre de Jules Supervielle à Pierre André-May du 22 avril 1924, transcrite et citée par Béatrice Mousli, *Intentions, histoire d'une revue littéraire des années vingt*, Paris, Ent'revues, 1995, p. 170.

métisse où se reconnaissent et la grandeur espagnole et la violence noire et le charme des anciens peuples d'Amérique. Le sang étrange et fort qu'elle aura apporté à la poésie française, il ne semble point que jusqu'ici la critique en ait reconnu l'origine : pourtant, il faut le dire, la poésie moderne dans notre pays vient autant des Andes et des Antilles que de la Loire ronsardienne ou du Tibre virgilien[96].

En octobre, Supervielle organise et préface également la première exposition parisienne consacrée au peintre uruguayen Pedro Figari. Celui-ci, d'abord avocat d'affaires, s'était consacré depuis 1918 à la peinture ; il avait constitué une synthèse originale entre les influences françaises du post-impressionnisme et les thèmes folkloriques du Río de la Plata. Figari est un ami proche de Supervielle, qui reprendra le titre et le thème d'un de ses tableaux dans « Âge des cavernes », poème de *Gravitations* qu'il lui dédiera, ainsi que la section « La campagne se souvient », dans le même recueil[97]. De fait, l'intérêt de Supervielle pour le dessin et la peinture remonte à l'enfance, et au début des années 1900, il avait un temps hésité entre l'École des Beaux-Arts, le droit, les sciences politiques et les lettres. Ses amis peintres sont nombreux : il compte parmi eux André Lhote, José Luis González Bernal ; il fréquentera Chagall, et, par l'intermédiaire de Paulhan, passionné par la peinture moderne, rencontrera Fautrier, Braque – auquel Supervielle consacre un poème, « Un Braque », dans *Oublieuse mémoire* – ou Dubuffet. Supervielle servira également souvent de modèle à des peintres, sculpteurs et photographes : il posera pour Dubuffet, Favory, Figari, Lhote, Dunoyer de Segonzac, Fenosa ou Gisèle Freund[98]. En 1936, il collaborera avec le graveur Herbert Lespinasse à l'occasion de l'ouvrage *Phosphorescences*, à tirage limité : les gravures de Lespinasse s'y trouvent commentées par des poèmes de Supervielle[99].

---

96 Louis Aragon, compte rendu de *Bolivar, Commune*, 15 octobre 1936.
97 Jules Supervielle, *Gravitations*, éd. citée.
98 Ricardo Paseyro, « Chronologie supervielienne », *La Nouvelle Revue de Paris, op. cit.*, p. 30.
99 Jules Supervielle, *Phosphorescences*, gravures d'Herbert Lespinasse, Paris, Les Amis de l'amour de l'art, 1936.

1924

En février 1924, Supervielle séjourne trois semaines en Espagne ; dès son retour, il nourrit le projet d'un nouveau voyage, en Amérique cette fois.

Entre-temps, le 21 février, il fait une rencontre essentielle : celle d'Henri Michaux. Ce poète deviendra l'un de ses plus proches amis, ainsi que l'écrira Supervielle à Paulhan le 28 août 1935 :

> Michaux, depuis que tu le tutoies, a fini par consentir à mon tutoiement. Oui, vous êtes mes deux meilleurs amis[100].

En 1924, Michaux a vingt-quatre ans. Bien plus tard, en 1959, Supervielle offrira de lui le portrait suivant :

> Si je me risquais à faire le portrait de Michaux, je dirais qu'il a une tête magique, modelée par l'artiste, durant une nuit d'insomnie, une nuit blanche comme lui. Avec son regard coupant, son menton coléreux et ses lèvres orageuses, c'est un chef très ancien et très moderne de la grande tribu humaine. Mais s'il est impitoyable, c'est surtout pour lui-même[101].

Lorsqu'il rencontre Supervielle, Michaux vient d'arriver à Paris, où il est peu introduit ; il fréquente surtout Hellens, son compatriote, et Jouhandeau. Hellens recommande chaudement Michaux auprès de Supervielle, Jouhandeau et Paulhan ; quant à Jouhandeau, il va jouer le rôle d'intermédiaire avec Supervielle. Michaux avait envoyé à l'écrivain sa plaquette *Fable des origines*[102], parue en 1923 aux Éditions du Disque Vert, assortie de la dédicace suivante :

> Hommage à Jules Supervielle – Henry Michaux, 259 Boulevard Raspail, Paris XIVe[103].

Supervielle avait particulièrement apprécié ces vingt-sept textes brefs ; Michaux lui avait également adressé, comme à Jouhandeau, un

---

100 Lettre de Jules Supervielle à Jean Paulhan du 28 août 1935, *Choix de lettres*, éd. citée, p. 148.
101 Jules Supervielle *in* Robert Bréchon, *Michaux*, La Bibliothèque idéale, Paris, Gallimard, 1959, p. 10.
102 Henri Michaux, *Fable des origines*, Paris et Bruxelles, Le Disque Vert, 1923.
103 Henri Michaux, cité par Ricardo Paseyro, *Jules Supervielle, Le Forçat volontaire*, éd. citée, p. 133.

exemplaire dédicacé des *Rêves et la Jambe*[104]. Si les liens entre Michaux et Jouhandeau se distendront assez rapidement, l'amitié avec Supervielle ne cessera de se renforcer. À partir de leur rencontre et jusqu'à la fin de sa vie, Supervielle œuvrera, avec constance, en faveur de la reconnaissance littéraire de Michaux : en 1959, un an avant sa mort, il participera à l'ouvrage que Robert Bréchon consacrera à son ami dans la collection « La Bibliothèque idéale » des éditions Gallimard, comptant aussi le *Supervielle* d'Étiemble. Supervielle écrira un texte bref mais à l'enthousiasme fervent :

> [...] Dans son laboratoire de poète visionnaire et studieux, c'est lui seul qui sert de cobaye.
>
> Chez Michaux, tous les mots lui appartiennent en propre et semblent avoir été inventés. Son vocabulaire a ses partis pris à lui, son intrépidité, son magnétisme.
>
> Il ne s'agit pas pour un poète d'être un penseur, mais de donner la soif anxieuse, la nostalgie de la pensée. J'aime les images profondes de Michaux comme j'aime celles de Nerval, de Blake, de Lautréamont. Si d'autres poètes poussent davantage à la rêverie, Michaux donne toujours à réfléchir, et je ne connais pas de meilleur éloge pour un créateur, pour un ami[105].

Michaux sera particulièrement sensible au soutien fidèle de Supervielle : « quand j'ai écrit (je m'y décidai enfin), j'ai été surpris de voir que des écrivains, des vrais, considéraient mes textes sérieusement, que pour eux cela existait », déclarera-t-il, ajoutant que « le rôle de Supervielle était important, il ne mettait jamais en question si peu que ce soit mon "existence littéraire", et je ne cessai jamais d'en être étonné[106]. » Dès le début de leurs relations, Michaux offre à Supervielle un témoignage de sa confiance. Il lui envoie, au dos d'une lettre non datée, un poème fondamental, auquel il tient particulièrement, « Le grand combat » – avant même sa publication dans *La N.R.F.* en 1927 – accompagné de deux dessins :

> Peut-être me trahiront-ils. J'ai mis en eux, hélas, une certaine confiance. Au moins un des trois remplira sa mission, je l'espère, et nous rapprochera ; si je peux dire[107].

---

104 Henri Michaux, *Les Rêves et la Jambe*, Anvers, Ça ira, 1923.
105 Jules Supervielle *in* Robert Bréchon, *Michaux*, éd. citée, p. 10.
106 Henri Michaux, cité par Robert Bréchon, *Michaux*, éd. citée, p. 204.
107 Lettre d'Henri Michaux à Jules Supervielle, non datée, IMEC, transcription effectuée à partir de celle de Raymond Bellour, avec le concours de Franck Leibovici.

Dans la correspondance avec Jouhandeau, Supervielle évoque les difficultés financières de Michaux et, sans le connaître encore, exprime son souhait de lui venir en aide : le 6 février, il demande à Jouhandeau d'avancer pour lui quelques centaines de francs au jeune écrivain belge, « de la part d'un ami inconnu[108] ». La rencontre a lieu le 21 février. Ce jour-là, Supervielle adresse à Jouhandeau un mandat de 150 francs pour le rembourser de la somme qu'il avait prêtée, de sa part, à Michaux. Il évoque la rencontre en ces termes :

> J'ai fait la connaissance de Henri Michaux ce matin. Et c'est comme si je m'étais promené devant les belles vagues de la mer. On sort fortifié de ces rencontres[109].

Dans l'ensemble de la correspondance de Supervielle sera évoqué, avec constance, le plaisir pris à la présence de Michaux, que l'écrivain l'accueille – à Sainte-Maxime, Le Piquey, Port-Cros ou Tossa – ou qu'ils voyagent ensemble[110]. Michaux, quant à lui, qui se méfie des intellectuels, du dogmatisme et des écoles, trouve en Supervielle « un homme formé et transformé en poète, un homme que la poésie habitait comme [il] croyai[t] jusque-là que seule la musique le pouvait[111] ». Il confiera plus tard à Ricardo Paseyro que Supervielle est resté pour lui semblable à Guanamiru, personnage poétique et romanesque incarnant la puissance et le goût de la démesure :

> Il éclatait comme un volcan de poésie en perpétuelle fusion[112].

Quelques mois avant sa mort, Michaux évoquera encore l'importance de son amitié avec Supervielle :

> J'ai été plus ému par sa personne que par tout autre poète rencontré. Partout il rafraîchissait, enlevait une certaine pesanteur ou mauvaise importance aux rochers, fleuves et paysages de la mer[113].

---

108 Lettre de Jules Supervielle à Marcel Jouhandeau du 6 février 1924, *Choix de lettres*, éd. citée, p. 471.
109 Lettre de Jules Supervielle à Marcel Jouhandeau du 21 février 1924, *ibid.*
110 Jean-Pierre Martin, *Henri Michaux*, éd. citée, p. 114.
111 Henri Michaux, cité par René Bertelé, *Henri Michaux*, Paris, Seghers, 1946.
112 Henri Michaux, cité par Ricardo Paseyro, *Jules Supervielle, Le Forçat volontaire*, éd. citée, p. 134.
113 Cité par Jean-Pierre Martin, *Henri Michaux*, éd. citée, p. 115.

Selon Ricardo Paseyro, Michaux fut aussi séduit par « son humour décapant, son originalité, sa révolte non engagée, ses bonnes manières[114]. » Quant à Supervielle, il dit voir en Michaux « toujours ce jeune inquiétant, un Lautréamont qui grandissait sous [s]es yeux[115] ». Cette inquiétude est reliée par Supervielle à une étrangeté essentielle, authentique, dont il fera la louange dans la conférence qu'il consacrera, en octobre 1944, aux mots inventés chez Fargue et chez Michaux : « ceux de Michaux [sont] plus près de la vérité ou plutôt de la vraisemblance [...], Michaux cherche surtout à nous révéler ses sensations dans toute leur singularité[116]. » De fait, Supervielle affirme préférer Michaux « à n'importe lequel des surréalistes, ses plus grandes extravagances ne le détachent presque jamais de l'essentiel : sa propre révélation ; car il n'écrit presque rien que d'intense et toujours poussé du dedans au dehors. C'est le prince de la singularité qui sait rendre parfaitement respectables ses bizarreries[117]. »

Après leur rencontre, Supervielle commence par procurer à Michaux une chambre indépendante, rue Raynouard, chez Luis Saavedra, secrétaire de la Légation de l'Uruguay et frère de son épouse, Pilar : Paseyro rapporte que « le diplomate estimait l'ordre, la ponctualité, la réserve de ce jeune si courtois[118] ». Il lui propose également de devenir le précepteur de Denise, sa fille aînée, qui est alors lycéenne. Selon Ricardo Paseyro, « les cours se réduisaient à un échange de mondanités : Denise n'avait aucun besoin que l'on corrigeât sa grammaire, et Michaux, en professeur, ne brillait guère[119] ». Denise tricote à Michaux une cravate de laine, qu'il porte lors de ses visites à la famille ; elle se souviendra « de la pâleur, de la blancheur du jeune homme, de ses beaux yeux bleus, de sa timidité », ainsi que d'un devoir sur « Le rat des villes et le rat des champs[120] ». Ces cours dureront trois semaines. Outre les promenades au bois de Boulogne, Supervielle et Michaux se retrouvent lors des déjeuners du dimanche, à l'occasion desquels les Supervielle reçoivent de nombreux invités. Michaux rencontre alors

---

114 Ricardo Paseyro, *Jules Supervielle, Le Forçat volontaire*, éd. citée, p. 133.
115 Jules Supervielle, cité par Ricardo Paseyro, *ibid.*, p. 134.
116 Jules Supervielle, « Propos et inédits », *in Revue de la Bibliothèque nationale*, n° 14, hiver 1984, p. 4.
117 Jules Supervielle, conférence prononcée pendant la guerre en Uruguay, citée dans *Œuvres poétiques complètes*, éd. citée, p. 765.
118 Ricardo Paseyro, *Jules Supervielle, Le Forçat volontaire*, éd. citée, p. 133.
119 *Ibid.*, p. 134.
120 Jean-Pierre Martin, *Henri Michaux*, éd. citée, p. 112.

Lhote, Fenosa, Nino Frank[121] ainsi que Gangotena. Né à Quito, dans une famille de la grande bourgeoisie équatorienne, Alfredo Gangotena s'était rendu à Paris en 1920 pour terminer ses études : devenu ingénieur, ce jeune homme de santé fragile composait aussi des vers, en espagnol puis en français, et fréquentait des auteurs français et sud-américains. Supervielle, ami de sa famille, contribue en particulier à la diffusion de son œuvre et le présente à Michaux, qui deviendra son ami proche : Gangotena voyagera aux côtés de Michaux, lors du voyage en Amérique du Sud qui inspirera au « barbare » *Ecuador*[122]. De fait, Michaux envie particulièrement à Gangotena et à Supervielle leur capacité à « louvoyer [...] entre deux langues, entendre l'une ou l'autre, tour à tour, d'une oreille étrangère, et rêver dans les deux[123] ». Jean-Pierre Martin rapporte que Supervielle fait aussi figure de mentor pour Michaux, de quinze ans plus jeune, tout en lui offrant le modèle d'une « famille à distance, accueillante, transatlantique, qui ne l'attache pas de mille liens forcés », « comme une communauté possible, l'image inversée de sa phobie[124]. »

Dès le mois d'avril, Supervielle et Michaux commencent à voyager ensemble : ils effectueront de nombreux voyages, dont le grand périple en Amérique du Sud qui aura lieu en 1936. Pour le moment, les deux amis se rendent en Belgique et en Angleterre. Après Bruxelles, où ils retrouvent Franz Hellens, ils se rendent à Londres, où ils sont frappés par la foule et l'abondance des autobus, et où ils visitent longuement l'Exposition Coloniale. Cinquante ans plus tard, Michaux se souviendra de « cette équipée où Supervielle prenait sous sa coupe, en grand seigneur, un jeune homme sans statut social. C'est mon secrétaire, dit-il à la douane[125]. »

Puis, en juillet a lieu le voyage projeté par Supervielle depuis le début de l'année : l'écrivain quitte l'Europe pour l'Amérique du Sud, avec Pilar et leurs cinq enfants. Durant ce long séjour de huit mois, Supervielle visite le Brésil, l'Uruguay et l'Argentine : le 23 octobre, il écrit à Alfredo Gangotena qu'il a effectué « un voyage dans le Nord de l'Argentine jusqu'à Tucuman », et qu'il a été « surtout intéressé par la traversée de

---

121 *Ibid.*
122 Henri Michaux, *Ecuador*, Paris, Gallimard, 1929 pour la première parution.
123 Jean-Pierre Martin, *Henri Michaux*, éd. citée, p. 152.
124 *Ibid.*, p. 112.
125 *Ibid.*, p. 113.

la Pampa[126] ». À Buenos Aires, il fait deux rencontres importantes, qui donneront lieu à des liens d'amitié. La première est celle de Victoria Ocampo[127], l'écrivaine et mécène, célèbre pour sa beauté et son goût de l'indépendance, francophile et très ouverte aux écrivains européens, qui créera la revue *Sur* en 1931. L'écrivain fait également la connaissance de Ricardo Güiraldes, romancier et poète, dont trois lettres à Supervielle sont recueillies dans les *Obras completas*[128]. Güiraldes, qui appartient à la grande bourgeoisie libérale de Buenos Aires, a déjà effectué plusieurs séjours à Paris, et s'est lié avec Saint-John Perse, Adrienne Monnier, et surtout, Valery Larbaud. Il vient alors de publier *Xamaica*[129], que Supervielle a lu et apprécié. Avant de faire la connaissance de Güiraldes, Supervielle lui a écrit pour le féliciter de cet ouvrage :

> [...] j'ai l'impression de vous connaître depuis longtemps. Larbaud, Girondo, Adrienne Monnier m'ont parlé de vous de ce côté-ci de l'Océan ; et de l'autre, Figari, ainsi que beaucoup d'amis communs. Et après la lecture de *Xamaica*, je vous devine beaucoup mieux. (J'oubliais de vous dire que j'ai vu un portrait de vous, au fusain, chez Larbaud. Et que j'ai l'impression qu'il vous ressemble beaucoup[130].)

Güiraldes s'oppose au *modernismo* et prône un retour aux thèmes typiquement argentins, comme l'illustre le roman qu'il termine alors, *Don Segundo Sombra*[131], évoquant la vie des vieux gauchos dans la pampa. Après la mort de Güiraldes, en 1932, Supervielle reverra la traduction française de cet ouvrage. Güiraldes est aussi le directeur de la revue d'avant-garde *Proa*. Dans une lettre d'Adelina del Carril à Valery Larbaud sont rapportés les mots élogieux de Supervielle au sujet de la revue : « [Jules Supervielle] nous dit qu'à Paris, dans les cercles littéraires, on est d'accord pour proclamer *Proa* meilleure revue littéraire

---

126 Lettre de Jules Supervielle à Alfredo Gangotena du 23 octobre 1924, *Sous le figuier de Port-Cros*, éd. citée, p. 58.
127 Nous transcrivons et étudions treize lettres de Jules Supervielle à Victoria Ocampo dans Jules Supervielle, *Choix de lettres*, éd. citée.
128 Ricardo Güiraldes, *Obras completas*, Buenos Aires, Emecé, 1985.
129 Ricardo Güiraldes, *Xamaica*, Buenos Aires, Agencia General de Librería y Publicaciones, 1923.
130 Lettre de Jules Supervielle à Ricardo Güiraldes, en espagnol, traduite en français par Ivonne Bordelois, citée par Sylvia Molloy, *La Diffusion de la littérature hispano-américaine en France au XXe siècle*, éd. citée, p. 119.
131 Ricardo Güiraldes, *Don Segundo Sombra*, Buenos Aires, Editorial Proa, 1926.

de l'Amérique latine et vraiment d'avant-garde[132] », écrit-elle. Valery Larbaud et Alfonso Reyes appartiennent au comité de rédaction de la revue, qui publie un numéro d'hommage à Supervielle et organise en son honneur, avec la revue *Martin Fierro*, un banquet à Buenos Aires. L'écrivain est encore célébré à Montevideo. Heureux de son séjour en Amérique du Sud, il en vante les effets sur son travail et sur son moral dans une lettre à Gangotena :

> Ce voyage m'aura fait du bien. Il m'a aéré. Heureux ceux qui comme vous trouvent en eux tous les voyages[133] !

Tout en même temps, la correspondance se poursuit avec les amis restés en France, Michaux, Jouhandeau ou Larbaud – pour la collection duquel il recherche des planches figurant des soldats et des officiers de l'ancienne armée impériale. Dans ses lettres, Supervielle évoque son travail à son futur recueil, *Gravitations*[134], qui paraîtra en 1925, ainsi qu'à un nouveau roman, *Le Voleur d'enfants*[135].

1925

Le retour en France a lieu en février 1925 : le 4, Supervielle embarque sur le Lutétia. « Prisonnier de la mer, cette enfant gâtée qui exige que nous nous occupions d'elle sans répit[136] », l'écrivain a hâte de retrouver Paris : « Viennent vite le Square Thiers et le Boulevard Lannes[137] ! », écrit-il à Gangotena.

De retour en France, Supervielle, qui avait en vain tenté de voir Fargue avant son départ pour l'Amérique du Sud, lui remet des poèmes qu'il espère voir paraître dans *Commerce*. La prestigieuse revue a été fondée l'année précédente par Marguerite Caetani, princesse de Bassiano ;

---

132 Lettre en espagnol d'Adelina del Carril à Valery Larbaud datée du « 27 juillet », traduite par Sylvia Molloy, *La Diffusion de la littérature hispano-américaine en France au XXe siècle*, éd. citée, p. 156.
133 Lettre de Jules Supervielle à Alfredo Gangotena du 4 décembre 1924, *Sous le figuier de Port-Cros*, éd. citée, p 59.
134 Jules Supervielle, *Gravitations*, éd. citée.
135 Jules Supervielle, *Le Voleur d'Enfants*, Paris, Gallimard, 1926.
136 Lettre de Jules Supervielle à Victoria Ocampo du 16 mars 1925, *Choix de lettres*, éd. citée, p. 561.
137 Lettre de Jules Supervielle à Alfredo Gangotena du 4 décembre 1924, *Sous le figuier de Port-Cros*, éd. citée, p 59.

si elle ne comporte pas véritablement de comité de direction, elle a trois directeurs officiels, Valéry, Fargue et Larbaud. Saint-John Perse et Paulhan sont également extrêmement investis dans le fonctionnement de la revue. Or, Supervielle voudrait en particulier publier dans *Commerce* le texte qui ouvrira *Gravitations*, « Le portrait[138] ». Supervielle considère en effet comme l'un de ses meilleurs poèmes ce beau texte, où l'écriture œuvre à établir un lien avec la figure maternelle perdue et avec les morts. Mais malgré le soutien de Larbaud, « Le portrait » n'est pas retenu par Marguerite Caetani, qui reste réticente ; il paraît, le 1er juin, dans le numéro inaugural du *Navire d'argent*[139], la revue d'Adrienne Monnier, libraire de la rue de l'Odéon et animatrice de la vie littéraire, avec laquelle Supervielle entretient des liens d'amitié. Par la suite, Supervielle publiera cependant trois textes personnels dans *Commerce*, ce qui est conséquent : après le poème « Whisper[140] », au printemps 1926, il donnera à la revue « Oloron-Sainte-Marie[141] » à l'hiver 1926, et « La pampa aux yeux clos[142] » au printemps 1928. Larbaud remercie à cette occasion la princesse de Bassiano :

> [J]e vois se former en Jules Supervielle un prosateur encore supérieur au Poëte de « Gravitations ». Les promesses contenues dans « L'Homme de la Pampa » et « Le voleur d'enfants » se réalisent pleinement. Et comme vous faites bien de l'encourager dans cette voie ! <u>Nous</u> vous devons <u>tous</u> beaucoup[143] […]

À la requête de la princesse de Bassiano, qui lui avait demandé de lui « traduire des poèmes de l'espagnol[144] » avant l'été, Supervielle donnera encore à *Commerce* sa traduction du poème de Lorca, « Le Martyre de

---

138 Jules Supervielle, *Gravitations*, éd. citée.
139 Jules Supervielle, « Le portrait », *Le Navire d'argent*, 1er juin 1925.
140 Jules Supervielle, « Whisper », *Commerce*, cahier VII, printemps 1926. Ce poème sera repris sous le titre « Whisper in agony » dans *Le Forçat innocent*, Paris, Gallimard, 1930.
141 Jules Supervielle, « Oloron-Sainte-Marie », *Commerce*, cahier X, hiver 1926, repris dans *Le Forçat innocent*, éd. citée.
142 Jules Supervielle, « La Pampa aux yeux clos », Commerce, cahier XV, printemps 1928. Ce texte constitue la deuxième partie du roman *Le Survivant*, Paris, Éditions de *La N.R.F.*, 1928.
143 Lettre de Valery Larbaud à Marguerite Caetani citée par Ève Rabaté, « Supervielle, Larbaud et la revue Commerce », journée d'études *Jules Supervielle à la croisée des chemins : le hors venu sur la scène littéraire*, https://www.fabula.org/colloques/document2505.php#ftn23 (consulté le 7 avril 2022).
144 Lettre de Jules Supervielle à Jean Paulhan du 9 octobre 1928, *Choix de lettres*, éd. citée, p. 51.

sainte Eulalie[145] », à l'automne 1928. Ce texte, évoquant le corps morcelé de la vierge Eulalie, est traduit par Supervielle avec la liberté que louera Larbaud dans « Le Patron des traducteurs[146] », qu'il publie lui-même dans *Commerce* en 1929.

Le 11 avril, Valery Larbaud convie à dîner chez Foyot, restaurant réputé situé face au Sénat, Supervielle et Alfonso Reyes, à l'occasion de la visite à Paris d'Enrique Díez-Canedo, critique espagnol, ami de Reyes et traducteur de *Fermina Márquez*. Reyes, qui occupe alors le poste de ministre du Mexique à Paris, est un ami de Supervielle, qu'il connaît depuis 1913 : ils se sont rencontrés chez le professeur Ernest Martinenche, que Supervielle avait fréquenté vers 1910. À cette époque, Supervielle, qui avait déposé à la Sorbonne un sujet de thèse sur « Le Sentiment de la nature dans la poésie hispano-américaine », était licencié d'espagnol, et appartenait au cercle du professeur. Celui-ci avait fondé le Groupement des universités et des grandes écoles pour les rapports avec l'Amérique latine, puis créé une Bibliothèque américaine, munie d'un *Bulletin* dans lequel Supervielle avait publié trois extraits de sa thèse, d'octobre 1910 à janvier 1912[147]. Or, le sujet de thèse de Supervielle étant presque identique à celui qu'Alfonso Reyes avait traité dans une conférence, le jeune homme s'était rapproché de Supervielle. Leur correspondance est étudiée par Paulette Patout, qui rapporte qu'entre 1925 et 1926, les deux hommes se fréquent très régulièrement[148] ; un témoignage de cette amitié consiste en la dédicace à Reyes d'un poème de *Gravitations*, « Le survivant ». Le journal de Reyes atteste encore ces liens : « Supervielle [...] est enchanté de vivre auprès de moi pour me montrer petit à petit ce qu'il écrit », note-t-il, « habitude qui lui a fait du bien, et qui m'est très agréable[149]. » Plus tard, revenu à Mexico, Reyes évoquera leurs rencontres dans un petit bar de la rue du Faubourg Saint-Honoré :

---

145 Jules Supervielle, « Le Martyre de sainte Eulalie », de Federico García Lorca, *Commerce*, cahier XVII, automne 1928, repris dans *Le Corps tragique*, Paris, Gallimard, 1959.
146 Valery Larbaud, « Le patron des traducteurs », *Commerce*, cahier XXI, automne 1929.
147 Jules Supervielle, « Le Sentiment de la nature dans la poésie américaine », « Époque coloniale », *Bulletin de la bibliothèque américaine*, 15 octobre 1910, p. 87-93, repris dans *La Poétique*, n° 65, février 1911, p. 42-46 ; « Époque romantique I », *Bulletin de la bibliothèque américaine*, mai 1911, p. 304-311 ; « Époque romantique II », *ibid.*, janvier 1912, p. 106-114.
148 Paulette Patout, « L'Amitié de Jules Supervielle pour don Alfonso Reyes », *Littératures*, n° 3, Toulouse, printemps 1981, p. 71.
149 Alfonso Reyes, *Diario*, p. 96-97, cité par Paulette Patout, « L'Amitié de Jules Supervielle pour don Alfonso Reyes », *Littératures, op. cit.*, p. 71.

> Jules Supervielle et moi, à Paris, vers 1925, nous passions nos après-midi à l'*Adêga de Porto* à nous réciter l'un à l'autre nos vers, épreuve qui ne résiste qu'à la vraie cordialité[150].

En mai, Supervielle travaille à l'important numéro Lautréamont qui sera donné par *Le Disque vert* de Franz Hellens et viendra clore le deuxième cycle de la revue[151] : enquêtant sur la place qu'occupe l'œuvre de Ducasse dans la poésie française, Hellens rassemble les réponses de divers écrivains, ainsi que des extraits d'ouvrages consacrés à Lautréamont, son œuvre et son influence. Le numéro, qui frappe par sa richesse, présente les réponses contrastées de Breton, Michaux, Dujardin, Cocteau, Soupault, Malraux, Jaloux, Cassou, Valéry, Paulhan, ou encore Supervielle[152]. En effet, par l'intermédiaire de Michaux, l'écrivain vient de découvrir, pendant son séjour en Amérique du Sud, les œuvres de Ducasse, que les surréalistes ont tout récemment remis à l'honneur. Supervielle s'implique particulièrement dans la réalisation du numéro hommage, en sollicitant la contribution de ses amis :

> Je vous retourne l'épreuve de mon poème et vais m'occuper tout de suite de ma collaboration au N° Lautréamont. J'ai insisté auprès de Larbaud. Michaux lui a écrit également. Je pense qu'il vous enverra quelque chose. En tout cas il ne me semble pas qu'il y ait lieu de lui écrire à nouveau à ce sujet. Nous allons de nouveau parler de la question avec Michaux pour voir ce qu'on pourrait faire. Fargue ne répond jamais ne comptez pas sur lui. Il est trop paresseux[153].

Mais c'est en vain que Supervielle tente, avec l'aide de Michaux, d'obtenir un article de Larbaud : celui-ci est alors extrêmement sollicité, et selon Michaux, il aurait été froissé de ne pas apparaître dans la liste des collaborateurs de la revue.

À partir de cette contribution – le poème « À Lautréamont », repris dans *Gravitations*[154] –, les modalités particulières de la relation de Supervielle à Ducasse se trouvent posées : comme Rimbaud, il incarne pour lui tout à la fois la modernité et le risque mental, tant par sa

---

150 Alfonso Reyes, « Supervielle », dans *Las Burlas veras, 2ᵉ ciento*, p. 84, cité par Paulette Patout, « L'Amitié de Jules Supervielle pour don Alfonso Reyes », *Littératures, op. cit.*, p. 71.
151 *Le Disque vert*, « Le cas Lautréamont », Paris-Bruxelles, 1925.
152 René Fayt, *in* Pascal Pia, *Au Temps du Disque vert, Lettres à Franz Hellens (1922-1934)*, éd. citée, p. 12.
153 Lettre de Jules Supervielle à Franz Hellens du 6 mai 1925, voir *infra*.
154 Jules Supervielle, *Gravitations*, éd. citée.

personnalité que par son œuvre. D'une part, Lautréamont apparaît à Supervielle comme une sorte de double. L'écrivain s'adresse à lui avec familiarité, le tutoyant dans le poème de 1925 puis à nouveau dans un texte de *Boire à la source* daté de 1928 :

> Je n'ai pas prononcé ton nom, Isidore Ducasse, comte de Lautréamont, « grave montevidéen » qui passas en Uruguay dix-sept années de ta vie fulgurante[155].

Le tutoiement et la mention en note, par Supervielle, d'un ouvrage sur Lautréamont rédigé par deux de ses amis sud-américains, révèlent son intérêt pour l'écrivain, sa volonté d'en savoir davantage sur lui alors que sa vie est très mal connue. Cette curiosité de Supervielle est encore sensible dans une lettre qu'il adressera à Paulhan en 1930, où il fait état de recherches de manuscrits en Amérique du Sud :

> Je vais écrire à Buenos Aires pour tâcher d'avoir, par Madame Suarez Ducasse, de Cordoba, les papiers de Lautréamont... Mais je n'ai pas beaucoup d'espoir, non pas que les renseignements de Mr Alicot me paraissent peu sérieux (au contraire) mais parce qu'on brûle volontiers les vieux papiers en Amérique du Sud[156].

C'est à un vrai désir d'intimité que renvoient ces recherches, conformément au vœu qui ouvrait déjà le poème d'hommage de 1925 :

> N'importe où je me mettais à creuser le sol espérant que tu en sortirais[157] [...]

Ce sera encore à Lautréamont que sera dédié le poème liminaire de la section des « Poèmes de Guanamiru », placée sous sa tutelle : le poète s'y met en scène en train d'opérer une catabase dont l'objet est de ramener à la lumière un mort bien précis, Lautréamont lui-même, tutoyé dans un rapport de familiarité. Mais d'autre part, le désir de proximité se trouve de manière constante contrebalancé par la conscience d'une irréductible distance : « À Lautréamont » se trouve scandé par un refrain qui évoque une déception, « Mais tu ne venais pas, Lautréamont[158] », et se clôt sur un geste de rejet dont la violence rappelle celle des *Chants*, leur auteur lançant

---

155   Jules Supervielle, « Uruguay », *Boire à la source, Confidences*, éd. citée, p. 127.
156   Lettre de Jules Supervielle à Jean Paulhan du 20 novembre 1930, *Choix de lettres*, éd. citée, p. 81.
157   Jules Supervielle, « À Lautréamont », *Gravitations, Œuvres poétiques complètes*, éd. citée, p. 222.
158   *Ibid.*

une motte de ciel au visage du sujet, tandis qu'en 1928, la prétérition insiste sur l'absence de Lautréamont dans l'évocation de l'Uruguay de Supervielle ; la recherche même des manuscrits de Ducasse, qui n'est plus évoquée dans la suite des lettres à Paulhan, semble être restée sans suite.

Le 25 mai, Jean Cassou invite à un thé chez lui, au 42, quai des Célestins, Miguel de Unamuno, écrivain et philosophe espagnol alors exilé à Paris, Francis de Miomandre, lauréat du prix Goncourt, très attiré par les lettres de l'Espagne et de l'Amérique latine, Alfonso Reyes, Jules Supervielle et Rainer Maria Rilke. C'est alors qu'aura lieu la rencontre entre ces deux écrivains, relatée par Supervielle à son gendre, Ricardo Paseyro :

> On me présenta, dans la foule et le brouhaha, un étranger au regard immense et clair, aux manières exquises. Je n'entends pas son nom. Il parlait un français châtié. Ma taille et le bruit me gênaient, je me suis penché sur lui pour l'écouter : nous étions restés en tête à tête[159].

Les deux poètes évoquent la littérature baroque espagnole, que les Allemands, explique Rilke à Supervielle, avaient été les premiers à redécouvrir. Puis, après quelques minutes de conversation :

> Le monsieur prit courtoisement congé de moi, salua Cassou et partit. Je ne réagis pas assez vite. Puis, je demandai à Cassou le nom de ce passionnant inconnu. Cassou s'écria : « Mais c'est Rilke ! » J'ouvris la porte, descendit l'escalier, il n'était plus là[160].

Les collaborations et les correspondances de Supervielle s'élargissent encore. En témoigne celle qu'il entretient avec Georges Hugnet, jeune poète qui a passé une partie de son enfance en Argentine, et qui appartiendra un temps au groupe surréaliste. Après un court séjour en Bretagne, au début du mois de juin, Supervielle rentre à Paris : il réside, depuis 1912, au 47, boulevard Lannes, adresse qui donnera son titre à l'un des poèmes de *Gravitations*. Supervielle reçoit alors Hugnet à plusieurs reprises. Il le conseille, l'aide à publier ses vers dans *Les Cahiers du Sud*, le met en lien avec André Gaillard, et lui présente Alfredo Gangotena. Supervielle témoigne à Hugnet la bienveillance et la sollicitude dont il a entouré Michaux, et qu'il manifestera à de nombreux autres jeunes écrivains, tels Alain Bosquet ou Claude Roy.

---

159 Ricardo Paseyro, *Jules Supervielle, Le Forçat volontaire*, éd. citée, p. 121.
160 *Ibid.*

Pendant l'été, Supervielle séjourne au Piquey, dans le bassin d'Arcachon. Il loue une maison, dans laquelle il reçoit quelque temps Michaux. Celui-ci y fait la rencontre de Margara Saavedra, l'une des jeunes sœurs de Pilar, que les Supervielle ont ramenée d'Uruguay lors de leur dernier voyage. Jean-Pierre Martin rapporte que Michaux, qui rêve d'Amérique latine, s'éprend rapidement de la jeune femme :

> C'est tout de même un petit événement, cette Mlle M.S. au seuil du poème, dans le seul poème d'amour de cette époque, un des seuls de toute l'œuvre, daté de 1925, repris dans *Qui je fus*, « Adieu à une ville et à une femme ». La présence de Margara Saavedra a transfiguré Le Piquey (masqué en Purkey) et le bassin d'Arcachon[161].

Quant à Supervielle, il est alors très pris par les épreuves de *Gravitations*, et envoie notamment à Reyes la dactylographie du poème qui lui sera dédié dans le recueil, avec un mot affectueux :

> avec son bien affectueux souvenir et ses sentiments de très vive admiration[162]

Mais l'écrivain est incommodé par des problèmes dentaires, nécessitant un court séjour à Bordeaux. En outre, le Piquey l'ennuie :

> [...] je vous avance à l'oreille que Piquey m'embête depuis huit jours à un point tel que je me promets de n'y pas revenir une autre année. Quinze jours de pins et d'huîtres je veux bien mais davantage c'est manquer de douceur vis-à-vis de soi-même, comme disait le souvent cité Saint François[163].

Puis, il effectue un nouveau voyage, en Espagne cette fois. Michaux regrette son absence de la capitale, ce qui témoigne du renforcement de leurs liens : début septembre 1925, il écrit à Hellens que « Supervielle vient de [lui] écrire très chaleureusement. Paris sans lui n'est que très peu Paris[164]. » Le 27 septembre, alors que Supervielle revient tout juste de ses vacances, il est convié chez Alfonso Reyes, à Passy, rue de Cortambert : l'événement réunit de nombreux amis,

---

161 Jean-Pierre Martin, *Henri Michaux*, éd. citée, p. 164.
162 Mention manuscrite datée du 1er septembre 1925, reproduite par Paulette Patout, « L'Amitié de Jules Supervielle pour don Alfonso Reyes », *Littératures, op. cit.*, p. 75.
163 Lettre de Jules Supervielle à Alfredo Gangotena du 1er août 1925, *Sous le Figuier de Port-Cros*, éd. citée, p. 61.
164 Lettre d'Henri Michaux à Franz Hellens de début septembre 1925 citée par Jean-Pierre Martin, *Henri Michaux*, éd. citée, p. 114.

artistes et écrivains, espagnols, américains et français. Reyes l'évoque dans son journal :

> J'ai su au dernier moment que Supervielle et Mme étaient revenus de leurs vacances et j'ai réussi à les faire venir ici. Mon salon était archi-plein mais c'étaient des rencontres agréables entre des personnes qu'il convenait de mettre en contact[165].

Pendant cette réunion, Supervielle rencontre des peintres mexicains, venus à Paris pour présenter une exposition de dessins d'enfants mexicains qui a eu un grand retentissement en Argentine. Supervielle s'y intéresse et, avec l'aide d'André Salmon et du sculpteur Mateo Hernández, œuvre à aider les organisateurs mexicains : l'exposition parisienne attirera à son tour le public, et sera en particulier visitée par Picasso[166]. Par ailleurs, Pedro Figari vient de rencontrer un grand succès en exposant ses tableaux à Buenos Aires ; Supervielle va l'aider à présenter une seconde fois ses œuvres à Paris, à la galerie Druet : il invite notamment Larbaud à se rendre à l'exposition.

En novembre a lieu l'élection de Paul Valéry à l'Académie française. Supervielle se montre fidèle envers l'écrivain, qui avait été l'un des premiers à l'introduire dans la vie littéraire : recevant la souscription destinée à financer l'achat de l'épée, il verse une somme importante, 200 francs, ce qui témoigne de sa générosité[167]. Surtout, c'est ce mois-ci que paraît la première édition de *Gravitations*, aux éditions de *La N.R.F.* Les nombreux dédicataires des poèmes éclairent la situation de Supervielle dans la vie littéraire contemporaine. Ils frappent d'abord par leur importance, comme Valery Larbaud, dédicataire du recueil. C'est également la diversité des dédicataires qu'il faut souligner. Ils appartiennent aux lettres françaises – Max Jacob, Marcel Jouhandeau – et hispano-américaines, comme Alfonso Reyes, Ricardo Güiraldes, Jorge Guillén ou Corpus Barga. L'on peut encore citer Ramón Gómez de la Serna, ami commun à Supervielle, Larbaud et Reyes, ainsi que Parra del Riego, romancier réaliste péruvien qui avait traduit *L'Homme de la pampa*, ou León Pacheco, jeune journaliste et philosophe originaire du Costa Rica, vivant à Paris depuis 1919, très lié à Supervielle et à Reyes. Ils sont écrivains, comme

---

165 Cité par Paulette Patout, « L'Amitié de Jules Supervielle pour don Alfonso Reyes », *Littératures, op. cit.*, p. 77.
166 *Ibid.*
167 Michel Jarrety, *Paul Valéry*, éd. citée, p. 623.

Michaux, mais aussi peintres, tels que Pedro Figari et Marie Blanchard, et critiques et traducteurs, souvent spécialistes des lettres hispano-américaines, comme Jean Cassou, Francis de Miomandre et Georges Pillement. La vie littéraire belge est également représentée, avec Franz Hellens par exemple. Pour fêter cette publication, Larbaud invite à dîner Supervielle, Reyes et Miomandre au Restaurant Espagnol de la rue du Helder, dans le quartier de l'Opéra ; puis, les convives se rendent chez Gonzalo Zaldumbide, diplomate de l'Équateur à Paris. Dans son superbe appartement, donnant sur le Champ-de-Mars, décoré d'une collection d'art et de livres précieux, Supervielle assiste à la lecture, par Reyes, de son drame, *Ifigenia cruel*, devant une assistance nombreuse[168].

La réception du recueil accroît encore la place de Supervielle sur la scène littéraire, en France et en Europe. En témoignent d'abord les comptes rendus qui sont consacrés à l'ouvrage : celui-ci est célébré par Denis de Rougemont dans la *Revue de Genève*[169], Fontainas dans le *Mercure de France*[170], Corpus Barga dans la *Revista de Occidente*[171], Cassou dans *La N.R.F.*[172], Pierre Guéguen dans *Europe*[173], Francis de Miomandre dans la *Revue de l'Amérique latine*[174], Mathilde Pomès dans *La Renaissance politique, littéraire, artistique*[175], ou encore Roger Vitrac dans *Les Feuilles libres*[176]. Ensuite, l'écrivain reçoit de nombreuses lettres de félicitations, telle celle de Rilke, qu'il citera souvent, et même un poème-hommage d'Unamuno que Supervielle avait rencontré en 1922, *La Luna y la Rosa*, avec la dédicace « A Jules Supervielle, después de haber gustado *Gravitations*[177] » ; en 1924, Supervielle, de son côté, avait travaillé à un hommage à Unamuno organisé par Pierre Morhange, directeur de *Philosophies*.

---

168 Paulette Patout, « L'Amitié de Jules Supervielle pour don Alfonso Reyes », *Littératures*, *op. cit.*, p. 78.
169 Denis de Rougemont, *Revue de Genève*, 1er décembre 1925.
170 André Fontainas, *Mercure de Franc*, n° 662, 15 janvier 1926.
171 Corpus Barga, « *Gravitaciones,* Sobre la poesía pura », *Revista de Occidente*, t. X, n° 30, décembre 1925.
172 Jean Cassou, *La N.R.F.*, 1er février 1926.
173 Pierre Guéguen, *Europe*, n° 39, 15 mars 1926.
174 Francis de Miomandre, *Revue de l'Amérique latine*, n° 52, avril 1926.
175 Mathilde Pomès, « Culture française et écrivains d'Amérique latine », *La Renaissance politique, littéraire, artistique*, 26 juin 1926.
176 Roger Vitrac, *Les Feuilles libres*, n° 43, mai-juin 1926.
177 Cité par Ricardo Paseyro, qui traduit « À Jules Supervielle, après avoir savouré *Gravitations* », *Jules Supervielle, Le Forçat volontaire*, éd. citée, p. 126.

1926-1939
Les « grands jours d'amitié »

1926

Au début de l'année 1926, Supervielle quitte Paris pour un voyage de trois semaines en Tunisie. À son retour, vers la mi-février, il se rend, en compagnie de Pilar, chez Alfonso Reyes. Celui-ci a réuni quelques amis – Jean Cassou, sa mère et sa fiancée ; Marcelle Auclair et Jean Prévost, son fiancé ; León Pacheco ; Tono Salazar, caricaturiste salvadorien ; José Vasconcelos, écrivain et homme politique mexicain – pour écouter le jeune pianiste espagnol José Canel jouer des pièces de Manuel de Falla[178].

Pendant cette période se poursuit la correspondance de Supervielle avec Hugnet, ainsi que sa collaboration au *Navire d'argent* d'Adrienne Monnier : en mai, il donne dans la revue « Derrière le silence[179] », une suite de poèmes qui sera recueillie dans la plaquette *Oloron-Sainte-Marie* l'année suivante. Le même mois, il invite à dîner Reyes et Guillermo de Torre, poète ultraïste espagnol, de passage à Paris : Reyes gardera le souvenir du « beau tableau que formaient Supervielle et ses nombreux enfants assis autour de la table familiale[180]. »

Surtout, c'est au cours de cette année que se noue l'amitié avec Jean Paulhan. Fin 1919, Paulhan, entré en relation avec Pierre Reverdy, Louis Aragon, André Breton, Philippe Soupault ou encore Paul Eluard, a rencontré, par l'intermédiaire d'André Gide, Jacques Rivière, alors directeur de *La N.R.F.* En janvier 1920, Paulhan a commencé à prendre part au travail de la revue, s'occupant en particulier du secrétariat de Rivière : il a quitté ses fonctions de rédacteur-gérant au journal *La Vie* et continué un temps de travailler au ministère de l'Instruction publique. Puis, il a été officiellement reconnu comme secrétaire de la revue en juillet 1920.

---

178 Paulette Patout, « L'Amitié de Jules Supervielle pour don Alfonso Reyes », *Littératures*, *op. cit.*, p. 78.
179 Jules Supervielle, « Derrière le silence », *Le Navire d'argent*, n° 12, 1er mai 1926, p. 393-395 ; repris dans *Les Marges*, cahier 1, janvier-mars 1928, p. 119-120, puis dans *Oloron-Sainte-Marie*, Marseille, éditions des Cahiers du Sud, collection Poètes, n° 7, 1927, et dans *Le Forçat innocent*, *Œuvres poétiques complètes*, éd. citée, p. 279-280.
180 Paulette Patout, « L'Amitié de Jules Supervielle pour don Alfonso Reyes », *Littératures*, *op. cit.*, p. 78.

Durant cette période d'activité intense, Paulhan collaborait à de nombreuses revues, *La N.R.F.*, mais aussi *Littérature* ou *Les Marges* notamment. Enfin, il avait alors déjà publié les *Hain-Tenys merinas, poésies populaires malgaches*[181] et *Le Guerrier appliqué*[182]. En 1926, au moment où il se rapproche de Supervielle, Paulhan est devenu rédacteur en chef de *La N.R.F.* après la mort de Jacques Rivière, le 14 février 1925, d'une fièvre typhoïde. De l'année 1926, trois lettres de Supervielle à Paulhan sont conservées. Dans celle du 16 juin, l'écrivain promet à Paulhan « ses premiers poèmes[183] ». De fait, si les collaborations de Supervielle aux revues seront extrêmement variées et diverses, c'est à *La N.R.F.* qu'ira bien souvent sa préférence, même si la lettre du 8 décembre évoque son enthousiasme à l'idée d'être publié dans *Commerce*. Dans cette missive, il déplore également son incapacité à écrire une note critique sur le livre du poète et critique espagnol Guillermo de Torre, *La Littérature européenne de l'art*[184]. Dans la deuxième lettre à Paulhan, datée du 1er novembre, Supervielle esquisse pourtant un discours critique, affirme des préférences de lecteur : évoquant « L'Anguille des mers[185] », du poète breton Pierre Guéguen – auquel il dédiera le poème « Yeux[186] » –, Supervielle affirme qu'il s'agit du « meilleur poème de Guéguen », trouvant dans le texte « une fraîcheur et même des réserves de fraîcheur assez rares dans la poésie contemporaine », louant le choix et l'assemblage des mots « avec une véritable volupté ». Mais bien vite, l'analyse qui se développait est abandonnée, Supervielle s'excusant de se « laisser aller », et il rend la parole à son interlocuteur : « qu'en pensez-vous, *vous*[187] ? », demande-t-il à Paulhan, ainsi réaffirmé dans sa légitimité de lecteur et d'éditeur. Ces premiers échanges donnent le ton de leur correspondance : dans les cinq cent douze lettres que Supervielle adressera à Paulhan[188], apparaissent d'emblée l'apostrophe « ami », puis, très vite, le tutoiement, comme avec

---

181 Jean Paulhan, *Les Hain-teny merinas, Poésies populaires malgaches*, recueillies et traduites par Jean Paulhan, Paris, Librairie Paul Geuthner, 1913.
182 Jean Paulhan, *Le Guerrier appliqué*, Paris, Sansot, 1917, réédité chez Gallimard, 1930.
183 Lettre de Jules Supervielle à Jean Paulhan du 16 juin 1926, *Choix de lettres*, éd. citée, p. 35.
184 Guillermo de Torre, *La Littérature européenne de l'art*, Madrid, Caro Raggio, 1925.
185 Pierre Guéguen, « L'Anguille des mers », *Jeux cosmiques*, Paris, Fourcade, 1929.
186 Jules Supervielle, « Yeux », *La Revue nouvelle*, mars 1926, p. 2, repris sans la dédicace à Guéguen, sous le titre « Les Yeux », *Le Forçat innocent*, éd. citée.
187 Lettre de Jules Supervielle à Jean Paulhan du 1er novembre 1926, *Choix de lettres*, éd. citée, p. 36.
188 Nous transcrivons et étudions cette correspondance dans Jules Supervielle, *Choix de lettres*, éd. citée.

Michaux, puis plus tard, Jouhandeau et Arland. Cette belle et longue amitié est inséparable de la pratique de la littérature, de la réflexion sur ce qu'elle est et sur ce qu'elle engage : en témoignent la lecture patiente, scrupuleuse, appliquée, des textes de Paulhan par Supervielle, malgré les difficultés qu'il rencontre ; sa réflexion sur les conseils que lui prodigue son ami à propos de ses œuvres, qu'il ne suit pas toujours ; sa collaboration régulière à *La N.R.F.*, par des publications ou la proposition de textes d'auteurs qu'il tente de faire connaître ou reconnaître.

De fait, dès cette période, la réflexion de Supervielle sur la littérature s'approfondit, comme le révèle aussi sa correspondance avec le philosophe chrétien Jacques Maritain et son épouse, Raïssa : la *Réponse à Jean Cocteau*[189] de Maritain rencontre en effet un écho important chez de nombreux artistes, dont Supervielle, amené à s'interroger sur son rapport au divin, à ce qui « en [lui] se cache dans l'obscur[190] ». Ce questionnement et cette inquiétude métaphysique, sensibles dès certains textes de *Débarcadères* et dans *Gravitations*, se déploieront pleinement dans les recueils ultérieurs.

Puis, ennuyé par Paris, Supervielle séjourne à Hendaye, dans la villa Uraldian, au mois de juin puis à nouveau en juillet. Il y reçoit *Pausa* de Reyes[191] : ce petit volume de vers, évoquant la nostalgie de l'enfance et du Mexique, avait été imprimé en trois cents exemplaires numérotés réservés à la distribution aux amis ; Larbaud et Supervielle, avec les numéros 41 et 42, étaient les deux premiers Français de cette liste[192].

Atteint d'une « furieuse nostalgie de Soleil[193] », c'est en Espagne que Supervielle passe l'été, entre Jaca, Saragosse et Barcelone. Il cherche à faire venir l'ami Gangotena, auquel il rapporte qu'il y a tant de monde « dans la région » que l'« on voit naître des Espagnols dans la fente des pavés[194] ! » Charmé de son séjour espagnol, Supervielle le prolonge au mois de septembre. Le 11, il se trouve à Saragosse : « assis sur un banc protégé par une double rangée de palmiers », il se félicite de ce

---

189 Jacques Maritain, *Réponse à Jean Cocteau*, Paris, Stock, 1926.
190 Lettre de Jules Supervielle à Jacques Maritain du 16 mai 1926, voir *infra*.
191 Alfonso Reyes, *Pausa*, Paris, Société générale d'impression et d'édition, 1926.
192 Paulette Patout, « L'Amitié de Jules Supervielle pour don Alfonso Reyes », *Littératures*, *op. cit.*, p. 78.
193 Lettre de Jules Supervielle à Marcel Jouhandeau du 12 juin 1926, *Choix de lettres*, éd. citée, p. 482.
194 Lettre de Jules Supervielle à Alfredo Gangotena du 21 juillet 1926, *Sous le Figuier de Port-Cros*, éd. citée, p. 62.

« voyage des plus agréables », concluant qu'il « ne [s]e lasser[a] jamais de l'Espagne[195]. » Il rentrera à Paris le 10 octobre. Un événement a alors lieu : André Gide, dégoûté de la bibliophilie, ne voulant désormais plus lire que dans des éditions courantes, met en vente sa bibliothèque. Supervielle est bien introduit chez les libraires : la veille de la vente, en compagnie de Reyes, il se rend chez Champion. Les deux amis s'installent dans des fauteuils, se plongent dans « le délice des éditions originales dédicacées[196] » – d'autant que pour augmenter la valeur de la vente, Gide avait laissé des lettres parmi les pages. Reyes rapporte cet événement, en s'interrogeant sur le geste de Gide, qu'il oppose à celui d'Adrienne Monnier qui, à la même période, vend elle aussi sa propre bibliothèque, mais pour combler les pertes du *Navire d'argent*[197].

Pendant cette période, Supervielle travaille au roman *Le Voleur d'enfants*, qu'il a « porté près de trois ans », « promené sur les mers et dans [s]a tête », « roulé au fond de [lui][198] ». Le roman présente les aventures du colonel Bigua, qui vole des enfants abandonnés ou délaissés pour leur offrir un foyer. Il tombe amoureux de l'une de ses pupilles, Marcelle Herbin, une adolescente, qui le quitte pour suivre un garçon que Bigua avait aussi adopté, Joseph, caractérisé par son audace et sa brutalité, au rebours de Bigua. Terrassé par la douleur, celui-ci s'embarque pour l'Amérique avec sa famille ; mais s'apercevant que le couple se trouve également sur le bateau, il se jette à la mer. Inquiet de connaître l'avis de Larbaud, Supervielle lui soumet en mai son manuscrit. Or, non seulement les suggestions de celui qu'il considère comme un maître lui sont précieuses, mais ses éloges le rassurent, l'amènent aussi à développer son idée de l'ouvrage :

> Oui Biguá est un cousin de Guanamirú. C'est une espèce d'homme de la pampa renforcé par le dedans. (Il est deux fois Gua.) Je vais sans doute faire allusion à cette parenté, comme vous me le suggérez[199].

Larbaud conseille également à Supervielle de dissiper le « flo[u] » de certaines situations : la maladie de cœur d'Hélène, les précautions

---
195 Lettre de Jules Supervielle à Alfredo Gangotena du 11 septembre 1926, *ibid.*, p. 63.
196 Cité par Paulette Patout, « L'Amitié de Jules Supervielle pour don Alfonso Reyes », *Littératures, op. cit.*, p. 80.
197 *Ibid.*
198 Lettre de Jules Supervielle à Valery Larbaud du 21 mai 1926, *Choix de lettres*, éd. citée, p. 516.
199 *Ibid.*

prises par Bigua, seul dans sa cabine, devront être précisées et mieux rattachées à l'économie de l'intrigue. L'ouvrage paraît chez Gallimard en novembre, et donne lieu à des comptes rendus de Van der Cammen, dans *Sept Arts*, de Buenzod dans la *Revue de Genève*, ou encore de Frateili dans *Resto del Carlino*. Étiemble notera que si « rien ne nous éloigne mieux du roman à la française », *Le Voleur d'enfants* reste un « roman » dans la mesure où « Supervielle y projette les personnages qu'il se refuse. Tous ces hommes purs et blessés qui composent des livres blessants et durs, comment ne déchiffreraient-ils pas en Supervielle romancier une façon d'esprit fraternel, en Bigua ce colonel-voleur-d'enfants, le père et le grand-père comblés[200] ? » Jean-Richard Bloch, écrivain et l'un des principaux animateurs d'*Europe*, adresse à Supervielle une lettre élogieuse, soulignant la capacité de l'écrivain à allier l'attention au réel et le lyrisme :

> L'art d'être à la fois intérieur et extérieur, mental et accessible, difficile et facile, je crois que vous êtes en train de le découvrir. Jamais vous ne cessez d'être vous-même, c'est-à-dire un lyrique[201].

Le 27 novembre, Supervielle et Pilar sont invités à dîner chez Alfonso Reyes, en compagnie de Jules Romains et de son épouse, et de Benjamin Crémieux et de la sienne[202].

À la fin de l'année, en compagnie de Michaux, Supervielle se rend à Saint-Jean-Pied-de-Port et à Oloron-Sainte-Marie, qui est à la fois le berceau de sa famille – ses grands-parents et son père y sont nés – et le lieu où sont enterrés ses parents, qui y ont trouvé la mort. Si ce pèlerinage à Oloron-Sainte-Marie ne sera pas mentionné dans les écrits de Michaux – peut-être, selon Jean-Pierre Martin, en raison de son rapport au passé, « insupportable et angoissant », à lui « le fils encombré d'ascendance[203] » –, il se trouvera relaté par Supervielle, en 1933, dans *Boire à la source*, confidences auxquelles l'écrivain associe Michaux dans un « nous » qui ponctue le récit. Supervielle évoque leur visite à Marie

---

200 René Étiemble, *Supervielle*, éd. citée, p. 71.
201 Lettre de Jean-Richard Bloch à Jules Supervielle du 31 janvier 1927, citée par Michel Collot, « Supervielle l'Européen », *Sujet, monde et langage dans la poésie moderne. De Baudelaire à Ponge*, éd. citée, p. 176-177.
202 Paulette Patout, « L'Amitié de Jules Supervielle pour don Alfonso Reyes », *Littératures*, *op. cit.*, p. 81.
203 Jean-Pierre Martin, *Henri Michaux*, éd. citée, p. 117.

Eyheralde, leur excursion à Aradoy, ancienne capitale de Basse-Navarre, les promenades dans Oloron, et le pèlerinage au cimetière, qui domine le paysage, où il découvre le nom de ses parents gravé dans la pierre tombale. Comme le rapporte Ricardo Paseyro, « il avait toujours reporté ce voyage, faute de se sentir assez fort psychologiquement[204]. »

De fait, l'écrivain est devenu orphelin très jeune, à huit mois. Ses parents, Jules Supervielle, béarnais, né à Oloron-Sainte-Marie, et Marie Munyo, originaire du pays basque et née à Montevideo, vivaient dans cette ville, où le frère de Jules, Bernard, avait fondé la banque Supervielle. L'écrivain est né à Montevideo le 16 janvier 1884 : il évoquera cette naissance, associée à celle du jour et de l'univers, dans le poème de *Gravitations* qui porte le nom de la capitale uruguayenne. Or, en août 1884, pour la première fois, Supervielle traverse l'Atlantique : ses parents, accompagnés de son oncle Bernard et de sa tante Marie-Anne, se rendent en France pour rendre visite à leurs familles. Il s'agit de faire leur « Tour de France », selon l'expression employée au Pays Basque[205]. De grandes fêtes de famille ont lieu à Oloron, des promenades en voiture sont effectuées à Saint-Christau et du côté des Pyrénées. La grand-mère de Supervielle rentre à Saint-Jean : elle avait fait, depuis Saint-Palais, le trajet en voiture, la ligne de chemin de fer n'existant pas encore. Le lendemain, elle reçoit un télégramme : sa fille, malade, lui demande de venir la soigner. Elle arrive le lendemain martin à Oloron-Sainte-Marie : Marie vient de mourir, sans doute empoisonnée par l'eau d'un robinet vert-de-grisé à Saint-Christau, près de l'hôtel du Mogol, ou victime du choléra, dont quelques cas avaient été signalés à Marseille, où Supervielle et les siens avaient débarqué. Au retour du cimetière, Jules, le père de Supervielle, le seul avoir bu, comme son épouse, l'eau du robinet proche de l'hôtel, doit s'aliter : il meurt à son tour le samedi suivant. Il restera à l'écrivain de son père une montre, de sa mère des bijoux : entre les disparus et lui demeure l'objet, « cette chose qui *est* encore[206] », témoignant de l'attention portée au monde sensible, au vœu de s'en saisir et de se saisir aussi, dans une perspective existentielle. En 1926, Supervielle reviendra dans la maison où sont morts ses parents, accompagné de sa tante Ferdinand ; mais dans la chambre, tout aura

---

204 Ricardo Paseyro, « Chronologie supervilienne », *La Nouvelle Revue de Paris, op. cit.*, p. 23.
205 Jules Supervielle, *Boire à la source, Confidences*, éd. citée, p. 16.
206 *Ibid.*, p. 29.

changé, et il ne pensera qu'à s'éloigner. Ce ne sera pas encore le lieu où se retissera le lien avec ceux qu'il avait perdus.

Au moment de leur décès, Supervielle, âgé de huit mois, est d'abord confié pendant deux ans à sa grand-mère maternelle, qui l'élève à Saint-Jean-Pied de Port avec l'aide de l'institutrice Marie Eyheralde[207]. Lors de son voyage de novembre 1926, Supervielle la retrouve. Installé, avec Michaux, dans le petit salon de l'ancienne institutrice, il l'interroge sur sa première venue chez elle. « D'une voix vive et naturelle qui se refuse à ajouter la moindre émotion à celle que les faits peuvent faire naître en [lui][208] », Marie Eyherahlde lui raconte son arrivée, en octobre 1884 : le petit enfant habitait dans l'autre moitié de sa maison, avec sa grand-mère et l'époux de celle-ci. Aimé, choyé, il était bercé par la brune et jolie Joséphine, une jeune bonne venue d'Argentine. Il était également très gâté par sa grand-mère, ce qui inquiétait un peu l'oncle Bernard, qui avait promis à son frère d'élever l'enfant. Lorsque celui-ci fut âgé de deux ans, Bernard revint le chercher, pour le ramener à Montevideo. L'oncle et sa femme Marie-Anne – née Munyo, sœur de Marie, la mère de Supervielle – l'élevèrent alors comme leur fils, en compagnie de leurs propres enfants : le « cousin-frère » Louis, de trois ans plus âgé que Jules, la « cousine-sœur » Anita, ainsi que trois autres filles, Agueda, Blanca et Violette. À l'âge de cinq ans, l'enfant, à l'occasion d'un séjour en France, retrouva Marie Eyheralde. Au bout de quelque temps, il exprimait son souhait de rester avec l'institutrice, qu'il appelait « Marie de France » ; mais il finit par repartir à Montevideo, « tout heureux ». Ce n'est qu'en 1893 qu'il apprit, par hasard, qu'il n'était pas le fils de Bernard et de Marie-Anne[209].

1927

En février 1927, Supervielle se rend à Marseille, et travaille à un nouveau roman, qui fera suite au *Voleur d'enfants* : *Le Survivant*[210] paraîtra aux Éditions de *La N.R.F.* à l'automne 1928. La ville, par son animation, sa vitalité, enthousiasme l'écrivain : il louera, dans le poème « Les Mâts dans la rue », donné dans le numéro spécial des *Cahiers du Sud* de décembre 1928 consacré

---
207 *Ibid.*, p. 16-18.
208 *Ibid.*, p. 15.
209 Michel Collot, « Chronologie », *in* Jules Supervielle, *Œuvres poétiques complètes*, éd. citée, p. XLVI-XLVII et Jules Supervielle, *Boire à la source, Confidences*, éd. citée, p. 15-19.
210 Jules Supervielle, *Le Survivant*, Paris, Éditions de *La N.R.F.*, 1928.

à la ville, « Marseille sortie de la mer », ce « beau rendez-vous des vivants qui crient leurs noms et lèvent le bras comme pour se disputer le ciel », « les cafés [qui] enfantent sur le trottoir des hommes du temps présent et des femmes aux yeux de phosphore[211] ». De fait, le vieux port est alors en pleine expansion et constitue l'un des principaux lieux de rencontre des collaborateurs des *Cahiers du Sud*. À l'occasion de ce séjour marseillais se nouent les relations entre Supervielle et l'équipe des *Cahiers*, dirigés par Jean Ballard. La correspondance de Ballard et de Supervielle, conservée à la Bibliothèque de Marseille, atteste la fécondité de leurs relations : comme le rapporte Alain Paire, Supervielle, qui connaît bien l'équipe des *Cahiers du Sud* et fréquente Le Rideau Gris, s'adresse régulièrement à Ballard pour des demandes en faveur de ses amis, des recommandations de jeunes écrivains ou des traductions. En 1930, Supervielle, avec Bounoure, propose un choix de poèmes de Georges Schehadé à Ballard, qui ne retiendra cependant pas ces textes pour sa revue[212]. Le 22 mars 1931, Supervielle écrit à Ballard au sujet de Michaux – que Supervielle a vraisemblablement introduit dans le cercle des *Cahiers du Sud*, en juin 1926, à l'occasion du numéro 80 de la revue[213] – et de Gangotena :

> Vous avez dû recevoir le poème de Gangotena. Michaux m'a promis de vous envoyer aussi quelque chose bientôt[214].

Le 5 juillet de la même année, Supervielle soumet encore aux *Cahiers* sa traduction des poèmes d'Aldo Capasso, acceptée par Ballard et publiée dans le numéro de décembre de la revue.

De son côté, Ballard, afin de faire rayonner sa revue, questionne Supervielle sur la possibilité d'une diffusion des *Cahiers du Sud* en Amérique du Sud, ou lui demande d'intervenir auprès d'éditeurs parisiens, comme Gallimard et Fourcade, afin de permettre la parution du recueil posthume d'André Gaillard[215]. De fait, Supervielle entretient des rapports cordiaux avec l'éditeur Gaston Gallimard : ils se reçoivent mutuellement, et la première femme de Gallimard, Yvonne, amènera de

---
211 Jules Supervielle, « Les Mâts dans la rue », *Les Cahiers du Sud*, n° 107, décembre 1928, p. 69, repris sous le titre « Marseille », *Débarcadères*, éd. citée.
212 Alain Paire, *Chronique des Cahiers du Sud*, éd. citée, p. 222.
213 Alain Paire, *Chronique des Cahiers du Sud*, Paris, IMEC, 1993, p. 122.
214 Lettre de Jules Supervielle à Jean Ballard du 22 mars 1931 citée par Alain Paire, *ibid.*, p. 184.
215 *Ibid.*, p. 183.

temps en temps au cirque Anne-Marie, la fille cadette de l'écrivain[216]. Quant à Jean Ballard, il s'adresse encore à Supervielle pour qu'il explique à Michaux qu'il souhaite, pour la revue, des « notations de voyage » :

> J'aimerais cette fois-ci qu'il détendît un peu sa forme à notre intention et nous donne un récit savoureux comme il en sait faire[217].

Cependant, l'intervention de Supervielle restera vaine : ce sont des fragments de *La Nuit remue* qui seront finalement publiés dans la revue en août 1933. Ballard demande encore à Supervielle des poèmes, que l'écrivain réserve cependant souvent pour *La N.R.F.* Ainsi, le 25 août 1932, il répond à Ballard que « Paulhan vient de faire une rafle de mes poèmes et je n'ai plus rien[218]... » Ballard s'irritera de cette place prépondérante prise par Paulhan et par *La N.R.F.* aux dépens des *Cahiers du Sud*, ainsi qu'il l'écrira à Jean Carrive en 1938 :

> [...] il y a comme cela quelques noms autour desquels règne une certaine jalousie, sur lesquels la Maison de la rue de Beaune a l'air de vouloir faire peser une exclusivité : Jouhandeau, Supervielle, Faulkner, Kafka. Évidemment les maîtres noms de leur ménagerie, les fauves authentiques naturellement[219].

Lors de son séjour à Marseille, Supervielle devient également l'ami d'un autre collaborateur des *Cahiers du Sud*, André Gaillard, auquel il dédiera le poème « Derrière le silence » dans *Le Forçat innocent*. Gaillard, poète refusant comme Supervielle l'obscurité gratuite, et cherchant à humaniser le surréalisme, est à la fois « un homme de culture et de sensibilité[220] », grand connaisseur d'art moderne et de littérature allemande ; Supervielle l'avait en particulier invité à faire traduire Rainer Maria Rilke[221]. Sa mort, le 17 décembre 1929, laissera Supervielle « atterré[222] ». Il écrit à Jean Ballard le 22 décembre :

---

216 Ricardo Paseyro, *Jules Supervielle, Le Forçat volontaire*, éd. citée, p. 164.
217 Lettre de Jean Ballard à Jules Supervielle du 12 novembre 1932 citée par Alain Paire, *Chronique des Cahiers du Sud*, éd. citée, p. 183.
218 Lettre de Jules Supervielle à Jean Ballard du 25 août 1932 citée par Alain Paire, *ibid.*
219 Lettre de Jean Ballard à Jean Carrive du 18 janvier 1938 citée par Alain Paire, *ibid.*, p. 185.
220 *Ibid.*, p. 103.
221 *Ibid.*, p. 104.
222 Lettre de Jules Supervielle à Jean Paulhan du 17 décembre 1929, *Choix de lettres*, éd. citée, p. 61.

> J'ai appris par Georgette Camille la mort de notre cher André Gaillard. Je ne peux pas me faire à cette affreuse idée et il me semble qu'on va toujours m'annoncer que c'est une fausse nouvelle. Hélas, ce n'est que trop tristement vrai. Comment se faire à ça ? Bien que je n'eusse pas vu André ces derniers temps, il n'était presque pas de jours, je vous assure, où je ne pensais à lui. Le savoir là-bas, à Marseille, était rassurant pour la poésie et pour l'amitié. Quelle perte pour nous tous ! Je n'oublierai jamais les journées de Marseille passées près de ce poète[223].

Comme il l'écrit encore à Larbaud[224], Supervielle gardera le souvenir d'un vrai poète et d'un grand amoureux, passionné, hanté par les femmes. Il attribue sa mort, due à une hémorragie cérébrale, aux excès prêchés par le surréalisme[225]. À sa mémoire, il écrira plusieurs textes, « André Gaillard[226] » et « À André Gaillard pour l'anniversaire de sa mort[227] ».

De retour de Marseille, Supervielle retrouve Hugnet, avec lequel il évoque un autre jeune écrivain dont il est proche, Julien Lanoë. Originaire de Nantes, celui-ci est l'animateur de la revue *La Ligne de cœur*, qu'il a créée en 1925, et à laquelle participe Supervielle. Lanoë, qui collaborera activement à *La N.R.F.* à partir de 1928, devient aussi l'ami de Jean Cocteau, Jacques Maritain, Max Jacob ou Pierre Reverdy. Surtout, Paulhan est l'ami commun de Supervielle et Lanoë, ce qui contribue à leur rapprochement : en 1929, Supervielle assistera au mariage de Julien Lanoë avec Jacqueline Hamelin à l'église des Invalides à Paris, et rencontrera à cette occasion Maurice Fombeure.

Le 19 mars, un banquet est donné en l'honneur d'Alfonso Reyes : celui-ci, nommé ambassadeur du Mexique à Buenos Aires, va en effet quitter la France. Ses amis sont réunis à cette occasion : diplomates, écrivains, hommes politiques, artistes de Montparnasse sont présents, de même que Supervielle. Au moment des discours, Reyes s'adresse à lui avec une émotion particulière :

---

223 Lettre de Jules Supervielle à Jean Ballard citée par Alain Paire, *Chronique des Cahiers du Sud*, éd. citée, p. 135.
224 Lettre de Jules Supervielle à Valery Larbaud du 29 mai 1930, *Choix de lettres*, éd. citée, p. 537.
225 Lettre de Jules Supervielle à Valery Larbaud du 29 mars 1930, *ibid.*, p. 537.
226 Jules Supervielle, « André Gaillard », *La N.R.F.*, n° 197, 1ᵉʳ février 1930.
227 Jules Supervielle, « À André Gaillard pour l'anniversaire de sa mort », *Les Cahiers du Sud*, décembre 1938.

> Mon cher Supervielle, poète à qui je dois des instants uniques, poète puissant dont la force est si simple et si fluide – de l'eau qui coule, du sang qui circule aisément – ; ami affectueux et magnanime qui va se rappeler, je le sais, des instants que nous avons passé ensemble à lire et à commenter nos propres vers – épreuve qui, certainement, dépasse la résistance d'une amitié qui ne serait pas profonde, d'une sympathie qui ne serait que médiocre[228].

En mai 1927 se noue également la relation avec celui que Supervielle considère comme « l'un de [s]es meilleurs amis[229] » : Marcel Arland, animateur de revues, grand lecteur, éditeur et écrivain, notamment de nouvelles. Né en 1899, Arland est plus jeune d'une quinzaine d'années que Supervielle et Paulhan ; en particulier, il n'a pas combattu pendant la Première Guerre mondiale, même si cette expérience l'a profondément ébranlé. Après des études de lettres à la Sorbonne, qui le laissent déçu, Arland, par l'intermédiaire de Jacques Rivière, est entré en 1922 à *La N.R.F.*, qu'il lisait dès avant 1914. Il rencontre pendant la même période André Malraux, qui sera l'un de ses amis proches, et Jean Paulhan, dont il devient l'adjoint en 1925, lorsque Paulhan prend la tête de la revue[230]. Son tempérament est bien distinct de celui de Paulhan : s'il se montre chaleureux dans l'intimité de ses proches, en public, il apparaît souvent irascible, voire sauvage. François Nourrissier rapporte qu'« il était d'un abord rugueux, d'une délicatesse maladive, toujours écorché, toujours souffrant, engloutissant des multitudes de médicaments, ombrageux, rétif, méfiant[231]. » La situation d'Arland et de Paulhan à *La N.R.F.* est significative :

> Dans le bureau qu'il occupait avec J. Paulhan à *La N.R.F.*, R. Judrin l'a plusieurs fois vu seul à sa table, pendant que Paulhan était très entouré. Facétieux, plaisant, Paulhan avait toujours des petits cadeaux, des livres pour ses visiteurs. Sa mine avenante resserrait le cercle autour de lui, tandis qu'Arland, blessé, fait mine de s'absorber dans des corrections d'épreuves[232].

---

228 Discours publié dans *La Revue de l'Amérique latine*, Paris, 1ᵉʳ mai 1927, cité par Paulette Patout, « L'Amitié de Jules Supervielle pour don Alfonso Reyes », *Littératures, op. cit.*, p. 81.
229 Lettre de Jules Supervielle à Tatiana W. Greene du 23 décembre 1954, citée par Tatiana W. Greene, *Jules Supervielle*, Genève, Droz, Paris, Minard, 1958, p. 415.
230 Martyn Cornick, « Marcel Arland à *La Nouvelle Revue Française* entre les deux guerres », in *Marcel Arland ou la grâce d'écrire*, sous la direction de Bernard Alluin et Yves Baudelle, avec la collaboration de Paul Renard, Éditions Universitaires de Dijon, 2004, 139-142.
231 Cité par Jean-Jacques Didier, « La sincérité et ses limites », *ibid.*, p. 40.
232 *Ibid.*

Arland se fait connaître en 1924 par son important article, « Sur un nouveau mal du siècle[233] ». Il évoque le début de ses liens avec Supervielle dans *Proche du silence* :

> Il me semble qu'à nos premières rencontres il y eut entre nous un peu de gêne, mettons un peu d'embarras : non qu'il vînt d'humeurs opposées, plutôt d'une alliance pressentie et qui n'osait encore se fait jour. Mais l'heure venue, que c'était simple d'aimer – et de le montrer avant qu'il ne fût trop tard[234]...

Supervielle, dès le début de leurs relations, témoigne à Arland son admiration : il le remercie pour l'envoi d'*Âmes en peine*[235], puis lira avec beaucoup d'intérêt le roman *L'Ordre*[236], qui vaudra à Arland le prix Goncourt en 1929, et l'ensemble des ouvrages publiés par son ami. La reconnaissance est réciproque, Arland consacrant une place importante à Supervielle dans son *Anthologie de la poésie française*[237] en 1941 : dans ce tableau de cent-dix-huit poètes, allant de la *Chanson de Roland* à Patrice de La Tour du Pin, trois ouvrages de Supervielle se trouvent représentés, *Oloron-Sainte-Marie* – « Le faon » –, *Le Forçat innocent* – « Saisir » – et *La Fable du monde* – « Dieu fait l'homme ». Après la Seconde Guerre mondiale, leur amitié s'approfondira encore : Arland, devenu co-directeur de *La N.N.R.F.*, se trouvera très souvent associé à Paulhan dans les lettres adressées par Supervielle à l'un et à l'autre. Arland dédiera à Supervielle, en 1947, *Il faut de tout pour faire un monde*[238] ; Supervielle, quant à lui, dédiera à Arland le recueil *Oublieuse mémoire*[239] en 1949. En 1954, Arland organisera avec Paulhan le numéro hommage de *La N.N.R.F.* dédié à Supervielle[240] ; après la mort de l'écrivain, en 1966, il rédigera la préface de *Gravitations* lors de la publication de l'ouvrage dans la collection « Poésie » de Gallimard[241]. Le tutoiement est apparu dans la correspondance en 1952 : il constitue une étape symbolique dans l'amitié qui unit Supervielle et Arland. De fait, celui-ci s'en souviendra,

---

233   Marcel Arland, « Sur un nouveau mal du siècle », *La N.R.F.*, n° 125, février 1924.
234   Marcel Arland, *Proche du silence*, Paris, Gallimard, 1973, p. 62.
235   Marcel Arland, *Les Âmes en peine*, Paris, Gallimard, 1927.
236   Marcel Arland, *L'Ordre*, Paris, Gallimard, 1929.
237   Marcel Arland, *Anthologie de la poésie française*, Paris, Stock, 1941.
238   Marcel Arland, *Il faut de tout pour faire un monde*, Paris, Gallimard, 1947.
239   Jules Supervielle, *Oublieuse mémoire*, éd. citée.
240   « Hommage à Jules Supervielle », *La N.N.R.F.*, n° 20, août 1954.
241   Jules Supervielle, *Gravitations*, préface de Marcel Arland, éd. citée.

en 1963, dans *La Nuit et les sources*[242], où il s'adresse de manière posthume à Supervielle, mort en 1960 :

> Et dix ou quinze ans depuis la lettre où tu me proposas de nous dire *tu*, signant : *ton Julio* ; mais nous avons mêlé d'abord les *tu* et les *vous*[243].

Cette marque de proximité sera associée parfois à l'aigreur, lorsque Supervielle, en 1954, se trouvera insuffisamment mis à l'honneur du numéro de janvier de *La N.N.R.F.* qui donnera ses « Poèmes[244] » — mais la brouille, comme dans les mésententes de Supervielle et Paulhan, sera passagère.

Pendant l'été, Supervielle envisage de quitter l'appartement du 47, boulevard Lannes, dont il est locataire : les lieux lui semblent trop exigus pour sa famille nombreuse — il a alors cinq enfants, la famille devant encore s'agrandir en février 1929, avec la naissance d'Anne-Marie — et Pilar, son épouse, souhaite devenir propriétaire. Supervielle caresse le projet d'acquérir la villa Montmorency, dite des Sycomores, que Gide a fait construire à Auteuil. Mais sa fortune se trouve à Montevideo, et il faudrait vendre une *estancia* pour financer le projet. Or, Louis, le cousin avec lequel Supervielle a été élevé, administrateur de ses biens, ne répond pas assez vite : Supervielle doit renoncer à son « beau rêve », et écrit à Gide, le 3 juillet, une lettre d'excuses[245].

Dans la suite du mois de juillet, Supervielle effectue un nouveau séjour à Marseille, à l'occasion de la parution, aux éditions des *Cahiers du Sud*, d'*Oloron-Sainte-Marie* : Supervielle fait le choix de ces éditions car Gaston Gallimard n'a pas pu faire une place assez rapidement à la plaquette dans la collection « Une œuvre, un portrait[246] ». La nouvelle collection des *Cahiers du Sud*, intitulée « Poètes », comprendra un ensemble de dix ouvrages de qualité, à faible coût. Si la collection ne rencontrera pas le succès sur le plan commercial, l'ouvrage de Supervielle fera cependant partie des trois titres dont le tirage sera déclaré épuisé, avec *Libre Échange* de Marcel Sauvage et *Le Fond du Cœur* d'André Gaillard[247]. Précédé d'un portrait de Supervielle

---

242 Marcel Arland, *La Nuit et les sources*, Paris, Grasset, 1963.
243 *Ibid.*, p. 9.
244 Jules Supervielle, « Poèmes », *La N.N.R.F.*, n° 13, janvier 1954.
245 Lettre de Jules Supervielle à André Gide du 3 juillet 1927, voir *infra*.
246 Jules Supervielle, *Œuvres poétiques complètes*, éd. citée, p. 769.
247 Alain Paire, *Chronique des Cahiers du Sud*, éd. citée, p. 123 et p. 176.

par André Lhote, *Oloron-Sainte-Marie* se compose de vingt-six poèmes, placés sous le signe du poème liminaire, qui donne son titre au recueil. Ce texte, reprenant le nom de la ville des ancêtres de l'écrivain, a été composé à l'occasion du pèlerinage effectué en compagnie de Michaux en novembre 1926, pèlerinage narré dans *Boire à la source*, avec « plus de détail, d'humour et de pittoresque[248] ». L'écriture s'affronte, comme souvent, au rapport difficile avec les morts : ici, la recherche des ancêtres est liée en profondeur à une quête d'identité. Structuré par « le mouvement descendant du gave et l'ascension du poète au clocher de l'église », l'oscillation entre « le minéral immobile et l'eau courante », la mort et la vie, le poème aboutit à « l'affirmation d'un désir de vivre[249] ». Cette oscillation se retrouve dans l'ensemble du recueil, dédié à la mémoire de Rilke : la mort de celui-ci, le 26 décembre 1926, a profondément touché Supervielle, d'autant que l'écrivain autrichien, cinq jours auparavant, lui avait adressé une lettre poignante, où il célébrait l'instant de grâce que lui avaient offert, dans la douleur de la maladie, la lecture d'un ouvrage de Supervielle, et le lien retrouvé, un moment, avec celui-ci et avec le monde[250]. La réception d'*Oloron-Sainte-Marie* est largement favorable, comme le montrent les comptes rendus de Paul Jamati dans *Le Mail*[251], d'Emmanuel Buenzod dans la *Revue de Genève*[252], ou de Félix Bertaux – le père du futur gendre de Supervielle – dans *La N.R.F.*[253]

En septembre, Supervielle se rend pour la première fois à Port-Cros, l'une des îles d'Hyères. Il séjourne dans le Fort François Ier, une construction datant de l'époque de Vauban, proche du Fort de la Vigie, situé au sommet de l'île, où loge Paulhan. L'île – surnommée « l'île de *La N.R.F.* » – appartient à Marcel et Marceline Henry ; découverte par Paulhan en 1926, elle verra revenir à de nombreuses reprises les deux amis jusqu'à la Seconde Guerre mondiale. Comme le rapporte Ricardo Paseyro, « Supervielle adora Port-Cros[254] ». Désormais, jusqu'en 1939, l'écrivain s'y rendra l'été, mais aussi à Pâques ou en automne, pour trouver le repos dans ce parc naturel, presque sauvage. Son attachement

---

[248] Jules Supervielle, *Œuvres poétiques complètes*, éd. citée, p. 770.
[249] *Ibid.*
[250] Lettre de Rainer Maria Rilke à Jules Supervielle du 21 décembre 1926, voir *infra* et Rainer Maria Rilke, *Œuvres. Correspondance* – T3, Rainer Maria Rilke, © Éditions du Seuil, 1976 pour l'édition française.
[251] Paul Jamati, *Le Mail*, n° 4, mars 1928.
[252] Emmanuel Buenzod, *Revue de Genève*, novembre 1927.
[253] Félix Bertaux, *La N.R.F.*, n° 171, 1er décembre 1927.
[254] Ricardo Paseyro, *Jules Supervielle, Le Forçat volontaire*, éd. citée, p. 137.

pour l'île sera sensible dans sa participation à l'aménagement des lieux, organisé en 1928 par Paulhan avec l'accord des propriétaires :

> Pour la Vigie, nous avons fixé les parts à 3000 frs. (Les réparations commencent ; et nous avons déjà acheté – et expédié – un peu plus de 9000 frs de meubles, vaisselle, linge, etc. Nous sommes quatre, jusqu'à présent : Schlumberger, Supervielle, Gaston Gallimard et moi.)
> L'âne ne coûte que 250 frs. Mais il faut prévoir encore 6 à 8000 frs de frais[255].

Le Fort François Ier accueillera Michaux, Jouhandeau, Max Jacob, Gide, Lhote, Georges Rouault, Francisco Borès, Gangotena, André Gaillard, André Roussin, Louis Ducreux, Léon-Gabriel Gros ou Maurice Jaubert. Dans plusieurs ouvrages, Marcel Arland évoquera avec nostalgie les séjours à Port-Cros. Dans *Proche du silence*, il consacre un chapitre, dédié à Paulhan, à « Ce que fut la Vigie », et offre un portrait de Supervielle :

> À la pointe de la baie, sur un éperon, c'est le fort où Jules Supervielle a coutume de passer l'été, avec sa femme et ses filles. Le bon « Julio » aux longs bras, au long corps, aux longues jambes, dont il ne sait que faire ; ses yeux parfois lointains, son cœur toujours présent, sa discrétion, sa fine et malicieuse ingénuité, ses mains qui modèlent sa parole, les dons qu'il a reçus et sans doute l'anxieux malaise de ces dons, et les épreuves, mais la grâce des métamorphoses[256].

Dans *La Nuit et les sources*, Arland, s'adressant à son ami défunt, revient à nouveau sur les « premières rencontres dans ce fort, sur la baie de Port-Cros, où vous passiez l'été entre votre femme, vos filles, vos fils, quelques jeunes gens venus d'Espagne ou d'Uruguay[257] ». Il se remémore encore les séjours à Port-Cros avec Supervielle dans la préface de *Gravitations* qu'il publie en 1966 :

> Je me souviens de nos rencontres, des jours et des lieux, de nos étés de Port-Cros, de sa démarche, des mots échangés ou des silences, d'un sourire ; mais il n'est rien qui m'ait plus fidèlement accompagné que sa voix, les modulations de ce chant qu'il a porté, qui survit dans son œuvre et qui nous le restitue[258].

---

255 Lettre de Jean Paulhan à Guillaume de Tarde de 1928, datée « Mercredi », *Choix de lettres*, tome I, 1917-1936, *La Littérature est une fête*, Gallimard, 1986, p. 158-159.
256 Marcel Arland, *Proche du silence*, éd. citée, p. 61-62.
257 Marcel Arland, *La Nuit et les sources*, éd. citée, p. 9.
258 Marcel Arland, préface de *Gravitations*, éd. citée, p. 7.

Pendant ce premier séjour, Supervielle lit notamment le recueil d'Adrienne Monnier, *Les Vertus*[259], qui lui inspire une « sourde, profonde rêverie[260] », et continue à travailler aux poèmes qui composeront la plaquette *Saisir*. La fin du mois de Septembre se déroule dans le Var, à Sainte-Maxime-sur-Mer, où Supervielle loge à la Villa Marinette. Il retrouve Jean Paulhan, qui passe alors une journée à Port-Cros, pour effectuer avec son ami le voyage du retour à Paris, le 2 octobre[261].

Le 8 octobre meurt à Paris Ricardo Güiraldes, atteint d'un cancer, à quarante-et-un ans. Supervielle est très touché : même s'il ne connaît Güiraldes que depuis peu, celui-ci était devenu un ami proche, comme le révèle la lettre que l'écrivain argentin lui avait adressée le 5 juillet : « que cela paraît loin ! », s'exclamait-il au sujet de leur première rencontre, « ne vous connais-je pas au moins d'une vie antérieure[262] ? » Supervielle se rend auprès d'Adelina del Carril, sa veuve, et assiste aux obsèques de son ami ; Crémieux, Miomandre, Romains, Jean Prévost, Marcelle Auclair, Adrienne Monnier, Michaux et Gangotena sont aussi présents. « La cérémonie, la messe chantée, ont été très émouvantes », écrit Supervielle à Larbaud, « un silence absolu et vraiment très touchant dans l'assistance[263]. » À la mémoire de son ami, Supervielle écrira un article dans *Europe*, « Salut à un poète[264] », ainsi que le poème « À Ricardo Güiraldes[265] », recueilli dans *Les Amis inconnus*. Ce texte file la métaphore astrale qu'avait employée Güiraldes, pour préciser son idée de la poésie, dans sa dernière lettre à Supervielle :

> Me permettez-vous de vous dire que je flotte dans une atmosphère astrale, en donnant à ce mot à la fois son sens scientifique et son sens théosophique ? La fraîcheur que je sens aux yeux pénètre mon âme et je vais à la dérive

---

259 Adrienne Monnier, *Les Vertus. Poèmes*, Paris, La Maison des Amis des Livres, 1926.
260 Lettre de Jules Supervielle à Adrienne Monnier du 30 septembre 1926, voir *infra*.
261 Lettre de Jules Supervielle à Jean Paulhan datée « Mardi », de fin septembre 1927, *Choix de lettres*, p. 37-38.
262 Lettre en espagnol de Ricardo Güiraldes à Jules Supervielle du 5 juillet 1925, *Obras completas*, p. 765, traduite par Sylvia Molloy, *La Diffusion de la littérature hispano-américaine en France au XXe siècle*, éd. citée, p. 125.
263 Lettre de Jules Supervielle à Valery Larbaud du 11 octobre 1927, *Choix de lettres*, éd. citée, p. 522.
264 Jules Supervielle, « Salut à un poète », *Europe*, n° 59, novembre 1927, p. 357.
265 Jules Supervielle, « À Ricardo Güiraldes », *Les Cahiers du Sud*, n° 132, juillet 1931, p. 321-322, avec en note la précision suivante : « poème lu à l'université de Montevideo en juin 1930, lors d'un hommage au poète argentin ». Ce poème, qui sert également de préface à la traduction française du roman de Güiraldes, *Don Segundo Sombra* (Paris, Gallimard, 1932), est recueilli dans *Les Amis inconnus* (Paris, Gallimard, 1934).

d'un grand mouvement-orbite, perdu, à cause de l'absence de soleil central, merveilleusement disloqué dans un rêve[266].

En octobre paraît également, dans *La Revue européenne*, la traduction que Supervielle a donnée d'« Amado Nervo[267] », un poème de son ami Reyes : c'est avec l'aide de Larbaud, appartenant au comité de direction, que la publication a pu avoir lieu. Reyes appréciera vivement la traduction de Supervielle[268].

En décembre, Supervielle, qui a dû renoncer à un voyage à Alexandrie où il aurait retrouvé Georges Cattaüi, écrivain et diplomate français d'origine égyptienne, ressent à nouveau le besoin de voyager :

> Je ne sais encore où je vais diriger mes pas. Je pars. C'est entendu. Mais pour le Midi ? l'Allemagne ? ou dans une direction inconnue[269] ?

C'est finalement à Marseille qu'il se rendra : là-bas, Supervielle termine *Le Survivant*, et travaille à un texte sur l'Uruguay. Puis, la fin de l'année se déroulera à Port-Cros, en compagnie d'Arland, Paulhan et Gaillard.

1928

L'année 1928 est marquée par une activité intense, avec de multiples voyages et plusieurs publications. Paulhan s'inquiète alors du silence de Supervielle, craignant un refroidissement de son ami ; mais celui-ci lui répond en ces termes :

> Je vous jure que depuis huit jours – et cela, bien que j'aie changé de ciel plusieurs fois en ce petit laps de temps – je me dis chaque matin : il faut absolument que j'écrive à Paulhan et je me traite de brute et vous voyez ça d'ici. Pardonnez au voyageur et surtout à l'auteur d'« Uruguay » […] Soyez sûr, je vous en supplie, que je ne suis, que je n'ai jamais été fâché « même légèrement » contre vous[270].

---

266 Lettre en espagnol de Ricardo Güiraldes à Jules Supervielle du 15 janvier 1927, *Obras completas*, p. 796, traduite par Sylvia Molloy, *La Diffusion de la littérature hispano-américaine en France au XXᵉ siècle*, éd. citée, p. 125.
267 Jules Supervielle, « Amado Nervo » d'Alfonso Reyes, *La Revue européenne*, n° 1ᵒ, décembre 1927, p. 372-374.
268 Paulette Patout, « L'Amitié de Jules Supervielle pour don Alfonso Reyes », *Littératures*, *op. cit.*, p. 84.
269 Lettre de Jules Supervielle à Alfredo Gangotena du 30 novembre 1927, *Sous le Figuier de Port-Cros*, éd. citée, p. 65.
270 Lettre de Jules Supervielle à Jean Paulhan du 8 mars 1928, *Choix de lettres*, éd. citée, p. 38-39.

En début d'année, Supervielle voit Julien Lanoë, auquel il donne des poèmes pour le dernier numéro de *La Ligne de cœur*[271], tout en travaillant également pour *La N.R.F.*, à un ensemble de textes qui paraîtront en juillet[272]. Il écrit aussi à Georges Hugnet, en s'excusant de ne pas avoir eu le temps de lui donner rendez-vous[273]. De fait, Supervielle prépare plusieurs déplacements.

Fin février, il se rend à Bruxelles, où la revue *La Lanterne sourde* consacre à son œuvre une présentation. En mars, il retrouve à Berlin le germaniste Pierre Bertaux, qui épousera Denise, sa fille aînée. Pierre Bertaux entame alors une brillante carrière universitaire : il vient d'être nommé, à vingt ans, lecteur de français à l'Université de Berlin. Là-bas, Supervielle fait la connaissance de Thomas Mann, qui est un ami de Bertaux, et fréquente Körner. Ce collaborateur de *La N.R.F.* traduit notamment de l'allemand, avec Pierre Bertaux et Supervielle, l'ouvrage de Kafka, *Bucéphale et autres récits*[274]. Supervielle admire les spectacles et les expositions, ainsi que le Zoo, où il découvre les fauves. Puis, Supervielle et Pierre Bertaux voyagent ensemble en Allemagne et en Europe centrale, se rendant à Breslau, Cracovie, Prague, Vienne, Nüremberg et Rothenburg. À Prague, il reçoit une lettre de Michaux, qui se trouve alors en Équateur, avec Gangotena : « il ne semble pas trop heureux de s'[y] trouver », constate Supervielle, qui affirme, en écho avec son propre voyage, que « c'est l'Europe qu'il faut découvrir[275] ». Pendant ce périple, Supervielle travaille à un texte qu'il a promis à la revue *Europe*, « Uruguay[276] », qui paraîtra en mars et en avril, et à des poèmes, dont certains seront inclus dans sa suite de poèmes pour *La N.R.F.*, « Saisir », en juillet, et d'autres dans *Le Forçat innocent*[277]. Ce travail ne va pas sans mal : « quel égocentrisme dans tout *Saisir* », déplore-t-il, « puissé-je écrire un jour un recueil où il ne sera pas du tout question de moi[278] ! »

---

271 Jules Supervielle, « Je cherche autour de moi plus d'ombre et de douceur », « Pour ce ciel encor vif de couleurs et de flèches », *La Ligne de cœur*, n° 12, 10 mars 1928, p. 13-14.
272 Jules Supervielle, « Saisir », *La N.R.F.*, n° 178, juillet 1928, p. 37-40.
273 Lettre de Jules Supervielle à Georges Hugnet du 17 février 1928, voir *infra*.
274 Franz Kafka, *Bucéphale et autres récits*, traduction de K. W. Körner, Pierre Bertaux et Jules Supervielle, *La N.R.F.*, n° 191, août 1929, p. 205-211.
275 Carte postale de Jules Supervielle à Jean Paulhan du 21 mars 1928, *Choix de lettres*, éd. citée, p. 41.
276 Jules Supervielle, « Uruguay », *Europe, op. cit.*
277 Lettre de Jules Supervielle à Jean Paulhan datée « 1928 », de fin mars-début avril 1928, *Choix de lettres*, éd. citée, p. 42.
278 *Ibid.*

À son retour en France, après un bref passage par Nantes, puis par Port-Cros en avril – sans Paulhan cette fois –, Supervielle, à Paris, fréquente Ramón Gómez de la Serna, Eugenio d'Ors, ou encore Alfonso Reyes. Malgré les problèmes de santé qui commencent à l'affaiblir, le faisant souffrir des nerfs et du cœur, il travaille avec ardeur, corrigeant les épreuves des textes qui composeront la plaquette *Saisir*, dont sont extraits les poèmes donnés à *La N.R.F.*, et commençant l'écriture de « Paraguay », le cinquième chapitre de *Boire à la source*, qui paraîtra en 1933. Les publications se multiplient : en juin, *La Revue hebdomadaire* donne l'importante nouvelle « L'Enfant de la haute mer[279] », considérée par Supervielle comme son « chef d'œuvre en prose[280] ». Le conte, développant le sujet d'un poème de *Gravitations*, « Le village sur les flots », évoque un village fantôme sous-marin, né de la pensée d'un marin qui se souvient, en mer, de son enfant défunte. L'on peut y voir, en abyme, une évocation du processus créateur lui-même, né de la perte et du deuil. Étiemble sera si sensible à ce conte qu'il en viendra à redouter cette puissance créatrice. Le critique évoquera sa première traversée de l'Atlantique, marquée par le souvenir du conte de Supervielle :

> Je croyais si dur à *L'Enfant de la haute mer*, si doucement, que, malgré ma défiance pour les histoires de revenants et de houbilles, je craignais en vérité de faire surgir quelque merveille du même ordre[281].

Malgré le travail qui est le sien, Supervielle n'oublie pas l'ami Gangotena : il œuvre à la publication, aux éditions de *La N.R.F.*, de son ouvrage *Orogénie*[282], qui rassemble un choix de poèmes publiés en revue et remaniés, ainsi que quelques pièces nouvelles. Dans cette perspective, Supervielle contacte Louis-Daniel Hirsch, le directeur commercial des éditions Gallimard, pour lui demander de veiller à ce que les envois du volume soient faits aux personnes désignées par Gangotena ; il demande à Paul Bar de se rendre à *La N.R.F.* au moment de la parution pour vérifier son bon déroulement, et fait même faire des cartes portant le nom et l'adresse de Gangotena, afin de les insérer dans

---

279 Jules Supervielle, « L'enfant de la haute mer », *La Revue hebdomadaire*, n° 24, 16 juin 1928, p. 279-289.
280 Interview du 2 juin 1955, *Les Nouvelles littéraires*, citée par Ricardo Paseyro, *Jules Supervielle, Le Forçat volontaire*, éd. citée, p. 147.
281 René Étiemble, *Jules Supervielle*, éd. citée, p. 53.
282 Alfredo Gangotena, *Orogénie*, Paris, Éditions de *La N.R.F.*, 1928.

les exemplaires[283]. À cette occasion se pose la question de la préface de l'ouvrage. La correspondance de Gangotena avec Max Jacob[284], un autre de ses amis proches, indique que Morhange avait suggéré que ce soit Jacob qui préface l'ouvrage. Mais Jacob refuse : c'est à Supervielle qu'il reviendrait de l'écrire, puisqu'il a le premier fait connaître Gangotena, ou à un écrivain de la génération du jeune homme, comme Jouhandeau ou Delteil. Jacob n'envisage d'écrire la préface que si Gangotena obtient que Supervielle lui-même lui en formule la demande. L'ouvrage paraîtra finalement sans préface ; il est cependant dédié à plusieurs écrivains, dont Supervielle et Jacob, touchés de cette marque de reconnaissance.

À l'automne, ce sont le roman *Le Survivant*[285], le recueil *Saisir*[286] et *Uruguay*[287] qui paraissent, aux éditions de *La N.R.F.* pour les deux premiers, chez Émile-Paul frères pour le troisième. *Le Survivant* fait suite au roman *Le Voleur d'enfants*, paru en 1923 : il présente les aventures du colonel Bigua, ayant survécu à la tentative de noyade qui fermait le roman précédent. Partageant le secret de cet événement avec sa femme, Desposoria, et sa mère, Misia Cayatena, Bigua part pour la pampa et, à la suite de nombreuses aventures, il finit par retrouver son épouse. Cet ouvrage, qui joue à la fois de la structure du roman d'apprentissage et de la tradition *gauchesca*, fait l'objet d'un compte rendu élogieux par Henri Pourrat dans *La N.R.F.*[288] Paulhan s'est investi dans la rédaction de l'article, demandant à Pourrat de le développer, d'inclure des citations, afin de donner « envie de lire » le roman de Supervielle[289]. L'écrivain est touché par ce texte, et dédiera à Pourrat le poème « Chant triste pour Jean Angeli » dans le recueil *Le Forçat innocent*, en 1930. La plaquette de poèmes *Saisir*, où Supervielle abandonne le verset pour un art plus classique et plus régulier, se structure en deux sections, « Saisir », la plus longue, et « Antipodes ». S'y confrontent le désir de « saisir », en

---

283 Lettre de Jules Supervielle à Alfredo Gangotena du 29 juin 1928, *Sous le Figuier de Port-Cros*, éd. citée, p. 67.
284 *Sous le Figuier de Port-Cros*, éd. citée.
285 Jules Supervielle, *Le Survivant*, éd. citée.
286 Jules Supervielle, *Saisir*, éd. citée.
287 Jules Supervielle, *Uruguay*, frontispice de Daragnès, collection « Ceinture du monde », Paris, Émile-Paul frères, 1928.
288 Henri Pourrat, « *Le Survivant*, par Jules Supervielle (Éditions de *La N.R.F.*) », *La N.R.F.*, n° 185, février 1929, p. 263-266.
289 Lettre de Jean Paulhan à Henri Pourrat du 19 décembre 1928, *Choix de lettres, I*, éd. citée, p. 153-154.

établissant un lien avec le monde et les autres, et un mouvement de refus, intérieur ou extérieur, qui lui fait obstacle[290]. La plaquette donne lieu à des éloges de Larbaud et d'Arland, et à un compte rendu positif de la part d'André Fontainas[291] ; mais celui de Jean Cassou, dans *Les Nouvelles littéraires*[292], laisse Supervielle insatisfait. De fait, Cassou met en rapport le motif minéral qui parcourt *Saisir* avec la problématique de l'incommunicabilité, montrant que « tout, visages, formes, gestes, distances, est aveugle et sourd, inaccessible, impitoyable, ne signifie rien, ne peut répondre[293]. » Or, Supervielle reproche à Cassou de n'avoir « pas vu l'humanité de ces poèmes », même lorsqu'il se « propose de devenir pierraille ou roche[294] ». Enfin, *Uruguay* sera repris, après avoir été remanié, dans *Boire à la source*, dont il constituera, en 1933, la deuxième section : ce récit, à l'écriture autobiographique, évoque dans huit chapitres l'enfance à Montevideo, à l'estancia, ainsi que des souvenirs de voyages plus récents.

Entre-temps, pendant l'été, Supervielle a séjourné à Marseille et à Port-Cros, où il retrouve Jean Paulhan : « Supervielle, après six jours passés à Marseille, est arrivé avant-hier », écrit Paulhan à Arland en juillet, « le voici déjà dans son fort[295]. » Durant ce séjour, ils œuvrent ensemble à embellir la Vigie : « hier, aux accents de l'hymne uruguayen chanté par Supervielle nous avons planté dans la cour [...] huit arbres-de-la-pampa, ou ombous », écrit Paulhan à Henri Pourrat le 27 août. Les amis s'amusent des frasques d'Olive, une petite guenon, qui « fait la connaissance du figuier » et « prétend que les figues sont déjà mûres[296]. » Leur amitié se renforce : « J'aime beaucoup Supervielle », conclut Paulhan dans sa lettre à Pourrat[297]. Pendant ces séjours studieux – Supervielle écrit des nouvelles et traduit le poème de García Lorca, « Le Martyre de sainte Eulalie » –, il reçoit la visite de Jérôme Tharaud, avec lequel il effectue une excursion en

---

290 Jules Supervielle, *Œuvres poétiques complètes*, éd. citée, p. 771-772.
291 André Fontainas, *Mercure de France*, 15 mars 1929.
292 Jean Cassou, *Les Nouvelles littéraires, artistiques et scientifiques*, n° 330, 9 février 1929.
293 *Ibid.*
294 Lettre de Jules Supervielle à Marcel Arland du 15 février 1929, voir *infra*.
295 Lettre de Jean Paulhan à Marcel Arland de juillet 1928, datée « dimanche », *Choix de lettres, I*, éd. citée, p. 141.
296 Lettre de Jules Supervielle à Jean Paulhan du 18 août 1928, *Choix de lettres*, éd. citée, p. 47.
297 Lettre de Jean Paulhan à Henri Pourrat du 27 août 1928, *Choix de lettres, I*, éd. citée, p. 144.

yacht jusqu'à la Vigie, ainsi que de Mathilde Pomès, de Pierre Bertaux et de son père Félix, de Jean et Annette Coutrot. Supervielle fait également la connaissance de Saint-John Perse. Celui-ci, début septembre, vient passer au fort « une journée fort agréable[298] », écrit Supervielle à Paulhan. Saint-John Perse gardera le souvenir de cette rencontre, qu'il évoquera, bien plus tard, dans la lettre à Supervielle du 29 juillet 1949[299], de même que Supervielle, mentionnant son « inoubliable apparition aux Îles d'or[300] ». Leur relation est fondée sur une estime réciproque. Du côté de Saint-John Perse, plusieurs éléments en témoignent. D'abord, son goût pour le poème « Cœur », que Supervielle lui lit à Port-Cros, où les deux écrivains se retrouvent plusieurs fois, fin septembre. Saint-John Perse apprécie ce texte au point qu'il voudrait le donner dans *Commerce*, mais Supervielle l'a déjà promis à Paulhan pour *La N.R.F.* Puis, Perse choisira de reproduire dans le volume de ses œuvres dans la Pléiade, avec quelques modifications, la lettre élogieuse qu'il adressera en 1949 à Supervielle. Celui-ci remerciera Saint-John Perse de l'envoi d'un exemplaire de l'édition bilingue d'*Exil*, dans la lettre du 23 mai 1949 :

> Vous avez fait pour le poème ce que Mallarmé obtenait pour son vers. Les mots y sont merveilleusement soudés les uns aux autres. Cadre strict et élastique – la poésie n'est-elle pas faite de ces apparentes contradictions – qui favorise et exalte la grandeur et la liberté et l'espace de vos images[301].

L'année suivante, Supervielle dédiera à Saint-John Perse le poème « Hommage », dans le cadre de la célébration du poète par les *Cahiers de la Pléiade*, texte que reprendra Supervielle sous le titre « À Saint-John Perse » dans *Le Corps tragique* en 1959[302]. Pour autant, une certaine distance perdurera entre les deux écrivains.

---

298 Lettre de Jules Supervielle à Jean Paulhan du 13 septembre 1928, *Choix de lettres*, éd. citée, p. 48.
299 Lettre de Saint-John Perse à Jules Supervielle du 29 juillet 1949, recueillie dans « Lettres d'exil », *Œuvres complètes*, Bibliothèque de la Pléiade, 1982, Paris, Gallimard, © Éditions Gallimard, p. 1021-1022.
300 Lettre de Jules Supervielle à Saint-John Perse citée dans *Jules Supervielle, poète intime et légendaire*, éd. citée, p. 85.
301 Lettre de Jules Supervielle à Saint-John Perse du 23 mai 1949, conservée à la Fondation Saint-John Perse, citée dans Jules Supervielle, *Œuvres poétiques complètes*, éd. citée, p. 1034-1035.
302 Jules Supervielle, « Hommage », *Les Cahiers de la Pléiade*, n° X, été-automne 1950, p. 34-35 ; repris avec quelques modifications sous le titre « À Saint-John Perse », *Le Corps tragique*, Paris, Gallimard, 1959.

Début octobre, Supervielle rentre à Paris : comme souvent, c'est le lieu où il n'est pas qui attire l'écrivain qui, de Port-Cros, vient d'écrire à Paulhan que « depuis deux ou trois jours [il] adore Paris[303] ». Pendant cette période, Supervielle est toujours partagé entre l'affirmation de préférences littéraires dans la conversation ou la correspondance amicale – « je ne comprends presque jamais les poèmes de Vitrac[304] », écrit-il à Paulhan – et le refus de manier le discours critique, lié au sentiment d'une incapacité. Frappé par la lecture du premier « Carnet du spectateur » de Paulhan[305], il tente de formuler les pensées que lui inspirent ce texte, tout en déplorant les difficultés qu'il rencontre, et il refuse une offre de Malraux, qui lui proposait de rédiger des critiques littéraires. En novembre, l'écrivain se rend trois jours à Vienne, où il admire les tableaux du Museum, les Brueghels, les Dürer, un Tintoret. De retour en France, il continue à travailler aux épreuves de *Saisir*, et à lire, avec ferveur, les textes de Paulhan : le deuxième et le troisième « Carnets du spectateur[306] ».

1929

En janvier 1929, Supervielle retrouve Michaux, rentré en France au terme de son voyage d'un an en Équateur : le « barbare » hésite alors sur la conduite à tenir, saisi par la mélancolie du retour. Supervielle lit avec grand intérêt des livres d'amis : l'ouvrage d'Hellens, *La Femme partagée*[307], qu'il projette de faire traduire en allemand par Pierre Bertaux ; celui de Larbaud, *Allen*[308] ; la traduction en français, par Pillement, d'*Espagne*, d'Azorín[309] ; et les extraits du roman qu'Arland publiera en décembre, *L'Ordre*[310]. Supervielle apprécie tout particulièrement cet ouvrage, qui recevra le prix Goncourt et l'amène à « beaucoup réfléchir sur le roman en général et sur celui d'aujourd'hui[311] ». Pour autant, d'autres textes le laissent indifférent : il goûte peu les poèmes de Ponge, adressés

---

303 Lettre de Jules Supervielle à Jean Paulhan du 26 septembre 1928, *Choix de lettres*, éd. citée, p. 50.
304 Lettre de Jules Supervielle à Jean Paulhan datée « Jeudi », de l'automne 1928, *ibid*.
305 Jean Paulhan, « Carnet du spectateur », *La N.R.F.*, n° 182, novembre 1928, p. 694-723.
306 Jean Paulhan, « Carnet du spectateur », *La N.R.F.*, n° 183, décembre 1928, p. 850-859 et *La N.R.F.*, n° 185, février 1929, p. 242-251.
307 Franz Hellens, *La Femme partagée*, Paris, Grasset, 1929.
308 Valery Larbaud, *Allen*, Paris, Gallimard, 1929.
309 Azorín, *Espagne*, traduit par Georges Pillement, Paris, Rieder, 1929.
310 Marcel Arland, *L'Ordre*, éd. citée.
311 Lettre de Jules Supervielle à Marcel Arland du 18 juillet 1929, voir *infra*.

par Paulhan[312] – peut-être en raison d'une certaine jalousie, au vu de l'importance qu'accorde à Ponge l'ami-éditeur...

Cette année-là, Supervielle travaille à la traduction de *Don Segundo Sombra*, l'ouvrage de son ami défunt, Ricardo Güiraldes. Marcelle Auclair, à qui Güiraldes, avant son décès, avait confié la traduction du roman, raconte la méthode adoptée[313] : elle effectue d'abord une traduction littérale avec Jean Prévost, en consultant des lexiques spécialisés, puis, chez Adelina del Carril, l'épouse de Güiraldes, le texte est lu à haute voix devant Supervielle et Larbaud. La traduction, d'abord publiée chez Gallimard en 1932, sera ensuite incluse, en 1953, dans la collection « La Croix du Sud », dirigée par Caillois chez cet éditeur.

Le 4 février naît Anne-Marie, la fille cadette de l'écrivain. Avec tendresse, Jean Paulhan s'amuse de l'émerveillement de son ami, dans lequel il trouve un sujet de méditation :

> Une autre nouvelle, mais que vous avez sans doute apprise, est que Supervielle a un cinquième enfant. Il en est aussi fier et en paraît aussi surpris que si c'était le premier. (Quand observera-t-on, aussi bien que l'on a fait l'habitude, la contre-habitude, les choses auxquelles on ne s'accoutume pas[314] ?)

Supervielle écrit pour l'occasion le poème « L'enfant née depuis peu » : ce texte, envoyé en guise de faire-part à Valery Larbaud[315], sera modifié et recueilli dans *Le Forçat innocent*. Le souvenir de l'ami, grand traducteur de Joyce, l'accompagne durant son voyage à Londres au mois de juin, en compagnie de Pierre Bertaux, après un séjour à Port-Cros au printemps. Dans la capitale anglaise, Supervielle se rend à la bibliothèque du British Museum, où il constate la présence d'ouvrages de ses amis Paulhan et Arland ; puis, il effectue une excursion en car en Cornouailles, après avoir renoncé à l'Écosse, trop lointaine.

L'été est marqué par une nouvelle publication, par l'*Agrupación del libro de arte* : celle de *Trois mythes*[316], qui regroupe *L'Enfant de la haute*

---

312   Lettre de Jules Supervielle à Jean Paulhan du 11 décembre 1929, *Choix de lettres*, éd. citée, p. 61.
313   Marcelle Auclair, « La traducción francesa de *Don Segundo Sombra* », *Sintesis*, año III, n° 29, octobre 1929, cité par Sylvia Molloy, *La Diffusion de la littérature hispano-américaine en France au XXe siècle*, éd. citée, p. 136.
314   Lettre de Jean Paulhan à Valery Larbaud du 5 mars 1929, *Choix de lettres, I*, éd. citée, p. 162.
315   Lettre de Jules Supervielle à Valery Larbaud du 18 mars 1929, *Choix de lettres*, éd. citée, p. 528.
316   Jules Supervielle, *Trois Mythes : L'Enfant de la haute mer, La Sirène 825, Les Boiteux du ciel*, avec un bois de Pierre Falké, Madrid, Paris, Buenos Aires, Agrupación de Amigos del

mer, *Les Boiteux du ciel* et *La Sirène 825* – un épisode de *L'Homme de la pampa*. Valery Larbaud apprécie particulièrement le deuxième de ces contes, qui décrit la vie que mènent les Ombres dans le ciel, semblable à celle qu'elles vivaient sur terre. Un jeune homme, Charles Delsol, fréquente la bibliothèque du ciel où il retrouve, un jour, Marguerite Desrenaudes, qu'il avait aimée sur terre sans oser lui adresser la parole. L'amour impossible sur terre s'épanouit alors au ciel, permettant aux ombres de retrouver couleur et consistance. Ce thème de la vie après la mort, que développe le conte, se déploie dans l'ensemble de l'œuvre de Supervielle, en prose – dans « L'Inconnue de la Seine » notamment, évoquant la communauté des Ruisselants, évoluant au fond des eaux, entre vie et mort – comme en poésie.

Au mois de septembre, l'écrivain séjourne à nouveau à Port-Cros, au Fort François Ier : « Supervielle est dans son château », écrit Paulhan à Henri Pourrat, « nous nous voyons souvent ». Arland et Schlumberger sont eux aussi présents. L'île continue à être aménagée : « la Vigie a gagné des allées », explique Paulhan, qui a passé « un mois à arracher des ronces et des chardons jusqu'au fond de la racine ». Il expose leurs activités : dans ces allées nouvellement formées, « on peut jouer aux boules » ; le soir, « on peut […] s'allonger sur l'ancienne cheminée d'aération de la poudrière, devenue une sorte de canapé et y rester devant le ciel qui est plein d'étoiles et de grottes extrêmement profondes, qui donnent une sorte de vertige. » Germaine a encore installé « une nouvelle salle à manger, avec une grande table de pierre (plus exactement, de ciment et de briques, provenant des anciens w.-c. militaires que l'on a démolis. Mais il ne faut pas le dire[317].) »

En octobre, Supervielle signe avec Claudel, Cocteau, Gide, Jaloux, Jouvenel, Mauriac ou Thibaudet, le manifeste qui, dans *Les Nouvelles littéraires*, demande la nomination de Copeau à la tête de la Comédie-Française[318] : en 1935, Supervielle lui remettra le manuscrit de sa pièce, *Le Voleur d'enfants*, que Copeau, séduit, lira à sa femme et à ses enfants auprès desquels le texte remportera un « gros succès[319] ». Supervielle

---

libro de arte, 1930.
317 Lettre de Jean Paulhan à Henri Pourrat du 15 septembre 1929, *Choix de lettres, I*, éd. citée, p. 174-175.
318 Michel Jarrety, *Valéry*, éd. citée, p. 888.
319 Cité par Jules Supervielle dans la lettre de celui-ci à Jean Paulhan du 28 août 1935, *Choix de lettres*, éd. citée, p. 148.

effectue ensuite un voyage de trois jours aux Baléares avec Paulhan et Germaine. Il travaille au recueil *Le Forçat innocent*, dont il donnera un poème à *La N.R.F.* en janvier 1930, et envisage plusieurs titres : ses proches protestant contre « Le Forçat innocent », il considère un temps « Les Pierres chaudes ». Puis, en novembre, Supervielle se rend à Oloron-Sainte-Marie, afin de recueillir des notes et impressions en vue d'un texte sur les Pyrénées, qui sera repris dans *Boire à la source*. À la fin de l'année, il effectue un voyage en compagnie de Michaux, sur la côte du Pays basque espagnol : « ce voyage dans des régions que je connaissais déjà ne m'a pas donné l'émerveillement de l'autre [des Baléares] », écrit-il à Paulhan, tout en observant que « Michaux est emballé par ces ports de pêcheurs de la Côte Catabrique[320]. »

1930

L'année 1930 s'ouvre avec la publication du nouveau recueil poétique, *Le Forçat innocent* : regroupant *Oloron-Sainte-Marie*, *Saisir* et vingt-trois nouveaux poèmes, il est dédié à l'ami le plus proche, Jean Paulhan. Ce recueil, fermement structuré, est celui, selon Étiemble, où Supervielle « s'obtiendra pleinement[321] » ; Valery Larbaud en dira également à Supervielle « des choses précises et flatteuses[322] ». Dans une causerie radiophonique, en 1951, Supervielle le décrira comme « le livre de la solitude humaine, du grand isolement de l'homme devant la vie, l'amour et la mort », « le livre de l'angoisse du moi, des ruptures d'identité[323] ». Dans un recueil qui déploie le thème de la clôture, du cloisonnement – en opposition avec le précédent, *Gravitations*, qui œuvrait à abolir les frontières –, le thème de la prison est ainsi associé à l'enfermement intérieur et extérieur. Le titre oxymorique, rappelant Verlaine[324], élabore ainsi un personnage poétique complexe, marqué par l'innocence et le

---

320   Lettre de Jules Supervielle à Jean Paulhan du 28 décembre 1929, *ibid.*, p. 62.
321   René Étiemble, *Supervielle*, éd. citée, p. 77.
322   Lettre de Jules Supervielle à Valery Larbaud du 29 mai 1930, *Choix de lettres*, éd. citée, p. 536.
323   Dactylogramme inédit d'une causerie radiophonique diffusée sur la chaîne nationale le 13 novembre 1951 (producteur A. Rivain) cité dans Jules Supervielle, *Œuvres poétiques complètes*, éd. citée, p. 774.
324   On songe aux vers de Verlaine dans « *Aegri somnia* », *Œuvres poétiques complètes*, Bibliothèque de la Pléiade, Paris, Gallimard, 1938 : « Si je marche, je me figure / Que je traîne un boulet, forçat / Innocent, mais tu n'en as cure ! » Ces vers sont cités dans Jules Supervielle, *Œuvres poétiques complètes*, éd. citée, p. 768.

sentiment de culpabilité, permettant le questionnement de la parole poétique même, de ses capacités et de sa légitimité. La réception est globalement positive : Bounoure consacre une longue et belle analyse au *Forçat innocent* dans *La N.R.F.*[325], Pierre Guéguen l'évoque de manière élogieuse dans *Les Nouvelles littéraires*[326], Maurice Fombeure, dans *Raison d'être*[327].

Le 20 février, c'est le départ pour un nouveau voyage en Amérique : Supervielle, avec sa famille, s'embarque pour l'Uruguay. Dans le golfe de Gascogne, le vent malmène Pilar et le jeune Jean, qui a alors quinze ans, et Supervielle souffre du pied, qu'il s'est foulé en descendant un escalier ; Anne-Marie, quant à elle, est « solide au poste », et « passe et repasse devant la fenêtre du fumoir. "Alors c'est ça la vie ?" a-t-elle l'air de dire dans sa voiture que pousse Émilie l'Alsacienne. Elle ne sait pas encore, la pauvre enfant que le tour du pont, quand on le fait 10 fois représente une distance d'un mille[328]. » Le 9 mars, les passagers font escale à Lisbonne : « il paraît que le Portugal n'est pas en révolution ces jours-ci. Profitons-en[329]. » Pendant la traversée, l'écrivain travaille à « Pyrénées », qui deviendra la première partie de *Boire à la Source* en 1933, et recueille des « Impressions de bord ». Plus tard, certains souvenirs seront encore rapportés dans la seconde édition de l'ouvrage, en 1951 : une escale à Madère le 16 mars, notamment, permet à Supervielle et Pilar de découvrir les chars à bœufs[330], expérience qui sera relatée dans cette nouvelle édition augmentée ; le thème de la paresse à bord, qui empêche même de travailler, sera évoqué, avec des accents funèbres, dans le « Carnet de voyage à Ouro-Preto » au sein du même ouvrage. Le 22 mars a lieu une autre brève escale, à Rio de Janeiro.

Arrivé fin mars en Uruguay, Supervielle commence par passer quinze jours à Montevideo, où l'on fête le centenaire de l'indépendance du pays. Il y retrouve Alfonso Reyes, qui vient d'être nommé ambassadeur du Mexique à Rio de Janeiro et s'y rend par bateau, en faisant escale à Montevideo.

---

325 Gabriel Bounoure, *La N.R.F.*, n° 216, septembre 1931.
326 Pierre Guéguen, *Les Nouvelles littéraires*, 8 mars 1930.
327 Maurice Fombeure, *Raison d'être*, n° 1, 1930.
328 Lettre de Jules Supervielle à Jean Paulhan du 8 mars 1930, *Choix de lettres*, éd. citée, p. 65-66.
329 *Ibid.*, p. 66.
330 Carte postale de Jules Supervielle à Jean Paulhan du 16 mars 1930, *ibid.*

En avril et en mai, Supervielle séjourne à l'estancia Agueda, que possède sa famille à l'intérieur des terres. Il y retrouve le chant du vanneau, ou « hornero », les tatous et la « chaleur orageuse[331] », et surtout, « le cheval et l'horizon[332] » :

> Toute la famille monte à cheval à l'estancia. Comme vous aimeriez cela ! C'est si mystérieux de se sentir vivant à califourchon sur une bête non moins vivante. Et tous ces échanges de l'un à l'autre. Et le passage grand et lisse (ou à peu près) et toute cette population hennissante, bêlante, mugissante[333].

Cet enthousiasme, perceptible dans l'exclamation et dans le « et » de relance, aux accents hugoliens, se retrouve dans l'œuvre de Supervielle : le thème de la chevauchée comme moyen de communion avec le réel se déploie notamment dans *Boire à la source* et *Le Survivant*, ouvrages marqués par l'espace américain, tandis que le motif du cheval se développe dans l'ensemble de l'œuvre, dans les contes, le théâtre – avec l'adaptation théâtrale du conte *Les Suites d'une course* – et les poèmes, de *Débarcadères* ou de *La Fable du monde*.

« Aux accords espacés des mugissements[334] », Supervielle lit longuement, attentivement *La N.R.F.*, relit *Le Guerrier appliqué* dont Paulhan a fait paraître une nouvelle édition[335]. Il travaille aussi, mais assez peu : il continue à composer les textes de *Boire à la source*, et commence à écrire le dernier des huit contes de *L'Enfant de la haute mer*[336], qui paraîtra en janvier de l'année suivante. Durant ce séjour américain, Supervielle fréquente de nombreux écrivains uruguayens – Carlos Reyles, les jumeaux Guillot Muñoz, Ipuche, Filartigas, Zorrilla –, qui préparent en son honneur un numéro de *La Cruz del Sur*, dont la parution aura lieu en décembre[337]. Mais leur compagnie et leur « sens de la poésie[338] » – qu'il observe notamment chez Casal – ne suffisent pas à dissiper la nostalgie qu'il éprouve de Paulhan, qui lui manque

---

331 Lettre de Jules Supervielle à Jean Paulhan du 25 avril 1930, *ibid.*
332 Lettre de Jules Supervielle à Jean Paulhan du 13 avril 1930, *ibid.*, p. 67.
333 Lettre de Jules Supervielle à Jean Paulhan du 25 avril 1930, *ibid.*, p. 69.
334 Lettre de Jules Supervielle à Jean Paulhan du 28 mai 1930, *ibid.*
335 Jean Paulhan, *Le Guerrier appliqué*, Paris, Gallimard, 1930.
336 Jules Supervielle, *L'Enfant de la haute mer*, Paris, Gallimard, 1931.
337 *La Cruz del Sur*, n° 30, Montevideo, novembre-décembre 1930 : ce numéro contient des textes de Supervielle, et notamment des frères Guillot Muñoz, de Güiraldes et d'Ipuche.
338 Lettre de Jules Supervielle à Jean Paulhan du 25 avril 1930, *Choix de lettres*, éd. citée, p. 68.

beaucoup : « nous vivons sur des plans différents », écrit-il à son ami, « c'est, quand je suis avec l'un d'eux, comme un dialogue entre une branche d'eucalyptus et une bicyclette (je ne sais si je suis celle-ci ou celle-là, peu importe[339].) »

Il évoque, souvent, les vacances à venir à Port-Cros, ensemble, peut-être avec Michaux. De fait, Supervielle s'inquiète pour son ami, qui vient de perdre son père, et dont la mère est frappée de congestion cérébrale. Paulhan transmet à Supervielle les nouvelles données par Hellens, qui se veut rassurant : « Je m'efforce de distraire notre ami. Sois rassuré et dissipe donc cette absurde légende : Michaux dans un asile d'aliénés[340] ! » De son côté, Supervielle écrit à Michaux pour le réconforter[341], ainsi qu'à Larbaud, à qui il évoque des jours « tous beaux et sans vent, sous le ciel austral plus étoilé que le nôtre », bien qu'il ne se sente « uruguayen [que] pour un bon quart, pas plus[342] ». Il cherche à maintenir le lien avec les amis de France : Jouhandeau, Arland, Crémieux reçoivent son bon souvenir, par l'intermédiaire de Paulhan[343].

En juin, Supervielle se rend à Buenos Aires : il séjourne alors chez Victoria Ocampo, à San Isidro. Le 15, l'association des « Amigos del arte » lui rend un hommage au cours duquel il lit ses poèmes et un extrait du conte « Le Bœuf et l'âne de la crèche[344] », qui sera donné dans *La N.R.F.* en décembre. Pendant ce déplacement, Supervielle regrette que les librairies argentines ne possèdent que le dernier de ses livres : il rapporte à Paulhan les plaintes des libraires et du public, à Buenos Aires comme à Montevideo, et l'engage à modifier la stratégie commerciale des éditions de la rue de Beaune, qui devraient mieux prendre en compte les attentes des lecteurs sud-américains. De retour à Montevideo, Supervielle trouve la ville en ébullition, à l'occasion de la première Coupe du Monde de Football. Il quitte alors Montevideo pour l'Estancia Agueda, puis, le 4 juillet, il part pour Rio de Janeiro, où il arrive le 8 juillet. Lors de la traversée, sur le *Guilio Cesar*, Supervielle a retrouvé son ami Alfonso

---

339 Lettre de Jules Supervielle à Jean Paulhan du 13 avril 1930, *ibid.*
340 Lettre de Franz Hellens à Jean Paulhan du 28 mars 1930, citée par Jean-Pierre Martin, *Henri Michaux*, éd. citée, p. 193.
341 Lettre de Jules Supervielle à Jean Paulhan du 25 avril 1930, *Choix de lettres*, éd. citée, p. 68.
342 Lettre de Jules Supervielle à Valery Larbaud du 6 avril 1930, *ibid.*, p. 534.
343 Lettre de Jules Supervielle à Jean Paulhan du 28 mai 1930, *ibid.*, p. 70.
344 Jules Supervielle, « Le Bœuf et l'âne de la crèche », *La N.R.F.*, n° 207, décembre 1930, p. 772-790, repris dans *L'Enfant de la haute mer*, éd. citée.

Reyes. Celui-ci lui fait visiter la capitale brésilienne – le beau jardin de l'ambassade du Mexique, la rue Paysandú –, tout en conversant. Leurs réflexions enchantent Reyes, au point qu'il les communique à son ami Miomandre, dans un récit sous forme de fable, au sein d'une lettre dont il publiera la traduction :

> Jules Supervielle, cette girafe de la poésie française, prend quelques jours de repos à Rio de Janeiro, en revenant d'Argentine et avant de rentrer en France. Je dois vous avouer que, par la loi des contraires, j'ai pour lui une affection toute particulière, comme chez Victor Hugo, *par sa grande bravoure et par sa haute taille*[345].

Après cette introduction, qui laisse présager la suite, Reyes poursuit en évoquant leur promenade :

> Tout récemment, en parcourant ensemble la Rue Paysandú – la rue la plus belle du monde, bordée de palais royaux, qui descend du palais présidentiel de Guanabara jusqu'à la mer – Supervielle qui ressemblait à une Tour Eiffel en marche, une Tour Eiffel en vacances, laissa tomber soudain, de son éminence, avec une sympathique simplicité, comme si c'était la chose la plus naturelle du monde, cette exclamation :
> – Que c'est agréable de se faire caresser le visage par les palmes[346] !

Reyes rapporte alors leur conversation, comme dans un souvenir de La Fontaine :

> Déconcerté, je lui répondis, de l'étage inférieur :
> – Hélas, c'est un plaisir qui m'est interdit.
> Et lui, protecteur et affable, me répondit :
> – Mais ce doit être bien agréable aussi de se sentir caressé par les fougères[347] !

Du 13 au 16 juillet, Supervielle effectue un voyage à Ouro-Preto, dans le Minas Gerais, ainsi qu'à Sabara et à Bella Horizonte. Ce séjour est évoqué dans le chapitre « Carnet de voyage à Ouro-Preto » de *Boire à la source*. Le soir du samedi 12, l'écrivain, encore à Rio, contemple les lumières de la baie de Rio et celles de la montagne, toute proche :

---

345 Lettre parue dans *Burlas veras, 2ᵉ ciento*, p. 85, reprise dans « Propos de l'Enfant terrible », *Les Nouvelles littéraires*, 7 septembre 1930, citée par Paulette Patout, « L'Amitié de Jules Supervielle pour don Alfonso Reyes », *Littératures, op. cit.*, p. 87.
346 *Ibid.*
347 *Ibid.*

> Pourquoi quitter Rio dès demain pour m'enfoncer dans le pays ? Le propre du Brésil n'est-il pas de se donner dès les côtes ? Les montagnes et leur végétation ne viennent-elles pas jusqu'en pleine mer au-devant des voyageurs qu'elles interpellent, réclament[348] ?

Pourtant, le dimanche 13, Supervielle quitte celle ville « qu'[il] connaî[t] si mal encore[349] ». Pendant le voyage en train, qu'il effectue en compagnie du poète Seguel, il observe, comme dans un songe, la végétation luxuriante, « palmes, palmiers, bananes, bananiers. Lianes et fougères à discrétion[350] ! » Puis, l'on entre dans l'État de Minas-Gerais : le train s'arrête dans les gares, offrant des scènes rapides – des petites filles se tenant par la taille, un fils baisant la main de son père. La chaleur s'accroît. À la nuit tombée, le train arrive à Ouro-Preto : alors qu'il traverse la ville plongée dans l'obscurité, l'écrivain, déjà, a l'impression « de ne pas avoir fait un voyage inutile[351] ». Le lundi, il se promène dans Ouro-Preto, qui confirme cette impression : il est enchanté par l'architecture baroque, les rues qui montent, les maisons peintes de cette ville de province, dans un pays de montagnes. La beauté de la ville se mêle à sa tristesse, qui mène Supervielle à s'interroger, comme souvent, sur les rapports des vivants et des morts :

> Comme Rothenbourg en Allemagne et Tolède en Espagne, Ouro-Preto ne semble pas gouverné par ses habitants actuels, mais par de belles et puissantes abstractions, des personnages morts dans les siècles passés[352] [...]

Après Ouro-Preto, Supervielle découvre Mariana : comme la première ville, elle possède de belles églises, mais dans un paysage plus ouvert, moins clos par les montagnes. Les habitants, comme à Ouro-Preto, semblent à l'écrivain des étrangers. Le mardi 15, il se rend à Sabara : descendu dans un petit hôtel derrière la gare, il apprécie la vue sur la rivière, dans un cadre de montagnes. Fatigué par la chaleur, il trouve une voiture pour faciliter ses déplacements d'une église à une autre. Il observe que comme à Ouro-Preto, les sculptures sont souvent attribuées au grand sculpteur et architecte baroque Alejaidinho. Le mercredi 16,

---

348 Jules Supervielle, *Boire à la source, Confidences*, éd. citée, p. 185-186.
349 *Ibid.*, p. 186.
350 *Ibid.*
351 *Ibid.*, p. 192.
352 *Ibid.*, p. 193.

Supervielle découvre Bello-Horizonte : le spectacle de cette ville en construction, contrastant avec ses visites précédentes, impressionne l'écrivain.

Fin juillet vient le moment du retour en France, au terme d'une traversée sur le *Florida*. Supervielle arrive à Marseille, où il séjourne un temps : ses amis André Roussin et Louis Ducreux, qui animent la Compagnie du Rideau Gris, créent la farce *Adam*, qui deviendra ensuite *La Première Famille*, et sera donnée par Georges Pitoëff. En août, Supervielle arrive à Port-Cros, et s'installe dans le Fort François Ier, où il retrouve Félix et Pierre Bertaux, Paulhan et Arland, et rencontre Cendrars. Pour l'ami Jean, grand « tatouphile », il comptait apporter d'Amérique du Sud quatre de ces animaux. Mais Paulhan se désole de leur sort funeste :

> Des quatre tatous […], deux sont morts à l'estancia, les deux autres ont molli au point qu'il a fallu les relâcher. J'en ai eu un grand regret[353].

Supervielle rapportera cependant d'Uruguay un autre cadeau à Paulhan : une tête réduite de Jivaro, qui trônera dans le bureau de l'éditeur lors de la reparution de *La N.N.R.F.*, en 1953[354]. Supervielle rentre à Paris en octobre. Fin décembre, il séjourne à l'Hôtel Beau Site, sur le Mont d'Arbois, près du Lac Megève : « dans la neige et la brume[355] », il s'essaie au ski, tout en continuant à lire et à travailler. De fait, pendant son voyage en Amérique du Sud, il s'est abondamment documenté sur Simón Bolívar, général et homme d'État vénézuélien, figure emblématique de l'émancipation des colonies espagnoles en Amérique du Sud : Supervielle lui consacre une nouvelle historique, *Bolivar et les femmes*, qui paraît chez Victor Allard, Chatelard et Cie[356]. Le *Libertador* lui inspirera par la suite une pièce de théâtre, *Bolivar*, qui connaîtra plusieurs publications, en 1936, 1950 et 1955[357].

---

353 Lettre de Jean Paulhan à Valery Larbaud du 14 août 1930, *Choix de lettres, I*, éd. citée, p. 189.
354 Alban Cerisier, *Une Histoire de La NRF*, éd. citée, p. 485.
355 Lettre de Jules Supervielle à Jean Paulhan du 24 décembre 1930, *Choix de lettres*, éd. citée, p. 85.
356 Jules Supervielle, *Bolivar et les femmes, nouvelles historiques*, Paris, Victor Allard, Chatelard et cie, 1930.
357 Jules Supervielle, *Bolivar*, suivi de *La Première Famille*, Paris, Gallimard, 1936 ; *Bolivar*, nouvelle version, Paris, *France-Illustration, Le Monde illustré*, supplément théâtral et

1931

En 1931 s'ouvre une période extrêmement féconde. En janvier paraît le recueil de contes de Supervielle, *L'Enfant de la haute mer*[358]. L'ouvrage reçoit les éloges de Valery Larbaud[359] et fait l'objet de comptes rendus d'Emmanuel Buenzod, dans *La Gazette de Lausanne*[360], de Léon-Gabriel Gros, dans *Les Cahiers du Sud*[361], ou de Franz Hellens dans *Le Rouge et le Noir*[362] : Supervielle, touché, remercie l'ami belge pour ces lignes élogieuses[363].

Le début de l'année 1931 voit également la naissance de la revue *Sur*, fondée à Buenos Aires par Victoria Ocampo : elle expose dans la lettre à Waldo Frank qui présente le premier numéro, que la revue, comme l'œuvre de Frank, a pour vocation de constituer un lien entre l'Amérique et l'Europe, et de permettre une meilleure connaissance de l'Amérique, à la fois aux Américains et aux Européens. Supervielle appartient au Conseil étranger de la revue, et s'implique activement à la faire connaître en France. Outre les nombreux textes qu'il publiera dans *Sur* et les multiples collaborations qu'il suggérera, lui, qui écrit peu de comptes rendus et de notes, en rédigera une à cette occasion, intitulée « Sur », qui paraîtra en avril 1932 dans *La N.R.F.*[364] : un an après la création de *Sur*, il la présente comme « une solide et grande revue[365] », ce qu'elle a en effet déjà réussi à devenir en ouvrant un dialogue nouveau entre l'Amérique hispanique et l'Europe[366].

Durant les vacances de Pâques, Supervielle fait un nouveau séjour à Port-Cros. Étiemble rapporte que Supervielle et sa fille Anne-Marie,

---

littéraire, 22 juillet 1950 ; *Bolivar*, suivi de *La Première Famille*, nouvelles version, Paris, Gallimard, 1955.
358 Jules Supervielle, *L'Enfant de la haute mer*, éd. citée.
359 Lettre de Jules Supervielle à Valery Larbaud du 9 mars 1931, *Choix de lettres*, éd. citée, p. 543.
360 Emmanuel Buenzod, *La Gazette de Lausanne*, mars 1931.
361 Léon-Gabriel Gros, *Les Cahiers du Sud*, mai-juin 1931.
362 Franz Hellens, « Supervielle (Jules), *L'Enfant de la haute mer* (Nouvelle Revue Française) », rubrique « Les Hommes, les livres, la critique : Quelques Livres », *Le Rouge et le Noir*, n° 47, n° 11, 18 mars 1931.
363 Lettre de Jules Supervielle à Franz Hellens du 22 mars 1931, voir *infra*.
364 Jules Supervielle, « Sur », *La N.R.F.*, n° 223, avril 1932, p. 779-780.
365 *Ibid.*
366 Sylvia Molloy, *La Diffusion de la littérature hispano-américaine en France au XXᵉ siècle*, éd. citée, p. 100.

âgée de deux ans, observent un mur de pierres sèches quand un lézard, attiré par le soleil, sort d'un trou. La petite fille est émerveillée, puis frustrée : le lézard soudain s'escamote. Elle demande alors « Encore ! » à son père, ainsi caractérisé en démiurge, à la manière du Créateur de *La Fable du monde*[367].

Sur l'île, Supervielle reçoit la visite d'Hellens, accompagné de sa fille, Claire. Supervielle souffre pendant plusieurs jours d'une grippe accompagnée d'une forte fièvre, mais travaille pourtant sans relâche à une pièce de théâtre, *La Belle au bois*, qui présente, dans une atmosphère féerique, plusieurs personnages empruntés aux contes de Perrault. Il suscite l'inquiétude de Paulhan, qui craint que son ami ne s'épuise et n'en vienne à négliger ses poèmes et ses contes. De fait, Supervielle s'investit énormément dans l'écriture, puis dans le processus de représentation de ses pièces : comme il l'écrit à Larbaud, « le théâtre est une occupation bien absorbante, surtout quand la pièce est finie – et qu'on la joue[368]. » Supervielle assiste avec ferveur aux lectures, aux répétitions. Il évoquera l'angoisse de l'auteur dramatique dans une nouvelle, « Les bonshommes de cire », dans le recueil *L'Arche de Noé*[369]. De fait, si *La Belle au bois* lui semble terminée dès avril 1931, elle sera encore longuement reprise et remaniée, au rythme de ses représentations successives : publiée une première fois en 1932, après avoir été créée le 24 décembre 1931 par les Pitoëff au palais des Beaux-Arts, elle donnera lieu à de nouvelles éditions en 1944, à l'occasion d'une collaboration avec Roger Caillois, en 1947, puis en 1953[370]. L'écriture dramatique est en effet essentielle pour Supervielle, et se poursuivra tout au long de sa vie : « depuis longtemps j'éprouvais plus ou moins consciemment le besoin de m'exprimer au théâtre[371] », écrit-il à Paulhan, situant ainsi ses pièces de théâtre dans la continuité des « Poèmes de Guanamiru » ou des poèmes dialogués du *Forçat innocent*.

---

367 René Étiemble, *Supervielle*, éd. citée, p. 52.
368 Lettre de Jules Supervielle à Valery Larbaud du 20 mars 1932, *Choix de lettres*, éd. citée, p. 546.
369 Jules Supervielle, *L'Arche de Noé*, Paris, Gallimard, 1938.
370 Jules Supervielle, *La Belle au bois*, Paris, Gallimard, 1932 ; *La Belle au bois*, Buenos Aires, collection « La Porte étroite », n° 4, Éditions des *Lettres françaises*, *Sur*, 1944 ; *La Belle au bois*, version de 1953, suivie de *Robinson ou l'Amour vient de loin, nouvelle version*, Paris, Gallimard, 1953.
371 Lettre de Jules Supervielle à Jean Paulhan du 21 avril 1931, *Choix de lettres*, éd. citée, p. 90.

À cette époque, Supervielle fait la connaissance de Robert Brasillach. Celui-ci, qui est alors jeune normalien, a publié dans l'*Action française* un article où il évoque « la fin de l'après-guerre ». Cette expression est relevée par Pierre Gaxotte, directeur de l'hebdomadaire *Candide*, qui demande à Brasillach, pour son journal, une enquête littéraire sur ce thème. À cette occasion, Brasillach s'adresse à plusieurs écrivains reconnus : Valéry, Thibaudet, Paulhan, Massis et Supervielle, dont il fait alors la rencontre[372]. Brasillach, connu pour ses prises de position d'extrême-droite et qui fera le choix de la collaboration pendant la Seconde Guerre mondiale, est aussi critique dramatique : sa passion pour le théâtre, en particulier pour toutes les tentatives d'avant-garde, devait favoriser sa rencontre avec Supervielle, de même que leurs liens avec Georges et Ludmilla Pitoëff. En 1944, Brasillach consacrera un chapitre des *Quatre jeudis*, recueil de ses principaux articles parus le jeudi dans *L'Action française*, à Supervielle, placé sous le signe de l'amitié[373]. Dans la première section, « Naissance du merveilleux », datée de 1931, il loue les contes de « L'Enfant de la haute mer », où l'écrivain réussit à atteindre « le classicisme du merveilleux[374] ». La deuxième section, « *Les Amis inconnus* », écrite en 1934, étudie les poèmes de Supervielle : Brasillach évoque en particulier *Brumes du passé*, le premier recueil de Supervielle, que celui-ci lui « a donné en signe d'amitié[375] ». La troisième, de 1939, est intitulée « *La Fable du monde* », et se trouve consacrée à ce recueil. Cependant, l'on constate que Supervielle, contrairement à Paulhan, n'a pas fait partie en 1945 des signataires de la pétition demandant – en vain – au général de Gaulle la grâce de Brasillach, condamné à la peine de mort.

Plusieurs séjours à Port-Cros rythment la suite de l'année 1931 : en juin, en compagnie de Michaux, et de Léon-Gabriel Gros, jeune poète apprécié de Supervielle et collaborateur des *Cahiers du Sud*, qui les rejoint pour dîner à deux reprises[376] ; fin juillet, avec Arland, qui relit sa pièce, et en septembre, auprès de Paulhan, qui évoque l'achèvement de *La Belle au bois*[377]. Supervielle travaille également aux poèmes qui composeront

---

372 Pascal Louvrier, *Brasillach, l'illusion fasciste*, Paris, Perrin, 1989, p. 41.
373 Robert Brasillach, « Dans l'amitié de Jules Supervielle », *Les Quatre Jeudis*, Paris, Balzac, 1944, réédité sous le même titre, Sceaux, Les Sept Couleurs, 1951, p. 454-1469.
374 *Ibid.*, p. 457.
375 *Ibid.*, p. 460.
376 Alain Paire, *Chronique des Cahiers du Sud*, éd. citée, p. 182.
377 Lettre de Jean Paulhan à Valery Larbaud du 20 septembre 1931, *Choix de lettres, I*, éd. citée, p. 214.

le recueil *Les Amis inconnus* et la nouvelle édition de *Gravitations*, qui paraîtra en 1932 : il échange notamment avec Paulhan au sujet du poème « Cœur », dont il défend l'ouverture audacieuse, « Suffit d'une bougie », contre les reproches de son ami qui voudrait lui faire rétablir la structure impersonnelle pour plus de clarté[378].

La fin de l'année est marquée par de multiples visites, et par l'activité théâtrale. Le 5 novembre, Supervielle se rend chez Larbaud, en compagnie de Rafael Alberti, poète et dramaturge espagnol, ami de Supervielle qui le présentera également à Victoria Ocampo : Alberti se trouve alors à Paris en mission pour le gouvernement espagnol. En décembre est créé, à la salle Pleyel, un poème chorégraphique de Supervielle, *Le Jour*, composé à partir d'un poème de *Gravitations* et mis en musique par Maurice Jaubert ; il sera ensuite repris le 23 juin 1943, à l'Opéra de Paris, dans une chorégraphie de Serge Lifar. Dans les mouvements de l'ouvrage – Passacaglia, Scherzo, Aria, Pastorale, Choral et Toccata – se déploie un affrontement entre les forces et de la nuit et les premiers éclats du jour naissant. Supervielle se rend ensuite à Bruxelles, où il retrouve Franz Hellens, et participe à un dîner donné par la revue *Le Rouge et le Noir*, ainsi qu'à une réception en son honneur organisée par le *Journal des poètes*. Surtout, Georges et Ludmilla Pitoëff organisent une lecture de *La Belle au bois* avec un directeur bruxellois de galas de comédie, Adrien Mayer : à cette occasion, Supervielle donne lui-même la réplique aux Pitoëff[379]. La pièce est créée à Bruxelles pour le réveillon de 1931.

1932

En janvier 1932 paraît, chez Gallimard, la nouvelle édition de *Gravitations* : le recueil est profondément remanié, pour répondre à un souci d'ordre et de clarté qui s'exprime dans le Prière d'insérer[380]. Le poète corrige de nombreux poèmes, surtout ceux qui sont composés en vers libres, et cherche à atténuer la violence de certaines images et expressions. En outre, il modifie la structure du recueil, en regroupant des poèmes par thèmes dans trois nouvelles sections – « Matins du monde », « Le Miroir des morts », « Le Large » – et en situant à la fin

---

378 Lettre de Jules Supervielle à Jean Paulhan datée « jeudi soir », antérieure à septembre 1931, *Choix de lettres*, éd. citée, p. 93.
379 René Étiemble, *Supervielle*, éd. citée, p. 61.
380 Jules Supervielle, *Œuvres poétiques complètes*, éd. citée, p. 725.

de l'ouvrage les « Poèmes de Guanamiru[381] ». Les comptes rendus de l'ouvrage sont très nombreux – c'est l'ami Julien Lanoë qui rédige celui qui paraît dans *La N.R.F.*[382], que Supervielle trouve « très bien fait[383] » –, et l'étude comparée des deux éditions du recueil fera l'objet de plusieurs travaux critiques, notamment de T. W. Greene[384] et d'Étiemble[385].

Durant cette période, Supervielle reprend et modifie *La Belle au bois* : si la pièce a été créée fin décembre à Bruxelles, les Pitoëff prévoient en effet de la donner ensuite à Paris, ce qui l'amène à la retravailler. Les représentations ont lieu du 2 au 21 mars, au Théâtre de l'Avenue, et la réception est mitigée, malgré l'accueil positif fait à la pièce par Brasillach dans *La Revue française*[386] puis dans *Animateurs de théâtre* – où il évoque, dans le chapitre consacré à « Georges et Ludmilla Pitoëff », « la ravissante *Belle au bois* de Jules Supervielle[387] » – ou de Léon-Gabriel Gros dans *Les Cahiers du Sud*[388]. Déçu, Supervielle déplore, auprès de Gangotena, que la pièce « n'a[it] été jouée que vingt fois (et 10 en tournée)[389] ». Selon Étiemble, Supervielle ne trouve pas sa place dans un paysage théâtral dominé par le théâtre poétique de Giraudoux[390]. La pièce rencontrera ensuite un accueil plus chaleureux à Lyon, Strasbourg, Bruxelles, Lausanne, Genève et Rome.

En avril puis pendant l'été, Supervielle séjourne à nouveau à Port-Cros. Il retrouve Paulhan, auquel il montre des poèmes de Gangotena : intéressé, l'éditeur les emporte à Paris pour les adresser à plusieurs revues. Supervielle sert également d'intermédiaire entre Victoria Ocampo et Antonin Artaud : le 12 février[391], il avait écrit à la directrice de *Sur* pour

---

381 Jules Supervielle, *Œuvres poétiques complètes*, éd. citée, p. 724-726.
382 Julien Lanoë, « *Gravitations* (éd. définitive) par Jules Supervielle (éditions de La N.R.F.) », *La N.R.F.*, n° 227, août 1932, p. 295-300.
383 Lettre de Jules Supervielle à Jean Paulhan du 8 août 1932, *Choix de lettres*, éd. citée, p. 103.
384 Tatiana W. Greene, *Jules Supervielle*, éd. citée.
385 René Étiemble, « L'évolution de la poétique chez Supervielle entre 1922 et 1934, *Les Temps modernes*, septembre 1950, repris dans *Poètes ou Faiseurs ? Hygiène des lettres*, IV, Paris, Gallimard, 1966.
386 Robert Brasillach, « *La Belle au bois* de Jules Supervielle », *La Revue française*, n° 9, 13 mars 1932.
387 Robert Brasillach, *Animateurs de théâtre*, Paris, Corrêa, 1936, réédité sous le même titre, édition préfacée et annotée par Chantal-Meyer-Plantureaux, Bruxelles, Complexe, 2003, p. 97.
388 Léon-Gabriel Gros, *Les Cahiers du Sud*, juillet-décembre 1932.
389 Lettre de Jules Supervielle à Gangotena du 13 avril 1932, *Sous le Figuier de Port-Cros*, éd. citée, p. 69.
390 René Étiemble, *Supervielle*, éd. citée, p. 61.
391 Lettre de Jules Supervielle à Victoria Ocampo du 12 février 1932, *Choix de lettres*, éd. citée, p. 565.

lui signaler qu'après la lecture de l'article d'Artaud, « La mise en scène et la métaphysique[392] », donné dans *La N.R.F.*, il avait proposé à Artaud une collaboration avec *Sur* ; cette demande aboutira à la publication de l'article d'Artaud, « Le Théâtre alchimique[393] », dans la revue argentine, au mois d'octobre. Le 2 juillet, Michaux donne à Supervielle des nouvelles : il se trouve alors à Singapour, et annonce l'envoi à Paulhan d'un manuscrit, qui disparaîtra finalement dans l'incendie du *Georges-Philippart*[394]. Supervielle reçoit également la visite d'un botaniste, Émile Jahandiez, et d'un de ses amis, entomologiste, qui donne lieu à une saynète comique. Après avoir examiné des plantes grasses, les trois hommes se mettent en quête de la salle où Marcel Henry, le propriétaire de l'île, veut installer un musée de botanique et d'entomologie. Après avoir erré vainement à la recherche de la salle en question, ils tombent sur une pièce « belle et bien éclairée » : « C'est certainement ceci », assure Jahandiez... alors qu'il s'agit de la salle à manger de Supervielle[395].

À cette époque, celui-ci écrit des contes, dans la continuité de celui qu'il donne en mai dans *La N.R.F.*, « La Fuite en Égypte[396] ». Supervielle travaille également à une autre pièce, *Bolivar*, qui sera créée en 1936, et aux poèmes des *Amis inconnus*, dont un ensemble important paraîtra dans *La N.R.F.* en octobre[397], avant la publication du recueil en juillet 1934.

À la fin du mois de juin, Supervielle, qui reçoit souvent de jeunes écrivains, fait la rencontre de Lanza del Vasto et de Luc Dietrich[398]. Supervielle recommande la lecture des poèmes de Lanza del Vasto à Paulhan, qui semble les avoir peu goûtés, comme l'indique la lettre du 2 juillet 1932[399]. Supervielle prodigue de vifs encouragements à Luc Dietrich pour son recueil *Huttes à la lisière*[400] ; il restera longtemps l'ami des deux poètes.

---

392 Antonin Artaud, « La mise en scène et la métaphysique », *La N.R.F.*, n° 221, février 1932, p. 219-234.
393 Antonin Artaud, « Le Théâtre alchimique », *Sur*, n° 6, octobre 1932.
394 Jean-Pierre Martin, *Henri Michaux*, éd. citée, p. 217.
395 Lettre de Jules Supervielle à Jean Paulhan du 28 juillet 1932, *Choix de lettres*, éd. citée, p. 102.
396 Jules Supervielle, « La Fuite en Égypte », *La N.R.F.*, n° 224, mai 1932, p. 844-853.
397 Jules Supervielle, « Les Amis inconnus », *La N.R.F.*, n° 229, octobre 1932, p. 507-519.
398 Jean-Michel Varenne, *Lanza del Vasto : le précurseur*, Paris, Celt, 1976.
399 Lettre de Jules Supervielle à Jean Paulhan du 2 juillet 1932, *Choix de lettres*, éd. citée, p. 99.
400 Luc Dietrich, *Huttes à la lisière*, sans lieu, Jean Crès, 1931.

En octobre a lieu une nouvelle mise en scène de *La Belle au bois*, audacieuse, par la compagnie du Rideau Gris : Supervielle se déplace à Marseille pour assister à la générale, et son amitié avec le groupe des *Cahiers du Sud* se renforce encore à cette occasion[401]. Il rend notamment visite à Jean Ballard, le directeur des *Cahiers*[402]. Pendant cette année, ce sont également les liens avec Arland qui se resserrent : Supervielle, qui lit avec beaucoup d'intérêt les œuvres d'Arland, regrette son absence à Port-Cros, où Paulhan l'a rejoint en août. La lecture d'une lettre qu'Arland a adressée à l'éditeur, contenant des éloges au sujet de la nouvelle édition de *Gravitations*, le touche encore vivement[403].

La fin de l'année est marquée par une nouvelle célébration de Supervielle : sous le titre *Bosque sin horas* paraît à Madrid une anthologie de poèmes de Supervielle, traduits par ses amis Alberti, Salinas, Guillén, Altolaguirre et Brull[404]. Enfin, Supervielle, durant cette période, effectue un voyage à Londres, en compagnie de Georges Cattaüi : l'écrivain gardera le souvenir agréable de leurs dîners au St James Club.

1933

En 1933, Supervielle continue à travailler à sa pièce de théâtre, *Bolivar*. Il évoque notamment la structure de la pièce avec Larbaud : la difficulté étant de « choisir dans cette vie incroyablement riche », il a supprimé un certain nombre de personnages importants – « Miranda, Fanny de Villars, Rodriguez, Sucre et quelques autres » –, afin de pouvoir composer « une douzaine de tableaux et 4 actes ». À ce stade de la composition, l'intrigue se développe de la manière suivante : dans le premier acte, « demande en mariage de Maria Teresa, sa mort. Discours du moine contre les "Indépendants" lors du tremblement de terre de Caracas, affranchissement des esclaves et les différentes interventions de Bolivar dans ces mémorables circonstances » ; dans le deuxième, « entrée de Bolivar à Caracas. Le char de triomphe avec Josefina Madrid (tout cela suggéré, ce n'est pas une pièce à grand spectacle). Le décret de la Guerre à Muerte. Bovès. Le bal de

---

401 Alain Paire, *Chronique des Cahiers du Sud 1914-1966*, éd. citée, p. 166.
402 *Ibid.*, p. 182.
403 Lettre de Jules Supervielle à Marcel Arland du 10 octobre 1932, voir *infra*.
404 *Bosque sin horas, Jules Supervielle*, anthologie de poèmes traduits par Rafael Alberti, Pedro Salinas, Jorge Guillén, Mariano Brull et Manuel Altolaguirre, Madrid, Editorial Plutarco, S.A., 1932.

Valencia sous la direction du cruel général espagnol. » Puis, « le 3ᵉ Acte commence par 3 tableaux rapides : Casa Cosima, le Passage des Andes, l'entrevue de Santa Ana. Puis Manuela et son mari. Réception à Lima où les plus belles Péruviennes supplient Bolivar de ne pas quitter leur pays. ». Le quatrième acte comporte enfin « la confédération de Bogota et le rôle qu'y joua Manuela. La fin de Bolivar suggérée dans un rêve du héros[405]. »

Supervielle tente également de faire prendre *La Belle au bois* à la Comédie-Française, sur les conseils de Paulhan. Il continue de venir en aide à de jeunes poètes, comme Patrice de La Tour du Pin, poète auquel Supervielle dédiera la section « Légendaires » dans le recueil de 1959, *Le Corps tragique*. Quant à La Tour du Pin, il dédie à Supervielle l'un de ses premiers et plus célèbres poèmes, « Enfants de septembre », dans *La Quête de joie*[406]. Supervielle, à qui il avait apporté son manuscrit, avait fait publier son poème « La Quête de joie » dans *La N.R.F.* en juillet 1932[407] ; à la même date, il avait recommandé le jeune poète, qu'il avait présenté comme « extraordinairement doué[408] », à Ballard, directeur des *Cahiers du Sud*, ce qui avait donné lieu à une publication dans cette revue en novembre 1932. Patrice de La Tour du Pin avait alors 19 ans. La lettre de Supervielle à La Tour du Pin datée du 9 octobre 1946 évoque la présentation de ses poèmes à Paulhan comme l'une de ses « plus belles fiertés d'écrivain[409] ». Au début de l'année 1933, c'est à Jacques Maritain que Supervielle recommande ensuite La Tour du Pin, qu'il présente comme « un vrai poète[410] ».

En avril, il séjourne à Port-Cros, où le rejoint Michaux, qui « plus Michelin que jamais », « enchante[411] » la compagnie avant de repartir pour Marseille au mois de mai.

En juin paraît, chez Corrêa, *Boire à la source, confidences de la mémoire et du paysage*[412] : Supervielle y recueille notamment ses souvenirs d'Uruguay

---

405 Lettre de Jules Supervielle à Valery Larbaud du 16 octobre 1933, *Choix de lettres*, éd. citée, p. 548.
406 Patrice de La Tour du Pin, *La Quête de joie*, publié à compte d'auteur aux éditions de la Tortue en 1933, repris chez Gallimard en 1939.
407 Patrice de La Tour du Pin, « La Quête de joie », *La N.R.F.*, n° 226, juillet 1932.
408 Lettre de Jules Supervielle à Jean Ballard de juillet 1932 citée par Alain Paire, *Chronique des Cahiers du Sud*, éd. citée, p. 184.
409 Lettre de Jules Supervielle à Patrice de La Tour du Pin du 9 octobre 1946, citée dans Jules Supervielle, *Œuvres poétiques complètes*, éd. citée, p. 1030.
410 Lettre de Jules Supervielle à Jacques Maritain du 5 janvier 1933, voir *infra*.
411 Lettre de Jules Supervielle à Jean Paulhan du 23 avril 1933, *Choix de lettres*, éd. citée, p. 114.
412 Jules Supervielle, *Boire à la source, Confidences de la mémoire et du paysage*, éd. citée.

ÉLÉMENTS D'UNE BIOGRAPHIE

et des Pyrénées, en écho avec les poèmes d'*Oloron-Sainte-Marie*. L'ouvrage provoque les félicitations de Mathilde Pomès[413], de Franz Hellens, lui-même « spécialiste de l'enfance[414] ». Dans *Excelsior*, Edmond Jaloux, écrivain et critique littéraire, donne un compte rendu élogieux de l'ouvrage, « un des plus jolis » de Supervielle[415]. L'ami Julien Lanoë adresse à Supervielle une lettre enthousiaste le 26 juin 1933 :

> Quelle merveilleuse leçon vous donnez aux hommes d'aujourd'hui qui ont toujours la tête trop haute et la bouche pleine de paroles ! Votre façon de vous soumettre, de vous prêter, de vous pencher, de murmurer, de sourire d'un air évasif, de comprendre à demi-mot, de vous avancer en silence, de vous arrêter avec timidité, d'ébaucher un geste, et malgré tant de discrétion, peu à peu vous prenez le large, vous vous éloignez en plein mystère[416].

Le 13 juillet, Supervielle est nommé chevalier de la Légion d'honneur : il est heureux « de cette promotion qui [l'] enrubanne[417] » pour sa famille de Montevideo, qui lui télégraphie pour l'occasion. Mathilde Pomès, elle-même décorée l'année précédente, lui adresse aussi ses félicitations, de même que Jean Paulhan.

L'été, puis l'automne, se passent à Port-Cros. Les amis vont et viennent, l'on rencontre Jouhandeau, Michaux, Arland : Supervielle se félicite de la présence de celui qu'il appelle à présent « Marcel » dans les lettres à Paulhan, et en profite pour lui montrer ses vers. De son côté, il lit avec patience et intérêt les œuvres de Paulhan, et découvre ce qui deviendra le *Traité du ravissement*, « "passionnant" comme un roman policier[418] ». Paulhan viendra le rejoindre sur l'île au mois d'août, à la Vigie.

En novembre, Paulhan publie un poème et une déclaration de Supervielle dans le « Tableau de la poésie française » donné par *La N.R.F.* : le discours théorique, petit à petit, s'élabore. Ce texte témoigne des liens qui l'unissent à *Boire à la source*, paru la même année, si l'on songe en

---

413 Lettre de Jules Supervielle à Mathilde Pomès du 2 août 1933, voir *infra*.
414 Lettre de Jules Supervielle à Franz Hellens du 19 juillet 1933, voir *infra*.
415 Edmond Jaloux, « *Boire à la source*, par Jules Supervielle (R.-A. Corrêa) », *Excelsior*, 7 décembre 1933.
416 Lettre de Julien Lanoë à Jules Supervielle du 26 juin 1933, citée dans Jules Supervielle, *Œuvres poétiques complètes*, éd. citée, p. 806.
417 Lettre de Jules Supervielle à Mathilde Pomès du 2 août 1933, voir *infra*.
418 Lettre de Jules Supervielle à Jean Paulhan du 17 septembre 1933, *Choix de lettres*, éd. citée, p. 124.

particulier au récit de l'invasion des sauterelles, « myriades infatigables et obscures, derrière quoi le soleil n'était plus qu'une lampe au verre fumé et toujours prête à s'éteindre[419] ». De fait, dans le « Tableau de la poésie française », Supervielle recourt à nouveau à l'image du soleil obscurci, annonçant celle du « Nocturne en plein jour[420] », pour développer cette fois l'idée que ce sont les monstres intérieurs, la part d'ombre enfouie en lui, que l'écrivain cherche à amener à la surface, sans évacuer pour autant leur étrangeté et leur mystère :

> Je me donne l'illusion de seconder l'obscur dans son effort vers la lumière pendant qu'affleurent à la surface du papier les images qui bougeaient, réclamaient dans les profondeurs. Après quoi je sais un peu mieux où j'en suis de moi-même, j'ai créé de dangereuses puissances et je les ai exorcisées, j'en ai fait des alliées de ma raison la plus intérieure[421].

1934

Au début de l'année 1934, Supervielle est touché par le malheur qui frappe son ami Julien Lanoë : celui-ci, en février, perd son père et sa mère la même semaine. Ce drame lui rappelle celui qu'il a lui-même subi dans sa toute petite enfance :

> Ainsi autrefois quand je n'étais qu'un enfant perdis-je mes parents à quelques jours d'intervalle, l'un ayant soigné l'autre jusqu'au moment où ses forces l'abandonnaient[422].

L'événement est rarement mentionné dans la correspondance. Dans la « Chronologie des principaux événements de ma vie » qu'il adresse à Étiemble, à la demande du critique préparant une étude sur son œuvre, Supervielle écrit :

> Premier voyage en France à l'âge de 8 mois. Mort de mes parents dans la même semaine à Oloron Ste Marie. Pour cette partie de mon enfance je vous renvoie à *Boire à la source*. Je n'en sais pas plus[423].

---

419 Jules Supervielle, *Boire à la source, Confidences de la mémoire et du paysage*, éd. citée, p. 90.
420 Jules Supervielle, « Nocturne en plein jour », *La Fable du monde*, Paris, Gallimard, 1938.
421 Jules Supervielle, « L'Escalier », « Tableau de la poésie française », II, *La N.R.F., op. cit.*, p. 670-671.
422 Lettre de Jules Supervielle à Julien Lanoë du 25 février 1934, voir *infra*.
423 Lettre de Jules Supervielle à René Étiemble du 8 décembre 1939, *Correspondance 1936-1959*, éd. citée, p. 36.

La référence à *Boire à la source* et l'aveu d'une ignorance – valant incapacité ou refus de développer le propos – sont significatifs : de fait, cette double perte imprègne l'écriture, du « Portrait » qui ouvre *Gravitations* à la quête de l'identité qui structure *Boire à la source*.

En janvier, Supervielle met au point le recueil *Les Amis inconnus*, qui paraîtra en juillet. Il termine également une première version de *Bolivar*, qu'il cherche à faire jouer : en mars, la pièce est donnée en lecture à la Comédie-Française, ce qui suscite l'inquiétude de Supervielle. De fait, cette période d'intense activité est également marquée par plusieurs malaises, « d'origine nerveuse et sans aucune gravité[424] », écrit-il à Larbaud, qu'ont pu observer les amis de Supervielle.

Il se rend à Port-Cros pour le mariage de sa fille Françoise avec Pierre David, qui a lieu le 21. Ricardo Paseyro évoque la cérémonie. C'est Supervielle qui a souhaité qu'elle ait lieu sur l'île ; « aussi beau que sa fiancée était belle, Pierre David, de vieille souche normande, avait tout pour plaire à Supervielle : le raffinement, l'élégance, l'esprit, l'amour de la nature, la passion des lettres. Libre de son temps, il s'en servait en esthète ; catholique et royaliste, il était lié aux cercles traditionalistes[425]. » De fait, Supervielle sera très proche de son gendre, auquel il dédiera, dans *Oublieuse mémoire*, le poème « L'Escalier ». Il dédicacera en ces termes le recueil du même nom à Françoise et Pierre David :

> Pour Françoise et Pierre, qui m'ont évité les fatigues de l'escalier familial pour ne me faire connaître que les joies aériennes d'une exquise ascension[426].

Pierre David, après la Seconde guerre mondiale, deviendra avec Roger Caillois co-directeur de la revue de Susana Soca, *La Licorne*, à laquelle collaborera Supervielle.

Rentré à Paris, il prévoit de rendre visite à Larbaud, qui, fin mai, s'apprête à quitter la capitale pour Challes, afin d'y suivre une cure. Il s'agit pour Supervielle de récupérer le manuscrit de *Bolivar*, qu'il avait communiqué à Larbaud, et de recueillir ses impressions. De fait, celui-ci note dans son journal que, depuis son retour d'Angleterre, « [s]a seule

---
424 Lettre de Jules Supervielle à Valery Larbaud du 25 mai 1933, *Choix de lettres*, éd. citée, p. 548.
425 Ricardo Paseyro, *Jules Supervielle, Le Forçat volontaire*, éd. citée, p. 158.
426 Dédicace citée dans Jules Supervielle, *Œuvres poétiques complètes*, éd. citée, p. 950.

lecture [...] aura été le *Bolivar* Jules Supervielle[427]. » La visite a lieu à cinq heures, le 1er juin. Larbaud évoque avec une grande précision les remarques qu'il formule à Supervielle. Il le félicite d'abord que la pièce soit, dans l'ensemble « beaucoup plus "Supervielle" qu'[il] ne l'avai[t] prévue » : Larbaud craignait en effet le poids de la documentation historique, très abondante, accumulée par Supervielle. Il note encore « le délicat équilibre cherché et trouvé, les pesées successives, l'agencement d'un mécanisme délicat » : mais si celui-ci apparaît à la lecture, Larbaud relève qu'il n'en sera pas de même à la scène, où l'on a « le résultat », « l'impression produite sur l'auditeur, conforme à l'impression qu'on a voulu produire. » Larbaud explique avoir cherché en vain plusieurs épisodes-clés : le serment sur le Mont-Sacré, l'offre de la couronne et le refus de Bolivar. Mais Supervielle expose ses hésitations ; ils tombent d'accord sur la nécessité de préciser ces points, « important[s] au point de vue du public français, qui ne sait presque rien de Bolivar ». Larbaud fait deux objections, pour la même raison, sur le nom de « Premier Nicanor », traduit de l'espagnol « Primero », et sur la « scène dansée sans musique entre Bolivar et Manuela », qui risque d'être « difficile pour les acteurs ». Larbaud termine en évoquant les uniformes – sujet qui le passionne – et le drapeau de Bolivar, qu'il conviendrait, dit-il, de « montrer au moins une fois ». Larbaud complimente enfin Supervielle sur « l'agencement des scènes » et « l'intérêt dramatique » ; l'écrivain lui répond « qu'il s'était senti porté et soulevé par la personnalité de Bolivar[428]. » Les suggestions de Larbaud sont d'une extrême importance pour Supervielle : il inclut la présentation des drapeaux, ainsi que l'offre de la couronne et son refus dans le tableau de Lima ; pour autant, Supervielle manifeste sa liberté en maintenant par exemple la danse de Bolivar et Manuela. La raison du rejet de la scène du Mont-Sacré est également éclairée : il s'agit de « la conception fondamentale de la pièce », « la fidélité de Bolivar à Maria-Teresa del Toro vivante ou morte », véritable « sujet de la pièce, où l'action, l'œuvre militaire et politique », est « une parenthèse[429] ». Au-delà de la dimension historique, l'on perçoit ainsi la permanence des grands thèmes qui imprègnent l'écriture de Supervielle, au théâtre

---

427 Valery Larbaud, *Journal*, texte établi, préfacé et annoté par Paule Moron, Paris, Gallimard, 2009, p. 1174.
428 *Ibid.*, p. 1175.
429 *Ibid.*, p. 1176.

comme en poésie ou dans les contes : l'angoisse de la mort, et, comme dans *Robinson*, la question de la survie de l'amour à la mort.

Supervielle communique également le manuscrit de *Bolivar* à Jean Giraudoux, afin de recueillir ses impressions. Or, selon la lettre qu'il adressera le 20 mars 1957 à Tatiana W. Greene, Giraudoux aurait alors volontairement égaré son manuscrit, dont il aurait utilisé un passage pour composer *La Guerre de Troie n'aura pas lieu*[430] :

> Oui, il s'agit bien de ce passage mais je ne puis pas dire que Giraudoux me l'ait *ravi*.
> Il s'en est inspiré et c'est certainement moi qui lui en ai donné l'idée. J'ai même communiqué ma pièce à Giraudoux alors qu'elle était inédite pour avoir son impression. Il a "égaré mon manuscrit." Je n'ai pas pu le ravoir quand je le lui ai réclamé[431].

Sans aller jusqu'à l'accusation de plagiat, Supervielle évoque une « inspiration », idée qu'il précisera dans la lettre à Tatiana W. Greene du 9 avril 1957 : il rapproche le « discours aux morts » d'Hector, à la scène 5 de l'acte II de *La Guerre de Troie n'aura pas lieu*, et le discours où Bolivar, pendant le passage des Andes, évoque ses soldats morts et les fait revivre devant les vivants, dans le tableau VIII de la pièce éponyme[432].

Au mois de juillet paraissent une nouvelle édition de luxe de *Débarcadères*, chez l'éditeur Stols[433], et le recueil *Les Amis inconnus*[434]. Supervielle adresse le premier ouvrage à Marcel Arland, assorti d'une dédicace qui témoigne du resserrement de leurs liens, et de son admiration pour l'œuvre de son ami :

> Pour Marcel Arland / à qui je dois de si beaux / voyages intérieurs / son ami / Jules Supervielle[435]

---

430 Jean Giraudoux, *La Guerre de Troie n'aura pas lieu*, Paris, Grasset, 1935.
431 Lettre de Jules Supervielle à Tatiana W. Greene du 20 mars 1957, citée par T. W. Greene, *Jules Supervielle*, éd. citée, p. 416.
432 Lettre de Jules Supervielle à Tatiana W. Greene du 9 avril 1957, citée par T. W. Greene, *ibid.*, p. 417.
433 Jules Supervielle, *Débarcadères*, édition revue et augmentée, Maëstricht, Paris, Bruxelles, À l'enseigne de l'Alcyon, A. A. M. Stols, 1934.
434 Jules Supervielle, *Les Amis inconnus*, Paris, Gallimard, 1934.
435 Jacques Poirier, « La bibliothèque de Marcel Arland », *in Marcel Arland, lecteur, éditeur, écrivain*, sous la direction de Bruno Curatolo et Yvon Houssais, Dijon, Éditions Universitaires de Dijon, 2015, p. 62.

Cette réédition de *Débarcadères*, dite « augmentée », témoigne d'un important travail de suppression et de correction des textes de 1922, afin de gagner en clarté et en concision. Quant au second volume, son titre reprend l'expression couramment utilisée depuis la fin du XIXe siècle pour désigner la communauté des lecteurs d'un écrivain. Structuré en douze sections, l'ouvrage est présenté par Supervielle comme « un livre d'amicale compréhension universelle[436] », qui témoigne d'une évolution par rapport au précédent recueil, *Le Forçat innocent* – marqué par la thématique de la prison intérieure – tout en continuant à interroger l'étrangeté de la relation avec le monde, même si s'exprime le rêve d'une familiarité. L'écriture du recueil confirme une tendance esquissée depuis la réécriture de *Gravitations* en 1932, vers « une forme poétique plus régulière et plus dense », « une régularité métrique plus affirmée[437] », quelquefois un recours à la rime, le vers libre se faisant fort rare. L'ouvrage reçoit un accueil souvent positif, de la part de Jean Cassou, dans *Les Nouvelles littéraires*[438], d'André Fontainas, dans le *Mercure de France*[439], ou de Léon-Gabriel Gros dans *Les Cahiers du Sud*[440]. Rolland de Renéville en propose une analyse précise dans *La N.R.F.*[441] : Supervielle la trouve « fort bien » – malgré une tendance de Renéville à user d'un « vocabulaire trop abstrait[442] ». Le 14 août, l'écrivain reçoit une lettre élogieuse de Valery Larbaud :

> En rentrant de Savoie, j'avais trouvé ici *Les Amis inconnus*, je les avais lus, et je voulais vous remercier de me les avoir envoyés, et vous féliciter d'avoir publié ce nouveau recueil qui ajoute son or au trésor de la lyrique française. (Je l'ai près de moi sur le bureau où je travaille, et de temps en temps je m'interromps pour en savourer un peu[443].)

Le 19 août, Larbaud souligne à nouveau le plaisir qu'il trouve à lire le recueil de Supervielle dans une lettre à Georges Jean-Aubry : il lui

---
436 Dactylogramme d'une causerie diffusée sur la chaîne nationale, le 13 novembre 1951 (A. Rivain producteur), cité dans Jules Supervielle, *Œuvres poétiques complètes*, éd. citée, p. 811.
437 Jules Supervielle, *ibid.*, p. 812.
438 Jean Cassou, *Les Nouvelles littéraires*, 14 juillet 1934.
439 André Fontainas, *Mercure de France*, n° 867, 1er août 1934.
440 Léon-Gabriel Gros, *Les Cahiers du Sud*, n° 165, octobre 1934.
441 André Rolland de Renéville, *La N.R.F.*, n° 252, 1er septembre 1934.
442 Lettre de Jules Supervielle à Jean Paulhan du 29 août 1934, *Choix de lettres*, éd. citée, p. 135.
443 Lettre de Valery Larbaud à Jules Supervielle du 14 août 1934, *La Nouvelle Revue de Paris*, *op. cit.*, p. 97.

déclare qu'il reprend le recueil « de temps en temps, l'ayant placé sur [s]on bureau, à portée de [s]a main, comme un amateur de liqueurs aurait une bouteille favorite en permanence sur sa table, pour en boire un petit verre, – une copita, – de temps en temps[444] [...] ».

Courant juillet, après un séjour à Port-Cros auprès de Paulhan, Supervielle se rend dans la Méditerranée espagnole, à Tossa del Mar et à Barcelone. Selon Ricardo Paseyro, l'écrivain n'a pas conscience de la guerre civile qui se prépare alors[445]. Il arrive en train à Tossa, dans la province de Gerona, près de Barcelone. L'endroit est à la mode : Supervielle y retrouve Chagall et les siens. Il avait notamment fréquenté ce peintre chez Jacques Maritain : en début d'année, celui-ci l'avait introduit dans le Comité des Amis d'Arthur Lourié, compositeur et musicologue russe, comptant aussi Chagall parmi ses membres. À Tossa del Mar, les familles de Chagall et de Supervielle se voient quelquefois ; Ida et Denise, la fille du peintre et celle de l'écrivain, deviennent amies. Supervielle et Chagall visitent les églises romanes de la région, se rendent à Barcelone. Supervielle, au cours de ses longues promenades à pied, chaque soir, sur les landes de Catalogne, est frappé par le « paysage [...] brûlé[446] » qui s'offre à ses regards, et par les « belles ruines » des XIVe et XVe siècles, qui donnent à l'ensemble « une grandeur tourmentée et de bon aloi[447] ». Mais la maison de la Señora Holtzer, où il séjourne, est confortable : elle offre « des fauteuils profonds où le corps se met à rêver pour son propre compte[448] » ; et le manque de distractions – à part le ping-pong – ne le gêne pas, lui qui est occupé, « comme jamais [il] ne l'[a] été[449] », à plusieurs projets dramatiques. Il s'agit notamment d'adapter le roman *Le Voleur d'enfants*, à la demande de Jouvet – et au grand dam de Paulhan, peu réjoui de ce projet de transformation[450]. De fait, celle-ci donne du mal à Supervielle : malgré son profond désir d'être joué, il s'inquiète, se demande si la pièce intéressera le public, s'interroge sur le silence de Jouvet.

---

444 Lettre de Valery Larbaud à Georges Jean-Aubry du 19 août 1934, *Correspondance 1923-1935*, introduction et notes de Frida Weissman, Paris, Gallimard, 1971, p. 171.
445 Ricardo Paseyro, *Jules Supervielle, Le Forçat volontaire*, éd. citée, p. 162.
446 Lettre de Jules Supervielle à Jean Paulhan du 28 juillet 1934, *Choix de lettres*, éd. citée, p. 130.
447 Lettre de Jules Supervielle à Valery Larbaud du 2 décembre 1934, *ibid.*, p. 553.
448 Lettre de Jules Supervielle à Jean Paulhan du 8 août 1934, *ibid.*, p. 131.
449 Lettre de Jules Supervielle à Valery Larbaud du 31 juillet 1934, *ibid.*, p. 551.
450 Lettre de Jean Paulhan à Valery Larbaud du 5 septembre 1934, *Choix de lettres, I*, éd. citée, p. 326.

Mais voici que Michaux vient passer quelques jours à Tossa : le 23 août, il quitte les Canaries, où il avait accompagné Pierre et Françoise David, partis en voyage de noces. Ceux-ci arriveront à leur tour à Tossa del Mar, quelques jours plus tard. La correspondance de Supervielle, comme celle de Michaux, ne porte pas la trace des événements historiques qui agitent l'Espagne à ce moment-là : de fait, les troubles politiques annoncent déjà la guerre civile ; mais Supervielle, satisfait de son séjour, envisage même de s'installer en Espagne ou au Portugal.

Pendant cette période, l'écrivain commence à songer à un « long poème sur la Création du Monde où Dieu serait tour à tour lui-même et ce qu'il a fait[451] » : c'est le futur poème inaugural de *La Fable du monde*[452], « Le chaos et la création », qui commence à prendre forme. Très occupé, Supervielle travaille aussi à une traduction de Shakespeare : *Comme il vous plaira* sera publié chez Gallimard en 1935, puis dans la Bibliothèque de la Pléiade, dirigée par Jacques Schiffrin, en 1938[453] ; une autre traduction de Shakespeare suivra, en 1956, celle du *Songe d'une nuit d'été*[454], en collaboration avec son fils Jean. De fait, Supervielle admire vivement le dramaturge anglais : il se sent emporté par Shakespeare, comme par Molière, contrairement aux classiques français, qu'il n'admire que « littérairement[455] ». En outre, il apprécie tout particulièrement la pratique shakespearienne du mélange des vers et de la prose. Il s'écartera ainsi des conseils de Paulhan, l'engageant à écrire toute une pièce en vers[456].

L'adaptation de *Comme il vous plaira* est donnée en octobre au théâtre des Champs-Élysées ; c'est un échec. Ricardo Paseyro et Étiemble rapportent que dans un climat marqué par l'antisémitisme et la xénophobie, une cabale contre Barnowski, le metteur en scène, juif allemand, aurait entraîné la chute de la pièce, qui sera reprise ensuite avec succès,

---

451 Lettre de Jules Supervielle à Jean Paulhan du 29 août 1934, *Choix de lettres*, éd. citée, p. 135.
452 Jules Supervielle, *La Fable du monde*, Paris, éd. citée.
453 Jules Supervielle, *Comme il vous plaira*, de William Shakespeare, Paris, Gallimard, 1935, repris dans William Shakespeare, *Œuvres complètes*, tome II, Bibliothèque de la Pléiade, Paris, Gallimard, 1959.
454 Jules Supervielle, *Le Songe d'une nuit d'été*, de William Shakespeare, en collaboration avec Jean Supervielle, dans William Shakespeare, *Œuvres complètes*, tome III, Paris, Formes et reflets, 1956.
455 Entretien avec René Étiemble intitulé « Dieu, la critique et l'art », René Étiemble, *Supervielle*, éd. citée, p. 259.
456 Lettre de Jean Paulhan à Jules Supervielle du 26 mai 1940, *Choix de lettres*, tome II, 1937-1945, Traité des jours sombres, Paris, Gallimard, 1992, p. 173-174.

à Bruxelles en 1944, et à Paris par le Théâtre-Français en 1951[457]. Supervielle, lui, s'attribue une part de responsabilité : s'il avait travaillé son manuscrit un mois de plus, « cela aurait vibré davantage[458] », écrit-il à Paulhan. La pulsion de la réécriture, constante, jusqu'à la « correctomanie[459] », saisit encore une fois l'écrivain.

En ce mois d'octobre, Supervielle a quitté Tossa, où l'ami Michaux se trouve toujours. Le 4, celui-ci lui écrit pour lui « faire des commissions pour tout le monde » : Françoise, qui a laissé un « gros tas de monnaie », Jacques, qui a égaré un pantalon, ou encore Henry, pour qu'il lui envoie des brochures sur le Portugal... Surtout, Michaux souffre de la solitude dans laquelle le laisse le départ de Supervielle, même s'il a pu admirer à Barcelone les « derniers tableaux » de Dalí, qu'il trouve « de mieux en mieux » :

> J'ai un peu trop attendu pour vous dire que votre absence se faisait rudement sentir à Tossa.
> Il n'y a plus ici que de l'absence[460].

Rentré en France, Supervielle se trouve à la campagne, au Gennetay, où il peut satisfaire son goût pour le travail et les promenades. Accompagné d'un chien, il parcourt les bois d'Anjou, frappé que ceux-ci reposent, presque tous, « sur des caves et des souterrains[461] », sensible à la présence des faisans et des lièvres. Il reçoit à nouveau des nouvelles de Michaux, qui se trouve à présent au Portugal. Le 25, celui-ci lui écrit de l'hôtel Tivoli, à Lisbonne, son enthousiasme :

> Après Madrid, passable (j'y suis resté 6 jours au lieu d'un. Mais après les Catalans, Barcelone, qu'est-ce qu'on ne trouverait pas bien ?), je suis enfin arrivé au pays et à la race qui me plaisent.
> Un triple hurrah ! que je pousserais si je n'avais la grippe[462].

---
[457] René Étiemble, *Supervielle*, éd. citée, p. 60 et Ricardo Paseyro, *Jules Supervielle, Le Forçat volontaire*, éd. citée, p. 164.
[458] Lettre de Jules Supervielle à Jean Paulhan du 22 octobre 1934, *Choix de lettres*, éd. citée, p. 136.
[459] Lettre de Jules Supervielle à Jean Paulhan du 22 août 1955, *ibid.*, p. 411.
[460] Lettre d'Henri Michaux à Jules Supervielle du 4 octobre 1934, IMEC, transcription effectuée à partir de celle de Raymond Bellour, avec le concours de Franck Leibovici.
[461] Lettre de Jules Supervielle à Jean Paulhan du 22 octobre 1934, *Choix de lettres*, éd. citée, p. 136.
[462] Lettre d'Henri Michaux à Jules Supervielle du 25 octobre 1934, IMEC, transcription effectuée à partir de celle de Raymond Bellour, avec le concours de Franck Leibovici.

L'exaltation se confirme dans la lettre du 5 novembre 1934, même si elle ne durera pas, le sentiment de ne pas trouver son lieu revenant comme toujours chez Michaux :

> C'est la première fois que dans un pays, [...] dans un climat... dans une ville, un village, ou une plage, dans une maison, dans un entourage [...] dans les rues, dans la langue qu'on parle...
> RIEN NE ME BLESSE.
> Vous savez que ce n'est pas de la blague que tout me fait mal, que ça ne va jamais et qu'à cause de cela, j'ai toujours à parler de moi, de mes tracas plus ou moins transposés.
> ICI TOUT ÇA C'EST FINI [...]
> Je ne suis plus obligé de vivre en révolte et sur mes nerfs, et toujours souffrant, de me pencher sur mon cas. Non ? Et pour la première fois aussi, j'écris par goût, et plus du tout sur moi. Par exemple des imaginations plutôt drôles (des récits) et d'un style nouveau[463].

Au-delà de ce qui, au premier abord, semble distinguer les œuvres de Supervielle et de Michaux, l'on prend la mesure de ce qui les rapproche : un difficile rapport au monde et une extrême sensibilité, qui amènent l'un à la « révolte », l'autre à la recherche, douloureuse, sans cesse reconduite, d'une forme d'apaisement. Connaissant bien son ami, Michaux, dans chacune de ses lettres, lui demande aussi des nouvelles de ses pièces. De fait, Supervielle les reprend, encore, toujours. Il travaille alors au *Voleur d'enfants*, conformément aux sollicitations de Jouvet, et à *Bolivar*, en vue de la Comédie-Française : Émile Fabre, qui en est alors l'administrateur général, trouve la pièce « un peu particulière », « un peu surprenante[464] », mais lui promet son appui. De fait, la Comédie-Française acceptera la pièce au printemps 1935. Mais en attendant, la lassitude gagne Supervielle : « assez de théâtre, du moins pour longtemps[465] ! » La concession, qui suit immédiatement l'affirmation, dit bien la force de son attraction pour l'écriture dramatique. Pourtant, il s'attelle à présent à son « livre de contes » – *L'Arche de Noé*, qui sera publié en 1936 – et à des poèmes.

---

463 Lettre d'Henri Michaux à Jules Supervielle du 5 novembre 1934, IMEC, transcription effectuée à partir de celle de Raymond Bellour, avec le concours de Franck Leibovici.
464 Lettre de Jules Supervielle à Valery Larbaud du 31 juillet 1934, *Choix de lettres*, éd. citée, p. 551.
465 Lettre de Jules Supervielle à Jean Paulhan du 22 octobre 1934, *ibid.*, p. 136.

1935

Au printemps 1935, Supervielle se rend à nouveau à Port-Cros, où il reste jusqu'au mois de mai. À cette époque, *Bolivar* est accepté à la Comédie-Française.

Puis, de juillet à fin septembre, il séjourne à Mirmande, dans la Drôme, « un beau pays pour peintres[466] », aux côtés d'André Lhote et son épouse, Marguerite. Le peintre, qui dessine souvent le visage de Pilar, est un ami de Supervielle : il a illustré les *Poèmes de l'humour triste*, puis la plaquette *Oloron-Sainte-Marie*, et il a initié Supervielle à l'art moderne. L'écrivain lui a dédié « Le Filanzane » dans le recueil de 1919, *Poèmes*. Pour autant, le séjour est marqué par des tracasseries : piqûres d'insectes, ennuis dentaires... Le thème de la maladie est déjà apparu dans les lettres de Supervielle, et ira en s'approfondissant, comme dans son œuvre : les rapports difficiles, obscurs, avec le corps caverneux, constituent l'une des grandes angoisses de l'écrivain. Paulhan commence alors à ressentir de l'inquiétude pour la santé de son ami :

> Jules Supervielle a été souffrant : je crains que l'attente, l'anxiété (ces promesses, que les directeurs de théâtre ne tiennent pas ; cette richesse, mais qui est ailleurs et ne voyage pas) ne le ramènent à une neurasthénie, à laquelle il a eu tant de peine à échapper, voici trente ans. Oui, j'en suis vraiment inquiet. Jamais il n'a eu plus grand besoin qu'aujourd'hui de se sentir aimé encouragé. Et peut-être ai-je tort de ne pas parvenir à aimer ses pièces, de le lui dire[467].

Surtout, à Mirmande règne l'ennui – au point que deux des fils de Supervielle, Jean et Jacques, plient bagage et se rendent à Port-Cros, auprès de Paulhan. Supervielle tente de faire venir Michaux ; mais celui-ci, qui séjourne à Anvers, y travaille trop bien à son *Voyage en Grande Garabagne*, qui paraîtra l'année suivante[468]. Il invite en vain Supervielle en Belgique, lui vantant l'air « *invigorating*[469] », la vie bon marché... Supervielle, cependant, fait son miel de l'ennui de Mirmande :

---

[466] Lettre de Jules Supervielle à Valery Larbaud du 10 août 1935, *ibid.*, 555.
[467] Lettre de Jean Paulhan à Valery Larbaud du 16 juillet 1935, *Choix de lettres, I*, éd. citée, p. 348.
[468] Henri Michaux, *Voyage en Grande Garabagne*, Paris, Gallimard, 1936.
[469] Lettre d'Henri Michaux à Jules Supervielle du 28 juillet 1935, IMEC, voir *infra*.

la bibliothèque est riche en livres anglais, il lit des poètes modernes et contemporains, ce qui l'amène à constater qu'en poésie, « il y a une école de Paris depuis Rimbaud et Mallarmé[470] ». Surtout, Supervielle travaille. Il laisse provisoirement de côté les corrections demandées par Jouvet à sa pièce *Le Voleur d'enfants*.

Pendant le séjour à Mirmande, il écrit des poèmes, dont « Lettre à l'étoile », « Voulant modestement me tenir compagnie » et « Allons, mettez-vous là au milieu de mon poème » qui seront recueillis dans *La Fable du monde* en 1938. Certains seront d'abord données dans la suite « Lettre à l'étoile », qui paraîtra dans *La N.R.F.* en janvier 1936[471]. Il prend connaissance du numéro que lui consacre la revue belge *L'Avant-Poste*, dirigée par Maurice Quoilin : le « Cahier spécial consacré à Jules Supervielle[472] » contient des textes de l'écrivain lui-même, et comporte notamment des contributions de Cassou, Sénéchal, Rolland de Renéville. Supervielle fait cependant part de sa déception à Michaux, qui trouve lui aussi le numéro « peu brillant », et relève « de la bonne volonté surtout[473] ».

À son retour à Paris, Supervielle déménage : il quitte le 47, boulevard Lannes pour le 82, rue de la Faisanderie. Le premier lui paraissait bruyant, vieillot ; le second est étroit mais moderne, et se situe toujours dans le XVIe arrondissement, où Supervielle réside depuis vingt-trois ans. Le 20 octobre, il déjeune avec Michaux, Rolland de Renéville et Paulhan à la Grande Chaumière. Supervielle connaît à cette période une déception : alors que Jouvet l'avait engagé à adapter son roman *Le Voleur d'enfants* pour le théâtre et lui avait suggéré des corrections, il monte finalement la pièce de Giraudoux, *La Guerre de Troie n'aura pas lieu*[474], créée le 22 novembre 1935 au Théâtre de l'Athénée. Supervielle est extrêmement déçu, et sa rivalité avec Giraudoux s'en trouve accentuée. L'épisode donne lieu à un ressentiment persistant : en août 1941, Hélène Hoppenot notera, dans son journal, que Supervielle, « très amer, [...] se plaint de ce que Jouvet n'ait jamais songé à monter une de ses

---

470 Lettre de Jules Supervielle à Jean Paulhan du 23 juillet 1935, *Choix de lettres*, éd. citée, p. 143.
471 Jules Supervielle, « Lettre à l'étoile », *La N.R.F.*, n° 268, janvier 1936, p. 17-20.
472 « Cahier spécial consacré à Jules Supervielle » par la revue l'Avant-Poste, Verviers-Bruxelles, 1935.
473 Lettre d'Henri Michaux à Jules Supervielle du 28 juillet 1935, voir *infra*.
474 Jean Giraudoux, *La Guerre de Troie n'aura pas lieu*, Paris, Grasset, 1935.

pièces ; l'on sent qu'il trouve que sa "Belle au Bois" vaut bien l'*Ondine* de Giraudoux[475]. »

Dans la suite du mois, le 30 novembre 1935, a lieu le mariage de sa première fille, Denise, avec Pierre Bertaux, qui est alors jeune professeur de lycée à Orléans.

1936

Au début de l'année 1936, Supervielle travaille à la représentation de *Bolivar*, qui doit être donné en mars à la Comédie-Française : il écrit à Émile Fabre pour commenter sa mise en scène, n'hésitant pas à formuler, avec tact et habileté, des critiques et des suggestions[476]. Il commande à un jeune peintre espagnol, Juan José Luis González Bernal, installé à Paris depuis 1929, des esquisses présentant l'action de l'œuvre et des maquettes à la gouache pour le décor. La pièce, composée de onze tableaux, sera donnée avec des ballets de Serge Lifar, une musique de Darius Milhaud et des décors d'André Boll. La distribution est prestigieuse : Maurice Escande joue Bolivar ; René Alexandre, Boves ; Fernand Ledoux, Premier Nicanor ; Marie Bell, Manuela Sánchez ; Gisèle Casadesus, Maria Teresa ; Berthe Bovy, Precipitacion. Supervielle est alité, mais le souci de sa pièce le plonge dans une activité fébrile. Il envoie à Gangotena une place pour un fauteuil d'orchestre pour la répétition du 28 février, en matinée[477]. Le 26 février, Michaux, invité également par son ami, lui adresse un pneumatique afin de convenir avec lui de la représentation à laquelle il se rendra :

> Y a-t-il, entre la répétition générale et Samedi, une sorte de répétition des couturières Vendredi après-midi ? Si oui, et s'il ne t'est pas plus difficile de me donner une place à l'une qu'à l'autre, je préfèrerais Vendredi.
> Sinon Samedi.
> Et mes meilleurs vœux. Je voudrais tant que la pièce soit un succès[478].

---

475 Hélène Hoppenot, *Journal 1940-1944*, édition établie, introduite et annotée par Marie France Mousli, collection « Pour Mémoire », Éditions Claire Paulhan, Condé-sur-Noireau, 2019, p. 119.
476 Lettre de Jules Supervielle à Émile Fabre du 12 février 1936, voir *infra*.
477 Carte de visite de Jules Supervielle à Alfredo Gangotena, *Sous le Figuier de Port-Cros*, éd. citée, p. 71.
478 Pneumatique d'Henri Michaux à Jules Supervielle du 26 février 1936, voir *infra*.

Mais la pièce est un échec : elle ne tient l'affiche que quinze jours. Selon Ricardo Paseyro et Étiemble[479], la date de la création est en cause. Le temps est celui du Front populaire, et les ligues d'Action française ont été dissoutes le 13 février, après l'agression commise par les Cagoulards contre Léon Blum : la violence monte. Lors de la première, le 1er mars, la salle témoigne des clivages politiques : si quelques spectateurs apprécient la pièce à l'aune de sa valeur esthétique, les autres prennent parti pour ou contre la figure révolutionnaire du *Libertador*. Ricardo Paseyro évoque également la mise en scène, qui aurait eu un impact négatif : selon Jean-Louis Vaudoyer, futur administrateur du Français, dans *Les Nouvelles littéraires*, « le texte se sacrifie au spectacle », Darius Milhaud et Serge Lifar ayant imposé à l'œuvre « le caractère d'opéra qu'elle semble attendre pour paraître achevée[480] ». Ainsi, au bout de quinze jours, la pièce est retirée de l'affiche.

Supervielle est extrêmement déçu : « le théâtre est un art bien trop bruyant », écrit-il à Paulhan, pour se corriger aussitôt : « Et pourtant il m'attire[481]. » Pour surmonter l'échec, il part tout d'abord à Londres, avec Pilar, au mois d'avril : si *Bolivar* est « le plus mauvais de [s]es ouvrages », écrit-il avec amertume, il lui a au moins rapporté « un peu d'argent[482] », qui servira à ce voyage. Londres, que Pilar ne connaissait pas encore, leur plaît énormément : le couple est frappé par le « calme extraordinaire » de cette « immense ville de province[483] ». Mais Supervielle n'en oublie pas le théâtre pour autant : il écrit quelques vers, et corrige en même temps les épreuves de *Bolivar*, dont le texte paraîtra en juillet, suivi de celui de *La Première famille*, chez Gallimard[484].

C'est ensuite un nouveau voyage en Amérique qui se prépare, avec Michaux cette fois, à l'occasion du XIVe Congrès international des Pen Clubs qui doit se tenir à Buenos Aires, sur la proposition de Victoria Ocampo, du 5 au 15 septembre. Les délégués français sont Benjamin Crémieux et Jules Romains ; Supervielle et Georges Duhamel sont invités d'honneur. À la suite du désistement d'André Maurois, Victoria

---

479 Ricardo Paseyro, *Jules Supervielle, Le Forçat volontaire*, éd. citée, p. 166-168, et René Étiemble, *Supervielle*, éd. citée, p. 60.
480 Jean-Louis Vaudoyer, *Les Nouvelles littéraires*, 7 mars 1936, cité par Tatiana W. Greene, *Jules Supervielle*, éd. citée, p. 279.
481 Lettre de Jules Supervielle à Jean Paulhan du 2 avril 1936, *Choix de lettres*, éd. citée, p. 157.
482 *Ibid.*
483 Lettre de Jules Supervielle à Jean Paulhan du 22 avril 1936, *ibid.*, p. 158.
484 Jules Supervielle, *Bolivar*, suivi de *La Première Famille*, éd. citée.

Ocampo a proposé Michaux. Le 7 juin, celui-ci écrit à Supervielle pour lui faire part de son enthousiasme au sujet d'un voyage au Brésil, prévu pour les congressistes :

> Je viens de recevoir une lettre-programme de l'*Exprinter* qui me laisse tout « chose ». Tu sais que le Brésil est un des seuls pays qui ait pour moi de l'« appel ».
> Mais je vois que pour les congressistes partant sur le *Florida* un voyage au Brésil est prévu du 10 Août au 23 Août (Corcovado. Petropolis. Île Paqual, Sao Paulo Santos et la forêt vierge !)
> Tu dois connaître une bonne partie de tout cela. Mais n'es-tu aucunement tenté ? Madame Supervielle, j'en suis sûr, adorerait ce voyage. (Tu verrais la famille au retour, longuement...)
> Si tu avais le quart de l'enthousiasme que j'ai pour cette expédition au Brésil, tu te déciderais tout de suite.
> Si tu acceptes, moi, c'est oui.
> VIENS[485].

Supervielle et Michaux s'embarquent sur le paquebot *Le Florida*, le 27 juillet, avec une vingtaine de congressistes, de nationalités diverses. La guerre civile vient d'éclater en Espagne, dans la nuit du 17 au 18 juillet, ce qui vient alourdir l'atmosphère du voyage et du congrès, à vocation humaniste : l'institution internationale des Pen Clubs a en effet été créée à Londres, en 1920, après la Première Guerre mondiale, dans le but de regrouper, dans un esprit pacifiste, des écrivains de toutes origines. Si le gouvernement allemand a obligé les membres du Pen Club résidant dans le Reich à se retirer, la délégation italienne, elle, est présente, d'où des rumeurs et des contestations – d'autant que Marinetti fait l'éloge de la guerre, et qu'Ungaretti et Puccini proclament « la vigueur de [leur] fascisme[486] ». Le 1er août, Supervielle annonce à Paulhan que « tout allait bien à bord quand nous eûmes ce matin la radio annonçant que six avions italiens de bombardements avaient survolé l'Algérie » ; il lui fait part également d'une anecdote : un passager clandestin a été découvert « dans l'armoire de sa promise[487] ».

Supervielle et Michaux retrouvent parmi les autres passagers Jacques et Raïssa Maritain. Des liens amicaux existent déjà entre Supervielle et les Maritain, et ils se resserrent pendant la traversée. De fait, à la fin

---
485 Lettre d'Henri Michaux à Jules Supervielle du 7 juin 1936, voir *infra*.
486 Lettre de Jules Supervielle à Jean Paulhan du 1er août 1936, *Choix de lettres*, éd. citée, p. 163.
487 *Ibid.*

du voyage, Supervielle offrira à ses amis un exemplaire de *Bolivar*, paru en juillet, accompagné d'une dédicace chaleureuse :

> à Jacques et Raïssa Maritain
> le dernier jour d'un beau voyage
> de tout cœur, Jules Supervielle
> En mer, le 13 août 1936[488].

Supervielle et les Maritain se reverront ensuite le 7 et 8 octobre, lors de leur séjour à Montevideo[489]. Une amitié naît également entre le couple et Michaux. Le paquebot, après des escales à Lisbonne, à Las Palmas, aux Canaries, se rend à Dakar, où est organisée, le soir, une excursion dans la savane : « Michaux tient à voir un tam-tam, peut-être même une danse du ventre[490] », écrit Supervielle à Paulhan. Michaux, frappé par cette vision et par les sons de la langue wolof, transcrira cette expérience dans son premier poème africain, « Télégramme de Dakar ». Sur le bateau, la fin du voyage approche. Supervielle et Michaux jouent au *deck tennis* avec le docteur Moricaud, médecin des hôpitaux de Lyon[491]. Lors des escales le long de la côte du Brésil, les passagers reçoivent les nouvelles d'Espagne, ce qui fait encore monter la tension, d'autant que Marinetti vante les faits d'armes qui ont été les siens durant la guerre d'Éthiopie. Lors d'une nouvelle escale à Santos, à São Paulo, les passagers visitent le jardin botanique.

À la fin du mois d'août, Supervielle et Michaux arrivent à Montevideo : moment désiré par les deux amis, surtout par Supervielle, qui avait souvent raconté à Michaux son enfance uruguayenne. Depuis 1933, c'est le dictateur Gabriel Terra qui est au pouvoir : cet allié de Hitler persécutait l'opposition. Cependant, comme à chacun de ses voyages, Supervielle s'installe dans la famille de Pilar, chez les Saavedra, calle Sarandi 372. Jean-Pierre Martin évoque « un escalier monumental, une vaste demeure coloniale, ouverte jusqu'à deux heures du matin, dans la tradition des criollos[492] ». Malgré l'hospitalité qui lui est témoignée, Michaux, qui avait espéré retrouver la trace de Lautréamont, autre natif de Montevideo, est déçu : le voyage lui

---

488 Dédicace reproduite par René Mougel, « Causerie sur Supervielle et Reverdy », *Cahiers Jacques Maritain*, n° 65, *op. cit.*, p. 19.
489 *Ibid.*, p. 20.
490 Lettre de Jules Supervielle à Jean Paulhan du 1er août 1936, *Choix de lettres*, éd. citée, p. 164.
491 *Ibid.*
492 Jean-Pierre Martin, *Henri Michaux*, éd. citée, p. 275.

rappelle son séjour en Équateur, chez les Gangotena, et il est contrarié par les changements de temps, rapides et brutaux. Supervielle se souviendra, plus tard, du mot qu'eut alors Michaux : « toute l'Amérique, du Nord au Sud, est énervante[493] ». On peut être frappé par les lettres dissemblables qu'envoient les deux amis à Paulhan : « je n'arrive pas à mordre à ce voyage[494] », écrit Michaux, quand Supervielle au contraire affirme que « Michaux continue à se réjouir d'être parti[495] ». On peut faire l'hypothèse, avec Jean-Pierre Martin, que c'est précisément l'énervement qui permet chez Michaux à la fureur de se manifester, et à l'écriture d'être excitée[496].

Les deux amis se mettent ensuite en route pour le congrès des Pen Clubs et traversent le Río de la Plata pour rejoindre l'Argentine toute proche et Buenos Aires : Michaux d'abord, à bord de l'*Alsina*, avec Benjamin Crémieux, puis Supervielle, deux jours plus tard. Malgré une tempête qui accidente l'*Alsina*, tous parviennent à bon port ; « les journaux nous en racontent bien d'autres sur l'Espagne[497] », écrit Supervielle à Paulhan. Il lit les textes de l'ami – notamment les extraits des *Fleurs de Tarbes* qui paraissent dans *La N.R.F.* – et continue à travailler à des poèmes, qu'il adresse à Paulhan pour *Mesures* et pour *La N.R.F.* : ces textes seront recueillis, par la suite, dans *Oublieuse mémoire* et *La Fable du monde*. Supervielle n'en oublie pas pour autant le théâtre : il reprend son « pauvre [...] *Bolivar*[498] », dont il commence la traduction en espagnol.

Le 2 septembre, Paulhan écrit à Supervielle pour lui annoncer la mort d'Eugène Dabit. Il cherche à susciter sa réflexion : « Que penses-tu de la mort[499] ? », l'interroge-t-il, tout en lui demandant des poèmes. Si Supervielle déplore le décès de Dabit, et répond à la demande de textes par l'envoi de « Bestiaire », il élude la question de Paulhan[500], à laquelle l'ensemble de ses textes, néanmoins, se confronte.

---

493 Lettre de Jules Supervielle à Jean Paulhan du 30 décembre 1945, *Choix de lettres*, éd. citée, p. 271.
494 Jean-Pierre Martin, *Henri Michaux*, éd. citée, p. 277.
495 Lettre de Jules Supervielle à Jean Paulhan du 1er août 1936, *Choix de lettres*, éd. citée, p. 163.
496 Jean-Pierre Martin, *Henri Michaux*, éd. citée, p. 277.
497 Lettre de Jules Supervielle à Jean Paulhan du 28 août 1936, *Choix de lettres*, éd. citée, p. 164.
498 Lettre de Jules Supervielle à Jean Paulhan du 27 septembre 1936, *ibid.*, p. 167.
499 Lettre de Jean Paulhan à Jules Supervielle datée « Mardi 2 », *Choix de lettres, II*, éd. citée, p. 408.
500 Lettre de Jules Supervielle à Jean Paulhan du 25 septembre 1936, *Choix de lettres*, éd. citée, p. 165.

Le congrès s'ouvre le 5 septembre, en présence du président de la République argentine et d'un nombreux public. C'est à cette occasion que Victoria Ocampo rencontre Michaux : très favorablement impressionnée, elle le trouve « frénétique et poétiquement furieux[501] ». Le président du Pen Club Argentin, Ibarguren, prononce un premier discours, suivi de celui de Jules Romains : à la demande de Victoria Ocampo, il met en garde l'Argentine contre la menace du fascisme. Très applaudi, Romains donne le ton du congrès : les questions esthétiques seront indissociables des enjeux politiques. Jean-Pierre Martin rappelle que les troubles qui s'étaient élevés sur le paquebot se renforcent pendant le congrès :

> L'instance invitante, le Pen-Club argentin [...] était sous le coupe d'un régime militaire, lequel n'était pas très éloigné des positions de l'Axe. Le courant profasciste était d'ailleurs encouragé par la présence d'une importante colonie allemande [...] Dans ce contexte, comment se conduire, face aux Italiens, face à Marinetti, surtout ? [...] Benjamin Crémieux était de ceux qui trouvaient insupportable la présence de Marinetti [...] Jules Romains lui-même était plutôt offensif. Selon Georges Duhamel, il fallait trouver un compromis, éviter l'affrontement, ne pas mélanger la politique et les lettres. Michaux et Supervielle restaient perplexes[502].

Le dimanche 6, les membres du congrès participent à une fête populaire dans les faubourgs de Buenos Aires : « musique, discours, courses de gauchos[503] ». Le lundi, un déjeuner est donné à l'ambassade d'Espagne, en présence d'Alfonso Reyes, ambassadeur du Mexique, mais Supervielle, malade, ne peut y prendre part. Le mardi éclate un scandale : contre Marinetti, qui fait l'apologie de la guerre et a été désigné président de séance, Jules Romains prononce un réquisitoire, au terme duquel Marinetti l'insulte. La frénésie saisit l'assemblée et le public ; Ibarguren et Duhamel interviennent, et Marinetti finit par présenter des excuses. La torpeur succède à l'agitation : la tenue du congrès est désormais remise en question. Les jours suivants, le rituel est cependant respecté, les déjeuners et dîners officiels se succèdent : le jeudi 10 a lieu un déjeuner à la Maison Rose, offert par le président de la République argentine ; le samedi se tient une excursion à la campagne, tandis que

---

501 Laura Ayerza de Castilho et Odile Felgine, *Victoria Ocampo*, avec un préambule d'Ernesto Sabato, Paris, Criterion, 1990, p. 176 et p. 234.
502 Jean-Pierre Martin, *Henri Michaux*, éd. citée, p. 278.
503 *Ibid.*

le dimanche 13 est donné un déjeuner au Jockey-Club, à l'hippodrome de Palermo, avant les courses. Le congrès se termine avec l'élection de Jules Romains, seul candidat, à la succession de H. G. Wells, comme président des Pen Clubs. Le lundi 14 a lieu la séance de clôture, consacrée à « L'avenir de la poésie » : l'après-midi, Supervielle intervient, suivi de Michaux, qui prend pour la première fois la parole en public. Le texte de cette conférence sera publié en espagnol, sous le titre « El porvenir de la poesía », dans le numéro de septembre de la revue *Sur* : il s'agit de redéfinir la fonction de la poésie, en particulier sa dimension sociale, en exposant qu'elle œuvre à rendre habitable l'inhabitable, respirable l'irrespirable[504].

Pendant ce séjour, Michaux fera la rencontre de deux figures féminines importantes : à Buenos Aires, la sœur de Victoria Ocampo, Angélica, et à Montevideo, la poétesse uruguayenne Susana Soca. La passion qu'il éprouve pour celle-ci le déchire : Susana Soca ne peut envisager une relation amoureuse hors mariage, et très attachée à sa mère, elle ne peut quitter Montevideo, tandis que Michaux n'a pas l'intention d'y demeurer.

Restent les grandes excursions avec Supervielle, qui fait découvrir à Michaux l'estancia Agueda, celle de son enfance. La demeure, qui avait autrefois un aspect presque sauvage, vient d'être modernisée, et est devenue « un beau manoir », décrit par Ricardo Paseyro : « une odorante allée d'eucalyptus y conduit ; le verger, le potager, la grange, l'embarcadère sur le fleuve se prêtent à des promenades délassantes[505]. » À la faveur de grandes chevauchées dans la plaine uruguayenne, parsemée de bois et d'arbustes, Supervielle et Michaux parcourent les « surfaces absolument sauvages » de la pampa, et rencontrent les bêtes qui la peuplent, « les oiseaux des marécages qui imitent les grenouilles et réciproquement[506] », les chevaux, moutons et vaches, libres. « Que n'es-tu là aussi », écrit Supervielle à Paulhan, « on est dépaysé sans aucun effet théâtral, presque sans couleur locale[507]. » Jean-Pierre Martin rapporte le témoigne d'Odile, nièce de l'écrivain, alors âgée de dix ans :

---

504 Jules Supervielle et Henri Michaux, « El porvenir de la poesía », *Sur*, septembre 1936, p. 80-82.
505 Ricardo Paseyro, *Jules Supervielle, Le Forçat volontaire*, éd. citée, p. 168.
506 Lettre de Jules Supervielle à Jean Paulhan du 27 septembre 1936, *Choix de lettres*, éd. citée, p. 167.
507 *Ibid.*

> Elle aimait épier les conversations. Michaux, le grand poète de France, était enflammé, exubérant, il se livrait. L'oncle Julio, l'oncle admiré, l'écoutait, le tempérait. Conquise d'avance par les hommes de lettres, par la France, par la littérature et la poésie, Odile était éblouie[508].

Michaux, tourmenté par sa passion pour Susana Soca et pris par la nostalgie de Paris, rentrera en France en janvier, tandis que Supervielle demeure en Uruguay jusqu'en février 1937.

1937

Le début de l'année 1937 est marqué par les efforts de Supervielle pour faire jouer *Le Voleur d'enfants*. Il envoie Denise et Pierre Bertaux en délégation auprès de Jouvet, mais celui-ci refuse de jouer la pièce telle qu'elle est. Alors, Supervielle s'adresse à Paulhan : il lui demande de parler à son tour à Jouvet, ou, s'il ne le peut pas, d'envoyer Robert Aron, du théâtre Alfred Jarry. Il verra enfin lui-même Jouvet en juillet : « très évasif[509] », celui-ci évoque les grandes difficultés posées par la pièce de Supervielle, qui s'est pourtant donné « beaucoup de mal[510] » les mois précédents pour la retravailler.

En mars, l'écrivain perd celle qu'il appelle « sa mère », des suites d'un accident de voiture : Marie-Anne, la femme de l'oncle Bernard, qui l'avait recueilli en 1886, et l'avait élevé comme son fils. Supervielle évoque l'événement dans une lettre à Paulhan :

> Ma mère – ma seconde mère, que j'aimais beaucoup, jusqu'à l'âge de douze ans je n'ai pas su que ce n'était pas ma vraie mère – vient de mourir des suites de ce terrible accident d'auto. Elle avait 78 ans mais en marquait soixante et je l'avais laissée sans aucune inquiétude à mon départ de Montevideo[511].

Le 26 juin a lieu une réception chez Darius et Madeleine Milhaud. Le musicien est un ami de Supervielle, qu'il désignera, en 1942, comme « le cher Supervielle qui est si gentil[512] ». La soirée organisée par les

---

508 Jean-Pierre Martin, *Henri Michaux*, éd. citée, p. 286.
509 Lettre de Jules Supervielle à Jean Paulhan datée « Lundi », de juillet 1937, *ibid.*, p. 172.
510 Lettre de Jules Supervielle à Jean Paulhan du 24 mars 1937, *ibid.*
511 *Ibid.*
512 Lettre de Darius Milhaud à Hélène Hoppenot du 13 janvier 1942, *Conversation, Correspondance 1918-1974*, édition, avec postface, établie et annotée par Marie France Mousli, Paris, Gallimard, 2005, p. 210.

Milhaud est évoquée dans le journal d'Hélène Hoppenot, qui est, comme son époux Henri, devenue l'amie des Supervielle par l'intermédiaire de Milhaud. Parmi la « foule entassée dans ce petit appartement » sont présents Francis Poulenc, Honegger, Marcel Raval, ainsi que Supervielle. « On lit dans les yeux bleutés presque blancs » de l'écrivain « la fatigue d'un corps abandonné à ses nerfs », remarque Hélène Hoppenot[513].

En juillet, Supervielle se rend à Pontigny : la vie à Paris lui devenant insupportable au bout de « deux ou trois mois », ces « calmes parages » constituent pour lui une « retraite[514] », à l'abri du climat social et politique troublé, marqué par l'échec du Front populaire, la guerre civile espagnole et l'expansionnisme de l'Allemagne nazie. À l'abbaye de Pontigny se tiennent les décades organisées par Paul Desjardins, de 1910 à 1914, puis de 1922 à 1939 : ces réunions intellectuelles sont consacrées à des sujets littéraires, religieux ou philosophiques. Mais même en dehors des décades, Supervielle « trouve des gens avec qui causer » : Paul Desjardins lui-même, qui milite pour l'humanisme et la coopération internationale entre les intellectuels, mais aussi des personnalités plus éclectiques, « vieilles hollandaises ou anglaises qui ne demandent qu'à sympathiser avec les animaux de [s]es livres » ou « ardents pacifistes suédois pleins de confiance malgré les journaux[515] ». Michaux le rejoint également : « je crois qu'il deviendra bientôt aussi un ami de Pontigny (en dehors des décades[516]) », écrit Supervielle à Paulhan.

À Pontigny, Supervielle commence l'écriture d'un texte important, un « assez long poème en versets » où il s'adresse à Dieu. Ce poème, « presque un poème d'actualité[517] », deviendra « Prière à l'Inconnu », publié dans *La N.R.F.* en août 1937[518] et repris dans *La Fable du monde* : ce texte, fondé sur une adresse familière à Dieu, développe le thème de la souffrance humaine et dénonce les horreurs du temps. Il rencontrera un écho important chez les lecteurs de *La N.R.F.* « Tout le monde est fou

---

513 Hélène Hoppenot, *Journal 1936-1940*, édition établie, introduite et annotée par Marie France Mousli, Ruelle-sur-Touvre, Éditions Claire Paulhan, 2015, p. 81.
514 Lettre de Jules Supervielle à Jean Paulhan du 13 juillet 1937, *Choix de lettres*, éd. citée, p. 173.
515 *Ibid.*
516 Lettre de Jules Supervielle à Jean Paulhan datée « Lundi », de juillet 1937, *ibid.*, p. 173.
517 Lettre de Jules Supervielle à Jean Paulhan du 13 juillet 1937, *ibid.*
518 Jules Supervielle, « Prière à l'Inconnu », *La N.R.F.*, n° 287, 1er août 1937, p. 227-231, repris dans *La Fable du monde*, éd. citée.

de ton poème », lui écrit Paulhan[519], qui insiste, dans la lettre suivante, sur l'intérêt porté au texte de Supervielle :

> Tu ne peux imaginer combien on me parle de ton poème, ni avec quelle amitié. (Même des gens très simples : Hirsch, etc.[520])

Le 10 septembre, Paulhan évoque encore cette « très belle » « lettre à Dieu[521] ». Quelques mois plus tard, Supervielle composera le poème « Tristesse de Dieu », sous-titré « Dieu parle[522] », qui répond en quelque sorte à la « Prière à l'Inconnu », en reprenant la forme du verset qui s'y déployait : dans une tonalité très personnelle, le texte donne la parole à la figure divine, qui s'est éloignée, sans retour possible, de sa Création. Un pneumatique de Michaux évoque la genèse de ce texte, ainsi que sa propre position par rapport au divin, de manière lapidaire :

> Te voilà dans la tristesse de Dieu, et *moi*, je vais dans son éloignement[523].

Après Pontigny, Supervielle séjourne en août et en septembre à Port-Cros, avec Pierre et Françoise David ; il accueille, comme souvent, Frédéric, l'un des fils de Paulhan. Cet été-là, Michaux ne le rejoindra pas : fatigué, sans nouvelles de Susana Soca, il se rend sur une autre île, celle d'Oléron. Il est alors « en pleine fièvre de peinture », « travaillant fort sept heures par jour[524] » en vue d'une nouvelle exposition, à la rentrée. Michaux s'enthousiasme : le conservateur adjoint de Philadelphie lui a acheté une peinture, et, à son retour l'année suivante, doit lui prendre des toiles pour une exposition en Amérique. Supervielle verra dans les peintures de Michaux une pratique à la visée existentielle, qu'il rapprochera de son propre rapport au théâtre :

> Quant à Michaux s'il peint c'est en grande partie, par hygiène mentale. Et il espère trouver là un moyen d'existence. Michaux a écrit ses meilleures pages en s'adressant aux parties les plus désespérées de lui-même. Je sais aussi qu'on

---

519 Lettre de Jean Paulhan à Jules Supervielle du 10 septembre 1937, *Choix de lettres, II*, éd. citée, p. 38.
520 Lettre de Jean Paulhan à Jules Supervielle d'août 1937, datée « lundi », *ibid.*, p. 36.
521 Lettre de Jean Paulhan à Jules Supervielle d'août 1937, datée « dimanche », *Choix de lettres, II*, éd. citée, p. 35.
522 Jules Supervielle, « Tristesse de Dieu », *Mesures*, n° 1, 15 janvier 1938, p. 39-42, repris dans *La Fable du monde*, éd. citée.
523 Pneumatique d'Henri Michaux à Jules Supervielle, de 1938 [sans date], voir *infra*.
524 Lettre d'Henri Michaux à Jules Supervielle de 1937, voir *infra*.

ne peut pas toujours collaborer avec ce que l'on a de plus douloureux. D'où mon humour, et mon théâtre. Et pour prendre un grand exemple qui te fera mieux comprendre Michaux (et moi) songe aussi un peu à Rimbaud qui cessa d'écrire parce qu'il avait trop affronté ce qu'il avait en lui de plus terrible[525].

Paulhan, quant à lui, ne partage pas cette analyse. Goûtant aussi peu les pièces de Supervielle que les peintures de Michaux, il avoue à Joë Bousquet que « la part d'astuce, et pour tout dire de chiqué y est un peu trop grande », ajoutant qu'il en a fait part « à Supervielle et à Michaux qui ne sont pas de [s]on avis[526]. »

Supervielle, quant à lui, termine un recueil de contes et nouvelles, *L'Arche de Noé*, dont il révisera les épreuves au début de l'année suivante, et retravaille ses poèmes, en réfléchissant à la question du rythme, qui nourrit ses échanges avec Paulhan, et à celle de l'expression poétique, dans sa correspondance avec Michaux. Celui-ci lui écrit, le 10 novembre :

> Un dernier exemple, pourtant et qui donne d'ailleurs raison à ce que tu dis d'une certaine disposition à la poésie qui empêche ou gêne toute expression autre que poétique. Bon, voici l'exemple : *Documentaire* était, à mon sens, ou plutôt j'en voulais faire un article (et pour une revue de médecine…) Seulement, quand j'ai vu sur les épreuves mon texte imprimé en italiques, j'ai compris qu'on prenait cela pour de la poésie. Eh bien, qu'il en soit donc ainsi[527].

Enfin, les pourparlers avec Jouvet restent en suspens, malgré de nouvelles démarches, cette fois menées par Pilar.

1938

En mars 1938 paraît *L'Arche de Noé*, recueil de sept contes et nouvelles, chez Gallimard. L'ouvrage reçoit un accueil positif d'Ettore Settani, qui loue en Supervielle, même dans ses contes, « un grand poète », dans *Il Meridiano di Roma*[528], ou d'Armand Robin, qui, dans *Esprit*, écrit que Supervielle « s'achemine vers sa propre nature, et par là, vers un art plus simple[529] ». C'est à ce moment que débutent les échanges

---

525 Lettre de Jules Supervielle à Jean Paulhan datée « vendredi », entre le 24 mars et le 12 avril 1939, *Choix de lettres*, éd. citée, p. 220.
526 Lettre de Jean Paulhan à Joë Bousquet du 24 décembre 1938, *Choix de lettres, II*, éd. citée, p. 75.
527 Lettre d'Henri Michaux à Jules Supervielle du 10 novembre 1937, voir *infra*.
528 Ettore Settani, *Il Meridiano di Roma*, 7 juillet 1938.
529 Armand Robin, *Esprit*, 1er juin 1938.

entre le jeune écrivain et Supervielle : commencés dans le respect et l'admiration, ils se déploieront de manière affectueuse, Robin dédiant à Supervielle, ainsi qu'à Guéhenno et Paulhan, *Ma vie sans moi*, son ouvrage de 1940[530]. Si les relations s'interrompront pendant la guerre, elles reprendront au retour de Supervielle, en 1946, en raison de leur collaboration commune à de jeunes revues – *84* de Marcel Bisiaux, *Les Lettres Nouvelles* de Maurice Nadeau – et par l'intermédiaire de Ricardo Paseyro, le gendre de Supervielle[531].

C'est Marcel Arland qui rédige le compte rendu de *L'Arche de Noé* pour *La N.R.F.*[532] Supervielle est extrêmement heureux du texte que lui consacre son ami : enchanté, il remercie Arland, et, comme souvent, s'appuie sur les mots du critique pour développer sa propre pensée. C'est ainsi qu'il en vient à définir ses contes, et plus largement sa pratique de l'écriture, en des termes proches de ceux qu'il emploiera en 1951 dans la postface de *Naissances*, « En songeant à un art poétique » :

> Leur simplicité est, vous le savez, vous le dites, acquise et parfois très difficilement. Je suis naturellement confus et contradictoire. Écrire c'est pour moi mettre des clartés dans beaucoup de noir et d'anxiété[533].

L'Arche de Noé fait l'objet d'autres comptes rendus, par Joë Bousquet dans *Les Cahiers du Sud* ou Edmond Jaloux dans *Excelsior*. Le premier, qui dans sa chronique loue les contes « parlés » du recueil[534], estime que l'ouvrage est d'une importance telle qu'il envoie une lettre à Supervielle pour compléter le contenu de son compte rendu :

> [...] je voudrais vous le crier, tellement vous marchez vite et droit sur la voie que vous avez frayée : vous avez découvert les clefs du langage ; vous avez ramené la voix sur la terre. Vous êtes un poète affranchi de la poésie. Vous savez que nous ne sommes que l'ombre de l'être vrai qui est le secret de la parole[535].

---

530 Armand Robin, *Ma Vie sans moi*, Paris, Gallimard, 1940.
531 Armand Robin, *Lettres à Jean Guéhenno suivies de Lettres à Jules Supervielle*, Toulon, Librairie La Nerthe, 2006, p. 79-80.
532 Marcel Arland, « *L'Arche de Noé*, par Jules Supervielle », *La N.R.F.*, n° 296, mai 1938, p. 818-822.
533 Lettre de Jules Supervielle à Marcel Arland du 2 mai 1938, voir *infra*.
534 Joë Bousquet, *Les Cahiers du Sud*, juillet 1938.
535 Lettre de Joë Bousquet à Jules Supervielle, à la date erronée (« mai 1978 »), *Poésie 84*, *op. cit.*, p. 33.

Quant au second, il loue le « fabuliste » chez Supervielle, ainsi que le « charm[e] » de ses textes[536]. Supervielle, touché, le remercie pour le « rare plaisir[537] » que lui offre sa chronique. Franz Hellens écrit également un article élogieux dans *L'Étoile belge*[538], qui provoque les remerciements de Supervielle539. Surtout, celui-ci lit, dans *L'Action française*, un article consacré à *L'Arche de Noé* signé de Claude Roy[540], un « jeune » de vingt-trois ans. Supervielle lui adresse une première lettre le 28 mai : frappé par l'originalité et la vigueur de la lecture de Claude Roy, il s'inquiète de ses réserves sur certains de ses contes[541]. C'est le début d'une longue relation d'amitié : Claude Roy, poète, journaliste, écrivain, passionné comme Supervielle par le thème de l'enfance, recueillera régulièrement les avis et les conseils de l'écrivain sur ses textes, et consacrera de nombreux articles à son œuvre. Surtout, il publiera en 1949 une monographie qui témoigne de l'importance de Supervielle dans la vie littéraire : *Jules Supervielle*, dans la collection « Poètes d'aujourd'hui » de Pierre Seghers[542].

En avril, à la suite du mariage de ses deux premières filles, Supervielle déménage : il demeure désormais au 61, boulevard Beauséjour, l'appartement « le plus somptueux qu'il ait loué[543] ». Il séjourne également, pendant cette période, à l'abbaye de Pontigny. Supervielle y fait la connaissance de René Étiemble, qui dirige une décade : « L'Anti-Babel ». Normalien, pensionnaire de la Fondation Thiers où il avait rencontré Pierre Bertaux, Étiemble avait découvert Supervielle à l'École Normale Supérieure : un de ses amis proches lui avait fait lire, dans *La N.R.F.*, le conte « Le Bœuf et l'âne de la crèche[544] ». Étiemble en avait été si touché qu'alors qu'il subissait alors fortement l'influence de Rimbaud, il amorça une conversion décisive en poésie, et se mit à lire tout ce qui paraissait de

---

536 Edmond Jaloux, « *L'Arche de Noé*, par Jules Supervielle (*Nouvelle Revue française*) », *Excelsior*, 9 avril 1938.
537 Lettre de Jules Supervielle à Edmond Jaloux du 29 avril 1938, voir *infra*.
538 Franz Hellens, « Supervielle (Jules), *L'Arche de Noé*. (Gallimard) », *L'Étoile belge*, n° 142, 22 mai 1938, p. 7.
539 Lettre de Jules Supervielle à Franz Hellens du 16 avril 1938, voir *infra*.
540 Claude Roy, « Jules Supervielle : *L'Arche de Noé* (N.R.F.) », rubrique « Causerie littéraire », *L'Action française*, 5 mai 1938.
541 Lettre de Jules Supervielle à Claude Roy du 28 mai 1938, voir *infra*.
542 Claude Roy, *Jules Supervielle*, éd. citée.
543 Ricardo Paseyro, *Jules Supervielle, Le Forçat volontaire*, éd. citée, p. 175.
544 Jules Supervielle, « Le bœuf et l'âne de la crèche », *La N.R.F.*, n° 207, décembre 1930, p. 772-790.

Supervielle ; *L'Enfant de la haute mer*, en particulier, l'enchanta. À Pontigny, Supervielle ne participe pas à la décade : il est là pour se reposer, pour écrire – il travaille toujours au *Voleur d'enfants* ainsi qu'aux poèmes de *La Fable du monde* –, ce qui aurait été refusé à un hôte ordinaire. Pour rester en sa compagnie, Étiemble obtient le privilège, au moment des repas, de ne pas changer de place à table, contrairement aux règles de la maison, espérant ainsi favoriser les échanges. Entre les séances, l'on joue au ping-pong, l'on vole des pommes en cachette, et l'on parle de tout, de la guerre, de la poésie... Pour honorer Supervielle, l'on monte encore sa pièce, *La Première Famille* : Étiemble joue le rôle d'Adam ; Supervielle, censé jouer le Diplodocus, se met soudain à assumer celui du Renne[545]. Cette mise en scène plaît tant à Supervielle qu'il mentionne cette représentation unique tout au long de leur correspondance. Cette amitié, longue, importante, et cette admiration – qui n'exclut pas le désaccord, ni la critique –, donneront lieu à plusieurs articles d'Étiemble et à sa monographie, *Supervielle*, qui paraîtra en juin 1960, quelques mois après la mort de l'écrivain.

À Pontigny, Supervielle a également retrouvé Roger Caillois. À *La N.R.F.*, Paulhan met en avant ce jeune homme qui appartient à la même génération qu'Étiemble, et qui a alors rompu avec le surréalisme de ses débuts : « Caillois [...] a l'air méchant (il n'en a pas que l'air) », écrivait Paulhan à Supervielle en 1937, « mais c'est quelqu'un d'assez passionnant. (Je n'ai jamais aussi bien compris l'expression "intelligence aiguë[546]".) »

L'amitié entre Caillois et Étiemble se fonde sur un itinéraire qui n'est pas sans similitude : Supervielle les rapproche en particulier dans leur rejet commun des « poètes maudits[547] ». De fait, dans la dispute littéraire qui l'oppose à Breton, Caillois revendique une conception de la poésie qui l'amène à considérer les Surréalistes comme des faiseurs de jeux langagiers, qui ne sont pas sans lien avec les « faiseurs »-« imposteurs » blâmés par Étiemble : Caillois rejette tout à la fois les jeux de mots, le dessin et l'écriture automatiques, ou le jeu qui conduit à identifier un objet à partir d'un autre objet. Dans le travail sur la métrique, le jeu est également exclu au profit d'une recherche de justesse et d'authenticité.

---

545 René Étiemble, *Supervielle*, éd. citée, p. 62.
546 Lettre de Jean Paulhan à Jules Supervielle du 10 septembre 1937, *Choix de lettres, II*, éd. citée, p. 38.
547 Lettre de Jules Supervielle à Jean Paulhan du 6 août 1938, *Choix de lettres*, éd. citée, p. 198.

L'image, enfin, ne doit pas chercher à susciter seulement la surprise et l'étonnement, mais en appeler à l'intelligence et à l'imagination tout à la fois, qui doivent pouvoir la démêler et en saisir, à nouveau, la justesse. C'est ainsi sous l'égide de la raison qu'est placée la poésie, dans une conception très proche de celle que théorise Étiemble en termes de nouveau classicisme, et qu'il cherche à illustrer par les textes de Supervielle.

On mesure pourtant ce qui sépare ici la génération d'Étiemble et de Caillois de celle de Paulhan et de Supervielle : plutôt qu'une rhétorique de la clarté, ceux-ci développent l'image paradoxale du nocturne en plein jour ou de l'obscurité lumineuse, qu'il s'agisse de l'éclipse — avec l'expérience paulhanienne de l'atelier — ou de la lumière vacillante — l'étoile ou la bougie de Supervielle. Et le mystère et le délire, une fois assimilés et décantés par une « logique très surveillée[548] » dans leurs conceptions de la littérature — souvent, en réalité, rémanents de manière latente dans les textes de Supervielle —, leur paraît constituer la condition nécessaire de l'écriture et de l'expérience poétiques. C'est ce que vient encore souligner la lettre à Jacques et Raïssa Maritain du 10 août 1938 : ayant lu avec beaucoup d'intérêt leur *Situation de la poésie*[549], Supervielle s'appuie sur leur ouvrage pour déployer sa propre pensée de la pratique poétique comme un fonds obscur, qui s'accorde avec un « besoin impérieux de coordination », de « logique[550] ». De leur côté, Jacques et Raïssa Maritain se penchent sur l'œuvre de Supervielle pour nourrir leur réflexion : ils lui font une place dans *Situation de la poésie* et plus tard, le 15 février 1940, Raïssa Maritain donnera une causerie consacrée à Supervielle et Reverdy à St Joseph's College, à Toronto. Dans cette intervention, accompagnée de la lecture de plusieurs textes des deux poètes, Raïssa Maritain situera Supervielle et Reverdy parmi « les meilleurs poètes français de notre temps ». Elle rappellera la situation de Supervielle, partagé entre la France et l'Uruguay, et le rattachera, comme Reverdy, à « l'école moderne » : elle soulignera ses liens avec Lautréamont, ainsi que la liberté formelle des textes de Supervielle, capable cependant de manier l'alexandrin. Elle évoquera enfin la « connaissance obscure » du monde sensible dont témoigne l'œuvre de l'écrivain, affirmant que « dans cette obscurité [...] la lumière de Dieu commence à luire », en

---

548   Lettre de Jules Supervielle à Jean Paulhan du 27 décembre 1946, *ibid.*, p. 287.
549   Jacques et Raïssa Maritain, *Situation de la poésie*, Paris, Les Îles, Desclée de Brouwer, 1938.
550   Lettre de Jules Supervielle à Jacques et Raïssa Maritain du 10 août 1938, voir *infra*.

appuyant son analyse sur *La Fable du monde*[551]. Enfin, en 1966, dans l'ouvrage *L'Intuition créatrice dans l'art et dans la poésie*, Jacques Maritain appuiera sa réflexion sur cinq textes de Supervielle, en particulier dans le chapitre central, « L'intuition créatrice et la connaissance poétique[552] ».

Les mois suivants témoignent de l'importance prise par Supervielle sur la scène littéraire. En juin, Adolfo Casais Monteiro publie, à Porto, la première monographie qui lui est consacrée : *Descobertas no mundo interior*[553]. Christian Sénéchal en prépare une autre, qui paraîtra l'année suivante : *Jules Supervielle, poète du monde intérieur*[554], la première en langue française, pour laquelle Supervielle travaille à des poèmes inédits. Pendant l'été, l'écrivain reçoit de l'Académie française le prix Heredia, prix annuel de poésie. La revue *Regains*, animée par de jeunes poètes, publie encore un numéro spécial, « Reconnaissance à Supervielle[555] » : André Bellivier y contribue, comme Étiemble, Léon-Gabriel Gros, Christian Sénéchal, Jacques Sardin, Pierre Boujut, René Lacôte, Armand Robin ou encore Julien Lanoë. Supervielle s'attendait à ce que le numéro soit de peu d'intérêt ; mais il goûte les pages de Robin, dans lequel il trouve un « ami poète[556] », et celles de Lanoë, « si fines et si profondément aux écoutes de ce qui se passe en [lui][557] ». Pour le numéro, Madeleine Bouché donne également un portrait à la plume de Supervielle.

Cette peintre belge et son époux, le docteur Georges Bouché, amateur d'art et humaniste, sont des amis de Supervielle : après avoir découvert en juin le Luxembourg – où l'on est « bien plus à l'aise qu'il n'a l'air de l'être lui-même sur la carte[558] », écrit-il avec humour à Paulhan, dans une carte postale –, Supervielle passe le mois de juillet chez eux, à Ohain, en Wallonie, où il retrouve également Franz Hellens. La demeure est

---

551 Raïssa Maritain, « Causerie sur Supervielle et Reverdy », *Cahiers Jacques Maritain*, n° 65, 2012, p. 16-22.
552 Jacques Maritain, *L'Intuition créatrice dans l'art et dans la poésie*, Paris, Desclée de Brouwer, 1966.
553 Adolfo Casais Monteiro, *Descobertas no mundo interior : a poesía de Jules Supervielle*, Porto, Edições Presença, 1938, réédité sous le titre *A poesía de Jules Supervielle, estudio e antologia*, Lisbonne, Confluência, 1946.
554 Christian Sénéchal, *Jules Supervielle, poète du monde intérieur*, éd. citée.
555 *Regains*, « Reconnaissance à Supervielle », n° 21, Jarnac, été-automne 1938.
556 Lettre de Jules Supervielle à Jean Paulhan du 21 juillet 1938, *Choix de lettres*, éd. citée, p. 197.
557 Lettre de Jules Supervielle à Julien Lanoë du 25 novembre 1938, voir *infra*.
558 Carte postale de Jules Supervielle à Jean Paulhan du 7 juin 1938, *Choix de lettres*, éd. citée, p. 195.

située à cent mètres d'altitude, et le climat ne lui déplaît pas, malgré des orages qui semblent toujours prêts d'éclater.

La fin de l'été est rythmée par de nouveaux voyages : cinq jours à l'abbaye de Royaumont, puis une traversée jusqu'à Port-Cros, en passant par la Corse. « Quelle aubaine que cette retraite[559] », écrit Supervielle à Paulhan – tout en regrettant l'absence de son ami à la Vigie, et en déplorant sa santé instable. Pendant le séjour, il continue à travailler à ses poèmes, dans la perspective de la publication de son recueil, en septembre – et il songe, toujours, au théâtre, et au *Voleur d'enfants*. Supervielle lit également les écrits de Paulhan, qui travaille aux *Fleurs de Tarbes* ; les poèmes de Robin ; les *Chroniques maritales* de Jouhandeau[560]. Comme toujours, il s'intéresse au monde qui l'entoure, aux animaux : d'Ohain, il peignait pour Paulhan, en quelques lignes, une esquisse – « des champs comme tu en trouves dans les Brueghel, sur des coteaux, des vallées étroites et des vaches à mi-côte, ou des paysans – des poules au premier plan[561] ». À Port-Cros, son attention se concentre justement sur une poule :

> Nous avons une poule à la Vigie. Elle vient de chez les fermiers de la Palud. Elle nous donne si gentiment un œuf par jour que nous ne saurions la mettre au pot. Elle est d'une discrétion parfaite ; sachant qu'il n'y a pas de coq dans le voisinage elle n'éprouve pas le besoin de se donner en spectacle ; on ne l'entend pas et c'est à peine si on la voit quand elle quitte l'ombre pour le soleil[562].

Comme Paulhan – qui évoque dans sa correspondance son chat Misore, son chien, sa « tatouphilie » – mais aussi comme Arland, comme Jouhandeau, Supervielle s'intéresse profondément aux bêtes, et à celles des bêtes les plus humbles : de « La Vache de la forêt » de *Débarcadères* au conte du « Héron garde-bœuf[563] », l'intérêt et la sollicitude sont constants pour le monde animal. D'autant que le nouveau recueil, *La Fable du monde*, interroge les liens de l'humain et de l'animal, non seulement dans la section « Visages des animaux », mais également à l'ouverture, dans la section inaugurale « La Fable du monde », et à

---

559 Lettre de Jules Supervielle à Jean Paulhan du 16 août 1938, *ibid.*, p. 199.
560 Marcel Jouhandeau, *Chroniques maritales*, Paris, Gallimard, 1938.
561 Lettre de Jules Supervielle à Jean Paulhan du 21 juillet 1938, *Choix de lettres*, éd. citée, p. 197.
562 Lettre de Jules Supervielle à Jean Paulhan du 23 août 1938, *ibid.*, p. 200.
563 Jules Supervielle, *Le Petit Bois et autres contes*, Mexico, Ediciones Quetzal, 1942.

la clôture, au sein des « Fables ». C'est que le questionnement sur le rapport du sujet avec l'altérité imprègne le recueil, et plus largement l'écriture de Supervielle : les images du Dieu séparé de sa Création, du sujet étranger en son corps, éloigné de son enfance, renvoient à une inquiétude profonde, ontologique, sur le sentiment d'exister. *La Fable du monde*, comme les recueils précédents, associe le verset au vers régulier, qu'il soit rimé ou non ; l'ouvrage témoigne de l'importance donnée au monologue, conformément à toute une tradition de poésie didactique, et se donne comme une réécriture libre de la Genèse biblique, tenue à distance. Comme le note Michel Collot, « la modernité de *La Fable du monde* réside sans doute dans cette tension irrésolue entre ses divers modes d'écriture : lyrique, dramatique et narratif, qui se relaient, voire se mêlent, sans s'harmoniser tout à fait[564]. »

C'est en septembre que paraît *La Fable du monde*[565]. Supervielle reçoit les félicitations d'Arland et de Caillois, qui le touchent : il voit dans la lettre de celui-ci une « réponse » à l'« interrogation[566] » qu'est, pour lui, tout livre de poésie – selon sa conception, récurrente, de l'écriture comme une adresse, engageant l'ouverture d'un dialogue rêvé comme conversation amicale. L'accueil du recueil est globalement très favorable : les critiques soulignent souvent l'originalité de cette réécriture de la Genèse. Brasillach, dans la *Revue universelle*, note que Supervielle s'écarte de la solennité du modèle biblique, se distinguant ainsi de Milton, Hugo ou Claudel[567]. Léon-Gabriel Gros, dans *Les Cahiers du Sud*, loue aussi la simplicité de l'écriture, qui permet à Supervielle de s'adresser à tous, à la différence de Jouve, et qui va jusqu'à « une gaucherie de diction poétique », rappelant Du Bartas[568]. Mais Fontainas, dans le *Mercure de France*, voit dans cette familiarité et cette gaucherie des défauts, alors que par ailleurs, il admire Supervielle[569]. D'autres critiques sont sensibles au goût de la clarté, de l'intelligibilité que l'on retrouve dans ce recueil qui joue avec la fable : c'est ce que retiennent François Porché dans *Le Jour*[570], Jean Le Louët dans *Les Nouvelles Lettres*[571],

---

564 Michel Collot, *in* Jules Supervielle, *Œuvres poétiques complètes*, éd. citée, p. 854.
565 Jules Supervielle, *La Fable du monde*, éd. citée.
566 Lettre de Jules Supervielle à Roger Caillois du 29 octobre 1938, voir *infra*.
567 Robert Brasillach, *Revue universelle*, 15 novembre 1938.
568 Léon-Gabriel Gros, « Morale et poésie », *Les Cahiers du Sud*, n° 211, décembre 1938.
569 André Fontainas, *Mercure de France*, n° 975, 1ᵉʳ février 1939.
570 François Porché, « Supervielle et l'esprit des fables », *Le Jour*, 2 février 1939.
571 Jean Le Louët, *Les Nouvelles Lettres*, n° 3, octobre 1938.

et Edmond Jaloux dans *Excelsior*[572], que Supervielle remercie pour son article[573]. Claude Roy ou Albert Béguin soulignent encore l'attention portée au monde, le souhait de le rendre habitable. Claude Roy, dans « Retour à l'étoile » et dans « J.S. et *La Fable du monde* », célèbre l'humanisme de cette « métaphysique sans abstraction[574] » : Supervielle, touché, salue sa lecture de son recueil[575]. Albert Béguin lui consacre un article important dans *Esprit* : il note que l'ouvrage, « tentative d'apatriement », procède d'un « effort pour se prouver à soi-même qu'il n'est ni impossible ni douloureux de vivre dans ce monde où nous sommes[576] ». Supervielle lui répond dans une lettre qui sera reproduite en frontispice de l'édition des *Poèmes de la France malheureuse* par les Cahiers du Rhône, en 1942 :

> En effet, il s'agit de cerner quelques secrets intérieurs, enveloppés de brumes et aussi, comme vous le dites si bien, d'*apatrier*. Ou d'humaniser les étoiles les plus lointaines tout comme les déserts les plus arides, *du dehors et du dedans*. C'est même sans doute la perception en moi de ces grandes distances qui m'a donné le fol dessein de coloniser les astres. Et dans la confusion du monde extérieur et de l'intérieur, cela m'a paru poétiquement possible[577].

Fin septembre, Supervielle séjourne deux semaines à l'abbaye de Royaumont, où il dit à Étiemble travailler aussi bien qu'à Pontigny[578]. Puis, il rejoint Paris pour l'hiver. Marqué par les tensions internationales, il s'interroge, tente de se rassurer : « il y a de quoi être sombre[579] », s'inquiète-t-il, puis il nuance, « malgré tout, Hitler ne nous fera pas la guerre[580] » et « Paris ne semble pas croire à la guerre bien que les visages

---

572 Edmond Jaloux, « *La Fable du monde*, par Jules Supervielle (*Nouvelle Revue française*) », *Excelsior*, 15 décembre 1938.
573 Lettre de Jules Supervielle à Edmond Jaloux du 16 décembre 1938, voir *infra*.
574 Claude Roy, « Retour à l'étoile », *Je suis partout*, 25 décembre 1938 et « J.S. et *La Fable du monde* », *L'Action française*, 26 janvier 1939.
575 Lettre de Jules Supervielle à Claude Roy du 27 janvier 1939, voir *infra*.
576 Albert Béguin, *Esprit*, 1er décembre 1938.
577 Lettre de Jules Supervielle à Albert Béguin, reproduite en frontispice de l'édition des *Poèmes de la France Malheureuse*, Neuchâtel, collection « Les Cahiers du Rhône », n° 6, La Baconnière, 1942.
578 Lettre de Jules Supervielle à René Étiemble du 20 septembre 1938, *Correspondance 1936-1959*, éd. citée, p. 19.
579 Lettre de Jules Supervielle à Jean Paulhan datée « Lundi matin », de 1938, *Choix de lettres*, éd. citée, p. 210.
580 Lettre de Jules Supervielle à René Étiemble du 20 septembre 1938, *Correspondance 1936-1959*, éd. citée, p. 19.

soient fort inquiets[581]. » En 1944, depuis Montevideo, il évoquera l'année 1938 dans le chapitre « Le temps immobile » de *Boire la source* :

> Je me souviens, à Montevideo, brusquement – comme une pierre tombe dans une mare – d'un autobus de Paris, certain jour avant la guerre actuelle, en 1938. Le souvenir s'impose à moi si fort que je le deviens. Des voyageurs lisaient *Paris-Midi* dans l'angoisse. Et depuis, ce que l'on craignait est arrivé : l'Europe éventrée sous le ciel. Mais les gens de l'autobus – et moi avec, puisque j'étais l'un des passagers – nous sommes tous encore dans la voiture et rentrons à Passy pour déjeuner, et nous rentrerons ainsi éternellement à l'heure du déjeuner dans cet autobus[582] [...]

Le chapitre se conclut en ces termes :

> Et mon moi de 1938, dans l'autobus, aura toujours ses cinquante-quatre ans et ne saura rien de ce moi de soixante ans qui fixe sur lui de très loin, de Montevideo, son regard de septembre 1944 par-dessus l'océan et les vagues de six ans écoulées[583].

En novembre, Paul Valéry joue à nouveau un rôle protecteur envers Supervielle. Le mercredi 9 novembre, Valéry préside un banquet donné à l'occasion de la présence à Paris de Ballard et des principaux rédacteurs de la revue des *Cahiers du Sud*. Supervielle participe à cette grande réunion, de même que d'autres poètes, Fargue, Gabriel Audisio, Yvan Goll, Benjamin Fondane, Jean Follain, ainsi que Marcel Abraham, Armand Salacrou, Ferdinand Alquié, Walter Benjamin, Rolland de Renéville, l'éditeur José Corti, le jeune Roger Caillois. Puis, le soir, rue de Villejust, Supervielle et Valéry se retrouvent : bien qu'ils se connaissent peu, Valéry l'estime depuis ses débuts, et a songé à le faire entrer à l'Académie Mallarmé. Supervielle a décliné cette offre, mais voudrait obtenir le prix de la Ville de Paris. Lors de l'entretien, il évoque en particulier le poème « Le chaos et la création », qu'il considère particulièrement représentatif de son œuvre. Il envoie le manuscrit dès le lendemain à Valéry, dans l'espoir que celui-ci le lise avant la réunion du jury, le mercredi 16[584].

---

581 Lettre de Jules Supervielle à Jean Paulhan datée « Mercredi », de l'automne 1938, *Choix de lettres*, éd. citée, p. 204.
582 Jules Supervielle, « Le temps immobile », *Boire à la source, Confidences*, éd. citée, p. 148.
583 *Ibid.*
584 Michel Jarrety, *Paul Valéry*, éd. citée, p. 440 et p. 1032.

À la fin de l'année, *La Première Famille* est donnée dans une mise en scène de Pitoëff, avec une musique de Milhaud. *La Première Famille* avait d'abord été jouée en 1936, par la Compagnie du Rideau Gris à Marseille, dans une première version intitulée *Adam*, puis par la Compagnie des Quinze. Dans son journal, Hélène Hoppenot évoque le travail intense que Milhaud consacre à la pièce. Ce sont les Pitoëff qui ont demandé au musicien, début septembre 1938, s'il « n'aurait pas quelque chose de prêt » pour la pièce de Supervielle. « Désorienté par l'absence de Madeleine », Milhaud a profité « du vide de sa journée pour se mettre au travail et donner naissance à "une vingtaine de petits airs"[585] ». Au sujet de cette mise en scène de 1938, Supervielle écrit à Paulhan que « la pièce est bien montée avec une amusante musique de Milhaud mais Pitoëff qui a très bien compris la pièce dans l'ensemble a fait 2 ou 3 gaffes, des contresens plutôt. C'est un homme (apparent) en costume de nos jours qui manœuvre les marionnettes figurant les animaux[586]. » *La N.R.F.* donne de la pièce un compte rendu élogieux de Georges Pelorson :

> *La Première Famille* de Jules Supervielle est exactement ce qu'a voulu l'auteur, une farce. [...] Vraie farce, farce vraie. Bien menée, bien terminée[587].

1939

Au début de l'année 1939, Supervielle travaille à des contes – « Le Minotaure », « Castor et Pollux », « L'Enlèvement d'Europe » – qui seront recueillis dans *Premiers pas de l'univers*[588], qui paraîtra chez Gallimard en 1950. L'écrivain tente de se remettre d'une grippe, longue, fatigante : toujours les ennuis de santé le poursuivent.

En février, Supervielle séjourne à Pontigny. Il compose un poème, « Des deux côtés des Pyrénées », qui sera donné en juillet dans *La N.R.F.*[589], puis repris dans les *Poèmes de la France malheureuse*[590] et

---

[585] Hélène Hoppenot, *Journal 1936-1940*, éd. citée, p. 184.
[586] Lettre de Jules Supervielle à Jean Paulhan datée « Mercredi », de l'automne 1938, *Choix de lettres*, éd. citée, p. 204.
[587] Georges Pelorson, « *La Première Famille*, de Jules Supervielle », *La N.R.F.*, n° 302, novembre 1938.
[588] Jules Supervielle, *Premiers pas de l'univers*, Paris, Gallimard, 1950.
[589] Jules Supervielle, « Des deux côtés des Pyrénées », *La N.R.F.*, n° 310, juillet 1939.
[590] Jules Supervielle, *Poèmes de la France malheureuse (1939-1941)*, Buenos Aires, éditions des Lettres françaises, Sur, 1941, et *Poèmes de la France malheureuse, suivis de Ciel et terre*, éd. citée.

dans *1939-1945*[591] : au moment du triomphe de l'armée franquiste ressurgit le souvenir de la mort de Lorca, dont il avait traduit un poème, « Le Martyre de sainte Eulalie », et qui avait été exécuté en 1936 par les milices franquistes près de Grenade. Cette remémoration est associée au spectre d'un conflit mondial ; Supervielle leur oppose les valeurs universelles de la fraternité humaine, de l'amour et de la nature.

Puis, l'écrivain retourne à Paris : le 24 janvier, il doit assister à la lecture du *Voleur d'enfants* à la Comédie-Française. Il s'agit pour lui d'un événement : il l'annonce à Paulhan[592], la mentionne à Claude Roy, qu'il convie à une lecture ultérieure, en mars, après avoir modifié la pièce à la suite de la séance du 24 janvier[593]. Mais les nouvelles touchant à la situation internationale continuent de l'inquiéter : s'il tente de les prendre avec humour — « J'écris des contes [...], un "Enlèvement d'Europe" (non pas par Hitler)[594] » —, il s'émeut de la situation de certains amis, comme Manuel Altolaguirre, l'éditeur, journaliste et poète espagnol, membre de la « Génération de 27 ». Altolaguirre, qui avait lutté pour la République pendant la guerre civile espagnole, fuit l'Espagne par les Pyrénées afin de se rendre à Paris, mais se trouve interné, une semaine, dans un « camp de concentration près de Perpignan[595] ».

Fin mars, à la demande de Michaux[596], Supervielle participe à l'exposition « Le rêve dans l'art et la littérature », organisée par le peintre et illustrateur Delanglade, du 24 mars au 12 avril 1939, à la Galerie contemporaine. Son ami s'est fait insistant, lui annonçant « une exposition considérable » d' « œuvres oniriques » : il lui a demandé « une copie manuscrite d'un texte », « sinon précisément de rêve du moins s'y rapportant, ou en possédant l'allure[597] », ainsi qu'une photographie du masque mortuaire ayant inspiré *L'Inconnue de la Seine*, voire le texte manuscrit de ce récit. Supervielle accepte, mais regrette sa participation à l'exposition :

---

591 Jules Supervielle, *1939-1945*, Paris, Gallimard, 1946.
592 Lettre de Jules Supervielle à Jean Paulhan du 21 janvier 1939, *Choix de lettres*, éd. citée, p. 215.
593 Lettre de Jules Supervielle à Claude Roy du 18 mars 1939, voir *infra*.
594 Lettre de Jules Supervielle à Jean Paulhan du 5 février 1939, *Choix de lettres*, éd. citée, p. 216.
595 *Ibid.*
596 Lettre d'Henri Michaux à Jules Supervielle du 4 mars 1939, voir *infra*.
597 *Ibid.*

Sais-tu – mais comment pourrais-tu le savoir – qu'en rentrant de l'exposition du Rêve, j'avais déjà pris le récepteur pour dire à Delanglade que je ne voulais plus figurer à son exposition. Pilar m'a dissuadé de le faire mais je regrette en effet d'avoir donné cette page de « L'Inconnue », si mal collée, et si mal placée, et encore plus perdue là-bas que lorsqu'elle descendait le cours de la Seine[598].

En mai paraît la monographie de Christian Sénéchal : Supervielle, qui l'a fréquenté de manière assidue pendant l'hiver 1938-1949, est ému : recevant « les ballots directement expédiés de chez l'imprimeur », il est touché de la manière dont Sénéchal l'a « fort bien compris[599] ». Il se consacre ensuite à la lecture des *Hain-Tenys* de l'ami Paulhan[600] : « cela est clair et cela échappe », tente-t-il d'expliquer, « c'est ce qu'on appelle l'obscurité », « parfois c'est clair aussi complètement et c'est aussi de la poésie ». Tension au cœur de sa propre réflexion sur l'écriture poétique : de fait, l'essai de lecture critique tourne au « monologue intérieur », comme il le reconnaît lui-même[601].

En juillet, Supervielle travaille à une nouvelle pièce de théâtre, *Robinson*, qui sera créée en septembre 1948 par la Compagnie des Francs-Alleux, à la Cité universitaire. Il rencontre aussi le poète belge Maurice Carême, « vrai poète », qu'il loue auprès de Paulhan : « mal conseillé », Carême aurait besoin d'être « terrorisé » au sens où l'entend son ami[602]. Mais celui-ci lui répond qu'il n'est pas « fou » de la poésie de Carême, l'ensemble lui semblant « gentil, mou, trop vite gracieux et à tout prendre un peu insignifiant[603]. »

À l'occasion d'un nouveau séjour à Royaumont, il voit Jean Wahl, avec lequel il s'entend bien : il aime « ses rêves dont il a fait des poèmes », atteignant ainsi « la poésie sans y songer[604] ». Début août, grâce à l'intervention de Paulhan, Supervielle est fait officier de la Légion d'honneur, à l'occasion du cent cinquantième anniversaire de la Révolution française. Il est

---

598 Lettre de Jules Supervielle à Jean Paulhan datée « Vendredi », entre le 24 mars et le 12 avril 1939, *Choix de lettres*, éd. citée, p. 220.
599 Ricardo Paseyro, *Jules Supervielle, Le Forçat volontaire*, éd. citée, p. 179.
600 Jean Paulhan, *Les Hain-tenys*, Paris, Gallimard, 1939.
601 Lettre de Jules Supervielle à Jean Paulhan du 12 juin 1939, *Choix de lettres*, éd. citée, p. 222.
602 Lettre de Jules Supervielle à Jean Paulhan du 21 juillet 1939, *ibid.*, p. 225.
603 Lettre de Jean Paulhan à Jules Supervielle du 12 août 1939, *Choix de lettres, II*, éd. citée, p. 106.
604 Lettre de Jules Supervielle à Jean Paulhan du 26 juillet 1939, *Choix de lettres*, éd. citée, p. 226.

rentré quelques jours à Paris, afin de préparer son prochain départ : son fils aîné, Henry, qui travaille dans les affaires au Río de la Plata, va se marier, et Supervielle se rend à Montevideo pour assister à l'événement.

Le 2 août, il s'embarque sur le *Groix* des Chargeurs réunis, à destination de l'Uruguay, avec sa femme, Pilar, et Anne-Marie, leur fille cadette. Le voyage va durer vingt-cinq jours, pendant lesquels il compte travailler à *Robinson*. Supervielle pense revenir en France à la mi-octobre, mais son retour n'aura lieu que sept ans plus tard, en juillet 1946.

1939-1946
Les « temps cruels » et la « double angoisse »

Le 1ᵉʳ août 1939, arrivé à Montevideo depuis quelques jours, Supervielle écrit à Paulhan :

> Dans ces temps cruels l'amitié, même à grandes distances, est le plus sûr asile[605].

Paulhan, au bord du départ, lui répond de Port-Cros, qui semble encore rester pour un temps — calme trompeur —, abritée de la montée des tensions :

> [...] l'île est tout d'un coup devenue très calme : ni canonnades, ni bombardements, ni manœuvres (un bateau parfois disparaissait, sans que l'on sût précisément si l'on avait décidé, pour faire vrai, d'en sacrifier un, ou si c'était naturellement un sous-marin — ou même si la guerre était déjà déclarée. Les journaux nous renseignent si mal qu'on peut s'attendre à tout[606].

Dans la capitale uruguayenne, Supervielle suit avec angoisse l'évolution de la situation en France et en Europe. Chez les sœurs de Pilar, les demoiselles Saavedra, il habite « une immense vieille maison aux portes qui ferment mal mais qui est fort agréable[607] », et où il vit au rythme

---

[605] Lettre de Jules Supervielle à Jean Paulhan du 1ᵉʳ septembre 1939, *ibid.*, p. 229.
[606] Lettre de Jean Paulhan à Jules Supervielle du 12 août 1939, *Choix de lettres, II*, éd. citée, p. 105.
[607] Lettre de Jules Supervielle à Jean Paulhan du 29 septembre 1939, *Choix de lettres*, éd. citée, p. 230.

des appels des sirènes des journaux, tenant la population en haleine. De fait, les événements se précipitent. Le 23 août est signé le pacte germano-soviétique, puis le 25, l'alliance anglo-polonaise. Le 1er septembre, Hitler fait envahir la Pologne. Le 3, la France et l'Angleterre entrent en guerre contre le Reich. Supervielle s'informe des événements dans les journaux, qui sont en Uruguay majoritairement favorables à la France et à l'Angleterre : la plus grande partie de la population est très francophile, même si le gouvernement – malgré la neutralité qui a été proclamée en 1939 – penche pour l'Axe, de même que le clergé et une certaine partie de la population, liée à l'Allemagne nazie.

De son côté, Supervielle se réjouit d'apprendre que, pendant un temps, les grandes revues, dont *La N.R.F.*, continueront de paraître : il demande à Paulhan de la lui faire envoyer à Montevideo, et insiste – en vain – pour participer au numéro d'hommage à Gide envisagé par Paulhan, afin de maintenir le lien avec la France, avec le cercle de la revue. Il s'inquiète de la situation de ses enfants. Le 29 septembre, alors qu'Hitler et Staline se partagent les territoires conquis et que les troupes françaises s'apprêtent à se retirer de la Sarre, Supervielle s'interroge : Henry, qui se marie quelques jours plus tard à Montevideo, sera-t-il appelé et contraint de rentrer en France ? Comment, alors, organiser ce voyage ? Jacques et Jean sont pour l'instant à Toulouse, près de leur sœur Denise ; la classe de Jacques n'a pas encore été appelée. Mais son gendre, Pierre David, est sur le front, dans l'artillerie[608].

Cette inquiétude pour les siens, qui s'allie à des problèmes de santé destinés à aller en s'amplifiant, Supervielle l'éprouve aussi pour ses amis, Paulhan, Arland, et surtout les jeunes, dont il craint la mobilisation : Claude Roy, Armand Robin. Il a la consolation de voir Victoria Ocampo et Roger Caillois, de passage à Buenos Aires dans le cadre d'une tournée de conférences : Supervielle est ravi de les retrouver, mais Caillois est frappé par l'affaiblissement de l'écrivain. Il écrit à Paulhan qu'« il paraissait bien fatigué » et « espère que c'est passager[609]. » Supervielle reçoit également des nouvelles de Michaux, le 20 octobre : inquiet, celui qui signe « ton ami en déconfiture » ouvre sa lettre par la longue litanie

---

608 *Ibid.*
609 Lettre de Roger Caillois à Jean Paulhan du 21 octobre 1939, *Correspondance Jean Paulhan Roger Caillois 1934-1967*, texte établi, annoté par Odile Felgine, Laurent Jenny et Claude-Pierre Pérez, avec le concours de Jacqueline Paulhan, Cahiers Jean Paulhan, tome 6, *La N.R.F.*, Paris, Gallimard, 1991, p. 123.

du nom des proches, « Pierre Bertaux, Denise, Françoise, Pierre D. », « Paulhan », « Toi et Pilar », suivie d'une accumulation de questions, sur leur situation, sur ce que l'on peut faire... Espérant, comme beaucoup, comme Supervielle, « une guerre courte plutôt qu'une longue », il a ces mots, qui pourraient être de son ami :

> Le vide d'ici augmente l'angoisse[610].

De fait, Michaux se trouve alors au Brésil : il a quitté la France en juillet 1939, encouragé par Supervielle qui comptait le rejoindre rapidement à Rio avant de retrouver Montevideo. Michaux rêve alors de retrouver la France ; Paris, à présent, lui apparaît comme son « centre[611] ». La lettre suivante, datée du 13 novembre, confirme son désarroi, et la colère qui en naît, en crescendo :

> Reçu ta lettre, ton peu de nouvelles, personne n'en a. L'énervement est intolérable ici, là-bas, partout. Autre gribouille, de plus en plus, je songe à entrer dans la bagarre. Quoique je la considère comme la plus idiote et à rebrousse-poil qui soit, et haïssable et fonctionnaire et tout. Mais l'Amérique m'est décidément hostile, étrangère etc.... Autant parce qu'il n'est plus question de bonheur, entrer dans le grand drame, carrément...
> Un reste de prudence : je me donne encore un mois et demi... de réflexion[612].

S'il a pu voir, à Rio, Henry Supervielle et sa jeune épouse, Michaux souffre vivement de la solitude, et se retrouve « à bêler après des lettres qu'[il] ne reçoi[t] pas[613] ». La lettre se termine par la même interrogation qui émaille les missives de Supervielle :

> Quand se verra-t-on ? Je me le demande souvent[614].

La formule de clôture est significative : « un abrazo de ton ami Henri », écrit Michaux. Ce terme espagnol, désignant une étreinte amicale, est très souvent employé par Supervielle pour achever les lettres adressées à ses amis : retrouvant les mots de Julio, Michaux semble ainsi vouloir recréer la proximité perdue.

---

610 Lettre d'Henri Michaux à Jules Supervielle du 20 octobre 1939, voir *infra*.
611 *Ibid.*
612 Lettre d'Henri Michaux à Jules Supervielle du 13 novembre 1939, voir *infra*.
613 *Ibid.*
614 *Ibid.*

En novembre, Supervielle laisse Pilar et Anne-Marie à Montevideo et passe trois semaines à Buenos Aires, chez Anita Baron, sa cousine, qu'il considère comme sa sœur : à la mort de ses parents, ils ont été élevés ensemble par les parents d'Anita, l'oncle Bernard et sa femme Marie-Anne. Au cours de ce séjour, il trouve quelque repos dans les parcs de la ville. Il écrit à Étiemble, alors professeur de littérature à l'Université de Chicago, qu'au Jardin zoologique, « on [...] oublie Hitler. Beaucoup d'animaux y vivent en liberté et ce matin comme j'écrivais sur un banc je sentis tout d'un coup quelqu'un qui se frottait à moi. C'était un gibbon (ou une gibbonne[615] !) ». Un chapitre de *Boire à la source*, daté de 1939, consacré aux « Bêtes », interroge également la relation aux animaux, faite de proximité et de distance : évoquant sa vie à l'estancia, l'écrivain mentionne les bœufs, les vaches et les veaux, leur destin douloureux face à « l'homme et son appétit[616] ». Retrouvant les accents de *La Fable du monde*, il imagine, encore une fois, la création des animaux, et s'interroge sur leur mutisme, tout en affirmant leur noblesse.

Supervielle fréquente aussi le Jardin botanique, où il observe des arbres de tous les pays, admire « quelques très beaux spécimens d'arbres américains à fleurs rouges ou lilas », des « gomeros », « arbres à gomme », « énormes avec leurs branches parallèles au sol et qui n'en finissent plus » : « je ne me suis jamais tant plu auprès des arbres que depuis la guerre[617] », écrit-il à Paulhan. De fait, le motif de l'arbre est récurrent dans l'œuvre de Supervielle, dans de nombreux poèmes – « Le premier arbre », « Pin », « L'arbre-fée »... – comme dans les contes, tels « Le petit bois », « Le bûcheron du roi » ou « Nymphes ». Comme l'animal, l'arbre témoigne de l'intérêt de l'écrivain pour le monde sensible, à la fois concret et doué de la capacité à ressentir, et surtout à souffrir. Comme Supervielle l'écrit à Étiemble, « j'adore les bêtes mais trop souvent sous l'angle de la distraction j'aime en elles ce qui vit et ce qui souffre plus encore que leurs modalités particulières[618]. » C'est encore le silence des bêtes et des arbres qui frappe l'écrivain : il est perçu comme le signe

---

[615] Lettre de Jules Supervielle à René Étiemble du 11 novembre 1939, *Correspondance 1936-1959*, éd. citée, p. 33.
[616] Jules Supervielle, *Boire à la source*, *Confidences*, éd. citée, p. 154.
[617] Lettre de Jules Supervielle à Jean Paulhan du 16 novembre 1939, *Choix de lettres*, éd. citée, p. 233.
[618] Lettre de Jules Supervielle à René Étiemble du 29 février 1940, *Correspondance 1936-1959*, éd. citée, p. 43.

d'un mystère touchant à la vie et la mort, et donne lieu à un processus d'humanisation. L'altérité de l'arbre ou de l'animal permet en retour de penser l'homme, de penser à l'homme : l'arbre apparaît notamment comme un exemple de patience et d'endurance, surtout dans le contexte difficile des années de guerre. « Ils ont de la noblesse », écrit-il à Étiemble, « la noblesse venant presque toujours pour les arbres avec une certaine hauteur, au sens propre du mot, et on les livre en général au bûcheron avant qu'ils aient acquis un beau développement[619]. » De fait, c'est entre 1939 et 1940 que Supervielle rédigera une partie des poèmes composant la section « Arbres » du recueil *1939-1945*.

Pendant le voyage à Buenos Aires, Supervielle rencontre Peyrouton, l'ambassadeur de France en Argentine, ainsi que Borges, qui collabore à la revue *Sur* et traduira en espagnol son poème « 1940 » pour la revue[620]. S'il n'existe pas véritablement d'affinités entre Supervielle et le grand écrivain argentin, Supervielle apprécie ses qualités de traducteur et son « sens critique[621] ». Surtout, il retrouve à nouveau Victoria Ocampo et Roger Caillois. Depuis juillet 1939, celui-ci se trouve en Argentine, à l'invitation de Victoria Ocampo, pour donner des conférences sur le mythe, le sacré, le bourreau, les grands thèmes du collège de Sociologie dont il est le cofondateur. Les liens vont se resserrer entre Supervielle et Caillois, qui va devenir l'un des correspondants réguliers de l'écrivain pendant cette période. Durant le séjour de Supervielle à Buenos Aires, ils jouent au tennis, prudemment, à cause de la santé fragile de l'écrivain. Mais la partie est vite interrompue par les palpitations cardiaques qui le saisissent : lui qui songeait à revenir en France doit reculer son retour, en raison de ces troubles qui le contraignent de vivre « au ralenti[622] ». Cette angoisse liée à sa santé s'associe à nouveau à l'inquiétude quant à la situation internationale : la guerre sera-t-elle finie au mois de mars, en raison des troubles en Allemagne, des effets du blocus, de la lassitude générale ? Va-t-elle encore durer deux ans ? Le sort de ses amis continue aussi à le préoccuper : il craint pour la vie de deux jeunes poètes

---

619 *Ibid.*
620 Jules Supervielle, « 1940 », traduit en espagnol par Jorge Luis Borges, *Sur*, n° 75, décembre 1940.
621 Entretien de Jules Supervielle avec Gabriel d'Aubarède, « Retour à une poésie populaire souhaitée par Jules Supervielle », *Gavroche*, 24 décembre 1947.
622 Lettre de Jules Supervielle à Jean Paulhan du 16 novembre 1939, *Choix de lettres*, éd. citée, p. 233.

mobilisés, Patrice de La Tour du Pin et Jean Le Louët : le premier a été fait prisonnier en octobre 1939 et interné en Allemagne, quand le second a disparu en Pologne. Affaibli, Supervielle travaille peu : il corrige des contes, travaille à la traduction de *Boire à la source* en espagnol. Il reçoit une lettre de Paulhan, datée du 15 novembre :

> [...] que tu es loin. Il me semble que cette guerre a encore ajouté quelques océans à tous ceux que tu avais mis déjà entre nous deux. J'entends à peine ta voix : elle est devenue comme les racines dont tu parles dans ta lettre à Gide[623].

Paulhan lui donne des nouvelles de Paris, dont il revient : « Que de gens perquisitionnés ! », s'exclame-t-il, évoquant Alain, Aragon, donnant encore des nouvelles d'Eluard, « lieutenant d'intendance », qui « fournit des godillots à la ligne Maginot », de Frédéric, son fils, « toujours e.o.r. à Laval ». Il lui assure aussi que *La N.R.F.*, *Mesures* continueront pour l'instant à paraître, et lui demande des textes, des poèmes[624].

En décembre, Supervielle apprend la mort de Bernal, le peintre espagnol, également ami de Michaux. Atteint depuis longtemps de tuberculose, « il est mort fou et aveugle[625] » à Paris, à trente-deux ans. Supervielle est très affecté par la perte de « ce peintre si riche dans la profondeur si dense, cet ami qui était la générosité même[626] ». Il entre en contact avec Marcel Raval, qui dirige à Paris *L'Amour de l'Art* et prépare pour la revue *Prométhée* un hommage à Bernal auquel contribuera également Michaux, à la demande de Supervielle. Malade, affaibli, Supervielle se sent incapable d'écrire le texte de critique d'art que lui demande Bernal : « je ne suis pas du tout à l'aise dans la critique[627] », lui écrit-il, comme il l'a souvent répété aussi à Paulhan. Ce sera donc un poème que rédigera Supervielle, « Le Souvenir de Bernal », ensuite repris en recueil sous le titre « À Bernal[628] ». S'adressant à l'ami perdu, tutoyé pour susciter sa présence par-delà la mort, dans « l'intimité de

---

623 Lettre de Jean Paulhan à Jules Supervielle du 15 novembre 1939, *Choix de lettres, II*, éd. citée, p. 132.
624 *Ibid.*, p. 133.
625 Lettre de Jules Supervielle à Jean Paulhan du 8 décembre 1939, *Choix de lettres*, éd. citée, p. 234.
626 Lettre de Jules Supervielle à Marcel Raval du 2 décembre 1939, voir *infra*.
627 *Ibid.*
628 Jules Supervielle, « Le Souvenir de Bernal », *Prométhée*, n° 9-10, janvier 1939-décembre 1940, repris sous le titre « À Bernal », *1939-1945*, éd. citée.

l'impossible », le texte rappelle l'engagement de Bernal aux côtés des républicains pendant la guerre civile espagnole, et salue aussi son courage face à la maladie. Il se termine par l'éloge de ses toiles, « tout cela prêt à vivre sa très longue vie de peinture », dans une pérennité opposée, avec un pathétique discret, à la disparition du corps du peintre.

1940

L'année 1940, qui donnera son titre à un important poème recueilli dans *1939-1945*, est évoquée, ainsi que 1939, avec une violence singulière dans le « Journal d'une double angoisse » de Supervielle :

> 1939-1940 dégage aussi une odeur de charnier. Il y a ainsi des années pourries dans l'histoire, du moins quand elles sont assez proches de nous. Mais si on remonte plus haut dans le temps, les guerres y sont entrées trop avant dans l'abstraction pour laisser une odeur. Seul le présent pue[629].

Le début de l'année 1940 est marqué par un sentiment grandissant d'éloignement et d'isolement. Le 18 janvier, Supervielle écrit à Paulhan :

> Nous sommes si loin l'un de l'autre que tu ne dois plus aussi bien savoir à quel point je pense à toi. Les communications télépathiques doivent se brouiller à de telles distances[630].

Paulhan est préoccupé par l'affliction de son ami : il écrit à Arland que Supervielle est « triste, un peu insomnieux[631] », ce qui entraîne aussi l'inquiétude de son correspondant. Paulhan répond donc à Supervielle avec une grande affection, l'interroge sur ses pièces, car il sait qu'elles lui tiennent à cœur. Il imagine, dans l'espace du songe, des retrouvailles :

> Je songe parfois que je vais te voir en Uruguay. Presque toujours, tu es entouré d'animaux maigres, parmi lesquels je ne vois pas de tatou (mais que veulent dire les rêves[632] ? [...])

---

629 Jules Supervielle, *Boire à la source, Confidences*, éd. citée, p. 131.
630 Lettre de Jules Supervielle à Jean Paulhan du 18 janvier 1940, *Choix de lettres*, éd. citée, p. 236.
631 Lettre de Jean Paulhan à Marcel Arland datée « Mercredi », de la deuxième moitié de février 1940, *Correspondance 1936-1945*, édition établie et annotée par Jean-Jacques Didier, Paris, Gallimard, 2000, p. 182.
632 Lettre de Jean Paulhan à Jules Supervielle de février 1940, *Choix de lettres, II*, éd. citée, p. 158.

Pour lutter contre le sentiment d'isolement de Supervielle, Paulhan lui donne aussi des nouvelles détaillées des amis communs : Arland, « E.O.R. d'Admin[on] près de Nantes », « triste, accablé de corvées et de manœuvres », « se sent vieux » ; Jouhandeau lui a écrit que « sa vie n'a jamais été plus tragique » ; Michaux, rentré en France, se trouve à Meudon, Paulhan le reverra bientôt[633].

Seule *La N.R.F.*, que Supervielle lit « avec [...] avidité[634] », maintient, comme la correspondance, une forme de lien, marquant bien le caractère indissociable de l'amitié et de la littérature. Supervielle travaille également à des poèmes et à sa pièce de théâtre, *Robinson*, qui l'aide à « supporter tous ces mauvais jours[635] ». Cette comédie, qui sera créée en 1948, est une réécriture du roman de Defoe, tout comme le roman de Giraudoux, *Suzanne et le Pacifique*[636]. Elle se fonde sur le thème du triomphe de l'amour sur la mort, en présentant les amours contrariées de Robinson et Fanny, puis, après la mort de celle-ci, l'union de Robinson et de la fille de Fanny. C'est ainsi que les amoureux en viennent à « vaincre le temps au cœur de roche[637] ».

Tout en même temps, Supervielle évoque de manière récurrente son retour en France, même si celui-ci semble de plus en plus lointain, parfois vain : à quoi l'écrivain serait-il utile, sauf à être près de ses jeunes amis poètes, Claude Roy, Armand Robin, Jean Le Louët, Patrice de La Tour du Pin, qui se trouvent mobilisés ? Il en arrive à la conclusion qu'il restera « mécontent de ses deux guerres[638] » : la seconde suscite le souvenir de la première, qui avait donné lieu aux « Poèmes de l'humour triste ». Alors, Supervielle, mobilisé, avait d'abord été affecté au service auxiliaire de l'Intendance, à la station magasin de Saint-Cyr-l'École ; puis, en raison de ses compétences linguistiques, il avait été muté au ministère de la Guerre, dans la section de centralisation des renseignements, au comité de la censure postale. Il avait enfin été promu caporal. Il avait

---

633 *Ibid.*, p. 158-159.
634 Lettre de Jules Supervielle à Jean Paulhan du 18 janvier 1940, *Choix de lettres*, éd. citée, p. 236.
635 Lettre de Jules Supervielle à Jean Paulhan du 21 mars 1940, *ibid.*, p. 239.
636 Jean Giraudoux, *Suzanne et le Pacifique*, Paris, Émile-Paul frères, 1921.
637 Jules Supervielle, *La Belle au bois*, version de 1953, suivi de *Robinson ou l'amour vient de loin*, éd. citée, p. 209.
638 Lettre de Jules Supervielle à Jean Paulhan du 18 janvier 1940, *Choix de lettres*, éd. citée, p. 236.

nourri d'«obsédants scrupules» de ne pas être sur le front, comme il le raconte à Paulhan, lui qui fait «partie de [s]a conscience et [qui] se mêl[e] toujours en [lui] à ce qui est juste et bien[639]».

Concernant la position politique de Supervielle, elle est sans aucune ambiguïté, même si, dans un premier temps, elle s'exprime moins publiquement que celle de Georges Bernanos ou de Roger Caillois. Supervielle entretient des rapports purement protocolaires avec la légation de Vichy ; son antinazisme, évident dans ses correspondances, s'exprimera avec une grande clarté dans ses textes, «Journal d'une double angoisse», dans *Boire à la source*, ainsi que les *Poèmes de la France malheureuse*, recueillis dans *1939-1945*. Supervielle suit également avec inquiétude les nouvelles données par la B.B.C. Philippe Soupault, qui le rencontre en 1943 à Montevideo lors d'une mission, déclare qu'«il était triste, même malheureux, quand il écoutait les nouvelles de la France occupée. Il souffrait mais ne voulait pas être désespéré. "Ce n'est pas possible", me répétait-il. C'était pourtant possible[640].»

Quant à ses fils, Jacques se trouve à Angoulême puis à Versailles, dans les chars légers, et Henry, mobilisé, devra rejoindre à Dakar un régiment sénégalais. Jean a été réformé. L'un de ses gendres, Pierre David, se trouve dans l'artillerie montée : dans sa lettre à Claude Roy du 22 janvier 1940, Françoise David évoque son attente inquiète, et le peu d'informations qu'elle reçoit sur la situation de son époux[641]. Son autre gendre, Pierre Bertaux, lieutenant-interprète, a été affecté dans une dépendance du Ministère de la Guerre, à l'est de Paris, où ses connaissances en allemand peuvent être utiles. Le sentiment d'isolement de Supervielle se fait de plus en plus prégnant, d'autant plus qu'il est ravivé par le souvenir de Port-Cros, de la Vigie et du Fort François Ier :

> Ici c'est le vide absolu pour ce qui est des échanges. Je n'ai pas un seul véritable ami. Heureusement qu'il y a aussi en Uruguay des arbres et des animaux. Des nuages aussi, bien plus beaux qu'en France et qui me montrent qu'il ne faut pas désespérer de l'avenir du pays[642].

---

639 Lettre de Jules Supervielle à Jean Paulhan du 17 février 1940, *ibid.*, p. 237.
640 Odile Felgine, *L'Écriture en exil*, éd. citée, p. 90.
641 Lettre de Françoise David à Claude Roy du 22 janvier 1940, Bibliothèque littéraire Jacques Doucet, Fonds Claude Roy, ROY 275.
642 Lettre de Jules Supervielle à Jean Paulhan du 18 janvier 1940, *ibid.*, p. 236.

De fait, parfois, l'humour allège un peu la tristesse. Le 21 mars, Supervielle raconte à Paulhan une anecdote insolite :

> J'habite une belle maison un peu en ruines avec un grand jardin, d'où je t'écris. Nous avons pour voisins des Allemands, généralement en caleçons de laine. Hier j'ai bien cru que la guerre était déclarée entre nous. À quatre mètres de moi derrière une haie, un coup de fusil. Je me lève indemne et je les vois tous deux qui regardaient un arbre. Ils devaient tirer sur une fouine ou quelque autre bête mangeuse d'œufs[643].

Fin mars, c'est l'automne à Montevideo et à la calle Sarandi, « dans ce grand jardin sans feuilles mortes, où seul le ciel est d'un bleu profond et presque pathétique[644] ». La santé de l'écrivain continue à décliner : lui qui se caractérise par sa haute taille, il ne pèse plus que soixante-huit kilos, écrit-il à Paulhan, et doit suivre un traitement d'injections de calcium vitaminé et d'insuline[645]. Il envoie à son ami le poème « Le malade[646] », dont les premiers vers, de manière significative, associent les thèmes de la maigreur et de la mort, et ne sont pas sans inquiéter Paulhan :

> Ta maigreur conte fleurette
> À ton pudique squelette [...]

En mai débute la bataille de France : le Reich envahit les Pays-Bas, la Belgique, le Luxembourg et la France, du 10 mai au 25 juin 1940. Le 26 mai, Paulhan donne à Supervielle des nouvelles douloureuses, « Calais et Dunkerque perdus, les Belges nous lâchent » ; Claude Gallimard est prisonnier, Petitjean, blessé ; Aragon, pour l'instant, est rescapé ; pas de nouvelles de Claude Roy. Paulhan conclut : « Et cet étonnant soleil, ce printemps déjà si éclatant et si chaud, et tant d'envie de pleurer. » Il tente pourtant de réconforter Supervielle : il a énormément aimé ses poèmes, malgré des réserves sur « Le Malade » et « Le double » ; il a été « tout heureux » de lire *Robinson*, avec ses « personnages un peu baroques », incite Supervielle à écrire « une pièce entière en vers[647] ».

---

643 Lettre de Jules Supervielle à Jean Paulhan du 21 mars 1940, *ibid.*, p. 239.
644 Lettre de Jules Supervielle à Jean Paulhan du 28 mars 1940, *ibid.*, p. 240.
645 *Ibid.*
646 Jules Supervielle, « Le malade », *1939-1945*, éd. citée.
647 Lettre de Jean Paulhan à Jules Supervielle du 26 mai 1940, *Choix de lettres, II*, éd. citée, p. 173-174.

« Nous vivons des jours atroces[648] », écrit Supervielle à Étiemble le 27 mai. La France tombe, et un complot nazi avorte en Uruguay. Supervielle est très affecté par la défaite, inquiet pour ses enfants et ses amis :

> Que deviennent nos amis de là-bas, que devenons-nous tous dans cette terrible défaite[649].

Travaillé par l'insomnie, amaigri à l'extrême – il ne pèse plus à présent que soixante-sept kilos[650] –, Supervielle est aussi affaibli par ses problèmes cardiaques et pulmonaires : un médecin décèle, dans ses poumons, la cicatrice d'une vieille lésion tuberculeuse. L'écrivain doit entreprendre une cure de grand repos. Il demeure désormais à l'austère Hotel del Prado, « qui ressemble à un sana[651] », à la Colonia Suiza, où il restera jusqu'en juillet 1941.

La Colonia Suiza, à la campagne, est un village très calme, fondé par les Suisses, où « presque tout le monde se soigne[652] ». Pour peupler sa solitude, Supervielle caresse le rêve de faire venir près de lui Étiemble et sa compagne, Yassu Gauclère, écrivain : Étiemble souffre en effet de ses rapports avec sa hiérarchie, à l'Université de Chicago[653]. Supervielle contacte Caillois, se renseigne sur des postes à Montevideo, à Buenos Aires[654]... Mais le projet restera lettre morte. « Si vous saviez comme je me sens seul ici[655] ! », écrit Supervielle à Caillois, le 19 juillet. Le 5 août, il l'engage à lui rendre visite : « Ce serait si bien si je vous revoyais à la Colonia Suiza[656] ! » Il œuvre également en faveur de son ami : il s'agit de promouvoir les conférences de Caillois à Montevideo, en les signalant dans *El País*, le quotidien uruguayen alliéophile, et en le mettant en relation avec plusieurs notables, comme Agustín Ruano Fournier,

---

648 Lettre de Jules Supervielle à René Étiemble du 27 mai 1940, *Correspondance 1936-1959*, éd. citée, p. 47.
649 Lettre de Jules Supervielle à Roger Caillois du 19 juillet 1940, voir *infra*.
650 Lettre de Jules Supervielle à René Étiemble du 27 juillet 1940, *Correspondance 1936-1959*, éd. citée, p. 52.
651 Jules Supervielle, *Boire à la source*, Confidences, éd. citée, p. 135.
652 *Ibid.*
653 Lettre de René Étiemble à Jules Supervielle du 29 juin 1940, *Correspondance 193-1959*, éd. citée, p. 49-51.
654 Lettres de Jules Supervielle à Roger Caillois du 19 juillet et du 5 août 1940, voir *infra*.
655 Lettre de Jules Supervielle à Roger Caillois du 19 juillet 1940, voir *infra*.
656 Lettre de Jules Supervielle à Roger Caillois du 5 août 1940, voir *infra*.

professeur d'économie politique à la Faculté de droit, ou Julio César García Otero, doyen de la Faculté de médecine. En retour, Supervielle fait lire à Caillois les textes auxquels il travaille : il envisage de reprendre sa pièce *Le Voleur d'enfants* dans une traduction en espagnol, pour le public sud-américain. Le projet aboutira en octobre 1944 : le 16, la version théâtrale du *Voleur d'enfants* sera donnée par la compagnie Xirgu à Montevideo, au Estudio Sodre de Montevideo, dans une traduction de Rafael Alberti, sous le titre *El Ladrón de niños*. La pièce sera ensuite jouée dans plusieurs pays d'Amérique du Sud, en particulier, le 24 octobre 1944, au Teatro Avenida de Buenos Aires.

Le 25 juillet, Paulhan écrit à Supervielle depuis la maison de Joë Bousquet, à Villalier : celui-ci l'a accueilli, ainsi que Gaston Gallimard ou les Choffé. Eluard, Robin se trouvent auprès de lui. Il lui donne des nouvelles rassurantes de ses fils Pierre et Frédéric. Aragon, passé par Dunkerque, « a été de nouveau cité » ; Petitjean, blessé à la main, a perdu encore deux doigts ; Michaux « doit être vers Grasse », Gide, « ici avant-hier[657] ».

Supervielle commence pendant cette période la rédaction du « Journal d'une double angoisse », qui sera publié en 1951 dans la nouvelle édition de *Boire à la source* : l'écriture diariste, qu'il ne pratiquait pas jusque-là – il ne tenait ni carnets, ni journaux intimes, comme le rapporte son gendre Ricardo Paseyro[658] – s'impose à présent à lui. Il s'agit en effet de relater une double épreuve, individuelle, interne – celle de la maladie – et universelle, celle de la guerre, avec la résonance des inquiétudes pour les siens, les amis, dans une douleur commune, partagée. Cette angoisse donne également lieu à l'écriture poétique.

Un fragment du texte « Colonia Suiza », dans le « Journal d'une double angoisse », est daté du 9 septembre 1941 : Supervielle y évoque la souffrance physique et l'ennui. Seuls ses entretiens avec deux jeunes filles, jolies mais elles aussi malades, lui permettent de l'atténuer : l'une d'elles lui offre des violettes, l'autre lui propose de venir le soigner dans sa chambre alors qu'il est atteint de la grippe. Faut-il qu'il soit vieux, se dit-il, pour qu'elles lui fassent ce qui ne saurait plus être pris par des avances… Pendant les repas, l'écrivain est seul, comme pendant les nuits

---

657 Lettre de Jean Paulhan à Jules Supervielle du 25 juillet 1940, *Choix de lettres, II*, éd. citée, p. 178.
658 Ricardo Paseyro, *Jules Supervielle, Le Forçat innocent*, éd. citée, p. 188.

d'insomnie, où ses nerfs le tourmentent : seule l'écriture permet alors de les apaiser[659]. Dans la suite du mois de septembre, après avoir adressé à Étiemble des contes, « pages [...] souriantes en ce moment où tout est si sombre », écrites « pour fuir l'épouvante, la tristesse et la honte[660] », Supervielle envoie à son ami les premiers poèmes que lui inspirent les malheurs de la France, « Ville ouverte[661] », « Ciel et Terre[662] », « En temps de guerre[663] » et « 1940[664] ». Le premier – renommé ensuite « Paris » – fait référence au 14 juin 1940, lorsque Paris est déclarée « ville ouverte ». Cette expression militaire est remotivée par la métaphore de la blessure, que Supervielle employait déjà dans la lettre du 27 mai à Étiemble : « On se demande chaque jour si la France ne va pas être trouée à mort par l'Allemagne[665] », s'inquiétait-il alors. C'est aussi toute la thématique personnelle de l'emprisonnement, déployée dans *Le Forçat innocent*, qui se trouve ravivée par les événements.

En novembre, Supervielle s'associe à Caillois et à Victoria Ocampo pour tenter de venir en aide à Paulhan. Le 5, Supervielle lui propose de venir se réfugier auprès d'eux avec Germaine ; on lui trouvera une situation, et Victoria Ocampo propose de l'héberger à Buenos Aires. Supervielle insiste : en Amérique du Sud, le climat est favorable pour fonder une revue française, dont Paulhan pourrait s'occuper avec Caillois, d'autant que *La N.R.F.*, en France, a alors cessé de paraître – elle reprendra, en décembre, sous la direction de Drieu la Rochelle. Mais le projet restera sans suite[666].

---

659 Jules Supervielle, « Colonia Suiza », « Journal d'une double angoisse », *Boire à la source*, *Confidences*, éd. citée, p. 137-140.
660 Lettre de Jules Supervielle à René Étiemble, non datée, reçue le 17 octobre 1940, estimée entre le 15 et le 20 septembre 1940, *Correspondance 1936-1959*, éd. citée, p. 55.
661 Jules Supervielle, « 1940 », *Andén*, n° 1, Montevideo, mars 1941, p. 1, repris sous le titre « Paris » dans *Poèmes de la France malheureuse*, éd. citée, 1941 et 1942, puis dans *1939-1945*, éd. citée.
662 Jules Supervielle, « Ciel et terre », *Lettres françaises*, n° 5, juillet 1942, p. 29, repris dans *1939-1945*, éd. citée.
663 Ce poème n'a pas été publié en revue, ni recueilli en volume.
664 Jules Supervielle, « 1940 », *Sur, op. cit.*, repris dans *Poèmes de la France malheureuse*, éd. citée, 1941 et 1942, dans *Fontaine*, n° 16, décembre 1941, dans le volume collectif *France*, édité sous les auspices des services français d'information en Amérique du Sud, éditions Victoria, Buenos Aires, 1945 (sous le titre « France »), et dans *1939-1945*, éd. citée.
665 Lettre de Jules Supervielle à René Étiemble du 27 mai 1940, *Correspondance 1936-1959*, éd. citée, p. 47.
666 Lettre de Jules Supervielle à Jean Paulhan du 5 novembre 1940, *Choix de lettres*, éd. citée, p. 249.

Supervielle subit durant cette période une nouvelle épreuve : la faillite de la banque Supervielle, annoncée à la radio et relayée par les journaux montévidéens, qui déclenchent alors leurs sirènes. La banque était dirigée depuis 1899 par Louis Supervielle, le frère d'Anita, avec lequel l'écrivain avait été élevé, et qu'il considérait comme son frère. La banque symbolisait « la tradition, le sérieux, la sécurité[667] ». Sa faillite, en apparence foudroyante, est-elle liée aux ambitions de Louis ? Au financement, par la banque, du nouveau port d'Asunción au Paraguay ? Le conseil des ministres uruguayen, à une voix de majorité, a décidé de s'abstenir d'intervenir en faveur des Supervielle. L'écrivain, qui était l'un des associés de la banque, se trouve donc quasiment ruiné, et ne peut plus même payer sa pension à l'Hotel del Prado. Discret sur ce point dans sa correspondance, il confie malgré tout à Caillois qu'il est « très affecté[668] » ; en janvier, il donnera quelques précisions à Étiemble :

> Depuis que je vous ai écrit la Banque Supervielle a demandé un moratoire. Une nouvelle société va se faire et je ne suis pas loin d'être sur le pavé. Cependant il se peut que la nouvelle société consente certains avantages aux anciens associés comme moi. Je ne me suis jamais occupé d'affaires et commencerais à le regretter si je n'aimais pas tant mon métier[669].

Son épouse, Pilar, vend des bijoux, des objets ; les avoirs placés en-dehors de la banque leur permettent de subsister en jouissant d'un certain confort. Des écrivains uruguayens viendront également en aide à Supervielle[670].

1941

En 1941, Supervielle est invité à séjourner chez Victoria Ocampo, à Mar del Plata. Le séjour se fait au mois de mars. Pilar est aussi invitée, mais Supervielle se rend finalement seul chez leur amie : son épouse reste aux côtés d'Anne-Marie, qui se remet de l'appendicite[671]. Pendant le séjour, la distraction de l'écrivain donne lieu à des scènes étonnantes :

---

667 Ricardo Paseyro, *Jules Supervielle, Le Forçat volontaire*, éd. citée, p. 191.
668 Lettre de Jules Supervielle à Roger Caillois du 6 novembre 1940, voir *infra*.
669 Lettre de Jules Supervielle à René Étiemble du 21 janvier 1941, *Correspondance 1936-1959*, éd. citée, p. 62.
670 Ricardo Paseyro, *Jules Supervielle, Le Forçat volontaire*, éd. citée, p. 192.
671 Lettre de Jules Supervielle à Victoria Ocampo datée « Vendredi soir », antérieure au 26 mars 1941, *Choix de lettres*, éd. citée, p. 571.

alors que Victoria Ocampo a invité une amie, qui relate avec douleur la mort de son époux, Supervielle, à l'autre bout de la table, s'est mis à songer. Brusquement, il revient à lui et, d'une voix tonitruante, lance à la veuve :

Et depuis, plus de nouvelles[672] ?

Très affaibli – il avait failli ne pas se rendre chez son amie car il craignait la proximité possible de sa demeure avec la mer, et un climat trop rude –, il suscite l'inquiétude : à plusieurs reprises, la nuit, il est retrouvé par les domestiques, allongé à même le sol. De ses lèvres sortent des mots incompréhensibles, soufflés d'une voix caverneuse : il explique qu'il s'agit d'un exercice, destiné à éloigner ses troubles de santé[673]. Lorsqu'il quitte Mar del Plata, il emporte avec lui, par inadvertance, un bloc du papier à lettres de Victoria : circonstance saugrenue, dont il s'amuse, c'est sur une feuille portant l'en-tête de la « Villa Victoria » qu'il écrit à la maîtresse de maison, des environs de Montevideo, après son retour, pour la remercier du séjour. « J'ajoute que c'est tout ce que j'ai emporté en fait de matériel de chez vous », précise-t-il avec humour, « pour le reste ce sont des souvenirs exquis et matière à réflexions reconnaissantes[674]. »

L'un des textes du « Journal d'une double angoisse » est daté du 19 avril. Supervielle y évoque sa maigreur, et les quelques kilos gagnés à la Colonia Suiza. Forcé à l'inaction, il souhaite la mort, « mille fois par jour », tout en se soignant, « comme s[il] voulai[t] vivre des siècles ». Il avoue – ce qui est très rare – avoir pensé à se tuer, tout en reconnaissant vouloir que sa mort se fasse « sans [s]on intervention », et en affirmant que ce qui le retient sur terre, « c'est ce qui attend son tour dans [s]a tête, son tour de se coucher de tout son long sur le papier de l'écrivain[675]. »

À cette époque, Supervielle reçoit quelques nouvelles encourageantes. Alors qu'il était très inquiet pour Claude Roy, il est rassuré d'obtenir une lettre du jeune poète, à laquelle il répond le 9 mai[676]. En outre, son fils Jacques va venir le rejoindre à Montevideo, où il travaillera comme

---
672 Laura Ayerza de Castilho, Odile Felgine, *Victoria Ocampo*, éd. citée, p. 204.
673 *Ibid.*, p. 204-205.
674 Lettre de Jules Supervielle à Victoria Ocampo du 26 mars 1941, *Choix de lettres*, éd. citée, p. 572.
675 Jules Supervielle, « Colonia Suiza », « Journal d'une double angoisse », *Boire à la source, Confidences*, éd. citée, p. 136-137.
676 Lettre de Jules Supervielle à Claude Roy du 9 mai 1941, voir *infra*.

employé de banque. Quant à Anne-Marie, sa plus jeune fille, elle va au Lycée Français, et parle à présent plus volontiers espagnol que français... Le sentiment de solitude est pourtant toujours là, et la conversation avec les amis, tels que Jean Paulhan et Germaine, ne se poursuit, souvent, que dans le songe et la rêverie :

> Je pense si souvent à vous deux que vous me tenez parfois compagnie sans le savoir, on peut-être le sachant. Et la conversation continue, à bâtons rompus mais elle n'en est pas moins précieuse. Port-Cros, Châtenay, la rue de Beaune tout cela se réveille dans ma mémoire et se met à bouger[677].

Le 29 mai, l'écrivain évoque dans *Boire à la source* son désarroi : les idées brouillées par l'insomnie, il est en proie à une « ahurissante fatigue sans noblesse » et songe à nouveau au suicide, se demandant s'il saurait s'y prendre pour mourir. Dans l'attente de son médecin, Supervielle fait la liste de tout ce qu'il lui a déjà fallu quitter pour toujours : « l'enfance, le lycée, ma vie d'étudiant, mes premiers livres, les premiers temps de mon mariage, les premières années de mes enfants pour voir surgir, à l'autre bout de la vie, mes petits-enfants, mes cheveux gris ou blancs, des ennuis de santé, redoublés, retriplés comme le bouquet d'un lugubre feu d'artifice dont je ferais tous les frais et serais le seul spectateur puisqu'on est toujours seul à se voir (et se sentir) brûler[678] ». L'on pense au colonel Bigua, le héros du *Survivant*, ou à la fin éruptive de Guanamiru, dans *L'Homme de la pampa*.

Pendant cette période, Supervielle a écrit quelques poèmes, quelques contes aussi, qui paraissent dans *La Nación*. Il continue à se passionner pour le théâtre. Le journal d'Hélène Hoppenot l'atteste, dans une entrée datée du 22 février 1941 :

> Jules Supervielle, après avoir tiré une pièce de son roman « *Le Voleur d'enfants* », brûle de la faire représenter à New York, aussi l'a-t-il envoyée aux Carr, mais quand ces derniers dînèrent avec lui à la maison, ils oublièrent de lui en parler. Peu après, Supervielle alla leur rendre visite et Lucie Carr lui dit : « *J'ai beaucoup aimé votre pièce...* – *Ah! mon Dieu... Vraiment ? Comme vous ne m'en aviez pas dit mot, je pensais : où ils ne l'ont pas lue ou ils l'ont trouvée trop mauvaise... et je venais ici comme à l'échafaud !* »

---

677 Lettre de Jules Supervielle à Jean Paulhan du 27 mai 1941, *Choix de lettres*, éd. citée, p. 253.
678 Jules Supervielle, *Boire à la source, Confidences*, éd. citée, p. 142.

Pour tout ce qui ne touche pas à son œuvre, Supervielle apparaît si détaché, si spiritualisé... Mais je me gourmande d'être déçue : il faut tenir à quelque chose dans la vie. Et y croire[679].

En outre, Supervielle achève alors *Robinson*, et corrige, toujours, *La Belle au bois* : la pièce sera en effet donnée au printemps à Montevideo et à Buenos Aires, au profit d'une œuvre de bienfaisance, par une troupe d'amateurs, avec Squinquel dans le rôle de Barbe Bleue et Deschamps dans celui du Chat Botté. En 1942, elle sera reprise par Jouvet, à Rio de Janeiro, Buenos Aires et Montevideo. Pour lors, ce travail affaiblit encore les nerfs de l'écrivain : le journal d'Hélène Hoppenot, le 7 juin, mentionne une visite de Pilar. L'épouse de Supervielle lui avoue que « l'on n'ose plus lui montrer les articles concernant la plus légère critique sur son œuvre. Il n'a pas eu connaissance de l'interview de Squinquel dans *La Manana*... *"Il ne l'aurait pas supportée... Elle est tellement méchante*[680] *!.."* » De fait, l'interview de Squinquel dresse un portrait à charge : le comédien mentionne le décalage entre sa « grande admiration » pour Supervielle, « augmentée par la lecture de ses écrits », et la rencontre d'un être caractérisé par « l'amour de soi et l'égoïsme[681] ».

En juillet paraît le premier numéro de la revue de Caillois, *Lettres françaises*. La correspondance avec Supervielle évoquait ce projet dès septembre 1940[682]. Cette publication connaîtra un succès véritable auprès des intellectuels français, et comptera vingt numéros, parus entre juillet 1941 et juin 1947. Les *Lettres françaises* sont au départ présentées comme un supplément, en langue française, de la revue *Sur* de Victoria Ocampo, afin de contourner la loi argentine interdisant aux non-nationaux de diriger des revues. Celle-ci – portant le même nom que celle que créent Decour, Aragon et Paulhan en France occupée – vise à publier des textes d'écrivains français représentant la France libre : comme l'expose Caillois à Paulhan, il s'agit « d'éviter que les écrivains restés en France puissent être inquiétés, pour y collaborer[683] ». De fait, Victoria Ocampo, libérale, antifasciste, fait partie du mouvement *Accion*

---

679 Hélène Hoppenot, *Journal 1940-1944*, éd. citée, p. 85.
680 *Ibid.*, p. 106.
681 Cité par Marie France Mousli, *ibid.*
682 Lettre de Jules Supervielle à Roger Caillois du 3 septembre 1940, voir *infra*.
683 Lettre de Roger Caillois à Jean Paulhan du 13 mai 1941, *Correspondance Jean Paulhan Roger Caillois 1934-1967*, éd. citée, p. 145.

Argentina, fondé en mai 1940 à la suite de l'invasion des Pays-Bas et de la Belgique. Roger Caillois, quant à lui, a déjà écrit plusieurs articles antifascistes et condamné l'hitlérisme, et a rapidement adhéré au Comité de Gaulle d'Argentine, seule force d'opposition structurée aux pétainistes. Si la poésie est dans *Lettres françaises* peu présente au départ, elle prend ensuite de plus en plus de place, à la faveur de textes théoriques, souvent de Caillois, et de publications de poèmes : Supervielle, présent dès le premier numéro, sera un contributeur régulier de la revue.

Pour lors, il fait part à Caillois de sa déception au sujet de la publication de ses « Poèmes[684] » : « 1940 », ensuite repris sous le titre « La nuit... », liant les thèmes de l'insomnie et de l'angoisse de mort à la défaite et à la misère de la France, et « Le double », développant un thème récurrent, associé également à celui de l'insomnie. Les épreuves n'ayant pas été communiquées à Supervielle, le numéro contient des *errata* qu'il demande à Caillois de signaler dans la publication suivante. En outre, Supervielle déplore que son nom n'apparaisse pas parmi les contributeurs français de *Sur*, sur la page de couverture : irrité, il rappelle à Caillois son statut d'écrivain « infiniment plus français qu'uruguayen[685] ». La question, pour Supervielle, est d'importance, et sera à nouveau évoquée au cours d'un échange avec Caillois en 1944. Celui-ci prépare alors un article sur la francophonie sud-américaine, qui paraîtra sous le titre « Poètes d'Amérique » dans le numéro d'avril de *Lettres françaises*. Dans cette perspective, il souhaite publier ses traductions en français des poèmes de Gabriela Mistral, poétesse chilienne, et des poèmes de Supervielle. Or, dans cet article, Caillois présente l'écrivain comme « un poète américain d'expression française[686] », ce qui irrite Supervielle : « En réalité je suis plus Français qu'Uruguayen », répond-il à Caillois. Il lui rappelle avoir effectué son « service militaire en France où [il] [a] vécu plus des ¾ de [s]es 60 ans, mobilisé en 1914-18 ». De fait, si Supervielle admet avoir « deux patries[687] », et si l'Uruguay constitue bien pour lui un « domaine poétique[688] », il insiste sur sa qualité d'écrivain français non seulement dans l'ensemble de sa correspondance – auprès de Paulhan, de Claude

---

684 Jules Supervielle, « Poèmes », *Lettres françaises*, n° 1, 1er juillet 1941, p. 6-7.
685 Lettre de Jules Supervielle à Roger Caillois du 17 juillet 1941, voir *infra*.
686 Roger Caillois, « Poètes d'Amérique », *Lettres françaises*, n° 12, 1er avril 1944, p. 7-8.
687 Lettre de Jules Supervielle à Roger Caillois du 22 avril 1944, voir *infra*.
688 Sylvia Molloy, *La Diffusion de la littérature hispano-américaine en France au XXe siècle*, éd. citée, p. 163.

Roy – mais aussi dans son cercle familial. Sylvia Molloy affirme que Supervielle « ayant imposé le français à la maison, [il] se fâchait si sa femme – qui, selon un membre de la famille, parlait français "comme si elle se faisait violence" – passait à l'espagnol[689] », et Ricardo Paseyro rapporte sa colère lorsque, après une période où Supervielle s'était vu contraint de parler régulièrement espagnol, l'hispanisme « antorche » s'était glissé dans un de ses poèmes[690]. Les textes publiés témoignent également de l'importance pour Supervielle de son statut d'écrivain français, qu'il affirme dans *Boire à la source* :

> J'ai toujours délibérément fermé à l'espagnol mes portes secrètes, celles qui ouvrent sur la pensée, l'expression et, disons, l'âme. Si jamais il m'arrive de penser en espagnol, ce n'est que par courtes bouffées. Et cela se traduit, plutôt que par des phrases constituées, par quelques borborygmes de langage. Je parle, je pense, je me fâche, je rêve et je me tais en français[691].

Le 18 juillet 1941, Caillois présente ses excuses à Supervielle au sujet du premier numéro de *Lettres françaises* et explique que c'est l'imprimeur qui, par paresse, a oublié de lui adresser les épreuves. L'absence de relecture des épreuves aurait été causée par un dysfonctionnement des services postaux ; et les *errata* seront finalement signalés dans le numéro suivant, conformément à la demande de Supervielle[692]. Les relations amicales de l'écrivain avec Caillois n'en souffrent pas et les collaborations se poursuivront, même si, pour l'heure, Supervielle regrette de ne pouvoir donner à Caillois ses contes[693], qu'il vient de promettre à Étiemble[694] : celui-ci fera publier le recueil *Le Petit Bois et autres contes* à Mexico, aux Ediciones Quetzal, en 1942. De fait, Étiemble a retrouvé au Mexique Michel Berveiller, qu'il avait connu rue d'Ulm, et qui vient de fonder la collection française des Ediciones Quetzal.

Fin août, une accalmie se fait sentir. Supervielle habite, provisoirement – la demeure doit être mise en vente – « une belle quinta », qui

---

[689] Sylvia Molloy, « Traduction, transplantation : Supervielle autrement lu », *in French Global. Une nouvelle perspective sur l'histoire littéraire*, éd. citée, p. 416.
[690] Cité par Sylvia Molloy, *La Diffusion de la littérature hispano-américaine en France au XXᵉ siècle*, éd. citée, p. 162.
[691] Jules Supervielle, *Boire à la source, Confidences*, éd. citée, p. 125.
[692] Lettre de Roger Caillois à Jules Supervielle du 18 juillet 1941, citée par Odile Felgine, *Roger Caillois*, Paris, Stock, 1994, p. 242.
[693] Lettre de Jules Supervielle à Roger Caillois du 6 juillet 1941, voir *infra*.
[694] Lettre de Jules Supervielle à René Étiemble du 30 juillet 1941, *Correspondance 1936-1959*, éd. citée, p. 79.

« ressemble un peu à Port-Cros par ses pins et son soleil[695] ». Il se sent rassuré par les nouvelles qu'il reçoit de Claude Roy, et par la présence de son fils Jacques, arrivé depuis peu à Montevideo ; à la fin du mois de décembre, ce sera Jean, un autre de ses fils, qui parviendra à son tour à le rejoindre. Il travaillera au Service d'Information français. L'écrivain reçoit également des nouvelles de Michaux, datées du 13 juillet. Les mots de son ami font écho aux siens :

> Mais il n'y a plus que des disparus à présent. On vit ici dans une véritable maladie d'amis, tous dispersés, loin, mal, et dont, quand on peut retrouver leur adresse, [...] on ose à peine demander comment ça va. Ça ne va jamais plus[696].

« Je songe souvent à toi, avec une extrême et douloureuse présence », lui écrit l'auteur de *Plume*, souhaitant retrouver, au moins, de son ami l'« accent » et la « sinueuse écriture[697] ». Son ami s'excuse de lui écrire peu :

> On n'a plus le goût de rien mettre sur les lettres, et d'ailleurs elles se perdent comme des boutons. Si je ne t'écris pas, ne te trompe pas à ce signe de découragement. Je songe souvent à toi, avec une extrême et douloureuse présence[698].

Pendant cette période, Supervielle prend aussi un « profond plaisir[699] » à lire la plaquette de Caillois, *Le Roman policier*, que celui-ci fait paraître dans la collection des *Amis des Lettres françaises*. Il est le seul, avec Raymond Aron, un autre proche de Roger Caillois, à avoir été intéressé par cet ouvrage[700].

Supervielle fréquente également Henri Hoppenot et sa femme Hélène : diplomate, Henri Hoppenot est alors ministre plénipotentiaire nommé par le Gouvernement de Vichy à Montevideo, où il est arrivé dans le courant du mois d'octobre. Supervielle entretient avec lui des liens d'estime et d'amitié, qui perdureront après la guerre. « C'est quelqu'un d'intelligent », écrivait-il à Caillois le 5 août 1940, « pourvu que le nouveau gouvernement ne l'ait pas gâté[701]. » Arrivé en Uruguay en septembre 1940, Henri Hoppenot y

---

695 Lettre de Jules Supervielle à Jean Paulhan du 3 novembre 1941, *Choix de lettres*, éd. citée, p. 257.
696 Lettre d'Henri Michaux à Jules Supervielle du 13 juillet 1940, voir *infra*.
697 *Ibid.*
698 *Ibid.*
699 Lettre de Jules Supervielle à Roger Caillois du 21 septembre 1941, voir *infra*.
700 Odile Felgine, *Roger Caillois*, éd. citée, p. 248.
701 Lettre de Jules Supervielle à Roger Caillois du 5 août 1941, voir *infra*.

restera deux ans, avant de partir pour Washington où il deviendra délégué du Comité Français de la Libération nationale. Lors de son arrivée en Uruguay, Hoppenot est invité par Supervielle à déjeuner à la Colonia Suiza, dans « ce coin de verdure et d'eucalyptus[702] » où se repose l'écrivain. Le 6 novembre, Supervielle écrit à Caillois que son impression d'Hoppenot est bonne : « je [ne l]'ai vu que deux ou trois fois mais cela suffit souvent pour juger un homme. Je crois qu'il réussira en Uruguay et compte le voir souvent dès que je serai rétabli[703]. » Il présente Caillois à Hoppenot, « fort heureux de [...] connaître[704] » le directeur de *Lettres françaises*. Le parcours d'Henri Hoppenot en Uruguay n'ira pas sans difficultés. Il se heurtera d'abord violemment à Albert Ledoux, ambassadeur démissionnaire et devenu représentant de de Gaulle et de la France libre pour l'Amérique du Sud, et choisira un temps de soutenir Giraud. Ensuite, Hoppenot se ralliera à la France libre. Supervielle est conscient des implications de ses liens avec les Hoppenot : en novembre 1941, il écrit à Raïssa Maritain qu'« étant les amis des Hoppenot (le ministre de France) que nous connaissions depuis longtemps nous sommes plutôt mal vus du milieu free French[705] ». Hoppenot est également vivement intéressé par la littérature : il entretient notamment une longue amitié avec Saint-John Perse, rencontré au début de sa carrière diplomatique. S'il ne collaborera pas à *Lettres françaises*, malgré les espoirs de Caillois, il donnera en janvier 1942 un article, « Message de Supervielle », dans les *Cahiers français*, où il célèbrera les *Poèmes de la France malheureuse* et rappellera sa longue admiration pour l'écrivain :

> Un homme, à côté de nous, a prononcé, d'une voix sourde, quelques-unes des rares paroles qui puissent encore répondre au plus secret de notre attente. Séparé de la patrie frappée, c'est en lui-même qu'il a vu lentement se former, sur le visage aimé, ces stigmates de l'effroi, de l'épuisement et de la honte [...] Voici plus de vingt ans que j'écoute cette voix, que je la reconnais entre les plus chères[706].

De fait, les amis se retrouvent régulièrement pour écouter l'écrivain lire ses textes, comme le 24 août, lorsqu'il leur présente son dernier conte :

---
702 Lettre de Jules Supervielle à Henri Hoppenot du 26 octobre 1940, voir *infra*.
703 Lettre de Jules Supervielle à Roger Caillois du 6 novembre 1940, voir *infra*.
704 Lettre de Jules Supervielle à Roger Caillois du 14 décembre 1940, voir *infra*.
705 Lettre de Jules Supervielle à Raïssa Maritain du 21 novembre 1941, voir *infra*.
706 Henri Hoppenot, « Message de Supervielle », *Les Cahiers français*, n° 70, janvier 1942, Montevideo, Uruguay.

> Il lit bien, avec un accent bourguignon et des gestes gauches d'un corps qui semble tiré vers le ciel par d'invisibles fils. S'il s'agit d'une de ses œuvres, il peut continuer à lire pendant des heures : il est rivé à elles comme le boulet au pied des forçats[707].

Après de longs mois d'attente, fin août, Supervielle reçoit aussi une lettre de Paulhan, l'ami si cher, dont il avait appris l'arrestation, en mai 1941. En effet, appartenant au réseau dit du Musée de l'Homme depuis octobre 1940, Paulhan avait été arrêté par la Gestapo, détenu à la prison de la Santé, puis libéré une semaine plus tard, à la suite de l'intervention de Drieu La Rochelle. Supervielle mentionne ces nouvelles à Caillois, ainsi qu'à Henri et Hélène Hoppenot, qui les évoque dans son journal : « Jules Supervielle a reçu une lettre de Jean Paulhan », écrit-elle le 24 août, « mis en prison et au secret "comme tous les gens ayant été accusés d'avoir tenu des propos gaullistes". On l'a laissé sans porte-plume, crayon ou papier dans un endroit obscur d'où il n'apercevait qu'un pan de ciel. Un officier allemand lui a fait subir un interrogatoire sur sa vie, ses parents ses grands-parents, lui a demandé ce qu'il pensait du Maréchal Pétain "C'est un homme extrêmement modeste qui fait des efforts malheureux pour paraître orgueilleux". Ce ne sont pas les mots exacts puisque je les cite de mémoire, mais c'est le sens de la phrase[708]. »

Pour aider son ami, Supervielle œuvre à faire reparaître la revue *Mesures*, fondée par l'écrivain et mécène américain Henry Church, et dont Paulhan est le rédacteur en chef. Si *Mesures* a continué de paraître au début de la guerre, jusqu'en avril 1940, l'occupation d'Abbeville, où la revue était imprimée, a entraîné sa disparition. Paulhan œuvre alors à la faire reparaître, avec l'espoir de l'installer à Nîmes, où la mairie offre un local aux réfugiés de *La N.R.F.*, puis à Carcassonne, avec l'aide de Joë Bousquet. Las, malgré ses efforts, ceux de Supervielle et de Michaux, Church, qui cherche de son côté à installer la revue à New York – où il tente aussi de faire venir Paulhan – ne consentira pas à ce projet.

En novembre paraissent les *Poèmes de la France malheureuse (1939-1941)*, plaquette publiée à Buenos Aires, aux éditions des *Lettres françaises*, *Sur*, en novembre 1941. Elle est le fruit d'une nouvelle collaboration entre Supervielle et Caillois : le 21 septembre, l'écrivain lui a adressé

---

707 Hélène Hoppenot, *Journal 1940-1944*, éd. citée, p. 119.
708 Hélène Hoppenot, extrait de journal cité dans Madeleine et Darius Milhaud, Hélène et Henri Hoppenot, *Conversation, Correspondance 1918-1974*, éd. citée, p. 207-208.

une suite de cinq poèmes. Puis, les conditions matérielles d'impression sont évoquées le 25 septembre et le 2 octobre, ainsi que les démarches menées par Supervielle pour promouvoir l'ouvrage. Le 13, il attend les épreuves, qu'il renvoie à Caillois, corrigées, dans le courant du mois. L'ajout d'un poème, « Le double », est ensuite évoqué, ainsi que sa place dans l'ouvrage. Le 13 novembre, après avoir reçu le livre, Supervielle écrit à Caillois :

> Reçu à l'instant le livre. Il est fort bien présenté, et admirablement imprimé. Merci de tout le soin que vous y avez mis[709].

Heureux du volume, Supervielle l'adresse notamment à Jacques et Raïssa Maritain, qui, bloqués à New York par la déclaration de guerre, se trouvent alors en Amérique du Nord[710]. Supervielle participe alors à plusieurs revues liées à la Résistance et à la France libre : outre *Lettres françaises*, il donne régulièrement des poèmes à *Fontaine*, revue emblématique de la Résistance intellectuelle fondée en 1938 par Max-Pol Fouchet et publiée à Alger pendant la majeure partie de son existence. En décembre 1941, le n° 16 de *Fontaine* publie, sous le titre « Poèmes de la France malheureuse », les poèmes « 1940 », « Le double », « Le relais » et « La nuit[711] ». Or, à Alger, « 1940 » subit la censure, un passage du poème se trouvant supprimé dans la version publiée dans la revue :

> Jeanne, ne sais-tu que pas la France est battue
> Que l'ennemi en tient une immense moitié
> Que c'est pire qu'au temps où tu chassas l'Anglais
> Que même notre ciel est clos et sans issue !

L'épisode montre bien que le poème, comme ceux d'Aragon, Jouve, Eluard ou Pierre Emmanuel, prend « immédiatement une valeur de chant au service de la Résistance des esprits[712] », qui fait l'unité de *Fontaine*, au-delà de la diversité de ses collaborateurs.

---

709 Lettre de Jules Supervielle à Roger Caillois du 13 novembre 1941, voir *infra*.
710 Lettre de Jules Supervielle à Raïssa Maritain du 21 novembre 1941, voir *infra*.
711 Jules Supervielle, « Poèmes de la France malheureuse », *Fontaine*, n° 16, décembre 1941.
712 François Vignale, *La Revue Fontaine, Poésie, Résistance, Engagement, Alger 1938-Paris 1947*, Presses Universitaires de Rennes, 2012, p. 98.

1942

En janvier 1942, Supervielle trouve quelque réconfort dans la présence de ses fils Jean et Jacques auprès de lui : ils parlent littérature, ce qui constitue pour lui un « grand plaisir » dans « ces terres lointaines ». De sa fenêtre, il contemple « au premier plan des néfliers et derrière, infiniment plus hauts des eucalyptus, puis un beau morceau de ciel[713] ». Supervielle reçoit à la fois une lettre de Paulhan et un exemplaire des *Fleurs de Tarbes* : même s'il « per[d] encore un peu pied », il lit avec grand intérêt l'ouvrage de son ami, dont il se dit « fier[714] », un peu comme s'il s'était agi du sien : c'est dire la force de l'amitié qui les unit.

De son côté, Supervielle a commencé une nouvelle pièce de théâtre, *Shéhérazade*, inspirée des *Mille et Une Nuit*s, à la demande de Madeleine Ozeray. Ce travail le rend « très guilleret », observe Hélène Hoppenot[715]. L'on songe à l'entretien qu'il avait donné, en 1926, à *Messages d'Orient*, la revue de Carlo Suarès :

> Je vous avouerai que je n'ai pas subi jusqu'ici l'appel de l'Orient. Peut-être étais-je trop occupé à *digérer* la France et l'Amérique du Sud. Mais je crois sentir depuis quelques temps un souffle nouveau qui ne me vient pas du Sud, ni du Nord, ni de l'Ouest et qui accélère déjà les mouvements de mon cœur[716].

La pièce sera créée après la guerre seulement, par Jean Vilar, en 1948. L'écrivain travaille également à une nouvelle publication des *Poèmes de la France malheureuse* : il est en lien avec Albert Béguin, écrivain, critique et éditeur suisse, qui vient de fonder à Neuchâtel la « Collection des Cahiers du Rhône », pensée comme une résistance littéraire et tournée vers la France occupée. Béguin, grand lecteur de Supervielle, a été particulièrement touché par les quatre « Poèmes de la France malheureuse » qu'il a lus dans *Fontaine* en décembre. Aussi, il accepte la proposition de Supervielle, qui lui suggère de publier sous le même titre, *Poèmes de la France malheureuse*, un ensemble de poèmes plus étendu.

---

713 Lettre de Jules Supervielle à Jean Paulhan du 27 mars 1942, *Choix de lettres*, éd. citée, p. 259.
714 *Ibid.*
715 Hélène Hoppenot, *Journal 1940-1944*, éd. citée, p. 184.
716 Cité par René Étiemble, *Supervielle*, éd. citée, p. 63.

Plusieurs mois d'attente se passent, en raison des difficultés opposées par la censure française : le volume manque être interdit d'exportation, sous le prétexte que Supervielle est considéré comme un Français d'Amérique. Cependant, une intervention de Béguin lève la condamnation[717]. Enfin, la nouvelle édition des *Poèmes de la France malheureuse* paraît à l'été 1942 : elle est précédée d'une lettre de Supervielle à Béguin, reproduite en frontispice, et outre les « Poèmes de la France malheureuse », elle regroupe une vingtaine d'autres textes, notamment sous le titre « Ciel et Terre ». L'ouvrage rencontre un écho considérable, en Suisse, en Algérie, en zone libre : deux tirages de trois mille exemplaires sont épuisés, bien que « le contingentement des importations » ait empêché Béguin de « satisfaire à toutes les demandes de France[718] ». Pierre Emmanuel attribue pour une part ce succès à l'éloignement de Supervielle :

> Les *Poèmes de la France malheureuse*, nous les avons lus pendant la guerre et ils ont retenti dans notre cœur aussi fortement que *Le Crève-cœur* d'Aragon, ou *Poésie et vérité* d'Eluard. Ils étaient plus particulièrement sensibles peut-être parce qu'ils ne venaient pas directement du centre de l'Hexagone ; il y avait ce recul que Supervielle n'avait pas voulu[719].

Leur ton est également apte à toucher le plus grand nombre. Il se distingue de la poésie patriotique lyrique de l'époque par son absence d'éloquence, d'emphase, « sa modestie et sa sincérité », d'où les éloges de Jacques Maritain :

> [...] si vous saviez comme vos *Poèmes de la France malheureuse* nous ont consolés dans les mois de pire détresse, en nous faisant pleurer ! [...] L'authenticité absolue, la pureté poétique des vôtres a rendu soudain impossible la lecture des meilleurs d'Aragon[720].

Par ailleurs, Supervielle se réjouit de l'étude que lui consacre Étiemble, « Supervielle et le sens de la nuit », dans le n° 5 de *Lettres françaises*, en juillet ; l'article sera ensuite repris, en espagnol, dans la revue uruguayenne

---

717 Corinne Grenouillet, « Celui qui croyait au ciel et celui qui n'y croyait pas », *Les Annales littéraires de l'Université de Besançon*, n° 472, 1992, p. 235.
718 Lettre d'Albert Béguin à Jules Supervielle du 16 février 1946, citée dans Jules Supervielle, *Œuvres poétiques complètes*, éd. citée, p. 890.
719 Pierre Emmanuel, « Jules Supervielle », *Bulletin de la Société des sciences, lettres et arts de Pau*, p. 17, cité dans Jules Supervielle, *Œuvres poétiques complètes*, éd. citée, p. 891.
720 Lettre de Jacques Maritain à Jules Supervielle du 12 septembre 1944, citée par Ricardo Paseyro, *Jules Supervielle, Le Forçat volontaire*, éd. citée, p. 196.

Alfar, dirigée par Julio Casal[721]. Caillois apprécie particulièrement les poèmes que donne Supervielle pour accompagner l'article d'Étiemble – « Le Jardin de la mort », « Ce peu... », « Tu disparais » et « Ciel et terre » –, comme le révèle la lettre qu'il adresse à l'écrivain :

> Merci de tout cœur des deux nouveaux poèmes, frères du précédent [...] L'humanité, je veux dire la condition d'homme, est diminuée, [...] dépouillée de tout ce qu'elle ajoute à la vie tranquille – simple – de l'ordre végétal, stellaire ou des éléments. Il arrive ainsi que vous réussissiez le miracle d'exprimer la vie en dehors même, dirait-on de ce qu'elle est en particulier pour l'homme. Je ne connais rien de semblable dans la littérature.
> Merci de réserver ces merveilles à *Lettres Françaises*[722].

Pendant cette période, Supervielle, qui ne peut guère voyager en raison de sa santé précaire, s'intéresse au séjour qu'a effectué Caillois dans la Terre de Feu, séjour qui donnera naissance à *Patagonie*[723], publié en novembre. L'ouvrage de Caillois traite le paysage avec une sensibilité poétique qui touche profondément Supervielle :

> Il faut beaucoup de divination poétique pour surprendre ainsi les secrets de la nature et faire vivre un paysage qui n'agit que pour un regard infiniment attentif et scrupuleux. La Patagonie est un cadre toujours fuyant que vous avez su immobiliser sans la briser ni l'amoindrir. Vous allez au-delà de la couleur dans des régions que seul le dessin peut réveiller. Leur dimension est telle qu'elles rejoignent l'abstrait, véritable patrimoine du dessin, et démission de la couleur[724].

En mai, Supervielle subit une nouvelle crise de neurasthénie, à la suite du retour de Pierre Laval, en tant que chef du gouvernement en France[725]. En outre, les nouvelles de ses proches restés en France ne sont pas sans susciter l'inquiétude : Pierre Bertaux, l'époux de Denise, est emprisonné en raison de ses convictions gaullistes, quand Pierre David,

---

[721] René Étiemble, « Supervielle et le sens de la nuit », *Lettres françaises*, n° 5, juillet 1942, p. 18-26, repris dans « Il faut de tout pour faire une Fable du Monde », *Temps modernes*, n° 31, avril 1948 et traduit en espagnol sous le titre « Supervielle y el sentido de la noche », *Alfar*, n° 81, Montevideo, non paginé.
[722] Lettre de Roger Caillois à Jules Supervielle, non datée, citée dans *Jules Supervielle, poète intime et légendaire*, éd. citée, p. 54.
[723] Roger Caillois, *Patagonie, précédé de La Pampa*, Buenos Aires, Éditions de l'Aigle, 1942.
[724] Lettre de Jules Supervielle à Roger Caillois du 30 novembre 1942, voir *infra*.
[725] Hélène Hoppenot, *Journal 1940-1944*, éd. citée, p. 199.

marié à Françoise, a été fait prisonnier en Prusse orientale, puis s'est évadé en Russie où il a été arrêté. Libéré, il rejoindra de Gaulle à Londres.

En juillet s'élève un nouveau sujet de brouille avec Caillois. Celui-ci a obtenu de Saint-John Perse, poète qu'il admire avec ferveur, l'autorisation de reproduire son recueil *Exil*, encore inédit en Amérique du Sud : la publication aura lieu cette année-là aux éditions des *Lettres françaises*, à Buenos Aires, d'abord dans un tirage de trois cents exemplaires ordinaires et trente de luxe. Or, Caillois cherche à promouvoir l'ouvrage, et adresse des feuilles de souscription à Supervielle. Celles-ci portent la mention suivante :

> Après vingt ans de silence, voici un nouveau chef-d'œuvre de l'auteur d'*Anabase* reconnu par Claudel et Valéry comme le plus grand poète français contemporain[726].

Supervielle, blessé et irrité de ce qu'il perçoit comme un manque de reconnaissance de sa propre poésie, contacte à plusieurs reprises Roger Caillois et Victoria Ocampo pour se plaindre du procédé. Caillois lui répond le 26 juillet :

> Je me suis rendu compte [...] hélas un peu tard, de ce que pouvait avoir de blessant et d'injuste pour vous la rédaction du bulletin de souscription d'« Exil » pour l'édition de luxe [...] pardonnez à mon innocence. Mais je n'avais pas imaginé une seconde que vous alliez juger que votre gloire pouvait ressentir quelque atteinte d'un prospectus de publicité[727].

Caillois explique ensuite avoir fait faire un autre prospectus, « rédigé plus vaguement, de façon à ne pas paraître vous exclure des premières places. Dois-je vraiment vous dire que ce n'était pas mon intention ? » Enfin, Caillois dit avoir été « naïf et maladroit. Leger n'est pas comme vous connu et admiré sur ces bords : il fallait manifester ses mérites. Vous ne m'en voudrez pas trop j'espère de l'avoir fait, sans trop y penser, d'une façon qui vous a offensé[728]. »

Pendant l'été, Jouvet, accompagné de Madeleine Ozeray, effectue une tournée en Amérique latine. Il donne *La Belle au bois* à Rio de Janeiro, à

---

726 Cité par Hélène Hoppenot, *Correspondance 1918-1974*, éd. citée, p. 220.
727 Lettre de Roger Caillois à Jules Supervielle du 26 juillet 1942, citée par Ricardo Paseyro, *Jules Supervielle, Le Forçat volontaire*, éd. citée, p. 193-194.
728 *Ibid.*

Buenos Aires et à Montevideo. Supervielle s'est extrêmement impliqué dans la représentation de la pièce, d'autant que Jouvet n'a pas hésité à le solliciter : en mars, l'écrivain a reçu un télégramme du metteur en scène, lui demandant de faire venir au Brésil Angel Carcano, fille d'un diplomate argentin, afin de discuter avec elle des costumes[729]. Puis, en avril, Supervielle a passé une journée aux côtés de Jouvet, déployant une énergie qui a étonné Hélène Hoppenot :

> Très étonné [*sic*] de ce qu'il n'ait pas pensé, l'autre jour, n'ayant pas quitté d'une seconde Jouvet, à ressentir cette fatigue qui, en toute autre occasion « *l'aurait brisé* ». Je crois qu'il arrive à se considérer comme l'un de ses personnages. Jouvet l'a pourtant suffoqué en lui disant qu'il compte faire jouer le rôle de la marraine dans *La Belle au Bois* par un homme plutôt que par une femme ! [...] il n'a pas dans la troupe la femme qu'il lui faudrait et il ne veut point opposer à Madeleine Ozeray une jeune actrice, mais il a enveloppé ses arguments de tant d'explications à côté d'aperçus ingénieux, que l'auteur, séduit (pour le moment) n'a pas plus lutté : « *Giraudoux m'a dit autrefois que, le mieux, c'est de laisser faire Jouvet : il a toujours raison*[730]... »

Un déjeuner, le 12 août, réunit également Supervielle et plusieurs acteurs de la troupe de Jouvet :

> Jules est heureux de parler, de reparler sans fin de sa pièce : « *Comme c'est curieux !* s'écrie-t-il, au fur et à mesure qu'il apprend des détails sur la façon dont Jouvet a conçu la mise en scène et son interprétation. *Mais je ne l'ai pas du tout vue comme cela !.* » Pilar, son épouse, anxieuse, prend la parole, critique : « *Comment Jouvet n'a-t-il pas fait ce que voulait Jules ? etc.* » [...] Et pourtant, de sa voix hésitante, il voudrait nous lire sa pièce, remaniée, « *Le Voleur d'enfants* », ou à défaut « *Merci Shéhérazade*[731] ».

La première a lieu à Montevideo, le 7 septembre. Hélène Hoppenot est présente : « Jules Supervielle offre à ses amis une main tremblante », note-t-elle, tandis que Jouvet, « en catimini et en grimaçant de plaisir », se demande « s'il va reconnaître sa pièce[732] ». Ricardo Paseyro rapporte qu'après la représentation, Supervielle offre à la troupe une soirée chez les parents de Pilar, les Saavedra, rue Sarandí :

---

729 Hélène Hoppenot, *Journal 1940-1944*, éd. citée, p. 184.
730 *Ibid.*, p. 187-188.
731 *Ibid.*, p. 220.
732 *Ibid.*, p. 225.

> La demeure des parents de Pilar est l'une des dernières éclairées aussi à la lumière au gaz. Ministres, poètes, journalistes, diplomates s'y empressent autour de Jouvet le Chat botté, Ozeray, la Belle au bois, Pierre Renoir, Barbe Bleue[733]...

Au mois de septembre, Supervielle est sollicité par Henri Hoppenot : outré par les persécutions exercées par Laval sur les juifs, Hoppenot l'est aussi du manque de réactions dans le reste du monde, « soit qu'il se soit attendu à tout de la part du gouvernement de Vichy soit qu'il reste incapable de s'émouvoir encore[734] ». Ainsi, Hoppenot demande à Supervielle de susciter des articles de protestation dans la presse uruguayenne, afin de pouvoir les signaler en France. Supervielle, de son côté, sollicite l'aide de son ami au sujet de ses pièces. Le 20 septembre, Henri Hoppenot reçoit un télégramme de Pilar, qui désire qu'il écrive ou qu'il parle à Jouvet de la mise en scène de *La Belle au bois*. De fait, Jacques, l'un de leurs fils, a assisté à une réunion mondaine à Buenos Aires, où des jeunes femmes et des jeunes filles se sont offusquées que le rôle de la marraine soit joué par un homme. Pilar cite également des critiques similaires venant de Rio de Janeiro. Mais Henri Hoppenot est peu enclin à jouer le rôle de l'intermédiaire, d'autant que Jouvet, même s'il acceptait le demande de Supervielle, ne disposerait plus du temps nécessaire pour faire répéter ses comédiens. Ainsi, le 21, Supervielle répond à Hoppenot qu'il préfère ne plus insister sur ce point, craignant l'abandon de sa pièce par Jouvet, à qui il vient, en outre, d'envoyer l'adaptation théâtrale du *Voleur d'Enfants* :

> En ce qui concerne *La Belle au Bois*, il ne demande plus à Jouvet de rétablir « *pour Montevideo* » trois ou quatre phrases du texte qui lui semblent plus précieuses que des pépites d'or et que l'on a méchamment supprimées. Il y avait fait allusion devant Madeleine Ozeray mais il n'avait pas osé insister en l'entendant déclarer, d'une façon péremptoire : « *Je n'apprendrai pas une ligne de plus !.. J'ai déjà appris bien assez de choses comme ça*[735] *!.* »

En novembre 1942, des élections portent au pouvoir une coalition démocratique en Uruguay : le gouvernement uruguayen est alors le premier à reconnaître celui de de Gaulle, amorçant un mouvement

---
733 Ricardo Paseyro, *Jules Supervielle, Le Forçat volontaire*, éd. citée, p. 195.
734 Hélène Hoppenot, *Correspondance 1918-1974*, éd. citée, p. 221.
735 *Ibid.*, p. 228-229.

diplomatique en sa faveur. En cette fin d'année, Supervielle connaît aussi plusieurs joies littéraires. Darius Milhaud compose, aux États-Unis, un opéra à partir de son *Bolivar*, dont Supervielle lui avait envoyé un exemplaire au début de l'été[736] : l'opéra sera donné à Washington, en 1943, puis à Paris en décembre 1950. Ses contes, *Le Petit bois et autres contes*, sont publiés au Mexique, avec la collaboration d'Étiemble. Supervielle reçoit également une lettre d'un jeune poète de vingt-deux ans, mobilisé depuis 1940, avec lequel il nouera durablement des liens amicaux : Alain Bosquet. Celui-ci, comme en écho à Supervielle, se définit ainsi qu'« un homme de partout et de nulle part[737] » : né en Russie, il grandit en Belgique, vivra aux États-Unis pendant la Seconde Guerre mondiale, puis en Allemagne et en France. Alain Bosquet, qui recevra en 1968 le grand prix de Poésie de l'Académie française, a découvert dès 1934, à quinze ans, le recueil *Gravitations*, qui lui procure « un ravissement absolu[738] ». Après avoir admiré à la fois Supervielle et Eluard, le premier reste « seul sur son socle », malgré l'enthousiasme de Bosquet pour d'autres poètes, tel Saint-John Perse : Supervielle représente en effet pour lui « une fenêtre ouverte sur les espaces », et « un appel à l'extension ou au rétrécissement du temps[739] ». Le jeune homme a alors lu tous ses livres. Encouragé par André Breton, Jules Romains et Yvan Goll, il écrit un premier recueil de poèmes, *L'Image impardonnable*[740], qui porte en exergue deux vers d'Eluard et trois citations de Supervielle[741]. De Buenos Aires, Caillois communique à Bosquet l'adresse de Supervielle. Le jeune poète lui envoie son ouvrage. Supervielle est frappé d'admiration :

> Vraiment il est d'un poète, et fort doué (pardon pour ce style de pion !) Parfois je ne vous suis pas très bien mais des poèmes entiers me touchent et m'enchantent [...] Quoi que vous en disiez je ne sens pas d'influence profonde de ma poésie. Tout au plus vous aurai-je servi de stimulant, d'aiguillon. Dès ce premier livre je pense qu'on doit faire confiance à votre originalité. Parfois j'aimerais que vous vous laissiez un peu moins aller à la folie des images ou

---

736 Lettre de Darius Milhaud à Hélène et Henri Hoppenot du 29 juin 1942, *Correspondance 1918-1974*, éd. citée, p. 217.
737 Alain Bosquet, « Faute de portrait », *in* Charles Le Quintrec, *Alain Bosquet*, collection « Poètes d'aujourd'hui », Paris, Seghers, 1964, p. 5.
738 Alain Bosquet, « L'interrogation originelle », *Europe, op. cit.*, p. 22.
739 *Ibid.*
740 Alain Bosquet, *L'Image impardonnable*, recueil de poèmes illustré par Fernand Léger, Éditions Hémisphères, New York, 1942.
741 Alain Bosquet, « L'interrogation originelle », *Europe, op. cit.*, p. 24-25.

> à l'emploi de certains mots abstraits tels que « pathétique ». Mais tout cela je ne vous le dis qu'avec timidité, sans être sûr de ne pas me tromper. Ce qu'il y a de certain c'est que je hume en vous le poète et que cela m'arrive fort rarement dans les livres de vers que je reçois[742].

Souhaitant œuvrer à la reconnaissance de Bosquet, il l'engage à contacter Étiemble et partage ses impressions favorables avec Caillois, qui retiendra des textes du jeune poète pour *Lettres françaises*.

1943

La correspondance avec Bosquet se poursuit au cours de l'année 1943. Depuis El Paso, au Texas, puis Palo Alto, en Californie, selon le hasard des garnisons, le jeune poète adresse à Supervielle ses textes, mais aussi ses interrogations sur la poésie, ce qui amène l'écrivain à préciser son idée de la littérature :

> Où va la poésie ? vous demandez-vous. Je crois qu'elle va dans plusieurs directions également bonnes : pourvu que ce soient de vrais poètes qui les suivent toutes les directions sont bonnes. Écoutons nos sirènes, ce sont elles qui ont raison. En France, Aragon a écrit depuis la guerre des poèmes aussi beaux que ceux d'Apollinaire, peut-être plus beaux même. Emmanuel est inégal mais bien riche aussi. Jean Le Louët dont j'ai ici un manuscrit sera un des plus beaux poètes de ce temps. Et vous savez tous les espoirs que je mets en vous[743].

Bosquet reviendra sur ces réponses de Supervielle en 1995 : « j'ai aimé ses réserves », écrit-il, « comme son souci de m'être utile, sans détours. J'avais des progrès à faire, à vingt-trois ans, et l'admettais sans rechigner[744]. » L'intégrité de Supervielle, ses réticences parfois, le changent « des éloges excessifs » prodigués à New York par Breton, Romains et Goll. Pourtant, Bosquet comprend que Supervielle n'est « ni un juge ni un penseur » : « il fallait le prendre pour ce qu'il était, un rêveur et un élégiaque, pour qui la poésie était un état et non un combat, un don et non un choix, une grâce et nullement une forteresse à défendre[745]. » Pourtant, Supervielle tente, de plus en plus, de développer sa pensée et

---

742 Lettre de Jules Supervielle à Alain Bosquet du 11 décembre 1942, voir *infra*.
743 Lettre de Jules Supervielle à Alain Bosquet du 21 janvier 1943, voir *infra*.
744 *Ibid.*
745 *Ibid.*, p. 26.

son discours sur la poésie. Il donne cette année-là une conférence sur Michaux à l'Université centrale américaine, à l'occasion de laquelle il réaffirme ses liens amicaux, indissociables de ses choix littéraires :

> C'est avec Jean Paulhan mon meilleur ami de France[746].

Collaborateur actif et grand lecteur de *Lettres françaises*, Supervielle recommande à nouveau à Bosquet d'adresser des poèmes à Caillois pour la revue. Lui-même sert d'intermédiaire : de la même manière que jadis il proposait des textes à Paulhan pour *La N.R.F.*, il fournit au directeur de *Lettres françaises* des manuscrits, comme ceux de Jules Minne, qui, du Congo belge, lui a envoyé ses poèmes. Caillois les retiendra pour l'« Anthologie de la poésie française » du numéro de janvier 1944. Il recommande encore à Gangotena, dont il reçoit des nouvelles en septembre, de lui envoyer « le plus tôt possible » des poèmes, afin qu'il les adresse à Caillois, « directeur de *Lettres Françaises* à Buenos Aires qui aimerait beaucoup en donner dans sa revue (où j'ai souvent donné des vers[747].) » Supervielle est également d'une aide précieuse pour remplir la rubrique « L'actualité littéraire », imitée de celle de l'ancienne *N.R.F.*, et donnant des informations sur le monde des lettres en France et à l'étranger[748]. Son fils Jean contribue aussi à la revue : travaillant au Service d'Information français, il accepte de faire pour *Lettres françaises* « le service des nouvelles de l'Information qu'il reçoit et qui peuvent intéresser la revue[749]. »

En cette année 1943, les problèmes de santé continuent de tourmenter l'écrivain. Il évoque, dans *Boire à la source*, la nuit du 17 au 18 janvier, où il a « su enfin très exactement comme on pouvait mourir d'un arrêt du cœur[750] » : il narre le léger étouffement, la prise du pouls, le constat d'arythmie, les nerfs du cœur qui un instant lui font défaut, et enfin le retour, miraculeux, à l'ordre de la vie.

Pendant cette période, Supervielle s'installe à Carrasco, loin du centre de Montevideo. Il loue un petit chalet, installé parmi les eucalyptus, dont l'entretien est moins coûteux que la grande *quinta* des Saavedra

---

746 Cité par Jean-Pierre Martin, *Henri Michaux*, éd. citée, p. 114.
747 Lettre de Jules Supervielle à Alfredo Gangotena du 11 septembre 1943, *Sous le Figuier de Port-Cros*, éd. citée, p. 73.
748 Odile Felgine, *Roger Caillois*, éd. citée, p. 232.
749 Odile Felgine, Roger Caillois, éd. citée, p. 262.
750 Jules Supervielle, « Journal d'une double angoisse », *Boire à la source, Confidences*, éd. citée, p. 142-143.

dont il était l'hôte. Il vit seul avec son épouse, Pilar, et leur fille cadette, Anne-Marie, mais reçoit de nombreux amis[751]. Parmi ceux-ci se trouvent deux Argentins, Oliverio Girondo, poète d'avant-garde, et Eduardo J. Bullrich, professeur et avocat, tous deux collaborateurs de *Sur*. Avec l'appui d'Angélica Ocampo, l'une des sœurs de Victoria, et d'un comité organisateur fondé pour l'occasion, ils nourrissent le projet d'éditer, pour le soixantième anniversaire de Supervielle, une anthologie de ses poèmes.

Supervielle, d'abord hésitant devant l'ampleur de la tâche à laquelle s'attellent ses amis, s'investit profondément dans le projet. L'échange épistolaire[752] qui lui est consacré débute le 9 juillet ; le 10 août, Supervielle a déjà entièrement établi le choix des textes. Ceux-ci vont de *Gravitations* à des poèmes inédits, intitulés « Vers récents ». Afin de pouvoir hâter encore le processus d'impression, Supervielle communique à ses amis ses propres exemplaires de ses ouvrages – édités par *La N.R.F.* pour les premiers, par *Lettres françaises* et les Cahiers du Rhône pour *Poèmes de la France malheureuse*. Il a même fait taper intégralement *Les Amis inconnus*, dont il ne lui restait plus d'exemplaire. L'écrivain s'investit dans le choix de la police d'impression, du papier, dans la constitution des exemplaires de luxe. Il œuvre également à constituer un comité uruguayen, composé de dames qui s'occupent activement de la promotion de l'ouvrage. Ricardo Paseyro précise que « le meilleur papier, le meilleur maquettiste, le meilleur imprimeur sont mis à la disposition de ses amis argentins qui financent un tirage limité à 330 exemplaires[753]. »

1944

Ce travail donnera lieu à la publication, en 1944, du *Choix de poèmes*, à Buenos Aires, aux éditions Sudamericana, d'abord dans une édition de luxe, en mars, puis dans une édition courante, en juillet. L'ouvrage contient deux cent vingt-sept poèmes, en douze sections. La publication fait événement : Ricardo Paseyro rappelle qu'on avait alors déjà publié au Río de la Plata, en français, *Poèmes de la France malheureuse*, *L'Enfant de la haute mer* et *La Belle au bois*, et, en espagnol, *L'Inconnue de la Seine*[754] ; le

---

751 Ricardo Paseyro, *Jules Supervielle, Le Forçat volontaire*, éd. citée, p. 196.
752 Voir *infra*.
753 Ricardo Paseyro, *Jules Supervielle, Le Forçat volontaire*, éd. citée, p. 198.
754 Respectivement aux Ateliers graphiques Saint, Buenos Aires, 1941 ; Ed. *Sur*, Buenos Aires, 1944 ; Ed. Losada, Buenos Aires, 1941. Ricardo Paseyro, *Jules Supervielle, Le Forçat*

Choix de poèmes disposait ainsi d'un large public. Supervielle en tire un grand réconfort. Le compte rendu d'Émilie Noulet, critique littéraire belge et fondatrice de la revue *Orbe*, célèbre l'ouvrage :

> En même temps qu'un approfondissement de l'expérience et de la sensibilité poétique, on voit les poèmes gagner en plénitude et en densité à mesure que le poète obéit à plus de règles[755].

Supervielle, de son côté, lit beaucoup, en particulier les ouvrages édités par Albert Béguin aux éditions des Cahiers du Rhône : *Cahiers des Prisonniers*, *Contre-Feu* d'Alain Borne, *Images de l'homme immobile* de Jean Garamond, *Les Tourments Spirituels* d'Henri Ferrare, *Poésie et Vérité 1942* de Paul Eluard[756]. Il découvre également la pièce d'Étiemble, *L'Ennemie publique*[757], qui le laisse insatisfait, et l'amène à préciser sa propre conception de l'art dramatique : il écrit à son ami que sa pièce contient « trop de personnages », qu'on ne « connaît pas assez », et qu'elle a le défaut d'être « une pièce probante, utile à nos plus chères idées », même si Supervielle reconnaît qu'il aime « de moins en moins un art absolument gratuit[758] ». L'importance du sujet le pousse à préciser sa pensée dans une nouvelle missive : Étiemble gagnerait à améliorer sa pièce « en la revivant, en faisant mieux connaître [s]es personnages », et en mettant à distance son côté « thèse[759] ».

Depuis la fin du mois d'avril, un nouveau projet de collaboration avec Caillois a vu le jour : il s'agit d'éditer, dans sa nouvelle version, la pièce *La Belle au bois* dans la collection que son ami vient de fonder, « La Porte étroite ». Financée par des personnalités des milieux français et francophile, celle-ci destine ses bénéfices au Comité Français de Secours aux Victimes de la Guerre. Le manuscrit est transmis à Caillois le 8 mai. Supervielle travaille également au financement de la publication : 400 pesos manquant pour réaliser l'ouvrage, il trouve un mécène, et se porte lui-même garant de la somme, en attendant que les fonds parviennent à Caillois. En juin,

---

volontaire, éd. citée, p. 199.
755   Émilie Noulet, *Orbe*, Mexico, n° 14, juillet 1945.
756   Lettre de Jules Supervielle à Roger Caillois du 9 février 1944, voir *infra*.
757   René Étiemble, *Cœurs doubles*, Éditions du Scarabée, Alexandrie, 1948, pièce republiée en 1957 sous le titre *L'Ennemie publique*, Paris, Gallimard.
758   Lettre de Jules Supervielle à René Étiemble du 27 décembre 1943, *Correspondance 1936-1959*, éd. citée, p. 118.
759   Lettre de Jules Supervielle à René Étiemble du 24 février 1944, *ibid.*, p. 122.

l'écrivain corrige les épreuves de l'ouvrage, qu'il recevra en août : « Ravi de l'édition qui est fort jolie[760] », écrit-il à Caillois.

Pendant l'été, Supervielle effectue un nouveau séjour à la Colonia Suiza, à l'Hotel Nirvana : la fatigue et les troubles de santé le poursuivent, comme l'indique leur mention, récurrente, dans ses correspondances. À cette époque, il écrit également, en collaboration avec son fils Jean, le scénario et les dialogues d'un film, tourné au Chili et mis en scène par Jacques Rémy, *Le Moulin des Andes*[761]. Lui qui pensait au cinéma depuis longtemps – il avait envisagé d'accepter des offres d'adaptation cinématographique de ses pièces *Bolivar*, par une compagnie américaine, et *Le Voleur d'enfants*, par des producteurs argentins[762] – en gardera un souvenir amer, comme le révèle sa lettre à Paulhan du 23 mars 1946 :

> Surtout qu'il ne te vienne jamais à l'esprit d'aller voir [le film] dont j'ai écrit le scénario, avec Jean. Les réalisateurs en ont soigneusement rogné toute originalité (ou presque). Les acteurs sont presque tous mauvais et celui qui jouait le bossu a refusé la bosse au dernier moment. Il n'a accepté qu'une déviation de l'épaule. Une scène devant la glace n'a plus aucun sens. Les autres n'en ont pas beaucoup plus. Quant à Jean ça le laisse assez froid[763].

En ce qui concerne la situation internationale, les nouvelles vont en s'améliorant, mais restent incertaines, surtout pour ceux qui se trouvent à distance : heureux de la libération de Paris, qui a lieu du 19 au 24 août, Supervielle s'inquiète pourtant de l'attentat contre de Gaulle, le 26. Il « crain[t] que ce ne soit très grave, en l'absence de détails[764] », écrit-il à Caillois. Il apprend encore l'attaque subie par Jean Cassou, qui avait été nommé en juin 1944 commissaire de la République de la région de Toulouse. Au mois d'août, lors de la libération de la ville, sa voiture rencontre une colonne allemande : il est laissé pour mort tandis que deux de ses compagnons sont tués. Dans le coma, il est hospitalisé ; il est maintenu dans son titre mais remplacé par le gendre de Supervielle, Pierre Bertaux, son suppléant, qui avait été libéré en décembre 1943. Cassou démissionnera de ses fonctions après une convalescence d'un an.

---
760 Lettre de Jules Supervielle à Roger Caillois du 27 août 1944, voir *infra*.
761 Jacques Rémy, *Le Moulin des Andes*, 1945.
762 Lettre de Jules Supervielle à Roger Caillois du 29 novembre 1940, voir *infra*.
763 Lettre de Jules Supervielle à Jean Paulhan du 23 mars 1946, *Choix de lettres*, éd. citée, p. 274.
764 Lettre de Jules Supervielle à Roger Caillois du 27 août 1944, voir *infra*.

À la fin de l'année, Supervielle donne à l'Université de Montevideo une série de huit conférences sur la poésie française contemporaine. Ces lectures commentées sont l'occasion de parler de ceux qu'il admire et de ceux qu'il aime, et de les retrouver un peu : Apollinaire, Fargue, Michaux, Paulhan, Claudel[765]...

Fin octobre, la correspondance reprend avec Paulhan, après une longue interruption :

> Je suis ahuri de pouvoir de nouveau t'écrire ! Tu m'as donné de si grandes inquiétudes. Je me doutais bien que tu courais un danger et même beaucoup de dangers. Et quand la France a été libérée j'ai appris que tu étais le chef de la Résistance littéraire, que tu distribuais la copie de nos meilleurs écrivains aux journaux et revues clandestins ! Par Soupault j'avais cru deviner quelque chose bien qu'il se fût montré fort réservé comme il était naturel[766].

De fait, en mai 1944, Élise Jouhandeau avait dénoncé Paulhan aux Allemands comme juif et résistant. Paulhan, prévenu, avait fui son domicile de la rue des Arènes par les toits, et était resté dans la clandestinité jusqu'à la Libération.

Ainsi, les liens se retissent, faisant naître l'espérance de nouvelles collaborations – Pierre Dux, administrateur du Français, fait part à Supervielle de son intention de mettre en scène *Le Voleur d'enfants*, avec Raimu dans le rôle de Bigua, projet qui sera finalement abandonné[767] – et de retrouvailles, et suscitant, encore, toujours, le rêve de Port-Cros, comme dans la lettre du 30 novembre à Gangotena :

> Comme ce serait bien de nous retrouver sous le même figuier de Port-Cros, avec Michaux dont je n'ai pas de nouvelles directes mais il ne doit pas aller trop mal puisqu'il écrit dans les revues[768] !

---

765 Au sujet de celle-ci, voir Didier Alexandre, « Une conférence de Jules Supervielle sur Paul Claudel », *Bulletin de la Société Paul Claudel*, n° 162, deuxième trimestre 2001, p. 1-6 et p. 7-12.
766 Lettre de Jules Supervielle à Jean Paulhan du 28 octobre 1944, *Choix de lettres*, éd. citée, p. 262.
767 Ricardo Paseyro, « Chronologie supervilienne », *La Nouvelle Revue de Paris, op. cit.*, p. 28.
768 Lettre de Jules Supervielle à Alfredo Gangotena du 30 novembre 1944, *Sous le Figuier de Port-Cros*, éd. citée, p. 74.

1945

Au début de l'année 1945, Supervielle envisage une nouvelle collaboration avec Caillois, qui restera finalement sans suite : le projet est celui d'une revue, *Le Pont-Neuf*, « une revue mensuelle française littéraire, artistique, économique et d'information, qui contiendrait un supplément en langue espagnole et portugaise et s'adresserait au public de l'Amérique latine[769]. » En sa qualité de franco-uruguayen, Supervielle a été sollicité pour diriger la publication, qui serait financée par la Légation et par le Service d'Information français. Il propose à Caillois d'en devenir le rédacteur en chef. Caillois accepte et évoque dans une lettre à Paulhan ce projet d'une revue « mensuelle et officieuse – dont [il] v[a] [s]'occuper avec Supervielle. Il ne faut pas laisser la culture française disparaître de ce continent[770] ».

Alors, les discussions se précisent, et l'abondance des lettres que Supervielle adresse à Caillois, pendant une courte période, dit bien le grand intérêt qu'il prend au projet : la revue sera aussi politique, et vise à promouvoir la culture française auprès des hispano-américains. Publiée en français, elle est destinée à une très large diffusion, afin de toucher aussi la France libre, et elle aura un Comité d'honneur dans chaque pays d'Amérique latine, regroupant les plus grands noms. À ce projet collaborent activement Jacques Rémy – le cinéaste, de confession juive, s'est réfugié en Amérique du Sud pendant la guerre et occupe alors les fonctions d'inspecteur-adjoint des Services de l'Information –, Julien Coffinet – artiste et marxiste, lui aussi exilé en Uruguay afin de fuir le nazisme – et André Ombredane, médecin et professeur de psychologie expérimentale à l'Université de Rio de Janeiro. Le Comité d'honneur, pour l'Argentine, compterait Victoria Ocampo et Borges.

Enthousiasmé, Supervielle souhaite une parution dès avril ou mai, et invite Caillois à exposer leur projet à Victoria Ocampo. Les attributions de chacun se précisent : Caillois aura connaissance de tous les textes – Supervielle l'engage à retenir en particulier des articles d'Étiemble, qui, au même moment, fonde au Caire sa propre revue, *Valeurs* –, et Supervielle disposera d'un droit de veto. L'écrivain réfléchit déjà au sommaire du premier numéro : il communique à Caillois un texte de Raymond Mortimer, traitant de la langue française. Le sujet lui semble

---

769 Lettre de Jules Supervielle à Roger Caillois du 1er février 1945, voir *infra*.
770 Lettre de Roger Caillois à Jean Paulhan du 1er mars 1945, *Correspondance Jean Paulhan Roger Caillois 1934-1967*, éd. citée, p. 152.

en effet essentiel, au vu des événements internationaux : la conférence de San Francisco, visant à établir une alliance commune – elle aboutira notamment à la création de l'Organisation des Nations Unies – vient juste de s'ouvrir, et l'usage du français par les cinquante États invités est en question. Sur les instructions du Général de Gaulle, Georges Bidault, dirigeant la délégation française, fera prévaloir le maintien du français comme langue officielle de l'ONU et comme langue de travail du Secrétariat de cette organisation, avec l'anglais.

Mais le 28 mars, coup de théâtre : le projet de revue est remis en question par le comportement de Jacques Rémy, qui n'accepte pas le sommaire du premier numéro. Les ambitions de chacun se révèlent incompatibles : le Ministère refuse une revue trop politisée, tandis que Rémy souhaite lui donner une orientation avant tout politique. Supervielle et Caillois, quant à eux, veulent privilégier la dimension littéraire. Le 15 avril, Supervielle renonce donc définitivement au projet.

Pour autant, il continue à collaborer avec Caillois : il vient à Buenos Aires donner une lecture de poèmes à l'Institut français d'études supérieures, fondé en août 1942 par son ami et par Richard Weibel-Richard. Installé près du centre de Buenos Aires, dans les anciens locaux de l'ambassade de Grande-Bretagne, l'Institut s'adresse à un public gaulliste et cultivé, et rencontre un grand succès. Il propose des conférences – dont celles de Caillois, consacrées à la sociologie religieuse, parmi les plus fréquentes –, des cours, notamment de français, latin, philosophie, sociologie et littérature contemporaine, assurés également par Caillois, ainsi que des concerts, spectacles et pièces de théâtre. En 1943, l'Institut engage Paul Bénichou qui, pour fuir le nazisme, avait dans un premier temps accepté un poste dans une annexe de l'université de Mendoza : c'est lui qui est à l'origine de l'invitation de Supervielle. Celui-ci commence en effet à se sentir plus à l'aise avec le discours critique : ayant rédigé, dans le cadre de ses lectures à l'Université de Montevideo de décembre 1944, « une petite conférence qui contient sinon [s]on art poétique du moins un certain nombre de réflexions à ce sujet[771] », il l'adresse à Étiemble. Le texte sera publié sous le titre « Éléments d'une poétique » dans *Valeurs*, en 1946[772].

---

771 Lettre de Jules Supervielle à René Étiemble du 5 novembre 1945, *Correspondance 1936-1959*, éd. citée, p. 136.
772 Jules Supervielle, « Éléments d'une poétique », *Valeurs*, n° 5, avril 1946, p. 27-35, lecture commentée faite à l'Université Centrale Américaine de Montevideo en décembre 1944.

D'autres marques de reconnaissance viennent saluer l'écrivain : en mars, une revue de Montréal, *Gants du ciel*, fait paraître un numéro d'hommage qui lui est consacré. Supervielle le reçoit au mois de juin. Il n'évoque – peut-être par pudeur –, dans une lettre à Caillois, que les « nombreuses fautes d'impression que contiennent les citations[773] » ; mais la publication comporte des contributions d'amis qui lui sont chers, comme Jean Wahl, Alain Bosquet ou Étiemble.

Le 8 mai 1945 a lieu la Libération : avec la capitulation de l'Allemagne nazie, la Seconde Guerre mondiale prend fin en Europe. Supervielle décrit, non sans humour, la réaction du peuple uruguayen :

> On a beaucoup fêté la victoire à Montevideo. Les Uruguayens, je pense, croyaient y avoir été pour quelque chose depuis qu'ils avaient vu le Graf Spee coulé ou presque par les Anglais sur les côtes de leur pays[774].

L'écrivain suit à distance la situation en France, notamment à la faveur des articles de son ami Claude Roy, devenu correspondant de guerre pendant la campagne d'Allemagne. Alors, Supervielle, comme tout au long de ces années d'exil, pense au retour en France. Dans le « Journal d'une double angoisse », il l'évoquait comme proche au mois de mars : réaffirmant son statut d'écrivain français et sa distance pour la langue espagnole, « grande dame dont il fallait se méfier[775] », il affirmait qu'il rentrerait « bientôt en France après sept ans de séjour en Uruguay ». Mais ce retour n'est pas sans susciter ses craintes. Souffrant toujours d'un poumon malade, il s'inquiète des difficultés de ravitaillement et de chauffage qu'il rencontrera en France. Il est en effet conscient de la précarité dans laquelle se trouvent ses amis à Paris : il envoie à Jean Paulhan et à Germaine des colis de vivres, rue des Arènes, et deux pull-overs, aux éditions Gallimard. Michaux le remerciera, le 24 janvier 1946, pour la « caisse d'exquises choses[776] » qu'il a reçue. Mais le récit qu'il lui fait de la journée d'une malade, sa femme Marie-Louise, atteinte de tuberculose, est de nature à inquiéter Supervielle : coupures de courant, dans l'ascenseur, chez le médecin, le radiologue... Difficulté

---

773 Lettre de Jules Supervielle à Roger Caillois du 18 juin 1945, voir *infra*.
774 Lettre de Jules Supervielle à Jean Paulhan des 12 et 14 mai 1945, *Choix de lettres*, éd. citée, p. 265.
775 Jules Supervielle, *Boire à la source, Confidences*, éd. citée, p. 145.
776 Lettre d'Henri Michaux à Jules Supervielle du 24 janvier 1946, voir *infra*.

ÉLÉMENTS D'UNE BIOGRAPHIE

à trouver un taxi médical, à se procurer du lait, du beurre, de la viande, une femme de ménage, des médicaments, une place dans une clinique, dans un hôpital, du bois pour allumer un feu... Mais au-delà des préoccupations matérielles, Supervielle craint aussi – inquiétude familiale, récurrente tout au long de sa vie – de ne pas trouver sa place, saisi par le sentiment d'être étranger, comme il l'écrit à Paulhan à la mi-mai :

> Il y a si longtemps que nous ne nous voyons pas que tu recommences à m'intimider comme aux premiers temps de notre amitié, d'autant plus que j'ai bien peur de devenir tout à fait stupide à vivre ainsi depuis plus de cinq ans loin de la France et de ceux qui la font. Je compte d'ailleurs rentrer dans quelques mois peut-être Février ou Mars prochain, à moins que je ne puisse revenir pour Octobre, puisqu'on donnera alors sans doute *Le Voleur d'Enfants*, à la Comédie[777].

De fait, Supervielle travaille toujours à ses pièces – il met au point *Robinson* – et prépare également, pour Gallimard, un recueil de poèmes, *1939-1945*. Il fait encore paraître un conte, *Une Métamorphose ou l'époux exemplaire*[778].

En juin, il écrit une longue lettre à Gide, pour lui dire « la fidélité de [s]on attachement et de [s]on admiration ». De manière significative, au nom de Gide sont attachés ceux des amis absents – Paulhan, Michaux – ou défunts – Rivière – dans ce qui prend l'allure d'une véritable « déclaration ». Après avoir rappelé l'importance de Gide, aux côtés de Valéry, dans sa « vie d'écrivain », Supervielle précise ce qu'il lui doit :

> Au reste vous êtes un de ceux qui, dans ma grande distraction, m'avez obligé à devenir attentif. Vous connaissez l'art – vers lequel je tends de mon mieux – de faire disparaître les mots dans la phrase pour le seul bien de l'expression. Peut-être pourrait-on dire que votre magie, à l'opposé de celle de Mallarmé et de Valéry, consisterait à dépouiller les mots de leur résistance *apparente*, à nous donner l'illusion que cela s'est fait tout seul[779].

Il loue « l'esprit de *La N.R.F.* » que Gide a contribué à forger, ainsi que sa passion de la justice, « dans tous les domaines, et en particulier littéraire », rappelant le rôle qui a été celui de Gide pour lui permettre

---

777 Lettre de Jules Supervielle à Jean Paulhan des 12 et 14 mai 1945, *Choix de lettres*, éd. citée, p. 265.
778 Jules Supervielle, *Une Métamorphose ou l'époux exemplaire*, Montevideo, La Galatea, 1945.
779 Lettre de Jules Supervielle à André Gide du 22 juin 1945, voir *infra*.

d'entrer dans la vie littéraire, mais aussi pour œuvrer à la reconnaissance de l'ami Michaux. De fait, si Gide avait lu Michaux dès 1933, son enthousiasme pour l'œuvre de celui-ci s'était encore renforcé lors de leur séjour commun à Cabris, à partir de 1940. Pendant la guerre, cet intérêt s'était traduit notamment par la conférence de Gide, « Découvrons Henri Michaux », à Nice, le 22 mai 1941, qui avait suscité interdiction et polémique. Supervielle évoque l'événement dans une lettre à Victoria Ocampo :

> Il paraît que cette conférence avortée de Gide sur l'auteur de *Plume* a beaucoup fait pour le renom de notre ami [...] On a fort protesté dans les journaux contre l'obstruction de messieurs les légionnaires[780].

Au mois de juillet, c'est à sa seconde figure tutélaire, Valéry, que Supervielle rend hommage : il se rend à Buenos Aires pour une célébration consacrée à l'écrivain, mort à Paris le 20 juillet. Très affecté, Supervielle regrette de ne pas lui avoir écrit pendant la guerre : sa première lettre sera parvenue rue de Villejust quinze jours après la mort de Valéry. Ce souvenir funèbre et cette lettre morte appellent une autre réminiscence :

> Je me souviens du jour où je le rencontrais Avenue Victor Hugo (en 1926) et où il m'annonça la mort de Rilke qu'il venait d'apprendre par télégramme – de Rilke dont je venais de recevoir une lettre le jour même (il était affreusement malade quand il l'écrivit[781]).

Supervielle rendra à nouveau hommage à Valéry l'année suivante : en 1946, il collaborera au recueil d'hommages et de souvenirs à la mémoire de Valéry que feront paraître les *Cahiers du Sud*, sous la forme d'un numéro spécial. À cette occasion, Supervielle remaniera le texte d'une conférence qu'il avait consacrée à Valéry en Amérique du Sud, en 1944[782].

Pendant cette période, Caillois quitte l'Amérique du Sud. Dès l'automne 1944, il exprimait à Jean Paulhan son souhait de revenir en France, envisageant même pour cela de redevenir professeur. En juillet 1945 se rend à Buenos Aires la mission d'information sur la conduite de la France pendant la guerre dirigée par Louis Pasteur Vallery-Radot :

---

780 Jean-Pierre Martin, *Henri Michaux*, éd. citée, p. 356-360.
781 Lettre de Jules Supervielle à Claude Roy du 3 novembre 1945, voir *infra*.
782 *Jules Supervielle, poète intime et légendaire*, éd. citée, p. 89.

à cette occasion, et grâce à l'appui d'Henri Seyrig, Caillois regagne la France, en tant qu'adjoint de la mission. Supervielle s'inquiète : il apprend que c'est à Caillois que l'on proposerait de reprendre la direction de *La N.R.F.* ; il avertit Paulhan, argumente auprès de Caillois, arguant qu'il n'y a que Paulhan comme « directeur possible » de la revue. En outre, les dissemblances de Supervielle et de Caillois, dans leurs conceptions de la poésie, apparaissent à présent clairement à l'écrivain :

> À force d'être en réaction contre le surréalisme (dont il est sorti) il finit par en vouloir aussi à la poésie, du moins dans ses grandes ambitions. Il voudrait en réduire beaucoup trop le domaine, à mon sens. Pour le reste je suis dans les meilleurs termes avec lui et il a toujours accueilli mes vers avec plaisir[783].

Fin décembre, Supervielle supporte de plus en plus difficilement son séjour en Uruguay, au point qu'il fait sienne la phrase que Michaux lui écrivait, le 24 mars 1940 :

> L'Uruguay est le pays du vent. Voilà 4 mois de suite qu'il souffle. Je pense à ce que disait Michaux : « Toute l'Amérique, du Nord au Sud, est énervante[784]. »

Le temps du retour se rapproche ; mais il faudra encore attendre de longs mois avant que l'écrivain puisse retrouver la France.

1946

L'année 1946 s'ouvre avec la publication, chez Gallimard, du recueil de poèmes *1939-1945*, dont *Dix-huit poèmes* seront extraits pour une édition de luxe, qui paraîtra chez Seghers au mois de mars[785]. Le titre *1939-1945* indique clairement le lien de l'ouvrage avec la situation historique. Il est constitué des « Poèmes de la France malheureuse », repris et placés en ouverture, auxquels Supervielle adjoint des textes plus récents. Il donne également une place importante au témoignage historique, en regroupant dans la section « Temps de guerre » des textes souvent inédits, et qui, parfois, n'étaient pas au départ liés à l'actualité. La troisième et la quatrième sections, « Hommage à la vie » et « Arbres », opposent

---
783 Lettre de Jules Supervielle à Jean Paulhan du 29 juin 1945, *Choix de lettres*, éd. citée, p. 267.
784 Lettre de Jules Supervielle à Jean Paulhan du 30 décembre 1945, *ibid.*, p. 271.
785 Jules Supervielle, *Dix-huit poèmes*, Paris, Seghers, 1946.

aux souffrances de la France et de l'humanité la célébration de la vie familiale et naturelle. « Ciel et Terre » ouvre le recueil à l'inquiétude métaphysique. Les sections suivantes, « Portraits sans modèles », « Visites » et « L'Air », tentent d'y répondre par des figures féminines, animales, naturelles, jusqu'à évoquer le triomphe possible de l'art sur la mort dans « Hommages » ou « Mes veines et mes vers ». Mais la dernière section, « Maladie », trahit la permanence de l'inquiétude. À celle-ci correspond une écriture qui tend vers le dépouillement, bien éloignée de l'éloquence qui caractérise souvent la poésie patriotique de cette époque, et vers la réappropriation de modèles de la tradition poétique, tels que Villon, Ronsard ou du Bellay. De fait, le recueil est marqué par un usage plus fréquent des rimes, parfois alternées ou embrassées, même si Supervielle emploie le plus souvent l'assonance et des dispositifs formels très souples[786].

L'ouvrage est salué par la critique, qui valorise son lyrisme singulier, permettant d'atténuer le cauchemar de la guerre : en témoignent les comptes rendus de René Lalou, dans *Les Nouvelles littéraires*[787], ou de Philippe Jaccottet, dans *Formes et couleurs*[788]. Cependant, René-Guy Cadou rédige un article assez critique sur l'ouvrage dans la revue *Horizon*[789] : dans ce « gros livre de poèmes », il regrette de ne retrouver que peu Supervielle, « comme un écho lointain de lui-même ». Ce compte rendu donne lieu à un refroidissement de Supervielle. Cadou apprend par Michel Manoll que l'écrivain a été blessé de cette critique, et lui adresse une lettre d'excuses, datée du 1er juillet 1947 : Cadou rappelle à Supervielle sa « fidélité de dix ans » et explique qu'il avait craint de le voir succomber à la mode de la poésie patriotique. Il termine en lui demandant comment se procurer *Gravitations*, *La Fable du monde* et *Le Forçat innocent*, qui ont brûlé dans l'incendie de sa maison, en 1944. En réponse, Supervielle lui fait parvenir son *Choix de poèmes*. Le 7 juillet, Cadou le remercie avec chaleur, tout en lui décrivant, avec humour, sa vie d'instituteur, et en exprimant la joie intense que lui procure son amitié[790].

---

786 Jules Supervielle, *Œuvres poétiques complètes*, éd. citée, p. 886-890.
787 René Lalou, *Les Nouvelles littéraires*, n°977, 25 avril 1946.
788 Philippe Jaccottet, *Formes et couleurs*, n°1, janvier 1946.
789 René-Guy Cadou, *Horizon*, n°5, sans date.
790 Régis Miannay, « L'Ami inconnu : René-Guy Cadou et Jules Supervielle », *in Un poète dans le siècle : René-Guy Cadou*, Nantes, Joca Seria, 2000, p. 116-117.

Paulhan, quant à lui, à qui Supervielle avait envoyé le manuscrit de *1939-1945* au mois de décembre 1945, avait déjà communiqué ses impressions très favorables à l'écrivain. De son côté, Supervielle se réjouit d'avoir enfin reçu le livre de son ami, *Clef de la poésie*[791], qu'il attendait avec impatience – l'exemplaire comporte une longue dédicace, avec la mention « Qui a trop souci des clefs, devient lui-même serrure. (Proverbe mongol) », accompagnée du dessin d'une clef et d'une étiquette où Paulhan a inscrit l'envoi « clef de Pilar à Jules Supervielle / leur ami Jean[792] » –, ainsi que ses *Entretiens sur des faits divers*[793]. Admiratif, l'écrivain lit le livre avec soin, annote son exemplaire, et se sert des mots de son ami pour songer à ses propres « clés », et la lecture de l'ouvrage, d'emblée, appelle l'échange, la conversation :

> Mais tout se tient dans ton œuvre et ton livre sur le langage continue de nous éclairer. Bientôt j'espère que nous reprendrons nos conversations sur la poésie. Pour moi, depuis quelques années, j'ai surtout tâché d'avoir une dialectique qui fût poétique (« L'explication est antipoétique » disait Valéry). Il faut que ce qui est entre les images soit aussi de la poésie[794].

De fait, Supervielle écrit de nouveaux poèmes. Il adresse à la revue *La Table ronde* le poème « Les nerfs[795] », écrit, dit-il, en réponse à l'appel de Paulhan, prônant la poésie didactique[796]. L'évocation du retour en France se précise, de même que l'horizon des retrouvailles avec Paulhan :

> Nous avons dû retarder un peu notre voyage mais je pense que rien ne nous empêchera de partir dans la première quinzaine de Mai. Nous habiterons Paris les premières semaines et pourrons enfin nous voir et nous revoir puisque seule la Seine, avec ses ponts, nous séparera. Il est temps que je rentre. On s'abêtit à vivre si longtemps loin de la France[797].

En avril, Supervielle préside le Comité montévidéen de solidarité avec les écrivains français – Victoria Ocampo est la présidente de celui qui a

---

791 Jean Paulhan, *Clef de la poésie*, Paris, Gallimard, 1944.
792 Cité dans *Jules Supervielle, poète intime et légendaire*, éd. citée, p. 80.
793 Jean Paulhan, *Entretien sur des faits divers*, Paris, Gallimard, 1945.
794 Lettre de Jules Supervielle à Jean Paulhan du 1er mars 1946, *Choix de lettres*, éd. citée, p. 274.
795 Jules Supervielle, « Les nerfs », *La Table ronde*, 2e cahier, 1946, p. 21-23, repris dans *Oublieuse mémoire*, Paris, Gallimard, 1949.
796 Lettre de Jules Supervielle à Jean Paulhan du 23 mars 1946, *Choix de lettres*, éd. citée, p. 275.
797 *Ibid.*

été établi à Buenos Aires –, qui a été créé à l'initiative de Gisèle Freund en Uruguay et en Argentine : « Ce n'était pas une affaire de bienfaisance, mais de solidarité », explique-t-elle[798]. Gisèle Freund, photographe et amie intime d'Adrienne Monnier, se trouve en Argentine depuis 1942, auprès de Victoria Ocampo qui l'a accueillie. Elle organise une vente aux enchères de ses œuvres, et offre la somme ainsi récoltée au Comité, qui, fort également du généreux soutien des intellectuels argentins, commence à acheter des vivres. Les envois uruguayens sont également conséquents, et l'on œuvre à n'oublier personne : en décembre, Supervielle évoque les cinq kilos de café que recevra Pierre David pour les poètes de sa revue, *La Licorne*, qui n'avaient pas été inscrits sur les listes. C'est Adrienne Monnier qui sert d'intermédiaire en France : elle s'occupe de la réception des colis, tandis qu'à Buenos Aires, Gisèle Freund garde les bons, signés après livraison des produits. Michaux, Breton, Camus, Cocteau ou Sartre en bénéficieront[799].

En juin, Supervielle lit avec grand intérêt les pages que lui consacre Claude Roy dans *Poésie 46*[800] :

> Je suis très fier de ces pages qui (je me voile la face) sonnent juste. Peut-être faut-il beaucoup d'amitié, c'est-à-dire un préjugé favorable pour entrer dans mon œuvre (ou dans n'importe laquelle, surtout en poésie)[801].

Supervielle apprécie en particulier que Claude Roy soit sensible à « la présence très attendrie » du corps humain dans sa poésie, qu'il observe les liens entre ses contes et ses poèmes, et qu'il interroge les rapports entre la philosophie contemporaine et son œuvre :

> C'est la première fois, à ma connaissance, qu'on en parle. Au reste toute votre étude est originale et préparée par vos antennes de poète et de penseur. Il faudrait un jour étudier les rapports de la profondeur (et de la pensée) chez le philosophe et le poète. Le poète doit suggérer pensée et profondeur, les rendre sensibles et présentes sans en avoir l'air et en évitant, bien sûr, les dangers de la pensée et de la philosophie en poésie. Le poète sent le monde au point de le devenir et de le rendre tangible. Mais vous dites bien mieux cela que je ne saurais le faire. Je ne suis pas critique[802].

---

798 Laura Ayerza de Castilho, Odile Felgine, *Victoria Ocampo*, éd. citée, p. 235.
799 *Ibid.*, p. 234-238.
800 Claude Roy, « Descriptions critiques : Jules Supervielle », *Poésie 46*, n° 31, avril 1946, repris dans « Jules Supervielle », *Descriptions critiques*, Paris, Gallimard, 1949, p. 75-86.
801 Lettre de Jules Supervielle à Claude Roy du 22 juin 1946, voir *infra*.
802 *Ibid.*

La posture d'humilité affichée n'empêche pourtant pas Supervielle de nuancer son éloge de plusieurs reproches. Il défend en particulier le poème « Dialogue avec Jeanne[803] », dont l'importance était déjà sensible dans sa correspondance avec Caillois. Celui-ci, à qui Supervielle avait communiqué son texte, avait fait part de ses réticences à l'écrivain le 2 mai 1944 :

> Je ne sais si cette veine nationale est celle qui vous convient le mieux (vous êtes, de nature, universel) [...] je crois apercevoir un secret désaccord entre les choses de l'histoire et cette éternité des choses naturelles, toujours vivantes et mourantes, toujours se répétant immuables, sur lesquelles vous avez su faire plus de lumière[804].

Supervielle avait alors défendu son poème, dans la lettre du 5 mai 1944 :

> Non je ne me plaindrai pas de ce que vous me cantonniez... dans l'universel. J'ai aussi pourtant un petit goût pour... l'éternel ou le surnaturel que j'ai essayé de satisfaire dans le dialogue avec Jeanne, bien plus que la veine nationale qui n'y est, je crois qu'adventice. Dans ce poème, commencé en 1939 *avant* la guerre et continué ces temps-ci j'ai essayé de faire abstraction des événements. Mais l'intention ne se dégage pas assez, peut-être. Il me semble que néanmoins la position du dialogue est originale et bien mieux quant à la position métaphysique je ne pense pas qu'elle nuise, dans son alternance de précisions et de fuites, à la poésie. Il me semble que les explications, toujours dangereuses, restent poétiques. Mais je suis juge et partie[805]...

En juillet, enfin, aura lieu le retour en France. Le ministre des Affaires étrangères uruguayen, Eduardo Rodríguez Larreta, a nommé Supervielle attaché culturel honoraire auprès de la légation d'Uruguay à Paris, ce qui lui permet de toucher un salaire de deux cents dollars mensuels, auxquels s'ajoutent ses petits revenus, lui permettant de vivre décemment en France. Avant son départ, ses amis sud-américains lui rendent plusieurs hommages, dont le principal a lieu à Montevideo, à l'Université : le public est extrêmement nombreux, et Supervielle lit ses poèmes, tandis que les écrivains uruguayens le célèbrent.

---

803 Jules Supervielle, « Dialogue avec Jeanne », *1939-1945*, éd. citée.
804 Lettre de Roger Caillois à Jules Supervielle du 2 mai 1944, citée dans Jules Supervielle, *Œuvres poétiques complètes*, éd. citée, p. 905.
805 Lettre de Jules Supervielle à Roger Caillois du 5 mai 1944, voir *infra*.

Avec Pilar et Anne-Marie, le 2 juillet, il embarque sur le *Groix*, des Chargeurs Réunis. Ce sera la dernière traversée de l'Atlantique de Supervielle : elle lui offrira l'occasion d'écrire de nombreux poèmes – plus tard recueillis dans *Oublieuse mémoire* en particulier – et de retrouver l'océan. Le paquebot arrivera en France, à Bordeaux, trois semaines plus tard.

1946-1960
« Décidément j'ai commencé
et je finirai par la poésie »

À Paris, Supervielle retrouve les siens, en particulier ses filles Françoise et Denise, et ses petits-enfants. Mais après l'euphorie première s'installe un sentiment plus ambigu. L'écrivain n'a pas encore d'appartement : celui du Boulevard Beauséjour avait été rendu au propriétaire ; les meubles et les tableaux composant la collection de Supervielle – des Chagall, Dufy, Lhote, Marie Blanchard, Picasso, Braque, Vlaminck, Figari, Favory, Léger, Borès, Marie Laurencin, Domingo… – ont été dispersés ou liquidés[806]. Supervielle loge provisoirement chez sa fille Françoise, au 86, boulevard Flandrin, et à l'Hôtel Régina, rue de Rivoli.

Il retrouve enfin Paulhan, avec lequel il avait, si longtemps, rêvé de reprendre la conversation interrompue :

Je suis encore tout ahuri de la joie que j'ai eue à te revoir[807] !

En août, les relations vont aussi pouvoir reprendre avec plusieurs amis, après une longue interruption : les correspondances se renouent, précédant les retrouvailles. Reconnaître l'écriture de l'autre, c'est presque retrouver son visage, comme il l'avait un jour écrit à Paulhan, en 1942[808]. C'est ce que dit la similitude des formules, adressées à Franz Hellens, qui se trouve en Belgique, le 10 août,

---

806 Ricardo Paseyro, *Jules Supervielle, Le Forçat volontaire*, éd. citée, p. 202 et « Chronologie supervilienne », *La Nouvelle Revue de Paris, op. cit.*, p. 29.
807 Lettre de Jules Supervielle à Jean Paulhan du 10 août 1946, *Choix de lettres*, éd. citée, p. 278.
808 Lettre de Jules Supervielle à Jean Paulhan du 27 mars 1942, *ibid.*, p. 259.

ÉLÉMENTS D'UNE BIOGRAPHIE

> J'ai été heureux de revoir votre signature, après des années de longue séparation[809] !

et à Marcel Arland le 13 :

> J'ai reconnu avec joie votre écriture dès l'enveloppe[810] !

À Julien Lanoë, demeurant à Nantes, il écrit encore, le 23 août :

> Faut-il que nous ayons été longtemps loin de l'autre pour que je n'aie pas reconnu votre écriture sur l'enveloppe ! Mais, avant même d'aller à la signature, la lettre à peine dépliée, votre souvenir me sautait à la figure. Et je vous ai embrassé[811].

Supervielle retrouve aussi Marcel Jouhandeau, après la longue interruption de leurs relations :

> Jules S est revenu. Je l'ai revu et Pilar avec une grande joie. Son visage un peu durci et ce rien de neige lui vont bien (à Jules). Pourquoi les hommes embellissent-ils en vieillissant[812] ?

L'ami Michaux, de son côté, attendait « avec délectation[813] » les retrouvailles. Il écrit à Supervielle :

> Je me sens mieux en France depuis que je te sais rentré. Pourtant je ne peux encore m'approcher de toi. Ma femme en traitement ici, comme tu sais, est de cette sorte de malades qui ne peut se soigner seule. Nous pensons rentrer à Paris au début septembre. J'attends cette joie. Pourvu que tu ne te sois pas éloigné à nouveau. Entre une méditation-poème et une réception (!) donne quelques nouvelles de toi à celui qui en désire tellement[814].

Cependant, comme le note Jean-Pierre Martin, « rien ne serait plus comme avant. On se verrait moins. Ce n'était pas que la grande amitié se défît, mais son âge d'or était révolu », peut-être en raison de l'influence

---

[809] Lettre de Jules Supervielle à Franz Hellens du 10 août 1946, voir *infra*.
[810] Lettre de Jules Supervielle à Marcel Arland du 13 août 1946, voir *infra*.
[811] Lettre de Jules Supervielle à Julien Lanoë du 10 août 1946, voir *infra*.
[812] Lettre de Marcel Jouhandeau à Jean Paulhan du 5 août 1946, *Correspondance 1921-1968*, édition établie, annotée et préfacée par Jacques Roussillat, Paris, Gallimard, 2012, p. 661.
[813] Lettre d'Henri Michaux à Jean Paulhan citée par Jean-Pierre Martin, *Henri Michaux*, éd. citée, p. 420.
[814] Lettre d'Henri Michaux à Jules Supervielle de 1946, non datée, voir *infra*.

de Marie-Louise, la compagne de Michaux, qui « n'avait pas très bonne presse[815] » auprès de ses amis.

Tout en même temps, le retour de Supervielle est salué par la presse : « j'ai été assassiné d'interviews qui m'ont fatigué bien inutilement[816] », se plaint-il à Paulhan. Ce sont les entretiens avec Jean Maury dans *Combat*, le 31 juillet[817], avec Jean Queval, dans *Les Nouvelles littéraires*, le 15 août[818]... Par ailleurs, André Rousseaux loue, le 10 août, « Le retour de Supervielle » dans *France-Illustration*.

Fatigué, affaibli, habité par l'angoisse de vieillir, Supervielle souhaite se reposer à la campagne. Il se rend d'abord à la Dauberie, près de Montfort-l'Amaury, où il travaille à *Robinson*. Puis, il séjourne à Saint-Gervais-la-Forêt, près de Blois, dans la demeure d'un couple d'amis, Robert et Édith Philippe :

> Très jolie habitation ancienne modernisée et confortable. C'est à 3 Km. de Blois, à Saint-Gervais-la-Forêt sur une hauteur et cela s'appelle modestement : « La Petite Maison » mais il y a 4 à 5 chambres à coucher, et un arbre centenaire, le plus beau de la région, et un fort joli jardin[819].

Il cherche à faire venir à Saint-Gervais-la-Forêt les amis proches, Paulhan et Michaux, avec leurs épouses, Germaine et Marie-Louise : il leur vante la douceur du climat, qui serait propice à la santé de Germaine. Fin décembre, Julien Lanoë lui rendra une visite qu'il attend avec joie et impatience :

> Bravo pour le 20 Décembre ! Je vous attendrai à Saint-Gervais-la-Forêt à partir de 11h30 et nous passerons quelques heures ensemble. Vous trouverez des taxis à la gare. Mon logis est juste en face de la poste. Je serai à la porte de chez moi pour vous acclamer à l'arrivée[820] !

Supervielle ne se rend alors à Paris que pour de courts séjours, d'autant qu'il n'y a pas encore trouvé de nouveau logement.

---

815 Jean-Pierre Martin, *Henri Michaux*, éd. citée, p. 382.
816 Lettre de Jules Supervielle à Jean Paulhan du 10 août 1946, *Choix de lettres*, éd. citée, p. 279.
817 Entretien avec Jean Maury, *Combat*, 31 juillet 1946.
818 Entretien avec Jean Queval, *Les Nouvelles littéraires*, 15 août 1946.
819 Lettre de Jules Supervielle à Jean Paulhan non datée, d'août 1946, *Choix de lettres*, éd. citée, p. 281.
820 Lettre de Jules Supervielle à Julien Lanoë du 10 décembre 1946, voir *infra*.

Un nouveau recueil de contes, *Orphée et autres contes*[821], contenant six textes – « La création des animaux », notamment publié aussi dans la revue de Marcel Arland, *Saisons*[822], ainsi qu'« Orphée », « Le modèle des époux », « Le bûcheron du roi », « Vulcain sort de sa forge » et « La veuve aux trois moutons » – paraît le 15 octobre, à Neuchâtel, dans la collection Ides et Calendes dirigée par Richard Heyd. Cet éditeur nouera des liens d'amitié avec Supervielle, qui lui dédiera en 1952, ainsi qu'à sa femme Jacqueline, le roman *Le Jeune homme du dimanche*[823].

L'écrivain travaille alors à sa pièce *Robinson* – qu'il fait relire à Paulhan, lecteur critique, exigeant – et au nouveau *Choix de poèmes* qui paraîtra en juillet 1947, quand sa santé lui en laisse le loisir. En octobre, alité, il écrit à Paulhan :

> Une grippe paresseuse s'est installée dans mon pharynx et pas moyen de l'en déloger. Je la mets à la porte, elle fait semblant de ne pas comprendre et se rit de mes inhalations[824].

Il regrette d'avoir si peu travaillé depuis son retour en France :

> Toujours plus ou moins enfermé je crains que mes écrits ne sentent la tisane et le gargarisme[825].

Paulhan, de son côté, a dû aussi garder le lit pendant quelques jours, en raison de problèmes cardiaques. Il rappelle à son ami le souvenir de Port-Cros :

> Avec les Braque, nous faisions de grands feux et là-devant des parties de dominos, qui nous rappelaient Port-Cros[826].

---

821 Jules Supervielle, *Orphée et autres contes*, Neuchâtel, collection du Fleuron, n°4, Ides et Calendes, 1946.
822 Jules Supervielle, « La création des animaux », *Saisons*, n°3, hiver 1946-1947, p. 47-54. Ce conte sera publié sous le même titre, avec des dessins de Jacques Noël, en 1951, Paris, Presses du livre français, après avoir été repris dans *Premiers pas de l'univers*, éd. citée.
823 Jules Supervielle, *Le Jeune homme du dimanche*, illustré par Élie Lascaux, Paris, Gallimard, 1952. L'ouvrage porte la dédicace « À Richard et Jacqueline Heyd », p. 9.
824 Lettre de Jules Supervielle à Jean Paulhan datée « Dimanche », d'octobre 1946, *Choix de lettres*, éd. citée, p. 285.
825 *Ibid.*, p. 286.
826 Lettre de Jean Paulhan à Jules Supervielle d'octobre 1946, datée « vendredi », *Choix de lettres, tome III, 1946-1968, Le Don des langues*, Paris, Gallimard, 1996., p. 37.

En décembre, Supervielle est attristé d'apprendre la mort de Nusch Eluard ; mais il ne peut assister aux obsèques, ses troubles circulatoires l'empêchant de se tenir debout. C'est avec émotion que Supervielle, pendant cette période, prend connaissance de l'ouvrage qu'a fait paraître à l'automne René Bertelé[827]. Il s'agit de la première monographie consacrée à l'ami Michaux :

> C'est une des joies de mon retour en France de voir Michaux compris et admiré et je suis ravi d'avoir votre étude sur cet ami enfin retrouvé après sept ans d'Amérique[828].

Supervielle apprécie en particulier son analyse des rapports de Michaux et du surréalisme, ce qui lui permet de préciser sa propre position par rapport à ce mouvement :

> Oui voilà du surréalisme vécu et transmissible et contrôlable c'est-à-dire – plus simplement – de la poésie et de la fantaisie. Terriblement authentiques et profondes[829].

Supervielle écrit également à Michaux pour lui faire part de sa joie. Celui-ci lui répond en lui signalant qu'il marque « d'un signe de réjouissance » les pages où Bertelé le rapproche de Supervielle :

> Oui je suis heureux de voir noir sur blanc, répété par Bertelé, quoique fort en-dessous de la vérité, et fort brièvement, ce que tu es et ce que tu as fait pour moi[830].

1947

Au début de l'année 1947, Supervielle est très pris par le théâtre : il travaille à *Robinson*, à *Shéhérazade*. Il doit donc décliner plusieurs propositions : celle d'Arland, qui souhaitait publier un ouvrage de Supervielle aux éditions du Salon Carré, créées en 1946 et visant à proposer une collection d'éditions originales et de textes rares, en tirage de luxe, à prix abordable ; ou celle de René-Guy Cadou, qui aurait voulu voir Supervielle rejoindre le comité des *Cahiers du Nord*. Ses papiers sont dispersés ; il

---

827 René Bertelé, *Henri Michaux*, Paris, Seghers, 1946.
828 Lettre de Jules Supervielle à René Bertelé du 28 décembre 1946, voir *infra*.
829 *Ibid.*
830 Lettre d'Henri Michaux à Jules Supervielle, estimée du 29 octobre 1946, voir *infra*.

ÉLÉMENTS D'UNE BIOGRAPHIE 169

n'a toujours pas trouvé de logement à Paris et, quand il s'y rend, c'est toujours à l'hôtel ou chez sa fille Françoise, boulevard Flandrin.

L'écrivain arpente la capitale retrouvée, à la manière de Guanamiru, le héros de *L'Homme de la pampa*. Dans *Boire à la source*, Supervielle, promeneur de Paris, évoque ses marches dans le quartier de l'avenue du Bois, « comme en 1937 ou comme en 1900 quand [il] allai[t] à Janson[831] », les immeubles anonymes et les monuments, Notre-Dame, l'Arc de Triomphe, le Louvre, la place de l'Opéra, avec « la ferveur de l'amour que [leur] portent tous ceux qui en sont loin[832] ».

Le 13 février a lieu un déjeuner chez Florence Gould. Il est marqué par un incident, rapporté par Paul Léautaud dans son journal : au cours du repas, Léautaud se moque des poèmes de Supervielle ; on lui fait comprendre qu'il est assis à côté de la fille de l'écrivain. Léautaud aurait persisté dans ses railleries. Selon une lettre de Paulhan à Jouhandeau, il se serait en fait agi d'une manœuvre du second pour empêcher Léautaud de « dévorer Cingria », qui « en était tout pimpant[833]. »

Le gendre de Supervielle, Pierre David, lance alors une nouvelle revue, *La Licorne* : fondés par Susana Soca, ces *Cahiers trimestriels de littérature* paraîtront en trois numéros d'une grande qualité, de mars 1947 à l'automne 1948. Ils sont co-dirigés par Pierre David et Roger Caillois. Supervielle collabore activement à la revue, par des textes – le poème « Genèse[834] », dans le numéro 1 – et des traductions, de Susana Soca et de Silvina Ocampo dans le numéro 2[835], et de Jorge Guillén dans le numéro 3[836]. Supervielle participe également à la vie de la revue en cherchant à lui amener des contributeurs. Il fait ainsi l'éloge de la revue à Jean Paulhan, qui donnera « Bernard Groethuysen » dans le numéro 2[837], à Marcel Arland ou à Julien Lanoë. Pierre Leyris, traduc-

---

831 Jules Supervielle, *Boire à la source, Confidences*, éd. citée, p. 149.
832 *Ibid.*, p. 151.
833 Lettre de Jean Paulhan à Marcel Jouhandeau du 13 février 1947, *Correspondance 1921-1968*, éd. citée, p. 693.
834 Jules Supervielle, « Genèse », *La Licorne*, n° 1, printemps 1947, p. 10-12, recueilli dans *Oublieuse mémoire*, éd. citée.
835 Susana Soca, « Je cherche la couleur de la mer » et « Jardins humides », traduction de Jules Supervielle, *La Licorne*, n° 2, hiver 1948, p. 47-49, et Silvina Ocampo, « Mémoire irrémissible », traduction de Jules Supervielle, *ibid.*, p. 166-169.
836 Jorge Guillén, « L'Air », « Les Airs », extraits de *Cántico*, traduction de Jules Supervielle, *La Licorne*, n° 3, automne 1948, p. 11-23.
837 Jean Paulhan, « Bernard Groethuysen », *La Licorne*, n° 2, *op. cit.*, p. 67-73.

teur qui participe au choix des textes, évoquera dans ses mémoires la vie de la revue :

> [...] au petit comité de *La Licorne*, fondé par Susana Soca, la trinité sélective se composait dudit Caillois, de Pierre David et de moi-même en tant qu'habitué du domaine anglais, avec en filigrane Supervielle et Michaux. Caillois et moi nous bagarrions sans cesse à propos des textes sous l'œil amusé de Pierre David (dont je revois les enfants, garçon et fille, aussi beaux l'un que l'autre) et j'acceptais tel texte espagnol et brutal pourvu qu'il souffrît un texte généralement anglais et discret que je préconisais. Je l'appelais, bien que le sachant agrégé de grammaire ou quelque chose comme ça, l'homme des cavernes[838].

Dans cet ouvrage, Leyris évoque également avec émotion l'« exquise gentillesse » de Supervielle, qui loue ses traductions de Shakespeare. Puis, Leyris propose un portrait de l'écrivain : après avoir mentionné sa « dimension de pampa », il insiste sur la volonté de Supervielle de « rester avant tout un poète français ». Filant cette polarité double, Leyris, après avoir cherché à situer Supervielle en Amérique latine – dans une hésitation entre l'Uruguay, pays de Lautréamont, et l'Ecuador, dans une « fausse association d'idées », sans doute avec Michaux –, place Supervielle « dans la droite lignée de La Fontaine. À bonne distance de ce bloc incontournable qu'est Claudel, il pourrait résumer avec Michaux la poésie de ce morceau de siècle[839]. »

Au printemps, Supervielle travaille à une nouvelle édition de *Boire à la source*, et poursuit une correspondance avec René-Guy Cadou. La première des huit lettres de Supervielle à Cadou datait de 1940 ; Supervielle ne rencontrera jamais le poète, avec lequel les relations resteront toujours empreintes d'une certaine distance, malgré la grande admiration que lui témoigne l'auteur de *Visages de solitude*[840]. En avril, cet ouvrage est adressé à Supervielle par Cadou, avec une chaleureuse dédicace. Le livre lui touche « le cœur et l'esprit de ses insolites antennes » :

> Vos images surgissent avec grand naturel de l'obscur de vous-même pour nous donner leur lumière et leurs ombres, non moins précieuses. À travers les clartés de vos vers votre mystère serpente. Il vient de vous, des profondeurs, au rythme de votre respiration et de votre grave indolence de poète[841].

---
838 Pierre Leyris, *Pour mémoire*, Paris, Corti, 2002, p. 109-110.
839 *Ibid.*, p. 59.
840 René-Guy Cadou, *Les Visages de solitude*, Les Amis de Rochefort, 1947.
841 Lettre de Jules Supervielle à René-Guy Cadou du 26 avril 1947, voir *infra*.

En novembre, c'est un beau poème d'hommage que lui fait parvenir Cadou, suscitant l'émotion de Supervielle :

> Votre poème est sur ma table. Il l'illumine et l'humanise. Son accent me touche beaucoup et je l'entends en moi qui chante et j'entends aussi un grand pas partout dans la maison. « Il monte l'escalier "avec les moyens du bord[842]" [»].

Ce texte sera publié à la fin de l'année 1947 par René-Guy Cadou sous le titre *Lettre à Jules Supervielle*, aux éditions de son ami Sylvain Chiffoleau[843]. Prenant la forme d'une adresse, le texte répète de manière incantatoire le nom de Supervielle, jusqu'à l'apparition soulignée par la répétition du présentatif, « voici » ; il mêle des bribes de poèmes – des extraits de « Saisir » notamment –, des thèmes et des motifs supervilliens pour exprimer l'admiration et l'« amour » de Cadou pour Supervielle. Quelques années plus tard, en 1951, lorsque Julien Lanoë lui annoncera la mort de Cadou à trente-et-un ans, Supervielle s'émouvra, s'identifiant à lui :

> C'est par vous que j'ai appris la mort de ce cher Cadou, que je n'avais jamais rencontré et dont la voix commençait à se préciser dans sa poésie. Quelle tristesse de mourir avant de s'être fait vraiment entendre. C'eût été mon cas si j'étais mort à son âge[844].

Alors que Supervielle se rapproche en 1947 de Cadou, une autre amitié, provisoirement, se dénoue : celle qui l'unissait à Marcel Jouhandeau. Dans les années 1930 et 1940, seules sept lettres et cartes adressées par Supervielle à Jouhandeau ont été conservées, et la correspondance cesse pendant toute la période de la Seconde Guerre mondiale. Une des raisons en est à chercher dans le mariage de Jouhandeau : le 4 juin 1929, malgré ses attirances homosexuelles, l'écrivain épouse Élisabeth Toulemont, une ancienne danseuse surnommée Caryathis. Or, Supervielle réprouve l'étalage des démêlés conjugaux traversés par le couple. Mais surtout, le délitement de l'amitié est imputable à l'antisémitisme professé par Jouhandeau pendant les années 1930, puis à son attitude pendant la

---

842 Lettre de Jules Supervielle à René-Guy Cadou du 18 novembre 1947, voir *infra*.
843 Ce poème sera publié par René-Guy Cadou sous le titre *Lettre à Jules Supervielle*, Lettre à Jules Supervielle, Nantes, Éditions Sylvain Chiffoleau, 1947, et repris dans l'ouvrage *Poésie La Vie entière, Œuvres poétiques complètes*, Paris, Seghers, 1977, p. 212.
844 Lettre de Jules Supervielle à Julien Lanoë du 28 mars 1951, voir *infra*.

Seconde Guerre mondiale. Ainsi, indigné de la lettre de Jouhandeau « Comment je suis devenu antisémite » parue en 1936 dans *L'Action française*[845], Supervielle supprime la dédicace à Jouhandeau d'un poème important de *Gravitations*. Dans l'édition de 1925, « 47 Bd Lannes », présentant la métamorphose du plus familier en insolite, était dédié à l'ami ; mais quand Supervielle reprend ce texte en vue de le republier dans les *Choix de Poèmes* de 1944 puis de 1947, il en ôte la dédicace, ce qui permet de prendre la mesure de son éloignement de Jouhandeau. C'est grâce à Paulhan que la correspondance reprendra de manière progressive, en 1948 puis dans les années 1950, et que l'amitié se renouera : en témoigne l'émotion de Supervielle à la lecture des pages que l'auteur des *Pincengrain* lui consacre dans *Livres de France*[846] et dans *Carnets de l'écrivain*[847], en 1957.

Durant cette période, Supervielle effectue quelques voyages, même si ses déplacements seront désormais de plus en plus restreints, de moins en moins lointains : il est souvent malade, comme l'indique par exemple un télégramme à Michaux, daté de fin avril, où il évoque une « infection[848] » qui inquiète son ami. En avril, Supervielle se rend à Liège, pour une lecture de poèmes ; en mai, il séjourne pour la même raison à Londres et à Oxford, à l'invitation de son ami Denis Saurat, qui dirige alors le département consacré à la littérature française du King's College.

Au mois de juin, la plaquette *À la nuit*[849], avec une postface d'Albert Béguin, est publiée en Suisse et en France : à Neuchâtel, dans la collection « Les Poètes des Cahiers du Rhône » de la Baconnière, et à Paris, aux éditions du Seuil. L'ouvrage file le thème de la nuit, central dans l'œuvre de Supervielle depuis *Gravitations*, malgré son refus résolu de l'obscurité : Étiemble l'avait souligné, dès 1942, dans son article « Supervielle et le sens de la nuit ». Après le succès rencontré par les *Poèmes de la France malheureuse*, en février 1946, Albert Béguin avait demandé à Supervielle

---

845 Marcel Jouhandeau, « Comment je suis devenu antisémite », *L'Action française*, 8 octobre 1936. Dans cet article, Jouhandeau attaque Julien Benda, ainsi que Maurice Sachs, et raille Max Jacob. Deux autres articles antisémites, publiés également dans *L'Action française*, suivront, « Le péril juif », en février 1937, et « Le procédé juif », en juillet 1937.
846 Marcel Jouhandeau, « Jules Supervielle », *Livres de France*, huitième année, n° 2, février 1957.
847 Marcel Jouhandeau, *Carnets de l'écrivain*, Paris, Gallimard, 1957.
848 Lettre d'Henri Michaux à Jules Supervielle du 23 ou du 24 avril 1947, voir *infra*.
849 Jules Supervielle, *À la nuit*, avec une postface d'Albert Béguin, collection « Les Poètes des Cahiers du Rhône », Neuchâtel, La Baconnière, Paris, Le Seuil, 1947.

des poèmes pour un nouveau Cahier du Rhône, ce qui conduit l'écrivain – sans doute encouragé par la personnalité de Béguin, auteur de *L'Âme romantique et le rêve*[850] – à ouvrir la plaquette par un hymne à la nuit auquel se mêle l'interrogation métaphysique, suivi de six poèmes reprenant, comme en mineur, ce questionnement sur le ton de la confidence intime. L'ouvrage rencontre un écho bien moins retentissant que les *Poèmes de la France malheureuse* de 1942. La plupart des comptes rendus qui lui sont consacrés reprennent les analyses de la postface d'Albert Béguin, qui guide souvent la réception de l'ouvrage : ainsi en est-il de l'article d'Albert-Henri Simon dans *L'Aube*[851], le 22 novembre 1947[852].

En juillet paraît ensuite une nouvelle édition du *Choix de poèmes*, chez Gallimard. « C'est un peu mon testament poétique[853] », écrira Supervielle à Henri Hoppenot. De fait, l'ouvrage, révisé en profondeur, est largement augmenté par rapport à l'édition sud-américaine de 1944 : l'anthologie fait désormais une place aux *Poèmes* de 1919, à *Débarcadères*, au lieu de s'ouvrir avec *Gravitations* ; elle inclut également des « Poèmes récents ». Ce nouveau *Choix* fait l'objet d'élogieux articles de Louis Parrot dans *Lettres françaises*[854], de Marcel Arland dans *Combat*[855]. Touché par le recueil, Eluard écrira à Supervielle son enthousiasme le 27 juillet 1949 :

> Mais pourquoi faut-il que nous ne soyons pas tous les deux du même côté du monde ? Comment est-ce possible ? Car, lorsque je vous lis, j'ai conscience de ce qu'est la poésie. Et aussi, de ce qu'est un poète.
> Je comprends toute la lumière et tous les contacts que nous pouvons avoir avec elle, contacts de raison, de vérité, malgré toutes les taches noires du soleil.
> Mon cher Supervielle, vos poèmes m'aident à vivre. Je veux que vous le sachiez.
> Et je serais vraiment heureux et fier d'être votre ami[856].

Supervielle lui répondra le 2 août, l'apostrophe, « Bien cher Eluard », soulignant, de même que la rapidité de sa réponse, l'émotion qui est la sienne :

---

850 Albert Béguin, *L'Âme romantique et le rêve*, Marseille, Cahiers du Sud, 1937 et Paris, Corti, 1939.
851 Albert-Henri Simon, *L'Aube*, 22 novembre 1947.
852 Jules Supervielle, *Œuvres poétiques complètes*, éd. citée, p. 924-926.
853 Lettre de Jules Supervielle à Henri Hoppenot du 8 octobre 1947, voir *infra*.
854 Louis Parrot, *Lettres françaises*, 25 juillet 1947.
855 Marcel Arland, « Supervielle retrouvé », *Combat*, 16 août 1947.
856 Lettre de Paul Eluard à Jules Supervielle du 27 juillet 1949, voir *infra*.

> Je reçois votre lettre, à l'instant, elle est de celles qu'on aurait aimé à écrire soi-même, ou de celles auxquelles on aurait voulu répondre avant même de les recevoir[857].

L'écrivain évoque ensuite les raisons de la distance qui a perduré entre Eluard et lui :

> Il est assez naturel que les poètes ne soient pas toujours justes les uns pour les autres (Je ne vous ai pas toujours non plus rendu justice) C'est qu'il nous est très difficile de sorti de notre aveuglant monde personnel qui nous empêche d'être équitables. Nous ne sommes pas toujours disponibles c'est-à-dire clairvoyants pour autrui[858].

Supervielle termine en répondant à l'offre d'amitié d'Eluard :

> Merci, mon cher ami. Vous m'avez touché le cœur. Et j'espère bien vous revoir dès la rentrée. Il me manquait de me sentir vraiment votre ami. Et voilà que je le deviens, même dans le passé[859].

L'importance de la reconnaissance d'Eluard pour Supervielle sera soulignée dans l'échange avec Claude Roy, en 1949 : Supervielle regrettera que Roy, dans sa monographie, n'ait pas tenu compte de l'évolution positive du regard posé par Eluard sur son œuvre[860].

Fin juillet 1947, Supervielle séjourne aux Salins, à Saint-Tropez, où il restera jusqu'en octobre. En compagnie de quelques-uns de ses petits-enfants, profitant de la chaleur, dans « cette atmosphère de Port-Cros, entre les pins, les rochers et la mer[861] », il travaille à un article sur « Du Bellay » que lui a demandé Paulhan et qui paraîtra en 1962 dans le *Tableau de la littérature française*[862]. En même temps, Supervielle corrige aussi la nouvelle édition de *Boire à la source*, qui sera publiée en 1951. Arland et Paulhan se trouvent à Brassac, dans le Tarn : les amis s'invitent mutuellement à se rejoindre, mais Supervielle craint trop la fatigue du voyage pour se déplacer, malgré l'envie de les revoir. De fait, il écrira

---

857 Lettre de Jules Supervielle à Paul Eluard du 2 août 1949, *Création*, tome II, 1972, p. 17.
858 *Ibid.*
859 *Ibid.*
860 Lettre de Jules Supervielle à Claude Roy du 29 septembre 1949, voir *infra*.
861 Lettre de Jules Supervielle à Marcel Arland du 29 juillet 1947, voir *infra*.
862 Jules Supervielle, « Du Bellay », *Tableau de la littérature française*, tome I, Paris, Gallimard, 1962, p. 253-257.

en octobre à Claude Roy, qui vient d'écrire dans *Action* un article sur « Supervielle et le corps humain[863] » :

> Oui je prends garde à mon corps. Les intermittences de mon cœur que je ressens et endure une à une me rappellent trop souvent l'existence de ce corps que je voudrais oublier mais qui m'a ouvert tout de même les portes de l'univers intérieur, et je ne peux trop lui en vouloir[864].

Pendant l'été, Supervielle reçoit une lettre d'André Frénaud, qui lui a adressé une copie de *Noce noire*[865] pour solliciter ses conseils. Mais l'écrivain peine à lui répondre :

> Je suis souvent dérouté par les images de la jeune poésie contemporaine, par une transfiguration excessive. On perd de vue l'évocation et les termes de la comparaison. D'où une certaine confusion. Mais ai-je raison ? N'est-ce pas affaire de générations différentes[866] ?

Faut-il y voir, avec Ricardo Paseyro, le signe d'un changement d'époque ? Le gendre de Supervielle rappelle en effet que si à l'étranger, l'œuvre de Supervielle est de plus en plus prisée, si les traductions et les thèses qui lui sont consacrées se multiplient, l'écrivain « regrette que sa poésie ne pénètre pas les "masses" françaises[867]. » Angoisse de la vieillesse, de l'oubli, thèmes qui habiteront le recueil *Oublieuse mémoire* ? Et Paseyro de citer *J'ai lu*, qui écrit, au moment où le prix international de poésie Taormina-Etna est attribué à Supervielle :

> Ils sont rares ceux qui savent qu'il doit être mis au tout premier rang de la littérature française actuelle[868].

Au rebours de la poésie de Frénaud, défamiliarisante, dépaysante, Supervielle goûte vivement le recueil de nouvelles que son ami Arland lui dédie, *Il faut de tout pour faire un monde*[869] :

---

863 Claude Roy, « Supervielle et le corps humain », *Action*, 24-30 septembre 1947, p. 10.
864 Lettre de Jules Supervielle à Claude Roy du 3 octobre 1947, voir *infra*.
865 André Frénaud, *La Noce noire*, avec des lithographies de Jean Bazaine, Paris, Seghers, 1946.
866 Lettre de Jules Supervielle à André Frénaud du 1er août 1947, voir *infra*.
867 Ricardo Paseyro, *Jules Supervielle, Le Forçat volontaire*, éd. citée, p. 205.
868 Cité par Ricardo Paseyro, *ibid*.
869 Marcel Arland, *Il faut de tout pour faire un monde*, éd. citée.

> Si la poésie est, pour une grande part, comme je le crois, l'art de nous faire regretter, pendant qu'elles sont encore là, toutes ces choses et ces êtres de la terre qui nous manqueront un jour, ces pages sont la poésie même. Poésie strictement de conteur, sans la moindre confusion de genres. Le miracle est dans le choix des situations, des phrases dites, des lieux évoqués sous nos yeux et nos oreilles émerveillées[870].

Significative définition de la poésie – à partir de nouvelles en prose – comme nostalgie de ce qui est à perdre, qui s'applique autant à l'écriture de Supervielle qu'à celle d'Arland, et prend tout son sens dans ces années marquées par la crainte de l'oubli et de la mort.

À son retour de Saint-Tropez, Supervielle, après un rapide passage à Lyon pour rencontrer une compagnie qui s'intéresse à *Robinson*, rentre à Paris. Il y visite « Le Foyer de l'Art brut », dans la galerie René Drouin, ce qui l'amène à réfléchir aux rapports entre le Douanier Rousseau et l'art africain et précolombien. Une autre exposition, qui se tient à la galerie Drouin du 7 au 31 octobre 1947, présente des « Portraits » de Dubuffet : intitulée « Les gens sont bien plus beaux qu'ils croient / Vive leur vraie figure », elle offre des « Portraits à ressemblance extraite, à ressemblance cuite et confite dans la mémoire, à ressemblance éclatée dans la mémoire de M. Jean Dubuffet, peintre[871]. » Parmi ces portraits, l'on trouve ceux de Paulhan, Léautaud, Ponge, Bertelé, Calet, Cingria, Dhôtel, Artaud, Michaux et Supervielle. Celui-ci retrouve également un appartement. L'écrivain loge désormais dans un meublé, au 27, rue Vital :

> On entrait par le 27 rue Vital. Mais le pavillon donnait sur une voie privée (alors impasse) rue Massenet, n° 12. On finira par y ouvrir une porte sur la clôture [...] Trois étages. De vastes pièces. Un jardinet à l'entrée, un jardinet derrière. Sur les murs de l'escalier, des affiches de « Germinal » : le musicien Alfred Bruneau, père de la propriétaire, avait tiré un opéra du roman de Zola[872].

Fin décembre, Supervielle se réjouit d'obtenir des nouvelles d'Étiemble, après une longue interruption de deux ans : le critique lui apprend qu'il prépare toujours une étude sur son œuvre – ce qui donnera lieu à l'ouvrage de 1960.

---

870 Lettre de Jules Supervielle à Marcel Arland du 9 août 1947, voir *infra*.
871 Cité par Jean-Pierre Martin, *Henri Michaux*, éd. citée, p. 424.
872 Ricardo Paseyro, *Jules Supervielle, Le Forçat volontaire*, éd. citée, p. 204.

Puis, Supervielle quitte à nouveau Paris, pour Royaumont : il s'agit de tenter de finir, enfin, *Shéhérazade*.

1948

Le début de l'année 1948 est marqué par le drame que subit l'ami Michaux. Son épouse, Marie-Louise, est victime d'un grave accident domestique : entré en contact avec un feu de cheminée ou un réchaud, son peignoir en nylon s'embrase ; elle ouvre la fenêtre, s'enroule dans une couverture, mais subit de très graves brûlures. Elle est soignée dans une clinique du XVIᵉ arrondissement, Michaux se trouve à son chevet. Supervielle, très affecté – « Que de souffrances[873] ! », écrit-il à Paulhan –, adresse ses vœux à son ami. Celui-ci, croyant alors son épouse sauvée, répond à Supervielle :

> On ne peut savoir à quel point tout cela est atroce.
> Même quand on lui a découvert un jour le visage, elle n'a pas cherché à se voir. Les souffrances occupent tout d'elle.
> Depuis deux jours on peut la considérer comme sauvée.
> Ses mains et bras totalement immobilisés et pour longtemps encore[874].

Mais après de longues souffrances, Marie-Louise meurt le 19 février.

Par ailleurs, Supervielle, tout au long de 1948, sera préoccupé par le théâtre, dans lequel il s'investit pleinement. Le 16 août, il écrit ainsi à Étiemble que 1948 sera son « année théâtrale », en ajoutant :

> Il y a si longtemps que j'attendais[875] !

De fait, si Supervielle écrit cette année-là quelques nouveaux poèmes, les correspondances – avec Paulhan, Étiemble, mais aussi Claude Roy, Franz Hellens – sont surtout remplies des mentions de ses pièces, dont trois seront créées cette année-là. Le gendre de Supervielle rapporte qu'« on lui réclame ses pièces passées et à venir[876] », *La Première famille*, *La Belle au bois*, *Bolivar*, *Le Voleur d'enfants*, *Robinson* et *Shéhérazade*.

---

873 Lettre de Jules Supervielle à Jean Paulhan du 3 février 1948, *Choix de lettres*, éd. citée, p. 305.
874 Lettre d'Henri Michaux à Jules Supervielle du 3 février 1948, voir *infra*.
875 Lettre du 16 août 1948 de Jules Supervielle à René Étiemble, *Correspondance 1936-1959*, éd. citée, p. 143.
876 Ricardo Paseyro, *Jules Supervielle, Le Forçat volontaire*, éd. citée, p. 210.

En juillet, *Robinson* est monté au Maroc, à Casablanca, par la jeune compagnie des Francs-Alleux, qui entreprend ensuite une tournée. La création de la pièce est un succès : « ma pièce donne maintenant tout ce qu'elle peut et je la crois au point, à mon point actuel[877] », écrit Supervielle à Paulhan. Mais par la suite, cette impression favorable s'estompe : Supervielle évoque « la sinistre représentation de *Robinson*[878] » le 16 août, avouant qu'il connaissait « la plupart des défauts de cette pièce[879] », qui avait aussi déçu Étiemble[880].

Shéhérazade est créée par Jean Vilar au théâtre des Papes, lors du festival d'Avignon : « très bien mise en scène et jouée la pièce a été fort bien accueillie[881] », se félicite Supervielle. Étiemble le lui confirme :

> Je lis un peu partout […] les éloges que tout le monde accorde à *Shéhérazade*[882].

La pièce est jouée les 17, 18 et 19 juillet. Pour l'occasion, Supervielle se rend en Avignon, lui qui, depuis son retour en France, évitait les longs voyages – il a passé les vacances de Pâques à Saint-Germain-la-Forêt, dans la demeure des Philippe, « une maison du temps de François Premier avec solives, poutres basses auxquelles je me cogne toujours, carreaux à losanges qui font croire à la pluie[883]… ». Il séjournera trois semaines à Villeneuve-lès-Avignon, où il retrouve Florence Gould, riche mécène américaine, qui assiste à la pièce et « a l'air contente malgré ses lunettes noires[884] ».

En septembre, Supervielle est de retour à Paris pour assister à la reprise de *Shéhérazade*. Il invite amis et connaissances, dont Louise de Vilmorin. Cependant, déçu, il s'aperçoit que la pièce ne rencontre pas le même succès qu'en Avignon :

---

877 Lettre de Jules Supervielle à Jean Paulhan du 30 juin 1948, *Choix de lettres*, éd. citée, p. 306.
878 Lettre de Jules Supervielle à René Étiemble du 16 août 1948, *Correspondance 1936-1959*, éd. citée, p. 143.
879 *Ibid.*, p. 143.
880 *Ibid.*, p. 142.
881 Lettre de Jules Supervielle à Jean Paulhan du 2 août 1948, *Choix de lettres*, éd. citée, p. 307.
882 Lettre de René Étiemble à Jules Supervielle estimée du 15 août 1948, *Correspondance 1936-1959*, éd. citée, p. 142.
883 Lettre de Jules Supervielle à Claude Roy du 1er avril 1948, voir *infra*.
884 Lettre de Jules Supervielle à Jean Paulhan datée « Samedi », de l'été 1948, *Choix de lettres*, éd. citée, p. 308.

> Je viens de découvrir dans ma naïveté qu'un acteur peut beaucoup pour une pièce et que Pellegrin n'est pas aussi bon que Jean Davy dans Shariar. Ses phrases ne laissent pas de sillage poétique. Sa voix est un papier buvard qui ne laisse pas couler le lyrisme (l'image n'est pas fameuse !) Par ailleurs ce Pellegrin a de grands dons de vie, mais un peu boulevardière. Tout de même Bounoure et Astruc étaient très heureux de la pièce. Mais la critique n'est pas aussi bonne que pour Avignon. Le public semble pourtant ne pas s'ennuyer[885].

Lui qui avait déploré l'absence de Paulhan à la générale, et l'avait prié de se rendre au plus vite à l'une des représentations, connaît une nouvelle déception lorsque son ami accède à sa demande : « tu n'avais pas l'air d'être très excité par la pièce[886] », regrette-t-il le 19 septembre.

Le 15 octobre, *Le Voleur d'enfants* est créé par Raymond Rouleau au théâtre de l'Œuvre. C'est l'occasion d'une nouvelle inquiétude pour le dramaturge :

> Je sors de la matinée du *Voleur d'Enfants*. Il y a beaucoup de monde à ma pièce mais, je te le dis, entre nous, je trouve qu'on la joue trop en farce, parfois en vaudeville et cela change le caractère de mon œuvre en divers endroits. Pour le reste la pièce me paraît remarquablement jouée et mise en scène. Mais le poète souffre en moi à plusieurs reprises. Rouleau qui a un grand sens du public fait ce qu'il faut pour attirer du monde. Comment l'en empêcher alors qu'il a fait des frais considérables pour monter la pièce. C'est le drame de l'auteur qui voyait, sous certains sens du moins, sa pièce plus âpre, plus dramatique. Je t'en parle parce que tu la verras dans quelques jours, et pour cela seulement mais je te demande de ne pas faire part de mes impressions[887].

Cependant, la pièce sera « le seul grand succès de Supervielle au théâtre[888] ». Rouleau réalise « une de ses meilleures mises en scène[889] », et la pièce de Supervielle, enfin, obtient la faveur du public : plus de trois cents représentations de la pièce seront données à Paris. Jouhandeau, qui la découvre à cette occasion, écrit son enthousiasme à Paulhan :

---

885 Lettre de Jules Supervielle à Jean Paulhan du 7 septembre 1948, *ibid.*
886 Lettre de Jules Supervielle à Jean Paulhan du 19 septembre 1948, *ibid.*, p. 309.
887 Lettre de Jules Supervielle à Jean Paulhan datée « Dimanche soir », d'octobre 1948, *ibid.*, p. 309-310.
888 René Étiemble, *Supervielle*, éd. citée, p. 67.
889 *Ibid.*, p. 64.

> Je sors tout à fait charmé du théâtre où nous avons vu *Le Voleur d'enfants*. Ça pétille, c'est plein de surprises. Inattendu de la part de ce Bœuf changé en merle, on ne sait par quelle magie. Bravo[890] !

Après ce succès, *Le Voleur d'enfants* sera repris à Bruxelles, du 19 au 22 mai 1949.

Dans la suite du mois d'octobre, *Robinson* est mis en scène par Olivier Lejeune, dans un décor de Malclès, au théâtre du Parc à Bruxelles : cette fois, la pièce plaît, et elle est donnée pendant une douzaine de jours. À nouveau, Supervielle se déplace pour l'occasion. Il espère voir Franz Hellens, mais le théâtre lui laisse très peu de temps, et la maladie, qui saisit les amis l'un après l'autre, les empêche de se retrouver.

Fin octobre, Supervielle découvre également une première version de la monographie que Claude Roy va lui consacrer dans la collection « Poètes d'aujourd'hui » de Seghers. Le texte n'est pas sans l'inquiéter, ce qui se traduit par un refroidissement net du ton envers son ami :

> La plupart des pages de votre étude m'ont ravi, certaines – très rares, à peine deux ou trois – m'ont paru inexactes et dignes d'hebdomadaires à trop gros tirage. Certaines appréciations me semblent déplacées dans une collection qui est – du moins jusqu'ici – à l'honneur du poète étudié. De plus il y a trop de poèmes dans votre choix et cela nuirait beaucoup (je suis de l'avis de Gallimard à ce sujet) à mon *Choix de Poèmes de La N.R.F.*[891]

Supervielle s'apaisera et reviendra à une perception favorable de l'ouvrage de Claude Roy, qui paraîtra en septembre 1949, et dans la conception duquel il s'impliquera activement au cours de l'année 1949, participant au choix des textes et des photographies devant illustrer l'ensemble. Mais l'on mesure ici ce qui sépare cette lettre de l'éloge développé, inspiré, qui avait suivi la réception de l'article qu'Étiemble lui avait consacré, en avril, dans *Les Temps modernes*, « La Fable du village[892] ».

Enfin, après un bref passage à Paris où, depuis son retour d'Uruguay, il ne fait plus que de courts séjours, l'écrivain se repose à nouveau à

---

890 Lettre de Marcel Jouhandeau à Jean Paulhan datée « lundi matin », de la fin de l'automne 1948, *Correspondance 1921-1968*, éd. citée, p. 760.
891 Lettre de Jules Supervielle à Claude Roy du 20 octobre 1948, voir *infra*.
892 Lettre de Jules Supervielle à René Étiemble du 7 juin 1948, *Correspondance 1936-1959*, éd. citée, p. 140-142. Il s'agit de l'article d'Étiemble, « La Fable du Village », *Les Temps modernes*, avril 1948, p. 2058-2064.

Saint-Germain-la-Forêt. Dans « un ennui qui ne manque pas de noblesse ni de perspectives », il écrit quelques poèmes :

> Décidément j'ai commencé et je finirai par la poésie[893].

1949

Au début de l'année 1949 paraissent chez Gallimard les textes de trois pièces de Supervielle, *Robinson*, *Shéhérazade* et le *Voleur d'enfants*. En mars et en avril, l'écrivain connaît encore des problèmes de santé. Alité, il souffre à nouveau de l'affection pulmonaire qui l'avait atteint à Montevideo. Il peut cependant participer, en avril, à un déjeuner au restaurant Le Moulin à vent, derrière les Halles, en compagnie de Paulhan, Michaux, Hellens et Calet. Au cours du repas, Paulhan dessine un petit croquis de Michaux[894]. Le même mois, Supervielle se rend à une soirée chez William François, à laquelle se trouve aussi Paulhan. Mais « deux verres de Bourgogne et deux de Chablis[895] » lui donnent des palpitations, le contraignant à s'esquiver. Paulhan, inquiet, lui conseille le Dr Wolfram ; mais Supervielle est déjà bien entouré de plusieurs médecins. Son arythmie cardiaque, ses poumons, son foie sont traités par Henri Mondor, éminent chirurgien qui est aussi membre de l'Académie française et biographe de Mallarmé. Supervielle souffre également de problèmes nerveux, qu'il évoque souvent dans sa correspondance, et dont son gendre Ricardo Paseyro fait le récit :

> Les brutales impatiences de Julio ne se déversaient pas en cris, imprécations ou algarades ; se refermant en lui, aiguisées comme des lames, elles le déchiquetaient. Le docteur Alajouanine s'appliquant à maintenir son pouvoir de concentration, sapé par la fatigue[896] [...]

Le Dr Alajouanine, qui traite depuis longtemps Supervielle, est neurologue et également écrivain, ami en particulier de Valery Larbaud. Supervielle dédiera « L'homme » à Henri Mondor, et « Les nerfs » au Dr Alajouanine. Ces poèmes seront recueillis dans son recueil

---

893 Lettre de Jules Supervielle à Jean Paulhan du 29 décembre 1948, *Choix de lettres*, éd. citée, p. 311.
894 Jean-Pierre Martin, *Henri Michaux*, éd. citée, p. 465.
895 Lettre de Jules Supervielle à Jean Paulhan du 7 avril 1949, *ibid.*, p. 313.
896 Ricardo Paseyro, *Jules Supervielle, Le Forçat volontaire*, éd. citée, p. 223.

suivant, *Oublieuse mémoire*, que le poète continue de mettre au point à Saint-Gervais-la-Forêt, où il s'est rendu, fin avril, pour se reposer à la campagne.

Le recueil paraît au printemps 1949. Il est dédié à Marcel Arland, que Supervielle compte parmi ses « meilleurs amis[897] ». Le titre en oxymore annonce que de l'oubli peut naître, ou renaître la poésie : de fait, *Oublieuse mémoire* ouvre la dernière période de la production poétique de Supervielle, tout en revenant à des thèmes déjà centraux – le hors-venu, la genèse du monde, l'élément liquide – et à des formes poétiques plus classiques[898]. Le recueil, peut-être en raison de ses ambiguïtés, connaîtra une réception ambivalente. Si les comptes rendus sont globalement favorables, certains, comme ceux de Pierre Gamarra dans *Europe* ou d'Armand Guibert dans *Paru*, ne sont pas sans réticences[899]. *Oublieuse mémoire* reçoit dès le mois de juin le prix des Critiques, ce qui atténue un peu, pour Supervielle, la peine d'être exclu de l'*Anthologie de la poésie française* que fait paraître, la même année, André Gide[900], son ancien protecteur. Mais l'attribution au recueil du Prix des Critiques est inattendue, puisque celui-ci récompense, en théorie, un auteur nouvellement arrivé sur la scène littéraire. S'adressant à Paulhan, membre du jury du prix, pour le remercier, Supervielle explique qu'« on convertissait [le prix] en une sorte d'hommage à un écrivain déjà connu depuis 20 ans. Mais mal connu, méconnu[901] […] ». Il expose ensuite les causes de cette méconnaissance :

> Valéry, Claudel, Cocteau, Aragon, pour ne citer que ces poètes, ont su parler de ce qu'ils écrivaient. Je ne m'en suis guère inquiétée. Peut-être n'aurais-je pas eu leur art de présenter leurs œuvres. En France les idées intéressent plus que les poèmes et un bon art poétique plus que la poésie. De là mon peu de « gloire ». Mais, à la longue, les poèmes finiront par être convaincants pour un grand public. Et tu y seras pour beaucoup, toi qui m'as toujours soutenu et poussé vers ce qu'il y avait en moi d'essentiel[902].

---

897 Lettre de Jules Supervielle à Tatiana W. Greene du 23 décembre 1954, citée par Tatiana W. Greene, *Jules Supervielle*, éd. citée, p. 415.
898 Jules Supervielle, *Œuvres poétiques complètes*, éd. citée, p. 936-941.
899 Pierre Gamarra, « Notes de lecture », *Europe*, n° 43, juillet 1949 et Armand Guibert, *Paru*, n° 53, août-septembre 1949.
900 André Gide, *Anthologie de la poésie française*, Paris, Gallimard, 1949.
901 Lettre de Jules Supervielle à Jean Paulhan du 21 juin 1949, *Choix de lettres*, éd. citée, p. 316.
902 *Ibid.*

En septembre, à l'occasion du vingt-et-unième congrès du P.E.N. Club international, qui se tient à Venise en septembre 1949 sous la présidence d'Ignazio Silone, Supervielle effectue un voyage en Italie. Il fait partie de la délégation française, de même que Julien Benda ou André Chamson ; Paulhan, qu'il espérait y retrouver, ne participera finalement pas à l'événement. Ricardo Paseyro relate un entretien avec Ignazio Silone au sujet de ce voyage, pendant lequel Supervielle avait logé, comme le reste de la délégation, au palace Danieli :

> Nous allions délibérer au premier étage. Tout en conversant, nous sommes arrivés, Supervielle et moi, en bas des marches. Supervielle s'y arrête. D'un geste large, il m'invite deux fois à passer d'abord. Je refuse – naturellement ! Il me jette un regard mi-ironique, mi-irrité, me fait face, tourne le dos à l'escalier, agrippe la rampe de sa main droite et monte, avec cautèle, à rebours. « Selon mon docteur » – me dit-il – « ça fatigue moins le cœur. » Et il reprend le fil de notre propos[903].

De retour d'Italie, où il a lu *Moby Dick*, Supervielle séjourne à Sainte-Maxime, dans le Var. Il décrit à Paulhan les lieux qui, une fois encore, ravivent le souvenir de Port-Cros :

> Je t'écris sous un pin parasol qui ressemble beaucoup à ceux de Port-Cros. Tout me rappelle l'été dans la région et je te cherche aux tournants des routes et au bout des allées. Mais il y a des cyprès qu'on ne voyait pas dans notre île et me rappellent l'Italie pour ce génie qu'ils ont à composer des paysages pour musées[904].

C'est à Sainte-Maxime que Supervielle découvre la monographie de Claude Roy :

> Votre étude est sur ma table ou plutôt je le voudrais bien mais chacun l'emporte, la tire à soi et tous voudraient le livre en même temps.
> Ai-je besoin de vous dire que je suis fier de votre commentaire où profondeur et fraîcheur se mêlent vraiment, si agréablement[905].

En novembre paraît un recueil de cinq nouvelles, *Les B.B.V.*, aux éditions de Minuit[906]. Le premier récit, qui donne son titre au recueil,

---

903 Cité par Ricardo Paseyro, *Jules Supervielle, Le Forçat volontaire*, éd. citée, p. 227.
904 Lettre de Jules Supervielle à Jean Paulhan du 2 octobre 1949, *Choix de lettres*, éd. citée, p. 319.
905 Lettre de Jules Supervielle à Claude Roy du 29 septembre 1949, voir *infra*.
906 Jules Supervielle, *Les B.B.V.*, collection « Nouvelles originales », n° 7, Paris, Éditions de Minuit, 1949.

constitue un conte de Noël, où les « bombes de bonne volonté » d'un inventeur, reconstructives, remédient aux destructions de la guerre. Le deuxième, « De Cuerpo presente », offre la description d'un mort, puis sa prosopopée, suivie de sa mise en terre. Si les deux premiers textes, dans des tonalités contrastées, se confrontent à la mort, le troisième présente le portrait d'« Une enfant », qui permet d'évoquer, avec un lyrisme assourdi, « ce passage, ce murmure, ce tout petit murmure de l'âge qui avance sur ce visage incroyablement jeune et frais. » Le quatrième récit, « La vache », rappelle les poèmes de *Débarcadères*, et interroge, avec humour, le mutisme animal et le rapport à l'altérité. Le dernier, « Les géants », renoue avec la tonalité merveilleuse des « B.B.V. » et de nombreux contes de Supervielle, avec lesquels il partage la veine mythologique. Développant le thème de la destruction qui avait ouvert le recueil, il fait succéder à « la folle escapade de chair et d'os » le « retour à la raison et ses limites », dans un optimisme prudent.

1950

Au début de l'année 1950, Supervielle séjourne à Magagnosc, à Grasse, dans les Alpes-Maritimes : « le site est admirable, le soleil joyeux[907] ». Mais, malade, l'écrivain doit rester trois semaines alité, en raison de la vieille affection pulmonaire qui, à nouveau, se réveille ; son lien avec l'extérieur n'est plus qu'« une fenêtre grande ouverte[908] ». Il est peiné de savoir ses amis, eux aussi, souffrants : Paulhan et Germaine, ainsi que Michaux, atteint de multiples maux de tête, qui se repose à Airolo, dans le Tessin, en Suisse. Début février, la fièvre tombe ; mais Supervielle souffre toujours d'urticaire et d'une tachycardie, persistante, qui le fatigue. Soupçonnant la faible altitude de Magagnosc, il envisage un déplacement au Cannet, au-dessus de Cannes. Les médecins consultés, les docteurs Wolfram et Triboulet, lui prescrivent un repos prolongé.

Début mai, Supervielle rentre à Paris. Il se sent un peu mieux mais ne travaille guère. Le 12, l'opéra que Darius Milhaud a tiré de *Bolivar* est enfin créé à l'Opéra de Paris, sous la direction d'André Cluytens :

---

907 Lettre de Jules Supervielle à Jean Paulhan du 4 février 1950, *Choix de lettres*, éd. citée, p. 323.
908 Lettre de Jules Supervielle à Jean Paulhan du 3 février 1950, *ibid*.

> Tumultueuse, poignante, ondoyante, la musique de Milhaud rythme l'histoire prodigieuse d'une vie romantique où l'amour et les larmes, la gloire et le désespoir s'enchevêtrent [...] Les décors, superbes, de Fernand Léger, étaient les meilleurs peut-être que celui-ci ait faits. Roger Bourdin joua Bolivar ; Janine Micheau, Manuela Sánchez ; Jean Giradeau, Premier Nicanor ; Henri Medus, Boves ; Marcelle Croisier, María Teresa[909].

Supervielle a assisté aux répétitions, se réjouissant à l'idée que « ce sera fort bien monté », admirant « tout ce remue-ménage sur cette scène où tiendraient cinquante théâtres de poche et quelques autres encore[910] », remue-ménagae dont il s'émerveille d'être le responsable. Mais un « petit drame » se produit, rapporté dans le journal d'Hélène Hoppenot : malade, Supervielle ne peut assister à la première du 12 mai, « les émotions lui étant défendues ». Milhaud, mis au courant, veut « par gentillesse, malgré son état de santé et ses occupations passer chez lui » le jour suivant, le 13 mai. Il trouve l'écrivain « furieux » : sur le programme de l'Opéra, trois noms sont imprimés en gros caractères, ceux de Fernand Léger, Darius Milhaud et Madeleine Milhaud. Le sien est placé le dernier, en petits caractères. « C'est inadmissible », tempête-t-il, « voilà 25 ans que je suis célèbre en France et voilà comment on me traite[911] ! » Puis, lorsqu'il peut enfin assister à la pièce, Supervielle est déçu :

> Beaucoup de monde et bien peu d'enthousiasme. Les décors de Léger sont superbes. La musique est bien meilleure que je ne pensais mais je la trouve trop intellectuelle[912].

Selon Ricardo Paseyro et Étiemble, comme en 1936, la circonstance historique vient faire de l'ombre à la représentation : en raison de la guerre d'Indochine, l'apologie en faveur des peuples colonisés et l'exaltation de leur résistance blessent le public. C'est la raison pour laquelle le critique musical Henri Hell n'aurait pas eu le droit de louer, dans *La Table ronde*, la musique que Milhaud avait composée pour l'opéra[913]. De rares voix

---

909 Ricardo Paseyro, *Jules Supervielle, Le Forçat volontaire*, éd. citée, p. 224-225.
910 Lettre de Jules Supervielle à Jean Paulhan datée « Mercredi », antérieure au 12 mai 1950, *Choix de lettres*, éd. citée, p. 327.
911 Hélène Hoppenot, *Conversation, Correspondance 1918-1974*, éd. citée, p. 355.
912 Lettre de Jules Supervielle à Jean Paulhan datée « Dimanche », antérieure au 24 août 1950, *Choix de lettres*, éd. citée, p. 333.
913 Ricardo Paseyro, *Jules Supervielle, Le Forçat volontaire*, éd. citée, p. 225, et René Étiemble, *Supervielle*, éd. citée, p. 61.

s'élèvent en faveur de *Bolivar* : Claude Roy, alors communiste, salue « l'opéra de la révolution », qu'il compare au *Soulier de satin* de Claudel[914], et Beuve-Méry, directeur du *Monde*, écrit à Milhaud pour lui assurer qu'il ne partage pas les opinions de son critique musical, René Dumesnil, et qu'il a trouvé *Bolivar* « magnifique[915] ». Hélène Hoppenot rapporte aussi que l'œuvre, qui déconcerte à la fois les admirateurs et les détracteurs de Milhaud, aurait souffert d'une cabale contre le compositeur, « montée par l'entourage de Florent Schmitt qui se venge ainsi du seul coup de patte des "Notes sans musique" où Milhaud écrivait "En entendant *Le Sacre du printemps*, Florent Schmitt disait qu'il eût voulu détruire son œuvre[916]." » S'élève ainsi ce qui est alors nommé « la querelle de *Bolivar* », selon les mots de Fernand Caussy :

> Il y a la querelle du *Cid* et celle des deux *Phèdres*, nous avons la querelle de *Bolivar* ce qui est un bon signe pour une œuvre que l'on dit injouable[917].

Au mois de mai est également publié, chez Gallimard, *Premiers pas de l'univers*, recueillant les contes parus précédemment dans *Orphée*, *Le Petit Bois* et *Les B.B.V.* L'ouvrage donne lieu à un compte rendu de Robert Kemp dans les *Nouvelles littéraires*, qui exaspère Supervielle. Considéré comme une sommité critique, Kemp rapproche les « variations de Giraudoux, de M. Supervielle, de tant d'autres », et conclut que la « néo-mythologie » devient une sorte de concours où Giraudoux serait le lauréat, Supervielle le « premier second[918] ». Rapprochement – et classement – qui ne pouvaient que déplaire à Supervielle, celui-ci ayant constamment refusé que ses pièces soient comparées à celles de Giraudoux. Ses relations avec celui-ci auront été complexes. Cependant, à la mort de Giraudoux, en 1944, Supervielle lui avait rendu hommage avec le poème « Jeunes filles de Jean Giraudoux[919] » : le texte énumère les prénoms de « belles demoiselles », Juliette, Bellita et Malène – les héroïnes de *Juliette au pays des hommes*, de *Bella* et de *Combat avec*

---

914 *Ibid.*, p. 96.
915 Hélène Hoppenot, *Conversation, Correspondance 1918-1974*, éd. citée, p. 357.
916 *Ibid.*
917 Cité par Hélène Hoppenot, *ibid.*, p. 360.
918 Robert Kemp, *Nouvelles littéraires*, 20 juillet 1950, p. 2.
919 Jules Supervielle, « Jeunes filles de Jean Giraudoux », sous-titré « *In memoriam* », *Sur*, n° 115, mai 1944, p. 27-29, repris dans *1939-1945*, éd. citée, et dans le *Choix de poèmes* de 1947.

l'ange[920] – qui tentent de renouer le dialogue avec « Jean », par-delà la frontière de la mort. Cependant, il est sans doute significatif que les trois ouvrages évoqués par Supervielle soient des romans, tandis que la part théâtrale de l'œuvre de Giraudoux, concentrant la rivalité, est passée sous silence : comme souvent, la pratique de l'hommage par Supervielle n'est pas sans ambivalence.

Mais le recueil de contes de l'écrivain rencontre également de nombreux éloges. Julien Lanoë adresse ses félicitations à Supervielle, heureux que son ami ait remarqué « Nymphes », dont « personne ne [lui] parle[921] ». Franz Hellens rédige un « flatteur commentaire[922] » de ces contes dans *La Dernière Heure*, accompagné d'une photographie de l'écrivain[923]. Marcel Arland consacre à l'ouvrage une belle chronique dans *La Gazette de Lausanne*, intitulée « Une nouvelle Fable du monde ». Dans un jeu avec le titre du recueil de poèmes de 1938, Arland désigne Supervielle comme l'un des poètes « des plus purs et des plus émouvants de notre époque », mais aussi « l'un de nos plus excellents prosateurs » : il insiste en effet sur les liens qui unissent ces deux pans de l'œuvre de Supervielle. Évoquant de manière extrêmement élogieuse le nouveau recueil de contes de Supervielle, Arland le compare à Chagall, puis voit dans Supervielle fabuliste une figure de démiurge, capable de recréer le monde ; il finit par assimiler le poète à Orphée, « qui délivre les âmes par le chant, mais qui, par le même chant, les éloigne de lui et crée sa fatalité [...][924] ». Très touché par ces éloges, Supervielle lui répond en ces termes :

> Vous m'avez illuminé un de mes ouvrages, le plus cher en ce moment parce que le dernier. Et je n'ai jamais été plus sensible qu'aujourd'hui à vos appréciations et à votre jugement. Encore convalescent depuis des semaines j'y trouve un réconfort particulièrement précieux et bienfaisant.
>
> J'ai toujours été fort préoccupé de la « crédibilité », la plausibilité de mes contes aussi bien que de mes poèmes. Je me soupçonne même d'être depuis longtemps en réaction contre la gratuité des surréalistes. Avouerai-je que si

---

920 Jean Giraudoux, *Juliette au pays des hommes*, Paris, Émile-Paul frères, 1924 ; *Bella*, Paris, Grasset, 1926 ; *Combat avec l'ange*, Paris, Grasset, 1934.
921 Lettre de Jules Supervielle à Julien Lanoë du 26 juillet 1950, voir *infra*.
922 Lettre de Jules Supervielle à Franz Hellens du 24 juillet 1950, voir *infra*.
923 Franz Hellens, *La Dernière heure*, 20 juillet 1950, p. 8.
924 Marcel Arland, « Une nouvelle fable du monde », *La Gazette de Lausanne*, samedi 3 et dimanche 4 juin 1950, p. 8.

j'apprécie tellement la continuité d'un récit ou d'un poème c'est que je suis moi-même discontinu, dispersé, confus, et toujours ouvert malgré moi à toutes les digressions. Vous voyez s'il me faut être vigilant quand j'écris[925] !

Au mois de juin, l'écrivain, exténué par son investissement nerveux dans *Bolivar*, « son amour-propre blessé[926] », quitte Paris pour Saint-Germain-la-Forêt. De plus en plus souffrant, il demande à Paulhan et à Jouhandeau de le rejoindre ; le premier se rend auprès de Supervielle, le second refusant, malgré « [s]on désir de revoir Julio et Pilar », en raison de son éloignement pour le caractère d'Édith Philippe, la propriétaire des lieux[927]. Dans la grande maison des Philippe, au jardin encore empli de roses, Supervielle est revigoré par la présence de Paulhan. Il se sent « mieux » et « plus vaillant », au point de se remettre au travail : il corrige des poèmes, en entrevoit de nouveaux. Puis, Paulhan, lui-même « éreinté », « les yeux [...] de nouveau malades[928] », le quitte pour aller, en juillet, se reposer à Brinville, dans la propriété de Marcel Arland. Construite au début du Directoire, « sauf qu'elle n'a pas de tours », elle « ressemble aux vieilles fermes fortifiées du XVIIe siècle », et se trouve entourée d'une « grande pelouse sur laquelle se referment, un peu trop vite, les grands chênes et les ormes[929] ». Supervielle, lui aussi, aura séjourné dans cette belle maison. Une photographie représente Supervielle et Arland unis par Nestor, le grand chien de chasse. Arland, en la commentant, retrouve les mots de Supervielle lui-même :

> Tu as si naturellement compris les bêtes, Julio, que je peux te parler d'un chien. Tu l'as vu chez moi ; il se tient entre nous sur la photo qui nous rassemble devant la maison de Brinville ; ou plutôt, de tout son grand corps tacheté de bleu, il se dresse, cherche à s'asseoir comme nous sur le banc, à prendre sa place, en ami qui se sait encore inconnu, mais qui voudrait bien ne plus l'être[930].

---

925 Lettre de Jules Supervielle à Marcel Arland du 4 juillet 1950, voir *infra*.
926 Lettre de Darius Milhaud à Hélène Hoppenot du 22 juin 1950, *Conversation, Correspondance 1918-1974*, éd. citée, p. 361.
927 Lettre de Marcel Jouhandeau à Jean Paulhan du 23 juin 1950, *Correspondance 1921-1968*, éd. citée, p. 830-831.
928 Lettre de Jean Paulhan à René Étiemble du 19 juin 1950, *226 lettres inédites de Jean Paulhan*, texte établi, annoté et présenté par Jeanine Kohn-Étiemble, Paris, Klincksieck, 1975, p. 278.
929 Lettre de Jean Paulhan à Jules Supervielle d'août 1956, *Choix de lettres, III*, éd. citée, p. 156.
930 Marcel Arland, *La Nuit et les sources*, éd. citée, p. 12.

ÉLÉMENTS D'UNE BIOGRAPHIE

L'on songe aux nombreux textes que Supervielle a consacrés au chien, animal qui occupe une place fondamentale dans son bestiaire, comme la vache, le cheval ou l'oiseau : en 1936, il avait en particulier rédigé la présentation des photographies d'Ylla, dans l'album intitulé *Chiens*[931].

Pendant cette période, Supervielle apprend que le prix Rivarol a été décerné à Emil Cioran, pour le *Précis de décomposition*[932]. Supervielle, qui fait partie du jury, est ravi : en 1949, l'année précédente, il avait écrit à Cioran pour lui faire part de ses regrets que le prix n'ait pas couronné son ouvrage. « Extrêmement sensible à la puissance », « à la souveraineté » de celui-ci, il aurait voulu tout au moins qu'un « hommage public[933] » lui fût rendu lors de la publication des résultats. L'admiration – réciproque – se poursuivra : en 1960, Supervielle écrira à Alain Bosquet, ami de Cioran, qu'il ne saurait avoir de meilleur maître que celui-ci, « grand critique de prose comme de poésie[934] ».

De fait, en juillet, la correspondance reprend avec Alain Bosquet. Les échanges s'étaient taris depuis 1944 : Bosquet, déçu de ne pouvoir attendre de « véritable dialogue » avec Supervielle, s'était en outre trouvé « sous les bombes », à Londres. Il avait rencontré là « deux Français capables de parler poésie », Raymond Aron et Romain Gary. Il avait ensuite séjourné à Berlin où, « après deux années de débauche et de dispersion », il était devenu fonctionnaire du Conseil de Contrôle. Fin 1947, il avait fondé *Das Lot*, importante revue trimestrielle de littérature, où il avait donné des écrits de Celan, Dürrenmatt, ainsi que les premières traductions de Cioran et de Tennessee Williams. Ayant à cœur de traduire également Supervielle, Bosquet contacte à nouveau l'écrivain, et les échanges épistolaires se renouent[935].

Le mois de juillet se passe, puis les mois d'août, de septembre... « Les jours s'écoulent lentement à Saint-Gervais-la-Forêt[936] » : Supervielle vit « au ralenti », « en ce moment plus que jamais[937] ». À présent que l'arythmie a succédé à la tachycardie, le repos lui est nécessaire, et parfois,

---

931 Ylla, *Chiens*, photographies présentées par Jules Supervielle, Paris, O.E.T., 1936.
932 Emil Cioran, *Précis de décomposition*, Paris, Gallimard, 1949.
933 Lettre de Jules Supervielle à Emil Cioran du 6 avril 1949, voir *infra*.
934 Lettre de Jules Supervielle à Alain Bosquet du 10 janvier 1960, voir *infra*.
935 Alain Bosquet, « L'interrogation originelle », *Europe, op. cit.*, p. 27-28.
936 Lettre de Jules Supervielle à Jean Paulhan du 24 août 1950, *Choix de lettres*, éd. citée, p. 334.
937 Lettre de Jules Supervielle à Jean Paulhan datée « Mardi », de juillet 1950, *ibid.*, p. 331.

il s'associe à la solitude. Il est certes entouré de Pilar, de Françoise et de sa fille Marie-Laure, de Denise aussi. Mais parfois, Pilar est à Paris, et Marie-Laure, en Haute-Savoie. Alors, seul avec Diane, la chienne qui lui inspirera le poème « Sort-il de moi ce chien avec sa langue altière[938] », il lit. En septembre, il retrouve, dans *Temps modernes*, l'étude d'Étiemble, « L'évolution de la poétique chez Supervielle de 1922 à 1934 », dans une version remaniée. Cette relecture lui apporte une grande joie :

> De paraître aux *Temps modernes* votre étude tire une autorité et une actualité accrues. Nous passons du quasi clandestin au presque explosif et j'ai relu vos pages, que j'avais déjà savourées plus d'une fois, avec une curiosité toute neuve (une fierté aussi)[939].

Mais surtout, Supervielle lit les œuvres de l'ami Paulhan. Ces lectures, toujours davantage, l'amènent à préciser son idée de la littérature. La « Petite préface à toute critique[940] », en particulier, le fait réfléchir aux « moyens qui permettent d'arriver au point d'accomplissement d'une œuvre » :

> Pour moi je n'ai pas été jamais un véritable terroriste (ou terrorisé) ou plutôt la peur que j'avais c'était bien plus que celle d'être banal celle de ne pas être compris, d'être trop singulier, de passer pour fou ou candidat à la folie. J'avais besoin que de temps en temps et parfois trop souvent quelque rassurante banalité vint me montrer que j'étais capable d'avoir du bon sens comme presque tout le monde ! Quel aveu[941].

La réflexion à sa pratique de l'écriture poétique s'accompagne de la rédaction des poèmes qui composeront *Naissances*. Mais l'écrivain, se sentant vieillir, éprouve une nouvelle crainte, celle de se répéter. La récurrence de cette hantise témoigne de son importance, dans les lettres à Paulhan ou à Lanoë :

> Je voudrais travailler davantage mais j'entends parfois la cloche d'alarme quand je suis sur le point de me répéter. En réalité j'ai des poèmes qui ne sont que des variantes (nécessaires, et justifiées je pense par quelques nuances

---

938 Jules Supervielle, « Sort-il de moi ce chien ave sa langue altière », *Naissances*, éd. citée.
939 Lettre de Jules Supervielle à René Étiemble du 3 septembre 1950, *Correspondance 1936-1959*, éd. citée, p. 146.
940 Jean Paulhan, « Petite préface à toute critique », *La Table Ronde*, n° 31, juillet 1950.
941 Lettre de Jules Supervielle à Jean Paulhan datée « Mardi », de juillet 1950, *Choix de lettres*, éd. citée, p. 331-332.

nouvelles). Malgré les apparences de diversité je suis cruellement homogène et ne puis me dépêtrer de certains thèmes que je tâche de traiter différemment[942].

La difficulté, à mon âge, c'est de ne pas se répéter. Parfois je me cogne à tel de mes contes ou de mes poèmes. Puisse mon instinct (et ce qui me reste peut-être encore à dire) me sauver[943].

De fait, au questionnaire « Réponse après Proust », auquel il répondra en 1957, Supervielle, à la question « Quel est, pour vous, le comble de la misère ? », répondra : « N'avoir rien à dire[944]. » À cette époque, Supervielle travaille également à l'hommage que rendront, à l'automne, *Les Cahiers de la Pléiade* à Saint-John Perse. Hommage en demi-teinte que le poème « À Saint-John Perse[945] » : s'il semble adopter l'ampleur et la solennité de l'alexandrin pour rejoindre le « haut langage » de Perse, il situe la poésie de celui-ci dans une altitude inaccessible, bien éloignée du cosmos humanisé de Supervielle et de sa volonté de s'adresser à toute personne sensible.

Fin septembre, l'écrivain se sent mieux. « Après une longue période de marasme[946] », il travaille à ses poèmes, à une nouvelle pièce ; il peut à présent faire des promenades « de 500 mètres à 1 km[947]. » À la fin du mois d'octobre, il rentre à Paris. Malgré sa faiblesse, il cherche à venir en aide à ses amis : à la demande de Paulhan, il s'adresse à Pierre Bertaux, son gendre, alors directeur de la Sûreté nationale, en faveur d'Angel Alonso, peintre français d'origine espagnole menacé d'expulsion, ou de Bernard Faÿ. L'historien et essayiste s'était en effet vu confisquer ses biens et condamné aux travaux forcés et à l'indignation nationale en raison de son ralliement à Pétain et au régime de Vichy. Supervielle œuvre également à la reconnaissance des poèmes d'Armen Lubin, poète français d'origine arménienne, soutenu aussi par Paulhan ; c'est en faveur de *Sainte-Patience*[948] qu'il votera pour le prix Rivarol l'année suivante – même si ce vote ne suffira pas pour couronner l'ouvrage de Lubin.

---

942 Lettre de Jules Supervielle à Jean Paulhan du 24 août 1950, *ibid.*, p. 334.
943 Lettre de Jules Supervielle à Julien Lanoë du 29 décembre 1951, voir *infra*.
944 « Réponse après Proust », *Biblio*, février 1957, XXVe année, n° 2.
945 Jules Supervielle, « Hommage », *Les Cahiers de la Pléiade*, n° X, été-automne 1950, p. 34-35 ; repris avec quelques modifications sous le titre « À Saint-John Perse », *Le Corps tragique*, éd. citée.
946 Lettre de Jules Supervielle à Jean Paulhan du 30 septembre 1950, *Choix de lettres*, éd. citée, p. 336.
947 *Ibid.*
948 Armen Lubin, *Sainte-Patience*, Paris, Gallimard, 1951.

1951

En janvier 1951 paraît le recueil *Naissances*, accompagné d'une postface, « En songeant à un art poétique ». Le titre, au pluriel, oppose de manière conjuratoire l'idée familière à Supervielle des commencements, de la genèse, à la double hantise qui a dominé l'année écoulée, « celle du vieillissement, et celle d'un tarissement de la veine poétique[949] ». C'est sans doute la raison pour laquelle le poète avait envisagé un temps de nommer le recueil « Métamorphoses », comme en témoigne sa correspondance avec Paulhan : ce titre, qui sera conservé pour la section principale du recueil, s'illustre, à la même période, tant au théâtre – avec *Shéhérazade* – que dans les contes de *Premiers pas de l'univers*. En effet, comme le note Marcel Arland, il renvoie à l'une des orientations essentielles de l'écriture supervillienne :

> Supervielle a toujours eu le sens de ces métamorphoses, de ces parentés, de ces ombres et de ces voix indistinctes à qui la sienne, qui s'en est nourrie, a donné forme et figure, et le secours de son propre accent[950].

Sur le plan esthétique, le thème de la métamorphose s'associe à une interrogation sur la notion de passage, sur le lien, la transition, afin d'éclaircir le changement d'un état à un autre. Il est significatif que le texte théorique, « En songeant à un art poétique », soit placé en position de postface, au lieu d'ouvrir le recueil : comme l'indique l'humilité affichée par le titre, « en songeant », il s'agit de maintenir l'écart avec un discours théorique dogmatique, assuré de lui-même. Pour autant, le texte témoigne du questionnement croissant qui est celui de Supervielle sur sa propre pratique, et sur la poésie. Nées du dialogue avec Paulhan, puis avec Étiemble, ces interrogations ont déjà donné lieu, dès 1933, au texte que donne Supervielle à *La N.R.F.* pour le « Tableau de la poésie[951] », puis aux conférences du Congrès international des Pen Clubs en 1936 – dont la conférence de Supervielle publiée en espagnol dans *Sur*, « Sur l'avenir de la poésie[952] » –, suivies du cycle de conférences à Montevideo en 1944, consacrées à la poésie moderne et contemporaine. Supervielle en avait tiré le texte publié dans la revue d'Étiemble, *Valeurs*,

---

[949] Jules Supervielle, *Œuvres poétiques complètes*, éd. citée, p. 970.
[950] Marcel Arland, préface de *Gravitations*, éd. citée, p. 7.
[951] Jules Supervielle, *La N.R.F.*, n° 241, octobre 1933 et *La N.R.F.*, n° 242, novembre 1933.
[952] Jules Supervielle, « El porvenir de la poesía », *Sur*, n° 24, septembre 1936.

en 1946[953]. Après la guerre, l'écrivain a accordé des entretiens, participé à des causeries, et donné, en septembre 1949, une conférence dans le cadre de l'Unesco. Fort de la reconnaissance que constitue le Prix des critiques, reçu en 1949, c'est sur ces multiples textes et notes que se fonde Supervielle dans *En songeant à un art poétique*, qui propose une série de variations à partir des thèmes fondamentaux du songe et du rêve – amenant Supervielle à questionner les rapports du rationnel et de l'irrationnel en poésie et à se situer à l'écart du surréalisme –, du passage ou de l'origine. Il restera plus tard satisfait de ces essais critiques, évoqués à la faveur d'une litote qui laisse percer une forme de contentement :

> [...] je puis parler sans trop de sottise de mon œuvre (je pense à la postface de *Naissances*[954].)

La réception de l'ouvrage est souvent élogieuse. Rolland de Renéville adresse à Supervielle une lettre où il le conforte dans sa démarche, louant le choix de « cette note tremblée, à laquelle aboutit votre gamme », « plutôt que de vous en tenir aux temps forts et marqués dans lesquels vous réussissez sans doute admirablement, mais qui sont moins propices à l'élaboration de votre magie personnelle[955]. » Georges Schehadé félicite Supervielle pour son livre « rayonnant », où il observe « à chaque coup », « une nouvelle naissance », tout en donnant sa préférence aux poèmes « se rapportant à l'insomnie, la maladie et l'attente de la mort » ; il termine en situant Supervielle aux côtés de Baudelaire[956]. Albert Béguin loue encore la capacité du poète à exprimer avec humilité la grandeur, avec clarté l'obscurité[957]. Émilie Noulet, dans *Synthèses*, et Robert Mallet, dans *Le Figaro littéraire*, soulignent l'originalité de Supervielle, dans l'alliance des contraires, l'apaisement des contradictions, la multiplicité des thèmes et de l'inspiration[958]. Les critiques, souvent, évoquent

---

953 Jules Supervielle, « Éléments d'une poétique », *Valeurs*, n° 5, avril 1946.
954 Lettre de Jules Supervielle à Jean Paulhan datée « Mardi », du 13 mars 1953, *Choix de lettres*, éd. citée, p. 377.
955 Lettre citée dans Jules Supervielle, *Œuvres poétiques complètes*, éd. citée, p. 975.
956 Lettre de Georges Schehadé à Jules Supervielle du 17 mars 1951, *La Nouvelle Revue de Paris*, op. cit., p. 100-101.
957 Albert Béguin, « Le Poète des naissances », article repris dans *Poésie de la présence*, collection « Les Cahiers du Rhône », 1957, p. 300-312.
958 Émilie Noulet, « Les Voix de la poésie », *Synthèses*, n° 61, juin 1951, et Robert Mallet, *Le Figaro littéraire*, 10 mars 1951.

l'unité entre *Naissances* et *En songeant à un art poétique*, jusqu'à voir dans les poèmes l'illustration de la postface. Mais certains relèvent dans le recueil des faiblesses, tel André Rousseaux, qui, dans *Le Figaro littéraire*, s'interroge sur cette « poésie qui rase la prose » et « risque parfois d'y tomber[959] », ou Aimé Patri qui, dans *Monde nouveau*, pour reconnaître la qualité de certains poèmes qu'il rapproche de Laforgue, regrette dans le recueil un « manque d'élan[960] ».

En ce début d'année, Supervielle connaît toujours des problèmes de santé. Son souhait de partir pour le Sud de la France est retardé par les avis des médecins : il doit à nouveau garder le lit, et la fièvre et la pleurite dont il est atteint le contraignent à reculer son séjour. Pendant plusieurs mois, il se remet lentement des suites d'une grippe. Ces souffrances déclenchent l'inquiétude de ses amis, Paulhan ou Schehadé, qui lui adresse ses vœux de rétablissement le 17 mars :

> « Je suis pas mal inquiet », disait monsieur Paulhan, en me faisant part de vos nouvelles souffrances. Température, streptomycine, et tout un séisme intérieur – ah je connais cette musique-là, dans ses diverses orchestrations[961] !

Paulhan fait également part de ses craintes à Michaux : il lui écrit que Supervielle est malade et « très désespéré[962] », lui suggérant d'aller le voir. Michaux lui répond de la Spezia :

> Tu me parles de Julio en pessimiste, comme toujours. Certes tu finiras par avoir raison. Espérons que loin est ce moment. Je n'ai pu le voir avant mon départ. Françoise même me disait n'avoir pas été reçue. Il semble ne pas désirer les visites – avoir à faire face à quelqu'un de relativement bien portant, et par conséquent, bête, irritant, lui est une épreuve. Mais j'essaierai encore, comme tu penses bien, à mon retour[963].

Supervielle peut cependant travailler un peu, notamment à une nouvelle version du poème « À la nuit » : ce travail de correction donnera

---

[959] André Rousseaux, *Le Figaro littéraire*, n° 263, 1951.
[960] Aimé Patri, *Monde nouveau, Paru*, n° 48, 1951.
[961] Lettre de Georges Schehadé à Jules Supervielle du 17 mars 1951, *La Nouvelle Revue de Paris, op. cit.*, p. 100.
[962] Lettre de Jean Paulhan à Henri Michaux du 27 février 1951 citée par Jean-Pierre Martin, *Henri Michaux*, p. 554.
[963] Lettre d'Henri Michaux à Jean Paulhan du 16 mars 1951 citée par Jean-Pierre Martin, *ibid.*

lieu à une nouvelle publication, en 1954, dans l'anthologie de la « Poésie vivante » d'André Silvaire de la revue *Les Lettres*[964], puis en 1956, dans le recueil *L'Escalier*[965].

En avril, le départ pour le Sud peut enfin avoir lieu : Supervielle séjourne près de Grasse, aux Pontets, à Saint-Antoine, dans « une maison fort agréable[966] » qu'il a louée pour trois mois. Mais le temps gris, le vent et la pluie le font souffrir de douleurs intercostales. Un autre sujet d'irritation saisit l'écrivain : il a été question de lui décerner le Prix littéraire de Monaco... en tant qu'« écrivain étranger[967] ». La remise en cause de son identité française, chaque fois qu'elle intervient, peine vivement Supervielle, comme l'indique la narration détaillée à laquelle donne lieu l'incident dans une lettre à Paulhan. Après avoir affirmé qu'il n'aurait « accepté le prix qu'en tant que français », l'écrivain mentionne les démarches qu'il a entreprises pour clarifier sa situation :

> J'ai envoyé une note à ce sujet (au *Figaro littéraire* et aux *Nvelles Littéraires*) on hésite de façon plus générale sur ma nationalité. Bien sûr l'acceptation par moi de ce poste d'attaché culturel bien qu'il soit « honoraire », c'est spécifié sur le décret uruguayen, a mis une certaine confusion dans l'esprit de ceux qui veulent bien s'occuper de moi. Il est difficile de faire comprendre que la loi uruguayenne (*jus soli*) me considère comme un de ses ressortissants et la loi française (*jus sanguines* « Tout fils de français né à l'étranger est français ») ne me lâche heureusement pas non plus[968].

La suite de la missive souligne le prix qu'il attache à son identité d'écrivain français :

> Les choses n'ont pas grande importance mais se voir traité tout d'un coup d'écrivain étranger m'a chagriné. J'ai beau avoir eu des années militaires bien grises elles m'ont cependant cruellement marqué surtout celles de mon service militaire[969].

---

964 Jules Supervielle, « L'Escalier », *Les Lettres*, « Poésie vivante III », 1954.
965 Jules Supervielle, *L'Escalier*, nouveaux poèmes, suivis de *À la nuit, Débarcadères, Les Poèmes de l'humour triste*, Paris, Gallimard, 1956.
966 Lettre de Jules Supervielle à Jean Paulhan du 20 avril 1951, *Choix de lettres*, éd. citée, p. 345.
967 *Ibid.*
968 *Ibid.*
969 *Ibid.*

En juillet, Supervielle apprend la mort de son « cousin-frère », Louis. Leurs rapports étaient si complexes, avoue-t-il à Paulhan, qu'ils le laissent perplexes ; cependant, il pense de plus en plus à Louis depuis qu'il n'est plus, se remémorant ses efforts, depuis dix ans, pour rembourser entièrement les créanciers de la banque Supervielle, pour tenter de faire ce qu'il pouvait, aussi, en faveur des anciens associés, tels que Supervielle[970]. Celui-ci passe quelques jours à Paris, avant de séjourner, fin août, dans les Alpes-Maritimes, à Mougins, dans un petit appartement de la villa des Marronniers. Il y restera jusqu'à la fin du mois d'octobre. « Le paysage est fort beau[971] », mais l'écrivain ne travaille guère. Il ne dispose que de peu de livres, et si le moral est meilleur, son souffle est toujours court ; il rêve d'un séjour au Maroc, où il pourrait éviter la grippe et se remettre à écrire... Il est en effet effrayé par l'hiver parisien, lui qui, deux années de suite, a été très malade.

En septembre paraît une nouvelle édition, revue et augmentée, de *Boire à la source*. L'œuvre, qui se donne comme un métissage entre le récit de voyage et l'autobiographie, avait été publiée en 1933 aux Éditions Corrêa ; en 1951, elle est éditée chez Gallimard. Dans cette seconde édition, de nombreux ajouts sont opérés, d'abord afin d'inscrire le récit dans la circonstance historique qui est celle de la Seconde Guerre mondiale. Ils entrent également dans une stratégie de structuration, pour rendre plus lisible et plus cohérente la composition de l'œuvre, et capter l'intérêt du lecteur. *Boire à la source*, livre de ce qui passe, du souvenir qui se refuse à la saisie, fait souvent écho à *Oublieuse mémoire* dans l'évocation d'une impossible ressaisie du passé. Les enjeux en sont existentiels, puisque c'est l'identité qui se trouve alors en péril, et scripturaux, les mots apparaissant incapables de sauvegarder cette identité. À l'écriture alors, paradoxalement, de faire son miel de cette carence. C'est la leçon ouverte que délivre la clausule de l'œuvre, représentant en abîme l'écrivain écrivant :

> C'est donc là tout ce qui reste au bout de plusieurs années d'un voyage aux tropiques [...] Et je me retrouve écrivant à ma table de Paris, avec la même main qui prenait des notes là-bas. Mais est-ce bien la même[972] ?

En fin d'année, l'agitation théâtrale saisit à nouveau Supervielle. Son adaptation de la pièce de Shakespeare, *Comme il vous plaira*, est créée

---

970 Lettre de Jules Supervielle à Jean Paulhan du 2 juillet 1951, *ibid.*, p. 348.
971 Lettre de Jules Supervielle à Jean Paulhan du 5 septembre 1951, *ibid.*, p. 350.
972 Jules Supervielle, *Boire à la source*, *Confidences*, éd. citée, p. 222.

le 6 décembre 1951 à la Comédie-Française, salle Luxembourg, dans une mise en scène de Jacques Charon, avec des décors et des costumes de François Ganeau. La musique est composée par Henri Sauguet. L'investissement de Supervielle est sensible dans sa lettre à Jean Paulhan du 29 novembre :

> J'ai laissé faire Charon excellent metteur en scène pour les décors et la musique de *Comme il vous plaira* : Sauguet a fait d'excellent travail. Les costumes sont beaux. Les décors, entre nous, moins. Ils sont de Ganeau. Parlé une heure hier avec Touchard. Bonne impression. Il me disait qu'il serait devenu fou s'il lui avait fallu faire plus longtemps de la résistance. Comme je le comprends ! Il eût préféré cent fois avoir à se battre… Moi aussi, du moins c'est mon impression à distance[973].

1952

Au début de l'année 1952, les liens se resserrent entre Supervielle et Alain Bosquet. Heureux d'apprendre que celui-ci a obtenu le prix Guillaume Apollinaire pour *Langue morte*[974], Supervielle accepte de collaborer à un projet de Bosquet qui, finalement, ne verra pas le jour : il s'agit d'une anthologie poétique mondiale annuelle, confrontant les meilleures œuvres, si possible inédites, des poètes contemporains vivants. Ce projet, porté par Jean Cassou et Alain Bosquet après la création d'un comité international à Knokke-le-Zoute, donne lieu à l'envoi de poèmes, ainsi qu'à un rendez-vous, le 14 février, rue Vital. C'est la première rencontre entre Supervielle et Bosquet. Celui-ci éprouve une admiration intacte pour l'œuvre de Supervielle, mais se demande si l'écrivain, alors âgé de soixante-huit ans, est « encore nécessaire à ses propres œuvres ». Le portrait qu'il offre de Supervielle vieillissant contraste d'abord douloureusement avec les images élogieuses de Claude Roy ou de Schehadé :

> Je l'aperçois, ce mercredi, dans la pénombre d'un jour pluvieux. Les mots sont rares et comme nasillards. Il a le souffle court et marmonne des excuses rauques, pour accuser son corps. Il porte un châle énorme, qui enveloppe ses épaules et tombe jusqu'à la taille. Les chaussures aussi sont démesurées, avec des lacets interminables, qui forment au moins trois ou quatre nœuds. Le nez règne, droit puis épaissi, tandis que les yeux s'enfoncent sous des paupières

---

[973] Lettre de Jules Supervielle à Jean Paulhan du 29 novembre 1951, *Choix de lettres*, éd. citée, p. 353.
[974] Alain Bosquet, *Langue morte*, recueil de poèmes, Éditions du Sagittaire, 1951.

aux poches adipeuses. Au menton pendent des peaux qui se mettent à bouger dès qu'il ouvre la bouche pour parler. Il réussit parfois à prononcer une phrase entière mais, la plupart du temps, il y renonce[975].

De manière inattendue, la suite de l'anecdote fait intervenir un renversement :

> Alors, comme pour convaincre son interlocuteur, ses grands bras d'oiseau – un peu pingouin, un peu albatros ou pélican – se mettent à battre l'espace. Je subis très vite son ascendant, et sais enfin qu'il ne saurait venir de son discours, mais de l'ensemble de son attitude physique. Il y a en lui un Prométhée enchaîné et, en même temps, un animal d'avant le déluge qui, comme dans ses poèmes, ne sait pas s'il lui faut accepter de devenir humain : rester reptile ou batracien lui serait, en somme, plus facile et plus naturel[976].

Bosquet narre alors l'accroissement de la « fascination » exercée par Supervielle : sans dialogue, « nous communions, de n'avoir rien de particulier à nous dire : un plaisir longuement différé. » La conversation se limite à « de petits riens, fugaces, vagues, sans relief », sur « le temps qu'il fait ou qu'il devrait faire », « la vieillesse qui vient sans prévenir », « les embarras de Paris », « les ministères qui se succèdent trop vite depuis que la Quatrième République est née », « la nostalgie des plaines australes », « les poètes qui ne savent pas à quelle muse se vouer ». Au lieu de susciter la perplexité de Bosquet, ces propos lui font « le plus grand bien », lui permettant d'être lui-même, « complètement désarmé[977] ». Il s'attarde, reste plus de deux heures, s'excuse ; mais Supervielle lui répond :

> Mais ne partez pas encore. J'ai l'impression de vous connaître depuis de nombreuses années. Vous faites partie, en quelque sorte, de la famille[978].

Bosquet, touché, devine « l'affection » qui lui viendra pour Supervielle, devenu son « père » en poésie : « je l'aimerai, qu'il soit parfait ou non ». Au cours des années suivantes, les deux poètes se retrouveront, se promenant sous les arbres du Trocadéro, ou aux abords du bois de Boulogne,

---

975 Alain Bosquet, « L'interrogation originelle », *Europe, op. cit.*, p. 28-29.
976 *Ibid.*, p. 29.
977 *Ibid.*, p. 29.
978 *Ibid.*

parlant souvent des bêtes. « Je n'ai jamais rencontré quelqu'un d'aussi gentil et sans apprêt[979] », conclura Bosquet.

Après avoir passé les vacances de Pâques à Saint-Germain-la Forêt, Supervielle retrouve Paris. Il se rend à un déjeuner chez Florence Gould, où se trouvent Cingria, Léautaud, Jules Roy, Kanters ou Sigaux ; Paulhan, lui, s'abstient de les rejoindre[980]. Supervielle travaille alors au texte du *Jeune Homme du dimanche*, qui paraîtra en octobre chez Gallimard, dans une édition illustrée par Lascaux, et sera repris, en 1953, dans le premier numéro de *La N.N.R.F.* Supervielle communique son manuscrit à Paulhan, dont les critiques l'amènent à préciser sa pensée : si l'éditeur observe l'absence de tout scrupule de vraisemblance, Supervielle, retrouvant des termes proches d'*En songeant à un art poétique*, expose que « ce qui importait pour [lui] c'était la vraisemblance métaphysique, la logique poétique, celle des rêves[981]. » Très sensible aux échanges entre la prose et la poésie, il analyse ainsi en poète ce récit, qui narre les métamorphoses successives du jeune poète Apestègue, liées à son amour pour Obligacion, une jeune américaine mariée à Firmin, et sœur de Dolorès, qui étudie la métempsycose.

Le 2 juin, l'amitié de Supervielle et d'Arland s'approfondit encore : pour la première fois, le tutoiement apparaît dans la correspondance. Il est lié à l'envoi, par Arland, de deux livres, *La Consolation du voyageur* et *Essais critiques et nouveaux essais critiques*[982]. Ces ouvrages ne sont pas pour rien dans l'intimité du ton :

> Même sincérité d'accent et approche du sujet et un même charme malgré les lois du genre. Tous deux (tes livres) sont des consolations pour le voyageur que nous sommes sur cette finissante planète et donnent le plus grand désir de te revoir et de te remercier de voix vive ; profonde richesse de la confidence et de la critique et ces nuances, ces racines sans fin[983].

La proximité soulignée par Supervielle touche tant à l'écriture et à ses enjeux – la « sincérité d'accent » et le modèle de la « confidence »,

---
[979] *Ibid.*, p. 30.
[980] Lettre de Jean Paulhan à Marcel Jouhandeau du 11 avril 1952, *Correspondance 1921-1968*, éd. citée, p. 888.
[981] Lettre de Jules Supervielle à Jean Paulhan du 27 mars 1952, *Choix de lettres*, éd. citée, p. 356.
[982] Marcel Arland, *La Consolation du voyageur*, Paris, Stock, 1952, et *Essais critiques et nouveaux critiques*, Paris, Gallimard, 1931.
[983] Lettre de Jules Supervielle à Marcel Arland du 2 juin 1952, voir *infra*.

la visée de « consolation » attribuée à l'œuvre littéraire – qu'à la situation qui est celle des deux hommes, caractérisés en voyageurs d'une « finissante planète ». Supervielle a alors soixante-huit ans, Arland, cinquante-trois. Le rapprochement se précise dans la lettre du 7 juin, où il est à nouveau situé par Supervielle sur ces deux plans indissociables pour lui, esthétique et existentiel :

> Ce qui nous rapproche peut-être aussi, mon cher Marcel, c'est ce désespoir dont nous sortons plus déchirés que triomphants. Et peut-être aussi un art poétique ou créateur assez semblable, sans parler de ce qui ne pèse pas. Et il y a aussi l'amour de la précision etc. etc. Et tout le réconfort que je te dois aussi bien dans tes œuvres d'imagination que dans ta critique[984].

Certes, leurs œuvres se rapprochent : aux thèmes du voyage et du passage, centraux chez Supervielle, répond celui de l'errance, de « l'impossibilité de choisir définitivement quelque lieu[985] », chez Marcel Arland. Aux tourments du premier font écho « l'inquiétude et [...] l'angoisse » d'Arland, « qui le menacent, l'étreignent », auxquelles « il tâche d'échapper et de répondre par des instants nus et clairs, recourant à une profondeur de spontanéité[986]. » Leur parcours même témoigne d'une évolution similaire vers un certain assombrissement ; mais si l'écriture d'Arland, à mesure qu'il vieillit, devient « plus intense et plus dramatique[987] », chez Supervielle, le geste conjuratoire demeure, avec la tentation de la mise à distance par l'humour, par la légèreté, par la réécriture aussi.

Après quelques jours de repos à Saint-Germain-en Laye et un séjour à Royaumont au mois de juin, en juillet, l'écrivain se rend à Mougins, au Vieux Peygros, dans la propriété de la Messuguière. Il corrige toujours le poème « À la nuit », dédié à Henri Thomas. Cet écrivain, qui tient la chronique de poésie des *Cahiers de la Pléiade* où il a consacré un article à *Oublieuse mémoire*[988], lui rendra visite en septembre. Il rapporte l'anecdote suivante :

> Comme j'entrais dans le bureau bibliothèque du premier étage de la tour carrée de style luxembourgeois, Jules Supervielle, vieux et malade, s'y trouvait

---

984 Lettre de Jules Supervielle à Marcel Arland du 7 juin 1952, voir *infra*.
985 Georges Borgeaud, « Être là sans y être », *in* Jean Duvignaud, *Arland*, Paris, Gallimard, 1962, p. 18.
986 André Miguel, « Une grandeur intime », *ibid.*, p. 14.
987 Lettre de Marcel Arland à Jean Duvignaud, *ibid.*, p. 37.
988 Henri Thomas, *Cahiers de la Pléiade*, printemps 1950, p. 37-38.

> (sa chambre était voisine de la mienne), assis devant la grande table entièrement vide, et il jouait pensivement avec un long peigne de dame nullement précieux, auquel il manquait des dents. Ma présence n'a pas interrompu sa songerie ; j'ai eu l'impression qu'il était seul avec ce peigne, et que tout le reste était comme inexistant pour lui[989].

Henri Thomas, s'interrogeant sur cet objet, se souviendra, après la mort de Supervielle, que le peigne avait appartenu à une dame, blonde, gravement malade, qui avait séjourné quelque temps à la Messuguière et « adorait le grand poète » qu'était Supervielle. Henri Thomas raconte que la convalescence de la dame ayant mal tourné, « elle était repartie en clinique, Supervielle savait qu'il ne la reverrait plus ; il restait ce peigne entre ses vieilles mains, si belles[990]. »

Pendant ce séjour, Supervielle travaille à la révision de deux pièces de théâtre, *La Belle au Bois* et *Robinson* : ces deux nouvelles versions paraîtront en octobre de l'année suivante, chez Gallimard, sous le titre *La Belle au bois, féerie en trois actes, version de 1953*, suivie de *Robinson ou l'Amour vient de loin, pièce en trois actes et sept tableaux, nouvelle version*. En outre, en octobre, *Robinson* doit être repris par le Théâtre de l'Œuvre dans une mise en scène de Jean Le Poulain. Mais Supervielle, affaibli par la chaleur, souffre à nouveau de problèmes de santé : une congestion pulmonaire s'est déclarée, le forçant à renoncer, dans l'immédiat, à tout voyage à Paris. Il devra rester à la Messuguière jusqu'à la fin du mois de septembre. Pour autant, l'humour n'est pas absent :

> La radio qu'on m'a faite hier est bonne, elle le semblait même entièrement. Au dernier moment le radiologue a découvert un nid d'abeilles. (Je leur écrirai un poème). On compte chasser ces dames rapidement. Comme Perfan dans *Robinson* je ressuscite assez facilement et mes amis n'ont pas lieu de s'inquiéter[991].

En octobre, Supervielle retrouve Paris afin d'assister aux répétitions de sa pièce, *Robinson*. La reprise de la pièce en novembre, par le Théâtre de l'Œuvre, rencontre le succès. Les critiques sont élogieuses, telles celles de Gabriel Marcel dans *Les Nouvelles littéraires*, de Jean Duvignaud

---

989 Henri Thomas, *Le Migrateur*, Paris, Gallimard, p. 155, cité par Ricardo Paseyro, *Jules Supervielle, Le Forçat volontaire*, éd. citée, p. 243.
990 *Ibid.*, p. 244.
991 Lettre de Jules Supervielle à Jean Paulhan du 25 août 1952, *Choix de lettres*, éd. citée, p. 364.

dans *La N.N.R.F.* ou de Georges Neveux dans *Arts*. Le 25 octobre 1952, Claudel témoigne de son goût pour la pièce, à la faveur d'une comparaison avec Giraudoux :

> J'envoie à Jules Supervielle l'expression de ma plus vive sympathie, à l'occasion de la représentation au Théâtre de l'Œuvre, de sa pièce « Robinson ». Toutes les qualités qui nous ont rendu cher Giraudoux, esprit, gaieté, sensibilité, liberté comme aérienne de l'allure et de l'expression, nous les retrouvons dans ce Parisien transatlantique. Je souhaite à sa pièce tout le succès qui lui est dû[992].

Supervielle envoie cette missive à Paulhan, assortie d'un commentaire cinglant témoignant à nouveau de son irritation à se trouver comparé à Giraudoux :

> Claudel a sans doute raison de donner à Supervielle l'importance qu'il lui donne. Mais il y a une grande différence entre Giraudoux et Supervielle : l'un écrit ses pièces au courant de la plume, c'est tout de même un grand précieux, l'autre a mis dix ans pour atteindre à la simplicité actuelle de *Robinson*. Nous ne nous ressemblons pas, nous nous opposons, me semble-t-il[993].

Malheureusement, *Robinson* sera retiré de l'affiche en décembre. Supervielle, stupéfait, attribue ce retrait au défaut de publicité, ainsi qu'à une mauvaise gestion financière : trois millions ayant été dépensés pour monter la pièce, il aurait fallu qu'elle rapporte bien davantage que les 70 000 francs qu'elle faisait en moyenne ; l'on a su trop tard que les acteurs auraient été disposés à jouer au pourcentage, et que Supervielle lui-même, avec ses droits d'auteur, aurait pu faire la publicité de la pièce. Après cette nouvelle déception, fatigué, en outre, par l'agitation de la vie parisienne – « c'était pénible cette femme chez Tézenas qui se gonflait à vue d'œil comme un pneumatique[994] », écrit-il à Paulhan le 1er décembre, en faisant référence au salon de Suzanne Tézenas, rue Octave-Feuillet, où se rendent assez régulièrement Michaux, Françoise et Pierre David, parfois Susana Soca –, fin décembre, Supervielle se retire à Saint-Gervais-la-Forêt.

---

992 Lettre de Paul Claudel à Jules Supervielle du 25 octobre 1952, adressée par Jules Supervielle à Jean Paulhan dans la lettre du 31 octobre 1952, *Choix de lettres*, éd. citée, p. 369.
993 *Ibid.*
994 Lettre de Jules Supervielle à Jean Paulhan du 1er décembre 1952, *ibid.*, p. 370.

1953

L'année 1953 s'ouvre par un événement : la reparution de *La N.R.F.*, sous le nom de *La N.N.R.F.*, à la faveur des efforts conjugués de Paulhan et d'Arland, qui en sont les co-directeurs. La relance a été difficile : Paulhan était d'abord réticent, en raison de ses brouilles avec des auteurs importants, mais aussi du risque de l'académisme, qui lui fait craindre la paralysie pour une revue au passé aussi prestigieux. Paulhan est alors porté vers des revues plus élitistes, comme *84* et *Les Cahiers de la Pléiade*, revue de luxe qui lui laisse la possibilité de publier des auteurs plus rares et plus divers. Arland, lui, n'a pas les mêmes réserves, même s'il a conscience des difficultés, à une période où de nombreuses revues voient le jour, et où les valeurs défendues par *La N.R.F.* semblent laissées de côté. Finalement, les deux co-directeurs feront le choix d'une relève générationnelle, avec un mélange entre les noms prestigieux des aînés et de jeunes auteurs moins reconnus[995]. Paulhan et Arland renouent également avec les principes des fondateurs de la revue : ils refusent toute adhésion à un parti et assument l'héritage d'Alain, revendiquant la liberté inaliénable de l'individu face aux pouvoirs[996]. La revue, qui n'a jamais eu autant de lecteurs, offre dans le premier numéro un sommaire majestueux : Perse, Malraux, Fargue, Montherlant, Schlumberger, Jouhandeau, Arland, Paulhan, Supervielle. Celui-ci donne à la revue son récit « Le jeune homme du dimanche[997] ». Jouhandeau fait part à Paulhan de son goût pour ce « conte » qu'il trouve « charmant[998] ». Mais si Supervielle se réjouit vivement de la reparution de la revue et apprécie l'honneur d'apparaître dans ce numéro inaugural, il a éprouvé quelques doutes sur sa contribution, ainsi qu'il l'écrivait à Paulhan l'année précédente :

> En vérité j'avais un peu le trac pour *Le Jeune Homme*. J'avais l'impression que mon histoire tenait debout mais je n'étais pas absolument sûr de la réalisation littéraire de mon sujet[999].

---

995 Camille Koskas, « Le rôle de Marcel Arland dans la ligne éditoriale de *La N.N.R.F.* (1953-1959) », *in Marcel Arland, lecteur, éditeur, écrivain*, éd. citée, p. 50-53.
996 Alban Cerisier, *Une Histoire de La NRF*, Paris, Gallimard, 2009.
997 Jules Supervielle, « Le Jeune Homme du dimanche », *La N.N.R.F.*, n° 1, janvier 1953, p. 91-113.
998 Lettre de Marcel Jouhandeau à Jean Paulhan du 4 janvier 1953, *Correspondance 1921-1968*, éd. citée, p. 902.
999 Lettre de Jules Supervielle à Jean Paulhan datée « Mercredi », de 1952, *Choix de lettres*, éd. citée, p. 372.

Après quelques hésitations, Supervielle commence à travailler à une « suite », non sans envisager d'abord un travail de correction préalable :

> Bien que j'aime comme toi *Le Jeune Homme du dimanche* il y a là quelques faiblesses de style, des gaucheries pas bien venues. Je reprendrai un peu tout cela si j'écris une suite à mon histoire. (Et c'est probable[1000]).

Après la publication de son *Jeune homme du dimanche*, l'écrivain reçoit des lettres élogieuses : de Julien Lanoë, ainsi que d'Étiemble, le 5 janvier, qui lui dit « [s]a joie de recevoir à l'instant votre *jeune homme*, un jeudi, lui le jeune homme du dimanche. Je l'avais tant aimé, dans la nrf ! et j'y vois un de vos plus beaux contes [...] Autour de moi, on l'aime beaucoup, beaucoup[1001]. »

Le 20 janvier, Anne-Marie, sa fille cadette, épouse le poète uruguayen Ricardo Paseyro. Celui-ci évoque leurs liens dans sa biographie de Supervielle : même s'ils appartiennent à des générations différentes, tous deux sont poètes, nés en Uruguay et bilingues, et ont fréquenté, à des moments distincts, les mêmes cercles littéraires.

Après un court séjour à Cabris, dans les Alpes-Maritimes, où il travaille à ses pièces, Supervielle rentre à Paris en février. Julien Lanoë lui propose la présidence du Comité pour le prix René Guy Cadou, mort en 1951, à trente-et-un ans. Mais Supervielle refuse, Pierre Reverdy étant président d'honneur : « Je n'ai pas encore digéré les insultes aussi abruptes qu'imprévues d'une interview où il "parlait" de moi au *Figaro littéraire*[1002] », répond-il à Lanoë. Selon Ricardo Paseyro, il s'agit de l'entretien intitulé « Julot de la Muette », par Jean Duché[1003]. Les « insultes » lancées par Reverdy – « il disait en gros qu'on ne parlait de moi que p.c.q. j'avais de l'argent[1004] », explique Supervielle – auraient été liées à son ressentiment. Alors que les deux écrivains ne s'étaient pas vus depuis dix ans, deux rendez-vous avaient été pris et successivement annulés par Supervielle, en raison d'une migraine, puis de palpitations,

---

1000 Lettre de Jules Supervielle à Jean Paulhan datée « Mardi », du 13 mai 1953, *ibid.*, p. 376.
1001 Lettre de René Étiemble à Jules Supervielle du 5 janvier 1953, *Correspondance 1936-1959*, éd. citée, p. 149.
1002 Lettre de Jules Supervielle à Julien Lanoë du 7 février 1953, voir *infra*.
1003 Ricardo Paseyro, *Jules Supervielle, Le Forçat volontaire*, éd. citée, p. 213.
1004 Lettre de Jules Supervielle à Jean Paulhan du 14 avril 1951, *Choix de lettres*, éd. citée, p. 344.

ce qui avait provoqué la colère de Reverdy[1005]. Supervielle aura « longtemps souffert » de cet entretien, qu'il évoquait aussi dans une lettre à Paulhan du 14 avril 1951[1006].

Puis, au mois de mai, l'écrivain passe quelques jours à Monaco, dont il rentre « las[1007] », « alité » et « fiévreux[1008] ». À la fin du mois, il séjourne à Olivet, dans le Loiret : à la faveur de la fondation Paul Milliet, le château du Rondon offre en effet un lieu de séjour et de retraite aux auteurs dramatiques. Supervielle regrette que Paulhan ne puisse l'y rejoindre :

> Si tu savais comme ce parc est beau, immense, secret. Certes on bavarde beaucoup au château surtout les jours de fête et la Pentecôte fut bruyante. Mais je m'arrange assez bien somme toute de cette vie en commun d'autant plus qu'en temps ordinaire on n'est ici que cinq ou six[1009].

Au Rondon, il travaille à ses poèmes, « un peu tous les jours », et profite de la Bibliothèque des lieux, contenant « *Le Monde Illustré* de 1880 et beaucoup de pièces du temps de Sardou et des opérettes. En fait de poésie du Rivoire et du Dorchain, un Victor Hugo – et presque tout Tolstoï pour le roman[1010]. »

En juillet, Supervielle est de retour à Paris. Il adresse alors à Paulhan des poèmes qui seront publiés dans *La N.N.R.F.* de janvier 1954[1011], avant d'être repris dans le recueil suivant, *L'Escalier*. Il est alors très sollicité : il est invité par les « Disques de France » à enregistrer le poème qu'il a choisi pour l'anthologie des poètes vivants présentée par Arland ; Stanislas Fumet lui commande une nouvelle inédite pour une revue qu'il éditera chez Fayard ; Jacques Brenner, préparant une anthologie de la poésie française aux éditions du Sagittaire, le prie de lui donner des poèmes inédits ; ses traducteurs anglais et italiens lui posent de nombreuses questions[1012].

1005 Ricardo Paseyro, *Jules Supervielle, Le Forçat volontaire*, éd. citée, p. 213.
1006 Lettre de Jules Supervielle à Jean Paulhan du 14 avril 1951, *Choix de lettres*, éd. citée, p. 344.
1007 Lettre de Jules Supervielle à Jean Paulhan datée « Mardi », du 13 mai 1953, *ibid.*, p. 377.
1008 Lettre de Jules Supervielle à Jean Paulhan datée « Samedi », du 19 mai 1953, *ibid.*, p. 378.
1009 Lettre de Jules Supervielle à Jean Paulhan du 26 mai 1953, *ibid.*, p. 378.
1010 *Ibid.*
1011 Jules Supervielle, « Poèmes », *La N.N.R.F.*, n° 13, janvier 1954, p. 47-51.
1012 Ricardo Paseyro, *Jules Supervielle, Le Forçat volontaire*, éd. citée, p. 234.

Pendant cette période reprend également la correspondance avec Reyes, après une longue interruption. Le 24 juillet, Supervielle le remercie pour l'envoi de ses livres – un volume rassemblant son *Œuvre poétique*, des essais, *Marginalia*, des poèmes en prose, *Arbol de pólvora*, et *Memorias de Cocina y de Bodega*, évoquant des souvenirs parisiens –, qu'il emportera sur les bords de Loire, « ces rives classiques d'art et de poésie ». Supervielle promet à son ami de lui envoyer désormais tout ce qu'il publiera et le félicite pour ses propres ouvrages :

> Que c'est beau quand la Méditerranée et le golfe de Yucatan ne font qu'un, à la stupéfaction des géographes et pour les joies inédites du lettré et quand les héros grecs débarquent sur les plages du Nouveau Monde[1013] !

Au mois de septembre, Supervielle séjourne à Saint-Germain-la-Forêt avec les siens : Pilar, Françoise, Pierre David et leurs enfants, Anne-Marie et Ricardo Paseyro, Pierre Bertaux et Denise... Il apprend avec peine la mort de Georges Bouché. Avec son fils Jean, Supervielle travaille à la traduction d'une autre pièce de Shakespeare, *Le Songe d'une nuit d'été*, ainsi qu'aux corrections de *La Belle au bois* – qui paraîtra, avec *Robinson*, en octobre dans une nouvelle version, et a donné lieu à une nouvelle mise en scène de Louis Boxus, en avril, au Théâtre Royal des Galeries à Bruxelles – et à la suite du *Jeune Homme du dimanche*, qui commence à prendre de l'ampleur, à devenir « un petit roman[1014] ». Le projet de nouveaux poèmes se précise, Supervielle se sentant « très attiré par la poésie métaphysique et même par ses obscurités[1015] ».

À cette époque, selon son gendre, Ricardo Paseyro, Supervielle vit une expérience nouvelle. Il a la sensation d'avoir tous les âges en même temps :

> Présente en lui comme jamais, l'enfance lui dicte des gamineries ; il savoure la plénitude des choses en homme mûr, mais avec une délectation crépusculaire[1016].

À la fin de l'année, une brouille oppose Supervielle à Arland et Paulhan. Il s'agit de l'élaboration du n° 13 de *La N.N.R.F.*, de janvier

---

1013 Lettre de Jules Supervielle à Alfonso Reyes du 24 juillet 1953, citée par Paulette Patout, « L'Amitié de Jules Supervielle pour don Alfonso Reyes », *Littératures, op. cit.*, p. 90.
1014 Lettre de Jules Supervielle à Jean Paulhan du 12 octobre 1953, *Choix de lettres*, éd. citée, p. 384.
1015 Lettre de Jules Supervielle à Jean Paulhan datée « Dimanche », de septembre-octobre 1953, *ibid.*, p. 384.
1016 Ricardo Paseyro, *Jules Supervielle, Le Forçat volontaire*, éd. citée, p. 233.

1954, auquel Supervielle doit collaborer par des « Poèmes ». Ricardo Paseyro cite une lettre de Marcel Arland à Supervielle :

> Écoute, Julio, cette histoire me rend malade, me décourage. [...] Je vais essayer d'aller à la revue, mais je ne pourrai pas aller chez toi non seulement par fatigue, mais par crainte d'une discussion, d'une mésentente, d'une amertume... La seule chose que je pouvais encore faire lundi, je l'ai faite : de mettre ton nom en tête de tous nos collaborateurs annoncés sur la couverture. [...] Et que notre projet de composer un « hommage » dans un de nos prochains N° – hommage que La N.R.F. n'a jamais fait qu'à Claudel – semble à peine compter pour toi, cela achève de me décourager[1017].

Si le nom de Supervielle apparaît en quatrième place sur la couverture, avec la mention de son poème « Le Nez », la liste des ouvrages à paraître, sur la quatrième de couverture, s'ouvre bien avec *Le Jeune homme des autres jours*. La trace de cette mésentente transparaît dans la correspondance avec Jean Paulhan, dans la lettre que lui adresse Supervielle le 21 décembre 1953 :

> Mais je voudrais aussi avoir ta modestie. Que veux-tu il n'y a pas un seul poète qui soit modeste (surtout un poète cosmique[1018]).

1954

Le mois de janvier 1954 est marqué par le travail à une nouvelle pièce, *Les Suites d'une course*[1019]. L'écriture de cette mimofarce, tirée de la nouvelle portant le même titre que Supervielle avait composée vingt-cinq ans plus tôt, amuse l'écrivain :

> C'est facile par endroits mais cocasse. Je me suis amusé. J'espère ne pas être le seul et puissent mes nouveaux amis les homéopathes en rire aussi[1020] !

La pièce explore à nouveau le thème de la métamorphose, celle d'un jockey, Sir Rufus Flox, qui devient cheval. Elle sera créée l'année suivante,

---

1017 Lettre de Marcel Arland à Jules Supervielle non datée, citée par Ricardo Paseyro, *ibid.*, p. 235.
1018 Lettre de Jules Supervielle à Jean Paulhan du 21 décembre 1953, *Choix de lettres*, éd. citée, p. 386.
1019 Jules Supervielle, *Les Suites d'une course*, suivi de *L'Étoile de Séville*, Paris, Gallimard, 1959.
1020 Lettre de Jules Supervielle à Jean Paulhan du 3 janvier 1954, *Choix de lettres*, éd. citée, p. 388.

le 8 décembre 1955, au Théâtre Marigny, avec une musique d'Henri Sauguet, dans une mise en scène de Jean-Louis Barrault. Supervielle dédiera au comédien et metteur en scène le poème « Ma dernière métamorphose[1021] », tandis que le quatorzième des *Cahiers de la Compagnie M. Renaud J.L. Barrault*, daté de décembre 1955, sera consacré à un hommage à l'écrivain.

Fin janvier est à nouveau évoquée la brouille de Supervielle avec Paulhan, dans la lettre du 4 février de l'éditeur à Barbara Church :

> Vous ai-je vraiment parlé, c'était bien sot, de ces petites difficultés avec Jules Supervielle ? Eh bien, elles sont tout à fait terminées. Julio, d'ailleurs si gentil, incapable de se fâcher mais, c'était bien plus douloureux, pleurant au téléphone. Le voici à la campagne, d'où il m'écrit des lettres apaisées[1022].

De fait, en février, Supervielle séjourne à nouveau au Rondon. Sur les bords de la Loire, il travaille à la traduction de *Tabaré*, de Juan Zorrilla de San Martin, que lui a demandée Caillois pour l'Unesco. Il termine aussi la suite du *Jeune Homme du dimanche*, en tenant compte des conseils que Paulhan et Arland lui adressent. Il s'agit de bannir les « obscurités inutiles[1023] » et de dissiper toute « impression de contrainte[1024] ». En effet, Supervielle travaille avec une attention particulière à ce texte qui doit être publié, au mois d'août, dans le numéro spécial que lui consacre *La N.N.R.F.*, à l'occasion de ses soixante-dix ans[1025]. Paulhan et Arland ont préparé avec grand soin ce numéro, auquel l'éditeur pensait depuis le mois de février :

> Je voudrais bien (et Julio, je crois, en a *besoin*) que la nrf pût rendre, d'ici deux ou trois mois, hommage à Supervielle. Je verrais assez bien, sur le modèle de l'hommage à Claudel de 36, six à sept articles brefs[1026].

[1021] Le texte est publié sous le titre « Poème en prose » dans les *Cahiers de la Compagnie M. Renaud J.L. Barrault*, n° 14, décembre 1955, p. 60-61. Ce texte sera recueilli sous le titre « Ma dernière métamorphose » dans *Le Corps tragique*, éd. citée.

[1022] Lettre de Jean Paulhan à Barbara Church du 4 février 1954, *Choix de lettres, III*, éd. citée, p. 132.

[1023] Lettre de Jules Supervielle à Jean Paulhan du 5 janvier 1954, *Choix de lettres*, éd. citée, p. 389.

[1024] Lettre de Jules Supervielle à Marcel Arland du 26 février 1954, voir *infra*.

[1025] Jules Supervielle, « Le Jeune Homme des autres jours », *La N.N.R.F.*, « Hommage à Supervielle », n° 20, août 1954, p. 214-245.

[1026] Lettre de Jean Paulhan à René Étiemble du 15 février 1954, 226 lettres inédites de Jean Paulhan, éd. citée, p. 344.

L'hommage est en effet d'importance. Il s'ouvre par un court texte de Claudel, « Le moqueur », où le poète assimile Supervielle à l'oiseau moqueur de la forêt américaine, dont le chant « est de localiser l'endroit où il n'est pas[1027] ». Supervielle éprouve pour Claudel, depuis longtemps, une grande admiration : elle s'exprime tant dans ses correspondances que dans la conférence qu'il a donnée à Montevideo en 1944, où il évoque la pratique claudélienne du verset, son lyrisme cosmique, ainsi que l'importance des thèmes du voyage et de la mer. Il reprochera même à son gendre, Ricardo Paseyro, ses réticences sur certaines des *Cinq Grandes Odes*[1028], et affirmera, dans ses entretiens radiophoniques de 1955 avec Robert Mallet, l'importance de Claudel : après avoir lu un extrait de *Connaissance de l'Est*, « La pensée en mer », Supervielle définit son « meilleur conte », « L'Enfant de la haute mer », comme une « idée en mer », ce qui l'amène à rapprocher son texte de celui de Claudel[1029]. Pourtant, Supervielle maintient une certaine distance avec Claudel, auquel il reproche de « confondre beaucoup trop la poésie en vers avec la versification[1030] » et d'exprimer avec une éloquence excessive ses préoccupations religieuses. Cette posture de prédicateur lui semble relever d'un certain égocentrisme. De son côté, Claudel fera campagne, en 1955, pour que Supervielle obtienne le Prix de littérature de l'Académie française ; mais de même que le compte rendu désinvolte de *Robinson* par Claudel l'avait irrité, la contribution laconique de Claudel au numéro d'hommage suscite chez Supervielle un certain ressentiment. La trace en sera sensible dans le poème d'hommage que Supervielle lui-même composera pour Claudel, « L'arbre-fée[1031] », lorsque *La N.N.R.F.* lui rendra un hommage posthume, l'année suivante : la révérence y voisine avec l'ironie, le sous-titre, « Hommage familier à Paul Claudel », affichant une tonalité à rebours de celle des textes claudéliens. Pour autant, les lignes de Claudel ne sont pas sans pertinence, et suscitent la réflexion de Supervielle :

1027 Paul Claudel, « Le moqueur », « Hommage à Jules Supervielle », *La N.N.R.F.*, *op. cit.*, p. 193.
1028 Ricardo Paseyro, *Jules Supervielle, Le Forçat volontaire*, éd. citée, p. 239.
1029 Entretien avec Robert Mallet dans le cadre de la série « Parler en prose, et le savoir », reproduit par René Étiemble, *Supervielle*, éd. citée, p. 273-276.
1030 Extrait d'un dactylogramme inédit, cité dans Jules Supervielle, *Œuvres poétiques complètes*, éd. citée, p. 1033.
1031 Jules Supervielle, « L'arbre-fée », *La N.N.R.F.*, « Hommage à Paul Claudel », n° 33, septembre 1955, p. 392-393, recueilli dans *Le Corps tragique*, éd. citée.

> Tout de même Claudel n'a pas tout à fait tort de me comparer au « moqueur » mais je le suis sans moquerie et suis tout étonné d'avoir écrit des choses si différentes. De ma 20ᵉ à ma 30ᵉ année cela m'effrayait je ne me croyais aucune personnalité mais mon originalité était justement de se trouver à l'aise aux antipodes. Disons plutôt aux podes et aux antipodes. Ma souplesse est assez effrayante mais elle m'est je crois essentielle et je ne suis à l'aise que dans tous les genres, sauf en critique où je suis piteux p.c.q le critique n'admet guère le rêve toujours dissolvant[1032].

Dans l'hommage, l'on retrouve ensuite les amis de longue date, Michaux, Étiemble, Bounoure, figures imposantes de la vie littéraire, ainsi que des poètes de la jeune génération, Georges Schehadé et Armand Robin. Si le numéro ne comporte pas les contributions de Saint-John Perse ou de Caillois que Supervielle aurait souhaité y trouver, sa correspondance témoigne de son émotion face à ces témoignages d'amitié et de reconnaissance. Il donne « le 1ᵉʳ prix » à Bounoure, « excellent[1033] », pour son « Évolution du Señor Guanamiru » : l'article évoque « l'imagination » de Supervielle, d'abord situé dans les grands horizons américains, associé à une forme de romantisme, puis dans l'espace parisien, lié à « l'humanisme de France ». Bounoure met ainsi en évidence une forme de lien, ente « le goût de parler aux hommes » et l'intérêt pour « le mystère des choses[1034] ». Michaux « est bien », mais Supervielle regrette que son texte le repousse « dans le passé[1035] ». De fait, le titre du beau texte de Michaux, « Mil neuf cent trente », est évocateur. Il s'ouvre avec le souvenir de la rencontre à Paris et des premiers temps de l'amitié, non sans une certaine nostalgie, voire une forme de reproche :

> Il était en ce temps-là tumultueusement habité[1036].

« Ce temps-là » est opposé à l'évolution de Supervielle, qui « se détourn[e] des voies dangereuses », en raison d'une « peur » peut-être

---

1032 Lettre de Jules Supervielle à Jean Paulhan du 15 mars 1954, *Choix de lettres*, éd. citée, p. 395.
1033 Lettre de Jules Supervielle à Jean Paulhan datée « Vendredi », antérieure à août 1954, *ibid.*, p. 399.
1034 Gabriel Bounoure, « Évolution du Señor Guanamiru », « Hommage à Jules Supervielle », *La N.N.R.F., op. cit.*, p. 208-213.
1035 Lettre de Jules Supervielle à Jean Paulhan datée « Vendredi », antérieure à août 1954, *Choix de lettres*, éd. citée, p. 399.
1036 Henri Michaux, « Mil neuf cent trente », « Hommage à Jules Supervielle », *La N.N.R.F., op. cit.*, p. 196-197.

ÉLÉMENTS D'UNE BIOGRAPHIE

« exagérée » pour « les menaces de l'époque mauvaise ». Le texte se clôt sur une image ambivalente : celle des choses métamorphosées par la poésie de Supervielle, portée par un mouvement de pacification, en « sortes de disparate trésor sauvé d'un général naufrage, comme elles apparaissent à la vue d'un convalescent épuisé[1037] ». La rédaction de ce texte – dans lequel on peut presque voir l'autoportrait de Michaux lui-même, comme le note Jean-Pierre Martin[1038] – n'a pas été sans difficultés pour Michaux : dans un premier temps, il n'avait pas été sollicité par Paulhan, auquel il avait répété qu'il ne voulait plus écrire d'hommages ; mais comme il s'agissait de Supervielle, il avait accepté de participer au numéro spécial. Mais ensuite, Michaux avait exprimé à Paulhan ses réticences envers son texte :

> Voici ce que tu m'as demandé, ou plutôt un à peu près. Je n'ai pu faire mieux. C'est avec une joie profonde que je me remémore ton engagement de ne plus jamais me demander de participer à un hommage [...] Les épreuves seraient les bienvenues. Si un mot te paraît choquant, dis-le-moi. Je n'y vois plus clair – où plutôt je vois clairement que je me mords la langue[1039].

Si Paulhan avait répondu qu'il « aim[ait] beaucoup [s]a page[1040] », Michaux s'était inquiété de la réaction de Supervielle. Aussi exprime-t-il son soulagement lorsque son ami le remercie :

> À mon tour merci. Tu me tires d'embarras, et mon embarras fut extrême. Dans l'amitié, la joie de se laisser aller et l'enchantement partagé, c'est presque le contraire de voir clair, de s'observer, de se... faire le portrait, l'un de l'autre.
> Je suis heureux que les quelques images évoquées ne t'ont [*sic*] pas déplu[1041].

Cependant, Supervielle préfère à celui de Michaux le texte d'Étiemble, « plus franc dans l'éloge[1042] ». Son titre, « Pour Supervielle », évoque le manifeste autant que le don : le critique y figure Supervielle en modèle de l'écrivain fabricateur, renouant avec l'étymologie du terme « poète »,

---

1037 *Ibid.*
1038 Jean-Pierre Martin, *Henri Michaux*, éd. citée, p. 116.
1039 Lettre d'Henri Michaux à Jean Paulhan citée par Jean-Pierre Martin, *ibid.*, p. 502.
1040 Lettre de Jean Paulhan à Henri Michaux du 1er juin 1954 citée par Jean-Pierre Martin, *ibid.*
1041 Lettre d'Henri Michaux à Jules Supervielle de 1954, voir *infra*.
1042 René Étiemble, « Pour Supervielle », « Hommage à Jules Supervielle », *La N.N.R.F.*, *op. cit.*, p. 201-207.

et voit dans son évolution l'illustration du « nouveau classicisme » qu'il appelle de ses vœux. Supervielle est vivement touché par cet article :

> Maintenant que la vie commence à s'éloigner de moi comme si elle me concernait de moins en moins je constate presque objectivement combien votre amitié littéraire (et votre amitié tout court) m'ont été précieuses[1043].

Georges Schehadé, poète et dramaturge libanais de langue française, dont le théâtre poétique est admiré de Supervielle, donne un poème, « Portrait de Jules[1044] ». Dans une tonalité encomiastique mais familière, les trois sections qui le composent offrent des images multiples de Supervielle, où s'entremêlent les grands thèmes et motifs de son œuvre. L'écrivain jugera le texte « beau », tout en lui reprochant l'image du « lion-demoiselle », qu'il trouve malheureuse[1045]. La lettre de Schehadé à Supervielle, datée du 1er juin 1954, redouble l'hommage publié dans la revue :

> [...] En vérité, cher et grand Julio, j'ai essayé dans ce petit travail de rejoindre ta mythologie, de te rendre fabuleux, légendaire – car tu l'es ! Il ne fallait pas que les jeunes gens (les jeunes filles aussi) de l'avenir (ou du présent) s'imaginent ton visage sous les traits vagues et pleurnicheurs de ces poètes à la mèche ramollie sur le front et qui rappellent les cousins de province quand ils sont vierges et catholiques [...] Parce que toi, tu es grand, tu es un roc, un chevalier du Sud dans la ville !, tu es, cher Julio, une grande machine de poésie[1046] ! [...]

Enfin, Armand Robin complète l'hommage par le texte « Avec Tumultes mi-muets[1047] ». Ricardo Paseyro rappelle que Robin, s'il était collaborateur de *La N.R.F.*, édité par Gallimard et le Seuil, « n'était pas socialement *persona grata*[1048] ». Anarchiste, polémiste, il avait ren-

---

1043 Lettre de Jules Supervielle à René Étiemble du 7 juin 1954, *Correspondance 1936-1959*, éd. citée, p. 152.
1044 Georges Schehadé, « Portrait de Jules », « Hommage à Jules Supervielle », *La N.N.R.F.*, *op. cit.*, p. 198-200.
1045 Lettre de Jules Supervielle à Jean Paulhan du 29 mai 1954, *Choix de lettres*, éd. citée, p. 397.
1046 Lettre de Georges Schehadé à Jules Supervielle du 1er juin 1954, *La Nouvelle Revue de Paris*, *op. cit.*, p. 101.
1047 Armand Robin, « Avec Tumultes mi-muets », « Hommage à Jules Supervielle », *La N.N.R.F.*, *op. cit.*, p. 194-195.
1048 Ricardo Paseyro, *Jules Supervielle, Le Forçat volontaire*, éd. citée, p. 237.

contré Supervielle en 1937. L'écrivain, ému par « sa vie douloureuse, tragique[1049] », l'avait accueilli avec générosité, au point que Robin, confondu par cette « magnifique amitié », lui avait écrit que « rarement [il] a[vait] éprouvé une telle joie[1050] ». Son hommage à Supervielle prend la forme d'un poème, jouant avec l'aphorisme ou la fable : le sujet poétique, songeant à sa vie en Chine, où il manque d'arbres, s'« ombrage de Supervielle comme d'un poémier[1051] ». La description de cet arbre à poèmes donne lieu à une définition de la poésie de Supervielle, qui « par son feuillage » mue « la pluie battante » en « pluie latente[1052] », supportable. Supervielle, touché de ce « faisceau d'hommages[1053] », écrit à Paulhan et Arland, qui en sont les instigateurs, pour les remercier : l'hommage lui a été « si doux » que « c'est bien mieux que si on m'avait élu à l'Académie f[rançaise][1054] » – la comparaison révélant malgré tout les préoccupations qui sont alors les siennes.

Un autre hommage à Supervielle, à l'occasion de ses soixante-dix ans, est paru le 13 mai dans *Combat*, revue fondée pendant la Résistance : Alain Bosquet, qui a rejoint les pages littéraires de *Combat* au début des années 1950, explique qu'il était à l'origine de cet hommage, publié sur une double page et comportant une reproduction, manuscrite, du poème « Nocturne en plein jour ». Bosquet rapporte cet échange :

> Téléphoné à Supervielle. Je lui demande de recopier un poème, que *Combat* reproduira en fac-similé, dans son hommage. D'une voix gauche et adorable, il me répond : « Je m'appliquerai[1055]. »

À la fin de l'été, Supervielle séjourne au château de la Couetterie, à Beaumont-Pied-de-Bœuf, dans la Sarthe : il y a été convié par sa fille Françoise, elle-même invitée par les propriétaires. Supervielle y travaille toujours à la suite du *Jeune Homme du dimanche*, nourrie par un périple en automobile qu'il vient d'effectuer avec Paul Coupille, dans le Midi. En quinze jours, tous deux ont parcouru 4 000 kilomètres, « exquis

---

1049 *Ibid.*, p. 238.
1050 *Ibid.*, p. 237-238.
1051 Armand Robin, « Avec Tumultes mi-muets », « Hommage à Jules Supervielle », *La N.N.R.F.*, *op. cit.*, p. 194.
1052 *Ibid.*, p. 195.
1053 Lettre de Jules Supervielle à Marcel Arland du 26 février 1954, voir *infra*.
1054 Lettre de Jules Supervielle à Marcel Arland non datée, postérieure à août 1954, voir *infra*.
1055 Alain Bosquet, « L'interrogation originelle », *Europe*, *op. cit.*, p. 30.

mais très fatigants[1056] », pendant lesquels il a pris des notes abondantes sur les aventures singulières qu'il a rencontrées sur la route. Après un séjour au Rondon, en octobre, le travail d'écriture se poursuit à Paris, où Supervielle est rentré à la fin du mois de novembre : son roman avance si bien qu'il décline l'invitation de rejoindre Paulhan à Port-Cros, malgré la grande nostalgie qu'il garde de l'île. L'année se clôt par un nouveau voyage au Rondon.

1955

Le séjour au Rondon se poursuit au premier trimestre de l'année 1955. Supervielle, très fatigué, a en effet encore besoin d'un grand repos : il ne peut pour lors rejoindre Paris, ce qui l'empêche notamment d'assister à la remise du prix Max Jacob. Il travaille malgré tout à la suite du *Jeune Homme du dimanche*, ainsi qu'à de nouveaux poèmes, qui seront recueillis dans *Le Corps tragique* : le thème de la métamorphose s'y retrouve, notamment dans le poème en prose « Ma dernière métamorphose[1057] », où le sujet poétique s'imagine devenir rhinocéros. En mars paraît chez Gallimard une nouvelle édition de *Bolivar*, suivi de *La Première famille* ; en mai, c'est la nouvelle suite du *Jeune Homme du dimanche* qui est donnée dans *La N.N.R.F.*[1058], avant d'être reprise dans un ensemble formant un roman, *Le Jeune Homme du dimanche et des autres jours*[1059]. Celui-ci entraîne notamment les félicitations de Julien Lanoë.

Le 26 mai, le Grand prix de littérature est décerné à Supervielle par l'Académie française, à l'unanimité, pour *Oublieuse mémoire*. Il rêvait de ce prix depuis longtemps, Claudel ayant nourri ses espoirs :

> Hier à l'Académie nous avons été 5 ou 6 à voter pour vous pour le Grand Prix de Littérature. On y a préféré je ne sais quel pion. Mais on nous a fait des promesses formelles pour l'année prochaine et nous ne les laisserons pas oublier. De tout cœur. P. Claudel[1060].

1056 Lettre de Jules Supervielle à Marcel Arland non datée, postérieure à août 1954, voir *infra*.
1057 Jules Supervielle, « Poème en prose », dédié à Jean-Louis Barrault, *Cahiers de la Compagnie M. Renaud J.-L. Barrault*, *op. cit.*, p. 60-61, recueilli sous le titre « Ma dernière métamorphose », *Le Corps tragique*, éd. citée.
1058 Jules Supervielle, « Dernières métamorphoses », *La N.N.R.F.*, n° 29, mai 1955, p. 769-787.
1059 Jules Supervielle, *Le Jeune Homme du dimanche et des autres jours*, Paris, Gallimard, 1955.
1060 Billet daté « 2 juin 19.. », cité par Ricardo Paseyro, *Jules Supervielle, Le Forçat volontaire*, éd. citée, p. 238-239.

L'écrivain se félicite que ses ouvrages soient mis en lumière, mieux diffusés, plus vendus. Pour autant, l'attribution de ce prix n'est pas sans générer quelques scrupules chez Supervielle, au point qu'il s'en justifie auprès de Paulhan, dans lequel il voit l'incarnation de sa « conscience » :

> Je te dois une « explication ». Je te dirai à Paris où je serai dans quelques jours comment ce prix de l'Académie m'est tombé dessus. On m'avait sondé j'avais dit non à un intermédiaire qui pour ne pas froisser ces messieurs verts a dit oui à ma place. Le malheur est que ma situation diplomatique, si mince pourtant, m'empêche de protester. Je suis vraiment trop vieux pour des prix si « grands » soient-ils. Et je ne voudrais pour rien au monde fréquenter le plus salonard des salons, dussé-je y avoir 20 fauteuils pour moi seul. J'ai toujours été un anarchiste à bombes d'eau douce, voire salée mais les généraux, les ambassadeurs, les hauts prélats etc. me terrorisent[1061].

Cependant, les amis, Arland, Hellens, félicitent Supervielle, dont le moral est meilleur : au Rondon, il parvient à travailler, et fait divers projets, comme celui d'une visite à Franz Hellens, à la Celle-Saint-Cloud, où son ami réside depuis son mariage avec Hélène Burbulis en 1947, ou celui d'un emménagement dans un nouveau domicile parisien. De fait, en octobre, Supervielle quittera le 27, rue Vital, où il demeurait depuis 1946, pour l'appartement qui sera sa dernière adresse parisienne, au 15, quai Louis Blériot. Dans cet immeuble neuf, situé près du Pont Mirabeau, Supervielle louera un appartement à la large terrasse, qui permet de contempler les deux côtés de la Seine. Très lumineux le jour, « ouvert aux étoiles la nuit », l'appartement fait figure d'« observatoire[1062] ». Une chose l'ennuie pourtant : l'absence des arbres, à cette hauteur ; il y remédiera par « une petite forêt personnelle[1063] ».

Mais pour l'heure, ces projets sont repoussés par de nouveaux problèmes de santé. Le 27 juin, alors qu'il se trouve à Paris, sur le point d'aller voir Jacques Maritain, Supervielle est saisi d'un accès de fièvre pulmonaire. Alité, il est toujours « condamné au repos[1064] » au début du mois d'août. Pourtant, il souhaite participer à l'hommage rendu par le

---

1061 Lettre de Jules Supervielle à Jean Paulhan du 18 août 1955, *Choix de lettres*, éd. citée, p. 409.
1062 Ricardo Paseyro, *Jules Supervielle, Le Forçat volontaire*, éd. citée, p. 234.
1063 Lettre de Jules Supervielle à Jean Paulhan du 24 septembre 1955, *Choix de lettres*, éd. citée, p. 412.
1064 Lettre de Jules Supervielle à Samuel Silvestre de Sacy du 4 août 1955, voir *infra*.

Mercure de France à Adrienne Monnier, morte le 19 juin : il envoie ainsi à Samuel Silvestre de Sacy, le rédacteur en chef de la revue, un poème, « La jeune doctoresse[1065] », précédé de quelques lignes. De manière conjuratoire, Supervielle proclame que « rien de triste pour son tombeau » n'est contenu dans ce texte en octosyllabes, rappelant la forme de la chanson pour évoquer un « amour imaginaire » ; mais il s'agit bien, cependant, d'un poème-tombeau, comme le rappellent la gravité du ton et les thèmes de la vieillesse et de la maladie.

Au mois d'août, Supervielle se rend d'abord à Châtel-Guyon, ville thermale auvergnate : dans ce « pays des tristes intestins[1066] », il se réjouit d'avoir trouvé des médecins, les docteurs Cailleux et Vendryes, mais déplore la difficulté de les consulter – « il n'y a pas plus occupé qu'un médecin de ville d'eaux[1067] » – ainsi que le vacarme qui agite la ville, dans laquelle se tiennent alors les fêtes du pays. Recherchant le calme, Supervielle quitte bien vite Châtel-Guyon pour se réfugier aux environs de Vichy, au château de Charmeil :

> Ici c'est la résidence de Madame Pétain et peut-être aussi du Maréchal, transformée en Maison pour paying guests. Il y a de grands bois à proximité et on ne se doute pas tant l'air est pur de tous les drames de conscience qui se sont formés ici. Il est vrai qu'une brise presque continue chasse tous ces cauchemars[1068].

Mais malgré les « bois enchanteurs », l'écrivain souffre toujours, « insomnie, un poumon malade (oh! très peu) une hernie, et mon cœur condamné depuis 30 ans et qui tient toujours[1069]. » En compagnie du Dr Alajouanine, il cherche à voir Larbaud, qui habite Vichy ; mais l'écrivain se trouve alors à la campagne.

Rentré à Paris, Supervielle travaille à un nouveau recueil, *L'Escalier*, contenant de nouveaux poèmes suivis de *À la nuit, Débarcadères, Les Poèmes de l'humour triste*. L'ouvrage paraîtra chez Gallimard en juillet 1956. L'écrivain évoque le projet en ces termes à Paulhan :

1065 Jules Supervielle, « La jeune doctoresse », *Mercure de France*, n° 1109, janvier 1956, p. 44, recueilli dans *L'Escalier*, éd. citée.
1066 Lettre de Jules Supervielle à Jean Paulhan du 4 août 1955, *Choix de lettres*, éd. citée, p. 406.
1067 *Ibid.*
1068 Lettre de Jules Supervielle à Jean Paulhan du 10 août 1955, *ibid.*, p. 407.
1069 *Ibid.*

> Je prépare une nouvelle édition des *Poèmes* et de *Débarcadères* (1910-1922) avec ce titre général *D'où je viens*. Je fais très peu de corrections et suis surpris de voir qu'à côté de quelques niaiseries il y a un assez grand nombre de poèmes qui se tiennent. Tu diras que je me fais beaucoup de compliments. C'est pour m'affirmer[1070].

S'esquisse aussi pendant cette période un projet de roman, *Le Vulnérable*, qui restera inachevé. En septembre, l'écrivain séjourne à nouveau au Rondon, où il prend connaissance du numéro d'hommage à Claudel, « fort bien, dense, divers et bien constitué[1071] », auquel il a participé avec le poème « L'arbre-fée ».

En octobre a lieu le déménagement. Dans son nouvel appartement du quai Louis Blériot, l'écrivain mettra du temps à retrouver ses habitudes, le sentiment d'étrangeté perdurant toujours au début de l'année suivante :

> Notre appartement, quoi que tu en dises, est toujours aussi petit et je m'y perds d'autant plus. C'est sans doute que je ne puis y retrouver d'anciennes habitudes. Plus rien n'est à sa place et je perds un temps fou à chercher n'importe quel papier. Ce qui était à droite est derrière moi, à gauche, à droite sans compter ce qui est resté rue Massenet et que je cherche jusque sur les berges de la Seine[1072].

Il faut trier les meubles, dont beaucoup ont été entreposés chez Paulhan ; la table de ping-pong, trop grande pour le nouvel appartement, restera chez lui. Paulhan connaît alors des difficultés juridiques, liées à la publication du roman érotique *Histoire d'O*, signé Pauline Réage – l'ouvrage est de Dominique Aury –, dont il a rédigé la préface : des poursuites judiciaires ont été ouvertes en mars, au grand dam de Supervielle, qui s'inquiète pour son ami.

L'écrivain travaille aux poèmes qui composeront son nouveau recueil, et s'investit, autant que sa santé lui en laisse le loisir, dans la représentation de sa pièce, *Les Suites d'une course*. Celle-ci est donnée en fin d'année, dans une mise en scène de Jean-Louis Barrault. L'ami peintre André Lhote écrit à Supervielle, le 14 décembre, pour le remercier du « grand plaisir qu'[il] [lui] a donné avec [son] divertissement de Marigny. Les ombres – non les lumières – autour de 1900 des poètes sans frein, de

---

1070 Lettre de Jules Supervielle à Jean Paulhan du 22 août 1955, *ibid.*, p. 411.
1071 Lettre de Jules Supervielle à Jean Paulhan du 24 septembre 1955, *ibid.*, p. 412.
1072 Lettre de Jules Supervielle à Jean Paulhan du 17 janvier 1956, *ibid.*, p. 415.

Jarry à Franc-Nohain, se levaient tumultueusement de tous côtés pour assister à la montée parmi leurs cendres, de la fusée Supervielle, au bruit de nos applaudissements[1073]. » Marcel Jouhandeau, quant à lui, y voit un spectacle efficace, mais exprime quelque réserve :

> Quant à la farce de Julio, une jument n'y aurait pas reconnu son poulain, mais tout le monde se trémoussait, si bien entraîné par Jean-Louis Barrault qu'on n'en demandait pas plus[1074].

Lorsque Supervielle assiste à la représentation, il éprouve lui aussi des réticences :

> J'ai déjà demandé à Barrault de ne pas étouffer le texte sous la musique. J'en parlerai aussi à Sauguet. Mais un auteur ne fait pas ce qu'il veut et on ne l'écoute guère. Par ailleurs toute la troupe met un tel cœur à jouer la pièce [...] que je ne proteste que d'une voix faible[1075].

De fait, la pièce est bien loin de rencontrer le succès qui avait été celui du *Voleur d'enfants* : selon Étiemble, « offrir, au public bourgeois du Théâtre Marigny une pièce de place publique, c'était défier le destin[1076] ! » Quant à lui, Supervielle conclura, dans une lettre à Arland, qu'il doit « beaucoup à J.-L. Barrault, en bien comme en mal » : en bien pour la « grande vitalité du spectacle », en mal car celui-ci en vient à « étouffer le texte ». Il énumère alors une série de raisons pour expliquer l'échec de la pièce : il n'était pas entièrement satisfait du texte ; se soignant au Rondon, il ne savait pas que Barrault traiterait ce texte « avec cette désinvolture » ; Barrault, en outre, n'avait tenu aucun compte de ses protestations ; enfin, « Claudel s'est aussi laissé faire par ses metteurs en scène et il est mort d'avoir voulu intervenir. » La conclusion est tout aussi insolite qu'attendue, au vu de la grande passion de Supervielle pour le théâtre :

> Et pourtant j'écris une nouvelle pièce[1077].

1073 Lettre d'André Lhote à Jules Supervielle du 14 décembre 1955, citée dans *Jules Supervielle, poète intime et légendaire*, éd. citée, p. 74.
1074 Lettre de Marcel Jouhandeau à Jean Paulhan du 10 décembre 1955, *Correspondance 1921-1968*, éd. citée, p. 975.
1075 Lettre de Jules Supervielle à Jean Paulhan du 13 décembre 1955, *Choix de lettres*, éd. citée, p. 414.
1076 René Étiemble, *Supervielle*, éd. citée, p. 65.
1077 Lettre de Jules Supervielle à Marcel Arland du 12 janvier 1956, voir *infra*.

1956

En janvier 1956, Supervielle se remet de la grippe : après une longue période d'inaction, il écrit un peu. L'écrivain est également touché par la douleur de son ami de longue date, André Rolland de Renéville – même si, de l'édition de la correspondance de Supervielle et d'Étiemble, ont été exclues, à la demande de Supervielle, trois lettres au sujet d'une querelle littéraire qui s'émut au sujet d'un jugement de Rolland de Renéville sur Supervielle[1078]. Rolland de Renéville, poète, collaborateur de *La N.R.F.*, a perdu fin novembre 1955 son épouse Cassilda, peintre d'origine roumaine, des suites d'une longue maladie. Supervielle lui rend plusieurs visites et est touché de le voir « si transi, si harcelé par la douleur[1079] ». Il est, comme Paulhan, inquiet pour leur ami, et suggère d'« attirer l'attention sur Cassilda[1080] » afin de donner à Rolland de Renéville le sentiment que sa présence est nécessaire, afin de servir la mémoire de sa femme. C'est dans cette perspective que Supervielle dédie au souvenir de Cassilda le recueil *L'Escalier*, qui paraîtra en juillet.

Pour lors, fin janvier, Supervielle se rend à nouveau au Rondon, où il fera plusieurs séjours pendant l'année. Le logement étant réservé aux auteurs dramatiques, Supervielle invite Marcel Arland à le rejoindre à l'hôtel des Canotiers, à trois kilomètres. Ils prendront ensemble leurs repas au Rondon, où l'« on pourra enfin se voir un peu et comploter ensemble[1081] ». Malgré des jours « de vent, de glace, d'un peu de plein air, de beaucoup de radiateurs et d'énormes bûches qui se décident parfois à oublier leur humidité pour donner des flammes chauffantes[1082] », l'écrivain parvient à travailler, toujours au projet de roman du *Vulnérable*, et aux poèmes du recueil *L'Escalier*. Il envisage d'intituler celui-ci *De tout bois* : « une des caractéristiques de ma poésie n'est-elle pas de faire flèche de tout bois[1083] », demande-t-il à Paulhan. Mais il craint que la nuance péjorative ne décourage les lecteurs ; or, l'écrivain ressent, toujours, le besoin d'être lu du plus grand nombre :

1078 Jules Supervielle, René Étiemble, *Correspondance* 1936, éd. citée, p. 5.
1079 Lettre de Jules Supervielle à Jean Paulhan du 17 janvier 1956, *Choix de lettres*, éd. citée, p. 415.
1080 Lettre de Jules Supervielle à Jean Paulhan non datée, de 1956, *Choix de lettres*, éd. citée, p. 425.
1081 Lettre de Jules Supervielle à Marcel Arland du 1er février 1956, voir *infra*.
1082 Lettre de Jules Supervielle à Jean Paulhan du 10 février 1956, *Choix de lettres*, éd. citée, p. 416.
1083 *Ibid.*

> Tu sais que je n'ai jamais beaucoup aimé les « happy few », l'art pour l'art mais beaucoup l'art pour atteindre la simplicité originelle qui sait si bien se cacher[1084].

C'est ainsi que, poussé par le désir d'œuvrer à la diffusion de ses ouvrages, Supervielle envisage de se porter candidat à l'Académie française : il hésite entre le fauteuil de Claudel — mais il « est déjà bondé de candidats » — et celui de l'amiral Lacaze. Il redoute son hésitation même, qui lui fait courir le risque de « [s'] asseoir » entre deux chaises[1085]. Supervielle, réticent, présente cette « nouvelle lubie » sous la forme d'une devinette à l'ami Paulhan :

> Dans cette devinette il y a un ambassadeur d'une république de l'Amérique du Sud, une dame amie et plusieurs personnes qui ont comploté pour me faire avoir à 72 ans le grand prix de littérature dont je ne voulais pas. Mais ce n'est pas le moment de le dire... Et que penses-tu toi-même de ma dernière sottise[1086] ?

Selon Ricardo Paseyro, c'est Henri Mondor qui aurait incité Supervielle à présenter sa candidature ; André Maurois et Georges Duhamel lui auraient proposé leur aide, notamment en lui indiquant à quel fauteuil il fallait concourir, et Supervielle aurait rédigé sa lettre de candidature. Ricardo Paseyro affirme que Paulhan l'aurait dissuadé de l'envoyer[1087] ; mais la lettre à Paulhan du 26 avril apporte d'autres informations :

> Quant à ma candidature... elle est remise à plus tard. Jules Romains m'avait engagé à laisser à l'Académie le soin de déterminer à quel fauteuil il convenait de me présenter. J'avais écrit dans ce sens au Secrétaire Perpétuel mais il paraît que ce n'est pas une demande à faire. On m'a répondu que je devais moi-même me décider pour un fauteuil. Et j'ai renoncé à me présenter cette fois toutes les voix étant déjà plus ou moins promises. J'attends une autre vacance[1088].

Supervielle évoque ensuite les visites qu'il a effectuées : il n'est allé voir que trois académiciens, Romains, intéressé par sa candidature, ainsi que Maurois et Mondor. Il décide alors d'« attendre des jours meilleurs », avec « un enthousiasme relatif[1089] ».

1084 *Ibid.*
1085 *Ibid.*
1086 *Ibid.*
1087 Ricardo Paseyro, *Jules Supervielle, Le Forçat volontaire*, éd. citée, p. 241.
1088 Lettre de Jules Supervielle à Jean Paulhan du 26 avril 1956, *Choix de lettres*, éd. citée, p. 417.
1089 *Ibid.*

Le 9 avril, il reçoit une visite d'Alain Bosquet, « émouvante et triste », selon le souvenir qu'en garde cet écrivain :

> Le grand oiseau (les chairs flasques sous le menton se sont davantage plissées ; les oreilles se sont encore écartées du crâne, et sur les yeux s'abaisse par moments un voile de lassitude) s'est comme ralenti, enroué, et tout l'être est devenu nasillard, les mains énormes comme des pupitres de chef d'orchestre. Mais l'esprit est vif dans ses reptations, et la mémoire aiguë[1090].

Supervielle confie à Bosquet qu'il a reçu récemment la visite de Michaux :

> Il m'apportait du peyotl. Je l'ai tout de suite vidé dans un vase (ici un geste d'épouvantail très tendre). J'ai horreur de voir en moi. Toute ma vie, j'ai essayé d'éviter le moi, de le masquer. C'est pour cela que j'aime tant le dehors, pampas, étoiles, univers lointains. Michaux, lui, se ronge, et passe au travers de soi sans le savoir. Il se troue : c'est horrible[1091].

Terrible et lucide image de Michaux en être troué. Mais si le motif du « trou » rend bien compte du malaise qui traverse le sujet dans l'œuvre de Michaux, ce malaise est également au cœur de l'écriture supervielienne, dans sa hantise d'un corps immatériel, sans densité, impalpable et incapable de saisir, et dans son angoisse d'un autre trou, celui où le corps se trouve enterré. Quoi qu'il en soit, l'inquiétude exprimée pour Michaux se retrouvera dans une des dernières lettres à Paulhan, en 1960 : « il faut », écrira Supervielle, « le pousser à cesser ses expériences[1092]. »

En juillet paraît le recueil *L'Escalier*, chez Gallimard. Le volume, très composite, réunit de « nouveaux poèmes » et d'autres plus anciens, un choix de *Poèmes de l'humour triste* publiés en 1919, une réédition, remaniée, de *Débarcadères* dont la première publication date de 1922, ainsi qu'*À la nuit*, plus récent. Il s'agit de permettre la diffusion de « recueils en vers depuis longtemps épuisés[1093] », absents ou presque des *Choix de poèmes* de 1944 et de 1947. Face à la grande diversité de ces textes, les

---
1090 Alain Bosquet, « L'interrogation originelle », *Europe, op. cit.*, p. 31.
1091 *Ibid.*
1092 Lettre de Jules Supervielle à Jean Paulhan non datée, de 1960, *Choix de lettres*, éd. citée, p. 461.
1093 Lettre de Jules Supervielle à Alfonso Reyes du 2 juillet 1956, reproduite par Paulette Patout, « L'Amitié de Jules Supervielle pour don Alfonso Reyes », *Littératures, op. cit.*, p. 92.

« nouveaux poèmes » de *L'Escalier* frappent par leur unité, chronologique, thématique et stylistique. Composés à la fin des années 1940 et dans la décennie suivante, ils sont fortement marqués par le thème de la maladie, en écho avec les problèmes de santé que Supervielle connaît à cette époque. Mais leur intégration dans le recueil permet de déborder la circonstance de leur rédaction : le titre du recueil, *L'Escalier*, glosé dans le poème liminaire, renvoie à « la marche inexorable du temps, qui pousse les hommes vers la mort[1094] ». L'aspect disparate du recueil a pour conséquence que les critiques concentrent rarement leurs analyses sur les « nouveaux vers » qu'il contient. Certains font part de leur déception, comme René Lacôte, qui, dans *Les Lettres françaises*, déplore que « le poète, dans son inspiration, [soit], à son propre égard, d'une fidélité obstinée, approfondissant des thèmes familiers qu'il n'a point enrichis[1095] ». D'autres, à la manière de Jean Rousselot ou de Brice Aubusson, observent la tendance au dépouillement qui s'affirme depuis *Naissances*[1096]. Philippe Jaccottet, quant à lui, est sensible à la singularité du ton qui se donne à entendre :

> Évitant tous les vocables rares, riches ou éclatants, mais fuyant aussi, d'une même crainte, avec la même mesure, le mot sottement réaliste, il obtient un chant chuchoté mais sans petitesse, léger sans frivolité, inimitable, inoubliable[1097].

Au mois d'août, Supervielle, en compagnie de Pilar, se repose au château de Larrame, à Rivehaute, dans les Basses-Pyrénées. « On est terriblement tranquille », écrit-il à Paulhan, mais « on s'y ennuie un petit peu[1098] ». Paulhan, lui, se trouve à Brinville, chez Marcel Arland. Pour s'occuper, Supervielle commence à traduire une pièce de Lope de Vega, *L'Étoile de Séville* : cette traduction adaptée de l'espagnol lui donne un sentiment de liberté, d'aisance, supérieur à celui qu'il avait éprouvé en traduisant Shakespeare, d'autant que Lope de Vega a été beaucoup moins traduit que le grand dramaturge anglais. Supervielle se sent « en

---

1094 Jules Supervielle, *Œuvres poétiques complètes*, éd. citée, p. 996.
1095 René Lacôte, *Les Lettres françaises*, n° 636, 13 septembre 1956, p. 3.
1096 Jean Rousselot, *Les Nouvelles littéraires*, 26 juillet 1957 et Brice Aubusson, *Le Matin*, 15 septembre 1956.
1097 Philippe Jaccottet, « L'Âge de vérité », *La Gazette de Lausanne*, 30 mars 1957.
1098 Lettre de Jules Supervielle à Jean Paulhan datée « Jeudi », antérieure au 17 août 1956, *Choix de lettres*, éd. citée, p. 419.

pays de connaissance », presque de « familiarité », avec Lope de Vega : au-delà de la connaissance de la langue espagnole, ce sont des « affinités de tempérament[1099] », explique-t-il à Paulhan. En outre, ce travail de traduction ne l'empêche pas de faire « senti[r] aussi [s]a propre poésie (de théâtre)[1100] » : si Supervielle est très enthousiasmé par la structure de la pièce, qu'il conservera, il admire moins « le poète Lope de Vega[1101] ». Cette présence, appuyée, dominante, de Supervielle traducteur, Paulhan l'observe bien à la lecture de la pièce :

> [...] ta pièce est bien belle ; belle et étonnante. Y reste-t-il beaucoup de Lope de Vega ? Que tu aies suivi le sujet de l'Étoile en y ajoutant simplement ton style (ce qu'il y a d'unique dans ce style, on ne sait comment, ce qui le fait à la fois ironique et déchirant) soit. Mais ce qui se passe peu à peu c'est qu'insensiblement tu l'emportes, c'est que très vite on ne voit plus que toi, c'est que le ton dont tu te sers devient la raison de tout le reste[1102].

L'ouvrage paraîtra chez Gallimard l'année suivante, en octobre, dans un volume réunissant *Les Suites d'une course* et l'adaptation de *L'Étoile de Séville*.

L'écrivain reçoit également un nouvel hommage de la part d'une revue, cette fois uruguayenne, *Entregas de la Licorne*[1103], qui constitue le prolongement uruguayen de *La Licorne* et se trouve également dirigée par Susana Soca. Le numéro 7, du mois de mai, contient des textes de Supervielle lui-même, ainsi que d'Esther de Cáceres, poétesse et professeur de lettres, du poète Carlos Rodríguez Pintos, de Susana Soca, et de Felisberto Hernández. Ce conteur uruguayen est un ami proche de Supervielle, qui lui dédie le poème « Feuille à feuille[1104] » : après leur rencontre, en 1942, Supervielle lui a présenté Victoria Ocampo et Roger Caillois. Il l'a aidé à obtenir une bourse du gouvernement français pour venir à Paris, puis, lors de son séjour dans la capitale, de 1946 à 1948, Supervielle l'a introduit dans les milieux littéraires français. L'écrivain

---

1099 Lettre de Jules Supervielle à Jean Paulhan datée « Samedi », de 1956, *ibid.*, p. 425-426.
1100 Lettre de Jules Supervielle à Jean Paulhan datée « Jeudi », antérieure au 17 août 1956, *ibid.*, p. 419.
1101 Lettre de Jules Supervielle à Jean Paulhan du 22 décembre 1956, *ibid.*, p. 424.
1102 Lettre de Jean Paulhan à Jules Supervielle du 20 décembre 1956, citée dans *Jules Supervielle, poète intime et légendaire*, éd. citée, p. 74.
1103 « Homenaje a Jules Supervielle », *Entregas de la Licorne*, n° 7, Montevideo, mai 1956.
1104 Jules Supervielle, « Feuille à feuille », *Poèmes de la France malheureuse*, éd. citée. 1942, recueilli dans *1939-1945*, éd. citée.

l'avait notamment présenté au public français lors d'une réunion organisée à la Sorbonne, le 17 avril 1948, par le cercle France-Amérique[1105]. Supervielle avait également œuvré à la publication de ses textes, par l'intermédiaire de Paulhan : celui-ci avait aidé Felisberto Hernández à faire paraître sa nouvelle « Chez les autres » dans la revue *Points* en 1949[1106]. Supervielle avait exercé sur cet écrivain une forte influence[1107].

Supervielle profite de son séjour à Rivehaute pour retrouver les Pyrénées, à l'occasion d'une excursion à Lescun, chez Pierre David et Françoise :

> J'avais oublié les montagnes. C'est très impressionnant cette géologie qui a l'air de se faire sous nos yeux. Comme la mer. Mais celle-ci se défait la montagne ne cesse de se faire[1108].

Comme dans l'œuvre poétique, l'intérêt pour les espaces immenses, démesurés, va de pair avec la sollicitude pour les formes de vies les plus humbles, comme le révèle la suite de la lettre à Paulhan :

> Nous avons failli écraser un hérisson en auto. Il était furieux et s'est mis en boule. Il était si petit que c'est à peine si on le voyait sur la grand'route de Bayonne[1109].

Début septembre, Supervielle quitte Rivehaute pour Pau, où l'écrivain s'amuse de se voir des « parents fictifs » :

> Le type de ces régions est assez marqué et cela ne vient pas seulement du béret mais de ce qui est dessous. À chaque instant je me dis « Tiens voilà un oncle, ou un cousin et même c'est peut-être ainsi qu'était mon frère ». Chez les femmes je retrouve moins ma famille… Elles sont toujours ainsi à cacher un peu leur jeu[1110].

Il reçoit une lettre de son ami Henri Thomas, imaginant les horizons du Béarn, ouverts vers l'Espagne et vers l'Amérique :

> J'espère que votre séjour dans le Béarn fût [*sic*] très heureux ; ce doit être une terre à images, avec plusieurs horizons[1111].

1105 Jules Supervielle, *Œuvres poétiques complètes*, éd. citée, p. 910.
1106 Felisberto Hernández, « Chez les autres », *Points*, n° 2, avril-mai 1949, p. 82.
1107 José Pedro Díaz, *Felisberto Hernández*, Montevideo, Arca, 1989, p. 145-161.
1108 Lettre de Jules Supervielle à Jean Paulhan du 17 août 1956, *Choix de lettres*, éd. citée, p. 420.
1109 *Ibid*.
1110 Lettre de Jules Supervielle à Jean Paulhan du 4 septembre 1956, *ibid.*, p. 421.
1111 Lettre d'Henri Thomas à Jules Supervielle de septembre 1956, citée par Daniel Araujo, « Jules Supervielle entre Oloron et Montevideo », *Babel*, n° 18, 2008, p. 133-149.

Supervielle termine alors sa traduction de la pièce de Lope de Vega, avec l'aide de son fils Jean. Dans la suite du mois, invité par Paulhan, il le rejoint à Veyrier-du-Lac, en Haute-Savoie. La description des lieux par son ami était faite pour lui plaire :

> Quel calme ! Cet air tout juste humide, ce lac où les barques laissent non pas un sillage, des lignes de points, ces fleurs d'or sur les branches du grand mélèze, on dirait que tout s'est arrêté, que l'on séjourne un peu dans le vide, avant de repartir Dieu sait où[1112].

En octobre, l'écrivain rentre à Paris : « un peu perdu[1113] » depuis qu'il a achevé la traduction de la pièce de Lope de Vega, il souhaite se remettre à écrire des poèmes. Supervielle retrouve également ses amis. Il reçoit la visite de la poétesses uruguayenne Susana Soca, à Paris pour quelques jours, et retrouve Paulhan à l'occasion d'un déjeuner organisé par Barbara Church, qui donne lieu à un malentendu cocasse :

> Je me croyais l'invité de Madame Church à déjeuner, tu as dû t'en apercevoir aux libertés que j'ai prises (vin fin etc.[1114])

Supervielle voit également Alain Bosquet, dont il a fort apprécié l'article sur son œuvre dans *La Revue de Paris* : il reçoit l'écrivain à déjeuner, dans son appartement du 15, quai Louis Blériot. Sur les deux heures qu'ils passent ensemble, Alain Bosquet écrira :

> Le poète-oiseau a encore vieilli : il ressemble de plus en plus à un marabout, et à un dindon. Les chairs du cou flottent, et les bras battent comme des ailes fatiguées. Nous parlons de Saint-John Perse : « Ah ! tout est si parfait chez lui. Et moi, qui suis un spécialiste de l'imparfait[1115]. »

Bosquet note l'altération du caractère de Supervielle, qui connaît des moments d'irritation : « ce défaut me le rend plus cher », écrit-il, en précisant que jamais il ne prendra ses distances avec lui. Pourtant, Supervielle refusera de participer à l'hommage que prépare Bosquet,

---

[1112] Lettre de Jean Paulhan à Jules Supervielle du 24 septembre 1956, *Choix de lettres, III*, éd. citée, p. 38.
[1113] Lettre de Jules Supervielle à Jean Paulhan non datée, d'octobre ou novembre 1956, *Choix de lettres*, éd. citée, p. 423.
[1114] Lettre de Jules Supervielle à Jean Paulhan datée « Samedi », de 1956, *ibid.*, p. 426.
[1115] Alain Bosquet, « L'interrogation originelle », *Europe, op. cit.*, p. 31.

dans *Combat*, pour le soixante-dixième anniversaire de Saint-John Perse ; les rencontres se raréfieront, même si Bosquet continuera à rendre des hommages publics à Supervielle, et à lire régulièrement ses ouvrages[1116].

1957

Supervielle commence l'année 1957 en se remettant au travail et en allant visiter le vivarium. Il y vit une expérience amusante et étrange tout à la fois, qui accentue son sentiment de hors-venu, même dans ce XVIe arrondissement où il vit pourtant depuis si longtemps :

> Bien que j'aie toujours habité le XVIe je ne m'y sens pas à l'aise. Je m'en suis aperçu l'autre jour au vivarium où j'étais entouré d'enfants qui m'offraient du pain et même du chocolat et leurs tartines[1117].

Pourtant, les hommages perdurent, témoignant de la place qui est accordée à Supervielle sur la scène littéraire. En janvier, le prix international de poésie Etna-Taormina est attribué à l'écrivain, qui le partage avec Camilo Sbarbaro. Le réseau des amis italiens de l'écrivain est en effet important, comme le rappelle Ricardo Paseyro : l'on compte notamment parmi eux Ungaretti, Montale, Silone, Moravia, Piovene, le comte Antonini et Nelo Risi[1118]. Supervielle est attendu en Sicile, mais ne pourra se déplacer : « les longs voyages je les vois maintenant dans le passé[1119] », écrira-t-il en août 1959 à Warren Ramsey, professeur de littérature américain dont il envie le périple en Russie. Supervielle participe également à l'hommage rendu à l'ami de longue date Alfonso Reyes, à l'occasion du cinquantième anniversaire de sa première publication. Pour le *Libro jubilar de Alfonso Reyes*, auquel participe également Étiemble, leur ami commun, il rédige un court « Hommage » :

> Quand je songe à Alfonso Reyes tous les charmes de son amitié vont à la rencontre de l'exquise originalité, la virile douceur du poète et l'inventive acuité de l'essayiste. Il est un de ces écrivains que l'on serait joyeux de couronner s'il

---

1116 *Ibid.*, p. 32.
1117 Lettre de Jules Supervielle à Jean Paulhan du 10 janvier 1957, *Choix de lettres*, éd. citée, p. 427.
1118 Ricardo Paseyro, *Jules Supervielle, Le Forçat volontaire*, éd. citée, p. 245.
1119 Lettre de Jules Supervielle à Warren Ramsey du 14 août 1959, voir *infra*.

n'était déjà illustre et digne de mettre le laurier sur le front des plus hauts artistes en vers et en prose[1120].

Pendant cette période, Supervielle est également marqué par un événement qui bouleverse l'actualité internationale : en novembre 1956, la révolte de Budapest, puis de l'ensemble de la Hongrie, a été réprimée de manière sanglante par l'armée soviétique. La circonstance historique, comme dans certains poèmes de *La Fable du monde* et dans *1939-1945*, donne lieu à l'écriture d'un poème, « À nos amis hongrois », publié dans le collectif *Hommage des poètes français aux poètes hongrois*, chez Seghers, et dans *Le Figaro littéraire* du 19 janvier[1121]. Le poème, qui sera repris dans *Le Corps tragique* en 1959, place la Hongrie au centre de la planète : son « sort détestable » fait d'un « nous », englobant le sujet poétique, des « coupables » impuissants, qui ne peuvent que prier. Selon Étiemble, le texte de Supervielle, traduit en hongrois, circule sous forme de tract à Budapest, et l'un des écrivains du cercle Petöfi transmet à Supervielle un message :

> Il m'est impossible de vous dire à quel point nous étions touchés, mes amis et moi, en lisant votre beau poème. Vous êtes aimé et estimé en Hongrie depuis bien longtemps. Nous connaissons donc la valeur humaine et poétique de votre geste. Permettez-moi de vous exprimer la gratitude de tout un pays[1122].

À Paris, Supervielle voit l'ami Paulhan à plusieurs reprises ; il donne, à *La N.N.R.F.*, des poèmes qui paraîtront au mois d'août[1123]. Il passe l'été au Mont, à Saint-Point, en Saône-et-Loire, « pays de Lamartine[1124] ». Si ce poète l'enchante de plus en plus, l'endroit est « triste et perdu dans la montagne[1125] ». En compagnie de Pilar, puis d'Anne-Marie, l'écrivain s'y remet d'une crise d'anxiété, d'une hernie et d'une récidive de tuberculose. Il parvient à travailler : « des souvenirs se mêlent à la métaphysique »,

---

1120 Jules Supervielle, « Hommage », *in libro jubilar de Alfonso Reyes*, Departemento de Difusión Cultural de la U.N.A.M., México, 1957.
1121 Jules Supervielle, « À nos amis hongrois », *in Hommage des poètes français aux poètes hongrois*, collectif, Paris, Seghers, 1957, p. 77, repris dans *Le Figaro littéraire*, 19 janvier 1957, et recueilli dans *Le Corps tragique*, éd. citée.
1122 Cité par René Étiemble, *Supervielle*, éd. citée, p. 98.
1123 Jules Supervielle, « Poèmes », *La N.N.R.F.*, n° 56, août 1957, p. 234-237.
1124 Lettre de Jules Supervielle à Jean Paulhan du 24 juillet 1957, *Choix de lettres*, éd. citée, p. 431.
1125 *Ibid.*, p. 433.

et il « n'hésite plus à dire tout ce qui [lui] vient à l'esprit[1126] ». « J'ai toujours cherché ma pensée[1127] », écrit-il à Paulhan le 22 juillet, phrase qui annonce le titre d'un texte important, « Chercher sa pensée », qui paraîtra en deux livraisons dans *La N.N.R.F.* avant d'être recueilli dans *Le Corps tragique*[1128]. De fait, deux jours plus tard, le projet de ce texte se précise : il s'agit de « notes un peu disparates », « entre la poésie et la métaphysique[1129] ». Celles que retiendra Supervielle pour *Le Corps tragique* s'inscrivent dans la continuité d'« En songeant à un art poétique » : elles évoquent la fonction essentielle de l'image, le mélange des époques dans la mémoire, l'attrait du silence et du mystère, leur enjeu méta-poétique venant justifier leur position à la clôture du recueil[1130].

En septembre paraît le numéro d'hommage que consacre *La N.N.R.F.* à Valery Larbaud, mort le 2 février. Supervielle célèbre sa mémoire par le poème « Scène secrète[1131] » : dans cette saynète, il met en scène Barnabooth et Larbaud, dialoguant au sujet du prix Nobel, imaginant que « le rideau ne tombe pas », comme pour refuser la mort de l'ami de longue date. Rentré à Paris, l'écrivain reçoit la visite de son fils Jacques, rentré du Brésil : il lui raconte comment poussent là-bas les villes champignons, suscitant chez l'écrivain un nouveau désir d'Amérique, d'autant que la vie lui paraît, par contraste, de plus en plus « cruelle et orageuse[1132] » en France. Mais ce rêve est vite remplacé par un autre, celui de la communauté avec les amis, dans « une sorte de Pontigny où nous nous retrouverions tous », ou bien « Port-Cros[1133] »... L'ami Paulhan le presse de lui envoyer « Chercher sa pensée » : « impatient », il avoue que « ce mélange de poésie et de métaphysique [le] tente beaucoup[1134] ».

1126 Lettre de Jules Supervielle à Jean Paulhan du 22 juillet 1957, *ibid.*, p. 32.
1127 *Ibid.*
1128 Ce texte, avant d'être repris dans *Le Corps tragique*, sera publié en deux livraisons, précédant chacune un ensemble de poèmes : « Chercher sa pensée (I) », *La N.N.R.F.*, n° 65, mai 1958, p. 769-774, et « Chercher sa pensée (II) », *La N.N.R.F.*, n° 76, avril 1959, p. 597-603.
1129 Lettre de Jules Supervielle à Jean Paulhan du 24 juillet 1957, *Choix de lettres*, éd. citée, p. 432.
1130 Jules Supervielle, *Œuvres poétiques complètes*, éd. citée, p. 1051.
1131 Jules Supervielle, « Scène secrète », « Hommage à Valery Larbaud », *La N.N.R.F.*, n° 57, septembre 1957, p. 401.
1132 Lettre de Jules Supervielle à Jean Paulhan du 26 septembre 1957, *Choix de lettres*, éd. citée, p. 434.
1133 Lettre de Jules Supervielle à Jean Paulhan non datée, de 1957, *ibid.*, p. 435.
1134 Lettre de Jean Paulhan à Jules Supervielle du 12 septembre 1957, *Choix de lettres*, III, éd. citée, p. 166.

Paulhan travaille alors à un ouvrage qui, de son côté, intéresse vivement Supervielle : « La Peinture moderne », un essai dont les éléments se retrouveront dans *La Peinture cubiste*[1135] et dans « Le Clair et l'Obscur[1136] ».
Le mois suivant, le sentiment de solitude et de clôture se renforce, d'autant que l'écrivain, à nouveau, est malade : « je vis en poète, sans rien savoir de ce qui se passe[1137] », avoue-t-il à Paulhan, en confessant ne pas lire les journaux et ignorer l'actualité politique française. Puis, un nouveau séjour au Rondon permet à l'écrivain de se sentir mieux : même s'il souffre toujours de sa hernie et envisage une opération, il profite du calme des lieux pour terminer « Chercher sa pensée ». Après un bref passage à Paris, en raison de la fermeture du château, il retrouve celui-ci fin novembre. Les souvenirs des premiers recueils lui reviennent, à travers une lettre de Paulhan : celui-ci voit annoncé, dans un catalogue, *Brumes du passé*, le recueil de 1901. Mais il déplore que son prix, dix-huit mille francs, l'empêche de songer à l'acquérir[1138]. Supervielle lui répond le 7 novembre :

> Quelle vieille histoire que ces *Brumes du Passé*. Ah ! je peux dire que j'ai commencé bien humblement, et je n'aurais pas tort[1139] !

À la campagne, sa santé s'améliore, ce qui lui permet de retrouver Paris à la fin du mois de décembre.

1958

Au début de 1958, Supervielle est à nouveau atteint par la grippe. Il doit demander à Paulhan de voter à sa place pour le prix Fénéon. En effet, Supervielle est alors membre de plusieurs jurys : ceux des prix Fénéon – où il a été élu, en 1956, à l'unanimité, ce qui ne s'était alors jamais produit –, Rivarol et du Conseil littéraire de la Principauté de Monaco, où il a séjourné à plusieurs reprises au cours des années

---

1135 Jean Paulhan, *La Peinture cubiste*, datée de 1945-1957 dans les *Œuvres complètes*, éd. citée.
1136 Jean Paulhan, « Le Clair et l'Obscur », *La N.N.R.F.*, avril et juin 1958.
1137 Lettre de Jules Supervielle à Jean Paulhan du 3 octobre 1957, *Choix de lettres*, éd. citée, p. 435.
1138 Lettre de Jean Paulhan à Jules Supervielle du 5 novembre 1957, *Choix de lettres, III*, éd. citée, p. 167.
1139 Lettre de Jules Supervielle à Jean Paulhan du 7 novembre 1957, *Choix de lettres*, éd. citée, p. 436.

précédentes. En février, c'est au Rondon qu'il se rend pour trouver le repos : le beau temps, l'espace lui permettent de se sentir mieux, au point qu'il « repren[d] goût à la vie[1140] » avec les premiers signes du printemps. Supervielle se remet alors à travailler avec ardeur à des projets romanesques qui resteront inachevés :

> Un roman : Petite-Moustache. Il s'agit d'une femme mais on retrouvera aussi dans ce roman Le Vulnérable ou plutôt Ferdinand le Vulnérable. C'est son nouveau nom [...] [Cette œuvre] je la voudrais amusante, du moins à la surface. Ce qui me plaît c'est que presque tout ce que j'ai écrit depuis deux ans peut entrer dans mon roman, sans le forcer[1141].

Sur les conseils de Paulhan, il lit l'œuvre du poète Claude Vigée, qui vient de publier *L'Été indien*[1142] : « nous avons un nouveau poète », écrit-il à Vigée, tout en s'excusant de la brièveté de sa lettre, lui qui « encore convalescent d'une grippe[1143] ».

Au début du mois d'avril, l'écrivain rentre à Paris, où il attend de lire, avec une profonde curiosité, l'essai de Paulhan sur « Le Clair et l'Obscur », qui lui apparaît comme une « question vitale », à lui qui a eu la « grande peur, très longtemps [...] de ne pas être compris[1144] ». En mai, de retour au Rondon, il adresse à Marcel Arland un nouveau poème lié aux événements historiques : « Prière à l'Inconnu[1145] ». Le titre est identique à celui du poème de *La Fable du monde*, ce qui souligne le lien entre les deux textes : dans celui de 1958, au plus fort de la crise algérienne, le poète, réagissant aux événements d'une actualité douloureuse, associe préoccupations métaphysiques et confession autobiographique[1146]. Supervielle s'interroge sur la publication de ce texte : s'il ne met pas en doute son caractère « utile », il convient que cette prière est « un peu effrayante[1147] », et se demande si elle peut convenir à *La N.N.R.F.* La réponse d'Arland le rassure pleinement, et le texte paraîtra en juin, dans

---

1140 Lettre de Jules Supervielle à Jean Paulhan du 15 février 1958, *ibid.*, p. 441.
1141 Lettre de Jules Supervielle à Jean Paulhan du 6 mars 1958, *ibid.*, p. 442.
1142 Claude Vigée, *L'Été indien*, poèmes suivis de *Journal de l'été indien*, Paris, Gallimard, 1957.
1143 Lettre de Jules Supervielle à Claude Vigée du 6 février 1958, *Tra-jectoires, op. cit.*, p. 228.
1144 Lettre de Jules Supervielle à Jean Paulhan du 4 avril 1958, *Choix de lettres*, éd. citée, p. 444.
1145 Jules Supervielle, « Prière à l'inconnu », *La N.N.R.F.*, n° 66, juin 1958, p. 1116-1117, repris dans *Le Corps tragique*, éd. citée.
1146 Jules Supervielle, *Œuvres poétiques complètes*, éd. citée, p. 1027-1028.
1147 Lettre de Jules Supervielle à Marcel Arland du 12 mai 1958, voir *infra*.

la rubrique « Le temps comme il passe », conformément à l'hypothèse de Supervielle. Un temps, celui-ci envisage d'écrire une suite, mais le manuscrit parvient trop tard à la revue : il sera finalement publié sous le titre « Anniversaire », dans le *Mercure de France*, en décembre[1148]. Dans une lettre du 9 juin, Arland s'en excuse, tout en faisant l'éloge du poème tel qu'il a été publié dans *La N.N.R.F.* :

> [...] je crois que c'est bien ainsi ; le poème, en s'arrêtant sur l'évocation de l'Algérie, prend un sens plus grave, très émouvant. Et en effet le lecteur en sort ému, on en a beaucoup parlé [...] on a été heureux que *La N.R.F.*, par ta voix, par ta figure, fasse aux circonstances actuelles une allusion d'autant plus grave que discrète[1149].

Durant cette période, Supervielle soumet également à Arland et Paulhan un « opéra bref », « Christine », qu'il a écrit pour la radio à la demande de la compositrice Elsa Barraine : cet opéra « à plusieurs voix[1150] » permet d'explorer une nouvelle forme de dialogue, et l'on y retrouve, selon Étiemble, le ton du « mimodrame[1151] » qui était celui des *Suites d'une course*. Le texte sera donné en août dans *La N.N.R.F.*[1152]

En juillet, l'écrivain séjourne à la Filolie, dans le Périgord. Il habite un appartement au deuxième étage d'un « drôle de château », et les premiers temps, se trouve « émerveillé » par ce « très beau pays », sans pouvoir en tirer profit :

> Hélas le monde extérieur ne m'inspire plus depuis longtemps et cela finira sans doute par un retour à la poésie[1153].

De fait, Supervielle connaît alors une période de doute : après avoir longuement travaillé à son roman, il trouve l'ensemble « inspiré mais banal », « délirant mais morne[1154] », et se met à déchirer ses pages.

Le 14 juillet, Paulhan lui écrit de Paris : il sollicite l'avis de Supervielle sur les événements politiques, sur l'action de de Gaulle. Si son action

---

1148 Jules Supervielle, « Anniversaire », *Mercure de France*, n° 1144, décembre 1958, p. 578-579.
1149 Jules Supervielle, *Œuvres poétiques complètes*, éd. citée, p. 1028.
1150 Lettre de Jules Supervielle à Marcel Arland non datée, estimée à fin mai 1958, voir *infra*.
1151 René Étiemble, *Supervielle*, éd. citée, p. 65.
1152 Jules Supervielle, « Christine », *La N.N.R.F.*, n° 68, août 1958, p. 232-239.
1153 Lettre de Jules Supervielle à Jean Paulhan du 10 juillet 1958, *Choix de lettres*, éd. citée, p. 445.
1154 *Ibid.*

est juste, n'offre-t-elle pas « les dangers de tout nationalisme[1155] » ? Supervielle, quant à lui, répond d'abord avec enthousiasme : « c'était absolument passionnant ces rencontres », précédant l'arrivée de de Gaulle au pouvoir, « c'est vraiment miraculeux que de Gaulle ait pu s'imposer à tous[1156]. » Mais dès octobre, il trouve que « de Gaulle abuse de "Liberté, égalité, fraternité" ». Il se désintéresse vite de la question, avouant n'avoir pas lu la nouvelle Constitution : « c'était si long et j'avais à écrire un poème[1157] ! », se justifie-t-il à l'ami Paulhan.

Il passe la fin de l'été à Paris, mais, sur le balcon du huitième étage du quai Louis Blériot, il souffre de l'absence des arbres, et du « bruit d'enfer » que font les « chalands », sur cette Seine qui se « mécanise » de plus en plus[1158]. Ainsi, Supervielle part à nouveau pour le Rondon, où il espère retrouver Paulhan. Saisi d'un nouvel accès d'enthousiasme, il loue « l'air d'ici[1159] », le grand parc, le calme, propices à l'écriture de nouveaux poèmes. Mais un nouvel incident se produit au mois d'octobre, qui devient dans une lettre à Paulhan un « fait divers » rempli d'humour et d'autodérision, développant à nouveaux frais le motif familier de l'escalier :

> Pas grand-chose de nouveau sauf que je suis tombé de l'escalier. Il faisait absolument noir dans la cage (de l'escalier) et je tenais la rampe avec soin. Sous mes pieds tout se passait normalement. Et tout d'un coup me voilà par terre. J'étais furieux, j'engueulais l'administration qui dépense des millions en installations de minuterie très compliquées et n'a pas trois francs cinquante pour une ampoule bleue qui brûlerait jour et nuit. Rassure-toi je viens de descendre le même escalier et d'en remonter un autre. Je crois que je n'ai rien de cassé. Oh ! je sais qu'il y a le col du fémur ou plutôt du bassin qui se brisent et on ne s'en aperçoit pas tout de suite. Bref hier le doux Supervielle était furieux contre la terre entière[1160].

Le « doux Supervielle » est en effet prompt à des accès de colère : le 29 octobre, il menace de rentrer en Uruguay, même s'il en « crève », s'irritant contre la France, « où toutes les lettres sont ouvertes », contre la

---

[1155] Lettre de Jean Paulhan à Jules Supervielle du 14 juillet 1958, *Choix de lettres, III*, éd. citée, p. 173.
[1156] Lettre de Jules Supervielle à Jean Paulhan du 18 juillet 1958, *Choix de lettres*, éd. citée, p. 446.
[1157] Lettre de Jules Supervielle à Jean Paulhan du 16 octobre 1958, *ibid.*, p. 450.
[1158] Lettre de Jules Supervielle à Jean Paulhan datée « Jeudi », de septembre-octobre 1958, *ibid.*, p. 447.
[1159] Lettre de Jules Supervielle à Jean Paulhan du 15 octobre 1958, *ibid.*, p. 449.
[1160] Lettre de Jules Supervielle à Jean Paulhan du 16 octobre 1958, *ibid.*, p. 449-450.

situation internationale, « temps de guerre, ou de guerre froide, chaude, tiède demi-froide demi-chaude etc. » La colère fait place à l'angoisse à la fin de la lettre, avec un glissement de la thématique du voyage à celle de la mort, « le dernier, le voyage dans l'au-delà[1161] ».

La fin de l'année sera cependant marquée par un événement qui souligne, à nouveau, la place importante de Supervielle dans la vie littéraire : du 8 au 21 décembre, une exposition *Jules Supervielle* se tient à la Bibliothèque littéraire Jacques Doucet, à l'initiative d'Octave Nadal. Le catalogue de l'exposition est rédigé par François Chapon, avec une présentation d'Octave Nadal. Ricardo Paseyro raconte que « le "Tout-Paris" des lettres et des arts défile, deux semaines durant[1162] », à l'exposition. En outre, dans le cadre de cet événement, le 16 décembre, à 21 heures, Étiemble donne à la Sorbonne, en salle Liard, une conférence sur l'œuvre de l'écrivain, intitulée « Poétique et poésie de Supervielle ». Mais Supervielle, s'il a rassemblé « manuscrits, lettres, photos[1163] » pour l'événement, se trouve alors fiévreux et affaibli, et ne peut s'occuper personnellement de l'exposition, à laquelle il ne passera que quelques instants. Ricardo Paseyro affirme que « la joie que procure à "Julio" cet élan d'amitié [...] lui rend des forces[1164] ». Pour autant, lorsqu'il est félicité par Paulhan pour cette célébration de son œuvre, Supervielle lui répond avec une distance qui semble trahir moins la modestie qu'une forme de lassitude :

> Merci, bien cher Jean, de t'être donné la peine de m'écrire. À peine relevé de grippe je me suis moi-même traîné jusqu'à Doucet. Nadal s'est donné beaucoup de mal et les gens n'avaient pas l'air de trop s'ennuyer[1165].

1959

Au début de l'année 1959, Supervielle quitte Paris, « sans prévenir personne[1166] ». Le moral au plus bas, accablé de rhumatismes depuis sa chute dans l'escalier du Rondon, « l'avenir [lui apparaît] complètement

---

1161 Lettre de Jules Supervielle à Jean Paulhan du 29 octobre 1958, *ibid.*, p. 451.
1162 Ricardo Paseyro, *Jules Supervielle, Le Forçat volontaire*, éd. citée, p. 247.
1163 *Ibid.*, p. 246.
1164 *Ibid.*, p. 247.
1165 Lettre de Jules Supervielle à Jean Paulhan du 10 décembre 1958, *Choix de lettres*, éd. citée, p. 452.
1166 Lettre de Jules Supervielle à Jean Paulhan du 2 février 1959, *ibid.*, p. 454.

bouché[1167] ». L'une des raisons en est sans doute le décès de Susana Soca, le 11 janvier : après un séjour en France, l'amie uruguayenne devait repartir en avion pour retrouver sa mère, en Amérique du Sud. Supervielle l'avait accompagnée à l'aéroport, et avait été frappé d'un pressentiment : « j'ai été sur le point d'embrasser Susana », écrit-il à Marcel Jouhandeau, « et je ne sais quelle pudeur m'a retenu[1168]. » D'après une confidence de Michaux à Robert Bréchon, Supervielle aurait dit à Susana Soca qu'ils se reverraient, mais dans un autre monde[1169]. L'avion s'abîme dans la baie de Rio de Janeiro :

> Et maintenant, chère et douce créature, je la couvre de baisers dans le vide[1170].

L'écrivain se rend alors dans le Sud de la France, jusque dans les Pyrénées Orientales, en passant par Grasse. Le voyage lui fait « beaucoup de bien[1171] » : à Prades, où il loge au Grand Hôtel, le soleil, associé à l'air froid, lui permet de retrouver le sommeil. Il invite Paulhan à venir le rejoindre dans ce « pays de l'amitié[1172] ». L'écrivain peut aussi se remettre à travailler, à une nouvelle version du roman *Le Vulnérable*, ainsi qu'à son nouveau recueil de poèmes, dont il met au point la structure :

> J'ai pris le temps [...] de composer mon livre, qui s'intitulera *Le Corps tragique*. J'ai peut-être vingt poèmes où il est question des souffrances du corps et de l'âme. Je commencerai par tout cela. J'ai beaucoup médité l'ordre des poèmes et fait pas mal de corrections[1173].

Supervielle adresse à son gendre Pierre David le manuscrit du recueil, en lui recommandant de veiller à l'ordre des poèmes. Le 10 février, le manuscrit est transmis à Marcel Arland.

En mars, Supervielle est de retour à Paris. Mais les tourments, en même temps que la maladie, le reprennent. Alité, immobilisé, il s'irrite

---

1167 *Ibid.*
1168 Lettre de Jules Supervielle à Marcel Jouhandeau datée « Jeudi », de janvier 1959, *ibid.*, p. 492.
1169 Jean-Pierre Martin, *Henri Michaux*, éd. citée, p. 554.
1170 Lettre de Jules Supervielle à Marcel Jouhandeau datée « Jeudi », de janvier 1959, *ibid.*, p. 492.
1171 Lettre de Jules Supervielle à Jean Paulhan du 2 février 1959, *ibid.*, p. 454.
1172 *Ibid.*
1173 Lettre de Jules Supervielle à Pierre David du 2 février 1959, citée dans Jules Supervielle, *Œuvres poétiques complètes*, éd. citée, p. 1011.

que *La N.N.R.F.* n'ait pas évoqué l'exposition de la bibliothèque Jacques Doucet, ni la publication, chez Droz et Minard, de la thèse que Tatiana W. Greene, professeur à Barnard College, lui a consacrée :

> Plusieurs mois ont passé. Non seulement *La N.N.R.F.* n'a pas publié de la thèse de Greene mais elle a gardé le silence absolu sur l'exposition de mes manuscrits à la bibliothèque Doucet – alors que presque toute la presse en a parlé – ce qui était aussi pour moi un honneur exceptionnel[1174].

L'amertume est telle qu'elle fait oublier à Supervielle que la revue avait bien mentionné l'exposition, dans le numéro de décembre 1958 qui annonçait aussi la conférence d'Étiemble. Tout en reconnaissant la fidélité, la loyauté de son ami Arland, il évoque sa souffrance :

> Je n'ai jamais vu chez toi le moindre signe d'envie. Tu as toujours été très juste pour mon œuvre. J'attire ton attention sur ces faits non pour t'en faire reproche mais pour que tu saches que j'en ai souffert[1175].

Trois jours plus tard suivra une lettre d'excuse, où Supervielle souligne la « générosité » de celui auquel il regrette d'avoir « fait de la peine[1176] ». Ses douleurs l'empêchent également de revoir ses amis : en raison d'une névrite, il doit renoncer à son projet de recevoir ensemble Paulhan et Jouhandeau. Pendant cette période, Supervielle adresse à Arland les épreuves du *Corps tragique*, en le laissant libre de choisir les poèmes qui lui conviendront pour une prépublication dans *La N.N.R.F.* Au moment de lui envoyer « Chercher sa pensée II », Supervielle se livre à une confidence :

> Tu as peut-être remarqué que psychologiquement et métaphysiquement je m'éloigne de plus en plus de mon cher Étiemble. Oui le divin m'attire de plus en plus[1177].

En octobre, alors que Supervielle se trouve au Rondon, paraissent chez Gallimard à la fois le volume réunissant *Les Suites d'une course* et la traduction de *L'Étoile de Séville*, et le recueil poétique *Le Corps tragique*. La première section, qui donne son titre au recueil, évoque les souffrances

---
1174 Lettre de Jules Supervielle à Marcel Arland du 4 mars 1959, voir *infra*.
1175 *Ibid.*
1176 Lettre de Jules Supervielle à Marcel Arland du 7 mars 1959, voir *infra*.
1177 Lettre de Jules Supervielle à Marcel Arland du 11 février 1959, voir *infra*.

physiques et spirituelles. Si le ton de la confidence intime domine, il entre en tension avec l'humour noir et l'affabulation. La section suivante, « À la fenêtre du monde », s'ouvre aux drames contemporains. Puis, « Légendaires » recourt au mythe, comme pour répondre aux inquiétudes humaines. Les « Poèmes de circonstance » rendent ensuite un hommage familier, voire ironique, aux deux grandes figures que sont Claudel et Saint-John Perse. « Les poissons rouges » présente une poésie intimiste, aux images quotidiennes, chargées d'un sens énigmatique, contrastant avec l'humour du « Mirliton magique ». Suivent des traductions, ainsi qu'un ensemble de « Prose et proses ». Le recueil se clôt sur « Chercher sa pensée », prenant la forme d'une sorte d'art poétique, apportant un éclairage rétrospectif sur l'ensemble des poèmes. La dispersion de l'ouvrage peut être lue, comme le propose Michel Collot, à l'image du corps tragique, morcelé, qui donne son titre à l'ouvrage[1178].

Sa réception a été infléchie par la publication simultanée du volume des deux pièces de théâtre. René Lacôte, dans *Lettres françaises*, déclare ainsi que le recueil « ne va pas loin » et affirme lui préférer *Les Suites d'une course*[1179], quand Édouard Glissant, dans *Les Lettres nouvelles*, regrette la poésie de *Débarcadères*, recueil réédité en 1956[1180]. Mais Alain Bosquet rédige dans *Combat* un compte rendu élogieux, soulignant la capacité de Supervielle à « rendre les grands mystères familiers[1181] », qui lui vaudra les remerciements chaleureux de l'écrivain. De même, Jean Le Louët, dans *La Nation française*, loue les traductions de Supervielle ainsi que le « charmant divertissement » écrit en l'honneur de sa petite-fille, Laurence Paseyro[1182]. L'écrivain reçoit également de nombreuses lettres de félicitations : André Dhôtel est ému par « la nuance, la mesure, la timidité même [qui] font de ces poèmes l'enchaînement le plus simple et le plus doux, sans jamais enchérir sur quoi que ce soit ni rien masquer. Et le tragique disperse autour de lui des rêves, des oiseaux[1183]. » Pierre Emmanuel goûte sa « simplicité si merveilleuse, témoign[ant] d'une compréhension si profonde et si proche des lieux communs sur

---
1178 Jules Supervielle, *Œuvres poétiques complètes*, éd. citée, p. 1012.
1179 René Lacôte, *Les Lettres françaises*, 7 janvier 1960.
1180 Édouard Glissant, *Les Lettres nouvelles*, nouvelle série, n° 27, 28 octobre 1959.
1181 Alain Bosquet, *Combat*, 12 novembre 1959.
1182 Jean Le Louët, *La Nation française*, 20 janvier 1960.
1183 Lettre d'André Dhôtel à Jules Supervielle du 27 octobre 1959, citée par Ricardo Paseyro, *Jules Supervielle, Le Forçat volontaire*, éd. citée, p. 249.

lesquels nous sommes tous fondés[1184] ». Cioran voit dans l'humour qui s'y déploie un moyen de « triomphe[r] et de la vie et de la mort[1185] » ; pour Rolland de Renéville, sa « musicalité » s'apparente à « un véritable *mode de pensée*[1186] ».

Le 21 novembre, Supervielle donne un dîner où il convie Alain Bosquet et Rolland de Renéville. Bosquet est frappé par l'altération de la santé de l'écrivain :

> Il paraît maintenant avoir 85 ans, et ses oreilles ont encore grandi. « Michaux voudrait toujours que je m'empoisonne. Je prends déjà assez de médicaments comme ça, sans la mescaline. » Au café : « J'ai eu peur de la mort. Elle tarde, hésite. Elle finit par m'ennuyer[1187] ».

1960

Au début de l'année 1960, Supervielle est vivement touché par l'article que Jaccottet consacre, dans *La N.R.F.*, à son recueil : « Vieillesse du poète[1188] », ce « profond commentaire[1189] », l'émeut tant qu'il invite le poète suisse à venir le voir. Cependant, la seule rencontre entre les deux écrivains restera celle qui a eu lieu en 1947 : la photographe Rogi André ayant proposé à l'éditeur Mermod, pour lequel travaillait Jaccottet, une galerie de portraits d'écrivains, Jaccottet l'avait accompagnée à la séance de pose de Supervielle. Celui-ci avait alors dit un de ses poèmes, et invité Jaccottet à réciter l'un des siens. Si les deux poètes ne se rencontrent plus par la suite, Supervielle œuvrera en faveur de Jaccottet dans la suite du mois de janvier 1960. Ponge, contacté par Jaccottet, a demandé à Paulhan et à Supervielle d'écrire à la Caisse nationale des Lettres en sa faveur. C'est « avec joie[1190] » que Supervielle accède à cette demande. Fidèle dans le soutien qu'il accorde à ses amis, le 10 janvier, il assure

---

1184 Lettre de Pierre Emmanuel à Jules Supervielle, sans date, citée dans Jules Supervielle, *Œuvres poétiques complètes*, éd. citée, p. 1016.
1185 Lettre d'Emil Cioran à Jules Supervielle du 20 octobre 1959, *La Nouvelle Revue de Paris*, *op. cit.*, p. 102.
1186 Lettre de Rolland de Renéville à Jules Supervielle du 10 novembre 1959, citée dans Jules Supervielle, *Œuvres poétiques complètes*, éd. citée, p. 1016.
1187 Alain Bosquet, « L'interrogation originelle », *Europe*, *op. cit.*, p. 32.
1188 Philippe Jaccottet, « Vieillesse du poète », *La N.R.F.*, janvier 1960, repris dans *Une transaction secrète*, Paris, Gallimard, 1987, p. 211-216.
1189 Lettre de Jules Supervielle à Philippe Jaccottet du 5 janvier 1960, voir *infra*.
1190 Lettre de Jules Supervielle à Philippe Jaccottet du 30 janvier 1960, voir *infra*.

également Alain Bosquet de son vote pour *Deuxième Testament*[1191] dans le cadre du prix Max Jacob. L'ouvrage de Bosquet sera bien couronné : même si Supervielle avait profondément aimé aussi le livre de Jabès, également en lice, au point de nourrir des « scrupules[1192] », c'est l'ami qui a reçu son vote. Pourtant, Bosquet note l'évolution de Supervielle, qu'il caractérisait auparavant par sa gentillesse :

> [...] vers 1960, il s'est aigri, bien que ce ne fût pas en profondeur[1193].

De fait, Supervielle, à nouveau, a besoin de repos, et songe à un autre séjour à la campagne. Comme il l'écrit à Paulhan le 3 janvier, « j'ai le cœur fatigué (voir mes œuvres complètes)[1194] », la parenthèse soulignant, avec humour, le lien profond entre l'écriture et le thème de la maladie. La lettre retrouve la désinvolture, alliée à l'inquiétude, qui fait la tonalité singulière de nombreux poèmes des derniers recueils, tout en jouant avec la posture du Créateur qu'adoptait le poète de *La Fable du monde* :

> Pilar et moi nous te souhaitons ce que tu voudras. Choisis, c'est accordé[1195].

En mars aura lieu un dernier séjour au Rondon. Si le calme et la solitude – quatre personnes seulement habitent alors le château – sont propices au repos, Supervielle tente néanmoins de faire venir l'amie Mathilde Pomès, à laquelle il vante les mérites du lieu :

> C'est surtout le parc qui est beau. La nourriture, excellente. Salle de bains et eau chaude partout. Très bien chauffé[1196].

Supervielle retrouve ensuite Paris. Terrassé, alité, il reçoit cependant une nouvelle marque de reconnaissance. Paul Fort, « Prince des poètes », venant de mourir le 20 avril, *Les Nouvelles littéraires* consultent les poètes afin d'élire un nouveau prince. Le 30, Supervielle est choisi de manière triomphale : sur 346 suffrages exprimés, il reçoit 55 voix, contre 33

1191 Alain Bosquet, *Deuxième Testament*, Paris, Gallimard, 1959.
1192 Lettre de Jules Supervielle à Jean Paulhan du 3 mars 1960, *Choix de lettres*, éd. citée, p. 460.
1193 Alain Bosquet, « L'interrogation originelle », *Europe, op. cit.*, p. 32.
1194 Lettre de Jules Supervielle à Jean Paulhan du 3 janvier 1960, *Choix de lettres*, éd. citée, p. 459.
1195 *Ibid.*
1196 Carte postale de Jules Supervielle à Mathilde Pomès du 10 mars 1960, voir *infra*.

ÉLÉMENTS D'UNE BIOGRAPHIE

pour Saint-John Perse, 29 pour Marie Noël et 28 pour Jean Cocteau. Celui-ci adresse un mot de félicitations à Supervielle :

> 5 mai 1960. Cher Prince, l'ami Jean Cocteau vous salue[1197].

Durant cette période, Supervielle adresse une lettre à Paulhan qui prend une valeur testamentaire :

> Je vais aussi mal que possible. Douleurs à la jambe droite presque insupportables. Le sommeil est très mauvais. Je regrette de n'avoir pu quitter Paris. On m'a fait beaucoup d'examens, d'analyses. Je vais essayer de la boue radioactive. Je t'envie d'être dans cette « maison des champs ». Je ne suis pas en état de demander mon admission. Je vais, si je suis encore de ce monde, tâcher de partir pour la campagne. J'ai aussi besoin d'arbres et de verdure. Ce quai Blériot est trop exposé. Je rêve aussi des champs. Notre amitié aura été quelque chose d'important, de très beau dans ma vie. Il faut que je te le redise. Nous vieillissons dans les douleurs mais notre amitié est restée jeune et toujours – malgré la mort – pleine d'avenir[1198].

Le 17 mai, Supervielle s'éteint dans son appartement parisien, un mois avant la parution du livre qu'Étiemble lui consacre. Paulhan est très vivement touché par la disparition de l'ami Julio :

> Je me remets mal de la mort de Jules Supervielle. Seule consolation (si c'en est une) : il se croyait depuis quatre ans entouré d'assassins et fuyait ses femmes de ménage, ses enfants, sa femme même. Années atroces, dont la mort l'a délivré[1199].

Arland, lui aussi, souffre de la mort de Supervielle. Il écrit à Pilar, qui lui répond, le 2 juillet, pour le remercier de sa lettre affectueuse, et lui rappeler à quel point Julio l'aimait aussi. Si les poètes créent un monde merveilleux pour ceux qui les entourent, écrit-elle, tout s'écroule lorsqu'ils les quittent[1200].

La N.R.F., en octobre 1960, rendra à Supervielle un dernier hommage[1201]. Jean Tardieu, André Pieyre de Mandiargues, Jean Laugier,

---

1197 Lettre de Paul Fort à Jules Supervielle du 5 mai 1960, citée par Ricardo Paseyro, *Jules Supervielle, Le Forçat volontaire*, éd. citée, p. 251.
1198 Lettre de Jules Supervielle à Jean Paulhan non datée, de 1960, *Choix de lettres*, éd. citée, p. 460.
1199 Lettre de Jean Paulhan à Noël Devaulx du 9 novembre 1960, *Choix de lettres, III*, éd. citée, p. 106.
1200 Lettre de Pilar Supervielle à Marcel Arland du 2 juillet 1960, Bibliothèque littéraire Jacques Doucet, ARL C.
1201 « Hommage à Jules Supervielle », *La N.R.F., op. cit.*

Jean Cocteau, Jules Trodjman, Jean Dutourd, Gabriel Cousin, Robert Lorho, Claude Vigée, Jean-Philippe Salabreuil, Henri Thomas, Octave Nadal, Philippe Jaccottet, André Dhôtel, Georges Anex, Jean Tortel, Jean Follain, Jean Schlumberger, Roger Judrin, Jean Grosjean, Monique Klener, Franz Hellens, Georges Poulet, André Rolland de Renéville, Claude Roy, Jean Cassou, Jean Le Louët, René Micha, Yves Berger, Maurice Blanchot, Marcel Jouhandeau, Fieschi, Gabriel Marcel, Luc Estang, Alain Bosquet, Édouard Glissant, Léon-Gabriel Gros, André Marissel, Jean Barial, Marc Alyn, Bernard Pivot célèbrent sa mémoire.

Supervielle est inhumé au cimetière de Sainte-Croix, à Oloron-Sainte-Marie, où le rejoindra Pilar, en 1976. Sur sa tombe sont gravés deux vers du poème « Le relais » :

> Ce doit être ici le relais
> Où l'âme change de chevaux[1202].

Un dernier ouvrage de l'écrivain paraîtra, de manière posthume, en 1963 : le récit *Panchita*, situé entre Paris et l'Amérique du Sud, qui renoue, une fois encore, avec les thèmes de l'enfance, du voyage et de la perte[1203].

Dans les année 1970, Michaux écrira à une correspondante à propos de son ami :

> J'aime que vous l'aimiez. Le seul poète rencontré que constamment physiquement l'esprit de poésie habitait. Nous nous sommes vus pendant des années en quantité de lieux qu'il transfigurait[1204].

Marcel Arland, lui aussi, évoquera à plusieurs reprises le souvenir de Supervielle, en privilégiant la forme épistolaire, comme pour continuer la conversation avec l'ami disparu. En 1963, l'ouvrage *La Nuit et les sources* s'ouvre avec une lettre à Supervielle. Arland y mêle le récit de ses propres voyages en Bretagne et en Auvergne, de mars à août 1960, et le souvenir des rencontres avec Supervielle, à Port-Cros, à Saint-Germain-la-Forêt ou à Brinville. La méditation sur l'amitié y est indissociable de la réflexion sur la vie et l'écriture :

1202 Jules Supervielle, « Le relais », *1939-1945, Œuvres poétiques complètes*, éd. citée, p. 412.
1203 Jules Supervielle, *Panchita*, illustrations de Jacqueline Ide, Paris, collection « Albums du petit berger », Desclé de Brouwer, 1963.
1204 Lettre d'Henri Michaux à Laure Miliner, sans date, citée par Jean-Pierre Martin, *Henri Michaux*, éd. citée, p. 555.

> Nous aurons connu des vies assez différentes, Julio, parfois presque opposées dans leurs conditions ou par le jeu de nos humeurs. Je t'ai longtemps cru beaucoup plus sage sinon paisible, que cet homme qui porte mon nom et ne parvient ni dans la joie ni dans la peine à trouver une mesure. Tu savais goûter, recomposer la fable du monde, et de tout, de tous, tirer le miel très pur de tes poèmes. Tu avais tressé un réseau de charmes si délicats […] Et vint le moment où ce réseau te fut une prison. Tu partais brusquement : c'était une fuite […] Pour moi, c'était depuis maintes années monnaie courante […] tu m'as dit un jour que nous devrions bien partir l'un avec l'autre comme ça. Nous le faisons un peu aujourd'hui, le mort et le vivant[1205].

En 1966, dans sa préface à *Gravitations*, Marcel Arland évoquera à nouveau la permanence du souvenir de Supervielle :

> Juste assez de jour, dans cette chambre où j'écris, pour que les morts et les vivants s'y confondent. Est-ce un mort qui me parle ? C'est un ami que je ne rencontre plus, peut-être parce qu'il vit ailleurs, mais dont la voix me parvient, je ne sais comment, je ne sais d'où, et, si je n'en distingue pas tous les mots, elle a des inflexions plus pures que jamais[1206].

Le texte se clôt avec un ultime retour à l'écriture épistolaire, à la faveur d'une apostrophe à l'ami disparu, invoqué par le surnom familier et par le tutoiement :

> Beaucoup d'amour, Julio, pour nous avoir tant donné, par ta présence, par tes œuvres, par cette voix si intime que nous la confondons avec la nôtre et ne savons plus qui parle, quel est cet homme, qui est vivant, à qui vont ces mots que l'on prononce[1207].

1205 Marcel Arland, *La Nuit et les sources*, éd. citée, p. 47-48.
1206 Marcel Arland, préface de *Gravitations*, éd. citée, p. 7.
1207 *Ibid.*, p. 16.

NOTICE ET CODE
DE TRANSCRIPTION

Les choix opérés dans la transcription ont cherché à répondre à une double exigence de fidélité et de lisibilité. Nous avons opté pour une transcription linéarisée. La datation des lettres est précisée dans les titres : pour éviter les doublons, la mention n'en a pas été conservée dans la transcription, sauf quand elle est commentée par Supervielle. Nous avons harmonisé la présentation des titres d'œuvres, articles et poèmes, afin d'éviter certaines confusions. L'usage du soulignement est indiqué par l'italique. Quelques lettres contiennent des éléments dactylographiés : dans ces cas ponctuels, ils sont reproduits dans les notes de bas de page ou indiqués par l'italique et signalés comme tels. En outre, nous avons rétabli certains signes de ponctuation et majuscules quand leur absence rendait la lecture malaisée, et de rares fautes d'orthographe ont été corrigées. Les lettres contiennent parfois des ajouts de la main du destinataire : nous avons pris le parti de les signaler dans les notes de bas de page pour distinguer l'écriture de Supervielle de celle de son correspondant.

Le code suivant a été adopté :

abc   éléments soulignés ou dactylographiés, indiqués comme tels
abc   lecture conjecturale
xxx   éléments que nous n'avons pu déchiffrer
[abc]   restitution d'un mot ou d'une lettre manquants

CHOIX DE LETTRES

1921

1. CARTE POSTALE À GASTON PICARD DU 10 AOÛT 1921[1]

Un fidèle et cordial souvenir de votre Jules Supervielle

Cauterets

2. LETTRE À GEORGES PILLEMENT DU 2 SEPTEMBRE 1921[2]

Villa la Guadeloupe
Ustaritz (Bas. Pyr.)

Cher Monsieur,

Je vous remercie bien sincèrement d'avoir pensé à moi. Voici quelques poèmes pour *La Vache Enragée*[3].

---
1 Gaston Picard (1892-1962), journaliste et écrivain, co-créateur du prix Renaudot en 1926, et fondateur de plusieurs revues littéraires. La carte représente les « Cascades au Pont d'Espagne » ; elle porte l'adresse suivante : « Monsieur Gaston Picard 62 rue de Vaugirard Paris ». Harry Ransom Center, Carlton Lake Collection, 282.5.
2 Georges Pillement (1898-1984), écrivain et traducteur, spécialiste des littératures espagnole et hispano-américaine. Pillement collaborait régulièrement à la revue *Europe*. Il avait effectué un compte rendu de *Débarcadères* dans *Les Feuilles libres*, avril-mai 1922, et écrira un ouvrage sur *Les Conteurs hispano-américains*, Delagrave, 1933. Supervielle lui dédie le poème « Distances » de *Gravitations*. Médiathèque des Gaves, Ms SUP 4.
3 *La Vache enragée*, périodique dirigé par Adolphe Willette (1896-1897) puis par Maurice Hallé à partir de 1917, comptait parmi ses collaborateurs Georges Pillement. Supervielle donne trois poèmes à la revue : « Moments » (non recueilli en volume), *La Vache enragée*, n° 30, 1er octobre, 1921, et « Devant le miroir de ma cabine » (non

J'espère avoir le plaisir de vous revoir souvent l'hiver prochain. Bien amicalement vôtre

Jules Supervielle

Je serai de retour à Paris à la fin du mois.

1922

3. LETTRE À MATHILDE POMÈS DU 5 DÉCEMBRE 1922[4]

47 Boul^d Lannes[5]

Chère Mademoiselle,

Je comptais aller cet après-midi au concert Ricardo Viñes[6] où je vous aurais peut-être rencontrée. J'en suis empêché au dernier moment ; ma femme ira seule et vous dira d'abord combien votre charmante lettre m'a touché puis le plaisir que nous aurions à vous recevoir à dîner un

---

recueilli en volume) et « La corrida » (repris dans *Débarcadères*, éd. citée), *La Vache enragée*, 15 octobre 1921.

[4] Mathilde Pomès (1886-1977), critique littéraire et traductrice, première Française agrégée d'espagnol. Proche de Valery Larbaud, elle traduit de nombreux écrivains de langue espagnole. Médiathèque des Gaves, Ms SUP 19.

[5] Supervielle s'installe en 1912 dans cet appartement, dans lequel il demeurera vingt-trois ans. Ricardo Paseyro le décrit ainsi : « Rangé avec goût mais sans recherche, cet appartement du Boulevard Lannes semble héberger un grand-bourgeois typique : meubles anciens, tapis, peintures, bibelots, Coromandel noir et chatoyant. Deux anomalies corrigent cette impression : l'abondance de livres de poésie et la rare qualité des tableaux modernes signés Chagall, Picasso, Dufy, Vlaminck, Lhote, Favory, Delaunay, Figari, Borès, Marie Blanchard, Othon Friesz... » (Ricardo Paseyro, *Jules Supervielle, Le Forçat volontaire*, éd. citée, p. 118). Cette adresse donne son titre au poème de *Gravitations*, « 47 boulevard Lannes », qui s'intitulait, dans l'édition de 1925, « Métaphysique du 47 boulevard Lannes », et se trouvait dédié à Marcel Jouhandeau. Dans ce texte, l'appartement où demeure le poète se trouve métamorphosé et transporté au ciel, ce qui engendre chez le sujet poétique émerveillement et vertige.

[6] Ricardo Viñes (1875-1943), pianiste espagnol, ami de Maurice Ravel, Claude Debussy et Manuel de Falla.

de ces soirs avec les Guillén[7]. Nous avons gardé un trop bon souvenir de votre personnalité pour ne pas désirer grandement vous revoir.
Pour ce qui est des livres de Gómez de la Serna[8], voulez-vous m'en mettre de côté deux ou trois des plus caractéristiques. *Disparates*? *Senos*? J'ai les *Greguerías*[9] prêtées par notre Guillén. Je vous remercie de bien vouloir me les prêter. Si vous voulez remettre les volumes à votre concierge je pourrai les faire prendre jeudi dans l'après-midi. Ne vous donnez pas la peine de m'écrire si c'est entendu.
Je suis très touché que vous ayez l'intention de m'envoyer *Échantillons* et de le faire signer aussi par Valery Larbaud[10] que j'admire depuis la découverte de l'Amérique et même avant.
Et maintenant souffrez que je vous demande de ne plus m'appeler « cher Maître ». Je ne suis qu'un malheureux élève de troisième, de seconde tout au plus – et dans les derniers de ma classe.

---

7   Jorge Guillén (1893-1984) et son épouse Germaine Cahen (1921-1947). – Jorge Guillén, poète espagnol, est de 1917 à 1923 lecteur à l'Institut d'études hispaniques de la Sorbonne, où il fréquente, comme Supervielle, le cercle du professeur Martinenche. Grand admirateur de Valéry, il est également proche de Supervielle : il écrit en 1919 un article sur ses *Poèmes*, dans *Libertad*, Madrid, 12 octobre 1919. Puis, il traduit en espagnol certains de ses poèmes dans *Bosque sin horas*, Madrid, 1932. Supervielle, de son côté, lui dédie le poème « Cœur » dans *Gravitations*, et traduit des poèmes de Guillén dans *Intentions* (n° 23-24, avril mai 1924, p. 28-30) ainsi que des extraits de *Cantico* inclus dans *Le Corps tragique*, Paris, Gallimard, 1959.

8   Ramón Gómez de la Serna (1888-1963), écrivain d'avant-garde espagnol, notamment inventeur d'un genre littéraire poétique, la *greguería*. Larbaud s'employait alors à le traduire et à le faire connaître en France. Supervielle dédie le poème « Sans Murs » de *Gravitations* à celui qu'il surnomme « Ramón le Merveilleux », tandis que celui-ci évoque Supervielle de manière admirative dans *Pombo, Obras completas*, Editorial A.H.R., Barcelone, 1957, tome II, p. 448. Ricardo Paseyro mentionne leur amitié : « Des nombreux Espagnols rencontrés alors à Paris, le préféré de Supervielle était Ramón Gómez de la Serna, drôle, jeune, charmeur, pur esthète – le contraire d'Unamuno. Adolescent prodige, roi du "Pombo" – le "Deux Magots" madrilène –, Ramón avait publié en 1925, à 36 ans, une soixantaine de volumes. » (Ricardo Paseyro, *Jules Supervielle, Le Forçat volontaire*, éd. citée, p. 129).

9   Les œuvres de Ramón Gómez de la Serna citées par Supervielle sont *Disparates*, Espasa Calpe, Madrid, 1921 ; *Senos*, Imprenta Latina, Madrid, 1917 ; *Greguerías*, Editorial Prometeo, Madrid, 1917.

10 Nous étudions les rapports et la correspondance de Supervielle avec Valery Larbaud (1881-1957) dans *Jules Supervielle, une quête de l'humanisation*, éd. citée ; Jules Supervielle, *Choix de lettres*, éd. citée ; et dans la notice « Jules Supervielle » du *Dictionnaire Valery Larbaud*, dir. Amélie Auzoux et Nicolas Di Méo, Classiques Garnier, 2021. – En 1923 paraîtra, dans la collection « Les Cahiers verts » des éditions Grasset, *Échantillons*, qui avait été publié auparavant, en 1919, dans la revue *Littérature*. Ce choix, composé de « Rastro », « Criailleries », « Seins » et « Boîte d'échantillons », a été traduit par Valery Larbaud et Mathilde Pomès.

Veuillez agréer, chère Mademoiselle, avec le très bon souvenir de ma femme si flattée, comme moi, de vos éloges l'hommage de mes respectueux sentiments.
Votre très dévoué

Jules Supervielle

1923

4. LETTRE À GEORGES JEAN-AUBRY DU 17 JANVIER 1923[11]

47 Bd Lannes

Mon cher ami,

Si je n'avais été souffrant pendant plus de trois semaines (double angine à la gorge, abcès, fatigue insurmontable) je serais impardonnable de ne pas vous avoir remercié pour l'envoi de votre édition de *Berlin* de Laforgue[12], si heureusement sorti de vos pieuses mains et que je n'ai pas pu lire sans émotion. Et d'abord votre très belle préface qui nous fait si bien voir le grand nostalgique dans sa simplicité « quotidienne ». J'envie Laforgue qui a trouvé un si bon ami posthume ! Et comme ce

---

11   L'enveloppe porte l'adresse suivante : « Monsieur G. Jean Aubry 11 Quai Malbourough Street London W.I ». Harry Ransom Center, Carlton Lake Collection, 282.5.
12   Supervielle évoque l'ouvrage de Jules Laforgue, *Berlin*, 1922, éditions de la Sirène, Paris, élaboré par Georges Jean-Aubry (1882-1950). La « belle préface » louée par Supervielle est une introduction d'une centaine de pages, consistant en une biographie de Laforgue. Supervielle dédie à Georges Jean-Aubry « Loin de l'humaine saison », qui ouvre la section « Géologies » de *Gravitations*. Quant à Georges Jean-Aubry, qui surnomme affectueusement Supervielle « don Julio » dans sa correspondance avec Larbaud, il avait publié un compte rendu de *Débarcadères* dans *Arts Gazette, New Series*, n° 6, 22 avril 1922, p. 100-102, et un important article, « Montevideo, Parnasse, français », dans *Le Figaro*, 23 décembre 1922. En outre, dans sa lettre à Valery Larbaud du 19 novembre 1933, il mentionne sa conférence donnée au Havre sur « Les poètes modernes de la mer », au cours de laquelle il lit un poème de Supervielle (Valery Larbaud, Georges Jean-Aubry, *Correspondance, 1920-1935*, introduction et notes de Frida Weissman, Paris, Gallimard, 1971, p. 143). Celle du 27 août 1934 évoque sa lecture des *Amis inconnus* (*ibid.*, p. 173). Jean-Aubry, également critique, traducteur, angliciste et musicologue, était spécialiste de Mallarmé et portait un grand intérêt à la littérature hispano-américaine.

Berlin complète l'œuvre. Il y a là de nouvelles nuances dans la mélancolie, l'ironie, la pudeur.
Mais vous aviez bien voulu me promettre un exemplaire dédicacé et il m'est arrivé, si blanche la première page ! Quand vous serez de passage à Paris ne manquez pas de me téléphoner, n'est-ce pas, pour que nous puissions nous voir et que votre signature colore et embellisse votre gracieux envoi. Vous avez dû recevoir le supplément littéraire du *Figaro* contenant votre article sur « Montevideo, Parnasse français[13] ». Il m'a donné de la joie au cœur au plus fort de ma récente maladie. Merci encore de tout ce qu'il contient d'affectueuse générosité à mon sujet. Rien ne pouvait m'être plus exquis.
Je vous envoie un numéro de *L'Amérique latine* où il est question de votre bel article.
À bientôt j'espère. Une très cordiale poignée de mains de votre encore convalescent et fiévreux

Jules Supervielle

Prière d'excuser les ratures, filles attardées et inévitables hélas ! de ma récente maladie !

S.

5. LETTRE À MATHILDE POMÈS DU 19 JANVIER 1923[14]

Chère Mademoiselle,

Si je n'avais été malade pendant trois semaines je m'estimerais impardonnable de ne pas vous avoir encore retourné les livres de Gómez de la Serna que vous avez eu la grande amabilité de me prêter. Merci encore de m'avoir permis une lecture si intéressante. Vous m'avez même porté bonheur. Peu de temps après votre prêt charmant Ramón m'envoyait son livre *Variaciones*[15]. Guillén que j'ai vu hier m'a laissé espérer qu'il pourrait

---
13 Dans son article « Montevideo, Parnasse français » (*Le Figaro, op. cit.*), Georges Jean-Aubry rapproche Lautréamont, Laforgue et Supervielle.
14 Médiathèque des Gaves, Ms SUP 19.
15 Ramón Gómez de la Serna, *Variaciones, con curiosas ilustraciones del autor*, Atenea, Madrid, 1922.

venir très prochainement dîner à la maison : sa femme se lève déjà et pourra bientôt sortir. Nous allons lui demander de venir le samedi 27 dans l'intimité. 7h ¾. Vous nous ferez le plus grand plaisir si vous voulez bien être des nôtres ce soir-là. Nous avons un si grand désir de vous revoir. Veuillez agréer, avec les meilleurs souvenirs de ma femme, l'expression de ma respectueuse et vive sympathie

Jules Supervielle

6. CARTE POSTALE À FRANZ HELLENS DU 28 JUILLET 1923[16]

Ustaritz.

Cher Monsieur,

Max Jacob[17] vient de m'écrire qu'il vous a adressé la « lettre » que je lui avais communiquée[18]. J'espère que vous l'aurez reçue avant cette carte. Corpus Barga[19], mon voisin à Ustaritz, s'apprête aussi à vous envoyer quelque chose pour le numéro-hommage[20].
Votre cordialement dévoué

Jules Supervielle

---

16 Franz Hellens (1881-1972), écrivain et animateur des lettres belges, notamment directeur de la revue *Le Disque Vert*, proche de Michaux, et dédicataire du poème « Cercle » (Jules Supervielle, Gravitations, éd. citée) – La carte représente « BAYONNE – Pont et Quartier Saint-Esprit. – L.L. » Elle porte l'adresse suivante : « Monsieur Franz Hellens Directeur du Disque Vert 1385 Chaussée de Waterloo Bruxelles Belgique ». Bibliothèque littéraire Jacques Doucet, Gamma 8984-Gamma 8985 ; Gamma 8987-Gamma 9008.
17 Nous étudions les relations et la correspondance de Supervielle et Max Jacob (1876-1944) dans « "Ce fut comme une apparition" : Max Jacob et Jules Supervielle », *Cahiers Max Jacob*, 2013 ; « Lettres de Max Jacob à Jules Supervielle (1922-1935) », co-écrit avec Patricia Sustrac, *Cahiers Max Jacob*, 2013 ; et dans la notice « Jules Supervielle », *Dictionnaire Max Jacob*, dir. Par Patricia Sustrac et Alexander Dickow, Classiques Garnier, à paraître.
18 Jules Supervielle, « Lettre à Max Jacob », *Le Disque Vert*, 2ᵉ année, n° 2, novembre 1923.
19 Andrés García de Barga y Gómez de la Serna (1887-1975), connu sous le pseudonyme de Corpus Barga, écrivain espagnol collaborant notamment à *La Revista de Occidente* et ami de Supervielle. Celui-ci lui dédie le poème « Alarme » de *Gravitations*, éd. citée Corpus Barga traduit ce poème sous le titre « Gravitación » dans *La Revista d'Occidente*, n° 14, août 1924, p. 158-160. Il donne aussi un compte rendu du recueil dans *La Revista d'Occidente*, n° 30, décembre 1925, p. 356.
20 Corpus Barga, « L'histoire sainte de Max Jacob », *Le Disque vert, op. cit.*, nov. 1923.

7. LETTRE À ADRIENNE MONNIER DU 11 NOVEMBRE 1923[21]

Hymne à la Cérès exotique[22].1

(*Chœurs pour une exposition coloniale*)

Invocation[23]
*Colonies, ô colonies, ardeurs volantes,
éloignez de ma mémoire
l'hiver blafard et sans yeux qui tâtonne à coups de neige,
le sépulcral alignement des réverbères
sous les longues pluies citadines,
notre vieux ciel quadrillé d'immeubles avec ses larges
rafales de mélancolies !*

*Que je respire au rythme d'un soleil neuf qui dirige,
Comme un chef d'orchestre, ma joie*[24] *!*

*Qui vive ?.. Cérès qui passa les mers sur la dernière trirème,
la Cérès coloniale.
Elle s'élance brunie parmi les herbes barbues
et ses chers monstres agricoles à vapeur,
la déesse renouvelée.*

---

21 Adrienne Monnier (1892-1955), écrivaine, libraire et directrice de la revue *Le Navire d'argent*. Dans sa librairie, La Maison des amis des livres, située au 7, rue de l'Odéon, elle organise des rencontres littéraires, des expositions et reçoit de nombreux écrivains. Voir Maurice Imbert et Raphaël Sorin, *Adrienne Monnier et la Maison des amis des livres*, 1915-1951, Paris, IMEC, 1991. – L'enveloppe porte l'adresse suivante : « Mademoiselle Adrienne Monnier à la *Maison des Amis des Livres* 7 Rue de l'Odéon Paris (VIe) ». Bibliothèque littéraire Jacques Doucet, Fonds Adrienne Monnier, Alpha Ms 8763-Alpha Ms 8768.
22 Il s'agit d'un tapuscrit avec notes manuscrites : les éléments dactylographiés sont indiqués en italique. Ce poème sera publié dans *Europe*, n° 7, 15 août 1923 ; il est ensuite recueilli dans *Gravitations*, dont il compose le seul poème de la section « Équateur », sans le titre « Hymne à la Cérès exotique » mais avec le même sous-titre, « Chœurs d'une exposition coloniale », et une dédicace à Jacques Benoist-Méchin. Des variantes de ponctuation sont observables ; nous signalons les autres en note.
23 Ce terme n'est pas repris dans *Gravitations*, éd. citée.
24 Ces deux vers sont supprimés, *ibid.*

Comme ses jeunes yeux sont pleins de cadeaux légers !
Comme elle lance les hirondelles bicolores
de sa corbeille rustique qui sent encore l'oseraie !

Blé
Une douceur dorée circule dans les champs de la Déesse
et nos pas sont prisonniers de sa longue chevelure.

Les hautes moissons s'emplissent de son délice intérieur[25]
qui va de l'Olympe antique à la pointe des épis[26],
traversant légèrement tous les siècles, les terrestres, les marins,
et les siècles aériens qui s'accrochent aux sommets.

Ô murmure diapré[27] *où les patients épis*
trament une même harmonie !

Le couchant semble la gueule ouverte d'un four qui flambe
pour donner au pain de l'homme
la primitive couleur du blé gorgé de beaux jours[28].

Sucre.
— Les hautes cannes, les cannes murmurent
sous les lèvres du vent altéré
qui fait mine, gourmand, de dormir[29]
retenu par les douceurs feuillues.

Faudra-t-il donc que tant de poésie[30]
se fragmente rectangulaire
dans toutes les tasses du monde
pour donner aux lèvres des hommes
le goût du miel et du soleil
et des suaves géographies ?

---

25 On lit « de son délice, de son bonheur », *ibid.*
26 On lit « à la pointe des blés mûrs », *ibid.*
27 « Ô murmure millénaire », *ibid.*
28 Ces trois vers connaissent sont supprimés, *ibid.*
29 « Qui fait mine, allongé, de dormir », *ibid.*
30 « Se pourrait-il que tant de poésie », *ibid.*

Soie.
— Le bombyx dans le cocon sécrète des robes de bal
et des cravates à pois
sous la chaleur du ciel d'Asie
dictateur des métamorphoses.
De la chenille soyeuse se déroule au loin le voile
qui fera le tour de la terre
pour la désigner dans l'espace
aux matelots du firmament.

Café.
— Me voici la lance levée
entouré d'un tonnerre noir :
dans les nuages et sur terre
j'ai des sursauts astronomiques[31] *!*
J'exulte et fais lever de gros soleils en pleine nuit
que je conduis en troupeaux
ou je colore les ténèbres
avec de légers arcs-en-ciel
précurseurs de cent jeunes filles créoles sous le madras !

Rhum.
— C'est un navire qui brûle dans un havre de cristal ;
cent mille anges
tendent leurs lèvres autour de la torsade fumante[32].
On dirait que tout le ciel bouge au vent d'aériennes plantations[33] *et se colonise*
pour des récoltes sans prix.
C'est lui, le rhum qui fiance le réel avec le songe
et couronne le désir,
C'est lui qui réconcilie le futur et le passé,
sous son regard tout devient facile cérémonie
avec assistance ardente,
et pour une même ronde
anges et démons se hâtent de se saisir par la main !

---

31 Ces trois vers sont remplacés par les deux suivants : « Entourant d'un tonnerre noir / Le cœur torride qui m'embrase ! », *ibid.*
32 « Accourent du fond du ciel vers la torsade fumante », *ibid.*
33 « Le ciel bouge et se soulève au vent des plantations aériennes », *ibid.*

Finale
Colonies, ô colonies,
poussez votre ciel pur vers le Septentrion,
qu'une ancre de soleil traverse enfin la nue
et touchant la terre de France
soudain ouvre
l'éventail fleuri des pommiers[34] *!*

Jules Supervielle

1 Cet hymne a été mis en musique par M. Jacques Benoist-Méchin[35]

1924

8. LETTRE À GASTON PICARD DU 22 FÉVRIER 1924[36]

Cher Gaston Picard,

Nous vous remercions très vivement, ma femme et moi, d'avoir pensé à nous envoyer votre *Danse de l'Amour*[37]. C'est un conte tout à fait réussi et d'une grâce véritablement dansante.

Nous l'avons lu au retour d'un voyage en Espagne et il nous aurait donné le goût de partir pour l'Amérique[38] si nos enfants, que leurs études retiennent à Paris, ne nous empêchaient de faire de si longs voyages !

---

34 Ces quatre derniers vers sont supprimés, *ibid.*
35 Jacques Benoist-Méchin (1901-1983), journaliste, historien, musicologue et homme politique, condamné à mort pour collaboration en 1947, puis gracié et libéré en 1954. À partir du texte de Supervielle, il compose une cantate pour chœur et orchestre, jouée à Paris en mai 1927 sous la direction de Walther Staram ; elle est éditée chez Heugel en 1927, ainsi qu'une mélodie composée sur « Vœu », en 1934. (Jules Supervielle, *Œuvres poétiques complètes*, éd. citée, p. 761) Cette cantate donne lieu à deux comptes rendus, celui de B. de Schœlzer dans la *Revue musicale*, 1er juin 1927, et celui d'A. Broqua dans la *Revue de l'Amérique latine*, n° 66, juin 1927.
36 L'enveloppe porte l'adresse suivante : « Gaston Picard 62 rue de Vaugirard Paris ». Harry Ransom Center, Carlton Lake Collection, 282.5.
37 Gaston Picard, *La Danse de l'amour*, Kemplen, Paris, 1924.
38 Ce projet de voyage aura bien lieu en juillet de la même année : Supervielle part pour l'Uruguay, puis pour l'Argentine, avec Pilar et leurs cinq enfants ; il rentrera en France en février 1925.

Mes hommages à Madame Picard et bien cordialement à vous

Jules Supervielle

9. LETTRE À MATHILDE POMÈS DU 30 MARS 1924[39]

47 Bd Lannes

Chère Mademoiselle Pomès,

Je traduirai avec joie des vers de Guillén. Tout de suite je vais me mettre au travail. Mais déjà je prévois de terribles difficultés. Aussi merveilleuse que difficile à transposer la poésie de notre grand ami. Je ferai en tout cas de mon mieux et vais écrire à May[40] pour qu'il sache qu'il peut compter sur moi.
Que nous sommes peinés de vous savoir souffrante ! Ma femme va aller vous voir incessamment et vous portera les tendres vœux du ménage. Vous si bonne, si compréhensive que vous projetez partout votre propre talent et en faites profiter ceux qui en ont le plus besoin, est-il possible que vous soyez malade depuis sept semaines ? Que Dieu se dépêche de vous guérir ou je me mets à douter encore de son existence !
À bientôt, permettez-moi d'espérer et veuillez croire à nos affectueuses pensées

Jules Supervielle

---

39 Médiathèque des Gaves, Ms SUP 19.
40 Pierre-André May (1901-1999), directeur de la revue *Intentions*. Cinq lettres de Supervielle à Pierre-André May sont transcrites dans l'ouvrage de Béatrice Mousli, *Intentions, Histoire d'une revue littéraire des années vingt*, Paris, Ent'revues, 1995, p. 168-171. – Ce projet de traduction touche à la conception du numéro spécial que la revue *Intentions*, à laquelle collabore Mathilde Pomès, consacre à « la jeune littérature espagnole », selon l'initiative de Pierre-André May et de Valery Larbaud. Ce projet donnera lieu à la traduction de textes de Jorge Guillén par Supervielle dans *Intentions*, n° 23-24, avril mai 1924, p. 28-30.

10. CARTE DE VISITE À LÉON-PAUL FARGUE[41]

Cher Fargue[42],

Je n'ai pas voulu quitter Paris sans tenter de vous voir. Tous mes regrets de vous avoir manqué.
Votre cordialement dévoué

J.S.

1925

11. LETTRE À LÉON-PAUL FARGUE DU 30 MARS 1925[43]

47 Boulevard Lannes

Cher Fargue,

De retour de l'Uruguay où j'ai passé plusieurs mois je serais très heureux de connaître votre avis sur les poèmes que je vous ai soumis[44]. (Je tiens surtout au « Portrait ».)

---

41 En-tête : « Jules Supervielle 47 Boulevard Lannes ». Harry Ransom Center, Carlton Lake Collection, 69.6.
42 Nous étudions les relations entre Supervielle et Léon-Paul Fargue (1876-1947) dans « "Inventer les mots" : Fargue et Michaux lus par Supervielle », *Ludions, Revue de la Société des Lecteurs de Léon-Paul Fargue*, 2012, et dans « Léon-Paul Fargue – Jules Supervielle : signes d'une rencontre », *Ludions, Revue de la Société des Lecteurs de Léon-Paul Fargue*, 2014.
43 Harry Ransom Center, Carlton Lake Collection, 69.6.
44 Supervielle évoque les poèmes soumis à Fargue pour *Commerce*. Malgré le soutien de Larbaud, « Le portrait » n'a pas été retenu par Marguerite Caetani pour *Commerce*, et paraît dans *Le Navire d'argent*, 1er juin 1925. Il sera repris en recueil dans *Gravitations*, *op. cit*. Sur les relations de Supervielle avec la revue *Commerce* – animée par Marguerite Caetani, princesse de Bassiano, avec Paul Valéry, Léon-Paul Fargue et Valery Larbaud, et qui paraît de 1924 à 1932 –, voir Ève Rabaté, « Supervielle, Larbaud et la revue *Commerce* », Actes de la journée d'études Jules Supervielle à la croisée des chemins : le hors venu sur la scène littéraire, https://www.fabula.org/colloques/sommaire2504.php (consulté le 14 avril 2020), ainsi qu'Ève Rabaté, *La Revue Commerce, L'esprit « classique moderne » (1924-1932)*, Paris, Éditions Classiques Garnier, 2012.

J'ai des souvenirs à vous faire des Güiraldes[45] qui seront bientôt à Paris. La traduction que Ricardo a publiée de votre magnifique poème à votre Père[46] a fait une énorme impression sur les poètes du Río de la Plata. Que j'aime tout ce que vous avez publié dans *Commerce* ! C'est absolument admirable et fort intimidant.
Mes cordiales et respectueuses amitiés

Jules Supervielle

12. LETTRE À FRANZ HELLENS DU 6 MAI 1925[47]

47 Bd Lannes

Mon cher ami,

Michaux[48] m'a bien communiqué la lettre du Directeur du *Centaure*[49]. Navré par cette réponse négative et vous sachant souffrant, j'ai cru devoir

---

45 Ricardo Güiraldes (1886-1927) et son épouse Adelina. Comme le rappelle Michel Collot (Jules Supervielle, *Œuvre complètes*, éd. citée, p. 755), Güiraldes, écrivain argentin dont Supervielle fait la connaissance à Buenos Aires en 1924, s'oppose au *modernismo* et prône un retour aux thèmes typiquement argentins, comme l'illustre son roman *Don Segundo Sombra*. Güiraldes est aussi proche de Valery Larbaud et de *La N.R.F.* Plusieurs lettres de Supervielle sont reproduites dans les *Obras completas* de Güiraldes et témoignent de l'admiration du fondateur de *Proa* pour *Gravitations* et en particulier pour le poème « 400 atmosphères », que lui dédie Supervielle. À sa mort, Supervielle écrit l'article d'hommage « Salut à un poète », *Europe*, n° 59, 15 novembre 1927, ainsi que le poème « À Ricardo Güiraldes », *Les Amis inconnus*, éd. citée.
46 Il s'agit de la traduction par Ricardo Güiraldes, du poème « *Aeternae memoriae patris* », *Proa*, n° 5, décembre 1924, p. 17-21. – Sur les relations entre Léon-Paul Fargue et Ricardo Güiraldes, voir Magali Sequera, « Une plume argentine. Ricardo Güiraldes et Léon-Paul Fargue », *Ludions*, n° 14, 2014.
47 Bibliothèque littéraire Jacques Doucet, Gamma 8984-Gamma 8985 ; Gamma 8987-Gamma 9008.
48 Henri Michaux (1899-1984), dont Supervielle fait la rencontre le 21 février 1924. Supervielle l'aide d'abord à s'installer à Paris et à gagner sa vie ; puis, Michaux devient, avec Paulhan, l'un des deux meilleurs amis de l'écrivain. Celui-ci lui dédie le poème « Au feu ! » dans *Gravitations*. Nous étudions leurs rapports dans *Jules Supervielle, une quête de l'humanisation*, éd. citée et dans *Jules Supervielle, Choix de lettres*, éd. citée Ils sont encore évoqués dans les *Œuvres poétiques complètes*, éd. citée, p. 765, dans la biographie de J.-P. Martin, *Henri Michaux*, éd. citée, dans l'ouvrage de Robert Bréchon, *Michaux*, Paris, Gallimard, 1959, dans celui de René Bertelé, *Henri Michaux*, Paris, Seghers, 1946, et dans l'article de Winfried Engler, « Bemerkungen zu einem unveröffentlichen brief von J. Supervielle », *Zeitschrift für französischer Sprache und Literaturwissenschaft*, t. LXXI, Wiesbaden, 1961.
49 La revue bruxelloise *Le Centaure* (1926-1930) avait été fondée par Walther Schwarzenberg ; Georges Marlier en était le rédacteur en chef.

accepter l'offre de M. Vanderborght, directeur de *La Lanterne Sourde*[50], qui est venu me voir il y a quelques jours et m'a proposé de s'occuper de l'exposition Figari à Bruxelles[51]. C'est Michaux qui m'a fait faire sa connaissance. Mais je tiens à vous remercier encore de vos démarches et espère que vous continuerez à prêter à Figari cet appui moral qui lui sera tout à fait précieux au moment de l'exposition.

Je vous retourne l'épreuve de mon poème et vais m'occuper tout de suite de ma collaboration au N° Lautréamont[52].

J'ai insisté auprès de Larbaud. Michaux lui a écrit également. Je pense qu'il vous enverra quelque chose[53]. En tout cas il ne me semble pas qu'il y ait lieu de lui écrire à nouveau à ce sujet. Nous allons de nouveau parler de la question avec Michaux pour voir ce qu'on pourrait faire.

Fargue ne répond jamais ne comptez pas sur lui. Il est trop paresseux.

À vous bien cordialement

Jules Supervielle

---

50   Paul Vanderborght (1899-1971), poète belge, fondateur de *La Lanterne sourde*. En février 1928, cette revue présentera à Bruxelles l'œuvre de Supervielle, qui se rendra en Belgique à cette occasion.
51   L'exposition de l'œuvre de Pedro Figari (1861-1938), peintre urugayen, se tiendra à Bruxelles, à la galerie Louis Manteau, du 9 au 20 janvier 1926. Dans une lettre non datée, Michaux engage Hellens à se rendre à cette exposition : « Allez à l'exposition Figari le 9 (chez Manteau) et voyez Supervielle. » (Henri Michaux, *Sitôt lus, Lettres à Franz Hellens (1922-1952)*, édition et préambule établis par Leonardo Clerici, Paris, Fayard, 1999, p. 117). Supervielle avait déjà organisé deux expositions parisiennes – à la galerie Druet, en octobre 1923, puis en octobre 1925 – de ce peintre dont il était un ami proche. Supervielle reprend le titre et le thème d'un des tableaux de Figari dans « Âge des cavernes », poème de *Gravitations* qu'il lui dédie, ainsi que la section « La campagne se souvient », dans le même recueil.
52   « Le Cas Lautréamont », numéro spécial du *Disque vert*, n° 3, 1925. Dirigé par Franz Hellens et Henri Michaux, ce numéro contient bien une contribution de Supervielle, « À Lautréamont », avec pour sous-titre « Poème de Guanamiru », *ibid.*, p. 25-27. Ce poème est repris dans la section « Poèmes de Guanamiru », *Gravitations*, éd. citée.
53   Voir la lettre de Jules Supervielle à Valery Larbaud du 31 mars 1925, *Choix de lettres*, éd. citée, p. 505. Larbaud, très sollicité pendant cette période par des demandes d'articles, ne contribuera pas à ce numéro. De son côté, Michaux aborde cette question dans sa lettre à Hellens du 20 avril 1925, avançant une autre explication : « Larbaud ne répond pas, sans doute parce qu'il est froissé, on ne l'a pas mis sur la liste des [sic] nos collaborateurs [...] Supervielle écrira. » (Henri Michaux, *Sitôt lus, Lettres à Franz Hellens 1922-1952*, éd. citée, 1999, p. 112).

13. CARTE DE VISITE À GEORGES HUGNET DATÉE « MERCREDI », DU 16 MAI 1925[54]

Cher Monsieur,

Si vous voulez passer à la maison Vendredi prochain vers 11 heures nous parlerons de vos poèmes.
Bien à vous. Sans réponse, je vous attends

J.S.

14. CARTE DE VISITE À GEORGES HUGNET DU 29 MAI 1925[55]

Cher Monsieur,

Je pars Dimanche matin pour la Bretagne, où je resterai de 10 à 15 jours. À mon retour je serai heureux de vous voir. Je vous ferai signe

Cordialement

J.S.

15. LETTRE À GEORGES HUGNET DU 9 JUIN 1925[56]

Cher Monsieur,

De retour d'un voyage en Bretagne je serai très heureux de m'entretenir avec vous de vos poèmes. Voulez-vous venir Samedi vers 11 heures du matin ou 3 heures (trois heures) de l'après-midi puisque vous êtes libre ce jour-là.

---

54 Georges Hugnet (1906-1974), poète, dramaturge, écrivain, graphiste, éditeur et cinéaste. Après avoir passé sa petite enfance en Argentine, il devient le premier historien du mouvement Dada, et intègre le groupe surréaliste en 1934, avant d'en être exclu en 1939. Pendant la Seconde guerre mondiale, il s'engage contre l'occupation allemande. – En-tête : « Jules Supervielle 47 Boulevard Lannes ». L'enveloppe porte l'adresse suivante : « Monsieur Georges Hugnet 27 B^d de Grenelle *Paris* ». Harry Ransom Center, Carlton Lake Collection, 107.6.
55 En-tête : « Jules Supervielle 47 Boulevard Lannes ». L'enveloppe porte l'adresse suivante : « Monsieur Georges Hugnier [*sic*] 27 B^d de Grenelle Paris ». Harry Ransom Center, Carlton Lake Collection, 107.6.
56 L'enveloppe porte l'adresse suivante au recto : « Monsieur Georges Hugnet 27 Boulevard de Grenelle Paris » ; au verso : « Supervielle 47 B^d Lannes (16e) ». Harry Ransom Center, Carlton Lake Collection, 107.6.

Sans réponse de votre part je vous attendrai à 11 heures avec grand plaisir. Bien cordialement à vous

Jules Supervielle

16. LETTRE À GEORGES HUGNET DU 25 NOVEMBRE 1925[57]

Cher Hugnet,

J'aurais voulu vous donner déjà un rendez-vous mais j'ai été fort occupé ces jours-ci[58]. Me voici un peu plus libre.
Voulez-vous venir me chercher Dimanche matin vers 11 heures ? Nous pourrions faire un tour au bois. Cela me ferait bien plaisir.
Amicalement à vous

Jules Supervielle

1926

17. LETTRE À GEORGES HUGNET DU 2 JANVIER 1926[59]

Je suis bien heureux, mon cher ami de vous savoir débarrassé de toutes ces horreurs militaires ! Quel cauchemar qui disparaît derrière vous. Dans quelques semaines vous n'y penserez plus.
Savez-vous que je suis sur le point de quitter Paris pour la Tunisie où je vais passer trois semaines ? Je pars Mercredi matin et n'ai pas un moment à moi hélas d'ici là. Mais dès mon retour j'espère vous revoir. Je vous ferai signe n'est-ce pas.

Tous mes vœux et mes meilleurs souvenirs

Jules Supervielle

---

57   Harry Ransom Center, Carlton Lake Collection, 107.6.
58   En novembre 1925 paraît la première édition de *Gravitations*, éd. citée, dédiée à Larbaud.
59   Harry Ransom Center, Carlton Lake Collection, 107.6.

18. LETTRE À GEORGES HUGNET DU 21 FÉVRIER 1926[60]

Cher Hugnet,

Voulez-vous venir Mercredi matin vers 10 heures ½ ? Je serai bien content de vous revoir. Si c'est entendu ne prenez pas la peine de répondre.

Cordialement à vous

Jules Supervielle

19. LETTRE À ADRIENNE MONNIER DU 26 MARS 1926[61]

47 Bd Lannes

Chère Mademoiselle,

Je serai « des vôtres » avec autant de fierté que de plaisir. Vous savez combien j'aime et admire votre beau *Navire*[62] ! Je vous demanderais seulement à user de votre dernier délai pour l'envoi de mes deux pages de vers[63]. Je vous les adresserai le 4. Merci aussi infiniment de ce que vous voulez bien me dire de mes *Poèmes* parus dans la *Revue Nouvelle*[64]. Fidèlement vôtre

Jules Supervielle

---

60   Harry Ransom Center, Carlton Lake Collection, 107.6.
61   L'enveloppe porte l'adresse suivante : « Mademoiselle Adrienne Monnier Directrice du *Navire d'Argent* 7 rue de l'Odéon Paris (VIe) ». Bibliothèque littéraire Jacques Doucet, Fonds Adrienne Monnier, Alpha Ms 8763-Alpha Ms 8768.
62   Il s'agit de la revue d'Adrienne Monnier, publiée de 1925 à 1926 et comptant douze numéros.
63   La collaboration évoquée par Supervielle donnera lieu à la publication de la suite « Derrière le silence », *Le Navire d'argent*, n° 12, 1er mai 1926, p. 393-395. Cette suite de poèmes sera reprise dans *Les Marges*, nouvelle série, cahier I, janvier-mars 1928, p. 119-120, puis dans *Oloron-Sainte-Marie*, éd. citée p. 57-60, dans *Le Forçat innocent*, ainsi que dans les *Choix de poèmes* de 1944 et de 1947.
64   Supervielle fait référence aux poèmes « Volets ouverts Fenêtre close », « Les yeux », *La Revue nouvelle*, mars 1926, p. 1-2. Le premier poème est repris sous le titre « La chambre voisine » dans *Oloron-Sainte-Marie*, dans *Le Forçat innocent* et dans les *Choix de poèmes* de 1944 et de 1947 ; le second, dans *Oloron-Sainte-Marie*, sous le titre « Yeux », et dans *Le Forçat innocent*, avec le titre « Les yeux ».

20. LETTRE À GEORGES HUGNET DU 29 AVRIL 1926[65]

Cher ami,

J'arrive aussi du Midi par la côte de mer à Marseille, Valence et l'Auvergne. Je comprends votre enthousiasme et qu'il vous ait fait écrire des poèmes ! Il me serait si agréable de ne vivre à Paris que quatre mois par ans et le reste du temps, de faire collection de vagues au bord de la mer ensoleillée. Mais au fait êtes-vous de retour ? Je ne sais trop où vous situer : Boulevard de Grenelle ou l'Algérie ?
À bientôt j'espère et à vous très cordialement

Jules Supervielle

21. LETTRE À GEORGES HUGNET DATÉE « LUNDI[66] »

Cher ami,

Puisque vous êtes à Paris et libre ! je vous attendrai Jeudi prochain à 11 heures.
Très heureux à la pensée de vous revoir

Tout vôtre

Jules Supervielle

---

65 L'enveloppe porte l'adresse suivante : « Monsieur Georges Hugnet 27 Boulevard de Grenelle *Paris* ». Harry Ransom Center, Carlton Lake Collection, 107.6.
66 Harry Ransom Center, Carlton Lake Collection, 107.6.

22. LETTRE À JACQUES MARITAIN DU 16 MAI 1926[67]

Cher Monsieur,

Votre « réponse[68] » est de celles qui nous permettent de mieux voir en nous. Elle éclaire le labyrinthe. Je vous remercie de tout cœur de me l'avoir fait connaître. Mais il me faut vous avouer que je ne suis pas religieux bien que le mot Dieu depuis trois ans soit quelquefois venu sous ma plume[69]. Comédie ? Ah ! que non ! Mais désir d'être le plus sincère possible. Puisque le mot-synthèse, la synthèse par excellence je la voyais naître sous mes yeux sur mon papier je ne pouvais tout de même pas la biffer.

Peut-être resterai-je toute ma vie un pré-mystique, un poète seulement ! Ah ! Veuillez m'excuser si je vous parle ainsi de moi. C'est de votre faute si je me mets à réfléchir tout haut et comme si j'étais seul avec moi-même. Votre « réponse » est allée chercher en moi ce qui se cache dans l'obscur. Permettez-moi de vous en dire toute ma gratitude.

---

67 Jacques Maritain (1882-1973), philosophe, importante figure du thomisme en France, époux de Raïssa Oumansoff (1883-1960), poète et philosophe. – L'enveloppe porte l'adresse « Monsieur Jacques Maritain Aux soins de la librairie Stock 7 rue du Vieux Colombier Paris », barrée et remplacée par l'adresse suivante : « 10 rue du Parc Meudon ». BNU, Fonds Jacques et Raïssa Maritain, Ms.Maritain.2,1,1488.

68 Supervielle fait référence au texte de Jacques Maritain, *Réponse à Jean Cocteau*, Paris, Stock, 1926. Dans l'article « Jacques Maritain et les artistes », Michel Cagin évoque la réception de ce texte, et transcrit, en annexe, une large part de cette lettre de Supervielle à Maritain. Michel Cagin rappelle ainsi que « la *Réponse à Jean Cocteau* dépasse largement le cas de Cocteau. Maritain est entré assez profondément dans l'épaisseur de l'expérience de Cocteau pour y déceler un fond universel dont chaque poète peut retrouver en soi-même la vérité singulière », d'où l'écho rencontré par ce texte auprès de nombreux écrivains, dont Supervielle. Michel Cagin, « Jacques Maritain et les artistes », *Jacques Maritain face à la modernité, colloque de Cerisy*, textes réunis par Michel Bressolette et René Mougel, Toulouse, Presses Universitaires du Mirail, 1995, p. 52.

69 Dans les premiers recueils de Supervielle, une forme d'indifférence, voire d'ironie narquoise, est sensible à l'égard du religieux, comme le souligne la profession d'athéisme de « Révolte » dans *Brumes du passé*, paru en 1901 (« Je ne crois plus à rien, si ce n'est au néant... »). Dans *Poèmes*, publié en 1919, Dieu n'est pas évoqué ; des éléments liturgiques sont mentionnés dans « Doña Trinidad », « Ave Maria », « Soir Créole » ou « La Prière de Lola à Saint-Antoine », mais ils font l'objet d'un traitement humoristique et trivial. La mention des « trois ans » par Supervielle, dans cette lettre à Jacques Maritain, est significative : une forme de questionnement, d'inquiétude, qui se développera dans l'ensemble de l'œuvre, est en effet lisible à partir de *Débarcadères*, dont la première édition date de 1922, puis la figure divine apparaît dans *Gravitations*, publié en 1925. Elle reviendra de manière récurrente dans les recueils suivants.

Votre

Jules Supervielle

Je ne sais à la suite de quelle erreur mon volume *Gravitations*[70] ne vous a pas été adressé jusqu'ici. Je le joins à cette lettre avec mon grand regret pour ce retard.

23. PNEUMATIQUE À GEORGES HUGNET DU 12 JUIN 1926[71]

Cher ami,

J'eusse voulu pouvoir aller chez vous ce soir mais je suis très fatigué et ne pourrai sortir après dîner.
Je vais aller me reposer à la campagne quelques jours puis partirai pour Hendaye.
Tous mes regrets. À vous très cordialement

Jules Supervielle

J'espère avoir de vos nouvelles pendant ces vacances.

24. LETTRE À ADRIENNE MONNIER DU 30 SEPTEMBRE 1926[72]

J'eusse voulu vous dire déjà, chère Adrienne Monnier, combien j'ai goûté votre poème[73] et toute la sourde, profonde rêverie que je lui dois. Je l'ai emporté à la mer et lu sous l'emprise des vagues et du reflux. Mouvante marge de rythme qui convenait si bien à cette lecture. Si vous nous touchez le cœur c'est bien en ce qu'il a de bruissant, de grave, de millénaire. Ces belles pages détachent des liens, nous enlèvent d'obscures menottes. Et on se sent délivré, après vous avoir lu, de je ne sais quels remords.

---

70 Jules Supervielle, *Gravitations*, éd. citée, 1925.
71 Le pneumatique porte l'adresse « Monsieur Georges Hugnet 27 Boul^d de Grenelle Paris (XVe) ». Harry Ransom Center, Carlton Lake Collection, 107.6.
72 Bibliothèque littéraire Jacques Doucet, Fonds Adrienne Monnier, Alpha Ms 8763-Alpha Ms 8768.
73 Supervielle fait sans doute allusion au recueil d'Adrienne Monnier, *Les Vertus. Poèmes*, Paris, La Maison des Amis des Livres, 1926.

Et que de trouvailles si naturelles ! Comme en pensant à autre chose. J'aime tant la couleur de votre émotion. Vous avez commencé à nous donner le meilleur miel de vous-même.

Un profond merci de votre tout dévoué

Jules Supervielle

25. LETTRE À JACQUES MARITAIN DU 1er OCTOBRE 1926[74]

47 Bd Lannes

Cher Monsieur,

Votre lettre m'a fait un profond plaisir. Merci. Je pense avoir bientôt des poèmes à vous proposer pour les *Chroniques du Roseau d'or*[75]. Mais je tenais d'ores et déjà à vous remercier de votre demande qui me touche et m'honore.
Je vous prie de croire, cher Monsieur, à mes sentiments bien sympathiques

Jules Supervielle

---

74 L'enveloppe porte la même adresse, barrée et remplacée par celle du « Parc Meudon », que la lettre du 16 mai 1926. BNU, Fonds Jacques et Raïssa Maritain, Ms.Maritain.2,1,1488.
75 Ce projet n'aboutira pas. *Le Roseau d'or*, qui se pose en rival de *La N.R.F.*, est une collection littéraire fondée par Jacques Maritain en 1925, qui durera sept ans. Le comité de direction est composé de Jacques Maritain, Henri Massis, Frédéric Lefèvre, Stanislas Fumet ; à cette initiative adhèreront ensuite Chesterton, Claudel, Cocteau, Ghéon, Max Jacob et Reverdy. Le premier ouvrage publié dans cette collection, en 1925, est *Trois réformateurs* de Maritain. Puis, la collection propose tantôt une œuvre d'amples dimensions, tantôt un volume rassemblant de courts ouvrages, sous le titre de *Chroniques*. Voir Michel Bressolette, « Jacques Maritain et *Le Roseau d'or* », *Littératures*, n° 9, 1984, p. 291-297.

26. LETTRE À GEORGES HUGNET DU 5 OCTOBRE 1926[76]

Mon cher Hugnet,

Moi aussi je serai très heureux de vous voir avant votre départ pour le régiment ! Lundi à 11 heures, voulez-vous ?
J'ai eu de vos nouvelles par Lanoë[77], si pénétrant et merveilleusement égaré dans *La Ligne de cœur*. Mais comme il sait pêcher le cœur au bout de sa ligne.
Je vous attends déjà mon cher ami

Jules Supervielle

27. LETTRE À GEORGES HUGNET DATÉE « SAMEDI », DU 16 OCTOBRE 1926[78]

Cher ami,

Comment pouvez-vous dire que j'ai trouvé votre poème « passable » quand à plusieurs reprises je vous ai manifesté, pendant ma lecture, des sentiments de vive admiration !
Tel qu'il est maintenant je le trouve de bout en bout remarquable avec plusieurs passages de grande poésie. Et c'est une joie pour moi (je vous en remercie) de l'adresser à Gaillard[79].

---

76   L'enveloppe porte l'adresse suivante : « Monsieur Georges Hugnet 27 Boulevard de Grenelle Paris ». Harry Ransom Center, Carlton Lake Collection, 107.6.

77   Julien Lanoë (1904-1983) est le fondateur de la revue *La Ligne de cœur* : publiée à Nantes entre novembre 1925 et mars 1928, elle compte douze numéros. Julien Lanoë publiera cependant sous ce même titre cinq numéros supplémentaires de 1933 à 1935 dont il sera l'unique collaborateur. Supervielle est l'un des collaborateurs de la revue : il donne dans *La Ligne de cœur* trois poèmes, publiés dans le sixième cahier de juin 1926, le neuvième cahier d'avril 1927 et le douzième cahier de mars 1928. Pierre Menanteau fait encore paraître des « Notes sur la poésie de Supervielle » dans le huitième cahier, de juin 1927. Lanoë contribue au numéro hommage de *Regains* en 1938. Supervielle lui dédie le poème « Le faon », *Le Forçat innocent*, éd. citée Paulhan est l'ami commun de Supervielle et Lanoë, ce qui contribue à leur rapprochement : en 1929, Supervielle assiste au mariage de Lanoë à l'église des Invalides à Paris, et rencontre à cette occasion Maurice Fombeure.

78   L'enveloppe porte l'adresse suivante : « Monsieur Georges Hugnet 27 Boulevard de Grenelle *Paris* (XVe) ». Harry Ransom Center, Carlton Lake Collection, 107.6.

79   Georges Hugnet deviendra bien collaborateur des *Cahiers du Sud*, revue dans laquelle André Gaillard occupe une place essentielle. Il donne en particulier « *Deus ex machina* », *Les Cahiers du Sud*, n° 87, février 1927 : c'est à ce texte que Supervielle fait référence dans la lettre suivante. – Sur les rapports de Supervielle avec André Gaillard (1898-1929),

Savez-vous que je n'ai jusqu'ici accepté de recommander aux revues que trois poètes, dont vous. Et c'est parce qu'aucun des trois n'avait besoin de recommandation. On ne peut qu'être fier de mettre sous enveloppe un poème comme celui que vous m'avez envoyé.

Vos corrections ont été très heureuses : on voit aussi là la marque de dons vraiment exceptionnels.

J'ai téléphoné à Gangotena[80]. Il vient dîner Mardi prochain à la maison. Je vous attends aussi. Vous me ferez bien plaisir en vous joignant à nous. Dans l'intimité des vestons. 8 heures.

Bien cordialement à vous

Jules Supervielle

28. LETTRE À GEORGES HUGNET DATÉE « JEUDI », DU 28 OCTOBRE 1926[81]

Mon cher ami,

Vos vers passeront aux *Cahiers du Sud* dans le N° de Janvier, ou de Février au plus tard[82]. Voilà ce que me dit Gaillard qui demande votre adresse pour les épreuves. Envoyez-la-lui je vous prie.

---

dédicataire de « Derrière le silence » dans *Le Forçat innocent*, éd. citée, et auquel Supervielle consacre les textes « André Gaillard » (*La N.R.F.*, n° 197, 1ᵉʳ février 1930) et « À André Gaillard pour l'anniversaire de sa mort » (*Les Cahiers du Sud*, décembre 1938), voir Alain Paire, *Chronique des Cahiers du Sud 1914-1966*, éd. citée.

80   Alfredo Gangotena (1904-1944), poète équatorien ; Supervielle est un ami de sa famille. Il rencontre Alfredo Gangotena par l'intermédiaire de Gonzalo Zaldumbide, et œuvre à la reconnaissance du jeune poète, qu'il présente à l'avant-garde parisienne, et notamment à Michaux. Supervielle loue aussi les textes de Gangotena aux poètes uruguayens lors de ses séjours en Amérique du Sud. Supervielle a œuvré à la publication d'*Orogénie*, éd. citée, et montré des poèmes de Gangotena à Caillois pour la revue *Sur*. Supervielle rédige une « Lettre à Alfredo Gangotena » en guise de préface du recueil du poète équatorien, *Nuit*, en 1938, et il dédie à Gangotena « Un homme à la mer », *Gravitations*, éd. citée De son côté, Gangotena dédie à Supervielle son premier poème en français, « Promenade sur le toit », *Intentions*, décembre 1923, et « Poème », *Revue de l'Amérique latine*, mars 1924, vol. VII, n° 27. Les lettres de Supervielle à Gangotena, s'échelonnant de 1924 à 1944, sont reproduites dans *Sous le figuier de Port-Cros*, éd. citée, p. 58-74.

81   L'enveloppe porte l'adresse suivante au recto : « Monsieur Georges Hugnet 27 Boulevard de Grenelle *Paris* » ; au verso : « Supervielle 47 Bᵈ Lannes (16ᵉ) ». Harry Ransom Center, Carlton Lake Collection, 107.6.

82   Georges Hugnet, « *Deus ex machina* », *Les Cahiers du Sud, op. cit.*

Gaillard ajoute :
« Le poème d'Hugnet je l'aime infiniment plus – vraiment beaucoup plus – que ce qu'il avait publié déjà et que je connaissais. » Je crois aussi, et vous l'ai déjà dit, que c'est ce que vous avez fait de mieux : un très beau poème digne de figurer dans n'importe quelle grande revue. Il sera certainement très remarqué.
J'espère bien vous revoir avant votre départ. Voulez-vous venir me chercher Mardi vers 11 heures ?
Très cordialement à vous

Jules Supervielle

29. LETTRE À GEORGES HUGNET DATÉE « DIMANCHE », DU 6 NOVEMBRE 1926[83]

Cher ami,

Je regrette beaucoup de ne pas être libre Mercredi matin et d'autant plus que vous êtes sur le point de partir pour un voyage qui n'est pas d'agrément ! Mais j'espère que vous ne tarderez pas à venir en permission ! Puissent les jours de Haguenau ne pas vous être cruels. Vous les surmonterez.
Je vous serre cordialement la main

Jules Supervielle

30. LETTRE À FRANZ HELLENS DU 15 DÉCEMBRE 1926[84]

Mon cher ami,

Votre lettre m'a fait un bien grand plaisir : ah comme je la désirais ! J'avais tant aimé votre *Naïf*[85] et ses perspectives tout intérieures. Cette enfance tout entière révélée par quelques récits de petites choses qui sous votre plume deviennent de merveilleux événements !

---

83 L'enveloppe porte l'adresse suivante : « Monsieur Georges Hugnet 27 Boulevard de Grenelle Paris ». Harry Ransom Center, Carlton Lake Collection, 107.6.
84 Bibliothèque littéraire Jacques Doucet, Gamma 8984-Gamma 8985 ; Gamma 8987-Gamma 9008.
85 Franz Hellens, *Le Naïf*, Paris, Émile-Paul frères, 1926.

Il m'avait donné aussi une forte envie de vous revoir. Ne manquez pas de me téléphoner quand vous reviendrez à Paris (Auteuil 57-09). Je ne pense pas pour l'instant aller à Bruxelles mais plutôt ce serait le Midi qui m'appellerait. Ce temps gris me désespère à la longue !
Je collaborerai volontiers à cette nouvelle revue belge dont vous me parlez. Mais pour l'instant je n'ai rien d'inédit à offrir... Je me suis mis à un autre roman[86].
Michaux[87] à qui j'ai montré votre lettre (quelle immodestie !) travaille beaucoup à de nouveaux poèmes. Nous parlons souvent de vous avec lui. Il me racontait comment vous aviez commencé *Le Naïf* croyant que vous n'aviez presque plus la mémoire de votre enfance. Et ce simple fait auquel j'ai beaucoup réfléchi m'a touché, remué.

Croyez-moi, je vous prie, toujours très cordialement à vous

Jules Supervielle

1927

31. LETTRE À GEORGES HUGNET DU 17 MARS 1927[88]

Mon cher Hugnet,

J'apprends par Lanoë que vous êtes de retour à Paris et serai bien heureux de vous revoir. Voulez-vous venir me chercher Mardi prochain vers onze heures nous irions faire un tour au bois ensemble.
J'ai été charmé d'avoir de vos nouvelles. À bientôt, j'espère. Si vous êtes libre ne prenez pas la peine de répondre.

---

86 Supervielle évoque la genèse du roman *Le Survivant*, qui fait suite au *Voleur d'enfants*.
87 En novembre 1926, Supervielle a effectué, en compagnie de Michaux, un voyage à Saint-Jean-Pied-de Port et à Oloron-Sainte-Marie, où se trouvent enterrés ses parents. Ce périple donnera lieu au poème « Oloron-Sainte-Marie » (publié dans *Commerce*, cahier X, hiver 1927 ; *Oloron-Sainte-Marie*, Cahiers du Sud, 1927 ; *Le Forçat innocent*, éd. citée) et à l'ouvrage de Supervielle, *Boire à la source, Confidences de la mémoire et du paysage*, éd. citée.
88 L'enveloppe porte l'adresse suivante : « Monsieur Georges Hugnet 27 Boulevard de Grenelle Paris (XjVᵉ) ». Harry Ransom Center, Carlton Lake Collection, 107.6.

À vous très cordialement

Jules Supervielle

32. CARTE DE VISITE À MARCEL ARLAND DATÉE DU 11 MAI 1927[89]

Vous adresse, avec ses meilleurs souvenirs, cet article que F. Garibaldi[90] vient de lui envoyer. Mais peut-être l'avez-vous déjà.

33. LETTRE À MARCEL ARLAND DU 11 MAI 1927[91]

47 Bd Lannes

Cher Monsieur,

Si j'ai un peu tardé à vous remercier de l'envoi d'*Âmes en Peine*[92] c'est que je n'étais pas à Paris, mais à Aix, quand vous m'avez envoyé votre livre. (J'ai appris que vous étiez allé vous-même en Provence et que nous nous sommes manqués de peu[93].)
Vos belles pages si simples, si dépouillées agissent sourdement. Elles s'emparent petit à petit du lecteur qui soudain se sent entièrement pris. Puis devant son propre miroir. Et il n'ose plus bouger. Toutes les couleurs, même les plus violentes veillent derrière ce gris si nuancé, et filtrent.

---

[89] Marcel Arland (1899-1986), écrivain, critique littéraire, éditeur. Supervielle occupe une place importante dans son *Anthologie de la poésie française*, éd. citée Après la guerre, leur amitié s'approfondit encore : Arland, devenu co-directeur de *La N.R.F.*, dédie à Supervielle, en 1947, *Il faut de tout pour faire un monde*, et organise avec Paulhan le numéro hommage que *La N.N.R.F.* consacre en 1954 à Supervielle. Arland écrira également une préface à l'édition de *Gravitations* dans la collection « Poésie » de Gallimard, en 1966. Supervielle lui dédie le recueil *Oublieuse mémoire*, éd. citée Il compte Arland « parmi [s]es meilleurs amis » dans une lettre à Tatiana W. Greene (Tatiana W. Greene, « Lettres à l'auteur », *Jules Supervielle*, éd. citée, p. 414-417). – En-tête : « 47 Boulevard Lannes / Jules Supervielle ». Bibliothèque littéraire Jacques Doucet, Fonds Marcel Arland, ARL C 1-ARL C 208.

[90] Ferdinando Garibaldi ; dans son ouvrage, Christian Sénéchal signale son compte rendu d'*Oloron Sainte-Marie* et du *Forçat innocent* dans *Il Primato d'Italia*, 8 avril 1928. Christian Sénéchal, *Jules Supervielle, Poète de l'univers intérieur*, éd. citée, p. 246.

[91] Bibliothèque littéraire Jacques Doucet, Fonds Marcel Arland, ARL C.

[92] Marcel Arland, *Les Âmes en peine*, éd. citée.

[93] En février 1927, Supervielle se trouve à Marseille, où il travaille au roman *Le Survivant*, qui fait suite au *Voleur d'enfants*. À cette occasion, il rencontre l'équipe des *Cahiers du Sud*, et noue des relations amicales avec André Gaillard notamment.

Âmes en peine oh toujours plus ou moins en pension dans le pauvre corps humain...
Merci, cher Marcel Arland, et de tout cœur.
Votre

Jules Supervielle

34. LETTRE À ANDRÉ GIDE DU 3 JUILLET 1927[94]

47 Bd Lannes

Auteuil 57-09

Cher Monsieur,

Le silence de mon frère[95] finit par prendre une signification que je me refusais à lui accorder il y a quelques jours encore. N'ayant pas reçu le télégramme tant désiré il nous faut bien renoncer au beau rêve que nous avions formé : vivre un jour dans votre belle villa des Sycomores[96].

---

94   André Gide (1869-1951) constitue pour Supervielle une figure tutélaire, comme Paul Valéry : tous deux lui ont permis d'intégrer le cercle de *La N.R.F.*, après la publication des *Poèmes* de 1919. À cette occasion, Gide adresse à Supervielle une lettre élogieuse (voir *infra*) ; par la suite, Supervielle lit Gide avec grand intérêt, qu'il s'agisse de ses textes critiques, qu'il cite souvent dans sa correspondance, ou de ses textes romanesques. La suite de la correspondance témoigne de la grande admiration de Supervielle pour Gide : après avoir caressé le rêve d'acquérir la villa Montmorency, qui appartenait à Gide, Supervielle écrit à celui-ci, en 1945, une véritable « déclaration », où il exprime tout ce qu'il doit à l'auteur des *Faux-monnayeurs*. Enfin, sollicité par Paulhan pour le numéro spécial « Hommage à André Gide » (*La N.R.F.*, novembre 1951), Supervielle rédige une lettre ouverte, qui ne sera finalement pas publiée dans le numéro, Paulhan n'ayant pas goûté ce texte (voir *infra*). – Bibliothèque littéraire Jacques Doucet, Gamma 815 (1-4)
95   Louis Supervielle, fils de Bernard Supervielle, l'oncle de Jules, qui l'avait élevé après la mort de ses parents. Supervielle lui dédie les poèmes de *Débarcadères* dans les éditions de 1922 et de 1934.
96   Supervielle évoque la villa Montmorency, dite des Sycomores, que Gide fit construire sur les plans de Louis Bonnier, architecte en chef de la ville de Paris au 18 bis, avenue des Sycomores à Auteuil, et où il résida de la mi-février 1906 au début d'août 1928. Comme le relate Ricardo Paseyro, « l'appartement du Boulevard Lannes semble [à Supervielle] surpeuplé ; Pilar veut être propriétaire. Cela tombe bien : Gide souhaite vendre son hôtel particulier, "Les Sycomores", villa Montmorency. Endroit idéal, marché engagé ! Julio écrit et câble à Montevideo. Il cède, en échange de la somme nécessaire, sa part dans une *estancia* en Argentine. Son cousin-"frère"-administrateur ne daigne pas répondre...

Sans doute mon frère estime-t-il que le moment est très défavorable en République Argentine pour la vente d'une « estancia »... Ah ! il m'est difficile de vous dire à quel point je le regrette – et combien je suis touché et vous remercie de cette préférence que vous avez bien voulu nous accorder durant quelques semaines.

Veuillez m'excuser si j'ai tardé un peu plus que de raison à vous donner une réponse : j'attendais toujours, même quand l'espoir était devenu insensé... Et votre lettre vient seulement de me sortir de la torpeur où m'enfermait un grand désir.

Je tourne la page pour vous dire ma joie d'avoir reçu de vous le *Journal des Faux-Monnayeurs* et le *Voyage au Congo*[97]. Rien ne pouvait me faire un plaisir plus doux, plus grave.

Nous sommes nombreux, cher Monsieur, ceux à qui vous avez montré les chemins, les gués et appuis à voguer sur des fleuves considérés jusqu'à vous comme non navigables. Et comment ne serais-je pas tout particulièrement touché par vos éloges ? Et n'aurais-je pas le plus grand désir de connaître ces « critiques de métier » dont vous parlez. J'en suis d'autant plus curieux que *Le Voleur d'Enfants* a une suite[98]...

C'est en vain que j'ai essayé de vous téléphoner ce matin pour savoir si vous étiez à Paris et s'il vous serait possible de m'accorder quelques minutes d'entretien. Mais je suis confus de cette demande après tant de bonté de votre part, moi qui ne puis que me dire votre très attaché et reconnaissant

Jules Supervielle

Le délai de l'option accordée par Gide expire en octobre 1927. Supervielle, honteux, doit s'excuser [...] » (Ricardo Paseyro, *Jules Supervielle, Le Forçat volontaire*, éd. citée, p. 144).

97 André Gide, *Le Journal des Faux-Monnayeurs*, Paris, Éos, 1926, et *Voyage au Congo*, Paris, Éditions de *La N.R.F.*, 1927.

98 Jules Supervielle, *Le Voleur d'enfants*, Paris, Gallimard, 1949 et *Le Survivant*, Paris, Éditions de *La N.R.F.*, 1928.

35. LETTRE À GEORGES PILLEMENT DU 7 AOÛT 1927[99]

Mon cher ami,

J'ai eu connaissance de votre compte rendu d'*Oloron*[100] à mon retour du midi seulement. Excusez-moi donc, je vous prie si j'ai tant tardé à vous en remercier. Je suis très heureux que mon dernier recueil vous ait plu et que vous l'ayez dit avec feu. Mille mercis, mon cher Pillement.
Je viens de voir aussi l'article de la *Revista de la Avance* de la Habana[101]. C'est la traduction de celui qui avait paru dans un journal américain. J'ai envoyé à l'auteur mes derniers livres de poèmes pour qu'il ait meilleure idée de ma poésie mais dès la publication de *Débarcadères* il y avait autre chose à dire je crois sur mes vues. On peut vous le confier à vous puisque vous vous êtes toujours montré mon ami très équitable, et même généreux. Je suis heureux que vos poèmes passent aux *Cahiers du Sud*[102] qui deviennent une grande revue vraiment.
À vous deux nos meilleures amitiés et tous nos vœux

J. Supervielle

36. LETTRE À GEORGES HUGNET DU 28 SEPTEMBRE 1927[103]

Sainte Maxime

Mon cher ami,

J'ai été heureux d'avoir de vos nouvelles d'abord votre carte puis votre lettre sur papier-soleil. Mais pourquoi dites-vous que vos poèmes qui

---

99 Médiathèque des Gaves, Ms SUP 4.
100 Jules Supervielle, *Oloron-Sainte-Marie*, plaquette de vingt-six poèmes avec un portrait par André Lhote, Marseille, éditions des *Cahiers du Sud*, collection « Poètes », n° 7, juillet 1927.
101 Supervielle mentionne l'article intitulé « *L'Homme de la Pampa*, por Jules Supervielle ; *Débarcadères*, por el mismo » qui paraîtra dans la rubrique « Letras » de la *Revista de la Avance*, n° 11, 15 septembre 1927, p. 293. Cet article contient notamment l'affirmation suivante : « Dans les vers de *Débarcadères* et dans la prose de *L'Homme de la pampa*, Supervielle s'avère à la fois un poète mineur acceptable et un amusant tisseur de fictions. » (Nous traduisons).
102 Les poèmes de Georges Pillement, collaborateur de la revue, paraîtront dans celle-ci au début de l'année suivante sous le titre « Poèmes », *Cahiers du Sud*, n° 97, janvier 1928.
103 L'enveloppe porte l'adresse suivante : « Monsieur Georges Hugnet 27 Boulevard de Grenelle *Paris* ». Harry Ransom Center, Carlton Lake Collection, 107.6.

« sont un retour à la poésie humaine déplairaient certainement ». Ils déplairont aux snobs peut-être s'ils sont vraiment humains mais ce n'est après tout qu'une minorité, même dans les revues.

Oui je savais par Lanoë que *La Ligne de cœur* allait bientôt disparaître[104]. Je dirais c'est grand dommage si son directeur, enfin libéré du poids de sa revue, n'allait pouvoir travailler pour lui. C'est un tempérament bien riche et fin.

À mon retour à Paris je vous demanderai de me montrer quelques-uns de vos nouveaux poèmes n'est-ce pas. Vous m'avez mis en singulier appétit en m'en parlant comme vous l'avez fait.

J'ai aussi des nouvelles de Max Jacob[105] qui écrit toujours de si étonnantes lettres. Mon bon souvenir à Pierre Colle[106].

Me voici obligé de vous quitter déjà, mais je vous dis à bientôt et vous prie de me croire toujours bien cordialement à vous

Jules Supervielle

37. CARTE POSTALE À MARCEL ARLAND DU 5 OCTOBRE 1927[107]

Avec le bien cordial souvenir de Jules Supervielle

Avallon

---

104 Le dernier numéro de la revue de Julien Lanoë, le n° 12, paraît en mars 1928.
105 Georges Hugnet avait rencontré Max Jacob à seize ans ; le poète, protecteur, l'introduit dans son cercle amical, où Hugnet rencontre Francis Picabia, Max Ernst ou André Salmon. Max Jacob lui présente encore Jean Cocteau ou Robert Desnos.
106 Pierre Colle (1909-1948), poète, puis marchand de tableaux, découvert par Max Jacob à dix-huit ans ; il devient ensuite l'agent de Max Jacob, dont il sera aussi l'exécuteur testamentaire.
107 La carte représente « Montréal. Église, Détail d'une Stalle. » Elle comporte deux inscriptions, l'une de la main de Jean Paulhan, « et à bientôt. Jean Paulhan. », l'autre de la main de Germaine Pascal, « Bonjour ! Germaine Pascal ». Bibliothèque littéraire Jacques Doucet, Fonds Marcel Arland, ARL C.

38. CARTE POSTALE À GEORGES CATTAÜI DU 18 NOVEMBRE 1927[108]

Si je n'ai pas encore répondu à votre carte c'est que j'espérais vous voir bientôt à Alexandrie. Mais je dois renoncer, contre mon plaisir, à ce voyage souhaité surtout depuis que je vous connais. J'attends l'escale à Syracuse et le passage au large de Crète qui m'apporteront l'odeur de la Méditerranée. Quand paraît votre livre ? Si je puis vous être utile à Paris dites-le-moi. Faut-il aller secouer votre éditeur ? Le mien se nommera sans doute Émile-Paul[109] mais ce n'est pas encore tout à fait sûr.
Votre ami

Jules Supervielle

39. LETTRE À GEORGES HUGNET DU 2 DÉCEMBRE 1927[110]

Mon cher ami,

J'allais vous écrire. Nous avons parlé de vous ces jours-ci avec des amis communs et j'ai hâte de vous revoir.
Mercredi prochain vers 10 heures du matin voulez-vous me prendre à la maison ? Nous pourrions faire un tour au Bois ensemble et causer.
Je pars pour le Midi à la fin de la semaine prochaine[111] mais je vous dirai mieux mes projets de vive voix.
Tout vôtre

Jules Supervielle

Ce que vous me dites d'*Oloron*[112] me fait bien plaisir.

---

108 La carte représente « ST-JEAN-PIED-DE-PORT – Cascade de la Minoterie » ; elle est adressée à « Georges Cattaüi Palais de Ras-el-Tin Alexandrie (Égypte) ». Bibliothèque littéraire Jacques Doucet, 8524-33.
109 Jules Supervielle, *Uruguay*, éd. citée.
110 L'enveloppe porte l'adresse suivante : « Monsieur Georges Hugnet 27 Boulevard de Grenelle Paris (XVe) ». Harry Ransom Center, Carlton Lake Collection, 107.6.
111 En décembre 1927, Supervielle effectue un nouveau séjour à Marseille, où il termine le *Survivant* et travaille à un texte sur l'Uruguay (Jules Supervielle, *Œuvres poétiques complètes*, éd. citée, p. LII).
112 Jules Supervielle, *Oloron-Sainte-Marie*, éd. citée.

1928

40. LETTRE À JULIEN LANOË DU 31 JANVIER 1928[113]

Mon cher ami,

Deux mots seulement pour vous dire que j'écris à Secrétain[114]. Dès que j'aurai sa réponse je vous la fais connaître. De toutes façons vous pouvez compter sur deux pages de vers de moi pour votre numéro de *La Ligne de cœur*[115]. J'espère pouvoir vous envoyer les poèmes dans deux ou trois jours.

Il ne s'est pas passé de jour, je crois, depuis votre visite, où je n'ai pensé à vous.

Jules Supervielle

41. LETTRE À JULIEN LANOË DU 3 FÉVRIER 1928[116]

47 Bd Lannes

Voici, mon cher ami, deux poèmes que vous connaissez déjà. J'en ai chipé un à Secrétain et l'autre à Paulhan[117] (mais cela est entre nous) puisqu'il s'agit du dernier et très cher numéro de *La Ligne de cœur* !

---

113 Médiathèque de Nantes, Fonds Julien Lanoë, LAN B1 SUP.
114 Roger Secrétain (1902-1982), écrivain et journaliste, co-directeur, avec Marcel Abraham, de la revue orléanaise *Le Mail* qui paraît de 1927 à 1931, en 17 numéros. Supervielle est l'un de ses collaborateurs : il donne « La disparue » (repris sous le titre « Je nage sous la vague, abri de mon amour ») dans *Le Forçat innocent*, éd. citée) et « Silence » (repris sous le titre « Livrez vos mains aux miennes », *Le Forçat innocent*, éd. citée), *Le Mail*, n° 4, mars 1928, p. 186.
115 Ces poèmes sont mentionnés dans la lettre suivante adressée à Julien Lanoë, le 3 février 1928.
116 Médiathèque de Nantes, Fonds Julien Lanoë, LAN B1 SUP.
117 Sans doute Supervielle désigne-t-il l'ensemble qui sera publié sous le titre « Saisir », *La N.R.F.*, n° 178, juillet 1928, p. 37-40. – Jean Paulhan (1884-1968), écrivain, critique littéraire et grand éditeur, rédacteur en chef de *La N.R.F.*, est l'ami le plus proche de Supervielle. Nous étudions leurs relations et leur correspondance dans *Jules Supervielle, une quête de l'humanisation* et Jules Supervielle, *Choix de lettres*, éd. citée.

On pourrait les publier dans cet ordre :
« Je cherche autour de moi[118] »
« Pour ce ciel encore vif[119] »
« Dans votre grand silence[120] »
Sous le titre : « Poèmes ».

À vous bien affectueusement

Jules Supervielle

42. LETTRE À GEORGES HUGNET DU 17 FÉVRIER 1928[121]

J'aurais voulu, cher ami, vous écrire depuis plusieurs jours déjà pour vous donner rendez-vous. J'ai été si occupé qu'il m'a été absolument impossible de le faire. Et voilà que je pars au début de la semaine prochaine pour la Belgique et l'Allemagne[122] ! À mon retour croyez bien que je serai heureux de vous revoir ainsi que votre ami Pierre Colle à qui je n'ai pas pu non plus donner signe de vie.
En hâte mais bien cordialement à vous

Jules Supervielle

---

118 Jules Supervielle, « Je cherche autour de moi plus d'ombre et de douceur », *La Ligne de cœur*, n° 12, 10 mars 1928, p. 13 ; repris dans *Saisir*, éd. citée, dans les *Choix de poèmes* de 1944 et 1947, éd. citée, et dans *Le Forçat innocent*, éd. citée.

119 Jules Supervielle, « Pour ce ciel encor vif de couleurs et de flèches », *La Ligne de cœur*, n° 12, *op. cit.*, p. 14 ; repris dans *Saisir*, éd. citée, puis dans *Le Forçat innocent*, éd. citée Dans la revue de Julien Lanoë, ce poème est séparé en deux quatrains et comporte une variante.

120 Jules Supervielle, « Dans votre grand silence », *La Ligne de cœur*, n° 12, *ibid.*, p. 15 ; repris dans *Saisir*, éd. citée, et dans *Le Forçat innocent*, éd. citée Dans *La Ligne de cœur*, les quatre derniers vers forment une strophe séparée.

121 L'enveloppe porte l'adresse suivante : « Monsieur Georges Hugnet 27 Boul^d de Grenelle Paris » ; au verso : « Supervielle 47 B^d Lannes Paris (16) ». Harry Ransom Center, Carlton Lake Collection, 107.6.

122 Après s'être rendu à Bruxelles à l'occasion d'une présentation de son œuvre par la revue *La Lanterne sourde*, Supervielle va retrouver à Berlin le germaniste Pierre Bertaux (1909-2005), qui épousera Denise, l'une des filles de l'écrivain. Ils voyageront ensemble en Allemagne et en Europe centrale, se rendant à Brselau, Cracovie, Prague, Vienne, Nüremberg et Rothenburg. Sur les liens de Pierre Bertaux avec la famille Supervielle, et notamment le séjour à Berlin puis le voyage avec Supervielle, voir Pierre Bertaux, *Un Normalien à Berlin, Lettres franco-allemandes (1927-1933)*, Paris, Presses Sorbonne Nouvelle, 2001.

43. CARTE POSTALE À JULIEN LANOË DU 13 MARS 1928[123]

Mon cher ami,

Je pense à vous dans cette ville très attachante où j'aimerais bien vous voir. C'est déjà un peu la Russie et je n'avais vu jusqu'ici rien de semblable. Je serai de retour à Paris vers le 23 après avoir passé par Vienne, Prague, Nüremberg. Mes plus cordiales pensées

Jules Supervielle

Cracovie

44. CARTE POSTALE À ADRIENNE MONNIER DU 18 MARS 1928[124]

Avec mon très amical souvenir de Prague, de ses ponts, de ses tours, de sa neige sous le ciel bleu.

Jules Supervielle

45. CARTE POSTALE À GEORGES HUGNET DATÉE « JEUDI », DU 31 MAI 1928[125]

Cher ami,

Très enrhumé hier il ne m'a pas été possible d'aller entendre vos poèmes au Conservatoire.
Croyez, je vous prie, à tous mes regrets et à mon amical souvenir

Jules Supervielle

---

123   La carte, qui représente « J.K. Kraków Naśladownictwo zastrzeżone. 1920-1921 », porte l'adresse suivante : « Monsieur Julien Lanoë Directeur de La Ligne de Cœur 26 avenue de Launay Nantes (Loire inf^{re}) ». Médiathèque de Nantes, Fonds Julien Lanoë, LAN B1 SUP.
124   La carte représente « PRAHA : Pohled s Letné » et porte l'adresse suivante : « Mademoiselle Adrienne Monnier La Maison des Amis des Livres 6 rue de l'Odéon Paris ». Bibliothèque littéraire Jacques Doucet, Fonds Adrienne Monnier, Alpha Ms 8763-Alpha Ms 8768.
125   La carte représente « Vézelay – Basilique de la Madeleine. Chapiteau de la neuvième Colonne engagée du Collatéral gauche. L'Ange de Lumière terrasse l'Ange des Ténèbres ». Elle porte l'adresse suivante : « Monsieur Georges Hugnet 27 B^d de Grenelle 27 Paris (XVe) ». Harry Ransom Center, Carlton Lake Collection, 107.6.

46. LETTRE À GEORGES HUGNET DU 7 JUILLET 1928[126]

Marseille[127]

Mon cher Hugnet,

Me pardonnerez-vous mon retard à vous remercier de ces étranges poèmes de *Stanislas Boutemer*[128] ? Voilà plus de deux mois que je n'ai presque rien pu lire. L'achèvement de mon roman[129] en est la dure cause. Au moment de donner un manuscrit à l'imprimeur on a toute son attention mobilisée, immobilisée plutôt, et on a l'air d'oublier des amis.
J'ai pris un vif, un troublant plaisir à vous lire. J'aime le charme et toute la liberté de votre esprit. Cette grâce sous laquelle se cache un pathétique véritable. Si *Boutemer* ne m'a pas fait oublier plusieurs des beaux poèmes de vous que j'ai lus çà et là dans les revues j'y vois un autre esprit, très vivant, bien qu'il me touche moins, de votre poésie.
Merci à vous et à Max pour ces beaux dessins
Je vous serre bien cordialement la main

Jules Supervielle

---

126 L'enveloppe porte l'adresse suivante : « Monsieur Georges Hugnet 27 Boulevard de Grenelle *Paris* (XVᵉ) » ; barrée, celle-ci est remplacée par les indications qui suivent : « Ker Anik rue du Centre Le Sillon Cfᵗ Malo Ille-et-Vilaine *prière de faire suivre* ». La lettre porte l'en-tête « Hôtel Restaurant du Petit Nice – Corniche ». Harry Ransom Center, Carlton Lake Collection, 107.6.
127 Pendant l'été 1928, Supervielle séjourne à Marseille et à Port-Cros, où il fait la connaissance de Saint-John Perse. Il travaille à des nouvelles et à la traduction du « Martyre de sainte Eulalie » de Federico García Lorca. (Jules Supervielle, *Œuvres poétiques complètes*, éd. citée, p. LII).
128 Georges Hugnet, *40 poésies de Stanislas Boutemer*, illustrées de deux lithographies et de quatre dessins de Max Jacob, Paris, Briant, 1928.
129 Il s'agit du *Survivant*, éd. citée Le roman paraîtra à l'automne 1928.

47. CARTE POSTALE À FRANZ HELLENS DU 3 SEPTEMBRE 1928[130]

Je vous remercie, mon cher ami, d'avoir pensé à moi pour *Variétés*[131]. Malheureusement depuis mon arrivée ici je n'ai à peu près rien fait. Si j'écris quelques pages susceptibles d'intéresser les lecteurs de ce beau magazine je vous les enverrai. Sur l'Uruguay il ne me reste rien d'inédit[132] dans mes tiroirs ni mes valises.
À vous deux[133] mes très cordiales amitiés.

Jules Supervielle

48. LETTRE À MATHILDE POMÈS DU 16 OCTOBRE 1928[134]

Chère amie,

Votre lettre me donne de grandes joies ! Et je ne veux pas que vous veniez ici avant que je vous les aie dites, au moins en quelques lignes. Mais je crains que votre amitié pour moi, votre générosité profonde ne nous entraînent bien loin ! Qu'importe. Ce sont peut-être de telles lettres qui nous permettent seules d'aller de l'avant et nous donnent du cœur pour la route. N'allez pas croire que je vous en veuille le moins du monde de préférer *Uruguay* au *Voleur d'enfants*, au *Survivant*[135]. Peut-être avez-vous raison. Un jour le petit Jacques[136] ou celui (celle ?) que nous attendons[137] saura vraiment à quoi il faudra s'en tenir.

---

130 La carte représente « Les salières d'Hyères ». Elle comporte l'ajout suivant : « Amicalement à vous, Germaine et Jean P. », désignant Germaine et Jean Paulhan. Bibliothèque littéraire Jacques Doucet, Gamma 8984-Gamma 8985 ; Gamma 8987-Gamma 9008.
131 *Variétés*, revue mensuelle dirigée par P.-G. Van Hecke, paraît à Bruxelles de 1928 à 1930 et compte 25 numéros ainsi qu'un numéro hors-série. Supervielle participera au n° 12 de la deuxième année, daté du 15 avril 1930.
132 En effet, *Uruguay* paraît à l'automne 1928 à Paris, aux éditions Émile-Paul frères.
133 Après avoir divorcé en 1919 de Marguerite Nyst – qu'il avait épousée en 1907 –, Franz Hellens s'est remarié avec Marie Miloslawsky (1893-1947), la fille d'un médecin russe, en 1925.
134 Médiathèque des Gaves, Ms SUP 19.
135 *Uruguay* et *Le Survivant* paraissent coup sur coup, à l'automne 1928 ; *Le Voleur d'enfants*, dont *Le Survivant* est la suite, avait été publié en novembre 1926.
136 Jacques Supervielle, troisième fils de l'écrivain, est né le 3 décembre 1918.
137 Supervielle fait référence à son enfant à naître : c'est Anne-Marie, sa fille cadette, qui naîtra le 4 février 1929.

En attendant… Laissez-nous vous remercier d'être venue à Port-Cros[138]. Dans ces quelques jours de vie commune que vous évoquez si bellement nous avons appris, Pilar, les enfants et moi, à vous aimer encore davantage, à souhaiter de tout cœur que vous veniez aussi l'année prochaine.

Tout vôtre

Jules Supervielle

1929

49. LETTRE À MARCEL ARLAND DU 15 FÉVRIER 1929[139]

Mon cher ami,

Je pensais avoir la joie de vous rencontrer tout à l'heure à *La N.R.F.* et vous dire de vive voix le plaisir (sans mélange !) que je devais à votre lettre. Je vous remercie aussi de me faire part de certains doutes. Je les comprends fort bien et je n'ai pas fini de réfléchir là-dessus.
Pour ce qui est de l'article de Cassou[140] il me semble qu'il n'a pas vu l'humanité de ces poèmes, même quand je me propose de devenir pierraille ou roche.

---

138 En août et en septembre 1928, Supervielle séjourne à Port-Cros. (Jules Supervielle, *Choix de lettres*, éd. citée)
139 Bibliothèque littéraire Jacques Doucet, Fonds Marcel Arland, ARL C.
140 Supervielle évoque le compte rendu de *Saisir*, paru à l'automne 1928, par Jean Cassou, dans la rubrique « Poésie » : « Jules Supervielle : *Saisir* (N. R. F.) – *Les Poèmes* de Miguel de Unamuno ; Compte rendu », *Les Nouvelles littéraires, artistiques et scientifiques*, n° 330, 9 février 1929, p. 5. Jean Cassou (1897-1986), écrivain, essayiste, critique d'art et traducteur, avait fréquenté le cercle du professeur Martinenche, et tenait la chronique des lettres espagnoles au *Mercure de France*. C'est chez lui que Supervielle avait rencontré Rilke. Il avait consacré un article à *Débarcadères* (*Les Cahiers idéalistes*, avril-juin 1922) et Supervielle lui avait dédié un poème de *Gravitations*, « Prophétie ». Cassou, qui combattra la montée du fascisme en Espagne et en France, deviendra conservateur en chef du musée d'Art moderne après la guerre, et consacrera en 1960 une exposition à Figari, ami proche de Supervielle.

Je ne veux pas vous quitter sans vous dire combien j'ai goûté le début de votre roman[141] dans *Europe*[142]. Il y a là une nouvelle forme, et très émouvante, de simplicité narrative, simplicité dans un même temps classique, riche et nouvelle. Je n'ai pas voulu lire les extraits que vous avez donnés dans *La N.R.F.*[143] pour avoir une impression d'ensemble quand votre livre aura paru.
À bientôt, je l'espère. Et croyez-moi, je vous prie, très vivement à vous

Jules Supervielle

50. PNEUMATIQUE À NATALIE CLIFFORD BARNEY DU 19 FÉVRIER 1929[144]

Merci, chère Miss Barney, de votre mot. Je serai heureux d'aller vous voir ce soir à 6 heures.
Je vous envie de partir pour le Midi. Il est vrai que j'irai peut-être bientôt en Syrie...
Bien respectueusement et sympathiquement à vous

Jules Supervielle

---

141 Il s'agit de *L'Ordre*, roman qui paraîtra chez Gallimard en décembre 1929.
142 Marcel Arland, « Veillée d'armes », n° 72, 15 décembre 1928, p. 491-516. Ce texte est publié avec la précision « Chapitre initial de *L'Ordre*, roman en trois volumes à paraître à *La N.R.F.* »
143 Marcel Arland, « Et vous, heures propices... », *La N.R.F.*, n° 184, janvier 1929, p. 14-41, et « Et vous, heures propices... (fin) », *La N.R.F.*, n° 185, février 1929, p. 170-195.
144 Natalie Clifford Barney (1876-1972), femme de lettres américaine revendiquant son homosexualité, s'était installée en 1910 dans un pavillon, situé au 20, rue Jacob à Paris, où elle tenait, les « vendredis », un salon littéraire fréquenté notamment par Rilke, Valéry, Gide, Claudel ou Max Jacob. Après la Seconde Guerre mondiale, qu'elle passe en Italie, elle revient en France, où son salon littéraire reprend ses activités en 1949. Bibliothèque littéraire Jacques Doucet, Fonds Natalie Clifford Barney, NCB.C.1910-NCB.C.1912.

51. LETTRE À FRANZ HELLENS DU 21 FÉVRIER 1929[145]

47 Bd Lannes

Cher ami,

Je vous ai écrit il y a quatre ou cinq jours à la Bibliothèque de la Chambre des Représentants. Je n'avais pas l'adresse de la Rue de Naples. J'insérai dans la lettre mon poème à O. J. Périer[146]. Peut-être l'avez-vous reçu maintenant ? J'ai déjà parlé à Bertaux[147] de votre livre (et à Fernandez[148] aussi). Dans ma lettre de Samedi dernier je vous disais la grande impression qu'il m'avait fait – j'ajouterai : d'un bout à l'autre, car j'en ai maintenant achevé la lecture.

Michaux va bien. Je ne sais trop encore ce qu'il compte faire[149]. Oui je compte bien vous voir quand vous viendrez à Paris mais il vaudrait

---

145 Bibliothèque littéraire Jacques Doucet, Gamma 8984-Gamma 8985 ; Gamma 8987-Gamma 9008.
146 Il s'agit du poème « J'aimerais à lui offrir », *Le Forçat innocent*, éd. citée Ce poème n'a pas connu de prépublication en revue. Odilon-Jean Périer (1901-1928), poète belge, avait fondé avec Franz Hellens et Mélot du Dy *Le Disque vert*, revue à laquelle Supervielle avait collaboré avec la publication de deux poèmes repris dans *Gravitations*, « Apparition » et « À Lautréamont ». Périer avait publié dans la revue un compte rendu de *L'Homme de la pampa* en décembre 1923. Il avait envoyé ses ouvrages à Supervielle, qui lui avait notamment répondu le 2 juillet 1926, à l'occasion de la réception du récit poétique *Le Passage des anges* : « [...] votre livre [...] a toute la vraisemblance d'un beau poème. Vous avez peur des explications et d'appuyer. L'atmosphère d'un bout à l'autre reste tout à fait respirable, avec son parfum d'entre terre-et-ciel, sa couleur homme-et-ange. » Enfin, lors de l'hommage rendu à Périer par *Le Thyrse*, 1er février 1948, Supervielle lui dédie « Pour un poète mort » (*Les Amis inconnus*), avec ces lignes : « Mon admiration pour l'œuvre d'Odilon-Jean Périer reste aussi profonde qu'au temps où je dédiais ce poème à sa mémoire. Jamais disparition d'un poète ne sembla plus prématurée et douloureuse. À vingt-cinq ans, il avait su nous montrer qu'il était un grand artiste. La poésie aura toujours besoin de lui. » Jules Supervielle, *Œuvres poétiques complètes*, éd. citée, p. 796-797.
147 Félix Bertaux ou son fils Pierre Bertaux, le gendre de Supervielle. Félix Bertaux (1881-1948), germaniste et collaborateur régulier de *La N.R.F.*, que Supervielle avait connu par l'intermédiaire de son fils Jean, élève à Janson-de-Sailly où Félix Bertaux était professeur, était ami intime de Thomas Mann et passionné de poésie. Le livre de Franz Hellens à traduire sera mentionné à nouveau dans la lettre du 4 mars 1929 : il s'agit de *La Femme partagée*, éd. citée.
148 Ramon Fernandez (1894-1944), écrivain et critique originaire du Mexique appartenant au cercle de *La N.R.F.* Sa correspondance avec Paulhan est conservée à l'IMEC.
149 Le 15 janvier 1929, Michaux rentre en France au terme du voyage d'un an qu'il a effectué en Équateur. Il retrouve Paris, *La N.R.F.*, Jean Paulhan et Supervielle, et hésite sur la conduite à tenir, comme l'exprime Jean-Pierre Martin : « Que pense-t-on quand on arrive

mieux ne pas faire coïncider votre voyage avec les vacances de Pâques car vous ne trouverez pas la plupart de nos amis.
À vous deux nos très cordiales pensées
Votre

Jules Supervielle

52. LETTRE À NATALIE CLIFFORD BARNEY DU 23 FÉVRIER 1929[150]

47 Bd Lannes

Des arguments pour publier ces lettres ? Mais il me semble que celui que vous donnez vous-même est le meilleur de tous : « Attendre ma mort pour faire publier ces lettres, ce serait trop triste. J'aime mieux les donner de mon vivant. » Et ce serait un bon tour que vous joueriez à la mort. Qui serait assez bête pour ne pas vous approuver ?
J'eusse voulu vous voir ce soir. Des amis s'annoncent et il me faut être là. Ce sera donc pour votre retour, si vous le voulez, à moins que nous ne nous voyions sur la Côte, ce qui n'est pas impossible. Il se peut que j'aille à Port-Cros pour les vacances de Pâques[151]. Et dans ce cas je ne manquerais pas d'aller vers vous.
Je suis encore dans le charme de votre accueil

Jules Supervielle

---

d'un long périple et qu'on revient au point de départ ? Que rien entre-temps n'a vraiment changé, que si là-bas on s'ennuyait parfois, ici on va s'ennuyer encore davantage ? Que l'humeur mélancolique était accrochée au corps comme un mal indifférent aux continents ? Quito m'attaque le cœur, Paris me rend anémique. Que faire ? » (Jean-Pierre Martin, *Henri Michaux*, éd. citée, p. 185-186).

150 L'enveloppe porte l'adresse suivante : « Miss N.C. Barney Hôtel Montalembert 3 rue de Montalembert (rue du Bac et rue de Beaune Paris) ». Bibliothèque littéraire Jacques Doucet, Fonds Natalie Clifford Barney, NCB.C.1910-NCB.C.1912.

151 Fin mars, Supervielle séjournera bien à Port-Cros, comme l'indique la lettre du 28 mars 1929 à Jean Paulhan. Jules Supervielle, *Choix de lettres*, éd. citée, p. 57.

53. LETTRE À FRANZ HELLENS DU 4 MARS 1929[152]

Mon cher ami,

Je comprends votre désir d'être traduit en allemand et je pense que Bertaux ne tardera pas à nous donner son avis en ce qui concerne la *Femme partagée*[153].
L'essentiel serait d'être pris par une grande maison d'éditions mais vraiment on ne sait souvent pourquoi on se décide pour tel ou tel, Roger Martin du Gard[154] vient seulement d'être accepté il y a deux mois alors que Crevel[155] dont je ne nie pas la valeur mais qui ne peut avoir qu'un public restreint a un contrat chez Fischer, de Berlin, depuis quelques temps déjà.
J'espère que Madame Hellens est rétablie.
À tous deux toutes mes amitiés

Jules Supervielle

54. LETTRE À GEORGES PILLEMENT DU 14 MAI 1929[156]

Mon cher ami,

Si j'ai mis quelque temps à vous remercier de l'envoi d'*Espagne*[157]... Non, je n'ai pas d'excuse. Ces pages, il faut pourtant vous savoir gré de nous les avoir données. J'en aime l'atmosphère, les gris très nuancés et la mélancolie un peu cachée mais très profonde. Comme Azorín sait s'emparer « du fait humain le plus minime ». Je suis confus d'avouer que je ne connaissais rien de ce brillant écrivain. Il a fallu Pillement et son charmant envoi.
Mes hommages, je vous prie, à Madame Pillement, et toujours bien affectueusement à vous

Jules Supervielle

---

152 Bibliothèque littéraire Jacques Doucet, Gamma 8984-Gamma 8985 ; Gamma 8987-Gamma 9008.
153 Franz Hellens, *La Femme partagée*, éd. citée.
154 Roger Martin du Gard (1881-1958), écrivain, prix Nobel de littérature en 1937.
155 René Crevel (1900-1935), écrivain et poète surréaliste.
156 Médiathèque des Gaves, Ms SUP 4.
157 Il s'agit de la traduction, par Georges Pillement, du livre d'Azorín, *Espagne*, éd. citée.

55. LETTRE À MARCEL ARLAND DU 18 JUILLET 1929[158]

Cher Ami,

J'ai un peu tardé à vous écrire et je m'en excuse. Mais j'ai voulu baigner profondément dans votre roman, me laisser imprégner par tant de force et d'émotion. Peut-être est-ce surtout en lisant le 3ème tome de l'*Ordre*[159] que votre ouvrage m'est apparu d'un intérêt tout à fait exceptionnel. Tout y converge merveilleusement.

Vous m'avez fait beaucoup réfléchir sur le roman en général et sur celui d'aujourd'hui. Un jour j'aimerai à parler de tout cela avec vous. Mais j'ai besoin de vous dire tout de suite combien j'admire que vous ayez pu ainsi nous intéresser d'un bout à l'autre en nous faisant suivre vos personnages pas à pas. Ce qui n'empêche pas la part de mystère et de silence. Vous savez dans un même temps montrer et dérober l'âme de vos personnages ou plutôt n'est-ce pas cette âme même chez ces êtres si vivants qui se dérobe au moment même où nous croyons pouvoir la saisir comme il arrive chez les êtres de chair et d'os.

Gilbert, Justin, Renée[160], je ne vous oublierai pas et tous trois je vous remercie. Mais je ne voudrais pas vous oublier non plus, mon cher Arland. Vôtre

Jules Supervielle

---

158 En-tête : « Savoy Palace Chamonix – Mont-Blanc France ». Bibliothèque littéraire Jacques Doucet, Fonds Marcel Arland, ARL C.
159 Le roman de Marcel Arland, *L'Ordre*, éd. citée, recevra le Prix Goncourt en 1929.
160 Ces trois personnages apparaissent dans le roman de Marcel Arland, *L'Ordre*, *ibid.* : Gilbert Villars, jeune provincial, se trouve en conflit avec sa famille et notamment son frère, Justin, qui a épousé Renée, désirée par les deux frères.

1930

56. LETTRE À JACQUES FOURCADE DU 25 JANVIER 1930[161]

47 Bd Lannes

Cher Monsieur,

Merci de votre lettre du 24 Janvier. Nous sommes entièrement d'accord et je vous redis tout le plaisir que j'aurai à voir paraître *tout ou partie* de *Débarcadères* en édition de luxe[162], chez vous, aux conditions que vous m'offrez.
À Jeudi et bien cordialement à vous

Jules Supervielle

57. LETTRE À JACQUES FOURCADE DU 5 FÉVRIER 1930[163]

Cher ami,

Ci-joint les projets de contrat que Gallimard vient de me retourner.
À un de ces jours. Bien cordialement à vous

Jules Supervielle

---

161 Jacques Fourcade (1904-1966), éditeur et libraire, fondateur des éditions J.-O. Fourcade, ami d'Henri Michaux. Il fonde la revue *Échanges*, qui paraît en cinq numéros de 1929 à 1931, et qui publie le conte de Supervielle, « L'Inconnue de la Seine », *Échanges*, n° 1, décembre 1929, p. 86-93, accompagné d'une traduction en anglais, *The Unknown Maiden of the Seine*, *ibid.*, p. 94-101. – Harry Ransom Center, Carlton Lake Collection, 64.3.
162 Le projet d'une réédition de luxe du recueil de 1922 aboutira finalement à la publication de *Débarcadères*, éd. citée, chez Stols, en 1934.
163 Harry Ransom Center, Carlton Lake Collection, 64.3.

58. LETTRE À ANDRÉ GIDE DU 12 FÉVRIER 1930[164]

Cher André Gide,

Voilà quelques mois que votre admirable *École des femmes*[165] me donne des remords, ceux de ne vous avoir pas encore écrit. Il est bien difficile, vous vous en doutez, de vous parler de vos livres et surtout pour moi qui me sens si peu à l'aise dans la critique littéraire. Mais je le suis encore moins dans l'ingratitude, croyez-le bien. Et je me trouve aujourd'hui d'autant plus poussé à vous écrire que vous venez de m'envoyer *Robert*[166], avec tant de généreuse simplicité.

Je devrais sans doute m'en tenir à vous dire la grande joie que j'ai eue à lire vos deux récits. Puis-je ajouter que la perfection de leur tissu est telle que la moindre image, la nuance la plus légère y prend exactement l'importance qu'elle doit avoir. Et vous nous donnez tout le temps dans ce pays une impression de vérité profonde et chuchotante : on entend penser et réfléchir vos personnages dans le silence du monde intérieur. Merci, cher André Gide, d'avoir songé à moi et veuillez croire à mon attachement respectueux et très vif

Jules Supervielle

59. LETTRE À MARCEL ARLAND DU 29 AOÛT 1930[167]

Port-Cros[168]

Voici, cher Ami, le passage que vous avez la gentillesse de me demander. Je suis seulement curieux de savoir ce que vous direz en partant de là ! Nous avons dîné l'autre soir à la Vigie. Nous vous avons cherché en vain. Il fait beau et de plus en plus chaud : cela finit par tenir lieu de pensée.

---

164 Bibliothèque littéraire Jacques Doucet, Gamma 815 (1-4).
165 André Gide, *L'École des femmes*, Paris, Éditions de *La N.R.F.*, 1929.
166 André Gide, *Robert*, Paris, Éditions de *La N.R.F.*, 1930. Ce roman constitue un triptyque avec *L'École des femmes*, éd. citée et *Geneviève*, Paris, Gallimard, 1936.
167 Bibliothèque littéraire Jacques Doucet, Fonds Marcel Arland, ARL C.
168 Après un voyage en Amérique du Sud, du 20 février à fin juillet 1930, Supervielle s'est rendu à Marseille, où l'on donne sa farce, *Adam*, qui deviendra *La Première Famille* ; puis, il séjourne à Port-Cros, où il rencontre Cendrars. (Jules Supervielle, *Œuvres poétiques complètes*, éd. citée, p. LIII, et Jules Supervielle, *Choix de lettres*, éd. citée)

À vous deux[169] nos très cordiales amitiés

Jules Supervielle

60. LETTRE À MARCEL ARLAND DU 15 NOVEMBRE 1930[170]

Mon cher Ami,

Je sais que je vous verrai tout à l'heure chez le Vte de Noailles[171] mais je tiens à vous dire avant toute la joie que j'ai eue à relire vos pages de la *Route obscure* et d'*Une Époque*[172]. Et à pénétrer dans celles que je ne connaissais pas encore.
Vous avez donné une expression inoubliable à ce qui était confus dans l'esprit des hommes de votre génération – et pas seulement de ceux-là. Et comme on est heureux de trouver en germe, tant dans les pages de la *R.O.* que dans celles d'*Une Époque*, l'Arland de l'*Ordre* et des *Essais critiques*[173] !
J'entendais en vous lisant le son de votre voix dans nos entretiens de Port-Cros que j'écoutais beaucoup plus que je ne parlais. Vous m'avez dit des choses belles et utiles auxquelles je pense souvent. À tout à l'heure. Votre ami

Jules Supervielle

---

169 Marcel Arland a épousé Janine Béraud, artiste peintre née en Algérie, en janvier 1930. Ils ont eu pour témoins René Arland et Jean Paulhan.
170 Bibliothèque littéraire Jacques Doucet, Fonds Marcel Arland, ARL C.
171 Charles de Noailles (1891-1981), mécène, producteur et collectionneur.
172 Marcel Arland, *La Route obscure*, Paris, Gallimard, 1924, et *Une époque*, Paris, Corrêa, 1930.
173 Marcel Arland, *L'Ordre*, éd. citée, et *Essais critiques*, Paris, Gallimard, collection Blanche, 1931.

1931

61. LETTRE À MARCEL ARLAND DU 3 FÉVRIER 1931[174]

47 Bd Lannes
Trocad. 16.47

Mon cher Ami,

Si j'ai tardé à vous écrire c'est que nous ne savions comment nous rendre au « Couvent[175] ». La voiture, je veux dire la petite Citroën de mon fils aîné[176], est enfin en état de nous conduire là-bas. Denise[177] tiendra le volant, puisque ma femme et moi… À partir de Lundi prochain quand vous viendrez.
Je demande toujours de vos nouvelles à Jean Paulhan. Puissions-nous nous retrouver tous à Port-Cros aux grandes vacances[178].
Mes respectueux souvenirs à Madame Arland et toujours très vivement à vous

Jules Supervielle

---

174 Bibliothèque littéraire Jacques Doucet, Fonds Marcel Arland, ARL C.
175 Marcel Arland réside alors au Couvent, vaste domaine en plein bois, à Chaussy, en Seine-et-Oise.
176 Henry Supervielle, l'aîné des trois fils de l'écrivain, est né en 1908.
177 Denise, la première fille de Supervielle, est née le 7 août 1909. L'écrivain lui dédie le sonnet « Denise, écoute-moi, tout sera paysage », *Poèmes*, éd. citée, 1919 ; il s'agit du seul texte de *Poèmes* qu'il retiendra pour le *Choix de poèmes* de 1947. Au sujet de ce poème, Michel Collot rapporte cet extrait d'une lettre de Supervielle à Pilar : « Dans ces vers de fantaisie tendre, j'ai imaginé une Denise que j'avais besoin de consoler, une Denise plus grande. » (Jules Supervielle, *Œuvres poétiques complètes*, éd. citée, p. 693).
178 Supervielle séjournera bien à Port-Cros durant l'été 1931 : il arrivera sur l'île le 27 juillet. (Jules Supervielle, *Choix de lettres*, éd. citée)

62. LETTRE À FRANZ HELLENS DU 10 FÉVRIER 1931[179]

Cher ami,

J'ai donné votre adresse à Mr Roux-Delimal[180] Directeur du *Centaure* (209 Bd St-Germain Paris VIIe) en même temps que je lui envoyais votre manuscrit. Dès que j'aurai sa réponse je vous la ferai tenir mais c'est à vous peut-être qu'il écrira directement. De toute façon je dois le voir dans quelques jours.
Soignez-vous bien : ces grippes sont bien embêtantes. Nous avons pu les éviter jusqu'à présent à la maison, cette année du moins car l'année dernière...
Mes meilleurs hommages et souvenirs à Madame Hellens et très vivement à vous

Jules Supervielle

63. LETTRE À FRANZ HELLENS DU 11 FÉVRIER 1931[181]

Cher ami,

Le Dr Roux-Delimal, directeur du *Centaure*, m'a dit hier par téléphone qu'il voudrait avoir le plus tôt possible (je n'ose pas espérer que vous les enverrez par retour de courrier) des renseignements bio-bibliographiques sur vous pour qu'il puisse vous « présenter » aux lecteurs.
En hâte mais toujours bien affectueusement à vous

Jules Supervielle

---

179 Bibliothèque littéraire Jacques Doucet, Gamma 8984-Gamma 8985 ; Gamma 8987-Gamma 9008.
180 Le docteur Jean Roux-Delimal, chef de service à l'Institut Prophylactique, collaborateur des *Cahiers du Sud* et de *Tropiques*, qui dirigera, en 1944, *La Libre pharmacie*, organe du comité national des pharmaciens. *Le Centaure* est le supplément littéraire à la *Gazette médicale de France et des pays de langue française* ; cette revue paraît à Paris, de novembre 1929 à avril 1930. Puis, du 15 janvier 1932 au 15 juin 1934, paraît une sélection des numéros précédents, en édition de luxe. Franz Hellens collaborera à la revue : il y publie un essai, « Notes sur la jeunesse belge 1932 », *Le Centaure*, numéro spécial « Jeunesse 1932 (fin) », n° 14, 15 mai 1932, p. 1-3.
181 Bibliothèque littéraire Jacques Doucet, Gamma 8984-Gamma 8985 ; Gamma 8987-Gamma 9008.

Je ne sais si je vous donnais hier l'adresse de Roux-Delimal (209 bd St-Germain Paris.)

Ne pourriez-vous aussi lui envoyer *Les Filles du désir* (dont il rendrait compte dans la critique des livres) et *La Femme partagée*[182].

64. LETTRE À FRANZ HELLENS DU 22 MARS 1931[183]

47 bd Lannes

Merci, mon cher ami, de ce précieux compte rendu de mon *Enfant* dans *Le Rouge et le Noir*[184]. Puissiez-vous avoir raison. C'est la grâce que je me souhaite !
J'espère que vous êtes tout à fait rétabli, et depuis longtemps.
Aucune nouvelle de Stols[185], du moins directement. J'imagine que la crise de la librairie le rend prudent et je le comprends fort bien.
Ne manquez pas de me faire signe si jamais vous venez à Paris. Je rentrerai de Port-Cros vers le 12 avril.
Encore merci et bien affectueusement à vous

Jules Supervielle

---

182 Franz Hellens, *Les Filles du désir*, Paris, Gallimard, 1930, et *La Femme partagée*, éd. citée – Le premier de ces ouvrages fait suite au *Naïf*, éd. citée.
183 Bibliothèque littéraire Jacques Doucet, Gamma 8984-Gamma 8985 ; Gamma 8987-Gamma 9008.
184 S'il existe deux revues nommées *Le Rouge et le Noir*, auxquelles collabore Franz Hellens, il s'agit ici de celle que dirige Pierre Fontaine. Cet hebdomadaire, publié à Bruxelles de 1927 à 1938, est sous-titré « La vie littéraire, artistique, théâtrale, publique, politique, judiciaire, sociale et scientifique ». Supervielle mentionne le compte rendu de Franz Hellens, « Supervielle (Jules), *L'Enfant de la haute mer* (Nouvelle Revue Française) », rubrique « Les Hommes, les livres, la critique : Quelques Livres », *Le Rouge et le Noir*, n° 47, n° 11, 18 mars 1931, p. 4.
185 A. A. M. Stols (1900-1973), imprimeur et éditeur néerlandais, qui publie des auteurs français tels que Valery Larbaud, Paul Valéry et André Gide. Il publiera, en 1934, la réédition de *Débarcadères*, revue et augmentée, éd. citée.

65. LETTRE À FRANZ HELLENS DU 2 MAI 1931[186]

Mon cher ami,

Nous sommes heureux de cette décision que vous avez prise de passer l'été à Port-Cros[187]. Je crois que cette saison vous y paraîtra encore plus agréable que le printemps[188] et je ne pense pas que vos enfants[189] aient à souffrir de la chaleur bien qu'elles soient assez fortes jusque vers le 15 août. Mais les bains sont si bons et les nuits relativement fraîches. Plus de nouvelles de Michaux. Il est je crois au Maroc[190] mais l'ouverture de l'Exposition Coloniale[191] va sans doute précipiter son retour.
Mes respectueux souvenirs à Madame Hellens et toujours bien affectueusement à vous

Jules Supervielle

Ma femme vous fait à tous deux ses bonnes amitiés.
Et Denise se rappelle au souvenir de votre fille.

---

[186] Bibliothèque littéraire Jacques Doucet, Gamma 8984-Gamma 8985 ; Gamma 8987-Gamma 9008.
[187] Supervielle séjournera également à Port-Cros, au mois de juin, en compagnie de Michaux (Jean-Pierre Martin, *Henri Michaux*, éd. citée, p. 202), puis pendant l'été 1931 : la lettre à Jean Paulhan du 29 juillet 1931 évoque son arrivée sur l'île (Jules Supervielle, *Choix de lettres*, éd. citée, p. 93).
[188] Dans la lettre à Paulhan du 7 avril 1931, écrite durant des vacances de printemps à Port-Cros, Supervielle dit attendre Franz Hellens, qui doit l'accompagner à la Vigie. Puis, cette visite se trouve mentionnée dans la lettre du 19 avril 1931 : « Vous avez dû avoir de mes nouvelles par Hellens, père et fille, dont la présence ici nous a été très heureuse. » (Jules Supervielle, *Choix de lettres*, éd. citée, p. 89)
[189] Franz Hellens a eu une première fille, Claire, née en 1909, de son union avec Marguerite Nyst. Puis, avec sa deuxième épouse, Marie Miloslawsky, il a trois enfants : Alexandre, né en 1921, Marie-Élisabeth, née en 1927, et Serge, né en 1929.
[190] En 1931, Michaux, après un séjour à Anvers, mène pendant plusieurs mois une vie nomade – entre Londres, Madrid, Séville –, avant de se rendre au Maroc pour un séjour d'un mois (Jean-Pierre Martin, *Henri Michaux*, éd. citée, p. 199-200).
[191] L'Exposition coloniale internationale se tient à Paris du 6 mai au 15 novembre 1931.

66. LETTRE À MARCEL ARLAND DU 19 MAI 1931[192]

47 Bd Lannes (16)

Mon cher Ami,

Le docteur Lemarchand disait un jour à ses filles : « Il ne suffit pas d'éprouver un sentiment, encore faut-il l'exprimer. » Et moi qui ai lu et relu vos *Essais critiques*[193], en les accompagnant de commentaires mentaux de toutes sortes, où l'admiration et la confiance 1 avaient toujours leur part, j'ai l'impression, au moment de vous écrire, que je n'ai plus rien à ajouter... à ce que je ne vous ai pas dit.
Vos pages sont de celles qui font naître la pensée, qui font croire au lecteur qu'il est très intelligent : votre *sensibilité* le guide et le pousse, tour à tour. Mais ces pages développent aussi le cœur (cette image est laide), elles ont une valeur morale très grande 2. J'ai rarement lu critique aussi riche en humanité et donnant le son d'une voix précise.
À propos de voix comment ne penserais-je pas à ce que vous dites de la mienne ? Je ne regrette pas de lire le mieux possible quand je le fais, comme à Port-Cros, devant des amis. Après tout, même si mes auditeurs m'étaient indifférents, je crois que je lirais aussi de mon mieux, en me donnant à fond. Vous préférez garder la neutralité devant votre œuvre et lire sans prendre parti. Il y a là un danger, me semble-t-il, votre voix dont vous craignez la chaleur, vous la rejetez sur ses pentes glacées. Et il se dégage alors de votre lecture quelque chose d'un peu dur : on vous sent presque cruel vis-à-vis de vous-même. Vous aimez mieux cela que la complaisance... Oh ! je comprends bien.
De tout cela et de bien d'autres chose je voudrais parler bientôt avec vous. C'est en vain que j'ai voulu vous avoir au bout du fil à Chaussy et non Marbeuf. Et si je n'avais de vos nouvelles par Paulhan je serais malheureux de tout ce silence qui s'accumule. Quand vous viendrez à Paris ayez la gentillesse, n'est-ce pas, de nous téléphoner. Nous y comptons.
Ma femme vous remercie de votre bonne dédicace et vous fait ses amitiés ainsi qu'à votre charmante femme.

---

192 Bibliothèque littéraire Jacques Doucet, Fonds Marcel Arland, ARL C.
193 Marcel Arland, *Essais critiques*, éd. citée.

À vous deux mon très cordial souvenir et à vous en particulier toute la gratitude du « Bœuf[194] » et la mienne.

Jules Supervielle

J'ai fait la connaissance de Brasillach[195] qui n'était pas content du tout de l'article de Tournoël[196] sur votre livre. Il aurait certainement fait beaucoup mieux lui-même.

1 Oui vous avez l'art de mettre le lecteur en confiance.
2 Oui, ceci demanderait à être éclairci. Je le ferai un jour de vive voix, si cela vous amuse.

67. CARTE POSTALE À MARCEL ARLAND DU 25 JUILLET 1931[197]

Cher Ami,

Votre carte me parvient la veille de notre départ pour Port-Cros où nous ont précédés Jean et Jacques.
À bientôt donc !
Je vous ferai lire ma pièce[198] là-bas puisque cela vous intéresse. Mais auparavant je veux reprendre entièrement mon 3ᵉ acte.
Oui à bientôt

Votre Julio S.

---

[194] Supervielle fait référence au récit « Le bœuf et l'âne de la crèche », *L'Enfant de la haute mer*, éd. citée.
[195] Robert Brasillach (1909-1945), écrivain, journaliste et en particulier critique dramatique, connu pour ses engagements politiques d'extrême-droite et son choix de la collaboration pendant la Seconde Guerre mondiale. Il évoque Supervielle dans *Les Quatre Jeudis*, éd. citée.
[196] Jacques Tournoël, journaliste et contributeur de *L'Action française*. Supervielle évoque son compte rendu des *Essais critiques* d'Arland, paru dans « La Vie littéraire » du numéro du 11 juin 1931 de *L'Action française*.
[197] La carte représente un « Masque de bouddha, bronze – époque Ayuthia (Ayodhia) Siam ». Bibliothèque littéraire Jacques Doucet, Fonds Marcel Arland, ARL C.
[198] Supervielle travaille à *La Belle au bois*, qui sera créée le 24 décembre 1931 par les Pitoëff au palais des Beaux-Arts.

68. LETTRE À FRANZ HELLENS DATÉE « MERCREDI », ESTIMÉE À DÉCEMBRE 1931[199]

Merci, cher ami, de votre mot. Oui je serai bientôt (Samedi) de retour à Bruxelles[200]. Ma femme arrivera sans doute Lundi et si le jour vous convient, nous acceptons avec joie pour Mardi votre invitation à dîner. Mais peut-être nous verrons-nous Samedi soir au dîner du *Rouge et le Noir*. Je l'espère.
À bientôt. Bien cordialement à vous

Jules Supervielle

1932

69. LETTRE À MARCEL ARLAND DU 18 JUIN 1932[201]

Mon cher Ami,

Mais je trouve que tout est parfait entre nous sauf que nous ne nous voyons pas assez souvent ! Nous irions, ma femme et moi, très volontiers au Couvent mais le manque d'auto… Voulez-vous me téléphoner quand vous serez à Paris. Je suis toujours là de midi ½ à 2 heures et à partir de 6 heures du soir. Nous prendrions rendez-vous n'est-ce pas.
Bien affectueusement

Jules Supervielle

---

199 Bibliothèque littéraire Jacques Doucet, Gamma 8984-Gamma 8985 ; Gamma 8987-Gamma 9008.
200 En décembre 1931, Supervielle effectue un séjour à Bruxelles. Il retrouve Franz Hellens, assiste au dîner donné par *Le Rouge et le Noir*, ainsi qu'à la célébration organisée en son honneur par ses amis du *Journal des poètes*. Sa pièce, *La Belle au bois*, est créée le 24 décembre par les Pitoëff au palais des Beaux-Arts de Bruxelles. (Jules Supervielle, *Œuvres poétiques complètes*, éd. citée, p. LIV).
201 Bibliothèque littéraire Jacques Doucet, Fonds Marcel Arland, ARL C.

70. CARTE POSTALE À FRANZ HELLENS DATÉE DU 21 SEPTEMBRE 1932[202]

Port-Cros

J'attendais toujours ces poèmes[203], mon cher ami, mais ne les voyant pas arriver je me décide à vous le dire. Il me tarde de les lire. On me fait suivre de Paris tous les imprimés. Je crains bien que votre volume n'y soit pas parvenu. Mais parfois à *La N.R.F.* on transmet les livres aux destinataires avec un grand retard. Il se peut encore que je reçoive le vôtre. Nous sommes toujours heureux de notre séjour à Port-Cros. L'été y a été beau et long. Heureusement il a fait beau partout cette année et vous avez certainement eu aussi du soleil dans vos parages. Michaux est bien rentré. Il est à l'Hôtel des Balcons, rue Casimir Delavigne à Paris[204]. Mais sans doute vous a-t-il écrit aussi.
Mes affectueux souvenirs à Mme Hellens à vous et à vos enfants

Jules Supervielle

71. LETTRE À MARCEL ARLAND DU 10 OCTOBRE 1932[205]

Port-Cros

Mon cher Ami,

Malgré Paulhan qui nous affirmait que vous ne viendriez pas cette année à Port-Cros nous avons pensé plus d'une fois vous rencontrer sur le chemin de la Vigie ou, à demi immergé, dans les eaux de la Plage du Sud. Nous nous consolons en pensant que vous allez habiter l'hiver prochain Châtenay ou quelque chose d'approchant... Le Couvent était d'accès presque aussi difficile que Port-Cros.

---

202 La carte représente « l'Île de Porquerolles – la Plage d'Argent » et est adressée à « Monsieur Franz Hellens 10 rue de Naples Bruxelles ». Elle porte l'ajout suivant : « Bonnes amitiés de Paulhan ». Bibliothèque littéraire Jacques Doucet, Gamma 8984-Gamma 8985 ; Gamma 8987-Gamma 9008).
203 Franz Hellens, *Poésie de la veille et du lendemain (1917-1927)*, Éditions de *La N.R.F.*, 1932.
204 À l'été 1932, au retour de son grand voyage en Orient, Michaux, qui travaille à *Un Barbare en Asie*, s'installe à l'hôtel des Balcons, où il avait déjà séjourné avant son départ (Jean-Pierre Martin, *Henri Michaux*, éd. citée, p. 217-218).
205 Bibliothèque littéraire Jacques Doucet, Fonds Marcel Arland, ARL C.

Je sais que vous travaillez à un roman. J'ai écrit quelques poèmes[206], un ou deux contes. Et j'ai aussi connu la joie de ne rien faire, sans remords. Mes respectueuses amitiés à Madame Arland et bien affectueusement à vous

Jules Supervielle

Paulhan m'a fait lire quelques lignes d'une de vos lettres[207]. Elles me concernaient et n'ont pas fini de me toucher. J.S.

72. LETTRE À GEORGES CATTAÜI DU 14 ET DU 15 DÉCEMBRE 1932[208]

Cher Georges,

Encore tout bourdonnant de mon voyage à Londres où votre compagnie me fut si constamment heureuse et réconfortante j'ai retrouvé ma table de travail...
Je viens d'envoyer quelques livres à des amis de ce voyage – des amis que je vous dois. Je n'ai pas l'adresse de Madame d'Erlanger[209] ni de Madame Mathias et leur adresse un volume à chacune par votre aimable intermédiaire à la légation.
À Paris j'ai trouvé ma fille aînée, Denise, alitée avec une crise d'appendicite. Les docteurs sont là pendant que je vous écris.
le 15 Déc. Ma lettre fut interrompue pour de graves raisons. On a dû opérer Denise d'urgence hier soir à 7 heures. Il y avait déjà un peu de

---

[206] Supervielle travaille aux poèmes des *Amis inconnus* : si le recueil sera publié en 1934, un important ensemble de poèmes paraîtra sous le titre « Les Amis inconnus », *La N.R.F.*, n° 229, octobre 1932, p. 507-519.

[207] Sans doute Supervielle fait-il référence à la lettre de Marcel Arland à Jean Paulhan de 1932, datée « Vendredi », relative aux recueils *Gravitations*, dont Supervielle publie une nouvelle édition en 1932, et *Le Forçat innocent*, éd. citée : « Je relis, pour la 4ème ou 5ème fois, *Le Forçat* et *Gravitations*. C'est vraiment beau. Il y a vraiment un "chant Supervielle" – Ce n'est pas une découverte, bien entendu ; je veux dire que ce chant me paraît de plus en plus durable extrêmement poignant. Et de plus en plus net, de plus en plus pur. Si tu as quelques vers nouveaux de lui, ne voudrais-tu pas me les envoyer. » (https://obvil.sorbonne-universite.fr/corpus/paulhan/arland_1925-1936#note24, consulté le 13/12/2021).

[208] Georges Cattaüi (1896-1974), écrivain et diplomate français d'origine égyptienne. Bibliothèque littéraire Jacques Doucet, Alpha Ms 7135.

[209] Catherine d'Erlanger (1874-1959), épouse du baron Émile d'Erlanger.

péritonite. Ce matin les nouvelles sont meilleures, la fièvre n'est que de 38 ½, l'aspect général est assez bon. Les médecins sont confiants. Pourtant il faudra encore attendre 48 heures pour être rassuré !
Cela est arrivé brusquement comme un coup de fusil et nous en sommes encore tout bouleversés.
Je vous serre affectueusement les mains
Votre ami

Jules Supervielle

1933

73. LETTRE À JACQUES MARITAIN DU 5 JANVIER 1933[210]

47 Bd Lannes (16ᵉ)

Cher Monsieur,

Je ne crois guère à la vertu des recommandations mais bien plutôt à leur parfaite inutilité... Pourtant comment refuser à un ami de signaler ses poèmes ?
Excusez-moi, je vous prie. Il s'agit de Patrice de la Tour du Pin[211], un vrai poète, me semble-t-il. Et s'il n'a que vingt ans il donne l'impression de tenir déjà ses promesses.

---

210 Cette lettre porte une mention au crayon, rédigée d'une autre main : « J. Maritain au Canada... Transmettons les Poèmes de M. P. de la T. d. Pin à M. P. van der Meer éditeur des *Îles*. » BNU, Fonds Jacques et Raïssa Maritain, Ms.Maritain.2,1,1488.

211 Patrice de La Tour du Pin (1911-1975), poète. Supervielle, à qui il avait apporté son manuscrit, avait fait publier son poème « La Quête de joie » dans *La N.R.F.* en juillet 1932 (n° 226) ; Patrice de La Tour du Pin avait alors 19 ans. La lettre de Supervielle à La Tour du Pin datée du 9 octobre 1946 évoque la présentation de ses poèmes à Paulhan comme l'une de ses « plus belles fiertés d'écrivain » (Jules Supervielle, *Œuvres poétiques complètes*, éd. citée, p. 1030). Supervielle lui dédie la section « Légendaires » dans *Le Corps tragique*, éd. citée, tandis que La Tour du Pin dédie à Supervielle l'un de ses premiers et plus célèbres poèmes, « Enfants de septembre », *La Quête de joie*, publié à compte d'auteur aux éditions de la Tortue en 1933, puis chez Gallimard en 1939.

Voulez-vous croire, cher Monsieur, à mes sentiments très dévoués, à toute ma sympathie.

Jules Supervielle

Je ne sais si vous avez lu *La Nuit Inclinée*[212] de Noël-Jeandet[213] (Bellivier, il habite Meudon). Cela me paraît intéressant et par moments très heureusement réussi. Il y a déjà quelques mois que j'avais le désir de vous dire un mot de ces poèmes dont certains me paraissent devoir vous toucher.

74. LETTRE À GEORGES CATTAÜI DU 21 FÉVRIER 1933[214]

Mon cher Ami,

Après Denise c'est Jacques, mon fils de 14 ans, qu'il m'a fallu opérer d'une appendicite, alors que, pour lui aussi la péritonite s'était déjà déclarée[215]. Il avait plus de 40 de fièvre quand on l'a emmené à la clinique pour l'intervention chirurgicale. Il est maintenant rétabli et se remet au travail. Et vous, cher ami, vous avez été souffrant aussi. Je le savais par Madame Mathias (qui va traduire *La Belle au Bois* avec un de ses amis M. Propert qui m'a fait une admirable traduction du « Bœuf et l'Âne »). Vous voilà à peu près rétabli. Ne me laissez pas si longtemps sans nouvelles ! J'ai besoin de vos lettres.
Quand revenez-vous à Paris ? Je crains bien de ne pouvoir retourner de sitôt à Londres où les Pitoëff ne jouent pas *La Belle*. Que c'est gentil à vous de leur avoir fait remarquer qu'ils étaient des cochons de ne pas donner ma pièce. Enfin, j'espère qu'on la donnera un jour en Anglais et que les Quinze feront connaître *La Première Famille* au public de Londres[216].

---

212 Noël-Jeandet, *La Nuit inclinée*, *Poème*, Imprimerie Debienne, 1932.
213 André Bellivier ou Noël-Jeandet, né en 1894, poète, historien et traducteur. Il donne un « Témoignage pour J. Supervielle » pour l'hommage de 1938 de la revue *Regains*, *op. cit.*, p. 49-50.
214 Bibliothèque littéraire Jacques Doucet, 8524-35.
215 Sur ce point, voir *supra* la lettre de Jules Supervielle à Georges Cattaüi du 14 et du 15 décembre 1932.
216 *La Première Famille* sera jouée en 1936 par la Compagnie du Rideau Gris à Marseille, dans une première version intitulée *Adam*, puis par la Compagnie des Quinze. À la fin de l'année 1938, la pièce sera donnée dans une mise en scène de Pitoëff, avec une musique de Milhaud.

Rencontré Paul Morand[217] avec qui nous avons parlé de vous. Avec quel plaisir ne dînerais-je pas ce soir avec vous au St James Club! Ce sera pour une autre fois – dans 6 mois ou 2 ans.
De tout cœur à vous

Jules Supervielle

75. LETTRE À FRANZ HELLENS DU 19 JUILLET 1933[218]

Port-Cros

Je suis bien heureux, mon cher ami, que vous ayez aimé mon dernier livre[219], vous un spécialiste de l'enfance (entre autres titres) et qui en avez senti si fort les lointains tout proches. Nous voici encore à Port-Cros où nous menons – moi du moins – une vie de travail. Je vous envie de projeter un voyage en Espagne et au Portugal, deux pays que j'adore. Je me réjouis de lire bientôt votre *Fraîcheur de la mer*[220]. Vous me demandez des nouvelles de Michaux[221]. Je l'ai laissé à Paris en bonne santé et travaillant fort. Je n'ai pas son actuelle adresse. Il était sur le point de déménager. Le plus sûr c'est toujours de lui écrire à *La N.R.F.* Mes amitiés à Madame Hellens et à votre grande fille et croyez-moi toujours bien affectueusement à vous

Jules Supervielle

76. LETTRE À MATHILDE POMÈS DU 2 AOÛT 1933[222]

Port-Cros

---

217 Paul Morand (1888-1976), écrivain, diplomate et académicien.
218 Bibliothèque littéraire Jacques Doucet, Gamma 8984-Gamma 8985 ; Gamma 8987-Gamma 9008.
219 Au mois de juin 1933 est paru, chez Corrêa, *Boire à la source, confidences de la mémoire et du paysage*. Supervielle y évoque notamment ses souvenirs d'Uruguay et des Pyrénées.
220 Franz Hellens, *Fraîcheur de la mer*, Paris, Gallimard, 1933.
221 En juin 1933, Michaux quitte l'hôtel des Balcons pour l'hôtel Bisson, 37, quai des Grands-Augustins. Entre-temps, il donne comme adresse La Paradou, à Villers-sur-Mer dans le Calvados, où il se rend quelques jours dans la maison de campagne de Fourcade. Il séjournera plus tard au 160, rue de Paris, à Boulogne. Jean-Pierre Martin rapporte ces « quelques jalons dans la grande série des migrations hôtelières » de Michaux, à Paris ou dans sa région, en 1933, dans *Henri Michaux*, éd. citée, p. 225.
222 Médiathèque des Gaves, Ms SUP 19.

Ma chère amie,

J'allais vous remercier de votre lettre pour *Boire à la source*[223] quand me parvient votre mot à propos de cette promotion qui m'enrubanne[224]. Merci, je suis content que vous m'ayez précédé dans cette voie. Je vous le dis de tout mon cœur.
Tout cela serait très bien si Jean n'avait été recalé à son baccalauréat de philo, alors qu'en philosophie justement il était un des meilleurs élèves de sa classe. C'est navrant. Nous voilà encore suspendus à une décision du mois d'Octobre ! Une nombreuse paternité oblige fréquemment à des attentes et des patiences de ce genre. On finit par s'y faire.
Ne viendrez-vous pas dans la région ? Sinon, faites-moi signe, que nous puissions vous garder un peu à Port-Cros ! Mathilde, nous avons grand espoir de vous revoir !
Je vous embrasse,

Julio

77. LETTRE À JULIEN LANOË DU 10 AOÛT 1933[225]

Port-Cros
devant la cheminée sans feu. Le besoin ne s'en fait pas sentir !

Cher Julien,

Je suis fort en retard pour vous remercier de vos félicitations[226] ! Ma seule excuse c'est que j'ai pas mal travaillé ces temps-ci, surtout à une pièce de théâtre[227] (mais j'ai hâte de revenir à la poésie).
Oui quel dommage que nous soyons si loin et que tant de départements nous séparent ! Le voisinage de la mer, du moins, nous réunit. Comme j'ai apprécié ce que vous dites de la vie à bord et du voyage dans ce

---

223 Jules Supervielle, *Boire à la source, confidences de la mémoire et du paysage*, éd. citée.
224 Le 13 juillet 1933, Supervielle est fait chevalier de la Légion d'honneur, distinction reçue par Mathilde Pomès le 13 juillet 1932.
225 Médiathèque de Nantes, Fonds Julien Lanoë, LAN B1 SUP.
226 Le 26 juin 1932, Julien Lanoë avait écrit à Supervielle au sujet de *Boire à la source* une lettre élogieuse (Jules Supervielle, *Œuvres poétiques complètes*, éd. citée, p. 806).
227 Supervielle travaille alors à *Bolivar*, comme l'indique sa correspondance avec Jean Paulhan (Jules Supervielle, *Choix de lettres*, éd. citée).

second numéro de *La Ligne de cœur*[228] ! Vous donnez, à tout ce que vous touchez, de l'âme et de la pensée. Quelle pénétration, quelle vigilance chaleureuse ! Et des nuances toujours si précises et aiguës.
Je pense à vous avez une très vive affection

Julio

78. LETTRE À JULIEN LANOË DU 13 SEPTEMBRE 1933[229]

Port-Cros

Cher Julien,

J'ai bien peur de ne pouvoir aller vous rejoindre en Bretagne ni au Pays Basque. Je ne prends plus le train hélas aussi facilement qu'il y a quelques années. Dernièrement j'ai eu quelques ennuyeuses palpitations de cœur. Ce n'est pas grave mais si cela se reproduisait en voyage ce pourrait être assez encombrant.
Évidemment Port-Cros est séparé de Nantes par un nombre assez considérable de départements. Mais vous trouveriez au Fort un repos que vous ne connaîtriez peut-être pas dans un hôtel de l'océan. Et si vous aimez les bains de mer, vous pourriez en prendre encore. Me permettez-vous d'insister ? Je l'espère bien et je le fais de toute la force de mon amitié. Vous êtes sûr d'avoir beau temps dans ces régions en Septembre – à part peut-être cette tempête d'équinoxe à laquelle vous paraissez tenir. Et nous causerions de ce qui nous est cher et précieux sous le figuier du petit jardin que vous connaissez.
Dites-moi vos projets et croyez-moi tout vôtre

Julio

---

228 Si la revue de Julien Lanoë a cessé de paraître en 1928, après douze numéros, cinq nouveaux numéros seront publiés entre 1933 et 1935. Julien Lanoë, seul contributeur de ces numéros, consacre le n° 2 à la côte d'Afrique.
229 Médiathèque de Nantes, Fonds Julien Lanoë, LAN B1 SUP.

79. LETTRE À EDMOND JALOUX DU 9 DÉCEMBRE 1933[230]

47, Bd Lannes

Cher Monsieur,

Lisant *Excelsior* hier matin j'ai eu la joie de trouver mon nom près du vôtre[231]... Et je veux vous dire combien me touchèrent vos appréciations de mon ouvrage *Boire à la Source*. Tant que vous n'avez pas « parlé » d'un livre il me semble qu'il est encore dans l'obscurité. Vous illuminez si bien les intentions et les possibilités d'un auteur. Comme un pont de clarté profonde entre le grand public et des ouvrages parfois très difficiles (je ne fais pas allusion, bien entendu, à mon livre !)
Merci, cher Monsieur
Voulez-vous me croire votre bien cordialement reconnaissant

Jules Supervielle

1934

80. LETTRE À JACQUES MARITAIN DU 3 FÉVRIER 1934[232]

47, Bd Lannes

Cher Monsieur,

---

230 Edmond Jaloux (1878-1949), écrivain et critique littéraire, élu à l'Académie française en 1936. Bibliothèque littéraire Jacques Doucet, Ensemble Edmond Jaloux, Ms 6328-Ms 6330.
231 Supervielle fait référence au compte rendu d'Edmond Jaloux, « *Boire à la source*, par Jules Supervielle (R.-A. Corrêa) », *Excelsior*, 7 décembre 1933 : après avoir mentionné le « don d'enfance », « la sensibilité, le pouvoir d'émotion » de Supervielle, Edmond Jaloux évoque le récit du retour de l'écrivain à Saint-Jean-Pied-de-Port ainsi que les « souvenirs uruguayens » contenus dans l'ouvrage, pour conclure que « *Boire à la source* est un des plus jolis ouvrages de M. Jules Supervielle. »
232 L'enveloppe comporte l'adresse suivante : « Monsieur Jacques Maritain 10, rue du Parc à Meudon (Seine-et-Oise) ». Elle porte également cette mention, au crayon, d'une autre main : « envoyer 20 feuillets concernant le Comité Lourié ». BNU, Fonds Jacques et Raïssa Maritain, Ms.Maritain.2,1,1488.

Je serais heureux en effet d'avoir un certain nombre de feuilles (15 à 20) concernant le Comité Lourié[233] et je m'empresserai de les adresser à des personnes susceptibles de s'y intéresser.
Quant à l'Association des Amis du Chant Choral[234] je crains fort de ne pouvoir lui être de quelque utilité : la plupart de mes amis sud-américains auxquels j'aurais pu utilement m'adresser ont dû regagner depuis un ou deux ans déjà leur pays d'origine en raison de la crise, et des extraordinaires difficultés qu'il y a maintenant à recevoir en France des fonds de l'Amérique du Sud. Et je ne voudrais pas vous adresser une liste de noms amis, encore en France, auxquels j'aurais déjà eu recours pour le Comité Lourié.
Oui j'espère bien que nous finirons par nous rencontrer un de ces jours chez notre cher Chagall[235].
Voulez-vous croire, cher Monsieur, à tout mon regret de ne pouvoir mieux vous montrer ma bonne volonté et à mes sentiments toujours admiratifs et cordiaux

Jules Supervielle

---

[233] Arthur Lourié (1892-1966), compositeur et musicologue russe qui fait la connaissance de Jacques Maritain dans les années 1920, probablement par l'intermédiaire de Stravinski, et reste son ami jusqu'à sa mort. Jacques et Raïssa Maritain ont une part active dans la création du « Comité des amis d'Arthur Lourié » mentionné par Supervielle : ce comité, comptant notamment Mauriac, Chagall, Schœlzer, Laloy ou Koussevitzky, œuvre à la reconnaissance de l'œuvre de Lourié, par l'organisation de concerts en particulier. Olessia Bobrik, « La famille de Jacques Maritain et les musiciens russes, d'après les archives de Kolbsheim », *in Revue Russe* n° 35, *L'Alsace et la Russie*, 2011, p. 125-141.

[234] L'Association des Amis du Chant choral est fondée le 16 décembre 1933, lors d'une réunion du Comité Arthur Lourié chez Roland-Manuel. Cette association devait permettre la création d'une œuvre de Lourié, le Concerto, dont la partie chorale nécessitait des moyens matériels importants. Jacques et Raïssa Maritain, *Œuvres complètes*, volume XV, Éditions Universitaires Fribourg Suisse, Éditions Saint-Paul Paris, 1983, p. 395.

[235] Les liens de Supervielle et Marc Chagall (1887-1937) se développeront en juillet 1934 : séjournant à Tossa del Mar, avec toute sa famille, chez la señora Holtzer, Supervielle a pour voisins les Chagall, et les deux familles se voient parfois ; Ida et Denise deviennent amies. Supervielle présentera aussi à Chagall Rafael Alberti, qui relate cette rencontre dans *El País*, 12 mai 1985. Par la suite, des relations entre Supervielle et Chagall se maintiennent, par l'intermédiaire de Paulhan notamment (Jules Supervielle, *Choix de lettres*, éd. citée). Les relations entre Jacques et Raïssa Maritain et Marc Chagall sont étudiés par Régis Ladous, « Marc Chagall et les Maritain, une définition de l'art religieux », *Revue des sciences religieuses*, 2010, p. 545-560.

81. LETTRE À JULIEN LANOË DU 25 FÉVRIER 1934[236]

Mon bien cher Julien,

Ce double et terrible malheur dans la même semaine[237]. Par Paulhan je venais d'apprendre la mort de votre mère quand on m'annonce par téléphone que votre père est décédé aussi.
Ainsi autrefois quand je n'étais qu'un enfant perdis-je mes parents à quelques jours d'intervalle, l'un ayant soigné l'autre jusqu'au moment où ses forces l'abandonnaient[238].
Mon cher Julien, vous êtes de ceux qui peuvent s'élever assez pour être de niveau avec tous les tragiques de la vie et de la mort. J'ai confiance en votre courage, et dans le sens profond de vos responsabilités vis-à-vis de la famille que vous avez fondée à votre tour. Je sais que vous dominerez ces jours affreux en regardant votre femme et vos enfants, où sont aussi vos parents. Je connais aussi votre foi que je vous ai souvent enviée. Mais je voudrais que vous sachiez que tous vos amis sont invisiblement autour de vous et près de vous, qu'ils vous aident à porter le faix de votre douleur et ne vous quittent pas.
Dites à votre femme si éprouvée combien nous pensons aussi à elle.
Je vous embrasse bien fort. Tous les miens pensent à vous deux

Jules

82. LETTRE À FRANZ HELLENS DU 3 MARS 1934[239]

Mon cher ami,

Si j'ai un peu tardé à vous répondre c'est que je ne savais pas quand paraîtrait mon volume de poèmes *Les Amis inconnus* qui contient quelques

---

236 Médiathèque de Nantes, Fonds Julien Lanoë, LAN B1 SUP.
237 Julien Lanoë venait de perdre sa mère, Marie-Blanche Lanoë, le 3 février 1934, lorsque son père, Paul Lanoë, mourut également.
238 En octobre 1884, la mère de Supervielle, Marie Munyo Supervielle, et son père, Victor Jules Supervielle, meurent à quelques jours d'écart à Oloron-Sainte-Marie, sans doute d'un empoisonnement causé par l'eau d'un robinet vert-de-grisé, ou du choléra (Jules Supervielle, *Œuvres poétiques complètes*, éd. citée, « Chronologie », p. XLVI-XLVII).
239 Bibliothèque littéraire Jacques Doucet, Gamma 8984-Gamma 8985 ; Gamma 8987-Gamma 9008.

inédits[240]. Comme il verra le jour le mois prochain je ne saurais en distraire des vers. Et je n'en ai pas d'autres. Mais peut-être ce texte, qui est entre le poème en prose et le conte, vous conviendrait-il ?

Nous allons partir dans trois semaines pour Port-Cros où se marie ma fille Françoise.

J'espère que tous les vôtres vont bien et vous serre affectueusement la main.

Jules Supervielle

Bonne chance pour votre nouveau *Disque Vert*[241] ! Pardon pour les ratures de mon texte que je me hâte de vous envoyer. Je n'ai personne en ce moment à la maison pour le faire taper à nouveau.

83. CARTE DE VISITE À FRANZ HELLENS, ESTIMÉE À FIN MARS 1934[242]

Cher Ami,

Voici les épreuves, corrigées. Nous sommes rentrés de Port-Cros où nous avons eu un temps fort désagréable. Il a failli pleuvoir le jour du mariage[243].

Affectueux souvenirs de J.S.

---

240 Le recueil de Supervielle, *Les Amis inconnus*, éd. citée, paraît en juillet 1934.
241 En 1934, à l'occasion des dix ans de la fin de la parution du *Disque Vert*, paraît une nouvelle série de la revue dirigée par Franz Hellens, *Au Disque vert*, à laquelle contribue Supervielle avec le texte « Histoire d'un regard », p. 129-131. La correspondance de Michaux et Hellens apporte l'information suivante, dans une lettre de Michaux non datée : « SUPERVIELLE craint que les poèmes qu'il vous pourrait donner ne paraissent en livre… au mois de Mai précisément. Il va aux renseignements à la n.r.f. et si la date de parution le permet, il vous donnera deux poèmes. » (Henri Michaux, *Sitôt lus*, éd. citée, p. 126).
242 Bibliothèque littéraire Jacques Doucet, Gamma 8984-Gamma 8985 ; Gamma 8987-Gamma 9008.
243 Le 21 mars 1934 a lieu à Port-Cros le mariage de Françoise, deuxième fille de Supervielle, et de Pierre David.

1935

84. LETTRE À JACQUES MARITAIN DU 4 JANVIER 1935[244]

47 Bd Lannes (16ᵉ)

Cher Monsieur,

Je regrette beaucoup de ne pouvoir faire partie du Conseil d'Administration des Amis du Chant Choral. N'allant presque jamais au Concert je ne connais pas du tout la question et ne pourrai être utile aux organisateurs. Veuillez croire, cher Monsieur, que je n'en reste pas moins dévoué au Comité Lourié et agréer l'expression de ma très vive sympathie

Jules Supervielle

85. LETTRE À GEORGES CATTAÜI DU 16 MAI 1935[245]

Cher Ami,

Merci de votre mot si affectueux – et de votre commentaire de mon livre. Je l'ai lu avec d'autant plus d'avidité que c'est le premier article que je reçois depuis la parution de *Souls of the Soulless*[246]. J'ai bien peur que ce ne soit un four noir que cette publication et que ça ne se vende pas du tout. Je vais écrire à la secrétaire de mon éditeur afin qu'elle m'éclaire. C'est que tout le monde n'a pas trop compréhension ni votre science des cœurs ! Je suis très fier de tout ce que vous dites. Vous me donnez grande envie de lire ces *Tales of the two brothers*[247]... Ne viendrez-vous pas à Paris avant le 1ᵉʳ Juillet, date de notre départ pour Port-Cros ?

---
244 BNU, Fonds Jacques et Raïssa Maritain, Ms.Maritain.2,1,1488.
245 Bibliothèque littéraire Jacques Doucet, 8524-35.
246 Supervielle fait référence à la traduction anglaise de plusieurs de ses contes parue sous le titre *Souls of the soulless*, London, Methuen, 1933. Cet ouvrage, traduit par Darsie Japp et illustré par Mary Adshead, comporte les contes « The ox and the ass » (« Le Bœuf et l'âne de la crèche »), « The flight in Egypt » (« La Fuite en Égypte ») et « Noah's ark » (« L'Arche de Noé »).
247 Charles Moldenke, The Tale of the Two Brothers : A Fairy Tale of Ancient Egypt, The d'Orbiney Papyrus in Hieratic Characters in the British Museum, London, Elsinore Press, 1898.

Quand vous croirez dîner *seul* au St James Club, la prochaine fois, ne vous y fiez pas trop je serai en face de vous bien qu'invisible aux indifférents des tables voisines.
Je vous serre les mains de tout cœur

Jules Supervielle

Mes bons souvenirs et mes hommages à l'excellente Mme Mathias quand vous la reverrez.

86. CARTE POSTALE À FRANZ HELLENS DU 28 MAI 1935[248]

Cher ami,

Avez-vous reçu ma traduction (revue par Capasso[249]) des poèmes que je vous ai adressés il y a quelque temps. Les retenez-vous pour les *Écrits du Nord*[250] ? Je serais heureux – surtout pour Capasso – d'être fixé. Il est malade et s'inquiète.

Bien cordialement

Jules Supervielle

---

248 La carte représente « P. Brueghel d. Ält., Des Vogeldieb. Cem.-Gal. im Kunsthist. Museum in Wien. Nr. 218 ». Bibliothèque littéraire Jacques Doucet, Gamma 8984-Gamma 8985 ; Gamma 8987-Gamma 9008).
249 Aldo Capasso (1909-1997), poète italien. Des traductions de Capasso par Supervielle avaient déjà été publiées aux *Cahiers du Sud* en décembre 1931 (Alain Paire, *Chronique des Cahiers du Sud*, éd. citée, p. 184). Valery Larbaud avait également rédigé une préface à son ouvrage, *À la nuit et autres poèmes*, Tunis, Éditions de Mirages, 1934. En outre, *La N.R.F.*, qui donnera plusieurs comptes rendus de ses ouvrages, a publié un poème de Capasso traduit par Pierre Jean Jouve, « Celle qui annonce la nuit », *La N.R.F.*, n° 254, novembre 1934, p. 791-792.
250 Formée par la fusion du *Disque vert* et de *La Lanterne sourde*, la revue *Écrits du Nord*, dirigée par Franz Hellens et Paul Vanderborght, paraît d'abord entre 1922 et 1923, puis en 1935, pour deux numéros, en juin et en juillet.

87. LETTRE À FRANZ HELLENS DU 10 JUIN 1935[251]

82, rue de la Faisanderie[252] (16)

Ces Italiens sont bien susceptibles… Ne pourriez-vous annoncer dans les *Écrits du Nord* les prochains poèmes de Capasso que vous allez publier. Il a bien reçu le 1er numéro des *Écrits*[253] et regrette de ne pas y voir son nom. (Au reste la revue était sans doute déjà chez l'imprimeur quand vous avez reçu les poèmes.)
Je n'ai pu que parcourir jusqu'ici les *Écrits* mais cela me paraît fort bien – et vraiment *nécessaire*!

Bien cordialement à vous

Jules Supervielle

1936

88. LETTRE À ÉMILE FABRE DU 12 FÉVRIER 1936[254]

82, rue de la Faisanderie (16)

Cher Maître,

---

251 Bibliothèque littéraire Jacques Doucet, Gamma 8984-Gamma 8985 ; Gamma 8987-Gamma 9008.
252 Ricardo Paseyro évoque ce nouvel appartement : « L'année 1935 s'annonçait aigre à Paris, [Supervielle] choisit l'ennui de la province – état favorable au travail. Entre deux séjours à Port-Cros (avril-mai) et Mirmande (juillet-septembre) il revient à la capitale pour déménager. Le Boulevard Lannes lui a, du coup, paru tristounet, bruyant, vieillot. Il y habitait depuis vingt-trois ans, il ne changea pas de quartier. Il jeta son dévolu sur un appartement moderne, 82, rue de la Faisanderie. Trop étroit, les quatre enfants encore sous son toit s'y entassent. » (Ricardo Paseyro, *Jules Supervielle, Le Forçat volontaire*, éd. citée, p. 165).
253 Le premier numéro des *Écrits du Nord* est paru en juin 1935.
254 Émile Fabre (1869-1955), auteur dramatique et administrateur général de la Comédie-Française de 1915 à 1936. Supervielle évoque dans cette lettre sa pièce *Bolivar*, qui a été acceptée au printemps 1935 à la Comédie-Française, qui la donnera, en mars, avec des ballets de Serge Lifar et une musique de scène de Darius Milhaud. – Médiathèque des Gaves, Ms SUP 9.

Je trouve excellente votre suggestion de faire intervenir Vargas Tejada (le compadre) au tableau de la réception de Lima. Au moment où on offre la couronne à Bolivar il dira un *non* catégorique qui n'empêchera pas l'action de se dérouler comme précédemment parce qu'il est seul de son avis.
Ce n'est pas la première suggestion heureuse que vous me faites et j'ai déjà tenu compte, à plusieurs reprises, de vos précieuses remarques pour « le goupillage » de ma pièce et son efficacité auprès du public.
Cela me met d'autant plus à l'aise pour vous parler librement de votre mise en scène laquelle me paraît dans l'ensemble, très riche de couleur et de mouvement.
Mais, je m'excuse de me répéter, ma pièce n'est pas une œuvre réaliste et je vois un danger à vouloir la présenter comme telle. C'est avant tout l'œuvre d'un poète (dont le texte ne devrait être noyé à aucun moment). Prenons des exemples. Je trouverais fort regrettable qu'on vît dans le tableau des Andes des soldats faire le geste de cracher du sang. Ou même être trop gênés dans leur respiration. Quelques touches très légères concernant la difficulté à respirer suffiraient, à mon avis. Et il ne conviendrait pas que Premier Nicanor et surtout Bolivar fussent gênés dans leur débit par l'impression qu'ils voudraient donner d'une respiration trop difficile. Ce serait mauvais pour le texte et pénible pour le spectateur.
L'accouchement dans les Andes a là une valeur symbolique, à mon sens, et nullement réaliste.
Et dans le tableau du moine il me semble que trop de cris et de trop bruyants coups de tonnerre nuiraient au texte bien plus qu'ils ne le serviraient.
Oh! je sais bien que vous êtes obligé, pour vous faire comprendre des comédiens et surtout des figurants, d'exagérer vos intentions et que vous modèrerez et règlerez tout cela par la suite. Mais je n'ai pas pu m'empêcher de vous dire dès maintenant ma façon de voir, étant bien persuadé que l'homme de théâtre que vous êtes aussi bien que l'homme de cœur ne m'en voudront pas de leur faire part de mes inquiétudes, en marge de mon admiration et de ma gratitude. Avec tout mon respect et mon cordial dévouement je vous prie de me croire, cher Maître, votre dévoué

Jules Supervielle

P.S. Je trouve dangereux aussi, au point de vue des réactions du public, que le moine brandisse la croix. Il pourrait se contenter de dresser le poing.

89. LETTRE À RAÏSSA MARITAIN DU 19 SEPTEMBRE 1936[255]

Samedi matin.

Chère Raïssa Maritain,

J'ai emporté ces poèmes hier, un peu comme un voleur, sans oser vous en parler. Et, rentrant à pied chez ma sœur, je les ai lus à la lumière d'une devanture, pour les relire un peu plus loin. J'ai hâte de vous dire que je les aime beaucoup. Comme le timbre en est pur et votre émotion est la nôtre, nous n'en perdons rien, croyez-le.

Dans « La Croix du Sud[256] » un seul vers m'arrête un peu : « Tout cela est bien fini[257] » me paraît un peu plat à côté du reste. On a compris sans ça et j'aimerais mieux un quatrième vers dans la suite de pensée des 3 précédents.

« Porte l'humble flamme humaine[258] ». « Annonçant notre passage À d'invisibles figures[259] ». « Des chagrins qui dorment mal » « Et des amours qui divaguent, en amont et en aval[260] ». Tout cela est admirable et fait corps avec le poème qui est prenant d'un bout à l'autre.

J'aime bien « Toute beauté recèle un chant[261] » mais il y a dans ce poème quelque chose de dogmatique qui me gêne un peu. Et je vois beaucoup plus de poésie dans « La Croix du Sud » parce que, peut-être, vous ne cherchez à rien expliquer, à rien prouver (ou si vous expliquez, vous le faites grâce à une explication, qui elle-même est mystérieuse).

---

255 L'enveloppe porte l'adresse suivante au recto : « Madame Raïssa Maritain Hotel Nogaro Avenida J.A. Roca, 562 Ciudad ». Cette lettre porte l'en-tête « AYACUCHO 1386 ». En effet, Supervielle loge chez les Baron, comme l'indique l'adresse qu'il inscrit sur l'enveloppe au verso : « J. Supervielle, chez Mr Baron Ayacucho, 1386 ». – BNU, Fonds Jacques et Raïssa Maritain, MS.MARITAIN.2,2,0932.
256 Raïssa Maritain, « La Croix du Sud », *Lettre de nuit, La vie donnée*, Paris, Les Îles, Desclée de Brouwer, 1936, repris dans *Œuvres complètes, Poèmes et essais*, volume XV, éd. citée, p. 522-523. Ce poème, composé de neuf quatrains d'heptasyllabes aux rimes croisées, évoque la condition humaine à la faveur de la métaphore du voyage sur les flots, thèmes chers à Supervielle.
257 Ce vers est supprimé de la version citée, *ibid*. René Mougel précise que Raïssa Maritain venait d'écrire ce poème, « impressions de la traversée de l'Atlantique, en août. » Il était alors encore inédit. *Cahiers Jacques Maritain*, n° 65, *op. cit.*, p. 20.
258 Supervielle cite le dernier vers de la quatrième strophe, *ibid*.
259 Il s'agit des vers 2 et 3 de la sixième strophe, *ibid*.
260 Supervielle cite les trois derniers vers de la huitième strophe.
261 Ce poème, alors encore inédit, sera dédié à Arthur Lourié et recueilli dans *Lettre de nuit, La vie donnée*, éd. citée, p. 54-55.

Pardonnez-moi de vous dire mon sentiment sans ambages. Je ne sais comment j'ose l'exprimer si librement. Étant aussi de la partie j'ai une façon de voir qui n'est peut-être bonne que pour moi (à supposer même qu'elle le soit.)

Je serre vos mains et celles de Jacques bien affectueusement. Dites-lui que je réfléchirai longtemps à sa conférence d'hier[262]. J'espère pouvoir la lire un jour. Je me suis réveillé ce matin avec le son de sa voix et de ses idées dans ma tête et j'en étais fortifié.

Nous espérons bien vous voir bientôt tous deux à Montevideo[263]

Julio

---

[262] Le 18 septembre 1936, Jacques Maritain donne une conférence sur la poésie moderne au Jockey Club de Buenos Aires, dont le texte sera publié dans sa première étude de *Situation de la poésie*, éd. citée En effet, le 15 août 1936, Jacques Maritain, accompagné de son épouse Raïssa et de sa belle-sœur Véra, est arrivé en Argentine. Ils séjourneront jusqu'à mi-octobre en Amérique du Sud, et seront le 7 et le 8 octobre à Montevideo, où ils retrouveront Supervielle. L'enveloppe de la lettre envoyée par Supervielle porte l'adresse « Madame Raïssa Maritain Hotel Nogaro Cuvenida J.A. Roca, 562 Ciudad ». Ce voyage, qui s'inscrit dans le cadre des déplacements de plus en plus fréquents à l'étranger en raison de la renommée grandissante du philosophe, donnera lieu à une quarantaine de cours et de conférences. Olivier Compagnon, *Jacques Maritain et l'Amérique du Sud*, « Chapitre III. Le voyage en Argentine », Villeneuve d'Ascq, Presses universitaires du Septentrion, 2003, p. 109-135.

[263] En août 1936, Supervielle est parti avec Michaux pour l'Amérique du Sud, à l'occasion du XIVe Congrès de la fédération internationale des P.E.N. Clubs qui se tient à Buenos Aires du 5 au 15 septembre. Supervielle reste à Montevideo jusqu'en février 1937. René Mougel rapporte que les Maritain seront à Montevideo les 7 et 8 octobre : ils retrouvent Supervielle à cette occasion. René Mougel, « Causerie sur Supervielle et Reverdy », *Cahiers Jacques Maritain*, n° 65, *op. cit.*, p. 20.

1937

90. LETTRE À MATHILDE POMÈS DU 20 MARS 1937[264]

82, rue de la Faisanderie
Paris

Chère amie,

Votre lettre me surprend beaucoup. Je suis navré de ce qui vous arrive et que vous ayez pu croire à une telle négligence de ma part ! Comment avez-vous pu penser que j'allais garder chez moi plus de trois ans des manuscrits prêtés par Baty[265] ? Mais au bout de deux ou trois jours, le temps d'en prendre connaissance – il me demandait une réponse rapide – je rendais vos traductions au Théâtre Montparnasse. Je les remis moi-même à Baty ou à un secrétaire, je ne sais plus au juste, ayant eu affaire au théâtre Montparnasse à 2 ou 3 reprises (pour *Bolivar*) et ayant vu tantôt le Directeur, tantôt quelqu'un du secrétariat.
Je me rappelle fort bien – et Pilar aussi – que j'ai rendu ces manuscrits d'urgence au théâtre.
J'ai trop de respect pour votre talent, pour votre temps et pour l'amitié que je vous porte pour n'avoir pas pris le plus grand soin de vos traductions. Par acquis de conscience ou plutôt, par affection pour vous, j'ai tout de même cherché parmi mes papiers si je trouvais vos manuscrits. Bien entendu, je n'en ai pas trouvé trace.
Croyez, je vous prie, à mon amitié

Jules Supervielle

---

264 Médiathèque des Gaves, Ms SUP 19.
265 Gaston Baty (1885-1952), homme de théâtre, l'un des fondateurs en 1927 du « Cartel » théâtral avec Louis Jouvet, Charles Dullin et Georges Pitoëff. En 1930, il a pris la direction du Théâtre Montparnasse.

91. LETTRE À ROSE ADLER DU 30 JUIN 1937[266]

Chère Mademoiselle,

Je comprends fort bien que vous ayez pu confondre... Cela m'arrive quelquefois aussi.
Merci du chèque. Je suis très heureux d'avoir collaboré à ces « cahiers de brouillons » moi qui aime tant corriger et recorriger mes écrits.
Avec mes sentiments bien cordiaux

Jules Supervielle

92. LETTRE À JACQUES MARITAIN DU 2 DÉCEMBRE 1937[267]

82, rue de la Faisanderie
le *2 Décembre* 1937 (et ce n'est pas un coup d'État, croyez-le bien !)

Bien cher ami,

Voici le conte que je vous avais lu l'autre soir. J'aimerais que Raïssa et vous-même l'examiniez pour voir *s'il convient* à *Temps Présent*[268]. S'il en était ainsi on pourrait faire précéder mon récit de quelques lignes où on dirait qu'il s'agit d'un conte de poète qui, pour faire ressortir le mystère quotidien n'hésite pas à appeler à son secours la magie, l'humour, la tendresse et sa méchante sœur la cruauté, tout cela qui est peut-être nécessaire à l'élaboration d'un mythe.

---

266 Rose Adler (1890-1959), ébéniste et relieuse, en particulier pour la Bibliothèque littéraire de Jacques Doucet. Bibliothèque littéraire Jacques Doucet, Fonds Rose Adler, Ms 4051.
267 L'enveloppe porte l'adresse suivante : « pour Jacques et Raïssa Maritain 10 rue du Parc Meudon (S. et O.) ». BNU, Fonds Jacques et Raïssa Maritain, Ms.Maritain.2,1,1488.
268 L'hebdomadaire catholique *Temps présent* paraît de 1937 à 1940, puis de 1944 à 1947. À l'automne 1937, il est lancé par Jacques Maritain et François Mauriac ; Supervielle fait partie des collaborateurs. Le journal se déclare « en dehors et au-dessus des partis » mais s'affirme comme catholique, et s'écarte de la droite et de la conservation sociale. Si, avant la guerre, le journal était anti-communiste, il s'engage ensuite sans ambiguïté contre le nazisme et l'antisémitisme et illustre un antifascisme inspiré par l'Évangile. Martine Sevegrand, *Temps Présent, Une aventure chrétienne. Tome 1 : l'hebdomadaire, 1937-1947*, Paris, Éditions du Temps Présent, 2006.

J'ai remis ce matin le manuscrit de mes contes à Gallimard. Je crois qu'il s'intitulera *L'Arche de Noé*[269] du titre du premier de mes récits.

Je vous supplie de voir si *vraiment* ce conte est fait pour *Temps Présent*. Il va sans dire que je ne mets aucun amour-propre dans la publication. Si vous ne le donnez pas je vous enverrai autre chose plus tard.

À vous deux nos bien affectueuses pensées

Jules Supervielle

1938

93. LETTRE À FRANZ HELLENS DU 16 AVRIL 1938[270]

Merci, mon cher ami, de votre très bonne lettre reçue à Pontigny où je suis venu me reposer, tout en travaillant. Je suis bien content de ce que vous me dites de mes contes[271], je n'ai pas fini d'y songer.

Je n'ai pu me rendre à Bruxelles pour les représentations de *La Belle au Bois*[272] mais sans doute irai-je passer quelques jours à Ohain au mois de Mai, chez les Bouché[273] et j'espère bien vous y revoir[274].

---

269 Jules Supervielle, *L'Arche de Noé*, éd. citée.
270 Bibliothèque littéraire Jacques Doucet, Gamma 8984-Gamma 8985 ; Gamma 8987-Gamma 9008.
271 En mars est paru le recueil de contes et nouvelles de Supervielle, *L'Arche de Noé*, éd. citée L'écrivain fait ici référence au compte rendu de Franz Hellens, « Supervielle (Jules), *L'Arche de Noé*. (Gallimard) », *L'Étoile belge*, n° 142, 22 mai 1938, p. 7.
272 Jules Supervielle, *La Belle au bois*, éd. citée.
273 Georges Bouché (1879-1953) et sa femme Madeleine (1875-1964), peintre belge née Vanderborght. Madeleine Bouché contribuera à l'hommage rendu par la revue *Regains* à Supervielle, en 1938, par un portrait de l'écrivain à la plume (*Regains*, numéro spécial « Reconnaissance à Supervielle », 5ᵉ année, n° 21, été-automne 1938, p. 3). Le docteur Bouché, neurologue réputé de Bruxelles, était aussi peintre et amateur d'art, humaniste, et homme de gauche démocrate. Son engagement était sensible dans son activité de journaliste : il était l'un des fondateurs du journal *La Dernière heure* en 1906. Voir *Hommage au Docteur Georges Bouché*, Bruxelles, Les Éditions du Parthénon, 1956, et Jean-Philippe Bouché, *Madeleine Bouché-Vanderborght 1895-1964*, Drogenbos, Éditions Eder, 1999.
274 Supervielle se rendra bien à Ohain pendant l'été, comme l'indique la lettre du 11 juillet 1938 à Jacques Schiffrin. Une rencontre de Supervielle et Hellens est attestée le 14 juillet 1938, par la lettre qu'adresse Supervielle à Paulhan le lendemain : « Vu Hellens hier qui partait pour les Ardennes. » (Jules Supervielle, *Choix de lettres*, éd. citée, p. 196).

J'espère que vous ne nous ferez pas trop attendre votre prochain livre et vous prie de croire à toutes mes affectueuses amitiés

Jules Supervielle

Ma nouvelle adresse à Paris 61 bis Boulevard Beauséjour (16)[275]

94. LETTRE À EDMOND JALOUX DU 29 AVRIL 1938[276]

61bis Bd de Beauséjour (16)

Cher Edmond Jaloux,

Je m'excuse de ne vous avoir encore dit le rare plaisir que je dois à votre chronique sur *L'Arche de Noé*, dans *Excelsior*[277]. C'est seulement à mon retour des vacances de Pâques qu'il m'est donné d'en prendre connaissance. Et j'aurais voulu savoir plus tôt que cette joie m'attendait sur ma table de travail...
« Art primitif et très savant » dites-vous. Je sais bien que tout cela m'a donné beaucoup de mal, comme presque tout ce que j'écris (seuls quelques poèmes qui viennent tout seuls).
Il ne « conclut pas », dites-vous aussi. Peut-être parce que j'ai peur des limites et que la conclusion est la plus redoutable d'entre elles pour un rêveur forcené comme moi. C'est du moins l'excuse que je me donne...

---

275 À la suite du mariage de ses deux premières filles, Supervielle emménage « dans l'appartement le plus somptueux qu'il ait loué, 61 Boulevard Beauséjour. » (Ricardo Paseyro, *Jules Supervielle, Le Forçat volontaire*, éd. citée, p. 175).
276 Bibliothèque littéraire Jacques Doucet, Ensemble Edmond Jaloux, Ms 6328-Ms 6330.
277 Ce compte rendu d'Edmond Jaloux paraît sous le titre « *L'Arche de Noé*, par Jules Supervielle (*Nouvelle Revue française*) », *Excelsior*, 9 avril 1938. Edmond Jaloux commence par poser que Supervielle « est un fabuliste plus encore qu'un conteur », et note que « ses petites nouvelles sont charmantes, écrites avec une grande ingénuité, à la fois naïves et humoristiques, fraîches et ingénieuses. Elles font penser à un art très primitif et très savant. » Supervielle relève et commente également l'assertion suivante de Jaloux : « M. Jules Supervielle conte bien, mais conclut mal. Ou plutôt, il ne conclut pas. La plupart de ses apologues pourraient continuer plus longtemps ou s'arrêter plus vite ; ce sont des contes pareils à ceux que l'on fait aux enfants. L'enfant s'écrie : "Raconte-moi ce qui est arrivé depuis hier..." et le narrateur recommence. M. Jules Supervielle pourrait ainsi prolonger "L'Arche de Noé" ou "La Fuite en Égypte" ; rien ne le forçait de les interrompre au moment où il s'est arrêté de les écrire. »

Il m'est extrêmement heureux qu'un grand spécialiste du rêve et de la poésie, c'est-à-dire de tout ce qui vaut la peine d'être vécu, prenne ainsi plaisir à me lire et à faire aimer mon livre. Merci de tout cœur.

Votre admirablement dévoué

Jules Supervielle

95. LETTRE À MARCEL ARLAND DU 2 MAI 1938[278]

Prière de noter ma nouvelle adresse
61 bis Bd Beauséjour (16ᵉ)

Bien cher Marcel Arland,

Par Jean Paulhan je savais que vous aviez aimé mon *Arche* et si je me réjouissais à l'avance de lire votre chronique[279] je ne me doutais tout de même pas qu'elle me réserverait tant de joies, et des joies qui, je le sens bien, s'inscrivent vigoureusement dans la mémoire. C'est à tel point que, vous lisant, je ne pouvais m'empêcher de penser : « Mais est-ce que je saurai dire à Arland combien tout cela m'est heureux et m'enchante. » Oui, toujours un peu d'angoisse chez moi, vous l'avez bien vu, et vous ne vous doutiez pas que j'en prévoyais même pour ma lettre de remerciements... Heureusement que c'est bien autre chose. C'est d'abord le plaisir de vous retrouver. Nous nous voyons si rarement. Mais l'amitié n'en souffre pas. Nos livres ne sont-ils pas un peu comme le complément de nos entrevues. Le sillage des uns se confond avec celui des autres. Vous avez défini mes contes avec des mots qui, je le souhaite pour moi, leur resteront attachés. « Simples et étranges, patients et légers ». Leur simplicité est, vous le savez, vous le dites, acquise et parfois très difficilement. Je suis naturellement confus et contradictoire. Écrire c'est pour moi mettre des clartés dans beaucoup de noir et d'anxiété. Chose curieuse le sourire n'est là souvent que pour me signifier que je suis dans la bonne voie ! Et comme vous avez su rattacher mes contes à mes poèmes ! Tout cela, je vous assure, mon cher ami, me tiendra compagnie

---

278 Bibliothèque littéraire Jacques Doucet, Fonds Marcel Arland, ARL C.
279 Marcel Arland, « *L'Arche de Noé*, par Jules Supervielle », *La N.R.F.*, n° 296, mai 1938, p. 818-822.

et me consolera plus d'une fois dans mes nuits d'insomnie. Ne vous raidissez pas, c'est l'exacte vérité.

J'ai aussi été très pris par tout ce que vous dites de notre redoutable ami Victor Hugo[280]. Ce qui nous agace chez lui, comme chez Claudel[281], n'est-ce pas, c'est comme l'odeur de leur trop puissante originalité.

J'aurais voulu vous écrire moins mal et plus longuement. Je ne suis pas, malgré le Dr Bécart et ses *opinions*, en parfaite santé.

Je vous serre bien affectueusement la main

Jules Supervielle

96. LETTRE À ROGER CAILLOIS DU 5 MAI 1938[282]

Nouvelle adresse
61 bis Bd Beauséjour
Paris (16e)

Cher Ami,

Vous êtes le « jeune » dont je redoutais le plus le jugement, je pensais même que ma poésie ne vous intéresserait pas et cela me donnait de l'inquiétude.

Voilà qu'aujourd'hui votre lettre m'arrive à Paris après m'avoir en vain cherché à Pontigny[283].

---

[280] Dans le même numéro de *La N.R.F.*, Marcel Arland consacre deux essais critiques à des ouvrages portant sur Victor Hugo : « *Essai sur Victor Hugo*, par Hugo von Hofmannsthal » et « *La vie tragique de Victor Hugo*, par Léon Daudet », *La N.R.F.*, *ibid.*, p. 824-827.

[281] Sur les relations de Claudel (1868-1955) et Supervielle, voir l'article de Didier Alexandre, « Une conférence de Jules Supervielle sur Paul Claudel », *Bulletin de la Société Paul Claudel*, *op. cit.*, p. 1-12.

[282] Roger Caillois (1913-1978), écrivain, sociologue, critique littéraire, traducteur, directeur de revue – notamment des *Lettres françaises*, puis co-directeur de *La Licorne*, avec Pierre David, gendre de Supervielle –, a fait très tôt dissidence avec le surréalisme. Proche de Supervielle, malgré les inquiétudes de celui-ci face à son idée de la poésie, Caillois a aussi commencé à correspondre avec Paulhan dès 1934. Il sera élu à l'Académie française en 1971. – L'enveloppe porte l'adresse suivante : « Monsieur R. Caillois 57, Bd de la Gare Beauvais (Oise) ». Fonds Roger Caillois, cote CS170, Médiathèque Valery-Larbaud, Vichy.

[283] En avril 1938, Supervielle s'était rendu à l'Abbaye de Pontigny, où il avait fait de multiples séjours ; à cette occasion, il fait la connaissance d'Étiemble, qui dirige la décade intitulée « L'Anti-Babel », et retrouve Roger Caillois. Voir Jules Supervielle, Étiemble,

Je vous remercie de m'avoir écrit, et avec tant de délicatesse. Je suis bien content que vous ayez songé à faire apprendre à vos élèves[284] « La Création du monde ». « À cause des choses emmêlées » est une admirable analogie de votre élève inconnu.

Vous avez bien vu que, pour exciter mon imagination, je me suis confondu avec le Créateur[285]. On nous avait appris en classe qu'il fallait se mettre dans la peau du personnage... Je ne l'ai pas oublié.

Croyez à toute ma sympathie reconnaissante

Jules Supervielle

Ne m'oubliez pas auprès d'Étiemble[286] et de Yassu G[287]. à qui je pense bien souvent

---

Correspondance 1936-1959, éd. citée, p. 165-166 ; Odile Felgine, *Roger Caillois*, éd. citée, p. 170 ; Jules Supervielle, *Choix de lettres*, éd. citée.

284 Depuis la rentrée 1937, Caillois est professeur de lettres au lycée de garçons de Beauvais, où il a la charge d'une classe de sixième ; il a pour collègue Étiemble. Il y loue un pied-à-terre au 57, boulevard de la Gare, adresse à laquelle Supervielle lui envoie cette lettre. Odile Felgine, *Roger Caillois*, éd. citée, p. 159.

285 Supervielle fait allusion à la suite de sept poèmes publiée sous le titre « La Fable du monde » dans *La N.R.F.*, n° 294, 1ᵉʳ mars 1938 ; cet ensemble, complété, composera la première section du recueil *La Fable du monde*, qui paraît en septembre de la même année. Sous le titre « La Création du monde », il désigne probablement le poème liminaire, « Le Chaos et la Création (Dieu parle) », dont la première strophe s'ouvre sur le thème des « choses emmêlées » mentionnées par l'élève de Caillois.

286 René Étiemble (1909-2002), écrivain, universitaire et éditeur, ami de Supervielle dont il étudie l'œuvre dans plusieurs articles, chapitres d'ouvrages ainsi que dans la monographie *Supervielle*, collection « La Bibliothèque idéale », Paris, Gallimard, 1960. Nous étudions leurs relations dans *Jules Supervielle, une quête de l'humanisation*, éd. citée.

287 Yassu Gauclère (1907-1961), femme de lettres, première épouse d'Étiemble.

97. LETTRE À CLAUDE ROY DU 28 MAI 1938[288]

61 bis Bd Beauséjour

Monsieur,

« Vous verrez, me disait Brasillach, l'article[289] est fort bon. Votre livre[290] lui a beaucoup plu... Claude Roy n'a que 23 ans. » Et d'abord je fus heureux de penser qu'on m'avait confié à un « jeune ». Ce sont là des avis qui m'intéressent entre tous, même s'il s'agit de « la plus vieille histoire du monde ». J'aime infiniment ce que vous dites des mythes qui en littérature font figure de « réactifs ». Et la vertu instable de « la gentillesse » « toujours menacée parce que composite ». Tout cela est pensé avec beaucoup de vigueur et d'originalité véritable. Aussi m'inquiétez-vous un peu, et même plus qu'un peu, quand vous aimez bien moins les contes non bibliques[291] du recueil. Je crois pourtant que la complicité du lecteur, plus facile à obtenir pour moi dans des récits aux thèmes illustres, peut aussi s'établir dans des contes comme « La Femme retrouvée »... Pourtant le fait que vous ayez beaucoup goût les récits de *L'Enfant de la haute mer*[292] donne peut-être, et même sans peut-être, de terribles preuves à votre argumentation. J'écris tout ce qui m'attire, j'écoute toutes les sirènes. En cela suis-je peut-être à

---

288 Claude Roy (1915-1997), écrivain et critique, consacrera à Supervielle l'ouvrage *Jules Supervielle*, Paris, Seghers, 1949 et 1970, où transparaissent son admiration et son affection pour l'écrivain. – Bibliothèque littéraire Jacques Doucet, Fonds Claude Roy, ROY 275.
289 Cet article de Claude Roy, « Jules Supervielle : *L'Arche de Noé* (N.R.F.) », figure dans la rubrique « Causerie littéraire » de *L'Action française*, 5 mai 1938. Après avoir rappelé qu'« il y a quelques années, les contes de M. Jules Supervielle nous introduisirent dans un univers merveilleux », et souligné l'importance de *L'Enfant de la haute mer* en particulier, Claude Roy loue « un humour attendri, une ravissante transparence de style », offrant à Supervielle « une place unique dans le monde de nos créateurs de féerie ». S'agissant du nouveau recueil de contes de Supervielle, après les éloges, Claude Roy note que « la matière de ces contes » paraît « parfois un peu mince », et qu'« on pourrait faire quelques reproches au conteur de *L'Arche de Noé* et se demander avec inquiétude si tout ce qu'il nous dit ne manque pas un peu de force. Car on peut mettre de la force même dans le sujet le plus gracieux, et c'est même peut-être cela que l'on nomme le classicisme. »
290 Jules Supervielle, *L'Arche de Noé*, éd. citée.
291 Le recueil compte sept récits : les trois premiers sont des « contes bibliques » (« L'Arche de Noé », « La Fuite en Égypte », « Antoine-du-Désert »), contrairement aux quatre suivants (« L'Adolescente », « Le Bol de lait », « Les Bonshommes de cire », « La Femme retrouvée »).
292 Jules Supervielle, *L'Enfant de la haute mer*, éd. citée.

demi Espagnol, comme vous le dites. Pour le reste si j'ai du sang de la frontière pyrénéenne mes parents étaient basques français et béarnais. Mais j'adore l'Espagne et ses anciennes colonies.
Merci, cher Claude Roy, de vous être penché sur mon livre avec tant de sympathie et de l'avoir situé si haut.
J'espère avoir un jour la joie de vous rencontrer.

Jules Supervielle

98. LETTRE À JACQUES SCHIFFRIN DU 11 JUILLET 1938[293]

Ohain

Cher Ami,

Je vous remercie vivement de vos indications nécessitées par quelques étourderies de ma part[294]. J'espère que cela va maintenant. Si quelque chose encore attirait votre attention n'hésitez pas à me le signaler.
J'ai relu tout le texte d'abord seul puis avec Mme Vanderborght[295], pour collationner les épreuves et l'original (ou plutôt ma traduction).
Je passe ici les journées dans le calme et l'amitié. Nous parlons souvent de vous trois.
Voulez-vous présenter mes respectueux hommages à Madame Schiffrin et croire à mes sentiments très cordiaux.

Jules Supervielle

Vous recevrez les épreuves par pli séparé (papiers d'affaires, recommandés.)

---

293 Bibliothèque littéraire Jacques Doucet, Ms Ms 51199.
294 Sans doute ce projet éditorial concerne-t-il l'édition des œuvres de Shakespeare dans la Bibliothèque de la Pléiade, collection créée et dirigée par Jacques Schiffrin (1892-1950). Cet ouvrage sera publié sous le titre *Théâtre complet* le 2 décembre 1938 et contiendra la traduction d'*As you like it* par Supervielle, d'abord parue en 1935 chez Gallimard, sous le titre *Comme il vous plaira*.
295 Durant l'été 1938, Supervielle séjourne à Ohain, en Wallonie, chez les Bouché : Madeleine Vanderborght est l'épouse du docteur Georges Bouché ; tous deux étaient très liés avec Jacques Schiffrin.

99. LETTRE À JACQUES MARITAIN DU 10 AOÛT 1938[296]

Port-Cros

Bien chers amis,

Soyez vivement remerciés de m'avoir adressé votre *Situation de la poésie*[297]. J'en ai lu ou relu ici, dans le calme de Port-Cros, les diverses parties. Vous ne quittez pas le cœur du sujet, d'un sujet si difficile à atteindre et vous avez écrit là une œuvre si profitable aux poètes et à leurs lecteurs ! Quand j'examine le sens profond de votre livre je me sens en parfait accord avec vous. Ce n'est que parfois, dans le détail et prise isolément, qu'une pensée ici ou là provoque une objection provisoire de ma part. Je comprends par exemple que les esprits naturellement clairs aient en quelque sorte « horreur de la logique[298] » en poésie mais un poète naturellement confus et difficile en lui-même s'accrochera à une logique, à sa logique, il tâchera de la faire sortir de ses propres limites, le besoin de coordination sera impérieux en lui. Ce qui n'empêchera pas tout poème digne de ce nom d'être « obscur à quelque degré[299] ». Vous avez grandement raison – si je puis m'exprimer ainsi ! – de dire qu'« entre la poésie intelligible d'un Virgile ou de Baudelaire et le non-sens de certains textes surréalistes se trouvent tous les degrés de l'intelligibilité et de l'obscurité[300] ».

---

296 BNU, Fonds Jacques et Raïssa Maritain, Ms.Maritain.2,1,1488.
297 Jacques Maritain et Raïssa Maritain, *Situation de la poésie*, éd. citée L'ouvrage comporte deux études de Raïssa Maritain, « Sens et non-sens en poésie » et « Magie, poésie et mystique », et deux essais de Jacques Maritain – « De la connaissance poétique » et « L'expérience du poète ». Dans le premier, qui contient le texte de la conférence à laquelle Supervielle avait assisté en 1936, l'écrivain est cité : Jacques Maritain évoque la poésie et le « mouvement mystérieux par lequel, comme Jules Supervielle le disait, un jour, elle s'approche des sources de l'être » (p. 97-98). Le compte rendu que donne Albert Béguin de cet ouvrage dans la revue *Esprit* souligne qu'il était fait pour toucher Supervielle : « C'est ce sentiment de l'humain, de la destinée, de la "blessure", qui met hors de pair, parmi les nombreux écrits modernes sur la poésie, le livre aussi bref que riche de Jacques, et Raïssa Maritain. » (Albert Béguin, *Esprit*, n° 79, 1er avril 1939, p. 132).
298 Raïssa Maritain, « Sens et non-sens en poésie », *Situation de la poésie*, éd. citée, p. 19 : « Un poète, un vrai poète, […] déteste – et à juste titre – la logique en poésie […] ».
299 *Ibid.*, p. 25-26 : « Nous disions tout à l'heure qu'à un degré quelconque le sens intelligible est toujours nécessaire au sens poétique. Nous voilà ramenés maintenant à l'autre aspect des choses, et à l'obscurité qui, elle aussi, à quelque degré est toujours là. »
300 *Ibid.*, p. 26. La citation complète est la suivante : « Entre la poésie intelligible d'un Virgile ou d'un Baudelaire, et le non-sens aimé pour lui-même de certains textes surréalistes, se trouvent tous les degrés de l'intelligibilité et de l'obscurité. » La question

J'aime aussi infiniment, cher Jacques Maritain, ce que vous dites de la connaissance poétique[301]. Oui c'est une connaissance « les yeux bandés » et les mains gantées, une illusion de connaissance, avec quelque chose d'essentiel pourtant, qui ne trompe pas complètement.
Je n'ai pas fini de réfléchir sur votre livre, bien chers amis. Je le laisse sur ma table, je veux être toujours prêt à l'ouvrir et m'en imprégner. Et vous l'avez orné d'une dédicace que je voudrais mériter... Nous vous en remercions, Pilar et moi, bien fort et vous prions de croire tous deux à notre affection très reconnaissante

Jules Supervielle

Ne nous oubliez pas auprès de Mlle Véra[302] à qui nous pensons aussi très affectueusement.

100. LETTRE À MARCEL ARLAND DU 12 AOÛT 1938[303]

La Vigie de Port-Cros

Mon cher Ami,

Votre *Terre natale*[304] c'est bien autre chose qu'un « Tableau de la paysannerie française » ! Et pourtant êtres, bêtes et choses y sont toujours merveilleusement dessinés. Mais c'est là un dessin murmurant, à force d'intensité amicale. Quelle puissance de calme et de pénétration ne faut-il pas pour pouvoir ainsi entrer dans l'enclos silencieux des souvenirs. Moi qui n'ai jamais pu que survoler les miens je vous envie de vivre ainsi dans leur intimité et de la mettre à deux pas de nous. Je songe à quelque forte racine qu'on aime parfois arracher du sol et à considérer

---

d'un équilibre à trouver, en poésie, entre l'obscurité et la clarté, est pour Supervielle fondamentale : il l'aborde dans ses propres textes théoriques, comme dans la correspondance avec Paulhan ou Étiemble. Nous l'étudions dans *Jules Supervielle, une quête de l'humanisation*, éd. citée.
301 Jacques Maritain, « De la connaissance poétique », *Situation de la poésie*, éd. citée, p. 81-139.
302 Véra Oumansoff (1886-1959), sœur de Raïssa Maritain ; elle forme, avec celle-ci et son beau-frère, le groupe dit des « trois Maritain ».
303 Bibliothèque littéraire Jacques Doucet, Fonds Marcel Arland, ARL C.
304 Marcel Arland, *Terre natale*, Paris, Gallimard, 1938.

longuement avec ce qu'il y reste de terre, j'allais dire d'obscurité. On voit tout dans ces pages, comme si on y était vraiment, et on n'en a pas moins une sensation d'éloignement qui vient des grands espaces de l'âme parcourue. Une voix étouffée et pourtant si claire.
Vous verra-t-on bientôt à Port-Cros ? Madame Balyne[305] nous disait que vous iriez sans doute au Fort. La Vigie, vous le savez, vous attend aussi et les lectures de Vigny (nullement tendancieuses, quoique vous en disiez. C'est aussi un de mes plus chers poètes). J'y suis depuis quelques jours à peine après trois semaines de Belgique et de Royaumont.
Voulez-vous dire nos souvenirs bien cordiaux à votre femme et me croire affectueusement à vous

Jules Supervielle

101. LETTRE À ROGER CAILLOIS DU 29 OCTOBRE 1938[306]

61 bis Bd Beauséjour

Cher ami,

Tout ce que vous me dites de ma *Fable du monde*[307] me ravit et m'est profondément utile. Si tout livre de poèmes est une affirmation, il est aussi une interrogation. Et votre réponse m'est précieuse parce que vous êtes un critique aussi clairvoyant que redoutable, appartenant à une génération qui n'est hélas pas la mienne. Je suis d'autant plus intéressé par vos remarques que vous êtes vous aussi ami des mythes et des fables[308] et en contact avec ce qu'il y a d'éternellement jeune au monde.

---

305 Marceline Henry, dite Mme Balyne, propriétaire de l'île de Port-Cros, qu'elle préserve en compagnie de son époux, Marcel Henry, et de son amant, Claude Balyne. Pendant les années 1930, l'île devient un véritable foyer intellectuel : Paulhan et Supervielle s'y rendent régulièrement, le premier résidant dans le Fort de la Vigie, le second dans le Fort François Ier.
306 L'enveloppe porte l'adresse suivante : « Monsieur R. Caillois 2, rue Parmentier Vitry sur Seine (Seine) ». Fonds Roger Caillois, cote CS29, Médiathèque Valery-Larbaud, Vichy.
307 Jules Supervielle, *La Fable du monde*, éd. citée.
308 Roger Caillois, *Le Mythe et l'Homme*, Paris, Gallimard, 1938.

J'espère avoir bientôt le plaisir de vous revoir[309] et vous prie de croire à mes très cordiales amitiés

Jules Supervielle

102. LETTRE À JULIEN LANOË DU 25 NOVEMBRE 1938[310]

Mon cher Ami,

Jean Paulhan m'avait dit combien il avait goûté votre étude de *Regains*[311] mais je ne la connaissais pas encore. Je viens de la lire dans le numéro spécial qui me parvient à l'instant.
Vos pages sont si fines et si profondément aux écoutes de ce qui se passe en moi que je me demande tout d'abord... pourquoi je ne vous vois jamais quand vous venez à Paris ! Car il doit vous arriver de venir ! Avez-vous seulement ma nouvelle adresse 61 bis Bd Beauséjour ? Téléphone Jasmin 71-72.
Mais si j'ai commencé par une parenthèse j'ai hâte de revenir à mon sujet. Et c'est pour m'apercevoir tout d'abord qu'il est bien difficile de remercier, je veux dire de dire les causes de sa gratitude. Par exemple vous parlez de ma pudeur. Comment puis-je toucher ce sujet ? Je puis du moins vous dire combien je suis sensible à des pensées comme celle-ci : « La solitude n'est pas une condition de travail mais une fatalité interne. » Souffrez aussi que je vous dise que cette phrase et les suivantes sont aussi bonnes pour vous que pour moi ! Et je crois vous reconnaître autant que moi-même dans « cette solitude toujours menacée ». Nous sommes tous deux, mon bien cher ami, des pères de famille nombreuse et tous deux des inquiets... Mais vous avez plus de tenue que moi. Et vous devez parfois me trouver un peu gémissant.

---

309 En septembre 1939, Roger Caillois et Victoria Ocampo effectuent une tournée de conférences, dont une à Montevideo : ils se retrouveront à cette occasion. Voir la lettre de Jules Supervielle à Paulhan du 29 septembre 1939, *Choix de lettres*, éd. citée, p. 230, et Odile Felgine, *Roger Caillois*, éd. citée, p. 203.
310 Médiathèque de Nantes, Fonds Julien Lanoë, LAN B1 SUP.
311 Julien Lanoë, « Solitude de Supervielle », *Regains*, numéro spécial « Reconnaissance à Supervielle », *op. cit.*, p. 39-41. Les citations effectuées par Supervielle sont extraites de cet article ; les mots « cette solitude toujours menacée » s'écartent un peu du texte de Lanoë, qui contient l'expression « un isolement toujours menacé ».

« En mal de définition et de conclusion ». Vous me prenez terriblement sur le vif, là aussi. Et dans : « N'a jamais eu que son cœur pour boussole. » Et j'aime infiniment que Dieu lui-même soit ému par « tant de faiblesse mariée avec tant d'ardeur ».
Mais mon Dieu est lui aussi en mal de définition et de conclusion, c'est le Dieu de ma poésie. Il ne s'en est pas dégagé. Et je ne ferai jamais rien pour le brusquer. Nous verrons bien.
Je vous embrasse. Votre vieil ami très touché

Julio

103. LETTRE À CLAUDE ROY DU 27 NOVEMBRE 1938[312]

61 bis Bd Beauséjour

Cher Claude Roy,

Votre « Retour à l'Étoile[313] » est là sur ma table. Il est bien peu d'opinions sur mon œuvre qui m'aient fait un tel plaisir. J'appréhende toujours, plus que toute autre, la critique des jeunes. Trente ans nous séparent vous et moi. Mais, une fois de plus, je m'aperçois que les années ne sont rien en présence d'un idéal commun. Et nous avons, vous et moi, le goût de ce qui pourrait, avec des pentes favorables, devenir classique un jour. Et puis nous avions besoin, n'est-ce pas, de sortir du surréalisme et de la sécheresse, aimer à nouveau le brin d'herbe et l'étoile, et les hommes qui les regardent (ou qui ont perdu le goût de les regarder, mais qui le retrouveront.) Tant de haine dans le monde prépare peut-être beaucoup d'amour, du moins dans les livres de poésie... (mais c'est peut-être par là que cela doit commencer.)
Vous avez admirablement désigné ma poésie : métaphysique *sans abstraction*. Car tout est là. On peut considérer les poètes comme des infirmes de la pensée, les images sont leurs béquilles. Avec elles ils peuvent faire de grandes enjambées, dans le genre de celles du Chat Botté. Mais les images doivent être employées avec circonspection sans quoi elles se

---
312 Bibliothèque littéraire Jacques Doucet, Fonds Claude Roy, ROY 275.
313 Claude Roy, « Retour à l'Étoile », *Je suis partout*, 25 novembre 1938.

détruisent. Aucune ne survit et c'est un fatras hanté de cadavres que l'on propose à la mémoire. Mais celle-ci ne se laisse pas faire.

Merci, cher Claude Roy, j'aimerais bien, un prochain jour, faire votre connaissance. Croyez, en attendant, à la profondeur de ma sympathie. Votre très touché

Jules Supervielle

104. LETTRE À EDMOND JALOUX DU 16 DÉCEMBRE 1938[314]

Cher Edmond Jaloux,

C'est une joie pour un poète que d'être ainsi compris et illustré et votre chronique de *La Fable du Monde* dans *Excelsior*[315], me fait comprendre que je ne me trompais pas quand j'écrivais mes patients poèmes. Certes j'avais l'impression de ne pas aller au hasard, je me sentais guidé par le seigneur invisible et chuchotant qui dit à l'artiste c'est par ici, ou bien le met en garde contre tel ou tel précipice qui restera toujours innommé. Mais vous vous doutez bien que ce grand besoin d'être rassuré sous toutes les formes si évident chez maint poète, et peut-être chez moi en particulier – s'applique aussi à la nécessité de l'œuvre même. Bien des poèmes ont beau être des affirmations ils n'en sont pas moins interrogatifs. Et des commentaires comme le vôtre sont de précieuses réponses. Je crois en effet avec vous, cher Edmond Jaloux, que mon enfance sud-américaine est pour beaucoup dans ma conception de l'univers. Les poètes lisent encore leurs vers en public en Uruguay et il y a chez eux un besoin de communion avec un auditoire vivant qui n'est pas étranger à ma façon de prendre le vers et le poème. Ce qui leur manque là-bas ce sont des critiques véritables, des *éclaireurs*,

---

[314] Bibliothèque littéraire Jacques Doucet, Ensemble Edmond Jaloux, Ms 6328-Ms 6330.
[315] Ce compte rendu d'Edmond Jaloux est publié sous le titre « *La Fable du monde*, par Jules Supervielle (*Nouvelle Revue française*) », *Excelsior*, 15 décembre 1938. Edmond Jaloux, posant que « la poésie moderne existe », prend l'exemple de Supervielle. Après avoir rappelé que Supervielle est né en Amérique du Sud et qu'il y a passé son enfance, il situe Supervielle en l'opposant à Musset et Baudelaire, puis présente *La Fable du monde*, dont il cite « Tristesse de Dieu ». Il conclut que « la mer, les astres, les animaux, les fleurs, l'amitié prennent chez M. Jules Supervielle un éclat neuf, des couleurs d'émail ; on lit ses vers avec un plaisir ému, très tendre et un peu candide. »

au sens propre du mot et je vous remercie, cher Maître, d'en avoir été un pour moi et pour ma *Fable*.
Votre très cordialement dévoué

Jules Supervielle

105. LETTRE À CLAUDE ROY DU 23 DÉCEMBRE 1938[316]

61 bis Bd Beauséjour

Cher Claude Roy,

Vous me ferez bien plaisir en venant dîner à la maison le Mercredi 4 Janvier dans l'intimité (veston ou vareuse sans épaulettes !) Je pense que vous serez de retour de votre permission[317].
Très cordialement à vous

Jules Supervielle

106. LETTRE À MARCEL ARLAND DU 26 DÉCEMBRE 1938[318]

Mon cher Ami,

Merci de votre bonne lettre. Nous voudrions bien aller vous voir à la campagne ! Mais ces grands froids nous paralysent un peu. Dès que le soleil se mettra à briller avec plus de franchise nous irons vers vous. En attendant recevez tous deux nos vœux affectueux et croyez à mes meilleurs souvenirs.

Jules Supervielle

Je suis si heureux que ma *Fable*[319] vous plaise !

---

316 Bibliothèque littéraire Jacques Doucet, Fonds Claude Roy, ROY 275.
317 Claude Roy effectue alors ses deux années de service militaire.
318 Bibliothèque littéraire Jacques Doucet, Fonds Marcel Arland, ARL C.
319 Jules Supervielle, *La Fable du monde*, éd. citée.

107. LETTRE À HENRI CALET DU 29 DÉCEMBRE 1938[320]

61 bis Bd Beauséjour

Cher ami,

Je vous envoie *La Belle au Bois*.

Le passage à dire[321] va de la page 89 à la page 103. Cela fera de 5 à 6 minutes. Il faudra 3 acteurs, contrairement à ce que je pensais. (Je n'ai pas trouvé de passage assez long avec 2 personnages.)
Si c'est possible j'aimerais être là pour donner des indications aux acteurs.
Bien cordialement à vous

Jules Supervielle

1939

108. LETTRE À CLAUDE ROY DU 27 JANVIER 1939[322]

61 bis Bd Beauséjour
Jasmin 71-72.

Cher Ami,

Ai-je besoin de vous dire que je guettais l'*A.F.*[323] du Jeudi, depuis quelque temps ? Je commençais à croire qu'on ne laisserait pas passer un article important comme le vôtre sur une poésie aussi libre que la mienne. Eh bien, en pleine grippe, je découvre votre texte[324], précédé d'un titre qui ne pouvait guère me laisser indifférent ! Vous avez eu raison de me l'annoncer

---

320 Bibliothèque littéraire Jacques Doucet, Fonds Henri Calet, LT Ms 9599.
321 Henri Calet (1904-1956), écrivain, journaliste et homme de radio, anime alors « Le Quart d'heure de *La N.R.F.* » sur Radio-37, grâce à Jean Paulhan.
322 Bibliothèque littéraire Jacques Doucet, Fonds Claude Roy, ROY 275.
323 *L'Action française*.
324 Claude Roy, « Jules Supervielle et *La Fable du monde* », *L'Action française*, 26 janvier 1939. Dans cet article, Claude Roy souligne l'humanisme du recueil de Supervielle, affirmant que « cette poésie qui semble parfois dissoudre l'homme au sein de la création, frôler

cette chronique je l'ai savourée ainsi avant et après sa parution. Vous me dites qu'on l'a raccourcie et c'est dommage mais il en reste tout de même un magnifique morceau. J'aime beaucoup que vous ayez fait le thème central de ma poésie de cette idée que « sans notre effort pour l'aimer et le penser le monde disparaîtrait ». Poésie fortement anthropocentrique dites-vous. Vous vous rappelez les vers de *Gravitations* (je sais que vous connaissez bien mes livres !) « Jusqu'aux astres indéfinis – Qu'il fait humain ô destinée – l'univers même s'établit – sur des colonnes étonnées[325]. » Dieu lui-même dans mon œuvre est une espèce de surhomme, de sur-poète, ayant des moyens formidables à sa disposition.

Il faudra que nous allions à la Sainte-Chapelle ensemble, n'est-ce pas ? Dire que je n'y suis jamais allé ! Vous me seriez le plus divinateur des guides. Voudriez-vous me téléphoner dans 3 ou 4 jours, ma grippe m'aura enfin déserté, d'ici là.

J'aime aussi beaucoup ce que vous dites de l'absence du poète. Je le rapprocherai d'une impression de Rilke dans une de ses lettres[326] (après la publication de *Gravitations*). « Presque tout le monde insiste trop, m'écrivait-il, et arrive à laisser les empreintes passionnées des doigts dans l'argile ; c'est comme une preuve de force. Mais c'est une preuve de plus de force encore que de savoir, le moment donné faire comme... personne. » Votre note sur l'article de Jaloux[327] ne peut pas le fâcher et aura certainement du retentissement, comme le reste. Bref, vous vous en doutez,

---

le panthéisme, est en réalité très fortement anthropocentrique : l'homme même éludé, même invisible, y figure la clef de voûte du monde. »

325 Supervielle cite la troisième strophe du poème « Une étoile tire de l'arc », dans la section « Les colonnes étonnées » de *Gravitations*, éd. citée.

326 Supervielle cite un extrait de la lettre que Rainer Maria Rilke lui adresse le 28 novembre 1925, voir *infra*. Cette lettre est également citée par Supervielle dans la lettre à André Gide du 22 juin 1945 (voir *infra*) et dans la missive à Jean Paulhan de septembre-octobre 1958 (Jules Supervielle, *Choix de lettres*, éd. citée, p. 447). Rainer Maria Rilke (1875-1926) et Supervielle se rencontrent en février 1925, chez Jean Cassou ; Supervielle en fait le récit à Ricardo Paseyro, son gendre (Ricardo Paseyro, *Jules Supervielle, Le Forçat volontaire*, éd. citée, p. 121). Rilke avait publié en 1926 *Vers, suivis des Quatrains Valaisans*, dédiés à Supervielle. Celui-ci, très touché par la mort de Rilke, survenue le 26 décembre 1926, dédie à sa mémoire la suite « Oloron-Sainte-Marie » dans *Le Forçat innocent*, éd. citée Les lettres de Rilke à Supervielle ont été publiées dans *Les Lettres*, n° 13, 1952, puis dans *Œuvres. Correspondance* – T3, Rainer Maria Rilke, © Éditions du Seuil, 1976 pour l'édition française. Ricardo Paseyro reproduit une lettre de Supervielle à Rilke datée du 1er décembre 1925 dans *Jules Supervielle, Le Forçat volontaire*, éd. citée, p. 123-124.

327 Le compte rendu de Claude Roy comporte la note suivante : « Dans la *Revue universelle* du 15 novembre 1938, on s'étonne en revanche de voir un esprit aussi fin et aussi juste

je suis un homme heureux depuis hier et j'ai hâte de vous le dire et de vous revoir.
Votre

Jules Supervielle

109. LETTRE À CLAUDE ROY DU 18 MARS 1939[328]

61 bis Bd Beauséjour
Jasmin 71-72

Mon cher ami,

Voulez-vous me faire un grand plaisir ? Vous viendriez assister Mardi prochain à 7 heures exactement à la lecture du 1er acte du *Voleur d'Enfants* devant Ledoux et sa femme[329]. J'aimerais beaucoup que vous soyez là, d'autant plus que vous ne connaissez rien de la pièce (à laquelle j'ai apporté quelques changements depuis sa lecture à la Comédie Française). Après quoi nous dînerions tous ensemble à la maison en écoutant les critiques. Dans l'intimité vestonnière. Je vous serre bien cordialement la main

Jules Supervielle

---

que M. Edmond Jaloux, dans les *Nouvelles littéraires* du 31 décembre, placer sur le même plan que Supervielle les poèmes de M. Eluard, où de précieuses beautés éparses ne parviennent point à assurer un seul recueil tout à fait accompli, et ceux de M. Reverdy. » Claude Roy, « Jules Supervielle et *La Fable du monde* », *L'Action française, op. cit.*
328 Bibliothèque littéraire Jacques Doucet, Fonds Claude Roy, ROY 275.
329 Fernand Ledoux (1897-1993), acteur et homme de théâtre, alors sociétaire de la Comédie Française depuis 1931, et son épouse Fernande Thabuy (1908-1997). – La transformation du roman de Supervielle en pièce de théâtre est évoquée dans les lettres de Supervielle à Paulhan (Jules Supervielle, *Choix de lettres*, éd. citée) et dans la lettre de de celui-ci à Larbaud du 5 septembre 1934 : « Supervielle a quitté Port-Cros pour Tossa où il tente de transformer en pièce *Le Voleur d'enfants*. (Je suis plus inquiet qu'enchanté de ces sortes de transformations.) » (Jean Paulhan, *Choix de lettres*, tome I, éd. citée, p. 326). Puis, en 1942, Supervielle communique le manuscrit de sa pièce à Jouvet ; de retour en France, celui-ci, très occupé, se montre évasif. Pierre Dux se propose de jouer la pièce au Français, dont il a été nommé administrateur à titre provisoire en septembre 1944, mais Dux quitte son poste. Enfin, quatre ans plus tard, la pièce est créée au Théâtre de l'Œuvre, et atteint trois cents représentations consécutives. Pris par d'autres engagements, le Théâtre de l'Œuvre doit entre-temps laisser le Théâtre Édouard VII donner la pièce. C'est Lucien Beer qui la dirige ; Rouleau joue Bigua, Marcelle Tassencourt, Desposoria, Catherine Fonteney, Misia Cayatena, Lise Topart, Marcelle, et José Artur, Justin.

110. LETTRE À ANDRÉ GIDE DU 30 OCTOBRE 1939[330]

Montevideo[331]

Cher André Gide

Quand j'essaie de discerner pourquoi vous avez une si grande importance dans ma vie littéraire je suis gêné par la banalité des raisons qui me viennent à l'esprit. Tout cela est trop simple et trop naïf pour vous définir le moins du monde à mes yeux. Et pourtant je sais bien ce que vous représentez au fond de moi, dans cette confusion très intérieure où les sentiments informulés n'ont pas encore trouvé de mots pour désigner les nuances qu'ils pressentent.
Ai-je besoin de dire, en manière d'excuse, que j'appartiens à cette catégorie de poètes, ou tout au moins de maladroits, qui ne se sent à l'aise que dans le concret. Ces infirmes de la pensée, on le sait bien, ne peuvent sortir du silence qu'en s'appuyant sur des images qui leur tiennent lieu de béquilles.
Je vous écris d'un parc public et solitaire de Montevideo, dans l'intimité duquel je vis depuis quelques semaines. Les promeneurs y sont très rares et n'empêchent en rien d'écouter les aveux d'un palmier, d'un cèdre, d'un chêne, voire d'un dammara ou d'un gravillea robusta, qui ont tous de si différentes façons de se taire. Et je voudrais cher Gide, appeler à l'aide le sérieux, la pudeur que ces arbres ont en commun, aussi bien que la patience et la profondeur de leurs racines, pour vous exprimer mon respect et mon admiration dans toute leur intensité.

---

330 Bibliothèque littéraire Jacques Doucet, Gamma 815 (1-4). Cette lettre est dactylographiée ; la signature et l'ajout destiné à Jean Paulhan sont manuscrits. Si Supervielle rédige ce texte dans la perspective du numéro spécial « Hommage à André Gide » (*La N.R.F.*, novembre 1951), celui-ci ne comporte pas sa contribution. Paulhan avait sollicité Supervielle pour cet hommage dans la lettre du 12 août 1939 (Jean Paulhan, *Choix de lettres*, tome II, éd. citée). Supervielle, après avoir envisagé l'écriture d'un poème dans la lettre du 29 septembre 1939 (Jules Supervielle, *Choix de lettres*, éd. citée, p. 230), envoie finalement à Paulhan cette lettre ouverte. Or, dans la lettre du 15 novembre 1939 (Jean Paulhan, *Choix de lettres*, tome II, éd. citée), Paulhan exprime son peu de goût pour ce texte de Supervielle, qui la commente dans la réponse à Jean Paulhan du 8 décembre 1939 (Jules Supervielle, *Choix de lettres*, éd. citée, p. 234-235).

331 Le 2 août 1939, Supervielle, en compagnie de Pilar et de leur fille cadette, Anne-Marie, s'embarque sur le *Groix* à destination de l'Uruguay, à l'occasion du mariage de son fils aîné, Henry. Quelques jours après son arrivée, en septembre, il apprend la déclaration de guerre entre l'Allemagne et la France. Il avait initialement prévu de rester en Uruguay jusqu'au 15 octobre ; mais en raison du contexte international, de sa santé fragile et de difficultés financières, il ne regagnera la France que sept ans plus tard, en juillet 1946.

Pardonnez-moi si j'ai ainsi besoin pour essayer d'aller jusqu'à vous de l'urgent secours de quelque végétal inspiré et croyez, n'est-ce pas, qu'il n'est rien de plus sincère qu'un S.O.S. dans tout le domaine de l'espace terrestre.

Jules Supervielle

Cher Jean,

En hâte je t'envoie cette page pour le numéro de Gide, si vraiment tu crois qu'elle peut y figurer. Je t'écrirai par le prochain avion. Je t'embrasse

Julio

111. LETTRE À MARCEL RAVAL DU 2 DÉCEMBRE 1939[332]

Sarandi 372 Montevideo (Uruguay)

Cher Monsieur et ami,

N'ayant pas votre adresse et l'ayant en vain cherchée ici je vous écris aux soins du frère de Pierre David[333], mon gendre. Cette mort de Bernal[334] nous a atterrés, ma femme et moi. Ce peintre si riche dans la profondeur si dense, cet ami qui était la générosité même. J'aurais voulu de tout

---

332 Marcel Raval (1900-1956), poète et directeur de la revue *Les Feuilles libres* (1918-1928), puis rédacteur en chef de *L'Amour de l'art*. Cette revue, fondée en 1920, devient entre 1938 et 1940 *Prométhée*, avant de retrouver son nom antérieur de 1945 à 1953, année où elle cesse de paraître. – L'enveloppe, qui porte la mention « par avion », est adressée à « Monsieur Marcel Raval aux soins de Monsieur Yves David 80, Boulevard Flandrin Paris (XVIe) » ; cette adresse est barrée et remplacée par « 47 Rue Vieille du Temple Paris IVème ». Harry Ransom Center, Carlton Lake Collection, 282.5.
333 Pierre David (1911-1982), qui épouse en 1934 Françoise, la deuxième fille de Supervielle. Celui-ci dédie à son gendre le poème « L'Escalier », *Oublieuse mémoire*, éd. citée Pierre David, très proche de Supervielle, fait après-guerre partie du comité de rédaction de la revue de Susana Soca, *La Licorne*, à laquelle collabore Supervielle.
334 José Luis González Bernal (1908-1939), peintre originaire de Saragosse, proche de Michaux qui l'avait aidé à vendre ses tableaux. Supervielle, touché par cette disparition, l'évoque à plusieurs reprises dans sa correspondance avec Jean Paulhan (Jules Supervielle, *Choix de lettres*, éd. citée). Michaux, alors à Rio, écrira un hommage à Bernal qui paraîtra, avec un poème de Supervielle – « Le Souvenir de Bernal » –, dans *Prométhée*, n° 9-10, décembre 1939-janvier 1940 (Jean-Pierre Martin, *Henri Michaux*, éd. citée, p. 320.) « Le Souvenir de Bernal » sera repris, avec quelques variantes, dans la section « Hommages » de *1939-1945*, sous le titre « À Bernal ».

mon cœur écrire les pages que vous me demandez. Malade, je ne suis pas en état de le faire. De plus je ne suis pas du tout à l'aise dans la critique qu'elle soit picturale ou autre. Paulhan m'a souvent demandé des « notes » pour *La N.R.F.* et je n'ai pas réussi à les écrire. Pardonnez-moi. J'ai aussitôt écrit à Henri Michaux à Rio par avion pour lui demander s'il voulait écrire ces pages, je n'ai pas encore sa réponse mais je me demande si ma lettre l'a touché. J'écrirai un poème sur Bernal dès que je serai en meilleure santé et je vous l'enverrai.
Je pense bien amicalement à vous

Jules Supervielle

112. LETTRE À MARCEL RAVAL DATÉE DU 7 DÉCEMBRE 1939[335]

Sarandi 372 Montevideo (Uruguay)

Cher Monsieur et Ami,

Je viens de recevoir votre lettre toute pleine de notre cher Bernal. Quelle tragédie que cette vie, du moins pour ceux qui la voyaient s'écouler, Bernal ayant gardé toujours son sourire et sa confiance, du moins j'espère ces derniers mois. Plus d'une fois quand j'étais sans forces ou sans courage pour travailler je pensais à lui, à sa vie généreuse, à ses secrètes richesses. Je veux lui consacrer un poème qui figurera dans mon prochain recueil[336] et que je vous enverrai dès qu'il sera écrit. Je n'aurais pas pu m'empêcher de l'écrire. Je pense beaucoup à Rafaela, aux Barga[337], à vous, cher ami, qui avez été si compréhensifs pour notre pauvre, notre grand Bernal.
Je n'ai pas de réponse de Michaux, je ne sais si ma lettre l'a touché à Rio. Il devait partir pour l'intérieur du Brésil. Michaux admirait notre ami autant que vous et moi et je crois pouvoir dire qu'il écrira quelque

---

[335] L'enveloppe, portant la mention « par avion », est adressée à « Monsieur Marcel Raval 47, rue Vieille du Temple Paris (IVe) ». Harry Ransom Center, Carlton Lake Collection, 282.5.
[336] Jules Supervielle, « Le Souvenir de Bernal », *Prométhée*, décembre 1939-1940, recueilli dans « À Bernal », *1939-1945*, éd. citée.
[337] Bernal avait entretenu une liaison amoureuse avec Rafaela García de la Barga (1917-1992), la fille de Corpus Barga.

chose mais je crains fort que vous ne l'ayez pas à temps pour votre numéro du 15 Décembre.
Affections aux Barga quand vous les verrez et amicalement à vous

Jules Supervielle

113. LETTRE À MARCEL RAVAL DU 28 DÉCEMBRE 1939[338]

Cher ami,

Je vous enverrai mon poème pour Bernal par le courrier de la semaine prochaine. J'insiste auprès de Michaux pour qu'il vous envoie quelque chose. J'espère que cette fois il le fera.
Vos lettres du 15 et du 22 Déc. me sont parvenues en même temps et je me suis mis aussitôt à écrire mon poème. C'est vous qu'il faut remercier pour avoir ainsi accompagné Bernal dans les dernières semaines, si affreuses, de sa courte vie, de lui avoir donné le secours de votre présence. Courte et brûlante. Comme celle de Le Louët[339]. J'ai reçu ici un mot de La Tour du Pin peu de temps avant qu'il ne soit fait prisonnier[340]. Oui, celui-là, du moins nous le reverrons.
Je vous serre très cordialement la main

Jules Supervielle

Je ne sais encore quand je pourrai rentrer à Paris. Je vais mieux mais ne suis pas encore bien solide.

S.

---

338 L'enveloppe, portant la mention « par avion », est adressée à « Monsieur Marcel Raval 47, rue Vieille du Temple Paris (IVe) ». Harry Ransom Center, Carlton Lake Collection, 282.5.
339 Jean Le Louët (1911-1982), poète et directeur de la revue *Les Nouvelles lettres françaises*, parue en 1937, puis des *Nouvelles lettres*, de juin 1938 à 1939, collabore à *La N.R.F.* et participera à l'hommage rendu en 1960 à Supervielle avec le texte « L'expression hispanique chez Supervielle », *La N.R.F.*, octobre 1960, *op. cit.*, p. 722-729. Pendant la guerre, Jean Le Louët avait disparu en Pologne, d'où l'inquiétude de l'écrivain, qu'il mentionne dans la lettre à Jean Paulhan du 11 novembre 1939 (Jules Supervielle, *Choix de lettres*, éd. citée, p. 232).
340 Mobilisé dès le début de la Seconde Guerre mondiale, Patrice de La Tour du Pin est fait prisonnier le 17 octobre 1939 et est interné à l'Oflag IV-D ; il restera trois ans en Allemagne.

1940

114. LETTRE À MARCEL RAVAL DU 7 JANVIER 1940[341]

Hommage à Bernal

Fallait-il donc, mon cher Bernal, l'intimité de l'impossible
Pour que reprennent nos entretiens,
Le tête-à-tête avec le vide, le cri secret du précipice, là où le jour se fait ténèbres,
Ô Espagnol, peintre espagnol,
Qui ne pouvais vivre en Espagne que lorsqu'on s'y battait à mort
Et avais pris le très long train des volontaires, gare d'Orsay,
Ô Espagnol de la misère sans guérison de l'Espagne,
Avec ses ors, ses pierreries, la fièvre des orfèvreries, le tout jeté par les fenêtres,
par les portières et par le fer et par le feu et par les cornes des taureaux et par
les canons des fusils et par les yeux de l'aimée,
Et tu en meurs à trente ans, à la main ta palette fraîche,
Toi qui avais les yeux brûlants de celui qui pendant longtemps avait fait taire
sa maladie,
Jusqu'à ce jour où l'incendie jaillit par toutes tes fenêtres
Et ta toiture de jeune homme sur la terre s'écroula.

Et l'on dira devant tes toiles :
En voilà un qui n'est pas à plaindre dans le grand cercle de ses œuvres
Avec ses monts et ses rochers, ses champs de blé et ses chevaux
Et ses visages de vivants au milieu de la prairie,
Et le foisonnement de ses herbes qui ne renonce à aucun brin.
Chaque chose à sa vraie place comme au jour de la Création
Et tout cela prêt à vivre sa très longue vie de peinture fort accrochée à la toile,
Sans se soucier de ton corps tout séparé, pauvre petit[342].

---

341 Harry Ransom Center, Carlton Lake Collection, 282.5. Cette lettre, dactylographiée, comporte une signature et des ajouts manuscrits, indiqués dans une police romaine.
342 Cette dactylographie est très proche du texte repris dans *1939-1945*, éd. citée, sous le même titre « À Bernal », à quelques variantes près : plusieurs virgules sont ici omises de même que les guillemets encadrant les vers 14 à 18. En outre, au vers 5, la dactylographie donne « Et ne pouvais » quand le poème recueilli en recueil donne « Tu ne pouvais » ; au vers 12, « sur la terre » est remplacé par « sur terre » dans *1939-1945*.

Jules Supervielle

Cher ami,
Voici donc le poème promis par le dernier courrier. Avec mes très cordiales pensées

J.S.

Montevideo

115. LETTRE À MARCEL RAVAL DU 6 FÉVRIER 1940[343]

Montevideo Sarandi 372

Cher ami,

Votre silence m'inquiète. Je me demande d'abord si vous avez reçu mon poème. Et j'ai aussi quelques inquiétudes sur l'envoi de Michaux. Vous savez que j'avais beaucoup insisté pour qu'il écrivît l'article. Il m'a envoyé un mot de Bahia[344] (il rentre en France) pour me dire qu'il vous envoyait la page demandée. Michaux a beaucoup souffert lui-même de l'incompréhension des critiques et je crains qu'il n'ait été fort violent dans son article, d'après quelques mots qu'il m'a dits. Il voulait pourtant, bien sûr, servir notre Bernal de son mieux. Peut-être s'y est-il très mal pris. De toutes façons j'aimerais avoir un mot de vous qui avez été un ami si précieux et désintéressé pour notre commun ami. Si mon poème ne vous paraît pas indiqué pour une revue comme *L'Amour de l'art* je vous demanderai de l'envoyer de ma part à Jean Paulhan à *La N.R.F.* qui le publierait peut-être dans « L'Air du Mois ».
Je pense à vous avec une très vieille amitié

Jules Supervielle

---

343 L'enveloppe, portant la mention « par avion », est adressée à « Monsieur Marcel Raval 47, rue Vieille du Temple Paris (IVe) ». Harry Ransom Center, Carlton Lake Collection, 282.5.
344 Henri Michaux avait bien reçu la lettre de Supervielle, ainsi que sa demande d'article, voir *infra*, sa lettre à Supervielle estimée de début janvier 1940.

Peut-être une de vos lettres s'est-elle tout simplement égarée. Je me demande si je n'ai pas mis 117 rue Vieille du Temple au lieu de 47, ayant mal lu votre chiffre. À tout hasard je vous envoie une autre copie de mon poème.

Hommage à Bernal[345]

Fallait-il donc, mon cher Bernal, l'intimité de l'impossible
Pour que reprennent nos entretiens,
Le tête-à-tête avec le vide, le cri secret du précipice, là où le jour se fait ténèbres,
Ô Espagnol, peintre espagnol,
Qui ne pouvais vivre en Espagne que lorsqu'on s'y battait à mort
Et avais pris le très long train des volontaires, gare d'Orsay,
Ô Espagnol de la misère sans guérison de l'Espagne,
Avec ses ors, ses pierreries, la fièvre des orfèvreries, le tout jeté par les fenêtres,
par les portières et par le fer et par le feu et par les cornes des taureaux et par les canons des fusils et par les yeux de l'aimée,
Et tu en meurs à trente ans, à la main ta palette fraîche,
Toi qui avais les yeux brûlants de celui qui pendant longtemps avait fait taire sa maladie,
Jusqu'à ce jour où l'incendie jaillit par toutes tes fenêtres
Et ta toiture de jeune homme sur la terre s'écroula.

Et l'on dira devant tes toiles :
En voilà un qui n'est pas à plaindre dans le grand cercle de ses œuvres
Avec ses monts et ses rochers, ses champs de blé et ses chevaux
Et ses visages de vivants au milieu de la prairie,
Et le foisonnement de ses herbes qui ne renonce à aucun brin.
Chaque chose à sa vraie place comme au jour de la Création
Et tout cela prêt à vivre sa très longue vie de peinture fort accrochée à la toile,
Sans se soucier de ton corps tout séparé, pauvre petit.

Jules Supervielle

---

345 Cette copie, dactylographiée, est identique à celle que contient la lettre précédente.

116. LETTRE À RENÉ-GUY CADOU DU 6 AVRIL 1940[346]

Montevideo

Cher René-Guy Cadou,

Votre lettre m'est parvenue avec un grand retard en Uruguay où la guerre m'a surpris. Mais je ne vais pas tarder à rentrer en France, où j'espère me trouver le mois prochain.
Je n'ai presque rien écrit depuis plusieurs mois. Excusez-moi si je n'envoie pas de poème au *Grand Erg*[347].
Croyez, je vous prie, à mes sentiments bien sympathiques

Jules Supervielle

117. LETTRE À ROGER CAILLOIS DU 19 JUILLET 1940[348]

Hotel del Prado
Colonia Suiza
(Colonia)
[(]Uruguay)

Mon cher Ami,

Peut-être savez-vous qu'Étiemble et Yassu Gauclère ont grande envie de quitter l'Amérique du Nord pour le Río de la Plata[349]. Vous ont-

---

346 René-Guy Cadou (1920-1951), poète français et proche de Julien Lanoë. Grand lecteur de Supervielle, il cite celui-ci dans son « Anthologie » (*Poésie la vie entière, Œuvres poétiques complètes*, Paris, Seghers, 1977) et le mentionne dans *Mon enfance est à tout le monde*, Paris, Le Castor astral, 1995. Surtout, il publie le poème d'hommage *Lettre à Jules Supervielle*, éd. citée Les lettres de Supervielle à René-Guy Cadou sont commentées par Régis Miannay, « L'Ami inconnu : René Guy Cadou et Jules Supervielle », *Un poète dans le siècle, René Guy Cadou*, éd. citée, 2000, p. 113-121. – Médiathèque de Nantes, Fonds René-Guy Cadou, CAD B 90.
347 La revue *Grand Erg* est fondée en 1939. Dirigée par Paul Saintaux, elle compte deux numéros, d'été 1939 et d'automne-hiver 1939. René-Guy Cadou est l'un de ses collaborateurs.
348 L'enveloppe porte l'adresse suivante : « Señor Roger Caillois c/o Señora Victoria Ocampo Rufino de Elizalde, 2847 Buenos Aires (R.A.) ». Fonds Roger Caillois, cote CS110, Médiathèque Valery-Larbaud, Vichy.
349 Si Étiemble formule déjà le vœu de vivre plus près de Supervielle dans la lettre du 25 juin 1940, celui-ci fait ici référence à la lettre d'Étiemble du 29 juin 1940 : « Nous rêvions de

ils écrit à ce sujet ? Ils me demandent s'ils ne pourraient pas trouver à gagner leur vie à Buenos Aires, dans l'enseignement, ou à Montevideo. À dire vrai malgré toute la joie que j'aurais à les avoir auprès de moi je crois qu'ils seront plus heureux à Buenos Aires. Si vous saviez comme je me sens seul ici ! J'habiterais volontiers Buenos Aires si je n'avais déjà du mal à me contenter du climat de l'Uruguay moins mauvais que celui d'en face.
Ma santé n'est pas des plus brillantes et je me soigne à la Colonia Suiza où je compte passer quelques semaines.
Pas de nouvelles de France depuis plus d'un mois. Je sais que mon fils Jacques (qui était dans les chars d'assaut) va bien. Je ne sais rien de mon gendre Pierre David qui était en ligne lui aussi.
J'imagine que Pierre Bertaux a rejoint Denise à Toulouse[350] où se trouve aussi mon autre fille[351] (la femme de Pierre David). Que deviennent nos amis de là-bas, que devenons-nous tous dans cette terrible défaite. (Ça embêtait tellement les Français de s'occuper de la préparation de la guerre... Je crois que c'est la vraie raison de la débâcle.)
Pour en revenir à notre cher Étiemble dites-moi, je vous prie, ce que vous pensez de son projet. Je n'ose m'adresser directement à Victoria bien que la venue de notre ami – et de sa femme – serait une excellente chose pour le milieu culturel argentin. Je voudrais beaucoup savoir ce que vous pensez de la question.
Une affectueuse poignée de mains de votre ami

Jules Supervielle

Buenos Aires, ou de Montevideo. Y aurait-il, là-bas, de la place pour ceux des Français qui refuseront la dictature lavalienne ? Des postes d'enseignement pour Yassu, et pour moi ? ou d'autres moyens d'existence ? » Jules Supervielle, Étiemble, *Correspondance 1936-1959*, éd. citée, p. 50-51.
350 Les mémoires de Pierre Bertaux attestent ce point : en juin 1940, Pierre Bertaux, alors à Bordeaux, avait envisagé de partir continuer la guerre en Algérie, après avoir revu Denise et leur fils Daniel à Toulouse. Il avait finalement dû rester à Toulouse, après la débâcle des armées françaises et des institutions. Pierre Bertaux, *Mémoires interrompus*, p. 145-146.
351 Françoise David se trouvait à Toulouse auprès de Denise et Pierre Bertaux, en compagnie de ses deux jeunes enfants, Olivier et Marie-Laure ; son époux, Pierre David, avait été fait prisonnier. *Ibid.*, p. 158.

118. LETTRE À ROGER CAILLOIS DU 5 AOÛT 1940[352]

Hotel del Prado
Colonia Suiza

Cher ami,

Les renseignements et les impressions que vous me donnez m'éclairent parfaitement, et si bien que je crois devoir envoyer votre lettre à Étiemble. J'espère ne pas être indiscret, je suis même sûr de ne pas l'être. Il sera fort sensible à cette marque d'amitié de votre part.
Oui, je crois qu'il faut écarter Mendoza pour notre ami. Pour le reste nous verrons sa réponse.
Ce serait si bien si je vous revoyais à la Colonia Suiza ! Dites-moi quand vous penseriez aller à Montevideo et si je puis vous être là-bas de quelque utilité. Je compte rester ici encore de dix à quinze jours. Après quoi j'irais aux environs de Córdoba passer un ou deux mois, afin de me rétablir complètement. Je vais déjà beaucoup mieux et mes troubles cardiaques – dont vous avez été ici mieux que le témoin – ont disparu. Si vous ne veniez pas à Montevideo avant mon départ pour Córdoba nous pourrions nous voir chez ma sœur[353] à Buenos Aires où je passerai quelques heures avant de prendre le train.
Toutes mes amitiés

Jules Supervielle

Nous allons avoir à Montevideo Hoppenot[354] comme ministre de France. C'est quelqu'un d'intelligent. Pourvu que le nouveau gouvernement ne l'ait pas gâté.

---

352 L'enveloppe porte l'adresse suivante : « Señor Roger Caillois c/o Revista "Sur" Viamonte, 548 Buenos Aires (R.A.) ». Fonds Roger Caillois, cote CS30, Médiathèque Valery-Larbaud, Vichy.
353 Anita Supervielle Munyo, épouse Baron.
354 Henri Hoppenot (1891-1977), diplomate, alors ministre plénipotentiaire nommé par le Gouvernement de Vichy à Montevideo. Supervielle entretient avec lui des relations amicales. Il évoque notamment avec Hoppenot la part dramatique de l'œuvre – *Bolivar, Shéhérazade, Robinson* – et en particulier le travail touchant à la représentation de *Robinson* par la Compagnie des Francs-Alleux. Hoppenot est aussi l'un des intermédiaires privilégiés entre Valery Larbaud et l'Amérique latine.

119. LETTRE À ROGER CAILLOIS DU 8 AOÛT 1940[355]

Montevideo

Cher Ami,

Je viens d'écrire aux doyens de la Faculté de Médecine et d'Ingénieurs pour leur dire le grand bien que je pensais du directeur du « Collège de Sociologie[356] » et de ses conférences. Puisse ma recommandation que j'ai fait porter et remettre personnellement aux intéressés par deux étudiants (bien notés !) des dites facultés vous être de quelque utilité. J'ai aussi fait signaler ces conférences dans le journal *El País* un des plus lus et des plus « *aliadófilos*[357] ». Si ma santé me l'avait permis j'aurais fait personnellement ces démarches durant le court séjour que je fais à Montevideo pour consulter mon médecin. Celui-ci qui m'a vu aujourd'hui m'a formellement demandé de ne faire aucune visite et de rentrer dès demain à la Colonia Suiza. Pour le reste il m'a trouvé en très bonne voie mais il paraît que ma santé demande encore de grands soins.

Ma femme qui reste à Montevideo ne perdra pas de vue la question de votre venue ici et me tiendra au courant.

J'oubliais de vous dire que j'ai aussi sondé une personnalité qui touche de près au Lycée français mais j'ai dû constater qu'on était devenu fort opportuniste et qu'on ne voulait rien faire qui pût déplaire au gouvernement de Pétain[358].

Je vous tiendrai au courant de la suite donnée à notre projet et vous prie de croire à toute mon amitié

Jules Supervielle

---

355 L'enveloppe porte la mention « *urgente* » et l'adresse suivante : « Sr Roger Caillois c/o Revista Sur Viamonte, 548 Buenos Aires ». Fonds Roger Caillois, cote CS31, Médiathèque Valery-Larbaud, Vichy.
356 Roger Caillois est le cofondateur, avec Georges Bataille et Michel Leiris, du Collège de sociologie, collectif constitué de novembre 1937 à juillet 1939, afin de fonder une communauté savante et morale étudiant et propageant les sciences sociales.
357 « Alliéophiles » (nous traduisons).
358 Caillois, à la mi-juin 1940, avait quitté le service de l'ambassade, reprise par les pétainistes, pour celui du Royaume-Uni. Il donne alors une dizaine de conférences à Montevideo, portant sur « le danger hitlérien et la signification de l'hitlérisme ». Il devient également membre du Comité de soutien au général de Gaulle, les gaullistes constituant alors en Argentine la seule force d'opposition structurée aux pétainistes. Odile Felgine, *Roger Caillois*, éd. citée, p. 207.

Je viens de téléphoner à Madame Leonel Aguirre[359], femme du directeur de *El País*. Elle fera parler de vos conférences dans ce journal, pour préparer l'opinion. Ils voudraient avoir au *País* un article de vous (ayant paru déjà) pour en donner un extrait, tout en annonçant vos conférences.
Voici l'adresse de Madame Aguirre
Señora Matilde R.L. de Aguirre
Buenos Aires, 479
Montevideo

120. LETTRE À ROGER CAILLOIS DU 11 AOÛT 1940[360]

Cher Ami,

Le hasard me fait rencontrer et connaître à la Colonia M. Ruano Fournier[361] (que Pierre Bertaux a bien connu à Paris) et qui est très partisan de votre venue à Montevideo. Il est professeur d'Économie Politique à la Faculté de Droit et va fonder ici la Casa de Francia. Il va s'occuper d'organiser vos conférences et serait heureux d'avoir quelques précisions à ce sujet, afin de pouvoir en référer au doyen de sa faculté qui, à son tour, se mettrait d'accord avec les facultés de Médecine et d'Ingénieurs. Voudriez-vous, pour gagner du temps, lui dire directement quelles seraient vos conditions minimales (il tâchera de les obtenir les meilleures possibles) 1° pour une seule conférence 2° pour un petit cours de 3 à 4 conférences (voyage et hôtel payés, bien sûr). Je crois qu'en vous adressant au Dr Agustín Ruano Fournier Calle Treinta y Trés, 1264 on pourra aboutir assez rapidement. C'est quelqu'un de très bien en qui vous pouvez avoir confiance. Vous pourrez lui envoyer une feuille de *Sur* relative à votre cours[362]. Il ne m'en reste pas.

---

359 Matilde Gloria Rodríguez Larreta Arocena, épouse de Leonel Aguirre Antuña, qui avait fondé en 1918 le quotidien uruguayen *El País*.
360 L'enveloppe porte l'adresse suivante : « Señor Roger Caillois c/o Revista *Sur* Viamonte, 548 *Buenos Aires* (R.A.) ». Fonds Roger Caillois, cote CS32, Médiathèque Valery-Larbaud, Vichy.
361 Agustín Ruano Fournier (1898-1947), écrivain uruguayen, professeur à la Faculté de droit de Montevideo et président de la Société des « Amis de la France ».
362 Caillois est un collaborateur régulier de *Sur*, la revue de Victoria Ocampo : en 1940, il donne huit articles, puis six en 1941, que Victoria Ocampo fait traduire en espagnol. Odile Felgine, *Roger Caillois*, éd. citée, p. 211.

En hâte (M. Ruano Fournier repart ce soir et je lui confie cette lettre[)]
Tout vôtre

Jules Supervielle

Colonia Suiza

121. LETTRE À ROGER CAILLOIS DU 17 AOÛT 1940[363]

Hotel del Prado
Colonia Suiza

Cher Ami,

Je crains de ne pas vous avoir dit dans ma dernière lettre que les conférences qu'on vous demanderait sont pour un public d'étudiants non payant et que par ailleurs les Facultés ici n'ont que peu de disponibilités : Monsieur Ruano Fournier vous dira son impression. Il connaît mieux que moi les ressources de l'Université.
Votre idée de faire une revue de langue française pour toute l'Amérique[364] me paraît excellente et j'y collaborerai très volontiers en vous adressant des poèmes, dès que j'en aurai. En ce moment je mène une vie de brute et ne travaille guère.
Paulhan me dit – et c'est une joie aussi – que *La N.R.F.* reparaîtra en Septembre[365], très probablement. Il était dans le midi chez Joë

---

[363] L'enveloppe porte l'adresse suivante : « Monsieur Roger Caillois c/o Revista *Sur* Viamonte, 548 *Buenos Aires* (R.A.) ». Fonds Roger Caillois, cote CS33, Médiathèque Valery-Larbaud, Vichy.

[364] Supervielle évoque la genèse de la revue fondée par Caillois en 1941, *Lettres françaises*. Cette publication connaîtra un succès véritable auprès des intellectuels français, et comptera vingt numéros, parus entre juillet 1941 et juin 1947. Les *Lettres françaises* sont au départ présentées comme un supplément, en langue française, de la revue *Sur* de Victoria Ocampo, afin de contourner la loi argentine interdisant aux non-nationaux de diriger des revues. La revue – portant le même nom que celle qui a été créée par Decour, Aragon et Paulhan en France occupée – vise à publier des textes d'écrivains français représentant la France libre. Si la poésie est peu présente au départ, elle prend ensuite de plus en plus de place, à la faveur de textes théoriques, souvent de Caillois, et de publications de poèmes : Supervielle, présent dès le premier numéro, sera un contributeur régulier de la revue.

[365] La parution de *La N.R.F.* s'était interrompue en juin 1940, au moment de la défaite de l'armée française. Elle reprend en décembre, sous la direction de Pierre Drieu la Rochelle : Gaston Gallimard avait en effet négocié, auprès d'Otto Abetz, la reparution de la revue

Bousquet[366] et comptait regagner Paris, il doit y être déjà. Nous espérons rentrer en France, ma femme et moi, en Avril prochain. Sera-ce possible ? Je doute que les Anglais aient pu gagner la guerre d'ici là – si tant est qu'ils en sortent vainqueurs. Mais nous espérons, par un bateau neutre pouvoir rentrer en France vers cette époque. Oui, je sais combien les projets en ce moment sont fragiles et menacés !
Je pense à vous avec beaucoup d'amitié et espère vous voir bientôt.

Jules Supervielle

Je me soigne énergiquement, j'ai gagné plusieurs kilogs, mais j'en ai encore, je pense, pour 2 ou 3 mois de paresse et de mangeaille.

S.

122. LETTRE À ROGER CAILLOIS DU 23 AOÛT 1940[367]

Colonia Suiza

Cher Ami,

Je suis sans nouvelles de M. Ruano Fournier. Mais je viens d'apprendre que M. García Otero[368], doyen de la Faculté de Médecine, serait heureux de votre venue et demande quelles seraient vos conditions. Voulez-vous les lui faire connaître en tenant compte, dans la mesure du possible, de ce que je vous disais dans ma dernière lettre (public d'étudiants). Le Dr García Otero ne sait certainement rien de vos conditions primitives.

---

contre la garantie de l'autonomie de sa maison d'édition. En 1943, la revue cesse à nouveau de paraître, Drieu la Rochelle ayant démissionné. Si la revue est un temps interdite pour collaborationnisme, après la libération, en novembre 1944, elle recommence à paraître en 1953, sous le nom de *Nouvelle Nouvelle Revue française*, à la faveur de Jean Paulhan et de Marcel Arland. Alban Cerisier, *Une histoire de La NRF*, Paris, Gallimard, 2009.

366 Sur les rapports entre Paulhan et Bousquet (1897-1950), voir l'article d'Adriano Marchetti, « Jean Paulhan et Joë Bousquet : "seuls tous deux en France" », *Jean Paulhan et les poètes*, sous la direction de Claude-Pierre Pérez, Publications de l'Université de Provence, 2004.

367 L'enveloppe porte l'adresse suivante : « Sr Roger Caillois al cargo de la Revista *Sur* Viamonte, 548 *Buenos Aires* ». Fonds Roger Caillois, cote CS34, Médiathèque Valery-Larbaud, Vichy.

368 Julio César García Otero (1895-1966), médecin-chirurgien, est Doyen de la Faculté de médecine de 1939 à 1946, puis de 1955 à 1958.

J'aimerais tant vous revoir. Je compte aller à Córdoba achever ma cure vers le 15 ou 20 Septembre. Ici il y a un grand enthousiasme pour la cause démocratique à propos des fêtes du 25 Août[369].
Affectueuse poignée de mains de votre ami

Jules Supervielle

123. LETTRE À ROGER CAILLOIS DU 26 AOÛT 1940[370]

Montevideo, Agosto 26 de 1940.

Señor Jules Supervielle

De mi consideración :
Me es grato acusa recibo de su atenta carta en la que sugiere la conveniencia de invitar a M. Roger Caillois a dictar en Montevideo algunas conferencias sobre « Naturaleza y Estructura de los Regímenes Totalitarios », y le comunico que he elevado su proposición al señor Rector de la Universidad, pues a ella corresponde la organización de los cursos relacionados con la resolución a que Ud. se refiere, adoptada en apoyo de la iniciativa de la Facultad de Medicina. Reconocido por la atención que significa su amable sugestión, saludo a Ud. con mi distinguida consideración[371].

V.I. García

---

369 Le 25 août 1825 eut lieu la cérémonie de la Déclaration d'indépendance, officialisant l'indépendance de l'Uruguay des empires coloniaux espagnol et portugais. Le 25 août est depuis lors un jour férié en Uruguay.
370 En-tête : « Facultad de Ingenieria y ramas anexas DECANO ». L'enveloppe porte l'adresse suivante : « Sr Roger Caillois c/o Revista Sur Viamonte, 548 *Buenos Aires* ». Cette lettre, adressée par García Otero à Supervielle, qui la transmet à Caillois, est dactylographiée et comporte une signature manuscrite, indiquée en police romaine. Fonds Roger Caillois, cote CS35, Médiathèque Valery-Larbaud, Vichy.
371 « D'après ma considération : J'ai le plaisir d'accuser réception de la lettre courtoise où vous évoquez l'opportunité d'inviter Monsieur Roger Caillois à donner des conférences à Montevideo, sur "Nature et structure des régimes totalitaires", et je vous informe que j'ai soumis votre proposition au Recteur de l'Université, puisqu'elle correspond à l'organisation des cours liés à la résolution liée à laquelle vous vous référez, adoptée en appui à l'initiative de la Faculté de Médecine. Avec ma reconnaissance pour l'attention dont témoigne votre aimable suggestion, je vous salue avec ma considération distinguée. » (Nous traduisons)

124. LETTRE À ROGER CAILLOIS DU 3 SEPTEMBRE 1940[372]

Colonia Suiza

Cher ami,

Le docteur García Otero, doyen de la faculté de Médecine, me fait dire qu'il serait désireux d'avoir votre réponse. On serait si heureux d'entendre ici en ce moment une voix de la France libre !
Quand paraîtra votre revue[373] ? J'ai un conte mythologique que je pourrais vous proposer[374]. Il fait partie d'une suite dont « Le Minotaure[375] » publié par *La N.R.F.* et par *Sur* fut le premier à paraître.
Je vais mieux, les kilogs s'ajoutant aux kilogs grâce à la vie calme et nourrissante que je mène ici depuis près de deux mois.
Bien cordialement à vous

Jules Supervielle

125. LETTRE À ROGER CAILLOIS DU 2 OCTOBRE 1940[376]

Colonia Suiza

Cher Ami,

M. Ruano Fournier serait heureux d'avoir deux de vos articles déjà parus pour les faire traduire dans un journal uruguayen. Voulez-vous les lui adresser directement ? Un de ces articles, si vous le jugez bon, pourrait avoir trait au totalitarisme dans un des aspects que vous n'étudieriez pas lors de vos conférences.

---

372 L'enveloppe porte l'adresse suivante : « Sr. Roger Caillois c/o Sur Viamonte, 548 Buenos Aires ». Fonds Roger Caillois, cote CS36, Médiathèque Valery-Larbaud, Vichy.
373 Supervielle évoque *Lettres françaises*, dont le premier numéro sera publié le 1ᵉʳ juillet 1941.
374 Le premier numéro de *Lettres françaises* ne donnera pas ce texte, mais deux poèmes de Supervielle sous le titre « Poésies », « 1940 » et « Le double », *ibid.*, p. 6-7. Sur ce point, voir *infra*, la lettre à Roger Caillois du 17 juillet 1941.
375 Jules Supervielle, « Le minotaure », *La N.R.F.*, n° 308, mai 1939, p. 759-766 et *Sur*, n° 54, mars 1939. Ce conte est repris dans *Premiers pas de l'univers*, éd. citée.
376 L'enveloppe porte l'adresse suivante : « Sr. Roger Caillois c/o Sur Viamonte, 548 Buenos Aires ». Fonds Roger Caillois, cote CS37, Médiathèque Valery-Larbaud, Vichy.

Je me réjouis de vous voir bientôt et vous serre affectueusement la main

Jules Supervielle

126. LETTRE À HENRI HOPPENOT DU 26 OCTOBRE 1940[377]

Hotel du Prado
Colonia Suiza

Monsieur le Ministre et cher ami,

J'eusse voulu me trouver ces jours-ci à Montevideo pour aller vous dire combien j'étais heureux de vous voir dans cet Uruguay où je vous attendais[378]. Mais je suis encore obligé de passer quelques semaines de grand repos à la campagne[379] et ne pourrai sans doute rentrer en ville que fin novembre.
Puis-je espérer que vous aurez un jour le désir de connaître ce coin de verdure et d'eucalyptus où ce me serait une joie véritable de vous recevoir à déjeuner avec Madame Hoppenot[380]. Vous n'auriez qu'à choisir le jour qui vous conviendrait le mieux.
Je ne vous parle pas de notre cher et malheureux pays par cela même que je ne pense qu'à lui, si douloureusement blessé. Mais je ne désespère pas de l'avenir.

---

377 Bibliothèque littéraire Jacques Doucet, Fonds Henri et Hélène Hoppenot, Alpha Ms 14223-Alpha Ms 14227.
378 Henri Hoppenot arrive en Uruguay dans le courant du mois d'octobre 1940. Le 31 juillet 1940, par décret fait à Vichy, signé du maréchal Pétain, Henri Hoppenot, ministre plénipotentiaire de deuxième classe, est nommé envoyé extraordinaire et ministre plénipotentiaire de la République à Montevideo, en remplacement de François Gentil. Il passera deux ans en Uruguay. Colette Barbier étudie les enjeux de ce séjour dans « Chapitre IV : l'exil – l'Uruguay : 31 juillet 1940 – 25 octobre 1942 », *Henri Hoppenot, Diplomate (25 octobre 1891 – 10 août 1977)*, Direction des Archives, Ministère des Affaires étrangères, 1999, p. 192-264.
379 Supervielle, très affecté par la défaite, inquiet pour ses enfants restés en France et amaigri et affaibli par des problèmes pulmonaires et cardiaques, a entrepris en juillet 1940 une cure de repos à Colonia Suiza, où il restera jusqu'en juillet 1941. Jules Supervielle, *Œuvres poétiques complètes*, éd. citée, p. LVI.
380 Hélène Hoppenot, née Delacour (1894-1990), photographe et diariste. Ses journaux sont publiés en trois tomes, *Journal 1918-1933*, Éditions Claire Paulhan, 2012, *Journal 1936-1940*, Éditions Claire Paulhan, 2015, et *Journal 1940-1944*, Éditions Claire Paulhan, 2019.

Voulez-vous présenter, Monsieur le Ministre et cher ami, nos déférents hommages à Madame Hoppenot et me croire votre très cordialement dévoué

Jules Supervielle

127. LETTRE À ROGER CAILLOIS DU 6 NOVEMBRE 1940[381]

Cher Ami,

Oui, je suis très affecté. J'ai été élevé à Montevideo et à Paris avec Louis comme un frère, mes parents étant morts quand je n'étais âgé que de quelques mois et les parents de Louis m'ayant élevé comme un fils jusqu'à ma majorité[382]. Mais ce serait trop long que de vous raconter tout cela. Je veux néanmoins vous dire combien votre mot m'a touché dans ma grande peine. Je voudrais vous envoyer tout de suite ces poèmes mais je n'en ai pas de copie. Je vais sans doute rentrer ces jours-ci à Montevideo où je les ferai taper par ma femme.
Je savais que vous auriez bonne impression d'Hoppenot que je n'ai vu que deux ou trois fois mais cela suffit souvent pour juger un homme. Je crois qu'il réussira en Uruguay et compte le voir souvent dès que je serai rétabli. Votre passage à Colonia Suiza aura été une belle et bonne chose pour moi et j'espère vous revoir bientôt à Montevideo ou à Buenos Aires.
Je vous serre affectueusement la main. Votre

Jules Supervielle

Voici la dernière adresse de Paulhan. Je ne sais si elle est encore bonne mais Pourrat fera certainement suivre votre lettre.
J.P. Chez Monsieur Henri Pourrat
Rue du Petit Cheix

Ambert (Puy-de-Dôme)

---

381 L'enveloppe porte l'adresse suivante : « Sr Roger Caillois Rufino de Elizalde, 2847 *Buenos Aires* (R.A.) ». Fonds Roger Caillois, cote CS38, Médiathèque Valery-Larbaud, Vichy.
382 L'écrivain évoque la faillite de la banque Supervielle, qui était dirigée par son cousin-frère, Louis, depuis 1899. À la mort de ses parents, en octobre 1884, il avait d'abord été confié à sa grand-mère maternelle pendant deux ans, avant d'être recueilli en 1886 par les parents de Louis et d'Anita, Bernard et Marie-Anne Supervielle, qui l'avaient élevé comme leur fils.

128. LETTRE À ROGER CAILLOIS DU 29 NOVEMBRE 1940[383]

Cher ami,

Le médecin me renvoie à la Colonia Suiza pour tout l'été afin de consolider tout le bien que m'ont fait ces mois de campagne. Je tâche de travailler mais ce régime sédatif calme mon cerveau à l'excès, je le crois et je ne puis guère écrire que quelques poèmes. J'en ai envoyé un à *Sur* pour le 10ᵉ anniversaire de sa fondation. J'ai aussi adressé deux contes à Mallea[384] pour *La Nación*. Rien reçu d'Étiemble. Il doit avoir du mal à financer sa revue[385]. Rien de Paulhan ni de mes enfants. Avez-vous des nouvelles de votre fiancée[386] ?

Ruano Fournier me dit que vous viendrez le mois prochain. Ce serait si bien si vous pouvez passer à l'aller ou au retour par la Colonia Suiza ! Mr Sanchez me dit que le sujet du *Voleur d'enfants* a plu à un de ses amis Héctor Madariaga qui paraît bien disposé pour l'achat de mes droits

---

383 La lettre porte l'en-tête « Hotel del Prado de Suc. Alberto Reisch Camara frigorifica Cancha de tenis Colonia Suiza ». L'adresse porte l'adresse suivante : « Sr Roger Caillois Rufino de Elizalde, 2847 *Buenos Aires* (R.A.) ». Fonds Roger Caillois, cote CS39, Médiathèque Valery-Larbaud, Vichy.

384 Eduardo Mallea (1903-1982), écrivain et essayiste argentin. Il est, avec Victoria Ocampo, l'un des fondateurs de la revue *Sur*. Supervielle a notamment travaillé, avec Drieu La Rochelle, à la traduction de la nouvelle de Mallea, « Sumersión », dans *Sur*, comme l'attestent les lettres de Drieu La Rochelle à Victoria Ocampo de fin 1932, 1933 (entre mai et octobre) et de la fin de l'été 1933. Voir *Lettres d'un amour défunt : Correspondance 1929-1944*, édition établie par Julier Hervier, Paris, Bartillat, 2009, p. 132-133 et p. 144-146.

385 Étiemble évoque ce projet dans la lettre à Supervielle du 28 août 1940 : « J'ai décidé de faire une revue, pour assurer, pendant ce que je veux croire un entracte, la continuité de notre civilisation écrite [...] Il va sans dire que sans vous, qui représentez exactement, ave vos contes et beaucoup de vos poèmes, un aspect de ce nouveau classicisme pour lequel nous combattrions, cette revue n'existerait qu'à peine. » Le critique, qui évoque l'intérêt de plusieurs millionnaires pour le projet, exprime la nécessité de trouver 10000 dollars pour financer la revue, qu'il envisage, dans la lettre de fin juin ou début juillet 1941, de nommer *Renaissance* (Jules Supervielle, René Étiemble, *Correspondance 1936-1959*, éd. citée, p. 53 et p. 76). Il dirigera finalement la revue *Valeurs*, qui paraît en huit numéros dont un double à Alexandrie de 1945 à 1947, et dont le comité de rédaction compte Jean Paulhan, Jean Grenier et Hussein Faouzi. Le premier numéro de *Valeurs*, paru en 1945, donnera un extrait de la pièce de Supervielle, *Shéhérazade*.

386 Yvette Billod (1914-2008), que Caillois a rencontrée à Paris pendant ses études. En mars 1940, à Marseille, elle donne naissance à leur fille, Catherine, en l'absence de Caillois. Elle le rejoint en Argentine en mars 1941, et l'épouse le 29 mars 1941 à Buenos Aires. Odile Felgine la décrit comme une « jeune et jolie femme, réservée, mais au sens de l'observation singulièrement aigu [...] » Odile Felgine, *Roger Caillois*, éd. citée, p. 214.

pour la langue espagnole[387]. Il en ferait un film, en Argentine, qui serait tiré de la pièce reçue à la Comédie Française, et qui devait être jouée en Mars dernier. Je ne lui ai pas encore envoyé la pièce qu'on est en train de taper et qu'il ne connaît que par Sanchez à qui j'ai raconté le sujet. Je n'ai jamais vu de film argentin. Y en a-t-il d'intéressants ? Si vous en avez vu j'aimerais bien savoir qui serait susceptible à Buenos Aires de tirer un film d'une pièce. J'aimerais beaucoup aussi connaître l'avis de Victoria sur ce point, si cela ne vous ennuie pas de lui en parler.
Il y a dans ma pièce un film presque tout fait. (La difficulté serait de trouver les acteurs.) Il y en avait déjà un dans *Bolivar* que Duvivier[388] voulut mettre à l'écran – le soir même de la générale à la Comédie F^{se} il me le proposa. Mais j'étais en rapport avec des Américains et il me sembla qu'on ferait un meilleur film aux États-Unis, et qu'il serait mieux payé... Je regrette d'avoir laissé échapper Duvivier puisque les Américains ne prirent pas mon film en fin de compte.
Je m'excuse de vous parler de tout cela mais peut-être pourrez-vous me donner un conseil. Je pourrais vous faire connaître la pièce quand elle sera tapée, si cela vous intéresse.
Je vous serre affectueusement la main

Jules Supervielle

Je vous recopie deux des poèmes que vous aimiez bien.

129. LETTRE À ROGER CAILLOIS DU 14 DÉCEMBRE 1940[389]

Hotel del Prado
Colonia Suiza

Cher Ami,

---

387 Ce projet semble être resté sans suite. Cependant, le 16 octobre 1943, la pièce, traduite en espagnol sous le titre *El Ladrón de niños* par María Teresa León et Rafael Alberti, est créée au Sodre Auditorium Studio de Montevideo.
388 Julien Duvivier (1896-1967), réalisateur français, qui marque le cinéma français des années 1930-1960.
389 L'adresse porte l'adresse suivante : « Sr Roger Caillois Rufino de Elizalde, 2847 *Buenos Aires* (R.A.) ». Fonds Roger Caillois, cote CS40, Médiathèque Valery-Larbaud, Vichy.

Je suis fort heureux d'apprendre que c'est Borges qui traduit mon poème[390]. Me voilà complètement rassuré. Ci-joint « L'Allée[391] » que je vous récitais durant notre promenade au Molino Quemado[392].
Ma femme qui regagnera ce soir Montevideo vous enverra dès demain un exemplaire du *Voleur d'enfants*. Je crois que traduite en espagnol (je ne puis le faire donner *en français* à cause de la Comédie française[393]) cela pourrait intéresser le public argentin. L'avis de Maria Rosa Oliver[394] me serait fort utile. Bigüa le héros – cela vaudra mieux pour ne froisser personne bien que ce soit je pense un personnage sympathique – Bigüa pourrait fort bien être un simple estanciero et non un colonel. On est si nationaliste dans nos pays d'Amérique latine ! Les changements à apporter seraient insignifiants : quelques répliques seulement. D'ailleurs je ferai le même changement pour les représentations à la Comédie française...
Bien affectueusement

Jules Supervielle

Oui j'ai vu Hoppenot fort heureux de vous connaître enfin et qui m'a demandé aussi à faire la connaissance de Ruano Fournier.

---

390 Jorge Luis Borges (1899-1986), écrivain argentin, participe à la fondation de *Proa* et collabore à la revue *Sur*. Caillois publie ses textes dans *Lettres françaises* puis dans la collection « La Croix du Sud » chez Gallimard, permettant la diffusion et la reconnaissance des œuvres de Borges auprès du public français. Borges traduit en espagnol, pour la revue *Sur*, le poème « 1940 » de Supervielle (*Sur*, n° 75, décembre 1940), que l'écrivain évoque ici ; Borges participera, en 1960, à l'hommage que rend la revue *Sur* à Supervielle (*Sur*, n° 266, septembre-octobre 1960). Sur les relations complexes entre Borges et Caillois, voir Odile Felgine, *Roger Caillois*, éd. citée.

391 Deux poèmes de Supervielle portent ce titre. Le premier appartient à *Gravitations* : adressé à un « vous » énigmatique, il évoque « l'allée au long désarroi » dans laquelle prend place une scène nocturne, liée aux thèmes de la perte et du passage. Le second, dans *Les Amis inconnus*, repris dans les *Choix de poèmes* de 1944 et 1947, prend la forme d'un dialogue aux interlocuteurs insituables. Il développe le thème, emprunté au *romancero* espagnol, d'un cavalier qui passe, lui-même hors-venu.

392 Le Molino Quemado – moulin brûlé – est un lieu de promenade, abritant des vestiges de l'époque coloniale, situé à Colonia Suiza.

393 Ricardo Paseyro évoque l'enthousiasme de Supervielle à l'idée que la Comédie Française donne *Le Voleur d'enfants*, et cite une lettre de Pierre Dux, nommé administrateur à titre provisoire en septembre 1944, au sujet de la distribution. Cependant, Pierre Dux quitte son poste en juin 1945. Voir Ricardo Paseyro, *Jules Supervielle, Le Forçat volontaire*, éd. citée, p. 200. Sur ce point, voir également *supra* la lettre de Jules Supervielle à Claude Roy du 18 mars 1939.

394 Maria Rosa Oliver (1898-1977), aristocrate communiste, essayiste et mémorialiste, une des meilleures amies de Victoria Ocampo. Avec celle-ci et Susana Larguia, elle avait fondé l'Union des femmes argentines. Maria Rosa Oliver est également membre du comité de rédaction de *Sur*.

1941

130. LETTRE À ROGER CAILLOIS DU 7 JANVIER 1941[395]

Hotel del Prado

Ce que vous me dites du *Vol. d'enfants* me ravit. J'ai écrit cette pièce avec beaucoup d'amour.

Cher Ami,

J'ai écrit à M. Ruano Fournier le jour même de la réception de votre lettre. J'attends sa réponse. Je suis sûr qu'il fera le nécessaire. Par ailleurs mon neveu (celui qui avait remis ma lettre au Doyen de la Faculté d'Ingénieurs) me dit que ce retard est normal et que le paiement s'effectue après le départ des conférenciers. Drôle d'idée. Dès que j'aurai la réponse de Ruano je vous la ferai tenir.
Nous comptons accepter l'excellente invitation de Victoria[396] ma femme et moi. Nous irions vers le 1er Février – si c'est possible. Je voudrais aussi savoir si la maison de Victoria est bien la résidence familiale située à une certaine distance de la mer car je ne puis supporter sa trop grande proximité. Excusez-moi de cette demande : je meurs d'envie d'aller là-bas mais suis obligé de prendre quelques précautions.
Les vers de V.H. que vous me citez et que je ne connaissais pas sont superbes et montrent bien « l'autre côté des choses ». Oui, il faudrait faire une anthologie de citations de certains poètes comme Victor Hugo. L'adresse de Paulhan est chez Henri Pourrat[397] à Ambert (Puy-de-Dôme). Je n'ai pas le nom de la rue mais j'ai écrit plus de trente lettres

---

395 L'enveloppe porte l'adresse suivante : « Sr Roger Caillois Villa Victoria Arenales y Mathew Mar del Plata (Rep. Argentina) ». Fonds Roger Caillois, cote CS41, Médiathèque Valery-Larbaud, Vichy.
396 Supervielle se rendra bien chez Victoria Ocampo au mois de mars 1941. Sur ce séjour, voir les lettres de Jules Supervielle à Victoria Ocampo datée « vendredi soir », antérieure au 26 mars 1941, et la lettre datée du 26 mars 1941, *Choix de lettres*, éd. citée, ainsi que Laura Ayerza de Castilho et Odile Felgine, *Victoria Ocampo*, éd. citée, p. 204-205, et Odile Felgine, *Roger Caillois*, éd. citée, p. 214.
397 Henri Pourrat (1887-1959), écrivain régionaliste, fait la connaissance de Supervielle en 1925 ; il dirige la collection « Champs » publiée par Horizons de France, où Supervielle

à Pourrat avec cette adresse et toutes sont arrivées. Je ne retrouve pas la lettre de Paulhan où l'adresse complète est mentionnée, je dois l'avoir à Montevideo. Je pense que le nom de la rue était *rue du Petit Chaix* (il n'y avait pas de numéro). Cela vous rappelle-t-il quelque chose ?
À bientôt, je l'espère bien. Affections à Victoria et tout vôtre

Jules Supervielle

131. LETTRE À ROGER CAILLOIS NON DATÉE, ESTIMÉE À JANVIER 1941[398]

Sarandi 372
Mais je repars demain pour la Colonia Suiza, Hotel del Prado où mon adresse sera bonne jusqu'au 30. Je dois passer un jour à Buenos Aires.

Mon cher ami,

J'ai perdu toute confiance dans la poste uruguayenne et vous écrirai désormais des lettres recommandées. Je n'ai pas de réponse à la demande que je vous fis touchant à la situation de la Villa Victoria. Est-elle tout près de la mer ou à une certaine distance. Mon état m'oblige à vous poser cette question. Je compte aller là-bas le 1er Février. Ma femme et Anne-Marie ne m'accompagneront pas, et comme elles le regrettent.
Vu le beau numéro de *Sur* que je viens de recevoir et n'ai pu lire encore. Je vois que vous y avez donné un texte.
Avez-vous reçu ma lettre où je vous disais que Ruano Fournier s'était, au reçu de ma lettre occupé de la question qui vous intéressait ?
Je serais si heureux de pouvoir passer quelques jours à Mar del Plata auprès de vous et dans ce beau centre de *Sur*. Maria Rosa Oliver est-elle là-bas. Rien reçu d'elle. Alors avec toutes ces lettres égarées... Celle

---

envisage un temps de faire paraître une plaquette sur *Les Pyrénées*. Supervielle dédie à Pourrat le poème « Chant triste pour Jean Angeli », *Le Forçat innocent*, éd. citée Jean Paulhan et Henri Pourrat s'étaient connus après la Première Guerre mondiale, à la revue *La Vie* ; le premier invite le second à collaborer à *La N.RF.*, les éditions Gallimard publiant également ses ouvrages. Leurs échanges, abondants et cordiaux, sont en partie publiés sous le titre *Correspondance 1920-1959*, édition de Claude Dalet et Michel Lioure, Paris, Gallimard, 2019.

398 L'enveloppe porte l'adresse suivante : « Sr Roger Caillois Villa Victoria Arenales y Mathew Mar del Plata (Rep. Argentina) ». Fonds Roger Caillois, cote CS41, Médiathèque Valery-Larbaud, Vichy.

d'Étiemble mise à la poste par ma femme par la Colonia Suiza s'est perdue en route. Je viens de lui écrire à nouveau. Quand la poste fonctionne mal on finit par douter de tout, même de l'existence de la Terre ! Affection à Victoria et à nos amis communs.
Je vous serre la main avec beaucoup d'amitié

Jules Supervielle

132. LETTRE À ROGER CAILLOIS DU 28 JANVIER 1941[399]

Hotel del Prado

Cher Ami,

Paulhan doit être à Paris. Vous savez que Drieu[400] est le nouveau directeur de *La N.R.F.* Quant à notre ami il sera « consulté » paraît-il, sans doute pour le choix des manuscrits. Ce sont les dernières nouvelles que j'ai. J'espère bien pouvoir me rendre au début de Mars chez Victoria, je lui écrirai vers le 20 pour lui confirmer mon arrivée. Je tâcherai de décider Pilar à m'accompagner, cela dépendra des nouvelles que nous aurons de nos enfants en France. Rien de mauvais à leur sujet dans leurs lettres mais l'angoisse continue à peser sur nous, d'autant que nous avons un fils à Paris.
J'attends des nouvelles de Maria Rosa à qui j'ai écrit, aux soins de *Sur*. Affections à Victoria. Je vous serre au moins une de vos mains

Jules Supervielle

---

399 L'enveloppe porte l'adresse suivante : « Sr Roger Caillois Villa Victoria Arenales y Mathew Mar del Plata (Rep. Argentina) ». Fonds Roger Caillois, cote CS42, Médiathèque Valery-Larbaud, Vichy.
400 Pierre Drieu La Rochelle (1893-1945), qui dirigera *La N.R.F.* en remplacement de Paulhan de 1940 à 1943. Leur correspondance est publiée dans *« Nos relations sont étranges ». Correspondance 1925-1944*, Paris, Éditions Claire Paulhan, 2017.

133. LETTRE À ROGER CAILLOIS DATÉE « MARDI », DU 18 FÉVRIER 1941[401]

Cher Ami,

Hélas l'hôtel du Prado sera plein à partir de Vendredi – pour les fêtes du Carnaval. Mais peut-être, et même presque sûrement je ferai une fugue de la journée ou de 24 heures à Montevideo avant de partir pour Mar del Plato. Quand arrive votre charmante Yvette[402] ? Viendrez-vous la chercher de ce côté du Rio ?

Quel dommage que vous ne soyez pas là durant mon séjour chez Victoria ! Reçu des nouvelles d'Étiemble[403] après un long isolement et une lettre égarée. Il me fait de sévères critiques pour deux poèmes que je lui ai envoyés avant de les parfaire. Je les croyais pourtant achevés mais il me faut parfois plusieurs semaines pour comprendre ce qui manque à tel texte de moi. Étiemble est navré de n'avoir pas de réponse à la dernière lettre qu'il vous adressa. Il envoie un texte à *Sur* et « pour toutes sortes de raisons voudrait qu'il paraisse aussitôt que possible. S'il avait la valeur que je lui donne, me dit-il, il m'aiderait peut-être à trouver en Juin un autre poste[404]. » Savez-vous qu'il est tombé à Chicago sur un chef nazi qui lui rend la vie impossible. Il m'écrit de Mexico où il se repose quelques jours.

À bientôt, je compte bien malgré tout. Votre

Jules Supervielle

J'ai bien reçu la lettre de Maria Rosa. Ses renseignements et impressions m'ont été fort utiles.

---

401   L'enveloppe porte l'adresse suivante : « Sr Roger Caillois Villa Victoria Arenales y Mathew Mar del Plata (Rep. Argentina) ». Fonds Roger Caillois, cote CS111, Médiathèque Valery-Larbaud, Vichy.
402   Yvette Billod arrivera en mars 1941 en Argentine. Elle s'installe avec Caillois dans un petit appartement prêté par Victoria Ocampo, situé dans l'immeuble de *Sur*, à Tucuman 677. Ils ont pour voisin de palier Rafael Alberti et son épouse, avec lesquels ils vont nouer des relations d'amitié. Odile Felgine, *Roger Caillois*, éd. citée, p. 214.
403   Supervielle fait référence à la lettre d'Étiemble du 6 février 1941. Les poèmes critiqués par celui-ci sont « En temps de guerre » et « 1940 ». Jules Supervielle, Étiemble, *Correspondance 1936-1959*, éd. citée, p. 63-66.
404   Supervielle cite la fin de la lettre d'Étiemble du 6 février 1941, *ibid.*, p. 66. Avec l'aide de Supervielle, Étiemble publiera bien dans la revue de Victoria Ocampo cet article, « Dialéctica materialista y dialéctica taoista », *Sur*, n° 81, juin 1941.

134. LETTRE À CLAUDE ROY DU 9 MAI 1941[405]

Sarandi 372
Montevideo

Bien cher Ami,

J'ai été si fort inquiet à votre sujet, mes dernières lettres étant restées sans réponse[406]. Je vous savais dans les tanks, comme mon fils Jacques, lors de cette terrible fin de campagne de France. Vous voici donc sain et sauf et libre de poursuivre votre destin de poète. Parmi tant de catastrophes voilà donc enfin une joie.
Jacques, vous le savez sans doute, va venir nous rejoindre, il trouvera plus facilement une situation ici qu'en France. Jean viendra peut-être aussi. Je suis dans une quinta (maison avec un grand jardin près de Montevideo). Elle est d'ailleurs en vente. On ne peut plus être que dans l'instable et je ne sais combien de temps je resterai ici[407]. J'ai écrit quelques poèmes, quelques contes[408] (après avoir dû me soigner sérieusement 7 mois à la campagne.) On va donner quelques représentations de *La Belle au Bois* à Montevideo et à Buenos Aires avec Squinquel[409] (Barbe Bleue) et Deschamps[410] (le Chat Botté) et des amateurs. J'en profite pour faire quelques changements au 3ème acte. Incorrigible correcteur tous les prétextes me sont bons. J'ai achevé *Robinson* et voudrais écrire un conte très triste en harmonie avec mon état d'esprit. Mais l'humour souvent dresse l'oreille même quand je le voudrais le moins. Gide a bien raison de dire qu'on n'écrit pas les livres qu'on veut.

---

405 Bibliothèque littéraire Jacques Doucet, Fonds Claude Roy, ROY 275.
406 Claude Roy, appelé par ses obligations militaires, était déjà soldat lorsque la guerre avait éclaté. Il avait été fait prisonnier en juin 1940, près de Verdun, avant de s'évader en octobre et de gagner la zone libre. En 1941, il s'engage dans la Résistance.
407 La banque Supervielle avait fait faillite en novembre 1940, entraînant quasiment la ruine de Jules Supervielle, qui était l'un des associés.
408 En juillet 1941, Supervielle publie des poèmes dans le premier numéro de *Lettres françaises*, la revue dirigée par Caillois ; en novembre, six des *Poèmes de la France malheureuse* paraissent aux éditions des *Lettres françaises*. Quatre d'entre eux seront repris en décembre dans la revue *Fontaine* à Alger. Concernant les contes, en mars 1941, Supervielle en publie plusieurs dans *La Nación* ; à l'été 1942, il publiera *Le Petit bois et autres contes*, illustré par Gaya, Mexico, Quetzal.
409 José Squinquel (1905-1970), acteur et metteur en scène.
410 Charles Deschamps (1882-1959), acteur et comédien.

Mon Dieu que nous sommes loin l'un de l'autre ! L'océan ce n'est rien, tant d'autres barrières nous séparent, tant d'espoirs et de désespoirs entre nous. Anne-Marie[411] va au Lycée français où, comme à Paris elle est mauvaise en calcul et bonne en dissertation française. Elle parle maintenant plus volontiers l'espagnol que le français, ce qui me navre. Puissions-nous bientôt rentrer à Paris, et continuer la conversation interrompue depuis deux ans sur le bateau du Boulevard Beauséjour. Ah ! Si je pouvais vous inviter à venir dîner demain soir ici, en famille et après le dîner chacun sortirait un petit manuscrit de sa poche la plus secrète.
Je vous embrasse

Jules Supervielle

135. LETTRE À ROGER CAILLOIS DU 6 JUIN 1941[412]

Mon cher Ami,

Excusez-moi d'avoir tardé à répondre à cette 2nde lettre. J'étais souffrant et aussi très pris par quelques retouches à apporter à *La Belle au bois*, après les représentations (lesquelles ont eu un franc succès). Quant à votre 1ère lettre je ne l'ai pas reçue. Une fois de plus le courrier franco-uruguayen me joue des tours lamentables !
Je suis si heureux de voir paraître ces *Pages françaises*[413]. Nous allons essayer, ma femme et moi, de vous obtenir quelques abonnés[414]. (Je ne quitte guère la quinta et ne remplacerai cette ½ campagne que par la

---

411 Anne-Marie, née le 4 février 1929, est la fille cadette de Supervielle. Celui-ci réunit sous le titre « L'enfant née depuis peu » un ensemble de poèmes inspirés par sa naissance, qui vient conclure le recueil *Le Forçat innocent*, éd. citée.
412 L'enveloppe porte l'adresse suivante : « Señor Roger Caillois directeur de "Pages Françaises" "Sur" Viamonte, 548 *Buenos Aires* (R.A.) ». Fonds Roger Caillois, cote CS43, Médiathèque Valery-Larbaud, Vichy.
413 Supervielle évoque sous ce nom la revue de Roger Caillois, *Lettres françaises*.
414 Supervielle évoque ici le financement des *Lettres françaises*. Afin de ne pas trop dépendre des sommes versées par son amie Victoria Ocampo, Roger Caillois avait lancé un système de souscription, conformément à une idée d'Étiemble : il s'agissait d'adresser des bulletins à tous ceux qui pouvaient être susceptibles d'être intéressés par la revue. Dans cette perspective, il avait sollicité Supervielle : « La revue va avoir grand besoin de gros abonnés (et de petits). Tâchez de lui faire une efficace propagande en Uruguay. » Odile Felgine, *Roger Caillois*, éd. citée, p. 220.

Colonia Suiza). Nous vous enverrons une liste d'amis à qui vous pourrez adresser des prospectus de la Revue – dans 2 ou 3 jours.
Je vais faire publier *La Belle au bois* – édition définitive[415] – dans son texte original. J'ai le copyright. Et comme on la donnera aussi à Buenos Aires je crois qu'on en vendra facilement quelques centaines d'exemplaires.
Pensez-vous éditer aussi des livres français ? Ou *Sur* ?
A-t-on fini par vous payer vos conférences de Montevideo ?
À bientôt, j'espère, et bien vivement à vous. Mes bons souvenirs à Yvette.

Jules Supervielle

Je vous enverrai d'autres poèmes.

136. LETTRE À ROGER CAILLOIS DU 25 JUIN 1941[416]

Hotel del Prado
(où j'ai retrouvé une lettre de vous du 5 mai[417] !)

Mon cher ami,

Voici un des trois récits mythologiques que je destine à vos *Pages françaises*[418]. Ma femme tape les 2 autres (l'un de ceux-ci est « Cerbère » qui a paru dans *La Nación* mais… en espagnol).
Me voici de nouveau à la Colonia Suiza pour deux ou trois mois. Ça ne va pas trop mal.

---

415 La pièce de Supervielle connaîtra quatre éditions : *La Belle au bois*, pièce en trois actes, Paris, Gallimard, 1934 ; *La Belle au bois*, Buenos Aires, collection « La Porte étroite », n° 4, édition des *Lettres françaises*, Sur, 1944, en collaboration avec Caillois, comme l'indique la suite de la correspondance ; *La Belle au bois*, nouvelle édition, Paris, Gallimard, 1947 ; *La Belle au bois*, féerie en trois actes, version de 1953, suivie de *Robinson ou l'Amour vient de loin*, pièce en trois actes et sept tableaux, nouvelle version, Paris, Gallimard, 1953.
416 L'enveloppe porte l'adresse suivante : « Sr Don Roger Caillois Tucuman, 677 *Buenos Aires* (R.A.) ». Fonds Roger Caillois, cote CS44, Médiathèque Valery-Larbaud, Vichy.
417 La lettre de Roger Caillois à Jules Supervielle du 5 mai 1941 est mentionnée par Odile Felgine : Caillois annonce à son correspondant qu'il se « décide finalement à tenter une revue en français, qui sera un supplément trimestriel en français à *SUR*. » Odile Felgine, *Roger Caillois*, éd. citée, p. 218.
418 Supervielle évoque la revue de Roger Caillois, *Lettres françaises*. Celle-ci ne publiera pas des contes, mais des poèmes de Supervielle, « Poésies (1940) », *Lettres françaises, op. cit.*

Je suis fâché qu'on ne vous ait pas encore payé ces conférences. Avez-vous écrit directement au Dr García Otero, doyen de la faculté de Médecine. Il gagne beaucoup d'argent, c'est le médecin de Montevideo le plus en vue. Exposez-lui les fautes (qu'il connaît) et votre situation. Il a la réputation d'un homme très sérieux et de cœur. Puisse-t-il s'en souvenir. Il est pénible d'avoir à insister auprès de ces messieurs mais c'est la seule façon, je pense, d'arriver à un résultat. Peut-être pourriez-vous dire que vous n'avez jamais eu des excuses de ce genre en République Argentine...
Quant à Hoppenot je ne pense pas pouvoir lui demander de collaborer aux *Pages françaises* – bien que vous n'y fassiez pas de politique. Au reste, il m'a dit qu'il n'écrivait plus.
Reçu un beau chapitre de technique littéraire et poétique d'Étiemble[419] extrait d'un livre qu'il prépare sur un certain S... Je vous le montrerai quand nous nous verrons, peut-être à Buenos Aires si on y donne *La Belle au bois* (sans *dormant*).
Mes bons souvenirs à Yvette et très affectueusement à vous

Jules Supervielle

137. LETTRE À ROGER CAILLOIS DU 1er JUILLET 1941[420]

Mon cher Ami,

« La géante » est plus près du poème en prose que du conte[421]. Je ne l'ai jamais considérée autrement. Il en est de même du « Petit Bois »

---

419 Il s'agit de l'article « Évolution de la poétique de Supervielle ». Adressé par Étiemble à Supervielle le 21 mai 1941 (*Correspondance 1939-1959*, éd. citée, p. 69-71), il paraît dans l'hommage à Supervielle, *Gants du ciel*, Montréal, mars 1945, avec des coupures, avant d'être repris en intégralité dans *Valeurs*, Le Caire, n°6, juillet 1946, p. 51-71. Il est recueilli dans le chapitre intitulé « L'évolution de la poétique chez Jules Supervielle entre 1922 et 1934 », *L'Hygiène des lettres*, IV, Paris, Gallimard, 1966, p. 298-322. Le livre que le critique consacrera à l'écrivain est *Supervielle*, collection « La Bibliothèque idéale », Paris, Gallimard, 1960, réédité en une version abrégée, Paris, Gallimard, 1968.
420 L'enveloppe porte l'adresse suivante : « Sr Don Roger Caillois Tucuman, 677 Buenos Aires (R.A.) ». Fonds Roger Caillois, cote CS45, Médiathèque Valery-Larbaud, Vichy.
421 Supervielle répond à la lettre de Roger Caillois datée du 28 juin 1941 : « Le premier numéro de *Lettres françaises* va sortir la semaine prochaine, sauf retard imprévu. » Caillois informe également Supervielle que ses contes paraîtront dans le numéro suivant – ce qui ne sera pas le cas. Odile Felgine, *Roger Caillois*, éd. citée, p. 222.

qui devait paraître dans *Verve*[422] (dernier numéro non sorti et qu'a donné *La Nación*). J'ai ainsi dans mes récits en prose certains écrits qui forment un genre assez nouveau, je crois, et qui se situe entre le poème en prose et le conte. Ainsi « Le Bol de lait » dans *L'Arche de Noé*. « La Veuve aux trois moutons » est un vrai conte, je suis bien de votre avis sur ce point. Si vous préférez le donner tout seul dans votre revue je vous l'enverrai bien volontiers. Il est inédit en français – et a pas mal perdu à la traduction. Je vous montrerai le chapitre d'Étiemble sur l'évolution de ma technique de 1922 à 1934, mais pour *Pages françaises* peut-être vaudrait-il mieux lui demander un autre chapitre moins particulier, vous verrez[423].
La Belle au bois sera sans doute donnée en Septembre à Buenos Aires[424]. Je m'y suis remis avec joie avant les représentations de Montevideo – et après. Ma pièce est maintenant achevée – dix ans après avoir été commencée 1. Ayant une très mauvaise mémoire mes propres textes, que j'oublie, me réservent vite des surprises et mes thèmes me restent frais. Mais voilà bien des confidences.
J'attends votre premier numéro. Mes affectueux souvenirs

Jules Supervielle

1 C'était ma première pièce et je n'étais pas sans timidité devant mon sujet en 1930.

---

422 La revue *Verve*, sous-titrée « revue artistique et littéraire paraissant quatre fois l'an », est dirigée par Émile Tériade. Elle paraît de 1937 à 1960. Supervielle est l'un de ses collaborateurs : il donne à la revue « Histoire d'une amazone » (*Verve*, n° 4, janvier-mars 1939) et, dans l'édition en anglais, « The story of an Amazon », puis « Figures mythologiques » (*Verve*, n° 5-6, 1940), auparavant publié dans l'édition en anglais, « Mythological Figures » (*Verve*, n° 5-6 de l'édition en anglais, juillet-août 1939).
423 Voir la lettre du 25 juin 1941. L'article qu'Étiemble consacre à Supervielle dans la revue de Caillois sera finalement « Supervielle et le sens de la nuit », *Lettres françaises*, n° 5, juillet 1942, p. 18-26 ; il sera repris dans « Il faut de tout pour faire une Fable du Monde », *Temps modernes*, n° 31, avril 1948.
424 *La Belle au bois*, après avoir été jouée par une troupe d'amateurs à Montevideo au printemps 1941, sera donnée par Jouvet à Rio de Janeiro, Buenos Aires et Montevideo durant l'été 1942 ; voir *infra*. Jules Supervielle, *Œuvres poétiques complètes*, éd. citée, p. LVI-LVII.

138. LETTRE À ROGER CAILLOIS DU 6 JUILLET 1941[425]

Colonia Suiza

Mon cher ami,

J'ai promis il y a trois jours à peine mon recueil de contes à Étiemble pour les ediciones Qüetzal de Mexico[426] ! Il espérait bien aussi avoir quelques textes de vous. Quant à *La Belle au bois* je vous l'enverrai dès que j'en aurai une copie (cela regarde ma femme qui vient de taper la pièce, je la vois demain). Je compte bien qu'il restera un exemplaire disponible de la dernière cuvée et qu'ils n'ont pas été tous accaparés par les comédiens. La pièce sera très prochainement jouée en Septembre à Buenos Aires[427] mais en matinée théâtrale tant que le rideau n'est pas levé... De toutes façons je vous tiendrai au courant et vous ferai parvenir un exemplaire dès que ce sera possible. Je pourrais certainement placer un certain nombre d'exemplaires de luxe.
Bien affectueusement

Jules Supervielle

139. LETTRE À ROGER CAILLOIS DU 17 JUILLET 1941[428]

Sarandi, 372

Cher ami,

Le premier numéro des *Lettres françaises* m'est parvenu au moment où je quittais la Colonia Suiza pour Montevideo. Comme je regrette de

---

425 L'enveloppe porte l'adresse suivante : « Sr Don Roger Caillois Tucuman, 677 Buenos Aires (R.A.) ». Fonds Roger Caillois, cote CS46, Médiathèque Valery-Larbaud, Vichy.
426 Jules Supervielle, *Le Petit Bois et autres contes*, éd. citée Supervielle promet à Étiemble ces contes dans la lettre du 3 juillet 1941 : « Entendu pour mes livres de Contes aux Ediciones Quetzal. Je vous l'envoie dans quelques jours. Il y en a 3 ou 4 que vous ne connaissez pas. Une présentation de vous me raviraît, bien sûr. » Jules Supervielle, Étiemble, *Correspondance 1936-1959*, éd. citée, p. 78.
427 Voir la lettre du 1er juillet 1941.
428 L'enveloppe porte l'adresse suivante : « Sr Don Roger Caillois Tucuman, 677 Buenos Aires (R.A.) ». Fonds Roger Caillois, cote CS47, Médiathèque Valery-Larbaud, Vichy.

n'avoir pas eu d'épreuve de ces poèmes[429] ! D'autant plus qu'il n'était pas encore question de les publier quand je vous les confiai.
1ᵉʳ poème. Au 7ème vers encore pour encor me fait écrire un vers faux dans un poème que je tiens à garder régulier.
Dans le 2ⁿᵈ poème j'aurais certainement, pour la même raison, corrigé « Quand il croise les jambes ». La version définitive dit :
« Quand il baisse les yeux pour creuser sa misère ».
À la fin du poème le texte disait : « Voyant venir à moi ce que *son* cœur élude » et non pas « mon ».
Je vous prie, n'est-ce pas, de faire figurer ces errata dans votre prochain numéro. Je suis aussi pour une esthétique sévère – et de plus en plus.
J'ai bien évolué depuis *Poèmes* et *Débarcadères* !
Je n'ai pas encore pu lire tout le numéro de votre revue. Votre texte est très riche de clairvoyance et de bien d'autres choses. Je connaissais le Gide[430] et l'Ocampo[431]. Je m'étonne que Gide n'ait pas vu que la magie du vers de Racine cité vient du parallélisme des sonorités dans les deux hémistiches :
« Vous mou*rû*tes au bords *où* vous f*û*tes laissée ».
On n'a pas dit non plus, à ma connaissance que le vers de Baudelaire « La ser*v*ante au gr*an*d cœur dont *v*ous étiez jalo*u*se [»]
doit une bonne part de son miracle aux assonances intérieures ou plutôt aux similitudes de sons[432].

---

429 Le premier numéro de *Lettres françaises* contient deux poèmes de Supervielle, donnés au pages 6 et 7 sous le titre « Poèmes » : ils sont intitulés « 1940 » et « Le double ». Le premier, d'abord paru dans *Sur*, n° 75, décembre 1940, p. 49-51, avec une traduction de Borges, est publié sous le titre « La Nuit » dans *Fontaine*, n° 16, décembre 1941 ; il sera repris, sous ce titre, dans *Poèmes de la France malheureuse*, en 1941 puis en 1942, ainsi que dans les *Choix de poèmes* de 1944 et 1947 et dans *1939-1945*, avec la correction évoquée par Supervielle. Quant au second poème, « Le double », il est repris, avec les corrections indiquées ici, dans les mêmes publications – à l'exception de *Sur*. Une version manuscrite en est également transcrite dans la lettre à Paulhan du 15 août 1940 (Jules Supervielle, *Choix de lettres*, éd. citée, p. 247).
430 André Gide, « Sur une définition de la poésie », *Lettres françaises*, n° 1, 1ᵉʳ juillet 1941, p. 1-5.
431 Victoria Ocampo, « Racine et Mademoiselle », *ibid.*, p. 21-32.
432 Supervielle effectue une analyse similaire de ce vers dans deux autres lettres. Il l'évoque dans la lettre à Étiemble du 3 juillet 1941 : « Il est des vers célèbres qui doivent une bonne part de leur magie à ces rapports de sons / La servante au grand cœur dont vous étiez jalouse et tant d'autres. Ce que je n'aime pas c'est l'allitération cultivée dans chaque vers et qui finit par devenir un procédé très embêtant. » Jules Supervielle, Étiemble, *Correspondance 1936-1959*, éd. citée, p. 78. Cette étude apparaît également dans une lettre

Bonne chance à votre revue et j'espère à bientôt.
Cordialement à vous

Jules Supervielle

P.S. Mais je m'aperçois que je n'ai pas vidé tout mon sac ! Pourquoi mon nom ne figure-t-il pas parmi ceux des collaborateurs de *Sur* sur la page de couverture[433] ? J'ai toujours été considéré comme un écrivain infiniment plus français qu'uruguayen. Mais je pense qu'il n'y a là qu'une omission involontaire.

J.S.

140. LETTRE À CLAUDE ROY DU 27 AOÛT 1941[434]

Montevideo

Bien cher ami,

---

non datée à Jean Paulhan, d'août 1941 : « Lu récemment dans la revue de Caillois un article de Gide où il parle de "l'adorable vers" de Racine / Vous mourûtes aux bords où vous fûtes laissée / sans voir que la magie vient de l'extraordinaire parallélisme de son des 4 premières syllabes des 1er et 2e hémistiches. Il me semble que la magie du vers de Baudelaire / La servante au grand cœur dont vous étiez jalouse / vient aussi d'une cause analogue. Dans toute magie poétique – et sans doute aussi dans ce que l'on appelle inspiration – il y a des voyelles ou des sons qui reviennent, à l'état d'obsession. » (Jules Supervielle, *Choix de lettres*, éd. citée, p. 255).

[433] Supervielle n'avait pas été mentionné parmi les écrivains français publiés par *Sur*, dans le placard publicitaire apparaissant en quatrième de couverture des *Lettres françaises* : « *Sur*, revue mensuelle dirigée par Victoria Ocampo, *Sur* a publié des poèmes, des contes, des essais des plus célèbres, des plus vivants, des plus jeunes des écrivains français [...] *Sur* fait connaître en Amérique latine le meilleur de la littérature française contemporaine. » Caillois répond à Supervielle dans la lettre du 18 juillet 1941 : il lui présente ses excuses et explique que c'est l'imprimeur qui, par paresse, a commis cet oubli. L'absence de relecture des épreuves aurait été causée par un dysfonctionnement des services postaux : « Pour les épreuves des poèmes, c'est à cause des lettres égarées que je ne vous les ai pas envoyées. Tout était fini quand vous avez trouvé à Colonia Suiza la lettre qui vous attendait. Je ne sais s'il est bien efficace de mettre des *errata* dans une revue trimestrielle. Je doute que le lecteur prenne alors la peine de se reporter au numéro précédent. Mais je comprends bien que vous teniez, au moins par principe, à donner un texte parfait [...] Choisissez ce qui vous convient le mieux. » Les *errata* seront finalement signalés dans le numéro suivant. Odile Felgine, *Roger Caillois*, éd. citée, p. 242.

[434] Bibliothèque littéraire Jacques Doucet, Fonds Claude Roy, ROY 275.

Votre lettre sur ma table et Jacques en face de moi me donnent de vos nouvelles. Nous vous reconstituons à nous deux. Quelle chance que vous m'y aidiez ainsi. Je vous écris d'une « quinta » des environs de Montevideo où j'ai passé notre hiver qui ressemble beaucoup au vôtre, de Marseille et de Port-Cros. Il commence à faire beau, premiers exercices du printemps austral dans l'atmosphère. On commence à se sentir bien et on pense aux amis de France avec plus d'espoir et de vigueur que jamais. La joie de nous revoir et de nous lire nos écrits nous manque encore. Mais c'est déjà beaucoup de comprendre que nous sommes restés les mêmes, autant que faire se peut.

Presque en même temps que la vôtre ma lettre de Paulhan m'est arrivée, si bien que si je me réveille la nuit sans bien savoir encore ce qui m'est arrivé d'heureux, je fais de votre amitié à tous deux un seul bonheur et vous confonds, dans une affection qui n'est pas toujours sommeillante, croyez-le. Je pense à votre « Petite ville ». Quelle chance que vous fassiez ainsi une pièce et que Jacquemont vous la donne[435]. Je ne puis lui envoyer *Robinson*, du moins pour l'instant. Par ailleurs je l'ai promis à Barsacq[436] qui l'a annoncé et je voudrais être là. Je me suis remis à *La Belle au Bois* qui est maintenant tout à fait au point à mon point de vue du moins j'en ai la profonde impression. (Je n'ai pas trop de scrupules à le dire puisqu'elle fut commencée il y a onze ans !) On l'a donnée dans sa presque dernière version il y a deux mois à Montevideo. (Troupe d'amateurs et de professionnels : Squinquel dans Barbe Bleue et Charles Deschamps dans le Chat Botté, tous deux excellents. Le Chat avait une très longue queue noire qu'il portait sur le bras ou reniflait de façon très amusante.) Ça a bien marché et je crois que, maintenant, avec un peu de musique la pièce peut plaire à un grand public.

---

435 Ce projet ne semble pas avoir abouti. Un texte de Claude Roy intitulé « Notre petite ville » est recueilli dans *Clefs pour l'Amérique*, Genève, Paris, Éditions des Trois collines, 1947. Concernant la collaboration entre Claude Roy et Maurice Jacquemont (1910-2004), comédien et metteur en scène, co-fondateur du Théâtre des Quatre Saisons puis directeur du Studio des Champs-Élysées, on peut noter qu'une pièce intitulée *Les Gueux au paradis*, dont Claude Roy écrit les chansons mais dont les auteurs sont Gaston-Marie Martens et André Obey, est mise en scène par Maurice Jacquemont en 1945 au Studio des Champs-Élysées.

436 André Barsacq (1909-1973), metteur en scène, réalisateur et dramaturge, crée *Robinson* en 1948 au Théâtre de Verdure de Lyon.

Déjeuné avec Jouvet[437] et Ozeray[438] chez les Hoppenot à la Légation. Ils ont triomphé à Rio et à Buenos Aires. Nous les attendons dans 15 jours à Montevideo. Quel dommage qu'ils n'aient pas eu de vos pièces ni des miennes dans leur répertoire.
Dites bien à Ballard[439], à Gros[440], à Fluchère[441] que je pense à eux et à Ollivier[442], à Lescure[443] que je voudrais les connaître. Quand les verrai-je ? Sans doute pas avant la fin de la guerre. Ma santé me retient ici bien que meilleure elle demande encore quelques soins.
Je vous embrasse

Jules Supervielle

---

[437] Louis Jouvet (1887-1951), comédien, metteur en scène et directeur de théâtre, qui engage notamment Supervielle à transformer le roman *Le Voleur d'enfants* en pièce de théâtre. Lors de sa tournée en Amérique latine, Jouvet donne la pièce de Supervielle, *La Belle au bois*, et joue Barbe-Bleue. La troupe de Jouvet, patronnée par la légation de France, avait reçu l'entière collaboration d'Henri Hoppenot au succès de ses tournées culturelles. En particulier, Hoppenot avait œuvré à ce que Jouvet prolonge sa tournée en passant par Montevideo en septembre 1941 : le succès de Jouvet y avait été considérable, ce qui l'avait entraîné à assurer également la saison théâtrale en Amérique du Sud de juin à novembre 1942. Dans le cadre de cette tournée, il s'était à nouveau produit à Montevideo, du 10 au 26 octobre 1942. Colette Barbier, « Tournées culturelles françaises en Uruguay », *Henri Hoppenot, Diplomate*, éd. citée, p. 233-240.

[438] Madeleine Ozeray (1908-1989), actrice belge appartenant à la compagnie de Louis Jouvet, qui contribuera à inspirer à Supervielle la pièce *Shéhérazade*.

[439] Sur Jean Ballard (1893-1973), poète, écrivain et directeur de la revue *Les Cahiers du Sud*, voir Alain Paire, *Chronique des Cahiers du Sud 1914-1966*, éd. citée Les lettres de Supervielle à Ballard sont conservées dans les fonds des *Cahiers du Sud*, à la bibliothèque municipale de Marseille.

[440] Léon-Gabriel Gros (1905-1985), poète, collaborateur des *Cahiers du Sud*, qui participe à *La N.R.F.* pour le numéro d'hommage paru à la mort de Supervielle (« Le plus digne d'être aimé », « Hommage à Jules Supervielle », *La N.N.R.F.*, *op. cit.*, p. 779). Sur ses rapports avec Supervielle, qu'il avait rencontré à Port-Cros et qui loue ses vers auprès de Paulhan, voir Alain Paire, *Chronique des Cahiers du Sud 1914-1966*, éd. citée, p. 160, et Jules Supervielle, *Choix de lettres*, éd. citée, en particulier la lettre à Jean Paulhan du 27 juin 1931, p. 92.

[441] Henri Fluchère (1898-1987), universitaire, homme politique et collaborateur des *Cahiers du Sud*. Voir Alain Paire, *Chronique des Cahiers du Sud 1914-1966*, éd. citée.

[442] Albert Ollivier (1915-1964), écrivain, journaliste, historien, homme politique et résistant. Lecteur à *La N.R.F.*, Ollivier était devenu le secrétaire de Gaston Gallimard en 1937. En 1939, mobilisé, il était devenu journaliste à la radio après la débâcle, aux côtés de Claude Roy, avant de rejoindre la Résistance. Il avait ensuite collaboré à *Combat*, puis aux *Temps modernes*.

[443] Jean Lescure (1912(2005), écrivain, poète et scénariste, qui dirige depuis 1938 la revue *Messages*, qu'il engagera en 1942 dans la Résistance, avec le soutien de Paulhan. Lescure collabore également aux *Lettres françaises*.

Je vous recopie quelques vers, « pour ne rien changer à nos habitudes »
(c'était la formule de mon tailleur, quand il m'envoyait sa facture...)

La nuit, quand je voudrais changer dans un sommeil
Qui ne veut pas de moi, me laissant tout pareil,
Avec mon grand corps las et sans voix pour se plaindre
La cervelle allumée, et je ne puis l'éteindre,
Le mort que je serai bouge en moi sans façons
Et me dit : « Je commence à trouver le temps long,
Qu'est ce qui peut encor te retenir sur terre
Après notre défaite et la France en misère. [»]
Je ne veux pas répondre à qui partout me suit
Et cherchant plus avant un monde où disparaître,
J'étouffe enfin en moi le plus triste de l'être
Et me sens devenir l'humble fils de la nuit[444].

—

Le relais.
Petite halte dans la nuit
Et le sommeil s'en va sans bruit
De mes paupières relevées.
Ce doit être ici le relais
Où l'âme change de chevaux
Pour les trois heures du matin.
Ce sont légers chevaux de feutre
Leurs naseaux ne frémissent pas
Et l'on n'entend jamais leurs pas
Même dans l'obscur de notre être.
Et j'ai beau être entre mes draps
Ils me tirent sur une route
Et j'ai beau rester à l'écoute
Je n'entends que mon cœur qui bat
Et résume dans son langage
Où je perçois quelques faux pas
Son courage et mon décourage[445].

---

[444] Supervielle copie ici le texte qui, avec quelques variantes, sera repris sous le titre « La nuit » dans le recueil *1939-1945*, éd. citée.

[445] Ces dix-huit vers correspondent au début, avec quelques variantes, du poème « Le relais », qui sera publié dans *Les Cahiers français*, Montevideo, n°6, novembre 1941, puis dans

De tout cœur

J.S.

P.S. J'espère que le dernier mot de mon second poème ne vous fera pas croire que j'oublie les Français, dans ce lointain Uruguay[446].

141. LETTRE À ROGER CAILLOIS DU 28 AOÛT 1941[447]

Sarandi, 372

Cher ami,

J'ai reçu tout récemment une lettre de Jean Paulhan qui me charge de ses amitiés pour vous et il me dit que Levitzky[448] est en prison depuis quatre mois, ce que vous savez peut-être déjà.
Lui-même a passé 8 jours à la Santé[449] où les autorités d'occupation l'avaient envoyé « au secret après un assez long interrogatoire. Sans crayon, ni papier, ni livres, ni bien entendu bretelles, cravates ni rasoir. J'avais été arrêté me dit-il, pour des raisons qui touchaient à la "propagande gaulliste". Que répondre à la question (entre mille autres) que pensez-vous du maréchal ? Je pense que c'est un homme profondément modeste qui fait de grands efforts (pas toujours très heureux) pour montrer de

---

Fontaine, n° 16, décembre 1941. Recueilli dans *1939-1945*, éd. citée, il est également repris dans les deux *Choix de poèmes* de 1944 et 1947. Les quatrième et cinquième vers sont gravés sur la tombe de Supervielle, à Oloron-Sainte-Marie.

446 Supervielle revient sur le sens à donner à ce terme dans la lettre à Roger Caillois du 21 septembre 1941, voir *infra*.

447 L'enveloppe porte l'adresse suivante : « Señor Roger Caillois directeur de *Pages françaises* "Sur" Viamonte, 548 *Buenos Aires* (R.A.) » Fonds Roger Caillois, cote CS48, Médiathèque Valery-Larbaud, Vichy.

448 Anatole Lewitsky (1901-1942), résistant français d'origine russe. Anthropologue, il avait fondé, avec Boris Vildé et Yvonne Oddon, le groupe de résistance du Musée de l'Homme, auquel est affilié Jean Paulhan. Il est arrêté le 10 février 1941, et fusillé le 23 février 1942.

449 Le 15 mai 1941, Jean Paulhan est arrêté comme membre du réseau du Musée de l'Homme. Il a pu placer, à la fenêtre du premier étage de la rue des Arènes, où il demeure, un numéro de *Mesures* à couverture rouge pour prévenir François Mauriac, alors caché chez Jean Blanzat, rue de Navarre. Paulhan est emprisonné une semaine à la prison de la Santé ; Drieu La Rochelle intervient et le fait libérer. https://jeanpaulhan-sljp.fr/jean-paulhan-reperes-biographiques, consulté le 16/03/2022.

l'orgueil. Mais c'était difficile à expliquer. Le reste aussi. Enfin me voici libre. Que Paris est délicieux. »

Ces extraits de la lettre de notre ami sont, bien sûr, pour vous seulement et non pour *Pages françaises*[450]. Il me semble, n'est-ce pas, que leur reproduction pourrait peut-être nuire à notre cher Paulhan.

Mesures va reparaître bientôt en zone libre avec Gide, Claudel, Malraux etc. On n'attend que le consentement de Church[451] à qui Paulhan m'a demandé d'écrire... Il est aux États-Unis[452].

On me dit que vous venez bientôt à Montevideo. Ne manquez pas de me prévenir de la date de votre arrivée et de celle de Victoria, qui fera aussi, me dit-on, une conférence. Quelle chance de vous revoir tous deux. Je voudrais aussi savoir quand vient Rougemont[453].

J'habite une belle quinta qui est en vente et sur le point hélas de changer de propriétaire (elle appartient encore pour quelques jours à la succession Saavedra, la famille de ma femme – ils sont 14 frères et sœurs – mais nous sommes seuls à y résider pour l'instant) et nous comptons bien que vous viendrez y partager au moins un de nos repas.

Bons souvenirs à Yvette. Tout vôtre

Jules Supervielle

---

450 Il s'agit de *Lettres françaises*, la revue de Roger Caillois.
451 Henry Church (1880-1947), écrivain et mécène américain, ancien collaborateur de *La Phalange* de Jean Royère, fondateur de la revue *Mesures* (1935-1940). La revue est administrée par Adrienne Monnier ; Jean Paulhan est rédacteur en chef, le comité de rédaction comptant également Bernard Groethuysen, Henri Michaux, Giuseppe Ungaretti. À ce sujet, voir l'article de Claire Paulhan, « Henry Church et la revue *Mesures* », *Romanic Review*, Durham, vol. 99, n° 1-2, janvier-mars 2008, p. 119-132.
452 Depuis le 11 juillet 1939, pour fuir la Seconde Guerre mondiale, Henry et son épouse Barbara Church ont quitté la France et se sont installés à New York, au Plaza Hotel. Si *Mesures* a continué de paraître au début de la guerre, jusqu'en avril 1940, l'occupation d'Abbeville, où la revue était imprimée, la fait disparaître. Paulhan œuvre alors à faire reparaître la revue, avec l'espoir de l'installer à Nîmes, où la mairie offre un local aux réfugiés de *La N.R.F.*, puis à Carcassonne, avec l'aide de Joë Bousquet. De son côté, Henry Church envisage de prendre en charge la revue à New York, depuis le Plaza Hotel, et cherche à faire venir Paulhan aux États-Unis. Claire Paulhan, « Henry Church et la revue *Mesures* », *ibid.*
453 Denis de Rougemont (1906-1985), écrivain, philosophe et professeur suisse, auteur du célèbre ouvrage *L'Amour et l'Occident*. Mobilisé en 1939 dans l'armée suisse, Rougemont avait fondé un groupe de résistance aux fascismes européens. Fin août 1940, il se rend aux États-Unis pour donner des conférences sur la Suisse, et s'installe près de New York. En 1941, de juillet à novembre, il voyage en Argentine, et séjourne chez Victoria Ocampo. À cette occasion, il fréquente le cercle de *Sur*, dont Roger Caillois.

142. LETTRE À ROGER CAILLOIS DU 21 SEPTEMBRE 1941[454]

Cher ami,

Bien que je n'aie peut-être pas lu, de ma vie, un seul roman policier, sauf toutefois *Le Nommé Jeudi*[455] j'ai pris à lire votre étude[456] un profond plaisir. Vous nous avez vraiment fait entendre le tic-tac de ce genre de romans et démonté sa mécanique plus ou moins compliquée. Et quelle fertilité, quelle justesse de dialectique.
Puisque vous donnez suite à votre projet d'éditions permettez-moi de vous proposer, avant tout autre, ces poèmes qui pourraient, vu les circonstances, intéresser peut-être un public assez étendu[457]. Vous en connaissez deux ou trois, l'un d'eux a été assez retouché, comme vous verrez. Madeleine Lambert[458] et Roger Gaillard[459] ont dit certains de ces vers à Buenos Aires et à Montevideo, où l'on a, je pense, quelque curiosité de cette suite de poèmes. J'envoie une copie de ces vers à Victoria.
Bien affectueusement

Jules Supervielle

P.S. Dans le dernier poème j'ai écrit : *décourage* pour découragement[460]. N'allez pas croire à une faute de frappe, ni de français ! Mais à un de ces mots d'entre deux sommeils.

---

454 Fonds Roger Caillois, cote CS49, Médiathèque Valery-Larbaud, Vichy.
455 G. K. Chesterton, *Le Nommé Jeudi : un cauchemar*, Londres, J. W. Arrowsmith, 1908. Ce roman, se présentant comme un thriller métaphysique, est considéré comme une œuvre importante du xxe siècle, faisant le lien entre la fantaisie de Lewis Carroll et le fantastique cauchemardesque de Borges ou Kafka.
456 Supervielle fait référence à la plaquette *Le Roman policier*, publiée par Caillois en septembre 1941 dans la collection des *Amis des Lettres Françaises*. Odile Felgine rappelle que l'ouvrage n'a intéressé que Supervielle et Raymond Aron, deux proches de Roger Caillois ; devant le silence des critiques, face à son livre ainsi qu'à la plaquette de Supervielle qu'il a éditée, Caillois se désole et songe même un temps à cesser son activité éditoriale. Odile Felgine, *Roger Caillois*, éd. citée, p. 248.
457 Ce projet d'édition aboutira à la publication de la plaquette de Supervielle, *Poèmes de la France malheureuse (1939-1941)*, Buenos Aires, éditions des *Lettres françaises*, *Sur*, 1941.
458 Madeleine Lambert (1892-1977), actrice française.
459 Roger Gaillard (1893-1970), acteur français, pensionnaire de la Comédie-Française de 1916 à 1924.
460 Il s'agit du poème « Le relais ». À ce sujet, voir la lettre de Jules Supervielle à Claude Roy du 27 août 1941.

Malgré la pauvreté des rimes, qui souvent ne sont que des assonances ou des rimes intérieures, je pense que ces vers sont rigoureusement écrits et obéissent aux lois d'un ordre qui pour être parfois secret n'en est pas moins sévère. Mais c'est votre avis qui me serait précieux !

J.S.

143. LETTRE À ROGER CAILLOIS DU 25 SEPTEMBRE 1941[461]

Cher Ami,

Il me semble qu'en deux ans on n'aura pas de peine à écouler un millier d'exemplaires de ces poèmes[462]. Si vous gardiez les empreintes on pourrait commencer par 500. En tous cas je vous laisse juge du tirage, bien sûr. Combien pensez-vous vendre l'exemplaire du volume ordinaire ? Il ne faudrait pas, je pense, que ce soit plus cher que votre *Roman policier*[463].

Je suis allé voir ce matin le Directeur du lycée français M. Larnaudie[464] et il ne demande pas mieux que de mettre ces poèmes en vente au lycée. Il y a aussi trois ou quatre libraires (Barreiro, Palacio del Libro, Bolsa de los libros) où on pourra en vendre pas mal.

Il y aurait intérêt à ce que la plaquette paraisse avant l'été. J'espère que la France ne sera pas toujours « malheureuse ».

---

461 L'enveloppe porte la mention suivante : Señor Roger Caillois directeur de *Lettres françaises* "Sur" Viamonte, 548 *Buenos Aires* (R.A.) ». Fonds Roger Caillois, cote CS50, Médiathèque Valery-Larbaud, Vichy.

462 Jules Supervielle, *Poèmes de la France malheureuse (1939-1941)*, éd. citée Supervielle répond à la lettre de Roger Caillois du 24 septembre 1941 : celui-ci annonce à Supervielle que le devis « a déjà été commandé à l'imprimeur » et lui précise que « comme il y a peu de composition, je ne pense pas que cela doive ruiner les petites finances de *Lettres françaises*. » Caillois demande à Supervielle des informations sur le tirage et le nombre d'exemplaires de luxe à publier – vingt-cinq ou trente : « Excusez-moi de vous demander tous ces renseignements. Mais vous connaissez mieux le public d'ici que moi et d'autre part, je dois m'inquiéter de ce qui convient le mieux à *Lettres françaises*. Or, je suis très ignorant en ces matières et vais à l'aveuglette, faisant vivre la revue de l'argent recueilli par les abonnements de soutien et de fondation. » Odile Felgine, *Roger Caillois*, éd. citée, p. 242-243.

463 Roger Caillois, *Le Roman policier*, éd. citée.

464 Paul Larnaudie, professeur de lettres et de langue espagnole, ancien élève de l'École Normale supérieure de Saint-Cloud, est proviseur du Lycée français depuis 1922.

Entendu pour le bulletin de souscription qui sera très utile. Entendu aussi pour les 10 % par exemplaire ordinaire et 20 % pour les 50 à 10 pesos exemplaires de luxe. Sur grand papier ? On pourrait peut-être prévoir 25 exemplaires à 25 pesos sur lesquels je recopierais un de mes poèmes sur deux pages blanches encastrées (exemplaires pour lesquels je demanderais un pourcentage plus élevé et que vous fixeriez vous-même) au cas *où cela vous semblerait possible*. D'ores et déjà je connais cinq ou six personnes qui y souscriraient[465].

Je vous envoie *L'Orange bleue*[466] où il y a des passages qui me semblent vraiment admirables (tout ce que l'auteur dit de sa mère et les souvenirs de la petite enfance). L'ensemble du livre m'a beaucoup plu et je me demande si sa traduction (avec quelques pudiques coupures) n'intéresserait pas le public argentin.

Très attristé d'apprendre que Jean Wahl est dans un camp de concentration. Je crains qu'il n'en meure, sa santé était fort fragile.

Toutes mes amitiés

Jules Supervielle

Je recommande à la poste *L'Orange bleue*. Vous savez sans doute que c'est le seul exemplaire dont dispose Yassu Gauclère, le seul qui soit sorti de France juste avant la débâcle.

J.S.

---

[465] Dans la lettre du 28 septembre 1941, Roger Caillois répond à Supervielle qu'il lui est très difficile de trouver « un grand papier » pour cette édition de luxe, et, sans chercher à masquer son inexpérience dans le domaine de l'édition, avoue qu'il ne sait pas « ce que c'est qu'une feuille encastrée. Dites-moi en quoi cela consiste. » Odile Felgine, *Roger Caillois*, éd. citée, p. 243.

[466] Yassu Gauclère, *L'Orange bleue*, Paris, Gallimard, 1940. Dans ce récit, l'auteure, enfant naturel, évoque son enfance difficile, entre l'absence de son père et les longs séjours effectués dans des pensionnats.

144. LETTRE À ROGER CAILLOIS DU 2 OCTOBRE 1941[467]

Cher ami,

Entendu pour les 25 exemplaires avec poème manuscrit qui remplaceraient les 50 prévus.
Ne pensez-vous pas qu'il y aurait avantage au point de vue bibliophilique à ce que je recopie mes poèmes sur une page blanche (recto et verso) faisant partie du volume et précédant la page de garde. Réflexion faite ce serait je pense la meilleure solution. Tout dépendra de ce que vous jugerez faisable après en avoir parlé à l'imprimeur. Les exemplaires me seraient envoyés par mon fils Henri en avion et je vous les retournerais 3 ou 4 jours après. *Si cela ne vous paraît pas pratique* je recopierai sur beau papier les poèmes en question. Dans ce cas envoyez-moi une feuille quelconque ayant le format voulu.
J'irai faire quelques visites aux libraires de Montevideo pour leur annoncer la parution des livres.
Entendu pour vos autres propositions. Je me réjouis beaucoup que le volume paraisse très rapidement. Je joindrai à une grande partie des bulletins de souscriptions de mes poèmes des bulletins de votre volume.
Affectueusement à vous

Jules Supervielle

145. LETTRE À ROGER CAILLOIS DU 13 OCTOBRE 1941[468]

Cher Ami,

Merci pour ces prières d'insérer[469]. J'ai, à ce sujet, téléphoné au directeur du lycée français et j'ai vu le président de l'Alliance française. J'attends les épreuves.

---

467 L'enveloppe porte la mention suivante : Señor Roger Caillois directeur de *Lettres françaises* "Sur" Viamonte, 548 *Buenos Aires* (R.A.) ». Fonds Roger Caillois, cote CS54, Médiathèque Valery-Larbaud, Vichy.

468 L'enveloppe porte la mention suivante : Señor Roger Caillois directeur de *Lettres françaises* "Sur" Viamonte, 548 *Buenos Aires* (R.A.) ». Fonds Roger Caillois, cote CS51, Médiathèque Valery-Larbaud, Vichy.

469 Supervielle évoque ici la genèse de l'édition des *Poèmes de la France malheureuse (1939-1941)*, éd. citée.

Je ne sais toujours pas si vous jugez préférable que je recopie les poèmes sur une feuille à part (pour les exemplaires de luxe) ou s'il y aura une feuille blanche avant la page de garde. Peut-être votre réponse s'est-elle égarée. C'est vraiment sinistre de ne pouvoir compter sur la régularité du courrier.

Reçu des nouvelles de Paulhan du 15 Sept[470]. que me transmet ma fille Françoise, de Paris. Il me charge de ses amitiés pour vous – et pour Romains aussi (dont je n'ai pas l'adresse. L'auriez-vous ?) « Nous avons passé 7 jours chez Arland, me dit-il. Revenus avec une pleine valise (trop lourde) de légumes. D'ailleurs on en est tous là. Les Parisiens sont changés en fourmis, portent des parquets trop lourds pour eux. Silencieux aussi comme des fourmis. Je prends le café à 7h le matin chez un bougnat. Le jour de l'accident arrivé à Laval[471], on n'y disait rien, pas plus que les autres jours. Mais on se touchait de joie les coudes, les pieds, les antennes... Il faut avouer que l'homme de la rue ne prend *au sérieux* la guerre, ne se sent *concerné* que depuis 2 ou 3 mois »... « Montherlant se conduit comme un salaud ».

Church n'a pas répondu à ma lettre. Il a en revanche téléphoné à Michaux pour lui interdire de faire paraître *Mesures*[472].

Affectueusement à vous

Jules Supervielle

---

470 Voir la lettre de Jules Supervielle à Jean Paulhan du 24 septembre 1941, *Choix de lettres*, éd. citée, p. 256.
471 Il s'agit de la tentative d'assassinat du 27 août 1941 : à Versailles, alors qu'il passe en revue le premier contingent de la Légion des volontaires français sous uniforme allemand sur le point de partir pour participer à l'opération *Barbarossa*, Pierre Laval est victime de cinq coups de feu tirés par un jeune ouvrier, Paul Collette, ancien membre du Parti social français.
472 Sur les relations difficiles de Michaux et Church, voir J.-P. Martin, *Henri Michaux*, éd. citée, en particulier p. 312, évoquant le fait que Michaux « était souvent en conflit avec Church. » Voir également l'annotation de la lettre du 28 août 1941 et l'article de Claire Paulhan, « Henry Church et la revue *Mesures* », *Romanic review, op. cit.*

146. LETTRE À ROGER CAILLOIS NON DATÉE, D'OCTOBRE 1941[473]

Cher Ami,

Voici l'adresse de Henry Church
58, Cleveland Lane
Princeton
New Jersey
U.S.A. Je pensais que vous aviez l'adresse de Romains, je la demanderai à Étiemble ou lui écrirai aux soins de son éditeur de New York.

Oui, je parlerai des *Lettres françaises* à Paulhan[474].

Je me réjouis de lire ce 2nd numéro de votre revue. Il me parviendra sans doute demain.

Vous avez dû recevoir les épreuves, corrigées.

Affectueusement à vous

Jules Supervielle

147. LETTRE À ROGER CAILLOIS DU 18 ET DU 19 OCTOBRE 1941[475]

Cher Ami,

Vous pouvez insérer « Le double » dans ma plaquette[476] mais *sans le titre* et à la suite du poème commençant par : « La nuit quand je voudrais changer dans un sommeil... » dont il sera séparé par des astérisques ou une petite étoile.

---

473 L'enveloppe porte la mention suivante : Señor Roger Caillois directeur de *Lettres* "Sur" Viamonte, 548 *Buenos Aires* (R.A.) ». Fonds Roger Caillois, cote CS51, Médiathèque Valery-Larbaud, Vichy.
474 Dans la lettre à Jean Paulhan du 3 novembre 1941, Supervielle évoque en effet *Lettres françaises*, qu'il décrit comme « une petite revue très intéressante », « très *N.R.F.* par l'esprit et la rigueur dans le choix des textes » ; il cite Caillois qui la définit comme « *La N.R.F.* de l'étranger ». Dans cette missive, Supervielle confirme également à Paulhan qu'il a transmis ses amitiés à Caillois et qu'il les enverra à Romains (Jules Supervielle, *Choix de lettres*, éd. citée, p. 257).
475 L'enveloppe porte la mention suivante : Señor Roger Caillois directeur de *Lettres françaises* "Sur" Viamonte, 548 *Buenos Aires* (R.A.) ». Fonds Roger Caillois, cote CS53, Médiathèque Valery-Larbaud, Vichy.
476 Jules Supervielle, *Poèmes de la France malheureuse (1939-1941)*, éd. citée Dans ce recueil, le poème « Le double » apparaît bien, selon les recommandations de Supervielle, sous le titre « La Nuit » et à la suite de « La nuit quand je voudrais changer de sommeil ».

De cette façon on pourra penser que le double est quelque chose comme
« Le mort que je serai » dont il est question dans le premier de ces poèmes
(« La nuit quand... »). Je n'aurais pas voulu publier « Le double » dans
son titre primitif dans le recueil parce qu'il eût semblé trop personnel
dans une suite consacrée à la France mais je pense avec vous qu'il eût
été également regrettable de le séparer de « son frère » et même de son
jumeau. Merci d'avoir pensé à lui.
Bien affectueusement

Jules Supervielle

Le 19 Oct. 1941
Je transmettrai votre souvenir à Paulhan lors de ma prochaine lettre.

148. LETTRE À ROGER CAILLOIS DU 23 OCTOBRE 1941[477]

Je voudrais avoir l'épreuve du poème ajouté. Il est inutile, je pense de
m'envoyer le reste.

J.S.

Cher Ami,

Le numéro des *Pages françaises*[478] a dû s'égarer. Larnaudie, le directeur
du lycée français, m'a prêté le sien. Beaucoup aimé vos pages sur les
écrivains[479]. Comme elles sonnent juste ! Le Valéry[480] est d'une grande

---

477 Fonds Roger Caillois, cote CS55, Médiathèque Valery-Larbaud, Vichy.
478 *Lettres françaises*, et non *Pages françaises*, la revue de Roger Caillois. Supervielle évoque ici le deuxième numéro, daté du 1er octobre 1941.
479 Roger Caillois, « Devoirs et privilèges des écrivains français à l'étranger », *Lettres françaises*, n° 2, 1er octobre 1941, p. 1-4. Ce texte, qui ouvre le deuxième numéro de *Lettres françaises*, commence par citer Emmanuel Mounier pour en appeler ensuite à une « fidélité de tous les instants », à une « solidarité » et à un « respect continu » des écrivains exilés avec ceux qui se trouvent en France occupée ou en zone dite libre. Caillois en vient ainsi à définir la visée de sa revue comme « un effort pour maintenir le contact entre les écrivains français », et pour « servir, indépendamment de toute préférence ou sympathie personnelle pour les hommes et pour les écoles, les écrivains restés en France. » (*ibid.*)
480 Paul Valéry, « Discours sur la mort de Bergson », *ibid.*, p. 5-8. Bergson était mort le 4 janvier 1941. Ce texte douloureux et éloquent, prononcé par Valéry à l'Académie française, avait probablement été transmis à Caillois par Jean Paulhan. Odile Felgine,

noblesse. Très bonne idée aussi de donner des poèmes de jeunes[481]. Reconnu dans l'assistance quelques amis : Eluard[482], Neveux[483], Becker[484], Pierre Emmanuel[485]. Oui, ce dernier extrêmement doué, avec des opacités qui m'agacent. Il lit ses vers de façon prodigieuse.
Larnaudie m'a dit qu'il espérait arriver au Lycée et à l'Alliance Fse à une centaine de souscriptions. Bien affectueusement

Jules Supervielle

Le Louët a écrit récemment d'admirables vers. C'est du moins ce que me disent mes filles.

Roger Caillois, éd. citée, p. 231. – Paul Valéry (1871-1945), comme André Gide, représente pour Supervielle une figure tutélaire, de manière constante. Le nom de Valéry revient de manière récurrente dans la correspondance de Supervielle comme dans ses écrits théoriques et ses entretiens, en tant que référence incontournable pour penser la littérature, ainsi que nous l'étudions dans *Jules Supervielle, une quête de l'humanisation*, éd. citée.

481 Supervielle fait référence à la rubrique « Anthologie de la nouvelle poésie française », qui se déploiera dans huit numéros des *Lettres françaises*, du numéro 2, d'octobre 1941, au numéro 15, d'avril 1945. Il s'agit ici de la première section de cette anthologie, « Anthologie de la nouvelle poésie française (I) », *ibid.*, p. 18-22. Elle comporte des textes de Lucien Becker (« Poème », p. 13-14), René-Guy Cadou (« Fausses présences », p. 14), Paul Eluard (« I, Mourir » et « II, Finir », p. 15-16) et Georges Neveux (« I, Le nouveau-né », « II, La charité » et « III, Le poisson gris », p. 16-18). Pierre Emmanuel sera présent dans la seconde section, « Anthologie de la nouvelle poésie française (II) », *Lettres françaises*, n° 3, 1er janvier 1942, p. 18-22.

482 Les relations entre Supervielle et le poète Paul Eluard (1895-1952) sont marquées par une admiration réciproque, mais tempérée d'une certaine distance. La correspondance de Supervielle en témoigne, en particulier les lettres adressées à Paulhan (Jules Supervielle, *Choix de lettres*, éd. citée). En 1931, Supervielle écrit à Paulhan qu'il connaît mal l'œuvre d'Eluard ; mais pendant la Seconde Guerre mondiale, Paulhan donne plusieurs fois des nouvelles d'Eluard à Supervielle, et en 1944, celui-ci lit *Poésie et Vérité 1942*, et propose son exemplaire de cet ouvrage à Roger Caillois. À la fin de l'année 1946, Supervielle se dit très attristé par la mort de Nusch Eluard, à l'occasion de laquelle il écrit au poète. Celui-ci écrit une lettre élogieuse à Supervielle en 1949, où il salue le *Choix de poèmes* de 1947 (voir *infra*) : Supervielle, très touché, écrira à Claude Roy en regrettant que celui-ci n'ait pas tenu compte de ce « revirement » d'Eluard au sujet de son recueil, dans l'ouvrage que la critique lui consacre, *Jules Supervielle*, éd. citée.

483 Georges Neveux (1900-1982), dramaturge et scénariste, qui est l'auteur d'un compte rendu de *Robinson* dans *Arts*, 21 au 27 novembre 1952, cité par Tatiana W. Greene, *Jules Supervielle*, éd. citée, p. 286.

484 Lucien Becker (1911-1984), poète.

485 Pierre Emmanuel (1916-1984), poète. Il adresse à Supervielle une « Lettre à Jules Supervielle », *Poésie 45*, n° 24, avril-mai 1945, et contribue à « L'Hommage à Jules Supervielle » de *Combat* du 13 mai 1954 avec le texte « Jules Supervielle, poète de la simplicité ». Dans son article important intitulé « Quatre poètes », Albert Béguin le rapproche de Supervielle, ainsi que de Pierre-Jean Jouve et de Louis Aragon, où il célèbre à la fois leur manière d'employer le discours poétique pour servir la France et la liberté, et la diversité de leurs œuvres (*Fontaine*, 1er janvier 1943).

149. LETTRE À ROGER CAILLOIS DU 25 OCTOBRE 1941[486]

Cher Ami,

Je vous remercie d'avoir songé à la publication de la liste de mes ouvrages mais étant donné le caractère du recueil[487] je préfère garder le silence sur mes autres livres.
Ci-joint une lettre que je viens de recevoir, où il y a d'admirables citations et quelques renseignements sur la poésie en France. Je m'excuse qu'il y soit aussi question de moi. Mais je n'ai pas le temps aujourd'hui de recopier les passages intéressants et vous envoie le tout avec prière de retour pour que je puisse répondre à l'auteur.
Affectueusement à vous

Jules Supervielle

J'ai grande envie d'aller à Buenos Aires pour mon service de presse et surtout pour vous voir, vous et nos amis. Je ne sais pas encore si je le pourrai.
Je connais Lanza del Vasto[488]. Il n'avait pas réussi à faire prendre de ses poèmes à *Commerce*. Il est vrai qu'il n'était pas aussi bon poète que maintenant.
Tous les gens que je vois sont enthousiastes des *Lettres françaises*. On n'est plus maintenant aussi loin de la France, ni de tout ce que nous aimons.

J.

---

486 L'enveloppe porte la mention suivante : Señor Roger Caillois directeur de *Lettres françaises* "Sur" Viamonte, 548 *Buenos Aires* (R.A.) ». Fonds Roger Caillois, cote CS53, Médiathèque Valery-Larbaud, Vichy.
487 Jules Supervielle, *Poèmes de la France malheureuse (1939-1941)*, éd. citée.
488 Joseph Lanza del Vasto (1901-1981), poète, philosophe, sculpteur et dessinateur. Supervielle, qui le rencontre fin juin 1932, avait recommandé la lecture de ses textes à Paulhan, qui semble les avoir peu goûtés, comme l'indique la lettre du 2 juillet 1932 (Jules Supervielle, *Choix de lettres*, éd. citée, p. 100). Son nom apparaît au sommaire de la revue de Caillois : Lanza del Vasto figure dans l'« Anthologie de la nouvelle poésie française (III) », *Lettres françaises*, n° 6, 1er novembre 1942, et il donne ensuite « Portrait de Chrysogone », *Lettres françaises*, n° 11, 1er janvier 1944, p. 15-16. Sur Lanza del Vasto, voir Jean-Michel Varenne, *Lanza del Vasto : le précurseur*, Paris, Celt, 1976.

150. LETTRE À PIERRE SEGHERS DU 30 OCTOBRE 1941[489]

Cher poète et ami,

Voici un poème pour votre revue[490]. Peut-être Claude ne vous l'a-t-il pas communiqué. Vous pouvez publier les vers qu'il vous a adressés. Par pli séparé vous en recevrez deux autres qui, comme le poème « La Nuit », ci-joint, vont paraître dans une plaquette sous le titre : *Poèmes de la France malheureuse*[491] et que vous pourrez donner aussi.
Merci de votre carte vraiment précieuse qui me donne « des nouvelles de la poésie ». J'espère recevoir bientôt les numéros de *Fontaine*, que vous m'annoncez. Vous avez eu la gentillesse de me recopier des vers superbes d'Aragon, et de Lanza del Vasto. Je connais ce dernier ainsi que Pierre Emmanuel qui m'avait lu à Paris, quelque temps avant la guerre de très riches poèmes, presque trop lourds de substance. Oui il est merveilleusement doué et j'espère avoir ici son recueil. Et vous me dites que Claude Roy, notre très cher Claude, écrit un livre sur moi[492]. Vous pensez si je suis émerveillé ! Je savais qu'il s'intéressait à mon œuvre depuis longtemps mais pas à ce point-là ! J'ai pour lui tant d'amitié. Et il a déjà un remarquable talent.

---

489 Bibliothèque littéraire Jacques Doucet, Fonds Claude Roy, ROY 275 bis.
490 Pierre Seghers (1906-1987), poète, éditeur et résistant, est le directeur de la revue *Poésie*, qui paraît de 1940 à 1947. Si Supervielle collabore à plusieurs numéros de cette revue – « Cinq poèmes », *Poésie 45*, n° 28, octobre-novembre 1945, et « Deux poèmes », *Poésie 46*, n° 35, octobre-novembre 1946 –, c'est ici *Fontaine* qu'il évoque, autre revue littéraire importante de la Résistance, dirigée par Max-Pol Fouchet et paraissant de 1939 à 1947. En décembre 1941, le n° 16 de *Fontaine* donne l'ensemble « Poèmes de la France malheureuse », regroupant « 1940 », « Le double », « Le relais » et « La nuit ». Supervielle collabore encore à plusieurs numéros de la revue, ceux du 1er janvier 1943 (« Hommage à la vie »), du 1er juin 1944 (« Poèmes de la France malheureuse »), du 1er avril 1945 (« Famille de ce monde »), du 1er mars 1946 (« La Veuve aux trois moutons »). Dans l'ouvrage qu'il consacre à la revue *Fontaine*, François Vignale, s'appuyant sur le fonds de la préfecture d'Alger, rappelle que « 1940 » avait subi la censure, un passage du poème se trouvant supprimé dans la version publiée dans la revue : « Jeanne, ne sais-tu que pas la France est battue / Que l'ennemi en tient une immense moitié / Que c'est pire qu'au temps où tu chassas l'Anglais / Que même notre ciel est clos et sans issue ! » (François Vignale, *La Revue Fontaine, Poésie, Résistance, Engagement, Alger 1938-Paris 1947*, éd. citée, p. 125).
491 Jules Supervielle, *Poèmes de la France malheureuse (1939-1941)*, Buenos Aires, éditions des Lettres françaises, Sur, 1941, et *Poèmes de la France malheureuse (1939-1941)*, suivis de *Ciel et terre*, Neuchâtel, collection « Les Cahiers du Rhône », n° 6, La Baconnière, 1942.
492 Claude Roy, *Jules Supervielle*, collection « Poètes d'aujourd'hui », Paris, Seghers, 1949.

Vous évoquez dans votre lettre de précieux souvenirs. Oui, cette journée à Royaumont et Jean Wahl[493], si délicat et qui doit être si malheureux maintenant.
J'ai été assez malade mais je vais mieux et depuis quelques mois, me suis assez bien remis au travail.
Je vous serre la main de tout cœur

Jules Supervielle

(Montevideo)

151. LETTRE À ROGER CAILLOIS DU 13 NOVEMBRE 1941[494]

Cher Ami,

Je comptais bien partir pour Buenos Aires cette semaine et d'autant plus que mon fils Henri, allant à Rio, me laissait son appartement. Et voilà que ma santé m'oblige encore à retarder mon départ. Aussi vous ai-je fait demander par Bianco[495] d'envoyer à Mme Necol Algorta[496] les exemplaires de luxe[497] (elle s'embarque demain soir pour Montevideo). Dès que j'aurai recopié les poèmes je vous enverrai les exemplaires. Peut-être – cela vaudrait mieux – adresserai-je directement, aux souscripteurs de Montevideo, leurs exemplaires ? Qu'en pensez-vous ?

---

493 Jean Wahl (1888-1974), philosophe, professeur et poète, collaborateur régulier de *La N.R.F.* En 1939, Supervielle avait séjourné à Royaumont en sa compagnie, comme l'atteste la carte postale du 1er juin 1939 envoyée à Jean Paulhan par les deux écrivains (Jules Supervielle, *Choix de lettres*, éd. citée, p. 221), puis la lettre du 26 juillet 1939, où Supervielle évoque Jean Wahl en ces termes : « Nous nous entendons bien. J'aime ses rêves dont il a fait des poèmes. Là il est dans le concret et atteint la poésie sans y songer. (Il me semble.) » (*ibid.*, p. 226). Ici, Supervielle s'inquiète du sort de Jean Wahl, arrêté fin juillet 1941 par la Gestapo puis interné au camp de Drancy jusqu'en novembre, avant de pouvoir s'enfuir le mois suivant.
494 L'enveloppe porte l'adresse suivante : « Señor Roger Caillois directeur de *Lettres françaises* "Sur" Viamonte, 548 *Buenos Aires* (R.A.) ». Fonds Roger Caillois, cote CS57, Médiathèque Valery-Larbaud, Vichy.
495 José Bianco (1908-1986), écrivain argentin, secrétaire de la revue *Sur* jusqu'en 1961.
496 Maria Del Carmen Algorta Necol de Supervielle (1918-2002), fille de Carlos Algorta et de Lucia Necol.
497 Supervielle évoque les cinquante exemplaires de luxe des *Poèmes de la France malheureuse (1939-1941)*, éd. citée.

Reçu à l'instant le livre. Il est fort bien présenté, et admirablement imprimé. Merci de tout le soin que vous y avez mis.
Toutes mes amitiés

Jules Supervielle

152. LETTRE À ROGER CAILLOIS DU 20 NOVEMBRE 1941[498]

Cher ami,

Je suis hélas retenu à Montevideo par ma santé qui, sans être mauvaise, m'oblige à rester ici. J'en suis très peiné, je me réjouissais beaucoup de passer quelques jours là-bas et de vous revoir.
Je vous retourne avec les poèmes manuscrits les 25 exemplaires de luxe[499]. Pouvez-vous me faire envoyer par Hachette (Palacio del Libro, à Montevideo) ou autrement une trentaine d'exemplaires pour le service de presse et mes amis (avec des noms de critiques argentins).
Merci d'avance et encore tous mes regrets
Votre

Jules Supervielle

P.S. Je reçois à l'instant les 20 exemplaires que vous m'avez fait adresser. Merci. Les exemplaires de luxe, que je préfère vous envoyer par porteur seront à *Sur* Lundi ou Mardi au plus tard. Je crains de les confier à la poste.

153. LETTRE À RAÏSSA MARITAIN DU 21 NOVEMBRE 1941[500]

Sarandi, 372
Montevideo

---

498 L'enveloppe porte l'adresse suivante : « Señor Roger Caillois directeur de *Lettres françaises* "Sur" Viamonte, 548 *Buenos Aires* (R.A.) ». Fonds Roger Caillois, cote CS58, Médiathèque Valery-Larbaud, Vichy.
499 Jules Supervielle, *Poèmes de la France malheureuse (1939-1941)*, éd. citée.
500 L'enveloppe porte l'adresse au recto : « Madame Jacques Maritain 30, Fifth Avenue New York City (N.Y.) U.S.A. » ; au verso : « J. Supervielle Sarandi, 372 Montevideo ». BNU, Fonds Jacques et Raïssa Maritain, MS.MARITAIN.2,2,0932.

Bien chers amis,

Voilà près d'un an que j'ai votre adresse[501] dans mon portefeuille. (Ma sœur me l'avait donnée à Buenos Aires, et je me demande comment j'ai tant tardé à vous écrire!)
Pardonnez-moi. Nous avons beaucoup pensé à vous, parlé de vous et nous nous sommes sentis si près de vous tant de fois soit en vous lisant, soit en vous devinant!
Ma seule excuse est que j'ai été malade (un poumon, mais rien de grave). Obligé de passer des mois à la campagne je dois encore me ménager si je veux continuer un jour mon œuvre (que cela sonne tristement : mon œuvre, par ces temps effroyables où la vie, pour des millions d'êtres, ne fut jamais plus dure à supporter). En réalité j'ai tout de même continué à écrire des poèmes et j'ai achevé une pièce commencée à Paris : *Robinson*[502].
Je vous envoie par la voie maritime une plaquette : Poèmes de la France malheureuse[503] qui viennent de paraître à Buenos Aires aux soins des *Lettres françaises* (revue *Sur*).
Reçu il y a quelques jours le très beau volume de mémoires de Raïssa[504], si naturelle, si elle-même dans ce genre qui demande tant de délicatesse. Pilar a aussi beaucoup goûté ce livre. Vous nous faites mieux connaître Péguy[505],

---

501 Pendant la Seconde Guerre mondiale, Jacques et Raïssa Maritain, bloqués à New York par la déclaration de guerre, se trouvent en Amérique du Nord : l'enveloppe de la lettre de Supervielle donne l'adresse « Madame Jacques Maritain 30, Fifth Avenue New York City (N.Y.) U.S.A ». Sur les années passées par Jacques et Raïssa Maritain à New York, voir René Mougel, « Les années de New York, 1940-1945 », *Cahiers Jacques Maritain*, n° 16-17, 1988, p. 7-29, et Michel Fourcade, « Jacques Maritain et l'Europe en exil », *Cahiers Jacques Maritain*, n° 28, 1994, p. 5-38.
502 Jules Supervielle, *Robinson*, éd. citée.
503 Jules Supervielle, *Poèmes de la France malheureuse*, éd. citée Jacques Maritain appréciera vivement cet ouvrage, comme l'indique la lettre du 12 septembre 1944 qu'il adresse à Supervielle : « [...] si vous saviez comme vos *Poèmes de la France malheureuse* nous ont consolés dans les mois de pire détresse, en nous faisant pleurer! [...] l'authenticité absolue, la pureté poétique des vôtres a rendu soudain impossible la lecture des meilleurs d'Aragon. » (Lettre citée par Ricardo Paseyro, *Jules Supervielle, Le Forçat volontaire*, éd. citée, p. 196).
504 Raïssa Maritain, *Les Grandes Amitiés*, La Maison française, New York, 1941.
505 Raïssa Maritain, alors étudiante, rencontre par l'intermédiaire de Jacques Maritain Charles Péguy (1873-1914), qui fait figure de maître auprès des jeunes gens. Le couple rend souvent visite à l'écrivain dans sa boutique des *Cahiers de la Quinzaine* située en face de la Sorbonne, dans le Quartier latin. Le conflit entre Péguy et la Sorbonne est considéré par Raïssa Maritain comme l'un des plus importants événements en France avant la Première Guerre mondiale.

Léon Bloy[506], vous-même. Et tant de modestie et d'élévation – dans un même temps – devant le sujet.

Mais je voudrais vous parler aussi de notre cher Pierre[507] au sujet de qui j'ai écrit à Otti, son beau-frère. Je crains bien que nous ne puissions presque rien faire pour lui. Les amis que nous avons sondés n'ont même pas fait de démarches, tant elles leur ont semblé inutiles. Ici tout le monde est heureusement gaulliste et nous sommes, bien sûr, pour la complète victoire des Anglais, mais étant les amis des Hoppenot[508] (le ministre de France) que nous connaissions depuis longtemps nous sommes plutôt mal vus du milieu free French. De plus nous devons agir avec la plus grande prudence à cause de mon fils Jean[509] qui a obtenu le visa de Vichy pour l'Uruguay, de Françoise que nous voudrions voir arriver aussi avec ses enfants. Nous pensons constamment à Pierre et croyez bien que nous ferons, dès que cela sera favorable sans nuire à nos autres enfants, tout, absolument tout ce que nous pourrons.

Je n'ai reçu de lui que deux télégrammes. Je ne sais si une ou deux de ses lettres ne se sont égarées. Comme il doit être malheureux ! Nous avons grande confiance dans la victoire des Alliés mais ce sera très dur, je pense, encore très dur et horrible pendant plus d'un an.

---

506 Léon Bloy (1846-1917), romancier et essayiste, constitue une rencontre décisive pour Raïssa Maritain, qui fait sa connaissance, avec Jacques Maritain, en 1904. Lors du baptême du couple, le 11 juin 1906, Léon Bloy est leur parrain à tous deux.

507 Il s'agit de Pierre David, l'époux de Françoise, la deuxième fille de Jules Supervielle : son parcours pendant la guerre et son emprisonnement sont évoqués dans les lettres de Supervielle à Jean Paulhan (*Choix de lettres*, éd. citée) et résumés dans la lettre de Supervielle à Étiemble du 19 juillet 1944 : « Il a été fait prisonnier le jour de l'armistice et s'est évadé d'Allemagne en U.R.S.S. puis s'est engagé dans les troupes gaullistes. On l'a envoyé à Londres d'abord où il a passé deux mois chez les Saurat de là il a été à Brazzaville où il s'est cassé une jambe dans un accident d'aviation (je crois). » (Jules Supervielle, René Étiemble, *Correspondance 1936-1959*, éd. citée, p. 126). Quant au parcours de l'autre gendre de Supervielle, Pierre Bertaux, époux de Denise – fille aînée de Supervielle –, sa mobilisation et son action dans la Résistance sont narrées dans ses *Mémoires interrompus*, éd. citée.

508 Henri Hoppenot, en tant qu'agent diplomatique, avait dû prêter serment de fidélité au Chef de l'État ; il en fait mention dans sa lettre de démission au maréchal Pétain, démission qui intervient au terme d'une longue crise de conscience. Colette Barbier aborde plus largement la position difficile qui est celle d'Henri Hoppenot en Uruguay dans *Henri Hoppenot, Diplomate*, éd. citée.

509 Jean Supervielle, le troisième fils de Supervielle, obtient ce visa grâce à Jean Paulhan, comme l'évoque la lettre de Jules Supervielle à Jean Paulhan du 24 septembre 1941 ; Jacques, son frère, deuxième fils de l'écrivain, se trouvait auprès de Supervielle depuis l'été. Henry, le fils aîné, se trouvait déjà en Amérique du Sud : c'est à l'occasion de son mariage que Jules Supervielle s'y était rendu, en compagnie de Pilar, son épouse, et de leur fille cadette, Anne-Marie (Jules Supervielle, *Choix de lettres*, éd. citée, p. 256-257).

Excusez, bien chers amis, cette lettre trop rapide mais je voudrais vous l'envoyer au plus tôt.
Nous vous embrassons, Pilar et moi, vous deux et Véra, de tout cœur

Jules Supervielle

Mon cher Jacques, on me dit que vous m'avez envoyé un livre. Je n'ai rien reçu mais je vous ai lu tout de même et comme toujours aimé autant pour votre grande clairvoyance que pour votre courage et votre force [de] persuasion.

P.S. Ici on tâche d'envoyer le plus d'homme possibles pour l'armée de Gaulle. Alors on comprend difficilement le cas de Pierre, si naturel pourtant, après tout ce qu'il a fait. S'il a les nerfs si fatigués il devrait, à mon avis, se faire porter malade, en attendant qu'on puisse utilement parler pour lui.

154. LETTRE À ROGER CAILLOIS DU 30 DÉCEMBRE 1941[510]

Cher Ami,

Voilà plus de huit jours que j'ai écrit à Béguin pour lui proposer votre livre et lui annoncer mes poèmes[511]. Je vous ferai connaître sa réponse dès réception.

---

510 L'enveloppe porte l'adresse suivante : « Señor Roger Caillois directeur de *Lettres françaises* "Sur" Viamonte, 548 *Buenos Aires* (R.A.) ». Fonds Roger Caillois, cote CS59, Médiathèque Valery-Larbaud, Vichy.

511 Albert Béguin (1901-1957), écrivain, critique et éditeur suisse, responsable de la collection des « Cahiers du Rhône » à Neuchâtel. Celle-ci venait d'être fondée, et Béguin avait été frappé par les quatre poèmes, tirés des *Poèmes de la France malheureuse* édités par Caillois en novembre 1941, parus dans *Fontaine* en décembre. Ainsi, il accepte la proposition de Supervielle, qui lui suggère de publier sous le même titre, *Poèmes de la France malheureuse*, un ensemble de poèmes plus étendu : elle est précédée d'une lettre de Supervielle à Béguin, reproduite en frontispice, et outre les « Poèmes de la France malheureuse », elle regroupe une vingtaine d'autres textes, notamment sous le titre « Ciel et Terre ». Après plusieurs mois d'attente, en raison des difficultés opposées par la censure française, cette nouvelle édition paraît à l'été 1942 (Jules Supervielle, *Œuvres poétiques complètes*, éd. citée, p. 887). Béguin est l'auteur de plusieurs articles et textes consacrés à Supervielle : « Supervielle », *Les Lettres, La Poésie, Esprit*, 1er décembre 1938, p. 445-454 ; « Jules Supervielle, poète des deux nuits », « Jules Supervielle, poète des naissances », *Poésie de la présence, de Chrétien de Troyes à Pierre Emmanuel*, Neuchâtel, La Baconnière, Éditions du Seuil, 1957, p. 285-299

Mon fils Jean est arrivé de France il y a quelques jours. Les 9/10 de la population en zone libre y est anglophile. L'espoir est revenu mais la faim est grande et chacun pense à manger. Il avait maigri de bon nombre de kilogs. Nous le gavons de notre mieux.

De nombreux exemplaires de luxe des *Poèmes de la France malheureuse*[512] se sont-ils vendus[513] ? Ma sœur s'en occupe, et ses amies. Elle a dû vous téléphoner.

Je ne sais encore quand je partirai pour la région de Córdoba et me demande si Alberti[514] y est déjà. J'attends de ses nouvelles.

Affectueusement à vous

Jules Supervielle

---

et p. 300-312 ; et « Jules Supervielle », *Création et destinée*, tome II, *La Réalité du rêve*, Éditions du Seuil, 1974, p. 143-145 et p. 146-172. Cependant, le projet d'édition d'un ouvrage de Caillois par Béguin restera sans suite.

512 Jules Supervielle, *Poèmes de la France malheureuse (1939-1941)*, éd. citée.

513 Roger Caillois rapportera à Supervielle que les ventes de ces exemplaires de luxe « ont été un complet échec [...] Je vais essayer de rattraper les choses avec un bulletin de souscription. » Odile Felgine, *Roger Caillois*, éd. citée, p. 240.

514 Rafael Alberti (1902-1999), poète et dramaturge espagnol, l'un des principaux acteurs de la Génération de 27, ami de Supervielle, qui admire son œuvre et l'introduit auprès de Victoria Ocampo et de Valery Larbaud à la fin de l'année 1931. Ces liens d'amitié débouchent sur des collaborations. L'écrivain espagnol a lu l'œuvre de Supervielle, et l'influence de celui-ci n'est pas absente de ses texte ; ces lectures amènent Alberti à consacrer un article à la poésie de Supervielle (« Ladera de la muerte en la poesía de Jules Supervielle », *La Nación*, Buenos Aires, 15 janvier 1933) et il traduit plusieurs de ses poèmes, qui paraissent dans la revue *Sur* en 1931 (Jules Supervielle, « Oloron-Sainte-Marie », « Un visage à mon oreille », « Vivante ou morte, ô toi qui me connais si bien », traduction de Rafael Alberti, *Sur*, n° 4, printemps 1931), suivis d'une série de nouvelles traductions en 1937 (Jules Supervielle, « Corazon », « Asir », « Fuego del cielo », traduction de Rafael Alberti, *Sur*, n° 23, août 1937). Dans l'anthologie *Bosque sine horas*, parue en 1932, Alberti, Salinas et Guillén notamment donnent des pages de Supervielle traduites en espagnol (Bosque sin horas, Jules Supervielle, poèmes traduits par Rafael Alberti, Pedro Salinas, Jorge Guillén, Mariano Brull et Manuel Altolaguirre, Madrid, Editorial Plutarco, S.A., 1932).

1942

155. LETTRE À ROGER CAILLOIS DU 26 FÉVRIER 1942[515]

Cher Ami,

On me dit que vous êtes toujours à Buenos Aires, et que vous avez renoncé à votre voyage vers le Grand Sud. Je ne suis pas non plus allé à Córdoba, les chaleurs ayant été très fortes, même à Montevideo. Je partirai sans doute fin Mars ou début d'Avril.
Rien reçu encore de Béguin[516]. Je me demande si mon manuscrit, à travers 3 ou 4 censures lui est parvenu. Mais il n'y a pas lieu encore de désespérer. Rien reçu non plus d'Étiemble depuis le 15 Sept.! Je suis sûr que la censure américaine a dû arrêter une de ses lettres au moins. Il écrit toujours très librement... et ça se paie.
Lui écrivez-vous à l'Université de Chicago ou à son adresse particulière ? Vous a-t-il envoyé le chapitre de son livre que vous deviez publier ? Parlera-t-il de ma plaquette[517] dans votre revue ? Savez-vous que je n'ai eu à ma connaissance qu'un seul article sur mes poèmes, celui d'Hoppenot dans les *Cahiers français*[518] ? Recevez-vous des coupures à *Sur* pour les livres que vous publiez ? Si jamais vous avez reçu q[uel]q[ue] chose sur mes poèmes je serais heureux de le connaître.

---

515 L'enveloppe porte l'adresse suivante : « Señor Roger Caillois directeur de *Lettres françaises* "Sur" Viamonte, 548 *Buenos Aires* (R.A.) ». Fonds Roger Caillois, cote CS60, Médiathèque Valery-Larbaud, Vichy.
516 Voir la lettre du 30 décembre 1941.
517 Jules Supervielle, *Poèmes de la France malheureuse (1939-1941)*, éd. citée.
518 La revue *Les Cahiers français*, bimensuelle, paraît de 1942 à 1944 en Uruguay. Supervielle fait référence à l'article d'Henri Hoppenot intitulé « Message de Supervielle », *Les Cahiers français*, n° 70, janvier 1942, Montevideo, Uruguay. Très élogieux, illustré d'une photographie de l'écrivain, cet article commence par louer les « quelques voix pures [qui] s'élèvent » du « silence et de la détresse », telles celles de Mauriac, Valéry, Gide et Claudel, avant d'en venir à Supervielle, « un homme à côté de nous [...] qui a prononcé, d'une voix sourde, quelques-unes des rares paroles qui puissent encore répondre au plus secret de notre attente. » Après avoir rappelé la situation de Supervielle, « séparé de la patrie frappée », Hoppenot évoque les images qui marquent le recueil, la voix qui s'y déploie, « tremblante », avant de revenir sur sa longue admiration pour Supervielle.

Church vous a-t-il répondu ? Je n'ai rien reçu de lui non plus[519].

Pierre Bertaux[520] est « interné administratif » en France non occupée, sans doute pour les raisons qui ont fait mettre Paulhan sous les verrous. Le malheur c'est qu'il y est depuis 2 mois déjà. Il paraît qu'on ne l'interroge même pas !

Je prendrai à mon passage à Buenos Aires le chèque dont vous me parlez, pour mes droits d'auteur.

Affectueusement à vous

Jules Supervielle

156. LETTRE À ROGER CAILLOIS DU 22 MARS 1942[521]

Cher Ami,

Ci-joint un mot de Jean Paulhan pour vous. On a encore perquisitionné chez lui à Paris mais « sans méchanceté » dit-il.

Quant à Béguin il n'a pas dû recevoir mon manuscrit[522]. Dans une lettre reçue il y a 15 jours il me disait qu'il l'attendait ainsi que le vôtre qu'il serait très heureux d'éditer. Il devait m'écrire dès réception de mon manuscrit. Rien reçu ! Je crains fort que la censure allemande n'arrête tout ou presque.

Êtes-vous revenu de la Terre de Feu[523] ? Reçu enfin une lettre d'Étiemble qui m'avait écrit trois fois depuis la lettre du 15 Septembre ! Je voudrais pouvoir lui donner tout de suite mes impressions de son étude sur

---

519 Voir l'annotation de la lettre du 28 août 1941.
520 Arrêté le 13 décembre 1941, le gendre de Supervielle avait été incarcéré à la prison militaire de Toulouse, la prison Furgole ; après sa condamnation et plusieurs tentatives d'évasion, il est ensuite transféré à la prison militaire de Lodève, dans l'Hérault, puis à la prison militaire de Mauzac. Il est libéré le 13 décembre 1943. Pierre Bertaux, « Mes prisons », *Mémoires interrompus*, éd. citée, p. 173-214.
521 L'enveloppe porte l'adresse suivante : « Señor Roger Caillois directeur de *Lettres françaises* "Sur" Viamonte, 548 *Buenos Aires* (R.A.) ». Fonds Roger Caillois, cote CS61, Médiathèque Valery-Larbaud, Vichy.
522 Voir les lettres du 30 décembre 1941 et du 26 février 1942.
523 Au début du mois de mars 1942, Roger Caillois et sa femme Yvette partent pour un voyage en Patagonie. Le choc esthétique qui en résulte donnera naissance à deux ouvrages de Caillois : un texte poétique, *Patagonie, précédé de La Pampa*, éd. citée, et *Le Rocher de Sisyphe*, Paris, Gallimard, 1946. Le couple rentre à Buenos Aires à la fin du mois. Sur ce voyage, voir Odile Felgine, *Roger Caillois*, éd. citée, p. 234-236.

« Le sens de la nuit[524] ». Voudriez-vous me la communiquer ? Je vous enverrai pour votre n° 5 des vers allant avec ce texte[525].

J'ai un exemplaire des *Fleurs de Tarbes*[526] que je pourrai vous prêter si vous ne l'avez point. (Ce n'est pas l'exemplaire dédicacé que mon fils Jean n'a pas pu avoir à temps pour me l'apporter.) Blanchot vient de publier une remarquable étude sur ce livre[527], me dit Paulhan.

À bientôt, j'espère. Votre Ami

Jules Supervielle

---

[524] Cet article d'Étiemble paraîtra sous le titre « Supervielle et le sens de la nuit » dans *Lettres françaises*, n° 5, juillet 1942, p. 18-26, et en traduction espagnole, « Supervielle y el sentido de la noche », dans *Alfar*, n° 81, Montevideo, non paginé. Il se trouve mentionné dans la correspondance d'Étiemble et de Supervielle : dans la lettre du 20 février 1942, le critique annonce avoir envoyé « à Caillois 8 pages sur "le sens de la nuit" dans votre œuvre – Je présume que ça paraîtra dans le n° d'avril, pourvu que lui et vous aimiez ce fragment du chapitre où j'étudie comment vous "surmontez" les thèmes romantiques : exotisme, solitude et nuit. » (Jules Supervielle, René Étiemble, *Correspondance 1936-1959*, éd. citée, p. 90). Supervielle lui répond le 15 mars 1942 : « Caillois m'a écrit qu'il avait reçu le chapitre de votre étude d'ensemble sur "le sens de la nuit" dans mon œuvre le jour même où il partait pour la Terre de feu. J'aurais voulu le connaître tout de suite je le lui demanderai à son retour. Je suis sûr qu'il m'enchantera. Vous avez le regard si clair dans mes ténèbres ! Merci d'avoir écrit ces pages […] Votre étude paraîtra dans le n°V des *Lettres françaises* : Caillois me demande un ou deux poèmes "nocturnes" pour les donner en même temps ». Supervielle annonce qu'il enverra « quelque chose sur la mort plutôt que sur la nuit. » *Ibid.*, p. 93. Le 11 janvier 1942, Supervielle, à qui Caillois a fait connaître l'étude d'Étiemble, en loue les qualités, en particulier la conception de sa poésie comme « défense de la nuit absolue où je refuse de sombrer. » *Ibid.*, p. 94.

[525] Sous le titre « Poèmes », Supervielle donne « Le jardin de la mort », « Ce peu… », « Tu disparais » et « Ciel et Terre », *Lettres françaises*, n° 5, *op. cit.*, p. 27-29. Le premier et le troisième sont repris dans l'édition de 1942 des *Poèmes de la France malheureuse*, dans *1939-1945* ainsi que dans les *Choix de poèmes* de 1944 et 1947. Le deuxième et le quatrième apparaissent dans l'édition de 1942 des *Poèmes de la France malheureuse* et dans *1939-1945*.

[526] Jean Paulhan, *Les Fleurs de Tarbes ou La Terreur dans les Lettres*, Paris, Gallimard, 1941.

[527] Maurice Blanchot, *Comment la littérature est-elle possible ?*, Paris, José Corti, 1942. Ce premier texte critique de Blanchot témoigne de l'importance qu'il accorde à Paulhan, ainsi que de la volonté de penser sa propre poétique.

157. LETTRE À ROGER CAILLOIS DU 23 AVRIL 1942[528]

Mon cher Ami,

Voici des poèmes pour accompagner l'étude d'Étiemble. J'espère qu'ils vous paraîtront suffisamment « illustratifs[529] ».
J'espère aussi que vous nous raconterez bientôt vos impressions de la Terre de Feu. Quant à moi je crains fort que les voyages ardus comme celui-là me soient désormais interdits. J'hésite même devant Córdoba... Ça ne va pas trop mal à condition que je mène une vie ennuyeuse et sans à coups.
Tout vôtre

Jules Supervielle

J'écris à Paulhan par l'intermédiaire de ma fille Denise Bertaux. Mais comme elle a toutes sortes d'ennuis en ce moment, Pierre étant toujours incarcéré[530] j'hésite à lui envoyer de la correspondance pour retransmission. L'adresse de Jean à Paris est toujours à *La N.R.F.* Vous pouvez lui écrire par Raymond Gallimard[531] Hotel Cavendish Cannes (A.M.) qui retransmet les lettres à Paris, pour *La N.R.F.* Merci pour les prospectus de Qüetzal[532].

J.S.

---

528 L'enveloppe porte l'adresse suivante : « Señor Roger Caillois directeur de *Lettres françaises* "Sur" Viamonte, 548 *Buenos Aires* (R.A.) ». Fonds Roger Caillois, cote CS68, Médiathèque Valery-Larbaud, Vichy.
529 Au sujet de ces poèmes et de l'article « Supervielle et le sens de la nuit », voir la lettre du 22 mars 1942.
530 Voir la lettre du 26 février 1942.
531 Raymond Gallimard (1883-1966), l'un des deux frères de Gaston Gallimard, associé à la maison d'édition fondée par celui-ci en 1919.
532 Il s'agit de la promotion de l'ouvrage de Supervielle, *Le Petit Bois*, éd. citée.

158. LETTRE À ROGER CAILLOIS DU 27 MAI 1942[533]

Cher Ami,

Béguin m'annonce que mes poèmes sont bien arrivés en Suisse[534]. Je pense donc que vous pourriez tenter de lui faire parvenir votre manuscrit à Leimenstrasse 66 Bâle (Suisse).
Je voudrais bien avoir le plus tôt possible l'essai d'Étiemble[535] (je voudrais lui écrire), que je n'ai pas reçu non plus que les feuilles de publicité pour *Le Petit Bois*[536].
Affectueusement à vous

Jules Supervielle

159. LETTRE À ROGER CAILLOIS DU 11 JUIN 1942[537]

Mon cher ami,

Bien reçu les feuilles du *Petit Bois* et l'essai d'Étiemble[538]. Merci. J'écris à notre ami. Je n'ose trop dire que ses pages sur moi sont excellentes ! J'espère vous revoir bientôt.
Tout vôtre

Jules Supervielle

Pas de nouvelles de France depuis 3 semaines. J'espère que vous ne verrez pas d'inconvénient à ce que l'article d'Étiemble paraisse en espagnol

---

533 L'enveloppe porte l'adresse suivante : « Señor Roger Caillois directeur de *Lettres françaises* "Sur" Viamonte, 548 *Buenos Aires* (R.A.) ». Fonds Roger Caillois, cote CS62, Médiathèque Valery-Larbaud, Vichy.
534 Voir les lettres du 30 décembre 1941, du 26 février 1942 et du 22 mars 1942.
535 Au sujet de cet article, « Supervielle et le sens de la nuit », voir les lettres du 22 mars 1942 et du 23 avril 1942.
536 Jules Supervielle, *Le Petit Bois*, éd. citée.
537 L'enveloppe porte l'adresse suivante : « Señor D. Roger Caillois Directeur de *Lettres françaises* "Sur" 689, San Martin *Buenos Aires* (R.A.) ». Fonds Roger Caillois, cote CS63, Médiathèque Valery-Larbaud, Vichy.
538 Au sujet de cet ouvrage et de l'article d'Étiemble « Supervielle et le sens de la nuit », voir les lettres du 22 mars 1942, du 23 avril 1942 et du 27 mai 1942.

dans la revue *Alfar* de Montevideo (directeur Casal[539]). [(]Je lui donne aussi des feuilles de souscription de mon livre de contes.)

160. LETTRE À ROGER CAILLOIS DU 22 JUIN 1942[540]

Cher Ami,

Madame Rodriguez Larreta à qui nous venons de téléphoner pour la deuxième fois nous dit que la Commissions des Amigos del Arte se réunira Jeudi prochain et vous fera part aussitôt de sa décision touchant votre conférence. Nous avons, ma femme et moi, et aussi Griselda Zani[541] avec qui j'ai été en rapports – insisté, dans l'intérêt du public montévidéen pour que se fasse cette conférence qui ne pourrait avoir lieu Vendredi prochain – mais à une date ultérieure si vous le voulez bien. On vous écrira.

J'ai été voir Casal pour lui dire personnellement vos conditions de reproduction de l'article d'Étiemble dans *Alfar*. Il m'a dit que sa revue ne paraîtrait que le 20 Juillet et que mention serait faite que l'article original paraissait dans *Lettres Françaises*.

---

539 Julio Casal (1889-1954), poète et critique uruguayen, fondateur de la revue littéraire et artistique *Alfar*, publiée de 1923 à 1955 et à laquelle participent d'importants écrivains et peintres contemporains. La revue témoigne de l'influence ultraïste ainsi que de celle de l'écrivain Juan Ramón Jiménez. L'article d'Étiemble y sera bien publié, en traduction espagnole, sous le titre « Supervielle y el sentido de la noche », *Alfar*, Montevideo, n° 81, non paginé.

540 Fonds Roger Caillois, cote CS64, Médiathèque Valery-Larbaud, Vichy.

541 Griselda Zani (1909-1975), poète et critique d'art uruguayenne, également mentionnée, pour son rôle important au sein du Comité de Solidarité de Montevideo, dans la lettre de Supervielle à Jean Paulhan du 13 août 1946 (Jules Supervielle, *Choix de lettres*, éd. citée, p. 280). Ce comité, *Solidaridad con los escritores franceses*, avait été créé en 1944, à Buenos Aires et à Montevideo à l'initiative de Gisèle Freund, sous la présidence de Victoria Ocampo en Argentine, et de Supervielle en Uruguay. Les intellectuels argentins, tels qu'A. Alonso, J. Bianco, Adolfo Bioy Casares, J. L. Borges, E. J. Bullrich, E. Mallea, Silvina et Angélica Ocampo, Maria Rosa Oliver ou Guillermo de Torre, avaient répondu largement à l'appel de dons. Puis, en septembre 1945, Adrienne Monnier envoie à tout un ensemble d'écrivains une lettre circulaire où elle se propose de « réunir des autographes de nos meilleurs écrivains ». Elle s'occupe également de la réception des colis en France, tandis qu'à Buenos Aires, Gisèle Freund garde les bons, signés après livraison des produits. Michaux, Breton, Camus, Cocteau ou Sartre en bénéficient. Laura Ayerza de Castilho et Odile Felgine, *Victoria Ocampo*, Paris, Criterion, 1991, p. 234-238.

Je n'ai pas reçu les épreuves des poèmes que vous m'avez demandés pour « illustrer » l'article d'Étiemble[542].
Dans une lettre de ma fille Denise je vois que Paulhan est passé par Toulouse. Soupault[543] est incarcéré à Tunis. Et le discours de Laval qu'on lit dans les journaux d'aujourd'hui[544] !
Affectueusement à vous

Jules Supervielle

Je dirais volontiers un poème sur *la pampa* à votre conférence si ma santé me le permet. Je n'ose trop faire de projets à l'avance mais ça va plutôt mieux depuis quelque temps.
Mes fils Jean et Jacques ont tous deux la jaunisse – et assez forte.

161. LETTRE À ROGER CAILLOIS DU 27 JUIN 1942[545]

Mon cher Ami,

Ci-joint les épreuves, corrigées[546]. Je me hâte de vous les retourner. Je viens de téléphoner à Mme Rodríguez Larreta. Elle n'était pas chez elle. Dès qu'il y aura du nouveau je vous écrirai.
L'adresse de Paulhan que je vous avais donnée était aux soins de Mr Raymond Gallimard Hotel Cavendish Cannes (A.M.)
J'espère qu'elle est toujours bonne (oui, elle doit l'être).

---

542 Il s'agit des textes regroupés sous le titre « Poèmes », accompagnant l'article d'Étiemble « Jules Supervielle et le sens de la nuit », *Lettres françaises*, n° 5, *op. cit.* Voir les lettres du 22 mars 1942, du 23 avril 1942, du 27 mai 1942 et du 11 juin 1942.
543 Philippe Soupault (1897-1990), figure historique du surréalisme et co-fondateur de *Littérature*, avant d'être exclu du groupe, se trouvait en Tunisie depuis les années 1930. Recherché par la police de Vichy et par la dictature nazie, il est emprisonné six mois, avant de parvenir à fuir clandestinement la Tunisie en novembre 1942.
544 Le 22 juin 1942, Pierre Laval prononce la déclaration radiodiffusée comportant la phrase restée célèbre : « Je souhaite la victoire de l'Allemagne, parce que, sans elle, le bolchevisme demain s'installerait partout. »
545 L'enveloppe porte l'adresse suivante : « Señor D. Roger Caillois Directeur de *Lettres françaises* "Sur" 689, San Martin *Buenos Aires* (R.A.) ». Fonds Roger Caillois, cote CS65, Médiathèque Valery-Larbaud, Vichy.
546 Il s'agit des « Poèmes » qui paraîtront dans le n° 5 de *Lettres françaises* en juillet 1942, *op. cit.*

À bientôt, j'espère.
Bien affectueusement à vous

Jules Supervielle

162. LETTRE À ROGER CAILLOIS DU 23 JUILLET 1942[547]

Mon cher ami,

Je n'enverrai pas cette feuille de souscription[548]. Je préfère croire – et laisser croire – avec Jean Paulhan et quelques autres critiques, que je suis justement un de ces trois poètes. Et vous comptez un peu trop sur ma modestie. Auriez-vous envoyé, pour distribution, une feuille conçue en ces termes à Fargue, Eluard ou même André Breton[549] (qui est surtout un grand prosateur) ? Je pense que non.

---

547 L'enveloppe porte l'adresse suivante : « Señor D. Roger Caillois Directeur de *Lettres françaises* "Sur" 689, San Martin *Buenos Aires* (R.A.) ». Fonds Roger Caillois, cote CS66, Médiathèque Valery-Larbaud, Vichy.
548 Supervielle évoque la parution d'*Exil* de Saint-John Perse aux éditions des *Lettres françaises*, Buenos Aires, 1942, d'abord dans un tirage de trois cents exemplaires ordinaires et trente de luxe ; le cinquième numéro de *Lettres françaises*, 1er juillet 1942, contenait déjà des extraits de ce volume, p. 1-11. Publié en français aux États-Unis (*In Poetry*, Chicago, vol. LIX, n° 6, mars 1942), où réside Saint-John Perse, puis à Marseille (*Les Cahiers du Sud*, n° 246, mai 1942), ce texte était inédit en Amérique du Sud. Caillois avait obtenu de Saint-John Perse l'autorisation de le reproduire, et cherchait à promouvoir l'ouvrage, ce qui déclenche l'irritation de Supervielle, qui contacte à plusieurs reprises Roger Caillois et Victoria Ocampo pour se plaindre du procédé. Ricardo Paseyro cite plusieurs extraits de la lettre de Caillois datée du 26 juillet 1942, restée inédite, en réponse à celle que lui adresse ici Supervielle : « Je me suis rendu compte [...] hélas un peu tard, de ce que pouvait avoir de blessant et d'injuste pour vous la rédaction du bulletin de souscription d'"Exil" pour l'édition de luxe [...] pardonnez à mon innocence. Mais je n'avais pas imaginé une seconde que vous alliez juger que votre gloire pouvait ressentir quelque atteinte d'un prospectus de publicité ». Caillois explique ensuite avoir fait faire un autre prospectus, « rédigé plus vaguement, de façon à ne pas paraître vous exclure des premières places. Dois-je vraiment vous dire que ce n'était pas mon intention ? » Enfin, Caillois dit avoir été « naïf et maladroit. Leger n'est pas comme vous connu et admiré sur ces bords : il fallait manifester ses mérites. Vous ne m'en voudrez pas trop j'espère de l'avoir fait, sans trop y penser, d'une façon qui vous a offensé. » Lettre citée par Ricardo Paseyro, *Jules Supervielle, Le Forçat volontaire*, éd. citée, p. 193-194.
549 Si Supervielle reconnaît ici la valeur d'André Breton (1896-1966) en tant que prosateur, il se tiendra toujours fermement à distance du surréalisme, et de la personnalité de Breton, dont il a pu observer la violence à travers ses relations avec Paulhan : Supervielle et Paulhan se fréquentent déjà au moment de la querelle qui oppose l'éditeur à Breton

CHOIX DE LETTRES

Mais je n'attache pas trop d'importance à cet incident et si j'ai l'occasion de recommander le livre de Leger[550] je ne manquerai pas de le faire. J'ai écrit au Chili pour la reproduction de mes vers. Merci. Cordialement à vous

Jules Supervielle

163. LETTRE À ROGER CAILLOIS DU 28 JUILLET 1942[551]

Merci, cher ami, de votre bonne lettre dont la généreuse compréhension me touche. Je tâcherai de placer quelques bulletins de souscription[552] – voulez-vous m'en envoyer – bien que je ne me fasse pas beaucoup d'illusions sur le pouvoir d'achat des véritables amateurs de poésie en Uruguay.
J'avais été heureux d'apprendre par Madame Rodríguez Larreta que vous veniez à la fin Août avec Victoria pour une conférence sur Baudelaire. J'espère pouvoir aller à Buenos Aires pour les représentations de *La Belle au bois*[553].

---

en 1927, même si la correspondance ne la mentionne pas. Supervielle affirme sa distance pour les surréalistes de manière récurrente dans sa correspondance, en particulier lorsqu'il répond aux questions que lui pose Étiemble en vue de la rédaction de son étude sur son œuvre : « Je n'ai jamais fréquenté les Surréalistes, je ne connais pas du tout Breton et le trouve bien plus poète en prose qu'en vers. » (Jules Supervielle à René Étiemble du 8 décembre 1939, *Correspondance 1936-1959*, éd. citée, p. 34). Nous étudions cette question dans *Jules Supervielle, une quête de l'humanisation*, éd. citée.

550 Alexis Leger (1887-1975), dit Saint-John Perse, dont Supervielle fait la connaissance à Port-Cros l'été 1928. Leur relation est fondée sur une estime réciproque et une certaine distance. Supervielle lui dédie un poème, « Hommage », publié dans le numéro-hommage des *Cahiers de la Pléiade*, n° X, été-automne 1950, p. 34-35 ; repris avec quelques modifications sous le titre « À Saint-John Perse », *Le Corps tragique*, éd. citée.

551 L'enveloppe porte l'adresse suivante : « Señor D. Roger Caillois Directeur de *Lettres françaises* "Sur" 689, San Martin *Buenos Aires* (R.A.) ». Fonds Roger Caillois, cote CS67, Médiathèque Valery-Larbaud, Vichy.

552 Voir la lettre du 23 juillet 1942.

553 *La Belle au bois*, créée à Bruxelles au Palais des Beaux-Arts le 24 décembre 1931, puis à Paris en 1932 par Georges et Ludmilla Pitoëff, avait été jouée par une troupe d'amateurs à Montevideo au printemps 1941. La pièce est donnée, dans une nouvelle version, par la Compagnie de Louis Jouvet à Rio de Janeiro, Montevideo et Buenos Aires, en 1942. Madeleine Ozeray joue la Belle, Jouvet le Chat Botté, et Pierre Renoir Barbe-Bleue. Ricardo Paseyro rapporte que Supervielle offre à la troupe une soirée chez les parents de Pilar, les Saavedra, rue Sarandí. (Ricardo Paseyro, *Jules Supervielle, Le Forçat volontaire*, éd. citée, p. 195).

À bientôt donc.
Affectueusement à vous

Jules Supervielle

164. LETTRE À ROGER CAILLOIS DU 30 NOVEMBRE 1942[554]

Mon cher Ami,

Au sortir de votre *Patagonie*[555] comment ne pas admirer votre art d'écrire un livre si riche avec un sujet qui ne fournit à l'auteur que son immense monotonie, au parti-pris de dépouillement. La merveille est que vous ne sortez pas du tout de votre sujet. Il faut beaucoup de divination poétique pour surprendre ainsi les secrets de la nature et faire vivre un paysage qui n'agit que pour un regard infiniment attentif et scrupuleux. La Patagonie est un cadre toujours fuyant que vous avez su immobiliser sans la briser ni l'amoindrir. Vous allez au-delà de la couleur dans des régions que seul le dessin peut réveiller. Leur dimension est telle qu'elles rejoignent l'abstrait, véritable patrimoine du dessin, et démission de la couleur. Merci aussi de votre affectueuse dédicace qui me touche vraiment par son amitié et sa générosité.
Tout vôtre, après cette splendide lecture

Jules Supervielle

Étiemble me dit qu'il ne reçoit rien de vous depuis plus de 3 mois[556]. Il vous croit malade, je l'ai rassuré.

J.S.

---

554 L'enveloppe porte l'adresse suivante : « Señor D. Roger Caillois Directeur de *Lettres françaises* "Sur" 689, San Martin *Buenos Aires* (R.A.) ». Fonds Roger Caillois, cote CS69, Médiathèque Valery-Larbaud, Vichy.
555 Roger Caillois, *Patagonie, précédé de La Pampa*, éd. citée La première édition de l'ouvrage est achevée d'imprimer le 10 novembre 1942.
556 Voir la lettre d'Étiemble à Supervielle du 10 novembre 1942 : « Et ce silence de Caillois, est-ce maladie ? Trois mois bientôt que je n'ai rien, ce qui met à l'égard de bien des abonnés, dans une situation déplaisante. » (Jules Supervielle, Étiemble, *Correspondance 1936-1959*, éd. citée, p. 104.) Supervielle lui répond le 30 novembre 1942 : « Non, Caillois n'est pas malade. Mais des lettres s'égarent. C'est aux insuffisances de la poste qu'il faut attribuer, je pense, la non-arrivée des exemplaires des "Lettres Françaises". » (*Ibid.*, p. 106.)

165. LETTRE À ALAIN BOSQUET DU 11 DÉCEMBRE 1942[557]

Sarandi, 372.

Cher Poète,

Votre livre[558] m'est parvenu hier et je l'ai lu aussitôt. Vraiment il est d'un poète, et fort doué (pardon pour ce style de pion !) Parfois je ne vous suis pas très bien mais des poèmes entiers me touchent et m'enchantent comme « Cueillir la cascade », « Changer de sang », une grande partie de « Créer quel monde ». « Devenir toi » me plaît beaucoup aussi et d'autres. Quoi que vous en disiez je ne sens pas d'influence profonde de ma poésie. Tout au plus vous aurai-je servi de stimulant, d'aiguillon. Dès ce premier livre je pense qu'on doit faire confiance à votre originalité. Parfois j'aimerais que vous vous laissiez un peu moins aller à la folie des images ou à l'emploi de certains mots abstraits tels que « pathétique ». Mais tout cela je ne vous le dis qu'avec timidité, sans être sûr de ne pas me tromper. Ce qu'il y a de certain c'est que je hume en vous le poète et que cela m'arrive fort rarement dans les livres de vers que je reçois. Pourquoi n'envoyez-vous pas votre livre à Étiemble. C'est un critique, lui. Caillois aussi pourrait vous dire des choses utiles. Moi j'écoute surtout mon plaisir et j'en ai eu un *certain* parfois même poignant à vous lire. Envoyez-moi de temps en temps de vos nouvelles quand cela vous sera possible et croyez à ma forte sympathie, à ma gratitude non moins vigoureuse.
Votre

Jules Supervielle

---

557 Alain Bosquet (1919-1998), poète et écrivain français d'origine russe. Journaliste et critique (notamment pour *Combat*), il fonde les revues *Das Lot*, *Hémisphères*. Il est également professeur et directeur littéraire des éditions Calmann-Lévy. Alain Bosquet reçoit le grand prix de poésie de l'Académie française en 1968. – L'enveloppe porte les mentions suivantes : au recto, « Monsieur Alain Bosquet Apartment 10 J 280 Riverside Drive New York City N.Y USA » ; au verso, « sent by Jules Supervielle Sarandi, 372 Montevideo (Uruguay) ». Bibliothèque littéraire Jacques Doucet, Ms Ms 47240 (1-32).

558 Alain Bosquet, *L'Image impardonnable*, éd. citée L'ouvrage porte en exergue deux vers d'Eluard et trois citations de Supervielle.

P.S. Je reçois une lettre de Caillois qui a aussi beaucoup goûté vos poèmes et va vous en demander pour sa revue[559]. Quel dommage que Paulhan soit si loin[560] !
Encore merci

J.S.

Voici l'adresse d'Étiemble
Professeur à l'University of Chicago
Department of romance languages and literatures Chicago (III.)

166. LETTRE À ROGER CAILLOIS DU 11 DÉCEMBRE 1942[561]

Mon cher ami,

Je venais d'écrire à ce poète pour lui dire combien je goûtais ses vers[562] quand on m'a remis votre mot. Oui ce Bosquet[563] que je ne connaissais pas plus que vous est un nouveau poète, et plus original qu'il ne veut bien le dire. Je suis heureux que vous soyez aussi très bien impressionné par ce premier livre[564] d'un écrivain de 22 ans. Pourvu qu'il ne lui arrive rien de fâcheux dans sa vie de soldat !

---

559   Roger Caillois dirige alors à Buenos Aires la revue *Lettres françaises*.
560   Pendant la Seconde Guerre mondiale, Paulhan était entré dans une clandestinité partielle. Travaillant à la revue *Résistance*, il avait fondé, avec Jacques Decour, les *Lettres françaises*. Il soutint également les *Éditions de Minuit* fondées par Vercors et Pierre Lescure. Au mois de mai 1941, Paulhan, qui appartenait au réseau dit du Musée de l'Homme depuis octobre 1940, est arrêté par la Gestapo, détenu à la prison de la Santé, puis libéré une semaine plus tard, à la suite de l'intervention de Drieu La Rochelle. Jules Supervielle, *Choix de lettres*, éd. citée.
561   L'enveloppe porte l'adresse suivante : « Señor D. Roger Caillois Directeur de *Lettres françaises* "Sur" 689, San Martin *Buenos Aires* (R.A.) ». Fonds Roger Caillois, cote CS70, Médiathèque Valery-Larbaud, Vichy.
562   Voir la lettre précédente, datée du 11 décembre 1942, à Alain Bosquet.
563   Roger Caillois fait également la connaissance d'Alain Bosquet à cette époque. Le poète lui consacrera une étude, *Roger Caillois*, Paris, Seghers, collection « Poètes d'aujourd'hui », 1971.
564   Alain Bosquet, *L'Image impardonnable*, éd. citée Roger Caillois retiendra bien des poèmes de Bosquet pour sa revue : avec des textes d'Henri Michaux, Jean Tortel et K. Greshoff, deux poèmes de Bosquet – « Tu te composes » et « Tu es tragique » – constituent l'« Anthologie de la nouvelle poésie française (IV) », *Lettres françaises*, n° 7-8, 1ᵉʳ février 1943, p. 46-55.

Maintenant quand j'écris aux États-Unis je soigne mon écriture : il paraît que les censeurs mettent au panier ce qu'ils lisent mal. Voilà peut-être l'origine de certaines lettres égarées.
Hier j'étais à côté d'Esther de Cáceres[565] à un dîner où Griselda Zani se trouvait aussi. Inutile de vous dire que nous avons parlé de votre *Patagonie*[566]. Ma femme va téléphoner à la belle-mère d'un des Braun Menéndez[567] et à une autre dame pour attirer leur attention sur ce livre. Bien affectueusement

Jules Supervielle

Avez-vous eu *Les Yeux d'Elsa* d'Aragon[568] et le livre de Pierre Emmanuel édité aussi en Suisse[569] ? Je les ai reçus et puis vous les prêter pour la revue.

---

565 Esther de Cáceres (1903-1971), poétesse, professeur de lettres et de médecine uruguayenne, proche de Jacques Maritain. Elle est l'auteur d'une étude sur l'œuvre de Supervielle, *Significación de la obra de Jules Supervielle en la cultura uruguaya*, Instituto de estudios superiores de Montevideo, Catedra de « Historia de la cultura uruguaya », Montevideo, 1943, et participe au numéro d'hommage à Supervielle de la revue *Entregas de la Licorne*, n° 7, Montevideo, mai 1956.
566 Roger Caillois, *Patagonie*, éd. citée.
567 Sans doute s'agit-il d'Armando Braun Menéndez (1898-1986), historien argentin. Voir Annick Louis, « Étoiles d'un ciel étranger : Roger Caillois et l'Amérique latine », *Littérature*, n° 170, 2013, p. 71-81.
568 Louis Aragon, *Les Yeux d'Elsa*, Neuchâtel, La Baconnière, collection Les Cahiers du Rhône, 1942.
569 Pierre Emmanuel, *Le Poète et son Christ*, Neuchâtel, La Baconnière, collection Les Cahiers du Rhône, 1942.

1943

167. LETTRE À HENRI HOPPENOT DU 19 JANVIER 1943[570]

Hôtel du Prado

Cher Henri,

J'apprends par Seyrig[571] que vous êtes sur le point de partir pour les États-Unis[572]. Nous espérons vous voir encore quelques jours à Montevideo et je ne veux pas que vous vous éloigniez ainsi sans vous dire tout l'heureux souvenir que nous gardons des heures passées près d'Hélène et de vous à la Légation. Ce serait aussi de l'ingratitude de ma part que de ne pas me souvenir en ce moment de votre admirable commentaire de mes poèmes[573] et de nos bonnes réunions autour de Jouvet.
Pour Hélène et pour vous, mon cher Henri, tous nos vœux très affectueux et l'espoir de vous retrouver un jour point trop lointain dans une France que nous n'aurons jamais tant aimée.
Votre ami

Jules Supervielle

P.S. J'espère que vous nous donnerez de vos nouvelles du Grand Nord !

---

570 Bibliothèque littéraire Jacques Doucet, Fonds Henri et Hélène Hoppenot, Alpha Ms 14223-Alpha Ms 14227.
571 Henri Seyrig (1895-1975), agrégé de grammaire, orientaliste, est chargé de mission pour la France libre auprès du Comité national français du 10 mai 1942 au 1er octobre 1943, période pendant laquelle il inspecte les établissements d'enseignement et les œuvres françaises en Amérique du Sud. Il fréquente de nombreuses personnalités culturelles et est un ami d'Henri Hoppenot, qui l'a rencontré à Palmyre, ainsi que de Roger Caillois. Odile Felgine, *Roger Caillois*, éd. citée, p. 227 et p. 256-257 en particulier.
572 Le 1er janvier 1943, Henri Hoppenot reçoit à Buenos Aires un télégramme d'Alexis Leger, l'invitant à se rendre à Washington au plus vite, des perspectives se présentent en Afrique. Les Hoppenot arriveront à Washington dans la deuxième quinzaine de janvier, à l'issue de deux mois d'attente au cours desquels Henri Hoppenot avait pris contact avec les Américains et les Anglais ; il sera nommé à Washington le 26 février 1943. Colette Barbier, *Henri Hoppenot, Diplomate*, éd. citée, « Chapitre V : en mission à Washington, 26 février 1943 – 13 décembre 1944 », p. 265-277.
573 Supervielle fait référence à l'article qu'Hoppenot consacre aux *Poèmes de la France malheureuse*, « Message de Supervielle », *Les Cahiers français, op. cit.*

168. LETTRE À ALAIN BOSQUET DU 21 JANVIER 1943[574]

Cher poète et ami,

Merci de ce poème si riche, de l'avoir écrit, d'y avoir attaché mon nom. J'apprécie beaucoup l'intensité des images et votre façon de les rattacher les unes aux autres. C'est beaucoup en effet d'avoir une vision aussi puissante et variée mais c'est peut-être plus difficile encore de l'imposer, de la rendre nécessaire pour le lecteur, de trouver ce qui est *entre* les images, de les grouper, de nous les donner vraiment. C'est en art surtout que compte la façon de donner.
Et puis tout cela c'est de la chair vive et on ose à peine y toucher...
Une des images que je trouve des plus saisissantes c'est :
« Pourquoi ces oiseaux presque chauves
D'avoir picoré le vertige ? »
« Pourquoi son ciel qui se dissout
En un paquet de vieilles plumes »
J'aime beaucoup aussi « la poésie avec sa méfiance quotidienne ». Et tout le mouvement du début et de la fin.
Où va la poésie ? vous demandez-vous. Je crois qu'elle va dans plusieurs directions également bonnes : pourvu que ce soient de vrais poètes qui les suivent toutes les directions sont bonnes. Écoutons nos sirènes, ce sont elles qui ont raison. En France, Aragon a écrit depuis la guerre des poèmes aussi beaux que ceux d'Apollinaire, peut-être plus beaux même. Emmanuel est inégal mais bien riche aussi. Jean Le Louët dont j'ai ici un manuscrit sera un des plus beaux poètes de ce temps. Et vous savez tous les espoirs que je mets en vous[575].
Je vous serre affectueusement la main

Jules Supervielle

Avez-vous envoyé des poèmes à Caillois pour sa revue. Faites-le, je vous en prie.

---

[574] L'enveloppe porte la même adresse au recto que celle de la lettre du 11 décembre 1942 ; au verso, « Exp : Jules Supervielle Costa Rica, 1958 Carrasco Montevideo ». Bibliothèque littéraire Jacques Doucet, Ms Ms 47240 (1-32).

[575] Alain Bosquet reviendra sur ces lignes dans « L'interrogation originelle » : « Comme Supervielle se trompait ! Ce poète [Jean Le Louët] devait mourir dans la misère la plus complète, au cours des années 70, abandonné de tous [...] J'ai compris, sans la moindre amertume, que Supervielle n'était ni un juge ni un penseur [...] » (« L'interrogation originelle », *Europe*, *op. cit.*, p. 26).

169. LETTRE À ROGER CAILLOIS DU 18 FÉVRIER 1943[576]

Mon cher ami,

Ces poèmes me parviennent du Congo Belge. Ils sont d'un certain Jules Minne[577] qui dit avoir fait ma connaissance lors d'une conférence que je fis à Bruxelles en 1928. C'est bien possible. Ces vers ne me paraissent pas remarquables mais ils ne sont pas non plus sans intérêt. Je vous les transmets, à toutes fins utiles comme on dit dans l'administration. J'aime bien (p. 17 feuilles roses) « il fut un spectre respecté ». Et, çà et là, il y a quelques impressions assez authentiques. Encore n'en suis-je pas tout à fait sûr, ce qui est influencé par mes livres me paraissant trop souvent authentique ! Pardonnez-moi... Je compte sur vous pour voir plus clair dans cet envoi. Quoi que vous en disiez je vous soupçonne d'être bon juge en poésie.
Je viens de recevoir le dernier numéro de *Lettres françaises*. Très intéressé par votre témoignage[578] et par la chronique de Noulet[579] (dont je voudrais bien avoir l'adresse). Je n'ai pas encore pu tout lire.
Bien affectueusement

Jules Supervielle

170. LETTRE À ROGER CAILLOIS DU 25 MARS 1943[580]

Mon cher Ami,

---

576 L'enveloppe porte l'adresse suivante : « Señor D. Roger Caillois Directeur de *Lettres françaises* "Sur" 689, San Martin *Buenos Aires* (R.A.) ». Fonds Roger Caillois, cote CS171, Médiathèque Valery-Larbaud, Vichy.
577 Jules Minne (1903-1963), docteur en droit, administrateur territorial du Congo belge et homme de lettres, poète et essayiste. Son œuvre est considérée, ainsi que celle de Supervielle, comme relevant d'une poésie cosmique qui cherche à situer l'homme dans l'univers et à l'identifier à celui-ci. Jules Minne apparaîtra bien au sommaire de la revue de Caillois, comme l'un des représentants de l'« Anthologie de la nouvelle poésie française », *Lettres françaises*, n° 11, 1er janvier 1944, p. 35-40.
578 Roger Caillois, « L'introduction. Situation de la poésie », *Lettres françaises*, n° 7-8, 1er février 1943, p. 1-8.
579 Émilie Noulet, « Poésie 42 » et « Chronique littéraire en 1942 », *ibid.*, p. 63-71 et p. 72-75.
580 L'enveloppe porte l'adresse suivante : « Señor D. Roger Caillois Directeur de *Lettres françaises* "Sur" 689, San Martin *Buenos Aires* (R.A.) ». Fonds Roger Caillois, cote CS71, Médiathèque Valery-Larbaud, Vichy.

J'ai réfléchi à vos critiques et j'en ai tenu compte, au moins pour un vers[581].
Voudriez-vous remplacer dans le mort en peine (I) 1ᵉʳ vers « précipités des astres » par *et les ruines des astres*.
Dans le vers suivant : « Et porté » deviendra : « Emporté ».
Dixième vers, même poème
« Où le loin et le près ignorent les rivages » est le texte définitif.
Et pour le 13ᵉ vers : « des avides espaces » au lieu « d'atroces ».
J'aurais pu mettre :
« Puissé-je préserver de la nuit et des glaces » et supprimer un adjectif : « avides » mais je trouve cette avidité plus suggestive. Je ne crains pas l'adjectif *a priori*, bien que, naturellement, je lui préfère le substantif.
Dernière strophe : 1ᵉʳ vers. Je mets
« L'univers où je suis pousse un cruel soupir »
qui dit beaucoup mieux ce que j'éprouvais confusément.
Dans « Le ressuscité », j'ai changé le 2ᵉᵐᵉ vers :
Au lieu de : « J'éparpille alentour » je mettrai :
« J'ai laissé dans le noir les rancœurs du tombeau ».
Merci d'avoir attiré mon attention sur quelques points de mes poèmes.
Oui, « Le mort en peine » (I) n'était pas « parachevé ».
Bien affectueusement à vous

Jules Supervielle

171. LETTRE À ROGER CAILLOIS DU 27 MARS 1943[582]

Mon cher ami,

---

581 Supervielle évoque les « Poèmes » qu'il donnera dans *Lettres françaises*, n° 9, juillet 1943, p. 24-27, comportant l'ensemble des corrections mentionnées dans cette lettre. Cette suite est composée d'« Hommage à la vie » (repris dans *Fontaine*, n° 31, 1943, p. 14-15, et n° 41, avril 1945, ainsi que dans les *Choix de poèmes* de 1944 et 1947, et dans *1939-1945*), « Le mort en peine » (repris dans *Fontaine*, n° 31, *op. cit.*, p. 15, dans les deux *Choix de poèmes* et dans *Dix-huit poèmes* ainsi que *1939-1945*) et « Le ressuscité » (repris dans *Fontaine*, n° 31, *op. cit.*, p. 16-17, dans les deux *Choix de poèmes* et dans *1939-1945*).
582 L'enveloppe porte l'adresse suivante : « Señor D. Roger Caillois Directeur de *Lettres françaises* "Sur" 689, San Martin *Buenos Aires* (R.A.) ». Fonds Roger Caillois, cote CS72, Médiathèque Valery-Larbaud, Vichy.

J'ai l'impression que le beau conte signé « El Desdichado[583] » doit être de Claude Roy, peu connu encore mais plein de talent, surtout en prose. Ses vers commencent aussi à devenir fort bons. Avez-vous reçu son *Enfance de l'art*[584] ? Il m'annonçait l'envoi d'un exemplaire de ce volume de poèmes il y a 7 ou 8 mois. Rien reçu. On ne reçoit rien au-dessus de 100 francs aux postes françaises. « Cela doit épuiser les bateaux » me disait Michaux dans sa dernière lettre.

L'avant-dernier vers du « Mort en peine » (I) est devenu :
[«] Puisque tout me rejette, ici, même le rêve »
J'espère que ce sera le dernier changement[585] !
Reçu une lettre d'Étiemble[586] qui pense qu'on l'enverra bientôt à New York. Il aura bientôt fini le tome II de son roman qui en comportera 5[587].
Bien affectueusement

J.S.

172. LETTRE À ROGER CAILLOIS DATÉE « VENDREDI », DU 2 AVRIL 1943[588]

Voici, mon cher ami, un poème de Bosquet. Je le trouve pathétique (bien qu'un peu long). Il me dit de vous le soumettre pour votre Revue. Je joins aussi, avec prière de retour, la dernière lettre de Claude Roy, reçue il y a 6 mois environ. (Vous verrez si elle est de la même plume que

---

583 Ce conte sera publié dans la revue de Caillois sans signature, « El Desdichado (I) », *Lettres françaises*, n° 10, 1ᵉʳ octobre 1943, p. 10-25, et « El Desdichado (II) », *Lettres françaises*, n° 11, janvier 1944, p. 17-34. Son auteur est en réalité François Vernet. Ce texte est repris l'année suivante aux éditions des *Lettres Françaises, Sur*, puis dans *Nouvelles peu exemplaires*, Paris, Sagittaire, 1946, avec une préface de Yéfime, et réédité par les éditions Tirésias, 2002 et 2004, avec une préface de Patrick Modiano.
584 Claude Roy, *L'Enfance de l'art*, Alger, Fontaine, 1942.
585 Cette correction apparaît bien dans les « Poèmes » donnés dans *Lettres françaises*, n° 9, *op. cit.*
586 Il s'agit de la lettre d'Étiemble à Supervielle du 6 mars 1943, Jules Supervielle, Étiemble, *Correspondance 1936-1959*, éd. citée, p. 109-111.
587 Supervielle fait référence à la genèse du roman d'Étiemble, *Peaux de couleuvre*, Paris, Gallimard, 1948. Les trois tomes de cet ouvrage appartiennent à un projet plus général de cinq tomes, faisant eux-mêmes suite au roman autobiographique *L'Enfant de chœur*, Paris, Gallimard, 1937. Étiemble en évoque l'écriture dans sa correspondance avec Supervielle, *Correspondance 1936-1959*, éd. citée.
588 L'enveloppe porte au recto l'adresse suivante : « Señor D. Roger Caillois Directeur de *Lettres françaises* "Sur" 689, San Martin *Buenos Aires* (R.A.) » ; au verso : « J. Supervielle Sarandi, 372 Montevideo ». Fonds Roger Caillois, cote CS122, Médiathèque Valery-Larbaud, Vichy.

« El Desdichado »). Et pardon pour ce qu'il dit de moi : nous sommes assez amis, n'est-ce pas, pour que je vous communique une lettre où l'on me couvre de fleurs !
Vous aurez, aussi, des nouvelles de plusieurs écrivains de France, et un joli poème.
Bien affectueusement

Jules Supervielle

173. LETTRE À EDUARDO J. BULLRICH DU 9 JUILLET 1943[589]

Carrasco[590]
Costa Rica 1958

Cher Eduardo Bullrich,

La crainte de vous donner trop de souci, à vous et à Oliverio[591], m'avait poussé à renoncer à ce projet[592] qui me reste très précieux puisque vous voulez essayer encore d'y donner suite.

---

589 Eduardo Bullrich (1895-1951), professeur et avocat argentin, membre du comité de rédaction de *Sur*. – Houghton Library, Eduardo J. Bullrich Papers, MS FR 410.
590 En 1943, Supervielle s'installe à Carrasco, loin du centre de Montevideo. Il y loue « un petit chalet planté au milieu des eucalyptus et moins coûteux à entretenir que la *quinta* des Saavedra dont il était l'hôte. Il y vit seul avec Pilar et Anne-Marie. Ses amis y accourent, nombreux, les fins de semaine. » (Ricardo Paseyro, *Jules Supervielle, Le Forçat volontaire*, éd. citée, p. 196).
591 Oliverio Girondo (1891-1967), poète argentin lié aux mouvements d'avant-garde des années 1920 et 1930, collaborateur de la revue *Martin Fierro* et du comité de rédaction de *Sur*, ami de Supervielle. Celui-ci est notamment l'auteur d'un compte rendu de l'ouvrage d'Olivio Girondo, *Veinte Poemas para ser leidos en el tranvia*, dans la *Revue de l'Amérique latine*, n° 27, 1ᵉʳ mars 1924.
592 Ce projet est celui d'une anthologie de poèmes de Supervielle, que ses amis de Buenos Aires lui ont proposé de faire éditer à l'occasion de son soixantième anniversaire. Il aboutira à la publication du *Choix de poèmes*, Buenos Aires, Editorial Sudamericana, 1944, d'abord dans une édition de luxe, en mars, puis dans une édition courante, en juillet. Ricardo Paseyro évoque la constitution de l'ouvrage : « C'est avec infiniment de soin et de joie qu'il choisit les poèmes destinés à être publiés en édition de luxe à Buenos Aires [...] Le meilleur papier, le meilleur maquettiste, le meilleur imprimeur sont mis à la disposition de ses amis argentins qui financent un tirage limité à 330 exemplaires. » (Ricardo Paseyro, *Jules Supervielle, Le Forçat volontaire*, éd. citée, p. 198). Le gendre de Supervielle rappelle ensuite que « le *Choix* fut salué au Río de la Plata comme un événement [...] » (*Ibid.*, p. 199).

Faisons donc une dernière tentative. Il me semble que c'est auprès d'Angélica Ocampo[593] qu'il convient d'essayer. C'est une amie très chère qui a, paraît-il, dit qu'elle voulait faire quelque chose pour mon œuvre. En prenant la présidence du comité organisateur elle lui donnerait une impulsion sans reculs X. Il va sans dire qu'il faut qu'elle soit toujours dans le même esprit et que « ça lui chante » ! Vous verrez, cher ami ce qu'il y a lieu de faire d'accord avec ses réelles dispositions.
J'ajoute que le Comité de Montevideo, lent aussi à se mettre au travail, semble devoir se constituer prochainement.
Encore merci, cher Eduardo Bullrich, de votre affectueuse attention à ma poésie. Elle et moi vous disons toute notre gratitude.

Votre

Jules Supervielle

X sauf les imprévisibles.

174. LETTRE À EDUARDO J. BULLRICH DU 16 JUILLET 1943[594]

Cher Ami,

Croyez bien que si j'ai manifesté quelque impatience c'était en me mettant à la place des amis qui, comme vous, ont bien voulu s'occuper de la question. Je craignais qu'ils n'eussent rencontré des difficultés auxquelles ils ne s'attendaient pas. Mais votre lettre[595] me rassure aimablement. Mon bien vif merci.
Votre

Jules Supervielle

---

593 Angélica Ocampo (1891-1982), sœur cadette de Victoria Ocampo ; elle est très proche de Michaux, et entretient des liens amicaux avec Drieu La Rochelle. Supervielle lui dédie les « Poèmes de la France malheureuse », avant leur reprise dans le recueil *1939-1945*, éd. citée.
594 Houghton Library, Eduardo J. Bullrich Papers, MS FR 410.
595 Supervielle fait référence à la lettre d'Eduardo J. Bullrich du 13 juillet 1943, voir *infra*.

175. LETTRE À EDUARDO J. BULLRICH DU 10 AOÛT 1943[596]

Costa Rica, 1958

Cher Ami,

Dès réception de votre lettre[597] qui m'apportait de si bonnes nouvelles je me suis remis au travail. Le *Choix de poèmes*[598] est entièrement établi. Il va de *Gravitations*[599] aux poèmes écrits dernièrement et encore inédits en librairie et que j'intitule « Vers récents[600] ». Je tiens beaucoup à ce qu'il y ait des inédits dans cette édition de Buenos Aires, c'est pour moi une des façons de montrer l'importance que j'y attache.

Pour hâter l'envoi des poèmes choisis, et pour éviter le plus possible les errata je vous envoie les œuvres mêmes dans l'édition de *La N.R.F.* et, à partir des *Poèmes de la France malheureuse* dans l'édition suisse qui contient plus de poèmes que celle de Caillois, aux *Lettres Françaises*[601]. Ce sont les seuls exemplaires de mes œuvres poétiques que je possède encore et *si c'était possible*[602] j'aimerais rentrer en leur possession après

---

596 Houghton Library, Eduardo J. Bullrich Papers, MS FR 410.
597 Voir la lettre d'Eduardo J. Bullrich du 3 août 1943, *infra*.
598 Jules Supervielle, *Choix de poèmes*, éd. citée, 1944.
599 Dans le *Choix de poèmes*, Supervielle retient un nombre important de poèmes issus de *Gravitations* : « Le portrait », « Apparition », « 47, Boulevard Lannes », « Prophétie », « Le survivant », « Le matin du monde », « Montevideo », « Sans murs », « Mathématiques », « Tiges », « Houle », « Haut ciel », « Souffle », « Planète », « La table », « Vivre », « Réveil », « Les yeux de la morte », « Pointe de flamme », « La revenante », « Cercle », « Vœu », « 400 atmosphères », « Haute mer », « Départ », « Pont supérieur », « Sous le large », « À Lautréamont » et « Au feu ! ».
600 À l'exception de « Devant un miroir », tous les poèmes inclus dans « Vers récents » seront recueillis dans *1939-1945*, éd. citée Il s'agit d'« Hommage à la vie », « Le mort en peine », « Le ressuscité », « Temps de guerre », « Les pierres de la mort se forment et m'épuisent », « Il est place en ce vers pour un jour étoilé », « Ô calme de la mort, comme quelqu'un t'envie », « Pins », « Arbres dans la nuit et le jour », « S'il n'était pas d'arbres à ma fenêtre », « Le cerveau », « Devant un miroir », « Le temps des métamorphoses », « Testament ».
601 Jules Supervielle, *Poèmes de la France malheureuse (1939-1941)*, Buenos Aires, éditions des *Lettres françaises, Sur*, 1941, et *Poèmes de la France malheureuse (1939-1941)*, suivis de *Ciel et terre*, Neuchâtel, collection « Les Cahiers du Rhône », n° 6, La Baconnière, 1942. Le *Choix de poèmes* retient les textes suivants : « Des deux côtés des Pyrénées », « 1940 », « Paris », « La nuit », « La France au loin », « Le relais », « Les couleurs de ce jour », « Le petit bois », « Plein ciel », « Ce peu », « Tu disparais », « Rencontre », « Le double », « Offrande », « Le clos » et « Le jardin de la mort ».
602 Ces mots sont soulignés d'un double trait par Supervielle.

l'impression, même s'ils ont été abîmés par le travail des imprimeurs. (Ils ne sont déjà pas tous dans un état bien brillant !) J'ai fait taper les poèmes des *Amis inconnus*[603] dont il ne me restait pas d'exemplaire (un ami m'a prêté le sien).

Une table de tous les poèmes choisis accompagne l'envoi des œuvres et j'ai écrit au crayon sous les poèmes à publier la mention *P. romano* ou *P. cursivo*, suivant le cas.

Vous recevrez ces poèmes dans 2 ou 3 jours. Je pense les envoyer à Buenos Aires par mon cousin le Professeur René Cruchet[604] qui les remettra à Anita Baron[605]. Elle vous les fera tenir aussitôt.

Si vous estimez qu'on devrait commencer le choix à *Débarcadères* on pourrait inclure 3 ou 4 poèmes de ce recueil mais je crois que le choix que je vous propose est déjà assez considérable[606].

Je ne puis répondre encore à votre question touchant le nombre d'exemplaires qui seraient retenus par le Comité Uruguayen. Mais cette question retient aussi toute mon attention et dans très peu de jours je pourrai vous éclairer sur ce point.

Le modèle de Stols (édition de *Débarcadères*[607]) pour ce qui est des caractères romains en italiques, me paraît très heureux. Nombre de poèmes sont formés par plusieurs parties reliées par une étoile. Si cette étoile était particulière au livre (dessinée par un artiste ?) cela contribuerait à

---

603 Jules Supervielle, *Les Amis inconnus*, éd. citée Le *Choix de poèmes* en contient les poèmes suivants : « Les amis inconnus », « Les chevaux du temps », « L'oiseau », « L'allée », « Figures », « Les mains photographiées », « L'appel », « Le hors venu », « Les veuves », « Le monde est plein de voix qui perdirent visage », « L'aube dans la chambre », « Le regret de la terre », « Pour un poète mort », « Mes frères qui viendrez, vous vous direz un jour », « Le désir », « Le sillage », « Les femmes se donnaient, en passant, sur des tertres », « L'escalier », « Le spectateur », « Un poète », « Le nuage », « La lampe rêvait tout haut qu'elle était l'obscurité », « La demeure entourée », « Le poids d'une journée », « Les poissons », « La ville des animaux », « Toujours sans titre », « Lui seul », « Alter ego », « Naufrage », « Visages de la rue, quelle phrase indécise », « Le monde en nous », « Le temps d'un peu », « Visite de la nuit » et « Attendre que la nuit, toujours reconnaissable ».

604 Le professeur René Cruchet (1875-1959), médecin à Bordeaux, avait épousé Marguerite Baron.

605 Anita Supervielle Munyo, l'une des cousines de Jules Supervielle, avec laquelle il avait été élevé et qu'il considérait comme sa sœur. Le poème « Les fleurs du papier de ta chambre », dans *Le Forçat innocent*, éd. citée, lui est dédié. Anita avait épousé le banquier français Étienne Baron Lamothe.

606 Le *Choix de poèmes*, qui s'ouvre avec *Gravitations*, ne comporte pas de poèmes de *Débarcadères*.

607 Supervielle fait référence à la réédition de luxe de son recueil, *Débarcadères*, éd. citée, publiée chez Stols en 1934.

lui donner une figure particulière. Au reste vous connaissez l'importance des étoiles dans toute ma poésie...

J'aurais voulu, comme vous le suggérez, donner un poème inédit à chaque souscripteur. Mais outre que presque tous mes derniers poèmes ont trait à la mort (et ce n'est pas un cadeau à faire à un souscripteur !) je n'en ai que quelques-uns que j'inclus dans les « Vers Récents ».

Ce que je pourrais faire si vous le croyez désirable, c'est joindre au poème recopié un manuscrit-brouillon de poèmes ? Mais je crains que cela ne satisfasse pas une clientèle de luxe. Si vous avez quelque autre idée, dites-le-moi, je vous en prie.

En voici une. J'ai deux pièces de théâtre encore inédites *Robinson* et *Shéhérazade*. J'ai aussi des inédits en prose (extraits de journal et de contes[608]). Je pourrai peut-être tirer de ces œuvres des inédits. Il s'y trouve des vers aussi. On pourrait mettre que les 30 exemplaires sur Whatman contiendront un inédit de l'auteur (sans spécifier si c'est en vers ou en prose.) Dans ce cas de quelle longueur devrait être cet inédit ? Une page ? Et pendant combien de temps devrais-je m'engager à ce que cela reste inédit ? Un an, par exemple ?

Je m'excuse de vous poser ces questions... C'est pour éviter des malentendus.

À bientôt une lettre complémentaire pour répondre à vos autres questions. Très cordialement à vous

Jules Supervielle

P.S. J'aimerais qu'on prévît une page blanche en tête du livre pour dédicace imprimée[609].

---

608 Il s'agit sans doute des textes qui seront publiés sous le titre *Le Petit bois et autres contes*, éd. citée, 1942 ; et « Journal d'une double angoisse », dans l'édition revue et augmentée de *Boire à la source, Confidences*, éd. citée.

609 La dédicace imprimée à Oliverio Girondo et à Eduardo J. Bullrich est conservée à la Houghton Library ; elle comporte quelques corrections manuscrites et se trouve signée des initiales de Supervielle. La teneur en est la suivante : « *À mes amis Oliverio Girondo et Eduardo J. Bullrich grâce à qui ces poèmes voient le jour dans un si beau vêtement. Mais comment oublierais-je sur cette première page les noms des dames argentines et uruguayennes qui veillent à la diffusion de ce livre avec tant de bonheur et de gentillesse : Mesdames Carmen Rodríguez Larreta de Gándara, Angélica Ocampo, Edda Palacios de Anchorena, et Mesdames Blanca Reyes Cadenas de Silveira[,] Olga Capurro de Varela Acevedo[,] Elena Alvarez de Calamet[,] Maria*

176. LETTRE À EDUARDO J. BULLRICH DU 12 AOÛT 1943[610]

Costa Rica, 1258

Cher Ami,

Vous recevrez sans doute en même temps que ce mot les poèmes pour le *Choix*[611] dont vous voulez bien vous occuper si gentiment.
On pourra souvent, si vous le jugez bon, mettre sur une seule page de courts poèmes qui figurent sur 2 pages dans les exemplaires de *La N.R.F.* que je vous envoie pour l'imprimeur.
Ma femme verra ces jours-ci Margarita Figari[612] qui a promis de s'occuper des livres à Montevideo. Je vous tiendrai au courant.
Bien vivement à vous

Jules Supervielle

177. LETTRE À EDUARDO J. BULLRICH DU 20 AOÛT 1943[613]

Costa Rica, 1958

Cher Ami,

300 pages[614] c'est un maximum, n'est-ce pas ?
Il ne faudrait pas les dépasser et je suis disposé à supprimer des poèmes, si besoin est. Vous n'auriez qu'à me le dire.
On peut aussi supprimer les sous-titres sauf pour *Ciel et Terre* qui vient à la suite des *Poèmes de la France Malheureuse* et qu'il faudrait conserver. Les poèmes de la *F.M.* forment en effet une suite avec laquelle *Ciel et Terre* n'ont rien à voir. C'est la seule subdivision indispensable.
J'aimerais aussi que pour les 2 poèmes de Guanamiru (*Gravitations*) on ajoutât la mention (Poème de Guanamiru) sous chacun des 2 titres :

Elena Martínez Correa de Folle Joanicó[,] Maria Ines Arteaga de Segundo. J.S. » (MS FR 420, Eduardo J. Bullrich papers, Houghton Library, Harvard University).
610 Houghton Library, Eduardo J. Bullrich Papers, MS FR 410.
611 Jules Supervielle, *Choix de poèmes*, éd. citée, 1944.
612 Margarita Figari est l'une des files du peintre Pedro Figari, ami proche de Supervielle.
613 Houghton Library, Eduardo J. Bullrich Papers, MS FR 410.
614 Jules Supervielle, *Choix de poèmes*, éd. citée, 1944. L'ouvrage compte 286 pages.

« À Lautréamont » et « Au feu ! » – ce qui dispenserait de mettre le sous-titre sur page séparée[615]. Qu'en pensez-vous ?
Très bonne idée cette note bibliographique. S'agirait-il simplement de la liste des poèmes comportant des remaniements[616] ? C'est ce que je comprends. Est-ce bien cela ?
Entendu on pourrait prendre comme autographes les « Vers récents » et les poèmes remaniés et quelques rares (3 ou 4) poèmes inédits qui ne figurent pas dans les *Choix*.
Autre question : n'allez pas croire que j'oublie le Comité Uruguayen. Ma femme s'en occupe et espère, cette fois réussir. Je vous tiendrai au courant.
Avec mes bien cordiales pensées

Jules Supervielle

178. LETTRE À EDUARDO J. BULLRICH DU 26 AOÛT 1943[617]

Cher Ami,

Le Comité uruguayen est constitué. Voici quelle est sa composition.
Señoras Blanca Reyes Cadenas de Silveira
Maria Elena Correa de Folle Joanicó
Olga Capurro de Varela Acevedo
Elena Alvarez de Calamet
Maria Ines Arteaga de Segundo[618]
J'ai l'impression que ces dames s'occupent très activement du livre[619] et qu'on obtiendra des résultats intéressants.
Je pensais pouvoir aller à Buenos Aires pour la première représentation du spectacle d'Ozeray à l'Odéon[620] mais je crains que ma santé ne me

---

615 L'ouvrage comporte finalement un sous-titre sur page séparée, et non une mention sous chacun des deux titres.
616 La « Note bibliographique » indique en effet les références des volumes dont sont extraits les poèmes du *Choix de poèmes*, et se termine par la mention suivante : « De nombreux poèmes de ce recueil contiennent des variantes. » *Ibid.*, p. 277.
617 Houghton Library, Eduardo J. Bullrich Papers, MS FR 410.
618 Voir l'annotation de la lettre du 12 août 1943 : cette liste de noms se retrouve dans la dédicace évoquée, MS FR 420, Eduardo J. Bullrich papers, Houghton Library, Harvard University.
619 *Ibid.*
620 En 1943, Madeleine Ozeray écrit le prologue et dirige la mise en scène de la représentation de *L'Enfant de la haute mer* au Teatro Odéon de Buenos Aires.

prive de ce plaisir. Je serai peut-être obligé d'attendre pour aller là-bas qu'il fasse moins froid.
Bien cordialement à vous

Jules Supervielle

179. LETTRE À EDUARDO J. BULLRICH DU 13 SEPTEMBRE 1943[621]

Cher Ami,

Il m'eût été fort agréable de passer quelques jours à Buenos Aires et de vous voir lors des représentations de *L'Enfant de la Haute mer* par Ozeray[622]. Mais je ne me suis pas senti assez solide pour quitter Montevideo. Ce sera j'espère pour plus tard, dans quelques semaines.
A-t-on fixé le prix des exemplaires de mon livre[623] ? Le moment venu, le Comité des dames uruguayennes serait heureux d'avoir des bulletins de suscription.
(Il y a déjà 2 demandes pour des exemplaires de luxe).
Avez-vous eu des nouvelles d'Oliverio[624] ?
Bien cordialement à vous,

Jules Supervielle

180. LETTRE À EDUARDO J. BULLRICH DU 21 SEPTEMBRE 1943[625]

Costa Rica 1958

Cher Ami,

Ci-joint la note bibliographique[626]. Est-ce cela que vous vouliez ? Quant à la liste des poèmes contenant des variantes je ne puis l'établir que pour *Les Amis Inconnus* (je vous l'envoie). Pour ce qui est des variantes

---

621 Houghton Library, Eduardo J. Bullrich Papers, MS FR 410.
622 Voir la lettre précédente.
623 Jules Supervielle, *Choix de poèmes*, éd. citée, 1944.
624 Eduardo J. Bullrich répond à cette lettre par celle du 16 septembre 1943, voir *infra*.
625 Houghton Library, Eduardo J. Bullrich Papers, MS FR 410.
626 Supervielle répond à la lettre d'Eduardo J. Bullrich du 16 septembre 1943, voir *infra*.

des autres recueils il m'est impossible de le faire ici je vous ai envoyé les seuls exemplaires que j'ai de ces livres. D'après les corrections il serait facile de l'établir sur le modèle que je vous envoie pour *Les Amis Inconnus*. Oui, si vous préférez, je pourrai vous l'adresser quand j'aurai les 1ères épreuves. Ce sera comme vous le préférez. Bien cordialement à vous
Votre

Jules Supervielle

181. LETTRE À ALAIN BOSQUET DU 27 SEPTEMBRE 1943[627]

Cher Poète et Ami,

Pardonnez mon silence. Ma santé, exigeante, ennuyeuse 1, m'oblige trop souvent à ne m'occuper que d'elle mais ma pensée reste à peu près libre et je ne vous oublie pas, ni vous ni votre poésie.
J'ai envoyé tout de suite à Caillois le poème que vous m'avez dédié et où il y a de superbes passages. La longueur de cette pièce l'a empêché de paraître aux *Lettres françaises* comme je l'eusse souhaité.
« L'ode à la détresse[628] » est aussi fort déchirante. Vous renouvelez de vieux thèmes avec une atroce lucidité. On n'ose pas vous lire comme on ferait des poètes du coin-du-feu. Parfois je perds un peu pied mais c'est affaire de générations. Et il est naturel qu'à 20 ans vous n'ayez pas l'esthétique de quelqu'un qui en a 59[629]. Nous reparlerons poésie, plus tard, quand la paix sera revenue. En attendant j'admire profondément nombre de vos cruelles images, et le mouvement de vos poèmes.
Caillois a des idées bien particulières dans la poésie et nous sommes loin d'être toujours d'accord. Son esthétique n'est nullement en harmonie avec ses dons vraiment poétiques : sa *Patagonie*[630] est d'une grande richesse

---

627 Bibliothèque littéraire Jacques Doucet, Ms Ms 47240 (1-32).
628 Alain Bosquet explique qu'il s'agit d'un poème « qu'[il] n'[a] pas repris en volume et qu'[il] considère comme de la rage pure et simple. » (« L'interrogation originelle », *Europe*, *op. cit.*, p. 26).
629 Dans *La Mémoire ou l'Oubli* (Paris, Grasset, 1990), Alain Bosquet propose un autoportrait de celui qu'il était à 23 ans, en mentionnant Aragon, Claudel, puis Supervielle et Eluard, « [...] deux autres poètes que j'admire depuis mon adolescence [...], tous deux mobilisés dans l'amour de "la France malheureuse", l'un quelque part en zone libre et l'autre dans son Montevideo natal, d'où il vient de m'adresser trois lettres chaleureuses. »
630 Roger Caillois, *Patagonie*, précédé de *La Pampa*, éd. citée.

mystérieuse, et il en veut au mystère ! (Du moins en théorie). Il en veut aussi aux images. J'ai moi-même beaucoup évolué depuis *Gravitations*. Je me suis appauvri en images mais peut-être en tiré-je meilleur parti. Disons plutôt que c'est autre chose.

Avez-vous lu des poèmes de Pierre Emmanuel ? Il est extrêmement doué mais souvent trop « verbaliste ». Je crois que Jean Le Louët, actuellement à Madrid et qui s'est échappé d'un camp de concentration en Pologne il y a 2 ans, sera aussi un des meilleurs poètes d'après-guerre.

Je sais que vous n'aimez pas beaucoup Aragon. Je ne vous reparlerai donc pas de lui. Vous êtes un de ceux dont les accents seront les plus touchants quand on relira les poèmes de cette guerre. Toute violence cache mal (heureusement) une foncière tendresse[631].

Je vous serre la main de tout cœur.

Jules Supervielle

Nouvelle adresse : Costa Rica 1958
Carrasco Montevideo

1 Vous devez trouver que j'ai bien de la chance de pouvoir m'occuper de ma santé !

182. LETTRE À EDUARDO J. BULLRICH DU 14 OCTOBRE 1943[632]

Costa Rica, 1958

Cher Ami,

Je vous que vous avez beaucoup travaillé, et de la plus heureuse façon[633]. Ce que vous m'écrivez me semble du meilleur augure et je crois que nous allons avoir là un livre digne de la plus belle édition argentine[634]. Je pense que c'est une très bonne idée d'imprimer en rouge et en bleu les premières lettres des poèmes. J'approuve aussi vos suggestions touchant les poèmes à recopier sur les exemplaires et vos autres propositions.

631
632 Houghton Library, Eduardo J. Bullrich papers, MS FR 410.
633 Supervielle répond à la lettre d'Eduardo J. Bullrich du 8 octobre 1943, voir *infra*.
634 Jules Supervielle, *Choix de poèmes*, éd. citée, 1944.

Vous pouvez m'envoyer directement les prospectus je les ferai tenir au Comité uruguayen. Celui-ci doit se réunir incessamment et désigner une dame-trésorière. Je vous tiendrai au courant.
Mes très cordiales pensées

Jules Supervielle

183. LETTRE À OLIVERIO GIRONDO DU 29 OCTOBRE 1943[635]

Mon cher Oliverio,

Pour donner le moins possible de travail à ces dames du Comité Uruguayen nous avons préféré nommer un secrétaire-trésorier qui renouvellera les souscriptions et en enverra le montant à Buenos Aires. C'est mon neveu :
Docteur Enrique Saavedra (*hijo*)
Plaza Independencia 723
Montevideo
La vente des exemplaires à 80 pesos argentins s'annonce plus facile (pour l'instant) que celle des exemplaires à 30 pesos. Il y aurait à Montevideo pour les premiers de ces exemplaires une quinzaine de ces souscriptions. Pourra-t-on les réserver ?
Ci-joint une page de dédicace du *Choix de poèmes*. J'avais demandé à Bullrich de la prévoir dans l'établissement du livre.
J'espère que vous et Norah[636] êtes contents de votre voyage au Brésil et qu'il vous a reposés. Moi je vais beaucoup mieux que lorsque vous m'avez vu. J'abusais, je crois, des toniques : phytine, leytron, calcium etc. et cela m'excitait le cœur. Le voilà bien plus calme depuis que je me drogue avec plus de circonspection.
Un fort *abrazo* de tout mon cœur, mieux réglé et toujours vôtre

Jules

---

635 Houghton Library, Eduardo J. Bullrich papers, MS FR 410.
636 Norah Lange (1905-1972), écrivaine argentine, qui a participé notamment à la revue *Proa*. Elle avait rencontré Oliverio Girondo en 1926 ; fiancés en 1934, ils se marient en 1943.

P.S. Je pense n'avoir oublié personne dans les noms du comité argentin, sur la feuille ci-jointe. Il n'y aurait qu'à ajouter les noms amis, le cas échéant. Merci.

J.

184. LETTRE À OLIVERIO GIRONDO DU 15 DÉCEMBRE 1943[637]

Costa Rica, 1958

Cher Ami,

Puisque vous préférez que je choisisse moi-même la place de la dédicace, je me suis permis d'inscrire votre nom si amical en tête de la suite « Nocturne en plein jour » qui fait partie de *La Fable du monde*[638].
Ci-joint la copie d'une note que j'envoie à Colombo[639] et que j'adresse aussi à Girondo. De cette façon certains points qui auraient pu être obscurs seront éclairés.
Je retourne aujourd'hui les originaux à Colombo avec les épreuves corrigées.
Affectueusement à vous

Jules Supervielle

185. LETTRE À ROGER CAILLOIS DU 30 DÉCEMBRE 1943[640]

Mon cher ami,

Je vous retourne par pli séparé la pièce d'Étiemble[641] à qui j'ai écrit hier. J'avoue avoir été un peu déçu. Et vous ? Étiemble a certainement

---

637 Houghton Library, Eduardo J. Bullrich papers, MS FR 410.
638 « Nocturne en plein jour » constitue une importante section du recueil de 1938, *La Fable du monde*, éd. citée.
639 Il s'agit des éditions Francisco A. Colombo à Buenos Aires.
640 L'enveloppe porte l'adresse suivante : « Señor D. Roger Caillois Directeur de *Lettres françaises* "Sur" 689, San Martin *Buenos Aires* (R.A.) ». Fonds Roger Caillois, cote CS73, Médiathèque Valery-Larbaud, Vichy.
641 Étiemble, *Cœurs doubles*, Éditions du Scarabée, Alexandrie, 1948. La pièce obtient la même année le Prix de la première pièce, et sera publiée à nouveau en 1957 sous le titre

des dons d'homme de théâtre mais il me semble que sa pièce a été écrite trop rapidement. Je souhaite que vous soyez d'un avis différent et jamais je n'ai eu tant envie de me tromper!
Vous me prenez bien au dépourvu pour les *Lettres françaises*[642]. J'écris beaucoup pour le théâtre depuis un an. J'ai deux pièces achevés *Robinson* et *Shéhérazade* mais je ne voudrais pas en donner d'extraits. Quant aux contes j'en ai bien un mais son ton est trop léger pour l'heure présente. Merci de vos vœux. Que 1944 nous apporte ce que vous savez!
Bien affectueusement

Jules Supervielle

Avez-vous l'adresse de Gide à Alger?

1944

186. LETTRE À ROGER CAILLOIS DU 12 JANVIER 1944[643]

Mon cher ami,

Voici pour *Lettres françaises*, si vous êtes de mon avis, le poème inédit « Pins » que je détache des épreuves de mon anthologie[644].
Je crois me souvenir que vous l'aviez bien aimé lors de la lecture que je vous en fis à Carrasco il y a quelques semaines. J'aurais voulu vous en proposer d'autres aussi, mais je me suis engagé à en publier d'inédits

---

L'Ennemie publique, Paris, Gallimard. Les critiques de Supervielle envers cet ouvrage sont exprimées dans sa correspondance avec Étiemble, et en particulier dans la lettre du 27 décembre 1943, *Correspondance 1936-1959*, éd. citée, p. 117-119.

642 Supervielle répondra finalement à cette demande de contribution par l'envoi de deux poèmes, « Arbres dans la nuit et le jour » et « Pins », réunis sous le titre « Arbres », *Lettres françaises*, n° 12, avril 1944, p. 17-20. Le premier apparaît dans les *Choix de poèmes* de 1944 et 1947, dans *Dix-huit poèmes* et dans *1939-1945*; le second, dans les deux *Choix de poèmes*, dans *Fontaine*, n° 41, avril 1945, et dans *1939-1945*. Dans ce recueil, ils ouvrent la section « Arbres ».

643 L'enveloppe porte l'adresse suivante : « Señor D. Roger Caillois Directeur de *Lettres françaises* "Sur" 689, San Martin *Buenos Aires* (R.A.) ». Fonds Roger Caillois, cote CS83, Médiathèque Valery-Larbaud, Vichy.

644 Voir la lettre du 30 décembre 1943.

(même en revue) dans le *Choix de poèmes* qui va paraître bientôt et il ne m'en reste que quelques-uns dans ce cas-là.
Quant au conte auquel j'avais songé il n'est décidément pas au point.
Je fais taper *Shéhérazade* et serai heureux de savoir ce que vous en pensez. Pour ce qui est de l'édition à Rio, j'hésite beaucoup. Je ne crois pas qu'il me conviendra de donner *avant* la représentation une pièce à l'imprimeur.
Bien affectueusement à vous

Jules Supervielle

Je joins à ce mot un poème de Bosquet (que je viens de recevoir), le meilleur de lui à mon sens. Il est féroce et me semble, malgré quelques faiblesses, réussi dans l'ensemble.

187. LETTRE À HENRI HOPPENOT DU 13 JANVIER 1944[645]

Hôtel du Prado
Nouvelle adresse : Carrasco Costa Rica, 1958
où nous sommes, depuis bientôt un an, ravis d'être près de la mer, bien qu'à distance respectueuse (800 m.)

Mon cher Henri,

Moi aussi je voulais depuis longtemps vous dire toute notre joie de vous savoir délégué du Comité Français à Washington[646]. J'avais eu de vos nouvelles par Seyrig, par les journaux, par vos succès pour le bien du pays. Et voilà que c'est vous qui me donnez des renseignements sur *Bolivar* dont je ne savais rien depuis un an ! Une lettre de Milhaud a dû s'égarer, ou une des miennes[647]. Comme il a dû être malheureux de ne pouvoir

---

645 Bibliothèque littéraire Jacques Doucet, Fonds Henri et Hélène Hoppenot, Alpha Ms 14223-Alpha Ms 14227.
646 Depuis le 12 août 1943, le nom de la représentation française à Washington a été modifié en « Délégation du Comité Français de la Libération Nationale ». Le 12 octobre, Henri Hoppenot est nommé délégué de ce Comité. Colette Barbier, « La délégation française à Washington », *Henri Hoppenot, Diplomate*, éd. citée, p. 326-353.
647 Sur les relations du compositeur Darius Milhaud (1892-1974) avec Henri Hoppenot, établies dès 1915, voir Colette Barbier, *Henri Hoppenot, Diplomate*, éd. citée, qui étudie l'amitié profonde unissant Claudel, Darius Milhaud et le couple Hoppenot. Milhaud collabora à plusieurs reprises avec Supervielle : en 1935-1936, il compose la musique de *Bolivar*,

diriger l'Orchestre National après avoir fait un si long voyage ! Tous les Français, depuis la défaite, ont quelque chose qui ne va pas et supportent mal l'exil, même dans les plus beaux lieux du monde. Hélène souffre aussi comme Pilar d'avoir des êtres si chers en France dont elles sont plus ou moins sans nouvelles. Directes, du moins. Nous en avons eu par un grand ami de Françoise, de Madrid, alors qu'il était en route pour l'Afrique du Nord où il allait s'engager. Sa femme et ses enfants sont dans le midi avec ma fille et les siens. Denise allait bien aussi ainsi que Pierre qui pouvait enfin être ravitaillé par sa famille. De Pierre David nous ne savons pas grand-chose, il n'écrit guère. Actuellement il doit se trouver en Syrie.

Pour en revenir à *Bolivar* savez-vous que Juan Carlos Blanco[648], ambassadeur de l'Uruguay, un de mes vieux amis, s'intéresse aussi à ces représentations du Metropolitan. C'est à lui que j'avais confié ma dernière lettre pour Milhaud, la deuxième qui soit arrivée. Peut-être pourriez-vous lui téléphoner, si vous le jugez utile.

pour voix, chœur et orchestre de chambre, ainsi que la musique, pour voix et piano, de *Trois Chansons de négresse*, « Mon histoire », « Abandonnée », « Sans feu ni lieu », créées le 17 juin 1937 à Paris par Madeleine Grey à partir de textes de *Bolivar* ; en 1938, Milhaud compose la musique de scène de *La Première famille*, pour voix et piano ; en 1943, il tire de *Bolivar*, la pièce de Supervielle, un opéra en trois actes et dix tableaux, sur un livret de Madeleine Milhaud. Ce sera en mai 1950 que cet opéra sera créé à l'Opéra de Paris, sous la direction d'André Cluytens, avec des décors de Fernand Léger. Bolivar est joué par Roger Bourdin ; Manuela Sánchez, par Janine Micheau ; Primer Nicanor, par Jean Giraudeau ; Boves, par Henri Medus ; María Teresa, par Marcelle Croisier. Supervielle avait assisté aux essais et aux répétitions, avec le régisseur, Max de Rieux, et le directeur de la musique, André Cluytens (Ricardo Paseyro, *Jules Supervielle, Le Forçat volontaire*, éd. citée, p. 225). Au sujet de cette collaboration avec Supervielle, Milhaud déclare, dans *Entretiens avec Darius Milhaud*, Julliard, 1952, p. 125 : « Le problème était d'établir un livret qui conservât la merveilleuse langue de Supervielle [...] Ma femme, qui écrivit le livret, dût d'abord envisager des coupures [...] Puis Supervielle m'envoya quelques airs en vers, qui devaient être intercalés. Seule la fin différait de l'œuvre théâtrale [...] Je sais que Supervielle aurait préféré une autre fin, mais [...] je suis reconnaissant à ce grand poète d'avoir accepté la mienne. » Ils évoquent tous deux leur travail en commun dans l'entretien avec Claude Cézan, « Poètes, aimez-vous votre musicien ? », *Les Nouvelles littéraires*, 26 octobre 1950. La collaboration avec Milhaud se poursuivra après l'écriture du livret de *Bolivar* : en 1947, le compositeur adapte *Trois Poèmes* de Supervielle – « Ce peu », « Compagnons du silence » et « Ce bruit de la mer » – pour voix et piano ; il crée, en 1948, la musique de scène de la pièce *Shéhérazade*, et en 1949, il propose *Naissance de Vénus*, une cantate sur un poème de Supervielle, pour chant mixte *a capella* (https://www.musicologie.org/Biographies/m/milhaud_darius.html, consulté le 14/01/2022).

648 Juan Carlos Blanco Acevedo (1879-1952), diplomate uruguayen, plusieurs fois ministre. En 1941, il est nommé ambassadeur de l'Uruguay aux États-Unis.

Vous me demander si je travaille. J'ai achevé deux pièces *Shéhérazade* et *Robinson*. Le *Voleur d'enfants* a été joué en espagnol avec succès à Montevideo par la Compagnie Xirgu[649]. Le Colonel Bigua était excellent.

Dites à Hélène, n'est-ce pas, que nous pensons beaucoup à elle et que la victoire prochaine lui apportera la guérison complète. Mais elle doit déjà le savoir.

Tous nos souvenirs bien amicaux aussi à Milhaud et sa femme ainsi qu'à Léger.

Y *un abrazo de*

Jules S.

188. LETTRE À ROGER CAILLOIS DU 9 FÉVRIER 1944[650]

Mon cher ami,

Voici deux poèmes, encore inédits, et qui ne paraîtront que dans mon *Choix*, à tirage restreint dans 1 ou 2 mois[651].
Je voudrais bien ravoir le poème de Bosquet pour lui en écrire.
J'ai reçu les *Cahiers des Prisonniers*[652] et d'autres livres édités par Béguin. *Contre-Feu* d'Alain Borne[653], *Images de l'homme immobile* de Garamond[654], *Les Tourments Spirituels* d'Henri Ferrare[655] ; de Paul Eluard : *Poésie et*

---

649 La pièce a été créée par la compagnie de Margarita Xirgu le 16 octobre 1943 au Estudio Auditorio Sodre de Montevideo dans une version de Rafael Alberti, puis elle est reprise dans plusieurs pays d'Amérique du Sud. – Margarita Xirgu (1888-1969), actrice et metteur en scène espagnole, proche de Federico García Lorca, était partie en tournée en Amérique latine avant le déclenchement de la guerre civile espagnole ; elle y reste ensuite en exil, entre l'Argentine, le Chili et l'Uruguay, et cherche à promouvoir un théâtre populaire. En 1945, elle commence une nouvelle tournée en Amérique Latine au Théâtre Avenida de Buenos Aires, où elle enthousiasme le public.
650 L'enveloppe porte l'adresse suivante : « Señor D. Roger Caillois Directeur de *Lettres françaises* "Sur" 689, San Martin *Buenos Aires* (R.A.) ». Fonds Roger Caillois, cote CS112, Médiathèque Valery-Larbaud, Vichy.
651 Voir les lettres du 30 décembre 1943 et du 12 janvier 1944.
652 *Cahiers des prisonniers*, Neuchâtel, La Baconnière, collection Les Cahiers du Rhône, 1943.
653 Alain Borne, *Contre-Feu*, Neuchâtel, La Baconnière, collection Les Cahiers du Rhône, 1942.
654 Jean Garamond, *Images de l'homme immobile*, Neuchâtel, La Baconnière, collection Les Cahiers du Rhône, 1943.
655 Henri Ferrare, *Les Tourments spirituels*, Neuchâtel, La Baconnière, collection Les Cahiers du Rhône, 1943.

Vérité 1942[656]. Si vous ne les avez pas je pourrai vous communiquer ces livres.
Affectueusement à vous

Jules Supervielle

189. LETTRE À ROGER CAILLOIS DU 17 FÉVRIER 1944[657]

Mon cher ami,

Votre lettre[658] me touche et me tonifie singulièrement par sa chaleureuse générosité. Et votre définition de ma poésie m'apprend quelque chose sur moi-même. C'est si rare quand les critiques éclairent les poètes. Mais le moment serait mal choisi pour vous faire des éloges.
Je suis très fier aussi de pouvoir servir quelque peu la cause de la langue française, puisque cause il y a. Et je figurerai avec le plus grand plaisir aux côtés de Gabriela Mistral[659] et des heureusement « inévitables » Laforgue et Lautréamont. Quand je pense que ces poètes sont morts à 27 et 24 ans

---

656 Paul Eluard, *Poésie et Vérité 1942*, Neuchâtel, La Baconnière, collection Les Cahiers du Rhône, 1943.

657 L'enveloppe porte l'adresse suivante : « Señor D. Roger Caillois Directeur de *Lettres françaises* "Sur" 689, San Martin *Buenos Aires* (R.A.) ». Fonds Roger Caillois, cote CS113, Médiathèque Valery-Larbaud, Vichy.

658 Dans sa biographie de Roger Caillois, Odile Felgine cite des extraits de cette lettre, qui touche à un article de Caillois sur la francophonie sud-américaine, qui paraîtra sous le titre « Poètes d'Amérique », *Lettres françaises*, n° 12, 1er avril 1944, p. 7-8 : « J'ai pour le numéro également des poèmes de Gabriela Mistral que j'ai traduits avec plus ou moins de bonheur. J'ai envie de leur consacrer ainsi qu'aux vôtres une très petite note de présentation dont voici l'arrière-pensée : en présentant ces poèmes espagnols, je voudrais donner un droit de cité égal en Amérique aux vôtres, écrits en français et revendiquer à cette occasion pour le français une place égale à l'anglais, à l'espagnol et au portugais parmi les langues vivantes de l'Amérique […] Je ne voudrais le faire qu'à l'occasion de quelque chose qui ait en soi de la valeur […] Aussi, si vous n'y avez pas d'inconvénient, je vous rendrai pour un moment à votre Amérique natale pour qu'avec les inévitables Lautréamont et Laforgue, vous soyez la preuve vivante et illustre que le français a [sa place] sur ce continent, d'où l'on veut l'en déraciner. » Odile Felgine, *Roger Caillois*, éd. citée, p. 262-263.

659 Gabriela Mistral (1889-1957), enseignante, diplomate, féministe et poétesse chilienne, dont l'œuvre reçoit le prix Nobel de littérature en 1945. Les traductions de ses poèmes par Caillois paraîtront sous le titre « Saudade », *Lettres françaises*, n° 12, *op. cit.*, p. 9-16. Ce numéro donne également des poèmes de Supervielle, « Arbres dans la nuit et le jour » et « Pins », sous le titre « Arbres », *ibid.*, p. 17-20.

je suis honteux de mon âge. Mais la condition humaine est ainsi faite que je me soigne tout de même de mon mieux puisque j'ai la chance de pouvoir le faire. Je n'oublie pas non plus que mes deux prédécesseurs à Montevideo sont surtout morts de misère. Oui c'est un de ces scandales dont on ne se console pas. J'espère que le jour n'est pas loin où tout poète, tout artiste, pourra décrire sa courbe, avec l'aide de l'État, si besoin est. Je vous envoie quelques livres adressés par Béguin. Quand vous n'aurez plus besoin de la pièce d'Étiemble je voudrais la relire[660].
À bientôt, n'est-ce pas et bien affectueusement à vous

Jules Supervielle

Les *Lettres françaises* ne pourraient-elles pas annoncer mon *Choix de poèmes*[661] ? Ci-joint la notice du bulletin de souscription. Il reste seulement des exemplaires à 25 pesos argentins. On prierait les souscripteurs éventuels de s'adresser aux *Lettres françaises si vous n'y voyez pas d'inconvénient* – les dames – et les messieurs aussi – du Comité préférant, je pense, *ne pas figurer dans l'annonce*. En on me transmettrait les noms des intéressés. Le petit topo du début pourrait paraître en français (ou en espagnol ?) résumé. Je demande aussi à Girondo qui s'occupe de la question s'il ne voit pas d'inconvénient à la publication de cette annonce et le prie de vous écrire directement au cas où cela lui semblerait inopportun.
Au cas où vous accepteriez de publier cette note ou annonce dans votre prochain numéro il conviendrait d'ajouter, bien sûr, au bas du texte : s'adresser aux *Lettres françaises* pour les souscriptions.

190. LETTRE À ALAIN BOSQUET DU 21 FÉVRIER 1944[662]

Mon cher Ami,

Je comprends que, sous le casque[663], vous soyez dégoûté de l'art par cette sorte de sauvagerie à quoi la guerre vous condamne. Mais dans

---

660 Voir la lettre du 30 décembre 1943.
661 Jules Supervielle, *Choix de poèmes*, éd. citée.
662 Bibliothèque littéraire Jacques Doucet, Ms Ms 47240 (1-32).
663 Alain Bosquet occupe différents postes à l'armée : en automne 1942, pressé de choisir entre les forces belges à Londres, les forces françaises libres et l'armée américaine, il opte pour celle-ci. En 1943, il se trouve dans l'infanterie, au sein d'un camp d'entraînement

votre poème, que vous avez la gentillesse de m'envoyer je vois tout de même de l'art qui s'est glissé, comme malgré vous dans votre violence. Comme je vous le disais déjà, je crois, dans une lettre précédente, on ose à peine juger de tels poèmes fils de l'héroïsme et de l'horreur, du poignant et de la balle[664]. Il y a là des accents inoubliables et j'aurais voulu voir paraître ce poème dans *Lettres françaises*. Caillois n'a pas été de mon avis ni de celui de Philippe Soupault[665] à qui je l'ai montré également et qui l'a trouvé fort émouvant. Soupault est en mission d'Alger en Amérique du Sud et nous disait combien la poésie est à l'honneur en France et en Afrique du Nord. On lit énormément de poèmes à la radio et tout le monde parle de poésie, même dans la rue !
Gide a été acclamé à son arrivée à Alger de Tunis et ce n'est pas seulement parce qu'il avait couru quelques dangers là-bas[666].
Reçu divers livres de Suisse, poètes français édités par Albert Béguin. Mais ce sont surtout les cahiers des prisonniers en Allemagne[667] qui m'ont ému. De belles pages sur Proust.
Je vous serre les mains avec beaucoup d'affection.
Votre ami

Jules Supervielle

---

au Texas. Puis, il occupe plusieurs postes dans l'administration militaire et participe, à Londres, à la préparation du second front. *Tra-jectoires, op. cit.*, p. 235.

664 Les poèmes de guerre d'Alain Bosquet paraîtront sous le titre *La Vie est clandestine*, Paris, Corrêa, 1945. Dans *La Mémoire ou l'Oubli*, éd. citée, Bosquet évoque ce que ce recueil, lié à l'idée d'une poésie-action, doit à Supervielle : « à Montevideo, mon maître Jules Supervielle se laissait aller lui aussi à l'engagement, avec les *Poèmes de la France malheureuse*. »

665 Philippe Soupault avait rempli, en 1943-1944, de nombreuses missions en Amérique du Nord et du Sud, pour le gouvernement de de Gaulle. Il était un « très bon ami » de Pierre Bertaux, gendre de Supervielle, comme l'indique la lettre de celui-ci à Étiemble du 24 février 1944. Jules Supervielle, René Étiemble, *Correspondance 1936-1959*, éd. citée, p. 123.

666 En raison des attaques qu'il subit, allant en s'intensifiant depuis 1942, Gide s'est embarqué pour Tunis, où il souffre de son isolement lors de l'occupation de la ville ; puis, il quitte Tunis libérée pour Alger, où il rencontre le général de Gaulle.

667 *Cahier de prisonniers*, Les Cahiers du Rhône, Neuchâtel, La Baconnière, 1943.

191. Lettre à Roger Caillois du 16 avril 1944[668]

Mon cher ami,

Je crains qu'une de nos lettres ne se soit égarée. Avez-vous reçu la mienne, en réponse à celle où vous me parliez de votre projet d'article sur la langue française en Amérique[669] ? Je vous disais aussi combien j'avais été sensible à vos impressions de mes poèmes pour *L.F.*[670]
Savez-vous quelque chose d'Étiemble depuis son arrivée au Caire[671] ?
À bientôt, peut-être. Je ne désespère pas d'aller un de ces jours à B.A.[672]
Affections de votre ami

Jules Supervielle

192. Lettre à Roger Caillois du 22 avril 1944[673]

Cher Ami,

Je n'ai pas encore reçu le numéro des *Lettres françaises*[674]. J'espère qu'il ne s'est pas égaré.
Pour votre collection je vous propose de m'éditer dans sa nouvelle version, *La Belle au bois*[675] à laquelle j'ai beaucoup travaillé et qui me paraît au point. (J'ai repris les scènes du début, depuis les représentations de

---

668 L'enveloppe porte l'adresse suivante : « Señor Roger Caillois directeur de *Lettres françaises* "Sur" Viamonte, 548 *Buenos Aires* (R.A.) ». Fonds Roger Caillois, cote CS74, Médiathèque Valery-Larbaud, Vichy.
669 Voir la lettre du 17 février 1944.
670 *Lettres françaises*.
671 Au début de l'année 1944, Étiemble s'installe au Caire, en Égypte, où il est nommé chef de la section de français de l'Université Farouk, à Alexandrie. Il écrit à Supervielle le 22 mai 1944 : « Je crois que je travaillerai bien dans ce poste [...] je finirai le *Supervielle* ; j'ai déjà repris mon roman [...] Le nombre des heures de cours est raisonnable, et comme je suis chef de la section, je ne risque pas d'être embêté par des empoisonneurs jaloux. Mes collègues sont braves, plusieurs : bien ou très bien. » (Jules Supervielle, René Étiemble, *Correspondance 1936-1944*, éd. citée, p. 125).
672 Buenos Aires.
673 L'enveloppe porte l'adresse suivante : « Señor D. Roger Caillois Directeur de *Lettres françaises* "Sur" 689, San Martin *Buenos Aires* (R.A.) ». Fonds Roger Caillois, cote CS172, Médiathèque Valery-Larbaud, Vichy.
674 *Lettres françaises*, n° 12, 1ᵉʳ avril 1944.
675 Ce projet aboutira à une nouvelle édition de la pièce de Supervielle, *La Belle au bois*, Buenos Aires, collection « La Porte étroite », n° 4, Éditions des *Lettres françaises, Sur*, 1944.

Jouvet). Il me semble qu'il y a là les qualités qu'on a apprécié dans mes contes... Mais c'est à vous qu'il faut demander une impression.
Je n'ai ni assez de vers ni de contes pour en former un recueil en ce moment.
Puisque c'est au profit des *Prisonniers de Guerre*[676] il n'est pas sans intérêt peut-être de publier une œuvre qui a déjà son public à Buenos Aires, à Montevideo et à Rio et qui est absolument introuvable en Amérique depuis la guerre (je crois bien qu'elle était épuisée chez Gallimard et qu'il allait en faire un nouveau tirage au moment où la guerre a éclaté). Depuis que les Pitoëff[677] l'ont jouée à Paris dans l'édition de Gallimard la pièce a je crois beaucoup gagné. Je vous l'enverrai dans quelques jours le temps de faire recopier quelques passages. De toutes façons je voudrais savoir ce que vous en pensez.
Affectueusement

Jules Supervielle

Reçois à l'instant le dernier numéro de *L.F.* Pour les raisons que vous indiquez vous-même il était naturel de publier les poèmes de Gabriela[678] avant les miens. Au reste ils sont fort beaux même traduits et leur originalité coule de source. Votre « note[679] » m'a beaucoup plu. Laissons les choses comme vous les dites. En réalité je suis plus Français qu'Uruguayen (service

---

676 La collection « La Porte étroite », fondée par Roger Caillois en 1944, est financée par des personnalités des milieux français et francophiles, et destine ses bénéfices au Comité Français de Secours aux Victimes de la Guerre.
677 Georges Pitoëff (1884-1939), acteur, metteur en scène, décorateur et traducteur français d'origine arménienne, l'un des fondateurs du Cartel des Quatre, créé en 1927. Le 24 décembre 1931, il avait créé la pièce de Supervielle, *La Belle au bois*, au palais des Beaux-Arts. En 1938, il met également en scène une autre pièce de l'écrivain, *La Première famille*, au Théâtre des Mathurins. Supervielle évoque ici également son épouse, Ludmilla Pitoëff (1899-1951), comédienne française d'origine russe.
678 Gabriela Mistral.
679 Supervielle fait référence à la note de Caillois intitulée « Poètes d'Amérique », *Lettres françaises*, n° 12, *op. cit.*, p. 7-8 : Caillois y présente Supervielle comme « un poète américain d'expression française, tout comme Gabriela Mistral est un poète américain d'expression espagnole [...] Car quoi qu'il en paraisse, le français est une des langues fondamentales de ce continent. » Caillois répond aux réticences que Supervielle exprime ici par la lettre du 2 mai 1944, citée par Odile Felgine : « Je sais bien que je vous ai fait plus uruguayen que vous n'êtes : mais je vous avais dit pourquoi. Il fallait revendiquer la langue française pour le Continent, et pour cela insister sur Montevideo. » Odile Felgine, *Roger Caillois*, éd. citée, p. 263.

militaire en France où j'ai vécu plus des ¾ de mes 60 ans, mobilisé en 1914-18). Mais ici on estime que cela ne vous fait pas perdre votre nationalité américaine. J'ajoute que je ne me trouve pas mal d'avoir deux patries. Merci aussi pour l'annonce du *Choix de poèmes*[680].

J.S.

Excusez cette lettre hâtive. Je suis souffrant et alité (fiévreux, mais rien de grave). Je joins un de mes derniers poèmes que je ne voudrais pas publier encore, il aura peut-être plus d'étendue. Que pensez-vous de ces *Dialogues*[681], mon cher ami.

193. LETTRE À ROGER CAILLOIS DU 5 MAI 1944[682]

Mon cher ami,

Non je ne me plaindrai pas de ce que vous me cantonniez... dans l'universel[683]. J'ai aussi pourtant un petit goût pour... l'éternel ou le surnaturel que j'ai essayé de satisfaire dans le dialogue avec Jeanne, bien plus que la veine nationale qui n'y est, je crois qu'adventice. Dans ce poème, commencé en 1939 *avant* la guerre et continué ces temps-ci j'ai essayé de faire abstraction des événements. Mais l'intention ne se dégage pas assez, peut-être. Il me semble que néanmoins la position du dialogue est originale et bien mieux quant à la position métaphysique je ne pense pas qu'elle nuise, dans son alternance de précisions et de fuites, à la poésie. Il me semble que les explications, toujours dangereuses, restent poétiques. Mais je suis juge et partie...

---

680 Jules Supervielle, *Choix de poèmes*, éd. citée.
681 Il s'agit du poème de Supervielle « Dialogue avec Jeanne », recueilli dans *1939-1945*. Le dossier génétique de ce texte comporte un dactylogramme portant la mention « Commencé en [France] 1938 et [continué] repris [à Montevideo] en 1944 » (Jules Supervielle, *Œuvres poétiques complètes*, éd. citée, p. 904). Caillois lui répond dans la lettre du 2 mai 1944 : « Je ne sais si cette veine nationale est celle qui vous convient le mieux (vous êtes, de nature, universel) [...] je crois apercevoir un secret désaccord entre les choses de l'histoire et cette éternité des choses naturelles, toujours vivantes et mourantes, toujours se répétant immuables, sur lesquelles vous avez su faire plus de lumière. » (*Ibid.*, p. 905)
682 L'enveloppe porte l'adresse suivante : « Señor D. Roger Caillois Directeur de *Lettres françaises* "Sur" 689, San Martin *Buenos Aires* (R.A.) ». Fonds Roger Caillois, cote CS75, Médiathèque Valery-Larbaud, Vichy.
683 Voir l'annotation de la lettre du 22 avril 1944.

Je suis très touché de votre sincérité, et de ses richesses. Elles donnent plus de prix encore à vos éloges et à votre amitié. Merci.
J'ai fait une note de 8 à 10 lignes pour expliquer les raisons de cette nouvelle édition de *La Belle au bois*[684]. Ma femme tape quelques pages qui ont été, encore tout récemment, corrigées. Vous aurez le manuscrit dans 4 à 5 jours, au plus tard.
Bien affectueusement à vous

Jules Supervielle

194. LETTRE À ROGER CAILLOIS DU 8 MAI 1944[685]

Cher ami,

Voici *La Belle au bois*[686], avec la note liminaire.
J'y joins un manuscrit de Gangotena que je viens de recevoir. Peut-être y trouverez-vous des poèmes pour votre sommaire. La suite de poèmes vous intéresserait-elle pour votre nouvelle collection.
De tout cœur

Jules Supervielle

Je vous enverrai des manuscrits par mon fils Jean avec qui je viens d'écrire un scénario qu'on va tourner incessamment au Chili[687].

---

684 Jules Supervielle, *La Belle au bois*, éd. citée.
685 L'enveloppe porte l'adresse suivante : « Señor D. Roger Caillois Directeur de *Lettres françaises* "Sur" 689, San Martin *Buenos Aires* (R.A.) ». Fonds Roger Caillois, cote C76, Médiathèque Valery-Larbaud, Vichy.
686 Jules Supervielle, *La Belle au bois*, éd. citée.
687 Le film, tourné au Chili par Jacques Rémy entre 1943 et 1945, est donné sous le titre *Le Moulin des Andes*. Sur ce point, voir également la lettre de Jules Supervielle à Jean Paulhan du 23 mars 1946 (*Choix de lettres*, éd. citée, p. 275) et la *Correspondance, 1936-1959*, éd. citée, de Supervielle et Étiemble.

195. LETTRE À ROGER CAILLOIS DU 17 MAI 1944[688]

Mon cher ami,

Mon fils Jean me dit qu'il faudrait trouver un mécène pour ces 400 pesos argentins... Je vais essayer. Dans 3 ou 4 jours je vous enverrai ma réponse. En cas de réussite je voudrais avoir un certain nombre d'exemplaires de ma pièce[689]. Ne pourrais-je en obtenir une trentaine, comme exemplaires d'auteurs ? J'espère que oui car j'en aurais grand besoin.
Je vois que Yassu Gauclère est à Alger[690]. Lu son intéressant Robespierre dans *La France Nouvelle*[691].
Je me demande si Étiemble n'est pas aussi en Algérie.
Affectueusement à vous

Jules Supervielle

196. LETTRE À ROGER CAILLOIS DU 21 MAI 1944[692]

Cher ami,

Vous pouvez envoyer à l'imprimeur *La Belle au bois*[693]. Vous n'allez pas tarder à recevoir les 400 pesos manquants. Ce sera sans doute dans une dizaine de jours. En tout cas je me porte garant de cette somme.
J'espère avoir les exemplaires demandés dans ma dernière lettre.

---

688 L'enveloppe porte l'adresse suivante : « Señor D. Roger Caillois Directeur de *Lettres françaises* "Sur" 689, San Martin *Buenos Aires* (R.A.) ». Fonds Roger Caillois, cote CS77, Médiathèque Valery-Larbaud, Vichy.
689 Jules Supervielle, *La Belle au bois*, éd. citée.
690 Yassu Gauclère est restée à Alger, au ministère de l'Information, tandis qu'Étiemble a quitté cette ville pour Le Caire, comme l'indique la lettre du critique à Supervielle datée du 22 mai 1944, *Correspondance 1936-1944*, éd. citée, p. 125.
691 *La France nouvelle, le grand hebdomadaire de l'Amérique latine*, est un journal hebdomadaire illustré d'information générale, fondé en 1943 à Buenos Aires. Résistant, ce journal se présente comme « placé sous la croix de Lorraine » ; s'il souhaite devenir le périodique de la France résistante d'après-guerre, il disparaît en 1946. Supervielle évoque l'article de Yassu Gauclère, « Robespierre, gardien de la République », *La France nouvelle*, 12 mai 1944, p. 3.
692 L'enveloppe porte l'adresse suivante : « Señor D. Roger Caillois Directeur de *Lettres françaises* "Sur" 689, San Martin *Buenos Aires* (R.A.) ». Fonds Roger Caillois, cote CS78, Médiathèque Valery-Larbaud, Vichy.
693 Jules Supervielle, *La Belle au bois*, éd. citée.

J'ai beaucoup goûté votre article sur Giraudoux[694] beaucoup plus que celui de Soupault, assez brillant mais qui tape à côté de la question. J'ai aimé aussi celui de Patricio Canto[695], un des critiques les plus doués de la nouvelle génération argentine, me semble-t-il.
Il va sans dire que je voudrais corriger les épreuves de *La Belle au bois*. Rassurez-vous je ne prévois pas du tout de corrections d'auteur.
Quels sont les autres titres que vous prévoyez[696] ?
Bien affectueusement à vous

Jules Supervielle

197. LETTRE À ROGER CAILLOIS DU 6 JUIN 1944[697]

Mon cher ami,

Je pars dans un instant pour Colonia Suiza (Hotel Nirvana) où vous pourrez m'envoyer les épreuves de mise en page de *La Belle au bois*[698]. Si on les reçoit aujourd'hui après mon départ, ou demain ma femme me les fera suivre.
Je n'ai pas encore reçu la réponse définitive du mécène (il est au Brésil) et les lettres mettent longtemps à aller et venir. Mais, je le répète, vous

---

694 Supervielle évoque le numéro d'hommage – n° 115 – que consacre la revue *Sur* à Jean Giraudoux, mort le 31 janvier 1944. Ce numéro, paru en mai 1944, contient notamment des articles de Roger Caillois, « Lección de Giraudoux », de Philippe Soupault, « Fantasma de Giraudoux », de Patricio Canto, « El mito transparente », ainsi qu'un poème de Supervielle, « Jeunes filles de Jean Giraudoux », avec le sous-titre « *In memoriam* ». Ce poème sera repris dans *1939-1945* et dans le *Choix de poèmes* de 1947.

695 Patricio Canto (1916-1989), écrivain et critique argentin, auteur notamment d'un essai – *El Caso Ortega Y Gasset* – consacré à ce philosophe espagnol.

696 La collection « La Porte étroite » comptera dix ouvrages. Outre *La Belle au bois* de Supervielle, qui est le cinquième, elle comporte *De l'esprit de conquête* de Benjamin Constant (1944) ; *Desdichado* de Grévières (1944) ; *Un poète inconnu* de Paul Valéry (1944) ; *Les Impostures de la poésie* de Roger Caillois (1944) ; *Journaux intimes* de Charles Baudelaire (1944) ; *Poèmes (1941-1944)* de Saint-John Perse (1944) ; *Sylvie suivi des Chimères* de Gérard de Nerval (1945) ; *Le Vert Paradis* de Victoria Ocampo (1945) ; *Des conspirations et de la justice politique* de François Guizot (1945).

697 L'enveloppe porte l'adresse suivante : « Señor D. Roger Caillois Directeur de *Lettres françaises* "Sur" 689, San Martin *Buenos Aires* (R.A.) ». Fonds Roger Caillois, cote CS79, Médiathèque Valery-Larbaud, Vichy.

698 Jules Supervielle, *La Belle au bois*, éd. citée.

pouvez compter sur les 400 pesos. S'il est indispensable que vous les ayez tout de suite je vous les ferai parvenir moi-même.
Je vous serre affectueusement la main

Jules Supervielle

198. LETTRE À ROGER CAILLOIS DU 10 JUIN 1944[699]

Mon cher ami,

Je viens de recevoir les secondes épreuves de *La Belle*[700] et vous les retournerai dans deux jours, corrigées. Il n'y a presque plus de fautes. Ma sœur, Madame Baron, va vous téléphoner. Le mécène envoie les 400 pesos qui vous seront remis immédiatement mais il tient à ce que son nom ne figure pas dans le livre. Il n'y aura qu'à mettre le nom de celui qui a versé 600 pesos ? Je pense que vous n'y verrez pas d'inconvénient ni lui non plus. Dans les épreuves la dédicace à Pitoëff et Jouvet manquait. Je voudrais la modifier et vous prie de m'en envoyer l'épreuve.
Affectueusement à vous

Jules Supervielle

Ne sachant combien de temps je resterai à la Colonia Suiza je vous prie de m'écrire au Sarandi, 372 aux soins de les [*sic*] Señoritas de Saavedra.

199. LETTRE À ROGER CAILLOIS DU 22 JUIN 1944[701]

Mon cher ami,

M'étant brouillé avec Madeleine Ozeray, qui, poussée par le Barbu, demandait des changements à notre scénario pour des motifs absolument

---

699 L'enveloppe porte l'adresse suivante : « Señor D. Roger Caillois Directeur de *Lettres françaises* "Sur" 689, San Martin *Buenos Aires* (R.A.) ». Fonds Roger Caillois, cote CS80, Médiathèque Valery-Larbaud, Vichy.
700 Jules Supervielle, *La Belle au bois*, éd. citée.
701 L'enveloppe porte l'adresse suivante : « Señor D. Roger Caillois Directeur de *Lettres françaises* "Sur" 689, San Martin *Buenos Aires* (R.A.) ». Fonds Roger Caillois, cote CS81, Médiathèque Valery-Larbaud, Vichy.

ridicules je me vois obligé de changer la dédicace de *La Belle au bois*[702]. La voici donc dans sa nouvelle version (elle aussi !)
Si vous voulez bien vous assurer que les corrections portées sur les dernières épreuves ont bien été faites il sera inutile de m'en envoyer d'autres. Entendu pour le silence touchant le 2nd mécène. J'enverrai quelque chose à Gide, prochainement par l'intermédiaire de Lancial[703].
Je ne désespère pas d'aller à Buenos Aires pour la 1ère représentation de *Ladron de niños* qui se donnera je crois après la pièce d'Alberti à l'Avenida[704]. Et nous pourrons enfin reprendre la conversation trop longtemps interrompue. Tout vôtre

Jules Supervielle

200. LETTRE À ROGER CAILLOIS DU 1er AOÛT 1944[705]

Mon cher ami,

Je vais passer huit jours à la Colonia Suiza (Hotel Nirvana). Si *La Belle au bois*[706] est parue comme l'indique votre annonce des *Lettres françaises* pouvez-vous m'en envoyer un exemplaire à l'Hotel Nirvana ?
Je compte bien aller à Buenos Aires dans la prochaine quinzaine de Septembre pour la première du *Ladron de niños* (Comp. Xirgu)[707]. Cette fois, j'espère bien pouvoir donner suite à mon projet ma santé étant nettement meilleure depuis quelque temps.
Lu avec beaucoup d'intérêt votre manifeste sur « la littérature édifiante[708] ». Je n'y vois, en ce qui me concerne aucun inconvénient pourvu qu'on continue *aussi* à cultiver la littérature gratuite.

---

702 Jules Supervielle, *La Belle au bois*, éd. citée.
703 Emmanuel Lancial, nommé délégué du Comité National Français en Uruguay à la fin de l'année 1942.
704 La pièce de Supervielle, *El Ladrón de niños*, est donnée le 24 octobre 1944 au Teatro Avenida de Buenos Aires, par la compagnie Xirgu.
705 L'enveloppe porte l'adresse suivante : « Señor D. Roger Caillois Directeur de *Lettres françaises* "Sur" 689, San Martin *Buenos Aires* (R.A.) ». Fonds Roger Caillois, cote CS173, Médiathèque Valery-Larbaud, Vichy.
706 Jules Supervielle, *La Belle au bois*, éd. citée.
707 Voir la lettre du 22 juin 1944.
708 Roger Caillois, « Manifeste pour une littérature édifiante », *Lettres françaises*, n° 13, 1er juillet 1944, p. 1-5.

J'ai connu à Paris Nabokoff-Sirine[709]. J'aime la première moitié de sa nouvelle après quoi ça cesse peu à peu et de plus en plus d'être convaincant. Mais c'est un écrivain original et il y a là de bien belles choses dans son « joueur d'échecs ».
Affectueusement à vous

Jules Supervielle

Par encore lu le Saint-John Perse[710]. Je l'emporte à la Colonie.

201. LETTRE À JACQUES MARITAIN DU 11 AOÛT 1944[711]

Bien cher Ami,

Je viens de passer quelques jours à la campagne où j'ai rencontré Odile Baron[712] la fille d'Anita. Ma sœur (me disait Odile) a de grands torts envers vous, elle qui n'a pas répondu à votre si bonne, si affectueuse lettre. J'ajouterai qu'elle n'est pas entièrement coupable. Sa santé est loin d'être bonne, elle a même été au plus mal il y a quelques jours mais elle va mieux.
Mais je vous parle d'Anita comme si j'avais moi-même la conscience en repos. En réalité je ne sais lequel de nous deux (de vous ou de moi) a écrit en dernier à l'autre. Je crains qu'une de nos lettres ne se soit égarée (ou plusieurs). Nous parlons bien souvent de vous avec Pilar, nous vous lisons aussi ainsi que Raïssa. Bientôt, dans quelques mois sans doute nous pourrons nous retrouver en France !

---

709 Vladimir Nabokov (1899-1977), écrivain américain d'origine russe, s'était installé à Paris en 1936 après avoir quitté l'Allemagne, avant de partir pour l'Amérique en 1940. Supervielle fait référence au texte publié par Nabokov dans la revue de Caillois sous le nom de Vladimir Sirine, « La visite au musée », *Lettres françaises*, n° 13, *op. cit.*, p. 13-22.
710 Saint-John Perse, « Neiges », *ibid.*, p. 6-10.
711 L'enveloppe porte l'adresse suivante au recto : « Monsieur Jacques Maritain c/o École libre des Hautes Études 21 West 12th Street New York City U.S.A. » ; au verso : « Jules Supervielle Costa Rica, 1958 Carrasco Montevideo ». BNU, Fonds Jacques et Raïssa Maritain, MS.MARITAIN.2,1,1488).
712 Odile Baron Supervielle (1915-2016), écrivaine et journaliste argentine, directrice du supplément littéraire de *La Nación*. Nièce et filleule de Jules Supervielle, elle est l'une des six enfants d'Anita Supervielle Munyo et d'Étienne Baron Lamothe.

Mon cher Jacques, j'ai particulièrement apprécié ce que vous avez dit sur l'antisémitisme[713], si odieux et qui s'infiltre si sournoisement. C'est à mettre à côté de la lettre de Claudel aux évêques de France (mais Claudel n'a pas toujours vu aussi clair).
Pierre David me dit avoir rencontré Olivier Lacombe[714] à Beyrouth et la joie qu'il a eue à le fréquenter. Enfin nous avons eu des nouvelles de lui (Pierre). Il écrit si peu, de bonnes lettres, un peu sibyllines parfois. Et je n'ai appris qu'il y a un mois qu'il avait fait un long séjour chez Saurat[715] à Londres avant de s'engager dans les troupes gaullistes.
Au revoir, mon cher Jacques. Ceci n'est pas une lettre mais un simple bonjour pour Raïssa et pour vous. Ne m'oubliez pas non plus auprès de votre belle-sœur[716].
Je vous embrasse

Jules

---

713 Pendant la Seconde Guerre mondiale, Jacques Maritain est l'auteur de plusieurs textes et conférences sur l'antisémitisme. Il est amené à réévaluer l'ensemble de l'histoire de l'antisémitisme à partir des textes de Saint-Paul, ce qui donne lieu au texte de 1941, *L'Enseignement de Saint-Paul*. Il est ensuite l'auteur d'un message radiodiffusé en 1942, *La Persécution raciste en France*, où il tente de percer le sens de la souffrance juive. En 1943, l'on peut retenir *Le Droit raciste et la vraie signification du racisme* et *Un nouvel âge du monde*; en 1944, *La Passion d'Israël* et *L'Enseignement chrétien de l'histoire de la crucifixion*. Ces textes sont cités et présentés par Esther Starobinski-Safran, « Judaïsme, peuple juif et État d'Israël », *in Jacques Maritain face à la modernité*, éd. citée, p. 233-234.

714 Olivier Lacombe (1904-2001), indianiste et philosophe français, très lié dès les années 1920 avec Jacques et Raïssa Maritain, est en particulier l'auteur de *Jacques Maritain, la générosité de l'intelligence*, Paris, Pierre Téqui, 1991. Pendant la Seconde Guerre mondiale, Olivier Lacombe dirige l'Institut de Philosophie à la faculté des Lettres d'Ankara.

715 Denis Saurat (1890-1958), auteur et universitaire. Saurat est l'auteur du compte rendu consacré, dans *La N.R.F.*, à la traduction du roman de Güiraldes, *Don Segundo Sombra*, à laquelle contribue Supervielle (*La N.R.F.*, mai 1934, n° 248) et il consacre encore une place importante à celui-ci dans *Modernes*, Paris, Denoël et Steele, 1935. Supervielle lui dédie le poème « La colombe », *Oublieuse mémoire*, éd. citée Détaché au King's college de Londres, Saurat est révoqué de ses fonctions en 1943, raison de ses idées gaullistes ; il est réintégré en octobre 1944. Sur son engagement et son parcours en Angleterre, voir Charlotte Faucher, « From Gaullism to Anti-Gaullism : Denis Saurat and the French Cultural Institute in Wartime London », https://journals.sagepub.com/doi/10.1177/0022009417699866, consulté le 01/02/2022.

716 Véra Oumansoff.

202. LETTRE À ROGER CAILLOIS DU 27 AOÛT 1944[717]

Mon cher ami,

Reçu les exemplaires de *La Belle au bois*[718]. Ravi de l'édition qui est fort jolie.
Votre lettre aussi m'a bien fait plaisir. Je suis heureux que vous ayez aimé le *Choix de poèmes*[719] et fier de ce que vous m'en dites (généreusement). Dans peu de jours paraîtra l'édition courante à la Sud-Americana.
J'espère encore ne pas vous rater à Buenos Aires ! Cela dépendra de la date des représentations du *Ladron de niños*[720].
On était si heureux de la libération de Paris et voilà cet attentat contre de Gaulle[721]. Je crains que ce ne soit très grave, en l'absence de détails.
À bientôt, je vais l'espérer. Très affectueusement

Jules Supervielle

203. LETTRE À ROGER CAILLOIS DU 29 OCTOBRE 1944[722]

Mon cher ami,

Vous recevrez les poèmes dans quelques jours[723]. J'y travaille encore. Vous aurez cinq ou six pages de vers – et l'exclusivité, du moins jusqu'au

---

717 L'enveloppe porte l'adresse suivante : « Señor D. Roger Caillois Directeur de *Lettres françaises* "Sur" 689, San Martin *Buenos Aires* (R.A.) ». Fonds Roger Caillois, cote CS114, Médiathèque Valery-Larbaud, Vichy.
718 Jules Supervielle, *La Belle au bois*, éd. citée.
719 Jules Supervielle, *Choix de poèmes*, éd. citée.
720 Voir les lettres du 22 juin 1944 et du 1ᵉʳ août 1944.
721 Après la libération de Paris le 25 août 1944, le 26 août, une fusillade a lieu à Notre-Dame de Paris, prenant pour cible le Général de Gaulle.
722 L'enveloppe porte l'adresse suivante : « Señor D. Roger Caillois Directeur de *Lettres françaises* "Sur" 689, San Martin *Buenos Aires* (R.A.) ». Fonds Roger Caillois, cote CS115, Médiathèque Valery-Larbaud, Vichy.
723 Supervielle évoque la suite qui composera « Poèmes », *Lettres françaises*, n° 15, 1ᵉʳ janvier 1945, p. 1-6 : son souhait de figurer « en tête de sommaire » a bien été entendu par Caillois. Cet ensemble se compose de « Temps de guerre », « Les sombres bois », « Hermétisme », « Le buisson », « Faisant bouger le jour » et « Suicide en rêve ». Tous sont en effet inédits avant leur publication dans *Lettres françaises*. Le premier texte – dont le titre sera repris pour couronner une section de *1939-1945* – est recueilli dans ce recueil, avec des variantes, sous le titre « Souffrir », ainsi que dans le *Choix de poèmes* de 1947. « Les sombres bois »,

rétablissement des conditions normales avec la France. Je ne verrai aucun inconvénient à ce que vous me mettiez en tête de sommaire… (*cum grano salis*, comme dirait Renan).
Je vous fais suivre le numéro de *Fontaine*.
J'ai fait part à Jean de votre désir. Comme vous ne paraissez que tous les 3 mois il ne pourrait vous réserver que certaines nouvelles précédant de peu la parution de votre numéro[724]. Quand paraissez-vous exactement, cette fois ?
Vos impressions du *Voleur d'enfants* ou plutôt du *Ladron*[725] me consolent du retrait de l'affiche de ma pièce. Le public argentin a dû être déconcerté. « Si ce Colonel est ridicule, s'est-il dit sans doute, pourquoi veut-il nous le rendre sympathique. [»]
Les Lettres françaises paraissant en français vous ne publiez pas de compte rendu de ma pièce (en espagnol). Mais ne pourriez-vous y consacrer deux ou 3 lignes dans les nouvelles que vous donnez à la fin de la revue 1 ? J'espère que *Sur* en parlera. Patricio Canto semblait fort bien disposé pour ma pièce. Bien affectueusement à vous

Jules Supervielle

1 Cette pièce a été reçue à la Comédie Française et devait être jouée durant la saison 1939-1940. C'était avec une pièce de Claudel et une autre de Mauriac les trois nouveautés.
Je voudrais ravoir le livre de Jouve que je vous ai fait remettre par Bénichou[726]. Merci d'avance.

J.S.

« Faisant bouger le jour » et « Suicide en rêve » figurent dans *1939-1945* et dans *Dix-huit poèmes* ; « Hermétisme », dans *1939-1945* et dans le *Choix de poèmes* de 1947 ; « Le buisson », dans *1939-1945*.

724 Il s'agit de Jean Supervielle, l'un des fils de l'écrivain, qui travaille au Service d'Information français. Il accepte de faire pour *Lettres françaises* « le service des nouvelles de l'Information qu'il reçoit et qui peuvent intéresser la revue. » Odile Felgine, *Roger Caillois*, éd. citée, p. 262.

725 Voir les lettres du 22 juin, du 1er août et du 27 août 1944.

726 Paul Bénichou (1908-2001), critique littéraire et professeur, avait en 1942 quitté la France pour l'Algérie, puis pour l'Argentine. D'abord professeur à l'université de Mendoza, il occupe ensuite un poste à l'Institut français de Buenos Aires, dirigé par Roger Caillois et rallié à la France libre.

204. LETTRE À ROGER CAILLOIS DU 11 NOVEMBRE 1944[727]

Mon cher ami,

J'ai quelques inquiétudes touchant mon poème « Suicide en rêve[728] » (le dernier de ma suite[)]. Je crains qu'il ne fasse du tort aux autres par sa préciosité. Ne vaudrait-il pas mieux ne pas le donner ? Je vous laisse juge. Entendu, je vais demander à Jean de vous envoyer les nouvelles susceptibles de vous intéresser (actualité)[729].
Merci d'avoir écrit un mot à Canto du *Ladron*.
Bien affectueusement à vous

Jules Supervielle

Nous avons reçu une lettre de Denise Bertaux du dix-huit Septembre ! Elle nous dit que Cassou fut « à moitié assassiné » par les Allemands qui lui défoncèrent la poitrine et lui fracturèrent le crâne[730]. Il doit être rétabli maintenant, ou à peu près, puisqu'il accorde des interviews et occupe le poste de Commissaire de la République à Toulouse. Je pense que Pierre est son adjoint : il devait lui succéder en cas de malheur[731].
Reçu le Jouve. Merci.

---

[727] L'enveloppe porte l'adresse suivante : « Señor D. Roger Caillois Directeur de *Lettres françaises* "Sur" 689, San Martin *Buenos Aires* (R.A.) ». Fonds Roger Caillois, cote CS82, Médiathèque Valery-Larbaud, Vichy.

[728] Voir la lettre du 29 octobre 1944. Ce poème est bien retenu pour la suite donnée dans le quinzième numéro de *Lettres françaises*. Jouant avec la forme d'un sonnet, il se compose de trois quatrains d'alexandrins – à l'exception du vers 2, un hexasyllabe – aux rimes embrassées dans les deux premières strophes, avec une reprise ouvragée des rimes de l'une à l'autre selon un schéma ABBA BAAB ; puis croisées dans la troisième (CDCD), tandis que le distique final possède des rimes suivies (EE). Ce poème reprend le *topos* romantique de la noyade, mais la figure féminine auquel il s'adresse se complexifie du souvenir de la mère morte, déjà liée aux profondeurs marines dans « Le portrait », à l'ouverture de *Gravitations*.

[729] Voir la lettre du 29 octobre 1944.

[730] Jean Cassou avait été nommé en juin 1944 commissaire de la République de la région de Toulouse. Au mois d'août, lors de la libération de la ville, sa voiture rencontre une colonne allemande : il est laissé pour mort tandis que deux de ses compagnons sont tués. Dans le coma, il est hospitalisé ; il est remplacé mais maintenu dans son titre. Il démissionne de ses fonctions après une convalescence d'un an.

[731] Pierre Bertaux était le suppléant, désigné par le gouvernement du Général de Gaulle, de Jean Cassou. Sur ce point, voir Pierre Bertaux, « Commissaire de la République à Toulouse », *Mémoires interrompus*, éd. citée, p. 215-263.

1945

205. LETTRE À ROGER CAILLOIS DATÉE « 1ᵉʳ MARS 1945 »,
ESTIMÉE DU 1ᵉʳ FÉVRIER 1945[732]

Réservé

Cher Ami,

Il est question de faire à Montevideo une revue mensuelle française littéraire, artistique, économique et d'information, qui contiendrait un supplément en langue espagnole et portugaise et s'adresserait au public de l'Amérique latine[733]. On songe à moi comme directeur en ma qualité de franco-uruguayen. La revue aurait la vie assurée grâce à l'appui de la légation de France et du service d'Information. Et je venais vous demander, si, éventuellement, vous seriez disposé à en être le rédacteur en chef. Tout le travail matériel serait fait à Montevideo au secrétariat de la revue, les articles vous seraient communiqués, bien sûr, pour avis et nous déciderions ensemble.

Nous recevrions vous et moi une indemnité mensuelle de deux cents pesos uruguayens chacun, ce qui est maigre mais l'œuvre serait d'utilité française et ne manquerait pas d'intérêt. Et nul mieux que vous ne saurait lui donner l'impulsion et « la classe » désirables. Tout le monde s'accorde là-dessus.

Comptez-vous toujours venir faire des conférences à l'Université Centrale Américaine ? Si vous venez régulièrement cela faciliterait les choses.

Quelle que soit votre réponse je vous demande, pour l'instant, le silence le plus complet sur ce projet.

---

732 L'enveloppe porte au recto l'adresse suivante : « Sr Roger Caillois Villa Victoria Arenales y Mathew Mar del Plata (Rep. Argentina) » ; au verso : « Jules Supervielle Costa Rica, 1950 Montevideo ». Fonds Roger Caillois, cote CS119, Médiathèque Valery-Larbaud, Vichy.

733 Ce projet d'une revue qui se serait nommée *Le Pont-Neuf* – évoqué également dans la correspondance de Supervielle avec Paulhan (Jules Supervielle, *Choix de lettres*, éd. citée) et Étiemble (Jules Supervielle, René Étiemble, *Correspondance 1936-1959*, éd. citée) – n'aboutira pas, comme le révèlent les lettres suivantes de Supervielle à Caillois.

Je ne sais pas si vous comptez rentrer bientôt en France[734]. Je voudrais être là-bas dans dix ou huit mois environ[735]. Mais l'essentiel serait de permettre à la revue une naissance heureuse, suivie de quelques mois de soins attentifs. Après quoi la vie lui serait plus facile.
Posez-moi, si le projet vous intéresse, toutes les questions que vous voudrez. Avec vous tout me semblera amical et intéressant.
Tout vôtre

Jules Supervielle

206. LETTRE À ROGER CAILLOIS DU 15 FÉVRIER 1945[736]

Montevideo
Monsieur Roger Caillois
MAR DEL PLATA

Cher ami,

Excusez-moi si j'ai tardé à vous répondre. J'attendais le retour de Rémy[737] *qui était à Rio.*
Laissez-moi vous dire d'abord combien je suis heureux de votre acceptation de principe. Elle m'est tout à fait précieuse. Je réponds à vos questions et vous donne quelques précisions complémentaires :

---

734 Dès l'automne 1944, Roger Caillois exprimait à Jean Paulhan son souhait de revenir en France, envisageant même pour cela de redevenir professeur. En juillet 1945 se rend à Buenos Aires la mission d'information sur la conduite de la France pendant la guerre dirigée par Louis Pasteur Vallery-Radot : à cette occasion, et grâce à l'appui d'Henri Seyrig, Caillois regagne la France, en tant qu'adjoint de la mission. Odile Felgine, *Roger Caillois*, éd. citée, p. 268-273.
735 Supervielle retrouvera la France en juillet 1946, en tant qu'attaché culturel honoraire auprès de la légation d'Uruguay à Paris. Jules Supervielle, *Œuvres poétiques complètes*, éd. citée, p. LVIII.
736 Cette lettre, dactylographiée, comporte des ajouts et une signature manuscrits indiqués en police romaine. L'enveloppe porte l'adresse suivante : « Señor D. Roger Caillois c/o Señora Da Victoria Ocampo Villa Victoria (entre Matheu y Arenales) Mar del Plata (R.A.) ». Fonds Roger Caillois, cote CS116, Médiathèque Valery-Larbaud, Vichy.
737 Jacques Rémy (1911-1981), cinéaste français, de confession juive, s'est réfugié en Amérique du Sud pendant la Seconde Guerre mondiale. Il occupe alors les fonctions d'inspecteur-adjoint des Services de l'Information en Amérique du Sud. Il collabore avec Supervielle au film *Le Moulin des Andes*, tourné au Chili entre 1943 et 1945. Sur ce point, voir également la *Correspondance, 1936-1959*, éd. citée, de Supervielle et Étiemble, ainsi que la lettre de Supervielle à Paulhan datée du 23 mars 1946, *Choix de lettres*, éd. citée, p. 275.

1º. – La revue sera aussi politique. (Elle fera valoir le point de vue français en groupant les amitiés hispano-américaines autour de notre culture.[)]
2º. – Elle sera de grande diffusion. Il y a un intérêt capital à ce qu'elle soit comprise par un public très étendu. (Exemple « France Libre »).
3º. – Il y aura un Comité d'Honneur avec les plus grands noms de l'Amérique latine. X *Dans chacun des pays seront constitués des comités de travail qui nous enverront les articles et s'occuperont de la diffusion de la revue. Mais j'aurai, comme vous le demandez, le droit de veto pour tous les articles quels qu'ils soient.*
4º. – La revue sera publiée en français. Il y aura un certain dosage de collaborations françaises et américaines latines. Seuls les poèmes seront publiés dans les deux langues.
5º. – Il y a aura un secrétaire de rédaction à Montevideo qui sera nommé par le Service d'Information d'accord avec la Légation (et qui sera probablement Coffinet[738]).
6º. – Il est bien entendu que le patronage des organes officiels ne sera pas mentionné.
7º. – À Rio, le groupe de travail sera présidé par le Dr. Ombredane[739]. Notre Ambassadeur là-bas nous est tout acquis ainsi que Bernanos[740].
8º. – Les textes que vous avez déjà, en particulier ceux d'Étiemble, constitueront un précieux apport à la revue.
9º. – Vu Ruano Fournier. Il n'a pas pu vous répondre encore, le Comité de l'Université Centrale Américaine n'ayant pas pu se réunir. Mais il pense que la chose est très faisable. Il vous écrira très prochainement.
Quand rentrez-vous à Buenos Aires ? J'ai hâte de vous revoir.
Bien affectueusement vôtre,

Jules Supervielle

Jules Supervielle

X en particulier Victoria.

---

738 Julien Coffinet (1907-1977), artiste et marxiste, s'exile en Uruguay pendant la Seconde Guerre mondiale afin de fuir le nazisme.
739 André Ombredane (1898-1958), médecin, est de 1939 à 1945 professeur de psychologie expérimentale à l'Université de Rio de Janeiro.
740 Georges Bernanos (1888-1948) s'exile en 1938 en Amérique du Sud. L'écrivain demeure jusqu'en 1945 au Brésil, d'où il soutient la France libre. Sur ses relations d'amitié avec Roger Caillois, voir Odile Felgine, *Roger Caillois*, éd. citée.

207. LETTRE À ROGER CAILLOIS DU 16 FÉVRIER 1945[741]

Cher Ami,

Je viens de relire la copie de ma lettre envoyée cette après-midi du service d'information. J'oubliais de vous donner, pour avis, les titres auxquels j'avais pensé. *Le Pont-Neuf, Renouveau, Connaître* (dans l'ordre de mes préférences). Si vous avez songé à des titres plus heureux faites-les-moi connaître n'est-ce pas.
Il n'y a pas d'urgence à ce que nous nous voyions, la revue ne pouvant paraître avant Avril. Mais il convient de nous mettre d'accord d'ores et déjà. Continuez, je vous prie, à me faire part de toutes vos suggestions. Merci.
Votre

Jules Supervielle

Dans le Comité d'honneur on pourrait mettre, avec Victoria, Borges et un 3ᵉ nom qui n'aurait rien à voir avec *Sur* (médecin, homme politique ou même écrivain). Qu'en pensez-vous.

208. LETTRE À ROGER CAILLOIS DES 27 ET 28 FÉVRIER 1945[742]

Cher Ami,

J'ai eu tort de vous dire que rien ne pressait pour la revue. En réalité Rémy voudrait mettre ça sur pied le plus tôt possible.
Avez-vous reçu ma lettre en réponse à la vôtre ? J'ai oublié de vous dire que les collaborations seront payées. Je n'aurais pas assumé la direction d'une revue dans le cas contraire. Je ne sais encore ce qu'on donnera. Nous verrons ça vous et moi avec Rémy.
Coffinet fera très bien au secrétariat. Il est intelligent, actif et a l'esprit précis.

---

741 L'enveloppe porte l'adresse suivante : « Sr Roger Caillois Villa Victoria Arenales y Mathew Mar del Plata (Rep. Argentina) ». Fonds Roger Caillois, cote CS117, Médiathèque Valery-Larbaud, Vichy.
742 L'enveloppe porte l'adresse suivante : « Sr Roger Caillois Villa Victoria Arenales y Mathew Mar del Plata (Rep. Argentina) ». Fonds Roger Caillois, cote CS118, Médiathèque Valery-Larbaud, Vichy.

Le Docteur Saenz[743] arrive aujourd'hui de New York. Cela permettra, je pense, à l'Université Centrale Américaine de vous donner une réponse définitive.
Affectueusement à vous

Jules Supervielle

Ci-joint (avec prière de retour) la copie de ma dernière lettre.
Viendrez-vous faire passer le baccalauréat au Lycée français ? En tout cas nous aimerions beaucoup – ce serait même indispensable – vous voir vers le 10 mars (le 12 au plus tard. Je pars le 13 ou le 14 pour Concepción del Uruguay.[)] Rémy aussi estime que nous devons absolument nous réunir. Je pourrais demander à Jean Paulhan s'il veut bien être notre correspondant en France et centraliser les collaborations françaises. Peut-être pourrait-il nous écrire tous les mois (elle nous serait envoyée par radio, sans doute) une lettre de France.
Le 28 Fév. Je reçois votre lettre. Suis ravi de votre accord. Il est bien entendu que nous ne chercherons pas la polémique. Nous ne ferons pas de propagande anti-yanquie. Rémy est aussi d'accord sur ce point important et nous approuve.
Ci-joint une liste de noms proposés pour le Comité d'Honneur. On les mettrait par ordre alphabétique sans indication de pays.
Je vous récrirai dès que je saurai q[uel]q[ue] chose pour l'Université Centrale Américaine. Notre revue paraîtrait le 1er Mai.
Dans *Poésie 44* (numéro de décembre) il y a un excellent Sartre[744] sur Ponge qui vous plairait je crois pour *Lettres françaises*[745].

---

743 Abelardo Saenz (1897-1975), médecin, biologiste et diplomate uruguayen.
744 La lettre de Supervielle à Jean Paulhan du 16 septembre 1937 révèle que Supervielle avait rencontré Sartre (1905-1980) à Port-Cros à la fin des années 1920 ou au début des années 1930, et que l'auteur de *La Nausée* appréciait particulièrement *Le Forçat innocent*. De son côté, Supervielle évoque à plusieurs reprises, dans cette correspondance, son goût pour les œuvres en prose de Sartre (Jules Supervielle, *Choix de lettres*, éd. citée).
745 Supervielle fait référence au célèbre article, tiré de *Situations I*, qui contribue à la diffusion de l'œuvre de Ponge : Jean-Paul Sartre, « L'homme et les choses (II) », *Poésie 44*, n° 21, novembre-décembre 1944. Ce numéro donne également un texte important de Ponge mentionné dans la suite de la correspondance, « Introduction inédite au galet », *ibid*. Si l'article de Sartre ne sera pas repris dans *Lettres françaises*, le texte de Ponge apparaîtra bien au sommaire de la revue, dans le n° 16, 15 avril 1945, p. 11-14.

209. LETTRE À ROGER CAILLOIS DU 1er MARS 1945[746]

Cher ami,

Plusieurs erreurs se sont glissées sur la copie des éventuels membres du Comité d'honneur de la revue. Reyes[747] a été baptisé Carlos au lieu d'Alfonso etc. Je vois d'ailleurs ces noms par ordre alphabétique, *sans indication de pays d'origine*. Pour l'Uruguay j'hésite encore. Au lieu de Torres García[748] on pourrait demander à Clemente Estable[749]. Nous verrons.
Vous pouvez maintenant parler de la Revue à Victoria, si vous ne l'avez pas déjà fait. Et écrire à Borges et Houssaye. Il va sans dire que si vous le jugez utile je signerai aussi ces lettres.
J'avais tellement hâte de vous répondre hier que j'en ai oublié de vous dire combien j'avais été peiné du décès du père d'Yvette. Dites-lui je vous prie toute ma tristesse et celle de ma femme. On ouvre en tremblant les lettres qui nous arrivent de France.
Affectueusement à vous deux

Jules Supervielle

---

746 L'enveloppe porte l'adresse suivante : « Sr Roger Caillois Villa Victoria Arenales y Mathew Mar del Plata (Rep. Argentina) ». Fonds Roger Caillois, cote CS120, Médiathèque Valery-Larbaud, Vichy.

747 Alfonso Reyes (1889-1959), écrivain et diplomate mexicain, ami proche de Supervielle. Comme celui-ci, qu'il rencontre dès 1913, lors de son premier séjour à Paris, Reyes a fréquenté le cercle du professeur Martinenche, et s'est aussi intéressé au paysage dans la poésie latino-américaine : en témoigne son ouvrage, *Vision de l'Anáhuac*, dont la traduction paraît chez Gallimard en 1927, assortie d'une préface de Valery Larbaud, que Reyes a rencontré à Madrid en avril 1923. Supervielle dédie à Reyes « Le Survivant », *Gravitations*, éd. citée, et traduit un poème de Reyes pour *La Revue européenne*, n° 10, p. 372-374. Sur les relations entre Supervielle et Reyes, voir leur correspondance présentée par Paulette Patout dans « L'Amitié de Jules Supervielle pour don Alfonso Reyes », *Littératures*, n° 3, Toulouse, printemps 1981, p. 67-108, ainsi que l'article de Dominique Diard, « La lettre à la croisée des continents : la correspondance de Jules Supervielle », *Correspondance et formation littéraire, Elseneur, op. cit.*

748 Joaquín Torres García (1874-1949), peintre, sculpteur, écrivain, théoricien et professeur hispano-uruguayen. Collaborateur de Gaudí, ami de Picasso, il s'installe en 1934 à Montevideo ; en 1943, il y fonde l'« Atelier Torres García », consacré à la formation de jeunes artistes.

749 Clemente Estable (1894-1976), scientifique, philosophe et professeur uruguayen. Nommé professeur honoraire de la Faculté de médecine de Montevideo en 1937, il est invité dans de multiples universités.

210. LETTRE À ROGER CAILLOIS DU 8 MARS 1945[750]

Ruano Fournier m'a dit qu'il y avait de grandes chances pour que vous ayez la chaire en France[751]. La question se décidera sous peu.

Cher ami,

Il faut attendre avant d'annoncer *Le Pont-Neuf*. Je n'écris pas encore aux membres éventuels du Comité d'Honneur. Il convient que nous ayons une entrevue avec Rémy et Coffinet pour la mise au point de diverses questions essentielles touchant la revue. Et éviter des malentendus dès le départ.
Rémy vous a téléphoné pour vous demander si vous pouviez venir le 14. Ou plutôt c'est moi qui ai signé, je crois, le télégramme à la suite d'une conversation avec Rémy. Votre voyage sera aux frais de l'information. Ombredane sera là le 14. Si vous ne pouviez venir pour cette date – et ce serait dommage – il faudrait remettre les choses vers le 22.
J'ai demandé à Rémy, et cela très instamment, de vous faire copier l'article de Sartre sur Ponge et le texte de Ponge aussi[752]. Il m'a promis de vous les envoyer dès que possible.
Entendu pour José Gálvez[753] (Pérou). Quant à Arinos de Melo Franco[754] Rémy estime que nous devons – puisqu'il s'agit du Brésil demander son avis à Ombredane. Si personne ne s'impose pour l'Amérique Centrale (ils n'ont pas de Rubén Darío[755] en ce moment !) nous garderons le silence sur les personnalités de cette région.

---

750 L'enveloppe porte l'adresse suivante : « Señor D. Roger Caillois Directeur de *Lettres françaises* "Sur" 689, San Martin *Buenos Aires* (R.A.) ». Fonds Roger Caillois, cote CS85, Médiathèque Valery-Larbaud, Vichy.
751 Afin de revenir en France, Caillois avait envisagé plusieurs possibilités : il avait exprimé le souhait d'être rattaché au département d'Amérique latine du Quai d'Orsay – ce pour quoi il avait sollicité l'aide de Paulhan – ou même de redevenir professeur. De son côté, Victoria Ocampo s'était encore adressée à Paul Valéry et à diverses personnalités françaises pour lui venir en aide. Odile Felgine, *Roger Caillois*, p. 268-269.
752 Voir la lettre du 27 et du 28 février 1945.
753 José Gálvez Barrenechea (1885-1957), poète, écrivain, journaliste, professeur d'université et homme politique péruvien. En juillet 1945, il deviendra premier vice-président et sénateur de la République du Pérou.
754 Afonso Arinos de Melo Franco (1905-1990), homme politique, historien, professeur et critique littéraire brésilien.
755 Rubén Darío (1867-1916), poète nicaraguayen, fondateur du mouvement littéraire moderniste dans la langue hispano-américaine à la faveur de son livre *Azul*, paru

À bientôt j'espère et affectueusement à vous

Jules Supervielle

211. LETTRE À ROGER CAILLOIS DU 12 MARS 1945[756]

Cher ami,

Je ne vous ai pas écrit une lettre mais deux, à peu près en même temps que je vous envoyais mon télégramme. Nous nous verrons donc la semaine prochaine. Je serai de retour de Inmaculada Concepción del Uru. Lundi. Rémy arrangera avec vous le rendez-vous à Montevideo auquel assisteront Ombredane, Coffinet et mon fils Jean.
Nous mettrons définitivement au point la liste des membres d'honneur et règlerons ensemble la question du format, nombre de pages et lignes générales de la revue, ainsi que le travail de chacun.
Il est entendu avec Rémy que vous aurez connaissance de tous les textes. Le travail de mise en pages, correction d'épreuves, bref la partie matérielle se fera à Montevideo. Comme vous l'avez demandé j'aurai le droit de veto sur tous les textes et vous savez le cas que je fais de vos avis... Il faudra bien sûr que nous ayons un entretien tous les deux seuls pour nous mettre d'accord sur les points essentiels avant la réunion avec Rémy et les autres.
À bientôt. Affectueusement à vous

Jules Supervielle

---

en 1888. Ricardo Paseyro indique que la bibliothèque de Supervielle comptait une réédition de *Los Raros* de Darío, acquise à Montevideo en 1906. Il précise également que Supervielle avait rencontré plusieurs fois l'écrivain espagnol : les deux hommes se sont croisés lors d'une escale au Río de la Plata, où Darío avait donné une conférence dont la date n'est pas précisée ; puis, à la suite d'un échange épistolaire au mois de février 1912, Supervielle s'est rendu au bureau de Darío et l'a reçu à son tour chez lui. Ricardo Paseyro rapporte qu'« ils discutèrent de métrique, des vers courts et de l'hexamètre latin ». Ricardo Paseyro, *Jules Supervielle, Le Forçat volontaire*, éd. citée, p. 76.

756 L'enveloppe porte l'adresse suivante : « Señor D. Roger Caillois Directeur de *Lettres françaises* "Sur" 689, San Martin *Buenos Aires* (R.A.) ». Fonds Roger Caillois, cote CS84, Médiathèque Valery-Larbaud, Vichy.

Vous avez dû recevoir le Sartre ainsi que le Ponge que je vous ai fait aussi recopier à l'Information[757]. Cela a tardé quelque peu à vous parvenir p.c.q. le texte était fort long à copier.

212. LETTRE À ROGER CAILLOIS DU 27 ET DU 28 MARS 1945[758]

Cher Ami,

Voici un texte de Raymond Mortimer[759], en communication. J'estime qu'il serait très utile de le publier dans le 1er numéro de *Pont-Neuf*. Surtout alors que le français ne sera pas une des langues officielles à la conférence de San Francisco[760] ! Par ailleurs le texte est de lecture agréable et n'a rien, oh ! absolument rien d'hermétique[761] ! Il ne faut pas ne pas toucher les Français et tous les amis de tous les pays. Qu'en pensez-vous.
Tout vôtre

J.S.

Je pars pour Puerta del Este. Prière de retourner l'article à Coffinet quand vous l'aurez lu.

J.

28. 3. 45[762]
P.S. étrange P.S. !

---

757 Voir les lettres des 27 et 28 février 1945 et du 8 mars 1945.
758 L'enveloppe porte l'adresse suivante : « Señor Roger Caillois redactor en jefe de Pont-Neuf San Martin 689 Buenos Aires (R.A.) ». Fonds Roger Caillois, cote CS86, Médiathèque Valery-Larbaud, Vichy.
759 Raymond Mortimer (1895-1980), écrivain, journaliste et critique littéraire anglais, lié à la France libre.
760 La Conférence de San Francisco, qui se tient à l'initiative des États-Unis du 25 avril au 26 juin 1945 et réunit cinquante États, vise à établir une alliance commune et aboutit notamment à la création de l'Organisation des Nations Unies. Sur les instructions du Général de Gaulle, Georges Bidault, dirigeant la délégation française, fera prévaloir le maintien du français comme langue officielle de l'ONU et, avec l'anglais, comme langue de travail du Secrétariat de cette organisation.
761 Note manuscrite, dans la marge gauche : « Voir au dos ».
762 Cette seconde partie de la lettre se trouve au verso.

Il me semble que tout est remis en question ! Rémy qui a eu connaissance du sommaire par Coffinet ne l'accepte pas. Vraiment je me demande parfois si je ne vous ai pas dérangé pour rien. D'une part le Ministre ne veut pas de politique dans la revue. De l'autre Rémy veut surtout de la politique plus ou moins déguisée. Et nous, nous voulons une revue largement littéraire. Si elle ne l'était pas je me refuserais à en prendre la direction ne me sentant aucune compétence pour la politique, l'économie du même nom etc.

J.S.

213. LETTRE À ROGER CAILLOIS DU 12 ET DU 15 AVRIL 1945[763]

Cher ami,

Bénichou a aimablement insisté auprès de mon fils Jean pour que je fixe la date de ma lecture de poèmes à l'Institut français[764]. J'aimerais mieux que cette date ne fût pas fixée très à l'avance, ma santé assez capricieuse me défendant de faire ce genre de projets à longue échéance. Mais je compte bien ne pas trop tarder à me rendre à Buenos Aires et nous pourrons alors – ou quelques jours auparavant – dès que mon voyage sera décidé – choisir ensemble une date. Remerciez encore, je vous prie, en mon nom vos amis de l'Institut – et vous-même ! – de leur affectueuse pensée et croyez-moi toujours très vivement à vous

Jules Supervielle

---

763 L'enveloppe porte l'adresse suivante : « Señor D. Roger Caillois Directeur de *Lettres françaises* "Sur" 689, San Martin *Buenos Aires* (R.A.) ». Fonds Roger Caillois, cote CS88, Médiathèque Valery-Larbaud, Vichy.
764 En août 1942 a été inauguré l'Institut français d'études supérieures de Buenos Aires, fondé par Roger Caillois et Roger Weibel-Richard, et inauguré par Henri Focillon. Installé près du centre de Buenos Aires, dans les anciens locaux de l'ambassade de Grande-Bretagne, l'Institut s'adresse à un public gaulliste et cultivé, et rencontre le succès. Il propose des conférences – dont celles de Caillois, consacrées à la sociologie religieuse, parmi les plus fréquentes –, des cours, notamment de français, latin, philosophie, sociologie et littérature contemporaine, assurés par Caillois, ainsi que des concerts, spectacles et pièces de théâtre. En 1943, l'Institut engage Paul Bénichou qui, pour fuir le nazisme, avait accepté un poste dans une annexe de l'université de Mendoza. Odile Felgine, *Roger Caillois*, éd. citée, p. 244-247.

P.S. le 15 Avril
À la suite de divergences trop sérieuses sur l'objet même de la revue je viens d'écrire à Rémy que je renonçais à en être le directeur tout en l'engageant à continuer ses pourparlers avec vous. Je ne suis plus assez souple pour suivre Rémy dans ses changements successifs mais je garde l'impression que la revue se fera et avec vous – tout au moins pour la partie littéraire. Merci du renseignement touchant la Coopération Intellectuelle. Je ne sais pas si, avec le nouveau proviseur l'invitation tient toujours. On verra. Rien ne presse. Entendu pour les droits d'auteur de *La Belle au bois*. C'est fort bien ainsi puisque c'est avant tout au profit des prisonniers de guerre.

J.S.

214. LETTRE À ROGER CAILLOIS DU 16 AVRIL 1945[765]

Cher Ami,

Je viens de répondre à Mme Storer. Je connaissais déjà votre désintéressement[766], vous me l'aviez prouvé lors de la publication de ces mêmes poèmes aux *Cahiers du Rhône*. Merci.
Je vois demain Felisberto Hernández[767] qui est un de mes grands amis de ce côté de l'Océan (et le restera, de l'autre). Il sera ravi de votre aimable intervention auprès de Lopez Llansas et vous écrira à ce sujet.

---

[765] L'enveloppe porte l'adresse suivante : « Monsieur Roger Caillois directeur de *Lettres françaises* "Sur" San Martin, 689 Buenos Aires ». Fonds Roger Caillois, cote CS87, Médiathèque Valery-Larbaud, Vichy.

[766] Dans une lettre à Supervielle datée du 19 décembre 1941, Roger Caillois soulignait déjà le désintéressement qui était le sien dans son travail d'éditeur : « Vous savez que ni la revue ni les éditions ne sont faites pour gagner quoi que ce soit. » Odile Felgine, *Roger Caillois*, éd. citée, p. 233.

[767] Felisberto Hernández (1902-1964) est un écrivain uruguayen avec lequel Supervielle entretient des liens d'amitié. Après leur rencontre en 1942, Supervielle lui présente Victoria Ocampo, Roger Caillois, et l'introduit dans les milieux littéraires lors de son séjour à Paris, de 1946 à 1948 : il engage notamment Jean Paulhan à publier les contes de Felisberto Hernández, ses efforts aboutissant à la parution de la nouvelle « Chez les autres » dans la revue *Points*, n° 2, avril-mai 1949, p. 82 (Jules Supervielle, *Choix de lettres*, éd. citée, p. 313). Supervielle dédie à Felisberto Hernández le poème « Feuille à Feuille » (*1939-1945*, éd. citée) et lui offre une mise au net du poème « Madame » (*Oublieuse mémoire*, éd. citée).

Je suis charmé aussi de la bonne impression produite par ces contes sur Victoria, Bianco et d'autres amis. La forme est encore un peu lourde mais ce n'est là, je crois, qu'affaire d'application et de travail.

Jean me dit que Rémy voudrait faire maintenant une revue *Seleciones* d'articles français traduits en espagnol. Je me désintéresse de la question mais je vous le dis à toutes fins utiles.

À bientôt j'espère, affectueusement vôtre

Jules Supervielle

215. LETTRE À ROGER CAILLOIS DU 17 MAI 1945[768]

Cher ami,

J'espérais vous voir pour votre conférence de l'Alliance française. Elle avait été annoncée pour le 8 mai. Revenez-vous bientôt ? Je vous rappelle mon numéro de téléphone chez les Van Maanen, mes voisins 400046.

Noulet m'a écrit il y a quinze jours qu'elle fondait une revue bilingue avec son mari[769]. Cela s'intitulera *Orbe*[770]. Elle voudrait avoir un texte de vous pour son second numéro (Août). Rémunération 20 dollars. Elle me confiait qu'un seul article, excellent d'ailleurs, de Villaurutia[771] avait paru sur ses *Études littéraires*[772] (dans *El Hijo pródigo*[773]). Il est vrai que

---

768 L'enveloppe porte l'adresse suivante : « Señor D. Roger Caillois Directeur de *Lettres françaises* "Sur" 689, San Martin *Buenos Aires* (R.A.) ». Fonds Roger Caillois, cote CS89, Médiathèque Valery-Larbaud, Vichy.
769 Émilie Noulet (1892-1978), critique littéraire belge qui est l'auteur de l'article « Jules Supervielle » dans l'*Alphabet critique*, tome IV, Bruxelles, Presses Universitaires de Bruxelles, 1966, p. 150-163. Son mari est Josep Carner i Puig-Oriol (1884-1970), poète, dramaturge, journaliste et traducteur espagnol, représentant du Noucentisme.
770 *Orbe*, revue latine de culture générale, qui paraît du 1er juillet 1945 au 1er mai 1946. Elle contient des études sur Supervielle, Valéry, Caillois et Alfonso Reyes. Roger Caillois ne figure pas au sommaire de la revue.
771 Xavier Villaurutia y González (1903-1950), poète et dramaturge mexicain.
772 Émilie Noulet, *Études littéraires : l'hermétisme dans la poésie française moderne*, Mexico, Talleres Graficos de la Editorial Cultura, 1944. Traitant de l'hermétisme en poésie, l'ouvrage analyse l'influence d'Edgar Poe sur Baudelaire, Valéry et Mallarmé, et propose le commentaire de trois sonnets de celui-ci.
773 *El Hijo Pródigo*, revue d'art et de littérature mexicaine dirigée par Octavio G. Barreda, et qui paraît, en 42 numéros, entre 1943 et 1946. Xavier Villaurrutia compte parmi ses collaborateurs.

son livre est paru depuis peu et qu'il n'est pas facile d'en parler, à cause de sa profondeur même.
Très intéressé par la Bespaloff, tout à fait remarquable, et par « Les Parias » traduits, et fort bien par Yvette[774].
À bientôt n'est-ce pas. Affectueux souvenir de votre ami

Jules Supervielle

216. LETTRE À ROGER CAILLOIS DU 18 JUIN 1945[775]

Cher ami,

Que devenez-vous ? Voilà bien longtemps que je n'ai de vos nouvelles, du moins directement. J'ai su par Georges Tresca[776] que vous avez fait une conférence à Saint-Paul sur la poésie.
Avez-vous reçu la lettre où je vous demandais, de la part de Mme Noulet, votre collaboration pour la revue *Orbe* qu'elle va diriger à Mexico (avec son mari pour la partie espagnole)[777].
J'ai enfin reçu le numéro spécial des *Gants du Ciel*[778]. Si je vous en parle c'est à cause des nombreuses fautes d'impression que contiennent les citations.
Avez-vous pris une décision au sujet de votre retour en France ? J'aimerais ne rentrer qu'en Février ou Mars. À moins que mon théâtre ne m'oblige à revenir avant.
Bien affectueusement à vous

Jules Supervielle

---

[774] Rachel Bespaloff, « Réflexions sur l'âge classique », *Lettres françaises*, n° 16, 15 avril 1945, p. 1-10 et Émilie Noulet, « *Les Parias de Poker Flat* », *ibid.*, p. 22-33.
[775] L'enveloppe porte l'adresse suivante : « Señor D. Roger Caillois Directeur de *Lettres françaises* "Sur" 689, San Martin *Buenos Aires* (R.A.) ». Fonds Roger Caillois, cote CS90, Médiathèque Valery-Larbaud, Vichy.
[776] Georges Tresca, époux de Susana Baron Supervielle (1910-2004). Fille d'Anita Baron, Susana, compositrice argentine, résidait à São Paulo.
[777] Voir la lettre du 17 mai 1945.
[778] Supervielle fait référence au numéro-hommage que lui a consacré la revue québécoise *Gants du ciel*, n° 7, Éditions Fides, mars 1945. Ce numéro contient des contributions de J. Wahl, G. Sylvestre, A. Bosquet, R. Élie, R. Étiemble, E. de Grandmont, G. Hénault et M. Raymond.

217. LETTRE À ANDRÉ GIDE DU 22 JUIN 1945[779]

Cher André Gide,

C'est peut-être la centième fois que j'ai songé à vous adresser cette lettre. L'espoir de me sentir, un autre jour, moins inepte à l'écrire, la longueur et l'incertitude des courriers en temps de guerre et ce que Jean Paulhan appelle « la terreur » m'ont empêché de vous dire jusqu'ici la fidélité de mon attachement et de mon admiration (dont vous n'avez nul besoin, bien sûr mais c'est moi qui ne peux m'empêcher de vous le dire). Vous le savez sans doute déjà, vous occupez une grande, une très grande place dans ma vie d'écrivain. Vous êtes avec Valéry, deux noms merveilleux qui reviennent le plus souvent sur mes lèvres. Vos récits, vos mémoires, votre critique sont pour moi une des plus belles choses du monde. Elles se donnent toujours sans rien demander en échange sauf, bien sûr, une grande attention.
Au reste vous êtes un de ceux qui, dans ma grande distraction, m'avez obligé à devenir attentif. Vous connaissez l'art – vers lequel je tends de mon mieux – de faire disparaître les mots dans la phrase pour le seul bien de l'expression. Peut-être pourrait-on dire que votre magie, à l'opposé de celle de Mallarmé et de Valéry, consisterait à dépouiller les mots de leur résistance *apparente*, à nous donner l'illusion que cela s'est fait tout seul. Je pense à ce que disait Rilke dans une lettre[780] : « J'aime qu'on reconnaisse dans l'œuvre l'empreinte du sculpteur mais j'aime encore mieux quand cela semble n'avoir été fait par... personne. » Que de fois n'ai-je pas songé à ce que vous avez dit vous-même. « L'originalité est une récompense ». Et puis vous avez tant contribué à former dans sa diverse complexité l'esprit de *La N.R.F.*, de la seule qui compte, celle de Rivière[781] et de Paulhan.
À quoi bon cette déclaration ? Je n'en sais trop rien. Mais je tiens à vous dire aussi combien m'a toujours ému votre passion de justice, dans tous

---
779 Bibliothèque littéraire Jacques Doucet, Gamma 815 (1-4).
780 Comme dans la lettre à Claude Roy du 27 janvier 1939 (voir *supra*), et dans la missive à Jean Paulhan de septembre-octobre 1958 (Jules Supervielle, *Choix de lettres*, éd. citée, p. 448), Supervielle cite un extrait de la lettre que Rainer Maria Rilke lui adresse le 28 novembre 1925, transcrite *infra* et dans Rainer Maria Rilke, *Œuvres. Correspondance* – T3, Rainer Maria Rilke, © Éditions du Seuil, 1976 pour l'édition française.
781 Jacques Rivière (1886-1925), directeur de *La N.R.F.* de 1919 à sa mort. Supervielle le rencontre par l'intermédiaire de Gide ; Rivière l'introduit à la revue à la suite de la publication du recueil *Poèmes*, en 1919. Supervielle conserve toute sa vie le souvenir ému de Rivière, mort à 38 ans d'une fièvre typhoïde : son nom émaille les lettres à Paulhan ou à Jouhandeau (Jules Supervielle, *Choix de lettres*, éd. citée).

les domaines et en particulier en matière littéraire. Personnellement je vous sais gré de m'avoir encouragé, il y a plus de 25 ans, après mon recueil de *Poèmes*[782] et il n'y a pas longtemps de vous être fort intéressé à l'œuvre de mon ami Michaux[783].

Depuis vos *Prétextes* et vos *Lettres à Angèle*[784] que de remarques critiques qui ont force de loi dans la vie littéraire, telles vos réflexions sur les influences, l'art classique, Dostoïevsky[785] etc.

Tout cela vous semblera peut-être un peu bêta, bien que les bons sentiments gâchent moins les lettres que la littérature.

J'aimerais beaucoup vous revoir, cher Gide, à mon retour en France, au printemps 1946[786], je pense. Tant de fois j'ai hésité à vous demander un entretien, crainte de n'avoir plus rien à dire quand je me serais trouvé en face de vous. À distance je deviens brave et il me semble que j'aimerais à parler poésie avec vous, si vous le voulez bien.

Voulez-vous croire, cher Maître et Ami, à la ferveur de mon dévouement

Jules Supervielle

218. LETTRE À CLAUDE ROY DU 3 NOVEMBRE 1945[787]

Bien cher ami,

Vraiment je ne sais comment je ne vous ai pas écrit depuis la libération de la France. Vingt fois j'ai songé à le faire, soit que je lisais vos

---

782   Jules Supervielle, *Poèmes*, éd. citée Supervielle fait référence à la lettre que lui adresse Gide le 20 juin 1919, où il loue la section « Paysages de France » de ce recueil, lettre transcrite *infra*.
783   Si Gide avait lu Michaux dès 1933, son enthousiasme pour l'œuvre de celui-ci s'était encore renforcé lors de leur séjour commun à Cabris, à partir de 1940. Cet intérêt se traduit notamment par la conférence de Gide, « Découvrons Henri Michaux », à Nice, le 22 mai 1941, qui avait suscité interdiction et polémique. Supervielle évoque l'événement dans une lettre à Victoria Ocampo : « Il paraît que cette conférence avortée de Gide sur l'auteur de *Plume* a beaucoup fait pour le renom de notre ami [...] On a fort protesté dans les journaux contre l'obstruction de messieurs les légionnaires. » Jean-Pierre Martin, *Henri Michaux*, éd. citée, p. 356-360.
784   André Gide, *Prétextes*, Paris, Mercure de France, 1897, et *Lettres à Angèle*, Paris, Mercure de France, 1900.
785   André Gide, *Dostoïevsky*, Paris, Plon, 1923.
786   Supervielle retrouvera finalement la France en juillet 1946.
787   Bibliothèque littéraire Jacques Doucet, Fonds Claude Roy, ROY 275.

correspondances d'Allemagne dans les journaux[788] soit que je me remémorais les heures inoubliables de notre balcon du Boulevard Beauséjour. Et le jour où vous m'avez apporté cette extraordinaire tête de cheval ! Et vos articles de *Poésie 45*, de *Fontaine* ou d'ailleurs me faisaient revivre ces jours d'avant-guerre, si gros de conséquences, on l'a bien vu hélas. Vos visites me faisaient oublier les angoisses de l'heure comme on dit, de l'heure qui couvait près de six ans de fureur !

J'avais espéré un moment que nous vous verrions arriver avec le Lionel de Marmier ou l'Avro-York. Je me réjouis maintenant que vous n'ayez pas couru ce risque. Il s'en est fallu de peu que le Marmier ne fût réduit en poudre[789]. Vous avais-je dit dans une lettre d'il y a deux ans que j'avais lu une fois à Jouvet et aux artistes de sa compagnie à Montevideo votre poème sur la vague[790] que vous m'adressiez en visite. Je garde précieusement ce délice maritime. J'espère bien dans cinq mois faire le chemin inverse et rentrer en France. Ne viendrez-vous pas au Río de la Plata ? Je me vois partout en France, autant au moins en Europe. Ces pays sont sympathiques mais aussi vides. Je n'aime plus guère la campagne sans villages. On ne parle pas assez de nos villes de France qui sont des merveilles. D'un bout à l'autre de l'Amérique on n'en trouve pas l'équivalent. C'est un continent sans villages ni cathédrale ni... (à trouver).

Très affecté par la mort de Valéry[791]. Je ne lui avais pas écrit durant toute la guerre et ma première lettre a dû parvenir rue de Villejust quinze jours après sa mort. Je me souviens du jour où je le rencontrais Avenue Victor Hugo (en 1926) et où il m'annonça la mort de Rilke qu'il venait d'apprendre par télégramme – de Rilke dont je venais de recevoir une lettre le jour même (il était affreusement malade quand il l'écrivit[792]).

---

788 Rallié aux Forces françaises de l'intérieur lors de la libération de Paris, Claude Roy devient correspondant de guerre durant la campagne d'Allemagne où il suit des procès pour la revue *Combat*.

789 Début novembre, l'hydravion Lionel-de-Marmier, qui avait quitté Rio et survolait l'Uruguay, avait dû effectuer un amerrissage d'urgence dans les eaux de la Laguna de Rocha, à la suite du bris d'une pale d'hélice qui vint tuer deux des soixante personnes qui se trouvaient dans l'appareil.

790 Claude Roy, « Bestiaire de la vague venue me voir à Nice de la part de mon ami le poète Jules Supervielle ». Ce poème, daté de 1942, est reproduit dans l'étude de Claude Roy, *Jules Supervielle*, éd. citée, p. 75-77, dont il constitue la conclusion ; puis, il est recueilli dans *Poésies*, Paris, Gallimard, 1970.

791 Paul Valéry est mort le 20 juillet 1945 à Paris.

792 Rainer Maria Rilke est mort le 30 décembre 1926. Supervielle fait référence à la lettre que lui adresse Rilke le 26 décembre, depuis la Clinique de Val-Mont sur Territet par

À quoi travaillez-vous ? J'aimerais beaucoup avoir votre dernier livre de vers[793].

Votre magnifique article sur la libération de Paris[794] nous fit vivre toutes ces heures prodigieuses. (J'avais écrit revivre, voyez j'imaginais à 6000 milles que j'y étais. Le cœur a sa vision et ses erreurs d'optique.)

Je compte prendre le bateau en Avril prochain avec ma femme. Anne-Marie nous rejoindra sans doute un jour plus tard. Elle est plus grande que sa mère mais ne m'a pas encore atteint. Elle ne fait plus de théâtre comme aux temps où elle écrivait : « Trop fière et trop coquette[795] », elle aime toujours à dire des vers.

Tout vôtre

Jules Supervielle

Glion. Dans cette missive, transcrite *infra*, Rilke évoque en effet ses souffrances, liées à une leucémie : « gravement malade, douloureusement, misérablement, humblement malade », il s'adresse à Supervielle pour le remercier de l'envoi d'un volume, sans doute *Le Voleur d'enfants*. Rainer Maria Rilke, *Œuvres. Correspondance* – T3, Rainer Maria Rilke, © Éditions du Seuil, 1976 pour l'édition française, p. 612.

[793] Sans doute s'agit-il du recueil *Clair comme le jour*, Paris, Julliard, 1943.

[794] Claude Roy avait participé à la Libération de Paris. Il évoque cette expérience dans l'éditorial de *Combat* du 26 août 1944 ; puis, il compose un livre-reportage qui fait sensation, *Les Yeux ouverts dans Paris insurgé*, Julliard, 1944, après avoir paru dans *Les Lettres françaises* des 9 et 16 septembre 1944.

[795] Dans la lettre à Jean Paulhan du 2 avril 1939, Supervielle mentionnait aussi cette pièce de sa fille Anne-Marie, dont il aimait « la manière de lire ses œuvres. » (Jules Supervielle, *Choix de lettres*, éd. citée, p. 219).

1946

219. LETTRE À WARREN RAMSEY DU 2 JANVIER 1946[796]

Costa Rica, 1958
Carrasco
Montevideo

Cher Warren Ramsey,

Très heureux vraiment d'avoir eu de vos nouvelles. Et de cette belle traduction de « Dans l'Espace et dans le Temps[797] » X. Le rythme est parfaitement observé et tout à fait reconnaissable dans votre version. J'ai corrigé mon poème en deux ou trois endroits et j'aimerais – si ce n'est pas trop demander – que vous en teniez compte.
4ème vers : texte définitif :
Tu es légère *et parcourue*
Milieu du poème :
Que tes paupières rapides se résignent, ô *désespérée* de l'Espace
« *Maddened* » ne rend pas tout à fait le français mais il est peut-être impossible de trouver mieux.
4ème vers avant la fin
Qui me force pour en *mesurer* la violence

---

796 Warren Ramsey (1914-1997), professeur américain de littératures française et comparée à l'Université de Yale, puis de Berkeley, à partir de 1950. Il avait consacré sa thèse à Jules Laforgue. – L'enveloppe porte au recto l'adresse suivante : « Mr Warren Ramsey 94, Congdon St Providence 6 Rhode Island U.S.A. » ; au verso : « J. Supervielle Costa Rica 1958 Carrasco Montevideo ». Houghton Library, Correspondence with Warren Ramsey, MS FR 710.

797 Supervielle évoque la traduction par Warren Ramsey de deux poèmes. Le premier, « Nous sommes là tous deux comme devant la mer », appartient à *Débarcadères*, éd. citée : il est paru sous le titre « Dans l'espace et dans le temps » dans *La Vie des lettres et des arts*, vol. XI, août 1922, p. 134. Le second, « Descente de géants », est issu de *La Fable du monde*, éd. citée Les deux textes sont traduits en anglais et publiés par Warren Ramsey sous le titre *In Space and Time and Descent of Giants*, Yale French Studies, n° 2, 1948, p. 63-64. Ce numéro ne contient pas la traduction de « Prière à l'inconnu », qui appartient à *La Fable du monde*, mais donne un extrait d'un poème des *Amis inconnus*, éd. citée, « L'Escalier », en français, Yale French Studies, *op. cit.*, p. 65. Warren Ramsey a conservé les deux expressions mises en doute par Supervielle, « *maddened* » et « *meet its violence* ».

Meet its violence. Est-ce vraiment l'équivalent ?
Quoi qu'il en soit l'impression générale est excellente. Et je suis heureux que vous traduisiez aussi « Descente de géants » et « Prière à l'Inconnu ». Reçu une lettre de Maurice Guillaume[798] (92, Bd Suchet à Paris (16ᵉ)). Il va bien, sa femme hélas est assez souffrante. Il sera certainement tout à fait heureux d'avoir de vos nouvelles.
Je compte rentrer en France au mois de Mai prochain.
Et merci aussi de m'avoir fait connaître à vos élèves !
De tout cœur

Jules Supervielle

220. LETTRE À CLAUDE ROY DU 22 JUIN 1946[799]

Bien cher ami,

Votre « description critique[800] » du soussigné lui parvient enfin à Montevideo. Des amis vigilants me l'avaient déjà annoncée, de Paris. Je suis très fier de ces pages qui (je me voile la face) sonnent juste. Peut-être faut-il beaucoup d'amitié, c'est-à-dire un préjugé favorable pour entrer dans mon œuvre (ou dans n'importe laquelle, surtout en poésie). Il me semble que vous me situez fort bien et du haut de votre mirador généreux j'ai de mon œuvre un aperçu qui me satisfait pleinement. Comme vous avez bien fait de souligner « la présence très attendrie » du corps humain dans ma poésie[801] et de parler en même temps de mes contes qui sont issus du même

---

798 Supervielle avait connu Maurice Guillaume, professeur de lettres classiques, pendant la Première Guerre mondiale. Il lui dédie « La prière de Lola à Saint-Antoine » dans les *Poèmes*, « Haute mer » dans *Gravitations*, éd. citée, puis la farce en un acte *La Première famille*, Paris, Gallimard, 1936.
799 Bibliothèque littéraire Jacques Doucet, Fonds Claude Roy, ROY 275.
800 Claude Roy, « Descriptions critiques : Jules Supervielle », *Poésie 46*, n° 31, avril 1946, repris dans « Jules Supervielle », *Descriptions critiques*, Paris, Gallimard, 1949, p. 75-86.
801 Claude Roy étudie la présence du corps dans la poésie de Supervielle aux p. 81-82 de son essai, notamment en ces termes : « [...] un des aspects les plus neufs de la poésie de Supervielle, c'est l'attention portée par le poète au corps humain, cette surprenante et belle présence, dans le poème, des battements du cœur, du cheminement du sang, des caprices du souffle, de ce sac compliqué d'organes et de pouvoirs qui nous sert à nous savoir vivants, nous deviner mortels et posséder un monde qui nous traverse et nous façonne si patiemment. » *Ibid.*, p. 81.

centre[802]. J'ai été aussi particulièrement intéressé par vos remarques sur les rapports entre la philosophie contemporaine et mon œuvre[803]. C'est la première fois, à ma connaissance, qu'on en parle. Au reste toute votre étude est originale et préparée par vos antennes de poète et de penseur. Il faudrait un jour étudier les rapports de la profondeur (et de la pensée) chez le philosophe et le poète. Le poète doit suggérer pensée et profondeur, les rendre sensibles et présentes sans en avoir l'air et en évitant, bien sûr, les dangers de la pensée et de la philosophie en poésie. Le poète sent le monde au point de le devenir et de le rendre tangible. Mais vous dites bien mieux cela que je ne saurais le faire. Je ne suis pas critique.

Venons-en, il faut bien, à vos réserves, de peu d'importance somme toute, dans une étude presque entièrement élogieuse. Peut-être avez-vous raison de trouver bizarres, pour ne pas dire plus, les vers sur les Français, que vous citez[804]. Quant à mon dialogue avec Jeanne[805] il a le genre d'étrangeté du poème « L'oiseau » dans *Les Amis inconnus* et peut-être lui en voudrez-vous moins si vous l'y rattachez. Mais je suis bête de mettre, même en passant l'accent sur des critiques qui après tout sont peut-être justifiées. Elles donnent par ailleurs plus de prix à des louanges dont je n'ai pas fini de m'enorgueillir.

Que j'ai envie de vous revoir ! Savez-vous que mon bateau le « Groix » ne partira que le 2 Juillet – si d'ici là les chaudières sont réparées. Cela me mènerait à Paris vers la fin Juillet. Mon adresse provisoire sera chez ma fille Françoise David 80 Boulevard Flandrin (16ᵉ). J'aimerais avoir là votre adresse à vous.

Je sais par Seghers que vous avez reçu ma lettre d'après la Libération. J'ai beaucoup pensé à vous durant ces années noires. Il est bon que nos dernières entrevues de Paris aient eu lieu sur un large balcon donnant

---

802 Claude Roy analyse les recueils *L'Enfant de la haute mer*, *L'Arche de Noé* et *Le Petit bois*, *ibid*., p. 82-86 en particulier.
803 Claude Roy évoque les jeux d'écho entre l'œuvre de Supervielle et la philosophie contemporaine, notamment la pensée de Merleau-Ponty, *ibid*., p. 80-81.
804 Claude Roy cite les vers suivants, qu'il caractérise comme « des morceaux très bizarres », des « balbutiements naïfs et rocailleux » : : « Et cependant vont maigrissant, / Les Français à pas de géant / Dans leur prison à tous les vents, / Leurs sombres os dressant la tête / Par-dessus tous ces Allemands. » *Ibid*., p. 78-79. Ces vers viennent clore le poème « France (1943) », *1939-1945*, éd. citée.
805 Jules Supervielle, « Dialogue avec Jeanne », *1939-1945*, *ibid*. Claude Roy cite ce poème au même titre que l'extrait de « France (1943) » pour illustrer les « morceaux très bizarres » que contient ce recueil, à côté de « poèmes admirables ». Claude Roy, « Jules Supervielle », *Descriptions critiques*, éd. citée, p. 78.

au Sud-Ouest et d'où, avec de meilleurs yeux, nous aurions pu voir l'Uruguay. De Montevideo je ne vous ai pas trop perdu de vue. Vos vers et vos articles me renseignaient et je sais toute la place que vous occupez dans la jeune poésie, et dans la prose.

Mais, revenant à votre article, je voudrais vous dire ce qui m'a le plus frappé. « Contrebandier de la création[806] ». J'aurais pu, dites-vous, devenir un poète de langue espagnole[807]. À part une demi-douzaine de lettres d'affaires je crois n'avoir jamais écrit qu'en français.

Les Poèmes de l'humour triste. *Débarcadères*. Je crois que tout de même il y a pas mal de moi dans ces deux livres[808].

« Un cheval qui se souvient d'avoir été préhistorique[809]. » J'en rougis (de vérité.)

Évidemment, le meilleur de moi part de *Gravitations*[810], et, fragmentairement, de *L'Homme de la Pampa*.

« Ce sentiment de gaucherie délicieuse que donne la surprise des mots ». « Imperceptible décalage pour serrer de près une vérité intérieure[811] ». Tout cela est d'une justesse incroyable.

« Poésie anthropocentrique[812] » et les citations si pertinentes de la page 86 – « Métamorphoses ». « L'homme est un genre de Dieu[813] ». « Le mythe ». « Le poète des circonstances[814] ».

---

806 Claude Roy utilise cette expression à la page 75 de son essai, *ibid.*
807 Claude Roy écrit que « Supervielle est le plus français des poètes de langue espagnole, et il a inconsciemment écrit tous ses poèmes à cette frontière de deux langues qui donne aux mots à la fois leur richesse et leur ambiguïté, ce poids qu'ont les choses dites par celui qui garde en soi la ressource de les dire *autrement*. » (*Ibid.*, p. 75). Une note accompagne cette phrase, faisant référence à la lettre de Supervielle du 22 juin 1946 : « Tout à fait inconsciemment. Car quand Supervielle a lu ces lignes, il les a jugées tout à fait idiotes (gentiment). » (*Ibid.*, p. 86).
808 Sur les *Poèmes de l'humour triste*, Claude Roy écrit : « [...] ce n'est pas encore là Supervielle. » (*Ibid.*, p. 76). Quant à *Débarcadères*, il y voit « les mirages de l'exotisme, assourdi par la grosse voix de Walt Whitman, les oiseaux jacassant qui ont des noms barbares [...] et le roulement des trains à travers les herbes grillées des pampas guaranis. » (*Ibid.*, p. 78).
809 Cette comparaison est appliquée à la description de Supervielle lui-même, *ibid.*, p. 77.
810 Claude Roy affirme qu'« il faut que paraisse en 1925 *Gravitations* pour que Supervielle devienne Supervielle. » *Ibid.*, p. 78.
811 Claude Roy écrit : « ce sentiment de gaucherie délicieuse que nous donne la *surprise des mots* » et « imperceptible décalage pour serrer de plus près une vérité intérieure très délicate et très précise. » *Ibid.*, p. 78.
812 *Ibid.*, p. 80.
813 *Ibid.*, p. 83 et p. 85.
814 *Ibid.*, p. 85 et p. 86.

Bref, je suis ravi et je tremble en pensant à mes livres futurs. (Puissiez-vous en penser toujours autant de bien !) Mais je crois avoir encore certaines choses à dire, certains silences à encadrer.

À bientôt, oui, cette fois, je crois pouvoir vous le dire sans montrer trop de présomption.

Un abrazo de su amigo

Julio

221. LETTRE À FRANZ HELLENS DU 10 AOÛT 1946[815]

Mon cher Ami,

Votre lettre adressée le 2 Avril à *Fontaine*, vient seulement de m'être remise. Il ne faut accuser de ce retard que l'incertitude où j'étais de ma date de départ de Montevideo.

Merci d'avoir pensé à moi pour cette collection « Confidences[816] ».

Je n'ai malheureusement rien, pour l'instant à vous offrir. Plusieurs engagements dont certains anciens déjà absorberont ma production durant longtemps.

J'ai été heureux de revoir votre signature, après des années de longue séparation ! Peut-être nous verrons-nous en Belgique.

Mon adresse permanente est 80, Bd Flandrin chez Mme David Paris (XVIe)

Mais je n'ai pas d'appartement pour l'instant et je serai peut-être obligé d'aller à Blois l'hiver prochain, chez des amis[817].

Bien affectueusement à vous

Jules Supervielle

---

[815] Bibliothèque littéraire Jacques Doucet, Gamma 8984-Gamma 8985 ; Gamma 8987-Gamma 9008.
[816] Ce projet de collection ne semble pas avoir abouti.
[817] Il s'agit de Robert et d'Édith Philippe, qui possèdent une propriété à Saint-Gervais-la-Forêt.

222. LETTRE À MARCEL ARLAND DU 13 AOÛT 1946[818]

Mon cher ami,

J'ai reconnu avec joie votre écriture dès l'enveloppe ! Vingt fois j'ai songé à vous écrire de Montevideo[819] et, notamment, quand j'ai eu connaissance de votre nouvelle anthologie[820] (et des lignes si fines dont vous avez fait précéder mes poèmes).
Non, je n'ai pas vu *Saisons*[821] mais on m'en a dit beaucoup de bien. Voici un texte[822] qui va paraître avec 5 autres contes à Ides et Calendes. Comme je n'en ai pas encore reçu les premières épreuves je pense que cela ne pourra sortir là-bas avant Octobre. Si vous paraissez vous-même au début de l'automne, et si le texte vous convient, tout irait bien.

---

818 Bibliothèque littéraire Jacques Doucet, Fonds Marcel Arland, ARL C.
819 De son côté, Marcel Arland mentionne Supervielle dans sa correspondance des années de guerre. Il écrit ainsi à Jean Paulhan, en février 1940 : « Que devient Supervielle ? » (Jean Paulhan, Marcel Arland, *Correspondance 1936-1945*, éd. citée, p. 183). En 1939, Arland a été mobilisé et affecté comme sergent-chef à la gare de Langres, puis à une école de perfectionnement à Bouguenais près de Nantes. Il demande ensuite à être envoyé en Algérie où il reste aspirant d'intendance jusqu'en octobre 1940. Puis, de retour à Brinville, il collabore aux premiers numéros de *La N.R.F.* sous la direction de Drieu la Rochelle avant de la quitter pour devenir, contre celle-ci, directeur littéraire de *Comoedia* jusqu'en 1942. Il publie également plusieurs ouvrages. (Jean Duvignaud, *Arland*, éd. citée, p. 34-35.)
820 Marcel Arland, *Anthologie de la poésie française*, éd. citée Dans cette « œuvre d'amour et de foi » (p. 8), les pages consacrées à « Jules Supervielle » (p. 646-651) sont précédées des lignes suivantes : « Sourcier des nappes secrètes, enchanteur qui donne figure et voix à une ombre, à une distance, à un regret, cœur qui ne veut se détacher du monde et de lui-même que pour mieux sentir ses liens, familier des plantes et des bêtes et des "intermédiaires", comme il nous touche, comme il semble parler pour nous, avec son accent pudique et qui vient de si loin, son art exquis jusque dans l'hésitation, la savante et pure gaucherie, la malicieuse innocence » (p. 646). Les poèmes qui suivent sont « Le faon » (*Oloron-Sainte-Marie*), la suite « Saisir » (*Le Forçat innocent*) et « Dieu fait l'homme » (*La Fable du monde*).
821 Supervielle fait référence au n° 2 de *Saisons, Almanach des lettres et des arts*, Paris, Éditions du Pavois, printemps 1946. La revue, dirigée par Marcel Arland, comportera trois numéros, de l'été 1945 à l'hiver 1946-1947.
822 Supervielle contribue au numéro suivant de la revue d'Arland avec « La création des animaux », *Saisons*, n° 3, hiver 1946-1947, p. 47-54. Ce texte, qui sera publié sous le même titre en 1951 (avec des dessins de Jacques Noël, Paris, Presses du livre français, 1951), est recueilli dans *Premiers pas de l'univers*, éd. citée, et paraît aussi, le 15 octobre 1946, dans *Orphée et autres contes*, collection du Fleuron, n° 4, Neuchâtel, Ides et Calendes, 1946. Le recueil contient également les cinq textes suivants : « Orphée », « Le modèle des époux », « Le bûcheron du roi », « Vulcain sort de sa forge » et « La veuve aux trois moutons ».

Pour votre femme et pour vous nos vives amitiés et à bientôt, je l'espère bien.

Jules Supervielle

223. LETTRE À JULIEN LANOË DU 23 AOÛT 1946[823]

Bien cher Ami,

Faut-il que nous ayons été longtemps loin de l'autre pour que je n'aie pas reconnu votre écriture sur l'enveloppe! Mais, avant même d'aller à la signature, la lettre à peine dépliée, votre souvenir me sautait à la figure. Et je vous ai embrassé.
Savez-vous que j'avais quelques inquiétudes à votre sujet. La région de Nantes et de Saint-Nazaire a été si éprouvée! Il en a été question trop souvent dans les nouvelles de la guerre. Mais vous allez bien, et les vôtres aussi, puisque vous ne me dites rien…
Je suis revenu avec ma femme seulement. Mes enfants sont restés à Montevideo, à Buenos Aires, à Lima. Avec quelle joie j'ai retrouvé Denise et Françoise. Je n'ai pas encore vu mes petits-enfants d'ici. Nous en avons deux, d'Henri, de l'autre côté des mers.
Vers le 5-10 Septembre nous irons à Blois où nous passerons plusieurs semaines[824]. Avant cela je passerai quelques jours à Paris[825]. (Je suis en ce moment près de Montfort l'Amaury, à la Dauberie par les Mousseaux). Croyez, mon très cher Lanoë, à ma vieille et toujours jeune affection

Julio

---

823 Médiathèque de Nantes, Fonds Julien Lanoë, LAN B1 SUP.
824 Voir l'annotation de la lettre à Franz Hellens du 10 août 1946.
825 Supervielle n'a pas encore retrouvé d'appartement à Paris. Fin 1946, il emménagera au 27, rue Vital à Paris. L'appartement est décrit par Ricardo Paseyro, *Jules Supervielle, Le Forçat volontaire*, éd. citée, p. 204.

224. LETTRE À MARCEL RAVAL DU 28 AOÛT 1946[826]

Cher Marcel Raval,

Merci de votre mot. Je suis si heureux que vous ayez goûté ce poème, écrit durant ma dernière traversée.
Oui, ce serait une excellente idée d'organiser – avec Michaux, s'il est possible – une exposition de notre cher Bernal.
Pour l'instant je n'envisage que de courts séjours à Paris où je n'ai pas encore de logement. Au reste ma santé m'oblige à habiter le plus possible la campagne.
Je pense à vous avec la plus vive sympathie

Jules Supervielle

225. LETTRE À ADRIENNE MONNIER D'AOÛT 1946[827]

Chère Adrienne Monnier,

Je n'ai pas eu la chance de vous rencontrer rue de l'Odéon. Vous veniez de quitter Paris, ce qui, à la fin juillet était bien naturel ! Mais j'avais espéré un miracle. Je vous apportais le pli que m'avais remis Griselda Zani au moment de mon départ de Montevideo. Croyez-moi c'est elle qui s'est donné tout le mal là-bas pour l'organisation de ce Comité de Solidarité (elle et quelques amis très dévoués à la littérature française.) Ma santé qui est pourtant meilleure que lorsque j'ai quitté Paris ne m'a pas permis de prendre une part active dans cette entreprise sauf en une ou deux occasions.
Paulhan me communique votre lettre du 1er Août. Je trouve très heureuse votre idée de faire distribuer les dons uruguayens à la Maison Sud-Américaine qui va ouvrir en Octobre[828]. Je vous remercie de tout cœur d'avoir pensé à moi pour être à la tête de ce Comité. J'estime

---

[826] L'enveloppe porte l'adresse suivante : « Monsieur Marcel Raval 240, rue de Rivoli Paris ». Barrée, elle est remplacée par « Rives de Prangins », « Vaud Suisse ». Harry Ransom Center, Carlton Lake Collection, 282.5.
[827] Bibliothèque littéraire Jacques Doucet, Fonds Adrienne Monnier, Alpha Ms 8763-Alpha Ms 8768.
[828] Supervielle fait référence à la Maison de l'Amérique latine, fondée en 1946 à Paris, boulevard Saint-Germain, sous l'impulsion du Général de Gaulle et à l'initiative du

cependant qu'il doit être présidé par le Ministre de l'Uruguay en France, le docteur Alvaro Vazquez (Hôtel Bristol rue du Faubourg Saint-Honoré). Et je figurerais, si vous le voulez bien, dans le Comité de distribution. A. Vazquez serait certainement très touché si vous voulez bien lui adresser un mot à ce sujet. Ou bien Gisèle Freund[829] pourrait aller le voir ? X Je quitte Paris demain matin pour les environs de Montfort l'Amaury. Mon adresse de Paris 80, Bd Flandrin (chez Mme David) est toujours bonne.
Dans les premiers jours de Septembre je retournerai rue de l'Odéon et nous pourrons causer longuement, je l'espère.
Je pense à vous avec beaucoup d'amitié. Elle ne date pas d'hier. Je me reporte aux temps de *Navire d'Argent* et même au-delà.
Affectueusement à vous

Jules Supervielle

X Ce serait peut-être préférable. Elle pourrait lui donner verbalement tous renseignements désirables.

226. LETTRE À ADRIENNE MONNIER DU 5 OCTOBRE 1946[830]

Chère Amie,

Voulez-vous dire à Victoria Ocampo[831] combien je regrette de ne pouvoir passer la soirée du Lundi auprès de vous deux ?
Je suis retenu ici par la grippe.

---

ministère des Affaires étrangères, dans le but de renforcer et développer les échanges entre la France et l'Amérique latine.
829 Gisèle Freund (1908-2000), photographe française d'origine allemande, amie intime d'Adrienne Monnier, avait gagné en 1942 l'Argentine, où Victoria Ocampo l'avait accueillie. Elle avait fondé le Comité de Solidarité, présidé à Buenos Aires par Victoria Ocampo, et par Supervielle à Montevideo.
830 Bibliothèque littéraire Jacques Doucet, Fonds Adrienne Monnier, Alpha Ms 8763-Alpha Ms 8768.
831 En 1946, Victoria Ocampo reprend ses séjours en Europe et se rend à Paris, où elle reçoit, le 17 juillet, un hommage des écrivains français à la Bibliothèque Doucet, pour l'aide qu'elle leur a apportée pendant la guerre. Puis, Adrienne Monnier organise une rencontre, à laquelle participe Victoria Ocampo. Laura Ayerza de Castilho et Odile Felgine, *Victoria Ocampo*, éd. citée, p. 256-257.

Je compte être de retour dans le courant de la semaine prochaine.
Reçu une lettre de Griselda Zani qui m'annonce que les envois pour les écrivains français n'ont pas encore pu quitter l'Uruguay mais que cela ne saurait plus tarder.
« Le premier envoi (de vivres) sera fait dans quelques jours » me dit-elle (sa lettre est du 24 septembre.) Le second sera de vêtements, de chaussures etc.
Mais peut-être vous a-t-elle écrit directement ?
Mes souvenirs très amicaux

Jules Supervielle

227. LETTRE À HENRI MICHAUX
DU 23 OCTOBRE 1946[832]

Mon vieux Michaux,

J'ai passé une dizaine de jours à Paris sans presque pouvoir sortir de chez moi (avec la grippe) ni de ma chambre, la seule pièce chauffée de l'appartement des David. Le téléphone est dans un hall glacial. Au reste je ne savais où te joindre[833]. On m'avait donné comme adresse Alexandre Palace Hôtel. Dans l'annuaire je n'ai trouvé qu'un Alexandre Hôtel où on ne te connaissait pas (ces hôteliers ne s'intéressent pas à la poésie). Nous avons voulu t'avoir au bout du fil à Meudon, avec Pierre David, la veille de mon départ on m'a dit que tu n'allais là-bas que l'après-midi. Bref grande déception d'avoir quitté Paris sans t'avoir même entendu au téléphone. Ne pourrez-vous pas venir un jour dans le Loir-et-Cher ? Le climat d'ici, que j'adore, est d'une douceur presque inquiétante. Je n'ai toujours pas trouvé d'appartement à Paris et l'hôtel m'ennuie par trop.

---

832 Archives Henri Michaux.
833 Pendant l'été 1946, Michaux acquiert à Vanves un appartement au 12, avenue du Parc, et se consacre, avec Marie-Louise Termet, qu'il a épousée en 1943, à son aménagement. Mais il loue également un appartement à Paris, au 16, rue Séguier, à Paris, et se rend souvent à Meudon, dans la maison avec jardin de Jacques Olivier et Georgette Fourcade. La remise attenante, surnommée par Michaux « le garage », constituait le « refuge » de l'écrivain. J.-P. Martin, *Henri Michaux*, p. 218.

Pour ta femme[834] et pour toi nos bien affectueux souvenirs.
Je t'embrasse

Julio

228. LETTRE À MARCEL ARLAND DU 3 DÉCEMBRE 1946[835]

Cher Ami,

Je croyais que le numéro des *Saisons* devait paraître en Octobre[836]. Mon conte, je le crains, avec cinq autres, est sur le point d'être mis en vente à Paris (les titres du petit volume, que je vous enverrai est *Orphée et autres contes*). J'espère que cela ne vous ennuiera pas.
Je serai bien heureux de paraître dans la collection dont vous parlez[837], aux conditions que vous me proposez et j'accepte en principe de vous donner un petit livre. Mais je ne sais encore très bien la forme que je lui donnerai. Dès que je serai fixé je vous le dirai.
Non je n'ai pas d'appartement encore et j'habite à la campagne (Saint-Gervais-la-Forêt, 139, Loir-et-Cher) avec de courts séjours à Paris.
Nous pensons souvent, ma femme et moi, à vous deux et espérons bien ne pas trop tarder à vous revoir.
Très cordialement à vous

Jules Supervielle

---

834 Marie-Louise Michaux, que Michaux avait épousée en 1943. En 1948, gravement brûlée à la suite d'un accident domestique, elle mourra à la suite de longues souffrances, le 23 février.
835 Bibliothèque littéraire Jacques Doucet, Fonds Marcel Arland, ARL C.
836 Supervielle fait référence au n° 3 de *Saisons*, éd. citée, hiver 1946-1947. À ce sujet, voir la lettre à Marcel Arland du 13 août 1946.
837 Il s'agit des Éditions du Salon Carré, créées en 1946, et visant à proposer une collection d'éditions originales et de textes rares, en tirage de luxe, à prix abordable. Les deux premiers volumes de la collection seront *Pages de journal* de Romain Rolland et *Avec Pascal* de Marcel Arland, publiés en 1946. Supervielle ne collaborera finalement pas à cette collection.

229. LETTRE À JULIEN LANOË DU 3 DÉCEMBRE 1946[838]

Bien cher Ami,

J'aurais voulu vous dire depuis longtemps la joie que j'ai eue à lire votre « Retour de S. » J'y ai retrouvé votre grande gentillesse à mon égard, la face et le profil d'une affection qui vous le savez, m'est précieuse. Parfois on a tendance à penser que les éloges vont de soi mais certains avertissements vous rappellent tout d'un coup qu'il n'en est rien. Heureusement vous veillez !
J'ai eu de vos nouvelles, il y a quelques jours par mon gendre Pierre David qui va diriger avec Caillois des *Cahiers trimestriels* auxquels, bien sûr, je collabore[839]. J'espère qu'on y verra votre signature. Toutes pages de vous seront certainement les bienvenues. Dans le premier numéro il y aura un conte d'un auteur uruguayen Felisberto Hernández[840] à qui je trouve beaucoup de talent et qui vient d'être invité par le gouvernement français à passer un an à Paris.
Je vous écris de mon lit, à l'hôtel Régina[841], je suis sans appartement et ne songe qu'à revenir à Saint-Gervais-la-Forêt, 139 (Loir-et-Cher) où je me porte mieux.
Je vous serre la main, très affectueusement

Julio

---

838 Médiathèque de Nantes, Fonds Julien Lanoë, LAN B1 SUP.
839 *La Licorne, Cahiers trimestriels de littérature publiés sous la direction de Susana Soca* (1947-1948), fondée par Susana Soca, et dont Pierre David et Roger Caillois deviennent co-directeurs, compte trois numéros, auxquels collabore Supervielle, avec « Genèse » (*La Licorne*, n° 1, mars 1947, p. 5-11) et par la traduction de poèmes de Susana Soca (« Je cherche la couleur de la mer » et « Jardins humides », *La Licorne*, n° 2, hiver 1948, p. 47-49) et de Jorge Guillén (« Poèmes », *La Licorne*, n° 3, automne 1948, p. 9-23). Le nom de Julien Lanoë n'apparaît pas au sommaire de la revue.
840 Felisberto Hernández, « Le balcon », *La Licorne*, n° 1, *op. cit.*, p. 67-81.
841 Ricardo Paseyro raconte qu'en arrivant à Paris, « Julio et Pilar logent rue de Rivoli, à l'Hôtel Régina, plus silencieux que jamais. Ni touristes ni voitures n'encombrent les parages. Ils viennent d'une capitale sud-américaine où tout abonde : le soleil, les victuailles, les marchandises. Paris a l'air engourdi, tout y manque. Rien ne vaut pourtant le bonheur du retour ! » Ricardo Paseyro, *Le Forçat volontaire*, éd. citée, p. 202.

230. LETTRE À JULIEN LANOË DU 10 DÉCEMBRE 1946[842]

Bien cher Ami,

Bravo pour le 20 Décembre ! Je vous attendrai à Saint-Gervais-la-Forêt à partir de 11h30 et nous passerons quelques heures ensemble. Vous trouverez des taxis à la gare. Mon logis est juste en face de la poste. Je serai à la porte de chez moi pour vous acclamer à l'arrivée !
Ma femme sera aussi bien contente de vous revoir.
Toute mon affection, mon cher Julien,

Julio

231. LETTRE À ADRIENNE MONNIER DU 22 DÉCEMBRE 1946[843]

Chère amie,

Pierre David m'apporte votre lettre dans le Loir-et-Cher et j'ai hâte de vous remercier très chaleureusement, au nom du Comité de Solidarité, d'un discernement si intelligent et éclairé, de tant de gentillesse aussi. Ce sera vraiment un modèle de distributions et je vous prie d'en remercier aussi votre sœur.
Pierre David sera très heureux de recevoir les 5 Kgs de café pour les poètes de sa revue[844] qui ne figureront pas sur la liste. Quant aux 13 Kg de « l'Amérique latine » je vous remercie d'avoir pensé à moi mais je vous demande instamment (en raison de ma tachycardie !) de les distribuer vous-même comme vous l'entendrez.
J'espère bien aller à Paris après les fêtes et vous voir.
Encore merci de votre merveilleuse collaboration
Votre vieil ami

Jules Supervielle

---

842 Médiathèque de Nantes, Fonds Julien Lanoë, LAN B1 SUP.
843 L'enveloppe porte l'adresse suivante : « Mademoiselle Adrienne Monnier "La Maison des Amis des Livres" 7 rue de l'Odéon Paris (6ᵉ) ». Bibliothèque littéraire Jacques Doucet, Fonds Adrienne Monnier, Alpha Ms 8763-Alpha Ms 8768.
844 La revue *La Licorne*.

232. LETTRE À NATALIE CLIFFORD BARNEY DU 24 DÉCEMBRE 1946[845]

Saint-Gervais-la-Forêt (Loir-et-Cher)

Chère Miss Barney,

J'adhère avec joie à cette pétition mais j'ai corrigé mon nom sur votre feuille ci-jointe (je n'ai jamais eu de particule, ni souhaité d'en avoir !) Quant à Gallimard[846] (Gaston) étant au loin et le voyant rarement j'aimerais mieux que vous vous adressiez à lui directement.
Mes meilleurs souvenirs

Jules Supervielle

Les personnalités parisiennes dont les noms suivent sollicitent des Autorités Américaines qui s'intéressent aux relations intellectuelles franco-américaines, la prolongation du séjour en France comme attachée culturelle bénévole, de Miss Natalie Clifford Barney.
Son « Salon littéraire », 20 rue Jacob, fut depuis plus de trente années un centre d'accueil unique non seulement pour les artistes et les écrivains célèbres, mais aussi pour les jeunes talents qui y trouvèrent la sympathie la plus agissante et la plus éclairée. Dans ce salon s'ouvrant sur les anciens jardins de Racine et sur un Temple à l'Amitié du XVIIIe siècle en voie d'être classé, Miss Barney, auteur bilingue, témoigne d'une liberté d'esprit exceptionnelle (comme dans ses « Pensées d'une Amazone[847] »). Et son goût des belles-lettres et des beaux-arts ne peut que renforcer les liens culturels entre nos deux pays.

Jules Supervielle

---

845 Cette lettre est accompagnée d'une pétition dactylographiée, portant la signature manuscrite de Supervielle, indiquée en caractères romains. Bibliothèque littéraire Jacques Doucet, Fonds Natalie Clifford Barney, NCB.C.1910-NCB.C.1912.
846 Gaston Gallimard (1881-1975), éditeur. En 1911, avec André Gide et Jean Schlumberger, il fonde les éditions de *La Nouvelle Revue française*, issues de la revue *La N.R.F.* créée en 1909. En 1913, il devient l'administrateur du Théâtre du Vieux-Colombier, créé par Schlumberger et Jacques Copeau, associé jusqu'en 1924 à *La N.R.F.* Puis, en 1919, s'appuyant toujours sur la revue de *La N.R.F.*, Gallimard donne naissance à la librairie Gallimard, réunissant les activités de la revue et du comptoir d'édition. La majeure partie de l'œuvre de Supervielle est publiée aux éditions de *La N.R.F.* et de Gallimard. Ricardo Paseyro rapporte que Supervielle et Gallimard se recevaient mutuellement chez eux. (Ricardo Paseyro, *Jules Supervielle, Le Forçat volontaire*, éd. citée, p. 164).
847 Natalie Clifford Barney, *Pensées d'une amazone*, Paris, Émile-Paul Frères, 1921.

233. LETTRE À RENÉ BERTELÉ DU 28 DÉCEMBRE 1946[848]

Cher René Bertelé,

C'est une des joies de mon retour en France de voir Michaux compris et admiré et je suis ravi d'avoir votre étude[849] sur cet ami enfin retrouvé après sept ans d'Amérique.
J'aime beaucoup ce que vous dites des rapports de Michaux et du surréalisme. Oui voilà du surréalisme vécu et transmissible et contrôlable c'est à dire – plus simplement – de la poésie et de la fantaisie. Terriblement authentiques et profondes.
Vous situez très justement l'auteur de *Plume*[850] et de *La Nuit remue*[851] et je tenais à vous dire tout de suite mon plaisir et mon émotion de votre commentaire touchant ces admirables « expériences imaginaires ».

Jules Supervielle

---

848 René Bertelé (1908-1973), professeur, critique littéraire, éditeur spécialiste de la littérature du XXe siècle ; proche en particulier de Michaux, il est l'auteur de la première monographie sur son œuvre, *Henri Michaux*, Paris, Seghers, 1946. – L'enveloppe porte l'adresse suivante au recto : « Monsieur René Bertelé c/o Monsieur Pierre Seghers éditeur Boulevard Raspail Paris » ; cette adresse est barrée et remplacée par la suivante : « 9 rue Grande Chaumière Paris ». Au verso, l'enveloppe porte l'adresse suivante : « J. Supervielle 139 St Gervais-la-Forêt (Loir et Cher) ». Bibliothèque littéraire Jacques Doucet, Ensemble René Bertelé, Ms Ms 48122.
849 René Bertelé, *Henri Michaux*, éd. citée L'ouvrage paraît à l'automne.
850 Henri Michaux, *Un certain Plume*, Paris, Éditions du Carrefour, 1930 ; *Plume*, précédé de *Lointain intérieur*, Paris, Gallimard, 1938.
851 Henri Michaux, *La Nuit remue*, Paris, Gallimard, 1935.

1947

234. LETTRE À MARCEL ARLAND DU 23 JANVIER 1947[852]

139, Saint-Gervais-la-Forêt (Loir-et-Cher)

Mon cher Ami,

Excusez-moi si je ne puis vous fixer encore de date prochaine pour le texte dont je vous avais parlé, et pour lequel vous me faites une offre généreuse[853]. Je ne pense pas pouvoir rien vous donner avant la rentrée d'Octobre… Je suis très pris en ce moment par le théâtre[854]. De plus, n'ayant pas encore de logement mes papiers sont dispersés. Je serai à Paris du 5 au 10 Février. Si jamais vous y veniez alors vous-même comme je me réjouirais de vous voir !
Vous pouvez m'écrire Boulevard Flandrin 80, chez Françoise.
Mon gendre Pierre David qui, avec Caillois, donne ces jours-ci le premier numéro d'une revue trimestrielle aimerait beaucoup (cela va sans dire) avoir un texte de vous[855]. Je vous en reparlerai quand nous nous reverrons. Nous espérons aussi avoir un Paulhan au 2nd numéro[856] et un Claudel[857].
Je pense à vous avec beaucoup d'amitié.

Jules Supervielle

---

852 Bibliothèque littéraire Jacques Doucet, Fonds Marcel Arland, ARL C.
853 Il s'agit des Éditions du Salon Carré ; voir l'annotation de la lettre à Arland du 3 décembre 1946.
854 Supervielle travaille alors à *Robinson* et à *Shéhérazade*, comme l'indiquent les lettres à Jean Paulhan de décembre 1946 (Jules Supervielle, *Choix de lettres*, éd. citée).
855 *La Licorne* ne comportera pas de contributions de Marcel Arland.
856 Jean Paulhan, « Bernard Groethuysen », *La Licorne*, n° 2, *op. cit.*, p. 67-73.
857 Le nom de Claudel n'apparaîtra finalement pas au sommaire de *La Licorne*.

235. LETTRE À RENÉ-GUY CADOU DU 5 MARS 1947[858]

Cher Cadou,

J'aurais été heureux de figurer dans le Comité des *Cahiers du Nord*[859] si j'avais eu le temps de m'en occuper. Je suis navré de ne pouvoir accepter votre offre qui me touche pourtant beaucoup.
Bien cordialement

Jules Supervielle

236. LETTRE À RICHARD HEYD DU 12 MARS 1947[860]

Hôtel Régina

Cher ami,

On vient de remettre à ma femme les exemplaires d'*Orphée* que vous avez eu la gentillesse de m'envoyer. Merci. Je n'ai pas encore pu voir Dufy[861] X ayant été fort occupé ces temps-ci par mon théâtre. Je vois Barrault[862] demain. *La Belle au Bois* fera partie du répertoire du Théâtre du Parc (Bruxelles) durant la saison 1947-48[863].

---

858 Médiathèque de Nantes, Fonds René-Guy Cadou, CAD B 90.
859 La revue belge *Les Cahiers du Nord* paraît de 1937 à 1939, puis en 1946. Elle est dirigée par Nestor Miserez et Philippe Pirotte. René-Guy Cadou est un des collaborateurs.
860 Richard Heyd dirige les éditions Ides et Calendes, à Neuchâtel, qui publient en 1946 le recueil de Supervielle mentionné ici, *Orphée et autres contes*, éd. citée – L'enveloppe porte l'adresse suivante : « Monsieur Richard Heyd Directeur de "Ides et Calendes" 12, Cours Pommier Neuchâtel (Suisse) ». Harry Ransom Center, Carlton Lake Collection, 282.5.
861 Raoul Dufy (1877-1953), peintre, dessinateur, graveur et illustrateur de livres.
862 Jean-Louis Barrault (1910-1994), comédien, metteur en scène et directeur de théâtre. Barrault est chargé de la mise en scène de la pièce de Supervielle, *Les Suites d'une course*, créée le 8 décembre 1955 au Théâtre Marigny. S'il avait également envisagé de donner *La Belle au bois* au Petit Théâtre, le projet n'aboutira pas, le format de la pièce n'étant pas jugé compatible (Ricardo Paseyro, *Jules Supervielle, Le Forçat volontaire*, éd. citée, p. 235-236). Supervielle lui dédie le poème « Ma dernière métamorphose », publié sous le titre « Poème en prose » dans les *Cahiers de la Compagnie M. Renaud J.L. Barrault, op. cit.*, p. 60-61 (ce texte sera recueilli dans *Le Corps tragique*, éd. citée) Le quatorzième de ces cahiers, daté de décembre 1955, est consacré à un hommage à Supervielle.
863 En octobre 1948, *Robinson* est mis en scène par Olivier Lejeune, dans un décor de Malclès, au théâtre du Parc à Bruxelles. La pièce plaît : elle est donnée pendant une douzaine de jours.

Et on me demande là-bas une autre pièce.
Mes affectueux souvenirs pour Jacqueline et pour vous

Jules Supervielle

Je regagne Saint-Gervais-la-Forêt Samedi prochain.

X Je le verrai bientôt.

237. LETTRE À MARCEL ARLAND DU 1er AVRIL 1947[864]

Mon cher ami,

J'avais songé à Jean Paulhan pour la présentation de mes *Confidences*[865] dans votre collection du « Salon Carré ». Si vous ne lui en avez pas parlé jusqu'ici peut-être y aurait-il lieu de reconsidérer la question. Jean est très occupé en ce moment et, par ailleurs, vous préparez des études critiques sur des écrivains contemporains, je le vois dans votre dernier livre. Consentiriez-vous à faire la présentation vous-même puisque cela entrerait dans le cadre de vos travaux ? Que ce soit Jean ou vous l'heureux gagnant ce sera moi et votre ami

Jules Supervielle

---

864 Bibliothèque littéraire Jacques Doucet, Fonds Marcel Arland, ARL C.
865 Supervielle fait référence au sous-titre de *Boire à la source, Confidences*. L'ouvrage, d'abord publié chez Corrêa en 1933 avec le sous-titre *Confidences de la mémoire et du paysage*, reparaîtra, dans une nouvelle édition augmentée, chez Gallimard et non aux Éditions du Salon Carré, en 1951, avec le sous-titre *Confidences*.

238. LETTRE À MARCEL ARLAND DU 21 AVRIL 1947[866]

Mon cher Ami,

Rien ne pouvait m'être plus heureux que cette dédicace[867]. Et vous me promettez aussi cette étude[868]. Joie double qui n'en fait qu'une au meilleur de moi-même et dont je vous remercie très fort.
J'avais pensé moi-même et depuis longtemps à vous dédier quelque chose[869]. J'hésitais entre les vers et la prose. Je vous en parlerai quand nous nous verrons. J'espère être à Paris dans les premiers jours de Mai.
Je travaille toujours un peu à *Confidences*[870].
À bientôt, votre vieil ami

Jules Supervielle

Claudine Chonez[871] m'a fait savoir que les conversations d'écrivains dont elle s'occupait à la radio sont suspendues, faute de crédits.

---

866 Bibliothèque littéraire Jacques Doucet, Fonds Marcel Arland, ARL C.
867 Marcel Arland dédie à Supervielle les vingt-trois nouvelles qui composent son ouvrage, *Il faut de tout pour faire un monde*, Paris, Gallimard, 1947. La dédicace est la suivante : « À Jules Supervielle, son ami M.A. » (*Ibid.*, p. 7). L'ouvrage, dont le titre rappelle celui du recueil poétique de 1938 de Supervielle – *La Fable du monde* –, rassemble des nouvelles dont les personnages, humbles mais tourmentés, ne sont pas sans liens avec ceux qui peuplent l'univers supervillien. En outre, l'interrogation sur le divin, le refus du désespoir malgré la souffrance, fondent également l'œuvre de Supervielle. La présentation de l'œuvre par Marcel Arland, à la suite de la dédicace, permet de saisir les échos qui les unissent : « Le titre de l'une de ces nouvelles : *Pour un vitrail*, pourrait s'appliquer à l'ensemble. Car ce sont en quelque sorte les images d'un vitrail, pour une église de campagne. Si humbles et si gauches que soient mes personnages, je ne les ai jamais sentis moins complexes, ni moins avides, ni moins tourmentés que les héros des tragédies. Le monde qu'ils forment peut paraître assez sombre, leurs aventures et leurs destins, assez amers. Pourtant ce n'est pas un monde désespéré. C'est un monde en attente. » (*Ibid.*, p. 9).
868 Marcel Arland, qui a donné à Supervielle une place importante dans son *Anthologie de la poésie française*, éd. citée, étudiera également l'œuvre de l'écrivain dans *Essais et nouveaux essais critiques*, Paris, Gallimard, 1952.
869 Supervielle dédiera à Marcel Arland le recueil *Oublieuse mémoire*, Paris, Gallimard, 1949.
870 Jules Supervielle, *Boire à la source*, *Confidences*, éd. citée.
871 Claudine Chonez (1906-1995), journaliste, écrivaine, poète et sculptrice, qui avait collaboré à *La N.R.F.* et *Lettres françaises* notamment. Elle avait eu un entretien avec Supervielle pour *Marianne*, 12 février 1934, et avait participé, en 1938, à l'hommage à Supervielle de la revue *Regains*, *op. cit.*, p. 89-90. Elle publiera encore l'article « Jules Supervielle, poète du monde accepté », *La Vie politique, littéraire, économique et sociale*, n° 120, 28 août 1948.

239. LETTRE À RICHARD HEYD DATÉE DU 23 AVRIL 1947[872]

Saint-Gervais-la-Forêt

Mon cher ami,

Je suis peiné d'apprendre que vous avez été souffrant, et pendant plusieurs semaines. Vous êtes sans doute tout à fait remis maintenant et avez dû regagner Lausanne.
J'ai en vain cherché des manuscrits des contes d'*Orphée*. Je vous en adresse un de *Les B.B.V.*[873] que j'ai écrit il y a 6 mois environ et qui a paru dans de nombreux journaux et revues d'Europe et d'Amérique.
Je n'ai pas pu me procurer l'adresse de Dufy. Je pense l'avoir bientôt et me mettre en communication avec lui lors de prochain petit séjour à Paris, dans les premiers jours de Mai.

Pour Jacqueline[874] et pour vous mes affectueuses amitiés

Jules Supervielle

---

[872] L'enveloppe porte l'adresse suivante : « Monsieur Richard Heyd Éditeur d'*Ides et Calendes* 12, Cours Pommier Neuchâtel (Suisse) ». Au recto, en bas à gauche, se trouve la mention suivante : « Exp : J. Supervielle Saint-Gervais-La-Forêt (Loir-et-Cher) ». Harry Ransom Center, Carlton Lake Collection, 282.5.

[873] Jules Supervielle, *Les B.B.V.*, collection « Nouvelles originales », n° 7, Éditions de Minuit, 1949. Ce conte donne son titre au recueil, contenant également « De cuerpo presente », « Une enfant », « La vache » et « Les géants ». Le dossier génétique des *B.B.V.* est constitué de fragments manuscrits conservés à la BNF sous la cote NAF 27019, folios 90 et 9 ; d'un manuscrit en six folios, auquel Supervielle fait référence ici, et qui porte la dédicace « à mes amis Richard et Jacqueline Heyd très cordialement, Jules Supervielle Avril 1947 », ainsi que d'une dactylographie de cinq folios comportant des ajouts manuscrits, tous deux conservés au Harry Ransom Center de l'Université d'Austin, au Texas. En outre, ce conte a fait l'objet d'une prépublication dans les numéros 7 et 8 de la revue *Valeurs* qu'édite Étiemble à Alexandrie, en octobre 1946-janvier 1947, des pages 66 à 69. Le texte final est ensuite publié en 1949 aux Éditions de Minuit. Nous proposons la transcription et l'analyse de ce dossier dans *Jules Supervielle, une quête de l'humanisation*, éd. citée.

[874] Jacqueline Heyd, l'épouse de Richard Heyd.

240. LETTRE À RENÉ-GUY CADOU DU 26 AVRIL 1947[875]

Cher poète,

Je ne connaissais que peu de choses de vous et je suis vraiment très heureux d'avoir ces *Visages de Solitude*[876] si généreusement dédicacés.
Vos images surgissent avec grand naturel de l'obscur de vous-même pour nous donner leur lumière et leurs ombres, non moins précieuses. À travers les clartés de vos vers votre mystère serpente. Il vient de vous, des profondeurs, au rythme de votre respiration et de votre grave indolence de poète.
Merci, cher Cadou, de ce recueil qui touche le cœur et l'esprit de ses insolites antennes.
Cordialement vôtre

Jules Supervielle

241. LETTRE À MATHILDE POMÈS DU 28 MAI 1947[877]

Chère Amie,

Que je suis heureux d'avoir votre admirable traduction de *La Zapatera Prodigiosa*[878]. C'est un des textes de Lorca les plus difficiles à faire revivre en français. Mais j'aimerais beaucoup vous revoir ! Dans un instant je pars pour Londres et Oxford (où je ferai une conférence ou une lecture de poèmes à la Maison française[879]) mais à mon retour j'espère bien vous rencontrer. Je vous téléphonerai très prochainement.

---

875 Médiathèque de Nantes, Fonds René-Guy Cadou, CAD B 90.
876 René-Guy Cadou, *Les Visages de solitude*, éd. citée.
877 Médiathèque des Gaves, Ms SUP 19.
878 Federico García Lorca, *La Savetière prodigieuse*, traduction de Mathilde Pomès, R. Laffont, 1946.
879 Ce séjour a lieu à l'initiative de Denis Saurat qui, en 1947, dirige le département consacré à la littérature française du King's College. La lettre de Supervielle à Paulhan, antérieure à octobre 1947, mentionne le séjour de Supervielle à Londres et sa conférence : « Je pars pour Londres le 15. J'y resterai une semaine. Je lis des poèmes au King's College sous les auspices de Saurat. » (Jules Supervielle, *Choix de lettres*, éd. citée, p. 299). Saurat aurait causé un incident diplomatique en invitant Supervielle au King's College sans en informer l'Ambassade française, comme le rapporte Charlotte Faucher, « From Gaullism to Anti-Gaullism : Denis Saurat and the French Cultural Institute

Mes affectueux souvenirs ainsi que ceux de Pilar
Jules Supervielle

242. LETTRE À PHILIPPE JACCOTTET DU 18 JUILLET 1947[880]

27, rue Vital
Paris (16ᵉ)

Cher Philippe Jaccottet,

Mon Merci très vif pour ce *Requiem*[881] si douloureusement musical et qui est d'un vrai poète. Oui vous savez faire entrer profondément la musique révélatrice dans les plus secrets méandres de la pensée et du cœur.
Voici que je vous envoie à mon tour un poème pour la Galerie de Portraits de Mermod[882]. Je viens de l'achever. (Mais j'aimerais à en corriger l'épreuve imprimée.)
Je suis sur le point de partir pour deux mois à Saint-Tropez (Var). Les Salins, Villa Lelong. Peut-être cette Galerie paraîtra-t-elle à la rentrée ?

---

in Wartime London », https://journals.sagepub.com/doi/10.1177/0022009417699866, consulté le 01/02/2022.

880 Le poète suisse Philippe Jaccottet (1925-2021) consacre à Supervielle un compte rendu de *1939-1945* (*Formes et couleurs*, n° 1, janvier 1946), de *L'Escalier* (*La Gazette de Lausanne*, 30 mars 1957) ainsi que le texte « Vieillesse du poète » (*La N.R.F.*, janvier 1960, repris dans *Une Transaction secrète*, Paris, Gallimard, 1987, p. 211-216), et « Le cœur de Supervielle », « Notes », (*L'Entretien des muses*, Paris, Gallimard, 1968, p. 21-25 et p. 26-30). Dans la lettre à Jaccottet du 5 janvier 1960, Supervielle le remercie avec chaleur pour « Vieillesse du poète ». De son côté, Supervielle se montre bienveillant envers Jaccottet : si en 1954, il écrivait à Paulhan qu'il ne le connaissait guère, il viendra cependant en aide à Jaccottet en le recommandant auprès de la Caisse des lettres, à la demande de Paulhan et de Ponge (Jules Supervielle, *Choix de lettres*, éd. citée) – Bibliothèque littéraire Jacques Doucet, Ensemble Philippe Jaccottet, JCT C 471 – JCT C 474.

881 Philippe Jaccottet, *Requiem*, Mermod, Lausanne, 1947.

882 Au sujet de cette « Galerie de Portraits » pour l'éditeur suisse Henry-Louis Mermod (1891-1962), la revue *Tra-jectoires* reproduit la note suivante de Philippe Jaccottet : « La grande photographe Rogi André avait proposé à l'éditeur lausannois Mermod, pour qui je travaillais alors à Paris, une "galerie de portraits" d'écrivains, et j'avais dû l'accompagner chez Supervielle pour la séance de pose. Je me souviens encore que, pour rendre cette séance moins fastidieuse, il avait dit, admirablement, un de ses poèmes ; et m'avait généreusement prié, à ma grande confusion, d'en dire à mon tour un des miens. Ce fut malheureusement ma seule rencontre avec lui. Je crains que l'album projeté n'ait jamais paru ; mais il serait beau de retrouver la photographie dans les archives de Rogi André. » *Tra-jectoires, op. cit.*, p. 225.

Bons souvenirs à Borgeaud[883] et bien cordialement à vous

Jules Supervielle

SOLITUDE[884]

Combien de jours sans témoins au milieu de l'océan
Sans que même les ait vus l'œil solitaire d'un borgne
Ni même un poisson volant,
Des jours plus que silencieux, des jours plus que lumineux
Où seul un jour pénètre le corps d'un rameur aveugle
Se tournant de tous côtés
Et seul le soleil le désigne, du bout de son long pinceau
Pour lui donner la couleur et le dessin qu'il lui faut.
Combien de jours sans personne et même pas ce témoin
Sans yeux échappé de ma plume
Mais nullement du destin
Qui pour toujours le retient
Au large de toute mer
Sans jamais rien lui en dire
Parmi cette ombre de fer
Où attend, attend toujours ce qui ne doit pas se produire.

Jules Supervielle

243. LETTRE À PHILIPPE JACCOTTET DU 26 JUILLET 1947[885]

Cher poète,

Quelle est la dernière limite pour l'envoi du poème qui accompagnera mon portrait ? Je ne sais en effet si je ne vous en adresserai pas un autre. (Je vous en ai envoyé un hier).
Voulez-vous me répondre à
Saint Tropez (Les Salins) (Var) Villa Lelong.

---

883 Georges Borgeaud (1914, 1998), écrivain suisse.
884 Ce poème n'a pas été repris en recueil.
885 Bibliothèque littéraire Jacques Doucet, Ensemble Philippe Jaccottet, JCT C 471-JCT C 474.

Bien cordialement à vous

Jules Supervielle

244. LETTRE À MARCEL ARLAND DU 29 JUILLET 1947[886]

Villa Lelong
Les Salins
Saint Tropez (Var)

Mon cher Ami,

Je crains fort que l'exemplaire de votre roman, le dernier, celui que j'attends si fort[887], ne se soit égaré. Je serais si bien ici pour le lire dans cette atmosphère de Port-Cros, entre les pins, les rochers et la mer, et les souvenirs de la Vigie. Je mets au point *Confidences*[888] que Pilar tape à la machine au fur et à mesure. Vous aurez le manuscrit dans un mois ou six semaines (une soixantaine de pages).
J'aime bien ce travail des retouches dans la chaleur du jour. (Et parfois dans la confusion de l'inconscient on voudrait retoucher aussi les rigueurs de la température).
Je reprends quelques poèmes. Et vous, mon cher ami, à quoi travaillez-vous ? Je pense à vous avez beaucoup d'amitié. Nos meilleurs souvenirs pour Janine

Julio

245. LETTRE À RICHARD HEYD DU 31 JUILLET 1947[889]

Cher ami,

Pas de réponse de Dufy. Il n'a peut-être pas envie d'illustrer de livre. Je crois qu'il conviendrait de s'adresser à un autre artiste.

---
[886] Bibliothèque littéraire Jacques Doucet, Fonds Marcel Arland, ARL C.
[887] Marcel Arland, *Il faut de tout pour faire un monde*, éd. citée.
[888] Jules Supervielle, *Boire à la source, Confidences*, éd. citée.
[889] L'enveloppe porte l'adresse suivante : « Monsieur Richard Heyd Ides et Calendes Neuchâtel 15 Evole ». Harry Ransom Center, Carlton Lake Collection, 282.5.

Nous passons les vacances dans le Midi. Il n'y fait pas plus chaud qu'ailleurs. Pas beaucoup d'enthousiasme pour le travail. J'achève un recueil de *Confidences* (pas très confidentielles) pour une collection de Marcel Arland « Le Salon Carré ».
Vous bâtissez une maison, c'est beaucoup plus sérieux. J'espère la connaître un jour.
Mes meilleures amitiés à tous deux

Jules Supervielle

246. LETTRE À ANDRÉ FRÉNAUD DU 1ᵉʳ AOÛT 1947[890]

Cher poète,

Vous avez la gentillesse de me demander mes impressions de vos poèmes. Et je vous remercie de la confiance que vous me témoignez. Mais je crains de mal vous juger. Un poète sort difficilement de soi et de sa propre poétique.
Je comprends votre admiration, que je partage, pour Whitman[891]. Je ne pense pas que le vers régulier ajoute à ce que vous voulez exprimer. Les longs vers libres vous conviennent davantage, me semble-t-il. Vos mouvements de pensée y sont plus naturels et convaincants.
J'ai particulièrement apprécié le début de *La Noce noire*[892] et les pages 3, 4, 5, du moins en grande partie. J'admire nombre de vos images, plusieurs sont terribles et splendides.
Je suis souvent dérouté par les images de la jeune poésie contemporaine, par une transfiguration excessive. On perd de vue l'évocation et les

---

[890] André Frénaud (1907-1993), poète, qui publie notamment dans *L'Honneur des poètes* et dans la revue *Messages*, et reçoit en 1973 le Grand Prix de poésie de l'Académie française. – L'enveloppe porte l'adresse suivante : « Monsieur André Frénaud 3, rue Cortot Paris (18ᵉ) ». Bibliothèque littéraire Jacques Doucet, Fonds André Frénaud, FND C 728 (1).
[891] Supervielle admire Walt Whitman (1819-1892), poète américain qu'il lit, en 1922, dans la traduction de son ami Léon Bazalgette, et qui est à la même période célébré par Valery Larbaud, qui en apprécie également « les longs vers libres » mentionnés ici par Supervielle. Whitman apparaît comme une sorte de figure tutélaire à Supervielle, dans la mesure où il a su trouver, pour évoquer l'Amérique du Nord, une voix singulière, dépouillée d'influences européennes, proprement américaine. Les échos avec Whitman, chez Supervielle, dépassent les textes américains : on songe à la thématique des voyages transatlantiques, à l'élan vers le monde et à l'intérêt pour les commencements.
[892] André Frénaud, *La Noce noire*, éd. citée.

termes de la comparaison. D'où une certaine confusion. Mais ai-je raison ? N'est-ce pas affaire de générations différentes ? X
Vos attaques sont souvent admirables comme « Rien n'arrive jamais ni par fausse manœuvre ni malencontre. » Il y a chez vous une grande richesse de sensations. Le reste est affaire d'application, d'impatiences dirigées, convergentes.
Mais je crains de ne vous avoir rien dit. Croyez du moins à toute ma sympathie

Jules Supervielle

Puisque vous n'avez pas d'autre copie de *Noce Noire* je crois devoir vous retourner ce poème.
X J'ai lu sur votre poésie des articles extrêmement élogieux, de critiques en vue.

247. LETTRE À LOUIS PARROT DU 7 AOÛT 1947[893]

Les Salins, Saint Tropez

Cher Louis Parrot,

Votre commentaire des *Lettres françaises*[894] me parvient aujourd'hui seulement. Et vous m'en voyez heureux. Je tenais à vous le dire. On verra bientôt, je pense, avec vous, l'importance de ce *Choix*. La difficulté en poésie, me semble-t-il, c'est de rester poète tout en gardant une transparence qui vous révèle à tout lecteur sensible et de ne pas écrire

---

[893] Louis Parrot (1906-1948), journaliste, poète et romancier, a traduit le plus célèbre ouvrage du philosophe espagnol José Ortega y Gasset, *La Révolte des masses*, paru chez Stock en 1937. Il est notamment l'ami d'Eluard, rencontré à l'Université de Madrid où Parrot était lecteur ; pendant la Seconde Guerre mondiale, il est résistant et participe à *L'Honneur des poètes* ainsi qu'aux éditions de Minuit. Puis, à partir de 1944 il dirige *Ce Soir*, et collabore aux *Lettres françaises*. – L'enveloppe porte l'adresse suivante au recto : « Monsieur Louis Parrot 2, Square Jean Thibaut Paris (XVe) » ; au verso : « J. Supervielle Villa Rose Les Salins Saint Tropez (Var) ». Bibliothèque littéraire Jacques Doucet, Collection Louis Scheler, Ms Ms 40948.
[894] Supervielle fait référence au compte rendu élogieux, par Louis Parrot, du *Choix de poèmes* de 1947 dans *Lettres françaises*, 25 juillet 1947. Ce compte rendu s'ouvre ainsi : « Jules Supervielle vient de réunir en un *Choix* les meilleurs de ses poèmes qui s'étagent déjà sur plus de vingt-cinq années. C'était une épreuve décisive. Elle a pleinement réussi. »

seulement des vers pour des spécialistes. Aller vers la transparence et l'atteindre sans laisser la poésie en route, comme il arrive trop souvent. De tout cœur, merci.

Je suis ici sans radio et n'ai pas pu entendre malheureusement ce que vous avez dit de moi dans la série « Les poètes et leurs musiciens[895] ». Au reste je n'ai eu connaissance de cette émission qu'alors qu'il était trop tard pour que je me mette en quête d'un appareil d'écoute. Ne voyez là aucun reproche je me mets à votre place et sais tout le travail que vous avez, toute l'ardeur et l'intelligence que vous y mettez, et les difficultés de chaque jour pour qui vit de sa plume.

Voulez-vous présenter mes hommages à madame Parrot et me croire, cher ami, très vivement à vous

Jules Supervielle

248. LETTRE À MARCEL ARLAND DU 9 AOÛT 1947[896]

Villa Lelong
Les Salins Saint Tropez (Var)

Mon cher Ami,

Quelle joie d'avoir votre livre[897] et de vous suivre, page à page. Et comme tout y concourt à une imperturbable impression d'ensemble, que vous atteignez d'un pas sûr et sourd. Chacune de ces nouvelles, si courtes soient-elles est, par ses prolongements infinis en nous, un roman en puissance. Si la poésie est, pour une grande part, comme je le crois, l'art de nous faire regretter, pendant qu'elles sont encore là, toutes ces choses et ces êtres de la terre qui nous manqueront un jour, ces pages sont la poésie même. Poésie strictement de conteur, sans la moindre confusion de genres. Le miracle est dans le choix des situations, des phrases dites, des lieux évoqués sous nos yeux et nos oreilles émerveillées.

---

895 La série « Les poètes et leurs musiciens » est diffusée sur la Chaîne nationale et produite par Lila Maurice-Amour. Il s'agit ici de l'émission du 31 août 1950, d'une durée de 24 minutes, donnant des œuvres de Supervielle mises en musique par Darius Milhaud et Georges Auric.
896 Bibliothèque littéraire Jacques Doucet, Fonds Marcel Arland, ARL C.
897 Marcel Arland, *Il faut de tout pour faire un monde*, éd. citée.

Vous savez toujours donner l'impression dans chacune de ces nouvelles qu'il s'agit d'un moment central, capital dans la vie de vos personnages, si humble soit l'événement décrit ou suggéré.
Vous me disiez un jour que vous corrigiez beaucoup, « jusqu'à la manie ». Encore faut-il pouvoir, sans que la fraîcheur en souffre aller dans un même sens ou vers une même profondeur en s'y reprenant à plusieurs fois. J'aime qu'on sente comme chez vous, et même dans la plus grande délicatesse, quelque chose comme la pesée précise et vaporeuse de la pensée. Et comme on est sensibles à toute la tendresse, à tout l'amour qu'il y a pour l'homme dans ce livre, et pour tout ce qui respire sur terre, et les objets tout autour.
Je m'excuse de me laisser aller à vous dire naïvement ce que votre livre m'a suggéré. C'est que, malgré toute la maîtrise de votre art, il me semble que dans ce livre comme la plupart de vos nouvelles et de vos romans, par certains côtés, vous demeurez mystérieux.
Merci, mon cher ami, de votre précieuse dédicace. Vous ne savez à quel point vous me touchez.
Je vous embrasse

Julio

Je passe votre livre à Pilar et Denise qui attendaient leur tour.
Et peut-être, à bientôt

J.

249. LETTRE À MARCEL ARLAND DU 27 AOÛT 1947[898]

Mon cher Ami,

Voilà plus de huit jours que je guette l'arrivée du facteur et que votre article de *Combat*[899] ne me parvient pas. Je l'aurai peut-être demain mais je ne veux pas attendre davantage pour vous remercier de l'avoir écrit

---

898 Bibliothèque littéraire Jacques Doucet, Fonds Marcel Arland, ARL C.
899 Marcel Arland, « Supervielle retrouvé », *Combat*, 16 août 1947, p. 2. Cet article célèbre le retour en France de Supervielle, ainsi que la parution du *Choix de poèmes*, éd. citée, 1947 : « Quelque plaisir que l'on trouve à reprendre une œuvre qui depuis longtemps vous est chère, à voir comment elle s'affirme et s'impose, comment déjà elle s'incorpore à notre

d'autant plus que je sais un peu ce qu'il contient. Un voisin l'a lu, devait me le remettre, l'a égaré. Bref je ne compte plus que sur l'*Argus* toujours en regard. Si je ne l'ai pas demain j'écris à Paris pour le demander à *Combat*. Merci de votre lettre. Je suis si heureux de la bonne impression que vous avez de l'ensemble de mes poèmes[900]. J'aimerais qu'ils se prêtassent mutuellement main-forte et lumière.
Il commence à faire moins chaud sur la Côte après 3 ou 4 jours de pluie. C'est la bonne époque pour les promenades à pied. Je me surprends parfois à songer que j'en fais avec vous et Jean[901], dans cette atmosphère de Port-Cros, à 4 pas de la Méditerranée.
Ne viendrez-vous pas sur la Côte avant de rentrer à Paris ?
Je pense à vous avec beaucoup d'affection

Jules Supervielle

250. LETTRE À MARCEL ARLAND DU 1ᵉʳ SEPTEMBRE 1947[902]

Bien cher Ami,

Je reçois ce soir – enfin ! – votre très belle étude de *Combat*[903] qui donne une idée si haute de ma poésie (et profonde, haute dans les deux sens). Je pressentais, après votre lettre, que je serais fier de votre article mais je ne savais pas que j'en serais si heureux et que j'aurais de si bonnes raisons de l'être.
J'ai été particulièrement intéressé de voir que vous donniez au *Forçat Innocent* une position centrale dans mon œuvre[904]. Au reste vous avez désigné chacune de mes œuvres avec une justesse et un tact infinis. Et l'ensemble de l'œuvre avec une générosité persuasive qui finirait par me convaincre moi-même. Si je me laissais faire...

---

patrimoine littéraire, je souhaiterais être l'un des jeunes lecteurs qui pour la première fois, vont en subir les émouvants sortilèges. »
900 Il s'agit du nouveau *Choix de poèmes*, éd. citée.
901 Jean Paulhan.
902 Bibliothèque littéraire Jacques Doucet, Fonds Marcel Arland, ARL C.
903 Marcel Arland, « Supervielle retrouvé », *Combat, op. cit.*
904 Dans cet article, Arland s'attache à plusieurs recueils de Supervielle – *Gravitations, Les Amis inconnus, La Fable du monde, 1939-1945* – mais il donne une importance particulière au *Forçat innocent* : « C'est l'œuvre la plus dépouillée et la plus intérieure qu'ait écrite Supervielle, peut-être aussi la plus musicale et la plus riche d'ineffable. » *Ibid.*, p. 2.

Il n'est pas facile de parler de ma poésie, elle est pleine de pièges pour un critique qui n'aurait pas votre envergure ni votre précision, ni votre propre conception poétique du monde. Je suis heureux et comblé. Merci. J'ai reçu en même temps que la coupure de presse un mot de Jean qui me demande d'aller au Chalet[905]. Vous imaginez bien le désir que j'en ai ! Je crains un peu la fatigue du voyage. Un de nos amis doit arriver demain avec une voiture. Je vais voir comment les choses se présenteront. Je vous embrasse

Julio

P.S. Le poème « À Güiraldes » du *Choix* aurait dû paraître dans les mêmes caractères que les autres en vers libres ou versets[906]. C'est une erreur du service de fabrication.

251. LETTRE À CLAUDE ROY DU 3 OCTOBRE 1947[907]

27, rue Vital

Mon cher ami,

Votre article d'*Action*[908] me ravit. « Rien de vague, une vertu documentaire ». Je crois avec vous, mais nul ne l'avait dit avant vous, que c'est là le signe des œuvres à retenir et il m'est fort heureux que vous l'ayez décelé chez moi. Poésie libre aussi. Je suis un anarchiste que surveille ma passion du travail bien fait. J'aime aussi que mes allégories n'aient

---

905 Depuis le 27 juillet 1947, Paulhan se trouve à Brassac, dans le Tarn, au chalet de Barthe, en compagnie de Marcel Arland et de René Drouin. À ce sujet, voir Jules Supervielle, *Choix de lettres*, éd. citée.
906 Ce poème, à la p. 151 du *Choix de poèmes* de 1947, apparaît en caractères romains, tandis que les autres textes « en vers libres ou versets » sont imprimés en italique.
907 Bibliothèque littéraire Jacques Doucet, Fonds Claude Roy, ROY 275.
908 Claude Roy, « Supervielle et le corps humain », *Action*, 24-30 septembre 1947, p. 10. Dans cet article, Claude Roy évoque la parution du *Choix de poèmes* de 1947, où il loue l'œuvre « admirable » composée par Supervielle au cours des années, en notant que l'un des aspects les plus neufs de sa poésie est « l'attention portée [...] au corps humain ». – La revue *Action*, sous-titrée « *Hebdomadaire de l'Indépendance Française* » et « *Pour la paix et la liberté* », est fondée par Emmanuel d'Astier de la Vigerie, et dirigée par Maurice Kriegel-Valrimont puis par Yves Farge. Présentée comme l'organe social de la France combattante, elle paraît de 1943 à 1952, sa publication étant clandestine jusqu'en juillet 1944.

jamais « l'arbitraire des pures inventions de l'esprit ». J'aime que celle-ci soit enracinée, ce qui n'empêche pas le feuillage et les oiseaux qui viennent se poser sur les branches. Mes sentiments, dites-vous sont toujours confondus avec mes sensations. Voilà qui est aussi admirablement observé. Quel sourcier (avec ou sans u) vous faites.
Oui je prends garde à mon corps. Les intermittences de mon cœur que je ressens et endure une à une me rappellent trop souvent l'existence de ce corps que je voudrais oublier mais qui m'a ouvert tout de même les portes de l'univers intérieur, et je ne peux trop lui en vouloir.
Vous m'avez fait acheter le livre de Lequenne[909]. Il est fort bien et fait pour me plaire. Il s'y trouve plus d'un ferment.
Nous venons de rentrer du Midi. J'aimerais vous revoir bientôt. Dès que je serai moins encombré de paperasses sur ma table et de coups de téléphone je vous demanderai de venir à la maison, puisque maison il y a (provisoire et meublée hélas de meubles qui pour la plupart ne m'appartiennent pas : ils sont à la fille d'Alfred Bruneau l'ami de Zola, lequel a laissé deux lampes sur la cheminée de la salle à manger et son sourire barbu sur le portrait dudit Bruneau, grand admirateur du romancier.)
À bientôt. Votre ami vous remercie et vous dit sa joie

Jules Supervielle

Voici toujours mon numéro de téléphone Trocadéro 21-01. J'espère que votre femme va mieux.

252. LETTRE À HENRI HOPPENOT DU 8 OCTOBRE 1947[910]

27, rue Vital Paris (16)

Cher Ami,

J'avais pensé aller en Suisse cet été mais je n'ai pas dépassé le lac d'Annecy. Sans doute venez-vous de temps en temps à Paris. J'ai enfin

---

[909] Fernand Lequenne, *Le Corps humain*, Paris, Julliard, 1947. Cet essai est cité par Claude Roy dans « Supervielle et le corps humain » : le critique confronte cet ouvrage, qui permet de « mieux connaître l'étrange structure d'os, de chair, de canaux et de nerfs dont nous sommes à la fois captifs et souverains », à l'œuvre de Supervielle. *Ibid.*
[910] Bibliothèque littéraire Jacques Doucet, Alpha Ms 11317-Alpha Ms 22586.

trouvé à m'y loger (en meublé hélas!) mais le plaisir de vous voir à la maison avec Madame Hoppenot n'en sera pas moindre!

Je me suis beaucoup occupé de théâtre ces dernières années. J'ai achevé deux pièces en Uruguay *Robinson* et *Shéhérazade*.

La jeune compagnie des Francs-Alleux en qui j'ai grande confiance (ils ont eu un 2nd prix au concours des jeunes troupes professionnelles en ne donnant que du Claudel[911] officiellement *L'Histoire de Tobie et Sara*[912] et *Le Chemin de la Croix*[913]), cette jeune compagnie que dirige Jeanne Hamelin (dont la mère était Suisse) va donner *Robinson*, pièce en vers et en prose, susceptible je crois d'intéresser un nombreux public[914]. Et j'ai donné à ces jeunes gens fort intelligents et sérieux le monopole pour ma pièce (durant un an) en France et en Suisse. Vous serait-il possible, cher ami, de les aider de votre prestige et de vos conseils[915]?

Mlle Hamelin vous demandera bientôt audience à ce sujet. Et j'espère que vous voudrez bien les recevoir avec sympathie.

Je vous envoie mon *Choix de Poèmes*. J'y ai beaucoup travaillé. C'est un peu mon testament poétique mais j'espère bien y ajouter quelques codicilles...

Pour Hélène et pour vous, cher ami, nos bien affectueux souvenirs

Jules Supervielle

---

[911] Sur les relations entre Henri Hoppenot et Paul Claudel, voir Colette Barbier, *Henri Hoppenot, Diplomate*, éd. citée.

[912] Paul Claudel, *L'Histoire de Tobie et de Sara*, Paris, Gallimard, 1942 et 1953. En 1946-1947, la pièce est créée par la Compagnie des Francs-Alleux, dans une mise en scène de Jeanne Hamelin, au cours d'une tournée en Belgique et en France.

[913] Paul Claudel, *Le Chemin de la croix*, Paris, Librairie de l'Art catholique, 1913.

[914] *Robinson* est joué par les Francs-Alleux à Paris en septembre 1948. La pièce est reprise en octobre à Bruxelles, et à Paris en 1952.

[915] Henri Hoppenot est depuis 1945 ambassadeur de France en Suisse. Il témoigne de la volonté de donner une impulsion vigoureuse aux échanges intellectuels, artistiques et culturels entre la France et la Suisse, en faisant connaître les pièces de Supervielle notamment, comme il l'exprime dans l'hebdomadaire suisse *L'Illustré*, n° 16, 19 avril 1945. Colette Barbier, « À Berne, entre l'Est et l'Ouest », *Henri Hoppenot, Diplomate*, éd. citée, p. 357-422.

253. LETTRE À HENRI HOPPENOT DU 4 NOVEMBRE 1947[916]

27, rue Vital.

Merci, mon cher Henri de votre bon message. Je me hâte de vous envoyer le livre promis[917]. Je croyais l'avoir fait déjà, mais ma mauvaise mémoire me joue de ces tours !
Jeanne Hamelin vous montrera ma pièce lors de son passage à Bern. (Je n'en ai qu'un exemplaire que je ne puis confier à la poste) Je la mettrai en rapports avec Marcel Abraham[918] ou avec les services de Joxe[919], où [j'ai] des amis aussi.
Pour Hélène et pour vous nos bien affectueuses amitiés

Jules Supervielle

254. LETTRE À RICHARD HEYD DU 17 NOVEMBRE 1947[920]

7 rue Vital (16e)

Mon cher ami,

J'ai enfin pu voir Chagall il y a quelques jours. (J'ai été à Londres et à la campagne.) Il est ravi de faire ces illustrations. Le principe lui en convient parfaitement. Comme il repart ces jours-ci pour New York (il revient dans deux ou 3 mois) voulez-vous écrire à sa fille afin de vous mettre d'accord pour les conditions.
Voici l'adresse
Madame Ida Chagall

---

916 Bibliothèque littéraire Jacques Doucet, Fonds Henri et Hélène Hoppenot, Alpha Ms 14223-Alpha Ms 14227.
917 Jules Supervielle, *Choix de poèmes*, éd. citée.
918 Marcel Abraham (1898-1955), écrivain et enseignant, résistant, avait été directeur des Affaires culturelles au ministère de l'Éducation nationale, directeur du service universitaire des relations avec l'étranger et président du Bureau international d'éducation.
919 Louis Joxe (1901-1991), homme politique, résistant puis diplomate. Il est alors directeur général des relations culturelles au ministère des Affaires étrangères.
920 L'enveloppe porte l'adresse suivante : « Monsieur Richard Heyd "Ides et Calendes" 12 Cours Pommier Neuchâtel (Suisse) ». Harry Ransom Center, Carlton Lake Collection, 282.5.

8 ter villa Léandre
(avenue Junot)
Paris

Bien affectueusement à Madame Heyd et à vous-même

Jules Supervielle

255. LETTRE À RENÉ-GUY CADOU DU 18 NOVEMBRE 1947[921]

Mon cher poète,

Votre poème[922] est sur ma table. Il l'illumine et l'humanise. Son accent me touche beaucoup et je l'entends en moi qui chante et j'entends aussi un grand pas partout dans la maison. « Il monte l'escalier "avec les moyens du bord" [»].
Bref, je suis sous le charme et vous adresse mon affectueux merci ainsi que la photo que vous me demandez si gentiment.
Votre

Jules Supervielle

Je serai heureux, bien sûr de voir paraître ce poème dans la revue dont vous me parlez.

S.

256. LETTRE À RENÉ-GUY CADOU DU 6 DÉCEMBRE 1947[923]

Cher Cadou,

La grève des postes m'a empêché jusqu'ici de vous envoyer ma photo. Au moment où je vous ai écrit je n'en avais pas, je n'arrivais pas à la

---

[921] Médiathèque de Nantes, Fonds René-Guy Cadou, CAD B 90.
[922] Ce poème sera publié par René-Guy Cadou sous le titre *Lettre à Jules Supervielle*, Nantes, Éditions Sylvain Chiffoleau, 1947, et repris dans l'ouvrage *Poésie La Vie entière, Œuvres poétiques complètes*, Paris, Seghers, 1977, p. 212.
[923] Médiathèque de Nantes, Fonds René-Guy Cadou, CAD B 90.

retrouver parmi tous mes papiers rapportés d'Amérique. La revoici enfin[924].

Je me réjouis de revoir bientôt votre beau poème édité par un de vos amis[925].

Très cordialement à vous

Jules Supervielle

1948

257. LETTRE À RENÉ-GUY CADOU DU 2 FÉVRIER 1948[926]

Mon cher ami,

Je n'ai presque pas écrit de poèmes ces temps-ci et il me faut tenir des promesses faites depuis longtemps à d'autres revues.
Tous mes regrets et l'affectueux souvenir de

Jules Supervielle

258. LETTRE À CLAUDE ROY DU 1er MARS 1948[927]

Cher ami,

Très peiné d'apprendre que vous n'avez pas trouvé votre femme[928] en meilleur état. Mais votre présence renforcée par l'arrivée du printemps ne va pas tarder à lui faire retrouver ses forces. Tous nos vœux bien vifs.

---

924 La photographie qui accompagne cette lettre – signée Mandello – est dédicacée en ces termes : « Au poète René-Guy Cadou avec l'affection de Jules Supervielle. Déc. 47 »
925 Il s'agit de l'édition de la *Lettre à Jules Supervielle*, éd. citée, par Sylvain Chiffoleau, imprimeur, élu du conseil municipal de la Ville de Nantes, et premier éditeur de son ami René-Guy Cadou.
926 Médiathèque de Nantes, Fonds René-Guy Cadou, CAD B 90.
927 Bibliothèque littéraire Jacques Doucet, Fonds Claude Roy, ROY 275.
928 Claire Vervin, que Claude Roy a épousée en 1945. Ils resteront mariés jusqu'en 1958 ; puis, Claude Roy épousera l'actrice Loleh Bellon en 1962.

Vous vous êtes donc mis tout de suite à ce travail dont je suis le centre[929].
Je réponds à votre question sur la naissance de ma « vraie voix[930] ». Je crois que depuis *Comme des voiliers* on la pressent. Mais la matière était pauvre. Je n'osais affronter le véritable moi-même qui me faisait peur. Longtemps j'ai été neurasthénique et je m'éludais même en poésie. Quand je me suis senti assez fort (vigoureux) assez résistant du point de vue psychique j'ai fait le plongeon dans la nuit intérieure (d'abord au travers de l'humour puis sans aucun masque, même de scaphandrier). *L'Homme de la pampa* annonce *Gravitations*. Il fait le pont entre *Débarcadères* et le recueil de 1925.
Je n'ai pas le livre de Thompson sous la main mais j'espère ravoir bientôt mon exemplaire resté à Bd Beauséjour. Je vous enverrai alors les citations demandées[931] (des *Lévriers du Ciel*).

---

929   Ce travail aboutira à la publication de l'ouvrage de Claude Roy, *Jules Supervielle*, Paris, Seghers, 1949 et 1970.
930   Dans son ouvrage, Claude Roy consacre un chapitre à la « voix du poète », *ibid.*, p. 14-16, où il évoque « la vraie voix, dépouillée, vulnérable, lointaine », qui selon lui, pressentie dans les premiers recueils, « apparaît enfin, parfaitement désentravée, avec *Gravitations*. » *Ibid.*, p. 15.
931   Francis Thompson (1859-1907), poète et critique littéraire anglais, est cité dans l'ouvrage de Claude Roy, dans le chapitre « Précieux Supervielle », où le critique imagine un dialogue entre Thompson et Supervielle, *ibid.*, p. 69. Claude Roy rapporte également l'affirmation suivante de Supervielle : « [...] sa rencontre a été capitale pour moi. » (*Ibid.*, p. 68) Celui-ci se distingue cependant du poète anglais, comme le montrent ses propos à Étiemble : « Thompson est un officiel de la religion, au Dieu bien établi et dogmatique, alors que je suis toujours à la recherche de mon Dieu, et que je retrouve dans les religions de l'Inde, de la Perse ou de l'Extrême-Orient tout autant que dans la religion chrétienne. » (René Étiemble, *Supervielle*, collection « La Bibliothèque idéale », Paris, Gallimard, 1960, réédité en une version abrégée, Paris, Gallimard, 1968, p. 206). Supervielle écrira un « Hommage aux "Lévriers du Ciel" de F. Thompson », *Recherches et Débats*, n° 16, juillet 1956, p. 163, repris dans *L'Escalier*, éd. citée. Le poème de Thompson, « *The Hound of Heaven* », d'abord publié en 1893, est repris dans l'ouvrage de 1917, *Oxford Book of English Mystical Verse* ; il est considéré comme l'un des sommets de la poésie mystique de son époque. Les notes de l'édition des *Œuvres poétiques complètes* de Supervielle dans la Pléiade indiquent que Supervielle l'avait lu dans la traduction d'A. Morel, parue chez Adrienne Monnier en 1921, et que la puissance des images, en particulier celle du lévrier du ciel – qui apparaît déjà dans « Le Portrait », *Gravitations*, éd. citée – l'avait frappé ; dans son texte d'hommage, Supervielle reprend l'image, mais en modifie la signification : ce n'est plus un animal, mais une meute dont il est question ; ces chiens ne symbolisent plus Dieu poursuivant le poète qui cherche à se réfugier auprès des hommes ou de la nature, mais ils apparaissent comme des êtres réconfortants et familiers, apportant au poète le message des astres et des morts (Jules Supervielle, *Œuvres poétiques complètes*, éd. citée, p. 1007-1008). Enfin, Dorothy Blair étudie les liens entre les deux poètes dans *Jules Supervielle, A Modern Fabulist*, Oxford, Blackwell, 1960, p. 163-168.

Je vous envoie *Shéhérazade, Robinson* suivra bientôt, je n'en ai pas de copie pour l'instant. Denise vous l'enverra directement de Lyon.
Affectueusement à vous

Jules Supervielle

Oui, les Hoppenot sont bien attachants.

259. LETTRE À FRANZ HELLENS DU 9 MARS 1948[932]

Cher ami,

Je suis bien en retard avec vous et j'aurais voulu vous écrire depuis longtemps. Excusez-moi.
J'ai renoncé pour l'instant à aller à Bruxelles, ma pièce[933] devant s'y jouer en octobre seulement. Si vous êtes toujours à Paris[934] voulez-vous venir déjeuner Dimanche prochain dans l'intimité à la maison. Nous reprendrions la conversation depuis longtemps interrompue.
Bien cordialement à vous et j'espère à Dimanche

Jules Supervielle

Mon numéro de téléphone : Trocadéro 21-01
Adresse : 27 rue Vital (16)

---

932 Bibliothèque littéraire Jacques Doucet, Gamma 8984-Gamma 8985 ; Gamma 8987-Gamma 9008.
933 En octobre, *Robinson* est mis en scène à Bruxelles par O. Lejeune au Théâtre du Parc.
934 Après la mort de sa seconde épouse, Marie Miloslawsky, en octobre 1947, Franz Hellens quitte la Belgique pour s'installer à La Celle-Saint-Cloud, près de Paris, avec sa nouvelle épouse, Hélène Burbulis. Il y restera jusqu'à la mort de celle-ci, en 1971.

260. CARTE POSTALE À CLAUDE ROY DU 14 MARS 1948[935]

Mon cher ami,

Excusez-moi si vous n'avez pas encore reçu *Robinson*. Je suis à court de copies. Pouvez-vous encore attendre un peu ? J'espère que vous avez reçu *Shéhérazade*.
Quand serez-vous de retour ? Nous quittons Paris à la fin de la semaine pour Saint-Gervais-la-Forêt (par Blois) Loir-et-Cher. Nous y passerons une dizaine de jours.
Bien affectueusement à vous

Jules Supervielle

261. LETTRE À CLAUDE ROY DU 1ᵉʳ AVRIL 1948[936]

Saint-Gervais-la-Forêt

Bien cher ami,

Êtes-vous toujours en Suisse où je vous ai fait adresser *Shéhérazade* et *Robinson* ? À tout hasard je vous écris à Paris où je serai Lundi prochain. Je vous ai écrit à Leysin, la « Mésange » je crois que c'est votre adresse complète mais peut-être y manque-t-il quelque chose ? Un doute m'est venu. Vous devez en avoir assez de vous occuper de l'auteur de *Gravitations* et de *La Fable du monde* !
Nous passons les vacances de Pâques chez des amis[937] dans le Loir-et-Cher dans une maison du temps de François Premier avec solives, poutres basses auxquelles je me cogne toujours, carreaux à losanges qui font croire à la pluie...
J'espère que votre femme continue à aller mieux et que nous ferons bientôt sa connaissance.

---

935 La carte représente « REMBRANDT, Die Frau des Offiziers. Fürstlich Liechtensteinsche Gemälde-Galerie, Wien ». Bibliothèque littéraire Jacques Doucet, Fonds Claude Roy, ROY 275.
936 Bibliothèque littéraire Jacques Doucet, Fonds Claude Roy, ROY 275.
937 Il s'agit d'Édith et Robert Philippe, bons amis de Supervielle, qui possèdent une propriété à Saint-Gervais-la-Forêt, près de Blois.

Bien affectueusement à vous

Jules Supervielle

262. LETTRE À FRANZ HELLENS DU 7 AVRIL 1948[938]

Oui, cher ami, j'étais à la campagne et serai heureux de vous revoir demain et d'assister à ce déjeuner.
Merci et bien cordialement à vous

Jules Supervielle

263. LETTRE À FRANZ HELLENS DU 9 AVRIL 1948[939]

Hélas, mon cher ami, je ne suis pas libre demain à déjeuner et ne vous en remercie pas moins d'avoir à nouveau pensé à moi.
Nous espérons vous revoir à la maison à votre retour de Belgique. Et je vous envoie toutes mes amitiés.

Jules Supervielle

Mes affectueux souvenirs aux Bouché si vous les voyez.

264. LETTRE À CLAUDE ROY DU 13 AVRIL 1948[940]

27, rue Vital (16ᵉ)

Mon cher ami,

J'ai appris que ma dernière lettre adressée rue du Dragon ne portait pas de numéro ! Je crains que vous ne l'ayez pas reçue. Je crains surtout vos impressions de mes pièces de théâtre puisque vous ne m'en dites rien. Êtes-vous pour longtemps en Suisse ? Comment va votre femme ?

---

[938] Bibliothèque littéraire Jacques Doucet, Gamma 8984-Gamma 8985 ; Gamma 8987-Gamma 9008.
[939] Bibliothèque littéraire Jacques Doucet, Gamma 8984-Gamma 8985 ; Gamma 8987-Gamma 9008.
[940] Bibliothèque littéraire Jacques Doucet, Fonds Claude Roy, ROY 275.

Shéhérazade va être jouée en juillet prochain au Théâtre des Papes par la Compagnie de Jean Vilar[941] en attendant qu'ils le reprennent à Paris en Octobre. *Robinson* sera donné par les Francs-Alleux, jeune compagnie fort vivante qui me paraît devoir faire une bonne réalisation[942].
J'ai écrit quelques nouveaux poèmes. Peut-être vaudra-t-il mieux ne pas donner de théâtre dans le petit recueil que vous préparez[943]. Cela s'extrait difficilement de l'ensemble d'une pièce.
Bien affectueusement à vous

Jules Supervielle

265. LETTRE À CLAUDE ROY DU 25 MAI 1948[944]

Cher ami,

On me dit au téléphone chez Seghers que votre étude sur mes œuvres[945] est achevée. Ne pourriez-vous me la montrer ? Je brûle tout vif de la connaître. Ne me laissez pas sur mon bûcher !
Je voudrais aussi les copies de *Shéhérazade* et de *Robinson* que je vous ai communiquées. Si vous êtes à Paris – en tout cas dès que vous y serez – ayez donc la gentillesse de me téléphoner pour que nous prenions rendez-vous. J'ai l'impression qu'une de vos lettres s'est égarée. Voilà si longtemps que je suis sans nouvelles de vous.
À bientôt j'espère, mon cher Claude Roy.
Une affectueuse poignée de mains de votre ami

Jules Supervielle

---

941 Jean Vilar met en scène *Shéhérazade* le 17 juillet 1948 au festival d'Avignon, dans les jardins du pape Urbain V. Le sultan Shariar est joué par Jean Davy ; Shazénian, par Michel Vitold ; l'Eunuque, par Robert Hirsch ; Shéhérazade, par Sylvia Monfort ; Dinarzade, par Françoise Spira.
942 En juillet, la pièce *Robinson* est donnée par les Francs-Alleux, qui entreprennent une tournée en province, avant d'être mise en scène, en octobre, par O. Lejeune au Théâtre du Parc à Bruxelles.
943 En effet, l'ouvrage de Claude Roy, *Jules Supervielle*, éd. citée, se clôt par un « Choix de textes » qui comporte des « Textes inédits » en prose – « Le Temps immobile », en deux sections, et « La Première fois » – et un « Choix de poèmes » ainsi qu'un « Appendice », mais pas de textes dramatiques.
944 Bibliothèque littéraire Jacques Doucet, Fonds Claude Roy, ROY 275.
945 Claude Roy, *Jules Supervielle*, éd. citée.

266. LETTRE À CLAUDE ROY DU 31 MAI 1948[946]

Bien cher ami,

Hélas Gallimard ne veut rien savoir. Je viens de lui téléphoner. Il me dit qu'*il y a une semaine tout au plus* Seghers lui a demandé l'autorisation de faire ce recueil avec un autre de Péguy et un troisième de Mallarmé[947]. Je croyais que c'était entendu depuis longtemps. Sans doute Seghers croyait-il pouvoir compter sur cette autorisation puisqu'elle avait été accordée pour Michaux et Eluard[948]. Gallimard répond à cela qu'on lui avait parlé d'une plaquette pour Eluard et Michaux et qu'en réalité ces volumes de chez Seghers sont bien plus dodus que n'est la plaquette habituelle et qu'il ne veut plus de cette concurrence, surtout dans l'actuelle crise de la librairie[949]. Je lui ai fait valoir toute la peine que vous vous étiez déjà donnée. Il m'a dit que vous saviez bien que votre étude serait publiée chez lui. C'est ce que vous me dites vous-même. Bref je suis très peiné et frustré de ce petit recueil mais il faut reconnaître que les raisons de Gallimard, cette fois, ont quelque poids.

Très content de ce que vous me dites de mes pièces. (Je viens de les recevoir). *Shéhérazade* un peu retouchée (au 3ème acte) va être jouée par Jean Vilar d'abord en Avignon puis à Paris. Excellente distribution : Silvia Monfort (Shéhérazade), Jean Davy (Shariar), Vitold (Shazénian). Les autres fort bons aussi.

---

946 Bibliothèque littéraire Jacques Doucet, Fonds Claude Roy, ROY 275.
947 Il faudra attendre 1957 pour que paraisse l'ouvrage de Louis Perche, *Essai sur Charles Péguy*, dans la collection de Seghers, « Poètes d'aujourd'hui ». Quant à celui que consacre Pierre-Olivier Walzer à *Stéphane Mallarmé*, il ne sera publié qu'en 1963 dans la même collection.
948 René Bertelé, *Henri Michaux*, « Poètes d'aujourd'hui », Paris, Seghers, 1946 et Louis Parrot, *Paul Eluard*, « Poètes d'aujourd'hui », Paris, Seghers, 1944.
949 La collection de Pierre Seghers, « Poètes d'aujourd'hui », créée en 1944, comportait en effet systématiquement un essai critique et biographique, un « choix de textes », une biographie ou chronologie de la vie et des œuvres, une bibliographie des œuvres de l'auteur et des essais qui lui avaient été consacrés jusque-là, un ensemble d'illustrations regroupées ou non dans un cahier iconographique. Parfois s'ajoutaient à ces sections un cahier regroupant des jugements sur l'œuvre (alors au sein de l'essai biographique et critique), un entretien ou échange de lettres entre l'auteur envisagé et le critique, et une postface rédigée par un autre critique. Mathilde Labbé, « "Poètes d'aujourd'hui" (1944-2007) : collection d'anthologies, collection-anthologie », *Tangence*, n° 122, 2020, p. 65-77.

Quant à *Robinson* la première aura lieu au Maroc dans quelques jours[950]. C'est la jeune compagnie « Les Francs-Alleux » qui la jouera là-bas. Votre femme doit être bien contente d'être avec vous en Charente ! Si vous venez à Paris, j'espère que nous vous verrons tous deux à la maison. Anne-Marie s'est bien amusée à lire la fin de votre lettre. Elle vous dit bien le bonjour !
À bientôt j'espère et toujours bien affectueusement à vous

Jules Supervielle

Je viens de voir que l'anthologie telle que vous l'aviez formée se trouvait dans le paquet. Oui il y a là nombre de pièces qui auraient pu paraître dans le *Choix* de Gallimard, je trouve. Tout cela a été fait par vous avec un soin et une intelligence exquis.
Et je suis peiné que cela ne soit pas utilisé dans un nouveau *Choix* réduit comme celui que vous préparez !
J'attends votre étude[951] avec avidité. Elle, du moins, nous la verrons bientôt imprimée !

J.S.

267. LETTRE À MARCEL ARLAND DU 6 JUILLET 1948[952]

Mon cher ami,

J'allais vous inviter à la présentation de *Robinson*, pièce en 3 actes que j'ai confiée aux Francs-Alleux (une compagnie qui se présente au Concours) quand votre lettre m'apprend que vous êtes en Bretagne.
Nous partons nous-mêmes pour Avignon Dimanche ou Lundi prochain. Nous y serons 3 semaines environ chez Mr Libert[953], Villeneuve-lès-Avignon, 24 Montée du Fort (Gard). J'assisterai à la première de

---

950 En juillet, *Robinson* est monté au Maroc, à Casablanca, par la jeune compagnie des Francs-Alleux, qui entreprend ensuite une tournée.
951 Claude Roy, *Jules Supervielle*, éd. citée.
952 Bibliothèque littéraire Jacques Doucet, Fonds Marcel Arland, ARL C.
953 La maison du 24, montée du Fort à Villeneuve-lès-Avignon était la maison de famille où s'établira, en 1956, Jean-Claude Libert (1917-1995), peintre cubiste. Son père, Marcel Libert, né à Paris en 1883, avait créé la maison Libert Dessins.

Shéhérazade. Cette pièce va paraître en 3 fois dans la revue *La Table Ronde*[954] en attendant que je la donne sans doute à Gallimard[955] (mais rien n'est décidé encore.) Oui je regrette que le Salon Carré...
Vu Étiemble hier qui vous consacre sa prochaine *Chronique des Temps Modernes*[956].
Faites-moi connaître vos projets de vacances à Villeneuve-lès-Avignon. Les nôtres sont encore incertaines après Avignon. Le soleil nous attire. Irez-vous aussi dans le Midi ?
Bien affectueusement à vous deux

Jules Supervielle

268. LETTRE À RENÉ-GUY CADOU DU 9 JUILLET 1948[957]

Merci, cher poète et ami. Vous savez déjà combien ce poème m'avait touché. Il m'a paru encore plus charmant dans sa nouvelle tenue, définitive[958]. C'est bien de recevoir une belle confirmation par une lettre poétique !
Je ne désespère pas d'aller un jour à Nantes et de vous y voir.
Bien affectueusement à vous

Jules Supervielle

269. LETTRE À CLAUDE ROY DU 20 AOÛT 1948[959]

Mon cher ami,

---

954 Jules Supervielle, « Shéhérazade », *La Table ronde*, n° 7, juillet 1948.
955 La pièce de Supervielle paraîtra bien chez Gallimard en 1949.
956 Cette chronique d'Étiemble, « La Fable du village », paraît dans *Les Temps modernes*, mai 1948, p. 2058-2064, et sera reprise dans le cinquième tome d'*Hygiène des lettres*, intitulé *C'est le bouquet !*, Paris, Gallimard, 1967, p. 264-274.
957 Médiathèque de Nantes, Fonds René-Guy Cadou, CAD B 90.
958 Supervielle évoque la publication en volume du poème que lui a consacré Cadou, *Lettre à Jules Supervielle*, éd. citée Ce texte paraît dans la collection « Le Miroir d'Orphée », éditée à Nantes par Sylvain Chiffoleau, en une plaquette de format 13,5 x 16,5 cm, tirée à 200 exemplaires sur vélin blanc de Rives numérotés. Le poème est accompagné de sa date de composition, « Louisfert, novembre, 1947 ».
959 Bibliothèque littéraire Jacques Doucet, Fonds Claude Roy, ROY 275.

Jean Paulhan me dit qu'il a demandé à Claude Gallimard[960] qu'on donne l'autorisation de publier votre étude et votre petite anthologie de ma poésie chez Seghers[961]. J'espère que cette fois l'autorisation sera accordée par Gaston G.

J'ai lu l'autre jour dans *Le Soir* un long article non signé sur moi où il est question de certain calepin noir contenant de mes vers d'enfant[962] et dont vous êtes seul peut-être à connaître l'existence en-dehors de quelques membres de ma famille. De là à supposer que vous étiez l'auteur de l'article très sympathique et fort élogieux dans l'ensemble... mais contenant une ou deux erreurs. (Je n'ai jamais fait partie des services du Quai d'Orsay).

Vous ne m'avez toujours pas communiqué votre texte de Seghers. J'aimerais beaucoup le connaître. Si vous êtes à Paris tâchez de me téléphoner que nous prenions rendez-vous, n'est-ce pas.

J'espère que Madame Claude Roy continue à aller mieux.

Mes affectueuses amitiés

Jules Supervielle

270. LETTRE À ROGER CAILLOIS DU 8 SEPTEMBRE 1948[963]

27 rue Vital

Mon cher ami,

Voici deux places[964] pour Vendredi prochain. J'espère que vous serez complètement rétabli d'ici là.

---

960 Claude Gallimard (1914-1991), fils de Gaston Gallimard, qui dirigera la maison d'édition Gallimard de 1976 à 1988.
961 Claude Roy, *Jules Supervielle*, éd. citée.
962 Sans doute s'agit-il du cahier mentionné dans la « Chronologie » des *Œuvres poétiques complètes*, éd. citée, p. XLVII : en 1893, Supervielle, âgé de neuf ans, commence à écrire un *Livre de Fables* sur un registre de la banque Supervielle.
963 L'enveloppe porte l'adresse suivante : « Monsieur Roger Caillois 95 Boul^d Jourdan Paris (XIV) ». Fonds Roger Caillois, cote CS121, Médiathèque Valery-Larbaud, Vichy.
964 Il peut s'agir de deux pièces de Supervielle données en octobre 1948 à Paris : *Le Voleur d'Enfants*, pièce qui est créée par Raymond Rouleau au Théâtre de l'Œuvre, ou *Shéhérazade*, reprise en octobre au théâtre Édouard VII après avoir été créée en juillet au Festival d'Avignon par Jean Vilar avec Silvia Monfort (Shéhérazade), Jean Davy (Shariar), Michel

Oui, moi aussi, je croyais Guillén intraduisible et je le lui avais dit ! Tout d'un coup, à force d'application, je me suis faufilé dans sa poésie et je l'ai traduit[965] (un peu librement par endroits mais cela me paraissait la meilleure façon de lui être fidèle.)

À bientôt, j'espère. Bien affectueuse poignée de mains de votre ami

Jules Supervielle

271. LETTRE À LOUISE DE VILMORIN DU 19 OCTOBRE 1948[966]

27 rue Vital

Chère Louise de Vilmorin,

Puis-je me permettre de vous présenter mon ami Jacques Rémy[967] qui prépare un film sur la femme et aurait besoin de vos conseils ? Je crois que ses idées vous intéresseront d'autant plus que vous avez vous-même je crois écrit quelque chose sur ce vaste et intarissable sujet ?

De toutes façons je crois qu'une conversation avec Rémy ne laissera pas de vous intéresser.

J'espère toujours vous revoir bientôt. Voici, en attendant, deux places pour ma pièce *Shéhérazade* qu'on donne actuellement au Théâtre Édouard VII[968] où peut-être je vous rencontrerai.

Mon souvenir toujours très attentif et dévoué

Jules Supervielle

Vitold (Shazénian), Françoise Spira (Dinarzade), Robert Hirsch (chef des eunuques). La musique est composée par Georges Delerue.

[965] Supervielle fait référence aux poèmes « L'Air » et « Les Airs », extraits de *Cántico* de Jorge Guillén, qu'il traduit dans *La Licorne*, n° 3, automne 1948, p. 11-23. Ces traductions seront recueillies dans *Le Corps tragique*, éd. citée.

[966] Louise de Vilmorin (1902-1969), femme de lettres. – Bibliothèque littéraire Jacques Doucet, Fonds Louise de Vilmorin, Alpha Ms 30452.

[967] Jacques Rémy a réalisé le film *Le Moulin des Andes*, dont le scénario a été écrit par Supervielle. Ce film a été tourné au Chili entre 1943 et 1945.

[968] Il s'agit de la pièce de Supervielle, *Shéhérazade*, voir *supra*.

272. LETTRE À CLAUDE ROY DU 20 OCTOBRE 1948[969]

Cher Claude Roy,

La plupart des pages de votre étude m'ont ravi, certaines – très rares, à peine deux ou trois – m'ont paru inexactes et dignes d'hebdomadaires à trop gros tirage. Certaines appréciations me semblent déplacées dans une collection qui est – du moins jusqu'ici – à l'honneur du poète étudié. De plus il y a trop de poèmes dans votre choix et cela nuirait beaucoup (je suis de l'avis de Gallimard à ce sujet) à mon *Choix de Poèmes* de *La N.R.F.*[970] Quand vous viendrez à Paris nous pourrons parler de tout cela. Rien ne presse. Je suis sans poèmes inédits, ayant donné à Jean Paulhan pour « Métamorphoses[971] » tout ce que j'avais au moment où les Gallimard s'opposaient complètement à la parution de votre recueil. Nous verrons ensemble ce qu'on peut faire, si vous voulez.
Bien cordialement

Jules Supervielle

---

[969] Bibliothèque littéraire Jacques Doucet, Fonds Claude Roy, ROY 275.
[970] Supervielle évoque le *Choix de poèmes* publié chez Gallimard en 1947. L'on retrouve en effet dans l'abondant « Choix de textes » du *Jules Supervielle* de Claude Roy un nombre important de poèmes contenus dans cet ouvrage : « La vache de la forêt », « Prophétie », « Souffle », « Cœur », « Oloron-Sainte-Marie », « Les amis inconnus », « Le hors venu », « Le regret de la terre », « Un poète », « La demeure entourée », « Les poissons », « Dieu pense à l'homme », « Ô Dieu très atténué », « Le corps », « Nuit en moi, nuit au dehors », « Bonne garde », « 1940 », « La nuit », « Le petit bois », « Lourde », « Ce peu », « Madame » apparaissent au sommaire des deux ouvrages.
[971] Il s'agit de la collection « Métamorphoses » dans laquelle paraîtra en 1949 le recueil *Oublieuse mémoire*, éd. citée Cette collection, dirigée par Paulhan de 1936 à 1963, avait été créée dans le prolongement de la revue *Mesures* afin d'accueillir les textes brefs de jeunes écrivains qui, malgré leur talent, ne pouvaient alors bénéficier de la reconnaissance offerte aux romanciers. Ces ouvrages s'intercalaient dans la collection avec les volumes d'écrivains déjà célèbres, comme Supervielle. Sur ce point, voir Thomas Mercier, « Jean Paulhan et la collection "Métamorphoses" : un éditeur et son œuvre », *in L'Acte éditorial. Publier à la Renaissance et aujourd'hui* (dir. Brigitte Ouvry-Vial et Anne Réach-Ngô), Classiques Garnier, 2010, p. 251-263.

273. LETTRE À FRANZ HELLENS DU 31 OCTOBRE 1948[972]

Mon cher ami,

Nous n'avons vraiment pas eu de chance. Quand l'un de nous attendait d'être en bon état pour voir l'autre, c'est celui-ci qui tombait malade ! Et me voilà obligé de rentrer à Paris sans vous avoir revu à Bruxelles ! Dès que vous serez à Paris voulez-vous me téléphoner Trocadéro 21-01 pour qu'enfin nous nous voyions[973] !
Je tenais à vous dire aussi combien m'a touché votre article de *La Dernière Heure*[974] sur ma poésie et la place qu'elle occupe. Oui comme vous le dites vous-même elle est au centre de toute mon œuvre et surtout dans les œuvres de prose. Je suis poète presque « malgré moi ».
Oui pour la forme poétique utilisée je me laisse aller à mon instinct. Ce n'est pas là mépris de la technique mais confiance dans le chant intérieur, comme vous l'avez fort bien vu et dit en d'autres termes.
Je m'excuse de ne vous avoir pas encore remercié de votre *Naître et Mourir*[975]. Le théâtre m'a stupidement pris tout le temps que me laissent mes ennuis de santé. Madeleine Bouché, et d'autres, m'a dit le grand bien qu'ils pensent de votre livre que je vais enfin pouvoir lire à mon retour à Paris.
À bientôt, j'espère, mon cher ami, et encore mon meilleur merci.
Bien affectueusement à vous

Jules Supervielle

---

972   Bibliothèque littéraire Jacques Doucet, Gamma 8984-Gamma 8985 ; Gamma 8987-Gamma 9008.
973   Une rencontre au moins est attestée entre cette date et la lettre suivante de Supervielle à Hellens, par la lettre de Franz Hellens à Robert Moureau datée du 13 mars 1963. Hellens communique à Moureau un « petit croquis de Michaux par Jean Paulhan », en l'informant qu'il a été « griffonné par P. au cours d'un déjeuner au restaurant du "Moulin à Vent", situé derrière les Halles au Vin à Paris en Avril 1949, déjeuner qui réunissait quelques amis intimes, Paulhan, Supervielle, Michaux, H. Calet. » Henri Michaux, *Sitôt lus*, éd. citée, p. 145.
974   Franz Hellens, « Jules Supervielle, poète considérable », *La Dernière Heure*, Bruxelles, 31 octobre 1948.
975   Franz Hellens, *Naître et mourir*, Paris, Albin Michel, 1948.

1949

274. LETTRE À WARREN RAMSEY DU 16 FÉVRIER 1949[976]

27, rue Vital

Cher Warren Ramsey,

« *This way of dissolving one meaning into another*[977] ». Voilà d'excellentes critiques et qui sonnent parfaitement juste. Je tiens beaucoup en effet à la cohérence du poème et je fais la plus grande attention à son unité et par conséquent aux « passages ».
Vos traductions de mes poèmes m'ont plu beaucoup aussi. Mais je vous trouve un peu injuste pour *1939-1945*[978] qui, avec quelques faiblesses, contient quelques poèmes parmi les meilleurs que j'ai écrits. Mais sans doute préférerez-vous *Oublieuse Mémoire* que je vais vous adresser bientôt[979]. Je vous envoie en attendant mon *Choix de poèmes*.
Que devenez-vous ? Préparez-vous quelque ouvrage ? Je n'ai pas encore pu lire tout le numéro 2 de *York French studies* mais j'ai été fort intéressé par les pages dont j'ai pu prendre connaissance. C'est là une entreprise digne des sujets qu'elle traite.

---

976 L'enveloppe porte l'adresse suivante au recto : « Monsieur Warren Ramsey Yale French Studies Yale University W.L. Harkness Hall New Haven Connecticut U.S.A. » ; au verso : « Exp. : Supervielle 27 rue Vital Paris (France) ». Houghton Library, Correspondence with Warren Ramsey, MS FR 710.

977 Supervielle cite le commentaire que propose Warren Ramsey de son poème, « L'Escalier », dans la revue *Yale French Studies* : « *Supervielle's peculiar quality is the fluidity of his imaginings, his way of dissolving one meaning into another.* » (« La qualité spécifique de Supervielle est la fluidité de son imagination, la façon dont une signification se dilue chez lui en une autre. » Nous traduisons.) Warren Ramsey, « Supervielle's L'Escalier », *Yale French Studies*, n° 2, 1948, p. 66. Dans ce numéro spécial consacré à la poésie française et intitulé « Modern Poets : Surrealists, Baudelaire, Perse, Laforgue », ce commentaire fait suite au poème de Supervielle, « L'Escalier » (p. 3-4) et aux traductions de poèmes de Supervielle par Ramsey, « In Space and Time and Descent of Giants » (p. 63-65).

978 Supervielle fait référence au jugement de Ramsey : « *Supervielle's most recent book of verse, 1939-1945 Poèmes as he called it, was rather lean and poor* [...] » (*Ibid.*, p. 66) (« Le recueil poétique le plus récent de Supervielle, *1939-1945*, est assez sec et pauvre. » Nous traduisons.)

979 Le recueil de Supervielle paraîtra chez Gallimard au printemps de l'année 1949.

Croyez-moi toujours très cordialement à vous

Jules Supervielle

275. LETTRE À EMIL CIORAN DU 6 AVRIL 1949[980]

27, rue Vital (16)

Cher Monsieur,

Je suis extrêmement sensible à la puissance et j'allais dire à la souveraineté de votre livre[981]. Et si vos conclusions sont assez terrifiantes il s'en dégage la sérénité et même le réconfort des œuvres absolument réussies. J'aurais voulu qu'au moment de la proclamation des lauréats on rendît tout au moins un hommage public à votre livre. Mais la chose n'était pas facile à expliquer. « Pourquoi ne le couronne-t-on pas ? » pourtant on se dira. Il aurait fallu ajouter que c'était en raison de son caractère démoralisant... Par ailleurs la vérité, même cruelle, a pour moi et pour bien d'autres quelque chose de tonique.
Nous verrons bientôt, j'espère, votre ouvrage édité par *La N.R.F.* et je sais déjà qu'il aura alors tout le retentissement qu'il mérite.
Et c'est à vous, cher Monsieur, que nous devons admiration et gratitude.

Jules Supervielle

---

[980] Emil Cioran (1811-1995), écrivain et philosophe roumain puis apatride. Cioran adresse le 20 octobre 1959 une lettre à Supervielle où il le nomme « mon cher maître », et où il loue l'humour de Supervielle, exprimant sa « jalousie admirative ». Cette lettre est reproduite dans « Correspondance avec Jules Supervielle », *Nouvelle revue de Paris, op. cit.*, p. 102. – Bibliothèque littéraire Jacques Doucet, Fonds Emil Cioran, CRN C 255.

[981] Supervielle fait partie, avec Jean Paulhan, André Gide et Jules Romains, du jury du prix Rivarol, qui récompense le meilleur roman de langue française attribué par un auteur étranger. Si en 1949, ce prix est décerné à Farjallah Haïk pour *Abou Nassif*, c'est Cioran qui le recevra, en 1950, pour le *Précis de décomposition* publié en 1949 chez Gallimard. Supervielle mentionne à plusieurs reprises son admiration pour l'œuvre de Cioran, et sa satisfaction de le voir couronné par ce prix, dans la correspondance avec Paulhan (Jules Supervielle, *Choix de lettres*, éd. citée).

276. LETTRE À CLAUDE ROY DU 18 AVRIL 1949[982]

(Loir-et-Cher)
Saint-Gervais-la-Forêt

Mon cher ami,

Vous n'avez pas perdu celui que vous appelez généreusement votre oncle d'Amérique ! Ce qu'il y a c'est que j'ai été malade près de deux mois (et me voilà en convalescence à St-Gervais-la-F.) et avant ça j'ai travaillé à mes poèmes d'*Oublieuse Mémoire*[983]. (J'y ai inclus tous mes derniers vers). Mais j'y songeais moi-même pour ne pas attendre que j'écrive de nouveaux poèmes je pourrais donner à Seghers un ou deux textes inédits en prose (10 à 20 pages dactylographiées) prose, sinon poétique, laissant du moins un sillage de poésie[984].
J'ai relu votre belle étude pour voir si les mêmes passages me faisaient toujours tiquer. Après tout, il y a bien peu de choses qui m'arrêtent mais si vous acceptez toujours quelques modifications de détail déjà signalées par moi lors de notre dernier entretien sauf pour deux ou trois nous allons pouvoir remettre très prochainement tout le manuscrit à Seghers. Il sera bon de réduire aussi l'anthologie d'un quart environ pour ne pas nuire à la vente de mon *Choix de Poèmes*[985].
On pourrait se voir, si vous voulez, du 25 au 30 de ce mois. Je serai à Paris pour revenir sans doute ensuite à St-Gervais.
Je vous serre affectueusement la main

Jules Supervielle

---

[982] Bibliothèque littéraire Jacques Doucet, Fonds Claude Roy, ROY 275.
[983] Jules Supervielle, *Oublieuse mémoire*, éd. citée.
[984] Le « Choix de textes » de l'ouvrage de Claude Roy, *Jules Supervielle*, éd. citée, s'ouvre en effet par des « Textes inédits » en prose : « Le Temps immobile », en deux sections, et « La première fois ». Le premier sera repris, en 1951, dans la section « Uruguay » de la seconde édition de *Boire à la source, Confidences*, éd. citée.
[985] Sur ce point, voir la lettre à Claude Roy du 20 octobre 1948, *supra*.

277. LETTRE À CLAUDE ROY DU 14 MAI 1949[986]

Mon cher ami,

J'ai lu le bel article d'*Action* que vous m'avez gardé[987]. Comment ne m'y sentirais-je pas à l'aise d'un bout à l'autre. Vous m'accordez tout l'espace mental et physique désirables. Tant mieux si aux lisières de cet univers rôde toujours cette menace des êtres ou des choses abolis pour un instant de distraction[988]. La mort est le piment de la vie, n'est-ce pas. Malheureusement le temps nous a fait dire une bêtise à tous les deux : « N'est-il pas *horrible* et non *possible*[989] » dit mon texte. Les typos, décidément, vous apprennent la modestie. On n'est plus sûr de rien, et Line du Petit Jour[990] en serait sans doute ravie.
Vous avez oublié, à la maison, votre texte et la petite anthologie de mes poèmes. Seghers a téléphoné. Je le vois Jeudi à 11 heures. Nous choisirons des photos pour le livre[991] dont nous serons les passagers non clandestins. Encore merci. Une affectueuse poignée de mains de votre ami

Jules Supervielle

---

986 Bibliothèque littéraire Jacques Doucet, Fonds Claude Roy, ROY 275.
987 Il s'agit de l'article de Claude Roy, « Théâtre et poésie de Jules Supervielle », *Action*, 12-18 mai 1949, p. 5. Dans cette chronique élogieuse, Claude Roy effectue le compte rendu de quatre ouvrages de Supervielle : trois pièces de théâtre, *Robinson*, *Le Voleur d'Enfants* et *Shéhérazade*, et un recueil de poèmes, *Oublieuse mémoire*.
988 Supervielle cite l'article de Claude Roy, *ibid.*
989 Supervielle fait allusion à une faute dans la citation de *L'Homme de la pampa*, reproduite à la fois dans l'article d'*Action* et dans l'ouvrage que Claude Roy lui consacrera. Dans le premier, la citation donne « N'est-il pas possible de penser [...] » ; dans la monographie, on trouve, à la p. 36 : « N'est-il pas pénible de penser, dit-elle, que tout restera éternellement à la même place, depuis les montagnes jusqu'à la mer, cette énorme masse inutile, inachevée, bêtement salée partout, à qui on ne permet que les marées, fantaisie prévue, surveillée par la lune, laquelle ne tolère que les écarts du calendrier. » Claude Roy, *Jules Supervielle*, éd. citée En effet, *L'Homme de la pampa* donne, à la p. 120, « N'est-il pas horrible de penser [...] ». Jules Supervielle, *L'Homme de la pampa*, éd. citée – Line du Petit Jour est un personnage de *L'Homme de la pampa*, que Guanamiru, le héros, rencontre à Paris. Elle représente notamment la fascination du mouvement, dans une hésitation entre rêve et réalité.
990
991 L'essai de Claude Roy, *Jules Supervielle*, éd. citée, est illustré de vingt-six photographies et reproductions.

278. LETTRE À MARCEL ARLAND DU 9 JUIN 1949[992]

Mon cher ami,

Je serai aussi tout à fait heureux de vous revoir avant les vacances. Je vais bien, depuis la fin de l'hiver. (J'étais né pour vivre les fenêtres ouvertes). Voulez-vous me téléphoner Lundi soir vers 7 heures ½ 8 heures du soir ? Nous prendrons rendez-vous.
Ravi de ce que vous me dites de mon livre[993].
À bientôt
Tout vôtre

Jules Supervielle

Je savais par Jean que Dominique[994] allait beaucoup mieux. Megève achèvera de la rétablir.

279. LETTRE À MARCEL ARLAND DU 11 JUILLET 1949[995]

Mon cher ami,

Quand on a assisté à un événement et qu'on le voit ensuite relaté dans la presse on est stupéfait de le voir si défiguré. Je ne m'étonne donc pas de ce que vous me dites.
J'apprends que vous irez à Venise ainsi que Jean. Nous allons tâcher, après un premier refus, de faire partie de l'expédition. J'écris à Membré[996]. Ce serait si bien de nous retrouver là-bas[997] !

---

992 Bibliothèque littéraire Jacques Doucet, Fonds Marcel Arland, ARL C).
993 Jules Supervielle, *Oublieuse mémoire*, éd. citée.
994 Dominique Arland, la fille de l'écrivain, née le 10 avril 1930. En raison de son état mental très perturbé, elle est inscrite en tant qu'interne dans une pension de Neuilly, à l'école Sainte-Marie, jusqu'en 1948. Quelques années plus tard, elle sera installée dans un hospice en Suisse. Mokhtar Chaoui, « Jalons pour une biographie », *in Marcel Arland ou la grâce d'écrire*, éd. citée, p. 17.
995 Bibliothèque littéraire Jacques Doucet, Fonds Marcel Arland, ARL C).
996 Henri Membré (1890-1952), écrivain et photographe, secrétaire général du P.E.N. Club français.
997 Supervielle évoque le vingt-et-unième congrès du P.E.N. Club international, qui se tient à Venise en septembre 1949 sous la présidence d'Ignazio Silone. Supervielle fait partie de la délégation française, de même que Julien Benda ou André Chamson ; Paulhan,

Mes très affectueuses pensées

Jules Supervielle

280. LETTRE À HUGO MANNING DU 18 JUILLET 1949[998]

27, rue Vital (16)

Cher Poète,

C'est très aimable à vous de m'avoir envoyé, sur les indications de *Grincha*, votre beau recueil de poèmes[999], où il est des accents si touchants dans leur profonde simplicité. « *Horror disturbs the dream of the rose*[1000] ». « *O regard our failing cigarette*[1001] ». Mais je voudrais citer tout le IX de la page 15[1002] et tant d'autres passages où vous nous mettez la poésie même sous les yeux.
Parfois je suis un peu gêné par ma connaissance insuffisante de l'anglais mais j'en comprends assez pour voir que vous êtes un vrai poète.
Mes meilleurs remerciements et mes bien cordiales pensées

Jules Supervielle

---

quant à lui, ne participera finalement pas à cet événement, évoqué dans les lettres que lui adresse Supervielle le 10 septembre 1949 et le 2 octobre 1949 (Jules Supervielle, *Choix de lettres*, éd. citée, p. 318-319).

998 Hugo Manning (1913-1977), poète, journaliste et mystique anglais, qui avait vécu à Buenos Aires entre 1939 et 1942. Il avait alors collaboré à *Sur* et à *La Nación*, et rencontré Victoria Ocampo et Borges, avec lequel il noua des liens d'amitié. – Harry Ransom Center, Hugo Manning Papers, MS-02604.

999 Hugo Manning, *Beyond the Terminus of stars*, London, Phoenix Press, 1949 ; le recueil se compose de quinze poèmes.

1000 Hugo Manning, *Beyond the Terminus of stars*, éd. citée, VII, p. 13. La citation est tirée de la phrase suivante, à l'ouverture du poème : « *So here on the dark hill where our small window may close, / Horror disturbs the dream of the rose.* »

1001 *Ibid.*, VI, p. 12. Supervielle cite le vers final de ce poème.

1002 *Ibid.*, IX, p. 15 ; ce poème, qui s'ouvre par le vers « *When the bird of sundown shed its blood of darkness* », se compose de six strophes de longueur inégale. Après avoir évoqué un paysage urbain marqué par la solitude et les lamentations, le poème, marqué par la récurrence de la structure interrogative, donne à entendre le discours de « Lola », et se termine par le questionnement de celle-ci sur sa mort : « *Where / Where / Where did I die? In Teneriffe, Cartagnea / Or under Viennese sky?* » On retrouve dans ce texte l'interrogation lancinante sur l'identité et sur la mort, ainsi que la thématique de l'adresse, qui parcourt l'œuvre de Supervielle lui-même.

CHOIX DE LETTRES

281. LETTRE À RENÉ-GUY CADOU DU 6 AOÛT 1949[1003]

27, rue Vital (16)

Cher poète et ami,

Je serais très heureux d'être mis en rapport avec le Théâtre d'Essai de Nantes pour ces représentations du *Voleur d'Enfants*[1004]. Je pense qu'il s'agirait là de faire connaître la pièce dans la région et recevrais avec plaisir des précisions de votre ami Bernard Lerat[1005] à ce sujet.
Je crains de ne pas vous avoir encore remercié de l'envoi de ce beau, ce touchant poème d'amour[1006] que vous m'avez envoyé il y a quelques temps et qui n'a pas quitté ma table de travail depuis que je l'ai reçu.
Très cordialement à vous

J.S.

282. LETTRE À CLAUDE ROY DU 29 SEPTEMBRE 1949[1007]

Sainte-Maxime
La Vierge Noire (Var)

Bien cher ami,

Votre étude[1008] est sur ma table ou plutôt je le voudrais bien mais chacun l'emporte, la tire à soi et tous voudraient le livre en même temps. Ai-je besoin de vous dire que je suis fier de votre commentaire où profondeur et fraîcheur se mêlent vraiment, si agréablement. Mais je vous ai déjà dit ce que j'en pensais. Une seule petite ombre elle vient d'un malentendu. Je vous croyais au courant d'une très touchante lettre d'Eluard où il réalisait il y a environ deux mois qu'il avait relu mon

---

1003 Médiathèque de Nantes, Fonds René-Guy Cadou, CAD B 90.
1004 Ce projet resta finalement inabouti.
1005 Bernard Lerat (1920-2000), historien et professeur d'histoire de l'art à Nantes.
1006 René-Guy Cadou, *Quatre poèmes d'amour à Hélène*, Les Bibliophiles alésiens, 1948.
1007 Bibliothèque littéraire Jacques Doucet, Fonds Claude Roy, ROY 275.
1008 L'essai de Claude Roy, *Jules Supervielle*, éd. citée, paraît en septembre 1949.

Choix de Poèmes et qu'il les aimait beaucoup maintenant[1009]. J'aurais été content – lui aussi – si vous aviez pu tenir compte de ce revirement X. Par ailleurs on m'avait promis de nouvelles épreuves chez Seghers et c'est le livre tout prêt que j'ai reçu à leur place. J'étais décidé à vous écrire à la réception de ces dernières épreuves si Eluard ne vous avait pas mis lui-même au courant de son état d'esprit concernant ma poésie. Mais Anne-Marie, elle, est bien contente bien que trop fière (et coquette)[1010] pour l'avouer. Et nous espérons tous vous revoir bientôt. Vers la mi-Octobre nous serons de retour à Paris. Le midi est merveilleux avec toute cette Méditerranée et ce ciel impeccable qui entrent par la fenêtre, jour et nuit.
Mes bien affectueuses pensées au ménage de Claude Roy. Et bonnes vendanges

Jules Supervielle

X et d'un élan si généreux qui m'a grandement ému.

1950

283. LETTRE À MARCEL ARLAND DU 4 MAI 1950[1011]

Mon cher Ami,

Malade depuis près de trois mois[1012] je vais un peu mieux mais n'écris guère.

1009 Voir *infra* la lettre de Paul Eluard à Jules Supervielle datée du 27 juillet 1949. Supervielle fait allusion au chapitre 19 de l'essai de Claude Roy, *Jules Supervielle*, éd. citée, p. 71 : « J'étais un peu ennuyé. Un des hommes que j'aime le plus : Paul Eluard. Je l'ai toujours senti un peu réticent devant mon goût pour la poésie de Supervielle. Je le pressai un jour. Il cessa d'éluder. "Supervielle ?" dit-il. "Il ressemble à La Fontaine." Un silence. "Et je n'arrive pas à aimer vraiment La Fontaine." »
1010 Supervielle fait allusion au titre de la pièce composée par sa fille Anne-Marie, « Trop fière et trop coquette », comme dans la lettre à Jean Paulhan du 2 avril 1939 (*Choix de lettres*, éd. citée, p. 219) et dans la lettre à Claude Roy du 3 novembre 1945, voir *supra*.
1011 Bibliothèque littéraire Jacques Doucet, Fonds Marcel Arland, ARL C.
1012 Supervielle souffre alors d'arythmie et des séquelles de son affection pulmonaire. (Jules Supervielle, *Œuvres poétiques complètes*, éd. citée, p. LIX, et Jules Supervielle, *Choix de lettres*, éd. citée)

Voici un texte qui n'est pas tout récent mais figurera dans l'édition nouvelle de *Boire à la source*[1013] (que donnera *La N.R.F.*).
Puissent vos amis danois y trouver quelque plaisir.
Je vous serre affectueusement la main, mon cher Marcel

Jules Supervielle

284. LETTRE À MARCEL ARLAND DU 4 JUILLET 1950[1014]

Saint-Gervais-la-Forêt (Loir-et-Cher)

Mon cher ami,

Je n'ai eu connaissance que ce matin de votre belle chronique de la *Gazette de Lausanne*[1015] et je ne vais pas tarder à vous dire toute la vigueur et la densité de mon plaisir à me voir ainsi commenté. Vous m'avez illuminé un de mes ouvrages[1016], le plus cher en ce moment parce que le dernier. Et je n'ai jamais été plus sensible qu'aujourd'hui à vos appréciations et à votre jugement. Encore convalescent depuis des semaines j'y trouve un réconfort particulièrement précieux et bienfaisant.
J'ai toujours été fort préoccupé de la « crédibilité », la plausibilité de mes contes aussi bien que de mes poèmes. Je me soupçonne même d'être depuis longtemps en réaction contre la gratuité des surréalistes.

1013 L'édition revue et augmentée de *Boire à la source*, sous-titrée *Confidences*, paraîtra chez Gallimard en septembre 1951.
1014 Bibliothèque littéraire Jacques Doucet, Fonds Marcel Arland, ARL C.
1015 De 1949 à 1953, Marcel Arland tient la chronique des Lettres dans *La Gazette de Lausanne*. Supervielle mentionne ici son article consacré à son ouvrage *Premiers pas de l'univers*, intitulé, dans un jeu avec le titre de son recueil de poèmes de 1938, « Une nouvelle fable du monde », *La Gazette de Lausanne*, samedi 3 et dimanche 4 juin 1950, p. 8. Dans cette chronique, Arland désigne Supervielle comme l'un des poètes « des plus purs et des plus émouvants de notre époque », mais aussi « l'un de nos plus excellents prosateurs » : il insiste en effet sur les liens qui unissent ces deux pans de l'œuvre de Supervielle. Évoquant de manière extrêmement élogieuse le nouveau recueil de contes de Supervielle, Arland le compare à Chagall, puis voit dans Supervielle fabuliste une figure de démiurge, capable de recréer le monde ; il finit par assimiler le poète à Orphée, « qui délivre les âmes par le chant, mais qui, par le même chant, les éloigne de lui et crée sa fatalité [...] » (*Ibid.*, p. 8).
1016 Jules Supervielle, *Premiers pas de l'univers*, éd. citée Ce recueil contient deux des contes mentionnés dans la suite de la lettre, « Le petit bois » et « Un puissant de ce monde », tandis que « Le bol de lait » appartient au recueil de 1938, *L'Arche de Noé*, éd. citée.

Avouerai-je que si j'apprécie tellement la continuité d'un récit ou d'un poème c'est que je suis moi-même discontinu, dispersé, confus, et toujours ouvert malgré moi à toutes les digressions. Vous voyez s'il me faut être vigilant quand j'écris !

« Le Petit Bois » – comme « Le Bol de Lait » – sont à peine sortis du poème en prose. Oui, ce sont à peine des « histoires ». Je n'ai pas voulu forcer l'invention. (Oui je ne pense pas que ce soit là le fait de la nonchalance ni de la paresse.) Chaque œuvre a sa pudeur et j'ai voulu la respecter ici comme ailleurs. « Le Puissant de ce monde » n'a pas ce duvet, je suis bien de votre avis, et c'est le moins bien venu du recueil. Merci, mon cher ami, de tant de compréhension et d'amitié. Je vous serre bien affectueusement la main

Jules Supervielle

285. LETTRE À FRANZ HELLENS DU 13 JUILLET 1950[1017]

Saint-Gervais-la-Forêt (Loir-et-Cher)

Ravi, cher ami, de votre projet[1018]. Merci. Sans photos ici je vous en ferai envoyer de Paris par ma femme.
Je suis en convalescence dans le Loir-et-Cher, j'ai été malade 2 mois dans le Midi.
J'espère vous revoir à Paris à la rentrée.
Affectueux souvenirs pour Madame Hellens[1019] et pour vous

Jules Supervielle

1017 Bibliothèque littéraire Jacques Doucet, Gamma 8984-Gamma 8985 ; Gamma 8987-Gamma 9008.
1018 Ce projet donnera lieu à la « Chronique littéraire par Franz Hellens », *La Dernière heure*, 20 juillet 1950, p. 8, en bonne part consacrée aux contes de Supervielle et effectivement illustrée d'une photographie de l'écrivain.
1019 Après la mort de Marie Miloslawsky, en octobre 1947, Franz Hellens épouse Hélène Burbulis le 26 novembre de la même année.

286. LETTRE À FRANZ HELLENS DU 24 JUILLET 1950[1020]

Mon cher ami,

Merci, merci de votre si flatteur commentaire de mes contes dans *La Dernière Heure*[1021]. Vous pouvez dire au Dr Bouché[1022], quand vous le verrez que cet article ne m'aura pas été seulement précieux à cause de l'éloge qu'il contenait et parce qu'il me venait de vous mais qu'il aura eu aussi sur moi une action thérapeutique et vivifiante. J'espère qu'il hâtera ma convalescence !
Un critique voyait une certaine mécanique dans mes contes mythologiques[1023]. Je crois vraiment qu'il se trompe et, comme vous l'avez vu généreusement, il me semble j'en ai toujours eu l'impression que je les réinvente. Je m'en apercevrais rien qu'au mal qu'ils m'ont donné (comme tout ce que j'écris).
Je vais me procurer les livres de Joseph Cressot[1024] que vous m'avez donné grande envie de lire.
Pour Madame Hellens et pour vous-même, mon cher ami, tous nos affectueux souvenirs et pour vous encore ma gratitude.

Jules Supervielle

1020 Bibliothèque littéraire Jacques Doucet, Gamma 8984-Gamma 8985 ; Gamma 8987-Gamma 9008.
1021 Il s'agit de la « Chronique littéraire par Franz Hellens », *La Dernière heure, op. cit.* Accompagnée d'une photographie de Supervielle, cette chronique commence par évoquer la forme du conte, avant de préciser que c'est Supervielle qui a écrit, « de nos jours, les contes les plus parfaits ». Hellens rappelle les recueils déjà publiés par l'écrivain – *L'Arche de Noé*, *L'Enfant de la haute mer* – puis fait l'éloge des *Premiers pas de l'univers*, dont il précise les thèmes, la tonalité, avant de commenter la structure du recueil. Pour conclure, Hellens y voit « le sommet [du] talent » de Supervielle prosateur, comme *Oublieuse mémoire* constitue celui de Supervielle poète.
1022 Georges Bouché est le co-cofondateur de la revue belge *La Dernière heure*.
1023 Ce reproche est adressé à Supervielle par Paulhan (voir la lettre de Supervielle à Jean Paulhan de 1938 datée « Mardi », Jules Supervielle, *Choix de lettres*, éd. citée, p. 211) ; Étiemble formule une critique similaire (voir la lettre de René Étiemble à Jules Supervielle du 6 février 1941, *Correspondance 1936-1959*, éd. citée, p. 65).
1024 Joseph Cressot (1882-1954), écrivain régionaliste. Franz Hellens consacre la fin de sa « Chronique littéraire » de *La Dernière Heure, op. cit.*, à cet écrivain et à son ouvrage *Le Jean du bois*, Stock, 1950.

287. LETTRE À JULIEN LANOË DU 26 JUILLET 1950[1025]

Mon cher Julien,

Reçu votre carte des montagnes autrichiennes. Merci. Vous avez raison de vous soigner, bien que rétabli[1026]. Je suis à St-Gervais-la-Forêt et si jamais vous voulez bien vous y arrêter pour un weekend en vous rendant à Paris vous me ferez bien plaisir. Je suis ici au moins jusqu'au 20 Août et peut-être pour toutes les vacances.

Le poumon va bien, il se fait oublier mais l'arythmie ayant succédé à la tachycardie je suis obligé de garder une immobilité qui m'ennuie.

Il y a, je crois, aussi une amélioration de ce côté et j'espère qu'en menant une vie en retrait j'aurai des journées de plus en plus supportables. Je peux travailler[1027] c'est déjà beaucoup.

Jean Paulhan vous a-t-il parlé d'un recueil pour sa collection « Métamorphoses » où vous réuniriez ce que vous avez écrit depuis *La Ligne de cœur*[1028]. Il me disait combien il serait heureux de l'avoir. Tous vos amis s'en réjouiraient aussi !

1025 Médiathèque de Nantes, Fonds Julien Lanoë, LAN B1 SUP.
1026 Julien Lanoë évoque la maladie dont il a souffert dans la lettre à Jean Paulhan du 1er avril 1950 : « Je suis tombé malade en Janvier [...] ne me demandez pas de quoi, les médecins n'en savent rien. C'était ma fièvre incendiaire et capricieuse dont je garde un excellent souvenir, mais à laquelle a succédé une convalescence nauséabonde et accablante, dont je commence tout juste à émerger. » https://obvil.sorbonne-universite.fr/corpus/paulhan/lanoe_paulhan#PLH_159_021926_1950_02, consulté le 18/01/2022.
1027 Supervielle travaille en particulier à des poèmes qui seront recueillis dans *Naissances*, mentionnés dans sa correspondance avec Paulhan du mois de juillet 1950, ainsi qu'au poème « Hommage » en vue de l'hommage rendu à Saint-John Perse dans *Les Cahiers de la Pléiade*, n° X, été-automne 1950, p. 34-35, repris avec quelques modifications sous le titre « À Saint-John Perse » dans *Le Corps tragique*, éd. citée (Jules Supervielle, *Choix de lettres*, éd. citée).
1028 Au sujet de la collection « Métamorphoses », voir l'annotation de la lettre à Claude Roy du 20 octobre 1948. Le projet relatif à Julien Lanoë est mentionné dans la correspondance entre Jean Paulhan et Julien Lanoë. Paulhan l'évoque dès la lettre sans date estimée à 1932 : « Quand m'enverrez-vous [...] un livre pour "Métamorphoses" ? J'y tiendrais ». Cette demande se trouve précisée en note dans la même lettre : « Pourquoi pas, tout simplement, la réunion de vos articles de la *Ligne de Cœur* ? » Puis, Paulhan évoque à nouveau cette question dans la lettre du 19 janvier 1950, mentionnant la « promesse » faite par Lanoë de lui transmettre « 12 ou 24 pages » pour cette collection. Le 1er avril 1950, Lanoë répond à Paulhan qu'il a été malade mais qu'il travaillera pour lui dès qu'il en sera capable. https://obvil.sorbonne-universite.fr/corpus/paulhan/lanoe_paulhan#PLH_159_021926_1950_02, consulté le 18/01/2022.

Je suis ravi de vos impressions des *Premiers pas* – et que vous ayez remarqué « Nymphes[1029] » dont personne ne me parle. Kemp[1030] me sort Giraudoux ! Ah ! s'il avait vos antennes les lecteurs des *N.L.*[1031] y trouveraient leur profit, les auteurs aussi et je ne me serais pas mis en colère !

Très affectueusement à vous et mes meilleurs hommages et souvenirs à votre femme

Julio

288. LETTRE À ALAIN BOSQUET DU 29 JUILLET 1950[1032]

Cher poète et Ami,

Heureux de revoir votre écriture je vous donne très volontiers l'autorisation que vous me demandez. Je ne savais pas que vous dirigiez à Berlin une revue pour le *State Department*[1033] où vous avez des collaborateurs auprès desquels on a plaisir à se trouver. N'oubliez pas de m'envoyer un exemplaire du n° de septembre.

J'ai été très malade une grande partie de l'hiver et suis encore en convalescence et au repos presque absolu.

1029 Ce texte de Supervielle, « Nymphes », appartient aux « Contes mythologiques » des *Premiers pas de l'univers*, éd. citée.
1030 Robert Kemp (1879-1859), journaliste, critique littéraire et écrivain. Considéré comme une autorité, Kemp tenait en particulier la rubrique de critique littéraire, théâtrale et musicale du journal *Le Monde*, et écrivait aussi dans les *Nouvelles littéraires*.
1031 Supervielle évoque le compte rendu de *Premiers pas de l'univers* par Robert Kemp dans la rubrique « La vie des livres », *Nouvelles littéraires*, 20 juillet 1950, p. 2. Après avoir affirmé sa préférence pour les contes inventés par Supervielle plutôt que pour les contes mythologiques, Kemp unit dans une même énumération les « variations de Giraudoux, de M. Supervielle, de tant d'autres ». Il conclut que la « néo-mythologie » devient une sorte de concours où Giraudoux serait le lauréat, Supervielle le « premier second ».
1032 Bibliothèque littéraire Jacques Doucet, Ms Ms 47240 (1-32).
1033 Alain Bosquet dirige depuis octobre 1947, avec Alexander Koval, poète allemand, et Édouard Roditi, écrivain et traducteur, la revue littéraire en langue allemande *Das Lot*, qui paraît jusqu'en juin 1952 et comprend six numéros. Gottfried Benn voit dans cette revue l'événement capital des lettres allemandes d'après-guerre. Alain Bosquet l'évoque en ces termes dans *La Mémoire ou l'Oubli*, éd. citée : « J'avais à cœur de présenter à quelques milliers de lecteurs les œuvres choisies des surréalistes, de Supervielle, de Tennessee Williams, alors à l'aube de sa gloire. »

Je commence à aller vraiment mieux.
Croyez en mes affectueuses et fidèles pensées.

J. Supervielle

289. LETTRE À JULIEN LANOË DU 6 OCTOBRE 1950[1034]

Bien cher Julien,

Vous voilà donc tout à fait rétabli ! Bravo. Si je ne puis en dire autant je vais tout de même mieux, la tachycardie a disparu depuis plus de 3 mois et l'état général est moins encombrant. Je travaille doucement[1035]. Dans quelques instants je pars pour Paris où je ne resterai que 48 heures pour revenir ici jusqu'au 15 environ. À partir du 20 je serai certainement de retour rue Vital où je vous attends déjà.
J'espère que tous les vôtres vont bien. Je vous serre très affectueusement les mains de retour de la montagne.

Jules Supervielle
ou plutôt Julio

290. LETTRE À ALAIN BOSQUET DU 8 NOVEMBRE 1950[1036]

27, rue Vital (16)
Paris

J'ai bien reçu, cher poète et ami, les exemplaires de *Das Lot*[1037]. J'en ai donné un à F. Hagen qui prépare un livre en allemand sur mon œuvre[1038]

1034 L'enveloppe, au recto, porte l'adresse suivante : « Monsieur Julien Lanoë 22 Boulevard Delorme *Nantes* Loire Inf^re » ; au verso, « J. Supervielle St Gervais-La-Forêt (Loir-et-Cher) ». Médiathèque de Nantes, Fonds Julien Lanoë, LAN B1 SUP.
1035 Comme l'indiquent les lettres à Jean Paulhan, Supervielle travaille aux poèmes de *Naissances* ainsi qu'à une pièce de théâtre (Jules Supervielle, *Choix de lettres*, éd. citée).
1036 Bibliothèque littéraire Jacques Doucet, Ms Ms 47240 (1-32).
1037 Alain Bosquet, Alexander Koval, Édouard Roditi, *Das Lot*, Berlin, Henssel, n° 4, octobre 1950. Ce numéro comporte un ensemble de poèmes de Supervielle : « Erde », « Bewegung », « Stämme », « Schiffbruch », « An einen toten Dichter ».
1038 Friedrich Hagen (1903-1979), poète allemand, qui avait traduit des œuvres de Supervielle et lui consacre l'ouvrage *Jules Supervielle : Gedichte und Legenden*, Hamburg, Insel Verlag,

et un autre à mon gendre Pierre Bertaux qui est germaniste (il a écrit une thèse sur Hölderlin[1039]). Quant à moi c'est à peine si je comprends quelques mots d'allemand, ce qui me navre.
Votre, très cordialement

Jules Supervielle

291. LETTRE À FRANZ HELLENS DU 24 NOVEMBRE 1950[1040]

Mon cher ami,

Je suis triste de vous savoir malade. Êtes-vous content de votre médecin ? Avez-vous besoin de quelque renseignement, de quelque indication au sujet de votre traitement. Madame Hellens pourrait me téléphoner (Trocadéro 21-01) au cas où je pourrais vous être utile en quelque chose. Je vais mieux mais ma santé a encore besoin de beaucoup de ménagements. Soignez-vous bien et croyez, comme Madame Hellens, à notre bien affectueux souvenir.

Jules Supervielle

1961.
1039 La thèse importante de Pierre Bertaux est publiée sous le titre *Hölderlin. Essai de biographie intérieure*, Paris, Hachette, 1936.
1040 Bibliothèque littéraire Jacques Doucet, Gamma 8984-Gamma 8985 ; Gamma 8987-Gamma 9008.

1951

292. LETTRE À JULIEN LANOË DU 26 JANVIER 1951[1041]

Bien cher Ami,

Comment m'excuser ? J'aurais dû comprendre cela l'autre jour quand vous avez bien voulu me reparler de *Robinson*. Monsieur Clavel[1042] qui pense au placement de ma pièce me dit qu'il serait contraire aux possibilités de représentation de faire donner actuellement la pièce à la radio. Le malheur c'est qu'il a, je crois raison. Mais je ne veux pas renoncer à ce beau projet de Radio Bretagne. Ce sera pour plus tard quand la pièce qui s'appellera maintenant *Ce Robinson* aura été jouée[1043]. Je suis d'autant plus ennuyé de cette décision que vous avez écrit de ma part au Père Clément. S'il a fait quelque copie de la musique, je les prends à ma charge, bien sûr. Je montrerai cela au directeur éventuel de la compagnie. Pardonnez-moi, cher grand ami, je suis vraiment très confus. À part ça alité depuis plus de huit jours avec une fièvre de 38-39,5 je suis un traitement d'injections de pénicilline et de fr.as. Il faut attendre quelques jours pour savoir le résultat du traitement. Depuis hier ça a l'air d'aller un petit peu mieux.
Je vous embrasse, mon cher ami, et je pense très fort à vous

Jules Supervielle

1041 Médiathèque de Nantes, Fonds Julien Lanoë, LAN B1 SUP.
1042 Maurice Clavel (1920-1979), écrivain, journaliste et philosophe ; il avait épousé Silvia Monfort, dont il divorce en 1951. Dramaturge, il sera nommé secrétaire général du Théâtre national populaire en 1951 par Jean Vilar.
1043 *Robinson*, qui a été mis en scène, en 1948, par les Francs-Alleux à la Cité universitaire puis par O. Lejeune au théâtre du Parc de Bruxelles, sera repris avec succès en novembre 1952, au Théâtre de l'Œuvre, par J. Le Poulain, avec une musique d'Henri Sauguet. Robinson est joué par Jacques Dasque ; Perfan, par Grégoire Aslan ; John, par Bruno Cremer ; le marin, par Claude Wolf ; le lion, par Pierre Reynal ; Vendredi, par Georges Aminel ; Fanny, par Dominique Blanchar ; Maggy, par Jane Val.

293. LETTRE À JULIEN LANOË DU 28 MARS 1951[1044]

Mon cher Julien,

C'est par vous que j'ai appris la mort de ce cher Cadou[1045], que je n'avais jamais rencontré et dont la voix commençait à se préciser dans sa poésie. Quelle tristesse de mourir avant de s'être fait vraiment entendre. C'eût été mon cas si j'étais mort à son âge.
Après deux mois ½ de maladie à la suite d'une grippe je suis en convalescence bien décidé à ne pas passer l'hiver prochain à Paris mais en Afrique (Algérie ou Maroc).
Je serai à Paris jusqu'au 7 Avril environ et partirai alors pour un long séjour à Vence ou à Grasse... Si jamais vous veniez dans les premiers jours d'Avril téléphonez-moi. Je ne voudrais pas vous manquer.
Je vous embrasse fort

Julio

294. LETTRE À JULIEN LANOË DU 25 AVRIL 1951[1046]

Les Pontets
St-Antoine
Grasse
(Alpes Maritimes)

Bien cher Julien,

Me voici à Grasse, quartier St-Antoine que vous connaissez. N'y avez-vous pas habité ? Nous sommes dans la villa (louée par nous) de Mme Johnstone. Et j'y reprends peu à peu des forces.
S'il vous est possible de venir par ici il y a une chambre pour vous. Ce serait une grande joie pour nous tous (et surtout pour moi !)
Les pourparlers avec le théâtre qui devait (peut-être) jouer *Robinson* n'ont pas abouti et je viens, s'il n'est pas trop tard, vous demander de dire à

[1044] Médiathèque de Nantes, Fonds Julien Lanoë, LAN B1 SUP.
[1045] Le 20 mars 1951. René-Guy Cadou était proche de Julien Lanoë, rencontré à Nantes pendant son adolescence ; par son intermédiaire, il était notamment entré en relation avec Pierre Reverdy et Max Jacob.
[1046] Médiathèque de Nantes, Fonds Julien Lanoë, LAN B1 SUP.

vos amis de la Radio que je leur donnerai volontiers ma pièce dans sa dernière version pour l'émission qu'ils avaient envisagée. À tout hasard j'ai dit qu'on vous envoie le manuscrit, de Paris.

Je me suis remis un tout petit peu au travail mais c'est bien peu sérieux, du moins jusqu'à présent.

Tâchez de venir vous qui connaissez le chemin et croyez à ma vieille affection, toujours rajeunie.

Votre ami

Julio

295. LETTRE À MARCEL ARLAND DU 30 JUILLET 1951[1047]

27 rue Vital

Mon cher ami,

Laissez-moi vous écrire (puisque je n'ai pas pu vous le dire de vive voix) toute la joie que j'ai eue à lire votre dernier livre, ces *Lettres de France*[1048] où vous commentez avec un égal bonheur des livres si différents. J'en ai profité pour relire ce que vous disiez de mes contes dans la *Gazette de Lausanne*[1049] et aussi pour supprimer dans une édition de langue anglaise les passages de « La Veuve aux Trois Moutons[1050] » que vous n'aimiez point et que j'avais rétablis je ne sais trop pourquoi dans l'édition de *La N.R.F.* Je vous souhaite de reposantes vacances.

1047 Bibliothèque littéraire Jacques Doucet, Fonds Marcel Arland, ARL C.
1048 Marcel Arland, *Lettres de France*, Paris, Albin Michel, 1951.
1049 Marcel Arland, « Une nouvelle fable du monde », *La Gazette de Lausanne, op. cit.* Dans ce compte rendu très positif des *Premiers pas de l'univers*, Marcel Arland évoque « La Veuve aux trois moutons » en formulant cependant une critique : « Tandis que je lisais [...] *La Veuve aux trois moutons*, je me heurtai à un passage [...] : "La mère ne parlait que de son pays. France par ci, France par là et en avant la Bourgogne, la Picardie, la Champagne et l'Alsace-Lorraine. Les familles françaises ne feraient jamais assez de sacrifices, etc." Cela me parut un peu gros pour la fine qualité de l'œuvre. Car rien jusqu'alors ne laissait prévoir cette manifestation. Et je me disais : "Comment, à la seconde lecture, Supervielle ne s'est-il pas corrigé ?" Là-dessus, prenant une plaquette où le conte avait déjà paru voilà quelques années, je m'aperçus qu'elle ne contenait point ce passage ; c'est en se relisant pour la nouvelle édition, que l'auteur l'avait ajouté. » *Ibid.*)
1050 Le conte « La Veuve aux trois moutons » est recueilli dans la section « Contes mythologiques » des *Premiers pas de l'univers*, éd. citée Il avait auparavant été publié en 1946, dans la revue *Fontaine*, 1ᵉʳ mai 1946, et dans *Orphée et autres contes*, éd. citée.

Je passe hélas une bonne partie de mon temps à me soigner et le reste à ne rien faire (ou à peu près). J'espère tout de même me remettre au travail (autant que me le permettra ma santé). Le moral est meilleur et c'est bon signe.
Mes affectueuses amitiés pour Janine et pour vous-même, mon cher Marcel

Julio

296. LETTRE À JULIEN LANOË DU 19 SEPTEMBRE 1951[1051]

Villa les Marronniers
Rue Commandeur
Mougins
(Alpes Mar.)

Bien cher Julien,

Votre lettre me parvient à Mougins près de Grasse où nous avons loué un petit appartement ! C'est tout ce que nous avons trouvé. Heureusement qu'il a une terrasse (pour nous les locataires) et que nous sommes à peu près seuls à nous y rendre. Mais nous cherchons quelque chose de plus tranquille pour Octobre que je compte passer également dans la région. Vous avez eu des ennuis, un deuil, une année très chargée. Je pense à vous, mon cher ami, au père aussi de cette nombreuse famille. Quant aux « déconvenues » nous en avons tous eu mais vous verrez sans doute que ceux des vôtres à qui vous les devez en ce moment seront peut-être ceux dont vous vous sentirez le plus près dans quelque temps. Cela du moins a été ainsi pour moi, et de façon très nette. Je reconnais que je n'ai pas eu à me plaindre sérieusement de ce côté-là mais comment éviter ces malentendus, malgré la bonne foi de part et d'autre. Chacun choisit le chemin qui convient à son humeur (du moment). Les parents sont là avec leurs partialités différentes… et le point de vue général X. Comment ne leur donnerais-je pas raison, en principe, au nom de nos principes mêmes. Mais voilà que je philosophe ! Pardonnez-moi.

1051 Médiathèque de Nantes, Fonds Julien Lanoë, LAN B1 SUP.

Ne vous inquiétez pas pour *Robinson.* Reposez-vous bien. Je ne vais pas mal. C'est le souffle qui est court. Pour le reste je me sens mieux... Je vous embrasse fort

Julio

X général en chef, malgré eux !

297. LETTRE À ALAIN BOSQUET DU 1ᵉʳ OCTOBRE 1951[1052]

Villa les Marronniers
rue Commandeur
Mougins (A.M.)

Cher Poète et Ami,

Votre mot me parvient dans le midi où je compte rester encore tout octobre. Ma santé s'en trouvera, j'espère, un peu améliorée. Si vous avez la gentillesse de me téléphoner dans les premiers jours de novembre (Trocadéro 21-01) je serai bien content de faire enfin votre connaissance personnelle après celle de vos poèmes, de vos articles et de vos lettres. J'attends *Langue morte*[1053] qu'on me fera suivre ici.
Bien vivement à vous

Jules Supervielle

298. LETTRE À ALAIN BOSQUET DU 12 OCTOBRE 1951[1054]

Villa les Marronniers
rue Commandeur
Mougins (Alp. Mar.)

1052 L'enveloppe porte l'adresse suivante : « Monsieur Alain Bosquet 176, Quai Louis Blériot Paris (16) ». Bibliothèque littéraire Jacques Doucet, Ms Ms 47240 (1-32).
1053 Alain Bosquet, *Langue morte*, éd. citée L'ouvrage, qui reprend deux recueils anciens, *L'Image impardonnable* et *Syncope*, reçoit en 1952 le prix Guillaume Apollinaire. *Tra-jectoires, op. cit.*, p. 237.
1054 Bibliothèque littéraire Jacques Doucet, Ms Ms 47240 (1-32).

Cher Poète et Ami,

Votre lettre m'est parvenue dans le Midi avec quelque retard.
Je pense que je pourrai avoir bientôt la joie de faire votre connaissance, et à Paris. Mais je ne suis pas tout à fait sûr que ma santé ne m'obligera pas à prolonger encore mon départ dans le Midi. L'hiver parisien m'effraie, moi qui deux ans de suite ai été très malade.
Merci de votre lettre où j'ai retrouvé des poèmes que je connaissais et aimais déjà, où j'ai aussi fait la connaissance avec d'autres. Si j'ai un souhait à exprimer je vous dirais « Ne craignez pas la poésie signifiante. Il y a en vous assez d'originalité pour que vous n'ayez pas à brouiller les cartes. »
Mais j'espère que nous pourrons bientôt parler ensemble de poésie et que vous défendrez « férocement » votre point de vue. Vous vous dégagez de plus en plus dans ce dernier recueil[1055] et il me semble que vos retouches sont excellentes (à moins que ce ne soit moi qui me sois habitué à votre manière de sentir).
Mes vives amitiés

Jules Supervielle

299. LETTRE À JULIEN LANOË DU 29 DÉCEMBRE 1951[1056]

27 rue Vital

Bien cher Julien,

C'est bien mal vous remercier de votre lettre que de vous en dire simplement merci ! Mais vous connaissez mon goût pour les mots les plus simples (vous qui les employez à merveille !) Votre lettre, comme toutes celles que vous m'avez écrites, m'apporte votre chère présence et tout ce qu'elle signifie pour moi depuis plus de vingt-cinq ans (si je compte bien). La maladie nous a encore rapprochés dernièrement. Vous êtes rétabli et je vais mieux. Je me suis un peu remis au travail. La difficulté, à mon âge, c'est de ne pas se répéter. Parfois je me cogne à tel de mes contes

---
[1055] Alain Bosquet, *Langue morte*, éd. citée.
[1056] Médiathèque de Nantes, Fonds Julien Lanoë, LAN B1 SUP.

ou de mes poèmes. Puisse mon instinct (et ce qui me reste peut-être encore à dire) me sauver.

J'espère que, malgré toutes vos occupations vous prenez le temps d'écrire un peu, de sauver votre propre message. Vous avez beaucoup à dire. La moindre lettre de vous est un enchantement.

J'espère vous revoir bientôt. Prévenez-moi quand vous viendrez ou téléphonez-moi. Il est possible que j'aille passer une quinzaine à Royaumont et je ne voudrais pas vous manquer.

Tous nos vœux et toute notre affection pour vous et les vôtres en commençant par Mme Lanoë à qui nous pensons souvent aussi.

Je vous embrasse de tout cœur

Julio

1952

300. LETTRE À ALAIN BOSQUET
DU 14 JANVIER 1952[1057]

Cher Poète et Ami,

J'allais vous écrire pour vous dire ma joie de vous voir attribuer le prix Guillaume Apollinaire[1058] quand je reçus votre lettre. Je suis encore à Paris pour 2 ou 3 semaines et aimerais beaucoup faire enfin votre connaissance personnelle !

Voulez-vous venir mercredi à 11 heures ½, rue Vital, 6ᵉ pavillon ? Nous parlerons de votre projet[1059] qui m'intéresse beaucoup bien que je n'aie

---

1057 Bibliothèque littéraire Jacques Doucet, Ms Ms 47240 (1-32).
1058 Alain Bosquet reçoit en 1952 ce prix pour *Langue morte*, éd. citée.
1059 Ce projet, qui sera précisé dans les lettres suivantes adressées à Alain Bosquet, est celui d'une anthologie poétique mondiale annuelle, confrontant les meilleures œuvres, si possible inédites, des poètes contemporains vivants. Ce projet, porté par Jean Cassou et Alain Bosquet après la création d'un comité international à Knokke-le-Zoute, est exposé par Alain Bosquet à Saint-John Perse dans la lettre du 27 septembre 1951 : il explique avoir sollicité, outre Saint-John Perse et Supervielle, Claudel, Jouve, Cocteau, Michaux, Breton et Eluard parmi les écrivains français. Alain Bosquet, *Correspondance avec Saint-John Perse*, Paris, Gallimard, 2004, p. 79-83.

presque pas d'inédits ayant été malade toute une année. Et nous avons tant d'autres choses à nous dire !
Si vous n'étiez pas libre mercredi : veuillez me téléphoner Trocadéro 21-01.
Très cordialement à vous

Jules Supervielle

301. LETTRE À ALAIN BOSQUET DU 23 MARS 1952[1060]

27 rue Vital (16)

Mon cher ami,

J'ai renoncé à demander l'autorisation à Gallimard. Voici des poèmes qui m'appartiennent. Le premier, « San Bernardino[1061] », est tiré de *Débarcadères*, les autres sont postérieurs. « Images[1062] » figure dans le petit recueil *À la nuit* des Éditions du Rhône paru en 48. Vous pouvez disposer de ces poèmes pour votre anthologie[1063].
Bien cordialement à vous

Jules Supervielle

N'oubliez pas de m'envoyer les épreuves s.v.p.

302. LETTRE À ALAIN BOSQUET DU 31 MARS 1952[1064]

27 rue Vital (16)
Cher Poète et Ami,

En lisant hier le *Contemporary French Poetry* de Chiari[1065] que l'auteur vient de m'envoyer je suis stupéfait de voir cité mon poème

---

1060 Bibliothèque littéraire Jacques Doucet, Ms Ms 47240 (1-32).
1061 Jules Supervielle, « San Bernardino », *Débarcadères*, éd. citée.
1062 Jules Supervielle, « Images », *À la nuit*, éd. citée.
1063 Voir l'annotation de la lettre à Alain Bosquet du 14 janvier 1952.
1064 Bibliothèque littéraire Jacques Doucet, Ms Ms 47240 (1-32).
1065 Joseph Chiari, *Contemporary French Poetry*, Manchester University Press, 1952. Un chapitre de l'ouvrage, « Supervielle », est consacré à l'écrivain, p. 45-70.

« Les tremblants animaux de la Création
Vivent dans le canal étroit de mes artères[1066]. »
Et moi qui le croyais inédit ! Je m'excuse de vous l'avoir adressé comme tel[1067]. Pour le remplacer je vous adresse celui-ci qui est tout récent et qui n'a paru qu'en revue (*La Table ronde*[1068]).
Croyez à mon affectueux souvenir

Jules Supervielle

303. CARTE POSTALE À JULIEN LANOË DU 21 AVRIL 1952[1069]

Bien cher Julien,

On me dit à la radio que le texte de *Robinson* est un peu long et dépasse la durée normale d'une émission radio. On y pourrait faire les coupures, je n'y vois pas d'inconvénient.
J'ai passé les vacances de Pâques à St-Gervais-la-Forêt. Je rentre mardi à Paris.
Je vous embrasse

Julio

J'ai été très intéressé par vos impressions de *Comme il vous plaira*[1070] : le jeu de Rosalinde a bénéficié de vos remarques.

1066 Ces vers sont cités par Chiari, *ibid.*, p. 68. Ils n'ont pas été recueillis dans les recueils ultérieurs de Supervielle.
1067 Voir l'annotation de la lettre à Alain Bosquet du 14 janvier 1952.
1068 Jule Supervielle, « Métamorphoses », *La Table ronde*, n° 51, mars 1952.
1069 La carte, qui représente le « Château de Chenonceaux », porte l'adresse suivante : « Monsieur Julien Lanoë 22 Boulevard Delorme Nantes (Loire Inf[re]) ». Médiathèque de Nantes, Fonds Julien Lanoë, LAN B1 SUP.
1070 L'adaptation par Supervielle d'*As you like it*, la pièce de Shakespeare, sous le titre *Comme il vous plaira*, créée au Théâtre des Champs-Élysées, le 12 Octobre 1934, est reprise le 6 décembre 1951 à la Comédie-Française, salle Luxembourg, dans une mise en scène de Jacques Charon, avec des décors et des costumes de François Ganeau, et une musique composée par Henri Sauguet. Le rôle de Rosalinde est joué par Mony Dalmès. À cette occasion, Supervielle donne l'interview suivante : « Ce fut un travail, délicieux, nous explique M. Supervielle. J'aime les commandes : elles me reposent. Et puis, que voulez-vous, une pièce qui a pour décor la forêt des Ardennes – une forêt plantée de palmiers et habitée par des lions – ne pouvait que m'inspirer. J'ai brodé à ma guise, sur le texte, sur les chansons. » (*Le Monde*, 5 décembre 1951). Le texte de l'adaptation de Supervielle

304. LETTRE À MARCEL ARLAND DU 2 JUIN 1952[1071]

Bien cher Marcel,

Vos ou plutôt tes (si tu veux bien) tes deux livres[1072] sont sur ma table depuis quelques jours. Même sincérité d'accent et approche du sujet et un même charme malgré les lois du genre. Tous deux (tes livres) sont des consolations pour le voyageur que nous sommes sur cette finissante planète et donnent le plus grand désir de te revoir et de te remercier de voix vive[1073] ; profonde richesse de la confidence et de la critique et ces nuances, ces racines sans fin.
Mais je me tais, me sentant secrètement jugé...
Je t'embrasse et souhaite te voir bientôt

Julio

---

a été repris sous le titre de *Comme il vous plaira*, de William Shakespeare, traduction et adaptation de Jules Supervielle, Paris, Gallimard, 1935, repris dans les *Œuvres complètes* de Shakespeare, tome II, Bibliothèque de la Pléiade, Paris, Gallimard, 1959. Dans la lettre à T. W. Greene du 23 décembre 1954, Supervielle expose l'histoire de cette traduction : « Cette traduction m'avait été demandée par un metteur en scène allemand, Barnowski, qui avait donné la pièce à Berlin (en allemand, bien sûr) et voulait la donner à Paris. Par ailleurs les comédies de Shakespeare comme *As you like it* m'ont toujours enchanté. J'aime leur vagabondage poétique comme le deuxième acte de *As you like it*. Ce qui ne veut pas dire que je n'admire pas encore davantage les grands chefs-d'œuvre de Shakespeare, *Macbeth, Hamlet, etc.* » T. W. Greene, *Jules Supervielle*, éd. citée, p. 416.
1071 Bibliothèque littéraire Jacques Doucet, Fonds Marcel Arland, ARL C.
1072 Marcel Arland, *La Consolation du voyageur*, éd. citée, et *Essais critiques et nouveaux critiques*, éd. citée.
1073 Supervielle fait référence aux pages qu'Arland lui consacre dans *Essais et nouveaux essais critiques*, *ibid.*, « Contes de Jules Supervielle », p. 234-239. Selon Arland, Supervielle a écrit « quelques-uns des contes les plus charmants et les plus rares qui soient en français » (p. 234). Arland classe ces contes en deux groupes, « selon qu'ils reprennent de vieux thèmes ou proposent des mythes nouveaux » (p. 234). Concernant les premiers, Arland souligne la « bonne foi » et la « malicieuse naïveté » du conteur (p. 235), et surtout la « tendresse diffuse » (p. 235) émanant des textes, en soulignant leur lien avec les poèmes de Supervielle. Mais Arland donne sa préférence au second type de contes, où il sent Supervielle « risquer davantage » p. 237), contes qu'il qualifie de « simples et étranges à la fois, patients et légers, souriants et mélancoliques » (p. 238). Il conclut que « ce sont avant tout des contes où un poète se délivre de ses fantômes » (p. 239).

Oui, j'aurais aimé assister à ta décade mais je crains d'être dans le Midi en Juillet[1074]. Je compte bien te voir avant les vacances. Nous te téléphonerons. Pilar est fatiguée (rien de grave) en ce moment.

305. LETTRE À MARCEL ARLAND DU 7 JUIN 1952[1075]

27 rue Vital

Ce qui nous rapproche peut-être aussi, mon cher Marcel, c'est ce désespoir dont nous sortons plus déchirés que triomphants. Et peut-être aussi un art poétique ou créateur assez semblable, sans parler de ce qui ne pèse pas. Et il y a aussi l'amour de la précision etc. etc. Et tout le réconfort que je te dois aussi bien dans tes œuvres d'imagination que dans ta critique. Mais oui, à bientôt, mon cher Marcel. Samedi nous aurons la voiture de Jean[1076], invité dans la région, et nous prendrons l'autobus pour le retour. Merci d'avoir songé à venir nous chercher. Les choses s'arrangent très bien ainsi et nous arriverions vers une heure moins le quart Pilar, Anne-Marie et moi. À bientôt donc, cher Antarès[1077], je t'embrasse

Julio

Sans réponse, c'est entendu.

306. LETTRE À MARCEL ARLAND, DE JUILLET 1952[1078]

Samedi

1074 Supervielle mentionne sans doute la décade « Les Conceptions du cosmos comme signe des civilisations », dirigée par André Lichnerowicz, qui se tient du 15 au 24 juillet à Royaumont. De fait, Marcel Arland avait présidé le conseil d'administration de l'association des amis de Pontigny-Cerisy, assurant la gestion du Centre culturel et la publication des actes des colloques ; Arland avait également dirigé plusieurs des décades qui se tiennent à Royaumont de 1947 à 1952 : en 1949, « Maintien de la littérature », du 6 au 16 avril, et en 1950, « Littérature et peinture », qu'il co-dirige avec Francis Ponge du 21 juin au 2 juillet.
1075 Bibliothèque littéraire Jacques Doucet, Fonds Marcel Arland, ARL C.
1076 Jean Paulhan. Voir les deux lettres que lui adresse Jules Supervielle le 3 juin 1952 (Jules Supervielle, *Choix de lettres*, éd. citée, p. 359-360).
1077 Jules Supervielle fait allusion au titre de l'ouvrage de Marcel Arland, *Antarès*, Paris, Gallimard, 1932.
1078 Bibliothèque littéraire Jacques Doucet, Fonds Marcel Arland, ARL C.

Cher Marcel,

J'avais espéré te rencontrer hier à *La N.R.F.* Je t'aurais montré ce mot du Père Mambrino[1079] où il n'est guère question que de ton dernier livre. Nous partons demain pour Mougins (Alp. Mar.) Peygros chez Mlle Glotz. Si tu vas dans le Midi tâche de venir nous voir, n'est-ce pas.
Je voudrais me remettre au travail après cette révision de *La Belle au Bois* et de *Robinson*[1080].
Je te souhaite de bonnes vacances. Je pense à ta décade avec le regret de ne pouvoir t'entendre.
Nos affections à ta femme et ta fille.
Je t'embrasse

Julio

307. LETTRE À MARCEL ARLAND DU 19 DÉCEMBRE 1952[1081]

Merci, mon cher Marcel, de ces belles photos[1082]. Ton chien nous sert de trait d'union et c'est très bien ainsi. Il est vraiment admirable. En fait nous sommes tous beaux et Pilar disait que ton objectif était bienveillant. Je me réconcilie avec ma tête.
Je t'embrasse

Julio

On ne joue plus *Robinson*[1083] mais il y a un espoir de reprise prochaine.

1079 Jean Mambrino (1923-2012), poète appartenant à la Compagnie de Jésus. Par l'intermédiaire d'un article consacré à Supervielle, donné par Mambrino au *Times Literary Supplement*, il entre en contact avec l'écrivain, qui l'aidera à faire publier *Le Veilleur aveugle*, Paris, Mercure de France, 1965.

1080 Ces deux nouvelles versions des pièces de Supervielle paraîtront en octobre de l'année suivante sous le titre *La Belle au bois*, féerie en trois actes, version de 1953, suivie de *Robinson ou l'Amour vient de loin*, pièce en trois actes et sept tableaux, nouvelle version, éd. citée.

1081 Bibliothèque littéraire Jacques Doucet, Fonds Marcel Arland, ARL C.

1082 Cette lettre est accompagnée de la photographie de Jules Supervielle et Marcel Arland assis sur un banc, en compagnie du chien d'Arland, dans la propriété de Brinville. Elle appartient à la même série que la photographie que reproduit Claude Roy dans son ouvrage, *Jules Supervielle*, éd. citée, entre les pages 48 et 49.

1083 En novembre 1952, *Robinson* avait été repris, avec succès, par le Théâtre de l'Œuvre dans une mise en scène de Jean Le Poulain. Les critiques avaient été élogieuses.

1953

308. LETTRE À RICHARD HEYD DU 28 JANVIER 1953[1084]

Chers amis,

Merci de votre bonne lettre. Oui il y a longtemps que je voulais vous dédier un texte[1085] en souvenir des beaux jours passés au bord de votre lac, dans cette douce et sereine atmosphère, si amicale.
Nous allons partir ces jours-ci pour Cabris dans les Alpes Maritimes où je voudrais me remettre au travail. Les représentations de *Robinson* (qu'on va reprendre en Octobre à l'Œuvre et jouer à Genève fin Septembre pour les Réunions Internationales) et la mise au point de *La Belle au Bois* (que vont donner Danièle Delorme[1086] et Yves Montand[1087] (Barbe Bleue) dans une version améliorée surtout au 3e acte) m'ont pris beaucoup de temps. Maintenant c'est le tour des poèmes et d'un nouveau conte. Je ne sais combien de temps je resterai à Cabris sans doute tout Février. Il est question que *La Belle* passe en Avril à la Comédie de Caumartin. Je reviendrais pour les répétitions. Peut-être vous verrons-nous à Paris au printemps. Croyez, je vous prie, à nos affectueuses amitiés et à notre meilleur souvenir

Jules Supervielle

309. LETTRE À JULIEN LANOË DU 7 FÉVRIER 1953[1088]

Bien cher Julien,

Votre mot me parvient à Paris où je suis arrivé hier. Un soleil fort convenable nous y attendait aussi. Deux sujets d'être heureux, prenons-en acte tout de suite.

1084 L'enveloppe porte l'adresse suivante : « Monsieur Richard Heyd Ides et Calendes 12 Cours Pommier Neuchâtel (Suisse) ». Harry Ransom Center, Carlton Lake Collection, 282.5.
1085 Supervielle fait référence à son ouvrage de 1952, *Le Jeune homme du dimanche*, éd. citée, qui porte la mention « À Richard et Jacqueline Heyd », p. 9.
1086 Danièle Delorme (1926-2015), actrice et productrice de cinéma.
1087 Yves Montand (1921-1991), chanteur et acteur.
1088 Médiathèque de Nantes, Fonds Julien Lanoë, LAN B1 SUP.

CHOIX DE LETTRES

Oui il est bon d'avoir un ami tel que vous et ne manquez pas de me faire signe quand vous passerez par Paris. Je vous montrerai de la peinture d'Anne-Marie ! Nous verrons ce que vous en pensez. Moi qui n'ai jamais pu mettre deux couleurs l'une à côté de l'autre je suis évidemment ému bien qu'A.-M. en soit encore aux tâtonnements. Certes elle s'exprime déjà mais elle est loin d'avoir fait son unité et cela est assez dispersé encore. Il y faudra comme toujours hélas beaucoup de travail.

Je n'ai pas pu accepter la présidence du Comité pour le prix René Guy Cadou dont Reverdy était le président d'honneur. Je n'ai pas encore digéré les insultes aussi abruptes qu'imprévues d'une interview où il « parlait » de moi au *Figaro littéraire*[1089]. J'ai bien ouï dire qu'il devait être ivre quand il a prononcé ces mots...

À bientôt, mes affectueux souvenirs autour de vous. Je vous embrasse

Julio

Très content que vous ayez aimé *Le Jeune Homme du D*[1090].

310. LETTRE À FRANZ HELLENS DU 18 SEPTEMBRE 1953[1091]

Saint-Gervais-la-Forêt (Loir-et-Cher)

Mon cher ami,

J'ai écrit à Madeleine Bouché, il y a quelques jours déjà, notre grande peine devant cette cruelle disparition[1092] d'un être que nous aimions

---

1089 Selon Ricardo Paseyro, Supervielle fait allusion à l'interview de Pierre Reverdy (1889-1960) intitulée « Julot de la Muette », par Jean Duché. Ricardo Paseyro relate l'incident qui a donné lieu à cette attaque dans *Jules Supervielle, Le Forçat volontaire*, éd. citée, p. 213. Supervielle mentionne également cet épisode dans la lettre à Jean Paulhan du 14 avril 1951 (Jules Supervielle, *Choix de lettres*, éd. citée, p. 344-345).
1090 Jules Supervielle, *Le Jeune Homme du dimanche*, éd. citée.
1091 Bibliothèque littéraire Jacques Doucet, Gamma 8984-Gamma 8985 ; Gamma 8987-Gamma 9008.
1092 Le docteur Georges Bouché meurt en 1953. Supervielle collaborera à l'hommage qui lui sera rendu, *Hommage au docteur Georges Bouché*, Bruxelles, Éditions du Parthénon, 1956, avec le texte « Pour le Dr G. Bouché ». Franz Hellens participera également à l'ouvrage, par la contribution intitulée « G. Bouché, mon ami ».

beaucoup et que j'avais pu apprécier dans l'intimité de sa vie de famille lors de mon séjour chez eux à Ohain et à Bruxelles.
Cher Georges... quel vide il va laisser !
Vous êtes gentil de m'avoir prévenu et je voulais vous dire aussi mon affection.
Je rentrerai dans quelques semaines à Paris où j'espère ne pas tarder à vous voir.
Bien affectueusement

Jules Supervielle

311. LETTRE À MARCEL ARLAND DU 23 DÉCEMBRE 1953[1093]

Mercredi

Bien cher Marcel,

Je n'ai absolument rien contre toi, rien de sérieux contre Jean[1094]. Je ne penserai plus à tout ça. Je t'envoie *pour ta gouverne*, seulement, le mot de Jean.
J'ai téléphoné à Janine qui te fera part de mon message et te dira les vraies raisons de ma mauvaise humeur que je m'excuse de t'avoir montrée alors que tu n'étais pour rien dans sa cause.

1093 Bibliothèque littéraire Jacques Doucet, Fonds Marcel Arland, ARL C. L'enveloppe porte au recto l'adresse suivante : « Monsieur Marcel Arland 9 rue Saint-Romain Paris (6ᵉ) ».
1094 Selon Ricardo Paseyro, cette brouille touche à l'élaboration du n° 13 de *La N.N.R.F.*, de janvier 1954, auquel Supervielle collabore par des « Poèmes », *ibid.*, p. 47-51. Ricardo Paseyro cite une lettre de Marcel Arland à Supervielle : « Écoute, Julio, cette histoire me rend malade, me décourage. [...] Je vais essayer d'aller à la revue, mais je ne pourrais pas aller chez toi non seulement par fatigue, mais par crainte d'une discussion, d'une mésentente, d'une amertume... La seule chose que je pouvais encore faire lundi, je l'ai faite : de mettre ton nom en tête de tous nos collaborateurs annoncés sur la couverture. [...] Et que notre projet de composer un "hommage" dans un de nos prochains N° – hommage que *La N.R.F.* n'a jamais fait qu'à Claudel – semble à peine compter pour toi, cela achève de me décourager. » Ricardo Paseyro, *Jules Supervielle, Le Forçat volontaire*, éd. citée, p. 235. Si le nom de Supervielle apparaît en quatrième place sur la couverture, avec la mention de son poème « Le Nez », la liste des ouvrages à paraître, sur la quatrième de couverture, s'ouvre bien avec *Le Jeune homme des autres jours*. La trace de cette mésentente transparaît dans la correspondance avec Jean Paulhan, dans la lettre que lui adresse Supervielle le 21 décembre 1953 : « Mais je voudrais aussi avoir ta modestie. Que veux-tu il n'y a pas un seul poète qui soit modeste (surtout un poète cosmique). » (Jules Supervielle, *Choix de lettres*, éd. citée, p. 386).

Pardonne-moi. Je t'embrasse et j'embrasserai aussi Jean dans quelque temps, quand je le reverrai après les vacances

Julio

Cette lettre était écrite quand j'ai reçu ton mot.

Julio

1954

312. LETTRE À ALAIN BOSQUET DU 2 FÉVRIER 1954[1095]

Le Rondon Olivet
(Loiret)

Cher Poète et Ami,

Je suis navré de ne pas être à Paris mais sur les bords de la Loire où je resterai encore de 10 à 15 jours. Nous pourrons nous voir dès mon retour à Paris mais je puis si vous le désirez répondre par écrit à votre petit questionnaire. Dans ce cas vous n'auriez qu'à le préciser et dans les 48 heures vous auriez une réponse.
Merci et mes bien affectueuses pensées

Jules Supervielle

313. LETTRE À MARCEL ARLAND DU 7 FÉVRIER 1954[1096]

« Le Rondon »
Olivet
(Loiret)

1095 Bibliothèque littéraire Jacques Doucet, Ms Ms 47240 (1-32).
1096 Bibliothèque littéraire Jacques Doucet, Fonds Marcel Arland, ARL C.

Mon cher Marcel,

Voici *Le Jeune homme des autres jours*[1097]. Oui, on pourrait garder ce titre pour la publication de cette seconde partie à *La N.N.R.F.* Jean[1098] connaît ces pages et j'ai tenu compte de certaines remarques qu'il m'a faites. J'espère que si quelque chose t'arrête encore, tu voudras bien me le dire. Je pense pouvoir rester encore une quinzaine de jours au Rondon. Bien affectueusement à toi

Julio

314. LETTRE À MARCEL ARLAND DU 26 FÉVRIER 1954[1099]

12 rue Massenet (16)

Mon cher Marcel,

Il est en effet indispensable de donner au lecteur du *Jeune Homme* une idée de ce qui a précédé. Il me semble que le mieux serait, après cinq ou six lignes de résumé, de transcrire entièrement la dernière page de ce qui a déjà paru dans *La N.N.R.F.* à partir de « Sur le quai de la gare » (on pourrait imprimer cela en petits caractères ?) Le lecteur aurait ainsi un aperçu du ton et de la façon de prendre le sujet[1100]. Par ailleurs cette dernière page peut être considérée comme la clef qui ouvre la seconde partie.

J'aimerais beaucoup aussi, quand nous nous reverrons, que tu me dises ce qui t'a donné parfois « une légère impression de contrainte ». Tu dois

---

1097 Ce texte de Supervielle, « Le Jeune homme des autres jours », paraît dans le numéro-hommage que lui consacre *La N.N.R.F.*, n° 20, août 1954, p. 214-245. Il fait suite au « Jeune homme du dimanche », *La N.N.R.F.*, janvier 1953, p. 91-113. L'ensemble sera publié sous le titre *Le Jeune homme du dimanche et des autres jours*, éd. citée.
1098 Supervielle évoque la genèse de ce texte dans ses lettres à Paulhan, en particulier du 13 mai, du 7 septembre et du 25 septembre 1953 (Jules Supervielle, *Choix de lettres*, éd. citée, p. 376 et p. 381-382).
1099 Bibliothèque littéraire Jacques Doucet, Fonds Marcel Arland, ARL C.
1100 Dans le numéro d'hommage de 1954, « Le Jeune homme des autres jours » est en effet précédé d'une présentation « en petits caractères », comportant un résumé, puis la reproduction de la fin du récit déjà paru, à partir de la citation donnée par Supervielle dans cette lettre à Arland (Jules Supervielle, « Le jeune homme des autres jours », *La N.N.R.F.*, *op. cit.*, p. 214).

avoir raison. Ce qu'il y a aussi c'est que j'ai encore besoin de relire mon texte, sérieusement, avant la parution. Ce n'est que peu à peu que je vois clair surtout dans un texte dont la matière même est si insolite. Mais je n'oublie pas non plus ton impression d'ensemble qui est favorable et cela me réjouit beaucoup. Et je suis confus de ce « faisceau d'hommages » (il est bien temps d'être confus) et fier aussi puisque Jean[1101] et toi en êtes les instigateurs.
Nous sommes heureux des nouvelles de la santé de Janine. J'en attends de Jean mais peut-être vaut-il mieux qu'il laisse ses yeux au repos absolu pendant quelques semaines.

Je t'embrasse

Julio

Dès que j'aurai relu mon texte je te téléphonerai pour que nous nous voyions, si tu veux bien. Au fait nous pourrions déjeuner ensemble dans quelques jours, pour reprendre un vieux projet que je n'ai pas oublié.

315. LETTRE À ALAIN BOSQUET DU 1er MARS 1954[1102]

Cher poète et ami,

Je vous attendrai après-demain Mercredi à 11 heures et demie.
Si vous avez quelque empêchement venez Jeudi, je vous prie, à la même heure et dans ce cas téléphonez-moi n'est-ce pas.
Bien cordialement à vous

Jules Supervielle

1101 Jean Paulhan.
1102 Bibliothèque littéraire Jacques Doucet, Ms Ms 47240 (1-32).

316. LETTRE À ALAIN BOSQUET DU 19 AVRIL 1954[1103]

Cher ami,

Voici « Nocturne en plein jour » que j'ai recopié pour *Combat*[1104] et la dernière version de « À la nuit » pour votre revue.
Affectueusement à vous

Jules Supervielle

Vous seriez gentil de me dire quand paraîtront les articles de *Combat*.

317. LETTRE À ALAIN BOSQUET DU 22 JUIN 1954[1105]

12 rue Massenet (16)

Cher ami,

Je suis surpris de n'avoir pas encore reçu l'épreuve de mon poème pour votre revue[1106]. Pensez-vous pouvoir bientôt me l'adresser ? Je ne serais pas un peu pressé de le voir paraître si je n'avais promis aussi ce poème, *après* la publication dans votre revue, à *Lettres* de Silvaire[1107] qui fait un numéro spécial de poésie.

1103 Bibliothèque littéraire Jacques Doucet, Ms Ms 47240 (1-32).
1104 L'« Hommage à Jules Supervielle » rendu par *Combat* à l'écrivain le 13 mai 1954 comporte une reproduction de ce poème manuscrit, p. 6. Alain Bosquet explique qu'il était à l'origine de cet hommage, publié sur une double page, pour les soixante-dix ans de Supervielle. Il rapporte cet échange : « Téléphoné à Supervielle. Je lui demande de recopier un poème, que *Combat* reproduira en fac-similé, dans son hommage. D'une voix gauche et adorable, il me répond : "Je m'appliquerai" ». (« L'interrogation originelle », *Europe, op. cit.*, p. 30).
1105 Bibliothèque littéraire Jacques Doucet, Ms Ms 47240 (1-32).
1106 Alain Bosquet avait demandé à Supervielle un texte pour sa revue *Exils*, qui ne comptera qu'un seul numéro, daté d'octobre 1952. Alain Bosquet et Édouard Roditi sont les co-directeurs de cette publication, sous-titrée « revue semestrielle de poésie internationale ». (Alain Bosquet, « L'interrogation originelle », *Europe, op. cit.*, p. 30).
1107 Il s'agit de la revue *Les Lettres*, parue de 1945 à 1967, dirigée par André Silvaire puis par Pierre Garnier. Supervielle donne dans la revue « À la nuit (version de 1954) », dédié à Henri Thomas, dans le numéro « Poésie vivante III » du quatrième trimestre de 1954, p. 117-120.

Merci encore de cette belle page de *Combat* dont on m'a souvent parlé et où vous avez eu des mots si touchants, si généreux pour ma poésie[1108]. Je voudrais bien avoir changé « la peur en enchantement ».
Je pars demain pour le Loiret Le Rondon Olivet où je resterai au moins jusqu'au 10 juillet.
Bien cordialement à vous

Jules Supervielle

318. LETTRE À MARCEL ARLAND NON DATÉE,
POSTÉRIEURE À AOÛT 1954[1109]

Bien cher Marcel,

J'aurais voulu t'écrire depuis longtemps. (Excuse-moi. Je suis tout de même encore un peu fatigué).
D'abord pour l'hommage[1110] ou plutôt d'abord pour tes *Lettres de France*[1111] où tu te montres si lucide pour des auteurs si différents. Mais voilà que mes éloges se retournent contre moi puisque à plusieurs reprises au cours de ces pages tu parles de je ne sais qui, qui se nomme comme moi, avec une générosité qui n'est pas faite pour m'étonner[1112] X. (Mon

---

1108 À l'hommage rendu par *Combat* à Supervielle le 13 mai 1954, Alain Bosquet collabore avec « À Jules Supervielle », où l'on trouve notamment la phrase citée par Supervielle, « vous avez changé notre peur en enchantement. » *Ibid.*, p. 6.
1109 Bibliothèque littéraire Jacques Doucet, Fonds Marcel Arland, ARL C.
1110 Supervielle fait référence au numéro-hommage que lui a consacré *La N.N.R.F.* en août 1954.
1111 Marcel Arland, *Nouvelles lettres de France*, Paris, Albin Michel, 1954.
1112 La référence à Supervielle est récurrente dans l'ouvrage d'Arland. On l'observe, ponctuelle, dans « Accents et langages », à l'occasion d'une comparaison avec Jean Tardieu, qui apparaît poète « guère moins dans sa prose que dans ses vers (comme [...] font Michaux ou Supervielle) » (p. 43) ; dans « Marginales », à l'occasion d'une réflexion sur la nouvelle (« Venez enfin à l'époque présente, et songez à des talents aussi divers que ceux de Larbaud et de Morand, de Ramuz et de Jouhandeau, de Chardonne et de Supervielle, de Sartre et d'Aymé [...] », p. 231). La mention de Supervielle est plus développée dans « Théâtre et poésie » (p. 134-140), où Arland évoque « deux poètes au théâtre, la même semaine » (p. 134) : Giraudoux avec *Siegfried*, repris à la Comédie des Champs-Élysées, et Supervielle avec *Robinson*, donné par le Théâtre de l'Œuvre. Or, l'étude d'Arland, si elle reconnaît des mérites à la pièce de Giraudoux par rapport au roman dont celle-ci est tirée – *Siegfried et le Limousin* –, comporte plusieurs pointes acerbes à l'égard de cet écrivain. Au contraire, Supervielle, présenté comme un « poète, pur et grand poète dans ses vers » (p. 137), est retrouvé par Arland comme « un poète », « et quel poète » (p. 137), au théâtre, *Robinson* offrant selon lui « la même grâce, la même vérité du cœur, le même ravissement » (p. 139) qu'une pièce de Marivaux.

Dieu que tout cela est lourd et gauche, passons). Nous avions espoir de te voir ici et après tout comme avant tout c'est la plus sûre raison de mon silence.

Tu as fait un admirable Jean Grosjean[1113], entre autres parfaits récents. Et on dirait que tu as collaboré aux vers que tu cites tant on les trouve beaux dans ton texte. Souvent Grosjean me semble dur là, pas du tout il coule de source comme ta prose frémissante.

J'espère que vous n'aurez pas trop de désabonnements après cet hommage qui m'a été si doux. C'est bien mieux que si on m'avait élu à l'Académie f[1114]. Dis-le aussi à Jean[1115], je t'en prie… J'espère que nous vous verrons tous deux bientôt ici.

Je t'embrasse et pardon pour cette courte lettre d'un perpétuel convalescent qui cherchera ses mots jusqu'au dernier soupir XX

Julio

X Sic.
XX Rassure-toi je suis loin d'en être là.
P.S. Je ne suis pas sûr que loin d'ici me convienne tout à fait. J'attendrai deux ou trois jours avant de prononcer mon verdict.
P.P.S. Je suis alité, pas pour longtemps. D'où la mauvaise écriture et le reste.

319. LETTRE À MARCEL ARLAND NON DATÉE, POSTÉRIEURE À AOÛT 1954[1116]

La Couetterie
Beaumont-Pied-de-Bœuf (Sarthe)
Dimanche

Bien cher Marcel,

1113 *Ibid.*, « Un Poète : Jean Grosjean », p. 171-177. Les citations auxquelles Supervielle fait allusion sont tirées du *Livre du juste*, Paris, Gallimard, 1952.
1114 Sur les velléités de Supervielle de présenter sa candidature à l'Académie française, et le rôle trouble qu'aurait joué Paulhan pour l'en dissuader, voir Ricardo Paseyro, *Jules Supervielle, Le Forçat volontaire*, éd. citée, p. 241, ainsi que l'entretien d'Étiemble avec Bernard Pivot, émission « Apostrophes », 26 février 1988, site de l'INA.
1115 Jean Paulhan.
1116 Bibliothèque littéraire Jacques Doucet, Fonds Marcel Arland, ARL C.

Ta lettre me parvient dans la Sarthe après 4000km d'auto. Exquis mais très fatigants. Je leur dois pourtant la suite et fin du *Jeune homme des autres jours* qui s'intitulera *40 ans après*[1117].

On retrouve Apestègue, Obligacion, le mari pendant quelque temps etc. Et c'est le récit transposé un peu de ma petite fugue en auto vers Aix, avec cet excellent Coupille[1118] X (lequel a fait en quelques jours, me semble-t-il, de grands progrès). Mais un jour je te demanderai ce que tu penses de ces nouvelles œuvres et des aventures fort inattendues que nous avons *rencontrées* sur la route. Il est vrai que pour quelqu'un comme moi, qu'enivraient les kilomètres par heures tout devenait aventure. J'espère bientôt pouvoir m'acheter une voiture. C'est merveilleux à petites doses. Les grandes randonnées m'éreintent mais je voulais rendre sa voiture le plus tôt possible à mon fils Jean qui me l'avait prêtée.

À Montrond j'avais déjà un peu rêvé cette suite. Elle s'est *déclarée* à moi durant le voyage où j'ai pris beaucoup de notes.

J'ai retourné mes épreuves à Festy[1119] en lui disant ce que je t'expose là en quelques mots. Ici je suis au calme, et je pourrai mettre de l'ordre dans mes notes. J'aurai peu à inventer. L'essentiel est fait.

La « Lettre trouvée dans un taxi[1120] » que j'ai donnée à Jean[1121] figurera sans doute dans *Quarante ans après*. Vous pouvez la donner toute seule, si vous préférez, dans *La N.N.R.F.* ou attendre le tout. Mais je suis un peu las, ne veux pas me hasarder et ne sais combien de temps il me faudra pour écrire le tout. Je ne voudrais pas être coincé par le temps. Il m'en faut toujours beaucoup pour mettre au point un texte. Merci encore de ta lettre qui m'a fait du bien. Je t'embrasse fort

Julio

1117 Supervielle évoque ce voyage et ce projet – correspondant à la fin du *Jeune Homme du dimanche et des autres jours* – dans la lettre à Jean Paulhan non datée, postérieure à août 1954 : « J'ai été ravi par un voyage que j'ai fait en auto dans le Midi, dans la voiture de Jean, mon fils. Ravi bien qu'éreinté des 4000 km de route en 15 jours. J'ai pris beaucoup de notes. Il nous est arrivé des aventures assez singulières et je crois que c'est bien là la suite du *Jeune Homme du dimanche* (la 3ᵉ partie). Cela s'intitulerait *Quarante ans après*. On retrouve les principaux personnages. » (Jules Supervielle, *Choix de lettres*, éd. citée, p. 401).
1118 Paul Coupille, né en 1928, peintre et décorateur pour le théâtre, ami de Supervielle.
1119 Jacques Festy, directeur de fabrication de *La N.R.F.* Les épreuves sont celles du *Jeune Homme du dimanche et des autres jours*, éd. citée, qui paraîtra en mai 1955.
1120 Jules Supervielle, « Lettre trouvée dans un taxi », *La N.N.R.F.*, n° 24, décembre 1954, p. 1123-1124.
1121 Jean Paulhan.

1955

320. LETTRE À MARCEL ARLAND DU 4 MARS 1955[1122]

Mon cher Marcel,

Nos amitiés ont d'une certaine façon leur vie propre et comme en-dehors de nous. La nôtre, depuis quelque temps, n'a pas de chance. Sais-tu que Pilar a retrouvé dans la poche intérieure de mon pardessus, où elle était réduite à un mince chiffon, la lettre que je t'écrivais le 25 Déc. en réponse à ton mot du Midi et que j'avais oublié de mettre à la poste !
Je te remerciais de ta lettre concernant « La lettre trouvée dans un taxi[1123] » et te disais que je pensais en écrire d'autres.
Je ne les ai pas écrites mais je tenais à te faire part de ma sotte étourderie.
Dès que mon état me le permettra je repartirai pour le Rondon.
Je t'embrasse

Julio

321. LETTRE À RAÏSSA MARITAIN DU 6 AVRIL 1955[1124]

12 rue Massenet
Paris (16ᵉ)

Chère Raïssa,

J'aurais voulu vous dire déjà combien plusieurs de vos poèmes[1125] m'ont touché, émerveillé par leur profonde simplicité. « Arrête enfant, tu fatigues les anges[1126] », « Une branche sur l'oiseau – chantait en perdant ses

---

1122 Bibliothèque littéraire Jacques Doucet, Fonds Marcel Arland, ARL C.
1123 Jules Supervielle, « Lettre trouvée dans un taxi », *La N.N.R.F.*, *op. cit.*
1124 L'enveloppe porte l'adresse suivante : « Madame Raïssa Maritain Aux soins des Éditions Alsatiques 17, rue Cassette Paris (6ᵉ) ». BNU, Fonds Jacques et Raïssa Maritain, MS.MARITAIN.2,2,0932.
1125 Raïssa Maritain, *Au creux du rocher*, Paris, Alsatia, 1954.
1126 Il s'agit du premier vers du poème « L'Enfant », *ibid.*

feuilles[1127] » et d'autres pièces où la poésie est si présente qu'elle nous oblige à fermer les yeux pour mieux la sentir en nous.
« Grandeur du mouvement des choses immobiles[1128]. » Tout cela qui met à la voile sur mes mers intérieures.
Merci de nous avoir envoyé ce beau livre que je passe à Pilar.
Qu'il y a donc longtemps que nous ne nous sommes vus ! Je ne savais trop où vous situer. Nous allons partir pour le Midi. Mais vers le 10 Mai nous serons de retour. Peut-être serez-vous à Paris aussi. J'ai souvent pensé à vous deux en traversant Meudon où je me suis souvent promené dans la voiture de mon fils Jacques, reparti pour l'Amérique du Sud. Et le temps passe. Disons-nous tout de même à bientôt n'est-ce pas et croyez tous deux à toute notre affection

Jules Supervielle

322. LETTRE À ALAIN BOSQUET DU 1er MAI 1955[1129]

Cher Ami,

Entendu pour la publication de « À la nuit » dans l'anthologie 55 que vous préparez avec Seghers[1130].
Bien cordialement à vous

Jules Supervielle

1127 Supervielle cite les deux premiers vers du poème « L'Automne », *ibid.*
1128 Ce vers ouvre le poème « Départ », *ibid.*
1129 Bibliothèque littéraire Jacques Doucet, Ms Ms 47240 (1-32).
1130 Le poème de Supervielle, « À la nuit », figure bien dans *Les Poèmes de l'année 1955*, Paris, Seghers, 1955.

323. LETTRE À MARCEL ARLAND DU 3 JUIN 1955[1131]

Cher Marcel,

Merci à Janine et à toi-même[1132]. Je me repose dans le Loiret, au Rondon. Le moral est bien meilleur. Je me suis remis au travail[1133]. Pour moi c'est essentiel. Pilar est avec moi.

Je t'embrasse ou plutôt, nous vous embrassons tous deux

Julio

324. LETTRE À FRANZ HELLENS DU 10 JUIN 1955[1134]

Le Rondon Olivet (Loiret)

Merci, cher ami, de votre mot[1135]. Je commence à aller mieux et vais rester le plus longtemps possible ici. Dès que je serai à Paris pour quelque temps je vous ferai signe. Nous voudrions aller vous voir un jour à la Celle-Saint-Cloud[1136]. J'espère que notre amie Madeleine Bouché n'est pas malade. Voilà longtemps que je n'ai de ses nouvelles. Si vous avez son adresse – j'ai l'impression qu'elle doit être dans le Midi. Pouvez-vous me l'envoyer. Rappelez-moi au bon souvenir de Madame Hellens et croyez-moi tout vôtre

Jules Supervielle

1131 Bibliothèque littéraire Jacques Doucet, Fonds Marcel Arland, ARL C.
1132 Ces remerciements ont sans doute trait à la réception par Supervielle du Grand prix de littérature de l'Académie française, le 26 mai 1955.
1133 Comme l'indique sa lettre à Jean Paulhan datée « Mercredi », du premier trimestre 1955 (Jules Supervielle, *Choix de lettres*, éd. citée, p. 405), Supervielle, après avoir terminé le texte en prose « Dernières métamorphoses », troisième partie du *Jeune homme du dimanche et des autres jours*, paru en mai 1955 dans le n° 25 de *La N.N.R.F.*, travaille alors à des poèmes : « Bestiaire », qui paraîtra dans le n° 56 de *La N.N.R.F.*, et « Ma dernière métamorphose », qui sera publié sous le titre « Poème en prose » et dédié à Jean-Louis Barrault, *Cahiers de la Compagnie M. Renaud J.L. Barrault, op. cit.*, p. 60-61, puis qui sera recueilli dans *Le Corps tragique*, éd. citée.
1134 Bibliothèque littéraire Jacques Doucet, Gamma 8984-Gamma 8985 ; Gamma 8987-Gamma 9008.
1135 Là encore, ce « mot » est sans doute lié au Grand prix de littérature de l'Académie française, décerné à Supervielle le 26 mai 1955.
1136 Franz Hellens réside à La Celle-Saint-Cloud depuis 1947.

325. LETTRE À JULIEN LANOË DU 14 JUIN 1955[1137]

Le Rondon
Olivet
(Loiret)

Mon cher Julien,

Je vous manquerai donc encore une fois puisque je suis dans le Loiret ! Tant pis. Nous allons déménager. Nous serons au 15 Quai Blériot dans 15 jours (8ème étage en plein soleil). J'espère mieux m'y porter et pouvoir vous recevoir bientôt là-bas dans un petit appartement tout flambant neuf 8ème étage, large balcon-terrasse sur la Seine, 2 chambres à coucher et un living. On verra ce que ça donne.
Merci de ce que vous me dites du *Jeune Homme*[1138]. Que pouvais-je souhaiter de plus.
Je me hâte de mettre cette lettre à la poste pour qu'elle vous touche à Paris.
Je vous embrasse fort

Julio

1137 Médiathèque de Nantes, Fonds Julien Lanoë, LAN B1 SUP.
1138 Le roman de Supervielle a été publié en mai 1955 sous le titre *Le Jeune Homme du dimanche et des autres jours*, éd. citée.

326. LETTRE À MARCEL ARLAND DU 24 JUIN 1955[1139]

12 rue Massenet (16)

Bien cher Marcel,

Voici les poèmes, inédits, de Lucienne Desnoues[1140]. Elle a à peine 30 ans. Puisses-tu les goûter ainsi que Jean[1141] !
Je t'embrasse

Julio

327. PNEUMATIQUE À JACQUES MARITAIN DU 27 JUIN 1955[1142]

Lundi

Bien cher ami,

Je me disposais à aller vous voir cet après-midi avec la joie que vous devinez quand un accès de fièvre pulmonaire, sans gravité, mais tout de même je ne puis la négliger, m'oblige à garder le lit.
Je pense que deux ou trois jours de repos me remettront complètement et que je pourrai vous voir alors avec Raïssa et Véra. J'aimerais seulement avoir votre numéro de téléphone (que je ne divulguerai pas !)
Bien affectueusement à vous

Jules Supervielle

1139 Bibliothèque littéraire Jacques Doucet, Fonds Marcel Arland, ARL C.
1140 Lucienne Desnoues (1921-2004), pseudonyme de Lucienne Mogin, poète, qui fréquentait en particulier Colette, et avait reçu en 1947 le prix Renée-Vivien de la Société des gens de lettres. À la suite de la suggestion de Supervielle, *La N.R.F.* publiera en effet plusieurs de ses textes : « Les Dents-de-Lion », *La N.N.R.F.*, n° 32, août 1955 et « Poèmes », *La N.R.F.*, n° 115, juillet 1962. Alain Bosquet effectuera également le compte rendu de l'un de ses ouvrages, « *La Fraîche*, par Lucienne Desnoues », *La N.N.R.F.*, n° 69, septembre 1958.
1141 Jean Paulhan.
1142 L'enveloppe porte l'adresse suivante au recto : « Monsieur Jacques Maritain 36, rue de Varenne Paris » ; au verso : « 12, rue Massenet ». BNU, Fonds Jacques et Raïssa Maritain, MS.MARITAIN.2,1,1488.

328. LETTRE À SAMUEL SILVESTRE DE SACY DU 4 AOÛT 1955[1143]

Monsieur le Directeur,

Condamné au repos X je voudrais pourtant vous envoyer quelque chose pour votre numéro sur Adrienne M[1144].
Je vous propose de publier cette poésie inédite récente[1145] en la faisant précéder de ces mots
*Rien de triste pour son tombeau
À Adrienne Monnier
pour essayer de la faire sourire une fois encore, cet amour imaginaire pour une femme-médecin*
Veuillez croire à mes sentiments les meilleurs et tous mes remerciements pour l'envoi régulier de votre chère et grande revue

Jules Supervielle

X pendant toutes les vacances
XX Je n'ai pas de machine à écrire mais je me suis efforcé d'écrire lisiblement.

329. LETTRE À FRANZ HELLENS DATÉE « JEUDI », DU 12 AOÛT 1955[1146]

Château de Charmeil
Charmeil (Allier)

Désolé, mon cher ami, mais nous sommes aux environs de Vichy à Charmeil[1147] pour quelques jours encore.

1143 Samuel Silvestre de Sacy (1905-1975), auteur et éditeur, alors directeur littéraire du *Mercure de France*. – Bibliothèque littéraire Jacques Doucet, Ms 4903.
1144 Adrienne Monnier, morte le 19 juin 1955.
1145 Jules Supervielle, « La jeune doctoresse », publié dans le *Mercure de France*, n° 1109, janvier 1956, p. 44. Ce poème est repris dans *L'Escalier*, Paris, Gallimard, 1956.
1146 L'enveloppe porte l'adresse « Monsieur Franz Hellens écrivain belge 18. au chemin de la xxx La Celle Paris Saint-Cloud (S et O) », avec l'ajout suivant : « adresse illisible prière au facteur de la compléter. Le téléphone est Bougival 265. » Bibliothèque littéraire Jacques Doucet, Gamma 8984-Gamma 8985 ; Gamma 8987-Gamma 9008.
1147 Dans la lettre à Jean Paulhan du 10 août 1955, Supervielle évoque en ces termes Charmeil, où il se rend après un séjour à Châtel-Guyon : « Me voici à quelques kilomètres de Vichy dans un endroit calme. Enfin ! Châtel-Guyon est l'endroit le plus bruyant que j'aie jamais

À bientôt n'est-ce pas, tout de même.
Je vous demanderai des nouvelles de notre amie Madeleine B[1148]. Je crains pour sa santé. Quel long silence !
Tout vôtre et mes meilleurs souvenirs à Madame Hellens

Jules Supervielle

330. LETTRE À JULIEN LANOË DU 21 SEPTEMBRE 1955[1149]

Le Rondon, Olivet
(Loiret)

Mon cher Julien,

Nous sommes vraiment très heureux, ma femme et moi, d'apprendre le mariage de votre fille Annick et vous prions de lui transmettre ainsi qu'à votre charmante femme toutes nos félicitations et tous nos vœux. Nous sommes un peu sur votre chemin, à quelques kilomètres d'Orléans, dans la résidence des auteurs dramatiques. Comment ne pas penser à l'amitié par ces merveilleuses journées de Septembre. Je crains hélas que vous ne puissiez en jouir comme il le faudrait dans cette Nantes X qui fait parler d'elle ces temps-ci dans les journaux[1150]. Puissiez-vous ne pas avoir trop d'ennuis !
Mes très affectueuses amitiés

Julio

X ou ce Nantes qui fait parler de lui ?

---

    eu à supporter. Il est vrai que ces jours de foire sont toujours sinistres et je suis arrivé pour la fête du pays [...] Il y a de grands bois à proximité et on ne se doute pas tant l'air est pur de tous les drames de conscience qui se sont formés ici. Il est vrai qu'une brise presque continue chasse tous ces cauchemars. » (Jules Supervielle, *Choix de lettres*, éd. citée, p. 407).
1148 Madeleine Bouché.
1149 Médiathèque de Nantes, Fonds Julien Lanoë, LAN B1 SUP.
1150 Supervielle fait référence aux grèves de 1955, dans le cadre d'un conflit entre syndicats et patronat de huit mois en Loire-Atlantique, frappant pour sa durée et sa dureté, à Nantes en particulier.

331. LETTRE À MARCEL ARLAND DU 26 SEPTEMBRE 1955[1151]

Le Rondon Olivet (Loiret)

Mon cher Marcel,

Tu ne sais certainement pas que je suis allé te voir, sans avoir eu la chance de te joindre, le 11 ou le 12 Août. Tu venais de passer deux ou trois jours à Paris et tu étais reparti... J'avais pensé que nous aurions peut-être pu nous rejoindre quelque part à la campagne. Ne sachant trop où aller nous nous sommes rendus, Pilar et moi, à Châtel-Guyon d'où nous avons gagné Charmeil (près de Vichy). J'ai cherché à voir Larbaud[1152] mais il était à la campagne et je n'ai pas pu avoir son adresse. J'ai trouvé le numéro Claudel[1153] d'une grande richesse et digne du grand Poète. Renéville[1154] a raison de dire « l'immense poète ». En effet il déborde de grandeur de tous côtés pour se retrouver sur une place qui n'est qu'à lui. Quel dommage qu'il n'y ait rien de Jean[1155] ni de toi dans ce numéro ! Mais vous y êtes tout de même et je pense au mal terrible que vous vous êtes donné pour réunir tous ces textes.

J'espère que tu es content de ton travail personnel. À part un ou deux poèmes je n'ai presque rien fait sinon lire.

À propos de Jean et de l'*Histoire d'O*[1156] ne penses-tu pas – mais tu y as certainement pensé – que nous pourrions peut-être, ses amis, faire

---

1151 Bibliothèque littéraire Jacques Doucet, Fonds Marcel Arland, ARL C.
1152 La correspondance de Supervielle à Valery Larbaud fait état de ce projet de retrouvailles : la carte postale du 8 septembre 1955 évoque le projet d'aller voir à Vichy Larbaud en compagnie du docteur Alajouanine, « un jour d'été », et la lettre du 27 décembre 1955 mentionne la tentative manquée de rencontrer Larbaud à Vichy pendant l'été, avec le vœu de le revoir l'année suivante (Jules Supervielle, *Choix de lettres*, éd. citée).
1153 Supervielle désigne le numéro d'hommage à Paul Claudel, *La N.N.R.F.*, n° 33, septembre 1955. Il y contribue avec le poème « L'Arbre-fée », repris sous le titre « Hommage familier à Paul Claudel » dans le recueil *Le Corps tragique*, éd. citée.
1154 André Rolland de Renéville (1903-1962), poète et essayiste, collaborateur de *La N.R.F.*, avec lequel Supervielle entretient des relations amicales. Il dédie à la mémoire de sa femme, Cassilda, morte en 1955, le recueil *L'Escalier, nouveaux poèmes, suivis de À la nuit, Débarcadères, Les Poèmes de l'humour triste*, éd. citée.
1155 Jean Paulhan.
1156 Pauline Réage (Dominique Aury), *Histoire d'O*, Sceaux, Jean-Jacques Pauvert, 1954, avec une préface de Jean Paulhan. Le 4 mars 1955, *Histoire d'O* est poursuivie, d'où le début de poursuites judiciaires, qui dureront plusieurs années, contre Jean Paulhan en tant que préfacier. Maître Maurice Garçon est l'avocat de Paulhan. https://jeanpaulhan-sljp.fr/jean-paulhan-reperes-biographiques, consulté le 21/01/2022.

quelque chose pour lui. Mais quoi ? Tu es mieux placé, toi qui vois Jean régulièrement pour savoir s'il y a vraiment lieu de faire quelque chose. Bien affectueusement à toi

Julio

332. LETTRE À JEAN DENOËL DU 16 OCTOBRE 1955[1157]

Le Rondon Olivet (Loiret)

Cher ami,

Si j'ai tardé à vous répondre c'est que je suis encore à la campagne, ne sachant pas trop jusqu'à quand. Je crains fort de ne pas être de retour pour le 21. Priez notre amie Florence Gould[1158] de bien vouloir m'excuser et croyez bien tous deux que je suis fort sensible à son bon souvenir et à son invitation. Mes cordiales amitiés

Jules Supervielle

333. LETTRE À MARCEL ARLAND ET À JEAN PAULHAN ESTIMÉE À FIN 1955[1159]

15 Quai Blériot (16)
(Nouvelle adresse)
Téléph. Murat 06.33

Chers Jean et Marcel,

Voici les poèmes promis[1160]. Je ne sais trop par lequel commencer. Les deux premiers X sont de la même veine, les deux autres, chacun d'une

---

1157 Jean Denoël (1902-1976), médecin et éditeur, ami de Jean Paulhan, Max Jacob et Jean Cocteau, dont il fut l'exécuteur testamentaire. – L'enveloppe porte l'adresse suivante : « Monsieur Jean Denoël 1bis rue Vaneau Paris (6e) ». Harry Ransom Center, Carlton Lake Collection, 282.5.
1158 Florence Gould (1895-1983), riche mécène américaine, arrivée à Paris dans les années 1920. Pendant les années 1940 puis après la Seconde Guerre mondiale, elle reçoit de nombreux artistes et gens de lettres, parmi lesquels Jean Paulhan et Marcel Jouhandeau.
1159 Bibliothèque littéraire Jacques Doucet, Fonds Marcel Arland, ARL C.
1160 Supervielle fait référence aux poèmes publiés sous le titre « La sanglante métamorphose » dans *La N.N.R.F.* en janvier 1956, n° 37, p. 1-5, avant d'être repris dans *L'Escalier*, éd. citée :

veine différente. Faut-il les donner tous ensemble ? C'est fort possible XX, me semble-t-il. Dites-moi, n'est-ce pas ce que vous en pensez.

Je vous embrasse

Julio

X tout récents
XX mais vraiment il me semble que la « Sanglante métamorphose » est différente des 3 autres, qu'elle s'opposerait même à eux. Je m'en rapporte à vous.

1956

334. LETTRE À MARCEL ARLAND DU 12 JANVIER 1956[1161]

Jeudi
15, Quai Louis Blériot[1162]. XVIe

Mon cher Marcel,

Oui je dois beaucoup à J.-L. Barrault, en bien comme en mal[1163] ! Il a donné une grande vitalité au spectacle tout en étouffant le texte, ce gêneur. J'ai laissé faire 1 : parce que je n'étais pas entièrement content de mon texte X. 2 : et surtout parce que me soignant au Rondon je ne

---

« L'escalier », « La sanglante métamorphose » et « Mon Dieu ». Nous n'avons pas identifié le quatrième poème ici mentionné.

1161 Bibliothèque littéraire Jacques Doucet, Fonds Marcel Arland, ARL C. L'enveloppe porte au recto l'adresse suivante : « Monsieur Marcel Arland Directeur de La N.N.R.F. 5 rue Sébastien Bottin Paris (VIIe) ».

1162 Il s'agit du dernier domicile de Supervielle : il s'installe au huitième étage de cet « immeuble flambant neuf construit à quelques mètres du Pont Mirabeau. Sa large terrasse domine les deux côtés de la Seine. Sous ses fenêtres, les bateaux-mouches contournent la statue de la Liberté. Supervielle a littéralement la tête dans les nuages et les pieds dans l'eau. » (Ricardo Paseyro, *Jules Supervielle, Le Forçat volontaire*, éd. citée, p. 234).

1163 Supervielle fait référence à la mimofarce *Les Suites d'une course*, qui a été créée le 8 décembre 1955 au Théâtre Marigny dans une mise en scène de Jean-Louis Barrault, avec une musique d'Henri Sauguet.

savais pas qu'il allait le traiter avec cette désinvolture. 3 : Malgré mes protestations il n'a tenu aucun compte (ou presque) de ce que je lui disais. 4 : Claudel s'est aussi laissé faire par ses metteurs en scène et il est mort d'avoir voulu intervenir. Ce n'est pas notre affaire.
De plus en plus les metteurs en scène considèrent la pièce comme leur chose. Et pourtant j'écris une nouvelle pièce[1164].
Nous avons lu, Pilar et moi, avec beaucoup d'émotion ta nouvelle de *La N.N.R.F.*[1165] qui a une extraordinaire densité tout en se laissant lire sans le moindre essoufflement. C'est merveilleux XX.
J'espère te revoir chez Florence[1166] si je ne repars pas pour la campagne. J'ai un peu de grippe et t'écris de mon lit. Si nous restons quelque temps encore je te montrerai un jour ainsi qu'à Janine notre nouvel appartement sur la Seine.
Bien affectueusement

Julio

X lequel a été joué alors que certains passages étaient vraiment faibles (un quart environ mais je tiens aux 3 autres quarts.)
XX Ah! ça n'a pas besoin de metteur en scène.

335. CARTE POSTALE À MARCEL ARLAND DU 1ᵉʳ FÉVRIER 1956[1167]

Mon cher Marcel,

Tu trouveras ici, à Olivet (à 3 Km. Du Rondon), Hôtel des Canotiers, une bonne chambre, bien chauffée dans un très joli site sur les bords du Loiret et tu viendrais prendre tes repas avec nous. Le Rondon est à peine à 3 Km. de ton hôtel où tu serais logé pour 500 francs. Au Rondon tu seras notre hôte. On pourra enfin se voir un peu et comploter ensemble si le cœur t'en dit.

1164 Supervielle travaille à la traduction de la pièce de Lope de Vega, *L'Étoile de Séville*, éd. citée.
1165 Marcel Arland, « L'âme en peine », *La N.N.R.F.*, n° 37, janvier 1956, p. 64-99.
1166 Florence Gould.
1167 La carte représente « OLIVET. – Château du Rondon. – Société des Auteurs et Compositeurs Dramatiques (Fondation Paul Milliet). » Bibliothèque littéraire Jacques Doucet, Fonds Marcel Arland, ARL C.

Je t'embrasse

Julio

Téléphone du Rondon. Orléans 70-54 disquer le 15

336. LETTRE À ALAIN BOSQUET DU 13 FÉVRIER 1956[1168]

Le Rondon
Olivet
(Loiret)

Cher ami,

Votre lettre m'est parvenue ici après un détour. Entendu pour la publication de « L'Escalier » et de « L'Ironie » dans les *Poèmes de l'année*[1169]. Bien cordialement à vous

Jules Supervielle

337. LETTRE À MARCEL ARLAND DU 31 MAI 1956[1170]

Olivet Le Rondon

Mon cher Marcel,

La lettre de Jean P[1171]. où il me disait que je pouvais aller à Brinville[1172] au lieu de me rendre au Rondon m'est arrivée le jour même de mon départ pour le Loiret. Il va sans dire que j'aurais préféré aller dans ta

---
1168 Bibliothèque littéraire Jacques Doucet, Ms Ms 47240 (1-32).
1169 Ces deux poèmes de Supervielle figurent bien dans *Les Poèmes de l'année 1956*, Paris, Seghers, 1956.
1170 Bibliothèque littéraire Jacques Doucet, Fonds Marcel Arland, ARL C.
1171 Jean Paulhan.
1172 Brinville, la propriété de Marcel Arland, est une grande maison, construite au début du Directoire, et entourée d'une petite forêt. Elle est décrite par Jean Duvignaud : « L'écrivain travaille tantôt dans sa chambre au premier, tantôt dans des greniers installés en bibliothèques. Aux murs, dans toutes les pièces, des tableaux : Rouault, Soutine, Chagall, Atlan, Utrillo, Campigli, Modigliani, Dubuffet, Fautrier... » Jean Duvignaud, *Arland*, Paris, Gallimard, 1962, p. 34.

propriété. Mais si tu veux bien nous reparlerons de ton invitation. Je suis décidé à habiter de plus en plus la campagne. Par ailleurs nous sommes invités à Amboise où j'irais avec Pilar et Philippe Huguet (de la maison Plon) qui cherchait du travail et revoit mes épreuves de *L'Escalier*[1173], mon prochain livre de poèmes... C'est un garçon intelligent et qui me paraît sérieux et doué. Et qui est venu à moi pour mes œuvres qu'il connaît mieux que moi.

Je vais voir si une collaboration éventuelle est possible. Ma correspondance est complètement négligée et ma santé ne me permet plus de répondre personnellement à mes correspondants. Le théâtre surtout demande une activité fort fatigante.

Nous pensons très souvent à toi et à Janine.

Ton ami

Julio

338. LETTRE À ALAIN BOSQUET DU 26 AOÛT 1956[1174]

Rive haute (Bas-Pyr)

Mon cher ami,

J'ai reçu votre article « Éloquence et douceur[1175] » il y a quelques jours alors que je travaillais aussi fort que me le permet ma santé toujours récalcitrante : une traduction de Lope de Vega[1176]. À propos de traductions laissez-moi vous féliciter pour celle que vous avez faite de Sandburg[1177]. Elle est excellente comme toutes les traductions de vous que je connais. Vous vous ouvrez vraiment à l'auteur traduit avec une sympathie exemplaire et avec une science amoureuse des langues anglaise et française.

1173 Il s'agit du recueil de Supervielle qui paraîtra en juillet 1956, *L'Escalier*, éd. citée.
1174 Bibliothèque littéraire Jacques Doucet, Ms Ms 47240 (1-32).
1175 Alain Bosquet, « Éloquence et douceur : Supervielle, Cocteau, Grosjean », *Combat*, 16 août 1956. Dans cet article, dont sont tirées les citations qui émaillent cette lettre, Alain Bosquet évoque *L'Escalier* et énonce que depuis *Gravitations*, la poésie de Supervielle affirme l'amitié qui lie l'homme à l'univers.
1176 Jules Supervielle, *L'Étoile de Séville*, de Lope de Vega, adaptation, avec *Les Suites d'une course*, Paris, Gallimard, 1959.
1177 Carl Sandburg, *Le Peuple, oui*, traduction d'Alain Bosquet, Paris, Seghers, collection « Autour du monde », n° 34, 1956.

« Le refus du paroxysme » dites-vous. Ce doit être d'autant plus vrai que je n'ai guère conscience de ce refus après tout « confortable » comme vous dites aussi. Après tout j'écris souvent pour me rassurer et pour me prouver à moi-même que je suis encore de ce monde où mes rêves auront été mes plus sûres réalités. Mais il est bien des façons de définir la poésie. Et l'on pourrait dire aussi bien que l'ironie est la forme un peu rugueuse de la tendresse.
Je vous écris, allongé sur une chaise longue. Et il s'est mis à tomber des gouttes de pluie. Pardonnez au ciel et à votre ami ces larmes en dehors du sujet. Et croyez à mon affection par tous les temps et au vif plaisir que je dois à votre beau commentaire.
Votre ami

Jules Supervielle

Entre autres choses j'aime infiniment : « Dans la nuit des temps à l'époque où le rire, la larme, le geste languissaient d'être inventés et de se trouver un propriétaire. »

J.S.

339. LETTRE À ALAIN BOSQUET DU 25 OCTOBRE 1956[1178]

Murat 06-33

Mon cher ami,

Je viens de relire votre article de la *Revue de Paris*[1179].
Vous devez commencer à comprendre que vous êtes un des meilleurs critiques de poésie ! Alors qu'il est si difficile d'en parler sans tomber dans l'éloge absurde ou la critique pour justifier « l'aptitude de rendre la trouvaille intellectuelle immédiatement perceptible à l'instinct. » Comme cela est bien dit. Merci. Et vous n'avez pas peur de faire entrer la haute pensée, le bon sens de tous les jours ni les mots simples qui se comprennent sans nulle crampe intellectuelle. Bref j'ai la plupart du

---

1178 Bibliothèque littéraire Jacques Doucet, Ms Ms 47240 (1-32).
1179 Il s'agit de l'article d'Alain Bosquet, « Jules Supervielle », *La Revue de Paris*, septembre 1956, dont sont extraites les citations effectuées dans cette lettre.

temps avec vous l'impression que nous sommes faits pour nous entendre et je regrette de ne vous voir que si rarement.
Seriez-vous libre à déjeuner samedi prochain ? ou mardi de la semaine prochaine ? Vers une heure. Nous serions vraiment très heureux, ma femme et moi de vous recevoir et de vous montrer la belle vue de notre balcon. Mais j'y songe, vous avez déjà habité de ce côté, je crois.
À bientôt, je le voudrais.
Bien affectueusement

Jules Supervielle

Votre article de la *Revue de Paris* me fera prendre au sérieux par des gens qui n'aiment guère trop souvent ce qui vient de *La N.R.F.* Entre autres trouvailles de vous je goûte beaucoup ce que vous dites de l'« euphorie de l'insensé ».

340. LETTRE À ALAIN BOSQUET DU 16 DÉCEMBRE 1956[1180]

Cher ami,

Voici le poème promis, avec mes affectueux souvenirs

Jules Supervielle

1180 L'enveloppe porte l'adresse suivante : « Monsieur Alain Bosquet, 22 avenue de l'Opéra, Paris (Ier) ». Le papier comporte l'en-tête « 15. QUAI LOUIS BLÉRIOT. XVIe ». Bibliothèque littéraire Jacques Doucet, Ms Ms 47240 (1-32).

1957

341. LETTRE À ALAIN BOSQUET DU 30 JANVIER 1957[1181]

Cher ami,

Je regrette de ne pouvoir prendre part à cet hommage mais il m'est impossible de me distraire en ce moment de mon travail personnel[1182]. Je me fatigue vite et n'ai que de trop rares heures utilisables dans la journée pour mon œuvre.
Bien affectueusement

Jules Supervielle

342. LETTRE À MATHILDE POMÈS DU 4 FÉVRIER 1957[1183]

15 Quai Blériot. XVIe

Chère Mathilde Pomès,

Je voudrais avoir plus de temps et surtout de santé (celle-ci m'absorbe presque toutes mes heures) pour vous dire combien j'ai été touché par votre recueil *Au Bord de la nuit*[1184].
Votre poésie s'approprie de plus en plus et vous savez trouver des accents déchirants. Vous atteignez aussi la grandeur. Par exemple le poème « Ne me regarde pas ainsi avec mon chien » tout à la fin. Trouvailles extraordinaires. Vous savez enchanter pour en faire de la poésie le poids douloureux du passé et émouvoir notre cœur de tant de battements révolus. Mais non ils ne sont pas révolus puisqu'ils battent dans vos vers.

1181 Bibliothèque littéraire Jacques Doucet, Ms Ms 47240 (1-32).
1182 Supervielle travaille alors au recueil *Le Corps tragique*, éd. citée Dans *La Mémoire ou l'Oubli*, éd. citée, Alain Bosquet expose le contexte de cette missive : il avait demandé à Supervielle, comme à une vingtaine d'autres écrivains, de lui envoyer un texte destiné à un « Hommage international à Saint-John Perse » dont il avait pris l'initiative, pour les soixante-dix ans de ce poète ; l'hommage devait être publié par *Combat*.
1183 Médiathèque des Gaves, Ms SUP 19.
1184 Mathilde Pomès, *Au Bord de la nuit*, Chez l'auteur, 1956.

Au revoir, chère Mathilde Pomès, cher poète
Votre vieil ami

Jules Supervielle

343. LETTRE À ALAIN BOSQUET DU 7 AVRIL 1957[1185]

15 quai Louis Blériot
Paris (16)

Mon cher Bosquet,

Je crains de ne pas vous avoir remercié de votre livre *Premier Testament*[1186] et de son affectueuse dédicace. « Professeur de poésie » ? Je crois que vous étiez poète sans moi et même j'en suis sûr. J'entre toujours difficilement dans la pensée d'un autre poète, cela tient à mon état de rêveur mais n'exagérons rien. Si je suis un peu plus rêveur que la moyenne des poètes je ne le suis pas assez pour ne pas discerner l'originalité. J'aime beaucoup ce que j'ai lu de *Premier Testament*. Il suffit d'ailleurs d'une ou deux pages pour savoir si on a affaire à un poète et je trouve que vous avancez dans votre art à grandes enjambées. Dommage que vous soyez arrivé trop tard pour concourir au Prix Max Jacob.
Je joins à cette lettre un poème inédit[1187] que vous pouvez faire paraître dans un journal.
P.S. Je crois que le moment est opportun. Il s'agit d'un fait véridique.
Bien affectueusement

Jules Supervielle

P.S. Entendu pour *Combat*, comme vous me l'avez proposé au téléphone.

1185 Bibliothèque littéraire Jacques Doucet, Ms Ms 47240 (1-32).
1186 Alain Bosquet, *Premier Testament*, Paris, Gallimard, 1957. L'ouvrage reçoit l'année de sa parution le prix Sainte-Beuve. Dans *La Mémoire ou l'Oubli*, éd. citée, Alain Bosquet évoque cette publication : « La plus grande joie de ma vie littéraire (ma vie tout court, peut-être) se réalise : publier un recueil de poèmes sous la couverture de Valéry, de Claudel, de Perse, d'Eluard, d'Aragon et de Supervielle. »
1187 Selon la revue *Tra-jectoires*, Supervielle évoque un poème de circonstance pour le séjour à Paris de la reine d'Angleterre. *Tra-jectoires, op. cit.*, p. 245.

344. LETTRE À CLAUDE ROY DU 27 AVRIL 1957[1188]

15 quai Louis Blériot (16)

Mon cher ami,

Je serais aussi, bien sûr, très heureux de vous revoir – et le plus tôt possible. Je voudrais aussi partir pour la campagne. Voulez-vous que nous prenions rendez-vous pour le 2 Mai (Jeudi) à déjeuner chez moi à une heure ou à dîner. Téléphone : Mirabeau 06-33.
Merci d'avoir pensé à moi pour le titre de cette collection de contes de tous les pays[1189]. J'allais dire quelle bonne idée. Après tout pourquoi pas. Je suis tout de même très flatté.
À bientôt. Affectueux souvenirs de Pilar et les miens

Jules Supervielle

345. LETTRE À FRANZ HELLENS DU 27 NOVEMBRE 1957[1190]

15 quai Louis Blériot Paris (16)

Mon cher ami,

J'ai téléphoné à M. Charles Lairens[1191] que je verrai demain pour ces photos.
Le 9, il ne me sera pas possible d'assister au déjeuner du Prince Rainier. Je serai à la campagne où je me porte mieux. Vous êtes un sage d'habiter à la Celle-St-Cloud.
Mon bon souvenir à Heurgon[1192] quand vous le verrez.

1188 Bibliothèque littéraire Jacques Doucet, Fonds Claude Roy, ROY 275.
1189 Ce projet ne semble pas avoir abouti.
1190 Bibliothèque littéraire Jacques Doucet, Gamma 8984-Gamma 8985 ; Gamma 8987-Gamma 9008.
1191 Charles Lairens (1888-1963), photographe et musicien belge, ami intime de Franz Hellens. Il réalise tout en ensemble de portraits d'artistes, dont celui d'Hellens en 1960. Deux portraits de Supervielle par Leirens, datés de 1959, sont reproduits dans le numéro hommage consacré à l'écrivain en 1960, « Hommage à Jules Supervielle », *La N.R.F.*, *op. cit.*
1192 Jacques Heurgon (1903-1995), universitaire et gendre de Paul Desjardins, l'organisateur des Décades de Pontigny.

Et les affectueux souvenirs de ma femme et les miens pour madame Hellens
Votre ami

Jules Supervielle

1958

346. LETTRE À MARCEL ARLAND DU 12 MAI 1958[1193]

Le Rondon
Olivet
(Loiret)

Mon cher Marcel,

Je ne suis pas sûr que ce poème[1194] convienne pour *La N.N.R.F.* et cependant je te l'envoie. Certes il pourrait paraître dans « Le temps, comme il passe » mais j'avais songé aussi à *Combat* parce que c'est un poème que je crois *utile*. Si je me trompe dis-le moi. Tu peux le montrer à nos amis et en particulier à Jean[1195] s'il va toujours à *La N.N.R.F.* Ai-je besoin de te dire que ton avis m'intéresse particulièrement. Cette prière est un peu effrayante comme tous termes de bombes éventuelles et fin du monde.

À part ça je ne crois pas à la guerre et je t'embrasse

Julio

1193 Bibliothèque littéraire Jacques Doucet, Fonds Marcel Arland, ARL C. L'enveloppe porte au recto l'adresse suivante : « Monsieur Marcel Arland directeur de *La N.N.R.F.* 5 rue Sébastien Bottin Paris (VII) ».
1194 Jules Supervielle, « Prière à l'inconnu », *La N.N.R.F.*, n° 66, juin 1958, p. 1116-1117. Ce poème paraît bien dans la rubrique « Le temps, comme il passe ». Comme dans le poème du même titre paru dans *La Fable du monde*, « Prière à l'inconnu », ensuite repris dans *Le Corps tragique*, éd. citée, est lié à un événement d'actualité douloureux, au plus fort de la crise algérienne, ainsi qu'à des préoccupations métaphysiques et à une forme de confession. Jules Supervielle, *Œuvres poétiques complètes*, éd. citée, p. 1028.
1195 Jean Paulhan.

347. LETTRE NON DATÉE À MARCEL ARLAND, ESTIMÉE À FIN MAI 1958[1196]

Le Rondon Olivet (Loiret)
Mercredi

Mon cher Marcel,

Je n'ai pas encore reçu l'épreuve de mon poème[1197]. J'ai dit *mon* excuse-moi mais c'est à dessein, du moins dans l'obscur de moi-même. Ce qui est sûr aussi c'est que je voudrais bien savoir ce qu'il devient. Les temps troublés sont sans doute la cause de ce retard. Je continue à penser que c'est un poème utile en ce moment.
Quoi qu'il en soit j'ai écrit entre temps un opéra bref pour Mlle Barraine qui me l'a demandé pour la radio[1198]. Avec ou sans modestie je suis content aussi de ce dernier poème. Cet opéra en est un à plusieurs voix. J'ai l'impression qu'il ne te déplaira pas. Je le donnerai volontiers à *La N.N.R.F.* mais tous droits réservés. Je dois en effet le donner en librairie dans une autre maison d'éditions. Gallimard n'a qu'à ne pas me payer le poème. Je veux être entièrement libre de le faire paraître où je veux. Ce sera sans doute aux Éditions du Seuil où j'ai été toujours très content de mes rapports avec Flament[1199] et où j'ai aussi quelques bons amis Cayrol[1200], Pierre Emmanuel *etc*. J'oubliais Béguin qui a toujours dit, comme toi d'ailleurs, tant de bien de ma poésie[1201]. Jean[1202] aussi. Je t'envoie « Christine[1203] » pour savoir ce que tu en penses et je t'embrasse ainsi que Jean.
Ton vieil ami

Julio

1196 Bibliothèque littéraire Jacques Doucet, Fonds Marcel Arland, ARL C.
1197 Jules Supervielle, « Prière à l'inconnu », *La N.N.R.F.*, *op. cit.*
1198 Elsa Barraine, *Christine, opéra bref*, poème, sur un livret de Jules Supervielle, réduction pour piano et chant, 1959. Elsa Barraine (1910-1999) est une compositrice française.
1199 Paul Flament (1909-1998) dirigeait, avec Jean Bardet, les Éditions du Seuil depuis 1937.
1200 Jean Cayrol (1910-2005), poète, écrivain et éditeur aux éditions du Seuil.
1201 Albert Béguin avait consacré plusieurs textes à l'œuvre poétique de Supervielle, dont, en 1938, l'article « Supervielle », dans *Les Lettres, La Poésie, Esprit*, *op. cit.*
1202 Jean Paulhan.
1203 Jules Supervielle, « Christine », *La N.N.R.F.*, *op. cit.*

348. LETTRE NON DATÉE À MARCEL ARLAND, ESTIMÉE DE FIN JUIN OU DÉBUT JUILLET 1958[1204]

Château La Filolie
Thiviers (Dordogne)
Vendredi

Bien cher Marcel,

C'est justement parce qu'on est si familier avec Dieu qu'on a besoin d'être rassuré. Ta lettre[1205] m'a fait un sérieux plaisir, c'est te dire que j'en suis fier. Je suis heureux aussi que le poème[1206] s'arrête sur l'Algérie.
Je travaille beaucoup ces temps-ci. Je suis enfin dans un endroit où le climat me convient et j'ai une vaste chambre à coucher, cela me semble incroyable. Un seul ennui je renonce à Paris jusqu'après les vacances et ne vais pas pouvoir assister à la réunion de Barbara[1207]. Mais je ne veux pas interrompre mon élan d'autant plus que je me fatigue encore assez vite.
À toi

Julio

349. LETTRE À MARCEL ARLAND DU 7 JUILLET 1958[1208]

La Filolie
Thiviers (Dordogne)

Mon cher Marcel,

1204 Bibliothèque littéraire Jacques Doucet, Fonds Marcel Arland, ARL C.
1205 Sans doute Supervielle fait-il référence à la lettre de Marcel Arland du 9 juin 1958, portant sur un projet de suite du poème « Prière à l'inconnu ». Marcel Arland s'excuse d'avoir reçu trop tard le manuscrit de cette suite pour pouvoir la donner dans *La N.N.R.F.*, tout en faisant l'éloge du poème paru dans la revue en juin. Lettre citée dans Jules Supervielle, *Œuvres poétiques complètes*, éd. citée, p. 1028.
1206 Il s'agit du poème « Prière à l'inconnu », *La N.N.R.F.*, *op. cit.*
1207 Barbara Church (1879-1960), épouse d'Henry Church. La correspondance de Supervielle à Paulhan indique le projet de celui-ci d'aller se reposer chez Barbara Church en juillet 1958 (Jules Supervielle, *Choix de lettres*, éd. citée).
1208 Bibliothèque littéraire Jacques Doucet, Fonds Marcel Arland, ARL C.

Je ne sais plus trop que penser de cette « Christine[1209] ». Je l'ai un peu alignée mais je crains que ça ne reste lourd encore. Je t'en prie, ne donne ce texte que si tu penses qu'il ne me desservira pas.
Le temps épouvantable que nous avons depuis des semaines m'a assez fatigué. J'espère pouvoir me mettre bientôt au travail tout de même.
Bien affectueusement à toi

Julio

350. LETTRE À MARCEL ARLAND DU 14 JUILLET 1958[1210]

Mon cher Marcel,

Louis Murville me demande une préface pour son « Chant des Découvreurs ». Je ne l'écris pas, non qu'il ne la mérite, mais si jamais j'acceptais j'aurais trop à me défendre contre de telles demandes.
Refuser m'est toujours pénible surtout à cette époque de renouveau poétique.
Mais je voulais te dire que j'appréciais beaucoup les poèmes de Murville ou du moins ce qu'il en a donné à *La N.N.R.F.*[1211]
Voici la copie de la lettre que je lui adressai il y a environ 3 mois – à toutes fins utiles.
Je t'embrasse

Julio

Cher Louis MURVILLE,

J'aurais voulu vous écrire depuis longtemps que j'aimais beaucoup votre Chant des Paysans.
C'est original et touchant. Et j'avais souvent rêvé d'écrire un « roman en vers ».

[1209] Jules Supervielle, « Christine », *La N.N.R.F.*, *op. cit.*
[1210] Cette lettre est accompagnée d'une copie dactylographiée de la lettre à Louis Murville, mentionnée ici. Bibliothèque littéraire Jacques Doucet, Fonds Marcel Arland, ARL C. L'enveloppe porte au recto l'adresse suivante : « Monsieur Marcel Arland Directeur de *La N.N.R.F.* 5 rue Sébastien Bottin Paris (VII) ».
[1211] Louis Murville, « Chant des paysans », *La N.N.R.F.*, n° 56, août 1957, repris dans *Le Chant des paysans, roman en vers*, Paris, Hachette, 1966.

Et soyez heureux d'avoir montré une fois de plus qu'avec les bons sentiments on peut faire une admirable poésie qui nous console de tant de poésie (qui se veut) infernale !
Vous savez être poète en ne vous privant de rien, même pas de votre intelligence. Heureux ceux qui peuvent mettre tout l'homme dans leurs vers – et ne se contentent pas d'une esthétique, si riche soit-elle.
Bien amicalement à vous

J. SUPERVIELLE

Je suis à la campagne dans le Loiret environ pour une dizaine de jours.

J.S.

351. LETTRE À JULIEN LANOË DU 11 DÉCEMBRE 1958[1212]

15. Quai Louis Blériot. XVIᵉ.

Mon cher Julien,

J'espère pouvoir me rendre à la conférence d'Étiemble[1213] bien que j'aie mal commencé l'hiver avec la grippe et la fièvre. Ça va un peu mieux. Très ému de ce que vous me dites de votre fils, en Kabylie. Hélas que de sacrifices. Heureusement que nous avons de Gaulle. Mon petit-fils Olivier[1214], le fils de Françoise, rentre bientôt lui aussi d'Algérie mais il n'aura pas eu une campagne aussi dure. Il a été longtemps à Berlin dans les chars.
Je vous embrasse

Julio

1212 Médiathèque de Nantes, Fonds Julien Lanoë, LAN B1 SUP.
1213 À l'occasion de l'exposition consacrée à Jules Supervielle à la Bibliothèque littéraire Jacques Doucet du 8 au 21 décembre 1958, Étiemble donne une conférence à la Sorbonne sur son œuvre, intitulée « Poétique et poésie de Supervielle », le 16 décembre, à 21 heures, en salle Liard. Cette conférence est annoncée par *La N.N.R.F.*, n°72, *op. cit.*, p. 7.
1214 Olivier David, fils de Pierre et Françoise David, né en 1936. Supervielle lui dédie le poème « Laissez-moi devenir olivier de Provence », publié dans *La Table ronde* en mars 1952 et repris dans *L'Escalier*, éd. citée.

352. LETTRE À MARCEL ARLAND DATÉE « DIMANCHE »,
ESTIMÉE À 1958[1215]

Elle me tape mes poèmes
Et même elle aime celui-ci
Qui est le fruit d'un grand souci
Et sûrement pas d'un blasphème.
Qu'on me pardonne tout de même
Je voudrais être plus précis

J.S.

Mon cher Marcel,

Troisième livraison ! Voici la vraie fin du poème[1216]. J'en ai plusieurs versions mais je crois que celle-ci est celle qui sonne le plus juste.
Je t'embrasse

Julio

J'adore la campagne. Il ne fait pas très beau mais très doux et assez perspicace.

J.

Dimanche.

1215 Bibliothèque littéraire Jacques Doucet, Fonds Marcel Arland, ARL C.
1216 Ces vers n'apparaissent ni dans les publications de Supervielle dans *La N.R.F.*, ni dans ses recueils poétiques.

1959

353. LETTRE À ROGER CAILLOIS DU 3 JANVIER 1959[1217]

Mon cher ami,

Vous m'avez écrit une lettre qui m'a touché le cœur il y a plus d'un mois et si je n'y ai pas répondu c'est que, comme il m'arrive plus souvent qu'à mon tour, j'étais malade. J'ai très bien compris, tout en les regrettant, les raisons qui vous ont empêché de parler à la Sorbonne sur ma poésie. Et en ce début d'année je tiens à vous faire tous mes vœux très affectueux pour vous et votre charmante femme[1218].
Votre ami des deux côtés de l'océan

Jules Supervielle

354. LETTRE À MARCEL ARLAND DU 4 JANVIER 1959[1219]

Mon cher Marcel,

Je viens de passer plusieurs mauvaises semaines et je vais partir pour le Roussillon où j'espère trouver le soleil et des arbres. Ne va pas croire que je n'ai pas songé au texte promis pour ta revue[1220]. J'y ai même travaillé beaucoup mais je ne suis pas content de l'ensemble et je voudrais écrire de nouveaux poèmes pour accompagner le texte en prose. Je crois que je vais renoncer à Paris. J'ai à peine passé quelques instants à l'exposition Doucet[1221] et n'ai pas pu du tout m'en occuper personnellement. Voilà

1217 La lettre porte l'en-tête « 15. QUAI LOUIS BLÉRIOT. XVIᵉ ». L'enveloppe porte l'adresse suivante : « Monsieur Roger Caillois U.N.E.S.C.O Place Fontenoy *Paris* ». Fonds Roger Caillois, cote CS92, Médiathèque Valery-Larbaud, Vichy.
1218 Le 14 août 1957, Roger Caillois a épousé en secondes noces Alena Vichrova ; Jean Paulhan était son témoin. Odile Felgine, *Roger Caillois*, éd. citée, p. 328.
1219 Bibliothèque littéraire Jacques Doucet, Fonds Marcel Arland, ARL C. L'enveloppe porte au recto l'adresse suivante : « Monsieur Marcel Arland directeur de *La N.N.R.F.* 5 rue Sébastien Bottin Paris (VII) ».
1220 Jules Supervielle, « Chercher sa pensée (II) », *La N.N.R.F.*, n° 76, avril 1959, p. 597-603.
1221 Cette exposition consacrée à Supervielle avait été organisée, à l'initiative d'Octave Nadal, à la Bibliothèque littéraire Jacques Doucet, du 8 au 21 décembre 1958. Le catalogue

plus d'un mois que je suis fiévreux et que je peste contre l'hiver après avoir bien peu profité de l'été du point de vue de mon travail et de ma santé. J'espère que vous avez bien commencé l'année et nous vous envoyons, Pilar et moi, tous nos vœux bien affectueux pour vous deux et pour Dominique.

Julio

355. LETTRE À MARCEL ARLAND DU 10 FÉVRIER 1959[1222]

Grand Hôtel
Prades (Pyr. Orient.)

Mon cher Marcel,

Par pli séparé recommandé, voici mon prochain livre (vers et prose) *Le Corps tragique*[1223]. Avant de le donner aux services de l'Édition veux-tu choisir quelque chose pour *La N.N.R.F.* « La Fable des Deux Défunts[1224] » est inédite. Il en est d'autres : « Le Mirliton magique » sauf le début qui a paru au *Figaro littéraire*[1225].
Je n'ai pas de nouvelles récentes de Jean[1226]. Comment va-t-il ? Lui qui jamais ne se plaint me disait qu'il n'allait pas bien du tout dans sa dernière lettre.
Je suis à Prades dans les Pyrénées Orientales. Nous allions partir et voilà enfin du soleil ! Alors nous restons encore un peu.

---

de l'exposition, intitulé *Jules Supervielle*, avait été rédigé par François Chapon, avec une présentation d'Octave Nadal, sans lieu, Steff, 1958.
1222 Bibliothèque littéraire Jacques Doucet, Fonds Marcel Arland, ARL C.
1223 Le recueil *Le Corps tragique*, éd. citée, qui paraîtra en octobre 1959, contient en effet des poèmes en vers et se clôt sur une section intitulée « Prose et proses ».
1224 Jules Supervielle, « La fable des deux défunts », *Le Corps tragique*, éd. citée Ce poème n'est pas publié dans *La N.N.R.F.*
1225 Le début du « Mirliton magique », écrit pour Natacha Laurence Paseyro, la fille d'Anne-Marie Supervielle et Ricardo Pasyero alors âgée de trois mois, a été publié sous le titre « Pour Laurence » – Supervielle appelait sa petite-fille par son deuxième prénom –, dans un article évoquant l'attribution à Supervielle du prix Etna-Taormina, *Le Figaro littéraire*, 5 janvier 1957, p. 3. Le poème, très modifié et développé, est repris dans *Le Corps tragique*, éd. citée Il n'est pas publié dans *La N.N.R.F.* Voir Jules Supervielle, *Œuvres poétiques complètes*, éd. citée, p. 1040.
1226 Jean Paulhan.

J'ai écrit à Robert Mallet[1227] pour lui demander s'il ne serait pas possible, dans le livre d'Étiemble, de faire collaborer d'une façon ou d'une autre l'auteur, Tatiana W. Greene, de la très remarquable thèse sur ce sacré Supervielle[1228] qui s'obstine à ne pas mourir.
Le comble c'est que je vais enfin vraiment mieux et suis stupéfiait d'aller et venir dans ce pays de petites et grandes montagnes, en évitant toutefois les côtes, ce qui n'est pas toujours facile.
Bien affectueusement à toi

Julio

J'ai pris la fâcheuse habitude d'écrire sur mes genoux pour être tout près du radiateur. Je dois avoir du sang de poisson, bien que j'aie le cœur chaud, comme on sait.

J.

356. LETTRE À MARCEL ARLAND DU 11 FÉVRIER 1959[1229]

Le Grand Hôtel
Prades

Mon cher Marcel,

Pilar est malade X et ne peut recopier ce texte. Excuse-moi de te l'envoyer ainsi. Je me suis appliqué pour qu'on comprenne mon écriture. C'est un excellent exercice de volonté. Jean[1230] en sait quelque chose lui qui a une si admirable écriture.

1227 Robert Mallet (1915-2002), écrivain, universitaire et homme de radio. Supervielle participe à « Prose et poésie », entretiens avec Robert Mallet diffusés sur la Chaîne nationale les 8 et 15 mai 1956, transcrits par Étiemble dans *Supervielle*, éd. citée, et répond aux questions de Robert Mallet dans « Réponses après Marcel Proust », *Biblio*, Hachette, XXVᵉ année, n° 2, février 1957, repris par Étiemble dans *Supervielle*, éd. citée Mallet est l'auteur d'une étude consacrée à Supervielle, « Jules Supervielle ou le merveilleux serrurier », *Cahiers de la Compagnie Madeleine Renaud et Jean-Louis Barrault*, 3ᵉ année, quatorzième cahier, décembre 1955, p. 52-58.
1228 Tatiana W. Greene, *Jules Supervielle*, éd. citée.
1229 Bibliothèque littéraire Jacques Doucet, Fonds Marcel Arland, ARL C. L'enveloppe porte au recto l'adresse suivante : « Monsieur Marcel Arland Directeur de *La N.N.R.F.* 5 rue Sébastien Bottin Paris (VII) ».
1230 Jean Paulhan.

Voici donc « Chercher sa pensée II ». Cela s'arrêtera là et tu pourrais le donner avec ces quelques poèmes inédits de mon recueil envoyés en recommandé hier. On ajouterait ces pages à « Chercher sa pensée I[1231] » et le tout paraîtrait à la fin du *Corps tragique*. Tu as peut-être remarqué que psychologiquement et métaphysiquement je m'éloigne de plus en plus de mon cher Étiemble. Oui le divin m'attire de plus en plus.
Je t'embrasse

Julio

X rien de grave.

357. LETTRE À MARCEL ARLAND DU 4 MARS 1959[1232]

15. Quai Louis Blériot. XVIe

Cher Marcel,

La dernière fois que j'eus le plaisir de déjeuner avec toi tu m'as dit que *La N.N.R.F.* serait trop heureuse d'avoir une occasion de parler de moi. C'était à propos de la remarquable thèse de doctorat de Tatiana Greene[1233]. Plusieurs mois ont passé. Non seulement *La N.N.R.F.* n'a pas publié de la thèse de Greene mais elle a gardé le silence absolu sur l'exposition de mes manuscrits à la bibliothèque Doucet[1234] – alors que presque toute la presse en a parlé – ce qui était aussi pour moi un honneur exceptionnel.
Il m'est impossible de ne pas souligner ces deux abstentions.

1231 Jules Supervielle, « Chercher sa pensée », I et II, *La N.N.R.F.*, n° 65, mai 1958, p. 769-774, et n° 76, avril 1959, p. 597-603. Le second texte, comme le premier, accompagne plusieurs poèmes ensuite recueillis dans *Le Corps tragique* : « À mon foie », « Les rivières riaient, de village en village », « Au soleil », « On entend l'aveu du vent qui se voudrait une forme », « Est-ce un cheval de cirque aux grâces de marquise », « La pluie a beau faire », « Mon enfance voudrait courir dans la maison », « Pour ces yeux verts, souvenir de quels mondes », « Ô vie où poussent sans effort ». Enfin, « Chercher sa pensée (I) » est repris sous le titre « Chercher sa pensée » dans *Le Corps tragique*, éd. citée.
1232 Bibliothèque littéraire Jacques Doucet, Fonds Marcel Arland, ARL C.
1233 Tatiana W. Greene, *Jules Supervielle*, éd. citée Plusieurs lettres de Jules Supervielle à l'auteur sont reproduites dans l'ouvrage.
1234 L'exposition est bien mentionnée dans *La N.N.R.F.*, n° 72, décembre 1958, p. 7.

Je n'ai jamais vu chez toi le moindre signe d'envie. Tu as toujours été très juste pour mon œuvre. J'attire ton attention sur ces faits non pour t'en faire reproche mais pour que tu saches que j'en ai souffert.
J'espère que tu as pu te reposer (en travaillant) à la campagne. Nous t'envoyons, Pilar et moi, ainsi qu'à Janine nos affectueux souvenirs

Jules Supervielle

358. LETTRE À MARCEL ARLAND DU 7 MARS 1959[1235]

15. Quai Louis Blériot. XVIe

Samedi

Bien cher Marcel,

Les malades sont ombrageux – je parle pour moi, bien sûr – et souvent injustes, bien malgré eux. Laisse-moi te dire tout de suite que j'admire ton équilibre et que je l'envie ! Tu n'as vraiment plus besoin des conseils de Malvezin ! Tu es la sagesse et l'amitié. Mon excuse c'est que, puisqu'immobilisé, je passe par des moments très durs, avec ça, la vieillesse et un organisme qui geint. Mais ça va tout de même un peu mieux depuis quelques jours.
Un mot manquait dans ma première lettre. (À peine la lettre était-elle partie que je m'en suis aperçu.) C'est celui de *générosité*. Tu as toujours été généreux pas seulement pour moi mais en particulier avec moi. C'est que tu sens que la souffrance n'est pas du chiqué en moi. Après tout, chez qui est-elle du chiqué ? La nôtre nous semble toujours plus cruelle à supporter.
Je t'embrasse ainsi que Janine.
Ton vieil ami qui s'en veut de t'avoir fait de la peine

Julio

1235 Bibliothèque littéraire Jacques Doucet, Fonds Marcel Arland, ARL C. L'enveloppe porte au recto l'adresse suivante : « Monsieur Marcel Arland 9 rue Saint-Romain Paris (6e) ».

359. LETTRE À ROGER CAILLOIS DATÉE DU « 4 FÉVRIER 1959 », ESTIMÉE DU 4 JUILLET 1959[1236]

La Couetterie
Beaumont Pied de Bœuf
(Sarthe)

Mon cher ami,

Dans la dernière N.N.R.F. je lis vos pages sur Susana Soca[1237]. Portrait gravé d'une femme insaisissable. D'une profondeur et d'une justesse vraiment hallucinantes. Ressemblante à donner la chair de poule. Mais vous le savez et on ne peut écrire avec tant de justesse sans en avoir pleinement conscience. Excusez-moi de cette sorte de pléonasme à 2 voix mais chut ! vous êtes modeste comme tous les grands et nous aimons trop notre amie pour nous complaire à son sujet dans une figure de grammaire.
Je suis dans la Sarthe où comme par hasard, je me soigne.
Votre vieil ami

Jules Supervielle

360. LETTRE À WARREN RAMSEY DU 22 JUILLET 1959[1238]

La Couetterie
Beaumont – Pied-de-Bœuf
(Sarthe)

Cher Warren Ramsey,

[1236] L'enveloppe porte l'adresse suivante : « Monsieur Roger Caillois aux soins de *La Nouvelle Revue Française* 5 rue Sébastien Bottin Paris ». Fonds Roger Caillois, cote CS93, Médiathèque Valery-Larbaud, Vichy.

[1237] Roger Caillois, « Souvenir de Susana Soca », *La N.N.R.F.*, n° 79, juillet 1959, p. 168-170. Susana Soca était morte dans un accident d'avion dans la baie de Rio de Janeiro le 11 janvier 1959 ; Supervielle l'avait accompagnée le jour même à l'aéroport.

[1238] L'enveloppe porte l'adresse suivante au recto : « Monsieur Warren Ramsey 9 rue Fenoux ou Feroux Paris (XVe) » ; au verso : « Jules Supervielle La Couetterie Beaumont Pied-de-Bœuf (Sarthe) ». Houghton Library, Correspondence with Warren Ramsey, MS FR 710).

Merci de m'avoir envoyé cet extrait de la *Yale Review* contenant vos articles sur Camus et Berkeley et Dostoïevsky[1239]. Je suis malheureusement atteint d'une double névrite crurale qui me fait beaucoup souffrir et hors d'état de lire des pages profondes comme les vôtres au milieu de souffrances continues.

Vous avez dû vouloir me téléphoner Rue Vital. J'ai déménagé depuis plus de deux ans et habite maintenant 15 Quai Louis Blériot. On me dit que Jorge Guillén est à Paris. Pouvez-vous me donner son adresse. Je donne dans mon prochain volume de poèmes des traductions anciennes de lui et de Lorca sous le titre « Deux poètes[1240] ». Quant à mon nouveau livre il s'appellera *Le Corps tragique* et contiendra plusieurs de mes meilleurs poèmes du moins je l'espère.

Donnez-moi de vos nouvelles et de vos *étudiants* et croyez à ma fidèle et vive amitié

Jules Supervielle

361. LETTRE À WARREN RAMSEY DU 31 JUILLET 1959[1241]

Cher ami,

Ayant entendu dire que Jorge Guillén était à Paris il m'était venu l'idée que vous sauriez peut-être son adresse. Je n'ai à lui dire en particulier à part ma vieille amitié que dans mon prochain volume *Le Corps tragique* je publie deux de mes meilleures traductions (anciennes) de ses poèmes[1242].

1239 Warren Ramsey, « Albert Camus on Capital Punishment : His Adaptation of The Possessed », Yale Review, n° 48, 1959, p. 634-640.

1240 Jules Supervielle, « Les Airs » et « L'Air », section « Deux poètes : García Lorca, Jorge Guillén », *Le Corps tragique*, éd. citée Les traductions de Guillén, que Supervielle qualifie d'« anciennes », ont précédemment été publiées dans *La Licorne*, n° 3, automne 1948, p. 11-23. Celle de Lorca, « Le Martyre de sainte Eulalie », recueillie dans la même section du *Corps tragique*, avait été publiée dans *Commerce*, n°XVII, automne 1928, p. 73-78 ; dans Federico García Lorca, *Chansons Gitanes*, traduites par M. Pomès, J. Supervielle, J. Prévost, A. Guibert, Tunis, collection « Les Cahiers de Barbarie », 1935, p. 40-43 ; Federico García Lorca, *Œuvres complètes*, t. 2, *Poésie II*, Paris, Gallimard, 1955.

1241 L'enveloppe porte l'adresse suivante au recto : « Mr. Warren Ramsey 9, rue Fenoux Paris (XVe) » ; au verso : « Exp. : J. Supervielle La Couetterie Beaumont Pied-de-Bœuf (Sarthe) ». Houghton Library, Correspondence with Warren Ramsey, MS FR 710.

1242 Voir l'annotation de la lettre précédente.

Il les connaît déjà mais comme je ne donne en fait de traductions que du Lorca et du Guillén je pensais que cela lui ferait peut-être plaisir. Heureux que vous ayez aimé mes derniers poèmes. Dites-moi où je pourrai vous envoyer mon livre qui paraîtra le 15 Septembre chez Gallimard. Je vous souhaite un bon voyage en U.R.S.S. Ah! Que suis-je immobilisé par mes névrites.
Bien cordialement à vous

Jules Supervielle

362. LETTRE À WARREN RAMSEY DU 14 AOÛT 1959[1243]

La Couetterie

Cher ami,

J'écris à Guillén à son université des États-Unis[1244], à l'adresse que vous voulez bien m'indiquer avec prière de faire suivre. Rien d'urgent par ailleurs.
Oui ce voyage en Russie a dû vous passionner! Hélas les longs voyages je les vois maintenant dans le passé et je n'ai même pas pu accepter de me rendre à Knokke-le-Zoute pour la réception du *Journal des Poètes* où on désirait beaucoup me voir ni en Sicile quand on m'a donné le prix de poésie d'Etna-Taormina[1245].
Je me soigne de mon mieux à la campagne et souffre beaucoup moins de mes névrites bien que ne pouvant encore marcher qu'avec une canne et, de préférence, deux.

1243 L'enveloppe porte l'adresse « Mr Warren Ramsey 9 rue Fenoux Paris (15ᵉ) », barrée et remplacée par « 1500 Arch St Berkeley 8 *Californie États-Unis* ». Houghton Library, Correspondence with Warren Ramsey, MS FR 710).

1244 Jorge Guillén, exilé aux États-Unis en 1938, avait enseigné la littérature dans les universités de Middlebury, Mc Gill (à Montréal), et au Wellesley College. Il avait pris sa retraite en 1957, puis s'était installé en Italie en 1958.

1245 Depuis 1951, un groupe de poètes belges organisait à Knokke-le-Zoute de prestigieuses « Rencontres européennes de poésie ». Par ailleurs, en janvier 1957, Supervielle avait été lauréat du prix Etna-Taormina, ex-aequo avec le poète italien Camillo Sbarbaro. Dans sa biographie, Ricardo Paseyro rappelle l'importance du réseau de ses amis italiens – parmi lesquels Ungaretti, Montale, Silone, Moravia, Piovene, Nelo Risi – et explique que Supervielle, attendu en Sicile, avait refusé de prendre l'avion. Ricardo Paseyro, *Jules Supervielle, Le Forçat volontaire*, éd. citée, p. 245-246.

Bon retour et mes affectueux souvenirs pour vous deux

Jules Supervielle

363. LETTRE À ALAIN BOSQUET DU 17 NOVEMBRE 1959[1246]

15 Quai Louis Blériot (16)

Mon cher ami,

Soyez vivement remercié d'avoir écrit un bel article sur *Le Corps tragique*[1247] et de me l'avoir adressé. Vous connaissez l'art de ne pas blesser les poètes – art si difficile quand on ne s'en tient pas à d'élogieuses généralités... Vos éloges sont aussi précis que nuancés et agrémentés d'images de poète rares et magnifiques (je pense surtout à la fin de ce que vous dites sur moi ces vertèbres-soleils).
Il y a bien longtemps que l'on ne se voit point.
Voulez-vous venir dîner à la maison samedi prochain 21 novembre ? à 8 heures dans l'intimité.
Croyez à mes bien affectueux souvenirs et à ma gratitude très vive

Jules Supervielle

1246 Bibliothèque littéraire Jacques Doucet, Ms Ms 47240 (1-32).
1247 Le compte rendu d'Alain Bosquet paraît dans *Combat*, 12 novembre 1959.

1960

364. LETTRE À PHILIPPE JACCOTTET DU 5 JANVIER 1960[1248]

15. Quai Louis Blériot XVIe
Téléph. Mirabeau 06-33

Cher Jaccottet,

Il est impossible de serrer de plus près ce qui sert de pensée à un poète que vous ne faites dans la « Vieillesse du Poète[1249] » pour mon dernier livre[1250]. J'ai lu et relu votre profond commentaire un nombre incalculable de fois tout en songeant à vous en remercier tout de suite. Les jours ont passé et maintenant que votre commentaire est bien dans ma mémoire je puis enfin vous dire ma joie et ma gratitude. J'attendais cette épreuve pour être persuadé de l'efficacité de ma poésie, pour vous dire bonjour et vous saluer comme la preuve d'une victoire. Vous confirmez mes espoirs les plus chers et les plus audacieux.

Chose curieuse on m'a justement demandé de dire de mes poèmes alors que je ruminais votre très bel article et j'ai dit pour des disques les poèmes que vous préférez[1251]. Que vous avez raison d'attirer l'attention de vos lecteurs sur la lecture à haute voix des poèmes dits par l'auteur[1252] ! Quand vous vois-je ? Je ne sais si vous êtes à Paris. Dans ce cas j'aimerais que vous me téléphoniez pour que je puisse vous voir et vous dire

---
1248 Bibliothèque littéraire Jacques Doucet, Ensemble Philippe Jaccottet, JCT C 471-JCT C 474. L'enveloppe porte au recto l'adresse « Monsieur Philippe Jaccottet c/o N.R.F. 5 rue Sébastien Bottin Paris (VII » , barrée et remplacée par « à Grignan Drôme », barrée et remplacée à son tour par « 5 avenue Davel Lausanne Suisse ».
1249 Philippe Jaccottet, « Vieillesse du poète », *La N.R.F.*, janvier 1960, repris dans *Une transaction secrète*, éd. citée, p. 211-216.
1250 Jules Supervielle, *Le Corps tragique*, éd. citée.
1251 « Mais Supervielle ? Ne suffirait-il pas qu'on l'écoutât ? Et, en particulier, qu'on l'entendît lui-même disant ses œuvres ? Que l'on nous offre donc sans attendre un disque où on lirait "Oloron-Sainte-Marie", "Whisper in Agony", "Le Regret de la terre" et quelques poèmes récents : il n'y aurait plus besoin d'un seul commentaire, et tout apparaîtrait du coup à sa juste place, doucement rayonnant. » Philippe Jaccottet, « Vieillesse du poète », *La N.R.F.*, *op. cit.*, p. 212.
1252 Cette idée est développée par Supervielle dans « Lire des vers en public », *En songeant à un art poétique, Naissances*, éd. citée.

ma joie à loisir. Voulez-vous me téléphoner à l'heure des repas. Nous conviendrions d'un rendez-vous, cher poète.
À bientôt j'espère, je le souhaite de tout mon cœur.
Votre ami en toute poésie

Jules Supervielle

365. LETTRE À ALAIN BOSQUET DU 10 JANVIER 1960[1253]

Mais oui, mon cher Alain Bosquet, jusqu'à preuve d'un contraire que je ne prévois point je voterai pour vous pour le Prix Max Jacob[1254].
Je serais absolument conquis par votre poésie si je ne la trouvais par instant un peu forcée. C'est peut-être votre vraie façon d'être. Je sais que vous êtes ami de Cioran. Vous ne sauriez pas avoir de meilleur guide. C'est un grand critique de prose comme de poésie et je sais qu'il vous aime beaucoup.
À bientôt j'espère. Bien affectueusement à vous. Votre vieil ami

Jules Supervielle

366. LETTRE À PHILIPPE JACCOTTET DU 30 JANVIER 1960[1255]

15. Quai Louis Blériot XVIe

Mais c'est avec joie, cher Jaccottet, que j'ai signé le document que me transmettait Paulhan[1256]. Nos amis communs ont fait pour le mieux et ils ont agi avec sagesse et promptitude, comme il le fallait. Reposez-vous et travaillez pour le bien de la poésie.

1253 Bibliothèque littéraire Jacques Doucet, Ms Ms 47240 (1-32).
1254 En 1960, Alain Bosquet reçoit le prix Max Jacob pour *Deuxième Testament*, éd. citée.
1255 Bibliothèque littéraire Jacques Doucet, Ensemble Philippe Jaccottet, JCT C 471-JCT C 474. L'enveloppe porte au recto l'adresse suivante : « Monsieur Philippe Jaccottet à *Grignan* (Isère) », ce dernier mot barré et remplacé par « Drôme ».
1256 Il s'agit d'appréciations touchant Jaccottet, que Supervielle a transmises à la Caisse nationale des Lettres. Sur ce point, l'on peut consulter la lettre de Ponge à Paulhan du 23 janvier 1959 : Ponge cite une lettre de Jaccottet et demande à Paulhan et à Supervielle d'écrire à cet organisme en faveur de Jaccottet. Jean Paulhan, Francis Ponge, *Correspondance, 1923-1968*, tome II, édition critique annotée par Claire Boaretto, Paris, Gallimard, p. 278-279.

Et permettez-moi de vous serrer affectueusement la main

Jules Supervielle

367. LETTRE À ALAIN BOSQUET DATÉE DU « 30 FÉVRIER » [*SIC*] 1960[1257]

15 quai Louis Blériot Paris (16)

Cher ami,

Je viens d'écrire à Denoël que je vote avec joie pour vous (prix Max Jacob).
J'espère que vous êtes bien rentré d'Amérique.
Bien affectueusement

Jules Supervielle

368. CARTE POSTALE À MATHILDE POMÈS DU 10 MARS 1960[1258]

Chère Mathilde,

Venez si vous aimez la solitude (on est 4 à habiter ce château en ce moment). Les chambres sont au 1er et 2ème, les salons etc. au rez-de-chaussée. Mais c'est surtout le parc qui est beau. La nourriture, excellente. Salle de bains et eau chaude partout. Très bien chauffé.
Affectueusement à vous

Jules Supervielle

[1257] Bibliothèque littéraire Jacques Doucet, Ms Ms 47240 (1-32).
[1258] La carte représente « Le Rondon – Olivet (Loiret). Propriété des Auteurs Dramatiques ». Médiathèque des Gaves, Ms SUP 19.

ANNEXE

Lettres à Jules Supervielle

I. LETTRE D'ANDRÉ GIDE À JULES SUPERVIELLE DU 20 JUIN 1919[1]

20 juin 19

Monsieur et cher poète,

Il m'arrive bien rarement, je l'avoue, de répondre aux vers que l'on m'envoie ; mais ne pas vous remercier de ceux-ci serait de l'ingratitude. Je viens, avec vous, d'oublier l'heure, aussi délicieusement qu'avec un vieil ami longtemps voyageur, qu'on retrouve.
Au revoir, n'est-ce pas ? Je vous quitte pour relire vos « Paysages de France[2] », d'une perfection si rare et inattendue.
Croyez-moi votre désormais très attentif

André Gide

II. LETTRE DE PAUL VALÉRY À JULES SUPERVIELLE
DATÉE « LUNDI », DU 14 JUILLET 1919[3]

Lundi
40 Rue de Villejuif

---

1   Bibliothèque littéraire Jacques Doucet, Alpha Ms 2389.
2   Dans le recueil de Supervielle intitulé *Poèmes*, paru en 1919, la section « Paysages de France » comporte les pièces « Denise, écoute-moi, tout sera paysage », « La parenthèse », « Avril en montagne », « L'orage », « Coucher de soleil basque », « De ma chambre sereine au parquet bien lustré ». Gide, séduit par ces poèmes, présentera Supervielle à Jacques Rivière, alors directeur de *La N.R.F.* Supervielle fait référence à cette lettre de Gide dans la missive qu'il lui adresse le 22 juin 1945, voir *supra*.
3   Bibliothèque littéraire Jacques Doucet, Ms. 2390.

Monsieur,

C'est une bien heureuse idée que d'avoir placé votre livre[4] sous le nom de Paul Fort que j'aime tant, et que j'admire depuis quelques lustres avant le Déluge ! Mais quand il n'eût pas si délicatement et si justement désigné vos *Poëmes*, je suis sûr que je les aurais reconnus comme délices, réussites exquises, choses vivantes et parfumées.

« Denise, écoute-moi…, l'Âne, et ces chères impressions créoles[»], – mais tout cela est excellent, Monsieur, et je vous en fais mes compliments les plus véritables, en vous remerciant de l'attention que vous avez eue de m'envoyer ce volume de vers.

P. Valéry

III. LETTRE DE PAUL VALÉRY À JULES SUPERVIELLE DATÉE « DIMANCHE », DU 14 MAI 1922[5]

Dimanche
40 Rue de Villejuif

Cher Monsieur,

Vous me prenez par mon faible, si vous attaquez en moi la corde marine. Je résonne depuis l'enfance à tout ce qui me rappelle la mer, et il n'est pas un câble noué à un taquet, pas une poulie abandonnée sur un chantier, qui ne me soient des instruments infaillibles de rêveries infinies. Vous pensez si vos *Débarcadères*[6] m'ont inquiété ! Les impressions du poète véritablement voyageur sont toutes puissantes sur le voyageur imaginaire. Il m'est agréable de vous faire de votre livre, des compliments un peu plus que littéraires, mais presque – intimes.
Croyez à toutes mes sympathies

Paul Valéry

---

4   Jules Supervielle, *Poèmes*, éd. citée.
5   Bibliothèque littéraire Jacques Doucet, Ms. 2391. L'enveloppe porte au recto l'adresse suivante : « Monsieur Jules Supervielle 47 Boulevard Lannes Paris ».
6   Jules Supervielle, *Débarcadères*, éd. citée.

IV. LETTRE DE RAINER MARIA RILKE À JULES SUPERVIELLE DU 28 NOVEMBRE 1925[7]

Château de Muzot sur Sierre,
(Valais) Suisse,
ce 28 novembre 1925.

Mon cher Poète,

Mon libraire était chargé depuis longtemps de m'envoyer *Gravitations*[8] dès leur parution ; aussi votre volume m'a-t-il trouvé penché sur mon exemplaire, arrivé quelques jours avant ! Mais que je suis content de posséder ce beau livre de vous et encore avec le précieux don de ces paroles que vous avez voulu y inscrire.

Dès que j'avais trouvé « Le portrait[9] » dans une revue, je savais que j'aimerais tout ce que vous avez fait et tout ce que vous allez produire. Et ce poème magnifique me sert à présent de clef et pour ainsi dire de légitimation quand je m'avance dans votre multiple recueil de page en page, avide d'y entrer vraiment et sans restriction aucune. Les images que vous soumettez à vos plus secrètes intentions sont parfois d'une origine tellement éloignée et vous les employez avec une hardiesse d'explorateur : il arrive parfois que mon clavier trop européen sans doute ne contient pas la touche qu'elles voudraient frapper, mais pas un instant je ne doute que cette musique à vide soit pourtant, elle aussi, de la même qualité que celle que, sous vos attouchements précis, mon instrument rend là où il suffit...

C'est très beau, cela crée une continuité par-dessus des abîmes, je sens que cela ne s'arrête nulle part : vous êtes grand constructeur de ponts dans l'espace, vos arches sont vivantes comme les pas de saint Christophe, ce grand précurseur des ponts et de la poésie qui, par sa démarche, était un des premiers à rythmer l'infranchissable. Et vous possédez, il me semble,

---

7 Bibliothèque littéraire Jacques Doucet, Alpha Ms 2397-Alpha Ms 2399.
8 Rilke évoque l'édition de 1925 du recueil de Supervielle, *Gravitations*, éd. citée.
9 Ce poème, qui ouvre *Gravitations* ainsi que la section inaugurale du recueil, « Les colonnes étonnées », avait connu une prépublication dans *Le Navire d'argent*, 1er juin 1925. Dans ce texte, le sujet poétique s'adresse à la figure maternelle afin d'établir une communication avec les défunts, d'où le thème de la continuité qui se déploie dans la lettre de Rilke. Supervielle considérait ce poème comme l'un de ses « meilleurs poèmes, sinon le meilleur », comme l'indique la lettre à Valery Larbaud du 30 mars 1925 (Jules Supervielle, *Choix de lettres*, éd. citée, p. 504).

le secret des grands constructeurs, *la nuance*, ce qui vous permet de remuer un poids formidable, de le déposer à l'endroit voulu, exactement, et de le déranger tout juste un peu, pour que la propre volonté de cette chose obéissante survive, en quelque sens, à cet acte autoritaire que vous venez d'accomplir. L'habitude de remuer les masses et de faire usage d'inutilité de nos pauvres choses humaines, comme s'il fallait les éduquer à une vie sidérale – cette habitude ne vous a point gâté la main. J'admire sa douce et précise légèreté dans une poésie comme « Pointe de flamme[10] » (p. 37), c'est comme si c'était fait par personne. Presque tout le monde insiste trop et arrive à laisser les empreintes passionnées des doigts dans l'argile ; c'est comme une preuve de force. Mais c'est une preuve de plus de force encore que de savoir, le moment donné, faire comme… personne ! Ceci, tout rapide et provisoire que ce soit, vous dira, j'espère, que vous avez en moi, et à tout jamais, un lecteur fervent et un ami qui répond de toute sa force consentante et admirative à votre sympathie.

Rainer Maria Rilke.

V. LETTRE DE RAINER MARIA RILKE À JULES SUPERVIELLE DU 21 DÉCEMBRE 1926[11]

Clinique de Val-Mont sur Territet par Glion (Vaud), ce 21 décembre 1926.

Mon cher cher Supervielle,

gravement malade, douloureusement, misérablement, humblement malade, je me retrouve un instant dans la douce conscience d'avoir pu être rejoint, même là, sur ce plan insituable et si peu humain, par votre envoi[12] et par toutes les influences qu'il m'apporte.
Je pense à vous, poète, ami, et faisant cela je pense encore le monde, pauvre débris d'un vase qui se souvient d'être de la terre. (Mais cet abus de nos sens et de leur « dictionnaire » par la douleur qui les feuillette !)

R

---

10 Le poème « Pointe de flamme », dans l'édition de *Gravitations* datant de 1925, appartient également à la section « Les colonnes étonnées ».
11 Bibliothèque littéraire Jacques Doucet, Alpha Ms 2397-Alpha Ms 2399.
12 Sans doute s'agit-il du *Voleur d'enfants*, éd. citée.

VI. LETTRE D'HENRI MICHAUX À JULES SUPERVIELLE NON DATÉE, ANTÉRIEURE À 1927[13]

Cher ami,

Il y a longtemps que je ne vous ai vu et ne puis attendre jusqu'à Dimanche.
Puis-je vous envoyer quelques messagers.
Les voici ; ils sont trois (2 dessins[,] 1 poème).
Peut-être bien me trahiront-ils. J'ai mis en eux, hélas, une certaine confiance.
Au moins un des trois remplira sa mission, je l'espère, et nous rapprochera ; si je peux dire.

Votre

Henry Michaux

(le poème est à la page suivante[)]

Le Grand Combat[14]

Il l'emparouille et l'endosque contre terre.
Il le rague et le roupète jusqu'à son drâle
Il le pratèle et le libucque et lui barufle les ouillais
Il le tocarde et le marmine
le manage rape à ri et ripe à ra
Enfin il l'écorcobalisse

L'autre[15] *sespudrine, se défaisse, se torse et se ruine*
C'en sera bientôt fini de lui.
Il se reprise et s'emmargine… mais en vain.
Le cerceau tombe qui a tant roulé.
Abrah ! Abrah ! Abrah !

---

13   IMEC, transcription effectuée à partir de celle de Raymond Bellour, avec le concours de Franck Leibovici.

14   Ce célèbre poème paraîtra sous le titre « Le grand combat » dans *La N.R.F.*, n° 164, 1er mai 1927, p. 611. Il sera ensuite recueilli dans *Qui je fus*, Paris, Éditions de *La N.R.F.*, 1927, puis repris dans *Transition*, n° 16-17, juin 1929. La copie manuscrite adressée à Supervielle contient des variantes de ponctuations ainsi qu'une variante que nous signalons en note.

15   « L'autre hésite, s'espudrine […] », *Qui je fus*, éd. citée.

Le pied a failli
le bras a cassé
le sang a coulé.
fouille, fouille, fouille
Dans la marmite de son ventre est un grand secret ;
Mégères alentours qui pleurez dans vos mouchoirs,
on s'étonne, on s'étonne, on s'étonne
... et vous regarde
on cherche aussi, nous autres, le grand Secret

H Michaux

VII. LETTRE D'HENRI MICHAUX À JULES SUPERVIELLE
DATÉE « JEUDI », ESTIMÉE DU 16 AOÛT 1934[16]

Mon cher Julio,

Si je n'étais pas aussi démoli par cette ville idiote et ces Catalans que je déteste (comme je l'avais prévu) j'aurais été vous voir.
Je pars Samedi midi pour les Canaries[17].
Si les gens ressemblent à ceux d'ici je n'y resterai guère.
Port-Cros, la Vigie, très bien. Ai passé 10 jours excellents[18]. Ne suis pas descendu une fois.

---

16   En-tête : « *Hotel Cataluña* Santa Ana, 24 – Telèfono 10474 Confort Moderno Calefacción Central BARCELONA ». IMEC, transcription effectuée à partir de celle de Raymond Bellour, avec le concours de Franck Leibovici.
17   Le samedi 18 août 1934, Michaux s'embarque pour les Canaries, afin d'y rejoindre Françoise et Pierre David, partis en voyage de noces. La lettre de Supervielle à Paulhan du 18 août 1934 mentionne cette missive de Michaux à Supervielle : « Michaux n'a pas pu venir nous voir. Le voilà parti pour les Canaries qu'il n'avait plus aucune envie de connaître et où l'attendaient Françoise et Pierre déçus par ces îles. » (Lettre de Jules Supervielle à Jean Paulhan du 18 août 1934, *Choix de lettres*, éd. citée, p. 133). Le séjour de Michaux durera cinq jours, comme il l'écrit à Claude Cahun le 6 octobre (cité par Jean-Pierre Martin, *Henri Michaux*, éd. citée, p. 234) et donne lieu à une grande déception : « Il n'y a d'arbres que sur les bords du chemin. Et une sale terre noire, volcanique comme en Équateur. Des plages d'escarbilles... » (Lettre d'Henri Michaux à Jean Paulhan, citée par Jean-Pierre Martin, *ibid.*)
18   Fin juillet ou début août 1934, Michaux a retrouvé Paulhan à Port-Cros. Le plaisir lié à ce séjour, mentionné ici par Michaux, est partagé par Paulhan, qui écrit à Hellens que Michaux « était vraiment quelqu'un de très bien » et qu'il a été « heureux de le voir un peu longuement. » Cité par Jean-Pierre Martin, *ibid.*, p. 232.

Avez-vous quelque chose à me communiquer pour Françoise ?
Mais il est un peu tard... peut-être ?...
Amitiés à toi

Henri Michaux

VIII. LETTRE D'HENRI MICHAUX À JULES SUPERVIELLE
DU 4 OCTOBRE 1934[19]

Mon cher Julio,

J'ai un peu trop attendu pour vous dire que votre absence se faisait rudement sentir à Tossa[20].
Il n'y a plus ici que de l'absence.
Plus personne & il commence à faire froid.
J'ai des commissions pour tout le monde :
Françoise a oublié un gros tas de monnaie française qui font bien douze à treize francs et épouvante de responsabilités (!) la vieille servante.
Elle vient également de trouver le pantalon bleu que *Jacques* réclamait télégraphiquement.
Si Madame Alcazar retourne prochainement à Paris, comme je crois, elle pourrait peut-être s'en charger...
Sinon, j'en ferais l'envoi de Barcelone, q[uan]d j'irai.
Et maintenant au tour d'*Henri*. Ne voudrait-il pas m'envoyer de l'*Exprinter* les brochures et prospectus sur le Portugal qu'il pourrait posséder ? Merci.
Le Grand xxx chimique, en réponse à ma lettre, m'écrit qu'il n'a besoin d'aucun secrétaire...
Je vous souhaite meilleure chance que moi auprès de lui, si vous cherchez à l'intéresser au théâtre.
Que deviennent les répétitions de *Comme il vous plaira*[21] ?

---

19   IMEC, transcription effectuée à partir de celle de Raymond Bellour, avec le concours de Franck Leibovici.
20   Après avoir quitté les Canaries, le 23 août, Michaux se rend à Tossa del Mar, en passant par Barcelone ; quelques jours plus tard, Françoise et Pierre David le rejoindront. Michaux s'installe à l'hôtel Salimar, près de la résidence de la Señora Holtzer, où résident Supervielle et les siens. *Ibid.*, p. 234-235.
21   Michaux fait référence à la traduction et à l'adaptation, par Supervielle, de la pièce de Shakespeare, *Comme il vous plaira*, dont le texte sera publié chez Gallimard en 1935, puis

Mes hommages à Madame Supervielle.
Mes amitiés à tout le monde. Je suppose qu'A. est 1 réussite.
votre

H Michaux

P.S. Rencontré aujourd'hui 2 peintres
S. Dali à Barcelone & vu ses derniers tableaux. *De mieux en mieux.*
et vu *Morson* à *Blanes*.
Et votre nouvelle écriture ?

IX. LETTRE D'HENRI MICHAUX À JULES SUPERVIELLE
DU 25 OCTOBRE 1934[22]

Mon cher Julio,

Après Madrid, passable (j'y suis resté 6 jours au lieu d'un. Mais après les Catalans et Barcelone, qu'est-ce qu'on ne trouverait pas bien ?) je suis enfin arrivé au pays et à la race qui me plaisent[23].
Un triple hurrah ! que je pousserais si je n'avais la grippe.
(Et des prix ! une pension de luxe pour 22 pes. et je ne parle pas de boîtes comme à Tossa ou à Barcelone.)
Demain Strangers Pensão
Avenida Sabaya
Monte Estoril. Portugal
où je m'installe pour longtemps... et où j'aurais des nouvelles, j'espère de vous et de la pièce[24].
Amicalement à tous et mes hommages à Madame Supervielle.

Henri Mic.

---

dans la Bibliothèque de la Pléiade, dirigée par Jacques Schiffrin, en 1938. La pièce est donnée en octobre 1934 au théâtre des Champs-Élysées, dans une mise en scène de Barnowski.

22 En-tête : « HOTEL TIVOLI Avenida da Liberdade, 179 – LISBOA ». IMEC, transcription effectuée à partir de celle de Raymond Bellour, avec le concours de Franck Leibovici.

23 L'enthousiasme de Michaux pour le Portugal s'exprime également dans une lettre à Claude Cahun, pendant la même période : « Les Espagnols me rendaient fou furieux. Les Portugais me conviennent tout à fait. Si je n'avais la fièvre, les éloges continueraient. » Cité par Jean-Pierre Martin, *Henri Michaux*, éd. citée, p. 237.

24 Il s'agit de *Comme il vous plaira*, voir *supra*.

P.S. 1) ai envoyé par recadero[25] pantalon Jacques
2) Avez-v[ou]s gardé l'adresse de ce critique (?) portugais habitant je crois Porto, qui nous avait écrit assez intelligemment à l'un et à l'autre de nos bouquins, vous souvenez-vous ? Connaissez-vous d'autres Portugais ?

X. LETTRE D'HENRI MICHAUX À JULES SUPERVIELLE
DU 5 NOVEMBRE 1934[26]

Mon cher Julio,

Bien reçu vos 2 lettres & l'adresse du critique portugais. Multo obrigado ! Faut-il qu'on soit devenus étroits d'esprit (anglicisme…) pour faire du nationalisme à propos de la mise en scène d'une pièce qui n'est même pas française[27] ! Mais vos nouvelles ne m'ont pas trop surpris. J'avais lu un article sur Copeau, qui sentait fort le « nous, nous, nous, Français ». Dommage – article N.R.F. assez favorable t[ou]t de même[28].
Figurez-vous que j'ai tout à fait envie de prendre racine ici.
C'est la première fois que dans un pays, au milieu d'étrangers, dans un climat… dans une ville, ou un village, ou une plage, dans une maison, dans un entourage *immédiat*, dans les rues, dans la langue qu'on parle…
RIEN NE ME BLESSE.
Vous savez que ce n'est pas de la blague que tout me fait mal, que ça ne va jamais et qu'à cause de cela, j'ai t[ou]j[ou]rs à parler de moi & de mes tracas plus ou moins transposés.
Ici t[ou]t *ça* c'est fini.
Je ne suis plus obligé de vivre en révolte et sur mes nerfs, et, toujours souffrant, de me pencher sur mon cas. Non ! Et pour la 1ère fois aussi,

---

25   Garçon de courses.
26   IMEC, transcription effectuée à partir de celle de Raymond Bellour, avec le concours de Franck Leibovici.
27   Michaux évoque l'échec de *Comme il vous plaira* : la pièce, donnée en octobre 1934 au Théâtre des Champs-Élysées, aurait souffert d'une cabale contre le metteur en scène, Barnowski, juif allemand, dans un contexte marqué par l'antisémitisme et la xénophobie. (René Étiemble, *Supervielle*, éd. citée, p. 60 et Ricardo Paseyro, *Jules Supervielle, Le Forçat volontaire*, éd. citée, p. 164.)
28   Michaux fait référence au compte rendu consacré à la pièce adaptée par Supervielle, « *Comme il vous plaira*, aux Champs-Élysées », rubrique « Notes », catégorie « Théâtre », *La N.R.F.*, n° 254, 1er novembre 1934, p. 782.

j'écris par goût, et plus du tout sur moi. Par exemple, des imaginations plutôt drôles (des récits) et d'un style nouveau[29].
Alors c'est Madrid qui vous tente le plus ? climat tonique, mais après le 1er coup de fouet, j'ai l'impression qu'on tourne un peu à vide... ce qu'est bien la caractéristique je crois de l'esprit madrilène, vif et net mais il n'embrasse rien.
(Madrid vraiment bon marché (quoique un peu moins que le Portugal) à M. j'avais chambre et salle de bains dans hôtel moderne, mobilier moderne... pension pour 15 peset) Hotel Negresco.
Climat Portugal, peut-être un peu mou. Mais cruel soleil !
Ne connais pas l'adresse de Renéville[30]. Serais content d'avoir de ses nouvelles. Vous le voyez toujours aux Jeudi[s] traditionnelles ? (Vous pouvez lui donner mon adresse).
Mes félicitations à Jean.
Quelle est la réaction de Pierre dans l'artillerie lourde ?
Faites mes amitiés à tous, mais en vous réservant la plus grosse part.
Mes hommages amicaux à Madame Supervielle.

Henri M

P.S. Au lieu de jeter au panier la revue médicale du Dr Cruchet ne voudriez-vous pas me l'envoyer ?... Merci.

---

29 Selon Jean-Pierre Martin, Michaux fait référence à l'écriture des premiers textes qui formeront le *Voyage en Grande Garabagne*, comme « Les Émanglons », texte d'ethnographie imaginaire que l'écrivain adresse à Paulhan par livraisons successives, de fin décembre 1934 à fin janvier 1935 (Jean-Pierre Martin, *Henri Michaux*, éd. citée, p. 239).

30 Depuis le début des années 1930, Michaux voyait régulièrement le poète Rolland de Renéville et son épouse Cassilda : Michaux se sentait plus proche de ce surréaliste dissident que des surréalistes eux-mêmes, et Paulhan avait tenté – en vain – de réunir Michaux, Rolland de Renéville, Daumal, Artaud, Rougemont, Jouhandeau et Supervielle pour créer une sorte de groupe disparate qui donnerait à *La N.R.F.* une impulsion nouvelle (*ibid.*, p. 220-221).

XI. LETTRE D'HENRI MICHAUX À JULES SUPERVIELLE DU 4 JANVIER 1935[31]

Mon cher Julio,

J'espérais bientôt pouvoir vous écrire que je reviens... mais j'hésite encore. Voici, que dans ce pays qui « ne me dit plus rien » je me suis mis à travailler du matin au soir, à quantité de choses, à écrire des contes & un tas de fariboles que je ne me serais jamais attendu à trouver dans ma tête. Et j'ai plaisir à écrire, à imaginer et petit à petit à décoller de « la réalité » vers laquelle j'avais fait tant d'efforts & qui commençait à m'embêter rudement[32]. (Ça devient des contes de fées, sans fées. Irais-je dans votre domaine.)
Enfin ce pays invraisemblablement bon marché... le Portugal (depuis quinze jours suis dans un vrai palace...[)] (maître d'hôtel en habit... &, hélas, les Anglais et Anglaises aussi en evening dress) pension complète : 24 francs (39 escudos) *Hôtel de Paris* à Estoril.
(Mais mon adresse t[ou]j[ou]rs bonne : Stranger's Pensão Monte Estoril)
Y retournerai. Elle est plus de mon goût.
Vu Fourcade deux fois. Il part pour le Brésil.
Que pensez-vous faire ? Jusqu'à quand à Paris ? Moi j'aimerais revenir avec mon bouquin terminé. En Mars ?
Y serez-vous encore ?
Si vous allez à Madrid, vous pourrez aisément passer par ici... Ce n'est qu'à « 100 » francs de distance.
hum ! Il me semble que je parle pas mal d'argent dans cette lettre.
Donnez-moi de vos nouvelles (merci d'une lettre reçue il y a 15 jours) et si vraiment nous ne sommes plus & ne rentrerons jamais en 1934, recevez mes meilleurs vœux pour la nouvelle misérable.

Vôtre et mon hommage, je vous prie, à Madame Supervielle

H Michaux

Il y a un soleil superbe dehors. J'aimerais mieux une bonne gelée.

---

31   IMEC, transcription effectuée à partir de celle de Raymond Bellour, avec le concours de Franck Leibovici.
32   Voir l'annotation de la lettre d'Henri Michaux à Jules Supervielle du 5 novembre 1934.

XII. LETTRE D'HENRI MICHAUX À JULES SUPERVIELLE, ESTIMÉE ENTRE LE 25 JANVIER ET LE 1ᵉʳ FÉVRIER 1935[33]

Cher ami,

J'ai perdu toutes mes illusions sur le Portugal en allant dans le nord. Tout le bien que je pensais du P. venait sans doute du bien-être que me donne cet extraordinaire climat de Lisbonne et qui me fait tout voir favorablement.

Porto, hideux et les gens itou. Milieu Casais Monteiro[34] a peu de relief. Sa femme délicieuse. Lui un nègre blanc.

Il y pleut t[ou]t le temps à P. froid hôtel sans chauffage. Mais dans ma mauvaise humeur, je n'ai plus de réaction littéraire ! et même physique. À Lisbonne, je suis tout le temps malade. Fièvre 1 jour sur deux. Climat trop mou ?

Reviendrai bientôt, je crois.

Jusqu'à quand resterez-vous à Paris ?

Mon adresse présente : Lisbonne, 180 Avenida da Libertade (Hourcade[35], un ami (?) à vous habite au 230. Il paraît, me dit Casais Monteiro qu'il voulait me voir. Quel genre d'homme est-ce ?)

Mais c'est vous que je voudrais revoir. Cette damnée ville de Paris est-elle encore si chère ?

Votre

Henri Michaux

---

33   IMEC, transcription effectuée à partir de celle de Raymond Bellour, avec le concours de Franck Leibovici.

34   Adolfo Casais Monteiro (1908-1972), écrivain portugais marié à l'écrivaine Mary Alice Pereira Gomes. Casais Monteiro écrira, en 1938, la première biographie consacrée à Supervielle, *Descobertas no mundo interior : a poesía de Jules Supervielle*, éd. citée.

35   Pierre Hourcade (1908-1983), normalien et agrégé de lettres classiques, est nommé, en 1934, lecteur à la faculté des Lettres de Lisbonne où il reste un an. Il fréquente alors la génération de *Presença*, en particulier Adolfo Casais Monteiro (Marie-Hélène Piwnik, « Pierre Hourcade, le Portugal et la France », *in Lisbonne, Atelier du lusitanisme français*, dir. Jacqueline Penjon et Pierre Rivas, Paris, Presses de la Sorbonne Nouvelle, 2005). Hourcade, important passeur de la culture portugaise en France, est mentionné dans les lettres de Supervielle à Paulhan (*Choix de lettres*, éd. citée).

XIII. LETTRE D'HENRI MICHAUX À JULES SUPERVIELLE DU 28 JUILLET 1935[36]

Mon cher Julio,

Reçu ta lettre. Merci. Numéro d'*Avant-Poste*[37] en effet peu brillant. De la bonne volonté surtout.
Et mon article assez embarrassé[38]. Je m'en excuse. Mais nous nous connaissons trop.
Hélas, resterai peut-être longtemps sans te voir, maintenant. La vie est 2 et peut-être même 3 fois meilleur marché ici qu'à Paris[39]. Tu devrais bien y venir.
L'air d'Anvers « invigorating ». On y travaille fort bien.
Mon *Voyage en Grande Garabagne*[40] terminé. À bientôt ? Et ta pièce ? ou plutôt tes pièces[41] ?
Mes amitiés à Madame Supervielle

à toi

Henri M.

---

[36] IMEC, transcription effectuée à partir de celle de Raymond Bellour, avec le concours de Franck Leibovici.

[37] Michaux fait référence au « Cahier spécial consacré à Jules Supervielle » par la revue l'*Avant-Poste*, Verviers-Bruxelles, 1935. Ce numéro contient des textes de Supervielle lui-même – « Nocturne », « La maison » et « Le bol de lait » – ainsi que des contributions de Michaux (« Supervielle »), Jean Cassou (« Jules Supervielle »), Marie Gevers (« Hommage à Supervielle »), Christian Sénéchal (« Promenades et Confidences pascales »), Hubert Dubois (« Supervielle le Père »), Jorge D. Nunes (« Le voyage sans nom »), Armand Bernier (« Supervielle et l'expression poétique »), André Rolland de Renéville (« Les Amis Inconnus »), Edmond Van der Cammen (« Jules Supervielle, prosateur et l'art de boire à la source ») et Raoul Rey Alvarez (« Le Pays natal »).

[38] Michaux fait référence à son article, « Supervielle », *ibid.* : situant Supervielle dans « l'air du large », il évoque la vie de l'écrivain, entre Paris et l'Amérique du Sud, ainsi que les ouvrages *Débarcadères*, *L'Homme de la pampa*, *Gravitations*. L'article se termine par l'éloge de « ses poèmes lents mais à grandes enjambées, colorés mais gris aussi d'un grand passage d'ombres, musicaux mais étouffés, d'une houle profonde, naissants et chavirés, tâtonnant dans l'ombre du Savoir avec les images de la Poésie. »

[39] Pendant l'été 1935, après un voyage au Luxembourg, où il rencontre Mme Mayrisch et Groethuysen au château de Colpach, Michaux se rend dans la province de Liège, jusqu'à Verviers, et enfin à Anvers. Jean-Pierre Martin, *Henri Michaux*, éd. citée, p. 249-251.

[40] L'ouvrage de Michaux, *Voyage en Grande Garabagne*, paraîtra l'année suivante, en 1936, dans la collection « Métamorphoses » des éditions Gallimard.

[41] Pendant cette période, Supervielle travaille à l'adaptation théâtrale de son roman *Le Voleur d'enfants*, sur la recommandation de Jouvet, ainsi qu'à *Bolivar*, qui sera donné en mars 1936 à la Comédie-Française.

Ai pris des bains dans la Sûre & la Moselle. Voilà pour le côté « eau ». Y a-t-il de l'eau à Mirmande[42] ? Merci de ton invitation : mais il me faut rester ici à travailler.

Poste restante Anvers

XIV. LETTRE D'HENRI MICHAUX À JULES SUPERVIELLE DATÉE « LUNDI », ESTIMÉE ENTRE DÉCEMBRE 1935 ET LE 15 JANVIER 1936[43]

Mon cher Julio,

Henri (parti je suppose pour l'Amérique) Françoise et Denise mariées, je pense qu'il est grand temps que tu te remettes à voler des enfants[44].
... Mais les préoccupations du théâtre y suffisent peut-être, à présent. Quoi de neuf par là à ce sujet ?
Si jamais tu venais à Anvers, décide-toi avant le 15 Janvier, date à laquelle je pense rentrer à Paris[45].
Anvers, l'hiver, sans y connaître personne (sauf un peu Guiette[46] que je vois) il faut être un exploiteur de la solitude pour y rester.
... Mais mon enthousiasme est tombé au voisinage de zéro.
Une lettre de toi serait la bienvenue, mon vieux.
Mes hommages très amicaux à Madame Supervielle
& très à toi

Henri

---

42 De juillet à fin septembre 1935, Supervielle séjourne à Mirmande, dans la Drôme, auprès d'André Lhote et de son épouse.
43 IMEC, transcription effectuée à partir de celle de Raymond Bellour, avec le concours de Franck Leibovici.
44 Voir l'annotation de la lettre d'Henri Michaux à Jules Supervielle du 28 juillet 1935.
45 Le séjour de Michaux à Anvers, propice au travail, durera cinq mois, de fin juillet 1935 à mi-janvier 1936. Jean-Pierre Martin, *Henri Michaux*, éd. citée, p. 252-255.
46 René Guiette (1893-1976), peintre, dessinateur et critique d'art belge. Passionné d'écrits mystiques d'Occident et d'Orient, ami de Max Jacob, se réclamant de Picasso, Guiette, qui vivait dans la solitude et ne s'occupait que de son art, sera présenté par Michaux comme un témoin privilégié de ses débuts de peintre. *Ibid.*, p. 258.

Vu, avant son départ, A. Métraux[47] (de la mission Île de Pâques) qui m'a donné un itinéraire de « voyages » épatant en Argentine, voir la frontière du Chaco. Le ch. de fer gratuit, prétend-il, pour artistes etc… Il suffit de demander !

Tu n'as pas, en tout cas, à craindre le bruit ici. Si quelqu'un se mouche trop fort dans la rue, il est condamné à une amende. On entend klaxonner une ou 2 fois par semaine tout au plus.

XV. PNEUMATIQUE D'HENRI MICHAUX À JULES SUPERVIELLE DU 26 FÉVRIER 1936[48]

11h

Mon cher Julio,

Je ne sais si je t'ai bien compris ce matin, mais je préfère ne pas t'appeler au téléphone puisque (j'espère avoir mal entendu) tu es au lit.
Y-a-t-il, entre la répétition générale[49] et Samedi, une sorte de répétition des couturières Vendredi après-midi ? Si oui, et s'il ne t'est pas plus difficile de me donner une place à l'une qu'à l'autre, je préfèrerais Vendredi. Sinon Samedi.
et mes meilleurs vœux. Je voudrais tant que la pièce soit un succès.

Henri M.

Merci pour les efforts que tu as faits ces jours derniers en ma faveur. C'était très chic, surtout ainsi, de ton propre mouvement, sans même m'avertir. Très à toi

HM

---

47 Alfred Métraux (1902-1963), anthropologue d'origine suisse, spécialiste des peuples d'Amérique latine, d'Haïti et de l'île de Pâques. De juillet 1934 à janvier 1935, il co-dirige, avec Henri Lavachery, une mission franco-belge à l'île de Pâques.
48 Ce pneumatique, expédié de « Boulevard St Germain n° 160 », est adressé à « Jules Supervielle 82 rue de la Faisanderie XVIᵉ *Paris* ». IMEC, transcription effectuée à partir de celle de Raymond Bellour, avec le concours de Franck Leibovici.
49 Michaux évoque la représentation de la pièce de Supervielle, *Bolivar*, à la Comédie-Française : la pièce sera donnée en mars.

XVI. LETTRE D'HENRI MICHAUX À JULES SUPERVIELLE DATÉE « DIMANCHE 7 JUIN », DU 7 JUIN 1936[50]

Mon cher Julio,

Je viens de recevoir une lettre-programme de l'*Exprinter* qui me laisse tout « chose ». Tu sais que le Brésil est un des seuls pays qui ait vraiment pour moi de l'« appeal[51] ».
Or je vois que pour les congressistes[52] partant sur le *Florida* un voyage au Brésil est prévu du 10 Août au 23 Août (Corcovado, Petropolis, Île Paqual, São Paulo Santor & la forêt vierge !)
Tu dois connaitre une bonne partie de tout cela. Mais n'es-tu aucunement tenté ? Madame Supervielle, j'en suis sûr, adorerait ce voyage. (Tu verrais ta famille au retour, longuement...)
Si tu avais le quart de l'enthousiasme que j'ai pour cette excursion au Brésil, tu te déciderais t[ou]t de suite.
Si tu acceptes, moi, c'est oui.
VIENS
J'attends ta réponse.
affectueusement

Henri

(Le supplément est de 795 pes. pour 13 jours !)

à Montevideo, il fait froid, à Rio, chaud, délicieux...
Pauvre argument, mais je les essaierai tous pour te faire venir.

---

50 IMEC, transcription effectuée à partir de celle de Raymond Bellour, avec le concours de Franck Leibovici.
51 Le désir du Brésil proviendrait, selon Jean-Pierre Martin, de Cendrars, ou de l'escale que Michaux lui-même avait effectuée seize ans auparavant, lorsqu'il était marin. Dans son imaginaire, le Brésil, comme le Portugal, rejoignait l'Extrême-Orient (Jean-Pierre Martin, *Henri Michaux*, éd. citée, p. 272-273).
52 Michaux fait référence au XIVème Congrès international des Pen-Clubs, auquel il a été convié, par Victoria Ocampo, comme invité d'honneur de la délégation belge. Il participera à ce Congrès, qui se tiendra à Buenos Aires du 5 au 15 septembre 1936, en compagnie de Supervielle, après un voyage à bord du paquebot *Florida*. Le voyage au Brésil aura bien lieu, mais il provoquera la déception de Michaux. *Ibid.*, p. 274-275.

ANNEXE

XVII. LETTRE D'HENRI MICHAUX À JULES SUPERVIELLE DU 13 MAI 1937[53]

Cher ami,

Excusez-moi, il y a une éternité que je ne vous ai vu. Le lendemain de la malheureuse représentation je partais 5 jours à la mer avec Madame Ferdière, qui avait les nerfs brisés. Puis nous devions nous quitter... Je la raccompagne chez elle le soir. La nuit elle se suicidait – ailleurs un mot dans la lettre d'adieu que je recevais le lendemain faisait une vague allusion à un endroit où nous nous étions connus.
J'y allai. Elle n'y était pas.
Puis sans grande conviction pourtant, je décidais de faire le tour des hôtels où j'avais habité depuis un an et demi et de faire réveiller toutes les jeunes femmes inconnues de l'hôtelier qui dormiraient encore à 2 heures de l'après-midi. Une ne se réveilla pas.
Je fis entrer les pompiers par la fenêtre. C'était elle.
Il était largement temps, heureusement. Elle avait recraché une grande partie des 2 tubes ½ de Gardénal avalés.
Elle est sauvée en un instant.
Pendant quelques jours elle aura trop de maux de tête, pour réfléchir à la situation.
Ensuite ?
? ?
un ami me tient au courant télégraphiquement à Colpach (par Redange, Attert) Luxembourg où je vais passer quelques jours pour arranger un N° d'*Hermès*[54] qui ne veut pas davantage s'arranger.
Par-dessus le marché, le mari docteur[55] a toutes facilités pour m'interdire éventuellement d'accès, et « veut ma peau ». Au moins, il me l'a téléphoné, mais il n'est pas venu.

---

53   L'enveloppe porte au recto l'adresse suivante : « Monsieur Jules Supervielle 82 rue de la Faisanderie *Paris* XVI ». IMEC, transcription effectuée à partir de celle de Raymond Bellour, avec le concours de Franck Leibovici.

54   En 1936, Michaux est entré au comité de rédaction de la revue *Hermès*, fondée en 1933 par son ami Jacques Masui. Il travaille alors, avec Loup Mayrisch, à un numéro consacré aux mystiques flamands, qui paraîtra en octobre 1938.

55   Gaston Ferdière, l'époux de Marie-Louise Ferdière, née Termet. Le docteur Ferdière, psychiatre, exerce à l'hôpital Sainte-Anne. Pour échapper à sa « fureur jalouse », mais aussi à « l'amante passionnée », Michaux vit un temps dans la clandestinité : « adresse

Voilà mon cher Julio quelques excuses pour n'être pas venu vous voir. Amitiés

Henri M

N'en parlez *que* si on vous en parle par ailleurs.

XVIII. LETTRE D'HENRI MICHAUX À JULES SUPERVIELLE DU 10 NOVEMBRE 1937[56]

Mon cher Julio,

Merci de ta lettre si amicale & chaleureuse. J'aurais l'air d'une mule si je persistais dans mes propos.
Un dernier exemple, pourtant et qui donne d'ailleurs raison à ce que tu dis d'une certaine disposition à la poésie qui empêche ou gêne toute expression autre que poétique. Bon, voici l'exemple : *Documentaire*[57] était, à mon sens, ou plutôt j'en voulais faire un article (et pour une revue de médecine...) Seulement, quand j'ai vu sur les épreuves mon texte imprimé en italiques, j'ai compris qu'on prenait cela pour de la poésie. Eh bien, qu'il en soit donc ainsi.
À Vendredi, ton ami

H Michaux

42 Avenue du Général Gallieni. Bellevue (S&O)

---

clandestine, à ne pas transmettre, tel serait le leitmotiv des lettres adressées aux amis pendant les mois qui suivirent. » *Ibid.*, p. 299.

56   L'enveloppe porte, au recto, l'adresse suivante : « Monsieur Jules Supervielle 82 rue de la Faisanderie *Paris* XVI ». IMEC, transcription effectuée à partir de celle de Raymond Bellour, avec le concours de Franck Leibovici.

57   Henri Michaux, « Documentaire », *La N.R.F.*, n° 290, 1ᵉʳ novembre 1937, p. 782-788, recueilli sous le titre « Animaux fantastiques » dans *Plume, Œuvres complètes*, tome I, édition de Raymond Bellour avec la collaboration d'Ysé Tran, Bibliothèque de la Pléiade, Paris, Gallimard, 1998, p. 581. Jean-Pierre Martin apporte les informations suivantes sur ce texte : « Lui, il voulait décrire, hors des sentiers battus de la poésie, des états hallucinatoires ; les apparitions suscitées par une maladie ; des soubresauts du corps, pas des tourments de l'âme. Il voulait observer, expérimenter, exorciser. Est-ce cela, la poésie ? Non, au sens où l'on entend ce mot d'ordinaire. Oui, peut-être, si on la redéfinit. » (Jean-Pierre Martin, *Henri Michaux*, éd. citée, p. 304).

XIX. PNEUMATIQUE D'HENRI MICHAUX À JULES SUPERVIELLE DU 22 JANVIER 1938[58]

Cher ami,

Te voilà dans la tristesse de Dieu[59], et moi, je vais dans son éloignement. J'ai beau demander partout de tes nouvelles, il semble que tu sois caché derrière toute la Terre.
Peut-être suffirait-il d'un coup de téléphone. Mais des choses aussi simples doivent manquer de portée, parfois.
C'est pourtant ce que je vais faire, mais d'abord j'envoie cet émissaire pour déblayer de l'ombre & de te faire souvenir un instant de ton ami.

Henri

1) J'étais dans le Gr. Duché de Luxembourg
2) et vers cette date *les vœux commencent à être* mal reçus. Sans le dire trop haut, je t'en envoie de très chaleureux ainsi qu'à Madame Supervielle.

Henri

Hôtel Gallieni 42 Avenue Gallieni Bellevue (S&O)

---

58 Ce pneumatique est adressé à « Monsieur Jules Supervielle 82 rue de la Faisanderie *XVI Paris* ». IMEC, transcription effectuée à partir de celle de Raymond Bellour, avec le concours de Franck Leibovici.
59 Jules Supervielle, « Tristesse de Dieu », *Mesures*, n° 1, 15 janvier 1938, p. 39-42, repris dans *La Fable du monde*, éd. citée.

XX. LETTRE D'HENRI MICHAUX À JULES SUPERVIELLE, ESTIMÉE D'AOÛT 1938[60]

Eh, te voilà de nouveau bien entouré[61] et même j'ai entendu dire que Heredia, tout mort qu'il est, avait tenu à te montrer son amitié[62]. Très bien.

Pour moi, fatigué, je pars dans quelques jours pour une île... également, mais plus prolétaire, celle d'Oléron[63].

Je suis en pleine fièvre de peinture, j'y travaille fort sept heures par jour et compte faire une nouvelle exposition à la rentrée, et cette fois il n'y aura plus de « brouillons » et tu seras étonné je crois, des progrès.

Le Conservateur adjoint de Philadelphie, très très enthousiaste vient de m'acheter une peinture, et à son retour l'année prochaine me prendra des tableaux pour une exposition en Amérique. Pourvu que je tienne encore un an !

Mes amitiés à toi et à tous ceux du Fort

H Michaux

Pas de nouvelles de S.S.[64]

XXI. LETTRE D'HENRI MICHAUX À JULES SUPERVIELLE DU 4 MARS 1939[65]

Mon cher Julio,

Une exposition considérable doit s'ouvrir le 20 Mars à Galerie Contemporaine rue de Seine d'œuvres oniriques. Titre : *Rêve dans l'Art et la Littérature.*

---

60 IMEC, transcription effectuée à partir de celle de Raymond Bellour, avec le concours de Franck Leibovici.
61 Sans doute Michaux fait-il allusion au numéro spécial « Reconnaissance à Supervielle », *Regains*, n° 21, Jarnac, été-automne 1938.
62 Pendant l'été 1938, Supervielle reçoit de l'Académie française le prix Heredia, prix annuel de poésie.
63 En août 1938, Michaux séjourne sur l'île d'Oléron, où le rejoint Marie-Louise Ferdière. Supervielle, quant à lui, se trouve alors à Port-Cros (Jean-Pierre Martin, *Henri Michaux*, éd. citée, p. 310).
64 Susana Soca.
65 IMEC, transcription effectuée à partir de celle de Raymond Bellour, avec le concours de Franck Leibovici.

Ne voudrais-tu pas m'envoyer une copie manuscrite d'un texte de toi (poème ?) sinon précisément de rêve du moins s'y rapportant, ou en possédant l'allure... Mais tu en es juge. L'on demande également s'il est possible, et où, de se procurer une photographie de la *Noyée de la Seine*. (Et justement, pourquoi ne pas recopier la *noyée* si tu ne le trouves pas trop long[66]).
À bientôt j'espère, et dès que tu cesseras de pontigniser[67].
Ton

HM

Si par extraordinaire tu recevais cette lettre trop tard, tu peux encore faire ton envoi directement à M. Delanglade[68] (5 rue de Beaune[)] (Littré 3623) qui prépare cette exposition.

XXII. CARTE POSTALE D'HENRI MICHAUX À JULES SUPERVIELLE, ENTRE JUILLET ET SEPTEMBRE 1939[69]

Mon cher Julio,

Je me dégonfle honteusement.
Et *mon Dieu* ne va donc jamais dans un bateau de cette Cie. Une odeur sui generis un peu partout. Un manger pourri, et un avant-goût d'indicible médiocrité. Où vraiment avais-je pris mon enthousiasme pour les P[70]...
Heureusement j'attends les arbres du Brésil avec confiance. Sans quoi...

---

66 Michaux fait référence à la nouvelle de Supervielle, « L'Inconnue de la Seine », *L'Enfant de la Haute mer*, éd. citée Ce récit avait été inspiré à Supervielle par le masque mortuaire d'une jeune femme, qui se serait noyée dans la Seine. L'inconnue apparaît également dans plusieurs textes, parmi lesquels les romans de Rilke, *Les Carnets de Malte Laurids Brigge*, publié en 1910, et d'Aragon, *Aurélien*, publié en 1944.
67 Michaux évoque le séjour de Supervielle à l'Abbaye de Pontigny, en février 1939.
68 Frédéric Delanglade (1907-1970), peintre et illustrateur, qui organise du 24 mars au 12 avril 1939 à Paris, à la Galerie contemporaine, une exposition intitulée *Le Rêve dans l'art et la littérature*. Supervielle acceptera la demande de Michaux, mais regrettera sa participation à l'exposition, comme il l'indique dans la lettre à Jean Paulhan datée « Vendredi », entre le 24 mars et le 12 avril 1939 (*Choix de lettres*, éd. citée, p. 220).
69 La carte, sans tampon, représente « ALGER – Une Rue arabe ». IMEC, transcription effectuée à partir de celle de Raymond Bellour, avec le concours de Franck Leibovici.
70 Sans doute s'agit-il des « Portugais », dans un écho aux lettres précédentes.

Et à bientôt à Rio[71]
Bien des amitiés à toi, à Pilar et à tous.

Henri.

XXIII. LETTRE D'HENRI MICHAUX À JULES SUPERVIELLE DU 20 OCTOBRE 1939[72]

Mon cher Julio,

On ose à peine demander des nouvelles. Pierre Bertaux, Denise, Françoise, Pierre D[73]. ? Et Paulhan ? Toi et Pilar. Comment prenez-vous tout ça ?... Qu'allez-vous faire ? Que peut-on faire ?
Aucune nouvelle d'Europe. Si tu en as, donne m'en tout plein une lettre. Le vide d'ici augmente l'angoisse.
Ne questionne pas mon pessimisme. Tu l'imagines...
Et pourtant je prédirais une guerre courte plutôt qu'une longue. Mais un damné collectivisme avec guerre civile peut suivre...
La chaleur ici me donne de mauvais conseils (ou de bons) ceux de rentrer en France. Mais qu'y faire hors la guerre, et comment ? (Mes tableaux au fond de l'eau ? au-dessus ? sur quel Océan ? ? ?[)]
la machine à nerfs détraquée, autant la détraquer à fond. Jamais *Paris* ne m'est mieux apparu comme mon centre... Bien le moment...
Qu'est devenue Susana[74] ? Où est-elle ? Fait-elle la folie de rester là – où là ?
Arrives-tu à dormir ces temps-ci ; les boules quies. C'est dans le cerveau qu'on voudrait des boules quies. Tu travailles ?
Mon cher Julio, écris-moi bientôt. Beaucoup d'amitié à Pilar et à toi.
Ton ami en déconfiture

H M

---

71   En juillet 1939, Michaux s'embarque, au Havre, pour le Brésil. Il semble que Supervielle comptait le rejoindre à Rio, avant de retrouver Montevideo ; la présence de Bernanos au Brésil aurait également pu jouer, ainsi que « l'époque, le pressentiment » de Michaux, ou encore le point de vue de Marie-Louise Ferdière, qui devait le retrouver au Brésil (Jean-Pierre Martin, *Henri Michaux*, éd. citée, p. 318).
72   IMEC, transcription effectuée à partir de celle de Raymond Bellour, avec le concours de Franck Leibovici.
73   Pierre David.
74   Susana Soca.

P.S. *La N.R.F.* continue-t-elle à paraître ? Et que devient Church ? et nos amis, écrivains ?
Seules les lettres *recommandées* arrivent de façon certaine.

H. Michaux

Siderurgica *Sabara*, Minas Gerais

XXIV. LETTRE D'HENRI MICHAUX À JULES SUPERVIELLE DU 13 NOVEMBRE 1939[75]

Mon cher Julio,

Reçu ta lettre, ton vœu de nouvelles. Personne n'en a. L'énervement est intolérable ici, là-bas, partout. Autre gribouille, de plus en plus, je songe à entrer dans la bagarre. Quoique je la considère comme la plus idiote et à rebrousse-poil qui soit, et haïssable et fonctionnaire et tout. Mais l'Amérique m'est décidément hostile, étrangère etc... Autant parce qu'il n'est plus question de bonheur, entrer dans le grand drame, carrément.
Un reste de prudence : je me donne encore un mois et demi... de réflexion.
La N.R.F. dans une lettre circulaire me fait savoir qu'elle publie toujours des bouquins !
Bon ! Peut-être le mien sera-t-il terminé à mon retour. Et toi ? (Le manque de conversation est prodigieux ici. Quant à la méditation ! ?)
Que devient Robinson[76] ? Bonne époque pour lui.
Peut-on être plus seul ?
Vu Henri, sa très charmante et sympathique femme[77]. J'ai dû être injuste envers le Río de la Plata.
As-tu des nouvelles depuis. – Voilà, ça me reprend. Je suis toujours à bêler après des lettres que je ne reçois pas. Merci de ta dernière pourtant, si

---

75 IMEC, transcription effectuée à partir de celle de Raymond Bellour, avec le concours de Franck Leibovici.
76 Michaux fait référence à la pièce *Robinson*, à laquelle travaille alors Supervielle : cette réécriture du roman de Defoe sera créée en 1948, et publiée chez Gallimard en 1949, puis, dans une nouvelle version, en 1953.
77 Henry Supervielle vient de se marier : c'est à l'occasion de cet événement que Supervielle s'est rendu en Uruguay, où il restera jusqu'en 1946. Henry Supervielle travaille alors dans les affaires au Río de la Plata.

affectueuse (oui, je me débrouillerai j'espère jusqu'en France à condition de m'embarquer pour bientôt. Après on verra).
Susana toujours à Paris Hôtel Plaza Athénée. Elle n'a pas peur. Les peurs sont ailleurs. Ainsi seront les miennes, sans doute.
Il faudrait vivre dans des fazendas[78], vivre parmi les chevaux. Ce pays est très peu hospitalier. Tous les Français, comme moi, en sont surpris. Quand se verra-t-on ? Je me le demande souvent.
Un abrazo de ton ami Henri

Mes hommages à Pilar.

As-tu ; avez-vous des projets ?

Poste Restante. Rio.

XXV. LETTRE D'HENRI MICHAUX À JULES SUPERVIELLE DATÉE DU « 24 MARS 40 », ESTIMÉE À DÉBUT JANVIER 1940[79]

La mort de Bernal[80] m'affecte beaucoup. Ça prouve qu'elle arrive vraiment – elle attaque aussi les gens bien, et ceux qui ont énormément à faire. (Je trouve en même temps la lettre demandant article !)
Vas-tu mieux ? L'Amérique entière est *très* énervante. Tous les lieux où je suis allé, sur ce continent, je les ai trouvés tapant fort sur les nerfs. Aussi vais-je partir pour la chasse dans le Paroua casais.
Que te conseiller ?
Pour moi, le sort en est jeté. Je pars dans 10 jours pour l'Europe. Moi aussi je veux assister à des batailles navales, comme dit l'autre.
Où nous retrouverons[-nous] maintenant ?

---

78 En novembre 1939, Michaux, en compagnie de Marie-Louise Ferdière, séjourne quelques jours chez Bernanos, qui loue, depuis le début du mois, un vaste domaine de cinq mille hectares, la fazenda San Antonia, près de Pirapora, une petite commune dans l'État de Minas Gerais. Dans cette demeure de chaux et d'argile, sans eau ni électricité, ils partagent un temps la vie inconfortable de Bernanos (Jean-Pierre Martin, *Henri Michaux*, éd. citée, p. 324-325).
79 IMEC, transcription effectuée à partir de celle de Raymond Bellour, avec le concours de Franck Leibovici.
80 Le peintre espagnol Juan José Luis González Bernal est mort le 18 novembre 1939. Sur ce point, voir les lettres de Jules Supervielle à Marcel Raval, *infra*. Bernal, ami de Michaux et de Supervielle, avait illustré d'un dessin la plaquette du premier, *Sifflets dans le temple*, et dessiné les décors de la pièce du second, *Bolivar*.

Pour une fois optimiste, je dis bientôt, oui bientôt.
Mes très chères amitiés à tous deux et à Anne-Marie.

Henri

P.S. Veux-tu m'écrire à Lisbonne, Poste Restante, l'adresse de Françoise et Denise et de Pierre, si d'aventure je me trouve dans leurs parages.

XXVI. LETTRE D'HENRI MICHAUX À JULES SUPERVIELLE
DU 13 JUILLET 1941[81]

Mon cher Julio,

Prométhée dernier numéro me tombe sous les yeux, & ton émouvant poème sur Bernal disparu[82].
Mais il n'y a plus que des disparus à présent. On vit ici dans une véritable maladie d'amis, tous dispersés, loin, mal, et dont, quand on le peut retrouver leur adresse, dont on ose à peine demander comment ça va. Ça ne va jamais plus. Denise m'a dit que parmi les malheurs de l'époque, il s'en est joint — *pour* toi de ces ennuis que d'autres ont trop connus et qui, je l'espérais, ne le seraient jamais de toi — nauséeux comme ils sont et diminuants[83]. Mais on me dit qu'heureusement, toi et les tiens en sont sortis.
J'ai eu indirectement des nouvelles de ta famille qui n'est pas écrivante — on n'a plus le goût bien sûr de rien mettre sur les lettres, et d'ailleurs elles se perdent comme des boutons.
Si je n'écris pas, ne te trompe pas à ce signe de découragement. Je songe souvent à toi, avec une extrême et douloureuse présence.
Quand cela finira-t-il, quand sortirons nous de notre banlieue de coups et de menaces ? et cesserons-nous d'être perdus l'un à l'autre, et à nos

---

81 IMEC, transcription effectuée à partir de celle de Raymond Bellour, avec le concours de Franck Leibovici.
82 Michaux quittera le Brésil le 15 janvier 1940 : il s'embarque pour Bordeaux, en passant par Lisbonne (Jean-Pierre Martin, *Henri Michaux*, éd. citée, p. 327). – Jules Supervielle, « Le Souvenir de Bernal », *Prométhée*, n° 9-10, *op. cit.* Il s'agit du dernier numéro de la revue *Prométhée*, anciennement *L'Amour de l'art*, qui reparaîtra sous ce titre à partir de 1945.
83 Sans doute Michaux fait-il allusion à la faillite de la banque Supervielle, à Montevideo, en novembre 1940.

amis à Jean P. et Pierre D[84]. Que fais-tu ? Que je retrouve au moins ta sinueuse écriture et ton accent.

Ton vieux camarade

Henri M

Mes hommages à Pilar S. & mes amitiés à tout ce qui a nom Supervielle. Tu pourrais aussi m'en donner quelques nouvelles.

Comme tout le monde je perds des kilos à la dizaine. Pas toutefois les plus littéraires, car j'écris 2 livres. Sais-tu que A. Gide, s'étant disposé à faire une conférence sur Plume, on la lui a interdite et non à cause de ce Plume parfaitement inconnu, mais à cause de son immorale personnalité[85] !
— Cette nouvelle a jeté une chemise froide sur quelques écrivains, tu peux m'en croire. Et sur les éditeurs hommes plus que jamais craigne-tout.

Si jamais tu revois A. ou V. Ocampo, convainc-les qu'à présent, la banlieue est ici.

XXVII. LETTRE D'EDUARDO J. BULLRICH À JULES SUPERVIELLE DU 13 JUILLET 1943[86]

Buenos Aires
Señor Jules Supervielle
Costa Rica 1958
CARRASO. Rep.O.del. Uruguay

Cher Supervielle :

J'ai reçu votre lettre du 9 juillet ; je vois avec plaisir que vous êtes revenu sur votre première décision et que vous voulez bien que nous fassions une dernière tentative. N'ayez aucun souci à notre sujet sur la question car c'est avec une

---

84 Jean Paulhan et Pierre David.
85 Sur cet événement, voir l'annotation de la lettre de Jules Supervielle à André Gide du 22 juin 1945, *infra*.
86 Cette lettre est dactylographiée. Eduardo J. Bullrich répond à la lettre de Supervielle du 9 juillet 1943, voir *supra*. Houghton Library, Eduardo J. Bullrich papers, MS FR 410.

sincère sympathie pour votre œuvre d'artiste que nous nous sommes mis à l'œuvre, et l'effort ne peut donc que se traduire en plaisir.
J'avais déjà parlé à Angélica Ocampo, sans lui assurer rien de certain, mais j'ai vu tout comme vous que nous pouvons compter sur elle. Vous connaissez aussi l'état d'esprit de Mme Rodríguez Larreta de Gándara[87] *et j'espère voir ces jours-ci Chocho Villagrán pour faire après les démarches nécessaires afin de constituer le comité si comme je l'escompte je trouve aussi son appui.*
[Il] ne faut pas s'attendre à des réalisations rapides dans nos milieux et surtout avec la participation de comités féminins ; mais si d'une part ces inconvénients existent de ce fait, les avantages sont tellement grands de par leur participation qu'il ne serait pas sage de les laisser de côté. Il faudra donc avoir un peu de patience, mais je suis sûr qu'une fois les choses en train elles arriveront à leur but sans d'autres difficultés.
Je vous tiendrai au courant de mes prochaines démarches et j'espère pouvoir bientôt vous dire que la réalisation du projet est un fait.

Cordialement à vous

XXVIII. LETTRE D'EDUARDO J. BULLRICH À JULES SUPERVIELLE DU 3 AOÛT 1943[88]

Buenos Aires
Señor Jules Supervielle
Costa Rica 1958
CARRASO.R.O. del Uruguay

Mi estimado amigo Supervielle :

Ayer tuvimos una reunión en lo de Angélica Ocampo a la que concurrieron Chocho Villagrán y Carmen Rodríguez Larreta de Gándara. Quedó definitivamente constituído el Comité para la impresión de Choix de Poèmes. Se ha de nombrar seguramente tesorero al señor Horteloup, administrador de las Ocampo, persona difundida en los círculos comerciales y por quien tengo también particular estimación.

---

87 Carmen Rodríguez Larreta de Gándara (1903-1977), écrivaine argentine.
88 Cette lettre est dactylographiée. Supervielle répondra à cette lettre par celle du 10 août 1943, voir *supra*. Houghton Library, Eduardo J. Bullrich papers, MS FR 410.

Las señoras daráncomienzo a sus tareas de inmediato, haciendo la lista de los posibles suscritores. Para poder luego dedicatse a búscar las suscripciones debemos aquí preparar los prospectos necesarios y con ese objeto, así como para resolver los detalles de la impresión, le pido me mande el material en cuanto pueda.
Sé por carta suya a Oliverio que Vd. Deseaba emplear tipo cursivo y romano en la impresión; tengo entre mis libros la edición de Débarcadères hecha por Stols, donde se emplea ese procedimiento, y que podría ser un buen modelo, pura el caso. Espero su opinión a este respecto, para decidir aquí en definitiva, con los presupuestos de impresión a la vista.
Se ha resuelto hacer una tirada de 300 ejemplares en papel inglés « llamado » de hilo y 30 ejemplares en Whatman. Creo que estos últimos se colocarán facilmente permitiéndonos casi cubrir los gastos de impresión y suscripción. Se me ocurre que en lugar de copiar Vd. uno de los poemas a elección de cada uno de los suscriptores de la tirada en Whatman, podría acompañarse un original de poema inédito, si Vd. no tiene inconveniente y si los poemas inéditos llegan a ese número.
De constituirse allí el Comité Uruguayo y a fin de que no se produzcan interferensias en las suscripciones, creo prudente que Vd. se constituya (o alguna persona que Vd. designe) en agente de enlace con el comité argentino que se entendería con Vd. o la persona así designada, por mi intermedio. Esto es particularmente necesario respecto de los 30 ejamplares en Whatman, pues podría llegar el caso de tener más suscritores que ejemplares yeso suría desagradable. El precio de venta do esos ejemplares será aproxiamda madamente entre $ 80. y $ 100. Argentinos (posiblemente // $ 80); le pido me haga saber en cuanto pueda cuántos ejemplares de ese tipo creen Vds. que se suscribirán allí, para tenerlo en cuenta y qué número aproximada ode los 300 (que se venderan entre $ 25. y $ 30.) puede hallar colocación en el Uruguay. Mandeme en cuanto pueda el material a publicarse para hacer el cálculo definitivo del costo de la impresión, disponer la organización y tipo de la obra, etc. Un cordial saludo de su a[mig]o.

Mon cher ami Supervielle[89],

Nous avons eu hier chez Angélica Ocampo une réunion à laquelle ont participé Chocho Villagrán et Carmen Rodríguez Larreta de Gándara. Le Comité pour l'impression du Choix de Poèmes est définitivement constitué. M. Horteloup, administrateur des Ocampo, bien connu dans les milieux commerciaux et pour qui j'ai aussi une estime particulière, doit être nommé trésorier.

---

89   Nous traduisons.

Les dames commenceront leurs tâches immédiatement, en faisant la liste des abonnés possibles. Afin de pouvoir nous consacrer à la recherche de souscriptions, nous devons ici préparer les prospectus nécessaires ; et à cet effet, ainsi que pour résoudre les détails de l'impression, je vous demande de m'envoyer le nécessaire dès que vous le pourrez.
Je sais par votre lettre à Oliverio que vous vouliez utiliser des caractères cursifs et romains pour l'impression ; j'ai parmi mes livres l'édition de Débarcadères par Stols, où ce procédé est utilisé, et qui pourrait être un bon modèle, dans ce cas. J'attends votre avis à cet égard, pour trancher ici définitivement, avec les budgets d'impression en vue.
Il a été décidé de faire un tirage de 300 exemplaires sur papier dit anglais et 30 exemplaires sur Whatman. Je pense que ce dernier se placera facilement, nous permettant de couvrir quasiment les frais d'impression et d'abonnement. Il me vient à l'esprit qu'au lieu de copier l'un des poèmes choisis par chacun des abonnés Whatman, vous pourriez inclure un poème original inédit, si vous n'y voyez pas d'inconvénient et si les poèmes inédits atteignent ce nombre.
Si le comité uruguayen est constitué et pour qu'il n'y ait pas d'interférences dans les souscriptions, je pense qu'il est prudent que vous vous constituiez (ou une personne que vous désignez) en tant qu'agent de liaison avec le comité argentin qui traiterait avec vous, ou la personne ainsi nommée, par mon intermédiaire. Cela est particulièrement nécessaire pour les 30 exemplaires Whatman, puisqu'il pourrait arriver que vous ayez plus d'abonnés que d'exemplaires, ce qui serait fâcheux. Le prix de vente de ces spécimens sera d'environ entre 80 $ et 100 $ Argentins (peut-être // 80 $).
Je vous demande de me faire savoir dès que possible combien d'exemplaires de ce type vous pensez être souscrits, d'en tenir compte et quel nombre approximatif des 300 (qui se vendront entre 25 $ et 30 $) peut être placé en Uruguay. Envoyez-moi le matériel à publier le plus tôt possible afin que je puisse faire le calcul définitif du coût d'impression, préparer l'organisation et le type de travail, etc. Un salut cordial de votre ami.

XXIX. LETTRE D'EDUARDO J. BULLRICH À JULES SUPERVIELLE DU 16 SEPTEMBRE 1943[90]

Monsieur Jules Supervielle
Costa Rica 1958
CARRASO.R.O. del Uruguay

Cher Ami :

J'ai bien reçu votre lettre du 13. J'espère que vous pourrez venir bientôt, et que j'aurais ainsi le plaisir de votre visite.
Nous n'avons pas de nouvelles d'Oliverio, mais je suppose que son retour ne peut être pour longtemps.
Je ne peux pas encore vous dire les prix définitifs de souscri[p]tion du Choix de Poèmes ; l'imprimeur à qui j'ai confié les originaux doit me soumettre ces jours-ci un avant[-]projet de maquette et les frais d'impression, papier, etc. Dès que je sache à quoi m'en tenir je mettrai les choses au point.
Je voudrais bien recevoir le plus tôt possible la petite notice bibliographique sur les variantes des poèmes et les éditions pour compléter les originaux et aussi pour préparer le bulletin de souscri[p]tion.
Très cordialement à vous.

XXX. LETTRE D'EDUARDO J. BULLRICH À JULES SUPERVIELLE DATÉE DU 8 OCTOBRE 1943[91]

Buenos Aires
M. Jules Supervielle
Costa Rica 1958
CARRASO.R.O. del URUGUAY.

Mon cher Supervielle,

Je ne vous ai pas écrit mais j'ai été à l'œuvre. La maquette de Choix de Poèmes est établie ; le prospectus, le bulletin de souscri[p]tion et le spécimen sont sous presse ;

---

90 Cette lettre est dactylographiée. Eduardo J. Bullrich répond ici à la lettre de Supervielle du 13 septembre 1943, voir *supra*. Houghton Library, Eduardo J. Bullrich papers, MS FR 410.
91 Cette lettre est dactylographiée. Supervielle répond à cette lettre par celle du 14 octobre 1943, voir *supra*. Houghton Library, Eduardo J. Bullrich papers, MS FR 410.

dès que ces derniers me s[ero]nt remis la souscri[p]tion commencera et j'enverrai tout de suite à Montevideo un nombre suffisant avec les instructions nécessaires.
Le tirage de l'édition est fixé définitivement de la manière suivante :
SÉRIE A ; 5 exemplaires sur papier Whatman, marqués A à E, avec un portrait en phototypie, un des poèmes des VERS RÉCENTS en manuscrit original et une copie d'un des poèmes compris dans le volume. Le prix de ces volumes sera de 250 $ argentins. Je les crois tous souscrits ici.
SÉRIE B. 25 exemplaires sur Whatman, avec le portrait en phototypie, et le manuscrit original d'un des poèmes inédits ou d'un des poèmes avec variantes. Prix $ 80 argentins.
SÉRIE C. 300 exemplaires sur papier de fil Manchester numérotés 1 à 300. Prix 30 $ argentins.
Les volumes des séries A et B seront fournis en cahiers sous couverture, avec chemise et étui et seront imprimés au nom du souscri[p]teur. Le volume sera imprimé par Francisco A. Colombo en Garamond (romain et italique) avec initiales bleues et rouges. Le volume aura à peu près 300 pages.
Pour les exemplaires de la série A je crois que les poèmes suivants seraient indiqués comme apparents pour les manuscrits : « Arbres dans la nuit et le jour », « Le testament », « Hommage à la vie », « Le ressuscité », « Temps de guerre » (tous des « Vers récents »). Pour la série B : « Le mort en peine I », idem II, « Il est place dans ces vers pour un jour étoilé », « S'il n'était pas d'arbres à ma fenêtre », « Les pierres de la mort se ferment et s'épuisent », « Pins », « Le cerveau », « Devant un miroir », « Le temps des métamorphoses » (de « Vers récents ») et les poèmes avec variantes. Pour les copies de poèmes qui doivent aller dans la série A vous pourriez choisir des poèmes courts afin de ne pas prendre trop de peine.
Je voudrais maintenant savoir pour les prospectus quelle adresse je dois indiquer pour le Comité de Montevideo, et que vous me fassiez savoir aussi vos idées sur la meilleure manière d'envisager les forme[s] de payement par les souscri[p]teurs sur les bases suivantes : le payement doit être fait en monnaie argentine puisque les frais d'impression doivent se payer ainsi ; [l]es condition[s] générales de souscri[p]tion seront payer au moins le 50 % en souscrivant et le reste dès annonce de la part du Comité de Buenos Aires que le livre est prêt – le versement pourrait se faire par virement ici (nous indiquerons comment) ou à un des membres du comité de Montevideo qu'il faudrait indiquer. Cette condition est nécessaire surtout pour les exemplaires qui doivent se faire imprimer au nom des souscri[p]teurs car d'une autre façon nous encourons le risque de les faire imprimer inutilement.

Je vous enverrai les épreuves du prospectus et des bulletins avant de les faire mettre en marche définitivement. Vous pourrez donc me faire parvenir à temps toutes vos observations.
J'espère avoir bientôt de vos nouvelles. Bien cordialement à vous

Buenos Aires, Sarmiento 378.

XXXI. LETTRE D'HENRI MICHAUX À JULES SUPERVIELLE DU 24 JANVIER 1946[92]

Mon cher Julio,

Je n'ai pas beaucoup de tes nouvelles, mais une caisse d'exquises choses me dit ton amitié à leur façon. Puisqu'il faut que l'un ou l'autre commence, c'est moi qui vais parler. Sache que je pars pour ton « pays » à la fin de cette semaine. Cambo, en terre basque. Ma femme a gagné à cette pénible fin de guerre (ou si l'on veut après-guerre)... la tuberculose[93]. Après un pneumo, à peu près réussi, nous quittons Paris et, si je peux te donner un conseil, n'y viens pas et n'y reste pas en hiver. Voici le tableau d'une journée. Matin... non, je recule devant l'immense énumération de contretemps. Il faut simplement savoir que pour tenir un malade en pas trop mauvais état, le jour par exemple d'une insufflation on doit réunir les miracles suivants.
1) qu'il n'y ait pas de coupure de courant a) au moment où l'on prend l'ascenseur b) quand on arrive dans la salle d'attente glacée du toubib c) quand il s'agit ensuite de passer à la radio... 2) que le taxi médical, il n'y en a pas d'autres, soit libre à peu près à l'heure de départ, et ensuite pour le retour... qu'il n'y ait pas de panne d'électricité au retour, au moment de reprendre l'ascenseur, ou quand on est dedans (pour y geler une heure ou deux).

---

92 L'enveloppe, portant la mention « PAR AVION », comporte l'adresse suivante au recto : « Monsieur Jules Supervielle c/o Madame Saavedra 372 Sarandi *Montevideo* (Uruguay ») ; au verso, « Michaux 38 rue Alex. Guilmant *Meudon* (France) ». IMEC, transcription effectuée à partir de celle de Raymond Bellour, avec le concours de Franck Leibovici.

93 Depuis novembre 1945, Marie-Louise – que Michaux a épousée en 1943 – se sait malade de la tuberculose. Après avoir subi un pneumothorax, elle doit effectuer une cure. Pour la soigner, Michaux l'emmène donc à Cambo-les-Bains, dans les Basses-Pyrénées, où il séjournera trois mois aux côtés de son épouse (Jean-Pierre Martin, *Henri Michaux*, éd. citée, p. 413-417).

Ajoute le miracle de trouver du lait, du beurre, de la viande, puis une femme de ménage encore valide dans l'épidémie de grippe qui sévit, puis les médicaments, puis une place dans une clinique, ou dans un hôpital puis du bois pour faire du feu etc... etc...
Non, je t'assure, même Bigua renoncerait maintenant au vol d'enfants[94]. Et je pense, avec ma femme malade, être plus occupé que je n'eusse été avant-guerre, père d'une nombreuse famille.
Pierre David me disait que tu songeais à aller dans les Pyrénées cet été. Puisse cette nouvelle être vraie. Retiens mon adresse (qui doit être pour de nombreux mois) *Hôtel Moderne. Cambo (Basses Pyrénées)*
Françoise est devenue très parisienne. J'espère, après 4 ans, revoir bientôt Denise.
Et toi, à quand ? Tu manques terriblement à moi et à la poésie
Amitiés et à Pilar

Henri

XXXII. LETTRE D'HENRI MICHAUX À JULES SUPERVIELLE DU 20 AOÛT 1946[95]

Mon cher Julio,

Je me sens mieux en France depuis que je te sais rentré. Pourtant je ne peux encore m'approcher de toi[96].
Ma femme, en traitement ici, comme tu sais, est de cette sorte de malades qui ne peut se soigner seule...
Nous pensons rentrer à Paris au début Septembre. J'attends cette joie. Pourvu que tu ne te sois pas éloigné à nouveau.
Entre une méditation-poème et une réception (!), écris donc quelques nouvelles de toi à celui qui en désire tellement.

---

94 Michaux fait allusion au colonel Bigua, le personnage principal des romans de Supervielle, *Le Voleur d'enfants*, éd. citée, et *Le Survivant*, éd. citée.
95 L'enveloppe porte, au recto, l'adresse suivante : « Monsieur Jules Supervielle aux bons soins de Madame David 80 Boulevard Flandrin 80 *Paris* XIV ». IMEC, transcription effectuée à partir de celle de Raymond Bellour, avec le concours de Franck Leibovici.
96 Depuis juillet, Michaux se trouve avec Marie-Louise à Saint-Gervais, en Haute-Savoie, à l'hôtel Beau Rivage. Puis, en août, il séjournera à Val-d'Isère. Il retrouvera Paris début septembre (Jean-Pierre Martin, *Henri Michaux*, éd. citée, p. 420-423).

un abrazo de ton vieux Plume
Ses hommages et amitiés à Pilar.

Henri

et à Françoise, naturellement.

XXXIII. LETTRE D'HENRI MICHAUX À JULES SUPERVIELLE DU 29 OCTOBRE 1946[97]

Mon cher Julio,

Que ce serait bien de te retrouver en Orient... Mais il faudrait d'abord m'évader du cercle vicieux que voici :
Ma femme à qui Paris demeure interdit l'hiver, projetait donc de le passer en Égypte[98]. Les démarches étant ce qu'elles sont actuellement, on attend, on attend le visa égyptien – à Paris. Le visa arrive enfin – la bronchite en même temps. On retarde le départ. Mais le froid s'aggrave. Comment sortir ? etc... etc...
Voilà où j'en suis. Espérons que tu auras de meilleurs et de plus prompts résultats.
Oui je suis heureux de voir noir sur blanc, répété par Bertelé[99] quoique fort en dessous de la vérité, & trop brièvement, ce que tu es & ce que tu as fait pour moi.
Cette petite barque où nous *sommes* ensemble me fait plaisir, et je marque l'endroit dans le livre d'un signe de réjouissance.
Que devient ton colloque avec la forêt[100] ? Vous entendez-vous toujours, avec la pluie et la neige qui tombe ?

---

97 L'enveloppe porte au recto l'adresse suivante : « Monsieur Jules Supervielle *Saint-Gervais-La-Forêt* (Loir & Cher) » ; au verso : « Henri Michaux 12 Avenue du Parc. *Vanves* Seine ».

98 Le voyage en Égypte aura lieu en janvier 1947 : le 16, Michaux partira en compagnie de Marie-Louise et de Marianne Rusen, une amie intime. Il rentrera en France le 24 mars. Sur ce voyage, voir Jean-Pierre Martin, *ibid.*, p. 432-438.

99 Michaux fait référence à la monographie de René Bertelé, *Henri Michaux*, éd. citée, et aux pages que ce critique consacre à ses liens avec Supervielle. Sur ce point, voir *supra* la lettre de Jules Supervielle à René Bertelé du 28 décembre 1946.

100 Supervielle séjourne alors à Saint-Gervais-la-Forêt, dans la propriété de ses amis, les Philippe.

Nos bonnes amitiés & mes hommages à Pilar

Henri

XXXIV. LETTRE D'HENRI MICHAUX À JULES SUPERVIELLE
DATÉE « 23 OU 24 AVRIL 47 », DU 23 OU DU 24 AVRIL 1947[101]

Mon cher Julio,

Je ne peux dire que je ne fais que la grimace.
Qu'on se rencontre bientôt… mais loin du micro.
J'ai leurs approches et leurs façons et leur fausse bonhomie en horreur.
Mais que signifie le mot « infection » d[an]s ton télégramme ? Sont-ce eux que tu traites déjà si mal… ? Je prends l'avion ce soir pour Bruxelles. Serai de retour dans huit jours.
Si tu viens à Paris, et d[an]s des lieux inoffensifs, je t'en prie fais-moi signe. (Michelet 0019). Et que l'on fête ton retour.
À bientôt je l'espère.
Mes hommages à Pilar

Henri

XXXV. LETTRE D'HENRI MICHAUX À JULES SUPERVIELLE
DU 3 FÉVRIER 1948[102]

Mon cher Julio,

Merci. On ne peut savoir à quel point tout cela est atroce[103].

---

101 IMEC, transcription effectuée à partir de celle de Raymond Bellour, avec le concours de Franck Leibovici.
102 L'enveloppe porte au recto l'adresse suivante : « Jules Supervielle 27 rue Vital *Paris* ». IMEC, transcription effectuée à partir de celle de Raymond Bellour, avec le concours de Franck Leibovici.
103 Michaux fait référence au grave accident domestique subi par son épouse, Marie-Louise, au début de l'année 1948, tandis qu'il se trouvait à Bruxelles pour quelques jours. Marie-Louise est hospitalisée dans une clinique du XVIe arrondissement, rue Franklin. Un mois de souffrances terribles s'ensuit, pendant lequel Michaux veille son épouse, jusqu'à la mort de celle-ci, d'une embolie pulmonaire, le 19 février (Jean-Pierre Martin, *Henri Michaux*, éd. citée, p. 441-442).

Même q[uan]d on lui a découvert un jour le visage, elle n'a pas cherché à se voir. Les souffrances occupent tout d'elle.
Depuis deux jours on peut la considérer comme sauvée.
Ses mains et bras totalement immobilisés et pour longtemps encore (br. 3ème degré) la mettent dans l'entière dépendance d'autrui, ce qui ne me laisse guère de temps jusqu'à la nuit.
Mais dans une quinzaine, je t'appellerai. Est-il possible que nous soyons à Paris tous deux, comme n'y étant pas ?

Je t'embrasse

Henri

Mes hommages à Pilar.

XXXVI. LETTRE D'HENRI MICHAUX À JULES SUPERVIELLE DU 26 MAI 1949[104]

Cher ami,

La gâcheuse madame Ph[105]. y serait-elle pour quelque chose ? On ne s'est guère vus ces temps-ci.
(Artères fatiguées, fatiguant leur homme, qu'il faut excuser.)
Mais qui est là n'est jamais absent. Un simple hommage, où toi aussi, avec l'amitié, tu mets « les îles à la voile[106] » suffit à une présence intime et qui dure, musique dont on ne se lasse point[107].
Tu devais bien le savoir, n'est-ce pas, qu'on n'est pas, qu'on ne peut être détaché.

Henri Michaux

---

104 L'enveloppe porte, au recto, l'adresse suivante : « Monsieur Jules Supervielle 27. Rue Vital 27 Paris XVIème ». IMEC, transcription effectuée à partir de celle de Raymond Bellour, avec le concours de Franck Leibovici.
105 Édith Philippe.
106 Michaux cite le premier vers du poète d'hommage de Supervielle « À Saint-John Perse » : « Poètes qui mettez les îles à la voile ». Ce texte est d'abord publié en 1950, sous le titre « Hommage », dans Les Cahiers de la Pléiade, n°X, op. cit., avant d'être recueilli en 1959 dans Le Corps tragique, éd. citée.
107 Peut-être Michaux fait-il allusion au portrait élogieux que donne de lui Supervielle en 1959, dans la monographie de Robert Bréchon, Michaux, éd. citée, p. 10.

Mes hommages à Pilar
et mes amitiés à la conteuse passionnée.
Aurai-je bientôt de tes nouvelles.
Ta santé raffermie ?

XXXVII. LETTRE DE PAUL ELUARD À JULES SUPERVIELLE
DU 27 JUILLET 1949[108]

Mon cher ami,

De peur d'avoir été injuste envers vous, je relis ce soir – je pars loin demain matin[109] – votre *Choix de poèmes*[110]. Eh bien, oui, je les aime beaucoup.
Mais pourquoi faut-il que nous ne soyons pas tous les deux du même côté du monde ? Comment est-ce possible ? Car, lorsque je vous lis, j'ai conscience de ce qu'est la poésie. Et aussi, de ce qu'est un poète.
Je comprends toute la lumière et tous les contacts que nous pouvons avoir avec elle, contacts de raison, de vérité, malgré toutes les taches noires du soleil.
Mon cher Supervielle, vos poèmes m'aident à vivre. Je veux que vous le sachiez.
Et je serais vraiment heureux et fier d'être votre ami.

Paul Eluard

Eluard 35, rue Max Dormoy. Paris 18ᵉ.

---

108 Bibliothèque littéraire Jacques Doucet, Alpha Ms 1812-Alpha Ms 9860. Des extraits de cette lettre sont cités par René Étiemble, *Supervielle*, éd. citée, p. 279, et par Ricardo Paseyro, *Jules Supervielle, Le Forçat volontaire*, éd. citée, p. 222. Supervielle répond à Eluard par la lettre du 2 août 1949, *Création*, tome II, 1972, p. 17.
109 Fin juillet 1949, Paul Eluard se rend à Budapest, où il assiste, avec Pablo Neruda, au centenaire de la mort du poète Sándor Petöfi.
110 Eluard évoque l'édition de 1947 du *Choix de poèmes*, éd. citée.

XXXVIII. LETTRE DE SAINT-JOHN PERSE À JULES SUPERVIELLE
DU 29 JUILLET 1949[111]

À Monsieur Jules Supervielle
à Paris

Cape Cod
29 juillet 1949

Cher ami,

Que j'ai été sensible à votre lettre ! Votre noblesse en tout m'émeut, dans l'amitié comme dans votre œuvre. Et je n'ai jamais connu de vous qu'élégance morale. Je m'en veux d'autant plus de ce silence, que je n'ai pas su rompre pour quelques-uns comme vous. Vivante pourtant est mon amitié, que les années, malgré l'absence, ont faite plus affectueuse. Et, parce que je n'ai pas, plus que vous, la notion de temps, il me semblerait, un jour à Paris, franchir bien peu d'espace pour aller jusqu'à vous. Merci de votre dernier envoi[112]. Les poèmes que vous m'avez fait lire sont de ceux que vous pouvez seul écrire en notre temps. J'aime l'exigence et la fierté secrète de votre art, mené si loin dans le dépouillement. On ne peut rejoindre plus pure tradition, dans le dédain de toute complaisance, sans rien perdre cependant de l'immersion moderne aux larges houles du subconscient. C'est une gageure presque, que vous puissiez ainsi reprendre, avec tous ses risques, le poème psychologique ou même philosophique. L'intelligence sensible et la modulation intime vous y sauvent, aidées de votre large humanité et de votre sens de l'universel. J'essaie en vain d'imaginer ce que peut être en ce moment pour vous l'ambiance parisienne. Je sais que vous portez avec vous votre monde propre. Mais humainement, du moins, je voudrais que la vie pour vous fût digne de l'être que vous êtes – par le cœur comme par l'esprit.
Dans quel coin de France vous atteindra ma lettre ? Ce que vous me dites des vôtres a du prix pour moi. Je n'oublierai jamais l'accueil de Porquerolles[113], ce pur et clair visage qui accompagne le vôtre, vos

---

111 Cette lettre est adressée au 27, rue Vital, à Paris. Bibliothèque littéraire Jacques Doucet, Alpha Ms 2396.
112 Saint-John Perse évoque le recueil de Supervielle, *Oublieuse mémoire*, éd. citée.
113 Saint-John Perse écrit « Porquerolles » ; l'édition des *Œuvres complètes* de Saint-John Perse dans la Pléiade corrige en « Port-Cros ». Saint-John Perse, *Œuvres complètes*, éd. citée, ©

jeunes nageuses, aujourd'hui mères, et ces mains de fillette, accrochées à mes hublots, qui élevaient de bon matin un petit panier de fruits apporté à la nage.
Ne me laissez point étranger à votre milieu humain. Je n'aime pas l'abstraction. Que je sache de quels vœux vous suivre au loin, en attendant de franchir encore un jour votre seuil amical.
Paulhan m'a écrit qu'il pensait vers appel à vous pour un numéro d'hommage de ses « Cahiers de la Pléiade[114] ». Je n'aime pas beaucoup l'idée de laisser détourner de son œuvre un Poète, même pour une solidarité de principe. Mais non, cher ami, je n'ai su que répondre spontanément : oui ! Sans plus me soucier d'indiscrétion ; parce que je sais, très simplement, qu'un témoignage de vous me ferait plaisir, humainement aussi bien qu'intellectuellement. Je comprendrais aussi bien, sachez-le, que vous ne puissiez, pour quelque raison, répondre à cet appel.
Je suis heureux de tout ce qui s'accroît pour vous, en ce moment, de reconnaissance littéraire française. Nul n'y a plus droit, par la qualité de son œuvre aussi bien que par son désintéressement.
Gardez-vous, cher ami, en bonne santé, et défendez toujours votre liberté d'esprit.
Avec encore une affectueuse pensée, mes vœux, choisis parmi les meilleurs, pour vous et pour tout votre gracieux entourage.

Alexis Leger

2800 Woodley Road, N.W. Washington, D.C.

Éditions Gallimard, p. 1021-1022. Cette édition rappelle qu'au cours d'une croisière en Méditerranée, en 1928, Saint-John Perse avait mouillé à Port-Cros, « au pied du vieux château fort d'entrée où villégiaturait alors Supervielle avec toute sa famille » (*Ibid.*, p. 1304). Les deux poètes se reverront : Ricardo Paseyro rapporte que de passage en France, Saint-John Perse se rend au 15 Quai Louis Blériot, à la grande satisfaction de Supervielle (Ricardo Paseyro, *Jules Supervielle, Le Forçat volontaire*, éd. citée, p. 250). Enfin, Alain Bosquet, dans *La Mémoire ou l'Oubli*, mentionne une de ses visites à Saint-John Perse à la fin de l'année 1951, au cours de laquelle l'auteur d'*Amers* aurait eu ce mot sur Supervielle : « Du La Fontaine, avec quelques étoiles en plus. »

114 Supervielle répond à la demande de Paulhan avec le poème, intitulé « Hommage », qu'il consacre à Saint-John Perse dans les *Cahiers de la Pléiade*, n°X, été-automne 1950, p. 34-35. Avec quelques variantes, ce texte sera repris sous le titre « À Saint-John Perse » dans la section « Poèmes de circonstance » du *Corps tragique*, éd. citée.

XXXIX. LETTRE D'HENRI MICHAUX À JULES SUPERVIELLE, ESTIMÉE ENTRE MAI ET AOÛT 1954[115]

Mon cher Julio,

À mon tour merci. Tu me tires d'embarras, & mon embarras fut extrême. Dans l'amitié, la joie de se laisser aller & l'enchantement partagé, c'est presque le contraire de voir clair, de s'observer, de se... faire le portrait, l'un de l'autre[116].
Je suis heureux que les quelques images évoquées ne t'ont pas déplu.
Quant à tes soixante-dix ans, tu as, revenu de la campagne, fait la seule chose à faire : De rajeunir de quelques ans.
Affectueusement
Mes hommages amicaux à Pilar

Henri

---

[115] IMEC, transcription effectuée à partir de celle de Raymond Bellour, avec le concours de Franck Leibovici.
[116] Michaux fait allusion à « Mil neuf cent trente », texte qu'il donne pour l'« Hommage à Jules Supervielle », *La N.N.R.F.*, *op. cit.*

BIBLIOGRAPHIE

JULES SUPERVIELLE

ŒUVRES

SUPERVIELLE, Jules, *Œuvres poétiques complètes*, édition publiée sous la direction de Michel Collot, avec la collaboration de Françoise Brunot-Maussang, Dominique Combe, Christabel Grare, James Hiddleston, Hyun-Ja Kim-Schmidt, Michel Sandras, Bibliothèque de la Pléiade, Paris, Gallimard, 1996.

SUPERVIELLE, Jules, *Brumes du passé*, sans lieu ni date, 1901.
SUPERVIELLE, Jules, *Comme des voiliers*, Paris, collection La Poétique, 1910.
SUPERVIELLE, Jules, *Les Poèmes de l'humour triste*, Paris, chez Bernouard, À la Belle Édition, 1919.
SUPERVIELLE, Jules, *Poèmes*, Paris, Eugène Figuière, 1919.
SUPERVIELLE, Jules, *Débarcadères*, Paris, Éditions de la *Revue de l'Amérique latine*, 1922.
SUPERVIELLE, Jules, *L'Homme de la pampa*, Paris, Éditions de *La N.R.F.*, 1923.
SUPERVIELLE, Jules, *Gravitations*, Paris, Gallimard, 1925.
SUPERVIELLE, Jules, *Le Voleur d'enfants*, Paris, Gallimard, 1926.
SUPERVIELLE, Jules, *Oloron-Sainte-Marie*, Marseille, éditions des Cahiers du Sud, collection Poètes, n° 7, 1927.
SUPERVIELLE, Jules, *La Piste et la Mare*, Paris, Les Exemplaires, 1927.
SUPERVIELLE, Jules, *Saisir*, Paris, Éditions de *La N.R.F.*, 1928.
SUPERVIELLE, Jules, *Le Survivant*, Paris, Éditions de *La N.R.F.*, 1928.
SUPERVIELLE, Jules, *Uruguay*, Paris, Émile-Paul frères, 1928.
SUPERVIELLE, Jules, *Trois mythes : L'Enfant de la haute mer, La Sirène 825, Les Boiteux du ciel*, Paris, Buenos Aires, Agrupación de Amigos del libro de arte, 1930.
SUPERVIELLE, Jules, *Bolivar et les femmes*, Paris, imprimé chez Victor Allard, Chatelard et cie, 1930.
SUPERVIELLE, Jules, *Le Forçat innocent*, Paris, Gallimard, 1930.

L'Enfant de la haute mer, Paris, Gallimard, 1931.
SUPERVIELLE, Jules, *Gravitations*, édition définitive, Paris, Gallimard, 1932.
SUPERVIELLE, Jules, *La Belle au Bois*, Paris, Gallimard, 1932.
SUPERVIELLE, Jules, *Boire à la source, Confidences de la mémoire et du paysage*, Paris, Corrêa, 1933.
SUPERVIELLE, Jules, *Les Amis Inconnus*, Paris, Gallimard, 1934.
SUPERVIELLE, Jules, *Débarcadères*, édition revue et augmentée, Maëstricht, Paris, Bruxelles, À l'enseigne d'Alcyon, A. A. M. Stols, 1934.
SUPERVIELLE, Jules, *Phosphorescences*, gravures d'Herbert Lespinasse, interprétées par Jules Supervielle, Paris, Les Amis de l'amour de l'art, 1936.
SUPERVIELLE, Jules, *Bolivar*, suivi de *La Première Famille*, Paris, Gallimard, 1936.
SUPERVIELLE, Jules, *Chiens*, photographies par Ylla présentées par Jules Supervielle, Paris, O.E.T., 1936.
L'Arche de Noé, Paris, Gallimard, 1938.
SUPERVIELLE, Jules, *La Fable du monde*, Paris, Gallimard, 1938.
L'Enfant de la haute mer, Buenos Aires, Ateliers graphiques Saint, 1941.
SUPERVIELLE, Jules, *Poèmes de la France malheureuse (1939-1941)*, Buenos Aires, éditions des *Lettres françaises*, *Sur*, 1941.
SUPERVIELLE, Jules, *Poèmes de la France malheureuse (1939-1941)*, suivis de *Ciel et terre*, Neuchâtel, collection Les Cahiers du Rhône, n° 6, La Baconnière, 1942.
SUPERVIELLE, Jules, *Le Petit Bois et autres contes*, Mexico, Ediciones Quetzal, 1942.
SUPERVIELLE, Jules, *La Belle au bois*, Buenos Aires, collection « La Porte étroite », n° 4, Éditions des *Lettres françaises*, *Sur*, 1944.
SUPERVIELLE, Jules, *Choix de poèmes*, Buenos Aires, Editorial Sudamericana, 1944.
SUPERVIELLE, Jules, *Une métamorphose ou l'époux exemplaire*, Montevideo, La Galatea, 1945.
SUPERVIELLE, Jules, *1939-1945*, Paris, Gallimard, 1946.
SUPERVIELLE, Jules, *Dix-huit poèmes*, Paris, Seghers, 1946.
SUPERVIELLE, Jules, *Orphée et autres contes*, Neuchâtel, Ides et Calendes, collection du Fleuron, n° 4, 1946.
SUPERVIELLE, Jules, *L'Enfant de la haute mer*, Paris, Gallimard, 1946.
SUPERVIELLE, Jules, *À la nuit*, Neuchâtel, La Baconnière, Paris, Le Seuil, 1947.
SUPERVIELLE, Jules, *La Fuite en Égypte*, Paris, chez l'artiste, 1947.
SUPERVIELLE, Jules, *Choix de poèmes*, Paris, Gallimard, 1947.
SUPERVIELLE, Jules, *La Belle au bois*, nouvelle édition, Paris, Gallimard, 1947.
SUPERVIELLE, Jules, *Oublieuse mémoire*, Paris, collection Métamorphoses, Gallimard, 1949.
SUPERVIELLE, Jules, *Robinson*, Paris, Gallimard, 1949.
SUPERVIELLE, Jules, *Les B.B.V.*, collection « Nouvelles originales », n° 7, Paris, Éditions de Minuit, 1949.

SUPERVIELLE, Jules, *Shéhérazade*, Paris, Gallimard, 1949.
SUPERVIELLE, Jules, *Le Voleur d'enfants, France illustration littéraire et théâtrale*, n° 24, 1er décembre 1948 ; Paris, Gallimard, 1949.
SUPERVIELLE, Jules, *Premiers pas de l'univers*, Paris, Gallimard, 1950.
SUPERVIELLE, Jules, *Bolivar*, nouvelle version, Paris, *France-Illustration, Le Monde illustré*, supplément théâtral et littéraire, 22 juillet 1950.
SUPERVIELLE, Jules, *Naissances*, suivi de *En songeant à un art poétique*, Paris, Gallimard, 1951.
SUPERVIELLE, Jules, *Boire à la source, Confidences*, nouvelle édition augmentée, Paris, Gallimard, 1951.
SUPERVIELLE, Jules, *La Création des animaux*, Paris, Presses du livre français, 1951.
SUPERVIELLE, Jules, *Le Jeune Homme du dimanche*, Paris, Gallimard, 1952.
SUPERVIELLE, Jules, *La Belle au bois*, version de 1953, suivie de *Robinson ou l'Amour vient de loin*, nouvelle version, Paris, Gallimard, 1953.
SUPERVIELLE, Jules, *Le Jeune Homme du dimanche et des autres jours*, Paris, Gallimard, 1955.
SUPERVIELLE, Jules, *Bolivar*, suivi de *La Première Famille*, Paris, Gallimard, 1955.
L'Escalier, suivi de *À la nuit, Débarcadères, Les Poèmes de l'humour triste*, Paris, Gallimard, 1956.
SUPERVIELLE, Jules, *Le Corps tragique*, Paris, Gallimard, 1959.
SUPERVIELLE, Jules, *Les Suites d'une course*, suivi de *L'Étoile de Séville*, Paris, Gallimard, 1959.
SUPERVIELLE, Jules, *Panchita*, Paris, collection Albums du petit berger, Desclée de Brouwer, 1963.

PRINCIPALES PUBLICATIONS EN REVUES

SUPERVIELLE, Jules, « Centre de l'horizon marin – Invocation aux oiseaux – L'escale portugaise », *La N.R.F.*, n° 79, avril 1920.
SUPERVIELLE, Jules, « Whisper », *Commerce*, n° VII, printemps 1926.
SUPERVIELLE, Jules, « Oloron-Sainte-Marie », *Commerce*, n° X, hiver 1926.
SUPERVIELLE, Jules, « La Pampa aux yeux clos », *Commerce*, n° XV, printemps 1928.
SUPERVIELLE, Jules, « La Fable du monde », *La N.R.F.*, n° 294, mars 1938.
SUPERVIELLE, Jules, « Merci Shérazade », *Valeurs*, n° 1, avril 1945.
SUPERVIELLE, Jules, « Les B.B.V. », *Valeurs*, octobre 1946-janvier 1947, n° 7-8.
SUPERVIELLE, Jules, « Shéhérazade », *La Table Ronde*, n° 7, juillet 1948.
SUPERVIELLE, Jules, « Poèmes », *La N.N.R.F.*, n° 13, janvier 1954.
SUPERVIELLE, Jules, « Notes », « Hommage à Jules Supervielle », *La N.R.F.*, n° 94, octobre 1960.

TRADUCTIONS

« Amado Nervo », d'Alfonso Reyes, *La Revue européenne*, n° 10, octobre 1927, p. 372-374.
« Le Martyre de sainte Eulalie », de Federico García Lorca, *Commerce*, XVII, automne 1928, p. 73-78, repris dans *Le Corps tragique*, éd. citée.
Don Segundo Sombra, de Ricardo Güiraldes, traduction de Marcelle Auclair, révisée par Jules Supervielle et Jean Prévost, Paris, Gallimard, 1932.
Comme il vous plaira, de William Shakespeare, traduction et adaptation de Jules Supervielle, Gallimard, 1935, repris dans les *Œuvres complètes* de Shakespeare, tome II, Bibliothèque de la Pléiade, Paris, Gallimard, 1959.
« L'Air », « Les Airs », extraits de *Cántico*, de Jorge Guillén, *La Licorne*, n° 3, automne 1948, p. 11-23, repris dans *Le Corps tragique*, éd. citée.
« Civilisation », de Jaime Torres Bodet, *Les Nouvelles littéraires*, 26 mai 1949, repris dans Jaime Torres Bodet, *Poèmes*, Paris, Gallimard, 1960, p. 124-129.
Le Songe d'une nuit d'été, de William Shakespeare, traduction de Jules Supervielle en collaboration avec son fils Jean, dans Shakespeare, *Œuvres complètes*, tome III, Paris, Formes et reflets, 1956.
L'Étoile de Séville, de Lope de Vega, adaptation, avec *Les Suites d'une course*, Paris, Gallimard, 1959.

ÉTUDES, NOTES CRITIQUES, PRÉFACES, HOMMAGES, CONFÉRENCES

« Le Sentiment de la nature dans la poésie américaine », « Époque coloniale », *Bulletin de la bibliothèque américaine*, 15 octobre 1910, p. 87-93, repris dans *La Poétique*, n° 65, février 1911, p. 42-46.
« Salut à un poète », au sujet de Ricardo Güiraldes, *Europe*, n° 59, novembre 1927, p. 357.
« El porvenir de la poesía », en collaboration avec Henri Michaux, *Sur*, septembre 1936, p. 80-82.
« Paul Claudel », texte d'une conférence de décembre 1944 à Montevideo reproduit dans *Bulletin de la Société Paul Claudel*, n° 162, 2e trimestre 2001, p. 7-12.
« En songeant à un art poétique », conférence, Buenos Aires, 1946.
« Éléments d'une poétique », *Valeurs*, n° 5, avril 1946, p. 27-35, lecture commentée faite à l'Université Centrale Américaine de Montevideo en décembre 1944.
Préface à Bruno Capacci, *L'Autre Dimension*, Seghers, 1954, p. 7.
« Un prince de l'émerveillement » [Schehadé], *Cahiers de la Compagnie Renaud-Barrault*, cahier 4, Juillard, 1954, p. 39.
« Scène secrète » [hommage à Larbaud], *La N.R.F.*, n° 56, août 1957, p. 401.

« Chercher sa pensée », I et II, *La N.R.F.*, n° 65, mai 1958, p. 769-774, et n° 76, avril 1959, p. 597-603.

« Du Bellay », *Tableau de la littérature française*, tome I, Paris, Gallimard, 1962, p. 253-257.

« Propos et inédits », Revue de la Bibliothèque nationale, n° 14, hiver 1984, p. 2-9, repris dans La Licorne, n° 25, Poitiers, 1993, p. 91-94.

ENTRETIENS, RÉPONSES À DES ENQUÊTES

RICHARD, René, « Les *Débarcadères* de Jules Supervielle », *Revue de l'Amérique latine*, n° 3, 1er mars 1922.

« Tableau de la poésie en France », II, *La N.R.F.*, n° 242, 1er novembre 1933, p. 670-671.

LANNES, Roger, « Le Théâtre littéraire… et l'autre », *Les Nouvelles littéraires*, 19 novembre 1938.

LAGARDE, Pierre, « Le poète recrée l'univers », *Les Nouvelles littéraires*, 19 novembre 1938.

AUBARÈDE (D'), Gabriel, « Retour à une poésie populaire souhaitée par Jules Supervielle », *Gavroche*, 24 décembre 1947.

PATRI, Aimé, « Entretien avec Jules Supervielle sur la création poétique », *Paru*, n° 45, août 1948, p. 7-13.

CÉZAN, Claude, « Jules Supervielle nous parle du théâtre poétique », *Les Nouvelles littéraires*, 7 octobre 1948.

Réponse à l'enquête de Claude Cézan, « Pourquoi êtes-vous venu au théâtre ? », *Les Nouvelles littéraires*, n° 1148, 1er septembre 1949.

MAZARS, Pierre, « À Jules Supervielle, le Grand prix de littérature française », *Le Figaro littéraire*, 4 juin 1955.

MALLET, Robert, « Prose et poésie », entretiens diffusés sur la Chaîne nationale les 8 et 15 mai 1956, transcrits par René Étiemble, *Supervielle*, éd. citée, p. 262-271.

« Réponses après Marcel Proust », *Biblio*, Hachette, XXVe année, n° 2, février 1957, repris dans René Étiemble, *Supervielle*, éd. citée, p. 14-16.

« J'ai toujours lutté contre le morbide », *Arts*, 22 mai 1957, p. 3.

ÉTIEMBLE, René, « Dieu, la critique et l'art », dans René Étiemble, *Supervielle*, éd. citée, p. 257-261.

NADAL, Octave, « Conversation », *La N.N.R.F.*, n° 94, octobre 1960, p. 617-630, repris dans NADAL, Octave, *À mesure haute*, Paris, Mercure de France, 1964, p. 257-268.

CORRESPONDANCES

Correspondance de Supervielle

— Publications

« Lettres à l'auteur », dans GREENE, Tatiana W., *Jules Supervielle*, Genève/Paris, Droz/Minard, 1958, p. 414-417.
« Lettre à O.V. de L. Milosz », dans *O. V. de L. Milosz (1877-1939)*, A. Silvaire, 1959, p. 79-80.
Lettre à Saint-John Perse, dans *Honneur à Saint-John Perse*, Paris, Gallimard, 1965, p. 435.
SUPERVIELLE, Jules, ÉTIEMBLE, René, *Correspondance 1936-1959 : René Étiemble, Jules Supervielle*, texte établi, annoté, préfacé par Jeanine Étiemble, Paris, SEDES, 1969.
Lettres à Pierre MENANTEAU et à Paul ELUARD, *Création*, tome II, 1972, p. 15-17.
« Lettre ouverte à Max Jacob », *Cahiers bleus*, n° 9, été 1977, p. 5-6.
Lettres de et à Alfonso REYES, présentées par Paulette Patout dans « L'Amitié de Jules Supervielle pour don Alfonso Reyes », *Littératures*, n° 3, Toulouse, printemps 1981, p. 67-108.
Lettres de Max JACOB, Rainer Maria RILKE, Joë BOUSQUET, SAINT-JOHN PERSE, *Poésie 84*, n° 4, Juillet-Octobre 1984, p. 29-36.
Lettre à Alfredo GANGOTENA, dans GANGOTENA, Alfredo, *Poèmes français*, Orphée / La différence, 1991, p. 119.
Lettres à Alfredo GANGOTENA, dans *Sous le figuier de Port-Cros : lettres à Gangotena : Henri Michaux, Jules Supervielle, Pierre Morhange, Max Jacob, Marie Lalou*, édition établie par Mireille de Lassus et Georges Sebbag, Paris, Nouvelles Éditions Place, 2014.
Lettres à Valery LARBAUD, *Europe*, n° 792, avril 1995, p. 17-21.
Lettres à Valery LARBAUD *Arpa*, n° 58, octobre 1995, p. 58-66.
Lettres à Philippe JACCOTTET, Claude VIGÉE, Alain BOSQUET, *Tra-jectoires*, n° 2, 2004.
Lettres à Léon-Paul FARGUE, *Ludions*, Revue de la société des lecteurs de Léon-Paul Fargue, 2013.
Lettres à Max JACOB, *Cahiers Max Jacob*, n° 13-14, 2013.
Lettres à Jean PAULHAN, Valery LARBAUD, Marcel JOUHANDEAU, Victoria OCAMPO, *Choix de lettres*, édition de Sophie Fischbach, Éditions Classiques Garnier, 2021.

– Fonds publics consultés

Bibliothèque littéraire Jacques Doucet : lettres à Rose ADLER, Alain BOSQUET, René BERTELÉ, Henri CALET, Georges CATTAÜI, Natalie CLIFFORD BARNEY, Louise DE VILMORIN, Franz HELLENS, Max JACOB, Edmond JALOUX, Marcel JOUHANDEAU, Adrienne MONNIER, Louis PARROT, Samuel SILVESTRE DE SACY.
Bibliothèque Municipale de Vichy : lettres à Valery LARBAUD, Roger CAILLOIS.
IMEC, Archives Paulhan : lettres à Jean PAULHAN.
Harry Ransom Center, University of Texas : lettres à Jean DENOËL, Léon-Paul FARGUE, Richard HEYD, Georges HUGNET, Georges JEAN-AUBRY, Hugo MANNING, Gaston PICARD, Marcel RAVAL, Éditions J.O. FOURCADE.
Houghton Library, Harvard University : lettres à Victoria OCAMPO, Eduardo BULLRICH.
Site de l'ARPEL : lettres à Mathilde POMÈS.

– Correspondance adressée à Supervielle

Lettres de Ricardo Güiraldes, *Obras completas*, Buenos Aires, Emecé, 1985.
Lettres de Jean PAULHAN, *Choix de lettres*, tome I, *1917-1936, La Littérature est une fête*, Gallimard, 1986.
Lettres de Jean PAULHAN, *Choix de lettres*, tome II, *1937-1945, Traité des jours sombres*, Paris, Gallimard, 1992.
Lettres de Jean PAULHAN, *Choix de lettres*, tome III, *1946-1968, Le Don des langues*, Paris, Gallimard, 1996.
Lettres de Rainer Maria RILKE, *Les Lettres*, n° 13, 1952 ; *Correspondance, Œuvres*, tome III, Paris, Éditions du Seuil, 1976.
Lettres de Max JACOB, Valéry LARBAUD, Armand ROBIN, Armen LUBIN, Georges SCHEHADÉ, Emil CIORAN, *Nouvelle revue de Paris*, n° 11, Monaco-Paris, 1987, p. 93-102.
Lettres d'Armand ROBIN, *Lettres à Jean Guéhenno suivies de Lettres à Jules Supervielle*, Toulon, Librairie La Nerthe, 2006.

– Principales correspondances où le nom de Supervielle se trouve mentionné

BOSQUET, Alain, SAINT-JOHN PERSE, *Correspondance, 1945-1975*, texte établi, présenté et annoté par Michèle Aquien et Roger Little, Paris, Gallimard, 2004.
JOUHANDEAU, Marcel, PAULHAN, Jean, *Correspondance, 1921-1968*, édition établie, annotée et préfacée par Jacques Roussillat, Paris, Gallimard, 2012.

LARBAUD, Valery, JEAN-AUBRY, Georges, *Correspondance, 1920-1935*, introduction et notes de Frida Weissman, Paris, Gallimard, 1971.

LARBAUD, Valery, REYES, Alfonso, *Correspondance, 1923-1952*, introduction et notes de Paulette Patout, Paris, Librairie Marcel Didier, 1972.

OCAMPO, Victoria, CAILLOIS, Roger, *Correspondance, 1939-1978*, lettres rassemblées et présentées par Odile Felgine, avec la collaboration de Laura Ayerza de Castilho, Paris, Stock, 1997.

OCAMPO, Victoria, DRIEU LA ROCHELLE, Pierre, *Lettres d'un amour défunt : Correspondance 1929-1944*, édition établie par Julier Hervier, Paris, Bartillat, 2009.

PAULHAN, Jean, CAILLOIS, Roger, *Correspondance Jean Paulhan Roger Caillois 1934-1967*, texte établi, annoté par Odile Felgine, Laurent Jenny et Claude-Pierre Pérez, avec le concours de Jacqueline Paulhan, Cahiers Jean Paulhan, tome 6, *La N.R.F.*, Paris, Gallimard, 1991.

PAULHAN, Jean, ELUARD, Paul, *Correspondance, 1919-1944*, édition établie, présentée et annotée par Odile Felgine et Claude-Pierre Pérez, Paris, Éditions Claire Paulhan, 2003.

PAULHAN, Jean, GRENIER, Jean, *Correspondance, 1925-1968*, préface de Roger Judrin, Quimper, Calligrammes, 1984.

PAULHAN, Jean, LEIRIS, Michel, *Correspondance, 1926-1962*, texte établi, présenté et annoté par Louis Yvert, Paris, Éditions Claire Paulhan, 2000.

PAULHAN, Jean, LHOTE, André, *Correspondance, 1919-1961*, édition établie et annotée par Dominique Bermann Martin et Bénédicte Giusti Savelli, Paris, Gallimard, 2009.

PAULHAN, Jean, PERROS, Georges, *Correspondance, 1953-1967*, édition établie, annotée et introduite par Thierry Gillyboeuf, Paris, Éditions Claire Paulhan, 2009.

PAULHAN, Jean, PIEYRE DE MANDIARGUES, André, *Correspondance, 1947-1968*, édition établie, annotée et préfacée par Éric Dussert et Iwona Tokarska-Castant, Paris, Gallimard, 2009.

PAULHAN, Jean, PONGE, Francis, *Correspondance, 1923-1968*, tome I, édition critique annotée par Claire Boaretto, Paris, Gallimard, 1986.

PAULHAN, Jean, PONGE, Francis, *Correspondance, 1923-1968*, tome II, édition critique annotée par Claire Boaretto, Paris, Gallimard, 1986.

PAULHAN, Jean, POZZI, Catherine, *Correspondance, 1926-1934*, annoté et « épilogué » par Françoise Simonet-Tenant, Paris, Éditions Claire Paulhan, 1999.

PAULHAN, Jean, UNGARETTI, Giuseppe, *Correspondance 1921-1968*, édition de Jacqueline Paulhan, Luciano Rebay et Jean-Christophe Vegliante, collection Cahiers Jean Paulhan, n° 5, Paris, Gallimard, 1989.

226 lettres inédites de Jean Paulhan, lettres de Jean Paulhan à René Étiemble, texte établi, présenté et annoté par Jeanine Kohn-Étiemble, Paris, Klincksieck, 1975.

– Manuscrits et dactylographies

Bibliothèque littéraire Jacques Doucet.
Bibliothèque Nationale de France.
Harry Ransom Center, University of Texas, Austin.

TRAVAUX CONSACRÉS À JULES SUPERVIELLE

MONOGRAPHIES

ALTAMIRANO DE SARNO, Susana, *La Poesía de Jules Supervielle*, Montevideo, Dirrección General de Extensión Universitaria, 1982.

BLAIR, Dorothy, *Jules Supervielle, A Modern Fabulist*, Oxford, Basil Blackwell, 1960.

DAVAILLE, Florence, *Ces « mots qui secrètent les choses » : écriture de la présence dans la poésie de Jules Supervielle : une étude stylistique*, Atelier national de reproduction des Thèses, Lille, 2001.

DEWULF, Sabine, *Jules Supervielle ou la connaissance poétique*, tomes I et II, L'Harmattan, 2000.

EL GHARBI, Jalel, *Jules Supervielle : reflets et miroirs d'un poète*, Luxembourg, Éditions Poiêtês, 2005.

ÉTIEMBLE, René, *Supervielle*, collection « La Bibliothèque idéale », Paris, Gallimard, 1960, réédité en une version abrégée, Paris, Gallimard, 1968.

FAVRE, Yves-Alain, *Supervielle : la rêverie et le chant dans « Gravitations »*, Paris, Nizet, 1981.

FISCHBACH, Sophie, *Jules Supervielle, une quête de l'humanisation*, Paris, Éditions Classiques Garnier, 2021.

GREENE, Tatiana W., *Jules Supervielle*, Genève/Paris, Droz/Minard, 1958.

HIDDLESTON, James, *L'Univers de Jules Supervielle*, Paris, Corti, 1965.

JANS, Adrien, *Jules Supervielle*, Bruxelles, Les Cahiers du *Journal des poètes*, 1940.

MONTEIRO, Adolfo Casais, *Descobertas no mundo interior : a poesía de Jules Supervielle*, Porto, Edições Presença, 1938, réédité sous le titre *A poesía de Jules Supervielle, estudio e antologia*, Lisbonne, Confluência, 1946.

PASEYRO, Ricardo, *Jules Supervielle, Le Forçat volontaire*, Monaco, Éditions du Rocher, 1987.

ROBICHEZ, Jacques, *Gravitations de Supervielle*, Paris, C.D.U. et SEDES, 1981.

ROY, Claude, *Jules Supervielle*, Paris, Seghers, 1949 et 1970.

SANDRAS, Michel, *La Poétique de Supervielle dans « Les Amis inconnus »*, Paris, Hachette Université, 1996.

SÉNÉCHAL, Christian, *Jules Supervielle, poète de l'univers intérieur*, essai précédé de vers inédits de Jules Supervielle, *Compagnons du silence*, Paris, Jean Flory, 1939.

SPECKER, Lotte, *Jules Supervielle, eine Stilstudie*, Zürich, Buchdruckerei Emil Rüegg und co., 1942.

VIALLANEIX, Paul, *Le Hors-Venu ou le personnage poétique de Supervielle*, Paris, Klincksieck, 1972.

VIVIER, Robert, *Lire Supervielle*, Paris, Corti, 1971.

CHAPITRES, PRÉFACES ET ÉTUDES

ALEXANDRE, Didier, « Une conférence de Jules Supervielle sur Paul Claudel », *Bulletin de la Société Paul Claudel*, n° 162, deuxième trimestre 2001, p. 1-6 et p. 7-12.

ALEXANDRE, Didier, « L'événement et le corps : Supervielle et Michaux », *Le Sens de l'événement dans la littérature française des XIXe et XXe siècles*, Bern, Peter Lang, 2009, p. 191-206.

ARLAND, Marcel, *Essais et nouveaux essais critiques*, Paris, Gallimard, 1952, p. 234-239.

ARLAND, Marcel, préface à *Gravitations*, Paris, Poésie/Gallimard, 1966, p. 7-16.

BACHELARD, Gaston, « Les nuages », *L'Air et les Songes*, Paris, Corti, 1943.

BÉGUIN, Albert, « Jules Supervielle, poète des deux nuits », « Jules Supervielle, poète des naissances », *Poésie de la présence, de Chrétien de Troyes à Pierre Emmanuel*, Neuchâtel, La Baconnière, Paris, Éditions du Seuil, 1957, p. 285-299 et p. 300-312.

BÉGUIN, Albert, « Jules Supervielle », *Création et destinée*, tome II, *La Réalité du rêve*, Paris, Éditions du Seuil, 1974, p. 143-145 et p. 146-172.

BÉLLELI, Maria-Luisa, « Umanità di Supervielle », *Il sole nero dei poeti. Saggi sulla letteratura francese dell'Otto Novecento*, Caltanissetta/Rome, Salvatore Sciascia, 1975, p. 349-354.

BERNADET, Arnaud, « La phrase juste de Jules Supervielle. En (re)lisant de *Brumes du passé* à *Débarcadères* », *La Phrase continuée, variations sur un trope rhétorique*, Paris, Éditions Classiques Garnier, 2019, p. 313-359.

BLANCHET, André, « Jules Supervielle, poète de l'espace », *La Littérature et le spirituel*, tome III, Aubier, Éditions Montaigne, 1961, p. 133-154.

BLANCHOT, Maurice, « Oublieuse mémoire », *L'Entretien infini*, Paris, Gallimard, 1969, p. 459-464.

BOREL, Jacques, « Supervielle l'évasif », *Poésie et nostalgie*, Berger-Levrault, 1979, p. 67-83.

BOUNOURE, Gabriel, « Jules Supervielle », *Marelles sur le parvis*, Paris, Plon, 1958, p. 279-291.
BRASILLACH, Robert, « Dans l'amitié de Jules Supervielle », *Les Quatre Jeudis, Images d'avant-guerre*, Paris, Balzac, p. 470-484.
CASSOU, Jean, « Pour la poésie », Paris, Corrêa, 1935, p. 252-255.
CHIARI, Joseph, « Supervielle », *Contemporary French Poetry*, Manchester, Manchester University Press, 1952, p. 45-70.
COLLOT, Michel, « Du vertige de l'horizon aux horizons verticaux », *L'Horizon fabuleux*, tome II, Paris, Corti, 1988, p. 71-100.
COLLOT, Michel, « Génétique et thématique : *Gravitations* de Supervielle », *Études françaises*, n° 28-1, Montréal, 1992.
COLLOT, Michel, « Tendances de la genèse poétique », *Genesis* 2, 1992, p. 13-23.
COLLOT, Michel, « Écriture et réparation dans l'œuvre de Supervielle », *Littérature*, n° 90, 1993, p. 49-61.
COLLOT, Michel, « Variantes et ambivalence dans la poésie de Supervielle », *Genesis*, n° 8, 1995, p. 73-89.
COLLOT, Michel, préface, notes et appareil critique des *Œuvres poétiques*, Bibliothèque de la Pléiade, Paris, Gallimard, 1996.
COLLOT, Michel, « Jules Supervielle entre l'Amérique et l'Europe », *Actas del Coloquio Supervielle 25, 26 y 27 de octubre de 1995 Montevideo – Uruguay*, sous la direction de José Pedro Díaz, Ministère des Affaires Étrangères, Ambassade de France en Uruguay, Ediciones de la Banda Oriental, 1997, p. 9-19.
COLLOT, Michel, « Alchimie de la genèse », « Le moi : écriture et réparation », *La Matière-émotion*, PUF, 1997, p. 93-125 et p. 129-159.
COLLOT, Michel, « Jules Supervielle entre l'Amérique et l'Europe », *Pour une géographie littéraire*, Paris, Corti, 2014, p. 152-172.
COLLOT, Michel, « "Le bestiaire intérieur" de Jules Supervielle », « Supervielle l'Européen », *Sujet, monde et langage dans la poésie moderne. De Baudelaire à Ponge*, Paris, Éditions Classiques Garnier, 2018, p. 99-112 et p. 167-180.
DAVAILLE, Florence, « Jean Paulhan – Julio Supervielle : quel(s) lieu(x) commun(s) ? », dans *Jean Paulhan et les poètes*, sous la direction de Claude-Pierre Pérez, Publications de l'Université de Provence, 2004, p. 21-35.
DIARD, Dominique, « La lettre à la croisée des continents : la correspondance de Jules Supervielle », dans *Correspondance et formation littéraire*, *Elseneur*, n° 13, Presses Universitaires de Caen, mars 1998, p. 85-96.
DOUMET, Christian et MARTIN, Jean-Pierre, « Jules Supervielle », dans « Figures du temps », sous la direction de Marie-Claire Bancquart, *Poésie de langue française 1945-1960*, Paris, PUF, 1995, p. 119-121.
EIGELDINGER, Marc, « La Théodicée de Jules Supervielle », *Poésie et métamorphose*, Neuchâtel, La Baconnière, 1973, p. 155-182.

ÉTIEMBLE, René, « Évolution de la poétique chez Supervielle entre 1922 et 1934 », « Il faut de tout pour faire une fable du monde », *L'Hygiène des lettres*, IV, *Poètes ou faiseurs ?*, Paris, Gallimard, 1966, p. 298-322 et p. 323-351.
FARASSE, Gérard, « Quelques preuves de l'existence de Supervielle », *Empreintes*, Villeneuve d'Ascq, Presses Universitaires du Septentrion, 1998, p. 153-160.
FISCHBACH, Sophie, « Essai de géographie romanesque : de l'œuvre romanesque américaine de Jules Supervielle à l'adoption de la posture du hors-venu », *Romans et récits français, entre nationalisme et cosmopolitisme*, Éditions Classiques Garnier, 2017.
FISCHBACH, Sophie, « Étude génétique du conte-poème de Jules Supervielle : vers une redéfinition des frontières génériques », *Textes et Contextes, Revue de l'Université de Bourgogne*, 2014.
FISCHBACH, Sophie, « La littérature éclairée : Jules Supervielle – Jean Paulhan », *La Littérature selon Jean Paulhan*, Paris, Éditions Classiques Garnier, 2014.
FISCHBACH, Sophie, « Léon-Paul Fargue – Jules Supervielle : signes d'une rencontre », *Ludions, Revue de la Société des Lecteurs de Léon-Paul Fargue*, 2014.
FISCHBACH, Sophie, Actes de la journée d'étude « Jules Supervielle sur la scène littéraire : le hors venu à la croisée des chemins », https://www.fabula.org/colloques/sommaire2504.php.
(consulté le 14/04/2020).
FISCHBACH, Sophie, « "Ce fut comme une apparition" : Max Jacob et Jules Supervielle », *Cahiers Max Jacob*, 2013.
FISCHBACH, Sophie et SUSTRAC, Patricia, « Lettres de Max Jacob à Jules Supervielle (1922-1935) », *Cahiers Max Jacob*, 2013.
FISCHBACH, Sophie, « *Le Minotaure* de Jules Supervielle ou l'humanisation subversive », *Autour du* minotaure, sous la direction de Rémy Poignault et Catherine d'Humières, coll. Mythographies et sociétés, Clermont-Ferrand, Presses Universitaires Blaise Pascal.
FISCHBACH, Sophie, « "Inventer les mots" : Fargue et Michaux lus par Supervielle », *Ludions, Revue de la Société des Lecteurs de Léon-Paul Fargue*, 2012.
FOYARD, Jean, « Les Formes modernes de la poésie », *Stylistique et genres littéraires*, Dijon, Publications de l'université de Bourgogne, 1991, p. 88-95.
GAUDON, Jean, préface à *La Fable du monde*, Paris, Poésie/Gallimard, 1993, p. 7-19.
GRÉSILLON, Almuth, « La critique génétique à l'œuvre. Étude d'un dossier génétique : "Vivre encore" de Jules Supervielle », dans *Pourquoi la critique génétique ? Méthodes et théories*, sous la direction de Michel Contat et Daniel Ferrer, Paris, CNRS Éditions, 1998, p. 61-93.
JACCOTTET, Philippe, « Le cœur de Supervielle », « Notes », *L'Entretien des muses*, Paris, Gallimard, 1968, p. 21-25 et p. 26-30.

JACCOTTET, Philippe, « Vieillesse du poète », *Une transaction secrète*, Paris, Gallimard, 1987, p. 211-216.
JARRETY, Michel, « Inquiétudes traversées », *La Poésie française du Moyen-Âge jusqu'à nos jours*, Paris, PUF, collection Grands dictionnaires, 1997, p. 449-451.
JEAN, Raymond, « Supervielle ou le travail du poète », *Pratique de la littérature*, Paris, Éditions du Seuil, 1978, p. 254-258.
KADDOUR, Hédi, « Sœur obscure », *L'Émotion impossible*, Cognac, Le Temps qu'il fait, 1994, p. 25-33.
MANSUY, Michel, « Jules Supervielle », *Études sur l'imagination de la vie*, Paris, Corti, 1970, p. 15-44.
MARITAIN, Jacques, MARITAIN, Raïssa, *Situation de la poésie*, Paris, Les Îles, Desclée de Bouwer, 1938.
MARITAIN, Jacques, *L'Intuition créatrice dans l'art et dans la poésie*, Paris, Desclée de Brouwer, 1966.
MAULPOIX, Jean-Michel, « Jules Supervielle, le réconciliateur », *Le poète perplexe*, Paris, Corti, 2002, p. 315-321.
MIANNAY, Régis, « L'Ami inconnu : René Guy Cadou et Jules Supervielle », *Un poète dans le siècle, René Guy Cadou*, Nantes, Joca Seria, 2000, p. 113-121.
MICHEL, Jacqueline, « Supervielle et le tracé d'un trait d'union », *Le Pays sans nom*, Archives des lettres modernes, Paris, Minard, 1989, p. 57-102.
MOLLOY, Sylvia, « Jules Supervielle », *La Diffusion de la littérature hispano-américaine en France au XXe siècle*, Publications de la faculté des lettres et sciences humaines de Paris-Sorbonne, série « Recherches », tome 68, 1972, p. 162-176.
MOLLOY, Sylvia, « Traduction, transplantation : Supervielle autrement lu », *in French Global. Une nouvelle perspective sur l'histoire littéraire*, Christie McDonald, Susan Rubin Suleiman (dir.), Paris, Éditions Classiques Garnier, 2015, p. 415-425.
MONCELET, Christian, « Sur un échange épistolaire entre Larbaud et Supervielle », *Arpa*, n° 58, octobre 1955, p. 52-57.
NADAL, Octave, « Jules Supervielle ou le rêve surveillé », *À mesure haute*, Paris, Mercure de France, 1964, p. 269-275.
NOULET, Émilie, « Jules Supervielle », *Alphabet critique*, tome IV, Bruxelles, Presses Universitaires de Bruxelles, 1966, p. 150-163.
PAULHAN, Jean, « Jules Supervielle », *Œuvres complètes*, tome 4, Paris, Cercle du livre précieux, 1969.
PICON, Gaëtan, *Panorama de la nouvelle littérature française*, Paris, Gallimard, 1949, p. 154-156.
POULET, Georges, « Supervielle », *Études sur le temps humain*, tome III, *Le Point de départ*, Paris, Plon, 1964, p. 109-127.

POULET, Georges, « Supervielle », *La Pensée indéterminée*, tome III, Paris, PUF, 1990, p. 104-109.
RAYMOND, Marcel, *De Baudelaire au Surréalisme*, Paris, Corrêa, 1933, p. 380-387 ; édition nouvelle revue et remaniée, Paris, Corti, 1947, p. 327-333.
ROLLAND DE RENÉVILLE, André, *Univers de la parole*, Paris, Gallimard, 1944, p. 127-132.
ROUSSEAUX, André, « Supervielle, poète de la nostalgie », *Portraits littéraires choisis*, Genève, Skira, 1947, p. 325-334, repris dans *Littérature du vingtième siècle*, Albin Michel, 1949, p. 106-115.
ROUSSELOT, Jean, « Supervielle ou l'enfance éternelle », *Présences contemporaines*, Paris, Nouvelles Éditions Debresse, 1958, p. 171-182.
ROY, Claude, « Jules Supervielle », *Descriptions critiques*, Paris, Gallimard, 1949, p. 75-86.
ROY, Claude, « Jules Supervielle », *La Conversation des poètes*, Paris, Gallimard, 1993, p. 124-134.
SAURAT, Denis, *Modernes*, Paris, Denoël et Steele, 1935.
TORRE DE, Guillermo, « Jules Supervielle y el misterio poético », *La Aventura y el orden*, Buenos Aires, Losada, 1943, p. 243-265.

PRINCIPAUX ARTICLES ET RECENSIONS

ABRAHAM, Pierre, « Une figure, deux visages », *La N.R.F.*, n° 247, 1er avril 1934, p. 599-602.
ARAGON, Louis, compte rendu de *Bolivar*, *Commune*, 15 octobre 1936.
ARLAND, Marcel, « Quel âge ont les fées ? », *La N.N.R.F.*, n° 29, 1er mai 1955, p. 879-884.
BÉGUIN, Albert, « Supervielle », *Les Lettres, La Poésie, Esprit*, 1er décembre 1938, p. 445-454.
BOUNOURE, Gabriel, « Jules Supervielle », *Les Cahiers du Sud*, n° 101, mai 1928, p. 329-342.
ÉTIEMBLE, René, « Jules Supervielle, *La Fable du monde*, Gallimard, 1938, 154 pages, 20 francs », *Books abroad*, 1942.
ÉTIEMBLE, René, « Supervielle et le sens de la nuit », *Lettres françaises*, Buenos Aires juillet 1942, p. 18-26.
ÉTIEMBLE, René, « Il faut de tout pour faire une fable du monde », *Les Temps modernes*, avril 1948, p. 1880-1897.
ÉTIEMBLE, René, « La Fable du Village », *Les Temps modernes*, avril 1948, p. 2058-2064.
ÉTIEMBLE, René, « Évolution de la poétique chez Supervielle entre 1922 et 1924 », *Les Temps modernes*, août 1950, p. 532-547.

JOUHANDEAU, Marcel, « Jules Supervielle », *Livres de France*, huitième année, n° 2, février 1957.
LANOË, Julien, « *Gravitations* (éd. définitive), par Jules Supervielle (Éditions de La N.R.F.) », *La N.R.F.*, n° 227, août 1932, p. 295-300.
MALLET, Robert, « Jules Supervielle ou le merveilleux serrurier », *Cahiers de la Compagnie Madeleine Renaud et Jean-Louis Barrault*, 3ᵉ année, quatorzième cahier, décembre 1955, p. 52-58.
MARCEL, Gabriel, compte rendu de *Robinson*, *Les Nouvelles littéraires*, 20 novembre 1952, cité par Tatiana W. Greene, Jules Supervielle, éd. citée, p. 286.
MICHAUX, Henri, « Mil neuf cent trente », *La N.R.F.*, août 1954, p. 196-197.
NADAL, Octave, « Jules Supervielle ou le rêve surveillé », *Le Mercure de France*, décembre 1958, repris dans *À mesure haute*, Mercure de France, 1964, p. 269-275.
NEVEUX, Georges, compte rendu de *Robinson*, *Arts*, 21 au 27 novembre 1952, cité par Tatiana W. Greene, *Jules Supervielle*, éd. citée, p. 286.
POURRAT, Henri, « *Le Survivant*, par Jules Supervielle (Éditions de *La N.R.F.*) », *La N.R.F.*, n° 185, février 1929, p. 263-266.
MARITAIN, Raïssa, « Causerie sur Supervielle et Reverdy », *Cahiers Jacques Maritain*, n° 65, 2012, p. 16-22.
THOMAS, Henri, « Michaux, Supervielle », *Cahiers de la Pléiade*, printemps 1950, p. 35-41.

COLLECTIFS

Jules Supervielle, catalogue de l'exposition organisée par la Bibliothèque littéraire Jacques Doucet (8-21 décembre 1958), rédigé par François Chapon, présentation d'Octave Nadal, Steff, 1958.
Hommage de la ville d'Oloron-Sainte-Marie à Jules Supervielle, Oloron-Sainte-Marie, le 25 septembre 1971.
Lectures des Amis inconnus de Supervielle, collection DIA, Paris, librairie Euphorion / Paris, Belin, 1980.
Analyses et réflexions sur les Amis inconnus de Jules Supervielle. Le Moi et le Monde, Paris, Ellipses, Édition Marketing, 1980.
Jules Supervielle, poète intime et légendaire, catalogue de l'exposition du centenaire (12 décembre 1984 – 8 janvier 1985), rédigé par Florence de Lussy, avant-propos d'André Miquel, préface de Georges-Emmanuel Clancier, Paris, Bibliothèque nationale, 1984.
Actas del Coloquio Supervielle 25, 26 y 27 de octubre de 1995 Montevideo – Uruguay, sous la direction de José Pedro Díaz, Ministère des Affaires Étrangères, Ambassade de France en Uruguay, Ediciones de la Banda Oriental, 1997.

Jules Supervielle aujourd'hui, Actes du colloque d'Oloron-Sainte-Marie 1er et 2 février 2008, textes réunis par Sabine Dewulf et Jacques Le Gall, Pau, Presses Universitaires de Pau, 2009.

Supervielle, poète de la Pampa, exposition organisée par Juan Alvarez, Maison de l'Amérique latine, du 8 décembre 2011 au 19 janvier 2012.

Jules Supervielle sur la scène littéraire : le hors venu à la croisée des chemins, Actes de la journée d'études de la Maison de la Sorbonne du 16 mai 2013, dirigée par Sophie Fischbach, https://www.fabula.org/colloques/index.php?id=2504 (consulté le 16 juin 2020).

NUMÉROS SPÉCIAUX DE REVUES

La Cruz del Sur, n° 30, Montevideo, novembre-décembre 1930.
L'Avant-poste, « Cahier spécial consacré à Jules Supervielle », Verviers-Bruxelles, 1935.
Regains, n° 21, « Reconnaissance à Supervielle », Jarnac, été-automne 1938.
Gants du ciel, n° 7, Éditions Fides, mars 1945.
Combat, « Hommage à Jules Supervielle », 13 mai 1954.
La N.N.R.F., n° 20, « Hommage à Jules Supervielle », août 1954.
Cahiers de la Compagnie Madeleine Renaud et Jean-Louis Barrault, 3e année, quatorzième cahier, décembre 1955.
Entregas de la Licorne, n° 7, « Homenaje a Jules Supervielle », Montevideo, mai 1956.
Livres de France (Biblio), n° 2, février 1957.
Sur, n° 266, « Homenaje a Supervielle », Buenos Aires, septembre-octobre 1960.
La N.R.F., n° 94, « Hommage à Jules Supervielle », octobre 1960.
Les Pharaons, n° 14, Paris, printemps 1973.
Revue d'histoire littéraire de la France, tome LXXXII, n° 1, Paris, 1982.
La Nouvelle Revue de Paris, n° 11, Monaco-Paris, septembre 1987.
Europe, n° 792, avril 1995.

HISTOIRE LITTÉRAIRE

Actes du Colloque Centenaire Marcel Jouhandeau, Sur Marcel Jouhandeau, Analyses littéraires, témoignages, anecdotes, Limoges, Presses Universitaires de Limoges, 1997.
Hommage au Docteur Georges Bouché, Bruxelles, Les Éditions du Parthénon, 1956.
AJCHENBAUM, Yves Marc, *Combat 1941-1974, Une utopie de la Résistance, une aventure de la presse*, Paris, Gallimard, 2013.

ALAJOUANINE, Théodore, *Valery Larbaud sous divers visages*, Paris, Gallimard, 1973.

ALLUIN, Bernard, BEAUDELLE, Yves (dir.), *Marcel Arland ou la grâce d'écrire*, Dijon, Éditions Universitaires de Dijon, 2004.

ARAGON, Louis, TRIOLET, Elsa, PAULHAN, Jean, *Le Temps traversé, Correspondance générale*, édition établie, présentée et annotée par Bernard Leuilliot, Paris, Gallimard, 1994.

ARLAND, Marcel, « Sur un nouveau mal du siècle », *La N.R.F.*, n° 125, février 1924.

ARLAND, Marcel, *Essais critiques*, Paris, Gallimard, 1931.

ARLAND, Marcel, Anthologie de la poésie française, Paris, Stock, 1941.

ARLAND, Marcel, *Il faut de tout pour faire un monde*, Paris, Gallimard, 1947.

ARLAND, Marcel, *Lettres de France*, Paris, Albin Michel, 1951.

ARLAND, Marcel, *Nouvelles Lettres de France*, Paris, Albin Michel, 1954.

ARLAND, Marcel, *Essais et nouveaux essais critiques*, Paris, Gallimard, 1952.

ARLAND, Marcel, *La Nuit et les sources*, Paris, Grasset, 1963.

ARLAND, Marcel, *Proche du silence*, Paris, Gallimard, 1973.

ASSOULINE, Pierre, *Gaston Gallimard : un demi-siècle d'édition française*, Paris, Folio Gallimard, 2006.

AUDIBERTI, Jacques, *Lettres à Jean Paulhan (1933-1965)*, édition de Jean-Yves Guérin, Paris, Gallimard, 1993.

AYERZA DE CASTILHO, Laura, FELGINE, Odile, *Victoria Ocampo*, avec un préambule d'Ernesto Sabato, Paris, Criterion, 1990.

BARBIER, Colette, *Henri Hoppenot, diplomate (25 octobre 1891 – 10 août 1971)*, Direction des Archives, Ministère des Affaires étrangères, 1999.

BARTHÉLÉMY, Clarisse (sous la direction de), *La Littérature selon Jean Paulhan*, Éditions Classiques Garnier, 2014.

BERNE, Joffroy, LEYMARIE, Jean, RICHET, Michèle (sous la direction de), *Jean Paulhan à travers ses peintres*, Paris, Éditions des musées nationaux, 1974.

BERTAUX, Pierre, *Mémoires interrompus*, Paris, Presses Sorbonne Nouvelle, 2000.

BERTAUX, Pierre, *Un Normalien à Berlin, Lettres franco-allemandes (1927-1933)*, Paris, Presses Sorbonne Nouvelle, 2001.

BERTELÉ, René, *Henri Michaux*, Paris, Seghers, 1946.

BONELLS, Jordi (sous la direction de), *Dictionnaire des littératures hispaniques*, Paris, Éditions Robert Laffont, 2009.

BOSQUET, Alain, *La Mémoire ou l'Oubli*, Paris, Grasset, 1990.

BOSQUET, Alain, *Correspondance avec Saint-John Perse*, Paris, Gallimard, 2004.

BOUCHÉ, Jean-Philippe, *Madeleine Bouché-Vanderborght 1895-1964*, Drogenbos, Éditions Eder, 1999.

BOUNOURE, Gabriel, *Marelles sur le parvis*, Paris, Plon, 1958.

Brasillach, Robert, *Animateurs de théâtre : Baty, Copeau, Dullin, Jouvet, les Pitoëff*, Bruxelles, Complexe, 2003.
Bréchon, Robert, *Michaux*, Paris, Gallimard, 1959.
Bressolette, Michel, « Jacques Maritain et *Le Roseau d'or* », *Littératures*, n° 9, 1984.
Bressolette, Michel, Mougel, René (dir.), *Jacques Maritain face à la modernité, colloque de Cerisy*, Toulouse, Presses Universitaires du Mirail, 1995.
Bridet, Guillaume, *Littérature et sciences humaines : autour de Roger Caillois*, Paris, Honoré Champion, 2008.
Cadin, Anne, Coudurier, Perrine, Desclaux, Jessica, Gaboriaux, Marie, Pierre, Delphine (dir.), *Romans et récits français, entre nationalisme et cosmopolitisme*, Éditions Classiques Garnier, 2017.
Cahiers Jacques Maritain, 1981-1995.
Caillois, Roger, *Cases d'un échiquier*, Paris, Gallimard, 1970.
Caillois, Roger, *Approches de la poésie*, Paris, Gallimard, 1978.
Carvallo, Fernando (édition de), *L'Amérique latine et La Nouvelle Revue Française 1920-2000*, Paris, Gallimard, 2001.
Cerisier, Alban, *Une Histoire de La NRF*, Paris, Gallimard, 2009.
Compagnon, Olivier, *Jacques Maritain et l'Amérique du Sud*, Villeneuve d'Ascq, Presses universitaires du Septentrion, 2003.
Copeau, Jacques, *Journal 1901-1948*, texte établi, présenté et annoté par Claude Sicard, collection « Pour Mémoire », Paris, Seghers, 1991.
Curatolo, Bruno, Houssais, Yvon (dir.), *Marcel Arland lecteur, éditeur, écrivain*, Dijon, Éditions Universitaires de Dijon, 2015.
Duvignaud, Jean, *Arland*, Paris, Gallimard, 1962.
Étiemble, René, *Poètes ou faiseurs ?*, *Hygiène des lettres*, tome IV, Paris, Gallimard, 1966.
Étiemble, René, *C'est le bouquet !*, *Hygiène des lettres*, tome V, Paris, Gallimard, 1967.
Felgine, Odile, *Roger Caillois*, Paris, Stock, 1994.
Fleppt, Catherine, *La Poésie de jeunesse de Rafael Alberti*, L'Harmattan, 2004.
Fort, Paul, *Mes Mémoires*, Paris, Flammarion, 1944.
Fourcade, Jacques, *Feu la modernité ? Maritain et les maritanismes*, Nancy, Éditions Arbre bleu, 2021.
Frickx, Robert, *Franz Hellens ou le temps dépassé*, Bruxelles, Palais des Académies, 1992.
Garaud, Christian, « C'est tout autre chose que j'attendais de vous ! Robert Mallet questionne Jean Paulhan », *Écrivains au micro*, Pierre-Marie Héron (dir.), Presses Universitaires de Rennes, 2010.
Gide, André, *Essais critiques*, Bibliothèque de la Pléiade, Paris, Gallimard, 1999.

GÓMEZ DE LA SERNA, Ramón, *Pombo, Obras completas*, Editorial A.H.R., Barcelone, 1957.
GRANDBOIS, Alain, *Correspondance*, édition critique de Bernard Chassé, Montréal, Presses de l'Université de Montréal, 2003.
GRENIER, Roger, *Claude Roy*, Paris, Seghers, 1971.
GRENOUILLET, Corinne, « Celui qui croyait au ciel et celui qui n'y croyait pas », *Les Annales littéraires de l'Université de Besançon*, n° 472, 1992.
GRYSPEERDT, Axel, *Roger Caillois. Des mythes aux collections*, Paris, Éditions Classiques Garnier, 2013.
GUÉHENNO, Jean, *Journal des années noires 1940-1944*, Paris, Gallimard, 1947.
HEURGON-DESJARDINS, Anne, *Paul Desjardins et les Décades de Pontigny*, Paris, PUF, 1964.
JACOB, Max, *Lettres à Marcel Jouhandeau*, édité par Anne Kimball, Paris, Droz, 1979.
HOPPENOT, Hélène, *Journal 1936-1940*, édition établie, introduite et annotée par Marie France Mousli, Ruelle-sur-Touvre, Éditions Claire Paulhan, 2015.
HOPPENOT, Hélène, *Journal 1940-1944*, édition établie, introduite et annotée par Marie France Mousli, Condé-sur-Noireau, Éditions Claire Paulhan, 2019.
JAHANDIEZ, Émile, *Petite Histoire des Îles d'Hyères (des origines à 1930 : Presqu'île de Giens – Porquerolles – Port-Cros – Île du Levant*, Cressé, Éditions des Régionalismes, 2016.
JARRETY, Michel, *Paul Valéry*, Paris, Fayard, 2008.
JOUHANDEAU, Marcel, *Nouveau Bestiaire*, Paris, Grasset, 1952.
JOUHANDEAU, Marcel, *Carnets de l'écrivain*, Paris, Gallimard, 1957.
JOUHANDEAU, Marcel, *Lettres de Marcel Jouhandeau à Max Jacob*, édité par Anne Kimball, Paris, Droz, 2002.
JOUVE, Pierre Jean, *Lettres à Jean Paulhan – 1925-1961*, édition établie, préfacée et annotée par Muriel Pic, Paris, Éditions Claire Paulhan, 2006.
KOPP, Robert (dir.), *La Place de La NRF dans la vie littéraire du XXe Siècle (1908-1943)*, Paris, Gallimard, 2009.
LABBÉ, Mathilde, « "Poètes d'aujourd'hui" (1944-2007) : collection d'anthologies, collection-anthologie », *Tangence*, n° 102, 2020, p. 67-77.
LARA BROZZESI, Claude, « El renacimiento de Alfredo Gangotena », *AFESE*, n° 26, 1996.
LARBAUD, Valery, *Sous l'invocation de Saint-Jérôme*, Paris, Gallimard, 1946.
LARBAUD, Valery, *Œuvres*, édition de Georges Jean-Aubry et Robert Mallet, préface de Marcel Arland, Bibliothèque de la Pléiade, Paris, Gallimard, 1957.
LARBAUD, Valery, *Correspondance avec Léon-Paul Fargue, 1910-1946*, texte établi, présenté et annoté par Théodore Alajouanine, Paris, Gallimard, 1971.

LARBAUD, Valery, *Lettres à Adrienne Monnier et à Sylvia Beach, 1919-1933*, IMEC Éditions, 1991.
LARBAUD, Valery, *Notes pour servir à ma biographie (an uneventful one)*, notes et postface par Françoise Lioure, collection « Tiré-à-part », Bassac, Éditions Claire Paulhan, 2006.
LARBAUD, Valery, *Journal*, texte établi, préfacé et annoté par Paule Moron, Paris, Gallimard, 2009.
LARBAUD, Valery, COPEAU, Jacques, *Correspondance (1911-1932), suivie d'une conférence de Valery Larbaud au Vieux-Colombier*, édition d'Amélie Auzoux, Paris, Éditions Classiques Garnier, 2015.
LEIRIS, Michel, JOUHANDEAU, Marcel, *Correspondance 1923-1977*, édition établie par Denis Hollier et Louis Yvert, Paris, Gallimard, 2021.
LEYRIS, Pierre, *Pour mémoire*, Paris, Corti, 2002.
LE QUINTREC, Charles, *Alain Bosquet*, Paris, Seghers, 1964.
LEVET, Henry Jean-Marie, *Cartes postales et autres textes, précédés d'une conversation de Léon-Paul Fargue et Valery Larbaud*, Paris, Poésie/Gallimard, 2001.
LOUIS, Annick, « Étoiles d'un ciel étranger : Roger Caillois et l'Amérique latine », *Littérature*, 2013, n° 170, p. 71-81.
LOUVRIER, Pascal, *Brasillach, l'illusion fasciste*, Paris, Perrin, 1989.
MARTIN, Jean-Pierre, *Henri Michaux, écritures de soi, expatriations*, Paris, José Corti, 1994.
MARTIN, Jean-Pierre, *Henri Michaux*, NRF Biographies, Paris, Gallimard, 2003.
MARTIN HERNANDEZ, Évelyne (études réunies par), *Ramón Gómez de la Serna*, Clermont-Ferrand, Cahiers de recherche du CRLMC – Université Blaise Pascal, 1999.
MERLO-MORAT, Philippe, *Littérature espagnole contemporaine*, Paris, PUF, 2009.
MICHAUX, Henri, *Œuvres complètes*, tome I, édition de Raymond Bellour avec la collaboration d'Ysé Tran, Bibliothèque de la Pléiade, Paris, Gallimard, 1998.
MICHAUX, Henri, *Sitôt lus, Lettres à Franz Hellens (1922-1952)*, édition et préambule établis par Leonardo Clerici, Paris, Fayard, 1999.
MICHAUX, Henri, *Œuvres complètes*, tome II, édition de Raymond Bellour avec la collaboration d'Ysé Tran, Bibliothèque de la Pléiade, Paris, Gallimard, 2001.
MICHAUX, Henri, *Œuvres complètes*, tome III, édition de Raymond Bellour avec la collaboration d'Ysé Tran, Bibliothèque de la Pléiade, Paris, Gallimard, 2004.
MICHAUX, Henri, *Donc c'est non*, lettres réunies, présentées et annotées par Jean-Luc Outers, Paris, Gallimard, 2016.
MILHAUD, Madeleine et MILHAUD, Darius, HOPPENOT, Hélène et HOPPENOT, Henri, *Conversation, Correspondance 1918-1974*, édition, avec postface, établie et annotée par Marie France Mousli, Paris, Gallimard, 2005.
MONNIER, Adrienne, *Rue de l'Odéon*, Paris, Albin Michel, 2009.

MOUSLI, Béatrice, *Intentions : Histoire d'une revue littéraire des années vingt*, Ent'revues, 1995.

MOUSLI, Béatrice, *Valery Larbaud*, Paris, Flammarion, 1998.

MOUSLI, Béatrice, *Max Jacob*, Paris, Flammarion, 2005.

ORTEGA Y GASSET, José, *La Déshumanisation de l'art*, traduit de l'espagnol par Paul Aubert et Ève Giustiniani, Sulliver, 2008.

OUVRY-VIAL, Brigitte, RÉACH-NGÔ, Anne (dir.), *L'Acte éditorial. Publier à la Renaissance et aujourd'hui*, Paris, Éditions Classiques Garnier, 2010.

PAIRE, Alain, *Chronique des Cahiers du Sud*, Paris, IMEC, 1993.

PAULHAN, Claire, « Port-Cros : l'île de *La Nouvelle revue française* », *Le Var des écrivains*, Paris, Éditions Alexandrines, 2015.

PAULHAN, Claire, « Henry Church et la revue *Mesures* », *Romanic Review*, Durham, vol. 99, n° 1-2, janvier-mars 2008.

PAULHAN, Jean, « Sur une poésie obscure », *Commerce*, n° XXIII, printemps 1930.

PAULHAN, Jean, *Clef de la poésie*, Paris, Gallimard, 1944.

PAULHAN, Jean et AURY, Dominique, *La Patrie se fait tous les jours, textes français 1939-1945*, Paris, Éditions de Minuit, 1947.

PAULHAN, Jean, « Le Clair et l'Obscur », *La N.N.R.F.*, n° 64, 1er avril 1958, p. 577-593.

PAULHAN, Jean, « Le Clair et l'Obscur (Fin) », La N.N.R.F., n° 66, juin 1958, p. 1006-1026.

PAULHAN, Jean, *Traité du ravissement*, Paris, Périple, 1983.

PAULHAN, Jean, *La Vie est pleine de choses redoutables*, préface de Claire Paulhan, Paris, Seghers, 1989.

PAULHAN, Jean, *Les Fleurs de Tarbes ou la Terreur dans les lettres*, nouvelle édition augmentée, Paris, Gallimard, 1990.

PAULHAN, Jean, *Œuvres complètes*, tome I, édition de Bernard Baillaud, collection Blanche, Paris, Gallimard, 2006.

PAULHAN, Jean, *Œuvres complètes*, tome II, édition de Bernard Baillaud, collection Blanche, Paris, Gallimard, 2009.

PAULHAN, Jean, *Œuvres complètes*, tome III, édition de Bernard Baillaud, collection Blanche, Paris, Gallimard, 2011.

PAULHAN, Jean, *Œuvres complètes*, tome IV, édition de Bernard Baillaud, collection Blanche, Paris, Gallimard, 2018.

PAULHAN, Jean, *Œuvres complètes*, tome V, édition de Bernard Baillaud, collection Blanche, Paris, Gallimard, 2018.

PAULHAN, Jean, ARLAND, Marcel, *Correspondance 1936-1945*, édition établie et annotée par Jean-Jacques Didier, Paris, Gallimard, 2000.

PAULHAN, Jean, PETITJEAN, Armand, *Correspondance, 1934-1968*, édition de Martyn Cornick, Paris, Gallimard, 2011.

PAULHAN, Jean, DRIEU LA ROCHELLE, Pierre, « *Nos relations sont étranges* ». *Correspondance 1925-1944*, Paris, Éditions Claire Paulhan, 2017.

PAULHAN, Jean, POURRAT, Henri, *Correspondance 1920-1959*, édition de Claude Dalet et Michel Lioure, Paris, Gallimard, 2019.

PHILIP, Michel, *Lectures de Lautréamont*, Paris, Armand Colin, 1971.

PIA, Pascal, *Au Temps du Disque vert, Lettres à Franz Hellens (1922-1934)*, textes réunis et présentés par René Fayt, Mercuès, IMEC, 2006.

PIQUER DESVAUX, Alicia, « Jorge, Guillén, traductor de Supervielle », *La Traducción en la Edad de Plata*, Barcelona, PPU, 2001, p. 259-269.

PIWNIK, Marie-Hélène, « Pierre Hourcade, le Portugal et la France », *in Lisbonne, Atelier du lusitanisme français*, dir. Jacqueline Penjon et Pierre Rivas, Paris, Presses de la Sorbonne Nouvelle, 2005.

RABATÉ, Ève, *La Revue Commerce, L'esprit « classique moderne » (1924-1932)*, Paris, Gallimard, 2012.

ROUSSILLAT, Jacques, *Marcel Jouhandeau, Le diable de Chaminadour*, Paris, Bartillat, 2002.

SAINT-JOHN PERSE, *Œuvres complètes*, Bibliothèque de la Pléiade, Paris, Gallimard, 1982.

SEVEGRAND, Martine, *Temps Présent, Une aventure chrétienne. Tome 1 : l'hebdomadaire, 1937-1947*, Paris, Éditions du Temps Présent, 2006.

SMEDT (DE), Raphaël, *La Collaboration de Franz Hellens aux périodiques de 1899 à 1972*, Bruxelles, Archives et bibliothèques de Belgique, 1978.

VAÏSSE, Maurice (dir.), *De Gaulle et l'Amérique latine*, Presses Universitaires de Rennes, 2014.

VALÉRY, Paul, « Sur la crise de l'intelligence », *La Revue de France*, 15 juin 1925.

« Le classicisme des modernes, représentations de l'âge classique au XXe siècle », *Revue d'Histoire littéraire de la France*, 107e année, n° 2, Paris, PUF, avril 2007.

VALÉRY, Paul, *Variété I et II*, Paris, Gallimard, 1998.

VALÉRY, Paul, *Variété III, IV et V*, Paris, Gallimard, 2002.

VARENNE, Jean-Michel, *Lanza del Vasto : le précurseur*, Paris, Celt, 1976.

VIGNALE, François, *La Revue Fontaine, Poésie, Résistance, Engagement, Alger 1938-Paris 1947*, Rennes, Presses Universitaires de Rennes, 2012.

INDEX DES CORRESPONDANTS DE JULES SUPERVIELLE

ADLER, Rose : 315
ARLAND, Marcel : 270, 274, 281, 286, 288-290, 294-297, 318, 324, 329, 459, 464, 469, 471-472, 477, 480-482, 495, 505, 508-509, 518, 525-527, 530-532, 535-536, 538, 540, 542, 545-546-549, 556-559, 561-566

BERTELÉ, René : 468
BOSQUET, Alain : 397, 401, 413, 422, 513-514, 520, 522-523, 531, 533-534, 539, 549-554, 570, 572-573
BULLRICH, Eduardo : 405-407, 410-412, 414, 600-601, 604

CADOU, René-Guy : 340, 470, 474, 487-488, 496, 507
CAILLOIS, Roger : 319, 325, 340, 342-348, 350-352, 354-357, 359-361, 363, 369, 371-372, 374, 376-377, 379, 381-382, 385, 387-388, 390-396, 398, 402-404, 416-417, 420-421, 424, 426-431, 434, 436-438, 440, 442-449, 497, 562, 567
CALET, Henri : 330
CATTAÜI, Georges : 275, 298, 300, 308
CIORAN, Emil : 502
CLIFFORD BARNEY, Natalie : 282, 284, 467

DENOËL, Jean : 546

ELUARD, Paul : 611

FABRE, Emile : 310
FARGUE, Léon-Paul : 256
FOURCADE, Jacques : 287
FRÉNAUD, André : 478

GIDE, André : 271, 288, 333, 450, 575
GIRONDO, Oliverio : 415-416

HELLENS, Franz : 250, 257, 268, 280, 283, 285, 291-293, 296-297, 301, 306-307, 309-310, 316, 458, 490, 492, 500, 510-511, 515, 529, 540, 543, 555
HEYD, Richard : 470, 473, 477, 486, 528
HOPPENOT, Henri : 349, 400, 418, 484, 486
HUGNET, Georges : 259-262, 264, 266-269, 273, 275, 277-279

JACCOTTET, Philippe : 475-476, 571-572
JALOUX, Edmond : 304, 317, 328
JEAN-AUBRY, Georges : 248

LANOË, Julien : 276, 278, 302-303, 306, 326, 460, 465-466, 512, 514, 516-517, 519, 521, 524, 528, 541, 544, 560

MANNING, Hugo : 506
MARITAIN, Jacques : 263, 265, 299, 304, 308, 315, 323, 432, 542
MARITAIN (OUMANSOFF), Raïssa : 312, 382, 538
MICHAUX, Henri : 463, 579-583, 585-599, 606-610, 614

Monnier, Adrienne : 251, 261, 264, 278, 461-462, 466

Parrot, Louis : 479
Paulhan, Jean : 546
Picard, Gaston : 245, 254
Pillement, Georges : 245, 273, 285
Pomès, Mathilde : 246, 294, 255, 280, 301, 314, 474, 553, 573

Ramsey, Warren : 454, 501, 567-569
Raval, Marcel : 334-338, 461

Rilke, Rainer Maria : 577-578
Roy, Claude : 321, 327, 329-330, 332, 358, 365, 451, 455, 483, 488, 491-494, 496, 499, 503-504, 507, 555

Saint-John Perse : 612
Schiffrin, Jacques : 322
Seghers, Pierre : 380
Silvestre de Sacy, Samuel : 543

Vilmorin (de), Louise : 498

INDEX DES NOMS

Abetz, Otto : 345
Abraham, Marcel : 114, 276, 486
Abraham, Pierre : 15
Adler, Rose : 315
Aguirre Antuña, Leonel : 344
Alain : 123, 203
Alajouanine, Théophile : 181, 216, 545
Alberti, Rafael : 78, 81, 129, 305, 352, 357, 386, 420, 431
Alcazar, Mme : 581
Alejaidinho : 73
Alexandre, René : 95
Algorta, Carlos : 381
Algorta Necol de Supervielle, Maria del Carmen : 381
Alicot, François : 38
Alonso, Angel : 191, 392
Alquié, Ferdinand : 114
Altolaguirre, Manuel : 81, 116, 386
Alvarez de Calamet, Elena : 409, 411
Alyn, Marc : 240
Amaral (do), Tarsila : 22
Aminel, Georges : 516
Andrade (de), Oswald : 22
André, Rogi : 237, 475
Anex, Georges : 240
Antonini, Comte : 226
Audisio, Gabriel : 114
Auric, Georges : 480
Apollinaire, Guillaume : 148, 153, 197, 401, 520, 522
Aragon, Louis : 26-27, 43, 123, 127, 129, 134, 140, 142, 148, 182, 345, 378, 380, 383, 399, 401, 413-414, 554, 595
Arcos, René : 19

Arland, Dominique : 505, 527, 563
Arland (Béraud), Janine : 289, 294, 325, 460, 464, 477, 519, 527, 530, 533, 540, 548, 550, 566
Arland, Marcel : 2, 8, 9, 13, 15, 45, 53-55, 57, 59, 63, 65-67, 71, 74, 77, 81, 83, 87, 106, 111, 112, 119, 124, 125, 165, 167-169, 173-176, 182, 187, 188, 192, 199-200, 203, 205-208, 213-215, 218-219, 222, 230-231, 234-235, 239-241, 270-271, 274, 281-282, 286, 288-290, 294-298, 318-319, 324, 329, 346, 375, 459, 464, 469, 471-472, 477-478, 480-483, 495, 505, 508-509, 518-519, 525, 526-527, 530-532, 535-536, 538, 540, 542, 545-549, 556-559, 561-566
Arland, René : 289
Aron, Raymond : 137, 189, 371
Aron, Robert : 102
Artaud, Antonin : 79-80, 176, 584
Arteaga de Segundo, Maria Ines : 410-411
Artur, José : 332
Aslan, Grégoire : 516
Astier de la Vigerie (d'), Emmanuel : 483
Astruc, Alexandre : 179
Atlan, Jean-Michel : 549
Aubarède (d'), Gabriel : 122
Aubusson, Brice : 222
Auclair, Marcelle : 43, 58, 66
Auric, Georges : 480
Aury, Dominique : 217, 545
Aymé, Marcel : 535
Azorín : 65, 285

BALLARD, Jean : 50-52, 81-82, 114, 367
BALYNE, Claude : 325
BALYNE, Marceline (dite HENRY, Marceline) : 56, 325
BAR, Paul : 61
BARBUSSE, Henri : 18
BARGA, Corpus : *voir García de la Barga y Gómez de la Serna, Andrés*
BARIAL, Jean : 240
BARNOWSKI, Victor : 90, 525, 582-583
BARON, Marguerite : 408
BARON, Odile : 101-102, 432
BARON LAMOTHE, Étienne : 408, 432
BARON SUPERVIELLE, Anita : 49, 121, 131, 342, 350, 408, 432, 449
BARON SUPERVIELLE, Susana : 449
BARRAINE, Elsa : 231, 557
BARRAULT, Jean-Louis : 208, 214, 217-218, 470, 540, 547
BARREDA, Octavio : 448
BARROSO, Isabel : 13
BARSACQ, André : 366
BARTAS (DU), Guillaume : 112
BATAILLE, Georges : 343
BATY, Gaston : 314
BAUDELAIRE, Charles : 193, 323, 328, 364-365, 395, 429, 448, 501
BAZALGETTE, Léon : 17, 478
BÉCART, Dr : 319
BECKER, Lucien : 378
BEER, Lucien : 332
BEGUIN, Albert : 113, 141-142, 151, 172-173, 193, 323, 378, 385-388, 391, 420, 422-423, 557
BELL, Marie : 95
BELLAY (DU), Joachim : 160, 174
BELLIVIER, André (dit NOËL-JEANDET) : 110, 300
BELLON, Loleh : 488
BENDA, Julien : 172, 183, 505
BÉNICHOU, Paul : 155, 435, 446
BENJAMIN, Walter : 114
BENN, Gottfried : 513
BENOIST-MÉCHIN, Jacques : 251, 254

BERGER, Yves : 240
BERGSON, Henri : 377
BERKELEY, George : 454, 568
BERNAL, Juan José Luis González : 95, 123-124, 334-339, 461, 598-599
BERNANOS, Georges : 126, 439, 596, 598
BERNIER, Armand : 587
BERTAUX, Daniel : 9, 15, 341
BERTAUX (SUPERVIELLE), Denise : 12-13, 31, 60, 89, 95, 102, 119-120, 143, 164, 190, 206, 277, 290, 293, 298, 300, 305, 341, 384, 390, 393, 419, 436, 460, 481, 490, 575-576, 588, 596, 599, 607
BERTAUX, Félix : 56, 64, 74, 283, 285, 341, 344, 384, 388, 423, 436, 515
BERTAUX, Pierre : 60, 64-66, 74, 95, 102, 107, 120, 126, 143, 152, 191, 206, 277, 283, 285, 419, 436, 596
BERTELÉ, René : 30, 168, 176, 257, 468, 494, 608
BERVEILLER, Michel : 136
BESPALOFF, Rachel : 449
BEUVE-MÉRY, Hubert : 186
BIDAULT, Georges : 445
BIANCO, José : 381, 392, 448
BIOY CASARES, Adolfo : 392
BISIAUX, Marcel : 106
BLANCHAR, Dominique : 516
BLANCHARD, Marie : 42, 164, 246
BLANCHOT, Maurice : 240, 389
BLANCO ACEVEDO, Juan Carlos : 419
BLANZAT, Jean : 369
BLOCH, Jean-Richard : 47
BLOY, Léon : 384
BLUM, Léon : 96
BORÈS, Francisco : 14, 57, 164, 246
BORGEAUD, Georges : 200, 476
BORGES, Jorge Luis : 122, 154, 353-354, 371
BORNE, Alain : 151, 420
BOSQUET, Alain : P. 39, 147-149, 156, 189, 197-199, 213, 221, 225-226, 236-238, 240, 397-398, 401, 404, 413, 418, 420, 422-423, 449, 513-514,

INDEX DES NOMS

520-524, 531, 533-535, 539, 542, 549-554, 570, 572-573, 613
BOUCHÉ, Georges : 110, 206, 316, 322, 492, 511, 529
BOUCHÉ (VANDERBORGHT), Madeleine : 110, 316, 322, 492, 500, 529, 540, 544
BOUJUT, Pierre : 110
BOURDIN, Roger : 185, 419
BOUSQUET, Joë : 105-106, 129, 139, 346, 370
BOVY, Berthe : 95
BOXUS, Louis : 206
BRAQUE, Georges : 27, 164, 167
BRAUN MENENDEZ, Armando : 399
BRASILLACH, Robert : 77, 79, 112, 295, 321
BRENNER, Jacques : 205
BRETON, André : 37, 43, 108, 147-148, 162, 392, 394-395, 522
BROQUA, Alfonso : 254
BRULL, Mariano : 81, 386
BRUNEAU, Alfred : 176, 484
BUENZOD, Emmanuel : 47, 56, 75
BULLRICH, Eduardo : 150, 392, 405-407, 409-412, 414-416, 600-601, 604

CADOU, René-Guy : 160, 168, 170-171, 204, 340, 378, 470, 474, 487, 488, 496, 507, 517, 529
CAETANI, Marguerite (princesse de Bassiano) : 34-35, 256
CAHUN, Claude : 580
CAILLOIS (Vichrova), Alena : 562
CAILLOIS, Catherine : 351
CAILLOIS, Roger : 8, 66, 76, 85, 108-109, 112, 114, 119, 122, 126, 128-131, 134-140, 143-144, 147-149, 151-152, 154-156, 158-159, 163, 169-170, 208, 210, 223, 267, 319-320, 325-326, 340, 342-348, 350-363, 365, 369-374, 376-379, 381-382, 385-404, 407, 413, 416-417, 420-421, 423-432, 434-440, 442-449, 465, 469, 497, 562, 567
CAILLOIS (BILLOD), Yvette : 351, 357, 360-361, 370, 388, 442, 449

CALET, Henri : 13, 176, 181, 330, 500
CAMPIGLI, Massimo : 549
CAMUS, Albert : 162, 392, 568
CANEL, José : 43
CANTO, Patricio : 429, 435-436
CAPASSO, Aldo : 50, 309-310
CAPURRO DE VAREL ACEVEDO, Olga : 409, 411
CARCANO, Angel : 145
CARÊME, Maurice : 117
CARNER I PUIG-ORIOL, Josep : 448
CARR, Lucie : 133
CARR, Philippe : 133
CARROLL, Lewis : 371
CASADESUS, Gisèle : 95
CASAL, Julio : 143, 392
CACERES (DE), Esther : 399
CAILLEUX, Dr : 216
CASSOU, Jean : 18, 20, 37, 39, 42-43, 63, 88, 94, 152, 197, 240, 281, 331, 436, 522, 587
CATTAÜI, Georges : 59, 81, 275, 298, 300, 308
CAUSSY, Fernand : 186
CAYROL, Jean : 557
CELAN, Paul : 189
CÉNDRARS, Blaise : 25, 74, 288, 590
CHAGALL, Ida : 89, 305, 486
CHAGALL, Marc : 27, 89, 164, 187, 246, 305, 486, 509
CHAMSON, André : 183, 505
CHAPON, François : 233, 563
CHARDONNE, Jacques : 535
CHARON, Jacques : 197, 524
CHESTERTON, G. K. : 265, 371
CHEVALIER, Yvonne : 14
CHIARI, Joseph : 523-524
CHIFFOLEAU, Sylvain : 171, 487, 488, 496
CHOFFÉ, Dr : 129
CHONEZ, Claudine : 472
CHURCH, Barbara : 208, 225, 370, 558
CHURCH, Henry : 139, 370, 375-376, 388, 558, 597
CINGRIA, Charles-Albert : 169, 176, 199

CIORAN, Emil : 189, 237, 502, 572
CLAUDEL, Paul : 15, 17, 67, 112, 144, 153, 170, 182, 186, 202, 207-210, 214, 217-218, 220, 236, 265, 282, 319, 370, 387, 413, 418, 433, 435, 469, 485, 522, 530, 545, 548, 554
CLAVEL, Maurice : 516
CLÉMENT, Père : 516
CLIFFORD BARNEY, Natalie : 282, 284, 467
CLUYTENS, André : 184, 419
COCTEAU, Jean : 22, 37, 45, 52, 67, 162, 182, 239-240, 263, 265, 274, 392, 522, 546, 550
COFFINET, Julien : 154, 439-440, 443-446
COLETTE : 542
COLLE, Pierre : 274, 277
COLLETTE, Paul : 375
COLOMBO, Francisco A. : 416, 605
COPEAU, Jacques : 67, 467, 583
CORTI, José : 114
COUPILLE, Paul : 213, 537
COUSIN, Gabriel : 240
COUSIN, Annette : 64
COUSIN, Jean : 64
CREMER, Bruno : 516
CRÉMIEUX, Benjamin : 26, 47, 58, 71, 96, 99, 100
CRESSOT, Joseph : 511
CREVEL, René : 25, 285
CROISIER, Marcelle : 185, 419
CRUCHET, René : 408, 584

DABIT, Eugène : 99
DALÍ, Salvador : 91, 582
DALMÈS, Mony : 524
DARAGNÈS, Jean-Gabriel : 22, 62
DARÍO, Rubén : 443-444
DASQUE, Jacques : 516
DAVID (SUPERVIELLE), Françoise : 85, 90-91, 104, 120, 126, 144, 164, 169, 190, 194, 202, 206, 213, 224, 307, 334, 341, 375, 384, 419, 456, 458, 460, 462-463, 469, 560, 580-581, 588, 596, 599, 607-608

DAVID, Marie-Laure : 14, 190, 341
DAVID, Olivier : 341, 560
DAVID, Pierre : 85, 90, 104, 119-120, 126, 143, 162, 169-170, 202, 206, 224, 234, 307, 319, 334, 341, 384-385, 390, 419, 433, 463, 465-466, 469, 560, 580-581, 584, 596, 599, 600, 607
DAVID, Yves : 334
DAVY, Jean : 179, 493-494, 497
DEBUSSY, Claude : 246
DECOUR, Jacques : 134, 345, 398
DELAMARCHE, Léon : 22
DELANGLADE, Frédéric : 116-117, 595
DELAUNAY, Robert : 246
DELERUE, Georges : 498
DELORME, Danièle : 528
DELTEIL, Joseph : 62
DENOËL, Jean : 546, 573
DESCHAMPS, Charles : 134, 358, 366
DESJARDINS, Paul : 103, 555
DESNOS, Robert : 274
DESNOUES, Lucienne : 542
DEVAULX, Noël : 239
DHÔTEL, André : 176, 236, 240
DIETRICH, Luc : 80
DÍEZ-CANEDO, Enrique : 36
DOMINGO Y SEGURA, Fransisco : 23, 164
DORCHAIN, Auguste : 205
DOS PASSOS, John : 22
DOSTOÏEVSKY, Fiodor : 451, 568
DOUANIER ROUSSEAU (Le) : 176
DRIEU LA ROCHELLE, Pierre : 130, 139, 345-346, 351, 356, 369, 398, 406, 459
DROUIN, René : 176, 483
DUBOIS, Hubert : 587
DUBUFFET, Jean : 27, 176, 549
DUCHÉ, Jean : 204, 529
DUCREUX, Louis : 57, 74
DUFY, Raoul : 164, 246
DUHAMEL, Georges : 13, 96, 100, 220
DULLIN, Charles : 314
DUMESNIL, René : 186
DUNOYER DE SEGONZAC, André : 27

DÜRRENMATT, Friedrich : 189
DURTAIN, Luc : 19-20
DUTOURD, Jean : 240
DUVIGNAUD, Jean : 200-201, 459, 549
DUVIVIER, Julien : 352
DUX, Pierre : 353
DY (DU), Mélot : 283

ÉLIE, Robert : 449
ELUARD, Nusch : 168, 378
ELUARD, Paul : 25, 43, 123, 129, 140, 142, 147, 141, 151, 168, 173-174, 332, 378, 394, 397, 413, 420-421, 479, 494, 507-508, 522, 554, 611
EMMANUEL, Pierre : 140, 142, 148, 236-237, 378, 380, 385, 399, 401, 414, 557
ERLANGER (D'), Catherine : 298
ERLANGER (D'), Émile : 298
ERNST, Max : 274
ESCANDE, Maurice : 95
ESTABLE, Clemente : 442
ESTANG, Luc : 240
ÉTIEMBLE, René : 8-9, 14-15, 29, 47, 61, 68, 75-76, 78-79, 84, 90-91, 96, 107-110, 113, 121-122, 128, 130-131, 136, 141-143, 147-148, 151, 154-156, 172, 176-180, 185, 188, 190, 192, 204, 208-212, 218-219, 226-227, 231, 233, 235, 239, 319-320, 324, 340-342, 351, 356-357, 359, 361-364, 376, 384, 387-393, 395-398, 404, 416-417, 422-424, 427-428, 437-439, 449, 473, 489, 496, 511, 536, 560, 564-565, 583, 611
EYHERALDE, Marie : 48-49

FABRE, Émile : 92, 95, 310
FALLA (DE), Manuel : 43, 246
FAOUZI, Hussein : 351
FARGE, Yves : 483
FARGUE, Léon-Paul : 21-22, 31, 34-35, 37, 114, 153, 203, 256-258, 394
FAUTRIER, Jean : 27, 549
FAVORY, André : 27, 164, 246

FAŸ, Bernard : 191
FENOSA, Apelles : 27, 32
FERDIÈRE, Gaston : 591
FERDIÈRE, Marie-Louise : *voir* MICHAUX *(ferdière), Marie-Louise*
FERNANDEZ, Ramon : 283
FERRARE, Henri : 151, 420
FESTY, Jacques : 537
FIESCHI : 240
FIGARI, Pedro : 20, 27, 33, 41-42, 164, 246, 258, 281, 410
FIGARI, Margarita : 410
FILARTIGAS, Juan M. : 70
FLAMENT, Paul : 557
FLUCHÈRE, Henri : 367
FOCILLON, Henri : 446
FOLLAIN, Jean : 114, 240
FOMBEURE, Maurice : 69, 266
FONDANE, Benjamin : 114
FONTAINAS, André : 17-18, 42, 63, 88, 112
FONTAINE, Pierre : 292
FONTENEY, Catherine : 332
FORT, Paul : 11, 238-239, 576
FOUCHET, Max-Pol : 140, 380
FOURCADE, Georgette : 463
FOURCADE, Jacques : 50, 287, 301, 463, 585
FRANÇOIS, William : 181
FRANK, Waldo : 85
FRATEILI, Arnaldo : 47
FRÉNAUD, André : 175, 478
FREUND, Gisèle : 27, 162, 392, 462
FRIESZ, Othon : 246
FUMET, Stanislas : 265

GAILLARD, André : 39, 50-52, 55, 57, 59, 266-268, 270
GAILLARD, Roger : 371
GALLIMARD, Claude : 127, 497
GALLIMARD, Gaston : 50, 55, 57, 129, 180, 345, 367, 390, 467, 494, 497, 499
GALLIMARD, Raymond : 390, 393
GALLIMARD, Yvonne : 50

GÁLVEZ BARRENECHEA, José : 443
GAMARRA, Pierre : 182
GANEAU, François : 197, 524
GANGOTENA, Alfredo : 9, 24, 32-34, 39-40, 45-46, 50, 57-62, 79, 95, 99, 149, 153, 267, 427
GARAMOND, Jean : 151, 420
GARCÍA DE LA BARGA Y GÓMEZ DE LA SERNA, Andrés (dit Barga, Corpus) : 41-42, 250, 335-336
GARCÍA DE LA BARGA Y GÓMEZ DE LA SERNA, Gabriela : 335
GARCÍA LORCA, Federico : 35-36, 63, 116, 279, 420, 474, 568-569
GARCÍA OTERO, Julio César : 129, 346-348, 361
GARÇON, Maurice : 545
GARIBALDI, Ferdinando : 270
GARNIER, Pierre : 534
GARY, Romain : 189
GAUCLÈRE, Yassu : 128, 320, 340-341, 373, 428
GAUDÍ, Antoni : 442
GAULLE, Charles (de) : 77, 135, 138, 144, 146, 152, 155, 231-232, 343, 423, 434, 436, 445, 461, 560
GENTIL, François : 349
GEVERS, Marie : 587
GIDE, André : 7, 12-13, 43, 46, 55, 57, 67, 119, 123, 129, 157-158, 182, 271-272, 282, 288, 292, 331, 333-334, 358, 364-365, 370, 378, 387, 417, 423, 431, 450-451, 467, 502, 575, 600
GIRAUD, Henri : 138
GIRAUDEAU, Jean : 419
GIRAUDOUX, Jean : 22, 79, 87, 94-95, 125, 145, 186-187, 202, 429, 513, 535
GIRONDO (LANGE), Norah : 415
GIRONDO, Oliverio : 33, 150, 405, 409, 415-416, 422
GLISSANT, Édouard : 236, 240
GLOTZ, Mlle : 527
GOLL, Yvan : 114, 147-148

GÓMEZ DE LA SERNA, Ramón : 21, 41, 61, 247, 249-250
GOULD, Florence : 169, 178, 199, 546, 548
GRANDMONT (DE), Éloi : 449
GREENE, Tatiana W. : 53, 79, 87, 96, 182, 235, 270, 378, 525, 564-565
GRENIER, Jean : 351
GRESHOFF, K. : 398
GREY, Madeleine : 419
GROETHUYSEN, Bernard : 169, 370, 469, 587
GROS, Léon-Gabriel : 57, 75, 77, 79, 88, 110, 112, 240, 367
GROSJEAN, Jean : 240, 536, 550
GUÉGUEN, Pierre : 42, 44, 69
GUÉHENNO, Jean : 106
GUIBERT, Armand : 182, 568
GUIETTE, René : 588
GUILLAUME, Maurice : 455
GUILLÉN (CAHEN), Germaine : 247
GUILLÉN, Jorge : 21, 41, 81, 169, 247, 249, 255, 386, 465, 498, 568-569
GUILLOT MUÑOZ, Alvaro : 70
GUILLOT MUÑOZ, Gervasio : 70
GÜIRALDES (DEL CARRIL), Adelina : 33-34, 58, 66, 257
GÜIRALDES, Ricardo : 20, 33, 41, 58-59, 66, 70, 257, 433, 483

HAGEN, Friedrich : 514
HAÏK, Farjallah : 502
HALLÉ, Maurice : 245
HAMELIN, Jeanne : 485-486
HELL, Henri : 185
HELLENS, Alexandre : 293
HELLENS, Claire : 76, 293, 301
HELLENS, Franz : 24-25, 28, 32, 37, 40, 42, 65, 71, 75-76, 78, 83, 107, 110, 164-165, 177, 180-181, 187, 215, 240, 250, 257-258, 268, 280, 283, 285, 291-293, 296-297, 301, 306-307, 309-310, 316, 458, 460, 490, 492, 500, 510-511, 515, 529, 540, 543-544, 555-556, 580

HELLENS (BURBULIS), Hélène : 215, 490, 510
HELLENS (MILOSLAWSKY), Marie : 510
HELLENS (NYST), Marguerite : 280, 293
HELLENS, Marie-Élisabeth : 293
HELLENS, Serge : 293
HÉNAULT, Gilles : 449
HENRY, Marcel : 56, 80, 325
HENRY, Marceline : *voir Balyne, Marceline*
HERNÁNDEZ, Felisberto : 223-224, 447, 465
HERNÁNDEZ, Mateo : 41
HEURGON, Jacques : 555
HEYD, Jacqueline : 167, 471, 473, 478, 487, 528
HEYD, Richard : 167, 470, 473, 477, 486, 528
HIRSCH, Louis-Daniel : 13, 61, 104
HIRSCH, Robert : 493, 498
HITLER, Adolphe : 98, 113, 116, 119, 121
HÖLDERLIN, Friedrich : 515
HOLTZER, Señora : 89, 305, 585
HONEGGER, Arthur : 103
HOPPENOT, Henri : 137-139, 146-147, 173, 342, 349-350, 353, 361, 367, 384, 387, 400, 418, 484-486, 490
HOPPENOT (DELACOUR), Hélène : 95, 102-103, 115, 133-134, 137-139, 141, 143-147, 185-186, 188, 349-350, 367, 384, 400, 418, 484-486, 490
HORTELOUP, M. : 601-602
HOURCADE, Pierre : 586
HOUSSAYE : 442
HUGNET, Georges : 39, 43, 52, 60, 259-262, 264, 266-269, 273-275, 277-279
HUGO, Victor : 17, 72, 112, 205, 319, 354
HUGUET, Philippe : 550

IBARGUREN, Carlos : 100
IPUCHE, Pedro Leandro : 70

JABÈS, Edmond : 238
JACCOTTET, Philippe : 160, 222, 237, 240, 475-476, 571-572

JACOB, Max : 18-19, 23-25, 41, 52, 57, 62, 172, 214, 238, 250, 265, 274, 279, 282, 517, 546, 554, 572-573, 588
JACQUEMONT, Maurice : 366
JAHANDIEZ, Émile : 80
JALOUX, Edmond : 37, 67, 83, 106-107, 113, 304, 317, 328, 331-332
JAUBERT, Maurice : 57, 78
JEAN-AUBRY, Georges : 18, 21, 88-89, 248-249
JIMENEZ, Juan Ramón : 392
JOHNSTONE, Mme : 517
JOUHANDEAU (TOULEMONT), Élise (dite Caryathis) : 153, 171
JOUHANDEAU, Marcel : 9, 13, 15, 23-26, 28-30, 34, 41, 45, 51, 57, 62, 71, 83, 111, 125, 153, 165, 169, 171-172, 179-180, 188, 199, 203, 218, 234-235, 240, 246, 450, 535, 546, 584
JOUVE, Pierre Jean : 112, 140, 309, 378, 435-436, 522
JOUVENEL (DE), Renaud : 67
JOUVET, Louis : 89, 92, 94-95, 102, 105, 134, 144-146, 314, 332, 362, 367, 395, 400, 425, 430, 452, 587
JOXE, Louis : 486
JOYCE, James : 66
JUDRIN, René : 53, 240

KAFKA, Franz : 51, 60, 371
KANTERS, Robert : 199
KEMP, Robert : 186, 513
KLENER, Monique : 240
KÖRNER, K. W. : 60
KOUSSEVITZKY, Serge : 305
KOVAL, Alexander : 513-514
KRIEGEL-VALRIMONT, Maurice : 483

LACAZE, Lucien : 220
LACOMBE, Olivier : 433
LACÔTE, René : 110, 222, 236
LA FONTAINE (DE), Jean : 170, 508, 613
LAFORGUE, Jules : 12, 21, 194, 248-249, 421, 454, 501

LAIRENS, Charles : 555
LALOU, René : 160
LALOY, Louis : 305
LAMARTINE (DE), Alphonse : 17, 227
LAMBERT, Madeleine : 371
LANCIAL, Emmanuel : 431
LANOË, Annick : 544
LANOË (HAMELIN), Jacqueline : 306, 513, 522, 544
LANOË, Julien : 52, 60, 79, 83-84, 110, 165-166, 169, 171, 187, 190-191, 204, 214, 266, 269, 274, 276-278, 302-303, 306, 326, 340, 460, 465-466, 512, 514, 516-517, 519, 521, 522, 524, 528, 541, 544, 560
LANOË, Marie-Blanche : 306
LANOË, Paul : 306
LANZA DEL VASTO : 80, 379-380
LARBAUD, Valery : 9, 13-14, 18, 20-22, 25-26, 33-37, 41-42, 45-46, 52, 58-59, 63, 65-68, 71, 74-78, 81-82, 85-86, 88-89, 92-93, 181, 216, 228, 246-248, 255-258, 260, 292, 309, 332, 342, 386, 442, 478, 535, 545, 577
LARGUIA, Susana : 353
LARNAUDIE, Paul : 372, 377-378
LASCAUX, Élie : 167, 199
LA TOUR DU PIN (DE), Patrice : 54, 82, 123, 125, 299, 336
LAUGIER, Jean : 239
LAUTRÉAMONT : 25-26, 29, 31, 37-39, 98, 109, 170, 249, 258, 283, 407, 411, 421
LAVACHERY, Henri : 589
LAVAL, Pierre : 143, 146, 375, 393
LÉAUTAUD, Paul : 169, 176, 199
LECONTE DE LISLE : 17
LEDOUX, Albert : 138
LEDOUX, Fernand : 95, 332
LEDOUX (THABUY), Fernande : 332
LEFÈVRE, Frédéric : 265
LEGER, Alexis : *voir Saint-John Perse*
LÉGER, Fernand : 147, 164, 185, 419-420
LEIRIS, Michel : 26, 343

LEJEUNE, Olivier : 180, 470, 490, 493, 516
LE LOUËT, Jean : 112, 123, 125, 148, 236, 240, 336, 378, 401, 414
LEMARCHAND, Dr : 294
LEÓN, María Teresa : 352
LE POULAIN, Jean : 201, 516, 527
LEQUENNE, Fernand : 484
LERAT, Bernard : 507
LESCURE, Jean : 367
LESCURE, Pierre : 398
LEYRIS, Pierre : 169-170
LEWITSKY, Anatole : 369
LHOTE, André : 27, 32, 56-57, 93, 164, 217-218, 246, 273, 588
LHOTE, Marguerite : 93, 588
LIBERT, Jean-Claude : 495
LIBERT, Marcel : 495
LICHNEROWICZ, André : 526
LIFAR, Serge : 78, 95-96, 310
LLANSAS, Lopez : 447
LLORENS ARTIGAS, Joseph : 23
LOPE DE VEGA, Félix : 222-223, 225, 548, 550
LORHO, Robert : 240
LOURIÉ, Arthur : 89, 304-305, 308, 312

MADARIAGA, Héctor : 351
MALCLÈS, Jean-Denis : 180, 470
MALLARMÉ, Stéphane : 15, 64, 94, 114, 157, 181, 248, 448, 450, 494
MALLEA, Eduardo : 351, 392
MALLET, Robert : 193, 209, 564
MAMBRINO, Jean : 527
MANDELLO, Jeanne : 488
MANN, Thomas : 60, 283
MANNING, Hugo : 506
MANOLL, Michel : 160
MALRAUX, André : 13, 25, 37, 53, 65, 203, 370
MALVEZIN : 566
MARCEL, Gabriel : 201, 240
MARINETTI, Filippo Tommaso : 97-98, 100

INDEX DES NOMS

MARISSEL, André : 240
MARITAIN, Jacques : 8, 45, 52, 82, 89, 97-98, 109-110, 140, 142, 215, 263, 265, 299, 305, 308, 312-313, 315, 323-324, 382-384, 399, 432-433, 538, 542
MARITAIN (OUMANSOFF), Raïssa : 45, 97-98, 109-110, 138, 140, 263, 265, 299, 305, 308, 312-313, 315, 323-324, 382-384, 432-433, 538, 542
MARIVAUX : 535
MARLIER, Georges : 257
MARTENS, Gaston-Marie : 366
MARTINENCHE, Ernest : 36, 247, 281, 442
MARTINEZ CORREA DE FOLLE JOANICO, Maria Elena : 410-411
MARTIN DU GARD, Roger : 285
MASSIS, Henri : 77, 265
MASUI, Jacques : 591
MATHIAS, Mme : 298, 300, 309
MAURIAC, François : 67, 305, 315, 369, 387, 435
MAURICE-AMOUR, Lila : 480
MAUROIS, André : 96, 220
MAURY, Jean : 166
MAY, Pierre-André : 21, 26, 255
MAYER, Adrien : 78
MAYRISCH, Loup : 587, 591
MEDUS, Henri : 185, 419
MELO FRANCO (de), Afonso Arinos : 443
MEMBRÉ, Henri : 505
MENANTEAU, Pierre : 266
MERLEAU-PONTY, Maurice : 456
MERMOD, Henry-Louis : 237, 475
MÉTRAUX, Alfred : 589
MICHA, René : 240
MICHAUX, Henri : 8, 9, 22, 24, 26, 28-32, 34, 37, 39-40, 42, 45, 47, 49-51, 56-58, 60, 65, 68, 71, 77, 80, 82-83, 90-105, 116, 119-120, 123, 125, 129, 137, 139, 149, 153, 156-159, 162, 165-166, 168, 170, 172, 176-177, 181, 184, 194, 202, 210-211, 221, 234, 237, 240, 250, 256-258, 267, 269, 283-284, 287, 293, 297, 301, 307, 313, 334-336, 338, 370, 375, 392, 398, 404, 406, 451, 461, 463-464, 468, 494, 500, 522, 535, 579-599, 606-610, 614
MICHAUX (FERDIÈRE, née TERMET), Marie-Louise : 156, 165-166, 177, 463-464, 591, 594, 596, 598, 606-609
MICHEAU, Janine : 185, 419
MILHAUD, Darius : 95-96, 102-103, 115, 139, 147, 184-186, 188, 300, 310, 418-420, 480
MILHAUD, Madeleine : 102-103, 115, 139, 185, 419-420
MILTON, John : 112
MINNE, Jules : 149, 402
MILOSZ, Czeslaw : 20
MIOMANDRE (DE), Francis : 39, 42, 58, 72
MISEREZ, Nestor : 470
MISTRAL, Gabriela : 135, 421, 425
MODIGLIANI, Amedeo : 549
MOLIÈRE : 90
MONDOR, Henri : 181, 220
MONFORT, Sylvia : 493-494, 497, 516
MONNIER, Adrienne : 22, 33, 35, 43, 46, 58, 162, 216, 251, 261, 264, 278, 370, 392, 461-462, 466, 489, 543
MONTALE, Eugenio : 226, 569
MONTAND, Yves : 528
MONTEIRO, Adolfo Casais : 110, 586
MONTHERLANT (DE), Henry : 19, 203, 375
MORAND, Paul : 13, 18, 301, 535
MORAVIA, Alberto : 226, 569
MORHANGE, Pierre : 42, 62
MORSON : 582
MORTIMER, Raymond : 154, 445
MOUNIER, Emmanuel : 377
MOUREAU, Robert : 500
MURVILLE, Louis : 559
MUSSET (DE), Alfred : 17, 328

NABOKOV (SIRINE), Vladimir : 432
NADAL, Octave : 233, 240, 562-563

NADEAU, Maurice : 106
NECOL, Lucia : 381
NERUDA, Pablo : 611
NEVEUX, Georges : 202, 378
NOAILLES (DE), Charles : 289
NOËL, Marie : 239
NOULET, Émilie : 151, 193, 402, 448-449
NUNES, Jorge D. : 587

OBEY, André : 366
OCAMPO, Angélica : 101, 150, 392, 406, 409, 601-602
OCAMPO, Silvina : 169, 392
OCAMPO, Victoria : 9, 33-34, 71, 75, 78-79, 96, 100-101, 119, 122, 130-132, 134, 144, 150, 154, 158, 161-162, 223, 326, 340-341, 344-345, 351-357, 359, 364-365, 370-371, 386, 392, 394-395, 406, 429, 437-440, 442-443, 447-448, 451, 462, 506, 590
ODDON, Yvonne : 369
OLIVER, Maria Rosa : 353, 355, 392
OLLIVIER, Albert : 367
OMBREDANE, André : 154, 439, 443-444
ORS (D'), Eugenio : 61
ORTEGA Y GASSET, José : 429, 479
OUMANSOFF, Véra : 313, 324, 385, 433, 542
OZERAY, Madeleine : 141, 144-146, 367, 395, 411-412, 430

PACHECO, León : 41, 43
PALACIOS DE ANCHORENA, Edda : 409
PARRA DEL RIEGO, Juan : 41
PARROT, Louis : 173, 479, 494
PASCAL, Germaine : *voir Paulhan, Germaine*
PASEYRO (SUPERVIELLE), Anne-Marie : 13, 51, 55, 66, 69, 75, 118, 121, 131, 133, 150, 164, 204, 206, 227, 280, 355, 359, 384, 405, 453, 495, 508, 526, 529, 563, 599
PASEYRO, Natacha Laurence : 236, 563

PASEYRO, Ricardo : 7, 9, 12, 14, 19-20, 27-28, 30-31, 33, 39, 41-42, 48, 51, 56, 58-59, 61, 66, 85, 89-91, 96, 101, 106-107, 117, 129, 131, 136, 142, 144-146, 150, 153, 164, 175-177, 181, 183, 185, 201, 204-207, 209, 212, 214-215, 220, 226, 233, 236, 239, 246-247, 271-272, 310, 317, 331, 353, 383, 394-395, 405, 419, 444, 460, 465, 467, 470, 529-530, 536, 547, 563, 569, 583, 611, 613
PASTEUR VALLERY-RADOT, Louis : 158, 438
PATRI, Aimé : 194
PAULHAN, Frédéric : 104, 123, 129
PAULHAN, Germaine : 13, 67-68, 130, 133, 156, 166, 184, 274, 280
PAULHAN, JEAN : 7-9, 13, 15, 20, 22, 25, 27-28, 35, 37-39, 43-45, 51-71, 74, 76-83, 88-99, 101-106, 108-111, 113-127, 129-130, 133-135, 137, 139, 141, 149, 152-154, 156-159, 161, 164-167, 169, 172, 174, 176-185, 188-197, 199, 201-208, 210-235, 237-239, 257, 266, 270-271, 274, 276, 280, 283-284, 289-290, 293-294, 297-299, 302, 305-306, 316, 318-319, 324-326, 330-336, 338, 345-346, 349-351, 354-356, 364-367, 369-370, 375-379, 381, 384, 388-390, 392-394, 398, 427, 437-438, 441, 443, 447, 450, 453, 459, 461, 469, 471, 474-475, 482-483, 497, 499-500, 502, 505, 508, 511-512, 514, 526, 529-530, 532-533, 536-537, 540, 542-543, 540, 546, 549, 556-558, 562-564, 572, 580, 584, 586, 595-596, 600, 613
PAULHAN, Pierre : 129
PEGUY, Charles : 383, 494
PELLEGRIN, Raymond : 179
PÉRIER, Odilon-Jean : 283
PÉTAIN, Annie : 216
PÉTAIN, Philippe : 139, 191, 216, 343, 349, 384
PETITJEAN, Armand : 127, 129

PETÖFI, Sándor : 227
PEYROUTON, Marcel : 122
PHILIPPE, Édith : 166, 178, 188, 458, 491, 608, 610
PHILIPPE, Robert : 166, 178, 188, 458, 491, 608
PICABIA, Francis : 274
PICARD, Gaston : 16, 245, 254
PICASSO, Pablo : 41, 164, 246, 442, 588
PILLEMENT, Georges : 16, 18, 42, 65, 245, 273, 285
PIOVENE, Guido : 226, 569
PIROTTE, Philippe : 470
PITOËFF, Georges : 74, 76, 78-79, 115, 295-296, 300, 314, 395, 425, 430
PITOËFF, Ludmilla : 76, 78-79, 115, 295-296, 300, 395, 425
PIVET, Léon : 22
PIVOT, Bernard : 240
POMÈS, Mathilde : 21, 42, 64, 83, 238, 246-247, 249, 255, 280, 301-302, 314, 474, 553-554, 568, 573
POE, Edgar : 448
PONGE, Francis : 24, 65-66, 176, 237, 441, 443, 445, 475, 526, 572
PORCHÉ, François : 112
POULENC, Francis : 103
POULET, Georges : 240
POURRAT, Henri : 62-63, 67, 350, 354-355
PRÉVOST, Jean : 43, 58, 66, 568
PROPERT, M. : 300
PROUST, Marcel : 191, 423, 564
PUCCINI, Mario : 97
PIEYRE DE MANDIARGUES, André : 239

QUEVAL, Jean : 166

RACINE, Jean : 364-365, 467
RAIMU : 153
RAINIER DE MONACO : 555
RAMSEY, Warren : 226, 454, 501, 567-569
RAMUZ, Charles Ferdinand : 535
RAVAL, Marcel : 103, 123, 334-338, 461, 598

RAVEL, Maurice : 246
RAYMOND, Marcel : 449
RÉMY, Jacques : 152, 154-155, 427, 438, 440-441, 443-444, 446-448, 498
RENAN, Ernest : 435
RENOIR, Pierre : 146, 395
REVERDY, Pierre : 43, 52, 98, 109-110, 204-205, 265, 313, 332, 517, 529
REY ALVAREZ, Raoul : 587
REYNAL, Pierre : 516
REYES, Alfonso : 21-22, 34, 36-37, 39-43, 45-47, 52-53, 59, 61, 69, 72, 100, 206, 221, 226-227, 442, 448
REYES CADENAS DE SILVEIRA, Blanca : 409, 411
REYLES, Carlos : 70
RICHARD, René : 17-18
RIEUX (DE), Max : 419
RILKE, Rainer Maria : 7, 11, 39, 42, 51, 56, 158, 281-282, 331, 450, 452-453, 577-578, 595
RIMBAUD, Arthur : 15, 37, 94, 105, 107
RISI, Nelo : 226
RIVIÈRE, Jacques : 13, 15, 43-44, 53, 157, 450, 575
RIVOIRE, André : 205
ROBIN, Armand : 105-106, 110-111, 119, 125, 129, 210, 212-213
RODITI, Édouard : 513-514, 534
RODÓ, José Enrique : 11
RODRÍGUEZ LARRETA, Eduardo : 133
RODRÍGUEZ LARRETA AROCENA, Matilde Gloria : 344
RODRÍGUEZ LARRETA DE GÁNDARA, Carmen : 392-393, 395, 601-602
RODRÍGUEZ PINTOS, Carlos : 223
ROLAND-MANUEL : 305
ROLLAND, Romain : 464
ROLLAND DE RENÉVILLE, André : 88, 94, 114, 193, 219, 237, 240, 545, 584, 587
ROLLAND DE RENÉVILLE, Cassilda : 219, 545, 584
ROMAINS, Jules : 13, 47, 58, 96, 100-101, 147-148, 220, 375-376, 502

Ronsard (de), Pierre : 160
Rouault, Georges : 57, 549
Rougemont, Denis (de) : 42, 370, 584
Rouleau, Raymond : 179, 332, 497
Rousselot, Jean : 222
Roussin, André : 57, 74
Roux-Delimal, Jean : 291-292
Roy (Vervin), Claire : 484, 488, 491-492, 495
Roy, Claude : 7, 8, 15, 39, 107, 113, 116, 119, 125-127, 132, 136-137, 156, 158, 162, 174-175, 177-178, 180, 183, 186, 197, 240, 321-322, 327-332, 353, 358, 365-367, 371, 378, 380, 404, 450-453, 455-457, 483-484, 488-489, 491-497, 499, 503-504, 507-508, 512, 527, 555
Roy, Jules : 199
Royère, Jean : 370
Ruano Fournier, Agustín : 128, 344-346, 348, 351, 353-355, 439, 453
Rusen, Marianne : 608

Saavedra, Amalia : 14
Saavedra, Enrique : 415
Saavedra (don), José : 13
Saavedra, Luis : 31
Saavedra, Margara : 40
Saavedra, Mlles : 118, 430
Sachs, Maurice : 172
Saenz, Abelardo : 441
Saintaux, Paul : 340
Saint-John Perse : 26, 33, 35, 64, 138, 144, 147, 191, 203, 210, 225-226, 236, 239, 279, 394-395, 400, 429, 432, 501, 512, 522, 553-554, 610, 612-613
Saint-Leger Leger : *voir Saint-John Perse*
Salabreuil, Jean-Philippe : 240
Salacrou, Armand : 114
Salazar, Tono : 43
Salinas, Pedro : 81, 386
Salmon, André : 41, 274
Sanchez, M. : 351-352
Sandburg, Carl : 550
Sardin, Jacques : 110

Sardou, Victorien : 205
Sartre, Jean-Paul : 162, 392, 441, 443, 445, 535
Satie, Erik : 22
Sauguet, Henri : 197, 208, 218, 516, 524, 547
Saurat, Denis : 172, 384, 433, 474
Sbarbaro, Camilo : 226, 569
Schehadé, Georges : 14, 50, 193-194, 197, 210, 212
Schiffrin, Jacques : 90, 316, 322, 582
Schlumberger, Jean : 57, 67, 203, 240, 467
Schmitt, Florent : 186
Schœlzer (de), Boris : 254, 305
Schwarzenberg, Walther : 257
Secrétain, Roger : 276
Seghers, Pierre : 107, 380, 456, 468, 494, 503-504, 539
Seguel, Gerardo : 73
Sénéchal, Christian : 14-15, 94, 110, 117, 270, 587
Settani, Ettore : 105
Seyrig, Henri : 159, 400, 418, 438
Shakespeare, William : 90, 170, 196, 206, 222, 322, 524-525, 581
Sigaux, Gilbert : 199
Silone, Ignazio : 226
Silvestre de Sacy, Samuel : 215-216, 543
Soupault, Philippe : 25, 37, 43, 126, 153, 393, 423, 429
Soutine, Chaïm : 549
Spira, Françoise : 493, 498
Squinquel, José : 134, 358, 366
Staline, Joseph : 119
Staram, Walther : 254
Stols, Alexander Alphonse Mar : 87, 292
Storer, Mary-Elizabeth : 447
Suarès, Carlo : 141
Suarez de lozada, Amelia (dite Suarez ducasse, Amelia) : 38
Sully Prudhomme : 17
Supervielle, Agueda : 49

INDEX DES NOMS

SUPERVIELLE, Bernard : 17, 21, 48-49, 102, 121, 271, 350
SUPERVIELLE, Blanca : 49
SUPERVIELLE, Henry : 13, 91, 118-120, 126, 290, 333, 384, 597
SUPERVIELLE, Jacques : 13, 91, 93, 119, 126, 132, 137, 141, 146, 228, 295, 300, 341, 358, 366, 393, 539, 581, 583
SUPERVIELLE, Jean : 13, 69, 90, 93, 119, 126, 137, 141, 149, 152, 206, 225, 295, 302, 358, 384, 386, 389, 393, 427-428, 435-436, 444, 446, 448, 537, 584
SUPERVIELLE, Louis : 14, 21, 49, 55, 131, 196, 271, 350
SUPERVIELLE (MUNYO), Marie : 48-49, 84, 306
SUPERVIELLE, Marie-Anne : 48-49, 102, 350
SUPERVIELLE, Pilar : 13-14, 23, 25, 31-32, 40, 43, 47, 55, 57, 69, 93, 96, 98, 105, 117-118, 120-121, 131, 134, 136, 145-146, 150, 161, 164-165, 188, 190, 206, 222, 227, 238-239, 240, 246, 248, 250, 254-255, 271, 281, 290, 293-294, 296, 314, 324, 333-334, 343, 346, 350, 353-356, 359-360, 363, 370, 383-385, 392, 395, 399, 405, 410-411, 419, 427, 429, 432, 442, 453, 460, 464-465, 466, 470, 475, 477, 481, 510, 526-527, 538-540, 544-545, 548, 550, 552, 555-556, 563-564, 566, 596, 598, 600, 607-611, 614
SUPERVIELLE, Victor Jules : 47-48, 84, 306
SUPERVIELLE, Violette : 49
SYLVESTRE, Guy : 449

TARDE (DE), Guillaume : 57
TARDIEU, Jean : 239, 535
TASSENCOURT, Marcelle : 332
TÉRIADE, Émile : 362
THIBAUDET, Albert : 67, 77
THOMAS, Henri : 200-201, 224, 240, 534

THOMPSON, Francis : 489
TOLSTOÏ, Léon : 205
TOPART, Lise : 332
TORRE, Guillermo (de) : 43-44, 392
TORRES GARCÍA, Joaquín : 442
TORTEL, Jean : 240, 398
TOUCHARD, Pierre-Aimé : 197
TOURNOËL, Jacques : 295
TRESCA, Georges : 449
TRIBOULET, Dr : 184
TRODJMAN, Jules : 240

UNAMUNO (DE), Miguel : 39, 42, 247, 281
UNGARETTI, Giuseppe : 97, 226, 370, 569
UTRILLO, Maurice : 549

VAL, Jane : 516
VALÉRY, Paul : 12-13, 18, 21, 35, 37, 41, 77, 114, 144, 157-158, 161, 182, 247, 256, 271, 282, 292, 377-378, 387, 429, 443, 448, 450, 452, 554, 575-576
VANDERBORGHT, Paul : 258, 309
VAN DER CAMMEN, Edmond : 47, 587
VAN DER MEER, Pierre : 299
VAN HECKE, Paul Gustave : 280
VAN MAANEN, Les : 448
VASCONCELOS, José : 43
VAUDOYER, Jean-Louis : 96
VAZQUEZ, Alvaro : 462
VENDRYES, Dr : 216
VERCORS : 398
VERLAINE, Paul : 68
VIGÉE, Claude : 230, 240
VIGNY (DE), Alfred : 325
VILAR, Jean : 141, 178, 493-494, 497, 516
VILDÉ, Boris : 369
VILMORIN (DE), Louise : 178, 498
VILLAGRÁN, Chocho : 601-602
VILLAURUTIA Y GONZÁLEZ, Xavier : 448
VILLON, François : 160
VIÑES, Ricardo : 246
VITOLD, Michel : 493
VITRAC, Roger : 42, 65
VLAMINCK (DE), Maurice : 164, 246

WAHL, Jean : 117, 156, 373, 381, 449
WEIBEL-RICHARD, Roger : 155, 446
WHITMAN, Walt : 17, 457, 478
WILLETTE, Adolphe : 245
WILLIAMS, Tennessee : 189, 513
WOLF, Claude : 416
WOLFRAM, Dr : 181, 184

XIRGU, Margarita : 129, 420, 431

ZALDUMBIDE, Gonzalo : 42, 267
ZANI, Griselda : 392, 399, 461, 463
ZOLA, Émile : 176, 484
ZORRILLA DE SAN MARTÍN, Juan : 70, 208

INDEX DES REVUES

Action : 175, 483, 504
Action française (L') : 77, 107, 113, 172, 295, 321, 330, 332
Alfar : 143, 389, 392
Amour de l'art (L') : 123, 334, 338, 599
Arts : 202, 378
Arts Gazette : 18, 248
Avant-Poste (L') : 94, 587

Bulletin de la bibliothèque américaine : 36

Cahiers de la Compagnie M. Renaud J. L. Barrault : 208, 214, 470, 564
Cahiers de la Pléiade (Les) : 64, 191, 200, 203, 395, 610, 613
Cahiers du Sud (Les) : 39, 49-51, 55, 58, 75, 77, 79, 81-82, 88, 106, 112, 114, 158, 266-267, 273, 291, 309, 367
Cahiers du Nord (Les) : 168, 470
Cahiers français (Les) : 138, 368, 387, 400
Cahiers idéalistes (Les) : 18, 281
Centaure (Le) (Bruxelles, 1926-1930) : 49
Centaure (Le) (Paris, 1929-1930) : 291
Combat : 166, 173, 186, 213, 226, 236, 367, 378, 397, 452-453, 481-482, 534-535, 550, 553-554, 556, 570
Commerce : 21, 34-36, 44, 64, 256-257, 269, 379, 568
Comoedia : 459
Cruz del Sur (La) : 70

Dernière Heure (La) : 187, 316, 500, 510-511
Disque vert (Au) : 307
Disque vert (Le) : 23-25, 37, 250, 258, 283, 307, 309

Échanges : 287
Écrits du Nord : 309-310
Esprit : 7, 113, 323, 385, 557
Étoile belge (L') : 107, 316
Europe : 15, 19-20, 42, 47, 58, 60, 147, 182, 189, 198, 213, 221, 225, 237-238, 245, 251, 257, 282, 401, 413, 534
Excelsior : 83, 106-107, 113, 304, 317, 328
Exils : 534

Feuilles libres (Les) : 18, 22, 42, 245, 334
Figaro (Le) : 248-249
Figaro littéraire (Le) : 193-195, 204, 227, 529, 563
Fontaine : 130, 140-141, 358, 364, 369, 378, 380, 385, 403-404, 417, 435, 452, 458, 518
Formes et couleurs : 160, 475
France-Illustration : 74, 166
France nouvelle (La) : 428

Gants du ciel : 156, 361, 449
Gazette de Lausanne : 75, 187, 222, 475, 509, 518
Grand Erg : 340

Hémisphères : 397
Hermès : 591
Hijo pródigo (El) : 448
Horizon : 160

Illustré (L') : 485
Intentions : 20-21, 26, 247, 255, 267

J'ai lu : 175
Je suis partout : 113, 327
Jour (Le) : 112

Lanterne sourde (La) : 60, 258, 277, 309
Lettres (Les) : 195, 331, 534
Lettres françaises (Buenos Aires, 1941-1947) : 130, 134-139, 142-144, 148-150, 173, 319, 345, 348, 353, 358-365, 367, 370-372, 374, 376-383, 385, 387-394, 396, 398, 402-404, 407, 413, 417, 421-424, 431-432, 434-436, 441, 449, 453, 472, 479
Lettres françaises (Les) (Paris, 1942-1944) : 398
Lettres nouvelles (Les) : 106, 236
Libertad : 247
Licorne (La) : 85, 162, 169-170, 223, 319, 334, 465-466, 469, 498, 568
Ligne de cœur (La) : 52, 60, 266, 274, 276-278, 303, 512
Littérature : 44
Lot (Das) : 189, 397, 513-514

Mail (Le) : 56, 276
Marges (Les) : 43-44, 261
Marianne : 472
Martin Fierro : 34, 405
Mercure de France (Le) : 63, 88, 112, 216, 231, 281, 543
Meridiano di Roma (Il) : 105
Messages : 367, 478
Messages d'Orient : 141
Mesures : 99, 104, 123, 139, 369-370, 375, 499, 593
Monde (Le) : 513, 524
Monde illustré (Le) : 74, 205
Monde nouveau : 194

Nación (La) : 133, 351, 358, 360, 362, 386, 432, 506
Nation française (La) : 236
Navire d'argent (Le) : 35, 43, 46, 256, 261, 462, 577

New York Herald : 16
Nouvelle Nouvelle Revue française (La) : 54-55, 74, 199, 202-203, 205-206, 208-214, 227-231, 235, 270, 367, 530, 532, 535, 537-538, 540, 542, 548, 556-560, 562-565, 567, 614
Nouvelle Revue de Paris (La) : 14, 27, 48, 88, 153, 164, 237, 502
Nouvelle Revue française (La) : 8, 12-16, 20-22, 26, 29, 35, 42-45, 49, 51-54, 56, 60-62, 64-65, 68-71, 75, 79-80, 82-84, 88, 94, 99, 103, 106-108, 115, 119, 123, 125, 130, 139, 149-150, 157, 159, 180, 192, 203, 207, 212, 219, 228, 231, 237, 239, 257, 265, 267, 270-272, 276, 281-283, 288, 297-299, 301, 307, 309, 318-320, 330, 333, 335-336, 338, 345, 348, 356, 367, 370, 376, 381, 390, 407, 410, 433, 450, 459, 467, 472, 475, 502, 509, 518, 527, 530, 537, 542, 545, 552, 555, 561, 571, 575, 579, 583-584, 592, 597
Nouvelles Lettres (Les) : 112, 336
Nouvelles lettres françaises (Les) : 336
Nouvelles littéraires (Les) : 61, 63, 69, 72, 88, 96, 160, 166, 186, 201, 222, 238, 281, 332, 513

Orbe : 151, 448-449

País (El) : 128, 305, 343-344
Paru : 182, 194
Phalange (La) : 370
Philosophies : 42
Poésie : 380
Poésie 44 : 441
Poésie 45 : 378, 380, 452
Poésie 46 : 162, 380, 455
Presença : 586
Primato d'Italia (Il) : 270
Proa : 33, 257, 353, 415
Prométhée : 123, 334-335, 599

Raison d'être : 69
Regains : 110, 266, 300, 316, 326, 472, 594

INDEX DES REVUES

Renaissance politique, littéraire, artistique (La) : 42
Résistance : 398
Resto del Carlino : 47
Revista d'Occidente (La) : 42, 250
Revista de la Avance (La) : 273
Revue contemporaine (La) : 16
Revue de Genève : 42, 47, 56
Revue de l'Amérique latine (La) : 16-18, 25, 42, 53, 254, 267, 405
Revue de l'époque (La) : 16
Revue de Paris (La) : 225, 551-552
Revue européenne (La) : 59, 442
Revue hebdomadaire (La) : 61
Revue mondiale (La) : 16
Revue musicale (La) : 254
Revue nouvelle (La) : 44, 261
Revue universelle (La) : 331
Roeping : 24
Rouge et le Noir (Le) (Lille et Paris, 1927-1932) : 292
Rouge et le Noir (Le) (Bruxelles, 1927-1938) : 75, 292, 296

Saisons : 167, 459, 464
Sept Arts : 47
Soir (Le) : 497
Sur : 33, 75, 79-80, 101, 122, 134-135, 139, 150, 192-193, 267, 342-349, 351, 353-360, 364-365, 369, 371-372, 374, 376, 379, 381-383, 385-388, 390-391, 393-396, 398, 402-405, 407, 416, 418, 420-421, 424-425, 427-431, 434-436, 440, 443, 445, 447-449, 506
Synthèses : 193

Table ronde (La) : 161, 185, 190, 496, 524, 560
Thyrse (Le) : 283
Temps modernes (Les) : 143, 180, 190, 362, 496
Temps présent : 315-316

Vache enragée (La) : 16, 245-246
Valeurs : 154-155, 192-193, 351, 361, 473
Variétés : 280
Verve : 362
Vie (La) : 43, 355
Vie des Lettres et des Arts (La) : 16, 454

Yale French studies : 454, 501

TABLE DES MATIÈRES

INTRODUCTION 7

ÉLÉMENTS D'UNE BIOGRAPHIE 11

    1919-1925.
    De *Poèmes* à *Gravitations*, l'ascension du « hors venu »
    dans la vie littéraire 11

    1926-1939.
    Les « grands jours d'amitié » 43

    1939-1946.
    Les « temps cruels » et la « double angoisse » 118

    1946-1960.
    « Décidément j'ai commencé et je finirai par la poésie » 164

NOTICE ET CODE DE TRANSCRIPTION 243

CHOIX DE LETTRES 245

    1921 245
    1922 246
    1923 248
    1924 254
    1925 256
    1926 260
    1927 269
    1928 276
    1929 281
    1930 287

1931 290
1932 296
1933 299
1934 304
1935 308
1936 310
1937 314
1938 316
1939 330
1940 337
1941 354
1942 387
1943 400
1944 417
1945 437
1946 454
1947 469
1948 488
1949 501
1950 508
1951 516
1952 522
1953 528
1954 531
1955 538
1956 547
1957 553
1958 556
1959 562
1960 571

ANNEXE
Lettres à Jules Supervielle 575

BIBLIOGRAPHIE 615

INDEX DES CORRESPONDANTS DE JULES SUPERVIELLE 637

INDEX DES NOMS 639

INDEX DES REVUES 653